C++ lernen, verstehen, anwenden

André Willms

C++ lernen, verstehen, anwenden

Der ambitionierte Einstieg in den Sprachstandard C++11

 ADDISON-WESLEY

An imprint of Pearson

München • Boston • San Francisco • Harlow, England
Don Mills, Ontario • Sydney • Mexico City
Madrid • Amsterdam

Bibliografische Information der Deutschen Nationalbibliothek

Die Deutsche Nationalbibliothek verzeichnet diese Publikation in der Deutschen Nationalbibliografie;
detaillierte bibliografische Daten sind im Internet über http://dnb.dnb.de abrufbar.

10 9 8 7 6 5 4 3 2 1

15 14 13

ISBN 978-3-8273-3209-7

© 2013 by Addison-Wesley Verlag,
ein Imprint der Pearson Deutschland GmbH,
Martin-Kollar-Straße 10–12, D-81829 München/Germany
Alle Rechte vorbehalten

Lektorat: Thomas Pohlmann
Fachlektorat: Rudolf Huttary, München
Korrektorat: Friederike Daenecke, Zülpich
Fotografien (Kapitel 21): Corinna Koth
Herstellung: Martha Kürzl-Harrison, mkuerzl@pearson.de
Coverkonzept: Kochan & Partner GmbH, München
Satz und Layout: Reemers Publishing Services GmbH, Krefeld, www.reemers.de
Druck und Verarbeitung: Drukarnia Dimograf, Bielsko-Biala
Printed in Poland

Übersicht

Inhalt

Inhalt

Inhalt

Inhalt

Vorwort

Heute ist ein guter Tag, um mit C++ zu beginnen!

Lange Vorworte halten nur davon ab, endlich mit dem Lernen der Sprache zu beginnen, deshalb fasse ich mich kurz.

C++11, der neue Standard der Sprache, ist mittlerweile schon etwas länger verabschiedet, und einige Compiler unterstützen bereits viele der neuen Sprachmerkmale – die einen mehr, die anderen weniger. Wir werden während unserer Reise durch die Welt des Programmierens vielen der neuen Elemente begegnen.

C++ galt schon immer als eine Programmiersprache, mit der besonders leistungsfähig programmiert werden kann. Es ist kein Zufall, dass die meisten High-End-Spiele in C++ programmiert sind. Im neuen Standard wurden Sprachelemente hinzugefügt, die diesen Anspruch noch untermauern.

Dieses Buch nimmt Sie an die Hand, geht mit Ihnen die ersten Schritte in der neuen Welt und sorgt dafür, dass Sie möglichst schnell selbst laufen können.

Viele Jahre Schulungserfahrung flossen in dieses Buch ein. Es ist stark praxisorientiert. Viele bewährte Beispiele zeigen Ihnen die Sprache in der Anwendung und vermitteln Ihnen einen Eindruck, wie welche Elemente am besten eingesetzt werden. Die typischen Fragen eines Neulings werden in diesem Buch ebenso beantwortet, wie die weiterführende Anwendung der Sprache demonstriert wird.

Ob Ihnen dieses Buch gefallen wird oder nicht, merken Sie sowieso erst, wenn es richtig losgeht. Deshalb möchte ich Ihnen an dieser Stelle einfach viel Spaß mit einer der tollsten Programmiersprachen wünschen, und ich hoffe, C++ fesselt Sie genauso sehr wie mich.

André Willms

KAPITEL 1

Grundlagen

In diesem Kapitel werden wir uns mit den Grundlagen von C++ beschäftigen. Dazu zählen folgende Punkte:

» Algorithmus und Programm

» der grundsätzliche Aufbau eines C++-Programms

» die Hauptfunktion

» die Syntax einer Anweisung

» die Ein- und Ausgabe über die Konsole

» Variablen und die elementaren Datentypen

» die Grundrechenarten

1.1 Am Anfang war das Problem

Stellen Sie sich ein Leben ohne Probleme vor: Alle Bedürfnisse sind gestillt, alles ist genau so, wie Sie es wollen. Was auch immer Sie wünschen, es wird sofort erfüllt. Wunderbar. In diesem Leben hätten Sie dieses Buch über C++ garantiert nicht gekauft.

Im normalen Leben allerdings decken sich Ist-Zustand und Soll-Zustand meist leider nicht. Das Geschirr soll sauber im Schrank stehen, stattdessen steht es schmutzig im Spülbecken. Soll ungleich Ist, wir haben ein Problem.

Den meisten Menschen wohnt eine gewisse Bequemlichkeit inne, die diese Ungleichheit bis zu einem gewissen Grad tolerieren kann. Irgendwann aber ist der Punkt erreicht (oft auch unter aktiver Einwirkung des Beziehungspartners), an dem das Problem behoben werden muss. Spülen ist angesagt.

Wenn der für die Behebung des Problems Verantwortliche nun nicht nur ausgeprägt bequem ist, sondern auch noch außerordentlich intelligent, dann ist die kritische Masse erreicht, bei der Weltbewegendes entstehen kann. An dieser Stelle ein anerkennendes Dankeschön von mir an die Erfinderin der Spülmaschine.

Und schon sind wir wieder bei dem Punkt, warum Sie dieses Buch in den Händen halten – höchstwahrscheinlich, weil irgendwann eines Ihrer Programme ein Problem mit möglichst wenig Einsatz Ihrerseits lösen soll.

Willkommen in den Fußstapfen von Konrad Zuse.[1] Mit 25 Jahren und einem abgeschlossenem Ingenieurstudium in der Tasche begann er eine Tätigkeit als Statiker. Die dort auszuführenden Berechnungen sind zeitintensiv und eintönig. Um sich das Leben zu erleichtern, dachte er sich eine Maschine aus, die diese Arbeit für ihn übernehmen konnte. Das Ergebnis war die Z1. Danach folgte die Z2 und dann 1941 die Z3, der erste programmierbare Computer der Welt.

Von da ab war es nur noch eine Frage der Zeit bis zu dem Computer, auf dem Sie Ihren C++-Compiler installiert haben.

1.1.1 Vom Problem zur Lösung

Glücklicherweise müssen wir uns über die Hardware keine Sorgen mehr machen, ich setze sie einfach als beim Händler Ihres Vertrauens erworben voraus.

Der beste Computer ist aber nichts wert, wenn er nicht mit Software betrieben wird. Software dient der Lösung von Problemen. Oft dient sie auch der Lösung von Problemen, die wir ohne Computer erst gar nicht hätten, wie Viren oder Ähnliches, aber das steht auf einem anderen Blatt.

Damit wir exemplarisch ein Problem lösen können, benötigen wir eines, und das soll an dieser Stelle die Ermittlung des größten gemeinsamen Teilers zweier positiver ganzer Zahlen sein. Den brauchten wir früher in der Schule immer zum Vereinheitlichen von Brüchen.

Der *ggT* (die Abkürzung für »größter gemeinsamer Teiler«) von 6 und 12 ist beispielsweise 6, der ggT von 6 und 9 ist 3. Konkrete Berechnungen zu lösen, fällt uns nicht sehr schwer.

Schwieriger wird es, einem Ahnungslosen zu beschreiben, wie er grundsätzlich immer den ggT zweier Zahlen bestimmen kann.

1.1.2 Von der Lösung zum Algorithmus

INFO   Eine allgemeingültige Lösung, die von jedem angewendet werden kann, auch wenn er von der tatsächlichen Problematik keine Ahnung hat, nennt man *Algorithmus*.

Der ggT zweier Zahlen kann naturgemäß nicht größer sein als die kleinere der beiden Zahlen. Deshalb beginnen wir mit ihr als potenziellem ggT.

Ist die so gefundene Zahl nicht bereits ggT der beiden Zahlen, dann vermindere sie um 1 und wiederhole diesen Schritt.

Spätestens bei 1 werden wir fündig, denn die 1 ist Teiler jeder ganzen Zahl.

Um den Sachverhalt vom Ablauf her greifbarer darzustellen, verwende ich in Abbildung 1.1 das Aktivitätsdiagramm der *Unified Modelling Language* (UML).

---

1   Die biografischen Angaben zu Konrad Zuse stammen von der Webseite *http://de.wikipedia.org/wiki/Konrad_Zuse*.

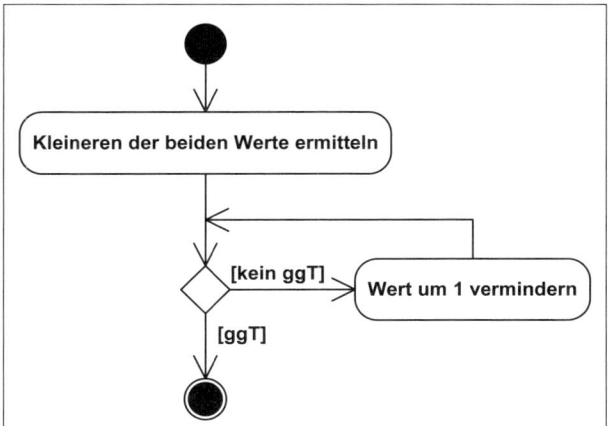

Abbildung 1.1: Ermittlung des ggT als Aktivitätsdiagramm

> Die Unified Modelling Language, kurz UML, ist eine grafische Sprache, mit deren Hilfe Sachverhalte der Softwareentwicklung (Programmfluss, Klassen- und Objektbeziehungen, Zustände etc.) dargestellt werden.
>
> In Abbildung 1.1 wird das Aktivitätsdiagramm der UML eingesetzt, um einen Algorithmus grafisch darzustellen.

INFO

Der ausgefüllte Kreis definiert den Start der Aktivität, und sie endet am ausgefüllten Kreis mit Ring.

Einzelne Schritte oder Anweisungen werden in Form von Rechtecken mit abgerundeten Ecken dargestellt. Die Abarbeitungsreihenfolge ist über die Pfeile definiert, die aus den Symbolen heraustreten bzw. zu ihnen hin führen.

Das auf der Spitze stehende Quadrat definiert eine Verzweigung. Aus einer Verzweigung tritt immer mehr als ein Pfeil aus. An den Pfeilen stehen in eckigen Klammern die sogenannten Wächter. Diese bestimmen, unter welcher Bedingung dem jeweiligen Pfad gefolgt wird.

1.1.3 Vom Algorithmus zum Programm

Einen funktionstüchtigen Algorithmus konstruiert zu haben, ist bereits die halbe Miete. Viele bemühen hier sogar die 80/20-Regel und sagen, der Algorithmus (oder später das Softwaredesign im Allgemeinen) kostet 80 % der Zeit, das tatsächliche Programmieren die restlichen 20 %. Aber was genau ist eigentlich ein Programm?

> Ein Programm ist ein Algorithmus, der für einen Computer verständlich programmiert wurde.

INFO

Und genau darum dreht sich dieses Buch.

1.2 Das kleinste C++-Programm

Springen wir direkt ins kalte Wasser und schreiben wir unser erstes C++-Programm. Kürzer geht es nicht:

```
int main()
{
}
```

Listing 1.1: Das kleinste C++-Programm

Um das Programm übersetzen und starten zu können, sollten Sie in der Entwicklungsumgebung Ihrer Wahl ein neues Projekt anlegen, dort eine C++-Datei hinzufügen (sie ist an der Endung *.cpp* zu erkennen) und dort das Programm aus Listing 1.1 einfügen.

Das Programm sollte sich fehlerfrei kompilieren und starten lassen, allerdings wird nicht viel passieren, um nicht zu sagen: gar nichts.

Trotzdem wird dieser Teil mit entsprechenden Ergänzungen in jedem C++-Programm vorkommen. Es handelt sich hierbei um die main-Funktion, das Kernstück eines jeden C++-Programms.

Vor dem Namen der Funktion steht immer int [C++11 3.6.1].Warum das so ist, besprechen wir in einem späteren Kapitel. Dem Funktionsnamen folgt ein Paar runder Klammern. Diese Klammern ermöglichen es, Informationen an die Funktion zu übergeben, bleiben aber fürs Erste leer.

Hinter dem Funktionskopf stehen geschweifte Klammern, mit denen in C++ eine zusammengesetzte Anweisung (*compound statement*) gebildet wird. Alle Anweisungen innerhalb der geschweiften Klammern werden beim Aufruf der Funktion ausgeführt. Da die Klammern bisher leer sind, passiert auch noch nichts. Das soll sich jetzt ändern.

1.3 Die Ausgabe

Im Folgenden wird das obligatorische »Hello World« auf dem Bildschirm ausgegeben:

```
#include<iostream>

int main() {
  std::cout << "Hello World";
}
```

Listing 1.2: Die Ausgabe von »Hello World«

Auf dem Bildschirm sollte der Text »Hello World« erscheinen, je nach Entwicklungsumgebung noch direkt gefolgt von der Aufforderung, das Programm mit einem Tastendruck zu beenden.

Dieses kleine Beispiel bietet uns bereits die Möglichkeit, einige grundlegende Dinge von C++ zu besprechen.

INFO   Einfache Anweisungen werden in C++ mit einem Semikolon abgeschlossen.

Und noch eine Regel ist wichtig:

Konstante Zeichenfolgen stehen in C++ in Anführungszeichen.	INFO

Darüber hinaus müssen Sie in C++ penibelst auf Groß- und Kleinschreibung achten. Der Name `Andre` und der Name `andre` sind zwei unterschiedliche Bezeichner.

1.3.1 cout

Der Befehl zur Ausgabe auf die Konsole heißt in C++ `cout`. Warum davor noch ein `std::` steht, besprechen wir gleich.

Der Operator `<<` definiert, was ausgegeben werden soll – in unserem Beispiel der Text »Hello World«.

Zeilenumbruch

Um bei der Ausgabe eine neue Zeile zu beginnen, reicht es nicht aus, eine zweite Ausgabe zu tätigen:

```
#include<iostream>

int main() {
  std::cout << "Hello World!";
  std::cout << "Jetzt komme ich!";
}
```
Listing 1.3: Ausgabe ohne Zeilenumbruch

Stattdessen muss an der Stelle, an der die neue Zeile beginnen soll, ein Zeilenumbruch in die Zeichenfolge eingefügt werden. Dies geschieht in Form einer Escape-Sequenz. Tabelle 1.6 in Abschnitt 1.8.2 listet alle in C++ verfügbaren Escape-Sequenzen auf. Hier greifen wir jedoch etwas vor und schauen uns die Escape-Sequenz für Newline an. Sie lautet \n.

Das Programm mit Zeilenumbrüchen sieht damit so aus:

```
#include<iostream>

int main() {
  std::cout << "Hello World!\n";
  std::cout << "Jetzt komme ich!\n";
}
```
Listing 1.4: Listing mit Zeilenumbrüchen

endl

Eine weitere Möglichkeit, einen Zeilenumbruch zu erhalten, ist der Manipulator `endl`, der über den Ausgabestrom ausgegeben wird:

```
#include<iostream>

int main() {
  std::cout << "Hello World!";
```

```
  std::cout << std::endl;
  std::cout << "Jetzt komme ich!";
  std::cout << std::endl;
}
```

Listing 1.5: Zeilenumbrüche mit endl

Das endl macht aber noch mehr, als einen Zeilenumbruch zu erzeugen. Dazu müssen wir uns anschauen, wie die Ausgabe funktioniert.

Statt direkt auf dem Bildschirm ausgegeben zu werden, landen die Ausgaben zunächst einmal in einem internen Speicherbereich, dem Ausgabepuffer. Erst wenn dieser Puffer voll ist, wird er auf dem Bildschirm ausgegeben. Unter Umständen werden Ausgaben deshalb nicht sofort angezeigt, weil der Puffer einfach noch nicht voll ist.

Dieses Problem vermeidet endl, denn mit der Ausgabe von endl wird zusätzlich ein flush ausgeführt. Dieser Flush (aus dem Englischen »to flush«, was unter anderem die Bedienung der Toilettenspülung bedeutet) sorgt dafür, dass der Inhalt des Ausgabepuffers auf den Bildschirm »gespült« wird, auch wenn er noch nicht komplett gefüllt war.

Das endl ist aber nicht immer notwendig. Vor einer Eingabe oder am Programmende wird der Ausgabepuffer immer geleert, unabhängig von dessen Füllstand.

1.3.2 include

Mit dem Einzug der Ausgabe in unser Programm hat auch vor der main-Funktion ein neuer Befehl Einzug gehalten; die include-Direktive des Präprozessors:

#include<iostream>

Der Präprozessor – wie die Silbe »Prä« erahnen lässt – bereitet die Datei für den eigentlichen Prozess des Kompilierens vor.

Aber was genau bedeutet »kompilieren«? Abbildung 1.2 zeigt den Vorgang.

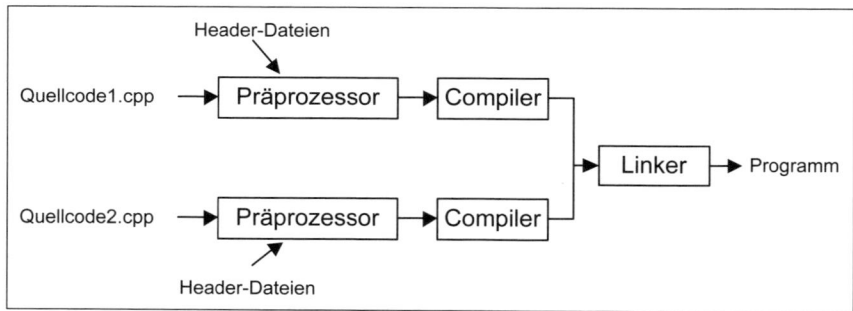

Abbildung 1.2: Der Vorgang des Kompilierens

C++ ist eine Hochsprache, die vom Prozessor des Computers nicht ohne Dolmetscher verstanden wird. Denn dieser kennt nur seine Maschinensprache. Maschinensprache ist eine sehr einfache, aus wenigen Befehlen bestehende Sprache. Entsprechend viele dieser Befehle sind notwendig, um selbst einfachste Dinge zu programmieren. Eine typische Anweisung könnte sein:

Lade Wert an Adresse $92E2 in Register1. Addiere Wert an Adresse $92E6 auf Register1. Speichere Inhalt von Register1 an Adresse $92EA.

Dasselbe in C++ wäre etwa x=a+b. Das ist viel kürzer und vor allem für einen Menschen viel verständlicher.

Damit also ein in C++ geschriebenes Programm auf einem Rechner laufen kann, muss es in die Maschinensprache des Prozessors übersetzt werden. Und diesen Vorgang nennt man »kompilieren«.

> Unter dem Begriff *kompilieren* versteht man die Übersetzung eines hochsprachlichen Programms in die Maschinensprache des Zielprozessors.   INFO

Bei C++ besteht dieser Übersetzungsprozess aus mehreren Schritten. Bevor eine *.cpp*-Datei dem Compiler übergeben wird, wird sie vom Präprozessor durchlaufen. , der nach an ihn gerichteten Befehlen sucht. Der Präprozessor selbst hat von C++ keinen blassen Schimmer, er arbeitet rein auf Textebene.

Befehle an den Präprozessor, sogenannte *Präprozessordirektiven*, beginnen immer mit einem #. Der wohl häufigste Befehl ist #include, was übersetzt so viel wie »Einbinden« bedeutet. Mithilfe dieses Befehls kann eine andere Datei in die Quellcodedatei eingebunden werden. In unserem Fall binden wir die Datei *iostream* ein, in der alle für die Textein- und -ausgabe notwendigen Elemente der C++-Standardbibliothek enthalten sind – unter anderem das in unserem Programm verwendete cout und endl. Würden wir die Include-Direktive aus dem Programm entfernen, erschiene bei der Kompilation die Fehlermeldung des Compilers, er würde cout und endl nicht kennen.

Abbildung 1.2 zeigt noch eine weitere Besonderheit von C++: Jede Quellcodedatei des Programms wird isoliert von den anderen kompiliert; der Compiler hat auch keinerlei Erinnerungen an sein Tun. Für das Beispiel in der Abbildung heißt das: Während er die Datei *Quellcode1. cpp* kompiliert, weiß er nicht, dass er noch die Datei *Quellcode2.cpp* kompilieren wird. Und während er die Datei *Quellcode2.cpp* kompiliert, weiß er nicht, dass er die Datei *Quellcode1.cpp* bereits kompiliert hat. So sind sie, die C++-Compiler.

Die einzeln kompilierten Dateien werden im letzten Schritt vom *Linker* (auf Deutsch »Binder«) zu einer einzigen Datei zusammengebunden, die dem lauffähigen Programm entspricht.

1.3.3 Namensbereiche

Aber warum steht vor den Befehlen `cout` und `endl` eigentlich dieses `std::`? Dieses `std` ist mit einer Vorwahl vergleichbar. Stellen Sie sich vor, es gäbe keine Vorwahlen. Dann müsste die Vergabe von Telefonnummern global geregelt werden, schließlich dürfen Teilnehmer in Köln und Timbuktu nicht dieselbe Telefonnummer bekommen. Ländervorwahlen lösen das Problem, denn jedes Land kann hinter seiner Vorwahl die Telefonnummern nach eigenen Regeln vergeben. Jetzt dürfen auch Teilnehmer in München und Rom dieselbe Nummer besitzen, denn die Anschlüsse unterscheiden sich in der Vorwahl.

Dieses Prinzip nennt sich in C++ *Namensbereich*. Ein Namensbereich ist nichts anderes als eine programmiertechnische Vorwahl, hinter der Namen beliebig vergeben werden können. Der Namensbereich der C++-Standardbibliothek lautet `std`, als Abkürzung von »Standard«. Das Prinzip der Namensbereiche wird in Kapitel 11 noch vertieft.

using namespace

Bei den Telefonnummern gibt es eine Besonderheit: Möchte ich einen Teilnehmer mit derselben Vorwahl anrufen, dann muss ich die Vorwahl nicht mitwählen.

Etwas Ähnliches existiert auch in C++: Wir können dem Compiler mitteilen, dass er in bestimmten Namensbereichen automatisch suchen soll. Wenn dem Compiler beispielsweise mitgeteilt wurde, immer auch im Namensbereich `std` zu suchen, dann können wir uns die explizite Angabe von `std` sparen, wenn wir ein Element der Standardbibliothek ansprechen möchten.

Der Befehl dazu lautet `using namespace`:

```
#include<iostream>

using namespace std;

int main() {
  cout << "Hello World!";
  cout << endl;
  cout << "Jetzt komme ich!";
  cout << endl;
}
```

Listing 1.6: Das erste Programm mit `using namespace`

Der Einsatz von `using namespace` in Listing 1.6 spart eine Menge Tipparbeit und gestaltet das Programm übersichtlicher. Und wo wir gerade bei diesem Thema sind: Bei der Ausgabe lässt sich der Operator << auch verketten:

```
#include<iostream>

using namespace std;

int main() {
```

```
  cout << "Hello World!" << endl;
  cout << "Jetzt komme ich!" << endl;
}
```

Listing 1.7: Der verkettete <<-Operator im Einsatz

Das erste endl ist eigentlich unnötig, weil es an dieser Stelle nur um einen Zeilenumbruch geht und nicht um das Leeren des Ausgabepuffers. Wir könnten es daher auch mit der Escape-Sequenz \n ersetzen:

```
#include<iostream>

using namespace std;

int main() {
  cout << "Hello World!\nJetzt komme ich!" << endl;
}
```

Listing 1.8: Das Einführungsprogramm, weiter verkürzt

1.4 Variablen

Auch die interessanteste Textausgabe wird irgendwann langweilig. Wir wollen daher im weiteren Verlauf dafür sorgen, dass wir auch Daten einlesen können.

Dazu müssen wir aber Daten in unserem Programm speichern können. Dabei spielt es keine Rolle, woher die Daten kommen. Egal ob sie aus einer Datenbank, einer Datei, von der Tastatur des Anwenders oder von einem gedrückten Knopf an einer Spielkonsole stammen, zu dem Zeitpunkt, zu dem unser Programm mit ihnen arbeiten soll, müssen sie im Arbeitsspeicher des Computers gespeichert sein.

Wir brauchen also Arbeitsspeicher. Zum Glück müssen wir uns den nicht zu Fuß organisieren, denn das ist mit den modernen Multitasking-Betriebssystemen kein Pappenstiel. Hochsprachen bieten einen einfachen Mechanismus zur Beschaffung von Arbeitsspeicher: die Variablen.

Bei den Variablen (wie eigentlich bei den meisten von Menschen erdachten Dingen) gibt es verschiedene Philosophien. Sprachen wie beispielsweise PHP oder Perl besitzen *nicht typisierte Variablen*, bei denen es keine Rolle spielt, welcher Natur die in ihnen gespeicherten Daten sind. Das ist mit einer Gewürzdose in der Küche vergleichbar, die manchmal Pfeffer, manchmal aber auch Salz oder Desinfektionsmittel enthält, je nach Bedarf. Tolle Flexibilität, aber es liegt in der Verantwortung des Kochs, den Überblick über den aktuellen Inhalt zu behalten, wenn er einen Aufstand der Restaurantgäste vermeiden möchte.

Sprachen wie C++ dagegen sind *typisiert*. Sobald eine Variable angelegt wird, muss dem Compiler mitgeteilt werden, von welchem Typ die Daten sind. Und von da an wacht der Compiler darüber, dass in dieser Variablen keine anderen Typen abgelegt werden. Um beim Bild der Gewürzdose zu bleiben: Diese hat jetzt ein Etikett, auf dem steht, welches Gewürz sie enthält. Bei dem Versuch, ein anderes Gewürz einzufüllen, gäbe es von der Küchenhilfe eins mit dem Löffel.

Für einen ersten Überblick der in C++ verfügbaren Datentypen betrachten wir zunächst Tabelle 1.1 mit den elementaren Datentypen:

C++11	Name	Abkürzung	Größe
	bool		true, false
	char		implementierungsabhängig
	wchar_t		implementierungsabhängig
	char16_t		mindestens 2 Byte
	char32_t		mindestens 4 Byte
	short int	Short	≥ char
	int		≥ short int
	long int	Long	≥ int
	long long int	long long	≥ long int
	float		implementierungsabhängig
	double		≥ float
	long double		≥ double

Tabelle 1.1: Die elementaren Datentypen von C++

Für die wenigsten dieser Datentypen definiert der C++-Standard eine feste Größe. Die meisten sind implementierungsspezifisch oder voneinander abhängig. Abschnitt 1.8.1 gibt einen tieferen Einblick. Die Datentypen von bool bis long long int in Tabelle 1.1 werden *integrale Typen* genannt.

Von den oben beschriebenen Datentypen können float, double und long double Zahlen mit Nachkommastellen (Fließkommazahlen) speichern. Die anderen speichern auf die eine oder andere Weise ganzzahlige Werte.

Greifen wir uns den ganzzahligen Datentyp int heraus, und schauen wir uns an, wie damit eine Variable definiert wird:

```
int wert1;
```

Es wird einfach der gewünschte Datentyp mit einem frei erfundenen Namen angegeben. Dazwischen muss mindestens ein Leerzeichen stehen.

INFO

Namen werden in der Programmierung *Bezeichner* genannt und müssen – vereinfacht dargestellt – in C++ folgendermaßen aufgebaut werden [C++11 2.11]:

» Das erste Zeichen muss ein Groß- oder Kleinbuchstabe oder ein Unterstrich sein.

» Alle weiteren Zeichen dürfen Großbuchstaben, Kleinbuchstaben, Unterstriche und Ziffern sein.

Die Groß- und Kleinschreibung wird dabei unterschieden. Schlüsselwörter der Sprache sind als eigene Bezeichner verboten.

Nach der Definition besitzt die Variable einen unvorhersagbaren Wert, der aus den Daten gebildet wird, die ursprünglich in dem von der Variable belegten Speicher standen. Wie der Compiler auf diesen Sachverhalt reagiert (mit einer Warnung oder einem Fehler oder schlichtweg mit Ignoranz), das hängt von der Implementierung ab.

1.4.1 Initialisierung

Nachdem eine Variable definiert wurde, kann in ihr ein Wert gemäß ihres Datentyps gespeichert werden:

```
wert1=83;
```

Die Speicherung erfolgt über den Zuweisungsoperator =, der den Ausdruck auf der rechten Seite der Variablen auf der linken Seite zuweist.

Das erstmalige Zuweisen eines Wertes an eine Variable nennt man *Initialisierung*. INFO

Der gespeicherte Wert kann auch ausgegeben werden:

```
cout << "Gespeicherter Wert:" << wert1 << endl;
```

Definition und Initialisierung einer Variablen können auch kombiniert werden:

```
int wert2=9;
```

Benötigt man auf einen Schlag mehrere Variablen desselben Typs, können die einzelnen Bezeichner durch jeweils ein Komma getrennt werden:

```
int wert3, wert4;
```

Auch eine Kombination mit einer Initialisierung ist möglich:

```
int wert5=21, wert6=29;
```

1.4.2 Konstanten

Von allen Datentypen können aber nicht nur Variablen, sondern auch Konstanten definiert werden. Wie der Name schon sagt, lässt sich der Wert einer Konstanten nachträglich nicht mehr ändern; er ist konstant.

Die Definition einer Konstanten funktioniert wie die einer Variablen, nur dass const davor gesetzt wird:

```
const double dm_euro_kurs=1.95583;
```

Bei Fließkommawerten wird statt des bei uns üblichen Kommas ein Punkt verwendet. INFO

Konstanten müssen zusammen mit ihrer Definition auch initialisiert werden, weil sie danach ja konstant sind und eine Wertänderung nicht mehr möglich ist.

Der Vorteil von Konstanten ist ihr Name. Eine Abwandlung des bekannten Sprichworts sagt: »Eine Konstante sagt mehr als 1000 Werte.«

Wenn irgendwo beispielsweise der Wert $6,673*10^{-11}$ steht, dann kann das alles bedeuten, vielleicht auch nur der Diäterfolg des Nachbarn im letzten Monat. Hätte dort stattdessen `gravitationskonstante` gestanden, wäre eines klarer gewesen. In C++ macht man das so:

```
const long double gravitationskonstante = 6.673E-11;
```

Und da haben wir auch gleich ein schönes Beispiel für die Exponentialschreibweise von Werten in C++.

Es gibt noch einen weiteren Vorteil von Konstanten: Sollte sich ihr Wert einmal ändern (was für die Gravitationskonstante natürlich niemand hofft), dann kann der Wert im Programm zentral an einer einzigen Stelle geändert werden. Ohne den Einsatz einer Konstanten hätte jedes Vorkommen des Wertes im Programm gesucht und ersetzt werden müssen – aber nur, wenn es die Gravitationskonstante war und nicht der Diäterfolg des Nachbarn.

1.5 Eingabe

Analog zu `cout` können Daten von der Tastatur mit `cin` eingelesen werden. Der dafür notwendige Operator lautet >>:

```cpp
#include<iostream>

using namespace std;

int main() {
  cout << "Wie alt bist du:";

  int alter;
  cin >> alter;

  cout << "Wow, du bist schon " << alter
       << " Jahre alt!" << endl;
}
```

Listing 1.9: Eine Eingabe mit `cin`

Die letzte `cout`-Anweisung wurde aus Platzgründen auf zwei Zeilen verteilt. Da vor und hinter Operatoren Leerzeichen und Zeilenumbrüche eingefügt werden können, ist dies problemlos möglich. Bei einem Bildschirm, der breiter ist als dieses Buch, kann die Anweisung auch ohne Einbußen in eine Zeile geschrieben werden.

1.6 Grundrechenarten

Da wir bereits wissen, wie Daten ein- und ausgegeben werden, können wir uns jetzt an die Datenverarbeitung machen. Sie wird fürs Erste auf die Grundrechenarten beschränkt bleiben.

Operation	Operator	Kombinierte Zuweisung
Addition	+	+=
Subtraktion	-	-=
Multiplikation	*	*=
Division	/	/=
Ganzzahliger Rest	%	%=

Tabelle 1.2: Die Grundrechenarten

Bei der Division ganzzahliger Werte wird immer in Richtung 0 gerundet, was einem Abschneiden der Nachkommastellen entspricht [C++11 5.6]. Dies ist eine Änderung in C++11 gegenüber dem vorhergehenden Standard (C++2003), der bei positiven Werten Richtung 0 und bei negativen Werten Richtung negativ unendlich gerundet hat.

`C++11`

Wird bei den Operatoren / und % ein Divisor mit dem Wert 0 verwendet, dann ist das Verhalten undefiniert. Pauschal gilt aber wie in der Mathematik die Regel, dass Divisionen durch 0 nur in ganz speziellen Sonderfällen erlaubt sind.

```
#include<iostream>

using namespace std;

int main() {
  cout << "Wie viele Euro hast du in der Tasche:";

  double euro;
  cin >> euro;

  double dm=euro*1.96;

  cout << "Das waren mal etwa " << dm << " Mark." << endl;
}
```

Listing 1.10: Eine einfache Währungsumrechnung

Analog zu Abschnitt 1.4.2 könnte der Umrechnungskurs auch zuerst über eine Konstante definiert werden.

Mit dem Operator %, dem Modulo-Operator oder auch Restwertoperator, kann bei ganzzahligen Variablen der Rest einer Division bestimmt werden. Listing 1.11 zeigt ein Beispiel.

```
#include<iostream>

using namespace std;

int main() {
  cout << "Wie viele Kinder hast du:";
  int kinder;
  cin >> kinder;

  cout << "Und wie viele Spielzeugautos:";
  int autos;
  cin >> autos;

  int autos_pro_kind = autos/kinder;
  int rest = autos%kinder;


  cout << "Jedes Kind bekommt " << autos_pro_kind
       << " Auto(s)." << endl;

  cout << rest << " bleibt/bleiben uebrig." << endl;
}
```

Listing 1.11: Gerechte Aufteilung von Spielzeugautos

In der Mitte durchgesägte Spielzeugautos rufen bei den wenigsten Kindern Begeisterungs-stürme hervor. Die Eltern sind daher gut beraten, jedem Kind gleich viele Autos zu geben und den Rest unter Verschluss zu halten. Listing 1.11 löst die Problematik: Wir bestimmen den Rest einer Division über den Modulo-Operator und nutzen dabei die Eigenschaft ganzzahliger Datentypen, bei der Division nur ganze Werte zu liefern.

1.6.1 Vorsicht bei unterschiedlichen Datentypen

Manchmal kann es aber durchaus sinnvoll sein, Dinge wirklich in der Mitte zu teilen. Sollen etwa Kuchen auf Personen aufgeteilt werden, ist es sinnlos, nur ganze Kuchen zu verteilen und den Rest im Kühlschrank zu bunkern. Wir könnten also einen ähnlichen Ansatz wählen wie bei den Spielzeugautos, nur dass jetzt als Ergebnis ein Fließkommatyp (double) verwendet wird:

```
#include<iostream>

using namespace std;

int main() {
  cout << "Wie viele gefraessige Verwandte hast du:";
  int verwandte;
  cin >> verwandte;
```

```
cout << "Und wie viele Kuchen:";
int kuchen;
cin >> kuchen;

double kuchen_pro_verwandter;
kuchen_pro_verwandter = kuchen/verwandte; // FEHLER

cout << "Jeder Verwandte bekommt " <<
        kuchen_pro_verwandter << " Kuchen." << endl;
}
```

Listing 1.12: Fehlerhafte Kuchenverteilung

Der auf den ersten Blick vielleicht nicht direkt erkennbare Fehler steckt in der Division.

Die Idee, die Variable kuchen_pro_verwandter als double, also als einen Typ mit Nachkommastellen, zu definieren, geht definitiv in die richtige Richtung. Allerdings wird bei einem Zuweisungsoperator immer erst der Ausdruck auf der rechten Seite ausgewertet, bevor dessen Ergebnis der Variablen auf der linken Seite zugewiesen wird. Der Ausdruck ist aber eine Division zweier ganzzahliger Datentypen, die als Ergebnis einen Wert ohne Nachkommastellen liefert. Und dieser um seine Nachkommastellen beraubte Wert wird dann der Fließkommavariablen zugewiesen.

Während Verwandte üblicherweise als Ganzes zu Besuch kommen und ein ganzzahliger Datentyp deshalb angemessen ist, hätten wir bei den Kuchen noch den Argumentationsspielraum, dass es auch möglich sein sollte, halbe Kuchen oder zweieinviertel Kuchen im Kühlschrank zu haben. Dazu müssten wir in unserem Programm die Variable kuchen ebenfalls als Fließkommatyp definieren:

```
#include<iostream>

using namespace std;

int main() {
  cout << "Wie viele gefraessige Verwandte hast du:";
  int verwandte;
  cin >> verwandte;

  cout << "Und wie viele Kuchen:";
  double kuchen;
  cin >> kuchen;

  double kuchen_pro_verwandter = kuchen/verwandte;

  cout << "Jeder Verwandte bekommt " <<
          kuchen_pro_verwandter << " Kuchen." << endl;
}
```

Listing 1.13: Kuchenaufteilung mit Fließkommatyp

Erstaunlicherweise klappt die Kuchenaufteilung jetzt perfekt. Der Hintergrund ist folgender:

<table>
<tr>
<td>INFO</td>
<td>

Wird ein Operator auf Operanden unterschiedlichen Typs angewendet, dann versucht der Compiler über eine implizite Umwandlung in den allgemeineren der beiden Typen eine Typgleichheit der Operanden herzustellen.

Die Regeln der impliziten Typumwandlung sind etwas komplizierter [C++11 4], aber in den meisten Fällen lassen sich die Regeln auf zwei Faustregeln reduzieren:

» Sind beide Operanden entweder ganzzahlig oder mit Nachkommastellen, dann ist das Ergebnis vom größeren Typ der beiden Operanden.

» Ist ein Operand ein ganzzahliger Typ und der andere ein Fließkommatyp, dann ist das Ergebnis ein Fließkommatyp.

</td>
</tr>
</table>

1.6.2 Typchen wechsle dich

Was tun Sie aber, wenn es die Situation erfordert, zwei ganzzahlige Werte so zu dividieren, dass das Ergebnis Nachkommastellen aufweist? Die Lösung ist eine explizite Typumwandlung. Die erzwungene Typumwandlung numerischer Werte wird mit einem static_cast durchgeführt. Die Syntax sieht so aus:

```
static_cast<Typ>(Wert)
```

Ein Beispiel könnte folgender Sachverhalt sein: Die Spieldauer von DVDs ist immer in ganzen Minuten angegeben. Wenn ich diese Spieldauer auf mehrere Tage aufteilen möchte, dann ist auch die Anzahl der Tage ganzzahlig. Das Ergebnis dieser Division wäre aber mit Nachkommastellen behaftet. Die Lösung würde so aussehen:

```cpp
#include<iostream>

using namespace std;

int main() {
  cout << "Wie viele Spielminuten:";
  int minuten;
  cin >> minuten;

  cout << "Aufgeteilt auf wie viele Tage:";
  int tage;
  cin >> tage;

  double minuten_pro_tag=minuten/static_cast<double>(tage);

  cout << "Jeden Tag " << minuten_pro_tag <<
          " Minuten schauen." << endl;
}
```

Listing 1.14: DVD-Pensum pro Tag

1.6.3 Kombinierte Zuweisungsoperatoren

In Tabelle 1.2 gibt es als dritte Spalte noch die »kombinierte Zuweisung«. Unter kombinierten Zuweisungsoperatoren versteht man die Kombination einer Operation mit einer Zuweisung. Anstatt beispielsweise

```
preis = preis * inflation;
```

zu schreiben, hätten wir auch den kombinierten Zuweisungsoperator einsetzen können:

```
preis *= inflation;
```

Das birgt Vorteile:

» Sie sind kürzer zu schreiben.

» Ihre Ausführung ist schneller.

» Sie können eigenständig überladen werden.

Beachten Sie aber, dass der Einsatz eines kombinierten Zuweisungsoperators die Reihenfolge der Operationen ändern kann. Während der Ausdruck

```
preis = preis * inflation + zusatzgewinn;
```

zuerst das Produkt und dann die Summe bildet (Punkt- vor Strichrechnung), würde

```
preis *= inflation + zusatzgewinn;
```

erst einmal den Ausdruck auf der rechten Seite des Zuweisungsoperators (die Summe) berechnen und anschließend die Multiplikation durchführen. Das Ergebnis wäre ein anderes.

1.6.4 Inkrement und Dekrement

Abgesehen von den Zuweisungsoperatoren sind die Inkrement- und Dekrementoperatoren die einzigen, die den Wert einer Variablen oder eines Objekts verändern, nämlich ihn um 1 erhöhen beziehungsweise um 1 vermindern.

Inkrement- und Dekrementoperatoren kommen jeweils in zwei Varianten vor: als Präfix und als Postfix. Das folgende Programm zeigt die beiden Möglichkeiten am Beispiel des Inkrementoperators:

```
01 #include<iostream>
02
03 using namespace std;
04
05 int main() {
06    int wert1 = 42;
07    int wert2 = ++wert1; // Präfix
08    int wert3 = wert1++; // Postfix
09
```

```
10   cout << "Wert1:" << wert1 << endl;
11   cout << "Wert2:" << wert2 << endl;
12   cout << "Wert3:" << wert3 << endl;
13 }
```
Listing 1.15: Präfix und Postfix im Einsatz

In Zeile 6 bekommt die Variable wert1 den Wert 42 zugewiesen. In Zeile 7 wird der Ausdruck ++wert1 der Variablen wert2 zugewiesen. Wir wissen, dass der Inkrementoperator den Wert der entsprechenden Variablen um 1 erhöht. wert1 hat damit den Wert 43, der anschließend wert2 zugewiesen wird. Die Variable wert2 hat damit ebenfalls den Wert 43. So weit, so gut.

Betrachten wir Zeile 8. Sie ist nahezu identisch mit der Zeile davor, nur dass die Postfix-Schreibweise verwendet wird. Auch hier wird wert1 um 1 erhöht, aber der Ausdruck mit der Postfix-Schreibweise steht für den alten, in diesem Fall noch nicht erhöhten Wert. Deshalb hat wert1 zwar wegen des Inkrements den Wert 44, wert3 jedoch bekommt den alten Wert, die 43, zugewiesen. Die Postfix-Schreibweise kommt häufig im Zusammenhang mit Schleifen (siehe Abschnitt 2.6) vor. Hier noch ein paar Fakten zu den Inkrement- und Dekrementoperatoren:

» Inkrement- und Dekrementoperatoren sind schneller als die jeweiligen Additions- und Subtraktionsoperatoren.

» Die Präfix-Operatoren sind schneller als die Postfix-Operatoren.

» Die Inkrement- und Dekrementoperatoren kommen oft in Zusammenhang mit der Zeigerarithmetik vor.

1.7 Kommentare

Obwohl wir immer noch im Grundlagenkapitel sind, könnten unsere Programme potenziell bereits schon so komplex werden, dass wir den Überblick verlieren. Deswegen schauen wir uns kurz an, wie wir den manchmal kryptischen Programmcode über Prosa verständlicher gestalten können.

Ein Kommentar dient in einem Programm dazu, Informationen unterzubringen, die vom Compiler ignoriert werden. Und wenn wir uns nicht mehr der Syntax des Compilers beugen müssen, dann können wir jede beliebige Sprache verwenden, vorzugsweise unser eigene:

```
#include<iostream>

using namespace std;

/*
das folgende Programm berechnet, auf welches
Datum der Ostersonntag in einem bestimmten
Jahr fällt.
*/
```

```
int main() {

    // Nur Jahre ab 1583 eingeben
    cout << "geben Sie ein Jahr ein:";
    int jahr;
    cin >> jahr;

    // Berechnung
    int a = jahr % 19;
    int b = jahr / 100;
    int c = jahr % 100;
    int d = b / 4;
    int e = b % 4;
    int f = (b + 8) / 25;
    int g = (b - f + 1) / 3;
    int h = (19*a + b - d - g + 15) % 30;
    int i = c / 4;
    int j = c % 4;
    int k = (32 + 2*e + 2*i - h - j) % 7;
    int l = (a + 11*h + 22*k) / 451;
    int m = (h + k - 7*l + 114) / 31;
    int n = (h + k - 7*l + 114) % 31 + 1;

    //Ausgabe
    cout << "Ostersonntag ist " << jahr  <<
            " am " << n << "." << m << endl;
}
```

Listing 1.16: Berechnung des Ostersonntags

Keine Sorge, ich verstehe die Formel wahrscheinlich genauso wenig wie Sie. Sie wurde von dem belgischen Mathematiker Jean Meeus veröffentlicht, der die Idee wiederum von Karl Friedrich Gauss hatte. Ich habe sie lediglich in C++ übersetzt.

Trotzdem kann die Berechnung des Ostersonntags in der Praxis notwendig sein, hängen doch viele andere Feiertage vom Osterdatum ab. Interessanter als eine weitere Währungsumrechnung ist das Beispiel allemal.

Der Quellcode enthält die beiden in C++ möglichen Arten von Verweisen, einmal die mehrzeiligen Kommentare, die mit /* beginnen und mit */ enden, sowie die einzeiligen Kommentare, die mit // beginnen und am Ende der Zeile automatisch enden.

Es ist noch wichtig zu wissen, dass mehrzeilige Kommentare nicht verschachtelt werden dürfen. Einzeilige Kommentare innerhalb von mehrzeiligen Kommentaren oder umgekehrt sind dagegen völlig ok.

Kommentare werden in der Praxis auch oft eingesetzt, um die Kompilation von Programmcode zu unterbinden, ohne die Anweisungen aus dem Quellcode löschen zu müssen.

```
#include<iostream>

using namespace std;

int main() {
```

```
  cout  <<  "1. Zeile wird ausgegeben" << endl;
// cout  <<  "2. Zeile wird ausgegeben" << endl;
// cout  <<  "3. Zeile wird ausgegeben" << endl;
  cout  <<  "4. Zeile wird ausgegeben" << endl;
}
```

Listing 1.17: Zwei auskommentierte Zeilen

Die Auskommentierung der beiden Zeilen im oberen Listing hätte natürlich auch mit den mehrzeiligen Kommentaren funktioniert, aber die einfachen Kommentare lassen sich leichter verschachteln.

1.8 Ans Eingemachte

Zum Abschluss einiger Kapitel gibt es den Abschnitt »Ans Eingemachte«, eine detailliertere Betrachtung ausgewählter Themen des Kapitels. Es kann durchaus sinnvoll sein, diesen Bereich erst einmal zu überlesen und im weiteren Verlauf noch einmal hierher zurückzukehren.

1.8.1 Die elementaren Datentypen

Werfen wir einen genaueren Blick auf die elementaren Datentypen (*fundamental types*) von C++ [C++11 3.9.1], die in Tabelle 1.1 aufgelistet sind.

Vom Platzverbrauch her der kleinste elementare Datentyp ist char. Per Definition ist seine Größe so dimensioniert, dass Zeichen aus dem grundlegenden Zeichensatz der Compiler-Implementierung bequem darin Platz haben. Im deutschen Sprachraum entspricht dies üblicherweise einem Byte (8 Bit). Wie weiter oben bereits erwähnt wurde, definiert der C++-Standard keine festen Größen·für die elementaren Datentypen, sondern setzt sie lediglich in Relation zueinander. Dieser Umstand birgt Fehlerquellen, wenn Programmcode auf andere Plattformen oder nur auf einen anderen Compiler portiert wird.

Den Datentyp char gibt es zusätzlich noch vorzeichenlos als unsigned char und vorzeichenbehaftet als signed char. Ob char selbst negative Werte erlaubt, ist ebenfalls implementierungsabhängig.

Interessant ist die Tatsache, dass es sich bei allen dreien (char, signed char und unsigned char) um eigenständige Typen handelt; sie können damit alle als Kriterium zum Überladen verwendet werden. Ein Funktionsname ist dann überladen, wenn im selben Gültigkeitsbereich mehrere Funktionen denselben Namen besitzen. Wir werden das Thema in Abschnitt 3.7 noch detailliert besprechen.

Um auch Zeichensätze mit größerer Zeichenmenge zu unterstützen, existiert der Typ wchar_t. Seine Größe ist so dimensioniert, dass er allen Zeichen des mächtigsten, vom aktuellen System unterstützten Zeichensatzes einen eigenen Wert zur Verfügung stellen kann. Er ist also ebenfalls implementierungsabhängig. Eine Größe von zwei Bytes ist nicht unüblich.

Als Ergänzung zu wchar_t gibt es in C++11 noch die Typen char16_t und char32_t zur Darstellung von UFT-16- beziehungsweise UTF-32-Zeichen. Ihre Größen betragen mindestens 2 Bytes beziehungsweise mindestens 4 Bytes. Über kurz oder lang werden sie den Typ wchar_t ablösen.

C++11

Insgesamt gibt es fünf vorzeichenbehaftete ganzzahlige Datentypen: int, short int (abgekürzt: short), long int (abgekürzt: long), long long int (abgekürzt: long long) und den eben vorgestellten signed char. Für short, int und long kann optional noch das Wort signed davor gesetzt werden, der Typ bleibt aber derselbe.

Per Definition ist der int-Typ mindestens so groß wie char und besitzt üblicherweise die Größe des auf der ausführenden Umgebung gebräuchlichen Typs. Die Typen short, long und long long sind laut Standard eingeführt worden, um spezielle Bedürfnisse zu befriedigen. Die Größen der Typen sind in einer Relation formuliert:

char ≤ short ≤ int ≤ long ≤ long long

Nach dieser Definition könnten theoretisch alle fünf Typen gleich groß sein. Damit wäre aber höchstens auf 8-Bit-Systemen zu rechnen. Meistens ist short 2 Bytes groß und long long 8 Bytes groß. Der Datentyp int ist in der Mehrzahl der Fälle 2 oder 4 Bytes groß.

Passend zu den fünf vorzeichenbehafteten Datentypen gibt es vorzeichenlose Typen, die explizit mit unsigned deklariert werden müssen:

» unsigned short int (abgekürzt unsigned short),

» unsigned int (abgekürzt unsigned),

» unsigned long int (abgekürzt unsigned long),

» unsigned long long int (abgekürzt unsigned long long) und den zu Beginn schon vorgestellten

» unsigned char.

Die signed- und unsigned-Variante eines Typs besitzt dieselbe Größe (wenn auch einen anderen Wertebereich.)

Die bis hierhin aufgeführten Datentypen werden auch integrale Typen (*integral types*) genannt.

Die Menge der Fließkommatypen (*floating point types*) ist schon übersichtlicher. Es existieren drei Typen (float, double und long double), die alle drei vorzeichenbehaftet sind. Eine explizite Angabe von signed oder unsigned ist nicht erlaubt. Die Fließkommatypen sind bezüglich ihrer Präzision ins Verhältnis gesetzt:

float ≤ double ≤ long double

Um später Funktionen speziell für boolesche Werte überladen zu können, wurde C++ um den Datentyp bool ergänzt, der nur die Werte true oder false annehmen kann. Ein boolescher Wert verhält sich wie ein integraler Typ, die Werte true und false werden dabei als 1 und 0 angesehen.

Zum Schluss gibt es noch den unvollständigen Datentyp void, der primär als Rückgabetyp von Funktionen eingesetzt wird, die keinen Rückgabewert besitzen, oder als typenloser Zeiger (void*) Verwendung findet.

1.8.2 Literale

Der Begriff *Literal* ist die C++-Variante des Begriffs *Konstante* [C++11 2.14]. Dabei beschränkt sich die Bezeichnung auf fest im Programmcode »verdrahtete« konstante Werte. Kramen wir dazu noch einmal unsere Gravitationskonstante hervor:

```
const long double gravitationskonstante = 6.673E-11;
```

In C++ werden konstante Variablen (wenn das mal kein Widerspruch ist) oder Objekte als *Konstanten* bezeichnet. Deshalb ist in der oberen Anweisung gravitationskonstante eine Konstante. Dieser Konstanten wird ein Wert zugewiesen, der ebenfalls konstant ist. Aber dieser konstante Wert heißt in C++ *Literal*.

Es werden verschiedene Literale unterschieden. Die wichtigsten sind:

» ganzzahlige Literale

» Fließkomma-Literale

» Zeichen-Literale

» String-Literale

» Boolesche Literale

» Zeiger-Literale

Schauen wir sie uns kurz an.

Ganzzahlige Literale

Zur Definition ganzzahliger Literale stehen die in Tabelle 1.3 aufgeführten Suffixe zur Verfügung.

C++11	**Datentyp**	**Suffix**
	long int	l oder L
	long long int	ll oder LL
	unsigned int	u oder U
	unsigned long int	ul oder UL
	unsigned long long int	ull oder ULL

Tabelle 1.3: Ganzzahlige Literale

Wollte man beispielsweise einer unsigned long long int-Variablen ein Literal korrekt zuweisen, dann sähe das so aus:

```
unsigned long long int wert = 1234ULL;
```

Wie in Abschnitt 1.6.1 erwähnt wurde, wandelt C++ ganzzahlige Typen auf der rechten Seite der Zuweisung implizit in größere um, bis es passt. Deshalb hätten wir auch Folgendes schreiben können:

```
unsigned long long wert = 1234;
```

Fließkomma-Literale

Datentyp	Suffix
float	f oder F
long double	l oder L

Tabelle 1.4: Fließkomma-Literale

Speziell für den Datentyp float wird das Suffix häufiger benötigt, weil ein Fließkomma-Literal ohne Suffix immer vom Typ double ist:

```
float pi_float = 3.14F;
double pi_double = 3.14;
long double pi_longdouble = 3.14L;
```

Zeichen-Literale

Datentyp	Präfix	
char16_t	u	C++11
char32_t	U	
wchar_t	L	

Tabelle 1.5: Zeichen-Literale

Ein Zeichen-Literal steht immer in einfachen Anführungszeichen. Davor wird dann der Typ des Literals gesetzt. Ohne Typangabe ist das Literal vom Typ char:

```
char a = 'A';
char16_t b = u'B';
char32_t c = U'C';
wchar_t d = L'D';
```

Darüber hinaus können bestimmte Zeichen noch über sogenannte Escape-Sequenzen geschrieben werden. Sie sind in Tabelle 1.6 aufgeführt.

Escape-Sequenz	Zeichen
\'	Das Zeichen '
\"	Das Zeichen "
\?	Das Zeichen ?
\\	Das Zeichen \
\a	BEL (*bell*), akustisches Warnsignal
\b	BS (*backspace*), Cursorposition ein Zeichen nach links (Zeichen wird gelöscht.)
\f	FF (*formfeed*), Seitenvorschub
\n	NL (*new line*), Cursorposition wird auf den Anfang der nächsten Zeile gesetzt.
\r	CR (*carriage return*), Cursorposition wird auf den Anfang der aktuellen Zeile gesetzt.
\t	HT (*horizontal tab*), nächste horizontale Tabulatorposition
\v	VT (*vertical tab*), nächste vertikale Tabulatorposition
\aaa	Zeichencode aaa in oktaler Schreibweise
\xaa	Zeichencode aa in hexadezimaler Schreibweise

Tabelle 1.6: Escape-Sequenzen in C++

String-Literale

C++11

Zeichentyp	Präfix
const char	u8
const char16_t	u
const char32_t	U
const wchar_t	L
Raw String	R

Tabelle 1.7: String-Literale

String-Literale sind konstante Zeichenfolgen, die in doppelten Anführungszeichen stehen:

```
cout << "Ein String-Literal";
```

Jedes String-Literal wird automatisch mit dem Zeichen ,\0' beendet. Man nennt dieses Format auch *C-String*.

Neu in C++11 hinzugekommen sind die *Raw-Strings*. In einem normalen String-Literal müssen Zeichen wie „ oder \ mit Escape-Sequenzen kodiert werden:

```
cout << "Pfad: \"C:\\Dokumente\"" << endl;
```

Möchte man in einem String-Literal im Editor einen Zeilenumbruch verwenden, dann muss das Zeilenende mit \ markiert werden:

```
cout << "Hello \
World" << endl;
```

Bei einem Raw-String werden alle Zeichen direkt übernommen, eine Kodierung ist nicht notwendig. Ein Raw-String beginnt mit „(und endet mit)", davor steht ein R:

```
cout << R"(Pfad: "C:\Dokumente")" << endl;
```

Jetzt kann durchaus berechtigt die Frage gestellt werden, was passiert, wenn wir innerhalb des Raw-Strings die Begrenzungszeichen „(oder)" verwenden wollten. Der Trick ist einfach: Zwischen den Anführungszeichen und den Klammern können wir eine eigene Begrenzungssequenz definieren. Die wählt man im Optimalfall so, dass sie nicht im String vorkommt:

```
cout << R"GRENZE(Pfad: "(C:\Dokumente)")GRENZE" << endl;
```

Der eigene Begrenzungsstring, auf Englisch *Delimiter* genannt, darf maximal 16 Zeichen lang sein.

Boolesche Literale

Boolesche Literale sind Konstanten, die dem Datentyp `bool` zugewiesen werden können. Da gibt es nur zwei: `true` und `false`.

Zeiger-Literale

Bei den Zeiger-Literalen sieht es noch mickriger aus, dort gibt es nur `nullptr`. Immerhin, dieses Literal gibt es offiziell erst ab C++11, davor mussten merkwürdige Ersatzkonstruktionen herhalten, auf die wir heutzutage glücklicherweise nicht mehr eingehen müssen.

C++11

1.8.3 Bitweise Operatoren

Diesen Abschnitt wollen wir den bitweisen Operatoren widmen, die in anderen Kapiteln keine Hauptrolle spielen werden, die aber trotzdem erwähnt werden sollen.

Bitweise Operatoren verknüpfen Werte auf der Bitebene. Bits sind die kleinste Informationseinheit im Computer. Sie können nur 0 oder 1 sein, und von den Fähigkeiten sind sie mit den booleschen Variablen vergleichbar.

Weil das Dualsystem der Mathematik auch nur aus zwei Ziffern besteht, eignet es sich bestens, um Zahlen in der Bitschreibweise zu verarbeiten.

Im ersten Moment scheint es für die darstellbaren Werte sehr einschränkend zu sein, wenn es nur zwei Ziffern gibt. Andererseits besteht unser Dezimalsystem auch nur aus zehn Ziffern, und wir können damit beliebig große Werte darstellen, indem wir mehrere Ziffern aneinanderreihen.

Wenn wir die Dezimalzahl 246 betrachten, dann steht dort tatsächlich $2*10^2+4*10^1+6*10^0$. Mit dem Binärsystem verhält es sich genauso, nur dass die Basis dort nicht 10, sondern 2 ist. Die Zahl 1010 wäre damit:

$1*2^3+0*2^2+1*2^1+0*2^0 = 10$

Die bitweisen Operatoren zerlegen gewissermaßen die Werte in ihre Binärdarstellung und verknüpfen dann Bit für Bit.

Bitweises UND

Der bitweise UND-Operator verknüpft die einzelnen Bits so, wie in Tabelle 1.8 aufgeführt.

Bit1	Bit2	Bit1 & Bit2
0	0	0
0	1	0
1	0	0
1	1	1

Tabelle 1.8: Verknüpfungstabelle für bitweises UND

Das Ergebnisbit ist nur dann 1, wenn beide Bits 1 waren. Wenn wir die Werte 36 und 12 mit UND verknüpfen wollen (36 & 12), dann müssen wir, um das Ergebnis zu verstehen, zunächst die Binärdarstellung betrachten:

36 = 00100100

12 = 00001100

Nur das 3. Bit ist bei beiden Werten 1, deshalb ist das Ergebnis binär 00000100, und das entspricht dezimal dem Wert 4.

Mit der UND-Verknüpfung können einzelne Bits einer Zahl auf 0 gesetzt werden. Dazu wird einfach ein Wert erzeugt, der für jedes beizubehaltende Bit eine 1 und für jedes zu löschende Bit eine 0 bekommt. Diese Maske wird dann mit dem zu verändernden Wert über UND verknüpft.

Bitweises inklusives ODER

Bit1	Bit2	Bit1 | Bit2
0	0	0
0	1	1
1	0	1
1	1	1

Tabelle 1.9: Verknüpfungstabelle für bitweises inklusives ODER

Bei der inklusiven ODER-Verknüpfung (siehe Tabelle 1.9) ist das Ergebnisbit genau dann 1, wenn mindestens 1 Bit 1 war.

Diese Verknüpfung wird gerne eingesetzt, um einzelne Bits zu setzen. Dazu wird wieder eine Maske erstellt, die für jedes beizubehaltende Bit den Wert 1 und für jedes zu setzende Bit den Wert 0 bekommt.

Bitweises exklusives ODER

Bit1	Bit2	Bit1 ^ Bit2
0	0	0
0	1	1
1	0	1
1	1	0

Tabelle 1.10: Verknüpfungstabelle für bitweises exklusives ODER

Bei der bitweisen exklusiven ODER-Verknüpfung, die Sie in Tabelle 1.10 sehen, ist das Ergebnisbit genau dann 1, wenn genau 1 Bit den Wert 1 hat. Es entspricht damit einem Entweder-Oder.

Anders formuliert ist das Ergebnisbit genau dann 1, wenn die beiden Bits unterschiedliche Werte hatten.

Bitweises NOT

Bit1	~Bit1
0	1
1	0

Tabelle 1.11: Verknüpfungstabelle für bitweise Negation

Der bitweise Negationsoperator (siehe Tabelle 1.11) negiert den Wert jedes einzelnen Bits. Er ist ein unärer Operator, erwartet also nur einen Operanden:

```
a = ~b;
```

Bitweises Verschieben

Es gibt zwei binäre Verschiebeoperatoren. Beim bitweisen Verschieben nach links mit dem Operator << werden alle Bits des Wertes nach links verschoben. Neu von rechts hereinkommende Bits bekommen den Wert 0. Die auf der linken Seite herausfallenden Bits gehen verloren:

```
a = b << 2;
```

Die obere Anweisung verschiebt den Wert von b um zwei Bits nach links und weist das Ergebnis a zu.

Die Verschiebung nach rechts mit dem Operator >> verläuft ähnlich, welchen Wert die von rechts neu hereingeschobenen Bits haben, hängt jedoch vom Vorzeichen des Wertes ab. Ist der Wert positiv, dann haben die neuen Bits den Wert 0. Bei negativen Werten hängt das Ergebnis vom Compiler ab.

Hier noch ein paar Punkte, die zu beachten sind [C++11 5.8]:

» Der rechte Operand darf weder negativ noch größer als die Anzahl der vorhandenen Bits im zu verschiebenden Typ sein, ansonsten ist das Ergebnis undefiniert.

» Wird ein vorzeichenbehafteter Typ mit positivem Wert so weit nach links verschoben, dass er von der Größe her nicht mehr passt, dann ist das Ergebnis undefiniert.

» Wird ein negativer Wert nach links verschoben, dann ist das Ergebnis undefiniert.

» Wird ein negativer Wert nach rechts verschoben, dann ist das Ergebnis implementierungsabhängig.

1.8.4 Speicherdauer

In vielen Fällen ist die Frage wesentlich, wie lange eine Variable oder ein Objekt existiert, denn davon hängt es ab, wann ein vorhandener Destruktor[2] aufgerufen wird. Eine Antwort darauf liefert uns die Speicherdauer (*storage duration*) eines Objekts [C++11 3.7].

Die Speicherdauer ist eine Eigenschaft des Objekts, die Auskunft über die minimal mögliche Lebensdauer des Speichers gibt, der das Objekt beinhaltet. Es werden vier Arten der Speicherdauer unterschieden:

C++11

» statische Speicherdauer (*static storage duration*)

» threadbezogene Speicherdauer (*thread storage duration*), neu hinzugekommen in C++11

» automatische Speicherdauer (*automatic storage duration*)

» dynamische Speicherdauer (*dynamic storage duration*)

Alle nicht lokalen Objekte, die weder die dynamische noch die thread-bezogene Speicherdauer aufweisen, besitzen die statische Speicherdauer. Dazu zählen globale Objekte, statische Attribute und statische Variablen innerhalb von Funktionen. Objekte mit statischer Speicherdauer existieren während des gesamten Programmlaufs.

Alle Objekte, die mit thread_local deklariert wurden, besitzen die threadbezogene Speicherdauer. Ihre Speicherdauer hängt vom Thread ab, zu dem sie gehören. Endet der Thread, dann endet auch die Speicherdauer des Objekts.

---

2   siehe Abschnitt 8.3

Alle lokalen Objekte, die mit `register` deklariert wurden oder die nicht explizit mit `static` oder `extern` deklariert wurden, besitzen die automatische Speicherdauer. Die Lebenszeit von Objekten mit automatischer Speicherdauer hängt vom Anweisungsblock ab, in dem sie definiert wurden. Wird der Anweisungsblock verlassen, endet die automatische Speicherdauer der darin definierten Objekte.

Alle Objekte, die dynamisch mit `new` erzeugt wurden, besitzen die dynamische Speicherdauer. Sie existieren, bis sie über `delete` wieder abgebaut werden (oder das Programm beendet wird).

Lebenszeit

Mithilfe der Speicherdauer lassen sich genauere Aussagen über die Lebenszeit eines Objektes (*object lifetime*) [C++11 3.8] machen. Die Lebenszeit ist eine Laufzeit-Eigenschaft des Objekts.

Hat ein Objekt einen Klassentyp, der einen nicht trivialen Konstruktor definiert, dann beginnt seine Lebenszeit, nachdem Speicher in passender Größe zur Verfügung gestellt und der Konstruktor erfolgreich beendet wurde. Bei allen anderen Objekten beginnt die Lebenszeit bereits, sobald Speicher in passender Größe zur Verfügung gestellt wurde.

Bei Klassentypen mit nicht trivialem Destruktor[3] endet die Lebenszeit von Objekten durch den Destruktor-Aufruf. In allen anderen Fällen ist die Lebenszeit eines Objekts beendet, wenn sein Speicher freigegeben oder wiederverwendet wird.

---

3   siehe Abschnitt 8.3.1.

Anweisungsarten

In diesem Kapitel betrachten wir die Kontrollstrukturen in C++ genauer. Wir werden uns folgende Punkte genauer ansehen:

» Wie werden Vergleiche formuliert?

» Wie wird der Programmfluss abhängig von einer Bedingung gemacht?

» Wie können Programmabschnitte wiederholt werden?

2.1 Zusammengesetzte Anweisungen

Unter einer zusammengesetzten Anweisung versteht man einen Programmteil, der sich in eine Folge von Anweisungen gliedert. Die zur zusammengesetzten Anweisung gehörenden Anweisungen stehen in geschweiften Klammern, dem Anweisungsblock.

Funktionen stellen grundsätzlich zusammengesetzte Anweisungen dar, deshalb stehen die Anweisungen einer Funktion immer in geschweiften Klammern.

Anweisungsblöcke können aber auch eingesetzt werden, um die Lebenszeit (siehe Abschnitt 1.8.4) einer Variablen oder eines Objekts zu begrenzen:

```
01 #include<iostream>
02
03 using namespace std;
04
05 int main() {
06    int var1 = 123;
07    {
08       int var2 = 345;
09       cout << var2 << endl;
10    }
11    cout << var1 << endl;
12    cout << var2 << endl; // FEHLER
13 }
```

Listing 2.1: Ein Anweisungsblock kapselt eine lokale Variable.

Die Variable var2 ist nur im Anweisungsblock gültig, in dem sie definiert wurde (Zeilen 7–10). Deshalb wird die Ausgabe in Zeile 12 nicht kompiliert.

In C++ darf eine »lokalere« Variable auch eine andere verdecken:

```
#include<iostream>

using namespace std;
```

```
int main() {
  int var = 123;
  {
    int var = 345;
    cout << var << endl; // Ausgabe 345
  }
  cout << var << endl;   // Ausgabe 123;
}
```

Listing 2.2: Eine verdeckte lokale Variable

2.2 Bedingungen

Wir können bisher Informationen ausgeben, einlesen und Berechnungen ausführen – das aber immer nur in einer fest vorgegebenen Reihenfolge.

Angenommen, wir wollten den Anwender fragen, wie viele Seiten er heute lesen möchte (und sollten es weniger als 10 sein), dann wollen wir ihn aufmuntern, etwas mehr Enthusiasmus an den Tag zu legen.

Wir müssen also darauf reagieren, dass die Anzahl der Seiten kleiner als 10 ist. Die Antwort auf diese Frage (»Sind es weniger als 10 Seiten?«) kann nur mit »Ja« oder mit »Nein« be- antwortet werden. Eine solche Frage, deren Antwort ein boolescher Wert ist, nennt man auch *Bedingung*.

Eine Bedingung basiert immer auf einer Art von Vergleich. Der erste Schritt zu unserem Pro- gramm ist also ein Blick auf die verfügbaren Operatoren für solche Vergleiche.

2.2.1 Relationale Operatoren und Vergleichsoperatoren

Zur Formulierung von Vergleichen stehen uns in C++ die Operatoren zur Verfügung, die in Tabelle 2.1 aufgeführt sind.

Operator	Bedeutung
==	gleich
!=	ungleich
<	kleiner
<=	kleiner gleich
>=	größer gleich
>	größer

Tabelle 2.1: Die Vergleichsoperatoren von C++

Die Operatoren <, <=, >= und > werden auch relationale Operatoren genannt.

Alle Vergleichsoperatoren liefern einen booleschen Wert: entweder true, falls der Vergleich stimmt, oder false, falls er nicht stimmt. Dementsprechend kann das Ergebnis in einer booleschen Variablen gespeichert und ausgegeben werden:

```
#include<iostream>

using namespace std;

int main() {
  cout << "Wie viele Seiten wirst du lesen:";
  int seiten;
  cin >> seiten;

  bool zu_wenig_seiten = (seiten < 10);

  cout << "Zu wenige Seiten: " << zu_wenig_seiten << endl;
}
```
Listing 2.3: Zu wenige Seiten?

Das Programm liefert als Ergebnis den Wert 1, falls zu wenige Seiten eingegeben wurden. Sollte die Seitenanzahl ausreichend sein, wird 0 ausgegeben.

An dieser Stelle kann ich einen weiteren Manipulator vorstellen (endl ist ja auch einer). Der neue Manipulator heißt boolalpha und sorgt dafür, dass boolesche Werte nicht mehr numerisch, sondern als Strings (»true« oder »false«) ausgegeben werden. Das Gegenstück dazu ist noboolalpha, der die Ausgabe wieder auf die numerischen Werte zurücksetzt. Die Manipulatoren sind in der Headerdatei iomanip definiert, die dazu mit #include eingebunden werden muss.

Der gewünschte Manipulator wird dann einfach mit ausgegeben:

```
#include<iostream>
#include<iomanip>

using namespace std;

int main() {
  cout << "Wie viele Seiten wirst du lesen:";
  int seiten;
  cin >> seiten;

  bool zu_wenig_seiten = (seiten < 10);

  cout << "Zu wenige Seiten: "
       <<boolalpha << zu_wenig_seiten << endl;
}
```
Listing 2.4: Verständlichere Ausgabe des booleschen Wertes

2.3 Verzweigungen

Mit den Vergleichsoperatoren haben wir bereits die Möglichkeit, unterschiedliche Situationen zu erkennen. Jetzt fehlt nur noch ein Befehl, um auf eine unterschiedliche Situation auch unterschiedlich reagieren zu können. Dazu dient die if-Anweisung.

INFO Die if-Anweisung ist eine Auswahl-Anweisung (*selection statement*) und hat folgenden Aufbau:

if(*ausdruck*) *anweisung*;

Dabei kann *anweisung* eine einzelne Anweisung oder ein mit geschweiften Klammern geklammerter Anweisungsblock sein.

Der *ausdruck* in den runden Klammern muss einen booleschen Wert liefern.

Abbildung 2.1 zeigt den Ablauf als Aktivitätsdiagramm der UML.

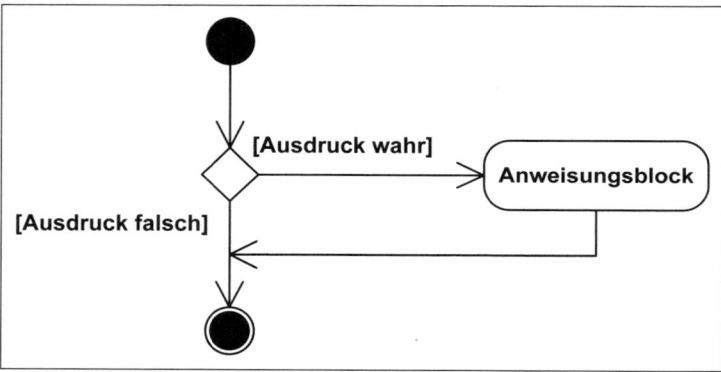

Abbildung 2.1: Ablauf einer if-Anweisung

Die Bedeutung der einzelnen Symbole haben wir bereits in Abschnitt 1.1.2 besprochen.

Für unser Beispielprogramm brauchen wir lediglich mittels if zu überprüfen, ob in zu_wenig_ seiten ein wahrer Wert steht:

```cpp
#include<iostream>

using namespace std;

int main() {
  cout << "Wie viele Seiten wirst du lesen:";
  int seiten;
  cin >> seiten;

  bool zu_wenig_seiten = (seiten < 10);

  if(zu_wenig_seiten)
    cout << "Du musst mehr lesen!" << endl;
}
```

Listing 2.5: Erster Einsatz von if

Allerdings ist jetzt der Umweg über die Variable zu_wenig_seiten überflüssig geworden. Wir können die gewünschte Bedingung (seiten < 10) direkt in der if-Anweisung unterbringen:

```
#include<iostream>

using namespace std;

int main() {
  cout << "Wie viele Seiten wirst du lesen:";
  int seiten;
  cin >> seiten;

  if(seiten < 10)
    cout << "Du musst mehr lesen!" << endl;
}
```

Listing 2.6: Die Bedingung direkt bei if

2.3.1 else

Den Anwender unseres Programms nur zu tadeln ist pädagogisch suboptimal. Schön wäre es, wenn er bei einer Seitenzahl ab 10 ein Lob bekäme. Das können wir bereits ohne Mühen programmieren, wir brauchen nur eine zweite if-Anweisung:

```
#include<iostream>

using namespace std;

int main() {
  cout << "Wie viele Seiten wirst du lesen:";
  int seiten;
  cin >> seiten;

  if(seiten < 10)
    cout << "Du musst mehr lesen!" << endl;

  if(seiten >= 10)
    cout << "Bravo! Das ist die richtige Einstellung!" << endl;

}
```

Listing 2.7: Programm mit eingebautem Lob

Die Bedingung des zweiten if ist logisch aber nichts anderes als die Negation der ersten Bedingung. Wir hätten auch sagen können:

Falls seiten < 10, dann gib einen Tadel aus, andernfalls ein Lob. Und für dieses »andernfalls« gibt es in C++ den Befehl else:

Die if-Anweisung in Kombination mit else sieht so aus:

INFO

if(*ausdruck*) *anweisung1*;

else *anweisung2*;

Abbildung 2.2 zeigt den Zusammenhang.

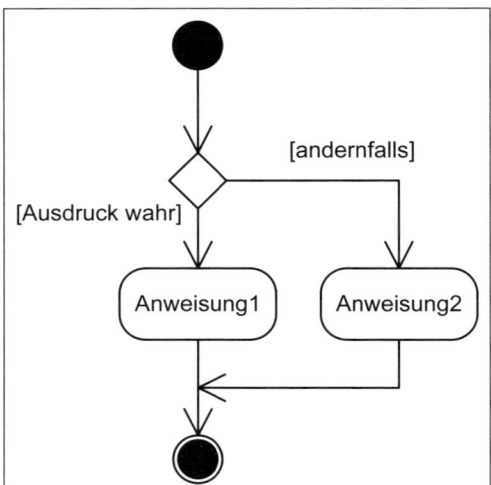

Abbildung 2.2: else im Aktivitätsdiagramm

Die Kombination von if und else formuliert ein Entweder-Oder. Entweder wird bei wahrer Bedingung die Anweisung hinter if oder bei falscher Bedingung der Anweisungsblock hinter else abgearbeitet.

Auf unser kleines Programm angewendet, kommt Folgendes heraus:

```
#include<iostream>

using namespace std;

int main() {
  cout << "Wie viele Seiten wirst du lesen:";
  int seiten;
  cin >> seiten;

  if(seiten < 10)
    cout << "Du musst mehr lesen!" << endl;
  else
    cout << "Bravo! Das ist die richtige Einstellung!" << endl;

}
```

Listing 2.8: Einsatz von else

2.3.2 Logische Operatoren

Zu viel Lesen soll ja auch nicht gut sein. Wir wollen das Lob des Anwenders deshalb auf ein Pensum von 10 bis 15 Seiten beschränken. Das könnten wir bereits programmieren; wir müssten lediglich zwei if-Anweisungen verschachteln. Der besseren Übersichtlichkeit wegen verwende ich im folgenden Beispiel die geschweiften Klammern zum Kenntlichmachen der Anweisungsblöcke:

```cpp
#include<iostream>

using namespace std;

int main() {
  cout << "Wie viele Seiten wirst du lesen:";
  int seiten;
  cin >> seiten;

  if(seiten >= 10) {
    if(seiten <=15) {
      cout << "Bravo! Das ist die richtige Einstellung!" << endl;
    }
    else {
      cout << "Du liegst nicht im gruenen Bereich!" << endl;
    }
  }
  else {
    cout << "Du liegst nicht im gruenen Bereich!" << endl;
  }
}
```

Listing 2.9: Ein verschachteltes if

Erst wenn beide if-Bedingungen wahr sind, wissen wir, dass die Seitenzahl im grünen Bereich liegt. Weil nun aber bei zwei if-Anweisungen die Bedingung nicht erfüllt sein kann, müssen wir auch zweimal den Tadel programmieren. Abbildung 2.3 zeigt den Ablauf.

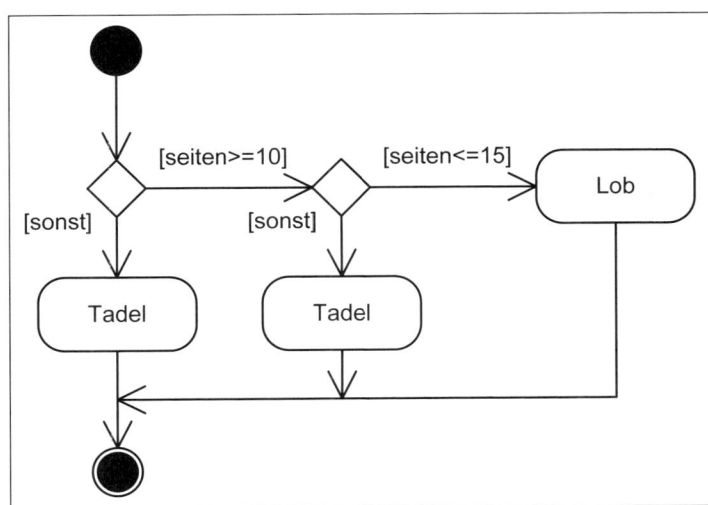

Abbildung 2.3: Das verschachtelte if

Die Problematik nimmt an Dramatik zu, wenn dem Aberglauben Rechnung getragen werden soll, dass 13 eine Unglückszahl ist und keinesfalls 13 Seiten gelesen werden dürfen:

```cpp
#include<iostream>

using namespace std;

int main() {
  cout << "Wie viele Seiten wirst du lesen:";
  int seiten;
  cin >> seiten;

  if(seiten >= 10) {
    if(seiten <=15) {
      if(seiten != 13) {
        cout << "Bravo! Das ist die richtige Einstellung!" << endl;
      }
      else {
        cout << "Du liegst nicht im gruenen Bereich!" << endl;
      }
    }
    else {
      cout << "Du liegst nicht im gruenen Bereich!" << endl;
    }
  }
  else {
    cout << "Du liegst nicht im gruenen Bereich!" << endl;
  }
}
```

Listing 2.10: Das richtige Pensum für Abergläubige

Positiv betrachtet, hat diese Vorgehensweise den Vorteil, dass für jede Tadel verursachende Situation ein individueller Tadel ausgegeben werden könnte.

Nüchtern gesehen geht es nur darum, auf das richtige Pensum zu prüfen, und das ist entweder erfüllt oder nicht. Wir bräuchten ein Konstrukt, mit dem wir die einzelnen Bedingungen (seiten>10, seiten<15 und seiten!=13) zu einer einzigen Bedingung »Pensum in Ordnung« zusammenfassen können. Natürlich hat C++ da was in petto: die logischen Operatoren (siehe Tabelle 2.2).

Operator	Bedeutung
!	Negation
&&	logisches UND
||	logisches inklusives ODER

Tabelle 2.2: Die logischen Operatoren

Abgesehen vom Negationsoperator, der eine Aussage lediglich negiert, kombinieren die logischen Operatoren den Wahrheitsgehalt zweier Bedingungen zu einer neuen Aussage.

Das vorige Beispiel sieht mit der Hilfe des logischen UND-Operators so aus:

```cpp
#include<iostream>

using namespace std;

int main() {
  cout << "Wie viele Seiten wirst du lesen:";
  int seiten;
  cin >> seiten;

  if(seiten >= 10 && seiten <=15 && seiten != 13) {
    cout << "Bravo! Das ist die richtige Einstellung!" << endl;
  }
  else {
    cout << "Du liegst nicht im gruenen Bereich!" << endl;
  }
}
```

Listing 2.11: Der Einsatz des logischen UND-Operators

2.4 Der ?:-Operator

Der ?:-Operator bietet die Funktionalität eines if-else-Konstrukts als Ausdruck. Nehmen wir das folgende einfache Programm, das den größeren zweier eingelesener int-Werte ermittelt:

```cpp
#include<iostream>

using namespace std;

int main() {
  cout << "Wert 1 eingeben:";
  int x;
  cin >> x;

  cout << "Wert 2 eingeben:";
  int y;
  cin >> y;

  int erg;

  if(x>y)
    erg = x;
  else
    erg = y;

  cout << "Maximum: " << erg << endl;
}
```

Listing 2.12: Bestimmung des größeren Werts

Je nachdem, ob die Bedingung von `if` wahr oder falsch ist, wird der Variablen `erg` der Wert von `x` oder `y` zugewiesen. Und dafür kann auch der ?:-Operator eingesetzt werden:

```
int erg;

erg = (x>y) ? x : y;

cout << "Maximum: " << erg << endl;
```

Listing 2.13: Einsatz des ?:-Operators

Hinter der Bedingung steht ein Fragezeichen, gefolgt von dem Wert, den der gesamte Ausdruck annimmt, wenn die Bedingung wahr ist. Dahinter steht ein Doppelpunkt, gefolgt von dem Wert, den der gesamte Ausdruck annimmt, wenn die Bedingung falsch ist.

Der Variablen `erg` wird damit `x` zugewiesen, falls `x>y` wahr ist, andernfalls wird ihr `y` zugewiesen.

Weil der ?:-Operator ein Ausdruck ist, kann er auch direkt in der `cout`-Anweisung eingesetzt werden:

```
cout << "Maximum: " << ((x>y) ? x : y) << endl;
```

Obwohl der ?:-Operator von der Laufzeit her nicht schneller ist als eine `if-else`-Anweisung, ist er als Ausdruck flexibler einsetzbar und geeignet, den Programmcode zu verkürzen.

2.5 Die Fallunterscheidung

Um die Fallunterscheidung ein wenig interessanter zu gestalten, greifen wir etwas vor und verwenden den Datentyp `string`, der eine Zeichenkette speichern kann. Er ist in der Headerdatei `string` definiert, die dazu mit `#include` eingebunden werden muss.

Wir wollen dem Anwender die Möglichkeit geben, den Wochentag als Ziffer von 0 bis 6 anzugeben. Das Programm soll dann den Namen des Wochentags in einem String speichern und anschließend ausgeben:

```
#include<iostream>
#include<string>

using namespace std;

int main() {
  cout << "Bitte Wochentag (0-6) eingeben:";
  int tag;
  cin >> tag;

  string name;
  if(tag==0) name="Montag";
  else if(tag==1) name="Dienstag";
  else if(tag==2) name="Mittwoch";
  else if(tag==3) name="Donnerstag";
  else if(tag==4) name="Freitag";
  else if(tag==5) name="Samstag";
```

```
  else if(tag==6) name="Sonntag";
  else   name="UNDEFINIERT";

  cout << "Du hast " << name << " gewaehlt." << endl;
}
```

Listing 2.14: Ermittlung des eingegebenen Wochentags

Dieses Beispiel ist ein Paradefall für die Fallunterscheidung, denn sie unterscheidet anhand unterschiedlicher Werte eines integralen Typs (siehe Abschnitt 1.4). Schauen wir uns die Fallunterscheidung direkt einmal im Einsatz an:

```
#include<iostream>
#include<string>

using namespace std;

int main() {
  cout << "Bitte Wochentag (0-6) eingeben:";
  int tag;
  cin >> tag;

  string name;
  switch(tag) {
  case 0:
    name="Montag";
    break;
  case 1:
    name="Dienstag";
    break;
  case 2:
    name="Mittwoch";
    break;
  case 3:
    name="Donnerstag";
    break;
  case 4:
    name="Freitag";
    break;
  case 5:
    name="Samstag";
    break;
  case 6:
    name="Sonntag";
    break;
  default:
    name="UNDEFINIERT";
    break;

  }

  cout << "Du hast " << name << " gewaehlt." << endl;
}
```

Listing 2.15: Wochentagermittlung mit Fallunterscheidung

Die Fallunterscheidung wird mit dem Befehl switch eingeleitet, dem in runden Klammern ein integraler Typ folgt. Dahinter steht der Anweisungsblock, in dem mit case die einzelnen Fälle definiert werden.

Der Sonderfall default kommt immer dann zum Einsatz, wenn die von switch betrachtete Variable einen Wert besitzt, der mit keinem case bedacht wurde.

Der Befehl break bricht die Abarbeitung der Fallunterscheidung ab und sorgt dafür, dass der nächste Fall nicht auch noch bearbeitet wird.

Man könnte die Frage stellen, warum das break explizit hingeschrieben werden muss. Warum endet ein Fall nicht automatisch genau dort, wo der nächste beginnt?

Die Antwort ist einfach: Manchmal ist es sinnvoll, wenn bei einem Fall gleich auch weitere behandelt werden.

Nehmen wir folgendes Problem: Um einschätzen zu können, welche Filme der Anwender sehen darf, wird er nach seinem Alter gefragt. Ist er zum Beispiel 7, dann darf er Filme ohne Altersbeschränkung und FSK-6-Filme sehen. Ist er 14, dann darf er zusätzlich noch FSK-12-Filme sehen.

Je nach Alter hat der Anwender also nicht eine andere Option, sondern zusätzliche Optionen. Und das lässt sich geschickt mit »fehlenden« break-Anweisungen umsetzen:

```cpp
#include<iostream>

using namespace std;

int main() {
  cout << "Bitte gib dein Alter an." << endl;
  cout << "1 - unter 6" << endl;
  cout << "2 - 6 bis 11" << endl;
  cout << "3 - 12 bis 15" << endl;
  cout << "4 - 16 bis 17" << endl;
  cout << "5 - 18 und aelter" << endl;
  cout << "Deine Wahl:";
  int alter;
  cin >> alter;

  switch(alter) {
  case 5:
    cout << "Du darfst Filme mit FSK 18 sehen." << endl;
  case 4:
    cout << "Du darfst Filme mit FSK 16 sehen." << endl;
  case 3:
    cout << "Du darfst Filme mit FSK 12 sehen." << endl;
  case 2:
    cout << "Du darfst Filme mit FSK 6 sehen." << endl;
  case 1:
    cout << "Du darfst Filme ohne Altersbeschraenkung sehen." << endl;
    break;
  default:
```

```
    cout << "Ungueltige Auswahl!" << endl;
  }
}
```
Listing 2.16: Bestimmung der erlaubten Filme

Wählt der Anwender etwa 3, dann springt die Fallunterscheidung zu `case 3:` und führt von da ab bis zum `break` alle Anweisungen aus. Der Anwender bekommt deshalb die Info, dass er FSK-12-, FSK-6- und Filme ohne Altersbeschränkung sehen darf.

2.6 Schleifen

Schleifen zählen zu den Wiederholungsanweisungen (*iteration statements*). Sie dienen dazu, Programmcode zu wiederholen.

Wir haben in unseren Programmen den Anwender schon häufiger nach Informationen gefragt, diese aber nie auf ihre Sinnhaftigkeit hin untersucht. Nehmen wir nur das Programm, das den Anwender gefragt hat, wie viele Seiten er plant zu lesen. Er hätte auch negative Werte oder Zahlen im Tausenderbereich eingeben können.

Dabei wäre es doch praktisch, wenn offensichtlich falsche Angaben nicht akzeptiert würden und der Anwender erneut gefragt würde. So etwas lässt sich bequem mit einer Schleife lösen.

2.6.1 while

Betrachten wir zunächst die `while`-Schleife.

> **INFO**
>
> Die `while`-Schleife sieht der `if`-Anweisung sehr ähnlich:
>
> `while(ausdruck) anweisung;`
>
> Dabei kann *anweisung* eine einzelne Anweisung oder ein mit geschweiften Klammern geklammerter Anweisungsblock sein.
>
> Der *ausdruck* in den runden Klammern muss einen booleschen Wert liefern.
>
> Wie Abbildung 2.4 zeigt, ist bei `while` auch der Programmfluss dem `if` sehr ähnlich. Der einzige Unterschied besteht darin, dass nach dem Abarbeiten des Anweisungsblocks der Programfluss wieder hoch zum Prüfen der Bedingung springt. Sollte die Bedingung immer noch wahr sein, dann wird der Anweisungsblock erneut abgearbeitet, und das immer wieder, bis die Bedingung schließlich falsch ist.

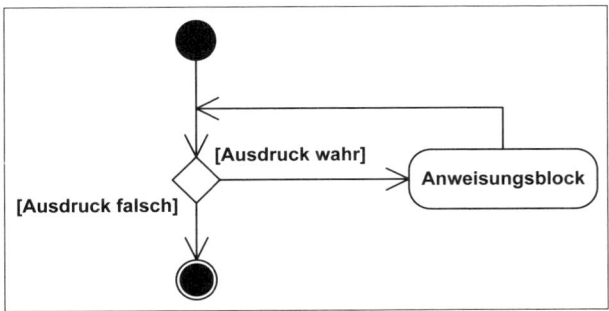

Abbildung 2.4: Die `while`-Schleife

Das Abfangen nicht plausibler Seitenangaben könnten wir damit folgendermaßen umsetzen:

```cpp
#include<iostream>

using namespace std;

int main() {
  cout << "Wie viele Seiten wirst du lesen:";
  int seiten;
  cin >> seiten;

  while(seiten < 0 || seiten > 100) {
    cout << "Falsche Eingabe, bitte noch mal:";
    cin >> seiten;
  }

  cout << "Du willst also " << seiten
       << " Seite(n) lesen." << endl;
}
```
Listing 2.17: Sinnfreie Angaben mit while abfangen

Die erste cin-Anweisung ist nur notwendig, weil wir im Kopf der while-Schleife bereits eine Seitenanzahl prüfen müssen. Wenn wir aber die Seitenanzahl zu Beginn bereits auf einen ungültigen Wert setzen, dann können wir uns das erste cin sparen:

```cpp
#include<iostream>

using namespace std;

int main() {

  int seiten = -1;

  while(seiten < 0 || seiten > 100) {
    cout << "Wie viele Seiten willst du lesen:";
    cin >> seiten;
  }

  cout << "Du willst also " << seiten
       << " Seite(n) lesen." << endl;
}
```
Listing 2.18: Verkürzte Version der Seitenabfrage

Sollte der Anwender einen unkorrekten Wert eingeben, wird er jetzt einfach erneut aufgefordert. Man könnte in der while-Schleife zusätzlich noch eine if-Anweisung einbauen, die bei Bedarf einen Hinweis auf die falsche Eingabe gibt, aber das spare ich mir hier.

2.6.2 do-while

Statt aber wie im vorigen Beispiel die Variable seiten mit einem ungültigen Wert zu versehen, nur um in den Anweisungsblock der Schleife zu gelangen, wäre es hier viel besser, wenn die Bedingung erst nach der Eingabe geprüft würde.

Genau das leistet die do-while-Schleife, denn im Gegensatz zur kopfgesteuerten while-Schlei-fe ist sie fußgesteuert.

Die do-while-Schleife ist folgendermaßen aufgebaut:

```
do {
  anweisung;
} while(ausdruck);
```

Im Gegensatz zu den bisherigen Kontrollstrukturen sind die geschweiften Klammern bei do-while zwingend, ebenso das Semikolon hinter while.

Abbildung 2.5 zeigt den Programmfluss.

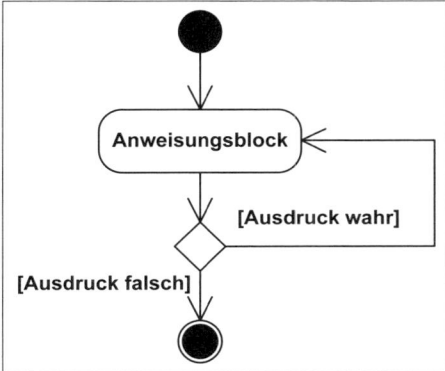

Abbildung 2.5: Der Programmfluss der do-while-Schleife

Weil die do-while-Schleife fußgesteuert ist, wird der Anweisungsblock immer mindestens ein-mal ausgeführt. Die do-while-Schleife wird üblicherweise dann eingesetzt, wenn die Bedin-gung von Informationen abhängig ist, die erst im Schleifenblock ermittelt werden.

2.6.3 for

Schleifen können auch gut zum Zählen verwendet werden. Die Schleifenlogik hieße dann: »Solange die Zählvariable ihren Endwert noch nicht erreicht hat, erhöhe sie um 1.« Listing 2.19 zeigt ein Beispiel.

```
#include<iostream>

using namespace std;

int main() {

  int x=1;
  while(x <= 10)
    cout << x++ << endl;
}
```

Listing 2.19: Eine einfache Zählschleife

Das Beispiel zeigt auch einen typischen Einsatz des Postfix-Inkrement-Operators. Gäbe es diesen Operator nicht, müssten wir entweder mit dem Präfix-Operator und nicht direkt nachvollziehbaren Initialisierungs- und Bedingungswerten arbeiten:

```
int x=0;
while(x <= 9)
  cout << ++x << endl;
```
Listing 2.20: Zählen mit Präfix-Inkrement

Oder wir müssten einen Additionsoperator als eigene Anweisung verwenden:

```
int x=1;
while(x <= 10) {
  cout << x << endl;
  x+=1;
}
```
Listing 2.21: Zählen ohne Inkrement-Operator

Die letzte Variante, wenn auch etwas umständlicher formuliert, zeigt sehr schön, welche drei Elemente zum Durchlaufen eines bestimmten Bereichs notwendig sind:

» Die Initialisierung der Zählvariablen definiert den Startwert.

» Die Bedingung der Schleife definiert den Endwert.

» Die Erhöhung der Zählvariablen führt die Schleife in den nächsten Iterationsschritt.

Im Folgenden sind die betroffenen Anweisungen mit beschreibenden Kommentaren versehen:

```
int x=1;            // Initialisierung
while(x <= 10) {    // Bedingung
  cout << x << endl;
  x+=1;             // Iteration
}
```

Diese drei Elemente (Initialisierung, Bedingung, Iteration) bringt die for-Schleife syntaktisch kompakt im Schleifenkopf unter:

```
#include<iostream>

using namespace std;

int main() {

  for(int x=1; x<=10; ++x)
    cout << x << endl;
}
```
Listing 2.22: Die for-Schleife im Einsatz

Vom Aufbau her sieht die Schleife so aus:

```
for(initialisierung; bedingung; iteration)
  anweisung;
```

Dabei kann *anweisung* auch ein Anweisungsblock sein. Der Ablauf ist in Abbildung 2.6 dargestellt.

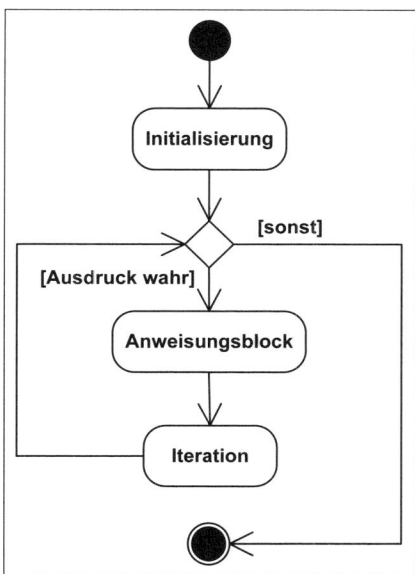

Abbildung 2.6: Die for-Schleife

Bereits seit C++2003 gilt, dass die im for-Kopf definierten Variablen lokale Variablen des Anweisungsblocks von for sind. Im folgenden Beispiel ist die zweite cout-Anweisung daher nicht kompilierbar.

```
for(int x=1; x<=10; ++x)
  cout << x << endl;

cout << x;  // FEHLER
```

Es können auch mehrere Variablen desselben Typs initialisiert werden. Darüber hinaus dürfen im Iterationsteil mehrere Anweisungen stehen, die mit Komma getrennt werden:

```
#include<iostream>

using namespace std;

int main() {

  for(int x=10, y=90; x<=90; x+=10, y-=10)
    cout << x << "-" << y << endl;
}
```

Listing 2.23: Mehrere Anweisungen in for

2.7 Kontrollbefehle

Zum Abschluss des Themas Schleifen sollen noch zwei Befehle besprochen werden, die den Programmfluss innerhalb von Schleifen manipulieren: break und continue.

2.7.1 break

Der Befehl break ist bereits ein alter Bekannter. Bei der Fallunterscheidung (siehe Abschnitt 2.5) diente er dazu, den switch-Block zu beenden. Bei den Schleifen kommt ihm dieselbe Aufgabe zu: Er bricht die innerste Schleife ab. Schauen wir uns ein Beispiel an, das den Anwender so lange Werte zu einer Summe addieren lässt, bis er 0 eingibt:

```cpp
#include<iostream>

using namespace std;

int main() {

  int summe = 0;
  while(true) {
    cout << "Bitte Wert eingeben (0 = Ende):";
    int wert;
    cin >> wert;
    if(!wert)
      break;
    summe += wert;
  }
  cout << "Summe: " << summe << endl;
}
```

Listing 2.24: Summenberechnung

Die while(true)-Schleife liefe endlos, wäre innerhalb der Schleife nicht das break, das ausgeführt wird, wenn wert den Wert 0 hat. Abgekürzt wird es !wert geschrieben.

Diese abgekürzte Schreibweise ist möglich, weil in C++ nur 0 als falsch gilt. Alle anderen Werte gelten als wahr. Damit ist der Ausdruck !wert nur dann wahr, wenn wert den Wert 0 hat.

Wollten wir in dem oberen Beispiel auf den Befehl break verzichten, dann könnten wir das Problem auch so lösen:

```cpp
#include<iostream>

using namespace std;

int main() {

  int summe = 0;
  int wert;
  do {
    cout << "Bitte Wert eingeben (0 = Ende):";
    cin >> wert;
```

```
  if(wert)
    summe += wert;
} while(wert);
cout << "Summe: " << summe << endl;
}
```

Listing 2.25: Summenberechnung ohne `break`

Die Variable `wert` muss nun in die Bedingung der Schleife einfließen. Das geht aber nur, wenn sie vor der Schleife definiert wurde. Innerhalb des Anweisungsblocks der Schleife definierte Variablen sind nur innerhalb dieses Anweisungsblocks gültig (siehe Abschnitt 1.8.4), und das `while` steht außerhalb dieses Blocks.

Der Wert darf nur dann auf die Summe addiert werden, wenn nicht der Endwert eingegeben wurde. Deshalb brauchen wir in der Schleife noch eine `if`-Anweisung. Da in diesem konkreten Fall der Endwert 0 ist, hätten wir auch auf das `if` verzichten können. Dann hätte das Programm einfach die 0 addiert, was keine Auswirkungen gehabt hätte. Aber bei einem Endwert von sagen wir -1 wäre das `if` zwingend gewesen.

Die `break`-Anweisung bietet bei den Schleifen keine neue Funktionalität. Jedes Problem kann auch ohne `break` gelöst werden. Oft ist der Einsatz von `break` aber eine kürzere oder performantere Alternative.

2.7.2 continue

Ein Befehl, der recht selten eingesetzt wird, ist `continue`. Er überspringt alle weiteren Anweisungen der Schleife. Das folgende Programm fragt den Anwender, bis zu welchem Wert eine Zahlenreihe gebildet werden soll. Bei einem Wert über 20 wird die Zahlenreihenbildung mit `continue` übersprungen:

```
#include<iostream>

using namespace std;

int main() {

  int summe = 0;
  while(true) {
    cout << "Bis wohin soll gezaehlt werden (0 = Ende):";
    int wert;
    cin >> wert;
    if(!wert)
      break;
    if(wert>20)
      continue;
    for(int i=1; i<=wert; ++i)
      cout << i << " ";
    cout << endl;
  }
}
```

Listing 2.26: Der Einsatz von `continue`

2.8 Ans Eingemachte

In diesem Abschnitt wird es wieder etwas technischer. Die hier erklärten Begriffe werden im weiteren Verlauf des Buches verwendet. Damit Sie die komplette Definition nicht aus mehreren Kapiteln zusammensuchen müssen, liste ich sie hier komplett auf, auch wenn das an dieser Stelle etwas »überwältigend« erscheinen mag, weil viele Begriffe erst später im Buch erklärt werden.

2.8.1 Kurzschlusseigenschaft

Um die Kurzschlusseigenschaft sinnvoll demonstrieren zu können, schreiben wir folgende Funktionen[1]:

```
bool groesser(int wert1, int wert2) {
  cout << wert1 << " groesser " << wert2 << "?" << endl;
  return wert1 > wert2;
}

bool kleiner(int wert1, int wert2) {
  cout << wert1 << " kleiner " << wert2 << "?" << endl;
  return wert1 < wert2;
}
```

Listing 2.27: Die Funktionen groesser und kleiner

Um zu überprüfen, ob der Wert einer Variablen zwischen 100 und 200 liegt, könnten wir Folgendes schreiben:

```
int main() {
  int x=150;

  if(groesser(x,100) && kleiner(x,200)) {
    cout << "Gueltige Zahl" << endl;
  }
  else {
    cout << "Ungueltige Zahl" << endl;
  }

}
```

Listing 2.28: Die Hauptfunktion zum Einsatz von groesser und kleiner

Es sollte nicht überraschen, wenn das Programm diese Ausgabe produziert:

```
150 groesser 100?
150 kleiner 200?
Gueltige Zahl
```

---

[1]   Bei einem einfachen Beispiel lassen sich Funktionen leider nicht vermeiden. Im Zweifel können Sie auch zuerst Kapitel 3, »Funktionen«, lesen, bevor Sie sich die Kurschlusseigenschaft ansehen.

Interessant wird es, wenn wir `x` auf einen ungültigen Wert setzen, wie 50, denn dann erscheint eine unerwartete Ausgabe:

```
50 groesser 100?
Ungueltige Zahl
```

Offenbar wird die `kleiner`-Funktion nicht mehr aufgerufen. Und genau das ist die Kurzschlusseigenschaft:

> Sollte bei einem logischen Operator der erste Operand das Ergebnis bereits bestimmen, dann wird der zweite Operand nicht mehr ausgewertet. `INFO`

In unserem Fall heißt das: Eine UND-Verknüpfung liefert nur dann einen wahren Wert, wenn beide Operanden einen wahren Wert liefern. Sollte der erste Operand schon einen falschen Wert liefern, dann kann das Gesamtergebnis nicht mehr wahr werden und der zweite Operand (hier der Aufruf der `kleiner`-Funktion) wird nicht mehr ausgewertet.

> Das Beispiel zur Kurzschlusseigenschaft finden Sie auf der Webseite *www.awl.de/3209* unter *Listings/ Kapitel02/Kurzschluss*. `WWW`

Ein bewusster und sinnvoller Einsatz der Kurzschlusseigenschaft wird uns im Buch noch begegnen.

2.8.2 Deklaration und Definition

Häufig stiftet die Verwendung der Begriffe *Definition* und *Deklaration* Verwirrung, dabei ist der Unterschied in C++ so wesentlich wie in kaum einer anderen Sprache. Schauen wir in den Standard [C++11 3.1]:

Eine Deklaration ist eine Definition, es sei denn,

» sie deklariert eine Funktion, ohne ihren Rumpf zu spezifizieren.

» sie enthält den Spezifizierer `extern` oder eine Link-Spezifizierung und weder einen Initialisierer noch einen Funktionsrumpf.

» sie deklariert ein statisches Klassenattribut.

» sie deklariert einen Klassennamen.

» sie ist eine `typedef`-Deklaration.

» sie ist eine Using-Deklaration oder eine Using-Direktive.

Damit ist im Umkehrschluss jede Definition eine Deklaration.

Warum überhaupt so eine Pfennigfuchserei mit diesen beiden Begriffen getrieben wird, möchten Sie wissen? Nun, an vielen Stellen im Programm reicht eine Deklaration aus, und eine Deklaration ist leichter zur Verfügung zu stellen und schneller zu kompilieren als eine Definition.

Speziell für die Klassen müssen wir uns noch anschauen, wann es ausreicht, dass eine Klasse nur deklariert ist und wann sie komplett definiert sein muss. Auch hier gibt der Standard Aufschluss [C++11 3.2]:

Ein Klassentyp T muss komplett definiert sein, wenn

» ein Objekt des Typs T definiert wird (gilt auch für nicht statische Attribute).

» der Typ T als Basisklasse verwendet wird.

» ein Arrray mit Elementen vom Typ T erzeugt wird.

» ein L-Wert vom Typ T in einen R-Wert konvertiert wird.

» ein Ausdruck explizit oder implizit in den Typ T konvertiert wird.

» ein Ausdruck, der keine Null-Zeiger-Konstante ist und einen anderen Typ als void* hat, über implizite Typumwandlung, einen dynamic_cast oder einen static_cast in einen Zeiger oder eine Referenz vom Typ T umgewandelt wird.

» ein Elementzugriff (. oder ->) auf einen Ausdruck des Typs T angewendet wird.

» der typeid- oder sizeof-Operator auf einen Ausdruck des Typs T angewendet wird.

» eine Funktion mit T als Rückgabetyp definiert oder aufgerufen wird.

» einem L-Wert vom Typ T etwas zugewiesen wird.

» der Typ T als Objekt, Zeiger oder Referenz bei catch verwendet wird.

In allen anderen Fällen reicht eine Deklaration aus.

Aber keine Sorge, wir werden die einzelnen Fälle in den jeweiligen Kapiteln alle noch besprechen.

2.8.3 static_assert

C++11

Neu in C++11 hinzugekommen ist der Befehl static_assert, der die Möglichkeit bietet, bestimmte Bedingungen zur Kompilationszeit zu prüfen. Dabei muss der zu prüfende Ausdruck konstant sein. Es lassen sich damit keine Bedingungen formulieren, die erst zur Laufzeit ausgewertet werden können, wie zum Beispiel die Eingabe des Anwenders.

INFO

Der grundlegende Aufbau ist:

```
static_assert(const_ausdruck, string_literal);
```

Schauen wir uns ein Beispiel an:

```
#include<iostream>

using namespace std;

int main() {
  const int min_wert = 20;
  const int max_wert = 220;
```

```
int wert;

static_assert(min_wert <= 100 && max_wert >= 200,
              "Falscher Wertebereich");

do {
  cout << "Bitte Zahl zwischen " << min_wert
       << " und " << max_wert << " eingeben:";
  cin >> wert;
} while(wert < min_wert || wert > max_wert);
}
```

Listing 2.29: Der Einsatz von static_assert

Im Programm soll sichergestellt werden, dass der von den Konstanten *min_wert* und *max_ wert* definierte Bereich nicht kleiner ist als 100 bis 200. Dieses Problem wird mit dem static_assert gelöst. Sollte nach einer Änderung der Konstanten die Bedingung bei static_assert nicht mehr erfüllt sein, wird beim Kompilationsvorgang der Fehler »Falscher Wertebereich« ausgegeben. Auf diese Weise können Bedingungen formuliert werden, die zur Kompilationszeit unbedingt gelten müssen. Das kann sehr hilfreich sein, um zukünftige, die Funktionalität beeinträchtigende Änderungen am Programm zu erkennen.

2.8.4 assert

Das Makro[2] assert steht in der Headerdatei cassert, die bei Bedarf mit #include eingebunden werden muss.

Im Gegensatz zum static_assert prüft assert seine Bedingung zur Laufzeit. So lässt sich die Einhaltung bestimmter Bedingungen sicherstellen.

Nehmen wir an, es soll ein Wert ausgegeben werden, aber aus logischen Gründen (welche auch immer das sein mögen) darf der Wert nicht 123 sein. Das ist mit assert schnell formuliert:

```
#include<iostream>
#include<cassert>

using namespace std;

int main() {
  int wert;
  cout << "Bitte Wert eingeben:";
  cin >> wert;


  assert(wert!=123);
  cout << "Eingegebener Wert:" << wert << endl;
}
```

Listing 2.30: Der Einsatz von assert

---

2   Ein Makro ist ein Textbaustein, der vom Präprozessor überall dort eingesetzt wird, wo der Name des Makros steht.

Sollte das assert mit dem Wert 123 konfrontiert werden, dann bricht das Programm mit einer entsprechenden Fehlermeldung ab.

Jetzt kann man fragen, wozu das gut sein soll, denn dem Anwender möchte man einen Programmabbruch im Allgemeinen ersparen. Die Antwort darauf ist: Genau! Denn wenn ich in der Testphase einen Programmabbruch durch ein assert erlebe, dann heißt das für mich als Programmierer: Mein Programm erwartet eine Bedingung, die ich innerhalb des Programms nicht sichergestellt habe. Ich habe mithilfe des assert einen Handlungsbedarf erkannt, der ohne assert vermutlich erst beim Kunden oder durch seltsames Verhalten des Programms aufgefallen wäre.

INFO   Das assert-Makro dient dazu, während der Implementierungs- und Testphase für das Programm notwendige Bedingungen zu überprüfen.

Oder kurz gefasst: Mit dem assert-Makro sollen Programmierfehler aufgedeckt werden, nicht Eingabe- oder Laufzeitfehler.

Wenn wir bei dem oberen Beispiel aus Listing 2.30 bleiben, dann haben wir mit assert festgestellt, dass wir zwar einen Wert ungleich 123 fordern, dies programmtechnisch aber nicht sicherstellen.

Das beheben wir noch schnell, indem der Anwender bei Eingabe von 123 um eine erneute Eingabe gebeten wird:

```
#include<iostream>
#include<cassert>

using namespace std;

int main() {
  int wert;
  do {
    cout << "Bitte Wert eingeben:";
    cin >> wert;
  } while(wert == 123);


  assert(wert!=123);
  cout << "Eingegebener Wert:" << wert << endl;
}
```
Listing 2.31: Das verbesserte Programm

NDEBUG

Wie Sie oben gelesen haben, werden mit assert Programmierfehler aufgedeckt. Üblicherweise werden diese Makros deshalb im endgültigen Produkt entfernt, denn das fertige Programm sollte die mit assert geforderten Bedingungen selbst sicherstellen.

Weil aber das Löschen aller assert-Anweisungen in großen Projekten lästig sein kann, gibt es eine Konstante NDEBUG (als Abkürzung für »No debugging«, was so viel heißt wie »Keine Debug-Version«).

Wird diese Konstante definiert, dann werden die `assert`-Anweisungen nicht mehr ins Programm kompiliert:

`#define NDEBUG`

Wichtig ist, dass diese Zeile vor dem Einbinden von `cassert` steht – und das in jeder *.cpp*-Datei, die `assert` verwendet. Wie man das eleganter lösen kann und wie der Präprozessorbefehl `#define` genau funktioniert, schauen wir uns im nächsten Kapitel an.

KAPITEL 3

Funktionen

In diesem Kapitel werden wir uns anschauen, wie Sie Programmcode in eigene Funktionen schreiben und diese Funktionen dann in eigene Dateien auslagern.

3.1 Funktionsdefinition

Unsere Programme bestanden bisher immer aus einer einzigen Funktion, der main-Funktion. Wie in Abschnitt 2.8.2 erklärt wurde, handelt es sich dabei um eine Funktionsdefinition, denn es gibt einen Funktionskopf und den Anweisungsblock.

Aber wo wir doch schon eine Funktion haben, warum sollten wir noch eine schreiben? Stellen wir uns folgende Situation vor: Der Anwender soll zuerst eine Zahl im Bereich von 200 bis 400 eingeben, danach eine zweite Zahl im Bereich von -100 bis 100. Momentan würden wir das etwa so programmieren:

```
#include<iostream>

using namespace std;

int main() {

  int wert1;
  do {
    cout << "Bitte Wert zwischen 200 und 400 eingeben:";
    cin >> wert1;
  } while(wert1 < 200 || wert1 > 400);

  int wert2;
  do {
    cout << "Bitte Wert zwischen -100 und 100 eingeben:";
    cin >> wert1;
  } while(wert1 < -100 || wert1 > 100);
}
```

Listing 3.1: Einlesen zweier Werte

Die beiden Codeabschnitte zum Einlesen der Werte haben frappierende Ähnlichkeit. Eigentlich unterscheiden sie sich nur im gültigen Bereich und in der Zielvariablen. Aber die Funktionalität »Zahl aus einem bestimmten Bereich einlesen« ist die gleiche – ein Paradebeispiel für eine eigene Funktion.

Statt den Programmcode mehrmals mit nur geringfügigen Unterschieden im Programm stehen zu haben, definieren wir ihn einmal zentral und rufen ihn dann nur noch bei Bedarf auf:

```
01 #include<iostream>
02 #include<utility>
03
04 using namespace std;
05
06 int wert_aus_bereich(int ug, int og) {
07   if(ug > og)
08     swap(ug, og);
09
10   int wert;
11   do {
12     cout << "Bitte Wert zwischen " << ug
            << " und " << og << " eingeben:";
13     cin >> wert;
14   } while(wert < ug || wert > og);
15   return wert;
16 }
17
18 int main() {
19   int wert1=wert_aus_bereich(200,400);
20   int wert2=wert_aus_bereich(-100,100);
21 }
```

Listing 3.2: Erster Einsatz einer Funktion

Fangen wir mit dem Kopf der eigenen Funktion in Zeile 6 an.

INFO   Ein Funktionskopf ist in seiner einfachsten Form[1] folgendermaßen aufgebaut:

rückgabetyp fkt_name(parameterliste)

Der Rückgabetyp muss immer vorhanden sein. Sollte die Funktion keinen Wert zurückliefern, dann ist als Rückgabetyp void[2] vorgeschrieben.

Die Parameterliste listet die Parameter der Funktion auf. Dabei gilt:

» Parameter werden untereinander durch jeweils ein Komma getrennt.

» Für jeden Parameter muss der Datentyp explizit angegeben werden. Eine Vereinfachung wie bei der Definition von Variablen gleichen Typs ist nicht möglich.

Die return-Anweisung in Zeile 15 dient dazu, die Funktion zu beenden und den Rückgabewert der Funktion festzulegen.

Die swap-Anweisung in Zeile 8 vertauscht die beiden Bereichsgrenzen, falls die untere Grenze größer als die obere Grenze ist. Damit swap zur Verfügung steht, muss die Headerdatei utility mit #include eingebunden werden.

---

1 Wenn die Funktionen später als Methoden von Klassen in Erscheinung treten, kann der Funktionskopf noch etwas komplexer aussehen.
2 »void« kann mit »Leere« oder »Nichts« übersetzt werden.

Aufgerufen wird die Funktion in den Zeilen 19 und 20. Vom Ablauf her springt das Programm beim Aufruf einer Funktion zum Anweisungsblock dieser Funktion und verwendet die übergebenen Argumente zur Initialisierung der Funktionsparameter. Für den ersten Aufruf in Zeile 19 haben die Funktionsparameter in wert_aus_bereich die Werte 200 und 400. Die Funktionsparameter sind lokale Variablen der Funktion. Sie besitzen damit die automatische Speicherdauer und werden nach Beendigung der Funktion gelöscht. Eine etwaige Namensgleichheit zwischen Funktionsparametern und als Argumenten übergebenen Variablen ist damit unproblematisch und hat keinerlei Auswirkungen.

Wenn der Programmfluss innerhalb der Funktion auf eine return-Anweisung trifft, dann springt er zum Aufrufpunkt der Funktion zurück, und bildlich betrachtet nimmt der bei return angegebene Wert den Platz des Funktionsaufrufs ein.

In unserem Fall steht der Funktionsaufruf rechts von einem Zuweisungsoperator. Der mit return von der Funktion zurückgegebene Wert wird damit in Zeile 19 der Variablen wert1 zugewiesen.

Ähnliches passiert in Zeile 20.

3.2 return

Widmen wir der return-Anweisung noch etwas Aufmerksamkeit, und schauen wir uns noch einige Beispiele an.

Hinter dem return-Befehl kann nicht nur eine Variable, sondern ein beliebiger Ausdruck stehen. Die Funktion summe in Listing 3.3 berechnet die Summe zweier übergebener Werte:

```
int summe(int a, int b) {
  return a+b;
}
```
Listing 3.3: Die Funktion summe

Die return-Anweisung kann in einer Funktion beliebig oft verwendet werden. Die folgende Funktion signum bestimmt das Vorzeichen eines übergebenen double-Wertes, indem sie -1 für negative Werte, 1 für positive Werte und 0 für den Wert 0 zurückgibt:

```
int signum(double wert) {
  if(wert > 0)
    return 1;
  if(wert < 0)
    return -1;
  return 0;
}
```
Listing 3.4: Die Funktion signum

Wie das Beispiel signum zeigt, dürfen sogar Literale zurückgegeben werden. Die letzte return-Anweisung steht nicht in einem if-Block, weil wert an dieser Stelle nur 0 sein kann (denn er war weder kleiner 0 noch größer 0).

Bei Funktionen mit Rückgabewert muss jeder Programmpfad mit einer return-Anweisung enden. Das folgende Beispiel hat deshalb ein undefiniertes Verhalten, wenn der Funktion fehler ein Wert kleiner gleich 0 übergeben wird:

```
#include<iostream>

using namespace std;

int fehler(int wert) {
  if(wert > 0)
    return 42;
}

int main() {
  cout << "Bitte Wert eingeben:";
  int wert;
  cin >> wert;

  cout << "Ergebnis: " << fehler(wert) << endl;
}
```
Listing 3.5: Fehlerhafter Einsatz von return

Unglücklicherweise bemerkt nicht jeder C++-Compiler diesen Fehler zwangsläufig.

Der return-Befehl kann jede Funktion beenden, auch solche Funktionen, die keine Werte zurückliefern. In diesen Fällen darf hinter return auch kein Wert stehen. Listing 3.6 zeigt ein Beispiel, in dem ausgegeben wird, ob man bei dem übergebenen Alter volljährig oder minderjährig ist.

```
void volljaehrig(int alter) {
  if(alter >= 18) {
    cout << "Volljaehrig!" <<  endl;
    return;
  }
  cout << "Minderjaehrig!" << endl;
}
```
Listing 3.6: Prüfen, ob volljährig

Da return-Befehle die Funktion beenden, erreicht der Programmfluss die Ausgabe von »minderjährig« nur, falls die if-Bedingung falsch ist.

3.3 Standardwerte

C++ erlaubt die Definition von Standardwerten für Funktionsparameter. Falls Standardwerte verwendet werden, müssen folgende Punkte gelten:

» Der letzte Parameter muss einen Standardwert besitzen.

» Zwischen zwei Parametern mit Standardwerten darf kein Parameter ohne Standardwert stehen.

Betrachten wir als Beispiel eine Funktion max, die den größeren von zwei oder drei Werten ermitteln kann:

```
int max(int x, int y, int z=INT_MIN) {
  int m = x>y ? x : y;
  m = m>z ? m : z;
  return m;
}
```
Listing 3.7: Die Funktion max mit Standardwerten

Die Konstante INT_MIN definiert den kleinstmöglichen int-Wert und stammt aus der Header-datei climits (siehe Abschnitt 3.9.2).

Die Funktion max kann jetzt mit drei Argumenten oder mit zwei Argumenten (dann wird der dritte Parameter auf INT_MIN gesetzt) aufgerufen werden:

```
cout << max(5, 11) << endl;
cout << max(5, 11, 17) << endl;
```

Nach diesem Prinzip könnten wir auch eine max-Funktion konstruieren, die zwei, drei oder vier Argumente entgegennehmen kann:

```
int max(int x, int y, int z=INT_MIN, int a=INT_MIN) {
  int m = x>y ? x : y;
  m = m>z ? m : z;
  m = m>a ? m : a;
  return m;
}
```
Listing 3.8: max für zwei bis vier Argumente

Wichtig ist hierbei, dass es aus syntaktischen Gründen die letzten beiden Parameter sein müssen, die die Standardwerte zugewiesen bekommen, auch wenn logisch gesehen jede Kombination mit zwei Standardwerten funktionieren würde.

3.4 Alternative Funktionssyntax

Ab C++11 gibt es die Möglichkeit, den Datentyp des Rückgabewertes auch hinter dem Funk-tionskopf zu definieren:

`C++11`

```
auto max(int x, int y) -> int {
  return x>y ? x : y;
}
```
Listing 3.9: Die Funktion max mit alternativer Syntax

Statt eines konkreten Datentyps vor dem Funktionsnamen steht dort nur noch auto. Der tat-sächliche Datentyp steht hinter dem Funktionskopf, durch -> getrennt.

Der Vorteil dieser Schreibweise ist, dass zum Zeitpunkt der Typangabe für den Rückgabewert die Typen der Funktionsparameter bereits bekannt sind. Es ist mit dieser Syntax also möglich, den Rückgabetyp in Abhängigkeit von den Parametertypen zu definieren. Das wird später bei den Funktionstemplates interessant.

3.4.1 auto

C++11

Aber das neue Schlüsselwort auto kann noch mehr.[3] Es ist nämlich in der Lage, den Datentyp einer Variablen oder eines Objekts automatisch anhand des zugewiesenen Wertes zu bestimmen:

```
auto a = 5;           // int
auto b = 5.0;         // double
auto c = 3.14f;       // float
auto d = max(5,7);    // int
```

INFO

Das Schlüsselwort auto besagt nur, dass der Typ automatisch anhand des Rechtswerts der Zuweisung bestimmt wird. Deswegen kann auto auch nur bei direkter Initialisierung verwendet werden.

Wie jede andere Variable auch ist eine mit auto definierte Variable nach dieser automatischen Typbestimmung fest an diesen Typ gebunden.

Diese implizite Herleitung des Typs wird als *Typinferenz* bezeichnet.

3.5 Funktionsdeklaration

Die bisher von uns implementierten Funktionen waren gemäß Abschnitt 2.8.2 Funktionsdefinitionen, denn sie besaßen einen Rumpf in Form eines Anweisungsblocks. Diese Funktionsdefinitionen standen immer vor der main-Funktion. Deshalb war die Funktionsdefinition zum Zeitpunkt des Funktionsaufrufs innerhalb von main bekannt.

Was aber, wenn die aufgerufenen Funktionen erst hinter main definiert würden? Listing 3.10 zeigt ein Beispiel.

```
#include<iostream>

using namespace std;

int main() {
  cout << "Wert eingeben:";
  int wert;
  cin >> wert;

  int quadrat = berechne_quadrat(wert);
}

int berechne_quadrat(int w) {
  return w*w;
}
```

Listing 3.10: Zu späte Funktionsdefinition

---

3   Genau genommen muss man sagen: »Die neue Bedeutung des Schlüsselworts auto«, denn das Schlüsselwort gab es schon vor C++11, nur mit einer völlig anderen Bedeutung. Es diente nämlich dazu, Elemente mit automatischer Speicherdauer zu kennzeichnen.

Das Programm wird nicht fehlerfrei kompiliert, weil der Compiler behauptet, die Funktion berechne_quadrat nicht zu kennen.

Für dieses Problem gibt es aber eine Lösung. Und wenn Sie jetzt sagen »Einfach berechne_quadrat wieder vor main setzen«, dann ist das zwar richtig, aber ich möchte auf etwas anderes hinaus.

In C++ reicht es nämlich aus, eine Funktion nur zu deklarieren, um sie aufrufen zu können. Abschnitt 2.8.2 zufolge besteht eine Funktionsdeklaration lediglich aus dem Funktionskopf. Lassen wir also einfach den Anweisungsblock weg:

```
int berechne_quadrat(int w);
```

Listing 3.11: Eine Funktionsdeklaration

Wenn diese Funktionsdeklaration vor main gesetzt wird, dann kann die Definition von berechne_quadrat weiterhin hinter main stehen und das Programm wird fehlerfrei kompiliert.

3.6 Module

Die Frage, wie sinnvoll das oben gezeigte Vorgehen ist, habe ich aber immer noch nicht vollständig beantwortet. Warum in aller Welt sollte ich die Definition nach unten verschieben und statt ihrer eine Deklaration schreiben, anstatt die Funktion gleich oben stehen zu lassen?

Tatsächlich gibt es nur in seltenen Fällen einen sinnvollen Grund. Was dieses Prinzip aber so attraktiv macht, ist die Tatsache, dass man Definitionen und Deklarationen auch in andere Dateien auslagern kann.

Dazu legen wir eine neue Quellcodedatei *fkt.cpp* an. Der Name ist willkürlich gewählt, sollte aber in der Praxis den Inhalt grob beschreiben. In diese Datei verschieben wir die Definition der Funktion:

```
int berechne_quadrat(int w) {
  return w*w;
}
```

Listing 3.12: Der Inhalt von fkt.cpp

Passend dazu erstellen wir eine Headerdatei namens *fkt.h* und packen die Funktionsdeklaration dorthin:

```
int berechne_quadrat(int w);
```

Listing 3.13: Der Inhalt von fkt.h

Damit uns die in *fkt.h* enthaltene Deklaration der Funktion in unserer main-Funktion zur Verfügung steht, binden wir die Headerdatei mit include ein:

```
#include<iostream>
#include "fkt.h"

using namespace std;
```

```
int main() {
  cout << "Wert eingeben:";
  int wert;
  cin >> wert;
  int quadrat = berechne_quadrat(wert);
  cout << "Quadrat: " << quadrat << endl;
}
```

Listing 3.14: Der Inhalt von main.cpp

Beachten Sie, dass das Einbinden der eigenen Datei mit #include über doppelte Anführungszeichen erfolgt und nicht wie bisher über spitze Klammern. Genauere Informationen darüber finden Sie in Abschnitt 3.9.1.

WWW   Die vorgestellten Dateien finden Sie auf der Webseite *www.awl.de/3209* unter *Listings/Kapitel03/Aufteilung01.*

Die Aufteilung in verschiedene Programmmodule verkürzt die Kompilationszeit bei Änderungen enorm, denn es müssen nur die geänderten Dateien neu kompiliert werden. Das Kompilat der nicht geänderten Dateien wird vom Linker unverändert weiterverwendet.

Die Projektverwaltung der jeweiligen Entwicklungsumgebung sorgt dafür, dass die Abhängigkeiten der Dateien untereinander berücksichtigt werden. Eine Änderung einer Headerdatei muss beispielsweise eine Neukompilation aller Dateien zur Folge haben, die diese Headerdatei einbinden.

3.7 Funktionen überladen

Das Überladen von Funktionen ist ein typisches Feature objektorientierter Programmiersprachen (OOP).

INFO   Laut Sprachdefinition [C++11 13] ist eine Funktion (oder später eine Methode) dann überladen, wenn zwei unterschiedliche Deklarationen mit demselben Namen im selben Bezugsrahmen stehen.

Solche Bezugsrahmen können Namensbereiche, Klassen oder auch einfach der globale Namensraum sein. Diese Zusammenhänge werden noch genauer in Kapitel 11 behandelt.

Bleibt noch zu klären, was mit »unterschiedliche Deklarationen« gemeint ist.

INFO   Deklarationen unterscheiden sich, wenn

»   sie eine unterschiedliche Anzahl an Parametern besitzen.

»   bei gleicher Parameteranzahl sich mindestens ein Parameter im Datentyp unterscheidet.

Eine Unterscheidung nur im Rückgabetyp reicht nicht aus.

3.7.1 Unterscheidung in der Parameteranzahl

Ein hervorragender Kandidat für eine unterschiedliche Anzahl an Parametern ist die max-Funktion aus Abschnitt 3.3. Wir hatten dort mithilfe von Standardwerten eine max-Funktion geschrieben, die mit zwei, drei oder vier Parametern aufgerufen werden konnte. Warum nicht einfach das Überladen einsetzen?

```
int max(int a, int b) {
  return a>b ? a : b;
}

int max(int a, int b, int c) {
  return max(max(a, b), c);
}

int max(int a, int b, int c, int d) {
  return max(max(a, b), max(c, d));
}
```

Listing 3.15: Drei überladene max-Funktionen

Die drei max-Funktionen haben denselben Namen (sag bloß!) und sind korrekt überladen, weil sie sich in der Anzahl ihrer Parameter unterscheiden. Aber hat das auch Vorteile gegenüber der Lösung mit den Standardparametern?

Die überladene Variante ist in den meisten Fällen schneller! Vergleichen wir beispielsweise den Aufruf für zwei Werte. Von den überladenen Funktionen wird einfach die max-Funktion mit zwei Parametern aufgerufen, einmal der ?:-Operator ausgeführt – und fertig.

Die Variante mit den Standardparametern (siehe Listing 3.8) muss hingegen immer drei ?:-Operatoren abarbeiten, völlig egal, wie viele Parameter konkret übergeben werden.

3.7.2 inline

Sie sagen, dass die zusätzlichen Aufrufe der zweiparametrigen max-Funktion in der drei- und vierparametrigen Funktion diesen Vorteil wieder zunichtemachen? Deklarieren wir sie doch einfach inline [C++11 7.1.2]:

```
inline int max(int a, int b) {
  return a>b ? a : b;
}

inline int max(int a, int b, int c) {
  return max(max(a, b), c);
}

inline int max(int a, int b, int c, int d) {
  return max(max(a, b), max(c, d));
}
```

Listing 3.16: Die max-Funktionen als inline

Die Deklaration einer Funktion als inline besagt, dass diese Funktion wenn möglich nicht aufgerufen wird, sondern dass jeder Aufruf durch den gesamten Anweisungsblock ersetzt wird. Dadurch wird das Programm zwar länger, aber der bei einem herkömmlichen Funktionsaufruf anfallende zeitliche Overhead fällt weg. Nun sind die max-Funktionen definitiv schneller als die Lösung mit Standardwerten.

Der Geschwindigkeitsvorteil einer `inline`-Funktion schrumpft im Vergleich zum Programm-längennachteil umso mehr, je länger die Funktion ist. Aus diesem Grund ist der Compiler auch nicht verpflichtet, die `inline`-Deklaration umzusetzen. Wenn gute Gründe dagegen sprechen,[4] dann wird der Compiler `inline` ignorieren und einen üblichen Funktionsaufruf kompilieren.

Ein wichtiger Punkt ist noch zu beachten:

INFO   Mit `inline` deklarierte Funktionen müssen in jeder *.cpp*-Datei, in der sie verwendet werden, definiert (!) sein. Ein bloßes Deklarieren ist logischerweise nicht möglich.

In Abschnitt 3.6 wurde erklärt, wie Funktionen in andere Dateien ausgelagert werden: Die Definitionen kamen in die *.cpp*-Datei, die Deklarationen in die Headerdatei. Möchten wir auch die `inline`-Funktionen in andere Module auslagern, dann müssen die Definitionen (nicht die Deklarationen!) der `inline`-Funktionen in die Headerdatei gesetzt werden.

WWW   Zum noch besseren Verständnis finden Sie die Auslagerung der `max`-Funktionen auf der Webseite *www.awl.de/3209* unter *Listings/Kapitel03/Aufteilung02*.

3.7.3 Unterscheidung im Parametertyp

Ein Überladen ist auch möglich, wenn bei gleicher Parameteranzahl sich mindestens ein Parameter im Typ unterscheidet:

```
inline int max(int a, int b) {
  return a>b ? a : b;
}

inline double max(double a, double b) {
  return a>b ? a : b;
}
```
Listing 3.17: Überladen durch unterschiedliche Parametertypen

Im oberen Beispiel gibt es zwei `max`-Funktionen mit jeweils zwei Parametern, die sich aber im Typ unterscheiden.

3.8 Funktions-Templates

Der vorige Abschnitt hat gezeigt, wie wir durch Überladen `max`-Funktionen für verschiedene Typen implementieren konnten. Im Vergleich zu anderen Sprachen, die nicht überladen können und bei denen jedes Maximum einen eigenen Namen bräuchte, ist das schon nicht schlecht. Trotzdem müssen wir noch für jeden Datentyp explizit eine eigene Funktion schreiben, obwohl alle `max`-Funktionen programmtechnisch das Gleiche machen – nur eben für unterschiedliche Datentypen.

---

4   Der Einsatz einer Schleife innerhalb der Funktion gilt als typisches K.O.-Kriterium. Der Compiler wird eine solche Funktion nicht mehr als `inline` durchgehen lassen.

Und genau für diese Situation, dass die Funktionalität gleich ist und sich nur der Datentyp unterscheidet, gibt es in C++ die sogenannten *Templates*.

> Funktions-Templates erlauben die Deklaration von Typparametern und ermöglichen es so, einen oder mehrere Datentypen in der Funktion variabel zu halten. `INFO`

Das Schlüsselwort zur Definition eines Templates heißt passenderweise `template`. Dahinter steht in spitzen Klammern mit `typename` oder `class` der variabel zu haltende Typ[5]:

```
template<typename Typ>
Typ maximum(Typ x, Typ y) {
  return x>y ? x : y;
}
```

Listing 3.18: Die Template-Funktion `maximum`

Im oberen Beispiel habe ich den variablen Datentyp `Typ` genannt. Der Name ist im Rahmen der besprochenen Namensregeln frei wählbar.

Hinter dem Template-Kopf steht dann die `maximum`-Funktion, die genauso aussieht wie bisher, nur dass anstatt eines konkreten Typs der variable Typ des Templates verwendet wird.

Weil die Definition eines Templates laut Standard in jeder Übersetzungseinheit vorliegen muss, die das Template verwendt, schreiben wir die Template-Definition in die Headerdatei. Verwendet wird das Funktionstemplate wie eine herkömmliche Funktion:

```
cout << maximum(9 ,5) << endl;
cout << maximum(3.14, 7.22) << endl;
```

Die Funktion `maximum` wird einmal für `int`-Werte und einmal für `double`-Werte aufgerufen. Aber Achtung:

> Für jeden Datentyp, mit dem eine Template-Funktion verwendet wird, erzeugt der Compiler Code für eine konkrete Funktion! `INFO`

Für die oberen beiden Anweisungen muss der Compiler aus dem `maximum`-Template eine konkrete `maximum`-Funktion für `int`-Werte und eine konkrete `maximum`-Funktion für `double`-Werte erzeugen, die beide im kompilierten Programm enthalten sind.

Templates sind daher im Prinzip »nur« eine Vereinfachung in der Schreibweise. Das resultierende Programm ist gleich lang.

3.8.1 Mehrere variable Datentypen

In den spitzen Klammern des Template-Kopfes können auch mehrere variable Typen angegeben werden, durch Kommas getrennt und jeder mit eigenem `typename`. Das folgende Beispiel zeigt eine Funktion namens `ausgabe`, die zwei beliebige Typen ausgibt:

---

5   Um einer Verwechslung mit dem `max`-Template aus der C++-Standardbibliothek zu entgehen, nenne ich die Funktion im weiteren Verlauf `maximum`.

```
template<typename Typ1, typename Typ2>
void ausgabe(Typ1 x, Typ2 y) {
  std::cout << x << y << std::endl;
}
```

Listing 3.19: Eine Template-Funktion mit zwei variablen Datentypen

TIPP

Die explizite Angabe von std rührt daher, dass Templates in Headerdateien stehen und dort keine using namespace-Anweisungen verwendet werden sollten. Headerdateien werden eingebunden, die einbindende Datei würde dann auch das in der Headerdatei verwendete using namespace einbinden, obwohl es unter Umständen nicht erwünscht ist.

3.8.2 Variabler Rückgabetyp

Wir haben in Abschnitt 1.6 die Regeln kennengelernt, nach denen Operatoren bei Operanden unterschiedlicher Datentypen den Ergebnistyp ermitteln. Wir könnten auf die Idee kommen, eine Template-Funktion zu programmieren, die den Quotienten von zwei Werten beliebigen Typs berechnet:

```
template<typename Typ1, typename Typ2>
? quotient(Typ1 a, Typ2 b) {
  return a/b;
}
```

Listing 3.20: Das Problem des Rückgabetyps

Aber welchen Rückgabetyp sollen wir für die Funktion verwenden? Er hängt schließlich von den beiden Typen der Funktionsargumente ab. Eine erste Idee könnte sein, den Rückgabetyp ebenfalls als variablen Datentyp des Templates zu deklarieren:

```
template<typename Typ1, typename Typ2, typename Typ3>
Typ3 quotient(Typ1 a, Typ2 b) {  // FEHLER
  return a/b;
}
```

Listing 3.21: Falscher Ansatz mit einem dritten variablen Typ

Der Compiler wird aber melden, dass er den Datentyp für Typ3 nicht herleiten konnte. Dieser Fehler tritt aus demselben Grund auf, aus dem sich überladene Funktionen nicht nur im Rückgabetyp unterscheiden dürfen: Der Compiler bestimmt die Typen beim Aufruf der Funktion.

decltype

C++11

Ein anderer Ansatz könnte das Schlüsselwort auto sein (siehe Abschnitt 3.4.1). Mit auto definierte Objekte müssen aber bei ihrer Definition initialisiert werden:

```
int x = 5;
int y = 3;

auto a = x/y; // OK
auto b;       // FEHLER
```

Bei unserer Funktion steht der Typ aber erst bei `return` fest – für `auto` zu spät. Die Lösung ist das Schlüsselwort `decltype`, das den Typ eines Ausdrucks bestimmt:

```
int x = 5;
int y = 3;

auto a = x/y;      // OK
decltype(x/y) b; // OK
```

Während `auto` den Typ der Variablen über die Zuweisung bestimmt, ermittelt `decltype` den Datentyp anhand des Ausdrucks in den Klammern, ohne der Variablen etwas zuzuweisen. Jetzt ist die Funktion nicht mehr schwer:

```
template<typename Typ1, typename Typ2>
auto quotient(Typ1 a, Typ2 b) -> decltype(a/b) {
  return a/b;
}
```
Listing 3.22: Die korrekte `quotient`-Funktion

3.9 Ans Eingemachte

Dieser Abschnitt leuchtet die Fähigkeiten des Präprozessors weiter aus, die wir später bei den Klassen noch in Ansätzen benötigen werden. Darüber hinaus werden Konstanten vorgestellt, mit denen das Programm die Wertebereiche der einzelnen Datentypen ermitteln kann.

3.9.1 Die Präprozessor-Direktiven

In diesem Kapitel wurden zusätzlich zu dem immer wieder auftauchenden `#include` noch weitere Präprozessordirektiven verwendet. Wir wollen uns hier einen Überblick verschaffen, was dieser kleine Helfer sonst noch so »drauf« hat.

#define

Der Befehl `#define` wird dazu verwendet, eine Präprozessorkonstante zu definieren. Eine Konstante von besonderer Bedeutung war `NDEBUG`, mit deren Hilfe wir die Kompilation von `assert` verhindern können:

```
#define NDEBUG
```

Diese Art von Konstanten werden später noch wichtig, um bedingte Kompilation umzusetzen.

Grundsätzlich können einer Präprozessorkonstanten auch Werte zugewiesen werden:

```
#define MAXZEILE 80
```

Diese Variante wird in C++ nur noch für präprozessorinterne Belange eingesetzt, weil für programmiertechnische Konstanten lieber richtige C++-Konstanten eingesetzt werden:

```
const int MAXZEILE = 80;
```

Der Vorteil der C++-Konstanten liegt in der Typisierung. Dem Compiler ist klar, dass 80 den Datentyp int hat. Der Präprozessor arbeitet aber nur auf Textebene und damit ohne Typ. Typfehler sind so nur schwer auszumachen.

#undef

Die #undef-Direktive ist die Umkehrung von #define und hebt eine Konstantendefinition wieder auf:

```
#undef NDEBUG
```

Das #undef ist auch wichtig, wenn der Wert einer Konstanten geändert werden soll. Denn zur Änderung muss die Konstante erst undefiniert und dann neu definiert werden:

```
#undef MAXZEILE
#define MAXZEILE 100
```

#include

Ein alter Bekannter. Fassen wir noch mal kurz seine Fähigkeiten zusammen:

```
#include <headerdatei>
```

Die spitzen Klammern bedeuten, dass die Headerdatei in den Standardverzeichnissen des Compilers zu suchen ist. Genau genommen ist dies aber lediglich eine Konvention. Der Sprachstandard erlaubt einer Implementierung auch die Verwendung anderer Verzeichnisse [C++11 16.2].

Das Gleiche gilt für die Schreibweise mit doppelten Anführungszeichen:

```
#include "headerdatei"
```

Für gewöhnlich wird nach dieser Datei im aktuellen Projektverzeichnis gesucht, aber auch das ist implementierungsspezifisch.

#if und #endif

Die #if-Direktive des Präprozessors entspricht der C++-Anweisung if, nur dass sie sich auf Definitionen des Präprozessors bezieht. #if wird hauptsächlich zum bedingten Kompilieren eingesetzt, weil es damit möglich ist, bestimmte Anweisungen nur dann kompilieren zu lassen, wenn eine Bedingung erfüllt ist.

```
#if TEST == 1
  cout << "Eine Testausgabe" << endl;
#endif
```

Die Anweisungen zwischen #if und #endif werden nur dann kompiliert, wenn die Konstante TEST den Wert 1 hat.

Wir sind nun ganz einfach in der Lage, zum Beispiel ein Programm zu schreiben, in dem vor der Kompilation die Sprache der Textausgabe entschieden wird:

```
#define DEUTSCH 1
#define ENGLISCH 2

#define SPRACHE DEUTSCH

#include<iostream>

using namespace std;

int main() {
#if SPRACHE == DEUTSCH
  cout << "Bitte Wert eingeben:";
#endif
#if SPRACHE == ENGLISCH
  cout << "Please enter a value:";
#endif

  int wert;
  cin >> wert;
}
```

Listing 3.23: Sprachentscheidungen über Präprozessordirektiven

Innerhalb der main-Funktion entscheidet der Präprozessor anhand der Konstanten SPRACHE, welche Zeilen der Compiler kompilieren soll.

Mit dieser Schreibweise verliert der Quellcode aber stark an Übersichtlichkeit. Wir könnten das etwas abmildern, indem wir für die Texte string-Konstanten bedingt definieren:

```
#include<iostream>
#include <string>

using namespace std;

#define DEUTSCH 1
#define ENGLISCH 2

#define SPRACHE DEUTSCH

#if SPRACHE == DEUTSCH
const string EINGABETXT = "Bitte Wert eingeben:";
#endif
#if SPRACHE == ENGLISCH
const string EINGABETXT = "Please enter a value:";
#endif

int main() {
  cout << EINGABETXT;
  int wert;
  cin >> wert;
}
```

Listing 3.24: Sprachfestlegung über String-Konstanten

Das ist schon etwas übersichtlicher. Wir könnten jetzt noch einen Schritt weitergehen und alle Textdefinitionen in Dateien auslagern, die dann je nach Sprachwahl eingebunden werden.

Oder wir könnten gleich XML-Dateien anlegen, die zur Laufzeit ausgetauscht werden können.

Aber ich denke, Sie können sich ein Bild machen, in welchen Bereichen der Präprozessor nützlich sein könnte. Auf diese Weise lassen sich ganze Programmteile von der Kompilation ausschließen, und mit dem Wechsel einer Präprozessorkonstanten wird aus der funktionseingeschränkten kostenlosen Version die Vollversion.

#if unterstützt alle relationalen, logischen und booleschen Operatoren, die Sie in den Abschnitten 2.2.1 und 2.3.2 kennengelernt haben.

#ifdef und #ifndef

Greifen wir noch mal die Idee des bedingten Kompilierens auf, die bei einer An/Aus-Situation ganz einfach mit #ifdef[6] oder #ifndef[7] umgesetzt werden kann.

Wir könnten so beispielsweise eine besondere Programmversion für die stolze Mutter implementieren:

```
#include<iostream>
#include <string>

using namespace std;

#define MUTTER

int main() {

#ifdef MUTTER
  cout << "Hallo Mama, ich programmiere C++!" << endl;
  cout << "Schau mal:" << endl;
#endif

  cout << "Hello World!" << endl;
}
```
Listing 3.25: Spezialversion zum Muttertag

Der spezielle Programmcode für die Mutter kann jetzt einfach durch Auskommentieren der Konstantendefinition ausgeschaltet werden:

```
// #define MUTTER
```

In diesem Beispiel könnten wir jetzt mit #ifndef MUTTER noch Programmcode umklammern, der in der Mutterversion nicht enthalten sein soll. Dafür ein Beispiel zu implementieren, überlasse ich Ihrer Fantasie.

Wir werden in Kapitel 6 bei den Klassen noch einen Einsatzbereich von #ifndef sehen. Dort werden wir die Direktive einsetzen, um Mehrfachdefinitionen zu vermeiden.

---

6   als Abkürzung für »if defined«, auf Deutsch »falls definiert«
7   als Abkürzung für »if not defined«, auf Deutsch »falls nicht definiert«

#elif und #else

Die beiden Direktiven #elif und #else stehen für »else if« und »else«. Betrachten wir folgendes Beispiel, das die Sprachwahl aus Listing 3.24 aufgreift:

```
#if SPRACHE == DEUTSCH
   const string EINGABETXT = "Bitte Wert eingeben:";
#elif SPRACHE == ENGLISCH
   const string EINGABETXT = "Please enter a value:";
#else
   const string EINGABETXT = "FEHLER! FALSCHE SPRACHE!";
#endif
```

Listing 3.26: Sprachauswahl mit #elif und #else

Ich denke, dazu ist nichts mehr zu sagen.

#pragma

Die #pragma-Direktive wird dazu benutzt, dem Präprozessor Informationen oder Befehle zu übermitteln, die nicht im C++-Standard definiert sind.

Ein typisches Beispiel ist

```
#pragma once
```

aus Visual C++, das eine Mehrfacheinbindung einer Datei verhindert. Wichtig ist, dass #pragma-Befehle höchstwahrscheinlich nicht auf andere Compiler ohne Anpassung portierbar sind.

3.9.2 Die Wertebereiche der elementaren Datentypen

Die Headerdatei climits definiert Konstanten, die die größten und kleinsten Werte der elementaren Datentypen repräsentieren. Tabelle 3.1 listet sie auf.

Konstante	Bedeutung
CHAR_BIT	Anzahl der Bits eines char
CHAR_MAX	größter char
CHAR_MIN	kleinster char
INT_MAX	größter int
INT_MIN	kleinster int
LLONG_MAX	größter long long int
LLONG_MIN	kleinster long long int
LONG_MAX	größter long int
LONG_MIN	kleinster long int
SCHAR_MAX	größter signed char

Konstante	Bedeutung
SCHAR_MIN	**kleinster** signed char
SHRT_MAX	**größter** short int
SHRT_MIN	**kleinster** short int
UCHAR_MAX	**größter** unsigned char
UINT_MAX	**größter** unsigned int
ULLONG_MAX	**größter** unsigned long long int
ULONG_MAX	**größter** unsigned long int
USHRT_MAX	**größter** unsigned short int

Tabelle 3.1: Die Grenzwerte der elementaren Datentypen

KAPITEL 4

Arrays

Salopp formuliert, handelt dieses Kapitel von dem Problem, mehrere bis beliebig viele Dinge zu verwalten:

» Sie programmieren ein Spiel und haben Spielfiguren, Gegner, Spielgegenstände etc., alle in variabler Anzahl.

» Versuchsreihen liefern Messreihen, die statistisch ausgewertet werden sollen.

» Sie sind es leid, den Überblick darüber zu verlieren, wem Sie DVDs geliehen haben und wer sie immer noch nicht zurückgebracht hat.

» Sie wollen in einer Langzeitstudie über den Durchschnittswert ermitteln, ob Sie zu heiß baden und ob es Korrelationen zur Außentemperatur gibt.

All diese Probleme lassen sich in einer Programmiersprache nur lösen, wenn Sie in der Lage sind, Mengen von Werten oder Objekten zu verwalten. Der erste Schritt dahin sind die Arrays.

4.1 Arrays definieren

Arrays erlauben das Speichern mehrerer Werte unter einem Namen.

Sie wissen bereits, wie Sie eine Variable eines bestimmten Typs definieren:

```
double wert;
```

Die Variable wert ist nun in der Lage, einen double-Wert zu speichern. Ein double-Array wird ähnlich erzeugt. Sie schreiben lediglich die gewünschte Anzahl der zu speichernden Werte in eckigen Klammern dahinter:

```
double werte[10];
```

Hinter dem Namen werte stecken jetzt zehn double-Werte, die über die eckigen Klammern (Indexoperator) einzeln adressiert werden können. Zu berücksichtigen ist dabei, dass der Index in C++ immer bei 0 beginnt:

```
werte[0] = 88;   // 1. Element auf 88 setzen
werte[5] = 66;   // 6. Element auf 66 setzen
werte[9] = 0;    // 10. Element auf 0 setzen
```

Bei der Definition eines Arrays darf zur Größenangabe statt eines Literals auch eine Konstante verwendet werden:

```
const int WERT_ANZAHL = 10;
double werte[WERT_ANZAHL];
```

Weil der benötigte Speicherplatz zur Kompilationszeit bestimmt wird, sind keine Variablen als Größenangabe erlaubt.

Die Verwendung einer Konstanten hat den Vorteil, dass über sie die Größe des Arrays bekannt ist.

INFO	Es gibt in C++ keine allgemeingültige Möglichkeit, die Größe eines Arrays in Erfahrung zu bringen.

4.1.1 sizeof

Einzige Ausnahme ist der direkte Zugriff[1] auf das Array über dessen Bezeichner. Dann kann über den sizeof-Operator [C++11 5.3.3] der Speicherverbrauch des Arrays ermittelt werden:

```
cout << "Speicherverbrauch:" << sizeof(werte) << endl;
```

Der sizeof-Operator liefert den vom Array benötigten Speicher in Bytes, *nicht* (!) die Anzahl der Elemente. Glücklicherweise kann der sizeof-Operator aber auch auf Datentypen angewendet werden; wir bilden einfach den Quotienten aus Speicherverbrauch und Elementgröße:

```
cout << sizeof(werte)/sizeof(double) << endl;
```

4.2 Arbeiten mit Arrays

In unserem Beispiel existiert aber bereits eine Konstante mit der Arraygröße, die wir im weiteren Verlauf auch einsetzen werden.

Ist ein Array erst einmal definiert, dann darf im Indexoperator auch eine Variable verwendet werden. So können wir alle Elemente bequem mit einer Schleife einlesen:

```
for(int i = 0; i<WERT_ANZAHL; ++i) {
  cout << "Wert " << i+1 << " eingeben:";
  cin >> werte[i];
}
```

Die Schleife läuft von 0 bis 9. Bei der Aufforderung zur Werteingabe wird aber i+1 ausgegeben, weil die erste Aufforderung »Wert 0 eingeben:« viele Anwender überfordern könnte.

Ähnlich kann nun auf die eingelesenen Werte zur weiteren Verarbeitung zugegriffen werden.

4.2.1 Initialisierung

Ein Array kann bei seiner Definition auch gleich initialisiert werden [C++11 8.5.1]:

```
int f1[6] = {4,8,15,16,23,42};
```

Die mit Werten gefüllten geschweiften Klammern nennt man geklammerte Initialisierer (*braced initializer*). Die Anzahl der Werte darf die Größe des Arrays nicht überschreiten. Wer-

---

1   Mit »direktem Zugriff« ist der Zugriff über den Namen des Arrays, nicht über Zeiger oder Referenzen gemeint, die wir später noch kennenlernen werden.

den weniger Werte angegeben, als das Array groß ist, dann werden die restlichen Werte mit ihren Standardwerten (bzw. unter Aufruf des Standardkonstruktors) initialisiert. So lassen sich auf einfache Weise alle Elemente des Arrays auf 0 setzen:

```
int f2[6] = {};
```

Bei fehlender Größenangabe wird die Arraygröße anhand der Anzahl der Werte in der Initialisierungsliste bestimmt:

```
int f3[] = {4,8,15,16,23,42};
```

Im Zuge der vereinheitlichten Initialisierung in C++11 kann ab C++11 auf das Gleichheitszeichen vor dem geklammerten Initialisierer auch verzichtet werden:

```
C++11
```

```
int f1[6]{4,8,15,16,23,42};
int f2[6]{};
int f3[]{4,8,15,16,23,42};
```

4.3 Arrays als Funktionsparameter I

Noch ganz von der Möglichkeit der Aufteilung des Codes in Funktionen aus dem vorigen Kapitel berauscht, entscheiden wir uns, eine Funktion berechne_durchschnitt zu programmieren, die von einem double-Array der Größe WERT_ANZAHL den Durchschnittswert der Elemente berechnet und diesen zurückliefert. Hier sehen Sie ein vollständiges Beispiel dieser Idee:

```
#include<iostream>

using namespace std;

const int WERT_ANZAHL = 10;

double berechne_durchschnitt(double feld[WERT_ANZAHL]) {
  double durchschnitt = 0.0;
  for(int i=0; i<WERT_ANZAHL; ++i)
    durchschnitt+=feld[i];
  return(durchschnitt/WERT_ANZAHL);
}

int main() {
  double werte[WERT_ANZAHL];

  for(int i = 0; i<WERT_ANZAHL; ++i) {
    cout << "Wert " << i+1 << " eingeben:";
    cin >> werte[i];
  }

  double d = berechne_durchschnitt(werte);
  cout << "Durchschnitt: " << d << endl;
}
```

Listing 4.1: Berechnen des Durchschnittswerts in einer Funktion

Die Definition der Konstanten WERT_ANZAHL erfolgt nun außerhalb und vor den Funktionen, damit sie in beiden Funktionen verfügbar ist.

Das Programm läuft einwandfrei, allerdings aus Gründen, die Sie vielleicht nicht vermuten werden. Betrachten wir einige auf den ersten Blick merkwürdige Dinge. Angenommen, die Funktion berechne_durchschnitt hätte so ausgesehen:

```
double berechne_durchschnitt(double feld[2]) {
  double durchschnitt = 0.0;
  for(int i=0; i<WERT_ANZAHL; ++i)
    durchschnitt+=feld[i];
  return(durchschnitt/WERT_ANZAHL);
}
```

Was würde beim Ablauf dieses Programms passieren? Dasselbe wie zuvor! Es läuft einwandfrei.

Versuchen wir doch statt der Konstanten einfach die Größe des Arrays über den sizeof-Operator zu bestimmen, wie wir es in Abschnitt 4.1.1 gemacht haben:

```
double berechne_durchschnitt(double feld[WERT_ANZAHL]) {
  const int ANZAHL = sizeof(feld)/sizeof(double);
  double durchschnitt = 0.0;
  for(int i=0; i<ANZAHL; ++i)
    durchschnitt+=feld[i];
  return(durchschnitt/ANZAHL);
}
```

Auch wenn wir uns hier unnötige Mühe machen, sollte das Programm doch immer noch einwandfrei funktionieren, oder? Irrtum! Die Ursache des Problems erkennen wir sofort, wenn wir innerhalb der Funktion die Größe des Arrays ausgeben lassen:

```
cout << sizeof(feld) << endl;
```

Je nach Plattform kommt hier 4 oder 8 heraus, und zwar immer, völlig egal, wie groß das Array vermeintlich ist. Die Ursache dieses Phänomens besteht darin, dass wir als Funktionsparameter in Wirklichkeit überhaupt kein Array definiert haben, sondern einen Zeiger.

4.4 Zeiger

Da kommt der Abschnitt über Zeiger doch wie gerufen.

Wir werden gleich mit Speicheradressen konfrontiert, die meistens im Sedezimalsystem dargestellt werden. Werfen wir kurz einen Blick darauf.

4.4.1 Sedezimalsystem

Das hexadekadische System oder Sedezimalsystem, umgangssprachlich gerne auch als Hexadezimalsystem bezeichnet, unterscheidet sich vom alltäglichen Dezimalsystem dadurch, dass es nicht die Basis 10, sondern die Basis 16 verwendet.

Schauen Sie sich einmal folgende Ziffernfolge an: 123. Welchen Wert hat diese Ziffernfolge? Sie werden jetzt »hundertdreiundzwanzig« sagen, das ist aber nur bedingt richtig. Denn Sie haben der Notation einfach unterstellt, dass sie eine Dezimalzahl repräsentiert. Selbst wenn dem so ist, wie kommen Sie dann auf den Wert? Schließlich stehen dort nur drei Ziffern aneinandergereiht, die »1«, die »2« und die »3«.

Mathematisch betrachtet, hat jede Ziffer einer Zahl eine bestimmte Position, die von rechts mit 0 beginnt und dann mit jedem Schritt nach links um eins erhöht wird. Die Position steht für den Wert, mit dem die Basis des Systems potenziert wird. Daher errechnet sich der Wert unserer Zahl folgendermaßen:

$1*10^2 + 2*10^1 + 3*10^0$, also $1*100 + 2*10 + 3*1 = 123$

Stellen wir uns nun vor, dass die Ziffernfolge 123 keine dezimale, sondern eine sedezimale Zahl repräsentiert. Kein Problem dank der oben vorgestellten Rechnung. Wir brauchen in diesem Fall nur die neue Basis einzusetzen, und schon haben wir das Ergebnis:

$1*16^2 + 2*16^1 + 3*16^0$, das ist gleich $1*256 + 2*16 + 3*1 = 291$

Jetzt stellt sich aber ein neues Problem. Wie Sie sehen, hat die Zahl im Dezimalsystem einen ganz anderen Wert als im Sedezimalsystem. Woher wissen wir nun, ob es sich um eine dezimale oder sedezimale Zahl handelt, und – noch schlimmer – wie machen wir das dem Compiler klar?

Glücklicherweise sind für den Compiler alle Zahlen erst einmal dezimale Zahlen. Soll er eine Zahl als sedezimal interpretieren, schreiben wir einfach `0x` davor. `123` ist damit dezimal und `0x123` sedezimal.

Zur Darstellung dezimaler Zahlen brauchen wir 10 Ziffern, weil das Dezimalsystem die Basis 10 hat. Nun hat das Sedezimalsystem aber die Basis 16. Da fehlen uns 6 Ziffern, nämlich für die Werte 10 bis 15. Um die Sache einfach zu halten, wird auf Buchstaben zurückgegriffen. Die Ziffern 0–9 behalten ihre bekannte Bedeutung, und die Buchstaben A bis F werden zu den Ziffern A bis F mit den Wertigkeiten von 10 bis 15 (A=10, B=11, C=12, D=13, E=14, F=15). Der dezimale Wert von 0x3AF errechnet sich demnach so:

$0x3AF = 3*16^2 + 10*16^1 + 15*16^0 = 3*256 + 10*16 + 15*1 = 943$

4.4.2 Der Adressoperator

Welche Aspekte einer Variablen (oder später eines Objekts) wie der folgenden sind für uns wichtig?

```
int x = 42;
```

Einmal der Name, den wir vergeben. Über den Namen ist die Variable im weiteren Programm ansprechbar. Dann ist da noch die in der Variablen gespeicherte Information, die ja auch irgendwo im Speicher des Computers abgelegt ist. Abbildung 4.1 zeigt exemplarisch die Variable `x` mit dem gespeicherten Wert an der sedezimalen Speicheradresse 0xA0000000[2].

---

2   Der Einfachheit halber gehen wir bei dieser Betrachtung von einem 32-Bit-System aus. Bei 64-Bit-Systemen ist die Adresse logischerweise 64 Bit lang, das entspricht 8 Byte. Wir würden also 16 Ziffern benötigen, um die Adresse darzustellen (z. B. 0xA000000000000000).

0xA0000000	x
42	

Abbildung 4.1: Die drei wesentlichen Aspekte einer Variablen

Der Name der Variablen ist selbst gewählt, die gespeicherte Information stammt ebenfalls von uns, lediglich die Speicheradresse entzieht sich bisher noch unserem Zugriff. Das ändert sich mit dem Adressoperator &. Die folgende Anweisung gibt die Adresse der Variablen x aus:

```
cout << &x << endl;
```

4.4.3 Definition eines Zeigers

Natürlich steht an dieser Stelle wieder die Frage der Sinnhaftigkeit. Speicheradressen auf dem Bildschirm auszugeben, findet praktisch nur begrenzt Anwendung.

Allerdings lassen sich solche Adressen auch speichern. Und zwar in sogenannten *Zeigern*. Während eine Variable Werte speichert, sind die Zeiger für das Speichern von Adressen verantwortlich.

Definiert wird ein Zeiger genau wie eine Variable, nur dass vor seinem Namen ein * gesetzt wird:

```
int *ptr;
```

Diesem Zeiger kann nun eine Adresse als Wert zugewiesen werden:

```
ptr = &x;
```

Weil C++ eine typisierte Programmiersprache ist, darf der Zeiger nur die Adresse einer Variablen desselben deklarierten Werttyps aufnehmen. Der Zeiger ist vom Typ int*, also muss die zu speichernde Adresse zu einer int-Variablen gehören.

Die Zuweisung kann auch direkt bei der Definition des Zeigers durchgeführt werden:

```
int *ptr = &x;
```

Abbildung 4.2 zeigt den Zusammenhang.

4.4.4 Dereferenzierung

Wirklich interessant werden die Zeiger aber erst wegen der Möglichkeit der Dereferenzierung. Der Dereferenzierungsoperator * erlaubt den Zugriff auf den Wert der Variablen, deren Adresse im Zeiger gespeichert ist.

Dereferenzieren wir den Zeiger ptr, dann greift er auf den Inhalt der Variablen x zu, weil deren Adresse im Zeiger gespeichert ist. Die folgende Anweisung gibt deshalb 42 aus:

```
cout << *ptr << endl;
```

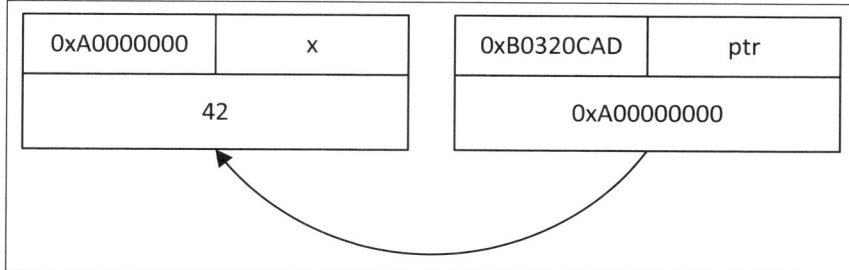

Abbildung 4.2: Der Aufbau eines Zeigers

4.4.5 Zeiger als Funktionsparameter

So richtig geklärt ist der Vorteil der Zeiger aber immer noch nicht. Denn bisher gibt es keinen Grund, über den Umweg eines Zeigers auf den Inhalt einer Variablen zugreifen zu können, wenn dies auch über den Variablennamen direkt geschehen kann.

Interessanter wird der ganze Ansatz, wenn wir in Funktionen denken. Wenn ich einen Wert an eine Funktion übergebe, dann bekommt die Funktion über ihren Parameter eine Kopie des Arguments übergeben. Mit dieser Kopie kann die Funktion machen, was sie will, eine Änderung hat außerhalb der Funktion keinerlei Auswirkungen. Betrachten Sie das folgende Programm:

```cpp
#include <iostream>

using namespace std;

void setze_auf_0(int x) {
  x=0;
}

int main() {
  int a = 42;
  cout << a << endl;  // Gibt 42 aus
  setze_auf_0(a);
  cout << a << endl;  // Gibt immer noch 42 aus
}
```

Listing 4.2: Fehlgeschlagener Versuch der Änderung des Originalwertes

Wenn in der main-Funktion setze_auf_0(a) aufgerufen wird, dann bekommt die Funktion eine Kopie des Wertes von a übergeben und verwendet diese zur Initialisierung des Parameters x, der damit zu Beginn ebenfalls den Wert 42 hat.

Der Parameter x ist jedoch eine lokale Variable der Funktion setze_auf_0. Jegliche Änderung wirkt sich nur innerhalb von setze_auf_0 aus.

Die Variable a in main behält daher weiterhin den Wert 42, was die zweite Ausgabe bestätigt.

Anders sieht es aber mit Zeigern aus:

```
#include <iostream>

using namespace std;

void setze_auf_0(int* x) {
  *x=0;
}

int main() {
  int a = 42;
  cout << a << endl;   // Gibt 42 aus
  setze_auf_0(&a);
  cout << a << endl;   // Gibt 0 aus
}
```

Listing 4.3: Änderung des Originalwerts über Zeiger

Die Funktion besitzt nun als Parameter einen Zeiger auf int-Variablen (int*). Weil Zeiger Adressen speichern, muss beim Funktionsaufruf die Adresse von a übergeben werden.

Obwohl der Zeiger genau wie zuvor der normale Funktionsparameter eine lokale Variable von setze_auf_0 ist, beinhaltet er die Adresse der Variablen a aus main. Die Dereferenzierung des Zeigers x in setze_auf_0 greift deshalb auf den Inhalt der Variablen a in main zu und ändert diese.

Dazu waren wir ohne Zeiger nicht in der Lage. Ein typisches Beispiel, bei dem Zugriff auf die Originalwerte benötigt wird, ist das Vertauschen zweier Werte:

```
#include<iostream>

using namespace std;

void tausche(int* a, int* b) {
  int tmp = *a;
  *a = *b;
  *b = tmp;
}

int main() {

  cout << "Wert 1 eingeben:";
  int x;
  cin >> x;

  cout << "Wert 2 eingeben:";
  int y;
  cin >> y;

  tausche(&x, &y);

  cout << "Wert1: " << x << endl;
  cout << "Wert2: " << y << endl;
}
```

Listing 4.4: Vertauschen zweier Werte über Zeiger

4.4.6 Zeiger auf Zeiger

Fassen wir die Zugriffsmöglichkeiten über Zeiger in Abbildung 4.3 noch einmal zusammen.

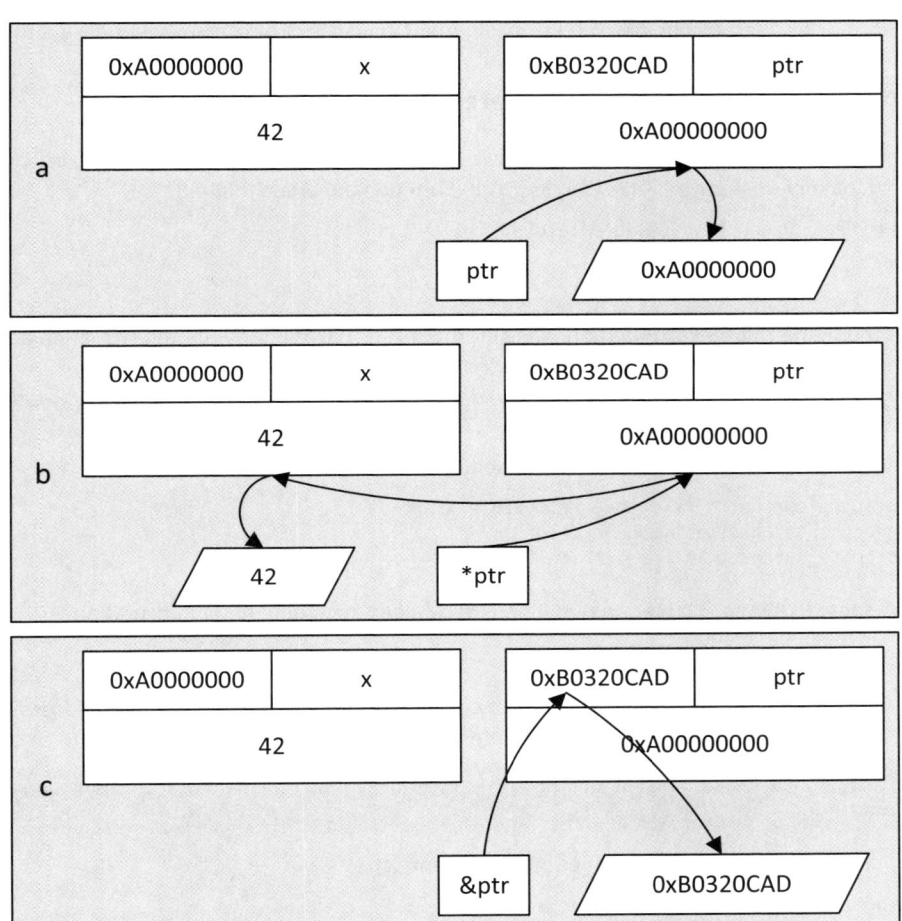

Abbildung 4.3: Die Zugriffsmöglichkeiten über Zeiger

In Abbildung *a* greifen wir über den Namen des Zeigers zu und erhalten dessen gespeicherten Inhalt, und das ist immer eine Adresse, die vom Typ her zu dem Typ des Zeigers passt. Ein Zeiger des Typs `int*` speichert Adressen von Objekten des Typs `int`.

Abbildung *b* zeigt den Zugriff über den Dereferenzierungsoperator. Wir erhalten den Wert der Variablen, deren Adresse im Zeiger gespeichert ist.

Weil ein Zeiger selbst aber auch irgendwo im Speicher abgelegt sein muss, besitzt auch er eine Speicheradresse, die über den Adressoperator ermittelt werden kann, wie Abbildung *c*

zeigt. Analog zu den vorherigen Betrachtungen können wir die Adresse eines Objekts des Typs
`int*` in einem Zeiger des Typs `int**` speichern:

```
int **ptrptr = & ptr;
```

So merkwürdig das auch erscheinen mag, ein Zeiger auf Zeiger wird hin und wieder gebraucht.

4.4.7 Arrays als Funktionsparameter II

Wir wissen nun, wie Zeiger funktionieren und wie sie eingesetzt werden. Kommen wir zurück
zum Funktionskopf unserer `berechne_durchschnitt`-Funktion aus Abschnitt 4.3:

```
double berechne_durchschnitt(double feld[WERT_ANZAHL]) {
/* … */
}
```

Im Zusammenhang mit dieser Funktion, speziell mit ihrem Parameter, konnten wir ja einige
Merkwürdigkeiten beobachten. Jetzt ist die Sache einfach erklärt:

INFO   Ein Array als Funktionsparameter ist technisch nichts anderes als ein Zeiger.

Damit sind folgende drei Deklarationen identisch:

```
double berechne_durchschnitt(double feld[WERT_ANZAHL]);
double berechne_durchschnitt(double feld[]);
double berechne_durchschnitt(double* feld);
```

Der Funktionsaufruf in `main` bietet uns im Lichte der Zeiger auch eine neue Information:

```
double d = berechne_durchschnitt(werte);
```

Der Parameter von `berechne_durchschnitt` ist ein Zeiger, trotzdem wird das Array ohne Adressoperator übergeben. Das kann nur eines bedeuten:

INFO   Der Arrayname steht für die Adresse des Arrays – genau genommen für die Adresse des ersten
Array-Elements.

Demnach sind die beiden nachstehenden Aufrufe identisch:

```
double d = berechne_durchschnitt(werte);
double d = berechne_durchschnitt(&werte[0]);
```

Es heißt aber auch, wie wir an der Implementierung von `berechne_durchschnitt` sehr schön
sehen können, dass auf einen Zeiger ohne Weiteres der Indexoperator angewendet werden
kann.

Es macht offenbar auch keinen Unterschied, ob ein Zeiger die Adresse von einem einzelnen
`double` oder einem `double`-Array beliebiger Größe beinhaltet, weil die Adresse des Arrays immer auch die Adresse des ersten Array-Elements ist. Das können wir uns zunutze machen,
indem wir die Funktion `berechne_durchschnitt` mit einem zweiten Parameter für die Elemen-
tanzahl erweitern und so eine Funktion besitzen, die den Durchschnitt von Arrays mit beliebig
vielen Elementen berechnet:

```
double berechne_durchschnitt(double* feld, int anzahl) {
  double durchschnitt = 0.0;
  for(int i=0; i<anzahl; ++i)
    durchschnitt+=feld[i];
  return(durchschnitt/anzahl);
}
```

Listing 4.5: berechne_durchschnitt für Arrays mit beliebig vielen Werten

4.4.8 Zeigerarithmetik

Eine Speicheradresse ist technisch gesehen nichts anderes als ein numerischer Wert. Es ist daher nicht abwegig, mit Adressen auch zu rechnen:

```
double werte[10];
double *ptr = werte;
ptr = ptr + 5;
```

Es stellt sich die Frage, welches Element nun bei einer Dereferenzierung angesprochen wird:

```
*ptr = 42;  // Der ?. Wert
```

Würde der Zeiger durch die Addition von 5 nun tatsächlich auf die 5 Bytes weiter entfernte Speicheradresse verweisen, dann würde eine Dereferenzierung mitten zwischen zwei Elemente greifen. Deswegen sind Addition und Subtraktion in Kombination mit Zeigern so implementiert, dass sie nicht in Bytes, sondern in sizeof(<Typ>) Einheiten rechnen. +5 heißt demnach nicht »plus 5 Bytes«, sondern »5 double-Werte weiter«.

Das bietet uns zwei Möglichkeiten, über einen Zeiger auf Elemente eines Arrays zuzugreifen, nämlich per Indexoperator und Zeigerarithmetik:

```
double werte[10];
double *ptr = werte;

*(ptr+6) = 42;  // 7. Array-Element
ptr[6] = 42;    // 7. Array-Element
```

Zur Zeigerarithmetik zählen auch der Inkrement- und der Dekrementoperator. Analog zur Addition erhöhen oder vermindern sie nicht um den Wert 1, sondern setzen die im Zeiger gespeicherte Adresse auf das nächste oder vorige Element.

Das neue Wissen können wir gleich in der berechne_durchschnitt-Funktion einsetzen:

```
double berechne_durchschnitt(double* feld, int anzahl) {
  double durchschnitt = 0.0;
  for(int i=0; i<anzahl; ++i)
    durchschnitt += *feld++;
  return(durchschnitt/anzahl);
}
```

Listing 4.6: berechne_durchschnitt mit Zeigerarithmetik

Der Inkrementoperator bindet stärker als der Dereferenzierungsoperator. Der Ausdruck `*feld++` ist daher identisch mit `*(feld++)`, der Inkrementoperator wird auf den Zeigerwert (also die gespeicherte Adresse) angewendet und nicht auf den dereferenzierten Wert.

4.5 Referenzen

Zeiger sind eine tolle Sache, auch wenn die explizite Syntax lästig sein kann. Dass wir einen Zeiger explizit als solchen definieren müssen, lässt sich nicht vermeiden, schließlich muss sich die Definition von der Definition einer Variablen unterscheiden:

```
int *zeiger;
```

Wenn wir dem Zeiger etwas zuweisen wollen, dann muss dies eine Adresse sein, die über den Adressoperator ermittelt wird:

```
int wert = 42;
zeiger = &wert;
```

Und wenn wir über den Zeiger auf den Wert der Variable zugreifen möchten, auf die verwiesen wird, müssen wir explizit dereferenzieren:

```
cout << *zeiger;
```

Diese doppelte Einsatzmöglichkeit des Zeigers ist der Grund für die explizite Dereferenzierung, denn wir können auf den Wert des Zeigers selbst (`zeiger`) und auf den Wert der Variablen, deren Adresse im Zeiger gespeichert ist (`*zeiger`), zugreifen.

Das erlaubt uns, den Zeiger im Laufe seines Lebens auf unterschiedliche Variablen zeigen zu lassen:

```
int wert1 = 22;
int wert2 = 33;

int *zeiger = &wert1;
cout << *zeiger << endl;

zeiger = &wert2;
cout << *zeiger << endl;
```

Diese Fähigkeit des Zeigers ist die Grundvoraussetzung für die weiter oben besprochene Zeigerarithmetik.

Sehr oft aber zeigt ein Zeiger während seines Lebens nur auf eine einzige Variable, ein Beispiel dazu ist die Funktion tausche in Listing 4.4. Die aufwendige Syntax ist für diesen Einsatz unnötig.

Aus diesem Grund gibt es in C++ zusätzlich zu den Zeigern noch die Referenzen. Eine *Referenz* ist salopp formuliert nichts anderes als ein »Zeiger light«. Sie wird bei ihrer Definition mit der Variablen verknüpft, auf die sie verweisen soll, und behält diesen Verweis dann bis zu ihrem Lebensende bei. Dank dieser Vereinfachung kann über eine Referenz immer nur auf die Variable zugegriffen werden, auf die sie verweist, was die Syntax vereinfacht. Eine

Referenz ist demnach ein Synonym oder ein Alias für die Variable, auf die sie verweist.
Schauen wir uns ein Beispiel an:

```
int wert = 42;

int &referenz = wert;
cout << referenz << endl;
```

Eine Referenz wird mit dem Zeichen & definiert und muss bei ihrer Definition initialisiert werden.
Weil Referenzen direkt auf etwas verweisen und nicht wie ein Zeiger eine Adresse speichern,
muss aufseiten des Referenz-Ziels auch keine Adresse gebildet werden. Wie oben beschrieben
wurde, ist die Referenz nun an die Variable gebunden, auf die sie verweist – sie fungiert als Alias.
Der Zugriff auf die Referenz ist gleichbedeutend mit dem Zugriff auf die referenzierte Variable.
Eine explizite Dereferenzierung ist nicht notwendig und syntaktisch falsch.

Wird der Adressoperator auf eine Referenz angewendet, so erhält man die Adresse der Variablen, auf die die Referenz verweist:

```
int wert = 42;
int &referenz = wert;
int *zeiger = &referenz;
*zeiger = 1;
cout << wert << endl; // 1
```

Richtig interessant werden die Referenzen genau wie die Zeiger als Funktionsparameter. Im
Folgenden sehen Sie die Tausch-Funktionalität aus Listing 4.4, mit Referenzen umgesetzt:

```
#include<iostream>

using namespace std;

void tausche(int& a, int& b) {
  int tmp = a;
  a = b;
  b = tmp;
}

int main() {

  cout << "Wert 1 eingeben:";
  int x;
  cin >> x;

  cout << "Wert 2 eingeben:";
  int y;
  cin >> y;

  tausche(x, y);

  cout << "Wert1: " << x << endl;
  cout << "Wert1: " << y << endl;
}
```

Listing 4.7: Werte vertauschen mit Referenzen

4.6 Notation und Bezeichner-Namen

Ich möchte hier noch ein paar Worte zu meiner Notation verlieren. Ich habe die Referenz- oder Zeigerdefinitionen an den Typ geheftet, wie hier:

```
int& getWert();
```

oder hier:

```
void setName(const StringTyp& s);
```

Wenn Sie eines meiner Seminare besucht haben, dann wird Ihnen diese Schreibweise etwas ungewohnt vorkommen, weil ich dort die Zeiger- oder Referenzdefinitionen an den Bezeichner gesetzt habe, also so:

```
int &getWert();
```

```
void setName(const StringTyp &s);
```

Die Erfahrungen aus meinen Seminaren haben gezeigt, dass ein Anfänger, der die letztere Schreibweise verwendet, diese auch bei der Definition einsetzt:

```
int *x,y;
```

Er geht davon aus, dass hier ein Zeiger x und eine Variable y definiert wird, womit er auch recht hat. Ein Einsteiger, der die erste Schreibweise einsetzt, schreibt häufig

```
int* x,y;
```

und denkt, hier würden zwei Zeiger definiert, was natürlich nicht stimmt.

Für den Einsteiger ist damit die an den Bezeichner gebundene Schreibweise sicherer, wohingegen die an den Typ gebundene Schreibweise speziell bei Argumenten oder Rückgabewerten besser zu lesen ist.

Und weil Sie am Ende des Buches nicht mehr zu den Anfängern zählen, verwenden wir hier die typgebundene Schreibweise.

Eine immer wieder gerne gestellte Frage ist die nach der Wahl der Bezeichner-Namen. Prinzipiell kann man sagen, dass es die eine Regel nicht gibt. Häufig ist man gezwungen, die Namensregeln des Entwickler-Teams zu übernehmen. Ist man diesem Zwang nicht unterworfen, sollten eigene, möglichst konsistente Namensregeln eingehalten werden. Oft passt man sich auch den Regeln des verwendeten Frameworks an.

Ich persönlich werde in diesem Buch eine Mischung aus verschiedenen Ansätzen wählen, weil sie meines Erachtens die Lesbarkeit erhöht.

Funktionen schreibe ich entweder am Anfang klein und lasse jedes weitere Wort mit einem Großbuchstaben beginnen, wie `holeZweitenWert`. Oder ich möchte die Methode in die Nähe der C++-Klassenbibliothek rücken, dann passe ich die Schreibweise an, indem ich den Namen komplett kleinschreibe und die einzelnen Wörter mit _ trenne (`hole_zweiten_wert`).

Klassennamen beginne ich groß (String), manchmal setze ich auch ein C davor (CString). Und wenn die Klasse an die *Standard Template Library* (STL) des C++-Standards angelehnt ist, schreibe ich sie komplett klein und benutze _ zum Trennen von Namensbestandteilen (insensitive_string), wie bei den Funktionsnamen.

Schnittstellen (rein abstrakte Klassen) lasse ich mit einem I beginnen (ISpieler.)

Attribute beginnen bei mir mit einem m_ und werden kleingeschrieben (m_name.)

4.7 Ans Eingemachte

Wir haben in diesem Kapitel die Arrays zum Umsetzen mathematischer Funktionalität wie die Durchschnittsberechnung eingesetzt. Dieser tiefer blickende Abschnitt enthält daher die in C++ verfügbaren mathematischen Funktionen.

4.7.1 cmath

Um die in Tabelle 4.1 aufgeführten Funktionen nutzen zu können, muss die Headerdatei cmath eingebunden werden. Die Headerdatei enthält die Funktionen für alle Fließkommatypen, nicht nur für das exemplarisch aufgeführte double.

Funktion	Beschreibung
double acos(double a);	Arcuskosinus für a im Bogenmaß im Bereich [0,pi]
double asin(double a);	Arcussinus für a im Bogenmaß im Bereich [-pi/2, pi/2]
double atan(double a);	Arcustangens für a im Bogenmaß im Bereich [-pi/2, pi/2]
double atan2(double a, double b);	Arcustangens für a/b im Bogenmaß im Bereich [-pi, pi]
double ceil(double a);	nächstgrößere Ganzzahl von a
double cos(double a);	Kosinus von a im Bogenmaß
double cosh(double a);	Kosinus Hyperbolicus von a im Bogenmaß
double exp(double a);	Exponentialwert von a (e^a)
double fabs(double a);	Betrag von a (|a|)
double floor(double a);	nächstkleinere Ganzzahl von a
double fmod(double a, double b);	Modulo von a/b
HUGE_VAL	Konstante für Rückgabewert bei Wertüberschreitung

Funktion	Beschreibung
`double log(double a);`	natürlicher Logarithmus von a zur Basis e
`double log10(double a);`	Logarithmus von a zur Basis 10
`double modf(double a, int *b);`	Liefert die Nachkommastellen von a sowie den ganzzahligen Teil von a in i.
`double pow(double a, double b);`	a^b
`double sin(double a);`	Sinus von a im Bogenmaß
`double sinh(double a);`	Sinus Hyperbolicus von a im Bogenmaß
`double sqrt(double a);`	Quadratwurzel von a
`double tan(double a);`	Tangens von a im Bogenmaß
`double tanh(double a);`	Tangens Hyperbolicus von a im Bogenmaß

Tabelle 4.1: Die Funktionen in der Headerdatei cmath

KAPITEL 5

Strings

In diesem Kapitel dreht sich alles um die Verarbeitung von Zeichen und Zeichenketten. Wir beginnen zuerst mit der einfachsten Variante, den C-Strings, und kämpfen uns dann weiter vor zur Klasse string, mit der die Zeichenkettenverwaltung auf die objektorientierte Ebene gehoben wird.

5.1 C-Strings

Die einfachste Form, ein Zeichen zu speichern, ist der Datentyp char:

```
char c = 'C';
```

| Ein einzelnes Zeichen steht immer in einfachen Anführungszeichen. | INFO |

Neu hinzugekommen in C++11 sind die Zeichentypen char16_t und char32_t, mit denen größere Bereiche abgedeckt werden können. Es gibt aus C++03 auch noch den Datentyp wchar_t, der aber keine fest definierte Größe besitzt und nicht mehr verwendet werden sollte. `C++11`

Der Einfachheit halber bleiben wir in den weiteren Betrachtungen bei char.

Im vorigen Kapitel haben Sie mit den Arrays die Möglichkeit kennengelernt, unter einem Namen mehrere Werte abzulegen. Den gleichen Trick können wir auch für den Datentyp char anwenden:

```
char name[6];
name[0]='W';
name[1]='i';
name[2]='l';
name[3]='l';
name[4]='m';
name[5]='s';
```

Listing 5.1: Ein char-Array

Das Array name beinhaltet jetzt die Zeichenkette »Willms«. Passend zu unseren char-Arrays könnten wir eine ausgabe-Funktion zur Ausgabe der Zeichenkette schreiben. Wie bereits besprochen wurde, werden Arrays über Zeiger an Funktionen übergeben. Der Zeiger bietet keine Möglichkeit, die Größe des Arrays zu ermitteln, sodass dafür ein zweiter Parameter anfällt:

```
void ausgabe(char* str, int len) {
  for(int i=0; i<len; ++i)
    cout << str[i];
}
```

Listing 5.2: Eine Ausgabe-Funktion für char-Arrays

Schon bei dieser einfachen Funktionalität erweist sich der zusätzliche Parameter für die Übergabe der Länge als lästig. Wir brauchen einen anderen Mechanismus. Ein guter Tipp kommt aus unerwarteten Bereichen: von Gardinen und der Deutschen Bahn. Hätten wir etwas Ähnliches wie den Stopper an der Gardinenschiene oder den Prellbock auf den Gleisen, dann wäre die explizite Angabe der Länge unnötig: Die Zeichenkette wäre am Prellbock zu Ende.

Als Prellbock verwenden wir den Wert 0, weil darunter kein Zeichen abgelegt ist:

```
char name[7];
name[0]='W';
name[1]='i';
name[2]='l';
name[3]='l';
name[4]='m';
name[5]='s';
name[6]=0;
```

Listing 5.3: Eine Zeichenkette mit Stopper

Anstatt des numerischen Werts 0 hätten wir auch das Zeichenliteral mit dem Wert 0 zuweisen können:

```
name[6]='\0';
```

Die Schreibweise `name[6]=0;` ist kürzer, aber `name[6]='\0';` bringt klarer zum Ausdruck, dass es um Zeichen geht.

Jetzt können wir bei der `ausgabe`-Funktion auf die Längenangabe verzichten. In der Schleife hören wir einfach am Prellbock auf:

```
void ausgabe(char* str) {
  while(*str)
    cout << *str++;
}
```

Listing 5.4: Ausgabe-Funktion mit Prellbock-Berücksichtigung

Die Bedingung `*str` in `while` ist die Kurzschreibweise für `*str!='\0'`. Bei der Ausgabe erhöht wegen der stärkeren Bindung der Inkrementoperator die Adresse in `str` und nicht den Wert in `*str`. Ausführlich geschrieben sieht die Funktion so aus:

```
void ausgabe(char* str) {
  while(*str!='\0') {
    cout << *str;
    ++str;
  }
}
```

Listing 5.5: Die Ausgabe-Funktion ausführlich

Wenn es keine Rolle spielt, ob bei den Inkrement-/Dekrementoperatoren die Präfix- oder die Postfix-Schreibweise verwendet wird (wie im vorigen Listing), dann sollte die Präfix-Variante wegen der besseren Performance den Vorzug bekommen.

Der Ansatz mit dem Prellbock ist viel besser als die explizite Angabe der Länge. Er ist so gut, dass er in C breite Verwendung findet und daher auch in C++ verfügbar ist. Der offizielle Name ist *null-terminierte Zeichenfolge* oder einfach *C-String*.

Die in doppelten Anführungszeichen stehenden konstanten Zeichenfolgen sind ebenfalls C-Strings. Sie besitzen alle die Endekennung 0. Genau wie Arrays stehen sie für ihre Adresse und können einem Zeiger zugewiesen werden:

```
const char *s="Andre";
cout << s << endl;
```

Auch von cout werden sie unterstützt, wie der obere Codeschnipsel zeigt.

Aus Gründen der Abwärtskompatibilität dürfen String-Literale, obwohl sie konstant sind, auch einem Zeiger für char zugewiesen werden: **INFO**

```
char *s="Andre"; // VERMEIDEN!
```

Dies wird aber vom C++-Komitee missbilligt und sollte keine Verwendung mehr finden. Auf gar keinen Fall sollten über so einen Zeiger konstante Zeichenketten verändert werden!

5.2 Strings

C++ als objektorientierte Programmiersprache konnte sich mit den C-Strings natürlich nicht zufriedengeben. Es mussten Zeichenketten her, die als Objekte auftreten. Und genau das macht der Datentyp string, der in der Headerdatei *string* definiert ist:

```
#include <iostream>
#include <string>

using namespace std;

int main() {
  string s = "Willms";
  cout << "\"" << s << "\" ist "
       << s.length() << " Zeichen lang." << endl;
}
```

Listing 5.6: Ein einfaches string-Beispiel

Wie wir später noch bei unseren eigenen Klassen sehen werden, besitzen diese Methoden, die über ihre Objekte aufgerufen werden können. Die Klasse string ist unter anderem mit der Methode length ausgestattet, die die Anzahl der Zeichen im String zurückliefert.

5.2.1 Tastatureingabe von Strings

Wie das folgende Beispiel zeigt, können Strings auch über cin eingelesen werden:

```
#include <iostream>
#include <string>

using namespace std;
```

```
int main() {
  cout << "Wie heisst du:";
  string name;
  cin >> name;
  cout << "Hallo " << name << "!" << endl;
}
```

Listing 5.7: Abfrage des Namens

Der Ansatz hat aber den Nachteil, dass cin ein Leerzeichen als Trenner zwischen Eingaben wertet. Die Eingabe von »Andre Willms« interpretiert cin daher als Eingabe von »Andre« und als Eingabe von »Willms«.

Anstatt cin direkt einzusetzen, ist es deshalb ratsam, die Funktion getline zu verwenden, die alle Zeichen bis zum Drücken der ⌈Enter⌉-Taste einliest:

```
getline(cin, name);
```

Ihr wird als erstes Argument die zu verwendende Eingabequelle und als zweites Argument der Zielstring übergeben.

In Kombination mit dem herkömmlichen Einsatz von cin tritt ein merkwürdiges Phänomen auf:

```
cout << "Wie alt bist du:";
int alter;
cin >> alter;

cout << "Und wie heisst du:";
string name;
getline(cin, name);
```

Im oberen Codeschnipsel wird die Abfrage des Namens einfach übersprungen. Schuld ist cin, das das Drücken der Eingabetaste zur Beendigung der Eingabe im Eingabepuffer lässt. Wird anschließend die Funktion getline verwendet, interpretiert diese das noch im Eingabepuffer befindliche New Line als Beendigung der Eingabe, was auf den Anwender so wirkt, als fände die Eingabe des Namens überhaupt nicht statt.

Das Problem ist jedoch schnell behoben, indem hinter cin die Methode ignore aufgerufen wird, die das folgende Zeichen (in diesem Fall das störende New Line) überspringt. Hier sehen Sie die komplette Lösung:

```
#include <iostream>
#include <string>

using namespace std;

int main() {

  cout << "Wie alt bist du:";
  int alter;
  cin >> alter;
  cin.ignore();
```

```
    cout << "Und wie heisst du:";
    string name;
    getline(cin, name);
    cout << "Hallo " << name << "!" << endl;
}
```

Listing 5.8: Störende New Lines werden mit `ignore` entfernt.

Wenn wir erst tiefer in die objektorientierte Welt der Klassen eingestiegen sind, werden wir noch einmal zur `string`-Klasse zurückkehren und weitere interessante Möglichkeiten kennenlernen.

5.3 Ans Eingemachte

Dieser Abschnitt dringt tiefer in die Welt der Zeichen und C-Strings ein und stellt einige Headerdateien mit nützlichem Inhalt vor.

5.3.1 cstddef

Die Headerdatei `cstddef` beinhaltet Typdefinitionen, die unter anderem in der darauffolgend vorgestellten Headerdatei `cstring` Verwendung finden. Die für uns wichtigen Typdefinitionen sind:

Typ	Bedeutung
nullptr_t	Datentyp von `nullptr`
ptrdiff_t	Datentyp für Abstände von Elementadressen in Arrays
size_t	Datentyp für den Speicherbedarf von Typen, Variablen und Objekten

Tabelle 5.1: Die wichtigsten Typen von `cstddef`

5.3.2 cctype

Um genauere Informationen über die Art eines einzelnen Zeichens zu erhalten, stellt die Headerdatei *cctype* hilfreiche Funktionen bereit.

Der in Tabelle 5.2 verwendete Datentyp `ZTyp` dient als Platzhalter für einen der Zeichentypen `char`, `char16_t`, `char32_t` oder `wchar_t`.

Funktion	Beschreibung
bool isalnum(ZTyp c);	Auf Buchstaben oder Ziffer prüfen
bool isalpha(ZTyp c);	Auf Buchstaben prüfen
bool isdigit(ZTyp c);	Auf Ziffer prüfen

Funktion	Beschreibung
`bool islower(ZTyp c);`	Auf Kleinbuchstaben prüfen
`bool isspace(ZTyp c);`	Auf Leerzeichen, FF, NL, CR, HT oder VT prüfen
`bool isupper(ZTyp c);`	Auf Großbuchstaben prüfen
`bool tolower(ZTyp c);`	Großbuchstaben in Kleinbuchstaben umwandeln, ansonsten Zeichen unverändert zurückgeben
`bool toupper(ZTyp c);`	Kleinbuchstaben in Großbuchstaben umwandeln, ansonsten Zeichen unverändert zurückgeben

Tabelle 5.2: Die wichtigsten Funktionen von cctype

Die Zeichenfunktionen lassen sich auch auf die Zeichen eines `string`-Objekts anwenden. Das folgende Beispiel zählt die Ziffern im eingegebenen Text:

```
#include <iostream>
#include <string>

using namespace std;

int main() {

  cout << "Bitte Text eingeben:";
  string text;
  getline(cin, text);

  int ziffern=0;
  for(size_t i=0; i<text.length(); ++i)
    if(isdigit(text[i]))
      ++ziffern;

  cout << "Anzahl der enthaltenen Ziffern: "
       << ziffern << endl;
}
```

Listing 5.9: Zählen von Ziffern im Text

Der Datentyp der Zählvariablen ist der in Abschnitt 5.3.1 vorgestellte Datentyp `size_t` zur Speicherung von Größen. Alternativ hätte auch `unsigned int` funktioniert.

Bei dem vorzeichenbehafteten Typ `int` kann es allerdings eine *signed/unsigned*-Warnung vom Compiler geben, weil der positive Wertebereich von `int` nur halb so groß ist wie der von `unsigned int`.

5.3.3 cstring

Die Headerdatei *cstring* beinhaltet unterstützende Funktionen für die Arbeit mit C-Strings.

Funktion	Beschreibung
memchr	Zeichen suchen
memcmp	Speicherblöcke vergleichen
memcpy	Speicherblöcke kopieren
memmove	Speicherblöcke sicher kopieren
memset	Speicherblock füllen
strcat	C-String anhängen
strchr	Zeichen suchen
strcmp	C-Strings vergleichen
strcoll	C-Strings umgebungsabhängig vergleichen
strcpy	C-String kopieren
strerror	Textbeschreibung zu einer Fehlernummer abrufen
strlen	Länge eines C-Strings
strncat	C-String-Abschnitt an C-String hängen
strncmp	Zwei C-String-Abschnitte vergleichen
strncpy	C-String-Abschnitt kopieren
strrchr	Zeichen vom Ende her suchen
strstr	C-String in C-String suchen

Tabelle 5.3: Übersicht der cstring-Funktionen

Und nun die Funktionen im Detail:

```
void* memchr(const void* adr, int z, size_t groesse);
```

Liefert die Adresse des ersten Vorkommens von Zeichen z im groesse großen Speicherblock ab Adresse adr. Bei fehlender Übereinstimmung wird 0 zurückgegeben.

```
int memcmp(const void* adr1, const void* adr2,
          size_t anzahl);
```

Vergleicht `anzahl` Bytes der beiden Strings ab den Adressen `adr1` und `adr2`. Das Ergebnis ist

» <0, wenn das erste unterschiedliche Zeichen in Speicherblock 1 kleiner ist als in Speicherblock 2.

» 0 bei Gleichheit der beiden Speicherblöcke.

» >0, wenn das erste unterschiedliche Zeichen in Speicherblock 1 größer ist als in Speicherblock 2.

```
void* memcpy(void* adr1, const void* adr2,

            size_t anzahl);
```

Kopiert `anzahl` Elemente von Adresse `adr2` nach Adresse `adr1`. Zurückgegeben wird `adr1`.

```
void* memmove(void* adr1, const void* adr2,

              size_t anzahl);
```

Wie `memcpy`, nur dass auch sich überlappende Speicherbereiche korrekt kopiert werden.

```
void* memset(void* adr, int z, size_t anzahl);
```

Setzt ab Adresse `adr` `anzahl` Elemente auf den Wert des Zeichens `z`.

```
char* strcat(char* ziel, const char* quelle);
```

Kopiert den C-String `quelle` inklusive Endekennung hinter den C-String `ziel`, die Endekennung von `ziel` wird dabei überschrieben. Es wird `ziel` zurückgegeben.

```
char* strchr(char* cstr, int z);
const char* strchr(const char* cstr, int z);
```

Sucht im C-String ab der Adresse `cstr` nach dem ersten Vorkommen des Zeichens `z`. Bei erfolgloser Suche wird 0 zurückgegeben.

```
int strcmp(const char* cstr1, const char* cstr2);
```

Vergleicht die beiden C-Strings `cstr1` und `cstr2`. Die Funktion liefert ein Ergebnis

» <0, wenn das erste unterschiedliche Zeichen in `cstr1` kleiner ist als in `cstr2`.

» 0 bei Gleichheit der beiden C-Strings.

» >0, wenn das erste unterschiedliche Zeichen in `cstr1` größer ist als in `cstr2`.

```
int strcoll(const char* cstr1, const char* cstr2);
```

Wie `strcmp`, nur mit umgebungsabhängigem Zeichenvergleich.

```
char* strcpy(char* ziel, const char* quelle);
```

Kopiert den C-String an der Adresse `quelle` inklusive der Endekennung nach Adresse `ziel`. Es wird `ziel` zurückgegeben.

```
size_t strcspn(const char* cstr, const char* suchcstr);
```

Liefert den Index (nicht die Adresse) des ersten Zeichens von C-String `cstr`, das mit einem der Zeichen von `suchcstr` übereinstimmt. Bei erfolgloser Suche wird der Index der Endekennung von `cstr` zurückgeliefert.

```
size_t strlen(const char* cstr);
```

Liefert die Anzahl der Zeichen des C-Strings `cstr` zurück.

```
char* strncat(char* ziel, const char* quelle, size_t anz);
```

Kopiert die ersten `anz` (maximal `strlen(quelle)`) Zeichen des C-Strings `quelle` hinter den C-String `ziel`. Dabei wird die Endekennung von `ziel` überschrieben und eine neue Endekennung an das Ende gesetzt. Rückgabewert ist `ziel`.

```
int strncmp(const char* cstr1, const char* cstr2, size_t anz);
```

Vergleicht die ersten `anz` Zeichen der C-Strings `cstr1` und `cstr2` und liefert ein Ergebnis

» <0, wenn das erste unterschiedliche Zeichen in `cstr1` kleiner ist als in `cstr2`.

» 0 bei Gleichheit der beiden C-Strings.

» >0, wenn das erste unterschiedliche Zeichen in `cstr1` größer ist als in `cstr2`.

```
char* strncpy(char* ziel, const char* quelle,size_t anz);
```

Kopiert die ersten `anz` (maximal `strlen(quelle)`) Zeichen des C-Strings `quelle` an die Adresse `ziel` und hängt eine Endekennung an. Es wird `ziel` zurückgeliefert. Sollte `strlen(quelle)` kleiner als `anz` sein, so wird der Rest mit 0 gefüllt.

```
char* strpbrk(char* cstr, const char* suchcstr);
const char* strpbrk(const char* cstr, const char* suchcstr);
```

Liefert die Adresse des ersten Zeichens von C-String `cstr`, das mit einem Zeichen von `suchcstr` übereinstimmt. Bei erfolgloser Suche wird 0 zurückgegeben.

```
char* strrchr(const char* cstr, int z);
```

Liefert die Adresse des letzten in C-String `cstr` vorkommenden Zeichens `z`. Bei erfolgloser Suche wird 0 zurückgegeben.

```
size_t strspn(const char* cstr, const char* suchcstr);
```

Liefert den Index (nicht die Adresse) des ersten Zeichens von C-String `cstr`, das mit keinem der Zeichen von `suchcstr` übereinstimmt. Bei erfolgloser Suche wird der Index der Endekennung von `cstr` zurückgeliefert.

```
char* strstr(char* cstr, const char* suchcstr);
const char* strstr(const char* cstr, const char* suchcstr);
```

Liefert die Adresse des ersten Vorkommens der Zeichenfolge `suchcstr` in `cstr`. Bei erfolgloser Suche wird 0 zurückgegeben.

KAPITEL 6

Klassen – Einführung

Kommen wir nun zu einem der wichtigsten Elemente der modernen Programmierung und einem Grundstein der objektorientierten Idee: zur Klasse.

6.1 Objektorientierte Programmierung

Zuvor wollen wir uns aber noch mit dem Konzept der objektorientierten Programmierung befassen. Dem wahrsten Sinne des Wortes nach handelt es sich um eine Programmierung, die sich an Objekten orientiert, sie gewissermaßen zum Mittelpunkt ihrer Betrachtungen macht. Aber was versteht man unter Objekten?

6.1.1 Objekte als abgrenzbare Einheiten

Wollte man den Begriff *Objekt* in der objektorientierten Programmierung beschreiben, dann könnte das so aussehen:

> Ein Objekt ist eine in sich geschlossene und nach außen abgegrenzte Einheit mit einer klar definierten Struktur und einem klar definierten Zustand. Die Struktur des Objekts beschreibt seine möglichen Zustände und die Möglichkeiten, diesen Zustand zu verändern.

INFO

Objekte finden sich überall im Alltag. Ein typisches Erkennungsmerkmal ist ihre klare Abgrenzung und eine vorhandene Bezeichnung, zum Beispiel »Tür«, »Stuhl«, »Auto«, »Badewanne«, »Steuerbescheid«, »Schwiegermutter« etc. Objekte müssen nicht in der Realität existieren. Auch virtuelle Einheiten wie »Spieler«, »Gegner«, »Waffe« oder »Zauberspruch« zählen als Objekte.

Bei der Wahl der Bezeichnung ist interessant, dass ein Objekt mit unterschiedlichen Begriffen beschrieben werden kann, die sich in ihrer Spezialisierung unterscheiden. Auf die Frage »Wie kommst du heute ins Kino?« könnte ich ganz allgemein antworten: »Mit einem Fortbewegungsmittel.« Ich könnte auch einen spezielleren Begriff verwenden, wie »Fahrzeug«, »Kraftfahrzeug«, »PKW«, »Kombi« oder »Ford Focus Kombi«.

All diese Begriffe bezeichnen mein Auto – von sehr vage bis relativ genau. An dieser Stelle ist bereits ein Zusammenhang zu erkennen, der später bei der Vererbung noch einmal aufgegriffen wird: Die spezielleren Begriffe beschreiben Teilmengen der allgemeineren Begriffe. Von der Gesamtmenge aller Fortbewegungsmittel gibt es die Teilmenge der Fahrzeuge. Die Teilmenge der Flugzeuge würde auch zu den Fortbewegungsmitteln zählen, aber nicht zu den Fahrzeugen. Rückwärts gelesen ist ein Ford Focus Kombi ein Kombi, ein Kombi ist ein PKW, ein PKW ist ein Kraftfahrzeug, ein Kraftfahrzeug ist ein Fahrzeug und ein Fahrzeug ist ein Fortbewegungsmittel. Ein Ford Focus Kombi ist demnach auch ein Fortbewegungsmittel. Aber nicht jedes Fortbewegungsmittel muss zwangsläufig ein Ford Focus Kombi sein.

6.1.2 **Nicht objektorientierte Objekte**

Gehen wir von der Hypothese aus, wir wollten ein Spiel programmieren. In diesem Spiel wird es höchstwahrscheinlich Spieler geben. Um nicht zu sehr vom Wesentlichen abzulenken, wird ein Spieler aus einem Namen, Lebenspunkten und dem Schaden bestehen, den der Spieler einem anderen Spieler zufügen kann.

Mit unserem bisherigen Kenntnisstand müssen wir zur Darstellung eines Spielers drei Variablen anlegen:

```
string s1name = "Lancelot";
int s1leben = 100;
int s1schaden = 20;
```

Das Gleiche für einen zweiten Spieler:

```
string s2name = "Merlin";
int s2leben = 70;
int s2schaden = 30;
```

Um den Zustand der Spieler darstellen zu können, schreiben wir eine ausgabe-Funktion:

```
void ausgabe(string n, int l, int s) {
  cout << "Spieler " << n << " hat " << l
      << " Leben und macht " << s << " Schaden." << endl;
}
```

In unserem Beispiel können wir sie so aufrufen:

```
ausgabe(s1name, s1leben, s1schaden);
ausgabe(s2name, s2leben, s2schaden);
```

In einem rundenbasierten Spiel könnte eine Runde vereinfacht so ablaufen, wie in Funktion schlagabtausch implementiert: Jeder bekommt den Schaden des anderen von seinem Leben abgezogen. Damit die Änderung der Lebenspunkte auch Auswirkungen auf das Original haben, übergeben wir diese als Referenz:

```
void schlagabtausch(int& s1l, int s1s, int& s2l, int s2s) {
  s1l -= s2s;
  s2l -= s1s;
}
```

In der Hoffnung, bis hierhin bereits einen »Ach du liebe Güte«-Effekt bei Ihnen hervorgerufen zu haben, beende ich die weitere Ausführung des Beispiels. Es zeigt sehr schön, dass bei diesem Ansatz die Funktionen im Mittelpunkt stehen und nicht die Daten der Spieler, die lediglich als Variablen und Funktionsparameter Erwähnung finden.

Ein weiterer Nachteil dieser Vorgehensweise ist das Fehlen einer klaren Form. Jeder Spieler besitzt genau die Werte, für die ich Variablen anlege. Ob der eine Spieler sein Leben als int und ein anderer als float speichert oder ob ein Spieler noch einen weiteren Wert lebensmittelrabatt bekommt, den sonst kein anderer Spieler besitzt, lässt sich nicht kontrollieren.

Auch gibt es keinerlei Möglichkeit, um sicherzustellen, dass die Werte der Variablen in einem gültigen Bereich liegen. An jeder Stelle im Programm könnten die Werte beliebig verändert werden.

6.2 Klassen als Bauplan

Alle oben aufgeführten Nachteile sind mit dem Einsatz von Klassen weggefegt. Eine Klasse wird üblicherweise in einer eigenen Headerdatei definiert, die den Namen der Klasse bekommt. Syntaktisch muss es zwischen dem Klassen- und dem Dateinamen keine Beziehung geben. Es können auch mehrere Klassendefinitionen in einer Headerdatei oder gar in einer .*cpp*-Datei stehen. Logisch ist die Aufteilung »pro Headerdatei eine Klasse mit demselben Namen« aber anzuraten, weil sie die Orientierung innerhalb eines Projekts erleichtert.

6.2.1 Definition

Eine Klassendefinition sieht folgendermaßen aus:

INFO

```
class klassenname {
};
```

Die Definition wird eingeleitet mit dem Schlüsselwort class, gefolgt vom Namen der Klasse. Dahinter steht in geschweiften Klammern die Definition. Diese wird mit einem Semikolon abgeschlossen.

Der erste Ansatz der Klasse Spieler sieht damit so aus:

```
class Spieler {
};
```

Listing 6.1: Die leere Klasse Spieler

Die Klasse Spieler steht jetzt im Programm als Datentyp zur Verfügung und fungiert als Bauplan für Spieler-Objekte:

```
Spieler s;
```

Um den eigenen Datentyp verwenden zu können, muss die Headerdatei der Klasse in die entsprechende .*cpp*-Datei eingebunden werden:

```
#include <iostream>
#include "Spieler.h"

using namespace std;

int main() {
  Spieler s1;

}
```

Listing 6.2: Die Klasse in die Quellcodedatei einbinden

Die Klasse Spieler mit der vorgestellten main-Funktion finden Sie auf der Webseite *www.awl.de/3209* unter *Listings/Kapitel06/Spieler01*.

WWW

Innerhalb der Klassendefinition schreiben wir analog zu einem Bauplan hinein, aus welchen Komponenten die Klasse bestehen soll. Die Datenelemente bezeichnet man als *Attribute*.

Um den Ansatz mit Klassen besser mit dem vorigen Abschnitt vergleichen zu können, übernehmen wir die Attribute von dort:

```
#include <string>

class Spieler {
  std::string m_name;
  int m_leben;
  int m_schaden;
};
```

Listing 6.3: Die Klasse mit Attributen

Wie ich in Abschnitt 3.8.1 bereits erklärt habe, sollten Sie in Headerdateien auf ein `using namespace` verzichten und stattdessen den Namensbereich immer explizit angeben. Damit ersparen wir dem Anwender unserer Headerdatei das Einbinden eines `using namespace`, das er vielleicht gar nicht benötigt.

6.3 Zugriffsrechte

Obwohl wegen des Klassenbauplans jetzt jedes Spieler-Objekt einen Namen, Lebenspunkte und einen Schadenswert besitzt, kommen wir wegen der Zugriffsrechte der Klassenelemente nicht an sie heran, denn diese sind standardmäßig privat. Zusätzlich kennt C++ noch das geschützte und öffentliche Zugriffsrecht [C++11 11].

»   Das private Zugriffsrecht (`private`) erlaubt nur Elementen der eigenen Klasse und Freunden der Klasse (siehe Abschnitt 6.9.2) den Zugriff.

»   Der Zugriff auf geschützte Elemente (`protected`) ist insofern aufgelockert, als dass zusätzlich auch Elemente abgeleiteter Klassen[1] ein Zugriffsrecht besitzen.

»   Und öffentliche Elemente (`public`) sind vom Zugriff her völlig ungeschützt; jeder kann auf sie zugreifen.

Die Zugriffsrechte werden innerhalb der Klasse über sogenannte Zugriffsspezifizierer (*access specifier*, [C++11 11.1]) definiert und gelten dann für nachfolgende Vereinbarungen. Die Zugriffsspezifizierer bestehen aus dem Zugriffsrecht, gefolgt von einem Doppelpunkt. Zugriffsrechte können innerhalb der Klasse beliebig oft gewechselt werden. In der Klasse `Spieler` setzen wir sie zunächst auf öffentlich (`public`):

```
class Spieler {
public:
  std::string m_name;
  int m_leben;
  int m_schaden;
};
```

Listing 6.4: Die Klasse `Spieler` mit öffentlichen Attributen

---

1   Der Begriff der *abgeleiteten Klasse* wird später bei der Vererbung erklärt.

Jetzt kann nach der Erzeugung des Objekts auf dessen Attribute zugegriffen werden:

```
Spieler s1;
s1.m_name = "Lancelot";
s1.m_leben = 100;
s1.m_schaden = 20;
```

So weit, so gut, aber einen Schutz vor ungültigen Werten haben wir so immer noch nicht.

6.4 Konstruktoren

Die Antwort darauf, wie die Attribute eines Objekts am besten geschützt werden, ist ziemlich simpel: indem man niemandem erlaubt, sie anzusprechen. Dieses Verbot ist eine der Grundsäulen in der objektorientierten Programmierung und nennt sich *Datenkapselung*.

Das ist nur umsetzbar mit privaten Attributen. Kann nur die Klasse die Attribute ansprechen, dann kann niemand sonst sie verändern. Trotzdem muss der Anwender die Attribute irgendwie setzen oder auslesen können, ansonsten hätten sie keinen Sinn. Wir wollen uns diese Fähigkeiten schrittweise erarbeiten und beginnen mit der ersten Handlung nach der Erzeugung des Objekts: seiner Initialisierung.

> Für die Initialisierung eines Objekts sind Konstruktoren zuständig. Für jedes Objekt wird im Zuge seiner Definition genau ein Konstruktor aufgerufen. **INFO**

Bevor wir einen Konstruktor programmieren, schauen wir uns einige Fakten an:

» Konstruktoren sind Funktionen der Klasse. Sie haben als Klassenelement deshalb Zugriff auf alle Elemente der Klasse, auch auf die privaten.

» Sie haben denselben Namen wie ihre Klasse.

» Sie haben keinen Rückgabewert, nicht einmal void.

» Sie können eine Parameterliste besitzen.

» Sie sind je nach Bedarf privat, geschützt oder öffentlich.

Die Parameterliste des Konstruktors bietet sich für die Übergabe der gewünschten Initialisierungswerte an:

```cpp
class Spieler {
  std::string m_name;
  int m_leben;
  int m_schaden;

public:
  Spieler(std::string n, int l, int s) {
    m_name = n;
    m_leben = l;
    m_schaden = s;
  }

};
```

Listing 6.5: Die Klasse Spieler mit Konstruktor

Die Attribute stehen wieder im privaten Bereich, der übrigens auch explizit mit `private:` am Anfang der Klasse angegeben werden könnte.

Der Konstruktor heißt immer wie die Klasse und hat keinen Rückgabetyp. Zudem ist er öffentlich und also außerhalb der Klasse, zum Beispiel in `main`, ansprechbar:

```
Spieler s1("Lancelot", 100, 20);
```

Die an den Konstruktor zu übergebenden Argumente werden wie die Argumente eines Funktionsaufrufs hinter das Objekt in runde Klammern gesetzt.

Auch wenn auf den ersten Blick das Problem der ungültigen Werte weiterhin zu bestehen scheint, wird jetzt bei jeder Initialisierung und damit bei jeder Objektdefinition unser Konstruktor aufgerufen, der ungültige Werte abfangen könnte. So etwa:

```
Spieler(std::string n, int l, int s) {
  if(l > 100) l = 100;
  if(l < 1) l = 1;
  if(s > 50) s = 50;
  if(s < 0) s = 0;
  m_name = n;
  m_leben = l;
  m_schaden = s;
}
```

Listing 6.6: Ein Konstruktor mit Sicherheitsabfragen

6.4.1 Standardkonstruktor

Nach den Regeln für das Überladen von Funktionen (siehe Abschnitt 3.7) kann eine Klasse beliebig viele Konstruktoren besitzen, solange sie sich in der Parameterliste unterscheiden. In den Vertiefungskapiteln werden uns noch einige begegnen, hier wollen wir uns nur noch den Standardkonstruktor anschauen, der keine Parameter besitzt:

```
Spieler() {
  m_name = "Unbekannt";
  m_leben = 10;
  m_schaden = 0;
}
```

Listing 6.7: Der Standardkonstruktor von Spieler

INFO   Ein Standardkonstruktor ist zwingend notwendig, wenn von einem Klassentyp Arrays erzeugt werden sollen.

Die folgende Arraydefinition ist nur dank des Standardkonstruktors von Spieler möglich:

```
Spieler spielergruppe[5];
```

6.4.2 Einheitliche Initialisierung

Seit C++11 gibt es eine einheitliche Initialisierung, die wir bereits bei den Arrays in Abschnitt 4.2.1 kennengelernt haben. Diese einheitliche Initialisierung mit geklammerten Initialisierern ist auch bei der Objektinitialisierung möglich:

```
Spieler s2{"Merlin", 70, 30};
Spieler s3{};
```

Die Schreibweise bringt klarer zum Ausdruck, dass es sich um eine Initialisierung und nicht eventuell um eine Funktionsdeklaration handelt.

Leider unterstützen noch nicht alle Compiler diese Schreibweise. Der Visual C++ 2012-Compiler versteht sie beispielsweise noch nicht. Um die Codebeispiele möglichst einfach anwendbar zu halten, werde ich daher im weiteren Verlauf die alte und immer noch gültige Schreibweise mit runden Klammern verwenden.

6.4.3 Der Destruktor

Sie kennen das aus dem realen Leben: Wenn jemand etwas unordentlich macht, muss es irgendjemand später meist auch wieder aufräumen. Ähnliches gilt für Klassen. Wenn der Konstruktor zur Party lädt, dann brauchen wir ein Gegenstück, das die Party beendet. Und das ist der sogenannte Destruktor.

Der Destruktor ist eine Methode der Klasse und besitzt folgenden Aufbau:

INFO

```
~Klassenname() {

}
```

Der Destruktor für unsere Klasse Spieler sieht demnach so aus:

```
~Spieler() {
}
```

Listing 6.8: Der Destruktor der Klasse Spieler

Er wird automatisch beim Abbau des Objekts aufgerufen und gibt üblicherweise Ressourcen frei, die bei der Erzeugung des Objekts vom Konstruktor belegt wurden. Wann das genau passiert, hängt von der Lebenszeit des Objekts ab (siehe Abschnitt 1.8.4).

Innerhalb der Spieler-Konstruktoren stehen jedoch keine Anweisungen, die ein späteres Aufräumen notwendig machen würden, wie zum Beispiel dynamisches Reservieren von Speicher (siehe Abschnitt 7.3). Deshalb werden wir den Destruktor in diesem Kapitel ausblenden und ihn dann bei Bedarf genauer betrachten. Einen ersten praktischen Einsatz finden Sie in Abschnitt 7.3.1.

6.5 Methoden

Objekte der Klasse Spieler können definiert und über einen der Konstruktoren initialisiert werden. Vielleicht möchte der Anwender der Klasse aber auch im Laufe des Programms abfragen,
welchen Schaden ein bestimmter Spieler anrichtet. Natürlich kommt das Lockern des Zugriffs-
rechts für die Attribute nicht infrage, denn wir wollen die Datenkapselung beibehalten. Stattdessen implementieren wir Methoden. Hier sehen Sie als Beispiel eine Methode zur Ausgabe:

```cpp
#include <string>
#include <iostream>

class Spieler {
  std::string m_name;
  int m_leben;
  int m_schaden;

public:

/* Konstruktoren */

  void ausgabe() {
    std::cout << "Der Spieler " << m_name << " hat "
              << m_leben << " Leben und macht " << m_schaden
              << " Schaden" << std::endl;

  }
};
```

Listing 6.9: Die Klasse Spieler mit ausgabe-Methode

Um die Methode aufzurufen, wird sie über das Objekt mit dem Element-Operator angesprochen:

```cpp
Spieler s1("Lancelot", 100, 20);
s1.ausgabe();
```

6.5.1 Zugriffsmethoden

Damit der Anwender auf Attribute zugreifen kann, die für seine Arbeit mit dem Objekt sinnvoll
sind, implementiert man sogenannte Zugriffsmethoden. Der Name der Methode zum Auslesen des Attributs beginnt meist mit get, der zum Setzen des Wertes mit set. Die Zugriffsmethoden für das Leben des Spielers könnten so aussehen:

```cpp
int get_leben() {
  return m_leben;
}

void set_leben(int l) {
  if(l > 100) l = 100;
  if(l < 0) l = 0;
}
```

Listing 6.10: Die Zugriffsmethoden für das Leben

Der Vorteil des Einsatzes von Zugriffsmethoden ist in diesem Fall ähnlich gelagert wie bei den Konstruktoren: Das Verändern des Wertes kann im Anweisungsblock der Set-Methode geprüft werden.

6.5.2 Konstanz wahrende Methoden

Auch wenn es bei einem Spieler-Objekt nicht sonderlich sinnvoll ist, kann man in C++ immer auch konstante Objekte erzeugen:

```
const Spieler s4("Steinmann", 100, 0);
```

Der unveränderliche Steinmann sollte auch ausgegeben werden können:

```
s4.ausgabe(); // FEHLER
```

Dem ist aber nicht so. Der Compiler wird die Übersetzung mit der Meldung abbrechen, dass er keine passende ausgabe-Methode findet. Der Hintergrund ist schnell erklärt. Eine Methode bedeutet immer auch die Ausführung von Programmcode. Und dieser Programmcode könnte theoretisch das Objekt verändern. Auch wenn ausgabe keine Änderungen vornimmt, reicht die theoretische Möglichkeit einer Änderung, um diese Methode für ein konstantes Objekt nicht zuzulassen.

Die Lösung besteht darin, dem Compiler zu versichern, dass diese Methode wirklich keine Änderungen vornimmt. Wir müssen die Methode in eine Konstanz wahrende Methode umwandeln:

```
void ausgabe() const {
  std::cout << "Der Spieler " << m_name << " hat "
            << m_leben << " Leben und macht " << m_schaden
            << " Schaden" << std::endl;

}
```

Listing 6.11: Die Konstanz wahrende Methode ausgabe

Jetzt ist ausgabe auch für konstante Objekte aufrufbar.

> Nur als »Konstanz wahrend« deklarierte Methoden dürfen auch für konstante Objekte aufgerufen werden. **INFO**

Für unsere bisherige Klasse Spieler sollten auch die beiden Get-Methoden als Konstanz wahrend deklariert werden.

> Die Klasse Spieler in der bisherigen Fassung finden Sie auf der Webseite *www.awl.de/3209* unter *Listings/Kapitel06/Spieler02*. **WWW**

6.6 Externe Definition

Die Definition der Klasse Spieler beinhaltet die Definitionen aller bisher für sie programmierten Methoden.

INFO   Innerhalb der Klassendefinition definierte Methoden sind inline (siehe Abschnitt 3.7.2).

Wenn wir nicht möchten, dass die Methoden unserer Klasse inline sind, dann müssen wir sie außerhalb der Klassendefinition definieren. Innerhalb der Klassendefinition (in *Spieler.h*) steht dann nur noch die Deklaration der Methoden:

```
#include <string>

class Spieler {
  std::string m_name;
  int m_leben;
  int m_schaden;

public:
  Spieler(std::string n, int l, int s);
  Spieler();

  void ausgabe()  const;
  int get_leben() const;
  void set_leben(int l);
  int get_schaden() const;
  void set_schaden(int s);
};
```
Listing 6.12: Die Klassendefinition mit Methodendeklarationen

In der Headerdatei können wir jetzt auf das Einbinden von iostream verzichten, weil der Einsatz von cout und endl verschwunden ist.

Analog zur Aufteilung des Programms in Module in Abschnitt 3.6 schreiben wir die Definitionen der Methoden in eine *.cpp*-Datei, die der besseren Übersicht wegen denselben Namen wie die Headerdatei bekommt, nur mit der Endung *.cpp*. Der Inhalt der Datei *Spieler.cpp* sieht so aus:

```
#include "Spieler.h"
#include <iostream>

using namespace std;

Spieler::Spieler(std::string n, int l, int s) {
  if(l > 100) l = 100;
  if(l < 1) l = 1;
  if(s > 50) s = 50;
  if(s < 0) s = 0;
  m_name = n;
  m_leben = l;
  m_schaden = s;
}
```

```
Spieler::Spieler() {
  m_name = "Unbekannt";
  m_leben = 10;
  m_schaden = 0;
}


void Spieler::ausgabe()  const {
  cout << "Der Spieler " << m_name << " hat " << m_leben
       << " Leben und macht " << m_schaden << " Schaden" << endl;

}


int Spieler::get_leben() const {
  return m_leben;
}

void Spieler::set_leben(int l) {
  if(l > 100) l = 100;
  if(l < 0) l = 0;
}


int Spieler::get_schaden() const {
  return m_schaden;
}

void Spieler::set_schaden(int s) {
  if(s > 50) s = 50;
  if(s < 0) s = 0;
}
```

Listing 6.13: Die in die Datei »Spieler.cpp« ausgelagerten Methodendefinitionen

Die Klasse Spieler mit der Aufteilung in Methodendeklaration und -definition finden Sie auf der Webseite *www.awl.de/3209* unter *Listings/Kapitel06/Spieler03*.   WWW

Damit dem Compiler bei der Kompilation von *Spieler.cpp* klar ist, dass es überhaupt eine Klasse Spieler gibt, müssen wir die Headerdatei *Spieler.h* einbinden.

Zusätzlich holen wir uns die für cout und endl benötigte Datei *iostream* mit ins Boot.

Eine *.cpp*-Datei wird direkt vom Compiler kompiliert und nicht in andere Dateien eingebunden. Deswegen können wir genau wie in *main.cpp* aus Bequemlichkeitsgründen ein using namespace verwenden.

Als die Methodendefinitionen noch innerhalb der Klassendefinition standen, konnte der Compiler die Methoden problemlos ihrer Klasse zuordnen. Werden Methoden aber außerhalb der Klassendefinition definiert, dann ist diese Zuordnung nicht mehr automatisch möglich. Schließlich können und dürfen mehrere Klassen Methoden mit denselben Namen und Parameterlisten besitzen. Die Klassenzugehörigkeit muss deshalb explizit angegeben werden. So ist das Spieler:: vor den Methodennamen zu erklären.

Ein Vorteil dieser Aufteilung liegt in der kürzeren Kompilationszeit. Wenn man von Features diverser Entwicklungsumgebungen (wie vorkompilierten Headern) einmal absieht, werden

Headerdateien jedes Mal kompiliert, wenn eine sie einbindende *.cpp*-Datei kompiliert wird, also in den meisten Fällen mehr als einmal im Projekt. Unsere *Spieler.h* wird beispielsweise einmal mit *Spieler.cpp* und einmal mit *main.cpp* kompiliert. Weil die Definitionen der Methoden aber in eine *.cpp*-Datei ausgelagert wurden, werden diese nur ein einziges Mal kompiliert. Lediglich die Deklarationen sind jetzt noch von dem mehrfachen Kompilieren betroffen.

6.7 Mehrfachdefinition

Headerdateien können ihrerseits andere Headerdateien einbinden. Unsere Headerdatei *Spieler.h* hat zum Beispiel die Headerdatei *string* eingebunden.

Durch diese Verstrickungen passiert es häufiger, dass eine Klassendefinition mehrmals in eine *.cpp*-Datei eingebunden wird. Das wollen wir hier auf einfache Weise simulieren:

```
#include <iostream>
#include "Spieler.h"
#include "Spieler.h"

using namespace std;

int main() {

/* … */

}
```

Listing 6.14: Mehrfachdefinition von Spieler in »main.cpp«

So etwas mögen Compiler überhaupt nicht. Eine neuerliche Definition[2] könnte die Klasse theoretisch anders definieren als die erste und damit die Kompilation zum Roulettespiel machen. Der Versuch der zweiten Definition wird vom Compiler deshalb mit einem Fehler wie »Neudefinition von ...« abgebrochen.

Wir benötigen einen Mechanismus, der die einmalige Definition pro *.cpp*-Datei sicherstellt. Und den finden wir bei den Präprozessordirektiven in Abschnitt 3.9.1.

Der Präprozessorbefehl #ifndef (if not defined) schickt die Anweisungen bis zum dazugehörigen #endif nur dann an den Compiler, wenn das Makro hinter #ifndef nicht definiert ist. Wenn wir uns einen entsprechenden Makronamen überlegen, können wir dies sicherstellen.

Die erste Handlung innerhalb des #ifndef-Blocks wird dann die Definition des besagten Makros mit #define sein, sodass bei einem neuerlichen Versuch der Kompilation das Makro bekannt ist und #ifndef die Anweisungen nicht mehr an den Compiler schickt.

---

2   Wir sprechen hier vom mehrmaligen Einbinden in dieselbe *.cpp*-Datei. Weil jede *.cpp*-Datei für sich isoliert kompiliert wird, muss eine Headerdatei in jede *.cpp*-Datei eingebunden werden, in der ihre Definitionen/Deklarationen benötigt werden. Aber eben nur einmal pro *.cpp*-Datei.

Umgesetzt sieht das so aus:

```
#ifndef SPIELER_H
#define SPIELER_H

#include <string>

class Spieler {
/* … */

};

#endif
```

Listing 6.15: Die vor Mehrfachdefinition geschützte Klasse Spieler

> Die Klasse Spieler mit Schutz vor Mehrfachdefinition finden Sie auf der Webseite *www.awl.de/3209* unter *Listings/Kapitel06/Spieler04*.

WWW

Unsere Klasse Spieler kann jetzt ohne Gefahr beliebig oft in eine *.cpp*-Datei eingebunden werden.

Um mit den verwendeten Makronamen nicht durcheinanderzukommen und versehentlich einen Namen zweimal zu verwenden, hat es sich eingebürgert, den Makronamen auf den Dateinamen zu beziehen, der im Normalfall nicht mehrfach vorkommt.

> Jede Headerdatei, die Definitionen enthält, sollte mit einem #ifndef-Block vor Mehrfachdefinition geschützt werden.

TIPP

6.8 Objekte als Funktionsparameter

Objekte bilden eine schöne Einheit, die problemlos als Argument an eine Funktion übergeben werden kann. Wie bei den elementaren Datentypen auch wird bei der Übergabe eine Kopie des Objekts angefertigt:

```
#include <iostream>
#include "Spieler.h"

using namespace std;

void verstaerken(Spieler s) {
  s.set_schaden(s.get_schaden()*2);
  s.ausgabe();    // Schaden 40
}

int main() {
  Spieler s1("Lancelot", 100, 20);
  verstaerken(s1);
  s1.ausgabe();  // Schaden immer noch 20
}
```

Listing 6.16: Objekt als Funktionsparameter

Nach dem Aufruf von verstaerken ist die Stärke von s1 immer noch 20, weil sich die Stärkeverdopplung nur auf die Kopie s in verstaerken auswirkt.

6.8.1 Referenzen auf Objekte

Die einfachste Lösung hier ist der Einsatz von Referenzen:

```
void verstaerken(Spieler& s) {
  s.set_schaden(s.get_schaden()*2);
}
```

Listing 6.17: Die Funktion verstaerken mit Referenz

Wie Sie in Abschnitt 4.5 gelernt haben, ist eine Referenz immer ein Verweis auf das Original. Im oberen Fall ist s für den konkreten Aufruf von verstaerken in main ein Alias für s1. Alle Änderungen wirken sich direkt auf s1 aus.

Eine Übergabe als Referenz ist auch dann notwendig, wenn ein Verweis auf einen der übergebenen Spieler zurückgegeben werden soll. Im folgenden Beispiel wird in der Funktion ermittle_staerkeren der stärkere von zwei Spielern ermittelt und ein Verweis auf ihn zurückgegeben:

```
#include <iostream>
#include "Spieler.h"

using namespace std;

Spieler& ermittle_staerkeren(Spieler& s1, Spieler& s2) {
  if(s1.get_schaden()>s2.get_schaden())
    return s1;
  else
    return s2;
}

int main() {
  Spieler s1("Lancelot", 100, 20);
  Spieler s2("Merlin", 70, 30);

  Spieler &held = ermittle_staerkeren(s1, s2);
  held.ausgabe();
}
```

Listing 6.18: Die Funktion ermittle_staerkeren

6.8.2 Zeiger auf Objekte

Den von der Funktion ermittle_staerkeren zurückgegebenen Spieler müssen wir auch als Verweis entgegennehmen, da sonst im Zuge der Rückgabe statt einer Referenz eine Kopie angefertigt und übergeben würde:

```
int main() {
  Spieler s1("Lancelot", 100, 20);
  Spieler s2("Merlin", 70, 30);
```

```
  Spieler held = ermittle_staerkeren(s1, s2); // Kopie!
  verstaerken(held);
  s2.ausgabe();          // s2 unverändert
}
```

Listing 6.19: Fehlerhafte Annahme des Rückgabewerts

Der Nachteil einer Referenz bei der Entgegennahme des Rückgabewertes ist aber die notwendige Initialisierung direkt bei der Definition.

Wir könnten statt der Referenz auch einen Zeiger nehmen, nur müssen wir dann vom zurückgelieferten Objekt die Adresse bilden:

```
  Spieler *held = &ermittle_staerkeren(s1, s2);
```

Aber wie sprechen wir über den Zeiger die Elemente des Objekts an? Wir müssen lediglich die Syntax der Dereferenzierung mit der Syntax des Elementzugriffs kombinieren. Wegen der Bindungsstärke der Operatoren muss noch geklammert werden:

```
  (*held).ausgabe();
```

Weil diese Syntaxkombination umständlich zu schreiben ist, gibt es in C++ einen speziellen Zeigeroperator, der die Dereferenzierung und den Elementzugriff kombiniert. Er greift direkt auf die Elemente des Objekts zu, dessen Adresse im Zeiger gespeichert ist:

```
  held->ausgabe();
```

> Die Klasse Spieler mit der ermittle_staerkeren-Funktion finden Sie auf der Webseite *www.awl.de/3209 unter Listings/Kapitel06/Spieler05*. **WWW**

In den meisten Fällen sind die Referenzen bei den Funktionsparametern die bequemere Wahl. Wir hätten aber auch Zeiger einsetzen können. Beim Funktionsaufruf müssen dann Adressen statt Objekte übergeben werden:

```
#include <iostream>
#include "Spieler.h"

using namespace std;

void verstaerken(Spieler& s) {
  s.set_schaden(s.get_schaden()*2);
}


Spieler* ermittle_staerkeren(Spieler* s1, Spieler* s2) {
  if(s1->get_schaden()>s2->get_schaden())
    return s1;
  else
    return s2;
}

int main() {
  Spieler s1("Lancelot", 100, 20);
  Spieler s2("Merlin", 70, 30);
```

```
Spieler *held = ermittle_staerkeren(&s1, &s2);

held->ausgabe();
}
```

Listing 6.20: Die Funktion ermittle_staerkeren mit Zeigern

Innerhalb der Funktion wird der Zeigeroperator eingesetzt, um über den Zeiger die Objektmethode aufzurufen.

> **WWW**   Die Klasse Spieler mit der Zeiger-Version von der ermittle_staerkeren-Funktion finden Sie auf der
> Webseite *www.awl.de/3209* unter *Listings/Kapitel06/Spieler06*.

6.8.3 Objekte als Methodenparameter

Dass Objekte auch an Methoden übergeben werden können, sollte nicht überraschen, da Methoden nichts anderes sind als Funktionen einer Klasse. Deshalb werden sie in C++ auch
Elementfunktionen genannt. Es gibt in diesem Zusammenhang aber einen Aspekt, der oft nicht
klar ist. Schauen wir uns die Methode schlagabtausch an, die nichts anderes macht, als zwei
Spielern jeweils den Schaden des anderen von den Lebenspunkten abzuziehen:

```
void Spieler::schlagabtausch(Spieler& s) {
  m_leben -= s.get_schaden();
  s.set_leben(s.get_leben() - m_schaden);
}
```

Listing 6.21: Die Spieler-Methode schlagabtausch

Aufgerufen wird die Methode so:

```
Spieler s1("Lancelot", 100, 20);
Spieler s2("Merlin", 70, 30);

s1.schlagabtausch(s2);
```

Ich denke, dieser Ansatz ist so weit nachvollziehbar, und so wird er auch meistens von Schu-
lungsteilnehmern programmiert. Vielen ist nämlich nicht klar, dass es auch so geht:

```
void Spieler::schlagabtausch(Spieler& s) {
  m_leben -= s.m_schaden;
  s.m_leben -= m_schaden;
}
```

Listing 6.22: Der kürzere Schlagabtausch

Viele machen sich nicht bewusst, dass das Zugriffsrecht private für die Klasse gilt, nicht für
das Objekt. Deshalb dürfen alle Elemente der *Klasse* auf eigene private-Elemente zugreifen,
nicht nur Elemente des Objekts. Deswegen ist innerhalb der eigenen Klasse der Umweg über
die Zugriffsmethoden unnötig. Er kann aber Vorteile haben, wie Sie noch beim Thema Vererbung sehen werden.

6.9 Ans Eingemachte

Dieser Abschnitt bietet Ihnen wieder einen etwas tieferen Einblick in die behandelte Materie. Außerdem ist hier ein Abschnitt zu finden, der noch nicht von allen Compilern unterstützt wird.

6.9.1 Standardwerte für Attribute

Ab C++11 ist es erlaubt, Attributen in der Klassendefinition konstante Standardwerte zuzuweisen:

`C++11`

```
class Spieler {
  std::string m_name = "Unbekannt";
  int m_leben = 10;
  int m_schaden = 0;

public:

/* Methodendeklarationen */

};
```

Listing 6.23: Die Klasse Spieler mit Standardwerten für Attribute

Damit würde sich der Standardkonstruktor dramatisch verkürzen:

```
Spieler::Spieler() {
}
```

Listing 6.24: Der Standardkonstruktor von Spieler beim Einsatz von Standardwerten für Attribute

Leider unterstützen noch nicht alle Compiler diese Möglichkeit, deswegen werde ich von ihrem Einsatz in den weiteren Beispielen Abstand nehmen.

> Auch schon vor C++11 möglich waren Standardwerte für konstante statische[3] Attribute mit elementaren Datentypen.

`TIPP`

6.9.2 Verschachtelte Klassendefinitionen

Eine verschachtelte Klassendefinition liegt immer dann vor, wenn innerhalb einer Klassendefinition eine weitere Klasse definiert wird:

```
class Aussen {
public:
  class Innen {
  };
};
```

Listing 6.25: Eine verschachtelte Klassendefinition

---

3   Was genau statische Elemente einer Klasse sind, behandeln wir in Kapitel 8.

Von beiden Klassen können Objekte angelegt werden:

```
Aussen a;
Aussen::Innen i;
```

Eine Objekterzeugung von Innen ist nur deswegen möglich, weil Innen im öffentlichen Bereich von Aussen definiert wurde und daher außerhalb der äußeren Klassendefinition zugänglich ist. Bei Bedarf kann dieser Zugriff durch Verlagerung der Innen-Definition in den geschützten oder privaten Bereich der äußeren Klasse eingeschränkt werden.

Wir werden unsere verschachtelte Klassendefinition nun ein wenig ergänzen und schauen uns die Zugriffsrechte der Klassen untereinander an:

```
class Aussen {
  int m_privat;
public:
  class Innen {
    int m_privat;
  public:

    void fktInnen() {
      Aussen a;
      a.m_privat=10; // Klappt
    }
  };

  void fktAussen() {
    Innen i;
    i.m_privat=20; // Geht nicht
  }
};
```
Listing 6.26: Zugriffsrechte bei verschachtelten Klassendefinitionen

Die Methode fktInnen der Klasse Innen definiert ein Objekt der Klasse Aussen und greift auf dessen privates Attribut m_privat zu.

C++11

Dieser Zugriff war vor C++11 nicht erlaubt, weil auf private Elemente nur die Klasse selbst Zugriff hat. Ab C++11 wird jedoch die Auffassung vertreten, dass die Klassendefinition von Innen ein Element der Klasse Aussen ist und daher wie alle anderen Elemente von Aussen auch Zugriff auf alle Elemente von Aussen haben sollte [C++11 11].

Die Methode fktAussen der Klasse Aussen definiert ein Objekt der Klasse Innen und greift auf dessen privates Attribut m_privat zu. Dieser Zugriff ist nicht erlaubt, weil die Klassendefinition von Aussen kein Element der Klassendefinition von Innen ist.

Diese Regel ist zu beherzigen:

Eine Klasse A kann auf Objekte einer in ihr definierten Klasse I nur über deren öffentliche Schnittstelle zugreifen. Diese Einschränkung lässt sich über eine friend-Deklaration innerhalb von I umgehen. Für unser Beispiel sähe das so aus:

```
class Aussen {
  int m_privat;
```

```
public:
  class Innen {
    friend class Aussen;

    int m_privat;
  public:

    void fktInnen() {
      Aussen a;
      a.m_privat=10; // Klappt
    }
  };

  void fktAussen() {
    Innen i;
    i.m_privat=20; // Geht nicht
  }
};
```

Listing 6.27: Die Klasse Innen mit friend-Deklaration für Aussen

Die Klasse Aussen finden Sie auf der Webseite *www.awl.de/3209* unter *Listings/Kapitel06/Aussen*. WWW

Noch eine kleine Anmerkung zur externen Definition. Wenn Sie die Methode fktInnen extern definieren möchten, dann muss der Compiler wissen, dass Sie die Methode fktInnen der Klasse Innen meinen, die wiederum in der Klasse Aussen definiert ist. Das sieht dann so aus:

```
void Aussen::Innen::fktInnen() {

/* … */

}
```

Listing 6.28: Definition einer Methode einer verschachtelten Klasse

6.9.3 Typ-Definitionen

Lebenspunkte und möglicher Schaden sind in unserer Klasse als int-Werte gespeichert. Was aber, wenn wir jetzt Leben und Schaden der Genauigkeit wegen als double haben möchten? Viel Änderungsarbeit wäre angesagt.

Um solche Typwechsel für sich selbst und für Anwender der Klasse zu vereinfachen, gibt es die Möglichkeit, eigene Typen mit typedef zu definieren:

```
class Spieler {
  typedef int Punktetyp;

  std::string m_name;
  Punktetyp m_leben;
  Punktetyp m_schaden;

public:
  Spieler(std::string n, Punktetyp l, Punktetyp s);
  Spieler();
```

```
void ausgabe() const;
Punktetyp get_leben() const;
void set_leben(Punktetyp l);
Punktetyp get_schaden() const;
void set_schaden(Punktetyp s);
void schlagabtausch(Spieler& s);
};
```

Listing 6.29: Die Klasse Spieler mit Einsatz von typedef

Interessant wird es noch bei den Methodendefinitionen. Seit wir die Definitionen in eine *.cpp*-Datei ausgelagert haben, müssen wir vor dem Methodennamen immer auch die Klasse angeben, zu der die Methode gehört.

Die Definition des Methodenrückgabetyps steht aber vor der Information, zu welcher Klasse die Methode gehört. Deshalb ist die folgende Definition nicht möglich:

```
Punktetyp Spieler::get_leben() const {     // FALSCH!
  return m_leben;
}
```

Listing 6.30: Falsche Definition des Rückgabetyps

Woher soll der Compiler wissen, wo er Punktetyp findet, bevor er weiß, dass get_leben eine Methode von Spieler ist? Genau, deshalb müssen wir es ihm sagen:

```
Spieler::Punktetyp Spieler::get_leben() const {
  return m_leben;
}
```

Listing 6.31: Richtige Definition des Rückgabetyps

C++11 Die einzige Möglichkeit, die explizite Angabe von Spieler:: bei Punktetyp zu vermeiden, ist die alternative Funktionssyntax von C++11:

```
auto Spieler::get_leben() const -> Punktetyp {
  return m_leben;
}
```

Listing 6.32: Einsatz der neuen Funktionssyntax

Aber ob diese Version tatsächlich weniger aufwendig ist, müssen Sie selbst entscheiden.

WWW Die Klasse Spieler mit dem Einsatz von typedef finden Sie auf der Webseite *www.awl.de/3209* unter *Listings/Kapitel06/Spieler08.*

using

C++11 In C++11 erlaubt es der Befehl using, eine Alias-Deklaration (*alias declaration*) vorzunehmen [C++11 7.1.3]. Diese Deklarationen sind speziell in Zusammenhang mit Templates sehr mächtig. In ihrer einfacheren Form können sie aber wie ein typedef verwendet werden.

Das typedef in der Klasse Spieler hätte auch mit einer Alias-Deklaration umgesetzt werden können:

```
using Punktetyp = int;
```

Zugriffsrecht

Wir haben im oberen Beispiel eine `typedef` und alternativ eine Alias-Deklaration eingesetzt (und die sollten Sie regelmäßig verwenden.) Was halten Sie von folgender Definition?[4]

```
class Klasse {
  class Lokal {};
public:
  typedef Lokal LokalerTyp;
};
```

Listing 6.33: Zugriffsrecht von `typedef`

Noch recht übersichtlich, oder? Jetzt wollen wir Objekte erzeugen:

```
  Klasse a;
  Klasse::Lokal b;
  Klasse::LokalerTyp c;
```

Das Objekt `a` wird problemlos erzeugt, denn schließlich ist die Klasse `Klasse` im globalen Bezugsrahmen definiert und die Definition zum Zeitpunkt der Erzeugung von `a` bekannt.

Das Objekt `b` dürften Sie nur erzeugen können, wenn die Datenkapselung Ihres Compilers einen Ausfall hat, denn der Klassentyp `Lokal` besitzt eindeutig privates Zugriffsrecht.

Was aber ist mit dem Objekt `c`? Wir könnten für beide Möglichkeiten Argumente finden:

» *Pro*: Das Objekt `c` wird erzeugt, weil die Typdefinition im öffentlichen Teil der Klasse steht.

» *Kontra*: Das Objekt `c` wird nicht erzeugt, weil `LokalerTyp` tatsächlich vom Typ `Lokal` ist, und der steht im privaten Bereich. Würde `c` erzeugt werden können, dann wäre die Datenkapselung ausgehebelt.

Wenn Sie das letzte Argument ein wenig überdenken, dann werden Sie aus Ihrer Praxis schnell ein Beispiel finden, das diese Aussage entkräftet. Erstellen wir eine Klasse mit einem privaten Attribut und einer dazugehörigen Zugriffsmethode:

```
class Beispiel {
  int m_wert;
public:
  int& getWert() {
    return(m_wert);
  }
};
```

Listing 6.34: Ein Aushebeln der Datenkapselung

Wird das kompiliert? Zählen Sie zu den Anhängern des oberen Kontra-Arguments, dann müssten Sie laut »nein« rufen, denn hier wird ganz klar die Datenkapselung ausgehebelt:

```
  Beispiel b;
  b.getWert()=5;
```

---

4   Die folgenden Betrachtungen werden exemplarisch mit `typedef` vorgenommen. Das Gleiche gilt aber auch für eine entsprechende Alias-Deklaration.

Die Methode getWert liefert eine Referenz auf das private Attribut, über die anschließend sein Wert geändert wird.

Trotz dieser vermeintlichen Hintertür in der Datenkapselung wird der Code anstandslos kompiliert. Natürlich ist hier die Datenkapselung aus logischer Sicht aufgehoben. Natürlich sollte so etwas unter allen Umständen vermieden werden. Jedoch rein technisch gesehen bleibt die Datenkapselung gewahrt, denn wir greifen nicht direkt auf das Attribut zu, sondern über den Umweg einer Methode. Die Methode bildet damit eine Schnittstelle zum Attribut. Änderungen an den Klasseninterna bleiben nach außen weiterhin versteckt.

Die gleiche Begründung kann für das öffentliche typedef von vorhin herangezogen werden. Ein Objekt vom Typ LokalerTyp wird problemlos erzeugt, weil die Definition von LokalerTyp öffentlich ist. Dass LokalerTyp eigentlich für den privaten Typ Lokal steht, spielt technisch gesehen keine Rolle. Wie vorhin die Methode, so fungiert das typedef hier als Schnittstelle, diesmal als Schnittstelle zu einem lokalen Klassentyp. Der Typ selbst bleibt gekapselt und kann ohne Auswirkungen auf die Schnittstelle geändert werden.

6.9.4 cv-Qualifizierung

Häufig wird im C++-Standard die sogenannte cv-Qualifizierung angesprochen [C++11 3.9.1], ein Grund für uns, einen genaueren Blick auf ihre Bedeutung zu werfen.

Ein gewöhnlicher Datentyp T gilt als cv-unqualifiziert. Jeder cv-unqualifizierte Typ kann zusätzlich in drei verschiedenen cv-qualifizierten Varianten vorkommen: const T, volatile T und const volatile T.

Darüber hinaus können die Varianten bezüglich ihrer cv-Qualifizierung in Relation gesetzt werden:

» Der Typ T ist weniger cv-qualifiziert als die Typen const T, volatile T und const volatile T.

» Die Typen const T und volatile T sind weniger cv-qualifiziert als der Typ const volatile T.

Auch wenn dieses »in Beziehung setzen« der cv-Qualifizierungen im ersten Moment vielleicht keinen Sinn macht, werden sie an einigen Stellen zur Erklärung von Sachverhalten eingesetzt.

Zum Beispiel steht die Schreibweise cv T (oder cv1 T, cv2 T etc.) für einen der vier Typen T, const T, volatile T oder const volatile T.

Eine Erklärung, die sich die Bedeutung der cv-Qualifizierung zunutze macht, ist zum Beispiel die Folgende:

Ein Objekt vom Typ cv1 T* kann einem Objekt des Typs cv2 T* zugewiesen werden, wenn cv1 die gleiche oder eine geringere cv-Qualifizierung besitzt als cv2.

Aus diesem Grund kann ein Objekt des Typs T* einem Objekt des Typs const T* zugewiesen werden, aber nicht umgekehrt.

KAPITEL 7

Dynamische Speicherverwaltung

Unter dynamischer Speicherverwaltung versteht man das Reservieren von Speicher während der Laufzeit. In der OOP ist diese Art der Speicherreservierung ausgesprochen wichtig. Wir nehmen es deswegen zum Anlass, uns etwas genauer mit dem Thema zu beschäftigen.

Die dynamische Speicherverwaltung kommt nicht ohne Zeiger aus. Von den reservierten Speicherbereichen bekommen wir die Adressen geliefert, die in Zeigern oder Referenzen gespeichert werden müssen.

7.1 Zeiger

Wir werden daher die Gelegenheit nutzen, uns die Zeiger noch einmal anzuschauen und weitere Spielarten zu besprechen.

Zeiger werden mit einem * deklariert:

```
int* iptr;
```

Zeiger sind immer an den deklarierten Typ gebunden, können also nur auf Elemente eines bestimmten Typs zeigen[1] bzw. die Adresse eines Objekts dieses Typs speichern. Zur Ermittlung der Adresse eines Objekts wird üblicherweise der Adressoperator & benutzt:[2]

```
int x;
iptr = &x;
```

Eine besondere Eigenschaft der Zeiger ist die Fähigkeit zur Dereferenzierung, die mit einem * vorgenommen wird. Bei der Dereferenzierung wird über den Zeiger auf den Inhalt desjenigen Objekts zugegriffen, dessen Adresse im Zeiger gespeichert ist:

```
*iptr = 42;   // x wird 42 zugewiesen
```

Man kann es auch weiter treiben und definiert einen Zeiger auf Zeiger:

```
int** piptr = &iptr;
```

Jetzt haben wir zwei Dereferenzierungsebenen:

```
int y;

**piptr = 60;   // x wird 60 zugewiesen
*piptr = &y;    // iptr zeigt jetzt auf y
**piptr = 33;   // y wird 33 zugewiesen
```

---

1 Ausnahme sind die Zeiger vom Typ void*.
2 Auch hier gibt es zwei Ausnahmen: Bei Feldern und Funktionen steht der Name selbst (ohne [] oder ()) bereits für ihre Adresse.

7.1.1 Zeiger und Konstanten

Wir können Variablen und Konstanten definieren sowie Zeiger auf sie:

```
int i;
const int ci=22;

int* p= &i;
const int* cp=&ci;
```

Folgende Zuweisungen werden nicht kompiliert, weil p weniger cv-qualifiziert ist als &ci und cp (siehe Abschnitt 6.9.4):

```
p=&ci;
p=cp;
```

Aber wir können einen const-Zeiger problemlos auf eine Variable zeigen lassen (cp ist mehr cv-qualifiziert als &i):

```
cp=&i;
```

Und was halten Sie von folgenden Anweisungen?

```
*cp=18;
p=cp;
```

Tatsächlich werden beide Anweisungen nicht kompiliert. Die erste Anweisung scheitert, weil cp zur Kompilationszeit auf const int zeigt. Dass cp in diesem Fall zur Laufzeit tatsächlich auf int zeigt und deswegen *cp beschrieben werden könnte, kann der Compiler nicht wissen. Ähnliches gilt bei der zweiten Anweisung. Der Compiler kann nicht wissen, dass cp zur Laufzeit auf eine Variable zeigt, und erlaubt daher auch die Zuweisung an einen Zeiger auf variable int–Objekte nicht.

Aber hier kann Abhilfe geschaffen werden [C++11 5.2.11]:

```
p=const_cast<int*>(cp);
*p=88;
```

Über den const_cast wird die Konstanz von i (auf die cp ja zeigt) »weggecastet«. Das geht völlig schmerzfrei, weil das Objekt, auf das cp verweist, zur Laufzeit nicht konstant ist. Wie sieht es aber mit den folgenden Anweisungen aus?

```
cp=&ci;
p=const_cast<int*>(cp);
*p=55;
```

Der Zeiger cp verweist nach der ersten Anweisung auf das const int-Objekt ci, völlig legal, weil cp ein Zeiger auf konstante int ist. Die zweite Anweisung ist da schon heikler. Von dem Verweis auf const int wird das const weggecastet und einem Zeiger auf int zugewiesen. Vollends verwerflich ist die dritte Anweisung, wird dort doch tatsächlich einer Konstanten (p zeigt augenblicklich auf die Konstante ci) ein neuer Wert zugewiesen.

Und die Krönung von alledem: Der Compiler übersetzt es anstandslos. Muss er ja auch, denn der statische Typ von p ist ein Zeiger auf int, und darüber Werte zu verändern ist völlig im grünen Bereich. Das Vertrauen in den Compiler hat an dieser Stelle vielleicht den ersten Riss bekommen, aber die Laufzeitumgebung, die wird doch wohl diese Anweisungen nicht ausführen – oder?

Die Antwort ist etwas frustrierend, aber die dritte Anweisung wird ausgeführt, nur was sie bewirkt, ist undefiniert. Theoretisch könnte sie in einem ansässigen Versandhandel drei Waschmaschinen bestellen. Deswegen sollten solche Zuweisungen vermieden werden, es sei denn, Sie sind sich sicher – und zwar hundertprozentig sicher –, dass das Ziel der Zuweisung tatsächlich ein nicht konstanter Typ ist.

Wie sieht es denn mit dieser Anweisungsfolge aus?

```
cp=&ci;
p=const_cast<int*>(cp);
cout << *p << endl;
```

Das Fragment lässt sich nicht nur einwandfrei kompilieren, es läuft auch korrekt. Dieses Verhalten lässt sich zu folgender Regel verdichten:

> Wird das const eines tatsächlich konstanten Objekts mittels const_cast entfernt, dann kann es ohne Schwierigkeiten als R-Wert eingesetzt werden. Das Verhalten bei einem Einsatz als L-Wert ist undefiniert.   `INFO`

7.1.2 Zeiger auf Funktionen

Wie die Überschrift schon vermuten lässt, können Zeiger auch auf Funktionen zeigen. Aus der objektorientierten Sicht sollte man solche Verweise auf Funktionen (und im nächsten Abschnitt auf Methoden) über *Funktionsobjekte*, die auch *Funktoren* genannt werden, umsetzen. Trotzdem werden wir uns hier erst mit der traditionellen Syntax beschäftigen. Sie kann dann wichtig werden, wenn das Programm mit Funktionen aus C-Bibliotheken zusammenarbeiten soll.

Nehmen wir eine simple Funktion ausgabe:

```
void ausgabe(int i) {
  cout << "Wert: " << i << endl;
}
```

Auf diese Funktion soll jetzt ein Zeiger verweisen:

```
void (*fktptr)(int);
fktptr=ausgabe;
fktptr(123);
```

Bei Zeigern auf Funktionen bietet sich eine Typdefinition an:

```
typedef void (*FZeigerTyp)(int);
FZeigerTyp fktptr = ausgabe;
fktptr(123);
```

Statt der Typdefinition ist auch eine Alias-Deklaration möglich: `C++11`

```
using FZeigerTyp = void (*)(int);
```

Zeiger auf Funktionen können auch auf statische Methoden verweisen, die wir in Abschnitt 9.1.1 besprechen werden.

7.1.3 Zeiger auf Klassenelemente

Es gibt auch die Möglichkeit, Zeiger auf Klassenelemente zu definieren. Um hierzu ein praktisches Beispiel zu haben, greifen wir auf die Spieler-Klasse des vorigen Kapitels zurück. Wir hatten für sie eine Funktion ermittle_staerkeren programmiert, die den stärkeren zweier Spieler zurückliefert. Im Zuge der objektorientierten Programmierung sollten wir von Funktionen abrücken und mehr in Methoden denken. Schreiben wir uns eine einfache Methode, die prüft, ob ein Spieler stärker ist als ein anderer:

```
bool Spieler::ist_staerker(Spieler& s) {
  if(get_schaden() > s.get_schaden())
    return true;
  else
    return false;
}
```
Listing 7.1: Erste Version von ist_staerker

Aufrufen könnten wir die Methode so:

```
  Spieler s1("Lancelot", 120, 20);
  Spieler s2("Merlin", 60, 30);

  if(s2.ist_staerker(s1))
    cout << "Merlin ist staerker" << endl;
```

Im oberen Beispiel gibt die Methode true zurück, falls s2 stärker ist als s1.

Noch ein kleiner Hinweis zur Optimierung. Genau genommen liefert die Methode true zurück, wenn der Vergleich get_schaden() > s.get_schaden() wahr ist. Der Rückgabewert ist also das Ergebnis des Vergleichs. Deshalb können wir es direkt zurückgeben:

```
bool Spieler::ist_staerker(Spieler& s) {
  return get_schaden() > s.get_schaden();
}
```
Listing 7.2: Zweite Version von ist_staerker

Die Methode ist gerade fertig geschrieben, da hagelt es die ersten Proteste. Merlin stärker? So ein Unsinn, Merlin benötigt vier Angriffe, um Lancelot zu besiegen, ist selbst aber bereits nach drei von Lancelots Angriffen geschlagen. Lancelot müsste deshalb stärker sein. Zähneknirschend programmieren wir auch diese Variante:

```
bool Spieler::ist_staerker2(Spieler& s) {
  double sch1 = static_cast<double>(m_leben)/s.m_schaden;
  double sch2 = static_cast<double>(s.m_leben)/m_schaden;
  return sch1 > sch2;
}
```
Listing 7.3: Die komplexere Berechnung der Stärke

Die Methode bestimmt für jeden Spieler, wie viele Schläge des Gegners nötig sind, um ihn zu besiegen, und vergleicht dann, wer länger durchhält.

Die Umwandlung eines Wertes bei der Bildung des Quotienten ist notwendig, damit bei ganzzahligen Typen trotzdem ein Ergebnis mit Nachkommastellen herauskommt (siehe Abschnitt 1.6.2).

Sie selbst sind aber von dieser Berechnung nicht komplett überzeugt und möchten dem Anwender zu Beginn die Wahl lassen, welche Art des Stärkevergleichs eingesetzt werden soll. Wie würden Sie das machen?

Höchstwahrscheinlich mit einem switch-Block, in dem dann je nach Wahl des Anwenders die entsprechende Methode aufgerufen wird.

In einer solchen Situation können Zeiger auf Klassenelemente einen wertvollen Dienst erweisen. Die Besonderheit solcher Zeiger liegt in der Fähigkeit, völlig losgelöst von Objekten auf Methoden zu verweisen.

Wir erzeugen einen Zeiger, der auf Spieler-Methoden verweisen kann, die einen bool-Wert zurückliefern und eine Referenz auf ein Spieler-Objekt übergeben bekommen:

```
bool (Spieler::* mptr)(Spieler&);
```

Wie zu erkennen ist, darf der Zeiger nur auf Methoden der Klasse Spieler verweisen. Bei Zeigern auf Methoden erhöht ein typedef im Normalfall die Lesbarkeit:

```
typedef bool (Spieler::* StaerkeMethodenZeiger)(Spieler&);
```

Oder eben eine Alias-Deklaration:

```
using StaerkeMethodenZeiger = bool (Spieler::* )(Spieler&);
```

Von diesem Typ wird ein Zeiger definiert, der auf eine der Stärke-Methoden von Spieler verweisen soll. In diesem Fall ist der Adressoperator notwendig:

```
StaerkeMethodenZeiger mptr = &Spieler::ist_staerker2;
```

Nun kann ein Objekt über diesen Zeiger die Methode für sich aufrufen, auf die der Zeiger verweist. Wir benutzen dazu den Operator .*:

```
(s2.*mptr)(s1)
```

Im oberen Beispiel wird für das Objekt s2 die Methode aufgerufen, auf mptr verweist, also ist_staerker2. In Kombination mit der ursprünglichen Abfrage sieht das so aus:

```
if( (s2.*mptr)(s1) )
  cout << "Merlin ist staerker" << endl;
else
  cout << "Lancelot ist staerker" << endl;
```

Ein Zeiger auf Klassenelemente kann auch verwendet werden, wenn der Objekt-Zugriff selbst über einen Zeiger erfolgt. Dazu verwenden wir den ->*-Operator:

```
Spieler *sptr = &s2;

if( (sptr->*mptr)(s1) )
  cout << "Merlin ist staerker" << endl;
else
  cout << "Lancelot ist staerker" << endl;
```

> **WWW**   Die Klasse Spieler mit den Zeigern auf Klassenelemente finden Sie auf der Webseite *www.awl.de/3209* unter *Listings/Kapitel07/Spieler01*.

Zeiger auf Attribute

Dieser Mechanismus funktioniert auch mit Attributen. Wollen wir außerhalb der Klasse auf das Attribut zugreifen, muss es natürlich öffentlich sein. Als Beispiel dient die Mini-Klasse EinString:

```
class EinString {
public:
  string m_string;
  EinString(const string& s) : m_string(s) {}
};
```

Listing 7.4: Die Klasse EinString

Zunächst definieren wir uns wieder einen entsprechenden Zeiger-Typ, der diesmal auf Attribute des Typs string verweisen soll:

```
typedef string EinString::* AttributZeigerTyp;
```

Dann wird ein Zeiger angelegt und ihm das gewünschte Attribut zugewiesen:

```
AttributZeigerTyp aptr = &EinString::m_string;
```

Danach kann der Zeiger mit einem Objekt eingesetzt werden:

```
EinString es("Willms");
cout << es.*aptr << endl;
```

Ein Zeiger auf Klassen-Elemente kann übrigens auch auf implizit vom Compiler hinzugefügte Elemente verweisen.

> **WWW**   Die Klasse EinString finden Sie auf der Webseite *www.awl.de/3209* unter *Listings/Kapitel07/EinString*.

7.2 Referenzen

Referenzen haben wir bereits in Abschnitt 4.5 besprochen. Wir greifen sie hier noch einmal auf und vertiefen unser Wissen über sie.

Referenzen sind gewissermaßen abgespeckte Zeiger. Sie können weniger als Zeiger, sind dafür aber syntaktisch einfacher zu benutzen. Im Gegensatz zu einem Zeiger, der auf unterschiedliche Objekte zeigen kann, verweist eine Referenz ihr gesamtes Leben lang auf dasselbe Objekt. Erzeugt wird eine Referenz mit einem & bei der Deklaration:

```
int x;
int& r = x;
```

Eben genau weil eine Referenz nur auf ein Objekt verweist, muss dieser Verweis bei der Definition der Referenz bereitgestellt werden. Deswegen muss bei x auch kein Adressoperator verwendet werden.

Nach der Definition von r ist r ein Synonym (Alias) für x und kann nun ohne spezielle Syntax eingesetzt werden:

```
r = 99;  // x=99
```

Weil eine Referenz ein Synonym für ein anderes Objekt ist, kann von ihr auch keine eigene Adresse ermittelt werden:

```
int* ptr = &r;  // Adresse von x, nicht von r
```

Da Zeiger eine Adresse haben, sind umgekehrt Referenzen auf Zeiger möglich und auch gang und gäbe:

```
void tausche(int*& w1, int*& w2) {
  int* tmp=w1;
  w1=w2;
  w2=tmp;
}
```

Listing 7.5: Das Vertauschen von Zeiger-Inhalten

Und hier noch ein Beispiel zum Aufruf:

```
int* xp=&x;
int* yp=&y;
tausche(xp,yp);
```

7.3 »new« und »delete«

Die Kernfunktionalität der dynamischen Speicherverwaltung liegt in den Operatoren new und delete verborgen.

Im Gegensatz zu den alten Funktionen malloc und free verwalten new und delete typsicheren Speicher. Als Versuchskaninchen halten wieder unsere Spieler-Objekte her:

```
  Spieler* s1 = new Spieler("Lancelot", 120, 20);
  s1->ausgabe();
  delete s1;
```

Über new wird der Speicher für ein Spieler-Objekt reserviert und der entsprechende Konstruktor aufgerufen. Die Adresse des reservierten Speicherbereichs (und damit die Adresse des reservierten Spieler-Objekts) wird als Adresse vom Typ Spieler zurückgeliefert.

Wir speichern die Adresse in einem Zeiger, geben spaßeshalber das Objekt aus und löschen es anschließend mit `delete`. Mit `delete` wird zunächst der Destruktor des Objekts aufgerufen und danach der vom Objekt eingenommene Speicher gelöscht.

Sollte der an `delete` übergebene Zeiger den Wert `nullptr` enthalten, dann wird nichts freigegeben.

Über `new` können auch Arrays von Objekten angelegt werden:

```
Spieler* sfeld = new Spieler[50];
delete[] sfeld;
```

Damit das obere Array erzeugt werden kann, muss die Klasse einen Standardkonstruktor zur Verfügung stellen.

Wäre diese Einschränkung allein nicht schon genug, hat der Aufruf des Standardkonstruktors für jedes Feldelement zur Folge, dass alle Feldelemente vollständig konstruiert sind, obwohl explizit noch kein einziges Objekt in das Feld kopiert wurde.

Eine Möglichkeit, diese Problematik zu umgehen, wäre ein Feld von Zeigern anstelle von Objekten:

```
Spieler** pfeld = new Spieler*[100];
```

Da wir gerade beim Thema »Dynamische Speicherverwaltung« sind, habe ich das Zeigerfeld auch gleich dynamisch angelegt. Mit dieser Variante wird Speicher für die 100 Zeiger dynamisch reserviert, aber noch kein Speicher für ein Objekt angelegt, geschweige denn das Objekt erzeugt. Dies muss mit einem zusätzlichen Schritt geschehen:

```
pfeld[2]=new Spieler("Fasolt", 100, 50);
```

Hier wird der dritte Zeiger auf ein neu angelegtes `Spieler`-Objekt gesetzt. Für das Objekt wird zuvor Speicher reserviert und der Konstruktor aufgerufen. Weil wir nur ein Objekt erzeugen, haben wir wieder die freie Konstruktor-Wahl. Im Folgenden wird das Objekt ausgegeben, sein Speicher freigegeben (und damit das Objekt abgebaut) und zum Schluss der Speicher des Zeiger-Arrays freigegeben:

```
pfeld[2]->ausgabe();
delete pfeld[2];
delete[] pfeld;
```

7.3.1 Ein Beispiel

Angenommen, wir wollten eine Klasse programmieren, deren Objekte einen Namen speichern können. Die Objekte sollen aber nur so viel Speicher belegen, wie für den zu speichernden Namen notwendig ist. In der produktiven Entwicklung wäre die Sache schnell gelöst, wir würden einfach ein `string`-Objekt verwenden, dessen Klasse sorgt für die notwendige Verwaltung.

Nur erfahren wir dann nichts über die internen Vorgänge, und die müssen Sie verstanden haben, um erfolgreich eigene Klassen zu programmieren. Aus diesem Grund schreiben wir eine Klasse Name, die diesen Job in mühevoller Handarbeit selbst erledigt:

```
01 class Name {
02    char* m_mem;
03
04 public:
05    Name(const char* n) {
06      m_mem = new char[std::strlen(n)+1];
07      std::strcpy(m_mem, n);
08    }
09
10    ~Name() {
11      delete[] m_mem;
12    }
13
14    const char* get_name() const {
15      return m_mem;
16    }
17 };
```

Listing 7.6: Die Klasse Name

Gehen wir die Klasse schrittweise durch:

» 02: Das private Attribut m_mem wird als Zeiger auf char definiert, weil wir den Namen in einem dynamisch reservierten char-Array ablegen werden.

» 05–08: Der Konstruktor. Er erwartet die Adresse eines const char-Wertes. Damit können wir später auch String-Literale übergeben.

» 06: Mithilfe von new legen wir ein char-Array an, das die Anzahl der Zeichen im übergebenen Namen plus die notwendige Endekennung speichern kann.

» 07: Mithilfe von strcpy wird der C-String inklusive der Endekennung in unser Array kopiert.

» 10–12: Der Destruktor gibt das vom Konstruktor dynamisch reservierte Array wieder frei.

» 14–16: Die Methode get_name liefert den Namen über die Adresse des Arrays zurück. Die Adresse ist const, damit sich der Name von außen her nicht ändern lässt.

Ein exemplarischer Einsatz könnte so aussehen:

```
Name n("Picard");
cout << n.get_name() << endl;
```

Und wir können uns sicher sein, dass der Name-Destruktor am Ende der Lebenszeit von n den im Konstruktor dynamisch reservierten Speicher wieder frei gibt.

Die Klasse Name finden Sie auf der Webseite *www.awl.de/3209* unter *Listings/Kapitel07/Name01*. WWW

Zur Bewertung dieser Implementierung sei noch angemerkt, dass die Name-Objekte im bisherigen Rahmen wunderbar funktionieren. Aber: Aufgrund von noch fehlenden Methoden können Probleme auftreten, die Sie an dieser Stelle vermutlich nicht einmal erahnen. Deshalb für diejenigen von Ihnen, die vielleicht schon etwas mit C++ zu tun hatten, ein beruhigender Hinweis: Wir werden diese Klasse im Laufe des Buches immer mal wieder hervorkramen und mit den neu erworbenen Kenntnissen aufpeppen, bis sie absolut wasserdicht ist.

7.4 Smart-Pointer

Einer der Hauptnachteile der dynamischen Speicherverwaltung in C++ ist die Eigenverantwortung der Speicher-Freigabe. Haben Sie ein Objekt oder Feld mit new angelegt und nicht gerade einen Destruktor im Hintergrund, der automatisch am Ende der Lebenszeit aufräumt, dann müssen Sie allein darauf achten, zu gegebenem Zeitpunkt delete aufzurufen.

Um diese Verantwortung ein wenig auf andere Schultern abwälzen zu können, existieren in C++ die Smart-Pointer, die in der Headerdatei *memory* definiert sind.

7.4.1 Unique Pointer

C++11

Der Unique-Pointer [C++11 20.7.1] ist ein Smart-Pointer, der exklusives Ownership unterstützt. Zu jedem Zeitpunkt existiert auf eine Ressource maximal ein Unique-Pointer.

Als Beispiel wollen wir ein Name-Objekt mit new erzeugen und die Adresse einem Unique-Pointer zur Verwaltung anvertrauen:

```
unique_ptr<Name> uptr( new Name("Neelix") );
cout << uptr->get_name() << endl;
```

Bei unique_ptr handelt es sich um ein sogenanntes Klassen-Template (siehe Kapitel 12). An dieser Stelle reicht es aus zu wissen, dass bei Klassen-Templates hinter dem Klassennamen in spitzen Klammern der konkrete Typ angegeben werden muss. In unserem Fall legen wir mit unique_ptr<Name> Objekte der Klasse unique_ptr an, die Objekte des Typs Name verwalten können.

Das unique_ptr-Objekt verhält sich wie ein handelsüblicher Zeiger. Im oberen Fall wurde der Zeiger-Operator benutzt, um auf Methoden des verwalteten Name-Objekts zuzugreifen. Und der Vorteil: Der Speicher des dynamisch reservierten Name-Objekts muss nicht mehr explizit freigegeben werden. Der Unique Pointer gibt ihn frei, wenn er selbst abgebaut wird – also im Destruktor.

Ein Unique-Pointer besitzt auch einen Standardkonstruktor:

```
unique_ptr<Name> uptr2;
```

Wollen Sie dem Unique-Pointer jetzt allerdings ein zu verwaltendes Objekt zuweisen, müssen Sie dazu die Methode reset benutzen:

```
uptr2.reset(new Name("Janeway"));
```

Das liegt an der Möglichkeit, dass der Unique-Pointer bereits ein Objekt verwaltet. Dieses gibt er dann vor der Neuverknüpfung mit dem neuen Objekt frei. Wenn wir nach der oberen Anweisung also Folgendes schreiben:

```
uptr2.reset(new Name("Chakotay"));
```

Dann ruft uptr2 zunächst für das aktuell beherbergte Name-Objekt (»Janeway«) delete auf und übernimmt dann das neue Objekt (»Chakotay«.)

Wenn ein unique_ptr-Objekt einem anderen unique_ptr-Objekt zugewiesen werden soll, dann verliert das zugewiesene Objekt die Verantwortung für das verwaltete Objekt. Damit dieses Verschieben der Verantwortlichkeit im Programmcode sichtbar wird, muss explizit move aufgerufen werden:[3]

```
unique_ptr<Name> uptr3 = std::move(uptr2);
```

Sollte uptr3 bei der Zuweisung bereits eine Ressource verwalten, dann wird diese vorher wie bei reset freigegeben.

Wenn uptr3 die Verantwortung für das verwaltete Objekt übernimmt, ruft er für uptr2 die Methode release auf, die den Verweis auf das verwaltete Objekt löscht, ohne das verwaltete Objekt selbst zu löschen. Der Verweis muss in uptr2 gelöscht werden, damit später nicht zwei unique_ptr-Objekte versuchen, das verwaltete Objekt freizugeben.

Sie können release auch manuell aufrufen, wenn Sie sich dafür entscheiden sollten, das verwaltete Objekt doch lieber mit herkömmlichen Zeigern zu verwalten:

```
Name *n1 = uptr3.release();
```

Allerdings müssen Sie sich jetzt wieder selbst um die Freigabe des Name-Objekts kümmern.

Dass die Verantwortlichkeiten beim Zuweisen von Unique-Pointern durchgereicht werden, hat gewaltige Vorteile, wenn Unique-Pointer von Funktionen zurückgegeben werden:

```
unique_ptr<Name> erzeuge_name(const char* s) {
  return unique_ptr<Name>(new Name(s));
}
```

Wenn nun über diese Funktion ein Name-Objekt erzeugt wird:

```
unique_ptr<Name> uptr4 = erzeuge_name("Paris");
```

dann können wir sicher sein, dass die Verantwortlichkeit des erzeugten Name-Objektes bei uptr4 liegt und die lokal erzeugten unique_ptr<Name>-Objekte bei ihrer Zerstörung das Name-Objekt nicht mit ins Grab ziehen.

---

3   Die Unterscheidung zwischen dem Kopieren und Verschieben von Objekten ist in C++ wichtig. Kapitel 8 wird genauer darauf eingehen.

Zum Abschluss sind die wichtigsten Methoden von `unique_ptr` in Tabelle 7.1 zusammengefasst.

Methode	Beschreibung
pointer get() const	Liefert die Adresse der verwalteten Ressource.
pointer release()	Liefert die Adresse der verwalteten Ressource und setzt den internen Zeiger auf `nullptr`.
void reset()	Gibt die aktuell verwaltete Ressource frei (im Normalfall mit `delete`).
void reset(pointer ptr)	Gibt die aktuell verwaltete Ressource frei (im Normalfall mit `delete`) und übernimmt die Ressource von `ptr`.
void reset(unique_ptr ptr)	Gibt die aktuell verwaltete Ressource frei (im Normalfall mit `delete`) und übernimmt die Ressource von `ptr`.
void swap(unique_ptr& ptr)	Tauscht die Ownerships aus.

Tabelle 7.1: Die wichtigsten Methoden von `unique_ptr`

7.4.2 Shared Pointer

C++11

Die Shared-Pointer [C++11 20.7.2] erlauben geteilte Besitzrechte (*shared ownership*). Nehmen wir an, unser Programm soll eine Datenbankverbindung aufbauen, über die dann die gesamte Kommunikation mit der Datenbank ablaufen soll. Das für die Verbindung zuständige Objekt wird bestimmt an mehreren Stellen im Programm benötigt, aber es ist nicht sinnvoll, das Objekt zu kopieren, weil die eine bestehende Verbindung ausreicht. Andererseits muss sicherge-stellt werden, dass das Objekt korrekt abgebaut und damit die Verbindung zur Datenbank erst getrennt wird, wenn der letzte Verweis auf das Objekt aufgegeben wurde. Und genau dafür sind Shared Pointer zuständig.

Tabelle 7.2 zeigt die wichtigsten Methoden von `shared_ptr`.

Methode	Beschreibung
pointer get() const	Liefert die Adresse der verwalteten Ressource.
void reset()	Löst die Verbindung zur verwalteten Ressource und vermindert deren Use Count. Gibt die Ressource bei Use Count == 0 frei.
void reset(pointer ptr)	Löst die Verbindung zur verwalteten Ressource und vermindert deren Use Count. Gibt die Ressource bei Use Count == 0 frei. Übernimmt einen Besitzanteil an der Ressource `ptr`.
void reset(shared_ptr ptr)	Löst die Verbindung zur verwalteten Ressource und vermindert deren Use Count. Gibt die Ressource bei Use Count == 0 frei. Übernimmt einen Besitzanteil an der Ressource von `ptr`.

Methode	Beschreibung
`void swap(unique_ptr& _Right)`	Tauscht die Verweise aus.
`bool unique() const`	Liefert `true`, wenn der Shared Pointer als einziger auf die Ressource verweist, andernfalls `false`.
`long use_count() const`	Liefert die Anzahl der Verweise, die auf die Ressource existieren.

Tabelle 7.2: Die wichtigsten Methoden von `shared_ptr`

Beispiel 1

Nehmen wir als Beispiel die Klasse `Spieler`. Verweise auf die Spieler werden meist an mehreren Stellen im Programm benötigt. Gehen wir schrittweise vor, und erzeugen wir erst einmal dynamisch einen Spieler, den wir einem echten Zeiger zuweisen:

```
Spieler *sptr = new Spieler("Harry", 50, 10);
```

Die in `sptr` gespeicherte Adresse nehmen wir als Grundlage zur Erzeugung eines Shared Pointers:

```
shared_ptr<Spieler> s1(sptr);
```

Weil sich Shared Pointer den Besitz teilen, liegt die Idee nahe, einen zweiten nach demselben Muster anzulegen:

```
shared_ptr<Spieler> s2(sptr);  // FALSCH!
```

Würden Sie das Programm starten, gäbe es einen Absturz. Denn die so erzeugten Shared Pointer verwalten zwar beide den Spieler, aber sie teilen sich nicht den Besitz. Jeder von ihnen ist der Meinung, der Spieler gehöre ihm allein, deswegen geben auch beide am Ende den Spieler frei. Der Versuch der zweiten Freigabe erzeugt dann den Absturz, weil nichts mehr zum Freigeben vorhanden ist.

Korrekterweise müssen wir den zweiten Pointer als Kopie des ersten anlegen:

```
shared_ptr<Spieler> s2 = s1;  // Richtig
```

Beispiel 2

Betrachten wir ein anderes Beispiel. Im Spiel treten zwei Spieler an, die wir in weiser Voraussicht direkt Shared Pointern zuweisen:

```
shared_ptr<Spieler> s1( new Spieler("Tom", 60, 20) );
shared_ptr<Spieler> s2( new Spieler("Jerry", 100, 5) );
```

Bei der Erzeugung des Spielers legen wir direkt einen shared_ptr an, der die Verwaltung übernimmt. Für diese Kombination (das Erzeugen von Pointer und Ressource) gibt es in der Standardbibliothek ein hilfreiches Template namens make_shared:

```
auto s1 = make_shared<Spieler>("Tom", 60, 20);
auto s2 = make_shared<Spieler>("Jerry", 100, 5);
```

Wir könnten die beiden Spieler als Team antreten lassen und programmieren dazu eine Klasse Duo, deren Objekte ein Team von zwei Spielern bilden. Exemplarisch für das gemeinsame Handeln habe ich die Methode gesamtschaden implementiert, die den Gesamtschaden der beiden Spieler ermittelt.

```
class Duo {
  std::shared_ptr<Spieler> m_spieler1;
  std::shared_ptr<Spieler> m_spieler2;

  public:
  Duo(std::shared_ptr<Spieler> s1, std::shared_ptr<Spieler> s2) {
    m_spieler1 = s1;
    m_spieler2 = s2;
  }

  Spieler::Punktetyp gesamtschaden() {
    return m_spieler1->get_schaden() + m_spieler2->get_schaden();
  }
};
```

Listing 7.7: Die Klasse Duo

Damit in der Klasse Duo der Typ Punktetyp von Spieler verwendet werden kann, muss dieser in Spieler in den public-Bereich verschoben werden. Da im nächsten Abschnitt die Klasse Spieler erneut zum Einsatz kommt, spare ich mir hier die Auflistung und verweise auf Listing 7.8.

Erzeugt wird ein Duo so:

```
Duo duo(s1, s2);
cout << duo.gesamtschaden() << endl;
```

Die beiden Shared Pointer in der main-Funktion teilen sich den Besitz mit den Shared Pointern im Duo-Objekt. Der jeweilige Spieler wird erst mit delete gelöscht, wenn beide Verweise abgebaut wurden.

WWW   Die Klasse Duo finden Sie auf der Webseite *www.awl.de/3209* unter *Listings/Kapitel07/Duo*.

7.4.3 Weak Pointer

C++11   Um die Notwendigkeit dieses dritten Pointer-Typs zu verstehen, wollen wir die Idee des Duos aus dem vorigen Abschnitt noch einmal aufgreifen und auf eine andere Weise implementieren.

Angenommen, wir programmieren ein Spiel, bei dem die Spieler immer in Duos antreten, wie beim Beach-Volleyball. Damit wir die Interna der Spieler-Klasse aber nicht völlig ummodeln müssen, nehmen wir ferner an, es handele sich um ein Beach-Volleyball aus der Zukunft, wo die Teams mit dem Volleyball gegenseitig Schaden anrichten.

In so einem Spiel, wo die Spieler immer als Duo auftreten, könnte es sinnvoll sein, statt der Klasse Duo einfach einen Verweis auf den Partner in die Spieler-Klasse einzubauen:

```
class Spieler {
public:
  using Punktetyp = int;

private:
  std::string m_name;
  Punktetyp m_leben;
  Punktetyp m_schaden;
  std::shared_ptr<Spieler> m_partner;

public:

/* Bisherige Methoden */
  void set_partner(std::shared_ptr<Spieler> s) {
    m_partner = s;
  }
};
```

Listing 7.8: Die neue Definition der Spieler-Klasse

Das sieht doch schon mal toll aus. Ein Duo könnten wir so erzeugen:

```
  auto s1 = make_shared<Spieler>("Tom", 60, 20);
  auto s2 = make_shared<Spieler>("Jerry", 100, 5);

  s1->set_partner(s2);
  s2->set_partner(s1);
```

Das Duo ist zum Antritt bereit. Sie werden jetzt fragen: Und wozu brauchen wir den Weak Pointer?

Die Antwort darauf möchte ich indirekt geben. Wir haben den Destruktor als den Aufräumer der Klasse kennengelernt. Um sicherzustellen, dass er seine Arbeit auch erledigt, könnten wir sie entsprechend mit einer Ausgabe quittieren:

```
  ~Spieler() {
    std::cout << "Destruktor " << m_name << std::endl;
  }
```

Listing 7.9: Ein Destruktor für Spieler

Ausgestattet mit diesem Destruktor – was, glauben Sie, erscheint bei unserem Duo am Ende der main-Funktion auf dem Bildschirm?

Gar nichts! Denn die Objekte werden nicht abgebaut.

Das Problem entsteht durch den Zirkelverweis. Der Spieler s1 verweist auf Spieler s2 und umgekehrt. Damit der Shared Pointer in s1 abgebaut wird und er in diesem Zuge s2 freigibt, muss s1 selbst abgebaut werden. Das macht der Shared Pointer in s2 aber nur dann, wenn s2 abgebaut wird, was erst mit dem Abbau von s1 passiert und so weiter.

Und genau hier kommen die Weak Pointer ins Spiel.

Ein Weak Pointer ist logisch nichts anderes als ein Shared Pointer ohne Reference Counting.

Er verweist zwar auf die Ressource, wird aber nicht mitgezählt. Deswegen würde der letzte shared_ptr die Ressource auch freigeben, wenn noch weak_ptr-Objekte auf sie verweisen. Damit ist der Zirkelverweis aufgelöst:

```
class Spieler {
public:
  using Punktetyp = int;

private:
/* Restliche Attribute */

  std::weak_ptr<Spieler> m_partner;

public:

/* Restliche Methoden */

  void set_partner(std::weak_ptr<Spieler> s) {
    m_partner = s;
  }
};
```
Listing 7.10: Die Klasse Spieler mit weak_ptr

Wie Sie an der Methode set_partner und dem unveränderten Aufruf in der main-Funktion erkennen, lässt sich ein shared_ptr problemlos einem weak_ptr zuweisen.

Bleibt noch zu klären, wie wir über den Weak Pointer auf die verwaltete Ressource zugreifen können. Ein solcher Zugriff wäre eine heikle Angelegenheit, denn der Weak Pointer erhöht den Reference Count nicht. Die Ressource könnte schon längt abgebaut sein, wenn über den Weak Pointer zugegriffen wird. Aus diesem Grund erlaubt der Weak Pointer diesen Zugriff erst gar nicht.

Wenn wir zugreifen wollen, müssen wir aus dem Weak Pointer zuerst einen Shared Pointer machen. Schauen wir uns dazu die Methode gesamtschaden an:

```
01    Punktetyp gesamtschaden() {
02      Punktetyp gs = get_schaden();
03      std::shared_ptr<Spieler> tmp = m_partner.lock();
04      if(tmp)
05        gs += tmp->get_schaden();
06      return gs;
07    }
```
Listing 7.11: Die Methode gesamtschaden

» 02: Zuerst wird der Schaden des eigenen Objekts in `gs` gespeichert.

» 03: Über die Methode `lock` des `weak_ptr` wird ein `shared_ptr` erzeugt und zurückgegeben, der den Reference Count erhöht und damit sicherstellt, dass uns die Ressource nicht unter den Füßen weggezogen wird. Dieser `shared_ptr` wird dann `tmp` zugewiesen.

» 04: Es ist prinzipiell möglich, dass `lock` aufgerufen wird, nachdem die Ressource bereits abgebaut wurde. In diesem Fall wird ein leeres `shared_ptr`-Objekt zurückgeliefert. Die `if`-Anweisung stellt sicher, dass der Shared Pointer nicht leer ist.

» 05: An dieser Stelle können wir sicher sein, dass `tmp` auf eine vorhandene Ressource zeigt. Für diese ermitteln wir dann den Schaden und addieren ihn zum Gesamtschaden auf.

Das Erzeugen des `shared_ptr` über `lock` ist immer dann sinnvoll, wenn programmlogisch nicht sichergestellt ist, ob das `weak_ptr`-Objekt auf eine noch vorhandene Ressource verweist.

Falls der der Weak Pointer im Normalbetrieb aber immer auf eine gültige Ressource verweist, dann kann der nötige `shared_ptr` auch über den Konstruktor der Klasse erzeugt werden:

```
std::shared_ptr<Spieler> tmp(m_partner));
```

Sollte in diesem Fall aber der `weak_ptr` doch auf eine Ressource verwiesen haben, die nicht mehr existiert, dann löst der Konstruktor von `shared_ptr` eine Ausnahme[4] des Typs `bad_weak_ptr` aus.

Die mit Smart-Pointern ausgestattete Klasse `Spieler` finden Sie auf der Webseite *www.awl.de/3209* unter *Listings/Kapitel07/Spieler02*. **WWW**

7.4.4 Auto-Pointer

Der Abschnitt über die Klasse `auto_ptr` ist schnell erledigt:

» Sie haben keine Ahnung, was die Klasse `auto_ptr` ist? Gut.

» Sie haben schon mal von `auto_ptr` gehört oder sie gar verwendet? Vergessen Sie die Klasse!

Die anderen Smart-Pointer-Klassen wurden in C++11 hinzugefügt, um `auto_ptr` abzulösen. Insofern werden wir uns nicht weiter mit der Klasse befassen.

Der Hintergrund ist folgender: In C++ wird zwischen dem Kopieren und dem Verschieben von Objekten unterschieden. Eine normale Zuweisung von Objekten (ohne explizites `move`) impliziert immer auch die Möglichkeit des Kopierens. Der Auto-Pointer kann aber zugewiesen werden, obwohl er sein Ownership nur verschiebt und nicht kopiert. Das sorgte in Kombination mit beispielsweise den Container-Templates der STL (siehe Kapitel 13) für Komplikationen.

Diese Komplikationen wurden mit den neuen Pointer-Klassen behoben.

---

4   Was genau Ausnahmen sind, werden wir später im Buch noch besprechen.

7.4.5 Auto-Pointer und Arrays

C++11

Vor C++11, als es nur `auto_ptr` als Smart-Pointer gab, sah es mit der Verwaltung von Arrays düster aus.

Die neuen Smart-Pointer, die ich weiter oben vorgestellt habe, unterstützen Arrays aber problemlos; es muss nur beim zu verwaltenden Datentyp ein Klammerpaar angegeben werden:

```
unique_ptr<Spieler[]> spieler(new Spieler[5]);
```

Schöne neue C++-Welt.

7.5 Ans Eingemachte

In diesem Abschnitt blicken wir tiefer in die dynamische Speicherverwaltung und reizen die Möglichkeiten von `new` weiter aus. Die hier besprochenen Themen werden erst wieder in anderen Vertiefungsabschnitten benötigt und sind für das einführende Studium von C++ nicht notwendig.

7.5.1 Rohspeicher

Wenn ein Objekt über `new` dynamisch angelegt wird, laufen streng genommen zwei Vorgänge hintereinander ab. Zuerst wird der Speicher reserviert, den das Objekt einnehmen soll, anschließend wird in diesem reservierten Speicher das Objekt über einen seiner Konstruktoren erzeugt. Wegen dieser Kopplung sind wir nicht in der Lage, bei einem dynamisch angelegten Feld einen beliebigen Konstruktor aufzurufen.

Der `delete`-Aufruf macht diese beiden Vorgänge wieder rückgängig, indem er als Erstes zum Abbau des Objektes den Destruktor aufruft und dann den reservierten Speicher wieder freigibt.

Aber wir würden nicht in C++ programmieren, wenn es keine Möglichkeit gäbe, stärker einzugreifen. Zunächst einmal reservieren wir uns Speicher, *ohne* darin ein Objekt zu konstruieren. Diesen nackten, uninitialisierten Speicher nennt man Rohspeicher:

```
Name *n = static_cast<Name*>(operator new(sizeof(Name)));
```

Wir rufen `operator new` explizit auf und reservieren so viel Rohspeicher, wie ein `Name`-Objekt benötigt. Eine Rohspeicher-Adresse besitzt immer den Typ `void*`, deswegen wandeln wir sie mit `static_cast` in den gewünschten Typ um.

Jetzt steht uns reiner Speicher zur Verfügung, in den hinein wir ein Objekt konstruieren können. Dazu verwenden wir die *Placement new*-Syntax, bei der wir keinen neuen Speicher reservieren, sondern nur angeben, wo im Speicher das Objekt erzeugt werden soll:

```
new (n) Name("Morpheus");
```

An der in `n` gespeicherten Adresse wird mit der oberen Anweisung ein `Name`-Objekt erzeugt. Danach ist das Objekt vollständig konstruiert:

```
cout << n->get_name() << endl;
```

Wenn das Objekt wieder zerstört werden soll, müssen wir die einzelnen Schritte ebenfalls manuell durchführen. Zu Beginn wird der Destruktor des Objekts aufgerufen:

```
n->~Name();
```

Ich weiß, der explizite Aufruf eines Destruktors ist ein recht ungewöhnlicher Anblick, aber in C++ ist eben vieles möglich. Mit dem Destruktor-Aufruf wurde das Objekt abgebaut, der Rohspeicher aber noch nicht freigegeben. Das geschieht mit `operator delete`:

```
operator delete(n);
```

Dieser Mechanismus lässt sich auch auf Arrays anwenden. Wir reservieren einen Speicherblock, der bequem Platz für 100 `Name`-Objekte bietet. Dann konstruieren wir in diesem Rohspeicher-Block 100 `Name`-Objekte:

```
Name *nf = static_cast<Name*>
                     (operator new[] (sizeof(Name) *100 ));
for(int i=0; i<100; ++i)
  new (&nf[i]) Name("C++");
```

Auch wenn die Objekte in der Praxis höchstwahrscheinlich nicht alle mit demselben Namen initialisiert würden, zeigt das Beispiel, dass Sie auf diese Weise für Objekte eines Arrays einen beliebigen Konstruktor aufrufen können.

Im Folgenden werden die `Name`-Objekte abgebaut und wird der Rohspeicher freigegeben:

```
for(int i=0; i<100; ++i)
  (&nf[i])->~Name();
operator delete[](nf);
```

Genau nach diesem Schema verwalten die Datencontainer der STL ihre Objekte.

Die Trennung von Rohspeicher-Reservierung und Objekt-Konstruktion hat noch einen weiteren Vorteil, wenn es um Ausnahmensicherheit geht (siehe Abschnitt 17.11)

7.5.2 Allokatoren

Weil die STL zwischen der Rohspeicher-Reservierung und Objekt-Konstruktion trennt, wurde dieser Mechanismus weiter abstrahiert und in sogenannten Allokatoren untergebracht. Das `allocator`-Template ist in der Headerdatei `memory` definiert, die eingebunden werden muss.

Zunächst legen wir uns ein Allokator-Objekt für den gewünschten Typ an, in unserem Fall `Name`:

```
allocator<Name> allok;
```

Nachdem der Allokator definiert ist, kann dessen Methode `allocate` aufgerufen werden, die einen Rohspeicher-Block für die übergebene Anzahl an Objekten liefert:

```
Name *nf = allok.allocate(100);
```

Konstruiert werden diese Objekte über die Methode `construct`, der die Speicherposition, an der das jeweilige Objekt konstruiert werden soll, sowie ein zu kopierendes Objekt übergeben werden:

```
for(int i=0; i<100; ++i)
  allok.construct(&nf[i], Name("C++"));
```

Zum Zerstören eines Objekts, ohne den belegten Speicher freizugeben, dient die Methode `destroy`:

```
for(int i=0; i<100; ++i)
  allok.destroy(&nf[i]);
```

Am Ende wird dann der Rohspeicher mittels `deallocate` freigegeben:

```
allok.deallocate(nf,100);
```

Etwas merkwürdig mag die Angabe der Objektanzahl bei `deallocate` erscheinen. Für den Standardallokator ist diese Angabe unerheblich (er verwendet einfach `operator delete`, wie auch wir es im letzten Abschnitt getan haben), aber es könnte sein, dass der Nutzer gerne einen anderen Allokator einsetzen möchte,[5] dessen Speicherverwaltung es erlaubt, nur einen Teil des Rohspeichers freizugeben. Für einen solchen Allokator kann die Angabe der Objektanzahl vielleicht Sinn haben.

7.5.3 Probleme mit »new«

Mit `new` reservieren wir dynamisch Speicher. Keine Neuigkeit, aber was passiert, wenn `new` keinen Speicher reserviert? Zum Beispiel, weil kein Arbeitsspeicher mehr frei ist?

In den Anfangstagen von C++ sah es so aus, dass `new` einen Null-Zeiger zurücklieferte, wenn kein Speicher reserviert werden konnte.

Mittlerweile sind wir so weit, dass `new` eine Ausnahme des Typs `bad_alloc` auslöst, wenn der gewünschte Speicher nicht reserviert werden konnte. Gehen wir einmal davon aus, dass der Compiler eine Ausnahme auslöst, dann könnten wir ihn folgendermaßen provozieren:

```
int i=0;
while(++i<1000) {
  int *k = new int[100000000];
  cout << i << " -> " << k << endl;
}
```

Innerhalb der `while`-Schleife wird die Adresse des reservierten Speicherbereichs ausgegeben. Damit eignet sich dieses Code-Stück sehr schön für die Prüfung, ob das `new` Ihres Compilers eine Ausnahme auslöst oder einen Null-Zeiger zurückliefert.

---

5   STL-Container erlauben die explizite Angabe des zu verwendenden Allokators als Template-Argument.

Angenommen, Ihr Compiler löst eine Ausnahme aus, aber Sie möchten lieber wieder einen Null-Zeiger verwenden. Das ist kein Problem, denn es existieren grundsätzlich immer zwei new-Operatoren: einer, der eine Ausnahme auslöst, und ein anderer, der brav einen Null-Zeiger zurückliefert, ohne eine Ausnahme auszulösen. Wollten wir im oberen Beispiel den letzteren der beiden new-Operatoren benutzen, dann sähe das so aus:

```
Klotz *k = new(nothrow) Klotz;
```

KAPITEL 8

Klassen – Vertiefung I

Widmen wir uns wieder den Klassen. Wir werden den Konstruktoren auf den Zahn fühlen, den Destruktor kennenlernen und die Verschiebe-Semantik erörtern.

8.1 Reihenfolge der Zugriffsrechte

Sie haben die Zugriffsrechte bereits in Abschnitt 6.3 kennengelernt. An dieser Stelle wollen wir sie detaillierter unter die Lupe nehmen.

Betrachten Sie folgendes Beispiel:

```
class MeineKlasse {
private:
  int x;
protected:
  int y;
public:
  int z;
};
```

Listing 8.1: Ein Beispiel für Zugriffsrechte

Dass eine Klasse mit dem Schlüsselwort `class` eingeleitet wird, ist für Sie nichts Neues. Und die Zugriffsspezifizierer (*access specifier*) für Klassenelemente kennen Sie auch.

Aber haben Sie sich eigentlich schon mal gefragt, warum eine Klassen-, Struktur-, Aufzählungs- oder Union-Definition mit einem Semikolon abgeschlossen wird, einer bei Anweisungsblöcken eher seltenen Eigenschaft?

Dies ist ein Erbe aus C-Zeiten, als es noch üblich war, Typ und Objekt zusammen zu erzeugen:

```
class Name { /* Klassendef. */ } ein_name;
```

Die obere Zeile definiert den Klassentyp `Name` und das `Name`-Objekt `ein_name`. Steht die Klassendefinition wie üblich für sich in einer Headerdatei, dann wäre das erzeugte Objekt allerdings global, und das wollen wir in der objektorientierten Programmierung vermeiden. Daher findet sich diese Schreibweise in C++-Programmen recht selten.[1]

Im oberen Beispiel wurde die Auflistung der Elemente in Anlehnung an den Erfinder von C++[2] mit dem kleinsten Zugriffsrecht begonnen. Das klingt intuitiv, weil das Zugriffsrecht auf Klassenelemente per Voreinstellung immer privat ist, die obere private Zugriffsspezifikation kann daher eingespart werden.

---

1 Eine Anwendung könnte die Definition eines Objekts bei einer lokalen Klassendefinition sein.
2 Bjarne Stroustrup

Aber auch die umgekehrte Anordnung kann Vorteile haben. Nehmen wir folgende Klasse:

```
class SimplerName {
  typedef std::string StringTyp;
  StringTyp m_name;

public:
  void setName(const StringTyp& s) {
    m_name=s;
  }
};
```

Listing 8.2: Eine Klasse SimplerName als Beispiel

Um mit den Typen kompatibel zu bleiben, benutzen Sie den von der Klasse verwendeten StringTyp:

```
  SimplerName::StringTyp name="Andre"; // Ob das gut geht?
  SimplerName n;
  n.setName(name);
```

Fällt Ihnen etwas auf? Genau, die Typdefinition von StringTyp ist privat und damit von außen nicht ansprechbar. Kein Problem, verschieben wir den typedef in den public-Bereich:

```
class SimplerName {
  StringTyp m_name;

public:
  typedef std::string StringTyp;
  void setName(const StringTyp& s) {
    m_name=s;
  }
};
```

Listing 8.3: Die Klasse SimplerName mit öffentlichem typedef I

Aber wie Compiler manchmal so sind, auch damit ist er nicht zufrieden. Und zwar aus einem einfachen Grund: Ein typedef ist erst nach seiner Deklaration bekannt, und die findet hinter der Definition des Attributs m_name statt. Also machen wir Folgendes:

```
class SimplerName {
public:
  typedef std::string StringTyp;

private:
  StringTyp m_name;

public:
  void setName(const StringTyp& s) {
    m_name=s;
  }
};
```

Listing 8.4: Die Klasse SimplerName mit öffentlichem typedef II

Und spätestens hier wäre jetzt ein vehementer Einspruch von denjenigen fällig, die von jeher schon der Überzeugung waren, dass die public-Elemente zuerst aufgeführt werden müssten:

```
class SimplerName {
public:
  typedef std::string StringTyp;
  void setName(const StringTyp& s) {
    m_name=s;
  }

private:
  StringTyp m_name;
};
```

Listing 8.5: Die Klasse SimplerName mit öffentlichem typedef III

Es gibt aber noch ein anderes Argument für diese Reihenfolge. Wenn Sie eine fremde Klasse verwenden wollen, was interessiert Sie dann am meisten und häufig auch als Einziges?

Sie sollten sich für das interessieren, was Sie mit der Klasse machen können. Das ist die Schnittstelle, und die besteht aus den öffentlichen Elementen der Klasse (an alle anderen kommen Sie zunächst nicht heran).

Stehen also die öffentlichen Elemente in der Klasse zuoberst, dann lesen Sie zuerst das für Sie Interessanteste. Dann kommen die geschützten Elemente, die Sie sich über einen Mehraufwand (Ableiten) erschleichen können, und zum Schluss werden die privaten Elemente aufgeführt, an die Sie nie herankommen werden.

> Die Klasse SimplerName finden Sie auf der Webseite *www.awl.de/3209* unter *Listings/Kapitel08/ SimplerName*. | WWW

8.2 Konstruktoren

Auch die Konstruktoren haben wir schon angerissen (in Abschnitt 6.4). Bei der Erzeugung von Objekten sind sie unverzichtbar, solange wir Wert auf Datenkapselung legen. Mit öffentlichen Attributen bieten sich Initialisierungsmöglichkeiten aus grauer Vorzeit:

```
class ZweiWerte {
public:
  int m_erster, m_zweiter;
};
```

Listing 8.6: Eine Klasse mit zwei int-Werten

Nun kann munter drauflos initialisiert werden:

```
ZweiWerte z1;
z1.m_erster=10;
z1.m_zweiter=20;
```

Oder wir benutzen einen geklammerten Initialisierer:[3,]

```
ZweiWerte z2={10,20};
```

C++11 Im Zuge der vereinheitlichten Initialisierung ab C++11 kann auch auf das Gleichheitszeichen verzichtet werden:

```
ZweiWerte z3 {10,20};
```

Nachdem nun die C-Programmierer unter Ihnen zufriedengestellt sind, kommen wir wieder auf die Konstruktoren zu sprechen.

Konstruktoren definieren, wie ein Objekt zu erzeugen ist. Und sie besitzen keinen Namen [C++11 12.1]. Auch wenn jetzt der Einspruch kommt, dass ein Konstruktor doch denselben Namen wie seine Klasse besitzt, ist es vielmehr so, dass zur Deklaration eines Konstruktors eine spezielle Deklarationssyntax verwendet wird, bei der hinter dem Klassennamen eine Parameterliste steht. Da Konstruktoren keinen Rückgabetyp besitzen, darf er auch nicht angegeben werden, nicht einmal void ist erlaubt. Ein Konstruktor erlaubt auch keine impliziten Objektparameter (siehe Abschnitt 8.4.1.)

Es sieht eben nur so aus, als hätte der Konstruktor denselben Namen wie seine Klasse. Deswegen kann ein Konstruktor auch nie direkt aufgerufen werden. Nehmen wir folgende Schreibweisen:

```
string s1("Andre");
string s2=string("Willms");
```

Im ersten Fall wird eine geklammerte Ausdrucksliste angegeben, die intern in die Parameterliste eines Konstruktors umgewandelt wird.

Die zweite Anweisung ruft nicht etwa explizit einen Konstruktor auf, nein, es handelt sich hier um eine explizite Typumwandlung (von const char* nach string), in deren Verlauf intern ein passender Konstruktor aufgerufen wird.

Versuchen Sie einmal, das Verhalten des folgenden Codestücks zu bestimmen:

```
class Klasse {
  int m_wert;
public:
  typedef Klasse Typ;
    Typ(int w) {   // Konstruktor?
      m_wert = w;
    }
};
```

Listing 8.7: Verwendung eines typedef-Typs als Konstruktorname

Nach der oberen Erklärung, dass bei der speziellen Deklarationssyntax für Konstruktoren der Klassenname stehen muss, dürfte es sich nicht um einen Konstruktor handeln, denn Typ ist eindeutig nicht der Klassen*name*, sondern »nur« der Klassen*typ*.

---

3   Diese Schreibweise ist nur dann anwendbar, wenn kein benutzerdefinierter Konstruktor existiert.

Nach dem Standard sollte der obere Versuch einer Konstruktordeklaration also fehlschlagen, trotzdem fressen einige Compiler diesen Code klaglos.

8.2.1 Standardkonstruktor

Als Standardkonstruktor (*default constructor*) bezeichnet man den Konstruktor ohne Parameter. Er ermöglicht es, ein Objekt ohne Parameterliste zu erzeugen. Nehmen wir als Ausgangspunkt folgende Klasse:

```
class Bruch {
  int m_zaehler;
  int m_nenner;
};
```
Listing 8.8: Eine Klasse Bruch

> Eine Klasse verfügt über einen impliziten Standardkonstruktor, falls keine Konstruktoren explizit definiert sind.　　　　　INFO

Deshalb ist folgende Anweisung bereits jetzt möglich:

```
Bruch b1;
```

Der implizite Standardkonstruktor ist immer öffentlich und `inline`. Die Konstruktordefinition wird vom Compiler erst dann hinzugefügt, wenn der Konstruktor tatsächlich benötigt wird. Behalten Sie im Hinterkopf, dass der C++-Standard eine leere Parameterliste beim Einsatz des impliziten Standardkonstruktors nicht erlaubt:

```
Bruch b1();  // Kein Konstruktoraufruf!
```

Der Compiler interpretiert die obere Anweisung als die Deklaration einer Funktion `b1`, die ein `Bruch`-Objekt als Rückgabetyp besitzt.

Eine Möglichkeit, immer Klammern zu setzen, bietet die vereinheitlichte Initialisierung ab C++11, bei der geklammerte Initialisierer eingesetzt werden:　　　　C++11

```
Bruch b1{};
```

8.2.2 Kopierkonstruktor

Der Kopierkonstruktor (*copy constructor*) macht seinem Namen alle Ehre. Er erzeugt das neue Objekt, indem er das übergebene Objekt (desselben Typs) kopiert:

```
public:
  Bruch(Bruch& b)
  : m_zaehler(b.m_zaehler), m_nenner(b.m_nenner)
{}
```
Listing 8.9: Der Kopierkonstruktor von Bruch, erster Versuch

Die hinter dem Doppelpunkt stehende, mit Kommata getrennte Liste wird Element-Initialisierungsliste (*ctor-initializer*) genannt. Mit ihr werden die Konstruktoren der Klassenattribute explizit aufgerufen. Wir werden in Abschnitt 8.2.3. noch genauer auf sie eingehen.

Durch die Definition des Kopierkonstruktors fällt der implizite Standardkonstruktor unter den Tisch. Wir implementieren ihn und einen Kollegen explizit:

```
Bruch() : m_zaehler(0), m_nenner(1) { }

Bruch(int z, int n)
: m_zaehler(z), m_nenner(n)
{ }
```

Listing 8.10: Der Standardkonstruktor sowie ein weiterer Konstruktor von Bruch

Und nun sollen die Konstruktoren auch zum Einsatz kommen:

```
Bruch b1(2,5);
const Bruch b2(7,8);
Bruch b3(b1);
const Bruch b4(b2);  // Oh, oh
```

Bei genauerem Hinsehen ist klar, dass die letzte Anweisung nicht kompiliert werden kann, denn dem Kopierkonstruktor wird ein konstantes Objekt übergeben, der Parameter aber ist eine Referenz auf einen nicht konstanten Typ. Wir müssen den Kopierkonstruktor ummodeln:

```
Bruch(const Bruch& b)
  : m_zaehler(b.m_zaehler), m_nenner(b.m_nenner)
{ }
```

Listing 8.11: Der endgültige Kopierkonstruktor

Merken Sie sich als goldene Regel, dass Sie const wann immer möglich einsetzen sollten. In diesem Fall diente das fehlende const lediglich zur Demonstration, dass beide Varianten – die mit dem konstanten Argument und die mit dem nicht konstanten Argument – einen gültigen Kopierkonstruktor darstellen. Genau genommen gibt es noch mehr Möglichkeiten [C++11 12.8]:

INFO Ein Konstruktor, der nicht als Template-Funktion realisiert wurde, ist genau dann ein Kopierkonstruktor der Klasse T, wenn der erste Parameter vom Typ T&, const T&, volatile T&[4] oder const volatile T& ist und er entweder keine weiteren Parameter besitzt oder alle weiteren Parameter mit Standardwerten versehen sind.

Konstruktor-Templates

Bemerkenswert ist hier die Einschränkung, dass es keine Template-Funktion sein darf. Schauen wir uns folgenden Konstruktor an:

```
template<typename Typ>
Bruch(const Typ& o) {
  /* Was auch immer hier geschieht... */

}
```

Listing 8.12: Ein Konstruktor-Template

4   Der Qualifizierer volatile definiert Typen, die »flüchtig« sind. Das bedeutet, dass sie nicht bei jedem Zugriff denselben Wert haben müssen. Ein Hardware-Register, das die aktuelle Uhrzeit zur Verfügung stellt oder die gerade am Parallelport anliegenden Signale repräsentiert, würde als volatile deklariert, weil sich die Inhalte durch äußere Einflüsse ändern und deswegen bestimmte Optimierungsmethoden des Compilers nicht angewendet werden können.

Angenommen, wir würden unseren benutzerdefinierten Kopierkonstruktor kurz auskommentieren, was würde bei den folgenden Definitionen tatsächlich geschehen?

```
Bruch b1(5,4);
Bruch b2(b1);
```

Obwohl der Compiler unser Konstruktor-Template zur Umsetzung der zweiten Definition nutzen könnte, macht er es nicht. Denn der Kopierkonstruktor darf nicht aus einem Template erzeugt werden. Stattdessen nimmt er weiterhin den implizit von ihm hinzugefügten Kopierkonstruktor, eine Vorgehensweise, die auf den ersten Blick nicht erkennbar ist. Also Augen auf bei Konstruktor-Templates!

Beispiel

Wir haben für die Klasse Bruch den Kopierkonstruktor implementiert, obwohl der implizite Kopierkonstruktor den Job auch erledigt hätte.

Kommen wir für ein besseres Beispiel auf die Klasse Name aus Kapitel 7 zurück, und betrachten wir diese Zeilen, die den impliziten Kopierkonstruktor verwenden:

```
Name n1("Andre");
Name n2(n1);
cout << n1.get_name() << endl;
cout << n2.get_name() << endl;
```

Obwohl die Anweisungen harmlos aussehen, wird das Programm nicht korrekt laufen. Das liegt am impliziten Kopierkonstruktor, der lediglich eine flache Kopie anfertigt.

Bei einer *flachen Kopie* werden nur die Attribute des Objekts kopiert. INFO

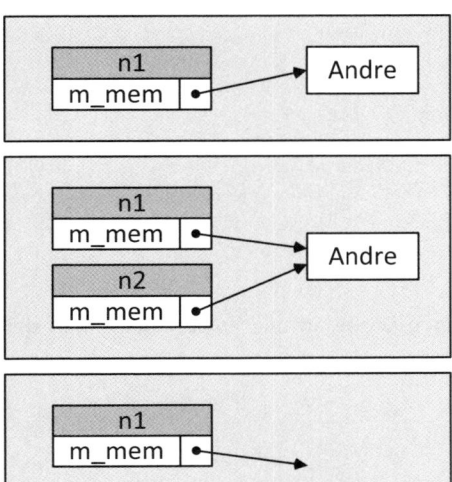

Abbildung 8.1: Eine flache Kopie

Wie Abbildung 8.1 zeigt, werden bei einer flachen Kopie nur die Attribute kopiert, was bei einem Zeiger lediglich das Kopieren der gespeicherten Adresse zur Folge hat. Deshalb verweisen die Zeiger beider Objekte auf denselben Speicherbereich. Wird n2 abgebaut,[5] dann zeigt m_mem von n1 auf den bereits freigegebenen Speicherbereich. Ein erneutes Freigeben kann einen Fehler erzeugen.

Um eine tiefe Kopie zu erhalten, die auch die Speicherbereiche kopiert, auf die verwiesen wird, benötigen wir einen eigenen Kopierkonstruktor.

INFO
Eine *tiefe Kopie* kopiert nicht nur die Attribute, sondern bei Verweisen auch die Werte, auf die verwiesen wird. Abbildung 8.2 zeigt die tiefe Kopie am Beispiel von Name.

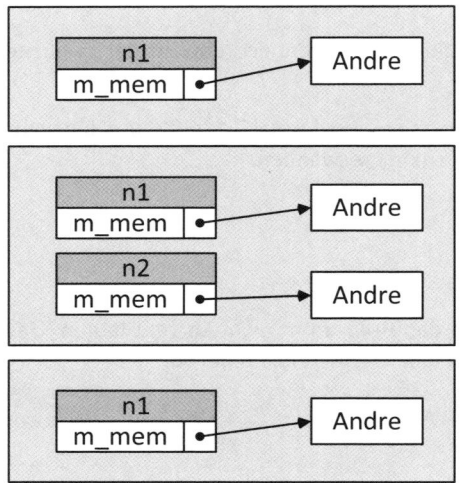

Abbildung 8.2: Eine tiefe Kopie

Der dafür notwendige Kopierkonstruktor sieht so aus:

```
Name(const Name& n) {
  m_mem = new char[std::strlen(n.m_mem)+1];
  std::strcpy(m_mem, n.m_mem);
}
```

Listing 8.13: Der Kopierkonstruktor von Name

Er legt einen neuen Speicherbereich mit der nötigen Größe an und kopiert den Inhalt des Originalbereichs.

---

5   Der Objektabbau erfolgt immer in umgekehrter Reihenfolge der Konstruktion.

Schauen wir uns bei dieser Gelegenheit direkt den Standardkonstruktor von Name an. Er soll einen leeren Namen repräsentieren. Ein leerer C-String besteht nur aus der Ende-Kennung:

```
Name() {
  m_mem = new char[1] {0};
}
```

Listing 8.14: Der Standardkonstruktor

Für diesen Fall wäre eine andere Lösung die Definition eines Standardwerts für den const char*-Parameter:

```
Name(const char* n = "") {
  m_mem = new char[std::strlen(n)+1];
  std::strcpy(m_mem, n);
}
```

Listing 8.15: Ein anderer Konstruktor übernimmt die Arbeit des Standardkonstruktors von Name.

Die Klasse Name mit dem Kopierkonstruktor finden Sie auf der Webseite *www.awl.de/3209* unter *Listings/Kapitel08/Name01*. **WWW**

8.2.3 Element-Initialisierungsliste

Wie Sie in einigen der oberen Beispiele bereits gesehen haben, wird die Element-Initialisierungliste (*ctor-initializer*) bei Konstruktoren dazu eingesetzt, die Objektattribute zu initialisieren beziehungsweise explizit einen Konstruktor für sie aufzurufen.

Aber was für einen Vorteil bringt uns die Element-Initialisierungsliste? Nehmen wir folgendes Beispiel:

```
class DreiBrueche {
  Bruch m_b1;
  Bruch m_b2;
  Bruch m_b3;

public:
  DreiBrueche(const Bruch& b1,
              const Bruch& b2,
              const Bruch& b3) {
  }
};

DreiBrueche db(Bruch(2,3), Bruch(5,6), Bruch(8,9));
```

Listing 8.16: Die Klasse DreiBrueche

Unter der Voraussetzung, dass wir die weiter oben besprochene Bruch-Klasse zugrunde legen: Welche Werte besitzen die drei Attribute m_b1, m_b2 und m_b3? Mit den an den Konstruktor übergebenen Werten dürften sie nicht initialisiert worden sein, denn nirgendwo findet eine Zuweisung statt.

Die Konstruktion eines Objekts läuft so ab, dass vor dem Eintritt in den Anweisungsblock des Konstruktors zunächst die Standardkonstruktoren der Objektattribute aufgerufen werden.[6]

Im Augenblick passiert im Anweisungsblock des DreiBrueche-Konstruktors nichts weiter, insofern sind alle drei Attribute über ihren Standardkonstruktor initialisiert worden. Ändern wir nun den Konstruktor ab:

```
DreiBrueche(const Bruch& b1,
            const Bruch& b2,
            const Bruch& b3) {
  m_b1=b1;
  m_b2=b2;
  m_b3=b3;
}
```

Listing 8.17: Ein Konstruktor mit Initialisierung im Anweisungsblock

Nun bekommen die Attribute die Konstruktorparameter zugewiesen, so wie es wohl von Anfang an geplant war. Trotzdem wurden vor dieser Zuweisung (nämlich wieder vor dem Betreten des Konstruktoranweisungsblocks) die Standardkonstruktoren der drei Attribute aufgerufen – in diesem Fall völlig unnötig, da im Anweisungsblock des Konstruktors eine Zuweisung erfolgt.

Hier kommt nun die Element-Initialisierungsliste ins Spiel. Sie ermöglicht es uns, die Attributkonstruktoren explizit anzugeben und damit selbst zu entscheiden, welcher Konstruktor verwendet werden soll und welche Argumente er übergeben bekommt:

```
DreiBrueche(const Bruch& b1,
            const Bruch& b2,
            const Bruch& b3)
  : m_b1(b1), m_b2(b3), m_b3(b3)
{}
```

Listing 8.18: Ein Konstruktor mit Element-Initialisierungsliste

Weil jetzt die von uns gewünschte Attributkonstruktion wegen der Element-Initialisierungsliste bereits vor dem Eintritt in den Anweisungsblock des Konstruktors durchgeführt wurde, bleibt der Anweisungsblock leer. Und wir haben die Zeit für drei Konstruktoraufrufe eingespart.

Im Normalfall gilt die Regel, dass möglichst alle Attribut-Initialisierungen in der Element-Initialisierungsliste vorgenommen werden sollten. Referenzen und Konstanten müssen sogar in der Element-Initialisierungsliste initialisiert werden. Aber Achtung: In der Element-Initialisierungsliste dürfen nur Elemente der Klasse initialisiert oder Konstruktoren von direkten Basisklassen (siehe Abschnitt 15.3) aufgerufen werden. Die Initialisierung eines geerbten Attributs ist nicht möglich.

---

6   Sobald Vererbung mit ins Spiel kommt, wird es etwas komplexer, aber das besprechen wir in Kapitel 15.

Unverwaltete Elemente können in der Element-Initialisierungsliste Schwierigkeiten verursachen. Betrachten wir diese harmlose Klasse:

```
class BruchKopie {
  Bruch* m_bruch;
public:
  BruchKopie(const Bruch& b)
    : m_bruch(new Bruch(b))
  {}

  ~BruchKopie() {
    delete m_bruch;
  }
};
```

Listing 8.19: Die Klasse BruchKopie

Der new-Operator in der Element-Initialisierungsliste sieht recht schick aus und ist hier auch vollkommen sicher. Aber wird er in der Element-Initialisierungsliste mehrfach eingesetzt, kann es problematisch werden:

```
class BruchDoppelKopie {
  Bruch* m_bruch1;
  Bruch* m_bruch2;
public:
  BruchDoppelKopie(const Bruch& b)
    : m_bruch1(new Bruch(b)), m_bruch2(new Bruch(b))
  {}

  ~BruchDoppelKopie() {
    delete m_bruch1;
    delete m_bruch2;
  }
};
```

Listing 8.20: Die Klasse BruchDoppelKopie

Der Konstruktor von BruchDoppelKopie fertigt in seiner Element-Initialisierungsliste zwei Kopien des Bruchs mit new an. Was passiert, wenn für das zweite new kein Speicher mehr vorhanden ist?

Der Operator new wird dann eine bad_alloc-Ausnahme auslösen und bricht damit die Konstruktion des Objekts ab. Der mit dem ersten new reservierte Speicherbereich wird nie freigegeben. Wir haben ein Speicherleck. Wie das verhindert werden kann, werden wir bei den Ausnahmen besprechen.

Zum Abschluss der Element-Initialisierungslisten noch ein wichtiger Hinweis:

> Die Reihenfolge der Attributerzeugung wird nicht (!) über die Reihenfolge der Atribute in der Element-Initialisierungsliste bestimmt, sondern über die Reihenfolge ihrer Definition in der Klassendefinition.

INFO

8.2.4 Verschiebekonstruktor

Um ein breiteres Spektrum an Beispielen zu haben, erweitern wir die Klasse Name und fügen die Methode to_lower hinzu:

```
Name to_lower() {
  Name tmp(*this);
  int len = std::strlen(m_mem);
  for(int i=0; i<len; ++i)
    tmp.m_mem[i]=std::tolower(tmp.m_mem[i]);

  return tmp;
}
```

Listing 8.21: Die Methode to_lower von Name

Die Methode liefert ein Name-Objekt mit dem Namen in Kleinbuchstaben zurück. Hier ein kleiner Vorgriff: Der this-Zeiger zeigt immer auf das Objekt, über das die Methode aufgerufen wurde. Er wird hier eingesetzt, um eine Kopie des aufrufenden Objekts zu erzeugen. Der this-Zeiger wird in einem späteren Abschnitt noch genauer betrachtet.

Schauen wir uns folgende Anweisungen an:

```
Name n1("Andre");
Name n2(n1);
Name n3(Name("Willms"));
Name n4(n1.to_lower());
```

Wenn wir typische von Compilern vorgenommene Returnwert-Optimierungen einmal außer Acht lassen, dann werden n2, n3 und n4 basierend auf einem anderen Name-Objekt konstruiert. Und dafür ist der Kopierkonstruktor zuständig.

Ein wirkliches Kopieren ist aber nur bei n2 nötig, denn dort wird eine Kopie von einem benannten Name-Objekt angefertigt, das nach der Kopie immer noch ansprechbar ist.

Die Objekte n3 und n4 aber fertigen Kopien von temporären namenlosen Objekten an, sogenannten *Temporaries*. Bei n3 ist es ein anonymes Objekt, bei n4 das von to_lower zurückgegebene Name-Objekt.

Logisch gesehen ist das unnötig. Warum eine Kopie von einem Objekt anfertigen, das danach gelöscht wird? Ich fertige auch keine exakte Kopie von meinem Regal an, nur um das Original anschließend auf dem Sperrmüll zu entsorgen. Es wäre sinnvoller, einfach das sowieso dem Tode geweihte Objekt zu übernehmen.

C++11

Value-Kategorien

Und genau hier setzt die in C++11 hinzugekommene *Move-Semantik* an. Um zwischen dem Kopieren und dem Verschieben unterscheiden zu können, muss der Compiler entscheiden können, ob es sich um ein verschiebbares Objekt handelt oder nicht. Dazu wiederum musste definiert werden, was genau ein verschiebbares Objekt ist. Diese Überlegung resultierte in Value-Kategorien, die gemäß [C++11 3.10] in Abbildung 8.3 dargestellt sind.

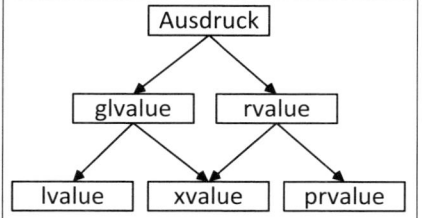

Abbildung 8.3: Die Value-Kategorien von C++

Betrachten wir die Aussagen der Abbildung und die dort vorgestellten Kategorien genauer.[7] Jeder Ausdruck ist entweder ein glvalue (*generalized lvalue*) oder ein rvalue.

Das glvalue wiederum kann ein lvalue oder ein xvalue (*expiring value*, auf Deutsch so viel wie »verfallender Wert«, also ein Objekt, dessen Zerstörung kurz bevorsteht) sein.

Ein rvalue kann ebenfalls ein xvalue oder aber auch ein prvalue (*pure rvalue*) sein.

lvalue

Bei einem lvalue handelt es sich immer um ein Objekt oder eine Funktion. Dabei spielt die cv-Qualifizierung keine Rolle:

```
Name na1("Anton");        // lvalue
const Name na2("Berta");  // lvalue
```

Ein dereferenzierter Zeiger ist auch ein lvalue:

```
cout << (*nptr1).get_name() << endl; // *nptr1 ist lvalue
cout << (*nptr2).get_name() << endl; // *nptr2 ist lvalue
```

Die Referenzen, die wir bisher kennengelernt haben, verweisen immer auf lvalues.[8] Man sagt auch, sie binden sich an lvalues. Deshalb werden sie lvalue-Referenzen genannt:

```
Name& lref1 = na1;        // lvalue-Referenz
const Name& lref2 = na2;  // lvalue-Referenz
```

rvalue

Die andere für uns wichtige Gruppe sind die rvalues. Dazu zählen zum Beispiel prvalues (*pure rvalues*) wie Literale oder Rückgabewerte von Funktionen.[9] Eine lvalue-Referenz kann sich nur an sie binden, wenn sie const ist:

```
Name& lref3 = Name("temporary");        // FEHLER
const Name& lref4 = Name("temporary");  // OK
```

---

7   Die Details stammen aus dem C++11-Standard, dort primär aus [C++11 3.10], [C++11 8.3.2] und [C++11 8.5.3] sowie aus [n3055].

8   Um die Betrachtungen auf der einen Seite so detailliert zu gestalten, dass die restlichen Themen im Buch nachvollziehbar sind, aber auf der anderen Seite nicht detaillierter nur um ihrer selbst Willen, verallgemeinere ich an einigen Stellen die Erklärungen. Wer über dieses Buch hinaus gehende Details wissen möchte, sei auf die genannten Quellen verwiesen.

9   Zu den rvalues zählen auch die xvalues. Zu erwähnen ist dazu, dass ein lvalue auch explizit mittels move in einen xvalue konvertiert werden kann, was später für die Verschiebesemantik wichtig ist.

Eine Referenz auf ein temporäres Objekt ist logisch gesehen keine gute Idee, weil es nach Beendigung der Anweisung nicht mehr existiert. Es geht hier aber um die syntaktische Veranschaulichung.

C++11   Um als Programmierer die Möglichkeit zu haben, durch Überladen von Funktionen zwischen einem lvalue und einem rvalue zu unterscheiden, wurden in C++11 die rvalue-Referenzen hinzugefügt:

```
Name&& rref1 = Name("temporary");
Name&& rref2 = na1.to_lower();
```

Verschiebesemantik

Mit diesen neuen rvalue-Referenzen können wir jetzt einen Konstruktor schreiben, der das übergebene Objekt nicht kopiert, sondern kapert. Diesen Konstruktor nennt man Verschiebekonstruktor oder auch Move-Konstruktor:

```
Name(Name&& n) {
  m_mem = n.m_mem;
  n.m_mem = nullptr;
}
```

Listing 8.22: Der Verschiebekonstruktor

Statt einen neuen Speicherbereich zu reservieren, übernimmt der Verschiebekonstruktor einfach den Speicherbereich des übergebenen Objekts.

INFO   Das Objekt, aus dem heraus verschoben wurde, sollte danach immer noch abbaubar sein.

Je nach Anwendungsbereich kann auch noch die Anforderung gestellt werden, dass das Objekt bis zu seinem Abbau noch verwendbar ist.

Das m_mem im übergebenen Objekt wird auf nullptr gesetzt, damit der Destruktor beim Abbau keinen Fehler erzeugt.

Wir begnügen uns hier mit der Forderung, dass das »ausgeschlachtete« Objekt noch abbaubar ist. Wollten wir es auch in einem verwendbaren Zustand behalten, dann müssten wir einen leeren C-String erzeugen:

```
Name(Name&& n) {
  m_mem = new char[1] {0};
  std::swap(m_mem, n.m_mem);
}
```

Listing 8.23: Ein Verschiebekonstruktor, der ein verwendbares Objekt hinterlässt

Dieser Zusatzaufwand ist für unsere Name-Klasse aber nicht notwendig.

WWW   Die Klasse Name mit dem Verschiebekonstruktor finden Sie auf der Webseite *www.awl.de/3209* unter *Listings/Kapitel08/Name02*.

8.2.5 Implizite Typumwandlung

Konstruktoren einer Klasse T, die entweder nur einen Parameter vom Typ P besitzen oder wegen Standardwerten nur mit einem Parameter vom Typ P aufgerufen werden können, nutzt der Compiler, um ein Objekt des Typs P in ein Objekt des Typs T umzuwandeln.

Wir können der Bruch-Klasse beispielsweise folgenden Konstruktor hinzufügen, der aus einer Ganzzahl einen Bruch erzeugt:

```
Bruch(int z)
  : m_zaehler(z), m_nenner(1)
{}
```

Listing 8.24: Ein einparametriger Konstruktor für Bruch

Damit lassen sich Brüche wie folgt definieren:

```
Bruch b1(4);
```

Dank der impliziten Typumwandlung können wir aber auch Folgendes schreiben:

```
b1=8;
```

Der Compiler verwendet den oben hinzugefügten Konstruktor zur Umwandlung eines int in ein Bruch-Objekt und weist das so erzeugte Bruch-Objekt dann b1 zu.

Wenn ein solcher Konstruktor nicht zur impliziten Typumwandlung herangezogen werden soll, dann muss er als explizit deklariert werden:

```
explicit Bruch(int z)
  : m_zaehler(z), m_nenner(1)
{}
```

Nun würde der Compiler die obere Zuweisung nicht mehr übersetzen. Die Umwandlung müsste jetzt explizit formuliert werden:

```
b1=Bruch(8);
```

8.2.6 Triviale Konstruktoren

Ob wir es mit einem trivialen Konstruktor zu tun haben, ist entscheidend für den Beginn der Lebenszeit eines Objekts (siehe Abschnitt 1.8.4).

Per Definition ist ein Konstruktor trivial, wenn alle folgenden Punkte zutreffen:

» Der Konstruktor ist implizit.

» Die Klasse besitzt keine virtuellen Methoden (siehe Abschnitt 15.8).

» Die Klasse besitzt keine virtuellen Basisklassen (siehe Abschnitt 19.2).

» Alle nicht statischen Attribute, die von einem Klassentyp sind, besitzen einen trivialen Konstruktor.

» Alle direkten Basisklassen besitzen einen trivialen Konstruktor.

In allen anderen Fällen ist der Konstruktor nicht trival.

8.2.7 Konstruktor-Delegation

Unter Konstruktor-Delegation versteht man in C++11 die Möglichkeit, innerhalb eines Konstruktors einen anderen Konstruktor aufzurufen. Betrachten wir dazu die mit Konstruktor-Delegation ausgestatteten Bruch-Konstruktoren:

```
class Bruch {
  int m_zaehler;
  int m_nenner;

public:
  Bruch(int z, int n)
  : m_zaehler(z), m_nenner(n) {
    if(m_zaehler<0) m_zaehler = 0;
    if(m_nenner<1) m_nenner = 1;
  }

  Bruch(int z)
   : Bruch(z, 1)
  {}

  Bruch()
   : Bruch(0, 1)
  {}

  Bruch(const Bruch& b)
    : Bruch(b.m_zaehler, b.m_nenner)
  {}
};
```
Listing 8.25: Die Klasse Bruch mit Konstruktor-Delegation

Es existiert ein zweiparametriger Konstruktor, der einen Wert für Zähler und Nenner übergeben bekommt und diese daraufhin prüft, dass die Werte nicht negativ sind und der Nenner nicht 0 ist.

Die anderen Konstruktoren implementieren notwendige Tests nicht selbst, sondern rufen stattdessen den zweiprametrigen Konstruktor auf. Diese Vorgehensweise lohnt sich, wenn der Prüfaufwand bezogen auf den Programmcode recht lang ist.

Aber wie immer bei der Programmierung erkaufen wir uns das kürzere Programm mit längerer Laufzeit. Denn der Standardkonstruktor beispielsweise setzt den Zähler und Nenner auf konstante Werte; es ist unnötig, diese im zweiparametrigen Konstruktor noch prüfen zu lassen.

WWW   *Die Klasse* Bruch *mit Konstruktor-Delegation finden Sie auf der Webseite www.awl.de/3209 unter Listings/Kapitel08/Bruch02.*

8.3 Destruktoren

Die Destruktoren sind gewissermaßen das Gegenstück zu den Konstruktoren. Werden die Konstruktoren bei der Erzeugung eines Objekts aufgerufen, so ist der Job der Destruktoren der Abbau des Objekts, wie Sie in Abschnitt 6.4.3 erfahren haben.

Genau wie Konstruktoren besitzen auch Destruktoren keinen Namen und werden über eine spezielle Deklarationssyntax deklariert. Dabei wird vor den Klassennamen eine Tilde ~ gesetzt. Hinter dem Klassennamen muss eine leere Parameterliste stehen. Destruktoren besitzen keinen Rückgabetyp, nicht einmal void darf angegeben werden.

Destruktoren können nicht mit impliziten Objektparametern versehen werden und als Funktionsspezifikation ist lediglich virtual erlaubt.

8.3.1 Triviale Destruktoren

Ein Destruktor ist trivial, wenn folgende Punkte zutreffen:

» Er ist implizit deklariert (es existiert also kein benutzerdefinierter Destruktor).

» Alle direkten Basisklassen besitzen ebenfalls triviale Destruktoren.

» Alle nicht statischen Attribute von einem Klassentyp besitzen ebenfalls triviale Destruktoren.

Sollte einer der oberen Punkte nicht zutreffen, dann ist der Destruktor nicht trivial. Diese Unterscheidung ist wichtig bei der Ermittlung der Lebensdauer eines Objekts (Abschnitt1.8.4).

8.4 Konstante Objekte und Elemente

Wir wollen in diesem Abschnitt noch einmal zur const-Vereinbarung von Objekten und Elementen zurückkehren, die wir in Kapitel 6 schon einmal angerissen hatten.

8.4.1 Implizite Objektparameter

Holen wir dazu wieder unsere Klasse Name hervor, von der konstante und nicht konstante Objekte erzeugt werden können:

```
Name n1("Goethe");
const Name n2("Baudelaire");
```

So weit, so gut. Jetzt sollen die beiden Namen ausgegeben werden:

```
cout << n1.get_name() << endl;
cout << n2.get_name() << endl;
```

Der Aufruf von `get_name` für `n2` funktioniert nur deshalb, weil wir die Methode als Konstanz wahrend deklariert hatten, und zwar mit dem impliziten Objektparameter `const`[10].

Objektmethoden können nur von Objekten aufgerufen werden, die dieselbe cv-Qualifizierung besitzen oder weniger cv-qualifiziert sind.

Die besagte Methode sieht so aus:

```
const char* get_name() const {
  return m_mem;
}
```

Listing 8.26: Die Methode `get_name` mit `const`

`get_name` besitzt dieselbe cv-Qualifizierung wie `n2` und eine höhere als `n1`. Aus diesem Grund können beide Objekte die Methode `c_str` aufrufen.

Bedenken Sie jedoch, dass die cv-Qualifizierung einer Methode nicht nur ein Lippenbekenntnis ist. Die Methode `get_name` muss sich jetzt an den impliziten Objektparameter `const` halten und darf keine Attribute des Objektes ändern, selbst dann nicht, wenn das Objekt nicht konstant ist.

Zur Veranschaulichung ergänzen wir die Klasse `Name` um die Methode `set_at`:[11]

```
void set_at(int idx, char c) const {
  m_mem[idx]=c;
}
```

Listing 8.27: Die Methode `set_at`

Zum Einsatz soll die Methode im nachstehenden Fragment kommen:

```
const Name n("Arne");
n.set_at(3,'o');
cout << n.get_name() << endl;
```

Was wird hier wohl passieren? Werden die Anweisungen überhaupt kompiliert? Scheitert es bereits an der `set_at`-Methode? Welcher Name wird ausgegeben?

Gehen wir die Sache schrittweise an. Weiter oben hieß es, eine mit dem impliziten Objektparameter `const` ausgestattete Methode darf keine Attribute des Objekts ändern. Aber ändert `set_at` ein Attribut des Objekts? Genau genommen ändert `set_at` Daten, auf die ein Attribut des Objekts verweist. Damit ist die Regel nicht verletzt, alles wird kompiliert, und als Name wird »Arno« ausgegeben. Das heißt also:

Eine `const`-Methode kann Daten, auf die Attribute des Objektes verweisen, ändern.[12]

---

10 Es kann auch `volatile` oder `const volatile` angegeben werden.
11 Die Methode überprüft die Gültigkeit des Index nicht. Das kann aus laufzeittechnischen Gründen gewollt (wie bei den Implementierungen der Index-Operatoren der STL) oder übersehen worden sein. Auf jeden Fall sollten wir im Hinterkopf behalten, dass diese Methode Sicherheitsrisiken birgt.
12 Es sei denn, es wird wiederum auf ein `const`-Objekt verwiesen.

Zum Schluss schauen wir uns als Beispiel noch eine Methode von Name an, die sich tatsächlich nicht kompilieren lassen würde:

```
void clear() const {
  delete(m_mem);
  m_mem = new char[1] {0};
}
```
Listing 8.28: Ein fehlerhaftes Beispiel

Aber auch hier meckert der Compiler erst bei der zweiten Anweisung der Methode. Das delete wird noch problemlos umgesetzt, weil hier kein Attribut, sondern nur wieder die Daten, auf die das Attribut verweist, geändert werden.

Die Klasse Name mit der set_at-Methode finden Sie auf der Webseite *www.awl.de/3209* unter *Listings/ Kapitel08/Name03*. `WWW`

Objektparameter als Überladungskriterium

Damit wir im Namen einzelne Zeichen auslesen und verändern können, schreiben wir eine allgemeine at-Methode, die eine Referenz auf das gewünschte Zeichen zurückliefert:

```
char& at(int idx) {
  return m_mem[idx];
}
```
Listing 8.29: Die Methode at von Name

Diese Methode könnten wir etwa so einsetzen:

```
Name n("Anna");
n.at(3)='e';
cout << n.get_name() << endl;
```

Mit einem konstanten Objekt geht das nicht, weil die Methode nicht const ist:

```
const Name n2("Berta");
n2.at(3)='e';            // FEHLER
```

Das ist auch gut so, denn warum sollten wir einen Namen als konstant deklarieren, wenn wir ihn ändern wollten? Schade ist nur, dass wir die Zeichen auch nicht lesen können:

```
cout << n2.at(0) << endl;  // FEHLER
```

Wir bräuchten einen Mechanismus, der bei variablen Objekten das Lesen und Schreiben zulässt und bei konstanten Objekten nur das Schreiben blockiert.

In C++ gelten die impliziten Objektparameter der Methoden als Überladungskriterium. Wir können daher eine at-Methode ohne const (die haben wir schon) und eine at-Methode mit const schreiben (die fehlt uns noch):

```
char at(int idx) const {
  return m_mem[idx];
}
```
Listing 8.30: Die Methode at für konstante Name-Objekte

183

Jetzt ist das Lesen für konstante Name-Objekte erlaubt, das Schreiben nicht:

```
const Name n2("Berta");
n2.at(3)='e';              // FEHLER
cout << n2.at(0) << endl;  // OK
```

WWW Die Klasse Name mit den at-Methoden finden Sie auf der Webseite *www.awl.de/3209* unter *Listings/Kapitel08/Name04*.

Referenz-Qualifizierer zum Überladen

In C++11 können Methoden auch noch unter dem Gesichtspunkt überladen werden, ob sie über ein lvalue oder ein rvalue aufgerufen werden. Dazu werden Referenz-Qualifizierer (*ref qualifier*) [C++11 8.3.5] eingesetzt:

```
char& at(int idx) & {       // lvalue
   return m_mem[idx];
}

char at(int idx) const & {  // konstantes lvalue
   return m_mem[idx];
}

char& at(int idx) && {      // rvalue
   return m_mem[idx];
}
```

Listing 8.31: at-Methoden mit Referenz-Qualifizierern

INFO Wenn Referenz-Qualifizierer eingesetzt werden, dann müssen diese bei jeder Überladung der Methode angegeben werden.

Wenn zum Beispiel ein schreibender Zugriff auf rvalues nicht erlaubt sein soll, dann könnte die Deklaration der entsprechenden Überladung in den privaten Bereich gesetzt oder die Methode als gelöscht deklariert (siehe Abschnitt 8.5.2) werden.

8.4.2 const-resistente Variablen mit »mutable«

Manchmal kann es sein, dass ein Objekt »zu konstant« ist. Wir wollen als Beispiel eine Klasse PrimGeprueft implementieren, die sich wie ein unsigned long-Wert verhalten soll, aber zusätzlich Auskunft darüber geben kann, ob es sich bei dem repräsentierten Wert um eine Primzahl handelt oder nicht.

```
class PrimGeprueft {
  unsigned long m_wert;
  bool pruefePrim() const;

public:
  PrimGeprueft() : m_wert(0) {}
  PrimGeprueft(const PrimGeprueft& p) : m_wert(p.m_wert) {}
  PrimGeprueft(unsigned long l) : m_wert(l) {}
  bool istPrim() const {
```

```
    return pruefePrim();
  }
};
```

Listing 8.32: Die Klassendefinition von `PrimGeprueft`

Die Klasse ist recht einfach aufgebaut. Nur die Methode `pruefePrim` ist etwas aufwendiger:

```
#include "PrimGeprueft.h"
#include <cmath>

using namespace std;

bool PrimGeprueft::pruefePrim() const {
  unsigned long e=static_cast<unsigned long>
                            (ceil(sqrt(m_wert)));
  for(unsigned long i=2; i<=e; ++i)
    if(!(m_wert%i))
      return false;
  return true;
}
```

Listing 8.33: Die Methode `pruefePrim` in »PrimGeprueft.cpp«

Der einzig unklare Punkt in der oberen Lösung könnte das Schleifenende sein. Als Grenze wird die Quadratwurzel der zu prüfenden Zahl genommen. Warum das funktioniert, lässt sich schnell zeigen. Schauen wir uns für die Zahl 16 die Produkte mit ganzzahligen Faktoren an: 1*16, 2*8, 4*4, 8*2, 16*1, wobei 8*2 wegen der Kommutativität der Multiplikation identisch mit 2*8 und 16*1 identisch mit 1*16 ist. Ab 4*4 (4 ist die Quadratwurzel von 16) wiederholen sich die Paare mit vertauschten Faktoren. Deswegen reicht es für die Restwertbildung `m_wert%i` aus, wenn `i` nur bis zur Quadratwurzel von `m_wert` läuft.

Wie schätzen Sie die Effizienz der Klasse ein? Alles bestens? Unter aller Kanone? Finden Sie Verbesserungsmöglichkeiten?

Vielleicht bringen Sie folgende Anweisungen auf eine Idee:

```
PrimGeprueft p1(17);
cout << p1.istPrim() << endl;
cout << p1.istPrim() << endl;
```

Die Klasse `PrimGeprueft` in der bisherigen Fassung finden Sie auf der Webseite *www.awl.de/3209* **WWW** unter *Listings/Kapitel08/Prim01*.

Erste Optimierung von »PrimGeprueft«

Na, klingelt's? Wir geben zweimal aus, ob p1 eine Primzahl ist oder nicht. Schlimm daran ist die zweimalige Berechnung, ob p1 prim ist. Wenn p1 bei der ersten Ausgabe eine Primzahl war, dann ist sie das natürlich bei der zweiten Ausgabe ebenfalls. Wir würden die Laufzeit weitaus weniger belasten, wenn wir ein `PrimGeprueft`-Objekt nur ein einziges Mal auf prim prüften und dann nur noch das Ergebnis herausreichten.

Zur Optimierung werden wir folgende Punkte in die Klasse einfließen lassen:

» Es wird ein Attribut m_istPrim hinzugefügt, das speichert, ob m_wert eine Primzahl ist oder nicht.

» Die Methode istPrim liefert nur noch den Wert von m_istPrim zurück.

» Die Berechnungsmethode pruefePrim wird nun in den Konstruktoren aufgerufen.

» Eine Ausnahme bilden der Kopierkonstruktor (er übernimmt den Wert von m_istPrim aus dem zu kopierenden Objekt) und der Standardkonstruktor (er setzt m_istPrim direkt auf false).

» Die Methode pruefePrim schreibt ihr Ergebnis direkt in das Attribut m_istPrim hinein.

Im Quellcode schlagen sich die Verbesserungen wie folgt nieder:

```cpp
class PrimGeprueft {
  unsigned long m_wert;
  bool m_istPrim;
  void pruefePrim();

public:
  PrimGeprueft()
    : m_wert(0), m_istPrim(false)
  {}

  PrimGeprueft(const PrimGeprueft& p)
    : m_wert(p.m_wert), m_istPrim(p.m_istPrim)
  {}

  PrimGeprueft(unsigned long l) : m_wert(l) {
    pruefePrim();
  }

  bool istPrim() const {
    return m_istPrim;
  }
};
```

Listing 8.34: Die optimierte Klassendefinition

Und die pruefePrim-**Methode:**

```cpp
void PrimGeprueft::pruefePrim() {
  unsigned long e=static_cast<unsigned long>(ceil(sqrt(m_wert)));
  for(unsigned long i=2; i<=e; ++i)
    if(!(m_wert%i)) {
      m_istPrim=false;
      return;
    }
  m_istPrim=true;
}
```

Listing 8.35: Die optimierte pruefePrim-Methode

WWW   Die Klasse PrimGeprueft in der bisherigen Fassung finden Sie auf der Webseite *www.awl.de/3209* unter *Listings/Kapitel08/Prim02*.

Zweite Optimierung von »PrimGeprueft«

Wir haben durch diese Änderungen schon einiges an Laufzeit gespart. Aber geht es noch besser? Folgende Anweisung soll als kleine Hilfestellung dienen:

PrimGeprueft p1(18);

Merkwürdige Hilfestellung, finden Sie? Dann schauen Sie doch einmal genau hin, und zählen Sie auf, was diese Anweisung macht beziehungsweise was sie nicht macht.

Zunächst einmal erzeugt die Anweisung ein PrimGeprueft-Objekt p1 und initialisiert es mit 18. Im verantwortlichen Konstruktor wird pruefePrim aufgerufen und das Ergebnis in m_istPrim gespeichert.

Aber was macht die Anweisung nicht? Sie greift nicht auf das Ergebnis von preuefePrim zu. Wenn im weiteren Verlauf istPrim nicht mehr aufgerufen wird (und die Wahrscheinlichkeit dafür ist nicht gering), dann haben wir den Wert von m_istPrim umsonst berechnet und damit Laufzeit verschenkt. Das bringt uns zu einer der Grundregeln für die Laufzeit-Optimierung:

> Versuchen Sie, Berechnungen und zeitintensive Vorgänge so weit wie möglich aufzuschieben. **TIPP**

In unserem Fall sollten wir die Berechnung, ob der repräsentierte Wert prim ist oder nicht, erst dann durchführen, wenn das Ergebnis benötigt wird. Dazu müssen wir ein weiteres Attribut m_geprueft einführen, das festhält, ob die Berechnung bereits durchgeführt wurde oder nicht.

```
class PrimGeprueft {
  unsigned long m_wert;
  bool m_istPrim;
  bool m_geprueft;
  void pruefePrim();

public:
  PrimGeprueft()
    : m_wert(0), m_geprueft(false)
  {}

  PrimGeprueft(const PrimGeprueft& p)
    : m_wert(p.m_wert),
      m_istPrim(p.m_istPrim),
      m_geprueft(p.m_geprueft)
  {}

  PrimGeprueft(unsigned long l)
    : m_wert(l), m_geprueft(false)
  {}

  bool istPrim() {
    return (m_geprueft)?(m_istPrim:pruefePrim(),m_istPrim);
  }
};
```

Listing 8.36: Eine weitere Optimierung

Etwas ungewöhnlich ist vielleicht die Verwendung des recht selten eingesetzten Komma-Operators.

Zwei mit dem Komma-Operator verknüpfte Anweisungen werden ausgeführt, indem zuerst die links vom Komma-Operator stehende Anweisung und anschließend die rechte Anweisung ausgeführt wird. Der mit dem Komma-Operator erstellte Ausdruck nimmt als Wert den Wert des Ausdrucks rechts vom Komma-Operator an.

Die Anweisung

```
bool b=(pruefePrim(),m_istPrim);
```

wäre damit ausgeschrieben:

```
pruefePrim();
bool b=m_istPrim;
```

So knackig Ausdrücke mit dem Komma-Operator auch formuliert werden können, sie erhöhen nicht die Lesbarkeit und sollten daher sparsam bis überhaupt nicht verwendet werden.

Als letztes Beispiel zum Komma-Operator schauen wir uns die istPrim-Methode in ausführlicher Schreibweise an:

```
bool istPrim() {
  if(!m_geprueft)
    pruefePrim();
  return m_istPrim;
}
```

Listing 8.37: Die Methode istPrim ohne Komma-Operator

Zum Schluss fehlt noch die angepasste pruefePrim-Methode:

```
void PrimGeprueft::pruefePrim() {
  unsigned long e=static_cast<unsigned long>(ceil(sqrt(m_wert)));
  m_geprueft=true;
  for(unsigned long i=2; i<=e; ++i)
    if(!(m_wert%i)) {
      m_istPrim=false;
      return;
    }
  m_istPrim=true;
}
```

Die PrimGeprueft-Klasse ist vom Laufzeitverhalten nun schon recht ordentlich. Aber abgesehen von diesem kleinen Exkurs in die Laufzeit-Optimierung bringt uns der letzte Ansatz zum Thema dieses Abschnitts zurück. Denn jetzt schreiben wir Folgendes:

```
const PrimGeprueft p2(23);
cout << p2.istPrim() << endl;
```

Und plötzlich lässt sich die istPrim-Methode nicht mehr aufrufen. Ist doch logisch, werden Sie jetzt sagen, denn die Methode ist nicht const deklariert. Dummerweise können wir sie auch nicht const deklarieren, weil sie die Methode pruefePrim aufruft, die selbst wiederum

nicht const ist. Und istPrim lässt sich definitiv nicht als const deklarieren, weil sie die Attribute
m_geprueft und m_istPrim ändert.

Das ist doch eine schöne Konstante, oder? Glücklicherweise gibt es das Schlüsselwort
mutable, mit dem Attribute deklariert werden, die auch bei konstanten Objekten variabel bleiben müssen.

Wir versehen die Attribute m_istPrim und m_geprueft nun mit diesem Schlüsselwort und können
danach die Methoden istPrim und pruefePrim als const deklarieren:

```cpp
class PrimGeprueft {
  unsigned long m_wert;
  mutable bool m_istPrim;
  mutable bool m_geprueft;
  void pruefePrim() const;

public:
  PrimGeprueft()
    : m_wert(0), m_geprueft(false)
  {}

  PrimGeprueft(const PrimGeprueft& p)
    : m_wert(p.m_wert),
      m_istPrim(p.m_istPrim),
      m_geprueft(p.m_geprueft)
  {}

  PrimGeprueft(unsigned long l)
    : m_wert(l), m_geprueft(false)
  {}

  bool istPrim() const {
    return (m_geprueft)?m_istPrim:(pruefePrim(),m_istPrim);
  }
};
```

Listing 8.38: Die Klasse primGeprueft mit statischen Attributen

Wenn Sie jetzt das Gefühl haben, wir hätten die Konstanz des Objekts aufgeweicht und irgendwie keinen sauberen Code mehr programmiert, dann haben Sie noch eine nicht objektorientierte Vorstellung von konstanten Elementen. Am besten, Sie gewöhnen sich an folgende
Regel:

| Ein Objekt gilt als konstant, wenn der von außen sichtbare Zustand nicht verändert werden kann. | TIPP |

Und das ist bei PrimGeprueft gegeben. Wir können bei einem konstanten PrimGeprueft-Objekt
den äußeren Zustand, der hier dem gespeicherten Wert entspricht, nicht ändern. Alle über
die mutable-Attribute möglichen Änderungen betreffen interne Vorgänge des Objekts, die nach
außen hin nicht sichtbar sind.

| Die Klasse PrimGeprueft in der bisherigen Fassung finden Sie auf der Webseite *www.awl.de/3209* unter *Listings/Kapitel08/Prim03*. | WWW |

8.5 Ans Eingemachte

In diesem Abschnitt werden wir uns damit beschäftigen, was so eine Klasse eigentlich alles besitzt, ohne dass wir es programmieren müssen.

8.5.1 Implizite Klassenelemente

In den vorigen Abschnitten war öfter zu lesen, dass einer Klasse vom Compiler unter gewissen Umständen bestimmte Methoden automatisch untergeschoben werden. Nehmen wir als Beispiel eine einfache Form der Klasse SimplerName, die wir früher bereits besprochen haben:

```
class SimplerName {
public:
  void setName(const std::string& s) {
    m_name = s;
  }
  std::string getName() const {
    return m_name;
  }

private:
  std::string m_name;
};
```

Listing 8.39: Eine simple Form von SimplerName ...

Wir haben lediglich Zugriffsmethoden programmiert, trotzdem können wir das alles machen:

```
SimplerName n1;               // Standardkonstruktor
n1.setName("Andre");
SimplerName n2(n1);           // Kopierkonstruktor
n1 = n2;                      // Kopierzuweisungsoperator
n2 = move(SimplerName());     // Verschiebezuweisungsoperator
SimplerName n3(move(SimplerName())); // Move-Konstr.
```

Denn der Compiler motzt die Klasse ordentlich auf. De facto sieht die Klasse so aus [C++11 3.1.3]:

```
class SimplerName {
public:
  void setName(const std::string& s) {
    m_name = s;
  }
  std::string getName() const {
    return m_name;
  }

  SimplerName()
    : m_name() { }
  SimplerName(const SimplerName& n)
    : m_name(n.m_name) { }
  SimplerName(SimplerName&& n)
    : m_name(static_cast<std::string&&>(n.m_name)) { }
```

```
SimplerName& operator=(const SimplerName& n) {
  m_name = n.m_name;
  return *this;
}
SimplerName& operator=(SimplerName&& n) {
  m_name = static_cast<std::string&&>(n.m_name);
  return *this;
}
~SimplerName() { }
private:
  std::string m_name;
};
```

Listing 8.40: ... und was der Compiler daraus macht.

Wann welche Methode vom Compiler hinzugefügt wird, besprechen wir in den folgenden Abschnitten. Dabei liegt der Schwerpunkt auf Punkten, die auch in diesem Buch besprochen werden. Im Einzelfall sehen die formulierten Bedingungen im Standard komplexer aus. Der interessierte Leser sollte dann dort nachschauen.

Impliziter Standardkonstruktor

Der implizite Standardkonstruktor hat die Form

```
SimplerName()
  : m_name() { }
```

Listing 8.41: Der implizite Standardkonstruktor

Er ruft für alle Attribute die Standardkonstruktoren auf. Für elementare Datentypen heißt das: Initialisierung mit dem Wert 0. Der Compiler erzeugt einen impliziten Standardkonstruktor nicht, wenn

» die Klasse einen benutzerdefinierten Konstruktor welcher Art auch immer enthält.

» es ein nicht statisches Attribut als Referenz ohne Initialisierung gibt.

» es ein nicht statisches konstantes Attribut ohne Initialisierung gibt.

» es ein Attribut mit Klassentyp gibt, das weder eine Initialisierung noch einen Standardkonstruktor besitzt.

» eine Basisklasse keinen Standardkonstruktor besitzt.

» der Destruktor einer Basisklasse oder eines nicht statischen Attributs eines Klassentyps vom Standardkonstruktor aus nicht zugänglich ist (weil er entweder nicht existiert oder privat ist).

Der implizite Standardkonstruktor ist immer `inline` und `public`.

Impliziter Kopierkonstruktor

Der Kopierkonstruktor des Compilers sieht so aus:

```
SimplerName(const SimplerName& n)
  : m_name(n.m_name) { }
```

Listing 8.42: Der implizite Kopierkonstruktor

Er ruft für alle Attribute den Kopierkonstruktor auf. Der Compiler erzeugt den Kopierkonstruktor nicht, wenn

» die Klasse einen benutzerdefinierten Verschiebekonstruktor oder Verschiebezuweisungsoperator besitzt.

» nicht alle Attribute und Basisklassen kopiert werden können.

» (neu ab C++11) die Klasse einen benutzerdefinierten Kopierzuweisungsoperator oder Destruktor besitzt.

Sie haben in Abschnitt 8.2.2 erfahren, dass der Parameter des Konstruktors unterschiedlich cv-qualifiziert sein kann. Aber welchen Parameter verwendet der Compiler?

Der implizite Kopierkonstruktor der Klasse T besitzt als Parameter Typ const T&, wenn Folgendes gilt:

» Jede Basisklasse B von T (egal, ob virtuell oder nicht) besitzt einen Kopierkonstruktor mit einem ersten Parameter des Typs const B& oder const volatile B&.

» Für alle nicht statischen Attribute (oder Arrays davon) einer Klasse A existiert ein Kopierkonstruktor mit einem ersten Parameter des Typs const A& oder const volatile A&.

Sollte mindestens einer der beiden oberen Punkte nicht zutreffen, dann ist der Parametertyp T&.

Für beide gilt, dass ein impliziter Kopierkonstruktor immer public und inline ist.

Impliziter Verschiebekonstruktor

`C++11`

Der vom Compiler zu unserer Klasse hinzugefügte Verschiebekonstruktor sieht so aus:

```
SimplerName(SimplerName&& n)
  : m_name(static_cast<std::string&&>(n.m_name)) { }
```

Listing 8.43: Der implizite Verschiebekonstruktor

Der static_cast ist notwendig, um aus der lvalue-Referenz n.m_name eine rvalue-Referenz zu machen, damit für das Attribut ebenfalls der Verschiebekonstruktor aufgerufen wird. Hätten wir den Konstruktor selbst programmiert, wäre auch der Einsatz von move möglich gewesen:

```
SimplerName(SimplerName&& n)
  : m_name(std::move(n.m_name)) { }
```

Listing 8.44: Der Move-Konstruktor mit move

Der Compiler erzeugt den Verschiebekonstruktor nicht, wenn

» die Klasse einen benutzerdefinierten Kopierkonstruktor oder Kopierzuweisungsoperator besitzt.

» die Klasse einen benutzerdefinierten Verschiebezuweisungsoperator besitzt.

» die Klasse einen benutzerdefinierten Destruktor besitzt.

» nicht alle nicht statischen Attribute und Basisklassen per Verschiebekonstruktor verschoben oder zumindest mit trivialem Kopierkonstruktor kopiert werden können.

» der implizite Verschiebekonstruktor `public` und `inline` ist.

Impliziter Kopierzuweisungsoperator

Der Kopierzuweisungsoperator sieht so aus:

```
SimplerName& operator=(const SimplerName& n) {
  m_name = n.m_name;
  return *this;
}
```

Listing 8.45: Der Kopierzuweisungsoperator

Der Compiler erzeugt den impliziten Kopierzuweisungsoperator nicht, wenn

» die Klasse nicht statische, konstante Attribute besitzt, die keinem Klassen-Typ angehören.

» die Klasse Referenzen als Attribute besitzt.

» nicht alle Attribute und Basisklassen kopiert werden können.

» die Klasse einen benutzerdefinierten Verschiebekonstruktor oder Verschiebezuweisungsoperator besitzt.

» (neu ab C++11) die Klasse einen benutzerdefinierten Kopierkonstruktor oder Destruktor besitzt.

Der Parameter des Zuweisungsoperators einer Klasse T ist vom Typ `const T&`, wenn

» jede Basisklasse B von T (egal, ob virtuell oder nicht) einen Kopierzuweisungsoperator mit einem Parameter des Typs `const B&` oder `const volatile B&` besitzt.

» für alle nicht statischen Attribute (oder Arrays davon) einer Klasse A ein Kopierzuweisungsoperator mit einem Parameter des Typs `const A&` oder `const volatile A&` existiert.

Andernfalls ist der Parametertyp `T&`.

Der implizite Kopierzuweisungsoperator ist `public` und `inline`.

Impliziter Verschiebezuweisungsoperator

C++11

Schauen wir uns den gesponserten Verschiebezuweisungsoperator an:

```
SimplerName& operator=(SimplerName&& n) {
  m_name = static_cast<std::string&&>(n.m_name);
  return *this;
}
```

Listing 8.46: Der implizite Verschiebezuweisungsoperator

Der Compiler erzeugt den impliziten Kopier-Verschiebeoperator nicht, wenn

» die Klasse nicht statische konstante Attribute besitzt, die keinem Klassen-Typ angehören.

» die Klasse Referenzen als Attribute besitzt.

» nicht alle Attribute und Basisklassen kopiert werden können.

» die Klasse einen benutzerdefinierten Kopierkonstruktor oder Kopierzuweisungsoperator besitzt.

» die Klasse einen benutzerdefinierten Verschiebekonstruktor besitzt.

» die Klasse einen benutzerdefinierten Destruktor besitzt.

» nicht alle nichtstatischen Attribute und Basisklassen mit Verschiebezuweisungsoperator verschoben oder zumindest mit trivialem Kopierzuweisungsoperator kopiert werden können.

Der implizite Verschiebezuweisungsoperator ist `public` und `inline`.

Impliziter Destruktor

Der implizite Destruktor ist recht übersichtlich:

```
~SimplerName() { }
```

Listing 8.47: Der implizite Destruktor

Er wird vom Compiler nicht erzeugt, wenn der Destruktor einer Basisklasse oder eines nicht statischen Attributs eines Klassentyps vom Standardkonstruktor aus nicht zugänglich ist (weil er entweder nicht existiert oder privat ist).

Der implizite Destruktor ist `public` und `inline`.

8.5.2 Funktionen als »deleted« oder »default« definieren

Vor C++11 konnte man keinen Einfluss auf die Entscheidungen des Compilers nehmen, ob eine bestimmte Methode implizit hinzugefügt wurde oder nicht. Das hat sich mittlerweile geändert.

default

Angenommen, wir hätten in unserer Klasse `SimplerName` einen Kopierkonstruktor programmiert:

`C++11`

```
class SimplerName {
public:

/* Zugriffsmethoden */

  SimplerName(const SimplerName& n)
    : m_name(n.m_name) { }

private:
  std::string m_name;
};
```
Listing 8.48: Die Klasse `SimplerName` mit Kopierkonstruktor

Diese Klasse bekommt vom Compiler keinen Standardkonstruktor mehr mit, weil sie einen
benutzerdefinierten Konstruktor besitzt. Vor C++11 kamen wir nicht umhin, den Standardkonstruktor selbst zu programmieren, jetzt können wir dem Compiler explizit sagen, dass er den
Standardkonstruktor hinzufügen soll:

```
  SimplerName() = default;
```

Jetzt haben wir den Standardkonstruktor des Compilers in unserer Klasse, obwohl wir einen
eigenen Konstruktor implementiert haben.

delete

Anders herum geht es auch. Wenn wir beispielsweise nicht möchten, dass Objekte der Klasse
`SimplerName` kopiert werden können, dann können wir die betroffenen Methoden ab C++11 als
gelöscht markieren:

`C++11`

```
  SimplerName(const SimplerName& n) = delete;
  SimplerName& operator=(const SimplerName& n) = delete;
```

Alle Methoden, die potenziell implizit vom Compiler hinzugefügt werden können, dürfen mit
`=default` oder `=delete` versehen werden.

KAPITEL 9

Klassen – Vertiefung II

Dieses Kapitel dreht sich noch einmal um die Klassen. Diesmal steigen wir tiefer in deren Struktur ein.

9.1 Statische Elemente

Das Besondere an statischen Elementen ist ihre Zugehörigkeit zur Klasse. Ein statisches Attribut beispielsweise ist ein Attribut der Klasse; sein Wert ist für jedes Objekt der gleiche. Eine statische Methode kann direkt über ihre Klasse aufgerufen werden, es ist kein Objekt notwendig.

9.1.1 Statische Methoden

Wir haben im vorigen Kapitel die Klasse Bruch implementiert und ihr bereits Konstruktoren mitgegeben. Es ist nun an der Zeit, sie mit etwas Funktionalität auszustatten. Und zwar soll die Klasse eine Methode kuerzen erhalten, die den aufrufenden Bruch kürzt.

Zum Kürzen eines Bruchs benötigen wir den größten gemeinsamen Teiler von Zähler und Nenner. Es bietet sich daher an, eine Hilfsmethode zu implementieren:

```
int Bruch::ggt(int x, int y) {
  x = abs(x);
  y = abs(y);
  int t = x<y ? x :y;
  while(x%t || y%t)
    --t;
  return t;
}

//------------------------------------------

void Bruch::kuerzen() {
  int g = ggt(m_zaehler, m_nenner);
  m_zaehler /= g;
  m_nenner /= g;
}
```

Listing 9.1: Die Methoden kuerzen und ggt von Bruch

Der größte gemeinsame Teiler zweier Zahlen kann nicht größer sein als die kleinere der beiden Zahlen. Mit dieser Zahl beginne ich, und ich vermindere sie so lange, bis ich einen gemeinsamen Teiler gefunden habe. Der erste gefundene gemeinsame Teiler muss der größte sein. Schlimmstenfalls endet die Schleife bei 1. Es gibt ausgefeiltere Algorithmen zur Lösung des Problems, aber hier liegt der Schwerpunkt auf dem Klassendesign.

Eingesetzt werden könnte das Kürzen so:

```
Bruch b(5, 10);
b.kuerzen();
cout << "(" << b.get_zaehler() << "/" << b.get_nenner()
     << ")" << endl;
```

Gehen wir davon aus, in einer anderen Ecke unseres Programms existieren zwei int-Variablen wie

```
int x = 20;
int y = 16;
```

und wir würden von diesen beiden Variablen gerne den größten gemeinsamen Teiler berechnen. Wie müssten wir das anstellen?

Da wir bereits eine ggt-Methode in Bruch programmiert haben, könnten wir diese nehmen. Unter der Voraussetzung, dass sie öffentlich ist, müssten wir zuerst ein Bruch-Objekt erzeugen:

```
Bruch b;
int z = b.ggt(x, y);
cout << z << endl;
```

Das klappt so weit, aber elegant ist anders. Wir legen ein Bruch-Objekt an, dessen Inhalt keine Rolle spielt und das später auch nicht mehr verwendet wird, nur um die ggt-Methode aufrufen zu können. Dabei greift die ggt-Methode nicht einmal auf Objektdaten zu. Wären wir nicht gerade in einem Buch über objektorientierte Programmierung, hätten wir aus der Methode problemlos eine herkömmliche Funktion machen können.

Glücklicherweise gibt es die Möglichkeit, Methoden ohne Objektbezug zu sogenannten Klassenmethoden zu machen, die auch *statische Methoden* genannt werden. Eine statische Methode kann direkt über die Klasse aufgerufen werden.

INFO Deklariert wird sie mit dem Schlüsselwort static. Weil sie nicht an ein Objekt gebunden ist, kann sie auch nicht mit impliziten Objektparametern (siehe Abschnitt 8.4.1) versehen werden.

```
class Bruch {
  int m_zaehler;
  int m_nenner;

public:

/* Restliche Methoden */

  static int ggt(int x, int y);
  void kuerzen();

};
```

Listing 9.2: Die Klassendefinition von Bruch mit statischer ggt-Methode

INFO Das Schlüsselwort static wird nur bei der Deklaration angegeben, nicht jedoch bei der Definition, wenn diese getrennt von der Deklaration erfolgt.

Statische Methoden werden über den Klassennamen und den Bezugsrahmenoperator (Scope-Operator) aufgerufen:

```
int z = Bruch::ggt(x, y);
```

Die Klasse Bruch in der bisherigen Fassung finden Sie auf der Webseite *www.awl.de/3209* unter *Listings/Kapitel09/Bruch01*. `WWW`

Statische Prüfung auf prim

Als weiteres Beispiel wollen wir in der PrimGeprueft-Klasse aus dem letzten Kapitel die Methode pruefePrim in eine statische Methode umwandeln. Die für diese Betrachtung unwesentlichen Konstruktoren werden nicht mit angegeben:

```
class PrimGeprueft {
  unsigned long m_wert;
  mutable bool m_istPrim;
  mutable bool m_geprueft;

public:
  static bool pruefePrim(unsigned long wert);

/* ... */

  bool istPrim() const {
    return(m_geprueft)
           ?m_istPrim
           :(m_geprueft=true,m_istPrim=pruefePrim(m_wert));
  }
};
```

Listing 9.3: Die Klasse PrimGeprueft mit statischer pruefePrim-Methode

Durch die Deklaration von pruefePrim als statisch ändert sich auch der Aufruf der Methode. Weil sie nicht mehr über ein Objekt aufgerufen wird, kann sie auch nicht mehr direkt auf Attribute zugreifen.

Die Methode pruefePrim kann jetzt direkt über die Klasse aufgerufen werden:

```
cout << PrimGeprueft::pruefePrim(61) << endl;
```

Ein statisches Element könnte natürlich auch weiterhin über ein Objekt aufgerufen werden.

Die Klasse PrimGeprueft mit der statischen pruefePrim-Methode finden Sie auf der Webseite *www.awl.de/3209* unter *Listings/Kapitel09/Prim01*. `WWW`

9.1.2 Statische Attribute

Ein statisches Attribut, auch Klassenattribut genannt, existiert ein einziges Mal für alle Objekte der Klasse. Ähnlich den statischen Methoden können statische Attribute direkt über den Klassennamen angesprochen werden, wenn es das Zugriffsrecht erlaubt.

Als kleines Beispiel wollen wir eine Klasse `IntDurchschnitt` implementieren, die in der Lage ist, den Durchschnittswert aller bisher erzeugten `IntDurchschnitt`-Objekte zu ermitteln. Die Klassendefinition sieht wie folgt aus:

```cpp
class IntDurchschnitt {
  static long long m_summe;
  static long long m_anzahl;

  int m_wert;

public:
  static double getDurchschnitt() {
    return m_anzahl ?
          m_summe / static_cast<double>(m_anzahl) :
          0;
  }

  IntDurchschnitt(int wert)
    : m_wert(wert) {
      m_summe += wert;
      ++m_anzahl;
    }

};
```

Listing 9.4: Die Klasse `IntDurchschnitt`

Der Durchschnitt aller `IntDurchschnitt`-Objekte ist nicht an ein Objekt gebunden. Die Attribute `m_summe` und `m_anzahl` sind daher statisch. Damit an den beiden Attributen nicht herumgepfuscht werden kann, sind sie privat. Es existiert eine statische Methode `getDurchschnitt`, über die der aktuelle Durchschnittswert zugänglich ist.

Technisch könnte die Methode auch nicht statisch sein, es hätte nur unnötige Einschränkungen im Zugriff bedeutet. Eine nicht statische Methode kann nur über ein Objekt aufgerufen werden, und manchmal ist einfach kein Objekt zur Hand. Es müsste dann nur für die Abfrage des Durchschnitts ein Objekt erzeugt werden. Deswegen verwenden wir lieber eine statische Methode.

In der Methode `getDurchschnitt` muss vor der Berechnung des Durchschnitts sichergestellt sein, dass `m_anzahl` ungleich 0 ist, um eine Division durch null zu verhindern. Sollte `m_anzahl` gleich 0 sein (vor dem Erzeugen des ersten Objekts der Klasse), dann wird 0 zurückgegeben.

Eine Besonderheit besitzen statische Attribute aber noch: Sie müssen definiert werden. Wir haben die statischen Attribute doch schon in der Klassendefinition definiert, sagen Sie? Nein, das war nur die Deklaration der Attribute. Die Definition eines statischen Attributs muss außerhalb des Klassen-Scopes stehen. Und das geschieht üblicherweise in der dazugehörigen *.cpp*-Datei.[1] In diesem Fall werden die Attribute dabei gleich noch initialisiert.

---

1   Denn es muss gewährleistet sein, dass der Compiler die Initialisierung eines statischen Attributs nur einmal zu sehen bekommt.

```
#include "IntDurchschnitt.h"

long long IntDurchschnitt::m_summe = 0;
long long IntDurchschnitt::m_anzahl=0;
```
Listing 9.5: Der Inhalt der Datei »IntDurchschnitt.cpp«

Das Besondere an statischen Attributen ist ihre Lebensdauer. Sie existieren, sobald sie definiert wurden. Selbst wenn von der Klasse noch kein einziges Objekt erzeugt wurde, kann bereits auf die statischen Attribute zugegriffen werden.

Eingesetzt werden könnte die Klasse so:

```
cout << IntDurchschnitt::getDurchschnitt() << endl;
IntDurchschnitt d1(30);
cout << IntDurchschnitt::getDurchschnitt() << endl;
IntDurchschnitt d2(20);
cout << IntDurchschnitt::getDurchschnitt() << endl;
```

> Die Klasse IntDurchschnitt finden Sie auf der Webseite *www.awl.de/3209* unter *Listings/Kapitel09/ Durchschnitt01.*   `WWW`

Konstante statische Attribute

Ein statisches Attribut kann auch konstant sein. Ist das Attribut darüber hinaus noch von einem integralen Typ oder Aufzählungstyp[2], dann darf es bereits im Rahmen der Klassendefinition initialisiert werden:

```
class Konstanten {
public:
  const static int Zero=0;
  const static double Pi;
};
```
Listing 9.6: Konstante statische Attribute

Das statische Attribut Pi muss noch (in der dazugehörigen *.cpp*-Datei) definiert werden:

```
const double Konstanten::Pi=3.1415926;
```

Was aber ist mit dem statischen Attribut Zero? Vorsichtig ausgedrückt: Es hängt davon ab.

> Ein in der Klassendefinition initialisiertes statisches Attribut muss nur dann definiert werden, wenn die Adresse des Attributs benötigt wird.   `INFO`

Wird das Attribut nur so

```
int i=Konstanten::Zero;
if(i==Konstanten::Zero);
```

eingesetzt, dann kann auf die Definition verzichtet werden. Sollten Sie aber auf das Attribut verweisen wollen

```
const int* pzero = &Konstanten::Zero;
```

---

2   Ein Typ, der eine Menge von Konstanten definiert

dann ist eine Definition von Zero zwingend erforderlich. Aber: Ein konstantes statisches Attribut, das in der Klassendefinition bereits initialisiert wurde, darf bei der Definition nicht erneut initialisiert werden. Für unser Zero müssten wir demnach Folgendes in die *.cpp*-Datei schreiben:

```
const int Konstanten::Zero;
```

WWW   Die Klasse Konstanten finden Sie auf der Webseite *www.awl.de/3209* unter *Listings/Kapitel09/Konstanten*.

Dritte Optimierung von »PrimGeprueft«

Wir wollen an dieser Stelle einen weiteren Optimierungsversuch für die oben vorgestellte PrimGeprueft-Klasse starten. Wie bereits bei den letzten beiden Optimierungen geschehen, möchte ich Ihnen mit ein paar Anweisungen selbst die Möglichkeit geben, auf die mögliche Optimierung zu kommen:

```
PrimGeprueft p1(17);
cout << p1.istPrim() << endl;

PrimGeprueft p2(17);
cout << p2.istPrim() << endl;
```

Die erste Anweisung definiert ein PrimGeprueft-Objekt p1 mit dem Wert 17, ohne ihn auf prim zu prüfen. Durch den Aufruf von istPrim in der zweiten Anweisung wird die Prüfung auf prim durchgeführt und das Ergebnis zurückgeliefert.

In der dritten Anweisung wird ein weiteres PrimGeprueft-Objekt definiert und auch ihm der Wert 17 zugeordnet. Und jetzt die Preisfrage: Wird in der vierten Anweisung die Prüfung von 17 auf prim erneut durchgeführt oder nicht?

Die Prüfung muss für p2 erneut durchgeführt werden, denn das Ergebnis der ersten Prüfung von 17 ist in p1 gespeichert. Wenn es häufiger vorkommt, dass mehrere Objekte denselben Wert haben, ließe sich die Laufzeit stark minimieren, wenn die bereits durchgeführten Prüfungen für jedes Objekt verfügbar wären. Und genau diesen Ansatz wollen wir hier durchspielen:

```
class PrimGeprueft {
public:
  typedef unsigned long PrimType;

  static bool pruefePrim(PrimType wert);
  bool istPrim() const;

  PrimGeprueft()
    : m_wert(0)
  {}

  PrimGeprueft(const PrimGeprueft& p)
    : m_wert(p.m_wert)
  {}
```

```
PrimGeprueft(PrimType l)
  : m_wert(l)
{}

private:
  typedef std::unordered_map<PrimType, bool> MapType;

  PrimType m_wert;
  static MapType m_ergebnisse;
};
```
Listing 9.7: Die letzte Optimierung von `PrimGeprueft`

Wir legen uns ein statisches `unordered_map`-Objekt[3] an, das alle durchgeführten Prüfungen speichert. Als Schlüssel nehmen wir den im Objekt gespeicherten Wert. Der zweite Typ des in der Map gespeicherten Paares ist `bool` und speichert, ob der dazugehörige Wert prim ist oder nicht (das ehemalige `m_istPrim`).

Aus diesem Grund müssen die Ergebnisse nicht mehr in den Objekten gespeichert werden, und auch der Bedarf von `m_geprueft` ist eliminiert.

Dafür wird die `istPrim`-Methode etwas aufwendiger:

```
bool PrimGeprueft::istPrim() const {
  MapType::iterator iter=m_ergebnisse.find(m_wert);
  if(iter==m_ergebnisse.end()) {
    MapType::value_type obj(m_wert,pruefePrim(m_wert));
    m_ergebnisse.insert(obj);
    return(obj.second);
  }
  else
    return(iter->second);
}
```
Listing 9.8: Die neue `istPrim`-Methode

Die Methode prüft zuerst, ob das Ergebnis für den im Objekt gespeicherten Wert bereits in der Map enthalten ist, und liefert es gegebenenfalls zurück. Ist das Ergebnis in der Map nicht verfügbar, wird das Ergebnis mit `pruefePrim` berechnet, in der Map gespeichert und an den Aufrufer zurückgegeben.

Die Definition des statischen Attributs darf auch nicht fehlen:

```
PrimGeprueft::MapType PrimGeprueft::m_ergebnisse;
```

Zunächst einmal ist die Methode `istPrim` durch unsere neuerliche Optimierung um einiges laufzeitintensiver geworden. Im schlimmsten Fall besitzt in einem Programmlauf jedes `Prim-Geprueft`-Objekt einen anderen Wert und wir haben die Performance verschlimmbessert.

Sollten aber viele Objekte den gleichen Wert haben, dann wird sich diese Variante von `Prim-Geprueft` rentieren. Und das bringt uns auch gleich zu einer grundlegenden Eigenschaft von Optimierungen: Die *eine* Optimierung für alle Situationen gibt es nicht. Sie haben es immer

---

3   Ich greife hier mit den STL-Containern etwas vor. Die Details dazu erfahren Sie in Kapitel 13.

mit mehreren Aspekten zu tun, die sich häufig auch noch antiproportional zueinander verhalten. Optimieren Sie den verbrauchten Speicherplatz, werden Sie das wahrscheinlich mit Laufzeit bezahlen und umgekehrt. Und auch bei der `PrimGeprueft`-Klasse kann für verschiedene Situationen optimiert werden. Die letzte Variante ist gut für Situationen, in denen viele Objekte mit gleichen Werten vorkommen. Die vorletzte Variante ist für Objekte gut, die alle unterschiedliche Werte haben.

Aber woher weiß man, wohin optimiert werden soll? Oder welcher Teil des Programms optimierungsbedürftig ist? Die Antwort ist ernüchternd: Im Normalfall weiß man es zunächst nicht, weil die wirklich zeitkritischen Teile des Codes bei der Entwicklung meist nur schwer zu erkennen sind. Deswegen hat Herb Sutter in [Sutter01] zwei goldene Regeln der Optimierung aufgestellt:

» Erste Regel der Optimierung: Optimieren Sie nicht!

» Zweite Regel der Optimierung: Optimieren Sie nicht jetzt!

Implementieren Sie erst einmal so weit, dass Ihr Programm läuft, dann können Sie immer noch (zum Beispiel mit Profilern) die Flaschenhälse Ihrer Anwendung ausmachen und gegebenenfalls optimierend tätig werden.

WWW   Die endgültige Fassung der Klasse `PrimGeprueft` finden Sie auf der Webseite *www.awl.de/3209* unter *Listings/Kapitel09/Prim02*.

9.1.3 Statische Variablen

Bei den statischen Variablen muss zwischen den *globalen statischen* und *lokalen statischen Variablen* unterschieden werden.

Globale statische Variablen

Der Einsatz globaler statischer Variablen wurde zeitweise (in C++03) missbilligt, weil mit den anonymen Namensbereichen (siehe Kapitel 11) eine überlegenere Möglichkeit interner Bindung (*internal linkage*) eingeführt wurde.

In C++11 erfreuen sie sich aber offenbar neuer Beliebtheit, da die Missbilligung aufgehoben und sie sogar in einem Beispiel verwendet wurden.

Erklärt sind die globalen statischen Variablen ganz schnell. Sie befinden sich im globalen Namensraum, also außerhalb einer Klasse oder Funktion und sind nur in der *.cpp*-Datei ansprechbar, in der sie auch definiert wurden:

```
#include <iostream>

using namespace std;

static int x = 5;

void ausgabe() {
  cout << x << endl;
}
```

```
int main() {
  ausgabe();
  cout << x << endl;
}
```

Listing 9.9: Ein Beispiel für eine globale statische Variable

Die Variable x ist überall in dem Modul ansprechbar, in dem sie definiert wurde, aber nirgendwo sonst.

Lokale statische Variablen

Lokale statische Variablen besitzen nach ihrer Definition eine über ihren Bezugsrahmen hinausgehende Lebensdauer. Als kleines Beispiel soll die Funktion wieOft dienen, die zurückliefert, zum wievielten Male sie aufgerufen wurde:

```
int wieOft() {
  static int i=0;
  return(++i);
}
```

Listing 9.10: Die Funktion wieOft

Lokale statische Variablen müssen bei ihrer Definition initialisiert werden. Die Lebensdauer von i beginnt mit ihrer Erzeugung bei der ersten Abarbeitung des Funktionsanweisungsblocks. Wenn der Anweisungsblock der Funktion – und damit auch der Bezugsrahmen der Variablen – verlassen wird, bleibt die Variable und ihr Inhalt erhalten.

Beim nächsten Aufruf der Funktion existiert i bereits und ihre Definition wird übersprungen.

Obwohl die Lebensdauer einer lokalen statischen Variablen erst zusammen mit dem Programm endet, kann auf sie nur innerhalb ihres Bezugsrahmens zugegriffen werden.

9.2 Konstruktoren und ihre Anwendung

In diesem Kapitel wollen wir uns mit einigen Situationen vertraut machen, die im Zusammenhang mit Konstruktoren auftreten können.

9.2.1 Funktionsaufruf aus Konstruktoren heraus

Schauen wir uns folgendes Beispiel an:

```
void Initialisierung(int& i) {
  i=25;
}

class Klasse {
  int m_w1, m_w2;

  void Initialisierung(int& i) {
    i=50;
  }
```

```
public:
  Klasse() {
    Initialisierung(m_w1);
    ::Initialisierung(m_w2);
  }
};
```

Listing 9.11: Funktionsaufrufe aus Konstruktoren heraus

Der Konstruktor von Klasse verwendet zur Initialisierung der Attribute eine außen stehende Funktion Initialisierung und eine private Methode der Klasse mit demselben Namen.

Die Übergabe des Attributs an die Methode ist in gewisser Weise unnötig, da sie direkten Zugriff auf das Attribut hat. In dieser Variante könnte die Methode aber auch noch andere Attribute initialisieren.

Man könnte sich die Frage stellen, ob der Konstruktor, dessen Aufgabe es letztlich ist, das Objekt zu initialisieren, Verweise auf Attribute hinausgeben darf, während sich das Objekt in Konstruktion befindet. Einen Verweis an Methoden des Objekts zu geben wäre unproblematisch, aber an eine außerhalb der Klasse stehende Funktion? Sie müssen hier unterscheiden zwischen der Konstruktion des Objekts, über das der Konstruktor aufgerufen wurde, und der Konstruktion der Attribute.

> **INFO**
> Wenn der Anweisungsblock des Konstruktors betreten wird, dann sind die Attribute des Objekts bereits fertig konstruiert – entweder implizit über deren Standardkonstruktor oder explizit über die Element-Initialisierungsliste.

Der Konstruktor kann also einen Verweis auf ein Attribut herausgeben. Aber was passiert bei dieser Anweisung?

```
const Klasse k2;
```

Jetzt ist die ganze Geschichte nicht mehr so eindeutig. Zunächst ist k2 jetzt konstant, und wir rufen im Konstruktor eine nicht als konstant deklarierte Methode auf. Und was noch schlimmer ist: Die Referenzen in den Parameterlisten der Funktionen sind vom Typ int&, obwohl sie bei Konstanten vom Typ const int& sein müssten. Was wird der Compiler wohl dazu sagen?

Interessanterweise wird nicht nur alles brav übersetzt, das Programm läuft auch noch richtig. Wie das sein kann? Ganz einfach:

> **INFO**
> Die cv-Qualifizierung eines Objekts (siehe Abschnitt 6.9.4) ist noch nicht aktiv, während es sich in Konstruktion befindet. Erst nach Beendigung des Konstruktors wird die cv-Qualifizierung aktiviert.

Anders sieht es aus, wenn die Klasse ein Attribut besitzt, das selbst bereits konstant ist:

```
class Klasse {
  int m_w1, m_w2;
  const int m_w3;

/* … */
};
```

Listing 9.12: Ein konstantes Attribut

Die Konstanz von m_w3 ist bereits im Anweisungsblock des Konstruktors vorhanden. Genau deswegen muss das Attribut bereits in der Element-Initialisierungsliste des Konstruktors initialisiert werden:

```
Klasse() : m_w3(0) {
  Initialisierung(m_w1);
  ::Initialisierung(m_w2);
  Initialisierung(m_w3);     // Nicht kompilierbar
}
```

Listing 9.13: Der Konstruktor von Klasse

Die Klasse Klasse finden Sie auf der Webseite *www.awl.de/3209* unter *Listings/Kapitel09/Klasse.* WWW

9.2.2 Unvollendet konstruierte Objekte

Für diesen Abschnitt wollen wir eine Klasse implementieren, die eine URL repräsentiert, wobei die unterstützten Protokolle auf HTTP und FTP beschränkt werden sollen. Wir beschränken uns hier bewusst auf das Grundgerüst der Klasse, um nicht vom Wesentlichen abzulenken:

```
class Url {
  std::string m_url;

public:
  Url(const std::string& url) {
    if(url.substr(0,4)=="http" ||
       url.substr(0,3)=="ftp")
      m_url=url;
    else {
      // und was passiert hier?
    }
  }

  std::string getUrl() const {
    return(m_url);
  }
};
```

Listing 9.14: Die Klasse Url

Wir wollen hier die Problematik ignorieren, dass in diesem Beispiel eine HTTP-URL nicht erkannt wird, wenn das »http« nicht durchgängig kleingeschrieben ist. Eine Lösung dafür werden wir in Abschnitt 17.2 besprechen.

Im Konstruktor der Url-Klasse kann aber ein grundlegenderes Problem auftreten: Was passiert, wenn ein Objekt mit einer URL initialisiert wird, deren Protokoll die Klasse nicht unterstützt?

```
Url u2("gopher://irgendwas");
```

In der bisherigen Version bliebe der String einfach leer. Mit

```
if(u2.getUrl=="")
```

könnte überprüft werden, ob das Objekt ordnungsgemäß konstruiert wurde. Hier mag dieser Ansatz noch funktionieren, aber er lässt sich nicht verallgemeinern, weil nicht bei allen Klassen eine unvollständige Konstruktion über die öffentliche Schnittstelle der Klasse erkennbar ist.

Eine solche Erkennung müsste dann künstlich eingeführt werden:

```cpp
class Url {
  std::string m_url;
  bool m_konstruiert;

public:
  Url(const std::string& url) {
    if(url.substr(0,4)=="http" ||
       url.substr(0,3)=="ftp") {
      m_url=url;
      m_konstruiert=true;
    } else {
      m_konstruiert=false;
    }
  }

  bool istKonstruiert() const {
    return(m_konstruiert);
  }

  std::string getUrl() const {
    return(m_url);
  }
};
```

Listing 9.15: Die Klasse Url mit Fehler-Flag

Nun können beim Zugriff entsprechende Sicherheitsmaßnahmen ergriffen werden:

```cpp
Url u1("http://www.addison-wesley.de");
if(u1.istKonstruiert())
  cout << u1.getUrl() << endl;
```

Mögen bei diesem Ansatz die Augen eines C-Programmierers auch leuchten, so sollten Sie in C++ solche Wege tunlichst vermeiden, denn es gibt bessere Alternativen.

WWW Diese Zwischenlösung der Klasse Url finden Sie auf der Webseite *www.awl.de/3209* unter *Listings/Kapitel09/Url01*.

Einer dieser besseren Wege könnte das Auslösen einer Ausnahme sein. Wie das geht, besprechen wir in Kapitel 17. Überlegen wir uns zunächst noch eine andere Möglichkeit.

Wodurch entsteht die Problematik in der Url-Klasse überhaupt? Der Nutzer der Klasse kann den Konstruktor mit Strings aufrufen, die keiner gültigen URL entsprechen. Wir müssten es nur schaffen, dass der Nutzer den Konstruktor nicht mehr mit ungültigen Argumenten aufrufen kann. Aber wie? Ganz leicht: Wir verbieten dem Nutzer den Zugriff auf den Konstruktor.

Stattdessen implementieren wir eine statische Methode `erzeugeUrl`, die ein `Url`-Objekt erzeugt oder bei ungültigem Parameter einen Null-Zeiger zurückliefert:

```cpp
class Url {
  std::string m_url;

  Url(const std::string& url)
    : m_url(url) {
  }

public:
  static Url* erzeugeUrl(const std::string& url) {
    if(url.substr(0,4)=="http" ||
       url.substr(0,3)=="ftp")
      return(new Url(url));
    else
      return(nullptr);
  }

  std::string getUrl() const {
    return(m_url);
  }
};
```

Listing 9.16: Objekt-Erzeugung über eine statische Methode

Um den Konstruktor vor dem Zugriff des Nutzers zu schützen, bekommt er privates Zugriffsrecht.[4] Die Methode `erzeugeUrl` entscheidet jetzt, ob ein gültiges `Url`-Objekt erzeugt werden kann oder nicht. Dazu wurde die entsprechende Programmlogik aus dem Konstruktor entfernt und in `erzeugeUrl` untergebracht.

Die einzige dem Nutzer zur Verfügung stehende Schnittstelle ist jetzt die `erzeugeUrl`-Methode, die nicht den Einschränkungen eines Konstruktors unterliegt, auf Teufel komm raus ein Objekt erzeugen zu müssen:

```cpp
unique_ptr<Url> url(
    Url::erzeugeUrl("http://www.addison-wesley.de"));

if(url.get()!=nullptr)
  cout << url->getUrl() << endl;
```

Damit das Freigeben des dynamisch erzeugten `Url`-Objekts nicht vergessen wird, wurde seine Adresse in einem `unique_ptr` gespeichert. Um den Einsatz von Smart-Pointern (siehe Abschnitt 7.4) noch stärker zu forcieren, könnte `erzeugeUrl` direkt einen `shared_ptr` zurückliefern.

Diese Klasse `Url` mit der statischen `erzeugeUrl`-Methode finden Sie auf der Webseite *www.awl. de/3209* unter *Listings/Kapitel09/Url02*. **WWW**

---

4   Sollte die Klasse als Basisklasse fungieren, muss der Konstruktor geschütztes Zugriffsrecht bekommen.

9.3 Der »this«-Zeiger

Nehmen wir als Beispiel folgende Klasse:

```
class Klasse {
public:
  bool istIdentisch(const Klasse& o) const {
    /* ??? */
  }
};
```

Listing 9.17: Prüfung der Identität zweier Objekte

Mit der Methode istIdentisch soll geprüft werden können, ob es sich bei zwei Objekten um dasselbe Objekt handelt:

```
Klasse o;
cout << o.istIdentisch(o) << endl; // Gibt 1 aus
```

Wie formulieren wir diese Prüfung innerhalb von istIdentisch? Glücklicherweise besitzt jede Objektmethode den Zeiger this, über den eine Methode auf das Objekt zugreifen kann, über das die Methode aufgerufen wurde. Die Implementierung von istIdentisch sieht demnach so aus:

```
  bool istIdentisch(const Klasse& o) const {
    return(this==&o);
  }
```

Listing 9.18: Die Implementierung von istIdentisch

Weil this ein Zeiger ist und daher eine Adresse beinhaltet, muss für den Vergleich die Adresse des übergebenen Objekts o ermittelt werden.

WWW   Diese Klasse Klasse mit der istIdentisch-Methode finden Sie auf der Webseite *www.awl.de/3209* unter *Listings/Kapitel09/Klasse02.*

Grundsätzlich können alle Attribute eines Objekts über den this-Zeiger aufgerufen werden. Folgende Klasse demonstriert dies:

```
class Klasse {
  int m_wert;
public:
  void nix() const {
  }

  Klasse() {
    m_wert=10;
    this->m_wert=10;

    nix();
    this->nix();
  }
};
```

Listing 9.19: Ein weiteres Beispiel für this

Im Konstruktor von Klasse wird das Attribut m_wert und die Methode nix jeweils einmal direkt und einmal über den this-Zeiger angesprochen. Programmtechnisch macht es keinen Unterschied, welche Schreibweise Sie einsetzen. Trotzdem spalten diese beiden Möglichkeiten die Programmierer in zwei Lager.

Die Befürworter der this-Schreibweise argumentieren, es sei klarer zu erkennen, was zum Objekt gehört und was nicht. Die Verfechter der Schreibweise ohne this heben hervor, dass es weniger zu schreiben sei.

9.4 Ans Eingemachte

In diesem Vertiefungsabschnitt wollen wir uns damit beschäftigen, wie wir Klassen programmieren können, von denen es nur ein Objekt gibt.

9.4.1 Einzigartige Objekte

Wenn von einer Klasse nur ein Objekt existieren darf, dann muss zwangsläufig die Konstruktion der Objekte kontrolliert werden. Und das geschieht über die Konstruktoren. Sie zu löschen, ist allerdings keine Lösung, denn dann könnten überhaupt keine Objekte mehr erstellt werden.

Viel besser ist eine Steuerung über das Zugriffsrecht. Wenn der Konstruktor privat ist, kann nur noch die Klasse selbst Objekte erzeugen. Wie das funktioniert, haben wir weiter oben bereits bei der Url-Klasse gesehen. Allerdings wird dort bei jedem erzeugeUrl-Aufruf ein neues Objekt erzeugt – wir wollen aber nur ein einziges.

Auch das lässt sich über statische Elemente leicht bewerkstelligen. Wir legen ein statisches Attribut an, das – sollte das Objekt bereits erzeugt sein – auf das erzeugte Objekt verweist. Eine statische Methode liefert uns diesen Verweis und erzeugt gegebenenfalls das eine Objekt.

Als kleines Beispiel wollen wir eine Klasse Zufallsgenerator implementieren, die einen auf rand basierenden Zufallszahlengenerator darstellt[5]:

```
class Zufallsgenerator {
  static Zufallsgenerator* m_generator;
  Zufallsgenerator();
  ~Zufallsgenerator();

public:
  static Zufallsgenerator* holeGenerator();

  int holeZufallsInt() const;
};
```
Listing 9.20: Ein Zufallszahlengenerator

---

5   C++11 kennt eigene Klassen zur Erzeugung von Zufallszahlen. Aber der Anschaulichkeit wegen wollen wir hier die rand-Funktion in einem Objekt kapseln.

Die Klassendefinition setzt sich folgendermaßen zusammen:

»   Das statische Attribut m_generator nimmt den Verweis auf das Objekt auf.

»   Die statische Methode holeGenerator erzeugt das Objekt bei ihrem ersten Aufruf und liefert einen Verweis auf das Objekt zurück.

»   Der private Konstruktor initialisiert den Zufallszahlengenerator. Weil er privat ist, kann mit ihm von außerhalb der Klasse kein Zufallsgenerator-Objekt erzeugt werden.

Haben Sie eine Idee, welchen Sinn in unserer Klasse der private Destruktor macht?

Wäre der Destruktor nicht privat, könnte der Nutzer über den von holeGenerator gelieferten Verweis das Objekt über einen delete-Aufruf löschen.[6]

Schauen wir uns die Methodendefinitionen an – zuerst den Konstruktor und den Destruktor:

```
Zufallsgenerator::Zufallsgenerator() {
  srand(static_cast<unsigned int>(time(0)));
  rand();
}

Zufallsgenerator::~Zufallsgenerator()
{}
```
Listing 9.21: Konstruktor und Destruktor von Zufallsgenerator

Der Konstruktor initialisiert den Zufallszahlengenerator über die aktuelle Uhrzeit. Am interessantesten ist wahrscheinlich das Herzstück der Klasse, die holeGenerator-Methode:

```
Zufallsgenerator* Zufallsgenerator::holeGenerator() {
  return (m_generator)
         ?m_generator
         :m_generator=new Zufallsgenerator;
}
```
Listing 9.22: Die Methode holeGenerator

Die holeZufallsInt-Methode ist wieder trivial:

```
int Zufallsgenerator::holeZufallsInt() const {
  return(rand());
}
```
Listing 9.23: Die Methode holeZufallsInt

Vergessen Sie nicht, das statische Attribut in der *.cpp*-Datei zu definieren:

```
Zufallsgenerator* Zufallsgenerator::m_generator=nullptr;
```

---

6   Soll die Klasse potenziell ableitbar sein, dann müssen Konstruktor und Destruktor in den geschützten Bereich der Klasse.

Um unser einzigartiges Objekt zu nutzen, speichern wir den von `holeGenerator` gelieferten Verweis und greifen darüber auf `holeZufallsInt` zu:

```
Zufallsgenerator* zg=Zufallsgenerator::holeGenerator();
cout << zg->holeZufallsInt() << endl;
cout << zg->holeZufallsInt() << endl;
```

> Diese Klasse Zufallsgenerator finden Sie auf der Webseite *www.awl.de/3209* unter *Listings/Kapitel09/Zufall01*. **WWW**

Mit diesem »Trick« haben wir über die objektorientierte Programmierung eine Möglichkeit gefunden, von einer Klasse nur ein Objekt zu erlauben. Weil dieser Ansatz recht häufig genutzt wird und in den verschiedensten Varianten auftaucht, besitzt er einen eigenen Namen: *Singleton*. Das Singleton ist eines der in [Gamma01] vorgestellten Entwurfsmuster.

Ein netter Nebeneffekt des Singletons ist die Eigenschaft einer globalen Variablen. Weil wir über den Klassennamen auf `holeGenerator` zugreifen, ist diese Methode von überall im Programm aus zugänglich.

Ich möchte hier aber darauf hinweisen, das Singletons nicht als Ersatz für globale Variablen verwendet werden sollten,[7] sondern lediglich dazu, von einer Klasse nur ein Objekt zuzulassen. Dass dieses Objekt dann zusätzlich den Charakter einer globalen Variablen hat, lässt sich nicht vermeiden.

9.4.2 Abbau von Singleton-Objekten

In den obigen Betrachtungen haben wir die Freigabe des Singleton-Objekts völlig außer Acht gelassen. Die einzig getroffene Vorkehrung war der private Destruktor, der es Außenstehenden unmöglich macht, das Objekt freizugeben. Dieser Abschnitt stellt einige Methoden vor, mit denen wir das Objekt freigeben können – manchmal mehr und manchmal weniger kontrolliert.

Freigabe-Methode

Die simpelste Variante besteht in der Implementierung einer statischen Abbau-Methode, die das statische Objekt zerstört:

```
static void baueAb() {
  delete m_generator;
  m_generator = 0;
}
```

Listing 9.24: Eine statische Abbau-Methode für den Zufallsgenerator

Über diese Methode kann praktisch jeder, der über `holeGenerator` einen Verweis auf das `ZufallsGenerator`-Objekt bekommen hat, dieses zerstören.

Sollte anschließend jemand erneut `holeGenerator` aufrufen, wird das Objekt zwar wieder angelegt, alle bisher gespeicherten Verweise sind und bleiben jedoch ungültig.

---

7   *http://www.drdobbs.com/once-is-not-enough/184401625*

Für diesen Ansatz sollten Sie sich nur entscheiden, wenn es sinnvoll oder notwendig ist, das statische Objekt während der Laufzeit zu zerstören. Gründe dafür könnten sein:

» Das Objekt ist ressourcenintensiv und wird nur in ganz bestimmten Phasen des Programmlaufs benötigt. (Ein Beispiel wäre ein Erbauer-Objekt für Level eines Spiels. Nachdem der Level steht, wird das Objekt erst einmal nicht mehr benötigt.)

» Die vom Objekt belegten Ressourcen müssen während des Programmlaufs auch noch von anderen Entitäten genutzt werden (z. B. Ein-/Ausgabekanäle, Verbindungen über Telefonleitungen).

Die Phasen, in denen das Objekt verwendet wird, sollten allerdings klar definiert sein, damit nicht versehentlich mit einem ungültigen Verweis auf das Objekt gearbeitet wird.

Muss man sich jedoch gegen böswilliges Verhalten schützen, taugt eine Freigabe-Methode nichts mehr.

Smart-Pointer

Wenn es ausreicht, dass das Singleton-Objekt erst bei Programmende freigegeben wird, dann bieten sich Smart-Pointer an. Wir könnten die Klassendefinition folgendermaßen umschreiben:

```
class Zufallsgenerator {
    friend struct std::default_delete<Zufallsgenerator>;
    static std::unique_ptr<Zufallsgenerator> m_generator;

    Zufallsgenerator();
    ~Zufallsgenerator();

public:
    static Zufallsgenerator* holeGenerator();

    int holeZufallsInt() const;

};
```
Listing 9.25: Die Klassendefinition mit unique_ptr

Der Teil des unique_ptr, der die verwaltete Ressource freigibt (default_delete), muss als Freund der Klasse deklariert werden, weil er sonst nicht an den privaten Destruktor käme.

Initialisiert wird der statische Auto-Pointer so:

```
unique_ptr<Zufallsgenerator> Zufallsgenerator::m_generator;
```
Listing 9.26: Die Initialisierung des Smart-Pointers

Die holeGenerator-Methode muss ebenfalls entsprechend angepasst werden:

```
Zufallsgenerator* Zufallsgenerator::holeGenerator() {
    if(!m_generator.get())
        m_generator.reset(new Zufallsgenerator);
    return m_generator.get();
}
```
Listing 9.27: Die angepasste holeGenerator-Methode

Wenn nun am Programmende der statische `unique_ptr` abgebaut wird, gibt er das von ihm verwaltete Objekt (unser Singleton-Objekt) ebenfalls frei.

Aber auch diese Vorgehensweise ist nur dann empfehlenswert, wenn wir uns nicht gegen Vandalismus schützen müssen, denn ich kann an jeder Stelle des Programms problemlos folgende Zeilen schreiben:

```
Zufallsgenerator* zg=Zufallsgenerator::holeGenerator();
unique_ptr<Zufallsgenerator> up(zg);
up.reset();
```

Mit der ersten Anweisung speichere ich die Adresse des Zufallsgenerators in einem Zeiger. Mit dieser Adresse initialisiere ich dann einen Unique Pointer. Das ist ohne Schwierigkeiten möglich, weil die Template-Definition von `unique_ptr` öffentlich ist.

Die dritte Anweisung befiehlt dem Smart-Pointer, das verwaltete Objekt freizugeben. Dazu kann er den Destruktor von `Zufallsgenerator` aufrufen, weil `default_delete<Zufallsgenerator>` ein Freund von `ZufallsGenerator` ist.

Und schon ist das `Zufallsgenerator`-Objekt vor seinem natürlichen Ende zerstört.

> Diese Klasse `Zufallsgenerator` mit dem Einsatz des `unique_ptr` finden Sie auf der Webseite *www.awl.de/3209* unter *Listings/Kapitel09/Zufall02*.   **WWW**

Eine eigene Verwalter-Klasse

Vollständigen Schutz gegen böswilliges und frühzeitiges Löschen erhalten wir nur, wenn wir eine eigene Verwalter-Klasse schreiben:

```
class Zufallsgenerator {

  struct Verwalter {
    Zufallsgenerator* m_objekt;
    ~Verwalter() {
      delete(m_objekt);
    }
  };

  static Verwalter m_generator;

  Zufallsgenerator();
  ~Zufallsgenerator();

public:
  static Zufallsgenerator* holeGenerator();
  int holeZufallsInt() const;
};
```

Listing 9.28: Die Klassendefinition mit eigenem Verwalter

Entgegen meiner eigenen Vorliebe, eine Klasse anzulegen und das Schlüsselwort `public` explizit anzugeben, habe ich hier für den Verwalter die Variante einer Struktur gewählt, in der die Elemente automatisch öffentlich sind.

Das Attribut m_generator ist ein vollständig konstruiertes, statisches Verwalter-Objekt und wird damit automatisch am Programmende abgebaut. Der Destruktor von Verwalter sorgt dann für den ordnungsgemäßen Abbau des Singleton-Objekts.

Initialisiert wird das Verwalter-Objekt über den impliziten Standardkonstruktor:

```
Zufallsgenerator::Verwalter Zufallsgenerator::m_generator;
```

Listing 9.29: Die Initialisierung des statischen Verwalter-Objekts

Auch bei diesem Ansatz muss die holeGenerator-Methode angepasst werden:

```
Zufallsgenerator* Zufallsgenerator::holeGenerator() {
  return (m_generator.m_objekt)
        ?m_generator.m_objekt
        :m_generator.m_objekt=new Zufallsgenerator;
}
```

Listing 9.30: Die angepasste holeGenerator-Methode

Dieser letzte Ansatz ist zwar der aufwendigste, aber auch der sicherste Weg, ein Singleton-Objekt am Programmende freizugeben. Die Definition der Verwalter-Klasse steht im privaten Bereich von Zufallsgenerator, ein Außenstehender kann daher kein Objekt von Verwalter erzeugen, wie es noch mit den Smart-Pointern möglich war.

Der Destruktor des Singleton-Objekts ist weiterhin privat und damit von außen nicht ansprechbar. Die Verwalter-Klasse als Bestandteil von Zufallsgenerator besitzt vollständiges Zugriffsrecht auf Zufallsgenerator-Objekte und kann daher den Destruktor ohne Schwierigkeiten aufrufen.

WWW   Diese Klasse Zufallsgenerator mit dem Einsatz eines eigenen Verwalters finden Sie auf der Webseite *www.awl.de/3209* unter *Listings/Kapitel09/Zufall03*.

KAPITEL 10

Operatoren überladen

Unter dem Begriff *Operatoren überladen* versteht man die funktionale Erweiterung eines Operators auf eigene Datentypen, sprich: Klassen. Wenn beispielsweise der +-Operator erweitert wird, damit er auch Name-Objekte verknüpfen kann, dann ist er überladen. Wir werden uns zunächst einen Überblick darüber verschaffen, wie Operatoren überladen werden, gehen auf einige Probleme ein, die auftreten können; und werden zum Schluss des Kapitels an Beispielen das Überladen von Operatoren in der Praxis sehen.

10.1 Zuweisungsoperatoren

Sie rufen Zuweisungsoperatoren immer dann auf, wenn einem benutzerdefinierten Klassentyp etwas zugewiesen wird.

10.1.1 Kopierzuweisungsoperator

Der Kopierzuweisungsoperator weist einem Objekt der Klasse T ein anderes Objekt der Klasse T zu.

Nehmen wir als Beispiel wieder unsere gute alte Name-Klasse aus den vorigen Kapiteln, die wir in diesem Abschnitt mit Operatoren aufpeppen wollen. Der Kopierzuweisungsoperator ist eines der Klassenelemente, die unter bestimmten Umständen automatisch vom Compiler angelegt werden (siehe Abschnitt 8.5.1). Sie haben dort auch erfahren, dass eine Klasse keinen impliziten Kopierzuweisungsoperator bekommt, wenn sie wie unsere Name-Klasse einen Verschiebekonstruktor besitzt.

Der implizite Kopierzuweisungsoperator hätte uns aber sowieso nicht geholfen, da er wie der Kopierkonstruktor nur eine flache Kopie anfertigt. Was das für unsere Name-Klasse bedeutet, haben Sie in Abschnitt 8.2.2. erfahren.

Der implizite Kopierzuweisungsoperator fertigt nur eine flache Kopie an.　　　　　INFO

Dort haben Sie auch gelernt, dass die Lösung in der Anfertigung einer tiefen Kopie liegt, die nicht nur die Attribute, sondern in unserem Fall auch den reservierten Speicherblock kopiert.

Schauen wir uns einen ersten Ansatz an:

```
Name& operator=(const Name& n) {
  if(this!=&n) {
    delete m_mem;
    m_mem = new char[std::strlen(n.m_mem)+1];
    std::strcpy(m_mem, n.m_mem);
```

```
  }
  return *this;
}
```

Listing 10.1: Ein erster Kopierzuweisungsoperator für tiefe Kopien

Die Methode prüft zunächst, ob keine Zuweisung an sich selbst vorliegt. Obwohl sie unsinnig sind, sind solche Zuweisungen syntaktisch abgesegnet:

```
n1=n1;
```

Das Objekt, über das der Kopierzuweisungsoperator aufgerufen wird (im oberen Beispiel n2), existiert bereits. Das Attribut m_mem verweist schon auf einen dynamisch angelegten Speicherbereich, der zuvor freigegeben werden muss, um keine Speicherlecks zu erzeugen. Dann wird ein neuer Speicherbereich passender Größe dynamisch angelegt und anschließend mit dem Inhalt des übergebenen Objekts gefüllt. Anschließend liefert die Funktion eine Referenz auf das aufrufende Objekt zurück, um folgende Schreibweisen zu erlauben:

```
n3=n2=n1;
```

Dazu würde aber auch eine konstante Referenz ausreichen, sagen Sie? Das stimmt, für die obere Anweisung schon. Aber wenn Sie Operatoren überladen, dann sollten sich die Objekte Ihrer Klasse so verhalten, als wären es eingebaute Typen. Und mit denen lassen sich solche »netten« Sachen machen:

```
int x;
(x=3)++;
```

Fragen Sie bitte nicht nach dem Sinn, nehmen Sie einfach nur zur Kenntnis, dass es geht und dass wir deshalb solche Schreibweisen auch für unsere Name-Klasse erlauben sollten. Wir verwenden also keine konstante Referenz als Rückgabetyp.

Übrigens, wenn Sie

```
n1=n2;
```

schreiben, dann setzt der Compiler dies intern in den Methodenaufruf

```
n1.operator=(n2);
```

um. Dieser Aufruf könnte von Ihnen auch explizit im Programm verwendet werden.

Nachdem nun alle zufrieden mit dem eigenen Kopierzuweisungsoperator sind, kommt die Ernüchterung: So toll ist er gar nicht. Denn was passiert, wenn die Reservierung des Speichers fehlschlägt? Dann ist der alte Speicher bereits gelöscht und das Objekt befindet sich in einem nicht funktionstüchtigen Zustand. Viel klüger wäre es, wenn der alte Speicher erst freigegeben würde, nachdem der neue reserviert wurde:

```
Name& operator=(const Name& n) {
  char* temp=new char[std::strlen(n.m_mem)+1];
  std::strcpy(temp, n.m_mem);
  delete m_mem;
```

```
  m_mem = temp;
  return(*this);
}
```

Listing 10.2: Ein sicherer Kopierzuweisungsoperator

Der neue Ansatz benötigt auch keine Prüfung auf Identität mehr (this!=&n).

Ist das sichere Funktionieren des Kopierzuweisungsoperators abhängig von einer Prüfung auf Identi-   **TIPP**
tät mit dem zugewiesenen Objekt, dann deutet das auf eine schlechte Implementierung hin.

10.1.2 Verschiebezuweisungsoperator

Im Zuge der neu in C++11 hinzugekommenen *Verschiebe-Semantik* gibt es passend zum   **C++11**
Verschiebekonstruktor (siehe Abschnitt 8.2.4) auch einen Verschiebezuweisungsoperator.
Wie der Verschiebekonstruktor fertigt er keine Kopie des übergebenen Objekts an, sondern
schlachtet es vielmehr aus, indem er seine Inhalte übernimmt. Zu erkennen ist der Verschiebezuweisungsoperator an der rvalue-Referenz in der Parameterliste:

```
Name& operator=(Name&& n) {
  char* temp=m_mem;
  m_mem = n.m_mem;
  n.m_mem = temp;
  return(*this);
}
```

Listing 10.3: Der Verschiebezuweisungsoperator für Name

Der Verschiebezuweisungsoperator macht sich das Leben leicht, indem er einfach die
Speicherblöcke austauscht. Nicht nur, dass wir den Inhalt von n übernehmen, wir geben n
auch noch unsere Altlasten mit. So haben wir n nicht nur zerstörbar hinterlassen, sondern
auch noch verwendbar. Andererseits sind Objekte, die an rvalue-Referenzen binden, eh To-
deskandidaten, dann kann ein solches Objekt bei seiner Beerdigung wenigstens noch unseren
alten Speicher freigeben.

Für die Vertausche-Funktionalität haben wir bereits das Funktions-Template swap aus der
Headerdatei *utility* kennengelernt, das sich hier auch gut einsetzen lässt:

```
Name& operator=(Name&& n) {
  std::swap(m_mem, n.m_mem);
  return(*this);
}
```

Listing 10.4: Der Verschiebezuweisungsoperator mit swap

10.1.3 Kombinierte Zuweisungsoperatoren

In C++ gibt es für viele Operatoren kombinierte Zuweisungsoperatoren (zum Beispiel +=, -=, &=,
<<= etc.), die natürlich auch überladen werden können.

Genau wie der »normale« Zuweisungsoperator beziehen sich die kombinierten Zuweisungs-operatoren auf das aufrufende Objekt; sie werden daher immer als Methoden definiert. Wir wollen uns als Beispiel den +=-Operator für die Name-Klasse überladen:

```
Name& operator+=(const Name& n) {
  char* temp = new char[std::strlen(m_mem)+
                        std::strlen(n.m_mem)+1];
  std::strcpy(temp, m_mem);
  std::strcat(temp,n.m_mem);
  delete m_mem;
  m_mem = temp;
  return *this;
}
```

Listing 10.5: Ein kombinierter Zuweisungsoperator für Name

Die Methode reserviert neuen Speicher. Er sit groß genug, um beide Namen plus Endeken-nung aufnehmen zu können. Mit strcpy wird der Name des aufrufenden Objekts kopiert und anschließend der Name des übergebenen Objekts mit strcat angehängt.

Aus den bereits bei dem normalen Zuweisungsoperator genannten Gründen wird hier eben-falls eine Referenz auf das aufrufende Objekt zurückgegeben.

Analog zu dem normalen Zuweisungsoperator wird die Anweisung

n1+=n2;

vom Compiler umgesetzt zu:

n1.operator+=(n2);

Syntaktisch könnten wir analog zu den Zuweisungsoperatoren noch eine Überladung für rva-lue-Referenzen implementieren (ein kombinierter Verschiebezuweisungsoperator), aber die brächte uns keinen Vorteil, weil der Inhalt des aufrufenden Objekts in jedem Fall durch neu erzeugten Inhalt ersetzt werden muss.

WWW   Die Klasse Name mit den überladenen Zuweisungsoperatoren finden Sie auf der Webseite *www.awl. de/3209* unter *Listings/Kapitel10/Name01*.

10.2 Rechenoperatoren

Dieser Abschnitt dreht sich um die Rechenoperatoren, er gilt aber auch noch für viele andere Operatoren, die folgende Bedingungen erfüllen:

»   Sie besitzen zwei Operanden.

»   Es sind keine kombinierten Zuweisungsoperatoren.

Die Überladungen solcher Operatoren können auf zwei Arten implementiert werden: als Methode der Klasse oder als eigenständige Funktion.

10.2.1 Operation als Methode

Beginnen wir mit der Methodenvariante am Beispiel des +-Operators für Name:

```
Name operator+(const Name& n) const {
  Name temp_name;
  char* temp_mem = new char[std::strlen(m_mem)+
                            std::strlen(n.m_mem)+1];
  std::strcpy(temp_mem, m_mem);
  std::strcat(temp_mem,n.m_mem);
  delete temp_name.m_mem;
  temp_name.m_mem = temp_mem;
  return temp_name;
}
```

Listing 10.6: Ein Additionsoperator als Methode

Im Gegensatz zu den Zuweisungsoperatoren wird das Ergebnis des Operators nicht im aufrufenden Objekt gespeichert, sondern als neues Objekt von der Methode zurückgegeben. Deshalb sind wir gezwungen, ein temporäres Objekt anzulegen, dessen Inhalt durch das Ergebnis der Additionsoperation ersetzt wird.

Die Anweisung

```
n3=n1+n2;
```

wird vom Compiler umgesetzt zu:

```
n3=n1.operator+(n2);
```

10.2.2 Operation als Funktion

Als Nächstes steht die operator+-Funktion auf dem Plan. Sie unterscheidet sich von der Methode dadurch, dass sie zwei Parameter besitzt. Die Methode brauchte nur einen Parameter, weil der andere Parameter das aufrufende Objekt war:

```
Name operator+(const Name& n1, const Name& n2) {
  char* temp_mem = new char[strlen(n1.get_name())+
                            strlen(n2.get_name())+1];
  strcpy(temp_mem, n1.get_name());
  strcat(temp_mem, n2.get_name());
  Name temp_name(temp_mem);
  delete temp_mem;
  return temp_name;
}
```

Listing 10.7: Ein erster Additionsoperator als Funktion

Die Funktion steht in der *.cpp*-Datei. Eine entsprechende Deklaration packen wir in die Headerdatei *Name.h*:

```
Name operator+(const Name& n1, const Name& n2);
```

Da wir jetzt keine Methode mehr haben, wird die Funktion auch nicht mehr über ein Objekt aufgerufen. Die Anweisung

```
n3=n1+n2;
```

wird nun umgesetzt zu:

```
n3=operator+(n1,n2);
```

Die Funktion muss sich wegen des verbotenen Zugriffs auf die privaten Elemente der Klasse mit der öffentlichen Schnittstelle begnügen, hier konkret mit der Methode get_name. Es gibt zwei Möglichkeiten, die Laufzeit etwas zu verbessern:

» Die Funktion wird als friend der Klasse definiert und kann damit auf alle Elemente zugreifen. Der negative Effekt wäre eine Verstärkung der Kopplung zwischen der Funktion und der Klasse. Bei einer Änderung der Klasseninterna wäre eine Änderung der Operatorfunktion ebenfalls wahrscheinlich.

» Die operator+-Funktion könnte ihre Funktionalität auf dem bereits implementierten +=-Operator aufbauen.

»operator+« als Freund

Damit die operator+-Funktion Zugriff auf die privaten Elemente der Klasse hat, muss sie in der Klassendefinition als friend deklariert werden:

```
class Name {

/* … */

  friend Name operator+(const Name& n1, const Name& n2);
};
```

Listing 10.8: Die friend-Deklaration in Name

Jetzt kann sie direkt auf die privaten Elemente der Name-Objekte zugreifen:

```
Name operator+(const Name& n1, const Name& n2) {
  Name temp_name;
  char* temp_mem = new char[strlen(n1.m_mem)+
                           strlen(n2.m_mem)+1];
  strcpy(temp_mem, n1.m_mem);
  strcat(temp_mem, n2.m_mem);
  delete temp_name.m_mem;
  temp_name.m_mem = temp_mem;
  return temp_name;
}
```

Listing 10.9: Die operator+-Funktion als Freund von Name

Die Funktion, die auf die öffentliche Schnittstelle angewiesen ist, muss zweimal Speicher für den zusammengesetzten Namen anlegen (einmal als Rohspeicher und einmal im neu konstruierten temporären Objekt temp_name) und muss beide Einzelnamen auch zweimal kopieren (einmal, um den Namen in temp_mem zusammenzusetzen, und einmal, wenn der Konstruktor des Name-Objekts eine Kopie anfertigt). Dagegen belegt die als Freund deklarierte Funktion den Speicher nur einmal und übernimmt den Rohspeicher direkt in das mit dem Standard-konstruktor erzeugte temporäre Name-Objekt.

Die Lösung mit friend ist deshalb performanter.

»operator+« mit »operator+=« implementieren

Die auf dem +=-Operator basierende Lösung ist verblüffend kurz:

```
Name operator+(const Name& n1, const Name& n2) {
  Name temp_name(n1);
  temp_name+=n2;
  return temp_name;
}
```

Listing 10.10: Die operator+-Funktion, mit += implementiert

Der Ansatz ist von der Kopplung her viel besser. Sollte sich das Addieren von Namen verän-dern, dann reicht eine Anpassung des +=-Operators aus. Der +-Operator passt sich automa-tisch an. Allerdings verschlechtert sich die Performance im Vergleich zur Lösung mit friend wieder, denn in der Funktion passiert Folgendes:

1. Der Kopierkonstruktor für temp_name erzeugt eine Kopie von n1. Er muss dazu Speicher reservieren und den Namen kopieren.

2. Anschließend reserviert der +=-Operator Speicher für den zusammengesetzten Namen und kopiert beide Namen.

Wie wir an dieser Stelle noch etwas Laufzeit einsparen können, erfahren Sie in Abschnitt 10.2.4.

10.2.3 Methode oder Funktion?

Die Frage, die sich förmlich aufdrängt, lautet: Wann sollte ein Operator als Methode und wann als Funktion implementiert werden?

Der Vorteil der Methode liegt in ihrem uneingeschränkten Zugriff auf die Klassenelemente. Dafür muss sie immer über ein Objekt aufgerufen werden, was einen linken Operanden vom Typ der Klasse erfordert. Die Anweisung

```
n3="Andre"+n2;
```

sähe als Methode ausgeschrieben so aus

```
n3="Andre".operator+(n2);
```

und kann nicht kompiliert werden, weil operator+ eine Methode von Name ist und nicht von const char*. Daraus resultiert eine wichtige Regel:

> Der Typ des Objekts, über das eine Methode aufgerufen wird, kann nicht implizit umgewandelt wer-den.   INFO

223

Dieses Problem hat die Funktion nicht, denn bei ihr werden beide Operanden als Parameter übergeben. Die obere Addition wäre damit:

```
n3=operator+("Andre", n2);
```

Der C-String wird mit dem Name-Konstruktor implizit in ein Name-Objekt umgewandelt und dann an die operator+-Funktion übergeben. Die Regel hier lautet:

> **INFO**   Nur bei Operator-Funktionen kann der Typ des linken Operanden implizit umgewandelt werden.

Sie müssen also zwischen einfacherem Klassenzugriff oder größerer Flexibilität in der Anwendung wählen. In den meisten Fällen werden Sie sich aber für Letzteres entscheiden.

Ein kleiner Hinweis noch, bevor Sie Ihren Gedanken allzu freien Lauf lassen:

> **TIPP**   Bei einem überladenen Operator muss mindestens ein Parameter ein benutzerdefinierter Typ sein.[1] Sie können also nicht die Addition zweier int-Werte neu definieren.

10.2.4 Operatoren mit Verschiebe-Semantik

> **C++11**   Die Verschiebe-Semantik aus C++11 lässt noch ein paar Optimierungen zu. Betrachten wir die Implementierung aus Listing 10.10 genauer, dann sehen wir, dass die Funktion eine Kopie zurückliefert. Das ist auch zwingend notwendig, denn andernfalls gäbe es eine Referenz auf eine temporäre Variable, die nach Beendigung der Funktion zerstört wird.

Aber genau diese Info »Wird nach Beendigung der Funktion zerstört« öffnet eine Tür zu einer Optimierung. Wir haben es logisch gesehen nämlich mit einem xvalue (siehe Abschnitt 8.2.4) zu tun, und den brauchen wir nicht zu kopieren, wir könnten ihn auch verschieben.

Der Compiler erkennt das aber bei benannten Objekten nicht unbedingt automatisch, deshalb helfen wir mit dem move-Template nach:

```
Name operator+(const Name& n1, const Name& n2) {
  Name temp_name(n1);
  temp_name+=n2;
  return move(temp_name);
}
```

Listing 10.11: Die Funktion operator+ mit verschiebbarem Rückgabewert

Wir sagen jetzt ganz klar: Wenn möglich, übernimm den Inhalt von temp_name, das Objekt stirbt gleich sowieso.

Es geht aber noch weiter. Nehmen wir zur Veranschaulichung folgendes Programmschnipsel:

```
Name n1("Andre");
Name n2("Willms");

Name n3 = n2 + ", " + n1;
```

---

1   Diese Bedingung wird bei einer Operator-Methode automatisch vom aufrufenden Objekt erfüllt.

Der Ausdruck n2+", „+n1 wird vom Compiler folgendermaßen umgesetzt:

```
operator+( operator+(n2, ", ") , n1 );
```

Der innere Aufruf von `operator+` liefert ein verschiebbares Objekt zurück, trotzdem fertigen wir in der Funktion eine Kopie davon an. Um die Performance weiter zu steigern, könnten wir die Operator-Funktion zusätzlich mit einer rvalue-Referenz als ersten Parameter überladen:

```
Name operator+(Name&& n1, const Name& n2) {
  n1+=n2;
  cout << "operator+ && & " << n1.get_name()<< endl;
  return move(n1);
}
```

Listing 10.12: Die `operator+`-Funktion mit rvalue-Referenz als Parameter

Den Parameter `n1` als verschiebbaren Wert brauchen wir nun nicht mehr zu kopieren, wir können ihn direkt für den Aufruf des +=-Operators verwenden.

Die Klasse `Name` mit den `operator+`-Funktionen finden Sie auf der Webseite *www.awl.de/3209* unter *Listings/Kapitel10/Name02*. `WWW`

Performance-Steigerung bei kommutativer Operation

Eine Operation ist dann kommutativ, wenn man ihre Operanden vertauschen kann, ohne dass sich das Ergebnis ändert. Für numerische Werte gilt zum Beispiel *a+b = b+a*. Für die Klasse `Name` gilt dies nicht, denn es macht einen Unterschied, welcher Inhalt bei der Verknüpfung vorne und welcher hinten steht.

Um ein Beispiel für ein kommutatives Plus zu haben, implementieren wir einen einfachen dreidimensionalen Vektor:

```
#ifndef VEKTOR3D_H
#define VEKTOR3D_H

#include <string>
#include <sstream>

class Vektor3D {

  double m_x;
  double m_y;
  double m_z;

public:
  Vektor3D()
      : m_x(0), m_y(0), m_z(0) {
  }

  //---------------------------------------------------------

  Vektor3D(double x, double y, double z)
      : m_x(x), m_y(y), m_z(z) {

  }
```

```
//-----------------------------------------------------------

Vektor3D& operator+=(const Vektor3D& v) {
  m_x += v.m_x;
  m_y += v.m_y;
  m_z += v.m_z;
  return *this;
}

//-----------------------------------------------------------

std::string get_as_string() const {
  std::ostringstream str;
  str << "(" << m_x << "," << m_y << "," << m_z << ")";
  return str.str();
}
};
```

Listing 10.13: Die Klasse Vektor3D

TIPP   Die bei der get_as_string-Methode verwendete Klasse ostringstream erlaubt das Schreiben in einen String mit dem von cout bekannten <<-Operator. Über ihre Methode str kommen wir an den erzeugten String heran.

Wir implementieren für diese Klasse weder einen Verschiebekonstruktor noch einen Verschiebezuweisungsoperator, weil diese auch nichts anderes machen könnten als der implizite Zuweisungsoperator. Der Rest der Klasse bedarf keiner weiteren Erklärungen.

Wenn wir für Vektor3D den Operator + überladen wollen, dann können wir beginnen wie bei Name, indem wir eine Version für zwei lvalue-Referenzen und eine für eine linke rvalue-Referenz implementieren:

```
Vektor3D operator+(const Vektor3D& v1, const Vektor3D& v2) {
  Vektor3D temp(v1);
  temp += v2;
  return move(temp);
}

//-----------------------------------------------------------

Vektor3D operator+(Vektor3D&& v1, const Vektor3D& v2) {
  v1 += v2;
  return move(v1);
}
```

Listing 10.14: Die ersten beiden operator+-Methoden für Vektor3D

Wie auch bei Name geben wir das Ergebnis als xvalue zurück. Was passiert aber, wenn wir Folgendes schreiben?

```
Vektor3D v1(3, 6, 9);
Vektor3D v2(2, 2, 2);
Vektor3D v3(1, 1, 1);

Vektor3D v4 = v1 + (v2 + v3);
```

Diese Berechnung wird so aufgelöst:

```
operator(v1, operator(v2,v3) );
```

Die rvalue-Referenz wird nun dem zweiten Parameter der äußeren `operator+`-Funktion über-geben. Bei einer kommutativen Operation können wir die Verschiebe-Semantik für diesen Fall auch gewinnbringend einsetzen:

```
Vektor3D operator+(const Vektor3D& v1, Vektor3D&& v2) {
  v2 += v1;
  return move(v2);
}
```

Listing 10.15: operator+ mit rechtem Parameter als rvalue-Referenz

Bei einer kommutativen Operation ist es ohne Änderung des Ergebnisses erlaubt, den ersten Operanden auf den zweiten zu addieren. Wir können deshalb den +=-Operator auf v2 anwen-den.

Das sieht doch schon toll aus, birgt aber eine Doppeldeutigkeit:

```
Vektor3D v5 = (v1+v2)+(v3+v4);
```

Welche Überladung von `operator+` wird jetzt genommen? Die mit dem linken Parameter als rvalue oder die mit dem rechten? Der Compiler weiß es auch nicht. Wir müssen in den sauren Apfel beißen und die Doppeldeutigkeit mit einer weiteren Überladung auflösen:

```
Vektor3D operator+(Vektor3D&& v1, Vektor3D&& v2) {
  v1 += v2;
  return move(v1);
}
```

Listing 10.16: operator+ mit zwei rvalue-Referenzen als Parameter

Nun klappt alles bestens.

> **TIPP**
>
> Wenn Operatoren für rvalue-Referenzen überladen werden, dann sollten Sie immer für alle vier Kombinationen überladen. Im Falle von Vektor3D sind dies:
>
> ```
> Vektor3D operator+(const Vektor3D& v1, const Vektor3D& v2);
> Vektor3D operator+(Vektor3D&& v1, const Vektor3D& v2);
> Vektor3D operator+(const Vektor3D& v1, Vektor3D&& v2);
> Vektor3D operator+(Vektor3D&& v1, Vektor3D&& v2);
> ```

> **WWW**
>
> Die Klasse Vektor3D finden Sie auf der Webseite *www.awl.de/3209* unter *Listings/Kapitel10/Vektor3D*.

10.2.5 Standardverhalten nachbilden

Betrachten Sie einmal folgenden Schnipsel, und bewerten Sie ihn:

```
int x = 5;
int y = 8;
(x + y) = 10;
```

Ziemlich unsinnig, oder? Der Compiler sieht das übrigens genauso und kompiliert es erst gar nicht.

Mit unserem Vektor können wir ähnlichen Unfug anstellen:

```
Vektor3D v1(3, 6, 9);
Vektor3D v2(2, 2, 2);
(v1+v2)=Vektor3D(7,8,9);
```

Auch ziemlich unsinnig. Welche Meinung der Compiler dazu hat, bleibt unbeantwortet; er macht in diesem Fall einfach das, was wir wollen: Er kompiliert es!

Wir geben schließlich mit unseren operator+-Funktionen nicht konstante Objekte zurück, und die dürfen bekanntlich geändert werden, auch über den Aufruf von operator=.

Wir könnten argumentieren, dass selbst schuld ist, wer solch einen Quatsch schreibt. Aber:

TIPP   Das Verhalten überladener Operatoren sollte vergleichbar mit den Standardoperatoren sein.

Gegen diese Regel haben wir gewissermaßen schon bei der Klasse Name verstoßen, indem wir dem standardmäßig kommutativen Operator + seine Kommutativität geraubt haben. Aber das war aus Bequemlichkeitsgründen. Ein überladener Operator ist einfach schicker und schneller eingesetzt als ein Funktionsaufruf.

In diesem Fall ist die Abweichung vom Standardverhalten einfach nur ärgerlich. Früher hat man sich damit geholfen, die von den Operator-Funktionen zurückgegebenen Objekte einfach konstant zu machen:

```
const Vektor3D operator+(const Vektor3D& v1,
                         const Vektor3D& v2);
```

Damit war das Problem gelöst.

C++11   Ab C++11 schafft dies aber ein neues Problem:

INFO   Konstante Objekte binden nicht an rvalue-Referenzen!

Nun könnten Sie auf die Idee kommen, als Parameter einfach konstante rvalue-Referenzen zu verwenden. Das hat schließlich bei den lvalue-Referenzen auch gut geklappt:

```
const Vektor3D operator+(const Vektor3D&& v1,
                         const Vektor3D&& v2);
```

Auf den ersten Blick ist das Problem scheinbar gelöst, auf den zweiten wird es aber lediglich an eine andere Stelle verschoben, denn wir können auf konstante Objekte keinen Zuweisungsoperator anwenden und deshalb auch kein operator+=, womit uns als Lösung nur das Anfertigen einer Kopie bleibt, und genau das wollten wir mit der Verschiebe-Semantik vermeiden.

Kurzum:

TIPP   rvalue-Referenzen als Funktionsparameter sollten nicht konstant sein.

Aber wieder hilft uns C++11, denn wir können ja jetzt Referenz-Qualifizierer zum Überladen verwenden (siehe Abschnitt 8.4.1).

`C++11`

Wenn wir den Aufruf des Zuweisungsoperators nur für lvalues erlauben, dann haben wir das Problem gelöst:

```
Vektor3D& operator=(const Vektor3D& v) & = default;
Vektor3D& operator=(const Vektor3D& v) && = delete;
```

10.3 Vergleichsoperatoren

Genau wie bei den Rechenoperatoren können die Vergleichsoperatoren als Methode oder als Funktion überladen werden.

Beiden gemeinsam ist der Rückgabetyp `bool`. Als Beispiel soll die `Name`-Klasse um einen Operator `==` erweitert werden. Der Zugriffsrechte wegen werden wir den Operator zunächst als Methode implementieren:

```
bool operator==(const Name& n) const {
  int laenge1 = strlen(m_mem);
  int laenge2 = strlen(n.m_mem);

  if(laenge1 != laenge2)
    return false;

  for(int i=0; i < laenge1; ++i)
    if(m_mem[i] != n.m_mem[i])
      return false;

  return true;
}
```
Listing 10.17: Ein `operator==` für `Name`

Eingesetzt werden könnte die Funktionalität so:

```
Name n1("Andre");

if(n1 == "Andre")
  cout << "Gleich" << endl;
else
  cout << "Ungleich" << endl;
```

Wie wir wissen, werden Konstruktoren, die mit einem einzelnen Parameter aufgerufen werden können, vom Compiler zur impliziten Typumwandlung verwendet. Deshalb wird der Vergleich in `if` aufgelöst, indem aus der Zeichenkette ein `Name`-Objekt gemacht und dieses dann mit `n1` verglichen wird. Aufgelöst sieht der Aufruf von `operator==` so aus:

```
n1.operator==("Andre");
```

Und genau darin liegt auch wieder der Schwachpunkt der Variante als Methode. Der linke Operator muss hier vom Typ Name sein. Dieser Vergleich wird nicht kompiliert:

```
if("Andre" == n1) /* … */
```

Der Flexibilität wegen wird deshalb meist der Implementierung als Funktion der Vorzug gegeben. Leider haben wir bei den Vergleichsoperatoren nicht die Möglichkeit, zuerst einen entsprechenden Zuweisungsoperator zu programmieren, auf den die Funktion dann zurückgreifen kann. Es gibt deshalb nur die Möglichkeit, die Funktion entweder als Freund der Klasse zu definieren oder auf die öffentlichen Methoden der Klasse zurückzugreifen.

Dazu soll die Klasse Vektor3D herhalten, der wir eine operator<-Funktion verpassen werden. Um eine sinnvolle öffentliche Schnittstelle zur Klasse zu haben, implementieren wir flugs eine Methode get_betrag, die den Betrag eines Vektor-Objekts zurückliefert:

```
double get_betrag() const {
  return std::sqrt(m_x*m_x+m_y*m_y+m_z*m_z);
}
```

Listing 10.18: Die Methode get_betrag von Vektor3D

Mithilfe dieser Methode ist die operator<-Funktion leicht implementiert:

```
bool operator<(Vektor3D&& v1, Vektor3D&& v2) {
  return v1.get_betrag() < v2.get_betrag();

}
```

Listing 10.19: operator< für Vektor3D

WWW   Die Klassen Name und Vektor3D finden Sie auf der Webseite *www.awl.de/3209* unter *Listings/Kapitel10/ Vergleichen*.

10.3.1 Operator-Templates

Wenn für eine Klasse alle Vergleichsoperatoren nutzbar sein sollen, dann reicht es aus, nur für die Operatoren < und == eine Implementierung zur Verfügung zu stellen. Die restlichen Vergleichsoperatoren sind in der Headerdatei utility als Templates definiert und im Namensbereich std::rel_ops abgelegt. Mit

```
#include <utility>
using namespace std::rel_ops;
```

werden diese Operatoren verfügbar gemacht. Diese Operator-Templates reduzieren jeden Vergleich auf die notwendigerweise definierten Vergleichsoperatoren < und == der jeweiligen Klasse. Das Template für operator> sieht beispielsweise so aus:

```
template <typename Typ>
inline bool operator>(const Typ &a, const Typ &b) {
  return(b<a);
}
```

Listing 10.20: Ein Vergleichsoperator-Template aus utility

Auf diese Weise müssen nicht alle sechs Operatoren implementiert werden.

10.4 Die Operatoren << und >>

Die bitweisen Operatoren << und >> können problemlos nach dem in Abschnitt 10.2 besprochenen Schema überladen werden.

Allerdings kommt ihnen bei der Ein- und Ausgabe eine andere Bedeutung zu.

10.4.1 operator<<

Springen wir ins kalte Wasser, und werfen wir einen Blick auf eine mögliche operator<<-Funktion für Name:

```
ostream& operator<<(ostream& ostr, const Name& n) {
  ostr << n.get_name();
  return ostr;
}
```

Listing 10.21: Ein <<-Operator für Name

Die Funktion verwendet nur die öffentlichen Methoden von Name und muss deshalb nicht als Freund deklariert werden. Um die Funktionsweise der Funktion besser zu verstehen, gehen wir einmal von folgender Anweisung aus:

```
cout << n3;
```

Wäre operator<< eine Methode, sähe der Methodenaufruf so aus:

```
cout.operator<<(n3);
```

Unsere Methode müsste damit ein Element der Klasse ostream sein, von der cout ein Objekt ist. Zu einer nicht von uns implementierten Klasse können wir jedoch keine Methode hinzufügen, also bleibt nur noch die Variante als Funktion. Das ergibt folgenden Aufruf:

```
operator<<(cout, n3);
```

Und hier lässt sich auch schon die Signatur der Funktion erkennen: Als ersten Parameter bekommt die Funktion cout vom Typ ostream und als zweiten Parameter n3 vom Typ Name übergeben.

Die operator<<-Funktion liefert eine Referenz auf das ostream-Objekt zurück, um die typische Verkettung zu ermöglichen:

```
cout << n1 << n2 << endl;
```

10.4.2 operator>>

Bei der operator>>-Funktion gehen wir ähnlich vor:

```
istream& operator>>(istream& istr, Name& n) {
  string s;
  istr >> s;
```

```
n=s.c_str();
return istr;
}
```

Listing 10.22: Ein >>-Operator für Name

Um die Kopplung so lose wie möglich zu halten, verzichten wir auch hier auf eine friend-De-klaration in Name und nehmen wegen des Zugriffs über die öffentliche Schnittstelle der Klasse eine etwas höhere Laufzeit in Kauf.

Die Referenz auf das Name-Objekt darf in der Parameterliste von operator>> nicht mehr kons-tant sein, schließlich soll der eingelesene Text dem Name-Objekt zugewiesen werden können. Im Einsatz sieht der Operator aus wie ein Einführungsbeispiel aus einem Buch für Anfänger:

```
Name n1;
cout << "Bitte Namen eingeben:";
cin >> n1;
cout << "Du heisst " << n1 << endl;
```

Auch bei unserem eigenen Operator müssen wir in der Grundeinstellung des Streams mit der Problematik leben, dass ein Leerzeichen als Trenner zwischen verschiedenen Eingaben in-terpretiert wird und daher eine Eingabe von »Andre Willms« als die Eingabe von zwei Namen gewertet wird.

WWW   Die Klasse Name mit den Funktionen operator<< und operator>> finden Sie auf der Webseite *www.awl. de/3209* unter *Listings/Kapitel10/Name03*.

10.5 Der Operator []

Der Indexoperator wird gerne bei Klassen überladen, deren Objekte Daten in Form von Arrays oder Objektsammlungen repräsentieren.

Unsere Name-Klasse verwaltet einen aus Zeichen bestehenden Namen. Für diesen könnten wir über den Indexoperator überladen, um zeichenweisen Zugriff zu gestatten:

```
char& operator[](unsigned int idx) {
  return m_mem[idx];
}
```

Listing 10.23: Ein Indexoperator für Name

Wie bei den überladenen Indexoperatoren der STL-Container auch, verzichten wir hier darauf, den Index auf Gültigkeit zu prüfen.

Wichtig ist, dass operator[] eine Referenz zurückliefert, damit auch Zuweisungen der Form

n1[4]='s';

möglich sind. Soll der Indexoperator auch bei konstanten Objekten funktionieren, dann muss dafür eine spezielle Überladung für operator[] hinzugefügt werden:

```
char operator[](unsigned int idx) const {
  return m_mem[idx];
}

char operator[](string::size_type idx) const{
  return((*m_name)[idx]);
}
```

Listing 10.24: Ein Indexoperator für konstante Objekte

Diese Version gibt keine Referenz mehr zurück, weil bei einem konstanten Wert die Inhalte nicht geändert werden dürfen. Um noch stärker zum Ausdruck zu bringen, dass es sich um konstante Werte handelt, könnte der Rückgabetyp als const deklariert werden.[2]

An dieser Stelle eine kleine Verständnisfrage: Was wäre, wenn wir den zweiten Indexoperator nicht implementiert, sondern stattdessen den ersten Indexoperator als const deklariert hätten?

Wir könnten ihn dann auch mit konstanten Objekten benutzen. Und das wirklich Schlimme daran ist, dass wir mit ihm ein konstantes Objekt hätten verändern können. Wie in Abschnitt 8.4.1 bereits besprochen wurde, gilt die Konstanz eines Objekts nur für das Objekt selbst, nicht aber für Objekte, auf die verwiesen wird. Und auf den in Name verwalteten Speicherblock verweisen wir. Deswegen können wir ihn ändern, obwohl das Name-Objekt selbst konstant ist.

Die Klasse Name mit den überladenen operator[]-Methoden finden Sie auf der Webseite *www.awl. de/3209* unter *Listings/Kapitel10/Name04*.

WWW

10.6 Der Operator ()

Der Operator (), auch *Funktionsaufrufoperator* genannt, erlaubt es uns, ein Objekt wie eine Funktion zu verwenden. Wir wollen ihn dazu einsetzen, uns einen Teil des Namens zu liefern.[3]

Um nicht gezwungen zu sein, ein temporäres Name-Objekt mit dem Standardkonstruktor zu erzeugen, nur um den Speicherbereich anschließend durch den gewünschten Teil des Namens zu ersetzen, implementieren wir einen privaten Konstruktor, der ein Name-Objekt aus einem Teilbereich einer Zeichenkette konstruiert:

```
Name(const char* n, unsigned int pos, unsigned int len) {
  if(pos+len > std::strlen(n)) {
    m_mem = new char[1] {0};
  }
  else {
    m_mem = new char[len+1];
    for(int i=0; i<len; ++i)
      m_mem[i] = n[pos+i];
    m_mem[len] = 0;
  }
}
```

Listing 10.25: Ein privater Konstruktor zur Unterstützung von operator()

---

2   Es könnte auch eine konstante Referenz zurückgegeben werden, allerdings versucht man im Normalfall, keine Verweise auf die Klasseninterna herauszugeben, wenn es nicht unbedingt nötig ist.

3   Wie substr von string.

Sollte die Kombination von `pos` und `len` einen Bereich beschreiben, der nicht komplett im von `m_mem` referenzierten Speicherbereich liegt, dann wird ein leerer[4] Name zurückgegeben.

Mit dieser Vorarbeit ist die `operator()`-Methode schnell programmiert:

```
Name operator()(unsigned int pos,
                unsigned int len) const {
  return std::move(Name(m_mem, pos, len));
}
```

Listing 10.26: Ein Beispiel für einen Funktionsaufrufoperator

Der Typ des Rückgabewertes von `operator()` kann beliebig gewählt werden. Ich habe mich hier entschieden, ein `Name`-Objekt zurückzugeben, auch wenn Stücke eines Namens nicht unbedingt wieder einen Namen ergeben müssen.

Schreiben könnten wir jetzt zum Beispiel:

```
cout << n4(0,3) << endl;
```

Es werden die ersten drei Zeichen des Namens ausgegeben.

WWW   Die Klasse `Name` mit der überladenen `operator()`-Methode finden Sie auf der Webseite *www.awl. de/3209* unter *Listings/Kapitel10/Name05*.

10.7 Die Operatoren -> und *

Die Operatoren `->` und `*` werden meist dazu verwendet, Zeigerverhalten nachzubilden.

Wo wir gerade bei Zeigern sind, könnten wir auch mal ein `Name`-Objekt dynamisch erzeugen und einen Zeiger darauf verweisen lassen:

```
Name* ptr = new Name("Andre");
cout << *ptr << endl;
cout << ptr->to_lower() << endl;
delete ptr;
```

Das funktioniert so weit bestens, nur würden wir in der Praxis besser einen der in Abschnitt 7.4 vorgestellten Smart-Pointer verwenden.

Apropos Smart-Pointer, wir könnten doch spaßeshalber einen eigenen Mini-Smart-Pointer programmieren, der nur für `Name`-Objekte gedacht ist:

```
#ifndef NAME_PTR_H
#define NAME_PTR_H

#include "Name.h"
#include <iostream>

class name_ptr {
  Name* m_name;
```

---

4   Mit »leer« ist in diesem Fall ein String der Länge 0 gemeint.

```
public:
  name_ptr(Name* n = nullptr)
      : m_name(n) {

  }

  //--------------------------------------------------------

  name_ptr(name_ptr&& ptr) {
    m_name = ptr.m_name;
    ptr.m_name = nullptr;
  }

  //--------------------------------------------------------

  name_ptr& operator=(name_ptr&& ptr) {
    delete m_name;
    m_name = ptr.m_name;
    ptr.m_name = nullptr;
    return *this;
  }

  //--------------------------------------------------------

  ~name_ptr() {
    delete m_name;
  }

  //--------------------------------------------------------

  Name* get_objekt() const {
    return m_name;
  }
};

#endif
```

Listing 10.27: Die Klasse name_ptr

Die Klasse setzt exklusiven Besitz (*exclusive ownership*) um und ist recht einfach aufgebaut. Ein Konstruktor nimmt die Adresse des dynamisch erzeugten Name-Objekts entgegen und speichert sie im Attribut m_name. Der Destruktor baut das Name-Objekt ab.

Um genau wie die großen Smart-Pointer aus *memory* ein explizites Move zu erzwingen, implementieren wir einen Verschiebekonstruktor und einen Verschiebezuweisungsoperator. Durch deren Implementierung werden in C++11 der implizite Kopierkonstruktor und der implizite Kopierzuweisungsoperator gelöscht.

`C++11`

Wir können jetzt Objekte unserer Pointer-Klasse erstellen und die Ressourcen hin und her schieben:

```
name_ptr p1(new Name("Andre"));
name_ptr p2(new Name("Willms"));
name_ptr p3(move(p1));  // Verschiebekonstruktor
```

```
p2 = move(p3);          // Verschiebezuweisungsoperator


p1 = p3;           // FEHLER, kein Kopierzuweisungsoperator
name_ptr p4(p3); // FEHLER, kein Kopierkonstruktor
```

Über die `get_objekt`-Methode kommen wir an das verwaltete `Name`-Objekt heran und können dafür Funktionalität verwenden:

```
name_ptr p5(new Name("Andre"));
cout << *p5.get_objekt() << endl;
cout << p5.get_objekt()->to_lower() << endl;
```

Die Syntax für den Zugriff auf das `Name`-Objekt ist nicht gerade schön zu lesen, und sonderlich eingängig ist sie auch nicht. Und genau hier kommen die Überladungen von `operator->` und `operator*` ins Spiel:

Der überladene Operator `->` sieht von Code und Signatur her genauso aus wie die `get_objekt`-Methode:

```
Name* operator->() const {
  return m_name;
}
```

Listing 10.28: Ein eigener `->`-Operator für `Name`

Die Methode `operator->` macht letztlich auch nichts anderes als die `get_objekt`-Methode, nur dass sich jetzt mit dem Einsatz des überladenen Operators die Syntax vereinfacht:

```
cout << p5->to_lower() << endl;
```

Der Aufruf

```
p5->to_lower()
```

wird intern umgesetzt in:

```
(p5.operator->())->to_lower
```

Primär dient der überladene Operator `->` der einfacheren Syntax. Ebenso wie `operator*`, den wir hier der Vollständigkeit halber noch für unseren Pointer implementieren wollen:

```
Name& operator*() const {
  return *m_name;
}
```

Der Zugriff darüber sieht so aus:

```
cout << *p5 << endl;
```

Und das macht der Compiler daraus:

```
cout << p5.operator*() << endl;
```

WWW   Die Klasse `name_ptr` finden Sie auf der Webseite *www.awl.de/3209* unter *Listings/Kapitel10/NamePtr.*

10.8 Umwandlungsoperatoren

Umwandlungsoperatoren sind gewissermaßen das Gegenstück zur impliziten Typumwandlung mit einparametrigen Konstruktoren. Während über die Konstruktoren ein fremder Typ in den eigenen Typ umgewandelt wird, wandeln Umwandlungsoperatoren den eigenen Typ in einen fremden Typ um.

Ein Umwandlungsoperator, der den eigenen Typ in einen Typ T umwandeln soll, heißt operator T. Ein Umwandlungsoperator deklariert keinen Rückgabetyp, weil dieser schon durch die Wahl des Umwandlungsoperators festgelegt wurde. (Der Umwandlungsoperator operator T hat als Rückgabetyp den Typ T.)

Als Beispiel wollen wir der Name-Klasse die Möglichkeit geben, sich implizit in den Typ string umwandeln zu können:

```
operator std::string() const {
  return std::string(m_mem);
}
```

Listing 10.29: Der Umwandlungsoperator von Name nach string

Jetzt kann ein Name-Objekt überall dort platziert werden, wo ein string-Objekt erwartet wird:

```
Name n1("Andre");
string s = n1;
cout << s << endl;
```

Allerdings sollten die Umwandlungsoperatoren ausgesprochen sparsam eingesetzt, wenn nicht sogar komplett gemieden werden. Es kommt in der Praxis vor, dass sie an Stellen aktiv werden, an denen man es auf den ersten Blick überhaupt nicht erwartet. Das erschwert die Fehlersuche unnötig.

Einfacher ist es, wenn Sie die Umwandlung in eine Methode packen, die dann explizit aufgerufen werden kann. Statt operator string könnten wir eine Methode toString implementieren, die den Namen als string-Objekt zurückgibt.

Falls ich Sie noch nicht so richtig überzeugt habe, dann überlegen Sie einmal, warum die string-Klasse der Standardbibliothek eine Methode c_str besitzt und keinen Umwandlungsoperator const char*.

Die Klasse Name mit Umwandlungsoperator finden Sie auf der Webseite *www.awl.de/3209* unter *Listings/Kapitel10/Name06*.

WWW

10.9 Die Operatoren ++ und --

Zur Demonstration eigener Inkrement- und Dekrement-Operatoren möchte ich Ihnen eine abgespeckte Variante der Shifter-Klasse vorstellen, die ich in [Willms02] verwendet habe, um die Prüfsummen von deutschen Personalausweisen und Reisepässen zu berechnen.

Die vereinfachte Shifter-Klasse macht nichts anderes, als eine feste Sequenz von int-Werten wieder und immer wieder zu wiederholen:

```
Shifter s(3,8,17);
for(int x=0; x<10; ++x)
  cout << s++ << ",";
cout << endl;
```

Auf dem Bildschirm erscheint:

3,8,17,3,8,17,3,8,17,3,

Das Grundgerüst der Klasse sieht so aus:

```
#ifndef SHIFTER_H
#define SHIFTER_H

class Shifter {               *
  int* m_werte;
  int m_anzahl;
  long m_pos;

public:
  Shifter(int a, int b)
    : m_pos(0), m_anzahl(2), m_werte(new int[2] { a, b }) {
  }

  //---------------------------------------------------------

  Shifter(int a, int b, int c)
    : m_pos(0), m_anzahl(3), m_werte(new int[3] { a, b, c }) {
  }

  //---------------------------------------------------------

  Shifter(const Shifter& s)
      : m_pos(s.m_pos), m_anzahl(s.m_anzahl) {
    m_werte = new int[m_anzahl];
    for(int i=0; i<m_anzahl; ++i)
      m_werte[i] = s.m_werte[i];

  }

  //---------------------------------------------------------


 ~Shifter() {
    delete[] m_werte;
  }
};

  //---------------------------------------------------------

  int get_wert() const {
```

```
    return m_werte[m_pos];
  }

#endif
```

Listing 10.30: Das Grundgerüst der Klasse `Shifter`

Die Klasse besitzt zwei herkömmliche Konstruktoren: einen für zwei und einen für drei Elemente. Die Konstruktoren machen von der vereinheitlichten Initialisierung in C++11 Gebrauch. Steht diese noch nicht zur Verfügung, müsste der zweiparametrige Konstruktor so implementiert werden: `C++11`

```
  Shifter(int a, int b)
      : m_pos(0), m_anzahl(2) {
    m_werte = new int[2];
    m_werte[0] = a;
    m_werte[1] = b;
  }
```

Listing 10.31: Ein Konstruktor für C++03

Weil die Objekte dynamisch Speicher reservieren, benötigen wir einen eigenen Destruktor sowie einen Kopierkonstruktor, der eine tiefe Kopie eines Objekts anfertigt.

Genau genommen bräuchten wir für den sicheren Betrieb auch einen Kopierzuweisungsoperator. Da dieser aber im Beispiel nicht verwendet wird, spare ich mir hier eine Auflistung. In den Beispielen auf der CD ist er dabei.

Über die Methode `get_wert` kommen wir an den aktuellen Wert heran. Um das Ganze etwas benutzerfreundlicher zu machen, überladen wir noch den <<-Operator:

```
ostream& operator<<(ostream& ostr, const Shifter& s) {
  ostr << s.get_wert();
  return ostr;
}
```

Listing 10.32: Der <<-Operator für Shifter

10.9.1 Prä-Operatoren

Als erste Zugabe wollen wir den Shifter mit den Operatoren für Präinkrement und Prädekrement ausstatten:

```
  Shifter& operator++() {
    ++m_pos;
    if(m_pos>=m_anzahl)
      m_pos=0;
    return *this;
  }

  //-------------------------------------------------------

  Shifter& operator--() {
    if(m_pos==0)
```

```
     m_pos=m_anzahl-1;
   else
     --m_pos;
   return *this;
 }
```

Listing 10.33: Die Präinkrement- und Prädekrement-Operatoren von Shifter

Die Funktionsweise ist eigentlich leicht nachzuvollziehen. Das Attribut m_pos wird um 1 erhöht beziehungsweise vermindert und im Falle einer Grenzüberschreitung auf das andere Ende des Arrays gesetzt.

Etwas eleganter hätten wir es mit dem Modulo-Operator machen können:

```
Shifter& operator++() {
  m_pos = (m_pos+1) % m_anzahl;
  return *this;
}

//--------------------------------------------------------

Shifter& operator--() {
  m_pos = (m_pos + m_anzahl - 1) % m_anzahl;
  return *this;
}
```

Listing 10.34: Die Positionsverschiebungen mit Modulo-Operator

10.9.2 Post-Operatoren

Die Methoden zum Überladen der Post-Operatoren unterscheiden sich im Namen nicht von denen der Prä-Operatoren. Damit der Compiler die beiden Schreibweisen trotzdem unterscheiden kann, besitzen die Post-Operatoren ein ungenutztes int als Parameter:

```
Shifter operator++(int) {
  Shifter temp(*this);
  m_pos = (m_pos+1) % m_anzahl;
  return temp;
}

//--------------------------------------------------------

Shifter operator--(int) {
  Shifter temp(*this);
  m_pos = (m_pos + m_anzahl - 1) % m_anzahl;
  return temp;
}
```

Listing 10.35: Die Postinkrement- und Postdekrement-Operatoren von Shifter

Weil bei den Postfix-Operatoren der Ausdruck für den alten Wert steht, muss innerhalb der Operatoren eine Kopie des aktuellen Zustands angefertigt werden. Anschließend wird das originale Objekt inkrementiert bzw. dekrementiert und dann die Kopie von der Methode zurückgeliefert.

Aufgrund der zusätzlichen Kopie, die bei den Post-Operatoren angefertigt werden muss, sollten im Einsatz immer die Prä-Operatoren bevorzugt werden.

10.9.3 Weitere Operatoren

Die Shifter-Klasse eignet sich hervorragend als Anschauungsobjekt für weitere Operatoren-Überladungen. Im Folgenden sehen Sie zwei Zuweisungsoperatoren:

```
Shifter &operator+=(unsigned int offset) {
  m_pos = (m_pos+offset) % m_anzahl;
  return *this;
}

//---------------------------------------------------------

Shifter &operator-=(unsigned int offset) {
  offset %= m_anzahl;
  m_pos = (m_pos + m_anzahl - offset) % m_anzahl;
  return *this;
}
```

Listing 10.36: Zwei Zuweisungsoperatoren von Shifter

Mithilfe von Modulo-Operatoren wird der über die Zuweisungsoperatoren angegebene Offset auf den gültigen Elementbereich abgebildet.

Um direkt auf den aktuellen Wert zugreifen zu können, wird noch der Dereferenzierungsoperator überladen:

```
int operator*() {
  return m_werte[m_pos];
}
```

Listing 10.37: Der Dereferenzierungsoperator von Shifter

Die Klasse name_ptr finden Sie auf der Webseite *www.awl.de/3209* unter *Listings/Kapitel10/Shifter*.

10.10 Ans Eingemachte

In diesem Abschnitt schauen wir uns an, was beim Überladen von Operatoren berücksichtigt werden sollte.

10.10.1 Probleme mit Operatoren

Wenn Sie Operatoren überladen, dann können Sie unter Umständen mit recht subtilen Problemen konfrontiert werden. Nehmen wir folgende Anweisungen:

```
EigenesInt a=4, b=6;
EigenesInt c= (++a) + (b+=a);
cout << a << " " << b << " " << c << endl;
```

Was kommt heraus, wenn wir davon ausgehen, dass die Addition mit einer Funktion und nicht mit einer Methode realisiert wurde? Es ist erschütternd, aber die Frage lässt sich nicht mit Sicherheit beantworten. Aufschluss gibt die Betrachtung der zweiten Anweisung, wie sie der Compiler umsetzt:

```
EigenesInt c= operator+(++a, b+=a);
```

Um es mit den Worten eines bekannten Kabarettisten zu sagen: Ich weiß nicht, ob Sie's wussten, aber der Standard definiert nicht, in welcher Reihenfolge Funktionsparameter abgearbeitet werden. Ob der erste Parameter zuerst und dann der zweite ausgeführt wird oder umgekehrt – das lässt sich nicht bestimmen und hängt vom Compiler ab.

Was aber geschieht, wenn wir die oberen Anweisungen mit int-Werten formulieren?

```
int a=4, b=6;
int c= (++a) + (b+=a);
cout << a << " " << b << " " << c << endl;
```

Was glauben Sie, wird hier wohl ausgegeben? Es sollten die Werte 5, 11 und 16 sein, denken Sie? Wahrscheinlich argumentieren Sie, dass der Additionsoperator von links nach rechts addiert.

Das stimmt auch, nur die Auswertung der Unterausdrücke, also ++a und b+=a ist in der Reihenfolge nicht festgelegt. Und damit lässt sich auch das Ergebnis der Addition nicht vorhersagen. Ein anderes Beispiel:

```
int a = fkt1() + fkt2() + fkt3();
```

Hier lässt sich nur mit Sicherheit sagen, dass zuerst die Summe der Rückgabewerte von fkt1 und fkt2 gebildet wird. Dieses Ergebnis und der Rückgabewert von fkt3 bilden dann die endgültige Summe. Aber: Es ist nicht festgelegt, in welcher Reihenfolge die Funktionen aufgerufen werden. Ist die Reihenfolge wichtig, müssen die Funktionen hintereinander aufgerufen und deren Ergebnisse in temporären Variablen zwischengespeichert werden. Die Ergebnisse können dann anschließend addiert werden.

Eine Nummer heftiger wird es, wenn Sie auf die Idee kommen sollten, die Operatoren || oder && zu überladen. Denn bei einem Funktionsaufruf – und dabei handelt es sich bei einem überladenen Operator – werden grundsätzlich alle Parameter ausgewertet (auch wenn die Reihenfolge der Parameter nicht festgelegt ist), was im Widerspruch zur Kurzschlusseigenschaft[5] der logischen Operatoren steht. Die Konsequenz:

INFO   Wenn Sie || oder && überladen, dann besitzen Ihre eigenen Operatoren keine Kurzschlusseigenschaft mehr.

Beachten Sie dies, wenn Sie aus irgendeinem Grund diese Operatoren doch überladen wollen.

---

5   Unter *Kurzschlusseigenschaft* versteht man die Eigenschaft der logischen Operatoren, dass Prüfen der Einzelbedingungen abzubrechen, sobald das Ergebnis der Gesamtbedingung feststeht.

KAPITEL 11

Namensbereiche

Auch wenn wir das Flaggschiff der objektorientierten Programmierung – die Vererbung – noch nicht besprochen haben, können wir mit den Klassen und dem Überladen von Operatoren bereits komplexe Programme schreiben. Deshalb werden wir in diesem Kapitel eine Möglichkeit betrachten, Klassen mit Namensbereichen zu strukturieren.

Mit Namensbereichen haben wir bereits in Form des Namensbereichs std und im vorigen Kapitel mit rel_ops zu tun gehabt. Wir wollen in diesem Kapitel genauer ausleuchten, was es mit den Namensbereichen auf sich hat.

11.1 Deklarative Bereiche, potenzielle und tatsächliche Bezugsrahmen

Bevor wir uns konkret mit den Namensbereichen befassen, möchte ich vorher noch auf einige Begrifflichkeiten eingehen, die das weitere Verständnis erleichtern. Bisher haben wir alle drei Begriffe (deklarativer Bereich, potenzieller Bezugsrahmen und tatsächlicher Bezugsrahmen) unter dem Begriff *Bezugsrahmen* zusammengefasst. Es ist nun an der Zeit, eine genauere Differenzierung vorzunehmen. Dazu werde ich Ihnen ein Beispiel vorstellen, dessen Struktur einem Beispiel aus dem C++-Standard nachempfunden ist [C++11 3.3]:

```
int z=4;

int x=1;

int main() {

  int y = x, x;
  x=2;

}
```

Listing 11.1: Ein Beispiel

Im oberen Beispiel wurde der Bezeichner x zweimal definiert (und damit auch zweimal deklariert). Bisher hätten wir die Unterschiede so beschrieben: Das erste x ist global und besitzt einen globalen Bezugsrahmen. Das zweite x ist eine lokale Variable der Funktion main und besitzt damit main als Bezugsrahmen.

Das, was oben als Bezugsrahmen bezeichnet wurde, ist streng genommen der *deklarative Bereich* (*declarative region* [C++11 3.3.1]), in dem das entsprechende x deklariert wurde.[1] Der deklarative Bereich des ersten x macht das gesamte Programm-Modul[2] aus. Der deklarative Bereich des zweiten x entspricht dem Anweisungsblock der main-Funktion.

Der potenzielle Bezugsrahmen des ersten x beginnt unmittelbar nach der Deklaration des Bezeichners (also noch vor einer eventuell folgenden Initialisierung) und endet zusammen mit seinem deklarativen Bereich am Schluss des Progamm-Moduls. Der potenzielle Bezugsrahmen des zweiten x beginnt ebenfalls unmittelbar nach seinem Namen und endet zusammen mit seinem deklarativen Bereich am Ende des main-Anweisungsblocks.

INFO

Der *potenzielle Bezugsrahmen* (*potential scope*) eines Bezeichners ist damit eine Teilmenge des deklarativen Bereichs, . Sie beginnt hinter dem Bezeichnernamen und endet zusammen mit dem deklarativen Bereich.

Der *tatsächliche Bezugsrahmen* (*actual scope*), oder auch nur *Bezugsrahmen* (*scope*) genannt, ist der Bereich, in dem ein Bezeichner tatsächlich unqualifiziert[3] ansprechbar ist.

Der tatsächliche Bezugsrahmen des zweiten x ist identisch mit seinem potenziellen Bezugsrahmen. Der tatsächliche Bezugsrahmen des ersten x ist sein potenzieller Bezugsrahmen ohne den tatsächlichen Bezugsrahmen des zweiten x, weil innerhalb des tatsächlichen Bezugsrahmens des zweiten x das erste x nicht mehr unqualifiziert, sondern nur noch über ::x ansprechbar ist.

Allgemeiner formuliert, ist der tatsächliche Bezugsrahmen eines Namens gleich seinem potenziellen Bezugsrahmen abzüglich aller innerer Bezugsrahmen, in denen derselbe Name deklariert wurde.

Schauen wir uns dazu noch ein Beispiel an:

```
void fkt(int x) {          // Funktionsparameter x
  if(x==6) {
    cout << x << endl;     // Ausgabe: 6
    int x=4;               // 1. lokales x
    cout << x << endl;     // Ausgabe: 4
    for(int x=0; x<=10; ++x) // x der Schleife
      cout << x << endl;   // Ausgabe der Schleifenwerte
    cout << x << endl;     // Ausgabe: 4
  }
  cout << x << endl;       // Ausgabe: 6
}
```

Listing 11.2: Ein weiteres Beispiel

Wir gehen davon aus, dass die Funktion mit fkt(6) aufgerufen wurde.

---

1   Sie wissen, dass die beiden x nicht nur deklariert, sondern auch definiert werden. Was den deklarativen Bereich (oder auch den Bezugsrahmen) angeht, ist jedoch die Position der Deklaration entscheidend. Würden Deklaration und Definition getrennt, entschiede die Deklaration des Bezeichners über dessen Bezugsrahmen. Die Definition muss sich der Deklaration unterordnen.

2   Unter *Programm-Modul* ist wieder die entsprechende *.cpp*-Datei zu verstehen. Im Standard wird ein Modul als »Übersetzungs-Einheit« (*translation unit*) bezeichnet.

3   *unqualifiziert* bedeutet hier »ohne explizite Angabe eines Bezugsrahmens«. Die Schreibweise A::x wäre nicht unqualifiziert.

Der deklarative Bereich und der potenzielle Bezugsrahmen des Funktionsparameters entsprechen dem Anweisungsblock der Funktion.

Der deklarative Bereich des ersten lokalen x ist der if-Anweisungsblock. Der potenzielle Bezugsrahmen beginnt nach der Deklaration – aber vor der Initialisierung – der Variablen.

Das in der Schleife deklarierte zweite lokale x besitzt die Schleife als deklarativen Bereich und potenziellen Bezugsrahmen. Bei dem Schleifen-x ist der tatsächliche Bezugsrahmen identisch mit dem potenziellen Bezugsrahmen.

Um den tatsächlichen Bezugsrahmen des ersten lokalen x zu ermitteln, muss von seinem potenziellen Bezugsrahmen der potenzielle Bezugsrahmen des Schleifen-x abgezogen werden. Der tatsächliche Bezugsrahmen des ersten lokalen x setzt zum Schleifenbeginn aus und fährt hinter dem Anweisungsblock der Schleife fort.

Ähnlich ermitteln wir den tatsächlichen Bezugsrahmen des Funktionsparameters: Er ergibt sich aus seinem potenziellen Bezugsrahmen abzüglich des potenziellen Bezugsrahmens des ersten lokalen x.

Aber wo ist diese Information interessant? Dazu schauen wir uns den folgenden Programmcode an:

```
int x = 1;
int main() {
  int x = x;
}
```

Welchen Wert hat das innerhalb von main definierte x? Aus unseren vorherigen Betrachtungen wissen wir, dass der potenzielle Bezugsrahmen des lokalen x direkt nach seiner Deklaration und noch vor seiner Initialisierung beginnt. Ab da wird das globale x vom lokalen x verdeckt.

Das lokale x weist sich damit selbst zu, initialisiert sich also mit seinem eigenen uninitialisierten Wert. Und was halten Sie davon:

```
const int x = 10;
int main() {
  int x[x];
}
```

Die Array-Deklaration gehört noch zur Deklaration, deswegen wird das globale x innerhalb der eckigen Klammern noch nicht verdeckt. Es wird also ein Feld mit zehn Elementen angelegt.

Ähnliches gilt für Aufzählungen:

```
const int x = 10;
int main() {
  enum aufz {x = x};
}
```

Innerhalb der geschweiften Klammern der Aufzählung ist die Deklaration noch nicht abgeschlossen, die Aufzählungskonstante also mit der globalen Konstante x initialisiert.

11.2 Namensbereiche definieren

Nach unserem kleinen Ausflug in die Welt der Bezugsrahmen lernen wir jetzt einen weiteren Typ von Bezugsrahmen kennen: den *Namensbereich* (*namespace*).

Eigentlich ist ein Namensbereich nichts anderes als ein eigener deklarativer Bereich. Er wird mit dem Schlüsselwort `namespace` definiert, gefolgt von einem optionalen Namen und einem Namensbereichsblock:

```
namespace MeinBereich {
}
```

Innerhalb dieses Namensbereichs können nun Elemente deklariert oder definiert werden:

```
namespace MeinBereich {
  void fkt1();
  void fkt2() {
    /* ... */
  }
}
```

Auf die Elemente eines Namensbereichs wird über den Namensbereich, den Bezugsrahmen-Operator und dem Namen des Elements zugegriffen:

```
MeinBereich::fkt2();
```

Namensbereiche können auch verschachtelt werden:

```
namespace MeinBereich {

  namespace Unterbereich {
    void fkt() { /* Funktion1 */ }
  }

  void fkt() { /* Funktion2 */ }
}
```

Da Namensbereiche eigene deklarative Bereiche sind, treten im oberen Beispiel keine Namenskollisionen auf. Aufgerufen werden die beiden Funktionen so:

```
MeinBereich::fkt();
MeinBereich::Unterbereich::fkt();
```

Ein Namensbereich muss nicht kontinuierlich sein. Er kann problemlos über mehrere Programm-Module verteilt werden. Wenn ein Element in einem Namensbereich deklariert wurde, dann kann es entweder in diesem Namensbereich oder außerhalb über einen qualifizierten Namen definiert werden:

```
namespace MeinBereich {
  void fkt1();          // Deklaration von fkt1
  void fkt2();          // Deklaration von fkt2
}
```

```
void MeinBereich::fkt1() {  // Definition von fkt1
}

namespace MeinBereich {
  void fkt2() { }          // Definition von fkt2
}
```

Für die Definition eines qualifizierten Namens ist es erforderlich, dass das Element vorher im entsprechenden Namensbereich deklariert wurde.

11.3 Die Using-Direktive

Mithilfe der Using-Direktive können Elemente eines Namensbereichs in einem bestimmten Bezugsrahmen direkt zugänglich gemacht werden.

```
namespace MeinBereich {
  void fkt() { }
}

int main()
{
  using namespace MeinBereich;
  fkt();
}
```

Auf diese Weise können auch Elemente eines verschachtelten Bereichs zugänglich gemacht werden. In einem Bezugsrahmen dürfen beliebig viele Using-Direktiven stehen. Werden dadurch mehrere Elemente mit demselben Namen direkt ansprechbar, muss zur Vermeidung von Mehrdeutigkeiten ein qualifizierter Name verwendet werden:

```
namespace MeinBereich {
  void fkt() { }
  namespace Unterbereich {
    void fkt() { }
  }
}

int main()
{
  using namespace MeinBereich::Unterbereich;
  fkt();
  using namespace MeinBereich;
  fkt();                   // Mehrdeutig:
                           // MeinBereich::fkt o. Unterbereich::fkt
  MeinBereich::fkt(); // OK
}
```

Im Zusammenhang mit der Using-Direktive ist zu berücksichtigen, dass sie transitiv ist:

```
namespace NB1 {
  void fkt() { }
}
```

```
namespace NB2 {
  using namespace NB1;
}


int main()
{
  using namespace NB2;
  fkt();
}
```

Obwohl in der `main`-Funktion nur der Namensbereich `NB2` verfügbar gemacht wird, lässt sich `fkt` ansprechen, weil innerhalb von `NB2` der Namensbereich `NB1` zugänglich gemacht wird.

Dieses Verhalten muss bei der Definition von eigenen Namensbereichen berücksichtigt werden. Denn wenn innerhalb des eigenen Namensbereichs ein anderer Namensbereich zugänglich gemacht wird, dann ist dieser immer zusammen mit dem eigenen Namensbereich zugänglich.

Eine Einschränkung besitzt die Using-Direktive: Sie kann nicht innerhalb eines Klassen-Bezugsrahmens verwendet werden:

```
class Klasse {
  using namespace std;  // Fehler!
};
```

Die Using-Direktive muss dann vor der Klassendefinition stehen.

11.4 Ein Alias für Namensbereiche

Es ist möglich, Synonyme für Namensbereiche zu deklarieren:

```
namespace Standard = std;

int main()
{
  Standard::cout << "Ausgabe" << endl;
}
```

Ein solches Synonym sollte man dann einsetzen, wenn der tatsächliche Name des Namensbereichs zu lang oder dem subjektiven Empfinden nach nicht aussagekräftig genug ist.

11.5 Unbenannte Namensbereiche

Unbenannte Namensbereiche finden Anwendung, wenn Elemente nur in einem einzigen *.cpp*-Modul ansprechbar sein sollen:

```
namespace {
  void fkt() { }
}
```

```
int main()
{
  fkt();
}
```

Elemente in einem unbenannten Namensbereich sind direkt ansprechbar. (Welcher Name sollte bei `using namespace` auch angegeben werden?)

In jedem *.cpp*-Modul kann ein solcher unbenannter Namensbereich deklariert werden. Aber immer nur das Modul, in dem der unbenannte Namensbereich definiert wurde, kann auf die Elemente des Namensbereichs zugreifen.

11.6 Die Using-Deklaration

Im Gegensatz zu einer Using-Direktive, die alle Elemente eines Namensbereichs zugänglich macht, führt die Using-Deklaration einen einzelnen Namen im jeweiligen deklarativen Bereich ein. Der Name ist dann innerhalb des deklarativen Bereichs zugänglich:

```
namespace MeinBereich {
  void fkt1() { }
  void fkt2() { }
}

int main()
{
  using MeinBereich::fkt1;

  fkt1(); // In Ordnung
  fkt2(); // Fehler: Nicht zugänglich
}
```

Das Element muss dabei nicht zwangsläufig aus einem Namensbereich stammen:[4]

```
class Basis {
  static void methode1() { }

protected:
  static void methode2() { }

public:
  static void methode3() { }
};

class Abgeleitet : public Basis {
protected:
  using Basis::methode1;  // Fehler: Basis-Methode ist privat
  using Basis::methode3;
public:
  using Basis::methode2;
};
```

---

4   Ich greife an dieser Stelle auf das Thema Vererbung aus Kapitel 15 vor. Im Zweifel können die Informationen dort helfen, diesen Abschnitt hier zu verstehen.

Im geschützten Bereich der abgeleiteten Klasse Abgeleitet wird die geerbte Methode methode3, die in der Basisklasse öffentlich ist, mithilfe der Using-Deklaration eingeführt. Ähnlich wie bei einem typedef ist der so in Abgeleitet eingeführte Name über die Klasse geschützt, obwohl das Original öffentlich ist. Auf diese Weise lassen sich bequem Zugriffsrechte von Basisklassen-Elementen einschränken.[5]

Andererseits ist es über die Using-Deklaration nicht möglich, das private Zugriffsrecht einer Basisklassen-Methode aufzuweichen.

Aber Sie können über die Using-Deklaration eine in der Basisklasse geschützte Methode (methode2) in der abgeleiteten Klasse als öffentlich deklarieren.

Die Using-Deklaration bekommt in C++11 noch eine weitere Fähigkeit, die wir aber erst in Kombination mit der Vererbung in Kapitel 15 besprechen werden.

---

5   Ähnliche Dienste leisten auch die sogenannten Zugriffsdeklarationen, von deren Einsatz aber Abstand genommen werden sollte.

KAPITEL 12

Templates

Mit Templates (zu Deutsch »Schablonen«) haben wir die Möglichkeit, einen oder mehrere Typen einer Klasse oder Funktion/Methode variabel zu halten. Man sagt auch, Templates definieren eine Familie von Klassen oder Methoden.

Wir haben die Funktions-Templates bereits kurz in Abschnitt 3.8 besprochen, werden das Thema hier aber noch vertiefen.

12.1 Klassen-Templates

Als Grundlage nehmen wir folgende Klasse Container:

```
#ifndef CONTAINER_H
#define CONTAINER_H

class Container {
  int m_inhalt;

public:
  Container(int i)
    : m_inhalt(i)
  {}

  Container(const Container& c)
    : m_inhalt(c.m_inhalt)
  {}

  Container& operator=(const Container& c) {
    m_inhalt = c.m_inhalt;
    return *this;
  }

  operator int() {
    return m_inhalt;
  }
};

#endif
```

Listing 12.1: Eine Container-Klasse für einen int-Wert

Die Klasse ist ausgesprochen simpel aufgebaut. Sie besitzt zwei Konstruktoren, einen Kopierzuweisungsoperator und einen Umwandlungsoperator für int.

> Der Kopierkonstruktor und der Kopierzuweisungsoperator sind in dieser Klasse unnötig, weil die von den impliziten Varianten angefertigte flache Kopie ausreicht.

TIPP

Wenn wir eine solche Klasse für einen anderen Datentyp nutzen möchten, dann müssten wir eine neue Klasse programmieren, die anstelle des Typs `int` den gewünschten Typ besitzt.

Hier kommen die Templates ins Spiel, die im Falle der Klassen-Templates einen oder mehrere Datentypen in einer Klasse variabel halten:

```cpp
template<typename¹ Typ>
class Container {
  Typ m_inhalt;

public:
  Container(const Typ& t)
    : m_inhalt(t)
  {}

  Container(const Container& c)
    : m_inhalt(c.m_inhalt)
  {}

  Container& operator=(const Container& c) {
    m_inhalt = c.m_inhalt;
    return *this;
  }

  operator Typ() {
    return m_inhalt;
  }
};
```

Listing 12.2: Die Klasse `Container` als Template

Wir haben den konkreten Typ `int` durch den Platzhalter `Typ` ersetzt und somit eine Schablone für einen Container erstellt, der ein Element eines beliebigen Typ speichern kann.

Dabei kann man hier den Begriff »Schablone« wörtlich nehmen, denn die alleinige Angabe einer Schablone erzeugt noch keinen Programmcode. Erst wenn aus dieser Schablone eine konkrete Klasse für einen speziellen Typ generiert wird, entsteht Code:

```cpp
Container<int> c(56);
```

Durch die obere Anweisung wird eine `Container`-Klasse für den Typ `int` erzeugt, aber es werden nur die Teile der Klasse generiert, die auch tatsächlich Verwendung finden. Die oben erzeugte Klasse `Container<int>` besitzt lediglich einen Konstruktor mit `const int&` als Parameter und einen impliziten Destruktor. Käme noch die Anweisung

```cpp
cout << c << endl;
```

hinzu, dann würde zusätzlich noch der Umwandlungsoperator generiert.

Das Template benutzt den Kopierkonstruktor und den Kopierzuweisungsoperator von `Typ`. Ein Klassen-Typ, der mit einem Container verwaltet werden soll, muss demnach diese beiden Methoden zur Verfügung stellen.

---

1   An dieser Stelle können die Schlüsselwörter `typename` und `class` synonym verwendet werden.

Ein Template kann auch mehrere Typen variabel halten. Ein bekanntes Beispiel ist hier das pair-Template [C++11 20.3.2]:

```
template <typename TypA, typename TypB>
struct pair
{
  TypA first;
  TypB second;

  pair()
    : first(), second()
  {}

  pair(const TypA& a, const TypB& b)
    : first(a), second(b)
  {}
};
```

Listing 12.3: Das pair-Template

Ein pair-Objekt wird folgendermaßen erzeugt:

```
pair<int, double> p(3, 3.14);
```

12.2 Funktions-Templates

```
Funktions-Templates sind ähnlich aufgebaut wie die Klassen-Templates, nur dass hier
der Typ bei einer Funktion variabel gehalten wird: template<typename Typ>
void PrintLine(const Typ& o) {
  cout << o << endl;
}
```

Listing 12.4: Ein Funktions-Template

Der Einsatz gestaltet sich etwas unkomplizierter, denn die tatsächlichen Typen müssen bei Template-Funktionen nicht angegeben werden:

```
Container<int> c(56);
PrintLine(c);
```

Wie das Klassen-Template ist auch das Funktions-Template auf die Schnittstelle des variablen Typs angewiesen. In unserem Fall macht PrintLine Gebrauch vom operator<< des eingesetzten Typs.

Weil Template-Funktionen keine explizite Typangabe benötigen, werden sie gerne dazu eingesetzt, Objekte entsprechender Klassen-Templates zu erzeugen. Für das Klassen-Template pair gibt es beispielsweise die Template-Funktion make_pair [C++11 20.3.3]:

```
template <typename TypA, typename TypB>
inline pair<TypA, TypB> make_pair(const TypA &a,
                                  const TypB &b) {
  return(pair<TypA, TypB>(a,b));
}
```

Listing 12.5: Das Funktions-Template make_pair

Als weiteres Beispiel möchte ich hier eine Template-Funktion vorstellen, mit der ein beliebiges `pair`-Objekt ausgegeben werden kann:

```
template <typename Typ1, typename Typ2>
ostream& operator<<(ostream& ostr, const pair<Typ1, Typ2>& p) {
  ostr << "(" << p.first << "," << p.second << ")";
  return(ostr);
}
```

Listing 12.6: Überladener Operator << für Paare

Die Template-Funktion ist nur dann einsetzbar, wenn für die Typen `Typ1` und `Typ2` ein Operator << existiert.

12.3 Template-Parameter

Ein mit `class` oder `typename` eingeführter Typ-Name verhält sich wie ein mit `typedef` definierter Typ. Außer Typ-Namen können auch folgende Größen als Template-Parameter eingesetzt werden:

» ein integraler oder Aufzählungstyp

» ein Zeiger oder eine Referenz auf ein Objekt

» ein Zeiger oder eine Referenz auf eine Funktion

» ein Zeiger auf ein Klassenelement

Ein Beispiel:

```
template<typename Typ, int groesse>
class Schablone {
public:
  Typ m_daten[groesse];
};
```

Listing 12.7: Ein Beispiel für einen integralen Template-Parameter

Das Template demonstriert die Anwendung eines integralen Template-Parameters. Ein anderes Einsatzgebiet eröffnen Zeiger auf Funktionen. Mit ihnen könnte man bei Containern beispielsweise die Sortierfunktion variabel halten.

12.3.1 Standardargumente

Genau wie bei den Funktionsparametern können auch bei Template-Parametern Standardargumente definiert werden. Nehmen wir als Beispiel die Deklaration eines simplen Templates:

```
template<typename Typ, typename Container=vector<Typ>>
class Behaelter {
  Container m_container;
};
```

Listing 12.8: Ein Template mit einem Standardargument

In diesem Fall könnte ein Objekt von `Behaelter` bereits mit folgenden Angaben erzeugt werden:

```
Behaelter<int> b;
```

Wird für den zweiten Template-Parameter nichts angegeben, dann besitzt er automatisch den Typ `vector<Typ>`, in unserem Fall damit `vector<int>`.

Beachten Sie bitte, dass bei der Template-Definition beide spitze Klammern hintereinander geschlossen werden (>>). Das funktioniert erst ab C++11. In C++03 wurde dies noch fälschlich als Bitverschiebe-Operator interpretiert, weshalb das Template so geschrieben werden musste:

`C++11`

```
template<typename Typ, typename Container=vector<Typ> >
class Behaelter {
  Container m_container;
};
```

Listing 12.9: Das Template vor C++11

12.4 Template-Spezialisierung

Obwohl aus einem Template für jeden beliebigen Typ Code erzeugt werden kann, der die geforderte Funktionalität besitzt, ist es manchmal erforderlich, für bestimmte Typen eine Sonderbehandlung vorzunehmen.

Wenn wir für die oben vorgestellte Template-Funktion `PrintLine` einen ausgegebenen String in Anführungszeichen setzen wollten, dann müssten wir in der Lage sein, speziell für den Typ `string` eine eigene `PrintLine`-Funktion zu definieren. Und das nennt man Template-Spezialisierung.

```
template<>
void PrintLine<string>(const string& o) {
  cout << "\"" << o << "\"" << endl;
}
```

Listing 12.10: Eine `PrintLine`-Funktion für den Datentyp `string`

Die Beispiele finden Sie auf der Webseite *www.awl.de/3209* unter *Listings/Kapitel12/Templates*.

`WWW`

In Kombination mit Template-Spezialisierungen ist eine Besonderheit noch wichtig [C++11 14.7.3]:

Wird ein Template innerhalb einer Klasse definiert, dann muss eine eventuelle Spezialisierung dieses Templates im Namensraum der Klasse stehen, die das Template enthält. Die Spezialisierung darf nicht (!) mit in die Klasse gepackt werden.

`INFO`

12.5 typename

Sehen Sie sich einmal folgendes Klassen-Template an:

```
template<typename Typ, typename Container=vector<Typ>>
class Behaelter {
  Container m_container;

public:
  Behaelter() {
    Container::size_type size = 0;
    Container::size_type* ptr = &size;
  }
};
```

Listing 12.11: Die Template-Klasse `Behaelter`

Das Template besitzt zwei Parameter: erstens den verwalteten Typ (`Typ`) und zweitens den zu verwendenden STL-Container (`Container`) mit `vector<Typ>` als Standardwert.

Im Konstruktor legen wir eine Variable und einen Zeiger vom `size_type`-Typ des verwendeten Containers an. Oder?

Woran erkennen Sie, dass `size_type` tatsächlich ein Typ ist? Am Namen? Gut, der Name `size_type` impliziert gewissermaßen einen Typ, aber das könnte Zufall sein.

Kurzum, wir können nicht mit Sicherheit sagen, ob es ein statisches Attribut oder ein definierter Typ ist. Mit dieser Problematik hat der Compiler auch zu kämpfen. Deswegen gilt folgende Regel:

INFO Wenn ein qualifizierter Name, dessen Qualifizierung von einem Template-Parameter abhängig ist, auf einen Typ-Namen verweist, dann muss dies durch ein vorangestelltes `typename` gekennzeichnet werden.

Damit sieht der Konstruktor so aus:

```
  Behaelter() {
    typename Container::size_type size = 0;
    typename Container::size_type* ptr = &size;
  }
```

Listing 12.12: Der Konstruktor mit `typename`

Und schon weiß der Compiler Bescheid. Viele der modernen Compiler kompilieren den Code auch, wenn `typename` nicht angegeben wird, aber nach dem Standard ist die Angabe Pflicht.

KAPITEL 13

STL

Dieses Kapitel gewährt einen Einblick in die STL (Abkürzung für *Standard Template Library*), die einen großen Teil der C++-Standardbibliothek ausmacht.

13.1 Die Komponenten der STL

Die einzelnen Komponenten der STL lassen sich in drei Gruppen einteilen: *Container*, *Iteratoren* und *Algorithmen*. Die Zusammenhänge zeigt Abbildung 13.1.

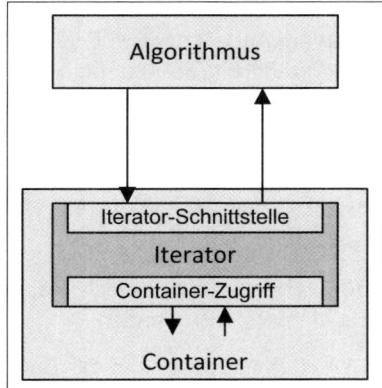

Abbildung 13.1: Die Zusammenhänge zwischen den STL-Komponenten

Die Container sind mittels Templates implementiert (deswegen auch der Name: Standard *Template* Library) und bieten Datenstrukturen zur Speicherung von Objekten eines beliebigen Typs. Die Art der internen Datenstruktur bestimmt die Zugriffsweise auf die gespeicherten Objekte.

Damit Sie als Anwender nicht für jeden Container einen eigenen Zugriff programmieren müssen, stellt jeder Container einen sogenannten Iterator zur Verfügung. Dieser Iterator bietet eine vereinheitlichte Schnittstelle für den Objektzugriff und das Durchlaufen des Containers und kapselt damit den strukturabhängigen Zugriff.

Die Algorithmen stellen Funktionalität zur Verfügung (Sortieren, Suchen, Mischen, Durchlaufen etc.), die ausschließlich über Iterator-Zugriffe implementiert und dadurch von den konkreten Container-Implementierungen unabhängig ist.

Es kann sogar ein eigener Algorithmus programmiert werden, der mit allen vorhandenen oder später programmierten Containern funktioniert, oder eine Datenstruktur entworfen werden, auf die alle bestehenden und zukünftigen Algorithmen anwendbar sind.

13.1.1 Container

Die STL stellt folgende Container zur Verfügung:

» `vector`: Ein Container, der intern als Feld aufgebaut ist und daher an seinem Ende alle Einfüge- und Entferne-Operationen in O(1)-Zeit ausführen kann. Ein Sonderfall ist hier die Vergrößerung des Feldes, falls das hinzuzufügende Objekt nicht mehr passt. Eine Vergrößerung entspricht hier einer Verdopplung der Kapazität. Die Datenstruktur ermöglicht wahlfreien Zugriff (*random access*) auf die Objekte. Für den Datentyp `bool` gibt es einen speziellen, auf den Datentyp optimierten Vektor. Die Definition ist in der Headerdatei `vector` zu finden.

» `deque`: Eine *double-ended queue*, also gewissermaßen ein Feld, das an seinem Anfang und an seinem Ende alle Einfüge- und Entferne-Operationen in O(1)-Zeit ausführen kann. Bei geschickter Implementierung benötigt der Sonderfall der Containervergrößerung weitaus weniger Laufzeit als beim Vektor. Auch hier ist wahlfreier Zugriff auf die Objekte möglich. Die Definition ist in der Headerdatei `deque` zu finden.

» `list`: Eine doppelt verkettete Liste. Einfügen und Entfernen am Anfang und am Ende der Liste sind immer in O(1)-Zeit möglich. Sonderfälle wegen Vergrößerung der Datenstruktur gibt es nicht. Die Datenstruktur erlaubt nur den bidirektionalen Zugriff. Ein Element zu finden, benötigt damit O(n)-Zeit. Die Definition ist in der Headerdatei `list` zu finden.

» `set`, `multiset`: Ein höhenbalancierter Baum. Elemente lassen sich in O(log(n))-Zeit einfügen, entfernen und auffinden. Das `multiset` erlaubt mehrfach vorkommende Objekte. Die Definitionen sind in der Headerdatei `set` zu finden.

» `map`, `multimap`. Von der Datenstruktur identisch mit `set` und `multiset`, erlauben es die Maps, Werte-Paare zu speichern. Die Definitionen sind in der Headerdatei `map` zu finden.

» `unordered_set`, `unordered_set`. Wie `set` und `multiset`, nur auf Hashtables basierend. Die Definitionen stehen in der Datei `unordered_set`.

» `unordered_map`, `unordered_multimap`. Wie `map` und `multimap`, nur auf Hashtables basierend. Die Definitionen stehen in der Datei `unordered_map`.

» `valarray`. Intern aufgebaut wie ein Vektor, unterstützt sie den Anwender bei der Vektorrechnung oder bei anderen Berechnungen, die sich auf eine Menge von Werten beziehen. Die Definition ist in der Headerdatei `valarray` zu finden.

13.1.2 Iteratoren

Weshalb Iteratoren eingesetzt werden, möchte ich am Beispiel der schon häufiger eingesetzten Klasse `Name` zeigen. Angenommen, wir haben einen Namen:

```
Name n("Johann Sebastian Bach");
```

Und jetzt möchten wir den Namen zeichenweise ausgeben. Dann stellen wir erst einmal fest, dass wir bei allem bisher eingebauten Schnickschnack nicht einmal in der Lage sind, die Länge des Namens zu ermitteln. Das wollen wir kurz mit der Methode `size` beheben:

```
int size() const {
  return std::strlen(m_mem);
}
```

Listing 13.1: Die Methode `size` von `Name`

Die Implementierung dieser Methode ist kurz, aber mangelhaft. Während die `size`-Methoden der STL-Container O(1)-Zeit, also konstante Laufzeit benötigen, braucht unser `size` umso länger, je mehr Zeichen der Name hat. Es handelt sich um eine lineare Laufzeit oder O(n)-Zeit. Das Problem ließe sich leicht lösen, indem wir die Länge des Namens explizit im Objekt speichern. Die damit einhergehende Anpassung der Methoden würde hier aber zu weit führen, von daher können Sie das gerne als Übung sehen. Ich hingegen werde bei dieser Demonstration mit der schlechteren Lösung arbeiten.

Kommen wir zurück zum ursprünglichen Problem, der zeichenweisen Ausgabe. Wir könnten eine Schleife programmieren:

```
int laenge = n.size();

for(int i = 0; i < laenge; ++i) {
  cout << n[i] << endl;
}
```

Damit `size` nicht bei jedem Vergleich in der Schleife aufgerufen wird, speichere ich ihren Rückgabewert in einer Variablen zwischen und verwende diese.

Anstatt über den Indexoperator die einzelnen Zeichen anzusprechen, könnten wir auch einen Zeiger über den Namen wandern lassen. Dazu brauchen wir dessen Anfang und Ende. Entsprechende Methoden sind leicht geschrieben:

```
char* begin() {
  return m_mem;
}

//------------------------------------------------------------

char* end() {
  return m_mem + size();
}
```

Listing 13.2: Die Methoden `begin` und `end` von `Name`

Auch hier leben wir mit der linearen Laufzeit von `end`, wohl wissend, dass auch `end` performanter wird, wenn Sie die `size`-Methode verbessert haben.

Vielleicht ist Ihnen aufgefallen, dass `end` nicht die Position des letzten Zeichens, sondern die Position *hinter* dem letzten Zeichen liefert. Den Grund erklärt die umgebaute Schleife:

```
for(char* i = n.begin(); i != n.end(); ++i) {
  cout << *i << endl;
}
```

Weil end die Position hinter dem letzten Zeichen beschreibt, können wir in der Schleifenbedingung auf Ungleichheit prüfen. Hätten wir die Position des letzten Zeichens, müssten wir auf kleiner/gleich prüfen, was meistens aufwendiger zu implementieren ist.

Ein Manko ist noch der unkontrollierte Zugriff, den wir dem Anwender über die Zeiger erlauben. Mit etwas mehr Aufwand können wir den Zeiger in einer eigenen Klasse kapseln. Ich nenne sie passend zum Thema iterator:

```
class iterator {
  friend class Name;
  char* m_pos;

//------------------------------------------------------------

  iterator(char* p)
      : m_pos(p) {
  }

//------------------------------------------------------------

public:
  iterator()
      : m_pos(nullptr) {
  }

//------------------------------------------------------------

  iterator& operator++() {
    ++m_pos;
    return *this;
  }

//------------------------------------------------------------

  iterator& operator--() {
    --m_pos;
    return *this;
  }

//------------------------------------------------------------

  char& operator*() {
    return *m_pos;
  }

//------------------------------------------------------------

  bool operator!=(const iterator& i) const {
    return m_pos != i.m_pos;
  }
};
```

Listing 13.3: Die lokale Klasse iterator von Name

Die Klasse `iterator` überlädt die Operatoren ++, --, != und *, um sich wie der zuvor verwendete Zeiger verhalten zu können. Um sinnvolle `iterator`-Objekte zu erhalten, müssen noch die Methoden `begin` und `end` von Name angepasst werden:

```
iterator begin() {
  return iterator(m_mem);
}

//------------------------------------------------------------

iterator end() {
  return iterator(m_mem + size());
}
```

Listing 13.4: Die für `iterator` angepassten Methoden `begin` und `end` von `Name`

In der Schleife muss lediglich der Datentyp der Schleifenvariablen angepasst werden:

```
for(Name::iterator i = n.begin(); i != n.end(); ++i) {
  cout << *i << endl;
}
```

Langsam erreichen die Bezeichner der Datentypen eine Länge, die den Einsatz von `auto` (siehe Abschnitt 3.4.1) rechtfertigt:

```
for(auto i = n.begin(); i != n.end(); ++i) {
  cout << *i << endl;
}
```

Die hier implementierte Klasse `iterator` demonstriert das Grundprinzip der Iteratoren der STL. Die Iteratoren bilden die Daten eines Containers als lineare Sequenz ab und erlauben zeigerähnlichen Zugriff. Die tatsächliche Struktur des Containers bleibt hinter den Iteratoren verborgen.

> Die Klasse Name mit Iterator finden Sie auf der Webseite *www.awl.de/3209* unter *Listings/Kapitel13/ Name01.*   WWW

Iterator-Kategorien

Wie das Beispiel mit der Name-Klasse werden die Iteratoren eines Containers von diesem zur Verfügung gestellt und heißen im Normalfall `iterator` und `const_iterator`. Zum umgekehrten Durchlaufen existieren üblicherweise noch `reverse_iterator` und `const_reverse_iterator`. Jeder Container besitzt Iteratoren einer bestimmten Iterator-Kategorie. Diese Kategorien und ihre Beziehungen zueinander sind in Abbildung 13.2 dargestellt.

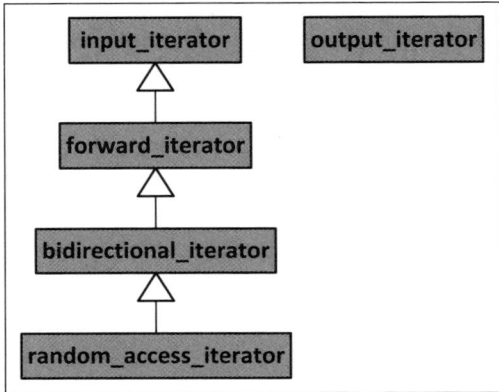

Abbildung 13.2: Die Hierarchie der STL-Iteratoren

output_iterator

Der Output-Operator ist lediglich in der Lage, Daten in einen Container bzw. in einen Ausgabestrom zu schreiben. Seine Schnittstelle stellt die Operatoren ++ und den Dereferenzierungsoperator in der schreibenden Form zur Verfügung. Vergleichsoperatoren stehen nicht bereit, weil gleichzeitig nie mehr als ein Output-Iterator pro Container eingesetzt werden kann.

Ein Output-Iterator kann über einen Bereich nur einmal iterieren.

input_iterator

Ein Input-Iterator iteriert lesend über einen Input-Stream oder einen Container. Daher kann er weder Daten schreiben noch kann er ein Objekt mehrmals lesen.

Von der Schnittstelle des Input-Operators werden die Operatoren ++, == , !=, -> und der Dereferenzierungsoperator * in der lesenden Form unterstützt:

Genau wie der Output-Iterator kann der Input-Iterator über einen Bereich nur einmal iterieren.

forward_iterator

Der Forward-Iterator verbindet die Eigenschaften des Input- und des Output-Iterators und erlaubt ein mehrmaliges Iterieren desselben Bereichs durch Anfertigung einer Kopie des Iterators.

Von einem Forward-Iterator kann auch ein nicht initialisiertes Objekt erzeugt werden.

bidirectional_iterator

Der Bidirectional-Iterator unterscheidet sich vom Forward-Iterator nur durch die zusätzliche Fähigkeit, auch rückwärts über einen Bereich laufen zu können. Dazu wird der Operator -- verwendet.

random_access_iterator

Das Besondere eines Random-Access-Iterators ist seine Fähigkeit, jedes Element eines Containers mithilfe des Indexoperators [] ansprechen zu können. Daraus ergibt sich auch die Möglichkeit der Arithmetik. Weitere Ergänzungen zum bidirektionalen Iterator sind die Operatoren <, >, <=, >=, +, –, += und -=.

13.1.3 Iteratoren erzeugen

Jeder STL-konforme Container implementiert die Methoden begin und end, um einen auf den Anfang und einen auf das Ende positionierten Iterator zu erhalten. Analog dazu gibt es für die Reverse-Iteratoren die Methoden rbegin und rend.

Dabei ist zu beachten, dass die von end gelieferte Position die Position *hinter* dem letzten Element ist. Analog dazu erhalten wir über rend die Position *vor* dem ersten Element. Abbildung 13.3 stellt die vier Positionen grafisch dar.

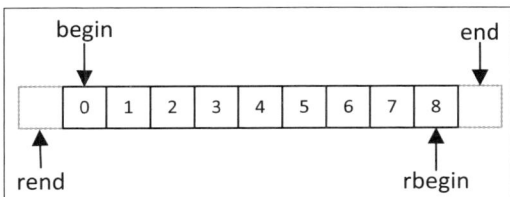

Abbildung 13.3: Die Positionen der vom Container erzeugten Iteratoren

Ab C++11 wurden zur expliziten Erzeugung von const-Iteratoren noch jedem Container die Methoden cbegin, cend, crbegin und crend hinzugefügt. C++11

13.1.4 Algorithmen

Die Algorithmen der STL befinden sich in der Headerdatei *Algorithm*. Wir verschaffen uns hier zunächst einen groben Überblick. Anschließend wird der Einsatz von Algorithmen exemplarisch vorgeführt.

Der Standard teilt die Algorithmen in folgende Gruppen auf [C++11 25]:

» nicht verändernde Algorithmen

» verändernde Algorithmen

» sortiende Algorithmen und Ähnliches

Nicht verändernde Algorithmen

Dieser Abschnitt enthält alle Algorithmen, die die Sequenz nicht verändern. Allerdings bringt der Standard auch in den anderen Rubriken nicht verändernde Algorithmen unter.

Algorithmus	Beschreibung
adjacent_find	Sucht benachbarte Duplikate.
all_of	Prüft, ob alle Elemente einem Kriterium entsprechen.
any_of	Prüft, ob mindestens ein Element einem Kriterium entspricht.
count	Zählt Elemente.
count_if	Zählt Elemente.
equal	Prüft, ob die Elemente zweier Sequenzen gleich sind.
find	Sucht erstes Vorkommen eines Elements.
find_end	Sucht das letzte Vorkommen einer Sequenz.
find_first_of	Sucht nach dem ersten Element, das in beiden Sequenzen enthalten ist.
find_if	Sucht das erste Vorkommen eines Elements.
for_each	Führt für jedes Element eine Operation aus.
is_permutation	Prüft, ob eine Sequenz die Permutation einer anderen ist.
mismatch	Bestimmt aus zwei Sequenzen die ersten Elemente, die sich unterscheiden.
none_of	Prüft, ob kein Element einem Kriterium entspricht.
search	Sucht das erste Vorkommen einer Sequenz.
search_n	Sucht das erste Vorkommen einer Sequenz gleicher Elemente.

Tabelle 13.1: Die nicht verändernden Algorithmen von algorithm

Verändernde Algorithmen

Hier finden Sie die verändernden Algorithmen sowie einige nicht verändernde Algorithmen, die überprüfen, ob eine bestimmte Struktur vorliegt.

Algorithmus	Beschreibung
copy	Kopiert eine Sequenz.
copy_backward	Kopiert eine Sequenz, beginnend am Ende.
copy_if	Kopiert Elemente einer Sequenz, die einem Kriterium entsprechen.
copy_n	Kopiert eine bestimmte Anzahl von Elementen.
fill	Ersetzt Elemente einer Sequenz.
fill_n	Ersetzt eine Anzahl von Elementen.

Algorithmus	Beschreibung
generate	Ersetzt Elemente eines Bereichs durch das Ergebnis einer Funktion.
generate_n	Ersetzt eine Anzahl von Elementen durch das Ergebnis einer Funktion.
is_partitioned	Prüft, ob eine Sequenz partitioniert ist.
iter_swap	Vertauscht zwei Elemente über Iteratoren.
move	Wie copy, nur mit Verschiebe-Semantik
move_backward	Wie copy_backward, nur mit Verschiebe-Semantik
partition	Partitioniert eine Sequenz.
partition_copy	Kopiert eine Sequenz und partitioniert sie dabei.
partition_point	Liefert innerhalb einer partitionierten Sequenz den Punkt zwischen den Partitionen.
random_shuffle	Ordnet die Elemente einer Sequenz in zufälliger Reihenfolge an.
remove	Löscht Elemente.
remove_copy	Kopiert und löscht Elemente.
remove_copy_if	Kopiert und löscht Elemente.
remove_if	Löscht Elemente.
replace	Ersetzt Elemente.
replace_copy	Kopiert und ersetzt Elemente.
replace_copy_if	Kopiert und ersetzt Elemente.
replace_if	Ersetzt Elemente.
reverse	Dreht die Elementreihenfolge einer Sequenz um.
reverse_copy	Kopiert Elemente in umgekehrter Reihenfolge.
rotate	Rotiert Elemente einer Sequenz.
rotate_copy	Kopiert und rotiert dabei die Elemente einer Sequenz.
stable_partition	Partitioniert eine Sequenz stabil.
swap_ranges	Vertauscht Elemente zweier Sequenzen.
transform	Ersetzt Elemente einer Sequenz mit dem Ergebnis einer Operation.
unique	Löscht benachbarte Duplikate.
unique_copy	Kopiert Elemente und löscht dabei benachbarte Duplikate.

Tabelle 13.2: Die verändernden Algorithmen von algorithm

Sortiende Algorithmen und Ähnliches

Im letzten Abschnitt finden sich die sortierenden Algorithmen sowie Algorithmen, die sortierte Sequenzen voraussetzen.

Algorithmus	Beschreibung
binary_search	Prüft, ob ein Element in einem Bereich vorkommt.
equal_range	Kombination von lower_bound und upper_bound.
inplace_merge	Verschmilzt zwei sortierte Sequenzen an Ort und Stelle.
includes	Prüft, ob eine sortierte Menge komplett in einer anderen enthalten ist.
is_heap	Prüft, ob eine Sequenz ein Heap ist.
is_sorted	Prüft, ob eine Sequenz sortiert ist.
is_sorted_until	Prüft, ob eine Sequenz bis zu einem gewissen Punkt partiell sortiert ist.
lexicographical_compare	Vergleicht zwei Sequenzen lexikografisch.
lower_bound	Ermittelt den Anfang eines Bereichs gleicher Elemente.
make_heap	Formt eine Sequenz in einen Heap um.
max	Ermittelt das größere zweier Elemente.
max_element	Ermittelt das größte Element einer Sequenz.
merge	Verschmilzt zwei sortierte Sequenzen.
min	Ermittelt das kleinere zweier Elemente.
min_element	Ermittelt das kleinste Element einer Sequenz.
minmax	Ermittelt das kleinere und größere zweier Elemente.
minmax_element	Ermittelt das kleinste und größte Element einer Sequenz.
next_permutation	Erzeugt die nächste Permutation einer Permutation.
nth_element	Sortiert eine Sequenz, bis ein bestimmtes Element an seiner richtigen Position ist.
partial_sort	Partielle Sortierung einer Sequenz.
partial_sort_copy	Kopiert eine Sequenz und sortiert sie dabei partiell.
pop_heap	Entfernt ein Element aus einem Heap.
prev_permutation	Erzeugt die vorherige Permutation einer Permutation.
push_heap	Fügt ein Element in einen Heap ein.

Algorithmus	Beschreibung
set_difference	Bildet die Differenz zweier sortierter Mengen.
set_intersection	Bildet die Schnittmenge zweier sortierter Mengen.
set_symmetric_difference	Bildet die symmetrische Differenz zweier sortierter Mengen.
set_union	Bildet die Vereinigungsmenge zweier sortierter Mengen.
sort	Sortiert eine Sequenz.
sort_heap	Wandelt einen Heap in eine sortierte Sequenz um.
stable_sort	Sortiert eine Sequenz stabil.
upper_bound	Ermittelt das Ende eines Bereichs gleicher Elemente.

Tabelle 13.3: Die sortierenden Algorithmen von `algorithm`

13.2 Die STL im Einsatz

Ich möchte hier an einigen Beispielen demonstrieren, wie alltägliche Situationen mithilfe der STL implementiert werden können.

13.2.1 Element suchen

Gehen wir davon aus, es existiert ein Vektor v, der Objekte des Typs int speichert:

```
vector<int> v;
for(int i=5; i<25; ++i)
  v.push_back((i*i*i)%53);
```

Dieser Vektor wurde mit einigen Werten gefüllt. Die Methode push_back hängt das Objekt an den Vektor an. Diese Methode wird auch von deque und list unterstützt.

Wir möchten nun herausfinden, ob ein int-Objekt mit dem Wert 50 gespeichert wurde:

```
int iter=0;
while(iter<v.size() && v[iter]!=50)
  ++iter;

if(iter<v.size())
  cout << "Wert gefunden" << endl;
else
  cout << "Wert nicht gefunden" << endl;
```

Listing 13.5: Suchen auf konventionelle Weise

Die Methode `size` wird von allen Containern unterstützt und liefert die Anzahl der tatsächlich im Container gespeicherten Objekte. Im Gegensatz dazu liefert `capacity` die Anzahl an Objekten, die der Container aufnehmen kann, ohne sich vergrößern zu müssen.

So weit, so gut. Möchten wir aber – aus welchen Gründen auch immer – statt des Vektor- einen Liste-Container verwenden, müssten wir auch das Suchfragment ändern, weil nur Vektoren und Deques einen Indexoperator implementieren.

Deswegen setzen wir als erste Abstraktion die Iteratoren des Vektors ein:

```
vector<int>::iterator iter=v.begin();
while(iter!=v.end() && *iter!=50)
  ++iter;

if(iter!=v.end())
  cout << "Wert gefunden" << endl;
else
  cout << "Wert nicht gefunden" << endl;
```
Listing 13.6: Suchen mit Iteratoren

Wir ermitteln mit `begin` einen Iterator auf das erste Element des Containers. Dann läuft die Schleife so lange, bis entweder die Position des Ende-Iterators (ermittelt mit `end`) erreicht oder der Wert gefunden wurde. Der Dereferenzierungsoperator des Iterators ermittelt dabei das Objekt, das sich an der Position des Iterators befindet.

Sollte ein konstanter Vektor durchsucht werden, müssten wir mit einem `const_iterator` arbeiten.

Jetzt können wir den Vektor problemlos durch einen anderen Container ersetzen, denn jeder andere STL-Container muss ebenfalls Iteratoren zur Verfügung stellen. Wir benutzen vom Iterator nur den Dereferenzierungsoperator und den Inkrement-Operator. Die an den Container gestellte Bedingung ist die Existenz eines Iterators der Kategorie `bidirectional_iterator`.

Im letzten Schritt wollen wir die manuelle Suche durch den `find`-Algorithmus ersetzen. Der Algorithmus `find` sucht innerhalb einer mit Iteratoren definierten Sequenz. Dazu bekommt er die Position des ersten Elements und die Position hinter dem letzten Element übergeben. Wird der Algorithmus fündig, dann liefert er eine Iterator-Position auf das gefundene Element zurück. Findet er nichts, dann wird die im zweiten Parameter angegebene Ende-Position zurückgegeben:

```
vector<int>::iterator iter=find(v.begin(), v.end(), 50);

if(iter!=v.end())
  cout << "Wert gefunden" << endl;
else
  cout << "Wert nicht gefunden" << endl;
```
Listing 13.7: Suchen mit dem `find`-Algorithmus

13.2.2 Element suchen mit eigener Bedingung

Die Formulierung einer Bedingung wird in der STL mit sogenannten Funktionsobjekten bewerkstelligt. Ein Funktionsobjekt ist nichts anderes als das Objekt einer Klasse, die den Funktionsaufrufoperator überladen hat.

Als Beispiel wollen wir ein Funktionsobjekt erzeugen, das `true` liefert, wenn der zu testende Wert prim ist:

```
template<typename Typ>
class isPrim {
public:
  bool operator()(const Typ& o) const {
    Typ e=static_cast<unsigned long>(ceil(sqrt(o)));
    for(Typ i=2; i<=e; ++i)
      if(!(o%i))
        return false;
    return true;
  }
};
```

Listing 13.8: Das Template `isPrim` als Schablone für Funktionsobjekte

Anstelle von `find` verwenden wir jetzt den Algorithmus `find_if`, der als drittes Argument ein Funktionsobjekt erwartet. Zur Bestimmung des richtigen Iterator-Typs kommt `auto` zum Einsatz:

```
  auto iter=find_if(v.begin(),
                    v.end(),
                    isPrim<int>());

  if(iter!=v.end())
    cout << "Wert gefunden: " << *iter << endl;
  else
    cout << "Wert nicht gefunden" << endl;
```

Listing 13.9: Eigene Bedingungen einsetzen mit `find_if`

13.2.3 Elemente löschen

Für das Löschen von Elementen stehen analog zu `find` und `find_if` die Algorithmen `remove` und `remove_if` zur Verfügung, die alle Elemente mit dem entsprechenden Kriterium (Objektgleichheit bei `remove`, Funktionsobjekt liefert `true` bei `remove_if`) löschen.

Allerdings können über Iteratoren keine Elemente aus Containern entfernt werden. Über Iteratoren können Sie nur Elemente lesen oder verändern. Das Löschen funktioniert so, dass die zu löschenden Elemente einfach von ihren Nachfolgern überschrieben werden. Sollten x Elemente gelöscht werden, dann sind die letzten x Elemente doppelt. Abbildung 13.4 zeigt den Sachverhalt am Beispiel unseres Vektors.

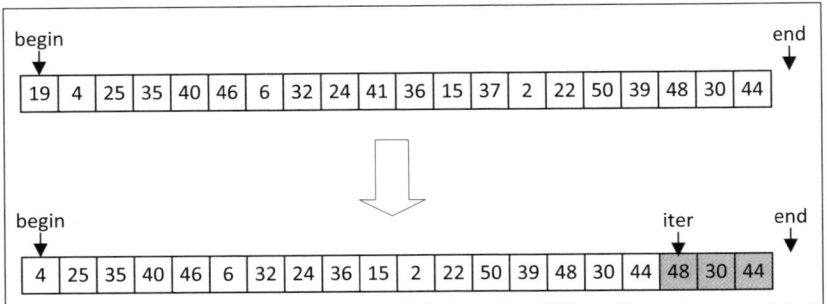

Abbildung 13.4: Die Vorgehensweise beim Löschen von Elementen über Algorithmen

Der Algorithmus liefert die Position des ersten doppelten Elements zurück. Anschließend werden die doppelten Elemente über die erase-Methode des Containers entfernt. Im folgenden Beispiel werden mithilfe von isPrim alle Primzahlen aus dem Vektor entfernt:

```
auto iter=remove_if(v.begin(),
                    v.end(),
                    isPrim<int>());
v.erase(iter,v.end());
```

Listing 13.10: Elemente löschen mit remove_if

13.2.4 Elemente kopieren

Das Kopieren von Elementen mithilfe von Iteratoren stellt uns vor ähnliche Probleme wie das Löschen: Iteratoren können Elemente nur auslesen oder beschreiben, nicht aber löschen oder hinzufügen.

Dem können wir uns zunächst einmal entziehen, indem der Ziel-Container bereits die gewünschte Anzahl an Elementen besitzt, die dann durch den Kopiervorgang lediglich überschrieben werden.

Zum Kopieren wird der Algorithmus copy benutzt:

```
vector<int> kopie(v.size());
copy(v.begin(), v.end(), kopie.begin());
```

Listing 13.11: Elemente kopieren mit copy

Die erste Anweisung legt einen Vektor kopie an und gibt ihm als Startgröße die Größe von v mit. Die zweite Anweisung kopiert dann die Elemente von v nach kopie, indem die bereits in kopie enthaltenen Elemente überschrieben werden.

Für die korrekte Funktionsweise von copy ist es notwendig, dass der hintere Teil des Quellbereichs sich nicht mit dem vorderen Teil des Zielbereichs überschneidet. Ansonsten muss copy_backward verwendet werden.

Insert-Iteratoren

Es ist ziemlich unelegant, zuerst den Zielcontainer mit der entsprechenden Anzahl an Elementen auszustatten, damit der Kopiervorgang nur noch Elemente überschreiben muss. Um hier eine bessere Vorgehensweise zu ermöglichen, existieren sie sogenannten Insert-Iteratoren, mit denen Elemente in einen Container eingefügt werden können. Es gibt folgende Varianten:

» `front_insert_iterator`: Dieser Iterator fügt Elemente am Anfang des Containers ein. Der Container muss dazu eine Methode `push_front` besitzen.

» `insert_iterator`: Elemente werden an einer gewünschten Position im Container eingefügt. Dazu muss der Container eine `insert`-Methode zur Verfügung stellen.

» `back_insert_iterator`: Dieser Iterator fügt Elemente am Ende des Containers ein. Der Container muss dazu eine Methode `push_back` besitzen.

Für unseren Kopiervorgang bietet sich der Back-Insert-Iterator an. Er wird folgendermaßen definiert:

```
vector<int> kopie;
back_insert_iterator<vector<int> > biter(kopie);

copy(v.begin(), v.end(), biter);
```

Listing 13.12: Elemente kopieren unter Zuhilfenahme des Back-Insert-Iterators

Der Back-Insert-Iterator ist ein Template, das einen Insert-Iterator für einen speziellen Container eines speziellen Typs erzeugt. Dem Iterator-Objekt muss als Konstruktor-Argument der konkrete Container angegeben werden, in den die Elemente eingefügt werden sollen.

Der so entstandene Inserter kann nun wie ein herkömmlicher Iterator einem Algorithmus übergeben werden.

Um die Schreibweise zu verkürzen, wurde zur Erzeugung eines Back-Insert-Iterators eine Template-Funktion `back_inserter` implementiert:

```
copy(v.begin(), v.end(), back_inserter(kopie));
```

Listing 13.13: Die Erzeugung eines Back-Insert-Iterators mit der Funktion `back_inserter`

Analog hierzu können auch Front-Insert-Iteratoren oder Insert-Iteratoren eingesetzt werden.[1] Für diese existieren die Funktionen `front_inserter` und `inserter` zur bequemeren Erzeugung.

13.2.5 Elemente sortieren

Wenn Elemente eines Containers sortiert werden sollen, kann der Algorithmus `sort` eingesetzt werden:

```
sort(v.begin(), v.end());
```

---

[1] Der Einsatz eines Front-Insert-Iterators für einen Vektor ist nicht möglich, weil Vektoren keine `push_front`-Methode besitzen.

Der Vektor v wird nun aufsteigend sortiert. Soll eine eigene Sortierung verwendet werden, dann kann als dritter Parameter ein Prädikat angegeben werden:

```
sort(v.begin(), v.end(), greater<int>());
```

Das Prädikat greater ist eines der in der STL vorgefertigten Prädikate. Tabelle 13.4 listet alle in der STL vordefinierten Prädikate auf.

Name	Liefert true, wenn
equal_to	a == b
greater	a > b
greater_equal	a >= b
less	a < b
less_equal	a <= b
logical_and	a && b
logical_or	a || b
not_equal_to	a != b

Tabelle 13.4: Die Prädikate der STL

Eigene Prädikate

Natürlich können auch eigene Prädikate definiert werden. Bei einem Prädikat werden immer zwei Objekte in Relation zueinander gesetzt.

Als Beispiel eines eigenen Prädikats wollen wir die Elemente nach ihrem Modulo-Wert sortieren. Der Aufruf soll später so aussehen:

```
sort(v.begin(), v.end(), modulo<int>(11));
```

Der Sortieralgorithmus sortiert die Elemente jetzt nach der Größe ihres Modulo-11-Wertes. Der Wert 12 ist demnach kleiner als 5, weil 12%11 den Wert 1 ergibt und damit kleiner ist als 5%11, mit 5 als Ergebnis.

```
template<typename Typ>
class modulo {
  Typ m_mod;

//-------------------------------------------------------------

public:
  modulo(const Typ& m)
    : m_mod(m)
  {}

//-------------------------------------------------------------
```

```
  bool operator()(const Typ& o1, const Typ& o2) const {
    return (o1%m_mod)<(o2%m_mod);
  }
};
```

Listing 13.14: Das selbst implementierte Prädikat modulo

Weil ein Prädikat immer zwei Objekte miteinander vergleicht, muss auch der Operator () zwei Parameter besitzen.

Wir können unser Beispiel noch weiter treiben und innerhalb unseres Prädikats noch die Möglichkeit bieten, die Sortierreihenfolge festzulegen:

```
template<typename Typ, typename Pred>
class modulo {
  Typ m_mod;
  Pred m_pred;

//-----------------------------------------------------------

public:
  modulo(const Typ& m)
    : m_mod(m)
  {}

//-----------------------------------------------------------

  bool operator()(const Typ& o1, const Typ& o2) const {
    return m_pred((o1%m_mod),(o2%m_mod));
  }
};
```

Listing 13.15: Das modulo-Prädikat mit frei definierbarer Sortierreihenfolge

Ein Aufruf, die Elemente in umgekehrter Reihenfolge ihres Modulo-Wertes zu sortieren, wird folgendermaßen definiert:

```
sort(v.begin(), v.end(), modulo<int, greater<int>>(11));
```

Nicht stabile Sortierverfahren

Wenn Sie den Inhalt des Vektors nach dem ersten Sortieren mit Modulo vergleichen mit dem Inhalt des Vektors nach dem Modulo-Sortieren in umgekehrter Reihenfolge, dann werden Sie feststellen, dass die Reihenfolge der Elemente sich nicht exakt umgekehrt hat.

Der in sort verwendete Sortieralgorithmus ist *Quicksort*. Obwohl Quicksort zu den leistungsfähigsten Sortieralgorithmen zählt, besitzt er eine Eigenschaft, die manchmal störend sein kann:

| Quicksort ist ein nicht stabiles Sortierverfahren. | INFO |

Das bedeutet: Gleiche Elemente können durch die Sortierung ihre Position zueinander verändern. Soll mehrstufig sortiert werden, ist diese Eigenschaft nicht wünschenswert.

Stabiles Sortieren

Um stabil zu sortieren, existiert der Algorithmus stable_sort. Er basiert auf dem Sortieralgo-rithmus *Mergesort* und kann – genau wie sort – mit oder ohne Prädikat aufgerufen werden.

Sortieren mit Forward-Iteratoren

Ein weiterer Nachteil, den sowohl sort als auch stable_sort haben, ist die Einschränkung, nur mit Random-Access-Iteratoren arbeiten zu können.

Wir wollen hier ein wenig Abhilfe schaffen und einen Sortieralgorithmus implementieren, der mit Forward-Iteratoren auskommt. Abbildung 13.5 zeigt das Verfahren anhand eines Bei-spiels.

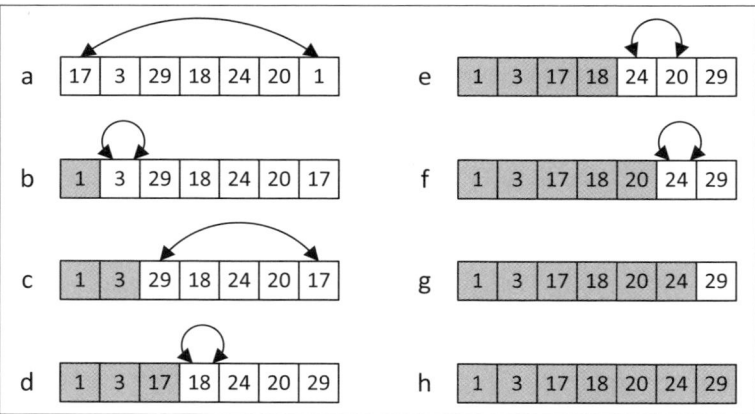

Abbildung 13.5: Das Sortierverfahren »Selection-Sort« an einem Beispiel

Im ersten Durchlauf wird das kleinste Element gesucht und mit dem ersten Element ver-tauscht. Danach steht das erste Element an seinem endgültigen Platz und braucht nicht mehr berücksichtigt zu werden.

Im zweiten Durchlauf wird das kleinste der verbliebenen Elemente gesucht und mit dem zwei-ten Element vertauscht. Dadurch steht auch das zweite Element an seinem Platz.

Auf diese Art wird das Feld sortiert, bis alle Elemente sortiert sind. Bei diesem Verfahren lau-fen wir im Container immer nur nach vorne, deswegen reichen hier Forward-Iteratoren aus.

Im Folgenden ist eine Implementierung des Verfahrens abgedruckt:

```
01 template<typename Forward>
02 void selection_sort(Forward anf, Forward end) {
03   do {
04     Forward iter=anf, swap=anf;
05     ++iter;
06     while(iter!=end) {
07       if(*iter<*swap)
08         swap=iter;
```

```
09      ++iter;
10    }
11    iter_swap(anf,swap);
12    ++anf;
13  } while(anf!=end);
14 }
```

Listing 13.16: Ein Sortieralgorithmus für Forward-Iteratoren mit dem stabilen Sortieralgorithmus »Selection-Sort«

» 04: Das erste Element der zu durchlaufenden Sequenz wird zunächst das zu tauschende Element (swap). Der Iterator iter durchläuft im weiteren Verlauf die aktuelle Sequenz.

» 05: iter wird eine Position nach vorne gesetzt, damit das erste Element der aktuellen Sequenz nicht mit sich selbst verglichen werden muss.

» 06: Die Schleife läuft, bis iter das Ende der aktuellen Sequenz erreicht hat.

» 07–08: Sollte das Element, auf das iter aktuell zeigt, kleiner sein als das bisher zu tauschende Element, dann wird dieses Element das neue zu tauschende Element. Auf diese Weise zeigt swap nach dem kompletten Durchlauf der inneren while-Schleife auf das kleinste Element der aktuellen Sequenz.

» 11: Über iter_swap wird das Element, auf das anf zeigt (das erste Element der aktuellen Sequenz), mit dem Element vertauscht, auf das swap zeigt (das kleinste Element der aktuellen Sequenz).

» 12: Die aktuelle Sequenz wird um ihr erstes Element verkleinert.

» 13: Die Schleife läuft so lange, bis die aktuelle Sequenz kein Element mehr beinhaltet und damit alle Elemente sortiert sind.

Um den Sortieralgorithmen der STL in nichts nachzustehen, kommt abschließend noch die Variante mit Prädikat:

```
01 template<typename Forward, typename Pred>
02 void selection_sort(Forward anf, Forward end, Pred pred) {
03   do {
04     Forward iter=anf, swap=anf;
05     ++iter;
06     while(iter!=end) {
07       if(pred(*iter,*swap))
08         swap=iter;
09       ++iter;
10     }
11     iter_swap(anf,swap);
12     ++anf;
13   } while(anf!=end);
14 }
```

Listing 13.17: Der Algorithmus selection_sort mit Prädikat

KAPITEL 14

Praxis

Dieses Praxiskapitel stellt zwei Beispiele vor, die das bisher Gelernte in der Anwendung präsentieren.

14.1 Ein Perl-Array

Wenn Sie sich in der Programmiersprache Perl oder PHP schon einmal mit Arrays befasst haben, dann wissen Sie vielleicht, dass diese Arrays auch negative Indizes erlauben. Der Index -1 spricht dabei das letzte Feldelement an, mit dem Index -2 erreicht man das vorletzte Feldelement usw. Abbildung 14.1 zeigt die Indizes für ein Array mit sechs Elementen.

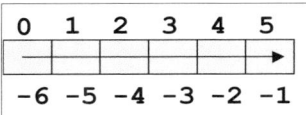

Abbildung 14.1: Die Indizes eines Perl-Arrays

Ein solches Array wollen wir nun programmieren. Um es möglichst flexibel zu halten, werden wir es als Template implementieren (siehe Abschnitt 12.1):

```
#ifndef PERLARRAY_H
#define PERLARRAY_H

#include <vector>

template<typename Typ>
class PerlArray {
  std::vector<Typ> m_vektor;

public:
  typedef std::vector<Typ>::size_type size_type;
};

#endif
```

Listing 14.1: Die Klassendefinition von `PerlArray`

Die interne Datenverwaltung übernimmt für uns ein STL-Vektor. Unser Array soll eine feste Größe besitzen, deswegen werden wir von der Vektor-Fähigkeit zur automatischen Vergrößerung keinen Gebrauch machen.

14.1.1 Konstruktoren

Wir geben dem Perl-Array folgende Konstruktoren mit:

```
explicit PerlArray(size_type groesse)
  : m_vektor(groesse)
{}
```

```
//-----------------------------------------------------------
```

```
PerlArray(const PerlArray& pa)
  : m_vektor(pa.m_vektor)
{}
```

```
//-----------------------------------------------------------
```

```
PerlArray(PerlArray&& pa)
  : m_vektor(std::move(pa.m_vektor))
{}
```

```
//-----------------------------------------------------------
```

```
PerlArray()
  : m_vektor()
{}
```

Listing 14.2: Die Konstruktoren von `PerlArray`

Wir brauchen nur die Konstruktoren des Vektors durchzuschleifen. Im Standardkonstruktor wurde der Übersichtlichkeit wegen der Standardkonstruktor des Vektors aufgerufen, auch wenn ohne explizite Angabe immer der Standardkonstruktor ausgewählt wird.

14.1.2 Zuweisungsoperatoren und size

Der Kopierzuweisungsoperator und die `size`-Methode machen ebenfalls Gebrauch von den Vektormethoden:

```
PerlArray& operator=(const PerlArray& pa) {
  m_vektor=pa.m_vektor;
  return *this;
}
```

```
//-----------------------------------------------------------
```

```
PerlArray& operator=(PerlArray&& pa) {
  m_vektor=std::move(pa.m_vektor);
  return *this;
}
```

```
//-----------------------------------------------------------
```

```
size_type size() const{
  return m_vektor.size();
}
```
Listing 14.3: Die Zuweisungsoperatoren und die Methode size

14.1.3 Indexoperator

Die eigentlich neue Funktionalität des Perl-Arrays steckt im Indexoperator:

```
Typ& operator[](int pos) {
  return (pos>=0)?m_vektor[pos]
                 :m_vektor[m_vektor.size()+pos];
}
```
Listing 14.4: Der Indexoperator von PerlArray

Ausgeschrieben sähe die return-Anweisung des Indexoperators so aus:

```
if(pos>=0)
  return(m_vektor[pos]);
else
  return(m_vektor[m_vektor.size()+pos]);
```

Für konstante Objekte benötigen wir einen eigenen Indexoperator, der sich nur geringfügig von dem vorigen unterscheidet:

```
const Typ operator[](int pos) const {
  return (pos>=0)?m_vektor[pos]
                 :m_vektor[m_vektor.size()+pos];
}
```
Listing 14.5: Ein Indexoperator für konstante Objekte

14.1.4 at

Um auch einen Zugriff mit Bereichsüberprüfung zu haben, wollen wir das Array noch mit der Methode at ausstatten:

```
Typ& at(int pos) {
  return (pos>=0)
         ?m_vektor.at(pos)
         :m_vektor.at(m_vektor.size()+pos);
}

//-----------------------------------------------------------

const Typ at(int pos) const{
  return (pos>=0)
         ?m_vektor.at(pos)
         :m_vektor.at(m_vektor.size()+pos);
}
```
Listing 14.6: Die Methoden at für konstante und nicht konstante Objekte

Eine weitere Ergänzung der Array-Funktionalität bleibt Ihnen als Übung überlassen.

WWW Die Klasse PerlArray finden Sie auf der Webseite *www.awl.de/3209* unter *Listings/Kapitel14/PerlArray*.

14.2 Ein nichtsensitiver String

In diesem Abschnitt wollen wir einen String entwerfen, der bei Vergleichen nicht zwischen Groß- und Kleinschreibung unterscheidet, die Groß- und Kleinbuchstaben aber korrekt speichert.

Ich werde dazu einen Ansatz verfolgen, den einer meiner Seminarteilnehmer gewählt hatte. Es gibt bei Weitem effektivere Wege (einen werden wir später besprechen), aber dieser Ansatz zwingt uns, bei der Implementierung der Operatoren mit einigen Tricks zu arbeiten, und das wiederum ist sehr interessant.

14.2.1 Klassendefinition

Die hinter dem Ansatz stehende Idee besteht in der zweimaligen Speicherung des Strings – einmal in seiner Originalform und ein zweites Mal nur mit Kleinbuchstaben. Gehen wir das Grundgerüst einmal durch:

```
#ifndef QSTRING_H
#define QSTRING_H

#include <string>

class QString {
public:
  typedef std::string::size_type size_type;
  const static size_type npos;
private:
  std::string m_org;
  std::string m_low;
};

#endif
```

Listing 14.7: Die Klassendefinition von QString

Die Typ-Definition von size_type wird von string übernommen, was vernünftig ist, denn QString soll letztlich ein String sein, der nicht zwischen Groß- und Kleinschreibung unterscheidet. Von daher wird QString intensiv von der string-Klasse Gebrauch machen.

Die Klasse eifert dem Vorbild von string nach und legt eine statische Variable npos an. Diese wird später in der *.cpp*-Datei definiert und mit string::npos initialisiert.[1]

m_org speichert den Original-String und m_low den String in Kleinbuchstaben.

---

1 Die Klasse string definiert die statische Konstante npos, um ungültige Positionen kennzeichnen zu können.

14.2.2 »get_org« und »get_low«

Die beiden Get-Methoden liefern eine konstante Referenz auf den entsprechenden String:

```
public:
  const std::string& get_org(void) const {
    return m_org;
  }

//-------------------------------------------------------------

  const std::string& get_low(void) const {
    return m_low;
  }
```

Listing 14.8: Die Methoden get_org und get_low

14.2.3 »set«

```
  void set(const std::string& s) {
    m_org = s;
    m_low = to_lower(s);
  }

//-------------------------------------------------------------

  void set(const QString o) {
    m_org = o.get_org();
    m_low = o.get_low();
  }
```

Listing 14.9: Die set-Methoden von QString

Die erste set-Methode weist dem QString ein string-Objekt zu. Über die selbst geschriebene toLower-Methode wird der übergebene String in Kleinbuchstaben umgewandelt.

Die zweite set-Methode weist dem QString ein anderes QString-Objekt zu.

14.2.4 Konstruktoren

Nun folgen die Konstruktoren, die von den set-Methoden Gebrauch machen:

```
  explicit QString(const string& s) {
    set(s);
  }

//-------------------------------------------------------------

  explicit QString(const char* s) {
    set(s);
  }
```

```
//---------------------------------------------------------

  explicit QString(const char c) {
    char s[]={c,0};
    set(s);
  }

//---------------------------------------------------------

  explicit QString(void) {
    set("");
  }
};
```

Listing 14.10: Die Konstruktoren von QString

14.2.5 »to_lower«

Damit der bisherige Ansatz funktioniert, muss noch die toLower-Methode implementiert werden:

```
std::string to_lower(std::string s) {
  for(std::string::size_type i=0; i<s.length(); ++i)
    s[i]=tolower(s[i]);
  return s;
}
```

Listing 14.11: Die Methode toLower von QString

So weit, so gut. Mit der bisherigen Implementierung lassen sich QString-Objekte aus verschiedenen Datentypen erzeugen. Bevor wir fortfahren, sollten Sie kurz den bisherigen Quellcode überdenken und versuchen, eventuelle Verbesserungen zu finden.

WWW   Die Klasse QString in der aktuellen Fassung finden Sie auf der Webseite *www.awl.de/3209* unter *Listings/Kapitel14/QString01*.

14.2.6 Verbesserung (1. Schritt)

Auch wenn dank des Zeiger-Literals nullptr in C++11 die Problematik einer Überladung mit integralem Typ und Zeiger-Typ nahezu beseitigt ist, wollen wir den Konstruktor

```
QString(const char c)
```

entfernen, weil er die öffentliche Schnittstelle überfrachtet. Kam es Ihnen eigentlich komisch vor, dass bei dem Konstruktorparameter der char-Wert als const deklariert wurde? Hoffentlich. Es hat nämlich keinen Sinn, da es sich hierbei nicht um einen Verweis handelt, sondern um eine Kopie, und deren Änderung hätte außerhalb des Konstruktors keine Auswirkung.

»explicit« entfernen

Des Weiteren fliegen die explicit-Deklarationen raus, um dem Compiler für die weiteren Funktionen eine implizite Typumwandlung zu ermöglichen.

Die Konstruktoren, die bei dem Aufruf von `set` eine implizite Typumwandlung eingesetzt haben (von `const char*` nach `string`), haben jetzt mit einer Doppeldeutigkeit zu kämpfen. Bestand vorher nur die Möglichkeit, implizit in ein `string`-Objekt umzuwandeln, könnte der Compiler wegen des entfernten `explicit` bei den eigenen Konstruktoren auch eine Umwandlung nach `QString` vornehmen. Wir müssen also explizit umwandeln:

```
QString(const char* s) {
  set(static_cast<std::string>(s));
}


//------------------------------------------------------------

  explicit QString(void) {
    set(static_cast<std::string>(""));
  }
```

Listing 14.12: Die Konstruktoren mit expliziter Typumwandlung

»to_lower« arbeitet mit Referenz

Anstatt der Methode `to_lower` die Kopie eines Strings zu übergeben, die dann wieder als Kopie zurückgegeben wird, soll die Funktion gleich das Original in Kleinbuchstaben umwandeln:

```
void to_lower(std::string& s) {
  for(size_type i=0; i<s.length(); ++i)
    s[i]=tolower(s[i]);
}
```

Listing 14.13: Eine verbesserte `toLower`-Methode

Der Aufruf in `set` ändert sich dabei nur unwesentlich:

```
void set(const std::string& s) {
  m_org = s;
  to_lower(m_low = s);
}
```

Listing 14.14: Die angepasste `set`-Methode

Mit diesem kleinen Eingriff hat sich die Initialisierungsgeschwindigkeit von `m_low` mehr als verdoppelt.[2]

Kopierkonstruktor

Wir haben zwar einige Konstruktoren, aber ein Kopierkonstruktor fehlt:

```
QString(const QString& q)
  : m_org(q.m_org), m_low(q.m_low)
{}
```

Listing 14.15: Ein Kopierkonstruktor für `QString`

---

2   Solche Laufzeitbetrachtungen gehen natürlich davon aus, dass der Compiler nicht vorher schon optimierend tätig war.

»set« mit Referenz

Und zu guter Letzt noch eine klitzekleine Optimierung, die Ihnen bestimmt auch aufgefallen ist. Die set-Methode

```
void set(const QString o)
```

sollte den konstanten QString als Referenz übergeben bekommen:

```
void set(const QString& o)
```

Das soll als erste Optimierungsmaßnahme reichen.

WWW   Die Klasse QString in der aktuellen Fassung finden Sie auf der Webseite *www.awl.de/3209* unter *Listings/Kapitel14/QString02*.

14.2.7 Kopierzuweisungsoperator

Schauen wir uns den Kopierzuweisungsoperator der eingereichten Lösung an:

```
QString& operator=(const QString& e) {
  if(&e == this)
    return *this;
  set( e.get_org() );
  return *this;
}
```

Listing 14.16: Der Kopierzuweisungsoperator von QString

Von e wird get_org aufgerufen, um den originalen String zu erhalten. Dieser wird anschließend der set-Methode übergeben. Und was macht die set-Methode? Unter anderem erzeugt sie über to_lower den notwendigen kleingeschriebenen String. Muss das sein?

14.2.8 Verbesserung (2. Schritt)

Eigentlich nicht, denn e ist ein QString-Objekt und beinhaltet den in Kleinbuchstaben umgewandelten String bereits.

Dann sollte genau überlegt werden, ob eine Selbstzuweisung aus technischen Gründen verhindert werden muss. Wenn nicht, dann sollten wir die Überprüfung auch nicht vornehmen. Eine Selbstzuweisung ist ausgesprochen selten. Die Überprüfung wird also fast immer umsonst vorgenommen und kostet Laufzeit. Deswegen nehmen wir lieber eine höhere Laufzeit für den kaum wahrscheinlichen Fall einer Selbstzuweisung in Kauf, haben aber für die Standardsituation Laufzeit gespart:

```
QString& operator=(const QString& e) {
  m_org = e.m_org;
  m_low = e.m_low;
  return *this;
}
```

Listing 14.17: Der verbesserte Kopierzuweisungsoperator

Damit hat sich auch die set-Methode mit QString-Objekt als Parameter erledigt, denn exakt das Gleiche macht operator=.

Durch die implizite Typumwandlung über die Konstruktoren ist der Kopierzuweisungsoperator vielseitig einsetzbar. Ein Überladen mit string oder const char* lohnt hier nicht, weil von diesen Typen auf jeden Fall ein Kleinbuchstaben-String erzeugt werden muss, und das kann auch durch die implizite Typumwandlung geschehen.

14.2.9 Additionsoperatoren

Als Additionsoperatoren wurden der Zuweisungsoperator und der reine Additionsoperator implementiert. Der Zuweisungsoperator ist von Natur aus eine Methode:

```
QString operator+=(const QString& e) {
  set( get_org()+e.get_org() );
  return *this;
}
```

Listing 14.18: Der Additionszuweisungsoperator von QString

Für den Additionsoperator wurde aus Flexibilitätsgründen die Funktionsvariante verwendet:

```
QString operator+(const QString& e1, const QString& e2) {
  QString tmp;
  tmp.set( e1.get_org()+e2.get_org() );
  return tmp;
}
```

Listing 14.19: Der Additionsoperator von QString

Lassen Sie die beiden Operatoren auf sich wirken, und überlegen Sie, welche Möglichkeiten zur Optimierung es gibt.

Die Klasse QString in der aktuellen Fassung finden Sie auf der Webseite *www.awl.de/3209* unter *Listings/Kapitel14/QString03*.

WWW

14.2.10 Verbesserung (3. Schritt)

Wenn Sie einen arithmetischen Operator überladen wollen, dann sollten Sie zumindest immer den entsprechenden Zuweisungsoperator überladen, weil er von der Laufzeit her effizienter ist als der herkömmliche Operator. Das liegt daran, dass der Zuweisungsoperator kein neues Objekt erzeugen muss und keine Objektkopie als Rückgabewert benötigt.

Hier liegt auch eine der Schwachstellen des oberen Zuweisungsoperators: Er gibt eine Kopie anstelle einer Referenz zurück. Darüber hinaus nutzt er durch den Einsatz von get_org und set den Vorteil nicht aus, dass alle involvierten Strings bereits als Kleinbuchstaben vorliegen.

Wenn wir diese Punkte zusammenfassen, erhalten wir folgende Methode:

```
QString& operator+=(const QString& e) {
  m_org += e.m_org;
  m_low += e.m_low;
  return *this;
}
```

Listing 14.20: Der verbesserte Additionszuweisungsoperator

Grundsätzlich ist die Klasse damit für die Addition voll ausgestattet. Möchten Sie dem Nutzer die Handhabung noch etwas angenehmer gestalten, können Sie zusätzlich noch einen operator+ implementieren, der aus Wartungsgründen auf dem Zuweisungsoperator basieren sollte. Damit lässt sich operator+ nicht nur knackig formulieren, eine Änderung der Art und Weise, wie addiert wird, betrifft jetzt nur noch den Zuweisungsoperator.

Außerdem hat sich die Problematik mit dem Element-Zugriff in Luft aufgelöst. Der Zuweisungsoperator hat als Methode sowieso Zugriff auf die Attribute, und die operator+-Funktion benötigt diesen Zugriff nicht, weil sie nur die öffentliche Klassenschnittstelle anspricht, nämlich operator+=.

Damit entsteht folgende operator+-Funktion:

```
QString operator+(QString e1, const QString& e2) {
  return e1+=e2;
}
```

Listing 14.21: Der verbesserte Additionsoperator

14.2.11 Vergleichsoperatoren

Die Vergleichsoperatoren sind recht simpel, weil sie einfach die in Kleinbuchstaben umgewandelten Strings vergleichen:

```
bool operator==(const QString& s1, const QString& s2) {
  return s1.get_low()==s2.get_low();
}
```

Listing 14.22: Das Prüfen auf Gleichheit bei QString

14.2.12 Ausgabe-Operator

Auch dieser Operator bedarf keiner weiteren Erläuterung:

```
ostream& operator<<(ostream& o, const QString& e)  {
  o << e.get_org();
  return o;
}
```

Listing 14.23: Der <<-Operator von QString

14.2.13 Indexoperator

Lassen wir nun die seichten Wasser hinter uns, und tauchen wir ab ins echte C++-Leben. Der Indexoperator – auf den ersten Blick recht trivial zu implementieren – erweist sich bei genauerer Betrachtung als harte Nuss:

```
char& operator[](size_type pos) {
  return m_org[pos];
}
```

Listing 14.24: Der fehlerhafte Indexoperator von QString

Sehen Sie die Problematik? Nein? Dann spielen Sie mal folgenden Code durch:

```
QString q1("Andre Willms");
QString q2("andre willms");
if(q1==q2)
  cout << "Gleich" << endl;   // Wird ausgegeben
cout << q1[0] << endl;        // 'A'
q1[0]='B';
if(q1==q2)
  cout << "Gleich" << endl;   // Wird auch ausgegeben!
cout << q1.get_org() << endl; // "Bndre Willms"
cout << q1.get_low() << endl; // "andre willms"
```

Können Sie sich das merkwürdige Verhalten erklären? Eigentlich recht einfach: Wir geben im Indexoperator eine Referenz auf ein Zeichen aus dem Original-String zurück. Wenn dieser Referenz nun etwas zugewiesen wird, dann betrifft dies ausschließlich den Original-String. Der String mit den Kleinbuchstaben bleibt unverändert.

Wenn wir auf die Zuweisung zur Referenz reagieren wollen, dann geht das nur, wenn die Zuweisung zu einem selbst definierten Typ stattfindet. Das wiederum bedeutet, der Indexoperator muss ein Objekt einer selbst definierten Klasse liefern. Dieses eigene Objekt kann dann bei einer Zuweisung die Zeichen in beiden Strings aktualisieren.

14.2.14 Die Klasse »CChar«

Der mir eingereichte Ansatz definiert dazu eine Klasse CChar, die im öffentlichen Bereich von QString definiert wird:

```
class CChar {
private:
  char& m_orgc;
  char& m_lowc;
};
```

Listing 14.25: Die Klassendefinition von CChar

Die beiden Referenzen verweisen auf das Zeichen aus dem Original-String und auf das Zeichen aus dem Kleinbuchstaben-String.

Konstruktor

```
CChar(char& c1, char& c2)
  :m_orgc(c1), m_lowc(c2)
{}
```
Listing 14.26: Der Konstruktor von CChar

Der Konstruktor bekommt die Referenzen auf die beiden besagten Zeichen übergeben.

Umwandlungsoperator

```
operator char() {
  return(m_orgc);
}
```
Listing 14.27: Der Umwandlungsoperator char von CChar

Über den char-Umwandlungsoperator kann sich ein CChar-Objekt wie ein char verhalten, was recht wichtig ist, weil bei seinem Einsatz kein Unterschied zwischen einem CChar und einem char zu erkennen sein sollte.

Zuweisungsoperatoren

```
CChar& operator=(const CChar& e) {
  if(&e == this)
    return *this;
  m_orgc = e.m_orgc;
  m_lowc = e.m_lowc;
  return *this;
}
```
Listing 14.28: Der Kopierzuweisungsoperator von CChar

Der erste Zuweisungsoperator ist der Kopierzuweisungsoperator, er bekommt ein CChar-Objekt übergeben. Die beiden Zeichen werden eins zu eins zugewiesen.

```
CChar& operator=(const char c) {
  m_orgc = c;
  m_lowc = tolower(c);
  return *this;
}
```
Listing 14.29: Ein Zuweisungsoperator für const char-Elemente

Der zweite Zuweisungsoperator weist dem CChar-Objekt ein char zu. Die Umwandlung in einen Kleinbuchstaben erfolgt über die tolower-Funktion aus der Headerdatei cctype.

Neuer Indexoperator

Zum Schluss muss der Indexoperator noch angepasst werden:

```
CChar operator[](size_type pos) {
  return(CChar(m_org[pos], m_low[pos]));
}
```
Listing 14.30: Der neue Indexoperator von QString

Nun kann der Indexoperator fehlerfrei eingesetzt werden. Beschäftigen Sie sich ein wenig mit diesem Lösungsansatz, und versuchen Sie wieder, verbesserungswürdige Stellen zu finden.

14.2.15 Verbesserung (4. Schritt)

Zunächst einmal: Haben Sie den Eindruck, dass die obere Lösung für QString-Objekte einen konsistenten Zustand garantiert? Ja? Dann schnallen Sie sich an:

```
QString q1("Andre Willms");
char c1='X', c2='I';
QString::CChar cc(c1,c2);
q1[0]=cc;
cout << q1.get_org() << endl;  //"Xndre Willms"
cout << q1.get_low() << endl;  //"Indre willms"
```

So viel zum Thema Konsistenz!

Die CChar-Klasse muss natürlich ganz schnell in den privaten Bereich von QString verschoben werden.

Ansonsten gibt es nur noch eine Kleinigkeit: Im ersten Zuweisungsoperator würde ich die Prüfung entfernen, ob das Objekt sich selbst zugewiesen wird – und zwar aus folgenden Gründen:

»   Das Objekt kann gefahrlos sich selbst zugewiesen werden.

»   Die Wahrscheinlichkeit, dass jemand eine Zuweisung an sich selbst implementiert, ist so gering, dass die Prüfung fast immer umsonst durchgeführt wird. Wenn wir sie entfernen und lieber in den selten auftretenden Fällen eine Zuweisung an sich selbst zulassen, verbessern wir die Laufzeit.

14.2.16 Indexoperator für konstante Objekte

Damit wir auch bei konstanten Objekten einen Indexoperator nutzen können, müssen wir einen zusätzlichen, mit dem impliziten Objektparameter const versehenen Operator implementieren.

Dieser neue Operator kann aber nicht die CChar-Klasse nutzen, weil die Referenzen innerhalb von CChar auf nicht konstante Zeichen verweisen – die Zeichen eines konstanten QString sind aber konstant.

In der eingereichten Lösung wird dieser Problematik mit einer Klasse Const_CChar begegnet, die mit Referenzen auf Konstanten arbeitet:

```
class Const_CChar {
private:
  const char& m_orgc;
  const char& m_lowc;
public:
  Const_CChar(const char& c1, const char& c2)
    : m_orgc(c1), m_lowc(c2)
  {}
```

```
//-----------------------------------------------------------

    operator char() {
      return(m_orgc);
    }
  };
```
Listing 14.31: Die Klasse Const_CChar

Die Klasse benötigt keine Zuweisungsoperatoren mehr, weil Objekte der Klasse im Zusammenhang mit konstanten QString-Objekten eingesetzt werden, und die können sowieso nicht geändert werden.

Jetzt fehlt nur noch der dazugehörige Indexoperator:

```
Const_CChar operator[](const size_type i) const {
  return(Const_CChar(m_org[i], m_low[i]));
}
```
Listing 14.32: Ein Indexoperator für konstante Objekte

Damit kann der Indexoperator auch bei konstanten Objekten eingesetzt werden.

14.2.17 Verbesserung (5. Schritt)

An dieser Stelle kommt – für dieses Kapitel zum letzten Mal – die Frage nach Ihren Verbesserungsmöglichkeiten.

Einen kleinen Einwand gibt es bei dem bestehenden Indexoperator für konstante Objekte: Warum ist der Funktionsparameter konstant? Dies wird für einen als const deklarierten Indexoperator nicht gefordert und macht auch sonst keinen Sinn, weil der Parameter als Wert übergeben wird. Das const kann damit gestrichen werden.

Rekapitulieren wir doch noch einmal, wie wir zu der Klasse Const_CChar gekommen sind. Weil wir ursprünglich Probleme damit hatten, Änderungen an beiden Strings der QString-Klasse vorzunehmen, haben wir die Klasse CChar eingeführt, deren Objekte diese Aufgabe für uns übernehmen. Dann sollte die Index-Funktionalität auf konstante Objekte erweitert werden. CChar war nicht mehr zu gebrauchen, weil ihre Referenzen nicht auf Konstanten verweisen können. Deswegen kam analog zu CChar die Klasse Const_CChar ins Spiel. Recht nett, aber keine Spur von Weitblick.

Gehen wir noch einmal an den Anfang. Wir haben die Klasse CChar eingeführt, weil eine Zuweisung an die vom Indexoperator gelieferte Referenz nicht funktionierte. Aber das Auslesen der Referenz hatte doch schon immer funktioniert.

Der Verbesserungsvorschlag fällt damit so radikal wie simpel aus: Die Const_CChar-Klasse wird entfernt, und als Indexoperator für konstante Objekte nehmen wir diesen:

```
const char operator[](size_type pos) const {
  return m_org[pos];
}
```
Listing 14.33: Der verbesserte Indexoperator für konstante Objekte

Die Klasse QString in der aktuellen Fassung finden Sie auf der Webseite *www.awl.de/3209* unter *Listings/Kapitel14/QString04*.

WWW

Die bisher vernachlässigte Verschiebe-Semantik greifen wir auf, wenn wir in Kapitel 17 den QString ausnahmesicher machen.

Das Erweitern der QString-Klasse um typische string-Funktionen wie find, substr, insert, erase etc. können Sie sich an einem verregneten Nachmittag gerne als kleine Übung vornehmen.

KAPITEL 15

Vererbung – Die Technik

In Kapitel 6 hatte ich Ihnen Klassen als des C++-Programmierers liebstes Kind vorgestellt. Nun ist es an der Zeit, uns intensiver mit des C++-Programmierers fast liebster Beschäftigung zu befassen: der Vererbung.

Wurde die Vererbung in den Anfangstagen als Allheilmittel bei der Programmierung gelobt und jedes Programm, das keine Vererbung einsetzte, als potenziell verdächtig eingestuft, ist man mittlerweile vom blinden Glauben an die Vererbung etwas abgekommen.

Natürlich steht es außer Frage, dass Vererbung ein außerordentlich wichtiges und effektives Werkzeug ist, aber es hat sich herausgestellt, dass in vielen Bereichen andere Techniken besser einzusetzen sind.

Das Thema Vererbung wird in zwei Bereiche aufgeteilt:

» in den programmtechnischen Bereich: Hier geht es um syntaktische und sprachspezifische Fragen zur Vererbung. (Wie vererbe ich in C++? Wie sehen abstrakte Methoden in C++ aus? Etc.)

» in den designtechnischen Bereich: Dieser behandelt Fragen, die sich um das Wann und Wie der Vererbung drehen. (Wie vererbe ich, wenn ich nur die Schnittstelle vererben will? Wann setze ich andere Techniken wie Einbettung oder Templates ein? Etc.) Dies ist Thema von Kapitel 16

Bevor man selbst ein Auto bauen kann, muss man wissen, wie Autos gebaut werden: Wie funktioniert ein Motor; wie schaffe ich es, dass das Betätigen des Schalters für die Scheibenwischer diese auch tatsächlich einschaltet, etc. All das gehört zum technischen Aspekt.

Dass es für die Bedienung besser ist, den Schalter für die Scheibenwischer in Lenkradnähe zu platzieren als unter den Beifahrersitz, dass zwischen dem zweiten und vierten Gang der dritte Gang und nicht der Rückwärtsgang liegen sollte, all das wäre der Apekt des Designs.

Doch bevor wir uns genauer mit den programmtechnischen Aspekten befassen, benötigen wir eine vernünftige Darstellungsmöglichkeit für Klassen und deren Beziehungen untereinander.

15.1 Das Klassendiagramm der UML

Eine solche Darstellungsform bietet die UML[1]. Die UML vereint viele Diagrammtypen, von denen jeder seinen speziellen Zweck hat. Zur Darstellung von Klassen wird das Klassendiagramm verwendet, in dem eine Klasse so dargestellt wird, wie in Abbildung 15.1 zu sehen ist.

---

1   Abkürzung für *Unified Modelling Language*

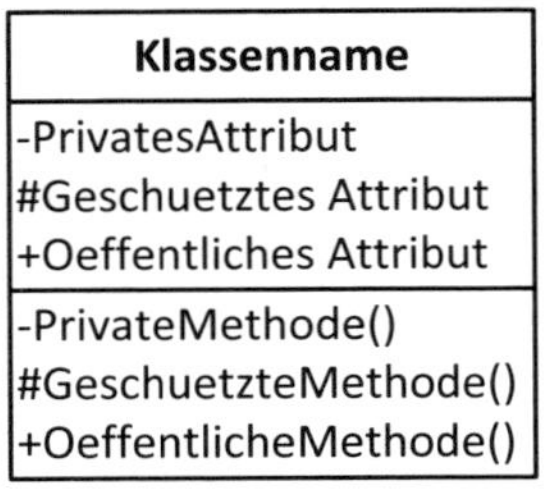

Klassenname
-PrivatesAttribut #Geschuetztes Attribut +Oeffentliches Attribut
-PrivateMethode() #GeschuetzteMethode() +OeffentlicheMethode()

Abbildung 15.1: Eine Klasse im Klassendiagramm der UML

Das Symbol einer Klasse besteht aus einem in drei Bereiche aufgeteilten Rechteck. Im oberen Drittel steht der Klassenname, das mittlere Drittel beherbergt die Attribute der Klasse, und im unteren Drittel tummeln sich die Methoden.

Vor jedem Klassenelement steht eines der Zeichen –, # oder +, je nachdem, ob das Element privates, geschütztes oder öffentliches Zugriffsrecht besitzt. Wie im Klassendiagramm die Datentypen untergebracht werden, sehen Sie in Abbildung 15.2.

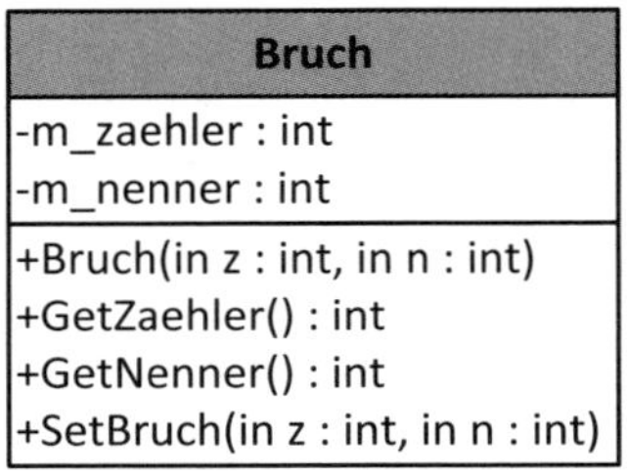

Bruch
-m_zaehler : int -m_nenner : int
+Bruch(in z : int, in n : int) +GetZaehler() : int +GetNenner() : int +SetBruch(in z : int, in n : int)

Abbildung 15.2: Darstellung von Datentypen

Im Klassendiagramm der UML herrscht die Syntax Name : Typ. Hinter dem Elementnamen steht, durch einen Doppelpunkt getrennt, der Datentyp des Elements. Ebenso wird bei den Rückgabetypen und den Parametertypen der Methoden verfahren. Der Begriff in bei den Methodenparametern bedeutet, dass die Informationen nur in die Methode hineingereicht werden, aber nicht von der Methode wieder zurückgegeben werden können.

In C++ entspricht dieser Vorgang der Übergabe eines Wertes (und damit einer Kopie des Originals. Alle Änderungen über die Methode wirken sich nur auf die Kopie aus, nicht aber auf das Original).

Abbildung 15.3 zeigt die Darstellung von Objekten einer Klasse.

Objekte können über einen Abhängigkeitspfeil in Beziehung zu ihrer Klasse gesetzt werden. Als ergänzende Aussage wird dazu das Stereotyp *instance of* verwendet. Stereotypen stehen in doppelten spitzen Klammern.

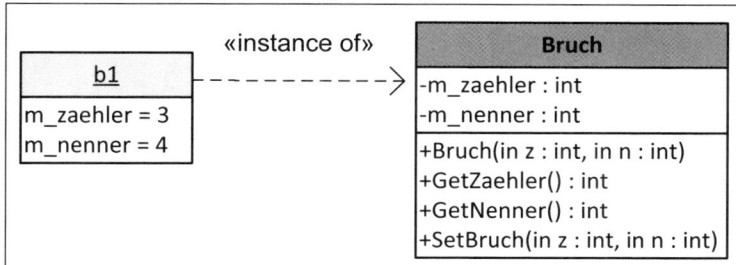

Abbildung 15.3: Darstellung von Objekten

Der Name des Objekts wird unterstrichen. Da die Klassenzugehörigkeit über den Beziehungspfeil zum Ausdruck gebracht wird, müssen die Datentypen der Attribute nicht unbedingt mit angegeben werden. Das Gleiche gilt für den Klassennamen.

Wenn es sich um ein konkretes Objekt handelt, werden die Attributwerte hinter den Attributen angegeben.

Häufig ist ein Sachverhalt derart komplex, dass er nicht mehr mit nur einem Diagramm dargestellt werden kann. Objekte und ihre Klassenbeschreibung können sich daher in unterschiedlichen Diagrammen befinden. Die Darstellung eines von seiner Klasse losgelösten Objekts sehen Sie in Abbildung 15.4.

b2 : Bruch
m_zaehler : int = 4
m_nenner : int = 8

Abbildung 15.4: Objekte ohne Klasse

Hinter dem Objektnamen steht jetzt, durch einen Doppelpunkt getrennt, der Klassenname. Zusätzlich besitzen die Attribute nun eine Typangabe.

Weitere Details der Klassendiagramme, insbesondere zum Thema Vererbung, werden wir im Laufe der nächsten Abschnitte besprechen.

15.2 Vererbung in C++

Sie werden bereits einige Erfahrungen mit Vererbung gesammelt haben, deswegen wollen wir den Einstieg kurz halten. Prinzipiell wird die Technik der Vererbung eingesetzt, um Klassen in eine hierarchische Beziehung zu setzen. Betrachten wir dazu Abbildung 15.5.

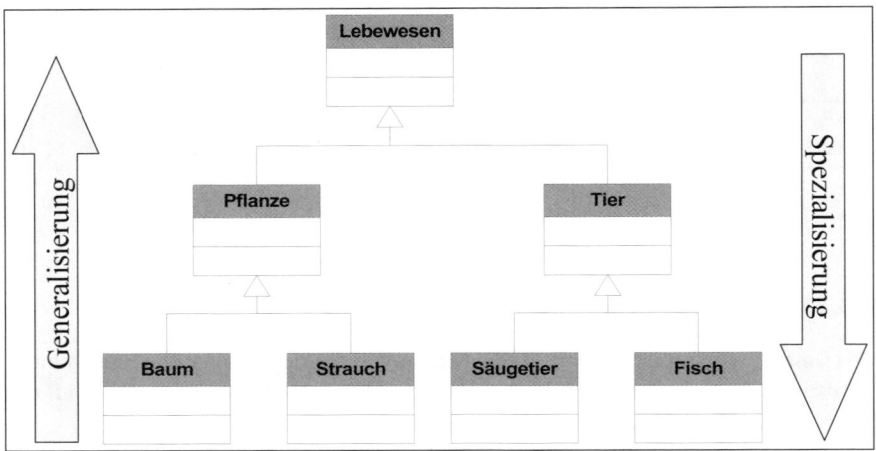

Abbildung 15.5: Das Prinzip der Vererbung

Die hierarchische Beziehung besteht in der Bildung von Ober- und Unterklassen. Dabei ist das klassische Verständnis von Vererbung in der »Ist ein(e)«-Beziehung zu sehen. Ein Tier ist ein Lebewesen, deswegen ist Lebewesen eine *Oberklasse* (auch *Super-Klasse*, *Basisklasse*) von Tier, und Tier ist eine *Unterklasse* (auch *Sub-Klasse*, *abgeleitete Klasse*) von Lebewesen.

Bekommen verschiedene Klassen (z. B. Pflanze und Tier) eine Oberklasse (Lebewesen), dann spricht man von einer *Generalisierung*. Wird eine Oberklasse in Unterklassen differenziert, dann handelt es sich um *Spezialisierung*.

In dem Klassendiagramm wird die Vererbungsbeziehung durch einen Pfeil von der abgeleiteten Klasse zur Basisklasse dargestellt. Deswegen wird dieser Pfeil auch *Generalisierungspfeil* genannt.

Syntaktisch handelt es sich bei der C++-Vererbung durchweg um eine Spezialisierung: Von einer bestehenden Klasse werden Unterklassen abgeleitet. Diese Unterklassen erben alle Attribute und Methoden der Basisklasse.

Bei der Ableitung erlaubt C++ die Angabe eines Zugriffsspezifizierers, über den definiert wird, welcher Zugriff von außen oder über weitere Unterklassen erlaubt ist. Die Basisklasse kann somit innerhalb der abgeleiteten Klasse privat (private), geschützt (protected) oder öffentlich (public) sein. Schauen wir uns dazu Abbildung 15.6 an.

Ein Merkmal haben alle drei Zugriffsspezifizierer gemeinsam: Die privaten Elemente der Basisklasse bleiben privat. Das ist auch gut so, denn andernfalls könnte durch bloßes Vererben die Datenkapselung aufgehoben werden.

Die Vererbung mit öffentlicher Basisklasse (öffentliche Vererbung) ist die am meisten eingesetzte Variante und entspricht der oben angesprochenen »Ist ein(e)«-Beziehung. Die geschützten Elemente der Basisklasse werden zu geschützten Elementen der abgeleiteten Klasse, und die öffentlichen Elemente der Basisklasse werden zu öffentlichen Elementen der abgeleiteten Klasse.

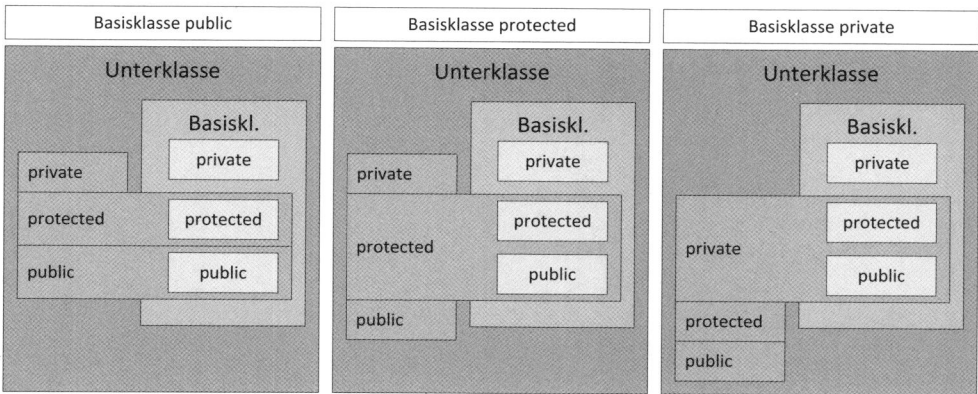

Abbildung 15.6: Die Auswirkungen der Zugriffsspezifizierer

Eine geschützte Basisklasse wird ausgesprochen selten verwendet. Sie kann als eine weniger strikte Variante der privaten Basisklasse verstanden werden, denn auch weiter abgeleitete Klassen könnten noch auf die Elemente der Basisklasse zugreifen. Die geschützten und öffentlichen Elemente der Basisklasse werden zu geschützten Elementen der abgeleiteten Klasse.

Das Ableiten mit privater Basisklasse bringt eine »Ist implementiert mit«-Beziehung zum Ausdruck. Die geschützten und öffentlichen Elemente der Basisklasse werden zu privaten Elementen der abgeleiteten Klasse.

Wir werden später noch genauer darauf zu sprechen kommen, wann welche Vererbungstypen eingesetzt werden und ob überhaupt vererbt werden sollte. Aber zuvor befassen wir uns mit der Vererbungssyntax.

15.3 Die Vererbungssyntax

Nehmen wir als Beispiel eine Klasse SpielObjekt, die als Basisklasse eines zu programmierenden Spiels fungieren soll:

```
#ifndef SPIELOBJEKT_H
#define SPIELOBJEKT_H

class SpielObjekt {
public:
  typedef int KoordTyp;
  typedef int MassTyp;
  typedef std::pair<KoordTyp, KoordTyp> PosTyp;
  typedef std::pair<MassTyp, MassTyp> AusmassTyp;

  explicit SpielObjekt(KoordTyp x, KoordTyp y,
                       MassTyp b=1, MassTyp h=1, bool s=false)
    : m_x(x), m_y(y), m_breite(b), m_hoehe(h), m_sichtbar(s)
  {}
```

```
//-----------------------------------------------------------

  bool istSichtbar() const {
    return m_sichtbar;
  }

//-----------------------------------------------------------

  void verstecke() {
    m_sichtbar = false;
  }

//-----------------------------------------------------------

  void zeige() {
    m_sichtbar = true;
  }

//-----------------------------------------------------------

  PosTyp getPosition() const {
    return PosTyp(m_x, m_y);
  }

//-----------------------------------------------------------

  AusmassTyp getAusmasse() const {
    return AusmassTyp(m_breite, m_hoehe);
  }

private:
  KoordTyp m_x, m_y;          // Position
  MassTyp m_breite, m_hoehe;  // Größe
  bool m_sichtbar;            // Objekt sichtbar?
};

#endif
```

Listing 15.1: Die Klasse SpielObjekt

Die Klasse speichert Position und Ausmaß eines Spiel-Objekts und besitzt Methoden, um auf die Werte zugreifen zu können. Zusätzlich existieren ein Flag m_sichtbar, das eine Aussage darüber trifft, ob das Element dargestellt werden soll oder nicht, sowie Methoden, die das Attribut verändern und auslesen.

Wenn nun das Spiel-Element »Tür« implementiert werden soll, dann können wir gemäß der Aussage »Eine Tür ist ein Spiel-Objekt« die Klasse Tuer von SpielObjekt ableiten:

```
class Tuer : public SpielObjekt {
};
```

Listing 15.2: Die Syntax der Vererbung

Hinter der abgeleiteten Klasse steht, durch einen Doppelpunkt getrennt, die Basisklasse mitsamt des Zugriffsspezifizierers. Theoretisch hätten wir hier auch einen der anderen beiden Zugriffsspezifizier einsetzen können, aber wie bereits erwähnt formulieren wir die »Ist ein(e)«-Beziehung mithilfe der öffentlichen Vererbung.

Die Klasse Tuer bekommt ein zusätzliches boolesches Attribut m_offen, das festhält, ob die Tür gerade offen ist oder nicht. Zusätzlich definieren wir passende Zugriffsmethoden:

```cpp
#ifndef TUER_H
#define TUER_H

#include "SpielObjekt.h"

class Tuer : public SpielObjekt {
public:
  static const MassTyp TuerBreite=2;
  static const MassTyp TuerHoehe=3;

  Tuer(KoordTyp x, KoordTyp y, bool offen=false)
    : SpielObjekt(x,y,TuerBreite, TuerHoehe, true),
      m_offen(offen)
  {}

//------------------------------------------------------------

  void schliessen() {
    m_offen = false;
  }

//------------------------------------------------------------

  void oeffnen() {
    m_offen = true;
  }

//------------------------------------------------------------

  bool istOffen() const {
    return m_offen;
  }

private:
  bool m_offen;
};

#endif
```

Listing 15.3: Die Klasse Tuer

Der Konstruktor der abgeleiteten Klasse ruft einen Basisklassen-Konstruktor in der Element-Initialisierungsliste auf. Wird kein Basisklassen-Konstruktor explizit angegeben, dann wird der Standardkonstruktor der Basisklasse verwendet.[2]

---

2   Dies wäre in unserem Fall nicht möglich, weil die Basisklasse keinen Standardkonstruktor besitzt.

Grundsätzlich wird der Basisklassen-Konstruktor immer vor dem Konstruktor der abgeleiteten Klasse ausgeführt.

Bitte beachten Sie, dass immer nur Konstruktoren von direkten Basisklassen aufgerufen werden können. Im folgenden Beispiel kann der hervorgehobene Konstruktor nicht aufgerufen werden, weil A keine direkte Basisklasse von C ist:

```
class A {};

class B : public A {};

class C : public B {
public:
  C() : A(), B()        // FEHLER
  {}
};
```

Listing 15.4: Ein fehlerhafter Konstruktor-Aufruf

Unsere bisherige Klassen-Beziehung ist in Abbildung 15.7 zu sehen. UML-technisch lernen wir hier auch gleich ein paar neue Darstellungsmöglichkeiten kennen:

»   Standardwerte von Methoden können hinter dem Datentyp des Parameters mit einem Gleichheitszeichen angegeben werden.

»   Statische Elemente werden unterstrichen.

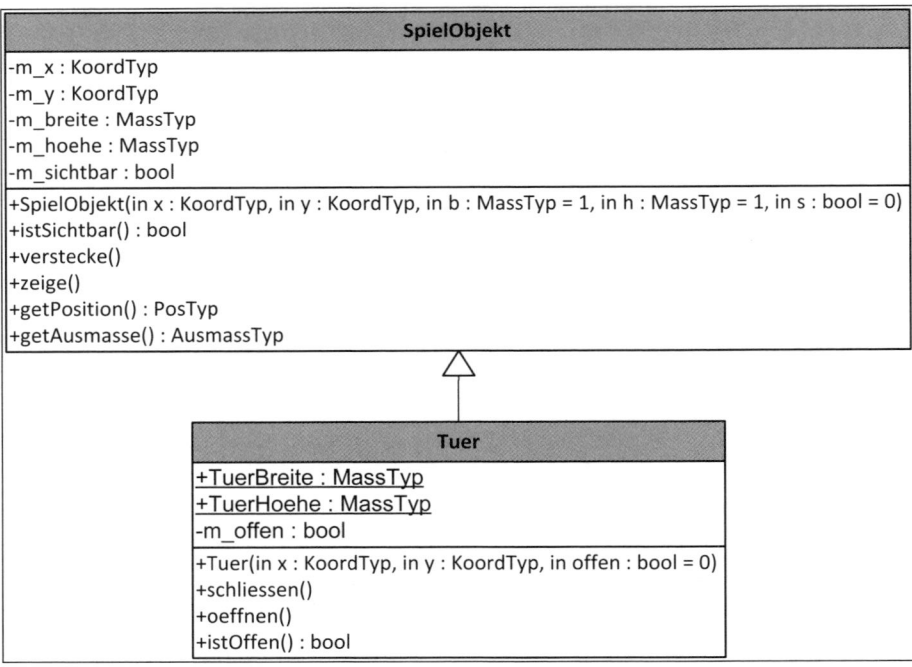

Abbildung 15.7: Die Beziehung von SpielObjekt und Tuer

Durch das Ableiten erbt die Klasse Tuer alle Attribute und Eigenschaften von SpielObjekt. Deswegen können auch folgende Anweisungen kompiliert werden:[3]

```
Tuer t(5,5);
cout << "Position : " << t.getPosition() << endl;
cout << "Bemessung: " << t.getAusmasse() << endl;
if(t.istOffen()) cout << "offen" << endl;
else             cout << "geschlossen" << endl;
```

Sowohl Methoden der Basisklasse (getPosition und getAusmasse) sowie die klasseneigene Methode istOffen wurden aufgerufen.

> Die Klassen in der aktuellen Fassung finden Sie auf der Webseite *www.awl.de/3209* unter *Listings/Kapitel15/SpielObjekt01*.   **WWW**

15.4 Geschützte Elemente

Zusätzlich zu fest an einer Position stehenden Elementen soll jetzt eine Klasse BeweglichesObjekt zu unserer Klassenbibliothek hinzugefügt werden, die als Basisklasse aller beweglichen Objekte fungieren wird. Die Klasse SpielObjekt soll weiterhin die Rolle der obersten Basisklasse übernehmen, sodass wir die Klasse BeweglichesObjekt von ihr ableiten werden:

```
class BeweglichesObjekt : public SpielObjekt {
public:
  BeweglichesObjekt(KoordTyp x, KoordTyp y,
                    MassTyp b=1, MassTyp h=1,
                    bool s=false)
    : SpielObjekt(x, y, b, h, s)
  {}

//-----------------------------------------------------------

  void bewegeZu(const KoordTyp& x, const KoordTyp& y) {
    /* ? */
  }
};
```

Listing 15.5: Die Klasse BeweglichesObjekt

Die Klasse besitzt keine eigenen Attribute, sie soll lediglich die Methode bewegeZu bereitstellen, die von den beweglichen Objekten benötigt wird. Die Frage ist nur, wie die Methode implementiert werden kann. m_x und m_y sind private Attribute der Klasse SpielObjekt und somit von BeweglichesObjekt aus nicht ansprechbar.

Eine Variante wäre die Bereitstellung einer öffentlichen Methode setPosition in SpielObjekt. Damit bliebe die Datenkapselung gewahrt. Die Methode wäre dann aber auch für Außenstehende sichtbar und könnte verwendet werden, um jedes Objekt zu bewegen, auch diejenigen, die keine Möglichkeit haben sollten, die Koordinaten zu verändern (wie zum Beispiel Tuer).

---

[3]   Genau genommen gibt es keine operator<<-Funktion für pair-Objekte. Ich verwende die in Abschnitt 12.2 vorgestellte Template-Funktion.

Eine andere Möglichkeit ist das Deklarieren der Attribute als geschützt. Geschützte Attribute können zusätzlich noch von Elementen abgeleiteter Klassen angesprochen werden. Die Attribute können nicht von außen verändert werden und liegen daher in der alleinigen Verantwortung der Klassenbibliothek. Wir ändern SpielObjekt folgendermaßen ab:

```
class SpielObjekt {
public:
/* ... */

protected:
  KoordTyp m_x, m_y;           // Position

private:
  MassTyp m_breite, m_hoehe;  // Größe
  bool m_sichtbar;             // Objekt sichtbar?
};
```

Listing 15.6: Die Klasse SpielObjekt mit geschützten Koordinaten

Damit lässt sich die bewegeZu-Methode von BeweglichesObjekt folgendermaßen umsetzen:

```
  void bewegeZu(const KoordTyp& x, const KoordTyp& y) {
    m_x = x;
    m_y = y;
  }
```

Listing 15.7: Die neue Methode bewegeZu

TIPP

> Dieser Ansatz erlaubt keine Veränderung der Position von außen. Trotzdem kann jede abgeleitete Klasse die Position nach Belieben manipulieren. Die Klasse SpielObjekt hat keinerlei Möglichkeit, auf ungültige Positionen zu prüfen, weshalb die Datenkapselung nicht hundertprozentig eingehalten wird.
>
> Deswegen wird üblicherweise der folgende Ansatz gewählt: Die Attribute m_x und m_y bleiben privat, die Klasse stellt jedoch geschützte Methoden zum Setzen der Attribute zur Verfügung. Dadurch bleibt die Kapselung der Attribute innerhalb ihrer Klasse gewahrt.

Die Klasse sieht dann so aus:

```
class SpielObjekt {
public:

/* … */

protected:
  void setPosition(const PosTyp& p) {
    m_x = p.first;
    m_y = p.second;
  }

private:
  KoordTyp m_x, m_y;           // Position
  MassTyp m_breite, m_hoehe;  // Größe
  bool m_sichtbar;             // Objekt sichtbar?
};
```

Listing 15.8: Die Klasse SpielObjekt mit privaten Attributen und geschützter setPosition-Methode

Der Zugriff in BeweglichesObjekt muss noch geändert werden:

```
void bewegeZu(const KoordTyp& x, const KoordTyp& y) {
  setPosition(std::make_pair(x, y));
}
```

Listing 15.9: Die angepasste bewegeZu-Methode

Die Klassen in der aktuellen Fassung finden Sie auf der Webseite *www.awl.de/3209* unter *Listings/Kapitel15/SpielObjekt02.*

WWW

Auch wenn dieses Kapitel die Technik der Vererbung bespricht, möchte ich darauf hinweisen, dass ein sauberer Designansatz anders aussähe. Anstatt die Position in der Klasse SpielObjekt unterzubringen, würden zwei Subklassen BeweglichesObjekt und UnbeweglichesObjekt erstellt, die beide eine Position implementieren, aber lediglich BeweglichesObjekt besäße eine geschützte setPosition-Methode. So blieben die Objekte aller von UnbeweglichesObjekt abgeleiteten Klassen auch garantiert unbeweglich.

15.4.1 Zugriff auf Basisklassen-Elemente

Bedenken Sie, dass die geerbten Elemente einen beschränkten Zugriff auf Basisklassen-Elemente haben. Eine abgeleitete Klasse kann nicht auf die geschützten Elemente der Basisklasse zugreifen, wenn das Ziel-Objekt vom Typ der Basisklasse ist. Nehmen wir zur Verdeutlichung folgende Klasse:

```
class Basis {
protected:
  int m_element;
};
```

Wir können nun von dieser Klasse eine Klasse Abgeleitet ableiten und statten sie mit einer Methode methode aus, in der verschiedene Zugriffe getätigt werden:

```
class Abgeleitet : public Basis {
public:
  void methode() {
    m_element=10;   // In Ordnung, eigenes Attribut

    Abgeleitet a;
    a.m_element=10; // In Ordnung, Attribut derselben Klasse

    Basis b;
    b.m_element=10; // Fehler! Attribut einer fremden Klasse
  }
};
```

Die erste Zuweisung bezieht sich auf das geerbte Element, das geschützt und somit von der Subklasse ansprechbar ist.

Genau aus diesem Grund ist auch die zweite Zuweisung möglich, denn a ist ein Objekt derselben Klasse, der auch das Objekt angehört, über das methode aufgerufen wurde.

Die dritte Zuweisung ist nicht möglich, weil b ein Objekt einer anderen Klasse ist und die eigene Klasse kein Freund von Basis ist.

15.5 Polymorphie

Polymorphie bedeutet vom Wort her so viel wie »Vielgestaltigkeit«. In der objektorientierten Programmierung steht der Begriff für die Fähigkeit einer abgeleiteten Klasse, »in Gestalt der Basisklasse aufzutreten«. Salopp ausgedrückt bedeutet das: Überall dort, wo ein Objekt einer Basisklasse erwartet wird, kann auch ein Objekt einer abgeleiteten Klasse verwendet werden.

Dieses Phänomen ist ein direktes Resultat aus der »Ist ein(e)«-Beziehung. Wenn ich sage, eine Tür ist ein Spiel-Objekt, dann muss ich zwangsläufig eine Tür einsetzen können, wenn eigentlich nach einem Spiel-Objekt gefragt wird. Beachten Sie dabei bitte, dass die »Ist ein(e)«-Beziehung immer gerichtet ist. Eine Tür ist immer ein Spiel-Objekt, aber ein Spiel-Objekt ist nicht notwendigerweise eine Tür.

Wegen der Polymorphie ist folgende Zuweisung erlaubt:[4]

```
Tuer tuer(6,5,true);
SpielObjekt sobj=tuer;
```

Ein Objekt der Klasse `Tuer` wird einem Objekt der Klasse `SpielObjekt` zugewiesen. Durch die Zuweisung von Objekt zu Objekt beinhaltet `sobj` lediglich die Elemente von `tuer`, die in `sobj` ebenfalls vorhanden sind. Die `Tuer`-Daten werden damit auf die Daten von `SpielObjekt` zurechtgestutzt. Über `sobj` gibt es keine Möglichkeit mehr, an die zusätzlichen Daten der Tür heranzukommen. Dieser Vorgang wird *Slicing* genannt.[5]

Anders sieht es aus, wenn mit Verweisen gearbeitet wird, egal ob mit Zeigern oder Referenzen:

```
Tuer tuer(6,5,true);
SpielObjekt* spo = &tuer;
```

Nun ist der Zeiger zwar vom Typ `SpielObjekt*`, aber das verwiesene Objekt ist intern weiterhin vom Typ `Tuer`.

```
cout << spo->getPosition() << endl; // In Ordnung
cout << spo->istOffen() << endl;    // Fehler!
```

Auf den ersten Blick erstaunlich, ist es bei genauerem Hinsehen doch verständlich, dass die Methode `istOffen` im oberen Beispiel nicht aufgerufen werden kann. Der Zeigertyp wird statisch gebunden, also zur Kompilationszeit festgelegt. Die konkrete Zuweisung der Adresse an den Zeiger findet jedoch zur Laufzeit statt. Wird danach über den Zeiger auf das Objekt zugegriffen, wird es wie ein Objekt vom Typ `SpielObjekt` behandelt, weil über einen Zeiger vom Typ `SpielObjekt*` darauf zugegriffen wird.

Was halten Sie von folgender Umkehrung:

```
Tuer* pt = spo;
```

---

4 Beachten Sie, dass Polymorphie nur dann funktioniert, wenn die Basisklasse öffentlich abgeleitet wurde.
5 *Slicing* lässt sich mit »in Scheiben schneiden« übersetzen. Vom Objekt wird die »Basisklassen-Scheibe« abgeschnitten und weiterverwendet. Den Rest bekommt der Hund.

Diese Zuweisung müsste theoretisch möglich sein, weil spo in Wirklichkeit auf ein Tuer-Objekt verweist und der Zeiger pt deswegen erst recht darauf verweisen dürfte. Leider ist sie nicht möglich, denn die Typen werden zur Kompilationszeit geprüft, und zu diesem Zeitpunkt ist spo nun mal ein Zeiger auf Spiel-Objekte, und auf Spiel-Objekte darf ein Tuer-Zeiger nicht verweisen.

Aber wir können den Typ explizit umwandeln:[6]

```
Tuer* pt = static_cast<Tuer*>(spo);
cout << pt->istOffen() << endl;
```

Auf diese Weise sind die Methoden der abgeleiteten Klasse wieder nutzbar.

15.6 Verdecken von Methoden

Wir haben in einem der vorherigen Abschnitte die Klasse BeweglichesObjekt eingeführt, die als Basisklasse für spätere bewegliche Objekte dienen soll. Darin gab es die Methode bewegeZu, die jetzt noch überladen werden soll:

```
class BeweglichesObjekt : public SpielObjekt {
public:
  BeweglichesObjekt(KoordTyp x, KoordTyp y,
                    MassTyp b=1, MassTyp h=1,
                    bool s=false)
    : SpielObjekt(x, y, b, h, s)
  {}

//-----------------------------------------------------------

  void bewegeZu(const KoordTyp& x, const KoordTyp& y) {
    setPosition(std::make_pair(x, y));
  }

//-----------------------------------------------------------

  void bewegeZu(const PosTyp& p) {
    setPosition(p);
  }
};
```
Listing 15.10: Die Klasse BeweglichesObjekt

Damit wir ein paar bewegliche Objekte haben, leiten wir die Klasse Spieler ab, die erst einmal nur einen Konstruktor bekommt und ansonsten leer bleibt.

```
class Spieler : public BeweglichesObjekt {
public:
  static const MassTyp SpielerBreite=2;
  static const MassTyp SpielerHoehe=3;
```

---

6   Ein dynamic_cast ist an dieser Stelle noch nicht möglich. Wir werden gleich auf ihn zu sprechen kommen.

```
 Spieler(KoordTyp x, KoordTyp y)
    : BeweglichesObjekt(x, y, SpielerBreite, SpielerHoehe, true)
  {}
};
```
Listing 15.11: Die Klasse Spieler

Als zweite Klasse leiten wir die Klasse Gegner ab, die als Basisklasse aller beweglichen Gegner dienen soll. Sie soll außerdem in der Lage sein, sich einem Spieler zu nähern. Wir ergänzen die Klasse dazu um zwei weitere Methoden bewegeZu; mit der einen kann sich der Gegner
bei einem Angriff auf den Spieler zu bewegen und mit der anderen läuft der Gegner zu einem
anderen Gegner, um sich mit diesem zu verbünden. Die tatsächliche Implementierung lassen
wir an dieser Stelle offen:

```
class Gegner : public BeweglichesObjekt {
public:
  Gegner(KoordTyp x, KoordTyp y, MassTyp b=1, MassTyp h=1, bool s=false)
    : BeweglichesObjekt(x, y, b, h, s)
  {}

//-----------------------------------------------------------

  void bewegeZu(const Spieler& s) {
    /* ... */
  }

//-----------------------------------------------------------

  void bewegeZu(const Gegner& g) {
    /* ... */
  }
};
```
Listing 15.12: Die Klasse Gegner

Beachten Sie bitte, dass es sich bei den beiden neuen bewegeZu-Methoden nur untereinander um
eine Überladung handelt. Eine Überladung findet immer im selben Bezugsrahmen statt. Durch
die beiden neuen Methoden werden die Methoden von BeweglichesObjekt nicht überladen.

So weit, so gut, jetzt legen wir einen Spieler an:

```
Spieler s(10,10);
```

Anschließend erscheinen nebeneinander zwei Gegner auf der Bildfläche. Sie sprechen sich
ab: Der eine bewegt sich in die linke obere Ecke und lauert dort, während der andere sich
offensiv auf den Spieler zu bewegt:

```
Gegner g1(48,21,2,2);
Gegner g2(50,21,2,2);
g1.bewegeZu(s);
g2.bewegeZu(0,0);        // Fehler!
```

Von der technischen Seite müsste eigentlich alles in Ordnung sein. Die Konstruktoren sind vorhanden, die Methode bewegeZu(const Spieler&) ist in Gegner und die Methode bewegeZu(KoordTyp, KoordTyp) ist in BeweglichesObjekt definiert. Oder? Schon wieder dumm gelaufen.

Weil ich in der Klasse Gegner eine oder mehrere Methoden implementiert habe, die denselben Namen besitzen wie Methoden der Basisklasse, werden diese Basisklassen-Methoden verdeckt. Uns stehen in der Klasse Gegner nur noch die in Gegner definierten bewegeZu-Methoden zur Verfügung.

Abhilfe schafft eine Using-Deklaration, die die verdeckten Methoden in die Klasse Gegner importiert:

```
class Gegner : public BeweglichesObjekt {
public:
  using BeweglichesObjekt::bewegeZu;

  /* ... */
};
```

Wie Sie aus Abschnitt 11.6 wissen, ist die Position der Using-Deklaration wesentlich. Hätten wir sie in den privaten Bereich der Klasse gesetzt, wären die bewegeZu-Methoden von BeweglichesObjekt zwar innerhalb von Gegner zugänglich, aber von außen nicht ansprechbar.

15.7 Überschreiben von Methoden

Bleiben wir noch ein wenig bei unserem Spiel. Die Klasse Gegner besitzt zwei bewegeZu-Methoden, die den Gegner befähigen, sich einem Spieler oder einem anderen Gegner zu nähern.

Wie sich ein Gegner nähert, wird dabei stark von dem konkreten Gegner abhängen. Wir wollen diesen Gedanken weiterverfolgen, statt einer konkreten Annäherung aber nur einen entsprechenden Text ausgeben. Wir werden uns exemplarisch mit der bewegeZu-Methode für Spieler befassen:

```
void Gegner::bewegeZu(const Spieler& s) {
  std::cout << "Wie denn nur?" << std::endl;
}
```

Listing 15.13: Die Methode bewegeZu von Gegner

Implementieren wir nun eine Klasse KriechViech, die sich nur horizontal bewegen kann:

```
class KriechViech : public Gegner {
public:
  using Gegner::bewegeZu;
  static const MassTyp GegnerBreite=3;
  static const MassTyp GegnerHoehe=1;

  KriechViech(KoordTyp x, KoordTyp y)
    : Gegner(x, y, GegnerBreite, GegnerHoehe, true)
  {}
```

```
//------------------------------------------------------------
  void bewegeZu(const Spieler& s) {
    std::cout << "Kriech, kriech" << std::endl;
  }
};
```
Listing 15.14: Die Klasse KriechViech

Die Methode bewegeZu verdeckt wieder alle bewegeZu-Methoden der Basisklasse, deswegen kommt direkt zu Beginn wieder eine Using-Deklaration zum Einsatz.

Die Methode KriechViech::bewegeZu besitzt dieselbe Signatur wie eine der Gegner::bewegeZu-Methoden. Man sagt daher, dass KriechViech die entsprechende bewegeZu-Methode überschreibt.

Die Methode einer Basisklasse kann in einer abgeleiteten Klasse nur überschrieben werden, wenn die Methode der abgeleiteten Klasse dieselbe Signatur besitzt wie die Methode der Basisklasse.

Nun kann das Viech munter draufloskriechen:

```
Spieler s(1,1);
KriechViech kv(0,0);
kv.bewegeZu(s);
```

Um etwas Abwechslung in das Spiel zu bringen, implementieren wir zusätzlich eine Gegner-Klasse FlatterGeschnatter, die über den Bildschirm fliegen kann. Ihre Struktur ist identisch mit KriechViech, nur dass sie in der bewegeZu-Methode den Text »Flatter, Flatter« ausgibt:

```
class FlatterGeschnatter : public Gegner {
public:
  using Gegner::bewegeZu;
  static const MassTyp GegnerBreite=2;
  static const MassTyp GegnerHoehe=2;

 FlatterGeschnatter(KoordTyp x, KoordTyp y)
    : Gegner(x, y, GegnerBreite, GegnerHoehe, true)
  {}

//------------------------------------------------------------

  void bewegeZu(const Spieler& s) {
    std::cout << "Flatter, Flatter" << std::endl;
  }
};
```
Listing 15.15: Die Klasse FlatterGeschnatter

Folgen wir nun dem Gedanken der Polymorphie, und legen wir einen Vektor mit Verweisen auf Gegner an:

```
vector<Gegner*> gegner;
```

Exemplarisch fügen wir jeweils ein Exemplar unserer Gegner in die Liste ein:

```
gegner.push_back(new KriechViech(0,0));
gegner.push_back(new FlatterGeschnatter(4,4));
```

Entgegen besseren Wissens ignorieren wir an dieser Stelle die Problematik, wo die beiden dynamisch reservierten Objekte wieder freigegeben werden, und hetzen stattdessen unsere Armada auf den ahnungslosen Spieler:

```
for(vector<Gegner*>::size_type i=0; i< gegner.size(); ++i)
  gegner[i]->bewegeZu(s);
```

Eine Armee von Pixel-Gestalten setzt sich in Bewegung, Gekrieche und Geflatter füllt den Bildschirm ... aber warum steht auf dem Bildschirm bloß:

```
Wie denn nur?
```

```
Wie denn nur?
```

Im Prinzip besitzt das hier erlebte Phänomen die gleichen Wurzeln wie das beim Thema Polymorphie (siehe Abschnitt 15.5) geschilderte Problem, wo Methoden der abgeleiteten Klasse nicht über einen Zeiger auf den Basisklassen-Typ ansprechbar waren.

Auch hier wird der im Vektor gespeicherte Zeigertyp statisch gebunden. Deswegen wird über die Zeiger auch die bewegeZu-Methode von Gegner aufgerufen und nicht die von der tatsächlichen Klasse.

Unter allen Umständen sollten Sie vermeiden, dass sich Objekte anders verhalten, nur weil sie über einen Basisklassen-Zeiger angesprochen werden. Daraus folgt:

Überschreiben Sie niemals eine nichtvirtuelle Methode einer Basisklasse.	INFO

15.8 Virtuelle Methoden

Die obere Problematik lässt sich durch virtuelle Methoden beheben. Eine virtuelle Methode wird dynamisch gebunden. Dies hat eine Überprüfung des tatsächlichen Objekt-Typs zur Laufzeit zur Folge, nämlich wenn die Methode aufgerufen wird.

Eine virtuelle Methode wird in der Basisklasse mit dem Schlüsselwort virtual deklariert:

```
class Gegner : public BeweglichesObjekt {
public:
  /* ... */
  virtual void bewegeZu(const Spieler& s) {
    std::cout << "Wie denn nur?" << std::endl;
  }

  /* ... */
};
```

Listing 15.16: Die Klasse Gegner mit virtueller bewegeZu-Methode

Nur nichtstatische Methoden können virtuell sein.	INFO

Übrigens, Methoden, die eine virtuelle Methode überschreiben, sind implizit ebenfalls virtuell. Es reicht daher aus, die entsprechende Methode in der obersten Basisklasse mit `virtual` auszustatten.

Damit eine Methode der abgeleiteten Klasse eine Methode einer Basisklasse überschreiben kann, muss sie denselben Prototyp besitzen wie die überschriebene Methode. Diese Einschränkung ist für virtuelle Methoden etwas aufgelockert:

INFO   Wird eine virtuelle Methode überschrieben, dann muss die Parameterliste übereinstimmen, der Rückgabetyp der Subklassen-Methode kann aber auch ein vom Rückgabetyp der Basisklassen-Methode abgeleiteter Typ sein.

Als Beispiel wollen wir die Gegner mit Waffen ausstatten und eine kleine Waffenklassenhierarchie erstellen:

```
class Waffe {
};

class Schlagwaffe : public Waffe {
};

class Schusswaffe : public Waffe {
};
```
Listing 15.17: Die Klassenhierarchie der Waffen

Wir ergänzen die Klasse `Gegner` um die virtuelle Methode `erzeugeWaffe`:

```
virtual Waffe* Gegner::erzeugeWaffe() {
  return new Waffe;
}
```
Listing 15.18: Die Methode `erzeugeWaffe` von `Gegner`

Diese Methode wird in den beiden Subklassen überschrieben:

```
virtual Schlagwaffe* KriechViech::erzeugeWaffe() {
  return new Schlagwaffe;
}

virtual Schusswaffe* FlatterGeschnatter::erzeugeWaffe() {
  return new Schusswaffe;
}
```
Listing 15.19: Die `erzeugeWaffe`-Methoden der Subklassen

Nun kann über einen Basisklassen-Verweis die `erzeugeWaffe`-Methode des Gegners aufgerufen werden.

```
KriechViech kv(0,0);
Gegner* g = &kv;
Waffe* w = g->erzeugeWaffe();
Schlagwaffe* sw = g->erzeugeWaffe();  // Fehler!
```

Der Rückgabetyp von erzeugeWaffe bleibt weiterhin statisch gebunden, weswegen eine Adresse vom Typ Waffe zurückgeliefert wird, obwohl KriechViech::erzeugeWaffe eigentlich ein Objekt vom Typ Schlagwaffe erzeugt. Aber wegen der Polymorphie kann das Schlagwaffe-Objekt als Waffe-Objekt fungieren. (Eine Schlagwaffe ist eine Waffe.)

Die Klassen in der aktuellen Fassung finden Sie auf der Webseite *www.awl.de/3209* unter *Listings/Kapitel15/SpielObjekt03*.

WWW

15.8.1 Virtuelle Methoden und Konstruktoren

Lassen wir den Spieler einen Augenblick allein mit seinen Gegnern, und werfen wir einen Blick auf folgende Klassenhierarchie:

```
class A {
public:
  virtual void ausgabe() const {
    cout << "A" << endl;
  }
};

//------------------------------------------------------------

class B: public A {
public:
  void ausgabe() const {
    cout << "B" << endl;
  }

  void test() const {
    ausgabe();
  }

  B() {
    ausgabe();
  }
};

//------------------------------------------------------------

class C: public B {
public:
  void ausgabe() const {
    cout << "C" << endl;
  }
};
```

Listing 15.20: Aufruf virtueller Methoden in Konstruktoren

In Abbildung 15.8 sehen Sie die Zusammenhänge noch einmal als UML-Diagramm.

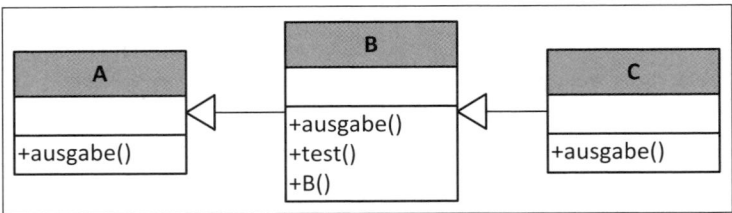

Abbildung 15.8: Die Beziehungen zwischen A, B und C

Und jetzt die 16.000-Euro-Frage: Was erscheint durch folgende Anweisungen auf dem Bildschirm?

```
B* bp = new C;
bp->test();
```

Betrachten wir zunächst die zweite und einfachere Anweisung. Über einen B*-Zeiger wird die B-Methode test aufgerufen, die wiederum die Methode ausgabe aufruft. Die Methode ausgabe wurde in der obersten Basisklasse A als virtuell deklariert, weshalb die überschriebenen Versionen in B und C ebenfalls automatisch virtuell sind.

Bei dem Aufruf in test findet demnach eine dynamische Typüberprüfung statt, das Programm merkt, dass es überhaupt kein B-Objekt, sondern ein Objekt der Klasse C ist, und ruft C::ausgabe auf. Auf dem Bildschirm erscheint ein »C«.

Kommen wir nun zur ersten Anweisung, der dynamischen Erzeugung eines C-Objekts. Grundsätzlich besitzt jede Klasse ohne benutzerdefinierten Konstruktor (in unserem Beispiel die Klassen A und C) einen impliziten Standardkonstruktor.

Wenn der Anweisungsblock des Konstruktors einer abgeleiteten Klasse betreten wird, hat der Konstruktor der Basisklasse seine Arbeit bereits erfolgreich beendet. Die Konstruktoren werden deshalb von der Basisklasse beginnend zur abgeleiteten Klasse hin abgearbeitet. In unserem Beispiel lautet die Konstruktor-Reihenfolge demnach erst A, dann B und schlussendlich C.

Die impliziten Konstruktoren von A und C können bei unserer Betrachtung vernachlässigt werden. Jedoch im Konstruktor von B wird die virtuelle Methode ausgabe aufgerufen. Und hier kommt jetzt eine Besonderheit zum Tragen:

INFO Wird in einem Konstruktor oder Destruktor eine virtuelle Methode aufgerufen, dann werden nur die Methoden der Basisklassen (direkt und indirekt) und der eigenen Klasse berücksichtigt. Methoden von Subklassen werden nicht aufgerufen.

Die in der Hierarchie am weitesten unten liegende Variante von ausgabe, die der Konstruktor von B in Betracht zieht, ist demzufolge B::ausgabe. Es erscheint also »B« auf dem Bildschirm.

15.8.2 Downcasts

Nehmen wir die Klassenhierarchie aus dem oberen Abschnitt, und schreiben wir Folgendes:

```
A* ap = new C;
```

Wir wissen, dass `ap`, obwohl es ein Zeiger des Typs `A*` ist, in Wirklichkeit auf ein Objekt des Typs `C` zeigt. Wir hatten den tatsächlichen Typ weiter oben schon einmal mithilfe eines `static_cast` wiederhergestellt. Dies ist im Zusammenhang mit Klassenhierarchien kein guter Weg, da es hierfür einen speziellen Cast, den `dynamic_cast`, gibt:

```
B* bp=dynamic_cast<B*>(ap);
```

Der `dynamic_cast` versucht, den Zeiger-Typ in einen Subklassen-Typ umzuwandeln.[7] Spezifizieren wir die Funktionsweise anhand des oberen Beispiels:

»   Ist der Typ des Zeigers `ap` ein von `B` abgeleiteter Typ oder `B`, dann wird der `dynamic_cast` ignoriert und die Zuweisung direkt ausgeführt (`bp = ap;`).

»   Ist der Typ `B` eine vom Typ des Zeigers `ap` abgeleitete Klasse und ist der tatsächliche Typ des Objekts, auf das `ap` zeigt, eine abgeleitete Klasse von `B` oder `B` selbst, dann hat die von `dynamic_cast` gelieferte Adresse den Typ `B*`.

In allen anderen Fällen liefert `dynamic_cast` einen Null-Zeiger (`nullptr`). Es bietet sich daher an, dies zu überprüfen:

```
if(B* bp=dynamic_cast<B*>(ap))
  bp->test();
```

Ein `dynamic_cast` kann auch mit Referenzen benutzt werden:

```
B& bp = *new C;
C& cp=dynamic_cast<C&>(bp);
cp.test();
```

Weil es aber keine Null-Referenzen gibt, löst `dynamic_cast` im Fehlerfall die Ausnahme `bad_cast` aus.

Üblicherweise werden in der UML die Basisklassen oben und die abgeleiteten Klassen darunter dargestellt. Ein `dynamic_cast` wandelt damit einen weiter oben liegenden Typ in einen darunter liegenden Typ um; wir bewegen uns im Diagramm nach unten. Deswegen nennt man das Casten mit einem `dynamic_cast` *Downcast*.

Downcasts schränken die Wiederverwendbarkeit ein und erhöhen den Wartungsaufwand, unter anderem, weil mit konkreten Typangaben gearbeitet werden muss. Man sollte möglichst auf sie verzichten. Objektorientierte Ansätze bieten genügend Techniken, die einen Einsatz von Downcasts vermeidbar machen.

Downcasts können nur in Zusammenhang mit Klassen verwendet werden, die virtuelle Methoden besitzen.

---

7   Sollte dem `dynamic_cast` der Wert `nullptr` übergeben werden, so wird die Ausnahme `bad_typeid` ausgelöst.

15.8.3 Virtuelle Destruktoren

Jetzt auch noch virtuelle Destruktoren? Kaum im Reich der Vererbung angekommen, muss plötzlich alles virtuell sein? Lassen Sie mich an einem Beispiel zeigen, warum virtuelle Destruktoren künftig nicht mehr von ihrer Seite weichen werden.

Dem Spieler in unserer Spielklassenhierarchie ist es mittlerweile langweilig geworden. Wir wollen ihn daher mit einem neuen Widersacher konfrontieren, der diesmal etwas lebhafter sein soll. Wir entwerfen einen Bienenschwarm, der aus einzelnen Bienen besteht.[8]

```
class Bienenschwarm : public Gegner {
public:
  using Gegner::bewegeZu;

  Bienenschwarm(KoordTyp x, KoordTyp y, int bienenanz)
  : Gegner(x, y, 0, 0, true), m_schwarm(bienenanz) {
    for(std::vector<Biene*>::size_type i=0;
        i<m_schwarm.size();
        ++i)
      m_schwarm[i]=new Biene;
  }

//------------------------------------------------------------

  ~Bienenschwarm() {
    for(std::vector<Biene*>::size_type i=0;
        i<m_schwarm.size(); ++i)
      delete m_schwarm[i];
  }

//------------------------------------------------------------

  virtual Stichwaffe* erzeugeWaffe() {
    return new Stichwaffe ;
  }

//------------------------------------------------------------

  void bewegeZu(const Spieler& s) {
    std::cout << "Summ, Summ" << std::endl;
  }

private:
  std::vector<Biene*> m_schwarm;
};
```

Listing 15.21: Die Klasse `Bienenschwarm`

Der `Bienenschwarm`-Konstruktor bekommt die Anzahl der Bienen im Schwarm übergeben, erzeugt sie und legt Verweise auf sie in einem Vektor ab.

---

8   Die konkrete Implementierung der Klasse `Biene` wird hier vernachlässigt.

Wir benötigen jetzt auch einen Destruktor, der alle Bienen wieder abbaut. Die Interna der Bienen-Klasse lassen wir hier außer Acht.

Und jetzt erzeugen wir einen Schwarm, ändern gleich darauf aber unsere Meinung und löschen ihn wieder:

```
Gegner* g = new Bienenschwarm(12,4,10);
delete g ;
```

Der Schwarm ist tot, lang leben die Bienen. Wir übergeben delete eine Adresse vom Typ Gegner*. Sie wissen aus Abschnitt 7.4, dass ein Aufruf von delete immer mit einem Destruktor-Aufruf verbunden ist. In diesem Fall wird natürlich der Destruktor von Gegner aufgerufen, weil der statische Typ des Zeigers Gegner* ist. Und der Destruktor von Gegner macht überhaupt nichts. Stattdessen bleibt der für die korrekte Freigabe des Speichers verantwortliche Bienenschwarm-Destruktor völlig unangetastet.

Um dieses Problem zu lösen, muss der Destruktor von Gegner als virtuell deklariert werden:

```
class Gegner : public BeweglichesObjekt {
public:
  virtual ~Gegner()
  {}
    /* ... */
};
```

Listing 15.22: Die Klasse Gegner mit virtuellem Destruktor

Vielleicht erstaunt Sie der leere Anweisungsblock des Destruktors. Grundsätzlich wird für jedes Objekt der Destruktor aufgerufen. Bei abgeleiteten Klassen läuft die Abarbeitung der Destruktoren in umgekehrter Reihenfolge der Konstruktor-Aufrufe ab.

Wenn ein benutzerdefinierter Destruktor deklariert wird, was durch virtual ~Gegner(); der Fall wäre, dann streicht der Compiler seinen impliziten Destruktor. Weil aber für jedes Objekt der Destruktor aufgerufen wird, muss zwangsläufig eine Destruktor-Definition existieren, die wir explizit hinzufügen müssen, selbst wenn der Destruktor nichts macht.

Allerdings können wir ab C++11 einfach den impliziten Destruktor als virtuell deklarieren:

`C++11`

```
class Gegner : public BeweglichesObjekt {
public:
  virtual ~Gegner() = default;
    /* ... */
};
```

Listing 15.23: Die Klasse Gegner mit virtuellem default-Destruktor

Genau wie bei anderen Methoden gilt auch für Destruktoren:

> Ist ein Destruktor in einer Basisklasse als virtuell deklariert, dann sind es die Destruktoren in den abgeleiteten Klassen ebenfalls.

`INFO`

Aus diesem Grunde sollten Sie Destruktoren nicht einfach aus Angewohnheit als virtuell deklarieren, sondern wirklich nur dann, wenn die Klasse als Basisklasse zum Einsatz kommen soll. (Was bei einem objektorientierten Design immer als Möglichkeit in Betracht gezogen werden sollte.)

15.9 Rein virtuelle Methoden

Seien Sie ehrlich, Sie finden es doch auch etwas unglücklich, dass die Klasse Gegner eine Implementierung für die Methoden erzeugeWaffe und bewegeZu anbietet, obwohl die Entscheidung, was die Methoden im Detail leisten sollen, erst in den Subklassen getroffen werden kann.

Über die rein virtuellen Methoden können wir fordern, dass eine abgeleitete Klasse eine Implementierung für eine in der Basisklasse deklarierte Methode zur Verfügung stellt:

```
class Gegner : public BeweglichesObjekt {
public:
  virtual Waffe* erzeugeWaffe()=0;
  virtual void bewegeZu(const Spieler& s)=0;

  /* ... */
};
```

Listing 15.24: Die Klasse Gegner mit rein virtuellen Methoden

Über die rein virtuelle Methode fordert die Klasse eine Implementierung, die sie selbst nicht besitzt. Von Klassen, die rein virtuelle Methoden besitzen, kann kein Objekt erzeugt werden:

```
Gegner gegner(5,5);  // Fehler!
```

> **INFO**
>
> Eine Klasse, von der aufgrund von rein virtuellen Methoden keine Exemplare erzeugt werden können, nennt man *abstrakte Klasse*. In der Objektorientierung werden rein virtuelle Methoden deswegen auch *abstrakte Methoden* genannt.

Wenn eine Klasse von einer abstrakten Klasse abgeleitet wird, dann ist diese Klasse erst einmal ebenfalls abstrakt. Eine abstrakte Klasse wird genau dann zu einer konkreten Klasse, wenn alle rein virtuellen Methoden überschrieben wurden.

15.9.1 Rein virtuelle Methoden mit Implementierung

Nicht jedem ist bekannt, dass eine rein virtuelle Methode trotzdem eine Definition besitzen darf. Allerdings kann die Methode nicht bei ihrer Deklaration sowohl definiert als auch zur rein virtuellen Methode deklariert werden. Wir deklarieren die rein virtuelle Methode wie gehabt, geben ihr aber außerhalb der Klassendefinition noch einen Funktionsrumpf mit:

```
class Gegner : public BeweglichesObjekt {
public:
  virtual Waffe* erzeugeWaffe()=0; // Deklaration

    /* ... */
};

Waffe* Gegner::erzeugeWaffe() {     // Definition
  return new Waffe;
}
```

Listing 15.25: Eine rein virtuelle Methode mit Implementierung

Die rein virtuelle Methode kann dann innerhalb einer anderen Methode (aus derselben oder einer abgeleiteten Klasse) oder von außerhalb (die Methode ist `public`) explizit aufgerufen werden. Ein Beispiel:

```
Waffe* testmethode() {
  return(Gegner::erzeugeWaffe());
}
```

Wie alle öffentlichen Methoden kann auch die rein virtuelle Methode über ein Objekt aufgerufen werden:

```
KriechViech kv(0,0);
Waffe* w = kv.Gegner::erzeugeWaffe();
```

> Die Klassen in der aktuellen Fassung finden Sie auf der Webseite *www.awl.de/3209* unter *Listings/Kapitel15/SpielObjekt04*. **WWW**

Aber:

> Auch eine rein virtuelle Methode mit Definition macht eine Klasse abstrakt. **INFO**

15.9.2 Rein virtuelle Destruktoren

Schon wieder virtuelle Destruktoren, und jetzt auch noch rein virtuell. Es stellt sich natürlich die Frage, wozu ein rein virtueller Destruktor gut sein soll. Was wissen wir über rein virtuelle Methoden?

» Sie machen eine Klasse abstrakt.

» Will eine abgeleitete Klasse Objekte erzeugen können, also eine konkrete Klasse sein, dann darf sie keine rein virtuellen Methoden besitzen; sie müssen alle überschrieben sein.

Haben Sie schon eine Vorstellung, wozu rein virtuelle Destruktoren nützlich sein könnten? Angenommen, Sie haben eine Klasse programmiert, bei der keine Methode für reine Virtualität geeignet ist, die Klasse soll aber trotzdem abstrakt sein. Dann deklarieren Sie einfach den Destruktor als rein virtuell.

Bedenken Sie dabei, dass der Destruktor beim Abbau des Objekts immer aufgerufen wird. Sie müssen dem Destruktor deswegen auf jeden Fall eine Definition mitgeben.

Die Klasse A aus den vorigen Abschnitten sähe als abstrakte Klasse mit rein virtuellem Destruktor wie folgt aus:

```
class A {
public:
  virtual void ausgabe() const {
    cout << "A" << endl;
  }

  virtual ~A()=0;
};

A::~A() {}
```

Listing 15.26: Ein Beispiel zu rein virtuellen Destruktoren

Da eine Klasse immer einen Destruktor besitzt, entweder implizit oder benutzerdefiniert, wird eine von A abgeleitete Klasse automatisch konkret, es sei denn, auch dort würde der Destruktor als rein virtuell deklariert.

15.10 Vererbung und Arrays

Für diesen Abschnitt wollen wir wieder auf unsere Spielklassenhierarchie zurückgreifen. Und zwar ergänzen wir die Klasse Gegner um eine statische Methode Gruppenangriff, mit dem in einem Feld befindliche Gegner-Objekte kollektiv auf einen Spieler zu bewegt werden:

```
static void Gruppenangriff(const Spieler& s,
                           Gegner* g,
                           int anzahl) {
  for(int i=0; i<anzahl; ++i)
    g[i].bewegeZu(s);
}
```

Listing 15.27: Die Methode Gruppenangriff von Gegner

Unter der Voraussetzung, dass die Klasse Gegner einen Standardkonstruktor besitzt und nicht abstrakt ist, schreiben wir Folgendes:

```
Spieler s(1,1);
Gegner gruppe[10];
Gegner::Gruppenangriff(s,gruppe,10);
```

Alles kein Problem, der Spieler bekommt es mit zehn Gegnern zu tun. Aber der Spieler war stärker als erwartet, die Gegner benötigen Verstärkung, also schicken wir fünf Bienenschwärme hinterher:[9]

```
Bienenschwarm schwarm[5];
Gegner::Gruppenangriff(s,schwarm,5);   // Katastrophe!
```

Die Methode Gruppenangriff erwartet zwar den Typ Gegner, aber wegen der Polymorphie (ein Bienenschwarm ist ein Gegner) funktioniert auch ein Feld von Bienenschwärmen.

Sind Sie damit zufrieden? Denken Sie einmal genau darüber nach, wie über einen Zeiger auf Felder zugegriffen wird, und versuchen Sie, den tückischen Fehler zu finden.

Die Problematik liegt in der folgenden Anweisung von Gruppenangriff:

```
g[i].bewegeZu(s);
```

Die Methode geht davon aus, das g auf ein Feld von Gegnern zeigt. Der Indexoperator sorgt demnach über Zeigerarithmetik[10] dafür, dass für jeden Index um die Größe eines Gegner-Objekts weiter gesprungen wird.

---

9   Natürlich wieder unter der Voraussetzung, dass Bienenschwarm einen Standardkonstruktor besitzt.

10   g[i] ist nur eine andere Schreibweise für *(g+i).

Wenn das Feld aber tatsächlich aus Bienenschwarm-Objekten besteht, die mehr Speicher belegen als Gegner, dann adressiert der Indexoperator die Elemente nicht mehr richtig. Abbildung 15.9 stellt den Sachverhalt grafisch dar.

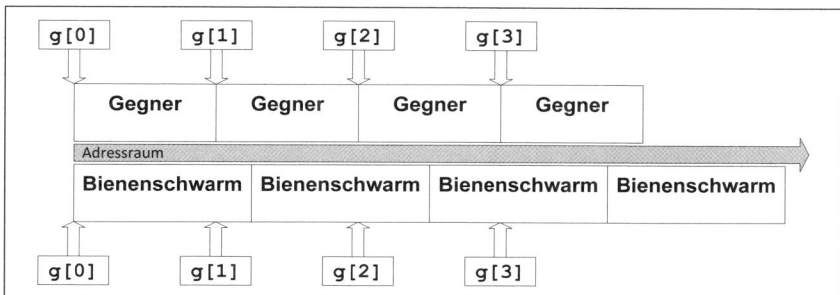

Abbildung 15.9: Die Problematik mit dem Indexoperator

Wenn auf einen Zeiger vom Typ T* der Indexoperator angewandt wird, dann sollten nur Felder mit Elementen des Typs T verwendet werden, nicht aber Felder mit Elementen von T-Subklassen.

15.11 Vererbung und Standardwerte

In unserer Spielhierarchie soll die Gegner-Klasse eine rein virtuelle Methode erzeugeGegner bekommen, mit der ein Gegner erzeugt werden kann. Standardmäßig wird der Gegner in die obere linke Ecke platziert.

```
virtual Gegner* erzeugeGegner(KoordTyp x=0, KoordTyp y=0)=0;
```

In der Klasse Bienenschwarm wird die Methode überschrieben. Ein Bienenschwarm braucht Platz, deswegen wird Bienenschwarm::erzeugeGegner Bienenschwärme standardmäßig in die Bildschirmmitte setzen:

```
virtual Gegner* erzeugeGegner(KoordTyp x=40, KoordTyp y=12) {
    return new Bienenschwarm(x,y,10);
}
```

Listing 15.28: Die Methode erzeugeGegner von Bienenschwarm

Das neue Feature soll auch gleich eingesetzt werden:

```
Gegner* g = new Bienenschwarm(5,5,1);
Bienenschwarm* b = dynamic_cast<Bienenschwarm*>
                   (g->erzeugeGegner());
cout << b->getPosition() << endl;
```

Erstaunlicherweise wird als Position (0,0) ausgegeben. Die Erklärung ist recht einfach: Standardwerte werden statisch gebunden. Obwohl die Methode erzeugeGegner virtuell ist und damit dynamisch gebunden wird, trifft der Compiler zur Kompilationszeit die Entscheidung, welche Standardwerte verwendet werden sollen.

Zur Kompilationszeit ist g vom Typ Gegner*, also werden für den Aufruf g->erzeugeGegner() die in Gegner definierten Standardwerte genommen, ganz gleich, welche erzeugeGegner-Methode tatsächlich aufgerufen wird (in unserem Beispiel Bienenschwarm::erzeugeGegner).

15.12 Vererbung und überladene Operatoren

Als Beispiel nehmen wir folgende kleine Klasse, die einen int-Wert speichern kann:

```
class Integer {
  int m_int;
public:
  Integer(int i=0)
    : m_int(i)
  {}

  int getInt() const {
    return(m_int);
  }
};
```

Listing 15.29: Die Klasse Integer

Mit der Beziehung »Eine Primzahl ist eine Integer-Zahl« leiten wir die Klasse Prim von Integer ab:

```
class Prim : public Integer {
  bool m_isPrim;
public:
  Prim(int i=0)
    : Integer(i), m_isPrim(false)
  {}
};
```

Listing 15.30: Die von Integer abgeleitete Klasse Prim

Gehen wir einmal davon aus, wir hätten eine besonders laufzeit-effiziente Möglichkeit gefunden, um die Information, ob die Zahl prim ist oder nicht, zu verwalten. Die Implementierung benötigt dazu aber einen Kopierkonstruktor. Wie könnte der aussehen, wenn wir die Prüfung auf prim außer Acht lassen?

Ein erster Ansatz wäre dieser:

```
  Prim(const Prim& p)
    : Integer(p.getInt()), m_isPrim(p.m_isPrim)
  {}
```

Listing 15.31: Ein möglicher Kopierkonstruktor von Prim

Der in p gespeicherte Integer-Wert wird mit getInt ermittelt und dem Basisklassen-Konstruktor mit int-Wert als Attribut übergeben.

Wegen der Polymorphie können wir aber auch Folgendes schreiben:

```
Prim(const Prim& p)
  : Integer(p), m_isPrim(p.m_isPrim)
{}
```

Listing 15.32: Eine Verbesserung des Kopierkonstruktors

Hier wird Gebrauch von Integers implizitem Kopierkonstruktor gemacht, der ein Objekt des Typs Integer erwartet. Wegen der Polymorphie akzeptiert er aber auch ein Prim-Objekt und zieht sich die für ihn relevanten Daten heraus.

Mit einem Mal stellen wir fest, dass die Prim-Klasse auch noch einen Kopierzuweisungsoperator benötigt. Wie würden Sie ihn implementieren?

```
Prim& operator=(const Prim& p) {
  Integer::operator=(p);
  m_isPrim=p.m_isPrim;
  return(*this);
}
```

Listing 15.33: Der Kopierzuweisungsoperator von Prim

Wir kommen an das private Attribut m_int von Integer nicht heran, und eine passende Set-Methode existiert auch nicht. Wir helfen uns, indem wir den impliziten Kopierzuweisungsoperator von Integer aufrufen.

Grundsätzlich sollten Sie darauf achten, dass überladene Operatoren abgeleiteter Klassen die entsprechenden Operatoren der Basisklasse – falls vorhanden – in ihre Aktivitäten mit einbeziehen. | TIPP

Die Klassen Integer und Prim finden Sie auf der Webseite *www.awl.de/3209* unter *Listings/Kapitel15/ Integer*. | WWW

15.13 Versiegelte Elemente

Aus anderen Programmiersprachen kennen Sie vielleicht den Begriff der versiegelten Elemente. Klassen lassen sich nicht mehr ableiten oder Methoden nicht mehr überschreiben. Das geht in C++ auch.

15.13.1 Versiegelte Klasse

Ab C++11 kann man eine Klasse mit dem Schlüsselwort final versiegeln. Sie darf dann nicht mehr als Basisklasse verwendet werden: | C++11

```
class Versiegelt final {
};

class Abgeleitet : public Versiegelt { // FEHLER!
};
```

Listing 15.34: Eine versiegelte Klasse

15.13.2 Versiegelte Methode

C++11

Es ist auch möglich, einzelne Methoden zu versiegeln:

```
class Basis {
public:
  virtual void methode1() {}
  virtual void methode2() final {}
};

class Abgeleitet : public Basis {
public:
  void methode1() {}
  void methode2() {}  // FEHLER!
};
```

Listing 15.35: Eine versiegelte Methode

INFO   Nur virtuelle Methoden können als final deklariert werden.

Die in Basis als final deklarierte Methode methode1 kann in Abgeleitet nicht überschrieben werden.

15.13.3 Warum Elemente versiegeln?

Stellen Sie diese Frage drei Entwicklern, und Sie bekommen wahrscheinlich fünf Antworten. Die seltsamste ist wohl: »Weil man es kann.« Offenbar deklarieren einige Entwickler grundsätzlich erst einmal alle Klassen als final. Entfernen kann man die Deklaration ja immer noch. Versuchen wir eine detailliertere Beantwortung der Frage.

Laufzeit

Ein Aspekt, eine Klasse als final zu deklarieren, kann die Laufzeit sein. Wenn es von einer Klasse keine Subklassen geben kann, dann muss beim Aufruf von Methoden über den Klassentyp nicht mehr dynamisch geprüft werden, welchen Datentyp das Objekt tatsächlich hat.

Da die dynamische Typüberprüfung aber nur geringfügig langsamer ist, fällt dieses Argument nicht so schwer ins Gewicht. Andererseits macht die Menge das Gift. Wenn exzessiv Methoden aufgerufen werden, für die eigentlich kein Typ geprüft werden müsste, dann kann sich die schlechtere Laufzeit hochschaukeln.

Schutz von Subklassen

Wie teilen Sie jemandem mit, dass Ihre Klasse nicht zum Ableiten geeignet ist? Am besten mit final. Wenn Ihre Klasse beispielsweise keinen virtuellen Destruktor besitzt, dann könnte ein Ressourcenleck entstehen, wenn im Subklassendestruktor Ressourcen freigegeben werden müssen.

Das Gegenargument dazu lautet: Es liegt in der Verantwortung des Subklassen-Programmierers das zu berücksichtigen. Leitet er trotzdem ab, dann sollte er wissen, was er tut.

Schutz der eigenen Klasse

Dieses Argument zählt für mich persönlich am stärksten. Manchmal möchte man einfach nicht, dass jemand anders die eigene Klasse erweitert. Ich habe zum Beispiel für ein anderes Buch eine Spielumgebung programmiert, in der ein Käfer über einen ägyptischen Parcours gesteuert werden muss. Ich möchte nicht, dass diese Funktionalität erweitert oder ausgehebelt wird.

15.14 Geerbte Konstruktoren verwenden

Nehmen wir für dieses Beispiel eine einfach gestrickte Klasse Rechteck:

```
class Rechteck {
  int m_x, m_y, m_b, m_h;

public:
  Rechteck(int x, int y, int b, int h)
    : m_x(x), m_y(y), m_b(b), m_h(h) {
  }

  Rechteck(int b, int h)
    : m_x(0), m_y(0), m_b(b), m_h(h) {
  }
  int get_x() const {return m_x;}
  int get_y() const {return m_y;}
  int get_breite() const {return m_b;}
  int get_hoehe() const {return m_h;}
};
```

Listing 15.36: Die Klasse Rechteck

Von dieser Klasse möchten wir ableiten, weil wir die Funktionalität des Rechtecks um eine Umfang- und eine Flächenberechnung ergänzen möchten:

```
class MatheRechteck : public Rechteck {
public:
  MatheRechteck(int x, int y, int b, int h)
    : Rechteck(x,y,b,h) {
  }

  MatheRechteck(int b, int h)
    : Rechteck(b,h) {
  }

  int berechne_umfang() const {
    return get_breite()*2 + get_hoehe()*2;
  }

  int berechne_flaeche() const {
    return get_breite() * get_hoehe();
  }
};
```

Listing 15.37: Die Klasse MatheRechteck

Die abgeleitete Klasse benötigt keine eigenen Attribute, sie erweitert nur die Funktionalität. Damit wir aber von ihr Objekte erzeugen können, mussten wir eigene Konstruktoren schreiben und in ihnen die Basisklassenkonstruktoren aufrufen, obwohl die Subklassenkonstruktoren keine neue Funktionalität besitzen.

Ab C++11 kann man einfach die geerbten Konstruktoren übernehmen:

```
class MatheRechteck : public Rechteck {
public:
  using Rechteck::Rechteck;

/* … */
};
```

Listing 15.38: Die Klasse `MatheRechteck` mit Einsatz geerbter Konstruktoren

Mit der using-Deklaration `using Rechteck::Rechteck` wird der Compiler angehalten, in Mathe-Rechteck dieselben Konstruktoren anzulegen, die auch in Rechteck vorhanden sind, und in diesen dann die Basisklassenkonstruktoren aufzurufen. Der Compiler macht damit genau das automatisch, was wir in Listing 15.37 per Hand machen mussten.

Mit der using-Deklaration werden alle Konstruktoren der Basisklasse nachgebildet, es ist aber möglich, diese mit einer eigenen Konstruktordefinition zu überschreiben.

WWW   Die Klassen Rechteck und MatheRechteck finden Sie auf der Webseite *www.awl.de/3209* unter *Listings/Kapitel15/Rechteck*.

15.15 Überschreibungshilfe

Als Beispiel soll folgende Klasse dienen:

```
class Basis {
public:
  virtual void tohuwabohu() const {
    cout << "Original" << endl;
  }
};
```

Listing 15.39: Die Klasse Basis

Wir wollen die virtuelle Methode der Klasse in einer abgeleiteten Klasse überschreiben:

```
class Abgeleitet : public Basis {
public:
  void tohuwabuhu() const {
    cout << "Ueberschreibung" << endl;
  }
};
```

Listing 15.40: Die Klasse Abgeleitet

Das war kein Problem, oder?

Doch, war es, denn ich habe mich in der abgeleiteten Klasse beim Methodennamen verschrieben. Ich habe deshalb eine neue Methode programmiert und keine geerbte überschrieben.

Damit solche Fehler vom Compiler erkannt werden, gibt es ab C++11 das Schlüsselwort `override`:

`C++11`

```
class Abgeleitet : public Basis {
public:
  void tohuwabohu() const override {
    cout << "Ueberschreibung" << endl;
  }
};
```

Listing 15.41: Die Methode `tohuwabohu` mit Prüfen auf Überschreibung

KAPITEL 16

Vererbung – Das Design

Wir haben uns im vorigen Kapitel ausführlich mit den sprachlichen und technischen Aspekten der Vererbung in C++ befasst. Nun wollen wir uns damit beschäftigen, wie und wann welche Vererbung zum Einsatz kommt – und wann nicht.

16.1 Beziehungen

Mit den in C++ möglichen Vererbungstypen können bestimmte Beziehungen zwischen Basisklasse und Subklasse formuliert werden. Wir wollen uns diese Beziehungen genauer ansehen.

16.1.1 »ist ein«

Die Beziehung, die mit Vererbung wohl am meisten zum Ausdruck gebracht wird, ist die »Ist ein(e)«-Beziehung. Wann aber können wir sagen, ob eine »Ist ein(e)«-Beziehung vorliegt beziehungsweise ob diese korrekt umgesetzt wurde?

Schauen wir uns als Beispiel die Klasse Bankangestellter an:

```
class Bankangestellter {
  float m_monatsgehalt;

public:
  Bankangestellter(float g)
    : m_monatsgehalt(g)
  {
  }

//-------------------------------------------------------

  float getJahresgehalt() const {
    return m_monatsgehalt*12 ;
  }
};
```

Listing 16.1: Die Klasse Bankangestellter

Nun leiten wir davon Filialleiter ab:

```
class Filialleiter : public Bankangestellter {
  float m_weihnachtsgeld;
  float m_urlaubsgeld;
```

```
public:
  Filialleiter(float mg, float wg, float ug)
    : Bankangestellter(mg),
      m_weihnachtsgeld(wg), m_urlaubsgeld(ug)
  {}

//----------------------------------------------------------

  float getJahresgehalt() const {
    return m_weihnachtsgeld+m_urlaubsgeld+
          Bankangestellter::getJahresgehalt();
  }
};
```

Listing 16.2: Die Klasse Filialleiter

Zwischen den beiden Klassen herrscht eine »Ist ein(e)«-Beziehung. (Ein Filialleiter ist ein Bankangestellter, der zusätzlich noch Urlaubs- und Weihnachtsgeld bekommt.) Wir bringen sie im Quellcode durch den Einsatz von öffentlicher Vererbung zum Ausdruck. Die Beziehung zwischen den beiden Klassen ist in Abbildung 16.1 als UML-Diagramm zu sehen.

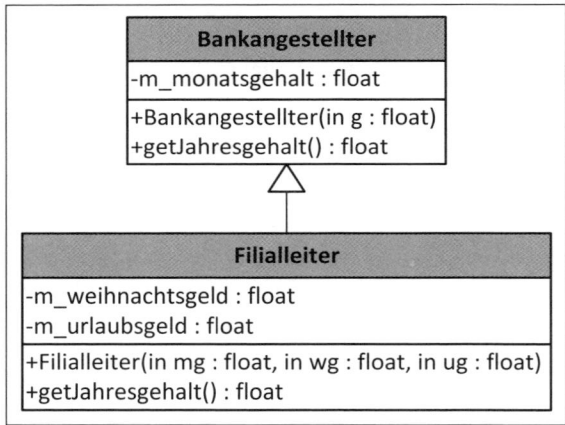

Abbildung 16.1: Die Beziehung zwischen Bankangestellter und Filialleiter

Wir können von den beiden Klassen problemlos Objekte erzeugen und die Jahresgehälter ausgeben:[1]

```
Bankangestellter ba(2234.73F);
Filialleiter fl(3188.38F, 1200.00F, 3000.00F);
cout << ba.getJahresgehalt() << endl;
cout << fl.getJahresgehalt() << endl;
```

---

1   Das »F« hinter den Fließkomma-Konstanten deklariert diese als Typ float. Fließkomma-Konstanten ohne Angabe sind automatisch vom Typ double.

Der aufmerksame Leser wird den Schwachpunkt der oberen Klassenhierarchie bereits erkannt haben. Er offenbart sich in folgendem Code:

```
Filialleiter* fptr = &fl;
Bankangestellter* bptr = &fl;
cout << fptr->getJahresgehalt() << endl;
cout << bptr->getJahresgehalt() << endl;
```

Obwohl über beide Zeiger das Jahresgehalt desselben Objekts ausgegeben wird, unterscheiden sich die Werte. Die Lösung ist leicht gefunden: Die Methode getJahresgehalt in der Klasse Bankangestellter muss als virtuell deklariert werden.

Liskov-Substitutionsprinzip

Man kann hier die Frage stellen, warum der letzte Quellcode überhaupt als Problem betrachtet werden soll. Denn schließlich funktioniert alles einwandfrei, solange das Objekt direkt über seinen Namen oder über einen Zeiger desselben Typs angesprochen wird.

Der Sinn in der Vererbung liegt aber nicht nur darin, dass bereits geschriebener Code problemlos erweitert werden kann. Wichtige Designtechniken, die auf Vererbung zurückgreifen, funktionieren nur dann, wenn eine Basisklasse nichts über ihre Subklasse wissen muss.

Wenn wir das korrekte Jahresgehalt des Filialleiters ermitteln wollen, dann müssen wir im oberen Fall wissen, dass der Bankangestellter-Zeiger tatsächlich auf ein Objekt des Typs Filialleiter zeigt, um den Typ über einen Downcast gegebenenfalls wiederherstellen zu können. Durch den Einsatz einer virtuellen Funktion wird der Typ dynamisch geprüft und damit immer die richtige getJahresgehalt-Methode aufgerufen.

Diesen Anspruch an eine »Ist ein(e)«-Beziehung formulierte Barbara Liskov in ihrem Liskov-Substitutionsprinzip (LSP).

Das Liskov-Substitutionsprinzip lautet:

Der Typ S ist ein Subtyp des Typs T, wenn für jedes Objekt o_1 des Typs S ein Objekt o_2 des Typs T existiert, sodass für alle Programme P bezogen auf T gilt: Das Verhalten von P bleibt unverändert, wenn o_1 anstelle von o_2 verwendet wird.

Mit anderen Worten:

Das Verhalten eines Objekts darf sich nicht ändern, wenn über einen Basisklassen-Zeiger darauf zugegriffen wird.

Oder mit nochmals anderen Worten:

Programmcode, der über Zeiger oder Referenzen auf Basisklassen-Objekte zugreift, muss Objekte von Subklassen verwenden können, ohne dass sich seine Semantik ändert.

Die Klassen Bankangestellter und Filialleiter finden Sie auf der Webseite *www.awl.de/3209* unter *Listings/Kapitel16/Bank*.

Nehmen wir ein weiteres bekanntes Beispiel:

```cpp
class Rechteck {
  float m_breite;
  float m_hoehe;

//-----------------------------------------------------------

public:
  Rechteck(float b, float h)
    : m_breite(b), m_hoehe(h)
  {}

//-----------------------------------------------------------

  virtual void setBreite(float b) {
    m_breite = b;
  }

  virtual void setHoehe(float h) {
    m_hoehe = h;
  }

//-----------------------------------------------------------

  float getUmfang() const {
    return 2*m_breite + 2*m_hoehe;
  }
};
```

Listing 16.3: Die Klasse Rechteck

Auch von dieser Klasse wollen wir ableiten, und zwar die Klasse Quadrat:

```cpp
class Quadrat : public Rechteck {
public:
  Quadrat(float l)
    : Rechteck(l,l)
  {}

//-----------------------------------------------------------

  void setBreite(float b) {
    Rechteck::setBreite(b);
    Rechteck::setHoehe(b);
  }

  void setHoehe(float h) {
    Rechteck::setBreite(h);
    Rechteck::setHoehe(h);
  }
};
```

Listing 16.4: Die Klasse Quadrat

In Abbildung 16.2 sehen Sie die Klassenbeziehung als UML-Klassendiagramm.

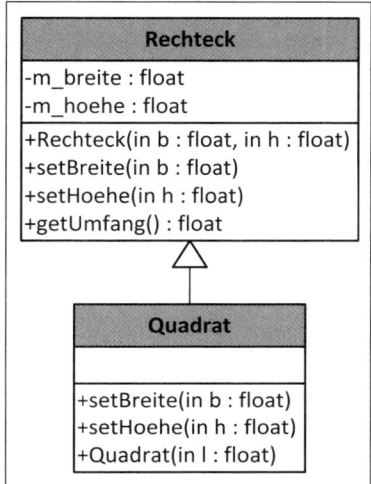

Abbildung 16.2: Die Beziehung der Klassen Rechteck und Quadrat

Wird das LSP in diesem Klassendesign eingehalten?

Die in Quadrat anzupassenden Methoden sind in Rechteck als virtuell deklariert, sodass auf jeden Fall die richtige Methode aufgerufen wird. Wir könnten natürlich immer noch Folgendes schreiben:

```
Quadrat q(5);
q.Rechteck::setBreite(2);
q.Rechteck::setHoehe(4);
cout << q.getUmfang() << endl;
```

Dagegen gibt es keinen Schutz. Aber auch wenn dieser vorsätzliche Aufruf der Rechteck-Methoden als grob fahrlässig gilt, deutet die Tatsache, dass uns dieser Zugriff in Schwierig-keiten bringt, auf eine Schwäche im Design hin.

> Die Subklasse sollte immer die Funktionalität der Basisklasse entweder erweitern oder beibehalten, aber niemals einschränken. **INFO**

Es gibt aber noch eine andere Problematik. Das LSP fordert, dass ein Zugriff über einen Basisklassenzeiger nichts über ein Subklassen-Objekt wissen muss. Schauen wir uns fol-gende Funktion an:

```
void fkt(Rechteck& r) {
  r.setBreite(3);
  r.setHoehe(7);
  if(r.getUmfang()==20.0F)
    cout << "Mach was" << endl;
}
```

Listing 16.5: Eine Funktion, die eine Verletzung des LSP aufdeckt

Legt man die Funktionalität eines Rechtecks zugrunde, dann können wir uns darauf verlassen, dass der if-Anweisungsblock immer ausgeführt wird. Wird dieser Funktion jedoch ein Quadrat-Objekt übergeben, dann wird der if-Anweisungsbock nicht ausgeführt. Das liegt in den Set-Methoden begründet, die bei einem Quadrat immer Breite und Höhe gemeinsam auf denselben Wert setzen. Der Aufruf von r.setHoehe(7) setzt damit auch die Breite auf 7, der danach berechnete Umfang beträgt 28.

Damit ist das LSP verletzt, denn ein Basisklassen-Objekt vom Typ Rechteck kann nicht in allen Situationen durch ein Subklassen-Objekt des Typs Quadrat ersetzt werden.

Konkret liegt dies an der einschränkenden Eigenschaft von Quadrat: Die Funktionalität eines Rechtecks (die Möglichkeit einer unterschiedlichen Breite und Höhe) wird in der Quadrat-Klasse beschnitten (Breite und Höhe müssen gleich sein.)

Eine solche Einschränkung in einer Subklasse verletzt das LSP; eine in diesem Sinne zu verstehende »Ist ein(e)«-Beziehung ist nicht gegeben.

WWW   Die Klassen Rechteck und Quadrat finden Sie auf der Webseite *www.awl.de/3209* unter *Listings/ Kapitel16/Rechteck.*

16.1.2 »ist implementiert mit«

Im vorigen Beispiel war öffentliche Vererbung demnach die falsche Wahl. Statt einer »Ist ein(e)«-Beziehung wollen wir die Quadrat-Klasse lieber mithilfe des Rechtecks implementieren.

Private Vererbung

Eine Möglichkeit hierzu bietet uns die private Vererbung:

```
class Quadrat : private Rechteck {
public:
  Quadrat(float l)
    : Rechteck(l,l)
  {}

//------------------------------------------------------------

  void setSeite(float l) {
    Rechteck::setBreite(l);
    Rechteck::setHoehe(l);
  }

//------------------------------------------------------------
  float getUmfang() const {
    return Rechteck::getUmfang();
  }
};
```

Listing 16.6: Eine Quadrat-Klasse mit privater Vererbung

Die Methoden von Rechteck sind durch die private Vererbung nicht mehr von außen zugänglich, deswegen benötigt Quadrat eine eigene getUmfang-Methode, die intern jedoch Rechteck::getUmfang aufruft. Es besteht nun keine Möglichkeit mehr, Breite oder Höhe getrennt zu setzen. Beide Attribute werden über setSeite gemeinsam verändert. Abbildung 16.3 zeigt den Zusammenhang.

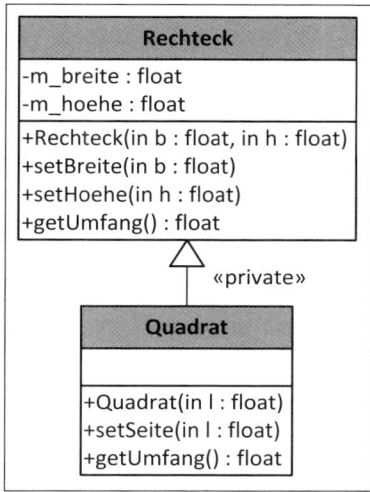

Abbildung 16.3: Die private Vererbung in der UML

Die Klassen Rechteck und Quadrat finden Sie auf der Webseite *www.awl.de/3209* unter *Listings/ Kapitel16/Rechteck02.* WWW

Objektkomposition

Eine andere Möglichkeit, die Funktionalität von Rechteck innerhalb von Quadrat zu benutzen, ist die Einbettung, auch Objektkomposition genannt:

```
class Quadrat {
  Rechteck m_rechteck;

public:
  Quadrat(float l)
    : m_rechteck(l,l)
  {}

//-----------------------------------------------------------

  void setSeite(float l) {
    m_rechteck.setBreite(l);
    m_rechteck.setHoehe(l);
  }
```

```
//---------------------------------------------------------

  float getUmfang() const {
    return m_rechteck.getUmfang();
  }
};
```
Listing 16.7: Die Klasse Quadrat mit Objektkomposition

Abbildung 16.4 zeigt die Darstellung der Objektkomposition in einem UML-Diagramm. Die beiden Zahlen an der Komposition definieren die Multiplizität. Hier besitzt ein Quadrat-Objekt genau ein Rechteck-Objekt.

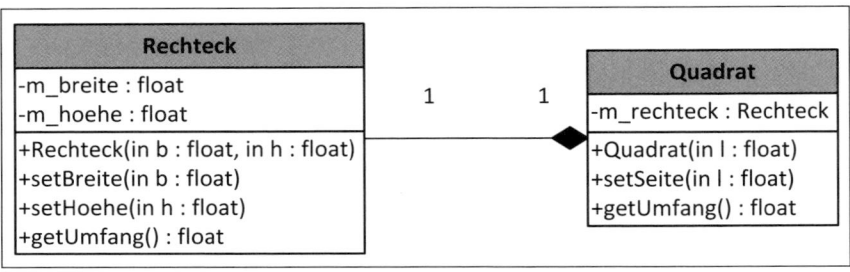

Abbildung 16.4: Die Quadrat-Klasse mit Objektkomposition

WWW   Die Klassen Rechteck und Quadrat finden Sie auf der Webseite *www.awl.de/3209* unter *Listings/ Kapitel16/Rechteck03*.

Wir haben die »Ist implementiert mit«-Beziehung auf zwei Arten umgesetzt: mit privater Vererbung und mit Objektkomposition. Aber wann sollte welche Technik eingesetzt werden?

Vererbung oder Einbettung?

Um diese Frage zu beantworten, sollten wir als Erstes die Vor- und Nachteile der beiden Varianten aufführen.

Der große Nachteil der privaten Vererbung ist die dadurch entstehende starke Kopplung zwischen den beiden Klassen.[2] Diese Kopplung findet zur Kompilationszeit statt und lässt sich während der Laufzeit nicht mehr ändern.

Bei der Objektkomposition hingegen könnte anstelle eines konkreten, eingebetteten Objekts ein Zeiger, dessen Verweis während der Laufzeit austauschbar ist, oder eine Referenz als fester Verweis verwendet werden. Damit wäre es theoretisch auch möglich, verschiedene Quadrat-Objekte mit unterschiedlichen Implementierungen auszustatten.

---

2   Vererbung zählt neben der friend-Deklaration zu den stärksten Kopplungen, die in C++ zwischen zwei Klassen möglich sind.

Auf der anderen Seite erschließen sich durch die private Vererbung auch die geschützten Elemente der Basisklasse, auf die über Objektkomposition nicht zugegriffen werden könnte. Entscheiden diese geschützten Elemente über die Nutzbarkeit der Klasse, gibt es zur privaten Vererbung keine Alternative.

Befinden sich jedoch alle notwendigen Operationen der Implementierung in der öffentlichen Schnittstelle, dann sollte die Objektkomposition der privaten Vererbung vorgezogen werden, weil dadurch eine weitaus losere Kopplung existiert, die zur Laufzeit noch geändert werden könnte.

> Im Gegensatz zur öffentlichen Vererbung, die als Design-Technik verstanden wird, gilt die private Vererbung als Implementierungstechnik. Sie spielt damit in der Design-Phase keine Rolle. **INFO**

16.1.3 »hat ein«

Es ist wichtig, zwischen der »Hat ein(e)«-Beziehung und der »Ist implementiert mit«-Beziehung zu unterscheiden. Die im vorigen Abschnitt besprochene »Ist implementiert mit«-Beziehung benutzt ein Objekt einer anderen Klasse zur Implementierung der eigenen Funktionalität.

Bei der »Hat ein(e)«-Beziehung werden die Aufgaben an das eingebettete Objekt delegiert. Das eingebettete Objekt übernimmt einen Teil der Aufgaben des Haupt-Objekts. Ein Beispiel dafür sind die Klassen Adresse und Kunde, die Sie in Abbildung 16.5 sehen.

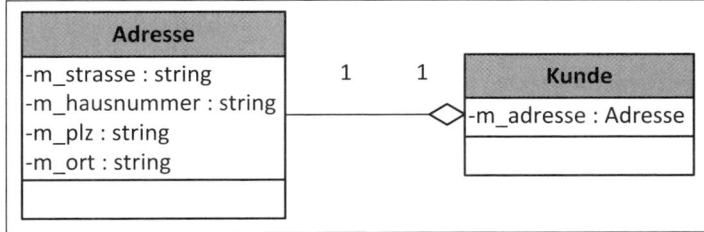

Abbildung 16.5: Die »Hat ein(e)«-Beziehung (Aggregation)

Der Kunde hat eine Adresse. Die Verwaltung dieser Adresse ist allein Aufgabe der Klasse Adresse. Die Klasse Kunde leitet entsprechende Operationen an Adresse weiter. Die Adresse ist hier nicht existenziell abhängig vom Kunden. Der Kunde könnte theoretisch überhaupt keine Adresse haben (er besucht immer das Ladenlokal), oder er hat mehrere Adressen (Rechungs- und Lieferadresse), oder die Adresse ändert sich (Umzug.) Die Adresse selbst wiederum könnte auch bei mehreren Kunden Anwendung finden (wenn sie im selben Haus wohnen), wobei dann besser mit Verweisen gearbeitet werden sollte. Diese nicht existenziell abhängige Beziehung nennt man *Aggregation*. Sie ist in der UML an der nicht ausgefüllten Raute zu erkennen.

Ein anderes Beispiel sehen Sie in Abbildung 16.6.

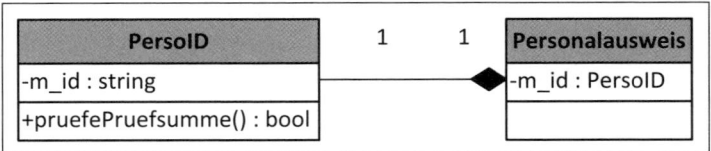

Abbildung 16.6: Die »Hat ein(e)«-Beziehung (Komposition)

Hier ist die ID des Personalausweises existenziell abhängig vom Personalausweis. Ein Personalausweis kann seine ID nicht ändern, er bekommt sie bei seiner Erstellung zugewiesen und nimmt sie mit ins Grab. Diese Abhängigkeit wird *Komposition* genannt.

16.2 Was wird vererbt?

Abschnitt 16.1 hat sich mit der Frage beschäftigt, wie die in einer Klassenhierarchie auftretenden Beziehungen in C++ formuliert werden. Im Folgenden richten wir unser Augenmerk auf die Frage, was genau vererbt wird. In der OOP ist es häufig sinnvoll, Schnittstelle (Spezifikation) und Implementierung zu trennen. Die nachstehenden Abschnitte beschäftigen sich damit, wie in C++ nur eine Schnittstelle, nur eine Implementierung oder eine Kombination von beiden vererbt werden kann.

16.2.1 Schnittstelle mit verbindlicher Implementierung

Wenn eine Subklasse eine Schnittstelle mitsamt einer verbindlichen Implementierung erbt, ist das häufig das Ergebnis von Unwissenheit. Und nicht selten wird vergessen, dass die Implementierung der Basisklasse auch tatsächlich verbindlich bleiben sollte. Betrachten wir dazu folgendes Beispiel:

```
template<typename Typ>
class EigenerVektor : public vector<Typ> {
public:
  EigenerVektor() {}
  typename vector<Typ>::reference
          operator[](typename vector<Typ>::size_type idx) {
    return at(idx);
  }
};
```

Listing 16.8: Ein eigener Vektor mit sicherem Indexoperator

Wir schreiben ein Template EigenerVektor, das wir öffentlich von std::vector ableiten. Die Besonderheit unseres Vektors besteht darin, dass der Indexoperator nun auf die Methode at zurückgreift und damit eine Ausnahme auslöst, wenn der Bereich überschritten wird.

Anstelle des qualifizierten Namens bei reference und size_type hätten wir auch problemlos EigenerVektor angeben können, weil unser Template diese Typdefinitionen geerbt hat.

Wir können diesen Vektor nun versuchen einzusetzen:

```
EigenerVektor<int> v;
v.push_back(3);
cout << v[1] << endl;  // Ausnahme
```

Was hier jedoch nicht berücksichtigt wurde: Die Methoden von `vector` sind nicht virtuell, wir haben dessen Implementierung also verbindlich geerbt. Trotzdem haben wir eine Operation – nämlich den Indexoperator – überschrieben. Der Ärger lässt nicht lange auf sich warten:

```
vector<int>* vptr = &v;
cout << (*vptr)[1] << endl; // Keine Ausnahme
```

Das LSP ist hiermit ganz klar verletzt. Wir haben nun mehrere Möglichkeiten:

» Die geerbte Implementierung bleibt verbindlich, in der eigenen Klasse wird die Schnittstelle erweitert und die neue Implementierung darüber verfügbar gemacht. In unserem konkreten Fall ist das keine Lösung, denn es geht uns um den Indexoperator. Andernfalls hätten wir gleich den STL-Vektor verwendet und dessen `at`-Methode direkt aufgerufen.

» Die Klasse `EigenerVektor` wird privat von `vector` abgeleitet und nutzt damit die `vector`-Implementierung, ohne dessen Schnittstelle zu erben. Um jetzt aber in der eigenen Klasse die gleiche Schnittstelle zur Verfügung zu stellen wie in `vector`, muss jede Methode von `vector` ebenfalls in `EigenerVektor` implementiert werden. Diese Methoden müssen zwar lediglich die entsprechende `vector`-Methode aufrufen, aber ein schönes Stückchen Arbeit ist es trotzdem. Darüber hinaus würde eine Änderung der `vector`-Schnittstelle nicht automatisch von `EigenerVektor` übernommen.

» Die verbindliche Implementierung wird überschrieben, und wir bleiben uns stets bewusst, dass der eigene Vektor nicht mehr polymorph einsetzbar ist. Er kann deswegen nicht an die Stelle eines STL-Vektors treten. Durch die Verletzung des LSP herrscht zwischen `EigenerVektor` und `vector` keine »Ist ein(e)-Beziehung, auch wenn dies in manchen Büchern behauptet wird.

Der letzte Punkt wird höchstwahrscheinlich nicht seinen Weg in die Annalen der OOP finden. Wenn es wie in unserem Fall aber lediglich um einen Vektor mit sicherem Indexoperator geht, der an keiner Stelle einen STL-Vektor polymorph ersetzen soll, dann ist nach Abwägung von Kosten und Nutzen die letzte Variante in meinen Augen die attraktivste.

Fassen wir diesen Abschnitt noch zu einer Regel zusammen:

TIPP

Wenn eine Subklasse öffentlich eine aus nicht virtuellen Methoden bestehende Schnittstelle erbt, dann erbt diese Subklasse die Schnittstelle mitsamt einer bezogen auf das LSP verbindlichen Implementierung. Eine Änderung dieser verbindlichen Implementierung hat unweigerlich eine Verletzung des LSP zur Folge.

Schauen wir uns zum Schluss noch ein Beispiel an, bei dem die Vererbung einer verbindlichen Implementierung Sinn macht:

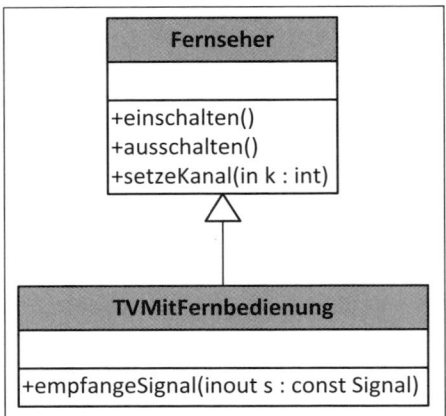

Abbildung 16.7: Fernseher mit Fernbedienung

In Abbildung 16.7 wird der Fernseher mit Fernbedienung von einem Fernseher ohne Fernbedienung abgeleitet. Wir überschreiben die geerbte Implementierung nicht, sondern erweitern sie, indem wir der öffentlichen Schnittstelle eine weitere Operation hinzufügen, empfangeSignal. Das LSP ist damit nicht verletzt.

16.2.2 Schnittstelle mit überschreibbarer Implementierung

Eine Implementierung wird überschreibbar, wenn die dazugehörige Methode in der Basisklasse als virtuell deklariert ist (siehe Abschnitt 15.8). Man nennt sie auch *Default-* oder *Standardimplementierung*. Nehmen wir folgendes Beispiel:

```
class Grafiktreiber {
public:
  virtual void linie(Punkt p1, Punkt p2) {
    /* Berechne Linie manuell */
  }
};
```

Listing 16.9: Die Klasse Grafiktreiber

Wir entwerfen einen schlichten Grafiktreiber, der nur eine Linie zeichnen kann. Die tatsächliche Implementierung der Methode linie ersparen wir uns hier. Diese Klasse wird nun von einigen Anwendungen eingesetzt, die alle prima funktionieren.

Nun wird das System um eine 3D-Grafikkarte erweitert, von deren schnelleren Hardware-Funktionen wir Gebrauch machen wollen. Wir schreiben dazu die Klasse Grafiktreiber3D, die von Grafiktreiber ableitet:

```
class Grafiktreiber3D : public Grafiktreiber {
  Grafikkarte* m_karte;
public:
  Grafiktreiber3D(Grafikkarte* graka)
    : m_karte(graka)
  {}
```

```
  void linie(Punkt p1, Punkt p2) {
    m_karte->linie(p1, p2);
  }
};
```
Listing 16.10: Die Klasse Grafiktreiber3D

Die Implementierung von Grafiktreiber::linie wird überschrieben. In der neuen linie-Methode wird Gebrauch von der Linien-Funktionalität der Grafikkarte gemacht. Abbildung 16.8 zeigt den Sachverhalt.

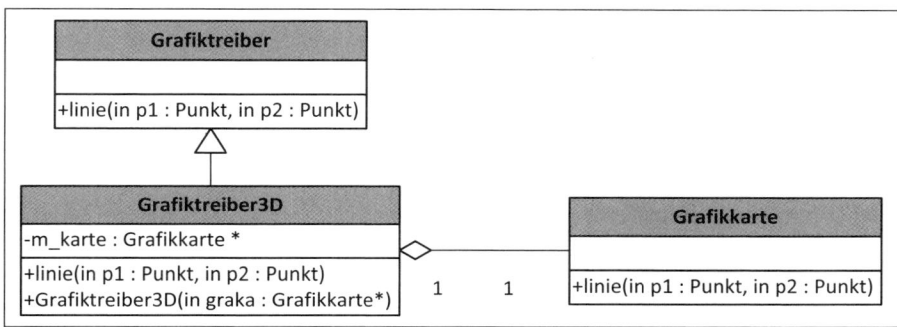

Abbildung 16.8: Die Grafiktreiber-Hierarchie

In diesem Fall bleibt das LSP gewahrt, weil bei einem Zugriff über einen Basisklassen-Zeiger der tatsächliche Objekt-Typ zur Laufzeit (dynamisch) ermittelt und die korrekte Methode aufgerufen wird.

16.2.3 Schnittstelle

Die Vererbung der bloßen Schnittstelle – ohne Implementierung – wird in C++ mit rein virtuellen (abstrakten) Methoden bewerkstelligt. Eine Schnittstelle ohne Implementierung wird immer dann verwendet, wenn eine gemeinsame Schnittstelle existieren soll, die Basisklasse aber nicht genug Wissen besitzt, um dieser Schnittstelle eine Implementierung mitzugeben.

Denken wir noch einmal an die Klassenhierarchie eines Spiels. Wir definieren als oberste Basisklasse die Klasse SpielElement:

```
class SpielElement {
public:
  virtual void erscheine()=0;
  virtual void verschwinde()=0;
};
```
Listing 16.11: Die Klasse SpielElement

Wir beschränken uns hier auf die Methoden erscheine zur Darstellung des Spielelements auf dem Bildschirm und verschwinde zum Entfernen des Elements vom Spielfeld.

Durch die abstrakten Methoden ist die Klasse selbst abstrakt; von ihr können deshalb keine Objekte erzeugt werden (siehe Abschnitt 15.9). Eine von SpielElement abgeleitete Klasse, von der Objekte erzeugt werden sollen, muss daher alle abstrakten Methoden überschreiben, um konkret zu werden:

```
class Hindernis : public SpielElement {
public:
  void erscheine() {
    // Code zum Aufbau des Hindernisses
  }

  void verschwinde() {
    // Code zum Abbau des Hindernisses
  }
};
```

Listing 16.12: Die Klasse Hindernis

Die Klasse Hindernis hat die Schnittstelle von SpielElement geerbt und wurde so gezwungen, diese mit einer Implementierung zu versehen, wenn von ihr Objekte erzeugt werden sollen.

Auf diese Weise ist gewährleistet, dass jede Subklasse die geerbte Schnittstelle mit einer Definition unterlegt. In Abbildung 16.9 sehen Sie die UML-Darstellung unserer Mini-Hierarchie.

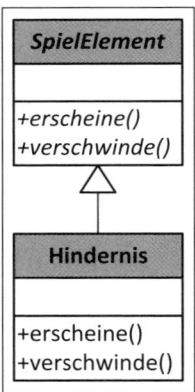

Abbildung 16.9: Spielelemente und Hindernisse

16.2.4 Implementierung

Die Vererbung der bloßen Implementierung in Form privater Vererbung haben wir in Abschnitt 16.1.2 bereits besprochen. Ich möchte hier jedoch wiederholen, dass die Implementierung einer anderen Klasse auch durch Einbettung verwendet werden kann, solange die Implementierung über die öffentliche Schnittstelle zugänglich ist.

16.3 Das Offen-Geschlossen-Prinzip

Das Offen-Geschlossen-Prinzip (*Open Closed Principle*, abgekürzt OCP) ist schnell formuliert:[3]

Code-Einheiten (zum Beispiel Klassen oder Funktionen) sollten offen für Erweiterungen, aber geschlossen für Veränderungen sein.

Anders formuliert folgen daraus zwei Punkte:

»   Es muss möglich sein, die Funktionalität einer Code-Einheit zu erweitern, ohne ihren be-stehenden Code zu verändern.

»   Eine Erweiterung an anderer Stelle, die Auswirkungen auf eine Code-Einheit hat, darf keine Änderung der Code-Einheit selbst nach sich ziehen.

Nehmen wir an, Sie programmieren ein Spiel, in dem ein Krabbeltier vorkommt. Es soll zwei verschiedene Arten von Krabblern geben: solche, die vorwärts krabbeln, und solche, die rück-wärts krabbeln. In welche Richtung gekrabbelt werden kann, wird bei der Erzeugung festge-legt. Die entsprechende Klasse Krabbler könnte so wie in Abbildung 16.10 aufgebaut werden.

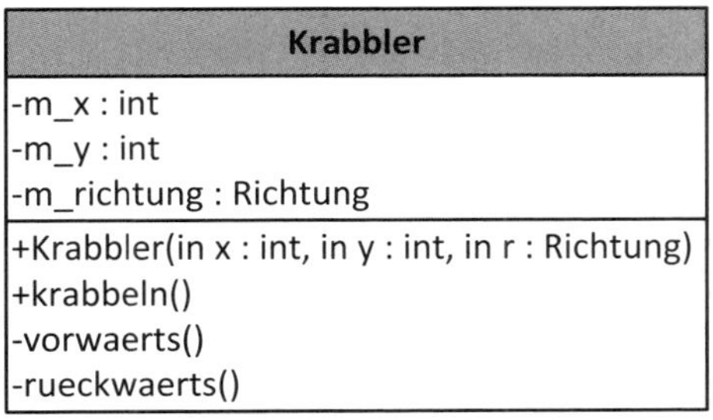

Krabbler
-m_x : int
-m_y : int
-m_richtung : Richtung
+Krabbler(in x : int, in y : int, in r : Richtung)
+krabbeln()
-vorwaerts()
-rueckwaerts()

Abbildung 16.10: Die Klasse Krabbler

Über die Methode krabbeln krabbelt der Krabbler in seine vorgegebene Richtung. Dazu ruft krabbeln die Methode vorwaerts oder rueckwaerts auf. Ausformuliert erhalten wir diesen Code:

```
class Krabbler {
public:
  enum Richtung {Vor, Rueck};

  Krabbler(int x, int y, Richtung r)
    : m_x(x), m_y(y), m_richtung(r)
  {}

  void krabbeln() {
    switch(m_richtung) {
      case Vor:
        vorwaerts();
```

---

3   Das OCP, sowie andere Prinzipien, die wir uns noch anschauen werden, sind von Robert C. Martin formuliert worden und können im Internet in englischer Sprache unter *http://www.objectmentor.com* nachgelesen werden.

```
      break;
    case Rueck:
      rueckwaerts();
      break;
  }
}

private:
  int m_x;
  int m_y;
  Richtung m_richtung;

  void vorwaerts() {++m_x;}
  void rueckwaerts() {--m_x;}
};
```
Listing 16.13: Die Klasse Krabbler

Wir können nun Krabbler erzeugen, die vorwärts oder rückwärts krabbeln:

```
Krabbler k1(20,5,Krabbler::Vor);
Krabbler k2(20,5,Krabbler::Rueck);
```

Geht dieser Ansatz konform mit dem OCP? Spalten wir diese Frage in zwei Punkte auf:

» Ist die Klasse offen gegenüber Erweiterungen? Im Prinzip nicht. Eine Erweiterung ohne Code-Änderung wäre nur durch Vererbung möglich. Die zentrale Methode krabbeln ist jedoch nicht virtuell, ein Ableiten würde damit das LSP verletzen.

» Ist die Klasse geschlossen gegenüber Änderungen? Gehen wir davon aus, dass während der Spielentwicklung Bedarf an einem Krabbler entsteht, der lediglich hoch und runter krabbeln kann, dann ist dies ohne Änderung von krabbeln nicht möglich. Die Methode krabbeln ist damit gegenüber Erweiterungen der Richtung nicht geschlossen.

Alles in allem können wir getrost sagen, dass die Klasse das OCP verletzt. Ein besserer Ansatz könnte so aussehen, dass wir zunächst eine Krabbel-Schnittstelle erstellen:

```
class Krabbler {
public:
  virtual void krabbeln()=0;
};
```
Listing 16.14: Eine Schnittstelle für Krabbler

Von dieser Schnittstelle leiten nun die konkreten Krabbler ab:

```
class VorwaertsKrabbler : public Krabbler {
  int m_x;
  int m_y;
public:
  VorwaertsKrabbler(int x, int y)
    : m_x(x), m_y(y)
  {}
```

```
void krabbeln() {
   ++m_x;
}
};
```

Listing 16.15: Die Klasse VorwaertsKrabbler

Abbildung 16.11 zeigt den Zusammenhang in der UML.

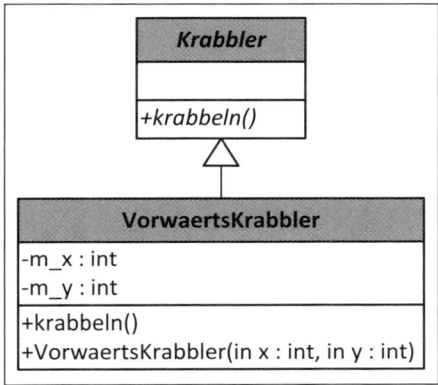

Abbildung 16.11: Die Krabbel-Hierarchie

Eine Code-Einheit, die über die Krabbler-Schnittstelle auf die Methode krabbeln zugreift, ist nun geschlossen gegenüber Erweiterungen der Krabbler-Familie. Auch Krabbler und VorwaertsKrabbler sind geschlossen gegenüber Erweiterungen, denn ein weiterer Krabbler erfordert keine Änderungen am bestehenden Code. Dieser Ansatz hält sich damit an das OCP.

Betrachten wir ein weiteres Beispiel, das wieder einem Spiel entnommen sein könnte:

```
class Abfangjaeger {
public:
   void zeichnen();
};

class Bomber {
public:
   void zeichneMich();
};

class Transporter {
public:
   void draw();
};

class Zeichner {
public:
   void zeichneJaeger(const Abfangjaeger& o);
```

```
  void zeichneBomber(const Bomber& o);
  void zeichneTransporter(const Transporter& o);
};
```

Listing 16.16: Flugzeuge und Zeichner

Es gibt drei Klassen von Flugzeugen, die alle gezeichnet werden können. Dazu existiert die Klasse Zeichner, die für jedes Flugzeug eine Zeichne-Methode besitzt. Diese ruft dann wiederum die entsprechende Methode der Flugzeug-Klassen auf (und erledigt vielleicht noch andere Dinge, wie Vorbereitung des Bildschirms auf das Zeichnen). Abbildung 16.12 zeigt die Zusammenhänge.

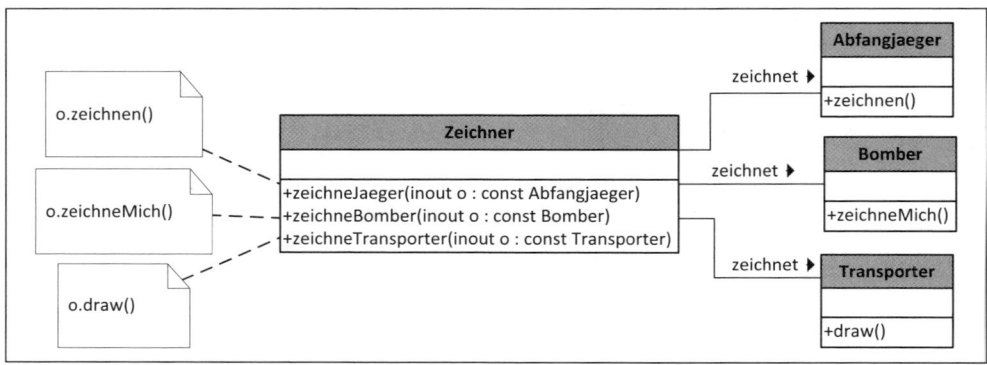

Abbildung 16.12: Die Beziehung zwischen Zeichner und den Flugzeugen

Warum hier das OCP verletzt ist, lässt sich nicht in einem Satz zusammenfassen. Zunächst einmal müsste die Klasse Zeichner verändert werden, wenn eine weitere Flugzeug-Klasse erstellt würde, deren Objekte ebenfalls von Zeichner dargestellt werden sollen.

Code, der die Klasse Zeichner verwendet, müsste ebenfalls geändert werden, damit die neue Zeichne-Methode aufgerufen wird.

Es könnte zwar eine Klasse ErweiterterZeichner von Zeichner abgeleitet werden, weil wir die verbindliche Implementierung von Zeichner nicht überschreiben, sondern deren Schnittstelle ergänzen. Trotzdem müsste der konkrete Aufruf der neuen Zeichne-Methode in der bisher mit Zeichner arbeitenden Code-Einheit hinzugefügt werden.

Auf den ersten Blick könnte die Lösung auch in einem Überladen der Zeichne-Methoden von Zeichner liegen. Hätten die Zeichne-Methoden in Zeichner alle denselben Namen, würde sich der Aufruf vereinheitlichen. Da die einzelnen Flugzeuge aber nicht derselben Klassenhierarchie angehören, kann die Code-Einheit, die Zeichner verwendet, nicht mit Polymorphie arbeiten (Zugriff über eine gemeinsame Schnittstelle) und muss deswegen trotzdem ihren Code ändern.

Es bleibt also dabei: Bezogen auf eine Erweiterung der Flugzeug-Typen wird das OCP nicht eingehalten, beziehungsweise Code, der diese Klassenarchitektur verwendet, kann gegenüber einer Erweiterung der Flugzeug-Typen nicht geschlossen werden.

Einen besseren Ansatz zeigt Abbildung 16.13.

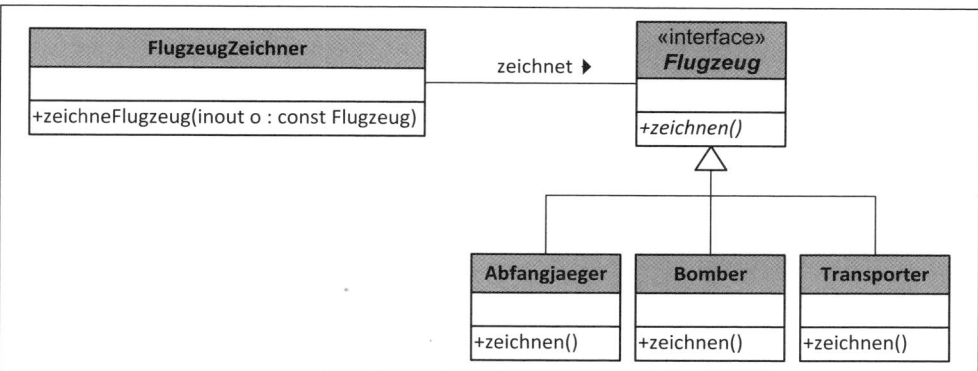

Abbildung 16.13: Die Flugzeug-Hierarchie

Meist wirkt es Wunder, wenn Schnittstelle und Implementierung getrennt werden. In Abbildung 16.13 wird die `Zeichner`-Klasse jetzt `FlugzeugZeichner` genannt, um klar zu signalisieren, dass mit ihr nur Flugzeuge gezeichnet werden können. Sie greift nun auf die `zeichnen`-Methode der Schnittstelle `Flugzeug` zurück. Weil dies eine abstrakte Methode ist, können wir sicher sein, dass eine von `Flugzeug` abgeleitete konkrete Klasse für `zeichnen` eine Implementierung zur Verfügung stellt.

Die Klasse `FlugzeugZeichner` ist dadurch von der konkreten Implementierung der `zeichnen`-Methode entkoppelt. Eine Erweiterung der Klassenhierarchie um beispielsweise `Passagierflugzeug` hätte keinerlei Auswirkungen auf `FlugzeugZeichner`. Das OCP wird eingehalten.

16.4 Operationen oben, Daten unten

Der Titel fasst bereits die Hauptaussage dieses Abschnitts salopp zusammen: In einer Klassenhierarchie sollten die Operationen (Schnittstellen, mit oder ohne Implementierung) möglichst weit oben angesiedelt werden, die tatsächlichen Daten dagegen so weit unten wie möglich untergebracht werden.

In Abschnitt 15.3 haben wir eine Klassenhierarchie aufgebaut, die `SpielObjekt` als Basisklasse und unter anderem die Klasse `Tuer` als Subklasse hat. Abbildung 15.7 zeigt die Beziehung als UML-Diagramm.

Bereits in diesem frühen Stadium zeigt sich eine Form der Redundanz. Die Klasse `SpielObjekt` besitzt Attribute für die Breite und die Höhe eines Spielobjekts. Die Klasse `Tuer` definiert die Breite und Höhe jedoch als Konstante, trotzdem erbt sie die Attribute für Breite und Höhe von `SpielObjekt`. Nicht nur Objekte der Klasse `Tuer`, alle Objekte von Subklassen mit fester Breite und Höhe erben zwei Attribute, mit denen sie nichts anfangen können.

Besser wäre es, Breite und Höhe weiter unten in der Klassenhierarchie anzusiedeln, dort, wo sie wirklich gebraucht werden. Abbildung 16.14 zeigt einen solchen Ansatz.

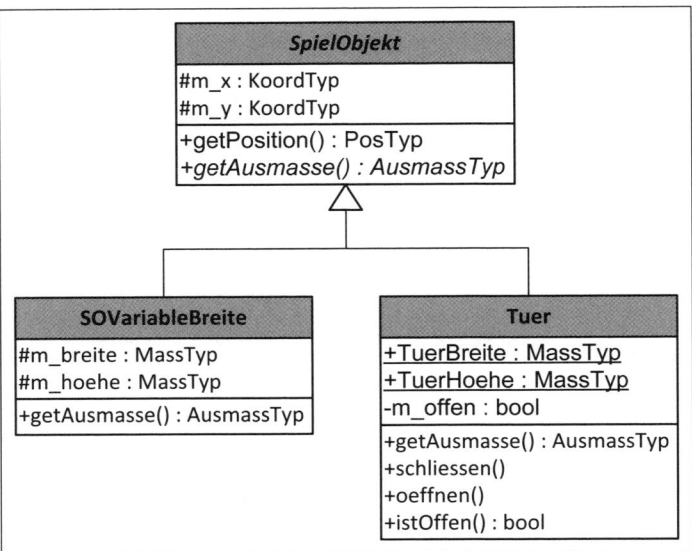

Abbildung 16.14: Eine redundanzärmere Spiel-Hierarchie

Der Einfachheit halber zeigt dieser Ansatz geschützte Attribute, wir wissen aber, dass Attribute immer perfekt im privaten Bereich gekapselt und nur über Methoden ansprechbar sein sollten.

Die Methode getAusmasse ist in SpielObjekt nur noch abstrakt, ohne Implementierung, dadurch müssten Subklassen diese Methode auf jeden Fall implementieren.

Die Klasse SOVariableBreite ist jetzt die Basisklasse für alle Spielobjekte mit variabler Breite und Höhe. Damit kann die Klasse Tuer ohne Redundanz von SpielObjekt abgeleitet werden.

Das alles hat natürlich seinen Preis. Wir haben die Methode getAusmasse nicht mehr zentral in der Basisklasse (sie müsste ja sonst darüber Bescheid wissen, welche Ausmaße Objekte abgeleiteter Klassen haben), sondern jede Klasse mit festen Ausmaßen muss eine eigene getAusmasse-Methode bereitstellen, die die Ausmaß-Konstanten der Klasse zurückliefert.

Lediglich für die Objekte mit variablen Ausmaßen kann jetzt noch eine allgemeine getAusmasse-Methode implementiert werden.

Für jede Klasse haben wir ein Mehr an Code, dafür haben wir für jedes Objekt mit festen Ausmaßen eine Einsparung an Speicherplatz. Es muss am konkreten Fall festgemacht werden, welcher Ansatz der bessere ist.

16.5 Das Umkehrung-der-Abhängigkeit-Prinzip

Um das Umkehrung-der-Abhängigkeit-Prinzip (*Dependency Inversion Principle*, abgekürzt DIP) zu erläutern, möchte ich gerne auf die Kartoffeln und Schweine aus [Willms01] zurückkommen. Primär ging es darum, dass ein Schwein Kartoffeln fressen kann. Losgelöst von den konkreten Attributen der Klasse ergibt sich damit folgender Sachverhalt, wie er in Abbildung 16.15 dargestellt ist.

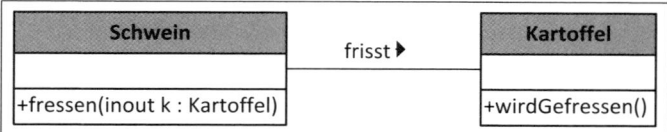

Abbildung 16.15: Schweine fressen Kartoffeln.

Die Klasse Kartoffel repräsentiert dabei eine Kartoffel-Pflanze, die mehrere zum Verzehr geeignete Knollen besitzen kann.

Nun könnte es strategisch ungünstig sein, ein Schwein unmoderiert auf eine Kartoffel loszulassen. Um Völlerei zu vermeiden, wollen wir eine Klasse FutterVerwalter programmieren, die kontrolliert von einer Kartoffel Futter holt, um es dann dem Schwein weiterzureichen:

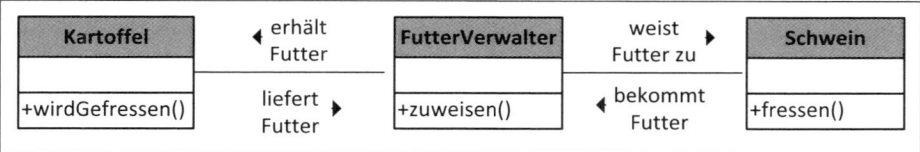

Abbildung 16.16: Das Futter wird verwaltet.

Der Quellcode dazu könnte folgendermaßen aussehen (auf die Darstellung von Attributen und Konstruktoren wird verzichtet):

```
typedef int FutterEinheiten;

class Kartoffel {
public:
  FutterEinheiten wirdGefressen(FutterEinheiten gefordert);
};

class Schwein {
public:
  void fressen(FutterEinheiten fe);
};

class FutterVerwalter {
public:
  void zuweisen(Kartoffel& k, Schwein& s, FutterEinheiten gefordert) {
    FutterEinheiten erhalten = k.wirdGefressen(gefordert);
    s.fressen(erhalten);
  }
};
```

Listing 16.17: Schweine, Kartoffeln und Verwalter

Wir können an dieser Stelle direkt sagen, dass FutterVerwalter gegenüber einer Erweiterung der Futterquellen oder der Futtervertilger nicht geschlossen ist. Wir wollen uns anschauen, warum das so ist.

Wenn wir die drei involvierten Klassen betrachten, dann stellen wir fest, dass FutterVerwalter auf einer höheren Abstraktionsebene liegt als Kartoffel und Schwein. Die Klasse FutterVerwalter verteilt die Futtereinheiten lediglich um. Die Details, also wie die Kartoffel die Futtereinheiten erzeugt oder wie das Schwein die Futtereinheiten verwertet, liegen in den Klassen Kartoffel und Schwein.

Wir erhalten damit eine Abhängigkeit der höheren Klasse (bezogen auf die Abstraktionsebene) von den tieferen Klassen. Diese Richtung der Abhängigkeit war in der prozeduralen Programmierung üblich, in der OOP hat sie jedoch einen entscheidenden Nachteil:

Im Normalfall sind es die Code-Einheiten einer höheren Abstraktionsebene, die wir wiederverwenden wollen. Wenn diese Code-Einheiten selbst wiederum von tiefer liegenden Details abhängig sind, dann schränkt dies die Wiederverwendbarkeit stark ein und erhöht den Wartungsaufwand bei Änderungen.

Ein Beispiel: Angenommen, wir bräuchten an anderer Stelle einen Futterverwalter, der Pferde davon abhalten soll, zu viel von einem Heuballen zu fressen. Obwohl die Aufgabe identisch mit unserem bisherigen Futterverwalter ist, könnten wir ihn nicht verwenden, weil er abhängig von den Details von Kartoffel und Schwein ist.

Würden wir die Richtung der Abhängigkeiten umdrehen, dann wäre FutterVerwalter nicht mehr von Details abhängig und könnte einfacher wiederverwendet werden. Und genau dieses »Umdrehen« der Abhängigkeit (*dependency inversion*) beschreibt das DIP mit folgenden Punkten:

» Code-Einheiten auf höherer Abstraktionsebene sollten nicht abhängig sein von Code-Einheiten tieferer Abstraktionsebenen.

» Abstraktionen (Schnittstellen) sollten nicht abhängig sein von Details (Implementierungen).

» Code-Einheiten und Details sollten abhängig sein von Abstraktionen.

Wie so häufig läuft es darauf hinaus, die Implementierungen von den Schnittstellen zu trennen.

Sowohl unser auf hoher Abstraktionsebene liegender Futterverwalter als auch die tiefer liegenden Klassen mit den Implementierungsdetails sind nun abhängig von Schnittstellen. Auf diese Weise ist ein Höchstmaß an Flexibilität und Wiederverwendbarkeit gewährleistet.

Durch die neu erworbene »Unwissenheit« des Futterverwalters ist es jetzt theoretisch möglich, das Schwein mit Heuballen zu füttern, was diesem vielleicht überhaupt nicht gefällt. Diese Verantwortung ist jetzt vom Benutzer der Klasse FutterVerwalter zu tragen.

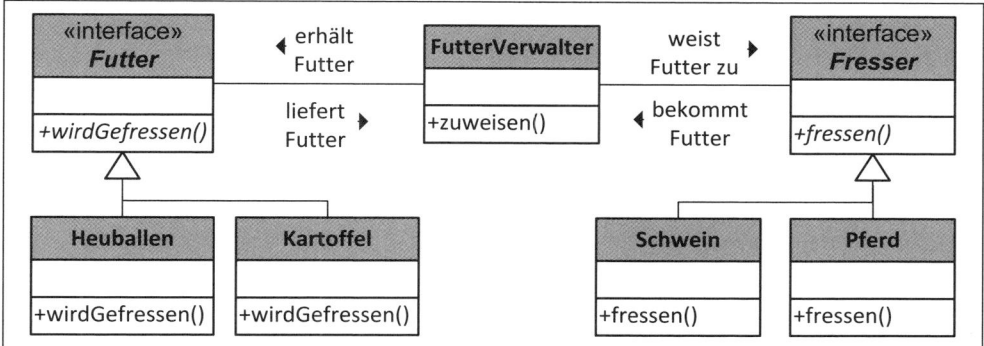

Abbildung 16.17: Der Futterverwalter nach dem DIP

16.6 Das Einzelne-Verantwortung-Prinzip

Das Prinzip der einzelnen Verantwortung (*Single Responsibility Principle*, abgekürzt SRP) ist an anderer Stelle auch als *Kohäsion* bekannt:[4]

> Zwei nicht verwandte Abstraktionen (keine Kohäsion) sollten nicht in einer gemeinsamen Schnittstelle untergebracht sein.
>
> Oder anders formuliert: Es sollte nie mehr als einen Grund geben, eine Klasse zu ändern.

`INFO`

Mehr oder weniger in dasselbe Horn bläst auch das von Robert C. Martin [Martin01] aufgestellte *Interface Segregation Principle* (Getrennte-Schnittstellen-Prinzip), abgekürzt ISP, das gewissermaßen eine Folgerung des SRP ist:

> Implementierungen sollten keine Schnittstellen aufgezwungen bekommen, die sie nicht benötigen.

`INFO`

Nehmen wir als Beispiel Abbildung 16.18, in der ein möglicher Ansatz dargestellt wird, um HTTP- und FTP-URLs gemeinsam zu verwalten.

Die abstrakte Klasse Url besitzt der Übersichtlichkeit wegen eine Auswahl der Methoden, die eine vollständige FtpUrl- und HttpUrl-Klasse besitzen sollte. Besonderes Augenmerk sollte auf die HttpUrl-typische Methode getFragment und auf die FtpUrl-typische Methode getFtpType gerichtet werden.

Zwischen diesen beiden Methoden existiert keine Kohäsion, sie gehören zwei verschiedenen Verantwortlichkeiten an. Sie in einer gemeinsamen Schnittstelle unterzubringen (wie hier in der Url-Klasse) verletzt deswegen ganz klar das ISP, denn FtpUrl muss die für die Klasse unnötige getFragment-Methode implementieren und HttpUrl muss sich mit getFtpType herumschlagen.

---

4   Unter *Kohäsion* versteht man den Grad der Zusammengehörigkeit (Verwandtschaft) zweier Entitäten (z. B. Schnittstellen.)

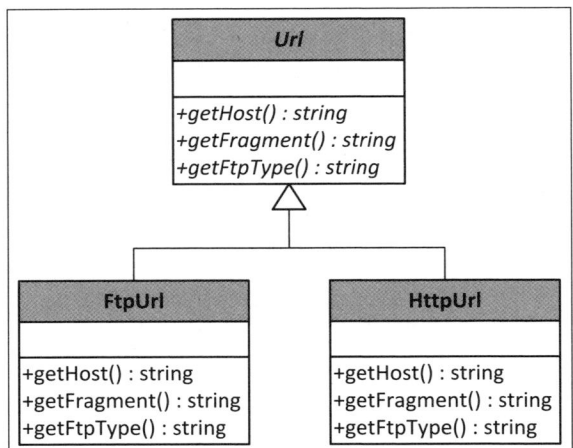

Abbildung 16.18: Eine Klassenhierarchie zur URL-Verwaltung

Darüber hinaus gibt es für die Klasse Url zwei mögliche Änderungsgründe: wenn sich die Schnittstelle der FtpUrl-Klasse oder die der HttpUrl-Klasse ändert. Das SRP ist deswegen bei der Url-Klasse verletzt.

KAPITEL 17

Ausnahmen

Ausnahmen (*exceptions*) sind eine neuere Form der Fehlerbehandlung, die heutzutage in nahezu jeder modernen Programmiersprache anzutreffen ist. Allerdings muss man »neuer« hier relativ betrachten, da dieses Verfahren auch schon einige Jährchen auf dem Buckel hat.

Wir werden uns im weiteren Verlauf zunächst mit den syntaktischen Grundlagen und den Besonderheiten der Ausnahmen vertraut machen. In Abschnitt 17.11 schauen wir uns noch an, was es heißt, eine Klasse ausnahmensicher zu gestalten.

17.1 Warum Ausnahmen?

Nehmen wir als Beispiel einmal eine in der Praxis wohl unsinnige Funktion splitString, die einen aus einer geraden Anzahl von Zeichen bestehenden String in zwei gleich große Hälften teilt und diese als Paar zurückliefert:

```
pair<string,string> splitString(const string& s) {
  string::size_type len = s.length()/2;
  pair<string,string> p;
  p.first = s.substr(0,len);
  p.second = s.substr(len);
  return p;
}
```

Listing 17.1: Eine ausführliche Version von splitString

Recht simpel, eigentlich. Und jetzt das Ganze noch mal, aber dieses Mal in C++:

```
pair<string,string> splitString(const string& s) {
  return pair<string,string>(s.substr(0,s.length()/2),
                             s.substr(s.length()/2));
}
```

Listing 17.2: Eine komprimierte Version von splitString

Und hier der Vollständigkeit wegen noch ein Aufruf-Beispiel:

```
string s="Wow, wie toll!";
auto p = splitString(s);
cout << p.first << endl;
cout << p.second << endl;
```

Was halten Sie von dieser Funktion? Halten Sie besser Abstand. Lassen Sie es mich so formulieren: Der Programmierer dieser Funktion könnte von der Existenz eines unvermeidlichen Schicksals überzeugt sein. Es kommt, wie es kommt, und wenn es schlecht kommt, dann war es Karma. Anders lässt sich wahrscheinlich nicht erklären, warum die Eintrittsbedingung der Funktion, nämlich dass der übergebene String eine gerade Anzahl an Zeichen beinhalten muss, nicht überprüft wird.

Ein anderer Programmierer glaubt vielleicht nicht direkt an das Schlechte im Menschen, aber er glaubt erkannt zu haben, dass jedem Menschen eine gewisse Schusseligkeit innewohnt. Und getreu dem Motto »Jeder ist seines eigenen Glückes Schmied« schreibt er seine Funktion so:

```
pair<string,string> splitString(const string& s) {
  if((!s.length()) || ( s.length()%2)) {
    /* ? */
  }
  return pair<string,string>(s.substr(0,s.length()/2),
                             s.substr(s.length()/2));
}
```
Listing 17.3: Die Methode `splitString` mit Sicherheitsabfrage

Zu prüfen, ob der String überhaupt Zeichen enthält und – wenn ja – ob die Zeichenanzahl auch gerade ist, finde ich an sich schon recht vernünftig. Es stellt sich nur noch die Frage, was genau im Anweisungsblock der `if`-Anweisung geschehen soll.

Begeben wir uns nun in die Steinzeit der Programmierung zurück, und schauen wir einmal auf die Techniken unserer Vorfahren. Eine übliche Vorgehensweise lag in der Auswahl eines bestimmten Rückgabewertes, der im »Normalbetrieb« nicht vorkommen kann und deswegen als Fehler-Wert interpretiert wird:

```
  if((!s.length()) || ( s.length()%2)) {
    return pair<string,string>("","");
  }
```
Listing 17.4: Fehlermeldung über `return`-Wert

Nach dem Aufruf von `splitString` kann der zurückgegebene Wert geprüft werden:

```
  auto  p = splitString("ungerade!");

  if (p!=pair<string,string>("","")) {
    cout << p.first << endl;
    cout << p.second << endl;
  }
```

Häufig findet sich ein solcher Fehlerwert nicht so einfach. Bei einem Rückgabetyp von `int` und einem gültigen Wertebereich des Rückgabewertes von ebenfalls `int` gibt es für den Fehlerfall keinen ungültigen Rückgabewert mehr.

Bei solchen Funktionen wurde meist ein weiterer Funktionsparameter eingeführt, der einen Verweis auf eine vom Benutzer übergebene Fehlervariable darstellt.[1] Die Funktion beschreibt diese Variable dann mit folgendem Status:

```
pair<string,string> splitString(const string& s, bool& ok) {
  if((!s.length()) || ( s.length()%2)) {
    ok=false;
    return pair<string,string>();
  }
  ok=true;
  return pair<string,string>(s.substr(0,s.length()/2),
                             s.substr(s.length()/2));
}
```

Listing 17.5: Fehlermeldung über zusätzlichen Parameter

Nun wird die Funktion wie folgt aufgerufen:

```
bool ok;
auto  p = splitString("ungerade!", ok);
if (ok) {
  cout << p.first << endl;
  cout << p.second << endl;
}
```

»Na bitte, klappt doch«, werden diejenigen jetzt zufrieden sagen, die diese Technik schon mit der Muttermilch aufgesogen haben. Das stimmt, funktionieren tut sie. Aber wie!

Einer der primären Schwachpunkte bei beiden Ansätzen ist die Tatsache, dass ich die Mitteilung der Funktion, ob ein Fehler auftrat oder nicht, schlichtweg ignorieren kann.

Wer zwingt mich, vor Gebrauch des Rückgabewertes zu prüfen, ob im Paar nur leere Strings stehen oder ob der Wert der Statusvariablen wirklich true ist? Keiner! Ich kann ungehindert mit dem ungültigen Wert weiterarbeiten, meist mit unangenehmen Folgen.

Ebenfalls unsauber ist der Rückgabewert, der selbst bei einem Fehlerfall zurückgegeben werden muss. Im ersten Fall ist es notwendig, weil auf diese Weise der Fehlerfall mitgeteilt wird. Aber im zweiten Fall hätten wir von der Logik her auf einen Rückgabewert verzichten können, denn wenn der Benutzer die Statusvariable prüft, weiß er schon, dass es keinen Wert gibt. Leider spielt der Compiler da nicht mit. Eine Funktion, die etwas zurückliefert, muss dies grundsätzlich immer tun. Das heißt, jeder Programmpfad der Funktion muss in einem return enden, das ein dem Typ angemessenes Objekt zurückgibt.

Um all diese Probleme zu beseitigen, wurden Ausnahmen in den Sprachstandard aufgenommen.

---

[1] Wir simulieren hier die Verhältnisse aus der grauen Vorzeit. Damals, als es noch keine Ausnahmen gab, also in C, waren auch Referenzen noch kein Sprachmerkmal. Es mussten also Zeiger herhalten. Aber so weit möchte ich hier nicht gehen.

17.2 Ausnahmen in C++

Wir werden uns zunächst einen Überblick über die Thematik verschaffen, bevor wir die Details besprechen.

Man sagt auch, dass Ausnahmen »geworfen« werden. Das geschieht mit dem Befehl throw. »Geworfen« werden kann ein beliebiger Wert eines eingebauten Datentyps oder jedes Klassen-Objekt mit einem Kopierkonstruktor und einem Destruktor. Seine Aufgabe ist es, dem Aufrufer Informationen über die Ausnahme zu liefern. In der angepassten split-String-Funktion werfen wir einen C-String:

```
pair<string,string> splitString(const string& s) {
  if((!s.length()) || ( s.length()%2))
    throw "Fehler";
  return pair<string,string>(s.substr(0,s.length()/2),
                             s.substr(s.length()/2));
}
```
Listing 17.6: Fehlermeldung durch Werfen einer Ausnahme

Durch das Werfen einer Ausnahme wird die Kontrolle an den nächstgelegenen Ausnahme-Handler übergeben, dessen Parameter auf den Typ des geworfenen Werts passt. Um einen Ausnahme-Handler zu implementieren, muss der Programmteil, in dem eine Ausnahme auftreten kann, in einen Try-Block gesteckt werden. Direkt hinter dem try werden mit catch die Ausnahme-Handler aufgeführt:

```
try {
  auto p = splitString("ungerade!");
  cout << p.first << endl;
  cout << p.second << endl;
}
catch(const char* s) {
  cout << s << endl;
}
```
Listing 17.7: Ein Beispiel für einen try-Block mit Ausnahme-Handler

Wird innerhalb des Try-Blocks eine Ausnahme geworfen, dann bricht die Ausführung im Try-Block ab und wird im passenden Ausnahme-Handler fortgesetzt. Dort wird dann die geworfene Fehler-Meldung ausgegeben. Die Ausgabe des splitString-Rückgabewertes wird bei einer Ausnahme nicht mehr vorgenommen.

Um das Verhalten von Ausnahmen weiter zu verdeutlichen, wollen wir die Funktionen ein wenig verschachteln und fehlerspezifische Ausnahmen werfen:

```
pair<string,string> splitString(const string& s) {
  if(!s.length())
    throw false;
  if( s.length()%2)
    throw "Zeichenanzahl in splitString";
  return(pair<string,string>(s.substr(0,s.length()/2),
                             s.substr(s.length()/2)));
}
```

```
void b() {
  pair<string,string> p=splitString("abc");
  cout << p.first << "\n" << p.second << endl;
}

void a() {
  b();
  cout << "hinter b() in a" << endl;
}
```
Listing 17.8: Zwei verschiedene Ausnahmen werden geworfen.

In der main-Funktion wird auf die beiden Ausnahmen jeweils mit einem eigenen Ausnahmen-Handler reagiert:

```
try {
  a();
  cout << "hinter a() in main" << endl;
}
catch(const char* s) {
  cout << s << endl;
}
catch(bool b) {
  cout << "String leer!" << endl;
}
cout << "Programmende" << endl;
```
Listing 17.9: Zwei verschiedene Ausnahmen werden gefangen.

Die main-Funktion ruft die Funktion a auf, die wiederum b aufruft, die ihrerseits die Funktion splitString aufruft und deren Ergebnis ausgibt. Wird eine Ausnahme geworfen, dann wird eine Funktion nach der anderen abgebrochen, bis der innerste Try-Block mit einem passenden Ausnahme-Handler gefunden wird. Deswegen wird bei einer Ausnahme in splitString weder in b das Ergebnis noch der Hinweis-Text in a und main ausgegeben. Dieses Herausspringen aus den Funktionen in umgekehrter Aufrufreihenfolge nennt man *Stack-Abwicklung* (*stack unwinding*), weil durch das Beenden der Funktionen der Stack von allen nicht statischen Elementen der Funktionen befreit wird. Das hat für uns folgende Konsequenz:

> Lokale Elemente werden grundsätzlich immer bei Verlassen des entsprechenden Blocks abgebaut, auch wenn der Block über eine Ausnahme verlassen wird.

INFO

Wir wollen die Ausnahme bei einem leeren String jetzt in a auffangen:

```
void a() {
  try {
    b();
  cout << "hinter b() in a" << endl;
  }
  catch(bool b) {
    cout << "bool-Ausnahme in a gefangen" << endl;
  }
}
```
Listing 17.10: Eine Ausnahme wird in a gefangen.

355

Wenn jetzt in splitString ein leerer String festgestellt wird, dann fängt der Ausnahme-Handler in a die Ausnahme. Von dort aus werden die Funktionen auf konventionelle Weise beendet, weswegen der Info-Text im Try-Block von main ausgegeben wird.

Wenn wir im Ausnahme-Handler throw schreiben, dann wird die vom Handler aufgefangene Ausnahme weitergeworfen. Das ist immer dann sinnvoll, wenn eine Funktion nur einen Teil der notwendigen Ausnahmebehandlung vornehmen kann. Sie wirft die Ausnahme zur weiteren Bearbeitung weiter.

Mit ... in der catch-Parameterliste wird jede Ausnahme gefangen.

Die beiden letzten Informationen wollen wir uns in a zunutze machen:

```
void a() {
  try {
    b();
  cout << "hinter b() in a" << endl;
  }
  catch(...) {
    cout << "In a gefangen und weitergeworfen" << endl;
    throw;
  }
}
```

Listing 17.11: Eine Ausnahme wird weitergeleitet.

Wir fangen jede Ausnahme in a, reagieren mit einer Text-Ausgabe und werfen die Ausnahme weiter, um main noch eine Reaktionsmöglichkeit zu geben.

Das Beispiel mit splitString finden Sie auf der Webseite *www.awl.de/3209* unter *Listings/Kapitel17/ splitString*.

17.3 Vordefinierte Ausnahmen

Der C++-Standard definiert einige Ausnahmen vor, die in Abbildung 17.1 als Klassendiagramm dargestellt sind.

Die Definitionen der Ausnahmen sind auf mehrere Headerdateien verteilt, je nach Anwendungsgebiet. Die wichtigsten möchte ich kurz vorstellen.

17.3.1 Der Header »exception«

In der Headerdatei *exception* findet sich unter anderem die Hauptklasse aller Ausnahmen.

exception

exception ist die oberste Basisklasse in der Ausnahme-Hierarchie.

bad_exception

Die bad_exception Ausnahme wird unter bestimmten Bedingungen von der Funktion unexpected (siehe Abschnitt 17.4.5) geworfen. So tief wollen wir aber nicht in die Materie einsteigen.

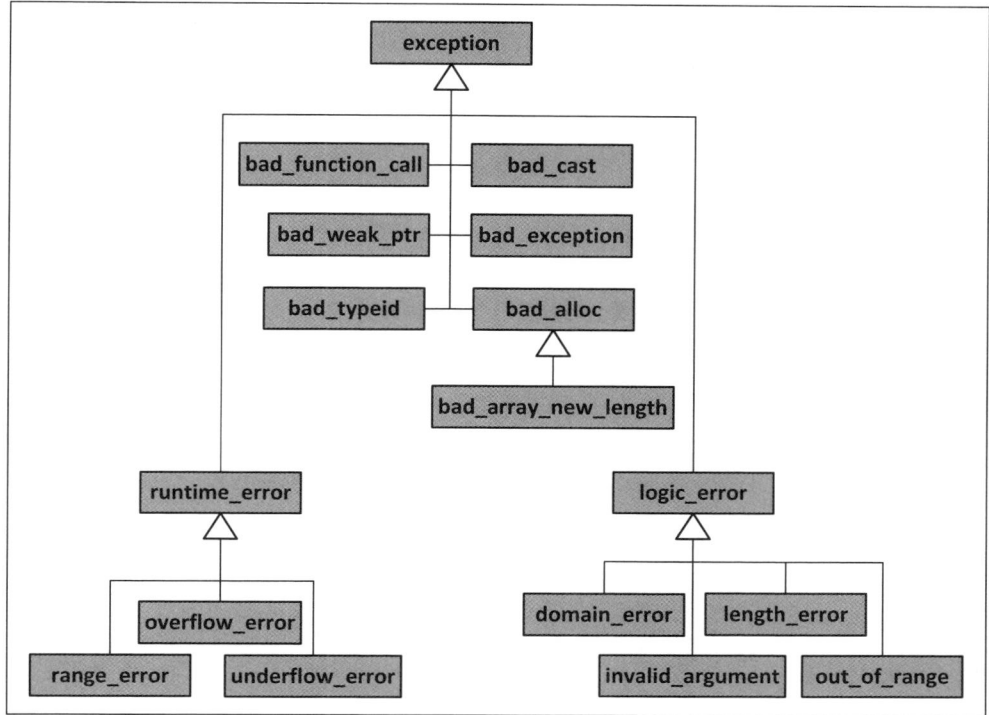

Abbildung 17.1: Die vordefinierten Ausnahmen

17.3.2 Der Header »typeinfo«

Hier finden sich:

bad_cast

Diese Ausnahme wird geworfen, wenn eine Typumwandlung nicht durchgeführt werden konnte (siehe Abschnitt 15.8.2).

bad_typeid

Wird geworfen, wenn bei `typeid` ein `nullptr` verwendet wird.

17.3.3 Der Header »memory«

In diesem Header wird nur eine Ausnahme definiert.

bad_weak_ptr

Wird geworfen, wenn ein `weak_ptr` auf eine nicht mehr verfügbare Ressource verweist (siehe Abschnitt 7.4.3).

17.3.4 Der Header »new«

In diesem Header enthalten sind die Ausnahmen, die im Zusammenhang mit dem Reservieren von Speicher stehen.

bad_alloc

Wenn angeforderter Speicher nicht reserviert werden kann, wird diese Ausnahme geworfen (siehe Abschnitt 7.5.3).

17.3.5 Der Header »stdexcept«

Der Header stdexcept enthält den überwiegenden Teil der im Standard definierten Ausnahmen. Seine Grundlage bilden die von exception abgeleiteten Klassen:

» logic_error: die Basisklasse aller logischen Fehler. Damit sind Fehler gemeint, die auch vor dem Programmstart schon hätten gefunden werden können.

» runtime_error: die Basisklasse aller Fehler, die nur zur Laufzeit entstehen können.

Die wichtigsten sind:

invalid_argument

Wird geworfen, wenn ein ungültiges Argument übergeben wurde.

length_error

Wird geworfen, wenn ein Objekt erzeugt werden soll, das die erlaubte Größe überschreitet.

out_of_range

Wird immer dann geworfen, wenn der Wert eines Arguments außerhalb des gültigen Bereichs liegt.

underflow_error und overflow_error

Diese Ausnahmen werden geworfen, wenn bei Berechnungen ein arithmetischer Unter- oder Überlauf auftritt.

17.4 Ausnahmen im Detail

Wir haben bis hierhin einen groben Überblick über die Ausnahmebehandlung bekommen. Wir wollen unser Verständnis nun vertiefen. Wir werden Probleme und Fallstricke besprechen und uns ansehen, wie diese zu verhindern sind.

17.4.1 terminate

Haben Sie schon mal eine Ausnahme geworfen, sie aber nirgends aufgefangen? Diese unfeine Aktion endet im Aufruf der terminate-Funktion.

Die Funktion terminate wird immer dann aufgerufen, wenn die Ausnahmebehandlung fehlt oder versagt. Für ein Versagen gibt es verschiedene Gründe, die wir im Laufe des Kapitels noch aufdecken werden.

terminate macht nichts anderes, als die terminate_handler-Funktion aufzurufen. Die standard-mäßig eingesetzte terminate_handler-Funktion ruft die Funktion abort auf, die das Programm abbricht.

Bei Bedarf kann über set_terminate eine eigene terminate_handler-Funktion verwendet wer-den. Die Signatur von set_terminate sieht wie folgt aus:

```
terminate_handler set_terminate(terminate_handler f) noexcept;
```

Das noexcept hinter der Funktionsdeklaration besagt, dass diese Funktion keine Ausnahme wirft. Wir werden darauf noch in Abschnitt 17.5 eingehen. Die Funktion liefert einen Verweis auf den vorigen terminate_handler zurück. Zum Schluss fehlt noch der Typ terminate_handler selbst:

```
typedef void (*terminate_handler)();
```

17.4.2 Das Verlassen eines Try-Blocks

Ein try-Block kann prinzipiell auf zwei Arten verlassen werden:

» wegen einer Ausnahme

» ordnungsgemäß

Verlassen wegen Ausnahme

Wenn der Try-Block über eine Ausnahme verlassen wird, wird der Kontrollfluss an den in-nersten Ausnahme-Handler weitergegeben, der passt. Alle lokalen Objekte des Try-Blocks werden abgebaut. Sollte hierbei ein Destruktor eine dort unbehandelte Ausnahme werfen, dann wird terminate aufgerufen:[2]

```
class Klasse {
public:
  ~Klasse() {
    throw "Klasse-Ausnahme";
  }
};
```

---

2   Weil auf dem Weg von der throw-Anweisung zu einem passenden Ausnahme-Handler nur die Destruktoren aufgerufen werden, die bei der Stack-Abwicklung und dem damit einhergehenden Abbau der Objekte verwendet werden, kann nur in Destruktoren eine Ausnahme geworfen werden, während eine andere Ausnahme noch nicht aufgefangen wurde.

```
void fkt() {
  try {
    Klasse k;
    throw "try-Block-Ausnahme";
  }
  catch(const char* s) {
    cout << s << endl;
  }

}
```

Listing 17.12: Bei aktiver Ausnahme wird im Destruktor eine Ausnahme geworfen.

Normalerweise hätte das Werfen der Ausnahme im Try-Block zur Folge, dass der dahinter stehende Ausnahme-Handler sie auffängt. Das Verlassen des Try-Blocks hat aber auch einen Abbau der lokalen Objekte des Try-Blocks zur Folge. Der Destruktor von Klasse wird aufgerufen, der – obwohl gerade eine Ausnahme aktiv ist – eine weitere Ausnahme wirft.[3] Das Resultat: terminate wird aufgerufen.

Ordnungsgemäßes Verlassen

Die zweite Möglichkeit zum Verlassen des Try-Blocks ist ein ordnungsgemäßes Beenden desselben. Würde im oberen Beispiel die throw-Anweisung im Try-Block entfernt, käme der try-Anweisungsblock zu einem ordentlichen Ende – das heißt: fast.

Natürlich würden auch bei einem ordnungsgemäßen Beenden des Try-Blocks alle darin befindlichen lokalen Objekte abgebaut und der Destruktor von Klasse würde wieder eine Ausnahme werfen. Jetzt ist zu diesem Zeitpunkt aber keine andere Ausnahme aktiv, wodurch der übliche Auffang-Mechanismus greift und der Ausnahme-Handler hinter dem Try-Block die Ausnahme auffängt.

Zum ordnungsgemäßen Beenden gehört auch das Herausspringen mit break, continue oder return.

17.4.3 uncaught_exception

Die Methode uncaught_exception liefert einen booleschen Wert zurück, der Auskunft darüber gibt, ob gerade eine unbehandelte Ausnahme »unterwegs« ist.

Die Methode könnte dazu benutzt werden, um in einem Destruktor, der unbedingt eine Ausnahme werfen muss,[4] zu prüfen, ob bereits eine Ausnahme geworfen wurde. Sie erinnern sich: Wirft ein Destruktor bei einer bereits aktiven Ausnahme eine weitere Ausnahme, dann wird sofort terminate aufgerufen.

---

3   Achtung: Dies ist lediglich eine Demonstration, versuchen Sie das nicht zu Hause! Ausnahmen in Destruktoren zu werfen ist eine der Todsünden des C++-Programmierers.

4   Ein Destruktor, der eine Ausnahme werfen *muss*, ist vergleichbar mit dem Yeti: Viele glauben, ihn gesehen zu haben, aber Beweise für seine Existenz gibt es nicht. Noch mal: Keine Ausnahmen in Destruktoren!

17.4.4 Das Werfen einer Ausnahme

Wir wissen bereits, dass eine Ausnahme mit throw geworfen wird. Nicht offensichtlich ist jedoch, dass throw eine temporäre Kopie des geworfenen Objekts anfertigt und die Kopie an den Handler übergibt.[5] Diese Kopie ist von allen cv-Qualifizierungen (siehe Abschnitt 6.9.4) befreit[6] und bildet den Initialisierungswert für den Parameter des catch-Blocks:

```
class Ausnahme {
};

void fkt() {
  try {
    const Ausnahme a;
    throw (a);
  }
  catch(Ausnahme a) {
    cout << "Gefangen" << endl;
  }
}
```

Listing 17.13: Ein nicht konstanter Parameter fängt eine konstante Ausnahme.

Im oberen Beispiel wird ein konstantes Ausnahme-Objekt erzeugt, im Handler aber ein nicht konstantes Objekt aufgefangen.

> Das von throw angefertigte temporäre Objekt wird abgebaut, wenn für die geworfene Ausnahme kein Handler mehr aktiv ist.　　INFO

Statische Typbindung

Bitte beachten Sie, dass der von throw geworfene Typ statisch gebunden wird. Wir greifen für das folgende Beispiel auf die Klasse Integer und die davon abgeleitete Klasse Prim aus Kapitel 15.12 zurück:

```
void fkt() {
  try {
    Prim p(20);
    Integer& i=p;
    throw (i);
  }
  catch(Prim p) {
    cout << "prim-Gefangen" << endl;
  }
}
```

Listing 17.14: Statische Typbindung bei throw

5　Damit die Kopie angefertigt werden kann, muss ein benutzerdefinierter Klassentyp einen Kopierkonstruktor und einen Destruktor zur Verfügung stellen.
6　Eine Ausnahme bilden String-Literale. Bei ihnen bleibt const erhalten.

Die Integer-Referenz i zeigt tatsächlich auf ein Prim-Objekt, trotzdem kann der Ausnahmen-Handler für Prim die Ausnahme nicht fangen.

throw wirft ein Objekt vom Typ Integer, weil throw ein Verweis auf ein Integer-Objekt übergeben wurde. Das so geworfene temporäre Objekt ist eine Kopie des durch Slicing (siehe Abschnitt 15.5) entstandenen Integer-Teils von p.

Optimierungsmöglichkeiten

Wir haben in Abschnitt 8.2.2 einige Optimierungsmöglichkeiten des Compilers beim Einsatz von Kopierkonstruktoren kennengelernt. Es könnte die Frage aufkommen, ob auch für das Werfen von Ausnahmen solche Möglichkeiten existieren.

Grundsätzlich kann der Compiler die Optimierungsmöglichkeiten für Kopierkonstruktoren einsetzen und das bei throw angegebene Objekt direkt (ohne Anfertigung einer temporären Kopie) als Initialisierungswert für den Parameter des catch-Blocks verwenden.

17.4.5 Das Fangen einer Ausnahme

Beim Fangen von Ausnahmen müssen Sie sich von einigen Gewohnheiten und Bequemlichkeiten verabschieden, die Sie von Funktionsaufrufen her kennen.

Keine implizite Typumwandlung

Bei der Übergabe eines geworfenen Objekts an den catch-Block findet keine implizite Typumwandlung statt:

```
void fkt() {
  try {
    throw (23);
  }
  catch(Integer i) {
    cout << "integer-Gefangen" << endl;
  }
}
```
Listing 17.15: Keine implizite Typumwandlung für catch-Argumente

Obwohl Integer einen für die implizite Umwandlung von int nach Integer tauglichen Konstruktor besitzt, wird die Ausnahme im Ausnahme-Handler nicht gefangen

Die Reihenfolge der »catch«-Blöcke ist relevant

Betrachten Sie einmal folgendes Beispiel:

```
void fkt() {
  try {
    throw (Prim(23));
  }
  catch(Integer i) {
    cout << "integer-Gefangen" << endl;
  }
```

```
  catch(Prim p) {
    cout << "prim-Gefangen" << endl;
  }
}
```

Listing 17.16: Die Reihenfolge der catch-Blöcke ist wesentlich.

Es wird eine Ausnahme vom Typ Prim geworfen, trotzdem wird sie vom Handler mit dem Typ Integer als Argument aufgefangen.

Auf der Suche nach einem passenden Handler werden die Handler der Reihe nach ausprobiert. Im oberen Beispiel kann die Prim-Ausnahme wegen der Polymorphie auch vom Integer-Handler gefangen werden. Also werden die folgenden Handler nicht mehr geprüft.

Bei der Bestimmung eines Handlers wird nicht nach der besten, sondern nach der ersten Übereinstimmung gesucht.

Was soll gefangen werden?

Oder präziser formuliert: Sollte die Ausnahme im catch-Block als Wert, Zeiger oder Referenz gefangen werden?

In den Beispielen fange ich die Ausnahmen zwar als Wert, aber wenn die Ausnahme-Klassen eine Hierarchie bilden, dann besteht ein potenzielles Slicing-Problem (siehe Abschnitt 15.5.)

Wird die Ausnahme über einen Zeiger geworfen, dann muss das Objekt dynamisch angelegt worden sein, denn andernfalls würde es durch die Stack-Abwicklung abgebaut. Das wirft dann als nächste Frage auf, wer für das Freigeben des Ausnahme-Objekts verantwortlich ist.

Unter dem Strich ist eine Referenz eigentlich am besten geeignet. Die Referenz zeigt in dieser Situation nicht wie bei Funktionen auf ein lokales Objekt, sondern auf die von throw angefertigte Kopie, die erst dann automatisch abgebaut wird, wenn die Ausnahmebehandlung abgeschlossen ist. Die Referenz umgeht auch das Slicing-Problem.

Natürlich haben Sie immer noch ein potenzielles Slicing-Problem mit throw selbst, denn der Typ der geworfenen Ausnahme wird statisch gebunden. Aber damit muss man leben.

Ein »throw« im »catch«-Block

Wir hatten es bereits kurz in Abschnitt 17.2 angesprochen: Wird gerade eine Ausnahme behandelt und dann die Anweisung throw ohne Argument ausgeführt, dann wird die zuvor geworfene Ausnahme erneut geworfen:

```
void fkt() {
  try {
    throw (Prim(17));
  }
  catch(Prim& p) {
    throw;
  }
}
```

Listing 17.17: Das Weiterleiten einer Ausnahme

Man kann auf diese Art auf eine Ausnahme reagieren und sie dann zur weiteren Behandlung »durchreichen«. Das Besondere an dieser Anweisung ist das Werfen des ursprünglichen temporären Objekts. Wie wir wissen, fertigt `throw` eine Kopie des zu werfenden Objekts an und benutzt diese zur Initialisierung des `catch`-Parameters. Wird die gerade behandelte Ausnahme erneut mit `throw` geworfen, dann wird das ursprünglich erzeugte temporäre Objekt weitergereicht; es findet kein neuerliches Kopieren statt.

Im Gegensatz dazu steht das Werfen des `catch`-Parameters:

```
catch(Prim& p) {
  throw p;
}
```

Listing 17.18: Das Werfen einer neuen Ausnahme

Das ist zwar augenscheinlich identisch mit der vorigen Variante, aber hier wird eine neue Ausnahme geworfen und nicht die gerade behandelte weitergereicht. Damit wird hier ein neues temporäres Objekt angelegt.

Aber passen Sie auf: Wenn Sie einfach `throw` ohne Argument schreiben, ohne dass gerade eine Ausnahme behandelt wird, dann geht es ohne Umweg direkt zu `terminate`.

Wann gilt eine Ausnahme als gefangen?

Diese Frage ist leicht zu beantworten. Eine Ausnahme ist gefangen, wenn einer der folgenden Punkte zutrifft:

» Wenn für einen `catch`-Block der Parameter initialisiert wurde. Zu diesem Zeitpunkt ist auch das mit dem Verlassen der lokalen Blöcke verbundene Abwickeln des Stacks abgeschlossen.

» Wenn wegen einer `throw`-Anweisung die Funktion `terminate` oder `unexpected`[7] betreten wird.

In diesen Fällen liefert auch die Methode `uncaught_exception` den Wert `false`.

Die Behandlung einer Ausnahme wird durch eine der folgenden Situationen beendet:

» Der entsprechende `catch`-Block wird ohne Einsatz eines argumentlosen `throw` beendet.

» Die Funktion `unexpected` wird beendet, nachdem sie durch ein `throw` aufgerufen wurde.

Tritt einer dieser Punkte ein, dann hat ein `throw` ohne Parameter den Aufruf von `terminate` zur Folge.

17.5 Ausnahme-Spezifikationen

Ausnahme-Spezifikationen (*exception specifications*) dienen zur Kennzeichnung, welche Ausnahmen eine Funktion verlassen dürfen. Sollte eine Funktion durch eine Ausnahme beendet werden, die nicht von der Ausnahme-Spezifikation abgedeckt ist, dann wird die Funktion `unexpected` aufgerufen:

---

7   Die Methode `unexpected` wird noch in Abschnitt 17.5.3 besprochen.

```
void fkt() throw(Integer, Prim) {
  throw (1);
}
```

Listing 17.19: Beispiel einer Ausnahme-Spezifikation

Im oberen Beispiel wird unexpected aufgerufen, weil eine Ausnahme des Typs int geworfen wurde, die Funktion aber nur Ausnahmen der Typen Integer und Prim herauslässt.

Sollten innerhalb der Funktion nicht von der Ausnahme-Spezifikation abgedeckte Ausnahmen geworfen, diese aber auch innerhalb der Funktion wieder gefangen werden, gibt es keine Probleme:

```
void fkt() throw(Integer, Prim) {
  try {
    throw (1);
  }
  catch(...) {
    cout << "alles-gefangen" << endl;
  }
}
```

Listing 17.20: Eine innerhalb der Funktion gefangene Ausnahme

Denn keine ungenehmigte Ausnahme verlässt die Funktion.

In den oberen Beispielen ist die Angabe von Prim in der Ausnahme-Spezifikation übrigens unnötig, da mit der Angabe einer Klasse automatisch alle Subklassen mit abgedeckt sind. Oder mit den Worten des C++-Standards:

Man sagt, eine Funktion erlaubt eine Ausnahme des Typs A, wenn die Ausnahme-Spezifikation der Funktion einen Typ T enthält, bei dem ein Ausnahme-Handler mit Typ T als Parameter auch eine Ausnahme des Typs A auffangen würde.

Oder anders formuliert: Wenn ein Ausnahme-Handler mit Typ T als Parameter auch eine Ausnahme des Typs A auffangen würde, dann erlaubt eine Funktion mit Typ T in der Ausnahme-Spezifikation auch eine Ausnahme des Typs A.

17.5.1 Ausnahme-Spezifikationen und Zeiger

Wenn ein Zeiger auf eine Funktion mit Ausnahme-Spezifikation zeigen soll, dann darf die Ausnahme-Spezifikation des Zeigers nicht restriktiver sein als die Ausnahme-Spezifikation der Funktion, auf die er zeigen soll. Nehmen wir als Beispiel die obere Funktion fkt, und definieren wir Zeiger für sie:

```
void (*p1)() = fkt;                      // In Ordnung
void (*p2)() throw(Integer, Prim) = fkt; // In Ordnung
void (*p3)() throw(Integer) = fkt;       // In Ordnung
void (*p4)() throw(Prim) = fkt;          // Fehler!
```

Der Zeiger p1 besitzt keine Ausnahme-Spezifikation und erlaubt deshalb alle Ausnahmen. Damit sind alle möglichen Ausnahmen, die fkt werfen kann, abgedeckt.

Die Zeiger p2 und p3 sind von den erlaubten Ausnahmen her gleich und stimmten auch mit der Ausnahme-Spezifikation von fkt überein.

Lediglich p4 erlaubt nur eine Ausnahme von Prim. Somit könnte fkt Ausnahmen werfen, die über p4 nicht erlaubt sind. Die Zuweisung wird deshalb nicht kompiliert.

Beachten Sie, dass Sie Ausnahme-Spezifikationen nicht in Zusammenhang mit typedef verwenden können. Wenn Sie einen Zeiger mit Ausnahme-Spezifikation definieren wollen, dann müssen Sie auf typedef verzichten.

C++11

Allerdings können wir ab C++11 auf eine Alias-Deklaration zurückgreifen:

```
using Zeigertyp = void (*)() throw(Integer);
```

17.5.2 Virtuelle Methoden mit Ausnahme-Spezifikation

Bei virtuellen Methoden mit Ausnahme-Spezifikation muss berücksichtigt werden, dass eine überschreibende Methode einer Subklasse die Ausnahme-Spezifikation nicht auflockern darf:

```
class Basis {
public:
  virtual void fkt1() throw(int);
  virtual void fkt2() throw(int);
};

class Abgeleitet : public Basis {
public:
  void fkt1() throw(int, Integer); // Fehler!
  void fkt2() throw();             // In Ordnung
};
```
Listing 17.21: Virtuelle Methoden mit Ausnahme-Spezifikationen

Die Methode fkt1 in Abgeleitet erlaubt mehr Ausnahmen, als die Ausnahme-Spezifikation in der Basisklasse zulässt. Der Compiler wird dies nicht durchgehen lassen.

Die zweite Methode erlaubt überhaupt keine Ausnahmen und verschärft die Spezifikation noch. Und das ist erlaubt.

17.5.3 unexpected

Wie wir weiter oben bereits erfahren haben, wird die Funktion unexpected immer dann aufgerufen, wenn eine Funktion oder Methode wegen einer Ausnahme verlassen wurde, die von der Ausnahme-Spezifikation der Funktion oder Methode nicht erlaubt war.

Die Methode unexpected ruft den unexpected_handler auf, der standardmäßig die Funktion terminate aufruft.

Über set_unexpected kann jedoch ein eigener Handler angegeben werden. set_unexpected liefert einen Verweis auf den alten Handler zurück:

```
unexpected_handler
        set_unexpected(unexpected_handler f) noexcept;
```

Die Prototyp eines `unexpected_handler` ist über den gleichnamigen Typ definiert:

```
typedef void (*unexpected_handler)();
```

Mögliche Aufgaben eines eigenen Handlers

Wir wissen mittlerweile, dass der standardmäßige `unexpected_handler` die Funktion `terminate` aufruft. Aber was könnte ein eigener Handler bewerkstelligen?

Die ganze `unexpected`-Geschichte wird ja nur deswegen angestoßen, weil eine Funktion über eine Ausnahme verlassen wurde, die in ihrer Ausnahme-Spezifikation nicht vorgesehen ist.

Ein für den `unexpected_handler` typischer Einsatzbereich ist das Werfen einer neuen Ausnahme, die von der Ausnahme-Spezifikation durchgelassen wird:

```
void fkt1() throw(Integer) {
  throw (1);
}
```

Listing 17.22: Eine von der Ausnahme-Spezifikation abgeblockte Ausnahme

Die Funktion `fkt1` wirft eine Ausnahme, die von ihrer Ausnahme-Spezifikation nicht durchgelassen wird. Ein Aufruf der Funktion `unexpected` ist die Folge, die wiederum den `unexpected_handler` aufruft. Und der soll so aussehen:

```
void unerwartet() {
  throw(Prim(1));
}
```

Listing 17.23: Ein eigener `unexpected_handler`

Die in `unerwartet` geworfene Ausnahme passiert die Ausnahme-Spezifikation von `fkt1` problemlos. Eine passende `main`-Funktion könnte so aussehen:

```
int main() {
  set_unexpected(unerwartet);

  try {
    fkt1();
  }
  catch(...) {
    cout << "alles-gefangen" << endl;
  }
}
```

Listing 17.24: Eine vom `unexpected_handler` geworfene Ausnahme wird gefangen.

Das ist alles recht nett, was passiert aber, wenn die in `unerwartet` geworfene Ausnahme auch nicht die Ausnahme-Spezifikation passiert? So etwa:

```
void unerwartet() {
  throw(1);
}
```

Listing 17.25: Ein `unexpected_handler` verletzt die Ausnahme-Spezifikation.

Wenn eine vom `unexpected_handler` geworfene Ausnahme nicht der Ausnahme-Spezifikation der ursprünglich gescheiterten Funktion entspricht, dann wird automatisch die Ausnahme `std::bad_exception` geworfen.

Und jetzt hängt wieder alles von der Ausnahme-Spezifikation von `fkt1` ab:

» Lässt die Ausnahme-Spezifikation von `fkt1` eine Ausnahme des Typs `std::bad_exception` passieren, dann geschieht genau dies.

» Blockt die Ausnahme-Spezifikation von `fkt1` die `std::bad_exception`-Ausnahme ab, dann wird `terminate` aufgerufen.

Die folgende Version von `fkt1` lässt `std::bad_exception` passieren:

```
void fkt1() throw(Integer, std::bad_exception) {
  throw (1);
}
```

17.5.4 Ausnahme-Spezifikationen in der Praxis

Die Antwort auf die Frage, ob Ausnahme-Spezifikationen in der Praxis nun eingesetzt werden sollen oder nicht, ist nicht eindeutig . Die Nachteile sind schnell gefunden:

» *Hoher Wartungsaufwand*: Wenn Sie Ausnahme-Spezifikationen konsequent einsetzen und dann irgendwann in die Verlegenheit kommen, die Ausnahme-Spezifikation einer Funktion zu erweitern, kann dies unter Umständen einen Rattenschwanz an Veränderungen nach sich ziehen. Da zur Kompilationszeit nicht geprüft wird, ob die von einer Funktion definierte Ausnahme-Spezifikation auch von allen aus dieser Funktion aufgerufenen Funktionen eingehalten wird, kann sich eine unvollständige Anpassung aller Spezifikationen erst zur Laufzeit bemerkbar machen. Und weil Ausnahmen in einem vernünftigen Programm nicht am laufenden Band geworfen werden, kann es dauern, bis der Fehler überhaupt auftritt.

» *Aufruf von* `unexpected`: Wenn Sie mit Ausnahme-Spezifikationen arbeiten, dann ist nicht auszuschließen, dass in seltenen Fällen die Funktion `unexpected` aufgerufen wird. Sie sollten daher einen eigenen `unexpected_handler` schreiben und dort einen Notfall-Plan unterbringen – nicht gerade der schönste aller Programmierstile.

» *Bestimmung aller möglichen Ausnahmen*: Eine gute Ausnahme-Spezifikation sollte alle Ausnahmen beinhalten, die in der eigenen und den aufgerufenen Funktionen geworfen werden. Leider ist diese Menge nicht immer genau zu definieren. Speziell dann nicht, wenn es sich um Templates handelt, die einen beliebigen Typ (der beliebige Ausnahmen werfen könnte) verwalten.

» *Laufzeitverhalten*: Die Verwendung von Ausnahme-Spezifikationen kann den Compiler dazu bringen, für die entsprechende Funktion die `inline`-Deklaration außer Acht zu lassen. Das kann sich negativ im Laufzeitverhalten auswirken.

Diesen Nachteilen gegenüber steht lediglich der Vorteil, genau zu wissen, dass eine Funktion nur die spezifizierten Ausnahmen werfen kann.

Deshalb empfiehlt der Standard, als einzige Ausnahme-Spezifikation noexcept zu verwenden, das besagt, dass die Funktion/Methode überhaupt keine Ausnahme herauslässt.

Alle anderen Ausnahme-Spezifikationen gelten ab C++11 als veraltet, und ihr Einsatz wird missbilligt.

> Wenn eine mit noexcept versehene Funktion/Methode doch eine Ausnahme wirft, dann wird terminate() aufgerufen (siehe Abschnitt 17.4.1). **INFO**

17.6 Ausnahmen und Konstruktoren

Wenn ein Programm läuft, dann ist es nicht ungewöhnlich, dass vom Programmierer vorhergesehene Fehler auftreten können. Erinnern wir uns an Abschnitt 9.2.2, wo wir den Ansatz einer Url-Klasse programmiert haben, die in der Lage sein sollte, URLs für die Protokolle HTTP und FTP zu repräsentieren.

Die Klasse musste mit dem Problem zurechtkommen, dass unter Umständen ein Url-Objekt aus einer URL erzeugt werden könnte, die ein nicht von der Klasse unterstütztes Protokoll besitzt. Wir hatten uns mit einer statischen Methode aus der Affäre gezogen, die zuerst überprüft, ob es sich um ein gültiges Protokoll handelt und dann erst ein Url-Objekt erzeugt.

Nun können wir bei einem ungültigen Protokoll eine Ausnahme werfen. Dazu definieren wir in der Klasse eine eingebettete, öffentliche Klasse FalscheUrl:

```
class Url {
  std::string m_url;

public:
  class FalscheUrl {};

  Url(const std::string& url)
   : m_url(url) {
    if(url.substr(0,4)!="http" &&
       url.substr(0,3)!="ftp")
       throw FalscheUrl();
  }

  std::string getUrl() const {
    return m_url ;
  }
};
```
Listing 17.26: Ein Konstruktor wirft eine Ausnahme.

Und hier ist noch ein Einsatzbeispiel:

```
try {
  Url u("http://wer.fddf.de");
  cout << "URL in Ordnung." << endl;
}
```

```
catch(Url::FalscheUrl) {
  cout << "Falsches Protokoll!" << endl;
}
```
Listing 17.27: Ein Einsatzbeispiel

Wir geben im `catch`-Block keinen Parameter-Namen an, weil uns das geworfene Objekt nicht interessiert. Wir wollen nur auf das Ereignis der geworfenen Ausnahme reagieren.

Sollte das Protokoll ungültig sein und der Try-Block mit einer Ausnahme verlassen werden, dann wird auch der Gültigkeitsbereich des `Url`-Objekts verlassen. Auf diese Weise kann nie ein unvollständig oder überhaupt nicht konstruiertes Objekt entstehen.

Durch das Abwickeln des Stacks bei einer Ausnahme wird normalerweise für alle lokalen Objekte der Destruktor aufgerufen. Für `u` aber nicht, denn es hat nie zu existieren begonnen.

Destruktoren werden nur beim Abbau vollständig erzeugter Objekte aufgerufen. Ein Objekt ist vollständig konstruiert, wenn sein Konstruktor ordnungsgemäß und nicht über eine Ausnahme beendet wurde. Dabei ist es unerheblich, ob die Ausnahme vom Konstruktor selbst, einem Attribut der Klasse oder einem lokalen Objekt des Konstruktors geworfen wird.

Gehen wir ein wenig weiter, und erzeugen wir eine Klasse, die zwei URLs beinhaltet:

```
class ZweiUrls {
  Url m_url1;
  Url m_url2;
public:
  ZweiUrls(const char* s1, const char* s2)
    : m_url1(s1), m_url2(s2)
  {}
  Url getUrl1() const {
    return m_url1;
  }
  Url getUrl2() const {
    return m_url2;
  }
};
```
Listing 17.28: Die Klasse `ZweiUrls`

Mal eine kleine Zwischenfrage: Hätte ich im Konstruktor die beiden `Url`-Objekte `m_url1` und `m_url2` auch im Anweisungsblock initialisieren können?

Natürlich nicht, für die Klasse `Url` existiert kein Standardkonstruktor, insofern muss ein Konstruktor in der Element-Initialisierungsliste explizit angegeben werden.

Aber zurück zum eigentlichen Thema. Was passiert bei folgender Anweisung?

```
ZweiUrls zw("http://www.fdfdf.de", "htte://wer.fddf.de");
```

Es wird auf jeden Fall eine Ausnahme geworfen, denn das zweite `Url`-Objekt in `ZweiUrls` wird mit einem nicht unterstützten Protokoll initialisiert. Die einzige Unklarheit besteht darüber, ob wir jetzt ein Speicherleck haben, denn schließlich wurde das erste `Url`-Objekt bereits erzeugt. Glücklicherweise gibt es folgende Regel:

> Wird ein Konstruktor über eine Ausnahme verlassen, dann wird für alle Elemente der Klasse, die bereits vollständig konstruiert sind, ihr Destruktor aufgerufen.   **INFO**

> Die Klassen Url und ZweiUrls finden Sie auf der Webseite *www.awl.de/3209* unter *Listings/Kapitel17/ Url*.   **WWW**

17.7 Ausnahmen und Destruktoren

Dieser Abschnitt ist eigentlich recht schnell abgehakt: Destruktoren sollten keine Ausnahmen werfen.

Der Grund ist einfach. Wenn eine Ausnahme geworfen wird, dann hat die Stack-Abwicklung einen Abbau der lokalen Objekte zur Folge. In diesen Abbau sind mit ziemlicher Sicherheit die Destruktoren der abzubauenden Objekte einbezogen.

Wir haben weiter oben erfahren, dass terminate aufgerufen wird, wenn ein Destruktor eine Ausnahme wirft, obwohl bereits eine Ausnahme aktiv ist. Das bedeutet letztlich:

> Sind Destruktoren im Spiel, die Ausnahmen werfen, ist eine vernünftige Ausnahmebehandlung nicht mehr gewährleistet.   **INFO**

Und es lässt sich nicht garantieren, dass von einer Klasse, deren Destruktor eine Ausnahme wirft, ein Feld angelegt werden kann, ohne dass ein Speicherleck entsteht. Warum das so ist, sehen Sie im nächsten Abschnitt.

17.8 Ausnahmen und dynamische Speicherverwaltung

Legen wir zunächst eine leere Klasse Element an, deren Standardkonstruktor eine Ausnahme werfen könnte:

```
class Element {
public:
  Element() {
    if(rand()==57)
      throw "Ausnahme";
  }
};
```
Listing 17.29: Eine Klasse, deren Konstruktor zufällig eine Ausnahme wirft

Und jetzt erzeugen wir auf dynamischem Wege ein Objekt der Klasse:

```
Element* el = new Element;
```

Wie wir aus Abschnitt 7.4 wissen, reserviert new zunächst Speicher für das Objekt und ruft daraufhin den Standardkonstruktor für das Objekt auf. Und das sind auch genau die beiden Stellen, an denen eine Ausnahme geworfen werden könnte:

» Das Reservieren des Speichers durch new schlägt fehl. Im Normalfall wirft new dann die Ausnahme bad_alloc. Der Konstruktor des Objekts wird nicht aufgerufen. Bei einer bad_alloc-Ausnahme wissen wir, dass das Objekt nicht erzeugt wurde, weil nicht genug Speicher da war und deswegen auch kein Speicherleck entstehen kann.

» Der Konstruktor des Objekts wirft eine Ausnahme. Zu diesem Zeitpunkt ist der Speicher von new bereits erfolgreich reserviert worden. new fängt die Ausnahme des Konstruktors auf, gibt den reservierten Speicher mit dem passenden delete wieder frei und leitet die Ausnahme mit throw; weiter. Auch hier ist kein Speicherleck entstanden, die Ausnahme des Konstruktors kann außerhalb von new weiter ausgewertet werden.

Gehen wir einen Schritt weiter, und legen wir dynamisch ein Array an:

```
Element* e2 = new Element[20];
```

Auch hier legt new zunächst Speicher für die Objekte an und ruft dann nacheinander für jedes Objekt den Standardkonstruktor auf. Ausnahmen können in folgenden Situationen auftreten:

» Das Reservieren des Speichers für das Array schlägt fehl. Es wird wieder eine bad_alloc-Ausnahme geworfen. Keiner der Konstruktoren wurde aufgerufen. Speicher wurde nicht reserviert.

» Einer der Konstruktor-Aufrufe wirft eine Ausnahme. new fängt die Ausnahme auf, ruft in umgekehrter Reihenfolge die Destruktoren aller bereits konstruierten Objekte auf und gibt den reservierten Speicher frei. Zum Schluss wird die aufgefangene Ausnahme für eine weitere Auswertung weitergeleitet. Ein Speicherleck wurde vermieden.

Bis hierhin wirkt new recht robust. Aber nur aus einem Grund: Wir sind stillschweigend davon ausgegangen, dass der Destruktor von Element keine Ausnahme wirft. Würde er dies tun, hätte new im Falle einer Ausnahme im Konstruktor ein echtes Problem, denn new muss die bereits konstruierten Elemente im Feld wieder freigeben, und zwar mit dem Destruktor. Und wenn der jetzt eine Ausnahme wirft, obwohl die Ausnahme des Konstruktors noch bearbeitet wird, dann folgt ein Aufruf von terminate.

Deswegen: Sorgen Sie dafür, dass die Destruktoren Ihrer Klassen nicht mit einer Ausnahme beendet werden.

INFO	Übrigens, delete wirft nie eine Ausnahme!

Als nächstes Beispiel wollen wir uns folgende Klasse genauer ansehen:

```
class ZweiBloecke {
  int* m_block1;
  int* m_block2;

  public:
    ZweiBloecke()
      : m_block1(new int[20]),
        m_block2(new int[30])
    {}

    ~ZweiBloecke() {
      delete[] m_block1;
```

```
    delete[] m_block2;
  }
};
```
Listing 17.30: Die Klasse ZweiBloecke

Kann bei dieser Klasse ein Speicherleck entstehen?

Grundsätzlich ja, denn was passiert, wenn die Reservierung des zweiten Blocks fehlschlägt? Dann wirft new die Ausnahme bad_alloc. Die Ausnahme wird im Konstruktor nicht aufgefangen und der Konstruktor somit beendet. Das wiederum hat zur Folge, dass das Objekt nicht vollständig konstruiert ist und beim Abbau deswegen auch kein Destruktor aufgerufen wird. Niemand gibt den bereits vollständig reservierten Speicherbereich des ersten Blocks frei – ein Speicherleck entsteht.

Um dieses Problem zu beheben, verlegen wir die Speicherreservierung aus der Element-Initialisierungsliste heraus in den Anweisungsblock des Konstruktors und fangen die uns eben zum Verhängnis gewordene Ausnahme auf:

```
ZweiBloecke() {
  m_block1 = new int[20];

  try {
    m_block2 = new int[30];
  }
  catch(bad_alloc) {
    delete[](m_block1);
    throw;
  }
}
```
Listing 17.31: Eine ausnahmensichere ZweiBloecke-Klasse

Die beim Reservieren des ersten Blocks eventuell geworfene Ausnahme brauchen wir nicht zu fangen, denn wenn sie geworfen wird, ist kein Speicher reserviert worden, der Konstruktor kann ohne Weiteres verlassen werden.

Wenn die Reservierung des zweiten Blocks eine Ausnahme wirft, dann ist für diesen zwar kein Speicher reserviert, wir müssen die Ausnahme aber fangen, um den bereits erfolgreich reservierten ersten Block wieder freizugeben. Anschließend leiten wir die Ausnahme weiter nach draußen.

17.9 Ressourcen-Erwerb ist Initialisierung

Grundsätzlich – aber speziell in Zusammenarbeit mit Ausnahmen – sollten Sie sich das sogenannte RAII-Idiom[8] zu Herzen nehmen. Das RAII-Prinzip bindet eine Ressource an die Lebenszeit eines Objekts. Bei der Objekt-Erzeugung wird die Ressource belegt oder reserviert und beim Objektabbau wird die Ressource wieder freigegeben.

---

8   RAII ist die Abkürzung für *Resource Acquisition Is Initialization*, was auf Deutsch so viel wie »Ressourcen-Erwerb ist Initialisierung« bedeutet. Nicht gerade ein aussagekräftiger Name, aber deswegen ist es ja auch ein Idiom.

Typische Beispiele für RAII-Klassen sind die Smart-Pointer. Der reservierte Speicherblock wird beispielsweise an die Lebenszeit des `unique_ptr`-Objekts gebunden. Wenn die Lebenszeit des Objekts vorbei ist, gibt das Objekt automatisch den Speicher wieder frei.

Wenn Sie das RAII-Idiom auf die obere `ZweiBloecke`-Klasse anwenden, ergibt sich folgende Vereinfachung:

```
class ZweiBloecke {
  std::unique_ptr<int> m_block1;
  std::unique_ptr<int> m_block2;

  public:
    ZweiBloecke()
      : m_block1(new int[20]), m_block2(new int[30])
    { }

    ~ZweiBloecke()
    { }
};
```
Listing 17.32: Die Klasse `ZweiBloecke` mit RAII-Idiom

Wir benötigen im Konstruktor kein `try` mehr, denn wenn die Reservierung des zweiten Blocks eine Ausnahme wirft, dann ist der erste Block bereits reserviert und der erste `unique_ptr` vollständig konstruiert. Beim Verlassen sorgt dieser dann dafür, dass der erste Speicherblock wieder freigegeben wird.

Aus diesem Grund kann jetzt auch der Destruktor leer bleiben. Die beiden Auto-Pointer geben den Speicher automatisch frei.

WWW   Die Klasse `ZweiBloecke` finden Sie auf der Webseite *www.awl.de/3209* unter *Listings/Kapitel17/ ZweiBloecke*.

17.10 Funktions-Try-Blöcke

Die Problematik mit in der Element-Initialisierungsliste geworfenen Ausnahmen wollen wir an dieser Stelle noch etwas vertiefen. Wir leiten dazu von der Klasse `Element` ab:

```
class SubElement : public Element {
public:
  SubElement()
    : Element()
  {}
};
```
Listing 17.33: Die von `Element` abgeleitete Klasse `SubElement`

Obwohl es nicht notwendig gewesen wäre, habe ich aus Gründen der Transparenz den Standardkonstruktor der Basisklasse explizit in der Element-Initialisierungsliste aufgerufen.

Wir wissen, dass der Konstruktor von `Element` eine Ausnahme werfen kann. Leider kann der Konstruktor-Aufruf aber nicht in den Anweisungsblock des Subklassen-Konstruktors verschoben werden. Aber wie können wir innerhalb des Subklassen-Konstruktors eine in einem Basisklassen-Konstruktor geworfene Ausnahme fangen?

Dazu gibt es den sogenannten Funktions-Try-Block (*function try block*.) Ein herkömmlicher Try-Block befindet sich immer innerhalb eines Funktionsblocks. In unserem Fall müsste aber der gesamte Konstruktor in einen Try-Block gepackt werden. Und genau das macht der Funktions-Try-Block. Der abgeänderte Konstruktor sieht so aus:

```
SubElement() try
  : Element()
{}
catch(const char* s) {
}
```
Listing 17.34: Ein Funktions-Try-Block

Das Schlüsselwort `try` steht nun direkt hinter der Konstruktordeklaration und definiert den gesamten Anweisungsblock des Konstruktors sowie die Element-Initialisierungsliste als Try-Block. Und weil nun der gesamte Anweisungsblock zum Try-Block wird, steht das `catch` hinter dem Anweisungsblock.

Mit den Funktions-Try-Blöcken haben wir die Möglichkeit, bei einem Konstruktor auch Ausnahmen zu fangen, die in der Element-Initialisierungsliste auftreten. Der Funktions-Try-Block fängt sogar Ausnahmen, die in den Konstruktoren der Klassenattribute geworfen werden, denn letztlich werden die Konstruktoren der Attribute ja in der Element-Initialisierungsliste implizit oder durch den Programmierer explizit aufgerufen.

Der Funktions-Try-Block sollte aber nur als Notlösung dienen. Wenn in unserem Beispiel eine Ausnahme gefangen wird, dann wurde diese von dem Basisklassen-Konstruktor geworfen. Wir haben in Abschnitt 17.6 erfahren, dass nur diejenigen Objekte als vollständig konstruiert gelten und damit »zu leben« beginnen, deren Konstruktor ordnungsgemäß – also ohne Ausnahme – beendet wurde. Das wiederum heißt im oberen Beispiel, dass der Basisklassen-Konstruktor den Basisklassen-Teil nicht erzeugen konnte und dieser Teil des Objekts amit eine Totgeburt ist.

Wenn wir jetzt die Ausnahme im Subklassen-Konstruktor auffangen, dann können wir uns auf den Kopf stellen, aber wir bekommen das Objekt nicht mehr vernünftig konstruiert. Im `catch`-Block des Funktions-Try-Blocks ist das Objekt hirntot, nur noch durch den Ausnahme-Handler am Leben gehalten.

> Der Standard hat aus dieser Situation die Konsequenz gezogen: Wenn ein Handler eines Funktions-Try-Blocks beendet wird, dann wird die ursprüngliche Ausnahme erneut geworfen. `INFO`

Oder anders ausgedrückt: Jeder Handler eines Funktions-Try-Blocks besitzt am Ende ein implizites `throw;`.

Das heißt in der Praxis: Wir können mit einem Funktions-Try-Block zwar eine Ausnahme fangen und noch entsprechende Aktionen durchführen, de facto wird die Konstruktion aber mit einer Ausnahme beendet. Ob die ursprüngliche Ausnahme implizit erneut geworfen wird oder ob wir im Handler eine eigene Ausnahme werfen, ist dabei egal.

Allerdings sollte man von dem Werfen einer eigenen Ausnahme im Handler des Funktions-Try-Blocks Abstand nehmen, weil dies für den Erzeuger des Objektes den aufgetretenen Fehler verfälscht.

INFO   Übrigens: Die Parameter eines Konstruktors sind im Handler des Funktions-Try-Blocks noch nicht abgebaut, sie können also noch angesprochen werden.

Zu guter Letzt sollten Sie sich fragen, wann ein Funktions-Try-Block überhaupt Sinn ergibt. Wenn der Handler eines Funktions-Try-Blocks betreten wird, dann sind bereits für alle vollständig konstruierten Klassenattribute und Basisklassen-Elemente die Destruktoren aufgerufen worden. Aufräumarbeiten wären also nur bei unverwalteten Elementen (wie den reservierten Blöcken der Klasse `ZweiBloecke` in Listing 17.30) notwendig, und die hätte man auch gleich im Anweisungsblock initialisieren und gegebenenfalls die Ausnahme dort auffangen können.

Kurzum: Überlegen Sie sich gut, ob Sie Funktions-Try-Blöcke einsetzen. Meist deutet die Notwendigkeit eines Funktions-Try-Blocks auf einen Schwachpunkt im Klassendesign hin.

17.11 Ausnahmensicherheit

Programmcode kann unterschiedlich ausnahmensicher sein. Um ein Begriffsvokabular einzuführen, mit dem wir die verschiedenen Ebenen der Ausnahmensicherheit diskutieren können, stelle ich Ihnen hier die von Dave Abrahams [Abrahams01] eingeführten Ausnahmensicherheitsgarantien vor:

»   Die *grundlegende Garantie*: Ein Programmcode verursacht keine Ressourcenlecks, wenn Ausnahmen geworfen werden.

»   Die *hohe Garantie* ergänzt die grundlegende Garantie um die zusätzliche Forderung, dass der Zustand des Objekts beim Auftreten einer Ausnahme unverändert bleibt.

»   Die *nothrow-Garantie* ist die höchste und am schwierigsten zu implementierende Garantie: Ein Programmcode wirft niemals eine Ausnahme und kann deswegen nicht durch Ausnahmen in seiner Funktion behindert werden.

Wir werden im nächsten Kapitel einige praktische Beispiele betrachten und diese daraufhin untersuchen, ob Garantien eingehalten werden. Und wir sehen uns an, wie der Programmcode abgeändert werden kann, damit diese Garantien eingehalten werden.

KAPITEL 18

Praxis

In diesem Praxiskapitel wollen wir das gelernte Wissen anwenden.

Wir werden die QString-Klasse aus Kapitel 14.2 genauer bezüglich Ausnahmensicherheit untersuchen und sie entsprechend fit machen.

Wir werden einen Ringpuffer programmieren, eine nützliche Container-Klasse, die speziell für eine laufzeit-effiziente Queue-Implementierung geeignet ist.

Wir wollen die Klassen auf folgende Gesichtspunkte hin überprüfen, beziehungsweise sie nach folgenden Gesichtspunkten entwerfen:

» **ökonomisches Ressourcenmanagement**: Von der Klasse nicht mehr benötigte Ressourcen sollten zeitnah freigegeben werden. Ressourcenlecks sollten vermieden werden.

» **ausnahmensicherer Code**: Die Klasse soll in ihrer Gesamtheit die hohe Garantie einhalten.

» **Granularität**: Die einzelnen Operationen der Klasse sollten möglichst atomar sein.

» **Laufzeitverhalten**: Die Klassen sollen ein möglichst gutes Laufzeitverhalten an den Tag legen. Dabei soll sich der Optimierungsaufwand aber in Grenzen halten.

18.1 Ein ausnahmensicherer insensitiver String

Wir haben in Kapitel 14.2 eine String-Klasse implementiert, die bei ihren Vergleichen nicht zwischen Groß- und Kleinschreibung unterscheidet, sie aber trotzdem korrekt speichert. Wir werden diese Klasse nun daraufhin untersuchen, ob sie ausnahmensicher ist und wie sie ausnahmensicher gemacht werden kann. Sie werden überrascht sein, dass Ausnahmensicherheit nicht zwangsläufig etwas mit try und catch zu tun haben muss.

Die Klasse hat nur zwei string-Objekte als Attribute; der eine String speichert den Original-String, der andere den String in Kleinbuchstaben:

```
class QString {
public:
  typedef std::string::size_type size_type;
  const static size_type npos;
private:
  std::string m_org;
  std::string m_low;
};
```

Listing 18.1: Das Skelett von QString

Schauen wir uns nun die einzelnen Methoden an.

18.1.1 Der Standardkonstruktor

```
QString(void) {
    set(static_cast<std::string>(""));
}
```
Listing 18.2: Der alte Standardkonstruktor

Recht niedlich. Um von der Element-Initialisierungsliste Gebrauch machen zu können, wollen wir den Einsatz der set-Methode schrittweise eliminieren, um set später ganz entfernen zu können:

```
QString()
    : m_org(""), m_low("")
{ }
```
Listing 18.3: Ein neuer Standardkonstruktor

Versuchen Sie den Konstruktor anhand der oben beschriebenen Kriterien zu bewerten.[1]

Interessant ist hier eigentlich nur die Ausnahmensicherheit. Prinzipiell kann der string-Konstruktor bei einer der beiden String-Initialisierungen eine Ausnahme auslösen. Damit wird die nothrow-Garantie schon mal nicht eingehalten.

Der Konstruktor verhält sich auch nicht ausnahmenneutral, womit die hohe Garantie auch nicht greift.

Wie sieht es mit Speicherlecks aus? Sollte der erste String eine Ausnahme auslösen, war in unserem Objekt noch kein Element konstruiert, die Ausnahme kann problemlos unseren Konstruktor passieren. Löst die Konstruktion des zweiten Strings eine Ausnahme aus, dann ist zu diesem Zeitpunkt der erste String bereits vollständig konstruiert. Damit wird dieser String korrekt abgebaut, wenn die Ausnahme unseren Konstruktor verlässt.

Der Standardkonstruktor erfüllt die grundlegende Garantie.

Die grundlegende Garantie ist für einen Konstruktor auch völlig ausreichend. Genau genommen kann die hohe Garantie von einem Konstruktor nie eingehalten werden, denn wird ein Konstruktor über eine Ausnahme verlassen, dann hat die Lebenszeit des Objekts nicht begonnen. Von daher gibt es auch keinen Zustand, der unverändert bleiben sollte.[2]

18.1.2 Der Kopierkonstruktor

```
QString(const QString& q)
    : m_org(q.m_org), m_low(q.m_low)
{}
```
Listing 18.4: Der Kopierkonstruktor

---

1   Bei unseren Betrachtungen müssen wir voraussetzen, dass die Klasse string die hohe Garantie einhält. Sollte sie dies nicht tun, dann könnten in string Speicherlecks auftreten, die unsere Klasse nicht zu verantworten hat.
2   Man könnte die Argumentation auch herumdrehen: Weil es bei einer Ausnahme im Konstruktor überhaupt keinen Objekt-Zustand gibt, wird die hohe Garantie immer dann eingehalten, wenn auch die grundlegende Garantie eingehalten wird.

Der Kopierkonstruktor hält die grundlegende Garantie aus den gleichen Gründen ein wie der Standardkonstruktor.

18.1.3 Der Konstruktor für Strings

```
QString(const std::string& s)
  : m_org(s), m_low(s) {
  to_lower(m_low);
}
```

Listing 18.5: Ein Konstruktor mit einem `string`-Parameter

Die Element-Initialisierungsliste ist ausnahmensicher. Um die vollständige Ausnahmen-sicherheit des Konstruktors zu bestimmen, müssen wir noch die Funktion `to_lower` betrachten:

```
void to_lower(std::string& s) {
  for(size_type i=0; i<s.length(); ++i)
    s[i]=tolower(s[i]);
}
```

Was für eine Garantie hält `to_lower` ein?

Sie bekommt eine Referenz übergeben und arbeitet nur mit integralen Datentypen und loka-len Variablen. Die Funktion hält daher die nothrow-Garantie. Wir können sie mit der Ausnah-mespezifikation `noexcept` versehen.

Damit ist auch der Konstruktor ausnahmensicher.

18.1.4 Der Kopierzuweisungsoperator

```
QString& operator=(const QString& e) {
  m_org = e.m_org;
  m_low = e.m_low;
  return *this;
}
```

Listing 18.6: Der Kopierzuweisungsoperator

Und was halten Sie von dieser Methode?

Dieser Kopierzuweisungsoperator ist potenziell unsicher. Sowohl für `m_org` als auch für `m_low` wird der Kopierzuweisungsoperator aufgerufen, der theoretisch eine Ausnahme werfen könn-te. Löst die Zuweisung an `m_low` eine Ausnahme aus, dann würde `m_low` seinen Zustand nicht verändern.[3] Der String `m_org` hat seinen Zustand aber bereits erfolgreich verändert, Inkonsis-tenz ist die Folge.

---

3   Unter der realistischen Voraussetzung, dass die `string`-Klasse der STL ausnahmensicher ist.

Man könnte auf die Idee kommen, eine »Sicherheitskopie« von m_org anzulegen, die im Falle einer Ausnahme dann eine Rekonstruktion ermöglicht:

```
QString& operator=(const QString& e) {
  string s = m_org;
  m_org = e.m_org;
  try {
    m_low = e.m_low;
  }
  catch(...) {
    m_org = s;
    throw;
  }
}
```

Listing 18.7: Eine Verschlimmbesserung

Ich habe den Knackpunkt des oberen Ansatzes im Quellcode markiert. Wer garantiert, dass bei der Rekonstruktion innerhalb des catch-Blocks nicht auch eine Ausnahme ausgelöst wird? Schließlich handelt es sich wieder um eine Zuweisung über den Kopierzuweisungsoperator von string.

Leider haben wir hier auch mit Try-Blöcken keine Chance, der Problematik Herr zu werden. Wir bräuchten eine Funktion, die zwei Strings austauscht und dabei die nothrow-Garantie einhält.

Wir werden diesen Ansatz aufgreifen und eine Methode swap schreiben, die zwei QString-Objekte vertauscht und die nothrow-Garantie einhält:

```
void swap(QString& s) noexcept {
  m_org.swap(s.m_org);
  m_low.swap(s.m_low);
}
```

Listing 18.8: Die Methode swap

Die Methode vertauscht über string::swap die Interna der Strings. Da es sich dabei um Zeiger und integrale Datentypen handelt, wird keine Ausnahme geworfen.[4] Unsere eigene Methode swap machen wir öffentlich zugänglich, damit auch Außenstehende in der Lage sind, zwei QString-Objekte mit nothrow-Garantie auszutauschen. Das ist wichtig, wenn auf QString basierende Klassen ebenfalls ausnahmensicher gemacht werden sollen.

Der Kopierzuweisungsoperator ist jetzt nur noch ein Klacks:

```
QString& operator=(QString e) {
  swap(e);
  return *this;
}
```

Listing 18.9: Der neue, ausnahmensichere Kopierzuweisungsoperator

---

4   Zumindest ist im Normalfall davon auszugehen. Wenn man nicht sicher sein kann, sollte man die Strings nicht als Objekte, sondern als Zeiger auf Objekte in QString ablegen und dann diese Zeiger tauschen.

Das zuzuweisende Objekt wird als Wert übergeben. Der Parameter e wird mit dem QString-Kopierkonstruktor konstruiert. Hier kann eine Ausnahme ausgelöst werden, aber das ist nicht weiter schlimm, weil sich an dieser Stelle der interne Zustand unseres Objekts noch nicht geändert hat.

Dann werden über swap die Interna unseres Objektes mit den Interna von e vertauscht. Die Methode swap gibt uns eine nothrow-Garantie, sodass danach unser Objekt die Daten enthält, die ursprünglich zugewiesen werden sollten. e beinhaltet nun die ehemaligen Daten unseres Objekts.

Beim Verlassen des Kopierzuweisungsoperators wird das Objekt e – und damit unsere alten Daten – abgebaut. Da Destruktoren keine Ausnahmen auslösen sollten (und der Destruktor von string hält sich daran), ist die Zuweisung ohne Ausnahmen über die Bühne gegangen. Der Kopierzuweisungsoperator hält damit die hohe Garantie ein.

> **TIPP**
>
> Darin besteht der ganze Trick: Die Operationen, die Ausnahmen auslösen könnten, sollten abgeschlossen sein, bevor der Zustand des Objekts verändert wird. Dann können Sie das Objekt gemütlich mit nothrow-Methoden auf den gewünschten Stand bringen.

18.1.5 Der Additionszuweisungsoperator

```
QString& operator+=(const QString& e) {
  m_org += e.m_org;
  m_low += e.m_low;
  return *this;
}
```

Listing 18.10: Der alte Additionszuweisungsoperator

Der Additionszuweisungsoperator von string kann prinzipiell eine Ausnahme auslösen und unser Objekt in einen inkonsistenten Zustand versetzen.

Wir werden als Lösungsstrategie wie oben vorgeschlagen vorgehen. Die riskanten Operationen (Additionszuweisung) werden vorgenommen, ohne den Zustand unseres Objekts zu verändern. Danach wird das Ergebnis mit einer nothrow-Operation übernommen:

```
QString& operator+=(const QString& e) {
  QString tmp(*this);
  tmp.m_org += e.m_org;
  tmp.m_low += e.m_low;
  swap(tmp);
  return *this;
}
```

Listing 18.11: Der neue, ausnahmensichere Additionszuweisungsoperator

Zunächst fertigen wir eine Kopie des eigenen Objekts namens tmp an. Zu dieser Kopie wird e dann addiert, indem die einzelnen Strings addiert werden.

Bei diesen beiden Additionen kann theoretisch eine Ausnahme ausgelöst werden. Damit brauchen wir uns aber nicht zu beschäftigen, denn der Zustand unseres Objekts ist noch nicht verändert worden.

Erst, wenn die Addition erfolgreich abgeschlossen wurde, übernehmen wir das Ergebnis mit swap. Am Ende des Funktionsblocks wird dann das lokale Objekt abgebaut. Damit hält der Additionszuweisungsoperator die hohe Garantie ein.

Im Vergleich zum vorigen Additionszuweisungsoperator benötigen wir innerhalb des Funktionsblocks ein lokales Objekt. Dieses Plus an benötigter Laufzeit und Speicher ist der Preis, der in diesem Fall für die Ausnahmensicherheit bezahlt werden muss.

18.1.6 Der Additionsoperator

```
QString operator+(QString e1, const QString& e2) {
  return e1+=e2;
}
```
Listing 18.12: Der Additionsoperator

Versuchen Sie einmal, die Ausnahmensicherheit von operator+ zu bestimmen.

Die Operator-Methode basiert auf dem ausnahmensicheren operator+=. Darüber hinaus wird an keinem bestehenden Objekt eine Änderung vorgenommen. Alle Ausnahmen, die auftreten können, beziehen sich auf temporäre Objekte.

Der Additionsoperator hält damit die hohe Garantie.

18.1.7 Verschiebe-Semantik

Völlig vernachlässigt haben wir bisher die Verschiebe-Semantik. Schauen wir mal, was wir da noch rausholen können.

Der Verschiebekonstruktor

Ein erster Ansatz für den Verschiebekonstruktor könnte so aussehen:

```
QString(QString&& q) {
  swap(q);
}
```
Listing 18.13: Ein Verschiebekonstruktor für QString

Im Anweisungsblock des Konstruktors sind die Attribute des Objekts bereits mit deren Standardkonstruktoren erzeugt worden. Der übergebene QString tauscht dann mit den leeren Inhalten des neuen Objekts.

In diesem Ansatz ist das als rvalue-Referenz übergebene Objekt nicht abbaubar, sondern auch noch verwendbar.

Es geht aber noch schneller: Anstatt erst zwei leere Strings im neuen Objekt zu erzeugen und diese dann mit dem übergebenen Objekt zu vertauschen, machen wir uns den Verschiebekonstruktor von string zunutze:

```
QString(QString&& q)
  : m_org(std::move(q.m_org)), m_low(std::move(q.m_low))
{ }
```

Listing 18.14: Ein verbesserter Verschiebekonstruktor

Verschiebezuweisungsoperator

Der Verschiebezuweisungsoperator sieht fast genauso aus wie der Kopierzuweisungsoperator:

```
QString& operator=(QString&& e) {
  swap(e);
  return *this;
}
```

Listing 18.15: Der Verschiebezuweisungsoperator von `QString`

Additionsoperatoren

Bei den Additionsoperatoren können wir den bestehenden verbessern, indem wir den Rückgabewert explizit verschieben. Zusätzlich bietet sich noch ein zweiter Additionsoperator an, der als ersten Parameter eine rvalue-Referenz erwartet:

```
QString operator+(QString e1, const QString& e2) {
  return move(e1+=e2);
}

//------------------------------------------------------------

QString operator+(QString&& e1, const QString& e2) {
  return move(e1+=e2);
}
```

Listing 18.16: Die Additionsoperatoren mit Verschiebe-Semantik

Weil bei `QString` die Additionsoperation nicht kommutativ ist, reichen die beiden oben vorgestellten Überladungen aus.

> Die optimierte Klasse QString finden Sie auf der Webseite *www.awl.de/3209* unter *Listings/Kapitel18/QString*.   **WWW**

18.2 Eine verbreitete Ringpuffer-Implementierung

Ein Container, der zur Implementierung einer Queue herangezogen wird, muss in der Lage sein, an einem Ende Daten einzufügen und am anderen Ende Daten zu entfernen.

Vektoren sind dafür von Natur aus nicht geeignet, weil das gesamte Feld bei einer Entnahme oder einem Einfügen am Anfang verschoben werden muss. Für Operationen am Anfang des Feldes benötigt der Vektor lineare Laufzeit.

Mit der Deque bietet die STL einen Container, der in konstanter Zeit Elemente an beiden Seiten entfernen oder anhängen kann. Diese Flexibilität wird mit einem im Vergleich zum Vektor
allgemein schlechteren Laufzeitverhalten erkauft.

Der Ringpuffer bietet eine mit dem Vektor vergleichbare Laufzeit, erlaubt es aber trotzdem,
Elemente an beiden Seiten in konstanter Zeit zu entfernen oder hinzuzufügen.

Abbildung 18.1 zeigt ein Feld, das als Ringpuffer interpretiert wird.

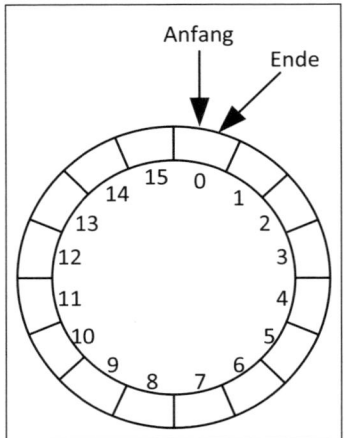

Abbildung 18.1: Ein als Ringpuffer angeordnetes Feld

Intern werden zwei Positionen verwaltet. Bei einer Queue-Funktionalität werden die Daten
am Ende geschrieben und am Anfang gelesen. Abbildung 18.2 zeigt den Ringpuffer, nachdem
14 Elemente eingefügt und 3 Elemente entfernt wurden.

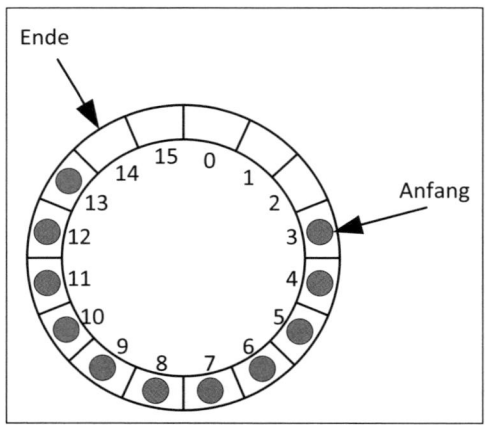

Abbildung 18.2: Der Puffer nach 14 Einfüge- und 3 Entferne-Operationen

Die Positionen wandern auf diese Weise im Uhrzeigersinn über den Ring. Abbildung 18.3 zeigt den Ring, nachdem 5 Elemente hinzugefügt und 9 Elemente entfernt wurden.

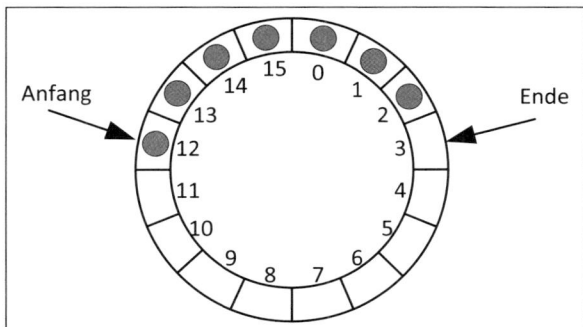

Abbildung 18.3: Der Puffer nach weiteren 5 Einfüge- und 9 Entferne-Operationen

Wir werden an dieser Stelle eine andere Vorgehensweise wählen. Im Anschluss folgt die komplette Ringpuffer-Implementierung von einem meiner Seminarteilnehmer.[5] Ich stelle Ihnen kurz die Bedeutung der einzelnen Methoden vor, und dann lassen Sie den Quellcode auf sich wirken. Im Anschluss besprechen wir dann die wichtigsten Punkte.

Folgende Methoden besitzt der Ringpuffer:

» `vergroessern`: eine private Methode, die den Ringpuffer bei Bedarf vergrößert. Üblicherweise sollte von der Vergrößerung des Puffers kein Gebrauch gemacht werden, gerade weil Ringpuffer häufig in zeitkritischen Situationen eingesetzt werden. Andererseits sollte ein gewisser Luxus, wie ihn die STL vormacht, durchaus erlaubt sein.

» `out`: entfernt ein Element am Anfang des Ringpuffers und liefert es zurück.

» `in`: hängt ein Element an das Ende an.

» `back_out`: eine zusätzliche Methode, die ein Element am Ende entfernt und zurückliefert, um den Ringpuffer auch für eine Stack-Implementierung einsetzen zu können.

» `size`: liefert die Anzahl belegter Elemente im Ringpuffer.

» `empty`: liefert einen booleschen Wert, der Auskunft darüber gibt, ob der Puffer leer ist oder nicht.

Intern werden folgende Attribute verwendet:

» `m_daten`: ein Zeiger auf den Speicherbereich des Ringpuffers

» `m_anfang`: die Position des nächsten Elements, das am Anfang entfernt wird

» `m_ende`: die Position, an der das nächste Element eingefügt wird

---

5   Das soll hier nicht falsch verstanden werden. Es gibt verschiedene, in Büchern veröffentlichte Ringpuffer-Implementierungen, die ebenfalls einige oder alle in diesem Beispiel enthaltenen Schwachstellen besitzen.

» `m_anzahl`: die Anzahl der aktuell im Ringpuffer gespeicherten Elemente

» `m_maxAnzahl`: die maximal mögliche Anzahl an Elementen im Puffer (auch Kapazität genannt)

Und hier kommt der Puffer:

```
01 #ifndef RINGPUFFER_H
02 #define RINGPUFFER_H
03
04 template<typename DType>
05 class Ringpuffer {
06
07 public:
08   typedef unsigned int Size_type;
09   typedef DType Data_type;
10
11 private:
12   Data_type* m_daten;
13   Size_type m_anfang, m_ende;
14   Size_type m_anzahl, m_maxAnzahl;
15
16 //----------------------------------------------------------
17
18   void vergroessern(void) {
19     if (!m_maxAnzahl)
20       m_maxAnzahl = 1;
21     Data_type* daten = new Data_type[m_maxAnzahl * 2];
22     Size_type s = m_anfang, d = 0;
23     Size_type anz = m_anzahl;
24
25     while (anz--) {
26       daten[d++] = m_daten[s++];
27       if (s == m_maxAnzahl)
28         s = 0;
29     }
30
31     if (m_daten)
32       delete[] m_daten;
33
34     m_ende = d;
35     m_anfang = 0;
36     m_daten = daten;
37     m_maxAnzahl *= 2;
38   } /* vergroessern */
39
40 //----------------------------------------------------------
41
42 public:
43   Ringpuffer(const Size_type a = 0)
44       : m_anfang(0), m_ende(0), m_anzahl(0), m_maxAnzahl(a) {
45     m_daten = new Data_type[m_maxAnzahl];
46   }
47
```

```
48 //---------------------------------------------------------
49
50   Ringpuffer(const Ringpuffer& r)
51       : m_daten(0) {
52     *this = r;
53   }
54
55 //---------------------------------------------------------
56
57   ~Ringpuffer() {
58     if (m_daten)
59       delete[] m_daten;
60   }
61
62 //---------------------------------------------------------
63
64   Ringpuffer& operator=(const Ringpuffer& r) {
65     if (&r == this)
66       return *this;
67     if (m_daten)
68       delete[] m_daten;
69
70     m_daten = new Data_type[r.m_maxAnzahl];
71     Size_type s = r.m_anfang, d = 0;
72     Size_type anz = m_anzahl = r.m_anzahl;
73
74     while (anz--) {
75       m_daten[d++] = r.m_daten[s++];
76       if (s == r.m_maxAnzahl)
77         s = 0;
78     }
79
80     if (d == m_maxAnzahl)
81       d = 0;
82     m_ende = d;
83     m_anfang = 0;
84     m_maxAnzahl = r.m_maxAnzahl;
85
86     return *this;
87   } /* operator= */
88
89 //---------------------------------------------------------
90
91   const Data_type out(void) { /* daten am anfang entfernen */
92     if (!m_anzahl)
93       throw "Ringpuffer leer";
94     Data_type tmp = m_daten[m_anfang++];
95     if (m_anfang == m_maxAnzahl)
96       m_anfang = 0;
97     --m_anzahl;
98     return tmp;
99   } /* out */
100
101 //---------------------------------------------------------
```

```
102
103   void in(const Data_type& d) { /* daten am ende hinzufügen */
104     if (m_anzahl == m_maxAnzahl)
105       vergroessern();
106     m_daten[m_ende++] = d;
107     if (m_ende == m_maxAnzahl)
108       m_ende = 0;
109     ++m_anzahl;
110   } /* in */
111
112 //----------------------------------------------------------
113
114   const Data_type back_out(void) { /* daten am ende entfernen */
115     if (!m_anzahl)
116       throw "Ringpuffer leer";
117     if (!m_ende)
118       m_ende = m_maxAnzahl;
119     --m_anzahl;
120     return m_daten[--m_ende];
121   } /* back_out */
122
123 //----------------------------------------------------------
124
125   Size_type size(void) {
126     return m_anzahl;
127   }
128   bool empty(void) {
129     return m_anzahl == 0;
130   }
131
132 }; /* class Ringpuffer */
133
134 #endif
```

Listing 18.17: Der Ringpuffer

18.2.1 Die Methode »vergroessern«

Die erste interessante Methode ist vergroessern, die den Ringpuffer vergrößert. Sehen wir uns einmal einige Zeilen genauer an:

» 19: Eine wichtige Abfrage, weil der Ringpuffer auch eine Größe von 0 haben könnte. Und bei 0 würde die Multiplikation mit 2 nicht funktionieren.

» 21: Der neue und größere Speicherbereich wird reserviert und dem Zeiger daten zugewiesen.

» 22: Die beiden Positionen s und d bestimmen die Position des ersten Elements im alten Speicherblock (s) und die neue Position des ersten Elements im neuen Speicherblock (d). Bei der Vergrößerung wird das erste Element wieder an Position 0 kopiert. Abbildung 18.4 zeigt den Kopiervorgang.

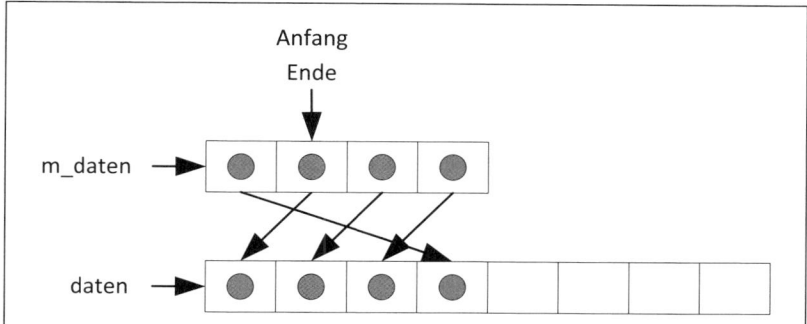

Abbildung 18.4: Das Kopieren der Elemente beim Vergrößern

Durch wiederholte Einfüge- und Entferne-Operationen wird das aktuell erste Element nicht mehr an Position 0 liegen. Um den Kopiervorgang zu vereinfachen, wird diese Zuordnung im neuen Speicherblock wiederhergestellt.

» 25–29: Die Elemente werden kopiert.

» 27: Die Position im alten Speicherbereich kann die Puffergrenze überschreiten und muss dann wieder auf 0 gesetzt werden. (Dadurch entsteht der Ring.)

» 31: Der alte Speicherbereich wird gelöscht.

» 34–37: Die Attribute werden mit den neuen Werten beschrieben.

18.2.2 Der Kopierkonstruktor

Der Kopierkonstruktor verwendet für seine Funktionalität in Zeile 52 den Kopierzuweisungsoperator. Keine schöne Sache. Üblich ist es genau anders herum: Konstruktoren sollten elementare Operationen sein, die dann von anderen Methoden genutzt werden können.

18.2.3 Der Kopierzuweisungsoperator

Der Zuweisungsoperator kopiert die Daten auf ähnliche Weise wie die Methode vergroessern. Auch hier befindet sich nach der Kopie das erste Element wieder an Index 0.

» 65: Sicherheitsabfrage, um vor Selbstzuweisung zu schützen.

» 67: Der alte Speicherblock wird gelöscht.

» 70: Der neue Speicherblock wird reserviert.

» 74–78: Die Elemente werden kopiert.

» 82–84: Den Attributen werden die neuen Werte zugewiesen.

18.2.4 »out«

Exemplarisch für die beiden Entferne-Operationen wollen wir uns hier die Methode out ansehen:

» 92: Sollte versucht werden, ein Element aus einem leeren Ringpuffer zu entfernen, wird eine Ausnahme ausgelöst.

» 94: Von dem zu entfernenden Objekt wird eine temporäre Kopie angefertigt. Das Objekt wird im Puffer nicht wirklich gelöscht, sondern die Position wird lediglich um eins weiter gesetzt.

» 98: Die temporäre Kopie wird zurückgegeben.

18.2.5 Ausnahmensicherheit

Konnten Sie bestimmen, wie sich der Ringpuffer bei Ausnahmen verhält? Sie werden bestimmt einige Schwachstellen gefunden haben, denn die Klasse ist alles andere als ausnahmensicher. Schauen wir uns die brenzligen Anweisungen an:

» vergroessern: Wenn bei der Zuweisung in Zeile 26 eine Ausnahme ausgelöst wird, haben wir ein Speicherleck, denn der in Zeile 21 reservierte Speicher wird nicht mehr freigegeben. Des Weiteren befindet sich der Ringpuffer in einem inkonsistenten Zustand, wenn die Bedingung in Zeile 19 wahr ist. Dann wurde nämlich das Attribut m_maxAnzahl verändert.

» operator=: Kann in Zeile 70 kein Speicher reserviert werden, dann wurde bereits der alte Speicher in Zeile 68 gelöscht, und das Objekt befindet sich in einem inkonsistenten Zustand. Löst die Zuweisung in Zeile 75 eine Ausnahme aus, wurde bereits der alte Speicher gelöscht (Zeile 68) und neuer Speicher reserviert (Zeile 70). Wir haben ein Speicherleck und einen inkonsistenten Zustand. Ist ein Kopierzuweisungsoperator darauf angewiesen, auf Selbstzuweisung zu prüfen, dann kann er nicht ausnahmensicher sein.[6]

» out: Wenn eine Methode ein Objekt als Wert zurück gibt, dann ist immer der entsprechende Kopierkonstruktor beteiligt, der eine Ausnahme auslösen könnte. Eine solche Methode kann nie die hohe Garantie erfüllen. Das Gleiche gilt für back_out.

» in: Wenn die Zuweisung in Zeile 106 eine Ausnahme auslöst, dann ist m_ende schon inkrementiert worden. Der Ringpuffer ist damit in einem inkonsistenten Zustand.

Bezüglich Ausnahmensicherheit gibt es also noch einiges zu tun.

18.2.6 Anforderungen an den verwalteten Typ

Ein Container-Template, das Elemente eines Typs T verwaltet, muss zwangsläufig bestimmte Methoden von T einsetzen, um seine Aufgabe erfüllen zu können. Man sollte bestrebt sein, die

---

6   Aber begehen Sie nicht den Fehler des Umkehrschlusses. Denn nur, weil ein Zuweisungsoperator ohne Test auf Selbstzuweisung funktioniert, muss er nicht zwangsläufig ausnahmensicher sein.

Menge der notwendigen Methoden so gering wie möglich zu halten. Je weniger Anforderungen an den Typ gestellt werden, desto mehr Typen können mit dem Container verwaltet werden.

Schauen wir uns einmal die eingesetzten Methoden an:

» 21: Bei der Erzeugung des Feldes wird der Standardkonstruktor benötigt.

» 26: Für die Zuweisung brauchen wir den Kopierzuweisungsoperator.

» 94: Hier wird der Kopierkonstruktor eingesetzt.

Stolze drei Methoden muss der verwaltete Typ mitbringen, um überhaupt verwaltet werden zu können. Dabei ist gerade der Standardkonstruktor eine echte Einschränkung, weil ihn viele Klassen nicht implementieren. An dieser Stelle müssten wir noch nachbessern.

18.2.7 Granularität

Es ist erstrebenswert, dass jede Funktion oder Methode eine atomare Operation repräsentiert. Ist dies im Ringpuffer gewährleistet? Folgende Punkte sind zweifelhaft:

» Die Methode vergroessern ab Zeile 18 legt neuen Speicher an, kopiert Elemente und gibt alten Speicher frei.

» Im Konstruktor in Zeile 43 wird Speicher für das Feld reserviert, und für alle Elemente des Feldes wird der Standardkonstruktor aufgerufen.

» Im Destruktor ab Zeile 57 werden für alle Elemente des Feldes die Destruktoren aufgerufen, und anschließend wird das Feld gelöscht. Das ist jedoch nicht weiter tragisch, weil keine dieser Operationen eine Ausnahme auslösen kann.

» Der Kopierzuweisungsoperator ab Zeile 64 reserviert Speicher, kopiert Elemente und löscht Speicher.

» Die Methoden out und back_out entfernen ein Objekt aus dem Container und geben es zurück.

Die Klasse Ringpuffer finden Sie auf der Webseite *www.awl.de/3209* unter *Listings/Kapitel18/ Ringpuffer01*.　　　　WWW

18.3 Ein besserer Ringpuffer

Nun wollen wir die gewonnenen Erkenntnisse in einen neuen Ringpuffer einfließen lassen, bei dem möglichst viele der oben genannten Punkte vermieden werden. Getreu dem RAII-Idiom wollen wir zunächst eine Klasse RingImplementierung schreiben, die die grundlegende Implementierung beinhaltet.

18.3.1 Grundgerüst

Das Skelett sieht so aus:

```
template<typename Typ>
class RingImplementierung {
public:
  typedef unsigned int size_type;

protected:
  Typ* m_daten;
  size_type m_anfang, m_ende;
  size_type m_anzahl, m_maxAnzahl;
};
```

Listing 18.18: Das Skelett der Ringpufferimplementierung

Keine wesentliche Änderung gegenüber dem alten Puffer; nur einige Namen wurden geändert. Der Template-Parameter heißt jetzt Typ, und size_type ist kleingeschrieben, so wie es in der STL üblich ist.

18.3.2 Expliziter Konstruktor

Der erste Konstruktor, den wir uns anschauen wollen, bekommt die Startgröße des Ringpuffers übergeben. Die Methoden von RingImplementierung sind alle geschützt, damit sie nicht direkt angesprochen werden können:

```
explicit RingImplementierung(size_type s)
  : m_daten(allocate(s)),
    m_anfang(0), m_ende(0),
    m_anzahl(0), m_maxAnzahl(s)
{}
```

Listing 18.19: Ein expliziter Konstruktor

Das Feld wird jetzt nicht direkt im Konstruktor reserviert, sondern wir schreiben eine eigene private Methode allocate (in Anlehnung an die Allokatormethoden aus Abschnitt 7.5.2):

```
Typ* allocate(size_type s) {
  return static_cast<Typ*>(operator new(sizeof(Typ)*s));
}
```

Listing 18.20: Die Methode allocate

Wie Sie sehen, reservieren wir nur den Speicher für das Feld, erzeugen darin aber noch keine Objekte. Wäre ja nur Platzverschwendung.

Um das Kopieren von Ringpuffer-Objekten zu unterstützen, bekommt RingImplementierung eine geschützte Methode copy:

```
void copy(RingImplementierung& ziel,
          const RingImplementierung& quelle) {
  for(size_type quellPos=quelle.m_anfang;
      ziel.m_anzahl<quelle.m_anzahl;
```

```
      ++ziel.m_anzahl, (++quellPos)%=quelle.m_maxAnzahl)
    construct(&ziel.m_daten[ziel.m_anzahl],
             quelle.m_daten[quellPos]);
  ziel.m_ende=ziel.m_anzahl;
}
```

Listing 18.21: Die Methode copy

Folgende Bedingungen müssen erfüllt sein, damit copy ordnungsgemäß funktioniert:

» Die Ringimplementierung ziel ist leer (m_anzahl == 0).

» Die Einfügeposition in der Ringimplementierung ziel liegt am Anfang des Feldes (m_ende == 0).

» Die zu kopierenden Elemente können ohne Vergrößerung von ziel kopiert werden (ziel.m_maxAnzahl >= quelle.m_anzahl).

Wir brauchen diese Bedingung aber nicht zu prüfen, weil copy von außen nicht zugänglich ist und wir die Besonderheiten beim Aufruf berücksichtigen werden.

Die Methode copy setzt das in Abbildung 18.4 vorgestellte Kopierverfahren um. Wo auch immer im Quellpuffer das erste Element liegt, im Zielpuffer sitzt das erste Element an Index 0.

Die tatsächliche Kopie eines Elements läuft nicht mehr wie in der alten Lösung über den Kopierzuweisungsoperator. Wir wissen, dass der Zielpuffer leer ist. Das Feld ist demnach reserviert, es wurde aber noch kein Objekt erzeugt.

Wir erzeugen nun an den entsprechenden Stellen Kopien der Elemente durch den Kopierkonstruktor von Typ. Dazu implementieren wir die private Methode construct, die ein Placement-New[7] verwendet:

```
void construct(Typ* adr, cdnst Typ& o) {
  new (adr) Typ(o);
}
```

Listing 18.22: Die Methode construct

18.3.3 Destruktor

Der Destruktor ist recht übersichtlich gestaltet, weil die einzelnen Operationen in unterschiedliche Methoden aufgeteilt wurden:

```
virtual ~RingImplementierung() {
  destroy();
  deallocate();
}
```

Listing 18.23: Der Destruktor der Ringimplementierung

---

7   siehe Abschnitt 7.3

Die parameterlose Variante von destroy baut alle vorhandenen Elemente im Feld des Ringpuffers ab, ohne das Feld freizugeben:

```
void destroy() {
  while(m_anzahl--) {
    destroy(&m_daten[m_anfang++]);
    m_anfang%=m_maxAnzahl;
  }
}
```

Listing 18.24: Die Methode destroy zum Abbau aller Objekte

Diese Methode wird nur aufgerufen, wenn der Ringpuffer abgebaut wird. Sie kann daher die Attribute während des Löschvorgangs verändern. Wir benutzen innerhalb der Methode ein anderes destroy, das das Objekt an der übergebenen Speicheradresse abbaut:

```
void destroy(Typ* adr) {
  adr->~Typ();
}
```

Listing 18.25: Die Methode destroy zum Abbau eines einzelnen Objekts

Es fehlt nur noch die Methode deallocate, die den Speicher freigibt:

```
void deallocate() {
  operator delete(m_daten);
}
```

Listing 18.26: Die Methode deallocate

Der Destruktor basiert nur auf Methoden, die entweder Speicher freigeben oder selbst wiederum Destruktoren aufrufen. Dabei handelt es sich um Operationen, die keine Ausnahmen auslösen. Unser Destruktor erfüllt damit die nothrow-Garantie.[8]

Zum Schluss bekommt RingImplementierung eine Methode swap, die zwei Ringimplementierungen austauscht:

```
void swap(RingImplementierung& p) {
  std::swap(m_daten,p.m_daten);
  std::swap(m_anzahl,p.m_anzahl);
  std::swap(m_maxAnzahl,p.m_maxAnzahl);
  std::swap(m_anfang,p.m_anfang);
  std::swap(m_ende, p.m_ende);
}
```

Listing 18.27: Die Methode swap

Die Methode greift auf die STL-Template-Funktion swap zurück. Der Austausch bezieht sich nur auf integrale Datentypen, deswegen hält diese Methode die nothrow-Garantie ein.

Damit ist die Klasse RingImplementierung fertig.

---

8   Alles natürlich unter der Voraussetzung, dass der Destruktor von Typ keine Ausnahme auslöst.

18.3.4 Ringpuffer

Wir kommen nun zur Klasse `Ringpuffer`, die die Schnittstelle zur Verfügung stellt:

```
template<typename Typ>
class Ringpuffer : private RingImplementierung<Typ> {
public:

  typedef typename RingImplementierung<Typ>::size_type
                                    size_type;
};
```

Listing 18.28: Die von `RingImplementierung` abgeleitete Klasse `Ringpuffer`

Wir leiten privat von `RingImplementierung` ab, um eine »Ist implementiert mit«-Beziehung zum Ausdruck zu bringen.

18.3.5 Standardkonstruktor

```
explicit Ringpuffer(size_type s=0)
  : RingImplementierung<Typ>(s)
{}
```

Listing 18.29: Der einparametrige Konstruktor von `Ringpuffer`

Der einparametrige Konstruktor ist auch als Standardkonstruktor einsetzbar. Der Konstruktor ist explizit, damit der Compiler keine impliziten Umwandlungen von `size_type` (in diesem Fall `unsigned int`) in `Ringpuffer<Typ>` vornimmt.

18.3.6 Kopierkonstruktor

```
Ringpuffer(const Ringpuffer& p)
 : RingImplementierung<Typ>(p.m_maxAnzahl) {
   copy(*this,p);  // FEHLER!
 }
```

Listing 18.30: Der Kopierkonstruktor

Der Kopierkonstruktor sieht einfach aus. Er ruft den Basisklassen-Konstruktor auf und dann die geerbte Methode `copy`. Trotzdem kann `copy` so nicht aufgerufen werden.

> Wird ein Name unqualifiziert angegeben, der nicht vom Typ des geerbten Templates abhängig ist, dann wird nach diesem Namen nicht im geerbten Template gesucht **INFO**

Um das Problem zu lösen, müssen wir den Namen so qualifizieren, dass er vom Typ des Templates abhängig ist. Ein Möglichkeit, dies zu erreichen, ist die explizite Angabe des Basisklassen-Typs:

```
RingImplementierung<Typ>::copy(*this,p);
```

Es reicht aber auch aus, einen Bezug auf das aktuelle Objekt herzustellen, da dieses ebenfalls abhängig ist vom Typ des Templates:

```
this->copy(*this,p);
```

Aber kommen wir wieder zurück zur Gesamtbetrachtung des Konstruktors. Ich denke, es ist gut zu erkennen, warum es ein ungeheurer Vorteil ist, die Implementierung des Ringpuffers in eine eigene Klasse zu packen. Der Kopiervorgang hat zwei Stellen, an denen eine Ausnahme ausgelöst werden könnte:

» bei der Reservierung des Speichers in `allocate`

» bei dem Aufruf des Kopierkonstruktors von `Typ` in `construct` über `copy`

Im ersten Fall wird die Ausnahme in der Basisklasse ausgelöst. Da der Speicher nicht reserviert wurde, entsteht kein Speicherleck.

Im zweiten Fall wird die Ausnahme in der abgeleiteten Klasse ausgelöst, weil dort über `copy` der Kopiervorgang angestoßen wird. Tritt bei der Anfertigung einer Kopie in `construct` eine Ausnahme auf, dann ist das Basisklassen-Objekt bereits vollständig konstruiert, weswegen dafür bei der Stack-Abwicklung der Destruktor aufgerufen wird. Das Basisklassen-Objekt ruft dann im Destruktor die Destruktoren aller bereits angefertigten Kopien auf und gibt danach den Speicherblock über `deallocate` frei: ein Parade-Beispiel für das RAII-Idiom.

Hätten wir die Implementierung nicht in einem Basisklassen-Objekt untergebracht, dann würde bei einer Ausnahme für unser Objekt auch kein Destruktor aufgerufen (das Objekt ist ja noch nicht vollständig konstruiert). Wir müssten die Ausnahme im Konstruktor auffangen, um die bereits kopierten Objekte und den Speicherblock manuell wieder freigeben zu können und müssten anschließend die Ausnahme weiterwerfen. All das läuft jetzt mit unserer ausgelagerten Implementierung automatisch ab.

18.3.7 Kopierzuweisungsoperator

Der Kopierzuweisungsoperator ist ziemlich schnittig:

```
Ringpuffer& operator=(Ringpuffer p) {
  this->swap(p);
  return *this;
}
```

Listing 18.31: Der Kopierzuweisungsoperator

Weil der zuzuweisende Ringpuffer als Wert übergeben wird, haben wir im Operator bereits eine Kopie des Ringpuffers. Wenn bis dahin keine Ausnahme ausgelöst wurde, können wir die Interna der Ringpuffer mit `swap` austauschen. Unser alter Ringpuffer wird dann bei Beendigung des Operators abgebaut.

Im Folgenden kommen wir zu den Methoden, die den Ringpuffer mit Leben füllen.

18.3.8 front

Im Gegensatz zur ersten Lösung werden hier die Operationen »Hole Element« und »Entferne Element« in eigene Methoden gepackt. Die Methode front liefert uns eine Referenz auf das Objekt am Anfang des Ringpuffers:

```
Typ& front() const {
  if(!this->m_anzahl)
    throw "Puffer leer!";
  return this->m_daten[this->m_anfang];
}
```

Listing 18.32: Die Methode front

Sollte die Methode bei leerem Ringpuffer aufgerufen werden, wird eine Ausnahme ausgelöst. Die Methode erfüllt die hohe Garantie.

18.3.9 back

Mit der Methode back erhalten wir eine Referenz auf das Element am Ende des Ringpuffers:

```
Typ& back() const {
  if(!this->m_anzahl)
    throw "Puffer leer!";
  return this->m_daten[
    (this->m_ende+this->m_maxAnzahl-1)%this->m_maxAnzahl];
}
```

Listing 18.33: Die Methode back

Das Attribut m_ende beinhaltet die Position hinter dem Ende des Puffers. Damit wir in der Berechnung der davor liegenden Position keinen negativen Wert als linken Modulo-Operanden erhalten, wird m_maxAnzahl draufaddiert, was bei einem Modulo m_maxAnzahl keine Auswirkung auf das Ergebnis hat.

Ebenso wie front erfüllt back die hohe Garantie.

18.3.10 out_front

Mit dieser Methode entfernen wir ein Objekt am Anfang des Ringpuffers.

```
void out_front() {
  if(!this->m_anzahl)
    throw "Puffer leer!";
  this->destroy(&this->m_daten[this->m_anfang++]);
  this->m_anfang%=this->m_maxAnzahl;
  this->m_anzahl--;
}
```

Listing 18.34: Die Methode out_front

Abgesehen von den Operationen, an denen integrale Datentypen beteiligt sind, wird hier nur die Methode destroy aufgerufen, die das Objekt abbaut. Wir halten also die hohe Garantie ein.

18.3.11 out_back

Hiermit entfernen wir ein Objekt am Ende des Ringpuffers:

```
void out_back() {
  if(!this->m_anzahl)
    throw "Puffer leer!";
  this->m_ende=(this->m_ende+this->m_maxAnzahl-1)%
               this->m_maxAnzahl;
  this->destroy(&this->m_daten[this->m_ende]);
  this->m_anzahl--;
}
```

Listing 18.35: Die Methode out_back

Auch hier wird die hohe Garantie eingehalten.

18.3.12 in_back

Mit der Methode in_back können wir ein Element am Ende des Ringpuffers anhängen.

```
void in_back(const Typ& o) {
  if(this->m_anzahl<this->m_maxAnzahl) {
    this->construct(&this->m_daten[this->m_ende], o);
    this->m_ende=(this->m_ende+1)%this->m_maxAnzahl;
    this->m_anzahl++;
  }
  else {
    Ringpuffer tmp(this->m_maxAnzahl*2+1);
    this->copy(tmp, *this);
    tmp.in_back(o);
    this->swap(tmp);
  }
}
```

Listing 18.36: Die Methode in_back

Der if-Anweisungsblock wird abgearbeitet, wenn noch Platz im Puffer ist. Wir konstruieren mit construct eine Kopie des anzuhängenden Elements hinter dem augenblicklich letzten Element. Erst nachdem die Konstruktion erfolgreich verlaufen ist, werden die Attribute des Ringpuffers angepasst.

Der else-Anweisungsblock tritt in Aktion, wenn im Ringpuffer kein Platz mehr ist. Zunächst wird ein neuer, leerer Ringpuffer tmp erzeugt. Die +1 ist wichtig, weil m_maxAnzahl den Wert 0 haben könnte.

Danach werden mit copy die Elemente des aktuellen Ringpuffers in tmp hineinkopiert, und über tmp.in_back wird das hinzuzufügende Element zu tmp hinzugefügt.

Ist bis dahin keine Ausnahme aufgetreten, beinhaltet der Ringpuffer `tmp` das Ergebnis der gewünschten Operation. Wir tauschen ihn mit unserem Puffer aus.

Alle Operationen vor dem `swap`-Aufruf können eine Ausnahme auslösen. Sollte dies geschehen, dann sind noch keine Änderungen am originalen Ringpuffer vorgenommen worden; der Zustand bleibt unverändert. Erst wenn alle riskanten Operationen abgearbeitet wurden, werden mit `swap` gefahrlos die Interna ausgetauscht, denn `swap` hält die nothrow-Garantie.

Die Methode `in_back` erfüllt damit die hohe Garantie.

18.3.13 Ausnahmensicherheit

Die neue Variante des Ringpuffers steht nun und muss sich unserem wertenden Blick stellen.

Auf die Ausnahmensicherheit bin ich bereits bei der Erklärung der einzelnen Methoden eingegangen. Alle wesentlichen Methoden halten mindestens die hohe Garantie, einige sogar die nothrow-Garantie. Wir können damit sagen, dass der Ringpuffer die hohe Garantie erfüllt, und das völlig ohne `try` und `catch`.

18.3.14 Anforderungen an den verwalteten Typ

Alle Operationen auf Objekte des Typs `Typ` werden über die eigene Methode `construct` abgewickelt, die den Kopierkonstruktor von `Typ` verwendet.

Im Vergleich zum alten Ringpuffer haben wir den Einsatz des Standardkonstruktors und des Kopierzuweisungsoperators von `Typ` eingespart. Nur der Kopierkonstruktor von `T` wird noch benötigt. Eine gute Steigerung.

18.3.15 Granularität

Die Granularität hat sich ebenfalls verbessert. Jede Operation ist nun in einer eigenen Methode gekapselt. Insbesondere die Aufspaltung der alten Methode `back_out` in die Methoden `out` und `out_back` ermöglichte es uns erst, die gewünschte Ausnahmensicherheit herzustellen. Durch die Aufteilung war es nicht mehr notwendig, ein `Typ`-Objekt als Wert zurückzugeben.

18.3.16 Fazit

Die letzten Beispiele lassen ein paar Regeln erkennen, die helfen, eine Klasse ausnahmensicher zu machen.

» Fassen Sie nie mehrere Operationen in einer Methode zusammen. Jede Methode sollte eine (bezogen auf ihre Klasse) atomare Operation beinhalten.

» Setzen Sie das RAII-Idiom ein.

» Sie müssen Kern-Operationen finden, für die Sie eine nothrow-Garantie gewährleisten können (in den oberen Beispielen waren dies immer `swap`, die Destruktoren und die Speicherfreigaben).

» Bei einer Operation, die die nothrow-Garantie nicht einhält, sollten alle Teil-Operationen, die eine Ausnahme auslösen könnten, abgearbeitet werden, ohne dass sich der Zustand des eigenen Objekts verändert.

» Die tatsächliche Zustandsänderung darf nur über Operationen vorgenommen werden, die die nothrow-Garantie einhalten.

Es gibt natürlich spezielle Fälle, in denen nicht alle Regeln anwendbar sind, aber das ist ja gerade das Schöne am Programmieren: Kreativität ist gefragt.

WWW Die endgültige Klasse Ringpuffer finden Sie auf der Webseite *www.awl.de/3209* unter *Listings/ Kapitel18/Ringpuffer02*.

KAPITEL 19

Vererbung – Vertiefung

In diesem letzten Kapitel zum Thema Vererbung wollen wir uns mit der Mehrfachvererbung beschäftigen. Soll eine Klasse von mehreren Klassen abgeleitet werden, so werden die Basisklassen durch Kommas voneinander getrennt. Jede Basisklasse kann ein eigenes Zugriffsrecht bekommen.

```cpp
class BasisA {
public:
  int m_awert;
};

class BasisB {
public:
  int m_bwert;
};

class Subklasse : public BasisA, public BasisB {
public:
  Subklasse()
  : BasisA(), BasisB()  {
    m_awert=10;
    m_bwert=20;
  }
};
```

Listing 19.1: Ein Beispiel für Mehrfachvererbung

Zur Demonstration habe ich im Konstruktor der Subklasse die Konstruktoren der Basisklassen in der Elementinitialisierungsliste explizit aufgerufen (was bei den Standardkonstruktoren nicht notwendig gewesen wäre).

Weil Subklasse alle Elemente ihrer Basisklassen erbt, kann im Konstruktor auch jedes (nicht private) Element angesprochen werden.

Was aber, wenn zufälligerweise zwei Elemente in unterschiedlichen Basisklassen denselben Namen haben? Wie bei allen Zweideutigkeiten muss dann der voll qualifizierte Name (mit Angabe des Basisklassennamens) verwendet werden.

19.1 Gemeinsame Basisklassen

Im Rahmen der Mehrfachvererbung kann es passieren, dass eine Klasse von zwei Klassen erbt, die jeweils dieselbe Basisklasse besitzen. Nehmen wir als oberste Basisklasse die Klasse Tier:

```
class Tier {
protected:
  int m_tempo;
};
```
Listing 19.2: Die Klasse Tier

Unsere Tiere besitzen als Attribut ihre aktuelle Geschwindigkeit.[1] Ich möchte anmerken, dass die hier in der Entstehung befindlichen Klassen den Sachverhalt nicht unbedingt so wider-spiegeln, wie ihn ein Zoologe gutheißen würde.

Von dieser Klasse leiten wir zwei Klassen ab:

```
class Flugtier : public Tier {
protected:
  int m_fluegelspanne;
};

class Saeugetier : public Tier{
protected:
  int m_zitzenzahl;
};
```
Listing 19.3: Die Klassen Flugtier und Saeugetier

Ich unterstelle mit diesen beiden Klassen, dass ein fliegendes Tier Flügel und ein Säuge-tier Zitzen zum Säugen der Nachkommen haben muss. Der für einige Leser möglicherweise wichtige Umstand, dass es auch männliche Säugetiere gibt, denen besagtes Klassenmerkmal meistens fehlt, soll hier der Vereinfachung zum Opfer fallen.

Programmtechnisch interessant wird es, wenn wir nun ein Tier als Klasse implementieren wollen, das sowohl ein Flugtier als auch ein Säugetier ist:

```
class Fledermaus : public Flugtier, public Saeugetier {
protected:
  int m_lotweite;
};
```
Listing 19.4: Die Klasse Fledermaus

Noch funktioniert alles problemlos. Jetzt wollen wir Fledermaus mit einem Konstruktor aus-statten, der das Tempo der Fledermaus setzt:

```
  Fledermaus(int tempo) {
    m_tempo=10;
  }
```
Listing 19.5: Ein Konstruktor für Fledermaus

Erstaunlicherweise will der Compiler jetzt eine Mehrdeutigkeit bemerkt haben. Diese Mehr-deutigkeit ist schnell zu erklären. Die Klassen Flugtier und Saeugetier sind beide von Tier abgeleitet, besitzen also beide das geerbte Attribut m_tempo.

---

1   Der Einfachheit wegen sind die Attribute als geschützt deklariert. Ich möchte hier nochmals darauf hinweisen, dass der saubere Ansatz mit privaten Attributen und geschützten Zugriffsmethoden arbeiten würde.

Wenn jetzt `Fledermaus` von diesen beiden Klassen erbt, dann erbt sie das `m_tempo` von `Flugtier` und von `Saeugetier`. Sie besitzt das Attribut `m_tempo` damit zweimal.

Abbildung 19.1 stellt den Zusammenhang grafisch dar.

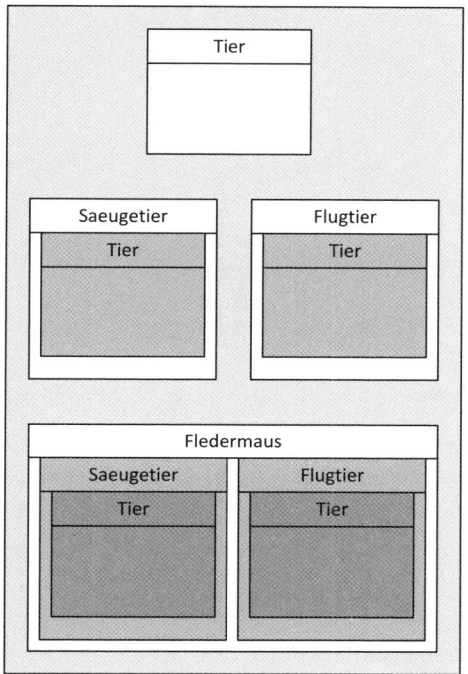

Abbildung 19.1: Die Disjoint-Vererbung

Wir müssen den Namen daher vollständig qualifizieren, um anzugeben, welches `m_tempo` wir initialisieren wollen:

```
Fledermaus(int tempo) {
  Flugtier::m_tempo=10;
}
```

Listing 19.6: Der korrigierte Konstruktor

Eine kleine Zwischenfrage: Hätten wir das Attribut `m_tempo` auch in der Element-Initialisierungsliste initialisieren können?

Nein, natürlich nicht, denn `m_tempo` ist weder ein Element der eigenen Klasse noch der Konstruktor einer direkten Basisklasse (siehe Abschnitt 8.2.3.)

Diese Form der Vererbung, bei der Attribute einer Basisklasse mehrfach vorkommen können, nennt man *Disjoint*. Abbildung 19.2 zeigt die Beziehung in Form eines UML-Diagramms.

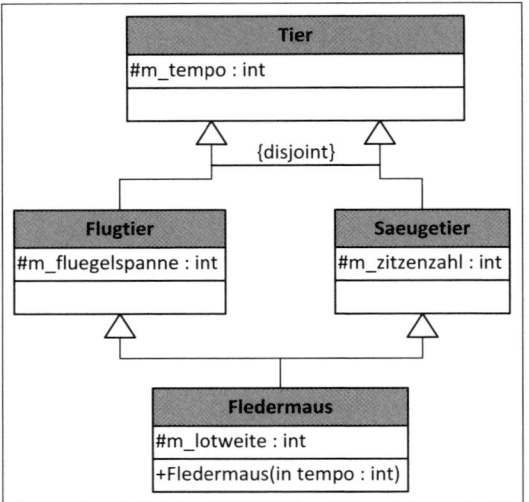

Abbildung 19.2: Die Disjoint-Vererbung als UML-Diagramm

Häufig hat dieses mehrfache Vorhandensein eines Basisklassenattributs keinen Sinn. In unserem Fall sollte die Fledermaus nur ein Tempo besitzen. Dies wird in C++ mit virtuellen Basisklassen zum Ausdruck gebracht.

19.2 Virtuelle Basisklassen

Wir ändern unsere Klassenarchitektur folgendermaßen um:

```
class Flugtier : virtual public Tier {
protected:
  int m_fluegelspanne;
};

class Saeugetier : virtual public Tier{
protected:
  int m_zitzenzahl;
};
```

Listing 19.7: Die Klassen Flugtier und Saeugetier mit virtuellen Basisklassen

Die Basisklasse von Flugtier und Saeugetier wurde jetzt als virtuell deklariert. Dies hat zur Folge, dass der Compiler die virtuelle Basisklasse in einer späteren Subklasse nur einmal einbindet. Innerhalb von Fledermaus existiert jetzt nur noch ein einziges m_tempo-Attribut, es gibt nun keine Mehrdeutigkeit mehr, und der Name kann im Konstruktor wieder unqualifiziert geschrieben werden:

```
  Fledermaus(int tempo) {
    m_tempo=10;
  }
```

Listing 19.8: Der Konstruktor mit unqualifiziertem Attributnamen

Die Abbildung 19.3 zeigt den Sachverhalt grafisch. In Abbildung 19.4 ist die *Overlapping*-Vererbung als UML-Diagramm zu sehen.

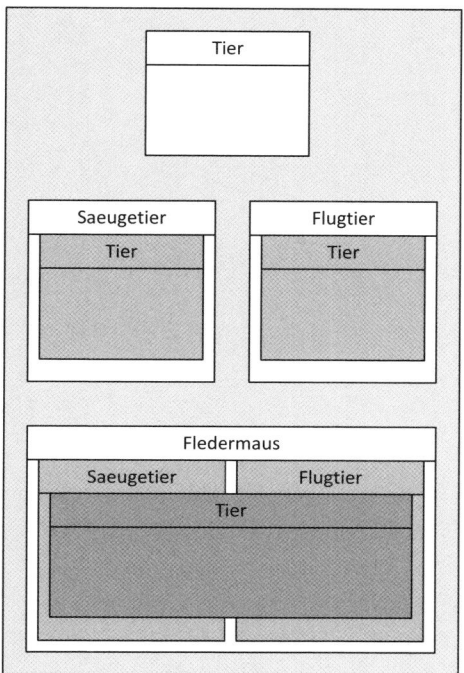

Abbildung 19.3: Die Overlapping-Vererbung

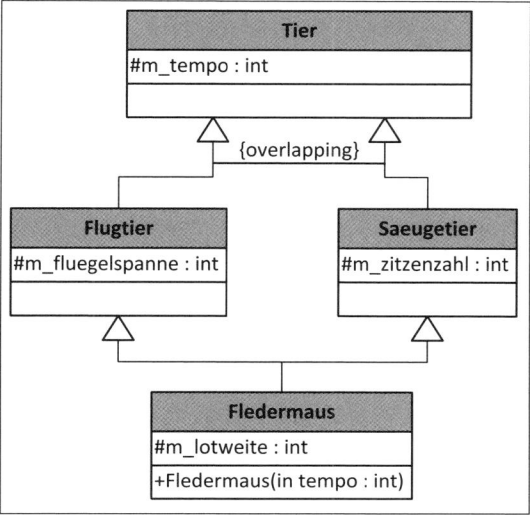

Abbildung 19.4: Die Overlapping-Vererbung im UML-Diagramm

Um einen weiteren interessanten Punkt im Zusammenhang mit virtuellen Basisklassen zu erläutern, wollen wir die Klassenhierarchie mit eigenen Konstruktoren versehen:

```
class Tier {
protected:
  int m_tempo;
public:
  Tier(int tempo)
  : m_tempo(tempo)
  {}
};

class Flugtier : virtual public Tier {
protected:
  int m_fluegelspanne;
public:
  Flugtier(int tempo, int fs)
  : Tier(tempo), m_fluegelspanne(fs)
  {}
};

class Saeugetier : virtual public Tier{
protected:
  int m_zitzenzahl;
public:
  Saeugetier(int tempo, int zz)
  : Tier(tempo), m_zitzenzahl(zz)
  {}
};

class Fledermaus : public Flugtier, public Saeugetier {
protected:
  int m_lotweite;

public:
  Fledermaus(int tempo, int fs, int zz, int lw)
  : Flugtier(tempo, fs),
    Saeugetier(tempo, zz),
    m_lotweite(lw)
  {}
};
```

Listing 19.9: Die Klassenhierarchie mit eigenen Konstruktoren

Nach unserem bisherigen Kenntnisstand müsste sich alles fehlerfrei kompilieren lassen. Trotzdem moniert der Compiler einen fehlenden Standardkonstruktor für die Klasse Tier.

Das liegt an der Tatsache, dass der Konstruktor einer virtuellen Basisklasse immer in der Element-Initialisierungsliste der untersten Subklasse aufgerufen werden muss.

Daher muss der Konstruktor von Fledermaus um einen entsprechenden Aufruf erweitert werden:

```
  Fledermaus(int tempo, int fs, int zz, int lw)
  : Flugtier(tempo, fs),
    Saeugetier(tempo, zz),
```

```
    m_lotweite(lw),
    Tier(tempo)
  {}
```

Listing 19.10: Der korrekte `Fledermaus`-Konstruktor

> Sollte nur `Flugtier` oder nur `Saeugetier` seine Basisklasse als virtuell deklariert haben, dann besitzt `Fledermaus` das Attribut m_tempo wieder doppelt, der `Fledermaus`-Konstruktor muss aber für die eine virtuelle Basisklasse trotzdem den Konstruktor von `Tier` aufrufen.

INFO

19.3 Einsatz von Mehrfachvererbung

Die Frage, ob Mehrfachvererbung eingesetzt werden sollte oder nicht, ist nicht leicht zu beantworten. Auf der einen Seite scheinen sich mit diesem Mittel viele Möglichkeiten aufzutun, andererseits ist die echte Mehrfachvererbung[2] weitaus schwieriger zu handhaben als die Einfachvererbung.

Modernere Sprachen wie C# oder auch Java unterstützen keine echte Mehrfachvererbung, sondern erlauben stattdessen das Ableiten von einer einzigen konkreten Klasse und beliebig vielen Schnittstellen.

Um dieses Schema in C++ zu realisieren, werden die Schnittstellen als rein abstrakte Klassen[3] implementiert. Nehmen wir als Beispiel folgende simple `Integer`-Klasse:

```
class Integer {
  int m_int;
public:
  Integer(int i)
  : m_int(i)
  {}

  operator int() const {
    return(m_int);
  }
};
```

Listing 19.11: Die Klasse `Integer`

Um alle auf dem Bildschirm darstellbaren Klassen über eine Basisklasse verwalten zu können, definieren wir die rein abstrakte Klasse `IPrintable`:

```
class IPrintable {
public:
  virtual void print() const=0;
};
```

Listing 19.12: Die Schnittstelle `IPrintable`

---

2   Das Ableiten von mehreren konkreten Klassen
3   *Rein abstrakte Klassen* sind Klassen, die nur aus abstrakten Methoden bestehen.

Um jetzt eine so ausgestattete Integer-Klasse zu erhalten, leiten wir von Integer und IPrintable ab und implementieren die abstrakte Methode print:

```
class DruckbaresInt : public Integer, public IPrintable {
public:
  DruckbaresInt(int i)
  : Integer(i)
  {}

  void print() const {
    cout << *this << endl;
  }
};
```

Listing 19.13: Die Klasse DruckbaresInt

Diese Art der Vererbung lässt sich auch problemlos auf Sprachen umsetzen, die die Mehrfachvererbung einschränken, wie Java oder C#.

Ich persönlich setze die echte Mehrfachvererbung nur dann ein, wenn es nicht anders geht. Die Praxis zeigt jedoch, dass mit der oben vorgestellten eingeschränkten Mehrfachvererbung nahezu jedes Problem zu lösen ist.

KAPITEL 20

MaoMao

In diesem Kapitel soll das einfache Kartenspiel MaoMao programmiert werden, wobei wir den Schwerpunkt auf den Design-Aspekt legen werden.

Die primäre Anforderung an das Spiel soll sein, dass es hinsichtlich der Spieler, des Textfensters und der Ausgabe-Sprache wiederverwendbar und erweiterbar ist. Wenn eine weitere Ausgabe-Sprache, ein zusätzlicher Spieler oder ein anderes Textfenster hinzugefügt wird, dann sollen bereits implementierte Klassen nicht mehr verändert werden müssen: offen für Erweiterungen, geschlossen für Veränderungen.

Bevor wir mit der Implementierung beginnen, möchte ich kurz noch die Regeln des Spiels erklären. Die meisten von Ihnen werden das Spiel kennen, es gibt aber einige lokale Unterschiede.

Die Grundidee von MaoMao besteht darin, dass die Spieler der Reihe nach Karten abwerfen, die mit der davor abgeworfenen Karte entweder das Bild oder die Farbe gemeinsam haben.

Wer keine Karte ablegen kann, muss eine ziehen und kann diese bei Übereinstimmung von Farbe oder Bild noch ablegen. Andernfalls hat der Spieler eine Karte mehr auf der Hand.

Das übliche MaoMao-Spiel spielt man mit den Bildern Sieben bis Ass und den Farben Karo, Herz, Pik und Kreuz.

Im Spiel haben einige Karten besondere Funktionen:

» *die Sieben*: Legt jemand eine Sieben, dann muss der Folge-Spieler zwei Karten ziehen, wenn er nicht ebenfalls eine Sieben legt. Sollte eine zweite Sieben gelegt werden, dann muss der darauffolgende Spieler vier Karten ziehen, falls er nicht auch wieder eine Sieben spielt, usw.

» *die Acht*: Wird sie gelegt, dann muss der nächste Spieler aussetzen. Das ist besonders beliebt bei Spielen mit zwei Spielern.

» *der Bube*: Derjenige, der einen Buben legt, darf sich eine Farbe wünschen. Der Folgespieler muss dann eine Karte mit der gewünschten Farbe ablegen, eine Karte ziehen oder mit einem weiteren Buben eine neue Farbe wünschen. Der Zwang, die gewünschte Farbe zu spielen, überträgt sich so lange von Spieler zu Spieler, wie niemand eine Karte der gewünschten Farbe spielt.

Zu Spielbeginn bekommt jeder Spieler fünf Karten, und eine Karte wird auf den Tisch gelegt. Der beginnende Spieler muss der aufgedeckten Karte gemäß reagieren, bei einer Sieben also zwei Karten ziehen oder ebenfalls eine Sieben legen oder bei einer Acht aussetzen.

Lediglich der Bube hat als Startkarte eine andere Bedeutung: Der beginnende Spieler darf dann eine Karte seiner Wahl spielen.

20.1 Die Fenster

Die Unterstützung der einzelnen Fenster ist noch das Leichteste am Spiel. Beginnen wir mit der Basisklasse der Fenster-Hierarchie.

20.1.1 Die Klasse »ITxtFenster«

Wie es bei Schnittstellen (Interfaces) üblich ist, müssen wir uns einen groben Überblick darüber verschaffen, welche Ein- und Ausgabemöglichkeiten wir im Spiel benötigen.

Auf jeden Fall müssen C-Strings ausgegeben und eingelesen (Eingabe des Spieler-Namens) werden können. Wir müssen Ganzzahlen ausgeben (bei der Auflistung der Karten) und einlesen (zur Auswahl einer Karte) können.

Die Ausgabe-Methoden werden in zwei Varianten implementiert: für die Ausgabe mit und ohne Newline. Abbildung 20.1 stellt die auf dieser Grundlage entworfene Schnittstelle als UML-Diagramm dar.

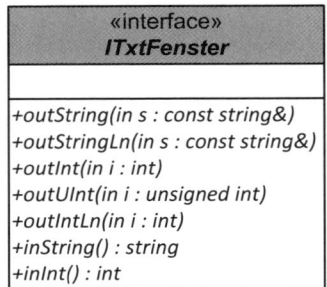

Abbildung 20.1: Das Interface ITxtFenster

Der dazugehörige Quellcode ist nicht sonderlich spektakulär:

```
class ITxtFenster {
public:
  virtual void outString(const std::string& s)=0;
  virtual void outStringLn(const std::string& s)=0;
  virtual void outInt(int i)=0;
  virtual void outUInt(unsigned int i)=0;
  virtual void outIntLn(int i)=0;
  virtual std::string inString()=0;
  virtual int inInt()=0;

  virtual ~ITxtFenster() {}
};
```

Listing 20.1: Die Klasse ITxtFenster

Die in den Subklassen zu implementierenden Methoden sind als rein virtuell (abstrakt) deklariert. Exemplarisch wollen wir diese Schnittstelle nun für ein normales Textfenster implementieren, das die C++-üblichen Stream-Objekte cout und in unterstützt, sowie für ein Fenster des .NET-Frameworks. Das Ergebnis ist die in Abbildung 20.2 dargestellte Hierarchie.

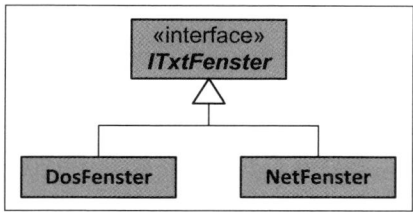

Abbildung 20.2: Die Fenster-Hierarchie

20.1.2 Die Klasse »DosFenster«

Schauen wir uns die Implementierung der Klasse DosFenster an. Sie ist recht einfach aufgebaut:

```
void DosFenster::outString(const string& s) {
  cout << s;
}

//------------------------------------------------------------

void DosFenster::outStringLn(const string& s) {
  cout << s << endl;
}

//------------------------------------------------------------

void DosFenster::outInt(int i) {
  cout << i;
}

//------------------------------------------------------------

void DosFenster::outIntLn(int i) {
  cout << i << endl;
}

//------------------------------------------------------------

void DosFenster::outUInt(unsigned int i) {
  cout << i;
}
```

```
//-------------------------------------------------------------

string DosFenster::inString() {
  string s;
  getline(cin, s);
  return s;
}

//-------------------------------------------------------------

int DosFenster::inInt() {
  int tmp;
  cin >> tmp;
  return tmp;
}
```

Listing 20.2: Die Methoden der Klasse DosFenster

20.1.3 Die Klasse »NetFenster«

Als Beispiel einer Implementierung, die nicht auf der C++-Standard-Ein-/Ausgabe basiert, betrachten wir noch die Klasse NetFenster, die es unserem zukünftigen MaoMao-Spiel gestattet, als .NET-Anwendung zu laufen:

```
void NetFenster::outString(const string& s) {
  Console::Write(gcnew String(s.c_str()));
}

//-------------------------------------------------------------

void NetFenster::outStringLn(const string& s) {
  Console::WriteLine(gcnew String(s.c_str()));
}

//-------------------------------------------------------------

void NetFenster::outInt(int i) {
  Console::Write(i);
}

//-------------------------------------------------------------

void NetFenster::outIntLn(int i) {
  Console::Write(i);
}

//-------------------------------------------------------------

void NetFenster::outUInt(unsigned int i) {
  Console::Write(i);
}
```

```
//----------------------------------------------------------

string NetFenster::inString() {
  String^ ns=Console::ReadLine();
  return msclr::interop::marshal_as<std::string>(ns);
}

//----------------------------------------------------------

int NetFenster::inInt() {
  return Convert::ToInt32(Console::ReadLine());
}
```

Listing 20.3: Die Methoden der Klasse NetFenster

20.2 Die Spielkarte

Bei der Spielkarte wollen wir ein Werk für die Ewigkeit schaffen, obwohl wir die Schnittstelle nur so weit füllen werden, wie es für MaoMao notwendig ist. Es soll möglich sein, normale Spielkarten zu erzeugen; aber auch Joker, die spielspezifisch implementiert werden müssen, sollen nicht ausgeschlossen werden.

Wir entwerfen dazu eine recht minimalistische Schnittstelle IKarte:

```
class IKarte {
public:
  virtual void outKarte(ITxtFenster* wnd) const=0;
  virtual ~IKarte() {}
};
```

Listing 20.4: Die Schnittstelle IKarte

Von dieser Schnittstelle können jetzt Joker und Spielkarten ableiten. Während es bei den Jokern auf Anhieb keine Gemeinsamkeiten gibt, die in einer spezialisierteren Basisklasse münden könnten, macht dies für die Spielkarten durchaus Sinn, denn jede Spielkarte besitzt ein Bild und eine Farbe, die zugänglich gemacht werden sollten:

```
class IBildKarte : public IKarte {
public:

  virtual const Bild* getBild() const=0;
  virtual const Farbe* getFarbe() const=0;
};
```

Listing 20.5: Die Schnittstelle IBildKarte

Die Implementierung bringen wir in der Klasse `BildKarte` unter:[1]

```cpp
class BildKarte : public IBildKarte {

  std::unique_ptr<Farbe> m_farbe;
  std::unique_ptr<Bild> m_bild;

//------------------------------------------------------------

public:
  BildKarte(Farbe* f, Bild* b)
    : m_farbe(f), m_bild(b)
  {}

//------------------------------------------------------------

  virtual const Bild* getBild() const {
    return m_bild.get();
  }

//------------------------------------------------------------

  virtual const Farbe* getFarbe() const {
    return m_farbe.get();
  }

//------------------------------------------------------------

  virtual void outKarte(ITxtFenster *wnd) const {
    wnd->outString(m_farbe->getFarbname());
    wnd->outString("-");
    wnd->outString(m_bild->getBildname());
  }
};
```

Listing 20.6: Die Klasse `BildKarte`

Die an die Karte übergebenen `Farbe`- und `Bild`-Objekte gehen in den Verantwortungsbereich der Karte über. Wir speichern die Verweise darum in Smart-Pointern (siehe Abschnitt 7.4), damit wir uns nicht explizit um die Freigabe kümmern müssen.

Anstatt die Objekte mit einem `unique_ptr` zu halten und die rohe Adresse herauszugeben, hätten wir auch mit `shared_ptr` arbeiten und diese als Rückgabewert verwenden können. Aber ich habe mich hier für die einfacher zu implementierende Variante entschieden und behalte im Hinterkopf, dass es sauberere Möglichkeiten gibt.

Abbildung 20.3 zeigt unsere aktuelle Kartenhierarchie.

---

1   Theoretisch hätten `IBildKarte` und `BildKarte` eine gemeinsame Klasse bilden können. Um aber eine saubere Trennung zwischen Schnittstelle und Implementierung zu erhalten, wurden sie in zwei einzelnen Klassen untergebracht.

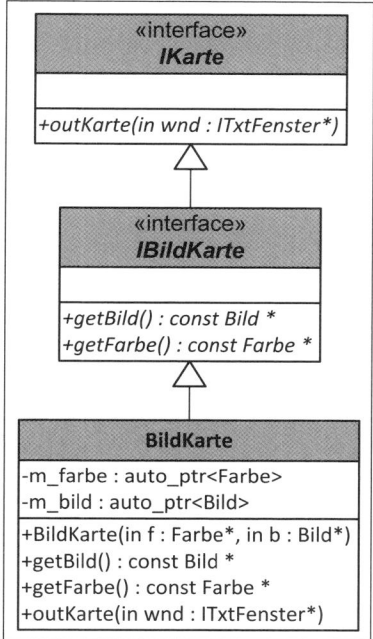

Abbildung 20.3: Die Karten-Hierarchie

Objekte der Klasse BildKarte sind es dann auch, mit denen später das MaoMao-Spiel gespielt wird. Die tatsächliche Funktionalität liegt jedoch in Farbe und Bild verborgen.

20.2.1 Die Klasse »Farbe«

Bevor wir tiefer in die Implementierung von Farbe einsteigen, sollten wir uns fragen, warum es überhaupt eine Klasse Farbe gibt. Denn theoretisch hätten wir die BildKarte-Klasse auch so aufbauen können:

```
class BildKarte : public IBildKarte {
public:
  enum Bild {Zwei, Drei, Vier, Fuenf, Sechs,
             Sieben, Acht, Neun, Zehn, Bube,
             Dame, Koenig, Ass};
  enum Farbe {Karo, Herz, Pik, Kreuz};

private:
  Bild m_bild;
  Farbe m_farbe;
};
```

Listing 20.7: Eine verworfene BildKarte-Implementierung

Der Haken besteht jedoch in der Anforderung, dass das Spiel – und damit auch die Spielkarten – in verschiedenen Sprachen ausgegeben werden sollen.

Wir könnten natürlich von der gesamten `BildKarte`-Klasse ableiten und die Bezeichnungen der einzelnen Farben und Bilder in den Subklassen unterbringen. Wir wollen aber das SRP (siehe Abschnitt 16.6) beherzigen und die beiden Elemente der Karte auf zwei Klassen verteilen. Das Grundgerüst der Klasse `Farbe` sieht so aus:

```cpp
class Farbe {
public:
  typedef const char* Farbname;
  class FarbAusnahme {};
  enum Farben {Karo, Herz, Pik, Kreuz};

//------------------------------------------------------------

  Farbe(Farben f)
  : m_farbe(f) {
    if(m_farbe<Karo || m_farbe>Kreuz)
      throw FarbAusnahme();
  }

//------------------------------------------------------------

  virtual ~Farbe() {}

//------------------------------------------------------------

  Farben getFarbe() const {
    return m_farbe;
  }

//------------------------------------------------------------

  bool operator==(const Farbe& f) const {
    return m_farbe==f.m_farbe;
  }

//------------------------------------------------------------

  bool operator!=(const Farbe& f) const {
    return m_farbe!=f.m_farbe;
  }

//------------------------------------------------------------

  virtual Farbname getFarbname() const=0;
  virtual Farbname getFarbname(Farben f) const=0;

//------------------------------------------------------------

private:
  Farben m_farbe;
};
```

Listing 20.8: Die Klasse `Farbe`

Der Konstruktor prüft, ob das übergebene Argument eine gültige Farbe ist, denn obwohl der Konstruktorparameter vom Aufzählungstyp Farben ist, wird folgender Code anstandslos kompiliert:[2]

```
FarbeDe f(static_cast<Farbe::Farben>(5555));
```

Wird ein ungültiger Farbwert festgestellt, löst der Konstruktor die Ausnahme FarbAusnahme aus.

Die Klasse selbst ist abstrakt, denn ihr fehlen noch wesentliche Informationen: die Bezeichnungen der Farben. Diese werden in den Subklassen implementiert und stehen über die beiden abstrakten Methoden zur Verfügung.

Vielleicht wundert es Sie, dass getFarbname(Farben f) ebenfalls als rein virtuelle Methode deklariert wurde. Es ist davon auszugehen, dass die Farbbezeichnungen in der Subklasse als statische Elemente angelegt werden, damit nicht für jedes Objekt der Speicherplatz erneut benötigt wird. Daher hätte die zweite getFarbname-Methode auch ohne Weiteres eine statische Methode der Subklasse werden können. Ich werde Farbe jedoch gleich um eine weitere Schnittstelle ergänzen, die für diese Methode Polymorphie notwendig macht, und dies geht nur mit nicht statischen Methoden.

Erzeugung von Karten

Spielen wir einmal die Situation durch, dass ein Kartenspiel seine Karten erzeugen möchte. Das Kartenspiel muss dazu in der Lage sein, alle Farben und alle Bilder zu bestimmen.

Grundsätzlich sind die Farben (und später die Bilder) über die Aufzählung verfügbar, wir könnten das Kartenspiel daher so aufbauen (natürlich wieder unter der Voraussetzung, dass Farbe und Bild nicht abstrakt wären):

```
vector<BildKarte*> v;
v.push_back(new BildKarte(new Farbe(Farbe::Karo),
                          new Bild(Bild::Sieben)));
v.push_back(new BildKarte(new Farbe(Farbe::Karo),
                          new Bild(Bild::Acht)));
v.push_back(new BildKarte(new Farbe(Farbe::Karo),
                          new Bild(Bild::Neun)));
```

Und so weiter. Solche Auswüchse werden Sie höchstwahrscheinlich vermeiden wollen. Sie schauen sich die Aufzählungen genauer an und stellen fest, dass die einzelnen Werte direkt hintereinander liegen, mit 0 beginnend. Schnell formulieren Sie ein Schleifenkonstrukt:

```
vector<BildKarte*> v;
for(int f=Farbe::Karo; f<=Farbe::Kreuz; ++f)
  for(int b=Bild::Sieben; b<=Bild::Ass; ++b)
    v.push_back(new BildKarte(
                  new FarbeDe(static_cast<Farbe::Farben>(f)),
                  new BildDe(static_cast<Bild::Bilder>(b))
                ));
```

---

2   An dieser Stelle vernachlässigen wir kurz die Tatsache, dass Farbe eine abstrakte Klasse ist.

So weit, so gut, aber beherzigen wir hier das OCP? Ist dieses Schleifenkonstrukt gegenüber Änderungen an den Aufzählungen geschlossen? Nein, wie denn auch, die Werte in der Aufzählung brauchen nur derart abgeändert werden, dass sie nicht mehr lückenlos hintereinander liegen oder dass beispielsweise `Farbe::Kreuz` nicht mehr die höchste Wertigkeit besitzt, und schon versagen die Schleifen.

Unabhängig von der Frage, ob es überhaupt einen sinnvollen Grund gibt, warum sich die Aufzählungen jemals ändern könnten (denn schließlich ist das die Angelegenheit der Klasse), wollen wir hier eine Schnittstelle zur Verfügung stellen, die immer gleich bleibt, auch wenn sich die Aufzählungen ändern.

Ein eigener Iterator

Und zwar schauen wir das Prinzip unserer Schnittstelle von einem der Grundprinzipien der STL ab: Wir implementieren einen Iterator. Wir nehmen den Forward-Iterator als grobes Vorbild, denn es soll ausreichen, die Farben in einer Richtung durchlaufen zu können. Der eigene Iterator wird im öffentlichen Teil von `Farbe` untergebracht, damit außerhalb der Klasse Iteratoren erzeugt werden können.

```
class iterator {
  friend class Farbe;
  const Farbe* m_farbe;
  Farben m_iter;
  bool m_ende;
};
```

Listing 20.9: Die Attribute der Klasse `Farbe::iterator`

Die Klasse `Farbe` wird als Freund des Iterators deklariert, damit wir auch auf den als privat deklarierten Konstruktor des Iterators zugreifen können.

Die Attribute haben folgende Bedeutung:

» `m_farbe` speichert einen Verweis auf das `Farbe`-Objekt (oder auf ein Subklassen-Objekt von `Farbe`), um über Polymorphie an die in den Subklassen definierten Farbbezeichnungen zu gelangen.

» `m_iter` beinhaltet den Farbwert, für den das Iterator-Objekt gerade steht.

» `m_ende` ist ein boolesches Flag, das markiert, ob es sich um einen Ende-Iterator handelt.

Konstruktoren

Folgende Konstruktoren stehen zur Verfügung:

```
private:
  iterator(const Farbe* f, Farben fa)
    : m_farbe(f), m_iter(fa), m_ende(false)
  {}

//------------------------------------------------------------

public:
```

```
iterator()
  : m_farbe(0), m_iter(Kreuz), m_ende(true)
{}
```

Listing 20.10: Die Konstruktoren von `Farbe::iterator`

Der erste Konstruktor muss den Iterator mit einem Verweis auf ein `Farbe`-Objekt initialisieren. Weil dies außerhalb der `Farbe`-Klasse nicht garantiert werden kann, deklarieren wir diesen Konstruktor als privat.

Der zweite Konstruktor erzeugt einen Ende-Iterator, der keinen Verweis auf ein Objekt braucht, er kann daher öffentlich zugänglich gemacht werden.

Es wirkt etwas unglücklich, dass wir die aktuelle Position des Ende-Iterators intern mit `Kreuz` versehen. Sauberer wäre es an dieser Stelle, die Aufzählung `Farben` um einen Wert `Ungueltig` zu ergänzen und diesen dann zu verwenden. Aus Sicht der Aufzählung wäre es jedoch unsauber, einen Wert hinzuzufügen, der nur technischen Zwecken dient, der später aber vom Benutzer der Klasse ansprechbar ist. Die von mir gewählte Variante mag unsauber erscheinen, sie ist jedoch vom Benutzer nicht einsehbar und innerhalb des Iterators gekapselt und damit als das kleinere Übel zu bezeichnen.[3]

Inkrement-Operator

```
iterator& operator++() {
  if(m_iter==Kreuz)
    m_ende=true;
  else
    m_iter=static_cast<Farben>(static_cast<int>(m_iter)+1);
  return *this;
}
```

Listing 20.11: Der Inkrement-Operator von `Farbe::iterator`

Wie bei den STL-Iteratoren soll der Ende-Iterator hinter dem letzten Element liegen. Das Attribut `m_ende` wird daher auf `true` gesetzt, wenn der Iterator an `Kreuz` vorbeikommt.

Bei der Iteration ist der innere `static_cast` notwendig, weil der Operator `+` nicht für Aufzählungstypen definiert ist. Nach der Addition müssen wir das Ergebnis wieder in den Aufzählungstyp zurückwandeln. Potenziell ist eine solche Umwandlung unsicher, aber als Bestandteil der Klasse `Farbe` wissen die Methoden des Iterators, was zu tun ist. Und einen anderen Weg gibt es nicht, wenn wir nicht komplett auf die Aufzählungen verzichten wollen.

Vergleichsoperatoren

Als Vergleichsoperatoren definieren wir nur `==` und `!=`, mehr benötigen wir nicht.

```
bool operator==(const iterator& i) const {
  return (m_ende&&i.m_ende) ||
         ((!m_ende)&&(!i.m_ende)&& m_farbe==i.m_farbe);
}
```

---

3 Das Attribut `m_iter` überhaupt nicht zu initialisieren, macht technisch keinen Unterschied, denn standardmäßig hätte das Attribut dann den Wert 0, der `Karo` entspricht, und das ist auch nicht besser als `Kreuz`.

```
//------------------------------------------------------------

  bool operator!=(const iterator& i) const {
    return !(*this==i);
  }
```
Listing 20.12: Die Vergleichsoperatoren von Farbe::iterator

Zwei Iteratoren sind gleich, wenn einer der beiden folgenden Punkte zutrifft:

» Beide Iteratoren sind Ende-Iteratoren.

» Beide Iteratoren sind keine Ende-Iteratoren, verweisen aber auf dieselbe Farbe.

Zugriffsmethoden

Wir statten unseren Iterator mit zwei Möglichkeiten des Zugriffs aus: mit dem Zugriff auf den Farbwert über den Dereferenzierungsoperator und mit dem Zugriff auf die Farbbezeichnung über die Methode getFarbname:

```
  const Farben& operator*() const {
    return m_iter;
  }

//-----------------------------------------------------------

  Farbname getFarbname() const {
    return (m_ende)?"":m_farbe->getFarbname(m_iter);
  }
};
```
Listing 20.13: Die Zugriffsmethoden von Farbe::iterator

Für die Implementierung von iterator::getFarbname ist es wichtig, dass es sich bei Farbe::getFarbname(Farben) um eine virtuelle Methode handelt, damit die Farbbezeichnung der Subklasse verwendet wird. Wir hatten weiter oben besprochen, warum diese Methode nicht statisch sein kann – jetzt kennen Sie die Antwort.

Iterator-Methoden

Um den Iterator nutzen zu können, benötigt Farbe noch die typischen Iterator-Methoden begin und end:

```
iterator begin() const {
  return iterator(this,Karo);
}

//-----------------------------------------------------------

iterator end() const {
  return iterator();
}
```
Listing 20.14: Die Iterator-Methoden von Farbe

Alles in allem hätten wir uns die Trickserei mit der virtuellen `getFarbname`-Methode und dem Verweis auf ein konkretes Farben-Objekt im Iterator sparen können, wenn wir jede Subklasse mit eigenen Iteratoren ausgestattet hätten.

Auf diese Weise haben wir aber nicht nur Quellcode gespart, auch das Programm selbst wird entsprechend kürzer sein.

Wir können nun von `Farbe` die einzelnen Sprachen ableiten. Im weiteren Verlauf werden wir dies für deutsche und englische Bezeichnungen umsetzen und werden dann die in Abbildung 20.4 dargestellte Klassenhierarchie erhalten.

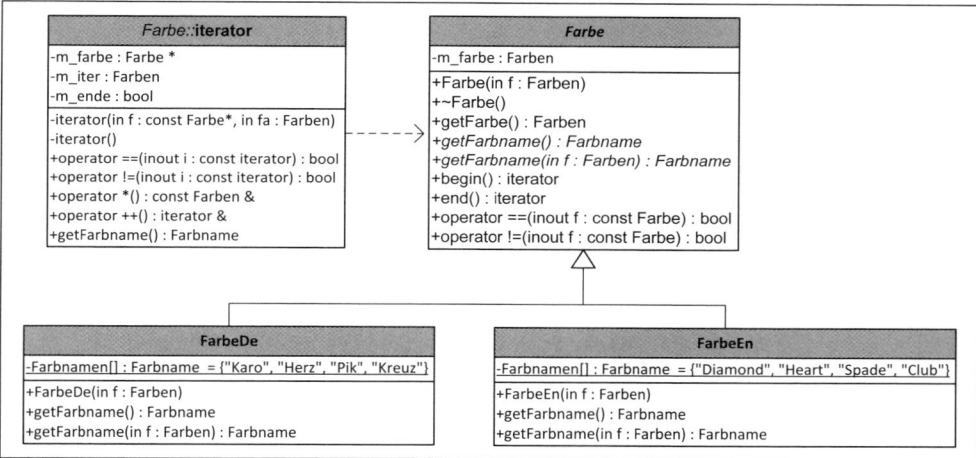

Abbildung 20.4: Die Farbenhierarchie

Es könnte nun das Argument vorgebracht werden, dass sich die Problematik beim Verändern der Aufzählung lediglich verlagert hat. Denn sollte sich die Aufzählung ändern, dann müsste auf jeden Fall auch der Iterator angepasst werden.

Das stimmt, aber der Iterator ist Bestandteil der Klasse. Die Schnittstelle des Iterators ist es, die von außenstehenden Code-Einheiten angesprochen wird, und die ändert sich nicht. Auf diesem Iterator basierende Code-Einheiten sind deswegen gegenüber Änderungen in der Klasse – besonders gegenüber Änderungen der Aufzählung – geschlossen.

20.2.2 Die Klassen »FarbeDe« und »FarbeEn«

Eine von `Farbe` abgeleitete Klasse muss die beiden `getFarbname`-Methoden implementieren, um konkret zu werden. Darüber hinaus werden hier auch die Farbbezeichnungen untergebracht. Betrachten wir als Erstes die Klassendefinition von `FarbeDe`:

```
class FarbeDe : public Farbe {
  static Farbname Farbnamen[];
```

```
//------------------------------------------------------------

public:
  FarbeDe(Farben f)
    : Farbe(f)
  {}

//------------------------------------------------------------

  Farbname getFarbname() const {
    return Farbnamen[getFarbe()];
  }

//------------------------------------------------------------

  Farbname getFarbname(Farben f) const {
    return Farbnamen[f];
  }
};
```
Listing 20.15: Die Klassendefinition von FarbeDe

Die beiden getFarbname-Methoden basieren darauf, dass die Werte der Aufzählung mit 0 beginnen und hintereinander liegen. Sollte die Aufzählung geändert werden, müssten diese Methoden ebenfalls angepasst werden. Wir könnten die Iteratoren von Bild so erweitern, dass wir sie auch hier einsetzen könnten, aber das möchte ich an dieser Stelle nicht umsetzen.

```
Farbe::Farbname FarbeDe::Farbnamen[]={"Karo", "Herz",
                                      "Pik", "Kreuz"};
```
Listing 20.16: Die Initialisierung von Farbnamen in FarbeDe

Die Klassendefinition von FarbeEn ist identisch mit der von FarbeDe, deswegen sparen wir uns hier die Auflistung. Werfen wir zum Abschluss nur noch einen Blick auf die Initialisierung von Farbnamen in FarbeEn:

```
Farbe::Farbname FarbeEn::Farbnamen[]={"Diamond", "Heart",
                                      "Spade", "Club"};
```
Listing 20.17: Die Initialisierung von Farbnamen in FarbeEn

Die Entscheidung, die unterschiedlichen Sprachen in eigene Klassen zu legen, wurde hauptsächlich deswegen getroffen, um weitere Beispiele für Vererbung und Klassenimplementierung zu haben. Ein für die Sprachen wartungsfreundlicherer Ansatz wären XML-Dateien, in denen Begriffe für die einzelnen Sprachen definiert sind. Auf diese Weise könnte das Spiel mit Sprachen erweitert werden, ohne das Programm überhaupt ändern zu müssen.

Für die Umsetzung der Bild-Funktionalität gilt das Gleiche wie für die Farben. Deshalb liste ich die Klassen hier nicht auf, sie sind ja alle auf der CD.

Abbildung 20.5 zeigt die bisher erstellten Klassen und ihre Abhängigkeiten.

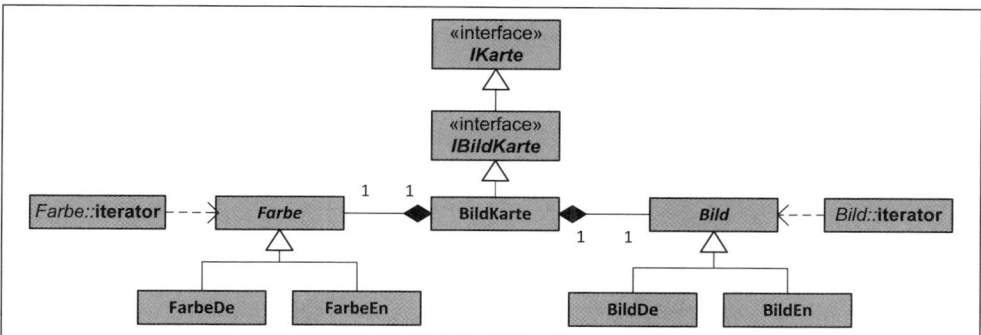

Abbildung 20.5: Die Hierarchie des aktuellen MaoMao-Spiels

Wir sind nun in der Lage, Karten mit deutscher und englischer Ausgabe zu erzeugen. Bezogen auf eine Erweiterung der unterstützten Ausgabe-Sprachen sind die erstellten Klassen geschlossen. Es müssen für jede weitere Sprache nur eine entsprechende Farbe- und Bild-Klasse hinzugefügt werden.

20.3 Das Kartenspiel

Ein normales Kartenspiel besitzt einen Stapel, auf dem die noch nicht im Spiel befindlichen Karten liegen. Bei manchen Spielen ziehen die Spieler während des Spiels Karten von diesem Stapel (MaoMao, Rommé), bei anderen Spielen werden alle Karten des Stapels an Spieler verteilt (Skat).

Bei vielen Spielen werden in deren Verlauf Karten abgelegt. Das Kartenspiel sollte deswegen eine Ablage besitzen. Sollte bei MaoMao der Stapel leer sein, dann werden die Karten der Ablage genommen, ordentlich gemischt und auf den Stapel gelegt.

20.3.1 Die Schnittstelle »IKartenspiel«

Wir brauchen damit drei Operationen: Eine Karte vom Stapel ziehen, eine Karte auf die Ablage legen und das Kartenspiel mischen. Abbildung 20.6 zeigt die Schnittstelle für Kartenspiele, die unseren Anforderungen genügen.

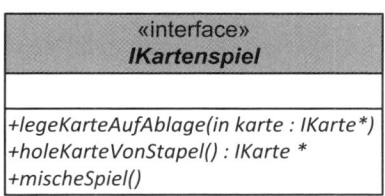

Abbildung 20.6: Die IKartenspiel-Schnittstelle

423

Der Quellcode sieht folgendermaßen aus:

```
class IKartenspiel {
public:
  class StapelAusnahme {};
  virtual ~IKartenspiel() {}
  virtual void legeKarteAufAblage(IKarte* karte)=0;
  virtual IKarte* holeKarteVonStapel()=0;
  virtual void mischeSpiel()=0;
};
```

Listing 20.18: Die Schnittstelle IKartenspiel

Die Schnittstelle definiert noch einen Ausnahmen-Typ StapelAusnahme, der geworfen wird, wenn Karten vom Stapel gezogen werden, aber sowohl der Stapel als auch die Ablage leer sind.

Ich möchte darauf hinweisen, dass diese Definition von StapelAusnahme in einem richtigen Interface, wie es zum Beispiel Java kennt, nicht möglich wäre. Dort müsste die Ausnahme-Klasse als selbstständige Klasse definiert werden.

20.3.2 Die Klasse »Kartenspiel«

Im Folgenden soll die von IKartenspiel vorgegebene Schnittstelle implementiert werden, aber das tatsächliche Erzeugen der Karten für das Kartenspiel schieben wir noch auf.

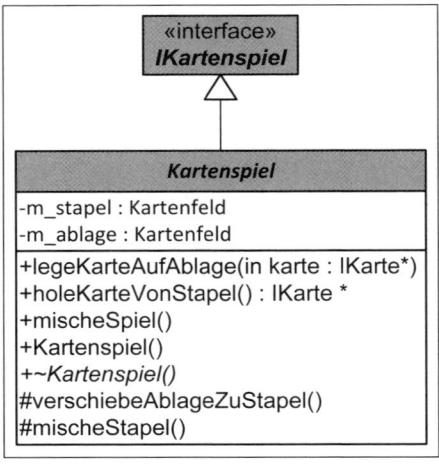

Abbildung 20.7: Die Klasse Kartenspiel

Die Klassendefinition folgt auf dem Fuße:

```
class Kartenspiel : public IKartenspiel{
public:
  typedef std::vector<IKarte*> Kartenfeld;
```

```
//----------------------------------------------------------

  Kartenspiel();
  virtual ~Kartenspiel()=0;
  IKarte* holeKarteVonStapel();
  void mischeSpiel();

//----------------------------------------------------------

  void legeKarteAufAblage(IKarte *karte) {
    m_ablage.push_back(karte);
  }

//----------------------------------------------------------

protected:
  void verschiebeAblageZuStapel();
  void mischeStapel();

//----------------------------------------------------------

private:
  Kartenfeld m_stapel;
  Kartenfeld m_ablage;
};
```

Listing 20.19: Die Klassendefinition von Kartenspiel

Die einzelnen Verweise auf die Karten werden in einem STL-Vektor abgelegt. Wir definieren dazu einen eigenen Typ Kartenfeld.

Wie immer im Leben gibt es mehrere Wege, die zur Verwaltung der Karten im Kartenspiel beschritten werden können. Vom Blickpunkt der Verantwortung her wäre es am einfachsten gewesen, die Karten nicht als IKarte* im Vektor abzulegen, sondern als shared_ptr<IKarte>. Die späteren Spieler hätten dann die Karten ebenfalls als Smart-Pointer bekommen. Ich werde in diesem Ansatz aber die Verantwortung der Karte komplett an den Spieler übergeben. In dem Moment, wo die Karte dem Spieler zugewiesen wird, gehört sie zum Spieler, bis er sie wieder ablegt. Sollte das Spiel beendet werden, während der Spieler noch Karten auf der Hand hat, dann wird er für die Freigabe seiner Karten sorgen.

Dieses exklusive Ownership hätte ich zwar auch mit unique_ptr umsetzen können, ich habe mich aber für die »Selbst ist der Entwickler«-Variante entschieden, mit der Hoffnung, einen besseren Einblick in die Programmierung bieten zu können.

Weil Kartenspiel noch keine Karten erzeugt, macht es keinen Sinn, von ihr Objekte erzeugen zu können. Wir deklarieren den Destruktor deswegen als abstrakt, damit die ganze Klasse abstrakt wird.

Konstruktor

```
Kartenspiel::Kartenspiel() {
  srand(static_cast<unsigned int>(time(nullptr)));
  rand();
}
```

Listing 20.20: Der Konstruktor von Kartenspiel

Der Konstruktor initialisiert den Zufallsgenerator mit der aktuellen Uhrzeit, damit nicht immer die gleiche Folge von Zufallszahlen – und damit die gleiche Kartenverteilung – verwendet wird.[4]

Destruktor

```
Kartenspiel::~Kartenspiel() {
  while(!m_stapel.empty()) {
    delete m_stapel.back();
    m_stapel.pop_back();
  }
  while(!m_ablage.empty()) {
    delete m_ablage.back();
    m_ablage.pop_back();
  }
}
```

Listing 20.21: Der Destruktor von Kartenspiel

Der Destruktor löscht alle Karten, deren Verweise noch im Stapel oder auf der Ablage gespeichert sind.

mischeSpiel

```
void Kartenspiel::mischeSpiel() {
  verschiebeAblageZuStapel();
  mischeStapel();
}
```

Listing 20.22: Die Methode mischeSpiel von Kartenspiel

Die Methode mischeSpiel macht von den beiden geschützten Hilfsmethoden mischeStapel und verschiebeAblageZuStapel Gebrauch.

```
void Kartenspiel::mischeStapel() {
  random_shuffle(m_stapel.begin(), m_stapel.end());
  random_shuffle(m_stapel.begin(), m_stapel.end());
  random_shuffle(m_stapel.begin(), m_stapel.end());

}

//------------------------------------------------------------

void Kartenspiel::verschiebeAblageZuStapel() {
```

---

4   Es gibt in C++ weitaus leistungsfähigere Zufallszahlengeneratoren als den aus C geerbten. Für unsere Zwecke reicht der kleine Bruder aber aus.

```
  while(!m_ablage.empty()) {
    m_stapel.push_back(m_ablage.back());
    m_ablage.pop_back();
  }
}
```

Listing 20.23: Die Hilfsmethoden `verschiebeAblageZuStapel` und `mischeStapel`

Für das zufällige Mischen wird der STL-Algorithmus `random_shuffle` verwendet. Nach einmaligem Aufruf war ich mit dem Ergebnis nicht zufrieden, deswegen bin ich auf Nummer sicher gegangen und habe ihn dreimal aufgerufen.

Die Funktion `random_shuffle` macht intern Gebrauch von `rand`, deswegen ist es wichtig, vor dem Mischen den Zufallszahlengenerator mit `srand` zu initialisieren.

holeKarteVonStapel

```
IKarte* Kartenspiel::holeKarteVonStapel() {
  if(m_stapel.empty()) {
    if(m_ablage.empty())
      throw(StapelAusnahme());
    mischeSpiel();
  }
  IKarte* tmp=m_stapel.back();
  m_stapel.pop_back();
  return(tmp);
}
```

Listing 20.24: Die Methode `holeKarteVonStapel` von `Kartenspiel`

Die Methode entfernt eine Karte vom Stapel und liefert sie zurück. Sollte der Stapel leer sein, wird die Ablage zum Stapel verschoben, neu gemischt und dann eine Karte entfernt. Wenn auch die Ablage leer ist, kann keine Karte geliefert werden, die Methode löst eine Ausnahme aus.

Auf den ersten Blick könnte der Zeiger `tmp` eine Gefahr darstellen, denn was passiert, wenn `pop_back` eine Ausnhame auslöst? Was geschieht dann mit der Karte, auf die `tmp` verweist? Zum Glück halten die STL-Container die hohe Garantie ein. Falls `pop_back` tatsächlich eine Ausnahme auslösen sollte, dann befindet sich die Karte immer noch im Vektor und würde deswegen bei Abbau des Kartenspiels auch freigegeben.

Eine konkrete Kartenspiel-Klasse

In der Klasse `Kartenspiel` ist nun die wesentliche Implementierung enthalten. Es fehlt nur noch ein weiterer Vererbungsschritt, um eine Klasse zu besitzen, die konkrete Karten erzeugt. Nur, wie soll diese Klasse aussehen?

Die Klasse muss in der Lage sein, sowohl deutschsprachige als auch englischsprachige Karten zu verwalten.

Eine Möglichkeit wäre ein Klassen-Template, das den zu verwaltenden Kartentyp als variablen Typ besitzt. Im konkreten Code hätte dies zur Folge, dass aus dem Template für jede Kartensprache eine neue Klasse erzeugt wird. Zusätzlich wäre es mit Templates nicht ohne Weiteres möglich, den von der Kartenspiel-Klasse verwalteten Karten-Typ während der Laufzeit zu ändern.

Ein anderer Weg wäre ein entsprechender Konstruktorparameter, über den wir mitteilen können, von welchem Typ die zu erzeugenden Karten sein sollen. Das macht uns jedoch abhängig von den unterstützten Kartentypen. Kommt eine neue Sprache hinzu, muss der Konstruktor angepasst werden. Er wäre damit gegenüber dieser Erweiterung nicht geschlossen.

Vielmehr bräuchten wir einen Mechanismus, über den wir dem Kartenspiel mitteilen können, welche Karten erzeugt werden sollen, ohne das im Kartenspiel Informationen darüber untergebracht werden müssen, wie die Karten erzeugt werden. Und genau das erledigt eine abstrakte Fabrik.

20.3.3 Die abstrakte Fabrik

Die abstrakte Fabrik (*abstract factory*) zählt zu den in [Gamma01] vorgestellten Entwurfsmustern. Das grundsätzliche Prinzip der abstrakten Fabrik ist in Abbildung 20.8 dargestellt.

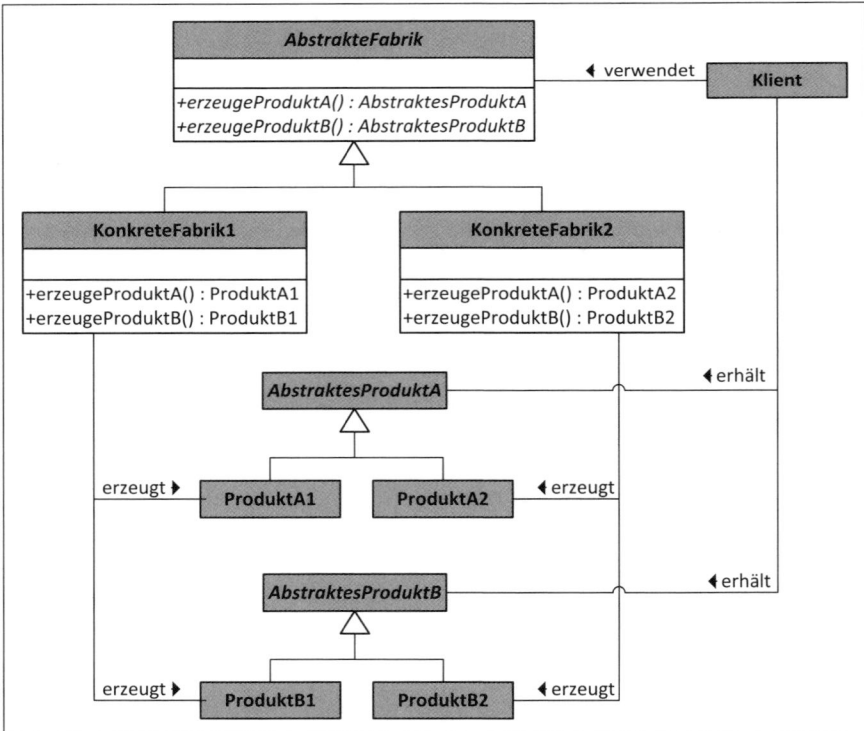

Abbildung 20.8: Das Prinzip der abstrakten Fabrik

Die abstrakte Fabrik ist eine Schnittstelle, nach der konkrete Fabriken für einen Klienten bestimmte Produkte erzeugen.

Bei unserem MaoMao ist das Kartenspiel der Klient. In der Abbildung kann jede Fabrik zwei unterschiedliche Produkte herstellen. Unsere Fabrik wird später nur ein Produkt erzeugen: die Karte.

Wir werden zwei Fabriken konstruieren: eine für deutsche und eine für englische Karten. Dem Kartenspiel übergeben wir dann diejenige Fabrik, die die von uns gewünschten Karten erzeugt.

Abbildung 20.9 zeigt das Entwurfsmuster, auf unsere Karten angewendet.

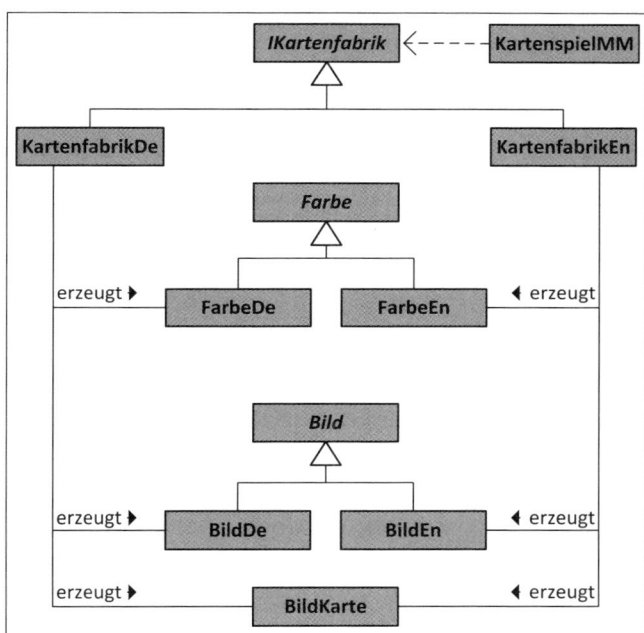

Abbildung 20.9: Die abstrakte Kartenfabrik

Der Sprachunterschied liegt in unserem Klassenmodell in den Farb- und Bildklassen, die konkrete Fabrik erzeugt deswegen eine Farbe, ein Bild und damit dann die Karte.

20.3.4 Die Schnittstelle »IKartenfabrik«

Die abstrakte Fabrik für unsere Karten sieht wie folgt aus:

```
class IKartenfabrik {
public:
  virtual IBildKarte* erzeugeKarte(Farbe::Farben f,
                                   Bild::Bilder b)=0;
};
```

Listing 20.25: Die Schnittstelle IKartenfabrik

Die Methode erzeugeKarte liefert eine Adresse vom Typ IBildKarte zurück. Theoretisch hätte der Typ auch IKarte sein können, aber je tiefer der verwendete Typ in der Klassenhierarchie liegt, desto spezialisierter ist er. In einen allgemeineren Typ können wir ihn aufgrund der Polymorphie immer umwandeln, aber einen allgemeineren Typ in einen spezialisierteren Typ umzuwandeln – das erfordert einen dynamic_cast.

Abbildung 20.10 zeigt die Hierarchie der Kartenfabriken, wie wir sie jetzt aufbauen werden.

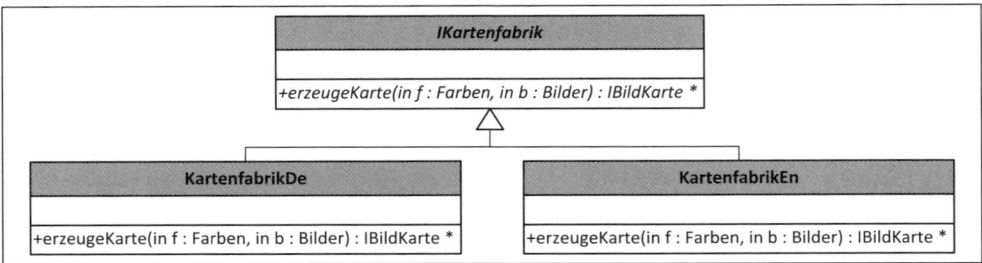

Abbildung 20.10: Die Hierarchie der Kartenfabriken

20.3.5 Die Klassen »KartenfabrikDe« und »KartenfabrikEn«

Die konkreten Fabriken sind unkompliziert aufgebaut. Es wird einfach ein Bildkarte-Objekt dynamisch erzeugt und seine Adresse zurückgegeben. Als Erstes ist die Klasse KartenfabrikDe aufgeführt:

```
class KartenfabrikDe : public IKartenfabrik {
public:
  virtual IBildKarte* erzeugeKarte(Farbe::Farben f,
                                   Bild::Bilder b) {
    return new BildKarte(new FarbeDe(f), new BildDe(b));
  }
};
```
Listing 20.26: Die Klasse KartenfabrikDe

Nun fehlt nur noch KartenfabrikEn:

```
class KartenfabrikEn : public IKartenfabrik {
public:
  virtual IBildKarte* erzeugeKarte(Farbe::Farben f,
                                   Bild::Bilder b) {
    return new BildKarte(new FarbeEn(f), new BildEn(b));
  }
};
```
Listing 20.27: Die Klasse KartenfabrikEn

20.3.6 Die Klasse »KartenspielMM«

Endlich ist das Kartenspiel an der Reihe, das auch Karten besitzt. Wir leiten von Kartenspiel ab und besitzen damit die gesamte notwendige Funktionalität. Nur der Konstruktor muss noch mithilfe der übergebenen Fabrik die Karten anlegen.

Klassendefinition

```
class KartenspielMM : public Kartenspiel {

public:
  KartenspielMM(IKartenfabrik *f);
};
```

Listing 20.28: Die Klassendefinition von KartenspielMM

Konstruktor

```
KartenspielMM::KartenspielMM(IKartenfabrik *fa) {

  unique_ptr<IBildKarte> tmp(fa->erzeugeKarte(Farbe::Herz,
                                              Bild::Ass));

    for(Farbe::iterator fiter=tmp->getFarbe()->begin();
        fiter!=tmp->getFarbe()->end();
        ++fiter) {

      for(Bild::iterator biter=tmp->getBild()->beginKlein();
          biter!=tmp->getBild()->end();
          ++biter) {

        legeKarteAufAblage(fa->erzeugeKarte(*fiter,*biter));
      }
    }

  mischeSpiel();
}
```

Listing 20.29: Der Konstruktor von KartenspielMM

Um die Iteratoren für die Farben und Bilder in den Basisklassen unterbringen zu können und damit einen eigenen Iterator für jede Subklasse zu vermeiden, mussten wir mit Polymorphie arbeiten. Die Iteratoren speicherten dazu ein Objekt des entsprechenden Typs, um darüber an die richtigen Farb- und Bildbeschreibungen zu gelangen.

Genau aus diesem Grunde müssen wir im Konstruktor ein BildKarte-Objekt anlegen, dessen einziger Daseinszweck die Erzeugung der Iteratoren sowie die Bereitstellung der Farb- und Bildbeschreibungen ist.

Über die Iteratoren erzeugen wir dann jede Kombination von Farbe und Bild, die für das Mao-Mao-Spiel sinnvoll ist.

Weil unser Konstruktor die Elemente erzeugt und deren Verweise in den Container schreibt, aber der Destruktor des bereits fertig konstruierten Basisklassen-Objekts die Elemente wieder freigibt, ist dieser Konstruktor sogar ausnahmensicher. Aber das sei nur nebenbei bemerkt und ist hier nicht als Schwerpunkt zu betrachten.

20.4 Die Spieler

Wir wollen für unser MaoMao-Spiel zumindest zwei Spieler-Typen implementieren: einen menschlichen Spieler und einen Computer-Spieler. Um eine adäquate Schnittstelle zu definieren, müssen wir uns überlegen, was der Spieler für Aktionen unterstützen muss.

» Er muss Karten aufnehmen können (zu Beginn, wenn die fünf Karten verteilt werden, oder während des Spiels, falls er Karten ziehen muss).

» Er muss Karten ohne Bedingung abgeben können (am Ende des Spiels, wenn alle Karten wieder zurück in das Kartenspiel kommen).

» Er muss eine Karte bedienen können. (Er darf nur eine Karte ablegen, die mit der zu bedienenden Karte die Farbe oder das Bild gemeinsam hat.)

» Er muss eine Farbe bedienen können (wenn ein anderer Spieler eine Farbe gewünscht hat).

» Er muss eine beliebige Karte spielen (wenn er der erste Spieler ist und als oberste Karte ein Bube liegt).

» Er muss auf eine Sieben kontern können (entweder auf eine Sieben als oberste Karte ebenfalls eine Sieben legen oder die entsprechende Anzahl an Karten ziehen).

» Er muss sich eine Farbe wünschen können (wenn er einen Buben gelegt hat).

» Er muss seinen Namen angeben und verfügbar machen (damit das Spiel die Aktionen der Spieler ausgeben und den aktuellen Spieler benennen kann).

» Er muss mitteilen können, wie viele Karten er auf der Hand hat (damit das Spiel »Letzte Karte« ausgeben und den Sieger bestimmen kann).

Alle oben aufgeführten Anforderungen fließen in die in Abbildung 20.11 dargestellte Schnittstelle mit ein.

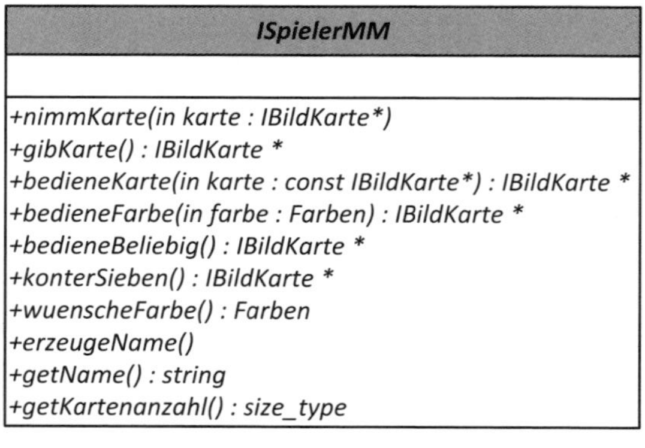

ISpielerMM
+nimmKarte(in karte : IBildKarte*)
+gibKarte() : IBildKarte *
+bedieneKarte(in karte : const IBildKarte*) : IBildKarte *
+bedieneFarbe(in farbe : Farben) : IBildKarte *
+bedieneBeliebig() : IBildKarte *
+konterSieben() : IBildKarte *
+wuenscheFarbe() : Farben
+erzeugeName()
+getName() : string
+getKartenanzahl() : size_type

Abbildung 20.11: Die Schnittstelle ISpielerMM

In C++ formuliert, ergibt sich folgendes Bild:

```cpp
class ISpielerMM {
public:
  typedef std::vector<IBildKarte*> Kartenfeld;

  virtual ~ISpielerMM() {}
  virtual void nimmKarte(IBildKarte* karte)=0;
  virtual IBildKarte* gibKarte()=0;
  virtual IBildKarte* bedieneKarte(const IBildKarte* karte)=0;
  virtual IBildKarte* bedieneFarbe(Farbe::Farben farbe)=0;
  virtual IBildKarte* bedieneBeliebig()=0;
  virtual IBildKarte* konterSieben()=0;
  virtual Farbe::Farben wuescheFarbe() const=0;
  virtual void erzeugeName()=0;
  virtual std::string getName() const=0;
  virtual Kartenfeld::size_type getKartenanzahl() const =0;
};
```

Listing 20.30: Die Schnittstelle `ISpielerMM`

Die Methoden der Schnittstelle haben allesamt reagierenden Charakter. Das heißt, es wird eine Karte genommen, bedient oder abgelegt, es wird der Name mitgeteilt etc. Man nennt einen solchen Aufbau *ereignisgesteuert*.

Weil die Klasse nur reagiert, benötigt sie viel weniger Wissen über ihre Umgebung.

» Die Klasse nimmt eine Karte auf, anstatt sie selbst vom Kartenspiel zu ziehen. Sie braucht deswegen nichts über das Kartenspiel zu wissen.

» Die Klasse gibt eine Karte zurück, sie legt sie nicht selbstständig als oberste Karte ab. Aus diesem Grund benötigt sie keine Informationen über das MaoMao-Spiel.

Ähnlich war bereits das Kartenspiel aufgebaut, deswegen musste es nichts über den Spieler oder das MaoMao-Spiel wissen. Mit dieser Methodik erhalten wir eine ausgesprochen geringe Kopplung. Die einzige Klasse, die später alle Fäden in der Hand halten wird, ist die MaoMao-Klasse selbst.

20.4.1 Die abstrakte Textfabrik

Die Implementierung für den menschlichen Spieler muss mit dem realen Spieler vor dem Bildschirm interagieren können. Der Benutzer muss Eingabe-Aufforderungen der Klasse lesen und Eingaben tätigen können. Mit den Textfenstern haben wir dafür bereits die Grundlage geschaffen.

Allerdings kann die Kommunikation – wie bereits die Ausgabe der Karten – in unterschiedlichen Sprachen erfolgen. Wir werden hier wieder die abstrakte Fabrik als Lösungsstrategie heranziehen. Und zwar schauen wir uns an, welche Texte zur Kommunikation erforderlich sind, und definieren daraufhin eine Schnittstelle, die diese Texte zur Verfügung stellt. Die tatsächliche Implementierung in der Subklasse kann dann die Texte in der entsprechenden Sprache bereitstellen.

Die Schnittstelle »ITxtFabrik«

Die folgende Schnittstelle beinhaltet alle Texte, die für die Implementierung des menschlichen Spielers und des späteren MaoMao-Spiels benötigt werden.

```cpp
class ITxtFabrik {
public:

  virtual const char* NameDesSpielers()=0;
  virtual const char* KeineKarte()=0;
  virtual const char* IhreWahl()=0;
  virtual const char* FarbeWuenschen()=0;
  virtual const char* Karo()=0;
  virtual const char* Herz()=0;
  virtual const char* Pik()=0;
  virtual const char* Kreuz()=0;
  virtual const char* ObersteKarte()=0;
  virtual const char* AktuellerSpieler()=0;
  virtual const char* WuenschtSich()=0;
  virtual const char* KartenZiehen1()=0;
  virtual const char* KartenZiehen2()=0;
  virtual const char* LetzteKarte()=0;
  virtual const char* MussAussetzen()=0;
  virtual const char* SpielGewonnen()=0;
  virtual const char* GespielteKarte()=0;
  virtual const char* KeineKarteGespielt()=0;

  //-----------------------------------------------------------

  const char* bestimmeFarbname(int f) {
    switch(f) {
      case Farbe::Karo: return(Karo());
      case Farbe::Herz: return(Herz());
      case Farbe::Pik: return(Pik());
      case Farbe::Kreuz: return(Kreuz());
    }
    return("");
  }
};
```

Listing 20.31: Die Schnittstelle der abstrakten Textfabrik

Es handelt sich hierbei nicht um eine reine Schnittstelle, weil auch eine Methode mitsamt Implementierung enthalten ist. Die Methode `bestimmeFarbname` liefert über den Farbwert (definiert
über die Konstanten in `Farbe`) die dazugehörige Beschreibung.

Die Klasse »TxtFabrikDe«

Im Folgenden sehen Sie die Implementierung der Schnittstelle für die deutsche Sprache.

```cpp
class TxtFabrikDe : public ITxtFabrik {
public:
  virtual const char* NameDesSpielers()
    {return("Name des Spielers:");}
```

```
virtual const char* KeineKarte() {return("Keine Karte");}
virtual const char* IhreWahl() {return("Ihre Wahl:");}
virtual const char* FarbeWuenschen()
  {return("Bitte Farbe wuenschen:");}
virtual const char* Karo() {return("Karo");}
virtual const char* Herz() {return("Herz");}
virtual const char* Pik() {return("Pik");}
virtual const char* Kreuz() {return("Kreuz");}
virtual const char* ObersteKarte()
  {return("Oberste Karte : ");}
virtual const char* AktuellerSpieler()
  {return("Aktueller Spieler : ");}
virtual const char* WuenschtSich()
  {return(" wuenscht sich ");}
virtual const char* KartenZiehen1() {return(" musste ");}
virtual const char* KartenZiehen2()
  {return(" Karte(n) ziehen");}
virtual const char* LetzteKarte()
  {return(" : Letzte Karte!");}
virtual const char* MussAussetzen()
  {return(" muss aussetzen");}
virtual const char* SpielGewonnen()
  {return(" hat das Spiel gewonnen!");}
virtual const char* GespielteKarte()
  {return(" spielte Karte ");}
virtual const char* KeineKarteGespielt()
  {return(" spielte keine Karte");}
};
```

Listing 20.32: Die Klasse TxtFabrikDe

Die Klasse »TxtFabrikEn«

Der Vollständigkeit halber ist hier noch die englische Variante:

```
class TxtFabrikEn : public ITxtFabrik {
public:
  virtual const char* NameDesSpielers()
    {return("Player-name:");}
  virtual const char* KeineKarte() {return("No card");}
  virtual const char* IhreWahl() {return("Your choice:");}
  virtual const char* FarbeWuenschen()
    {return("Please choose color:");}
  virtual const char* Karo() {return("Diamond");}
  virtual const char* Herz() {return("Heart");}
  virtual const char* Pik() {return("Spade");}
  virtual const char* Kreuz() {return("Club");}
  virtual const char* ObersteKarte() {return("Top card : ");}
  virtual const char* AktuellerSpieler()
    {return("Current player : ");}
  virtual const char* WuenschtSich() {return(" wishes ");}
  virtual const char* KartenZiehen1()
    {return(" had to take ");}
  virtual const char* KartenZiehen2() {return(" card(s)");}
```

```
virtual const char* LetzteKarte() {return(" : Last card!");}
virtual const char* MussAussetzen()
  {return(" is being skipped");}
virtual const char* SpielGewonnen()
  {return(" has won the game!");}
virtual const char* GespielteKarte()
  {return(" played card ");}
virtual const char* KeineKarteGespielt()
  {return(" hasn't played a card");}
};
```

Listing 20.33: Die Klasse TxtFabrikEn

20.4.2 Die Klasse »MenschSpielerMM«

Im nächsten Schritt wollen wir die Schnittstelle ISpielerMM für menschliche Spieler mit einer Implementierung versehen. Abbildung 20.12 zeigt die Elemente der Klasse.

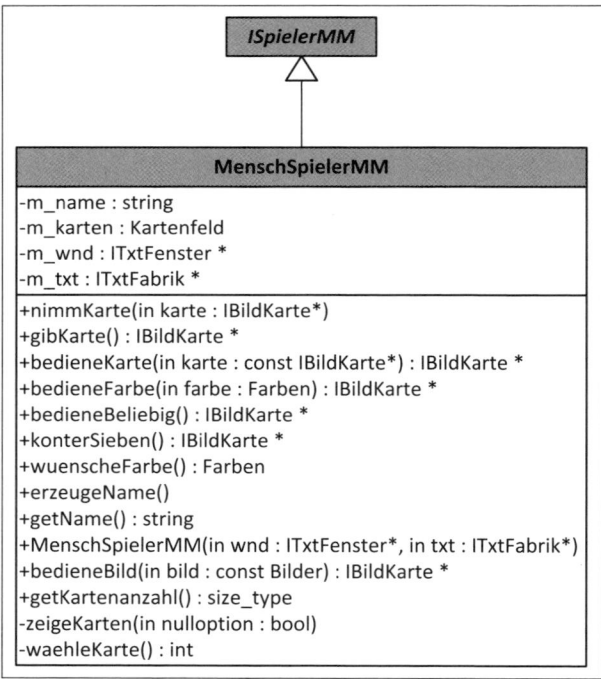

Abbildung 20.12: Die Klasse MenschSpielerMM

Klassendefinition

```
class MenschSpielerMM : public ISpielerMM {
public:
  MenschSpielerMM(ITxtFenster* wnd, ITxtFabrik* txt);
  ~MenschSpielerMM();
```

```
  IBildKarte* gibKarte();
  IBildKarte* bedieneKarte(const IBildKarte* karte);
  IBildKarte* bedieneFarbe(Farbe::Farben farbe);
  IBildKarte* bedieneBild(const Bild::Bilder bild);
  IBildKarte* bedieneBeliebig();
  IBildKarte* konterSieben();
  Farbe::Farben wuenscheFarbe() const;
  void erzeugeName();

//-----------------------------------------------------------

  std::string getName() const {
    return(m_name);
  }

//-----------------------------------------------------------

  Kartenfeld::size_type getKartenanzahl() const {
    return(m_karten.size());
  }

//-----------------------------------------------------------

  void nimmKarte(IBildKarte* karte) {
    m_karten.push_back(karte);
  }

//-----------------------------------------------------------

private:
  std::string m_name;
  Kartenfeld m_karten;
  ITxtFenster* m_wnd;
  ITxtFabrik* m_txt;

//-----------------------------------------------------------

  void zeigeKarten(bool nulloption) const;
  int waehleKarte() const;
};
```

Listing 20.34: Die Klassendefinition von `MenschSpielerMM`

Triviale Methoden wie `getName`, `getKartenanzahl` und `nimmKarte` sind bereits in der Klassendefinition definiert.

Als Attribute haben wir

» `m_name`, ein `string`-Objekt, das den Spieler-Namen aufnehmen wird

» `m_karten`, einen STL-Vektor, der die auf der Spielerhand befindlichen Karten speichert

» `m_wnd`, einen Verweis auf das zu benutzende Textfenster

» `m_txt`, einen Verweis auf die verwendete Textfabrik

Zusätzlich schreiben wir noch zwei Hilfsmethoden `zeigeKarten` und `waehleKarte`, die alle auf der Hand befindlichen Karten ausgeben und den Spieler eine Karte wählen lassen.

Hilfsmethoden

```
void MenschSpielerMM::zeigeKarten(bool nulloption) const {
  m_wnd->outStringLn("----------");
  if(nulloption) {
    m_wnd->outString("0 - ");
    m_wnd->outStringLn(m_txt->KeineKarte());
  }
  for(Kartenfeld::size_type i=0; i<m_karten.size(); i++) {
    m_wnd->outUInt(i+1);
    m_wnd->outString(" - ");
    m_karten[i]->outKarte(m_wnd);
    m_wnd->outString("\n");
  }
}


//-----------------------------------------------------------


int MenschSpielerMM::waehleKarte() const {
  int i;
  do {
    m_wnd->outString(m_txt->IhreWahl());
    i=m_wnd->inInt();
  } while(i<0 || i>m_karten.size());
  return(i);
}
```

Listing 20.35: Die Hilfsmethoden von `MenschSpielerMM`

Der boolesche Parameter `nulloption` bei `zeigeKarten` dient der Angabe, ob der Spieler die Möglichkeit bekommen soll, keine Karte zu wählen. Dieser Punkt muss abgeschaltet werden, wenn die Startkarte ein Bube ist und der Spieler eine beliebige Karte legen darf.

Konstruktor

```
MenschSpielerMM::MenschSpielerMM(ITxtFenster* wnd,
                                 ITxtFabrik* txt)
: m_wnd(wnd), m_txt(txt)
{}
```

Listing 20.36: Der Konstruktor von `MenschSpielerMM`

Der Konstruktor ist trivial, er initialisiert lediglich `m_wnd` und `m_txt`.

Destruktor

```
MenschSpielerMM::~MenschSpielerMM() {
  while(!m_karten.empty()) {
    delete(m_karten.back());
    m_karten.pop_back();
  }
}
```

Listing 20.37: Der Destruktor von `MenschSpielerMM`

Der Destruktor gibt alle im Kartenspiel befindlichen Karten frei. Wollten wir hier eine Ausnahmensicherheit herstellen, müssten wir in der Klassenhierarchie zwischen ISpielerMM und MenschSpielerMM eine zusätzliche Klasse einschieben, deren einzige Aufgabe darin besteht, mit ihrem Destruktor die Karten freizugeben. Das ersparten wir uns hier aber.

erzeugeName

Zu dieser Methode muss wohl nichts mehr gesagt werden:

```
void MenschSpielerMM::erzeugeName() {
  m_wnd->outString(m_txt->NameDesSpielers());
  m_name = m_wnd->inString();
}
```

Listing 20.38: Die Methode erzeugeName von MenschSpielerMM

bedieneKarte

```
IBildKarte* MenschSpielerMM::bedieneKarte(
                        const IBildKarte* karte) {
  zeigeKarten(true);
  int k;
  do {
    k=waehleKarte();
  }while((k!=0)&&
         (*m_karten[k-1]->getBild()!=*karte->getBild())&&
         (*m_karten[k-1]->getFarbe()!=*karte->getFarbe())&&
         (m_karten[k-1]->getBild()->getBild()!=Bild::Bube));
  if(k==0)
    return(nullptr);

  IBildKarte* wk=m_karten[k-1];
  m_karten.erase(m_karten.begin()+(k-1));
  return(wk);
}
```

Listing 20.39: Die Methode bedieneKarte von MenschSpielerMM

Zunächst werden alle auf der Hand befindlichen Karten mit zeigeKarten ausgegeben. Über waehleKarte wird dann eine Abfrage vom Benutzer entgegengenommen. In waehleKarte wird bereits überprüft, ob der angegebene Wert bezogen auf das Kartenfeld einen gültigen Wert besitzt. In bedieneKarte muss nur noch sichergestellt werden, dass die ausgewählte Karte passt oder keine Karte gewählt wurde. Werden die Kriterien für die Eingabe nicht eingehalten, muss der Spieler eine neue Auswahl treffen.

bedieneBeliebig

```
IBildKarte* MenschSpielerMM::bedieneBeliebig() {
  zeigeKarten(false);
  int k;
  do {
    k=waehleKarte();
  }while(k==0);
```

```
  IBildKarte* wk=m_karten[k-1];
  m_karten.erase(m_karten.begin()+(k-1));
  return(wk);
}
```

Listing 20.40: Die Methode bedieneBeliebig von MenschSpielerMM

Diese Methode ruft zeigeKarte mit false als Argument auf, weil der Spieler eine beliebige Karte wählen kann und es keinen Sinn hat, keine Karte auszuwählen.

bedieneFarbe, bedieneBild und konterSieben

```
IBildKarte* MenschSpielerMM::bedieneFarbe(Farbe::Farben farbe) {
  zeigeKarten(true);
  int k;
  do {
    k=waehleKarte();
  }while((k!=0)&&
         (m_karten[k-1]->getFarbe()->getFarbe()!=farbe));
  if(k==0)
    return(nullptr);

  IBildKarte* wk=m_karten[k-1];
  m_karten.erase(m_karten.begin()+(k-1));
  return(wk);
}


//------------------------------------------------------------


IBildKarte* MenschSpielerMM::bedieneBild(Bild::Bilder bild) {
  zeigeKarten(true);
  int k;
  do {
    k=waehleKarte();
  }while((k!=0)&&
         (m_karten[k-1]->getBild()->getBild()!=bild));
  if(k==0)
    return(nullptr);

  IBildKarte* wk=m_karten[k-1];
  m_karten.erase(m_karten.begin()+(k-1));
  return(wk);
}


//------------------------------------------------------------


IBildKarte* MenschSpielerMM::konterSieben() {
  return(bedieneBild(Bild::Sieben));
}
```

Listing 20.41: Die Methoden bedieneFarbe, bedieneBild und konterSieben

Die beiden Methoden bedieneFarbe und bedieneBild unterscheiden sich nur darin, dass die eine
Methode die Farbe der beiden Karten vergleicht und die andere das Bild.

konterSieben kann problemlos auf bedieneBild zurückgeführt werden.

wuenscheFarbe

Diese Methode ist eigentlich nur Fleißarbeit.

```
Farbe::Farben MenschSpielerMM::wuenscheFarbe() const {
  zeigeKarten(false);
  m_wnd->outStringLn("----------");
  m_wnd->outStringLn(m_txt->FarbeWuenschen());
  m_wnd->outInt(Farbe::Karo);
  m_wnd->outString(" - ");
  m_wnd->outStringLn(m_txt->Karo());

  m_wnd->outInt(Farbe::Herz);
  m_wnd->outString(" - ");
  m_wnd->outStringLn(m_txt->Herz());

  m_wnd->outInt(Farbe::Pik);
  m_wnd->outString(" - ");
  m_wnd->outStringLn(m_txt->Pik());

  m_wnd->outInt(Farbe::Kreuz);
  m_wnd->outString(" - ");
  m_wnd->outStringLn(m_txt->Kreuz());

  int inp;
  do {
    m_wnd->outString(m_txt->IhreWahl());
    inp=m_wnd->inInt();
  }while((inp!=Farbe::Karo)&&(inp!=Farbe::Herz)&&(inp!=Farbe::Pik)&&(inp!=Farbe
    ::Kreuz));
  return(static_cast<Farbe::Farben>(inp));
}
```
Listing 20.42: Die Methode wuenscheFarbe von MenschSpielerMM

gibKarte

Zu guter Letzt fehlt noch die Methode gibKarte, die eine beliebige Karte von der Hand des Spielers entfernt, ohne den Spieler danach zu fragen. Wie weiter oben bereits beschrieben wurde, ist diese Methode wichtig, um zum Spielende die noch verbliebenen Karten von den Spielern zurückzufordern.

```
IBildKarte* MenschSpielerMM::gibKarte() {
  if(m_karten.empty())
    return(nullptr);
  IBildKarte* tmp=m_karten.back();
  m_karten.pop_back();
  return(tmp);
}
```
Listing 20.43: Die Methode gibKarte von MenschSpielerMM

Damit wären wir mit dem menschlichen Spieler fertig.

20.4.3 Die Klasse »ComputerSpielerMM«

Die Schnittstelle unterscheidet sich nur unwesentlich von der MenschSpielerMM-Schnittstelle, deswegen ersparen wir uns hier die Auflistung des Quellcodes.

Die Verweise auf das Textfenster und die Textfabrik fehlen, weil diese vom Computer-Spieler nicht gebraucht werden. Deswegen ist der Konstruktor auch ohne Parameter. Der Destruktor ist mit dem aus MenschSpielerMM identisch.

Die trivialen Methoden, die bei MenschSpielerMM bereits in der Klassendefinition definiert wurden, sind identisch mit denen von ComputerSpielerMM.

erzeugeName

Diese Methode unterscheidet sich vom menschlichen Spieler, denn der Computer kann seinen Namen schlecht eintippen.

```
void ComputerSpielerMM::erzeugeName() {
  std::ostringstream s;
  s << "Computer"<< (++m_spielerNr);
  m_name = s.str();
}
```

Listing 20.44: Die Methode erzeugeName von ComputerSpielerMM

Die Methode benutzt ein statisches int-Attribut m_spielerNr, das zu Beginn mit 0 initialisiert wird und die Anzahl der Computer-Spieler durchzählt. Über ein ostringstream-Objekt wird dann für jeden Aufruf der Text »Computer1«, »Computer2« und so weiter erzeugt und dem string-Objekt übergeben.

bedieneKarte

```
IBildKarte* ComputerSpielerMM::bedieneKarte(const IBildKarte* karte) {
  for(Kartenfeld::size_type i=0; i<m_karten.size(); i++)
    if((*m_karten[i]->getBild()==*karte->getBild())||
       (*m_karten[i]->getFarbe()==*karte->getFarbe())||
       (m_karten[i]->getBild()->getBild()==Bild::Bube)) {
      IBildKarte* wk=m_karten[i];
      m_karten.erase(m_karten.begin()+i);
      return(wk);
    }
  return(nullptr);
}
```

Listing 20.45: Die Methode bedieneKarte von ComputerSpielerMM

Diese Implementierung des Computer-Spielers verfolgt eine primitive Spielstrategie. Es werden einfach alle Karten durchlaufen, und es wird die erste passende Karte genommen.

Die Methoden bedieneFarbe, bedieneBild und bedieneBeliebig sind ähnlich aufgebaut, nur die if-Bedingung ist entsprechend angepasst.

Und genau wie beim menschlichen Spieler ruft die Methode konterSieben die bedieneBild-Methode mit Sieben als Argument auf.

wuenscheFarbe

```
Farbe::Farben ComputerSpielerMM::wuenscheFarbe() const {
  return(m_karten[0]->getFarbe()->getFarbe());
}
```

Listing 20.46: Die Methode `wuenscheFarbe` von `ComputerSpielerMM`

Die Methode `wuenscheFarbe` wünscht sich einfach die Farbe der ersten auf der Hand befindlichen Karte.

Wir haben nun die gesamte Vorarbeit geleistet. Abbildung 20.13 fasst die Zusammenhänge
der erstellten Klassen noch mal als UML-Diagramm zusammen.

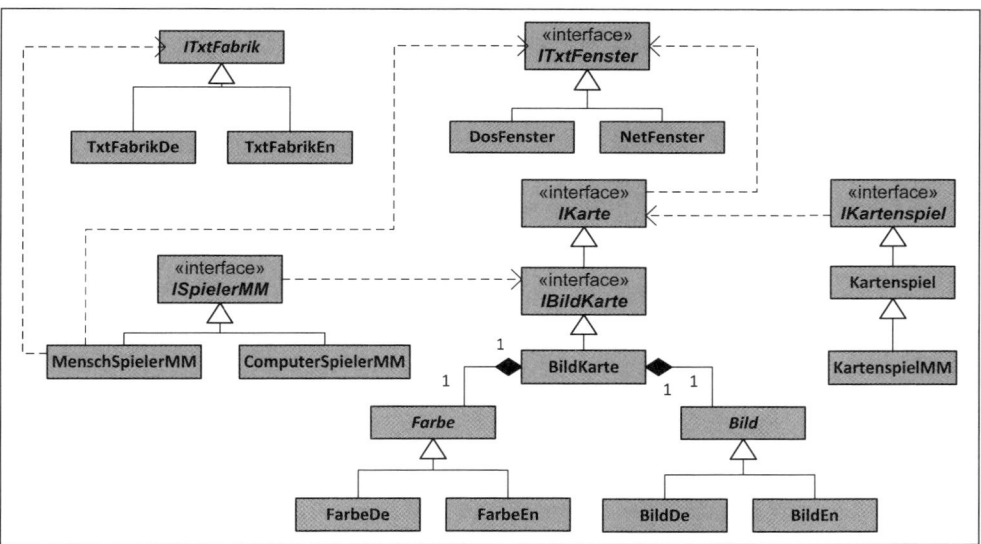

Abbildung 20.13: Die Klassen des MaoMao-Spiels

20.5 Das MaoMao-Spiel

Dieser letzte größere Abschnitt behandelt das Herz unseres Spiels: die Spielfunktionalität
selbst. Die Klassendefinition sieht recht einfach aus:

```
class MaoMao {
public:
  typedef std::vector<ISpielerMM*> Spielerfeld;

//-------------------------------------------------------------

  MaoMao(ITxtFenster* wnd, ITxtFabrik* fa)
    : m_wnd(wnd), m_txt(fa)
  {}
```

```
//------------------------------------------------------------

  void weitererSpieler(ISpielerMM* spieler) {
    m_spieler.push_back(spieler);
  }

//------------------------------------------------------------

  void setzeKartenspiel(IKartenspiel* spiel) {
    m_kartenspiel=spiel;
  }

//------------------------------------------------------------

  void spielen();
  void starteSpiel();

//------------------------------------------------------------

private:
  Spielerfeld m_spieler;
  ITxtFenster* m_wnd;
  ITxtFabrik* m_txt;
  IKartenspiel* m_kartenspiel;
  IBildKarte* m_obersteKarte;
  ISpielerMM* m_aktSpieler;
  Spielerfeld::size_type m_aktSpielerIdx;

//------------------------------------------------------------

  void verteileStartKarten();
  void lassSpielerKartenZiehen(ISpielerMM* spieler, int anz);
  void ermittleNaechstenSpieler();
  void erzeugeStartzustand();
};
```

Listing 20.47: Die Klassendefinition von MaoMao

Für das Spiel benötigen wir folgende Attribute:

» m_spieler: ein Vektor, der die Verweise der Spieler aufnimmt

» m_wnd: ein Verweis auf das Ausgabefenster

» m_txt: ein Verweis auf die zu verwendende Textfabrik

» m_kartenspiel: ein Verweis auf das einzusetzende Kartenspiel

» m_obersteKarte: die aktuell oberste Karte des Spiels (die Karte, auf die der aktuelle Spieler seine Karte legen muss)

» m_aktSpieler: ein Verweis auf den aktuellen Spieler

» m_aktSpielerIdx: der Index des aktuellen Spielers in m_spieler

In der Klassendefinition sind noch einige triviale Methoden enthalten:

» `weitererSpieler`: Diese Methode fügt einen weiteren Spieler in die Liste der Mitspieler ein.

» `setzeKartenspiel`: legt das zu verwendende Kartenspiel fest.

» Der Konstruktorr besitzt einen Verweis auf das Ausgabefenster und einen Verweis auf die Textfabrik als Parameter.

Darüber hinaus gibt es noch einige Hilfsmethoden, die wir jetzt im Einzelnen ansprechen werden.

lassSpielerKartenZiehen

```
void MaoMao::lassSpielerKartenZiehen(ISpielerMM* spieler,
                                     int anz) {
  int i=0;
  while(i<anz) {
    IKarte* karte=m_kartenspiel->holeKarteVonStapel();
    if(IBildKarte* tmp=dynamic_cast<IBildKarte*>(karte)) {
      spieler->nimmKarte(tmp);
      i++;
    }
    else
      m_kartenspiel->legeKarteAufAblage(karte);
  }
}
```

Listing 20.48: Die Methode `lassSpielerKartenZiehen`

Die Methode nimmt eine entsprechende Anzahl an Karten vom Stapel des Kartenspiels und fordert den entsprechenden Spieler auf, die Karten aufzunehmen. Der `dynamic_cast` ist notwendig, weil die `IKartenspiel`-Schnittstelle mit Kartenverweisen des Typs `IKarte` arbeitet, die MaoMao-typischen Klassen (wie die Spieler oder `MaoMao` selbst) verwenden jedoch Verweise des Typs `IBildKarte`. Dieser Downcast ist aber kein Design-Fehler, weil wir wissen, dass jede unserer Karten eine `IBildKarte` ist.

Die Methode enthält noch einen subtilen Fehler. Sehen Sie ihn?

Wenn das Kartenspiel nur noch Karten enthält, die nicht vom Typ `IBildKarte` sind, dann haben wir eine Endlosschleife. Ich erachte das an dieser Stelle jedoch nicht als Fehler, weil es in einem MaoMao-tauglichen Kartenspiel solche Karten nicht gibt.

Es ist lediglich eine Sicherheitsabfrage für den Fall, dass jemand versehentlich einen Joker im Spiel gelassen hat.

verteileStartKarten

Auch hier ist der Methodenname Programm. Die Methode teilt an jeden Spieler 5 Karten aus.

```
void MaoMao::verteileStartKarten() {
  for(Spielerfeld::size_type pos=0;
      pos<m_spieler.size(); pos++)
```

```
    lassSpielerKartenZiehen(m_spieler[pos],5);
  while(true) {
    IKarte* karte=m_kartenspiel->holeKarteVonStapel();
    IBildKarte* tmp=dynamic_cast<IBildKarte*>(karte);
    if(tmp) {
      m_obersteKarte=tmp;
      break;
    }
    else
      m_kartenspiel->legeKarteAufAblage(karte);
  }
}
```
Listing 20.49: Die Methode verteileStartKarten

Auch hier wäre es theoretisch möglich, dass die while-Schleife eine Endlosschleife bildet, falls die letzte verbliebene Karte keine Bildkarte ist. Aber was für eine Karte sollte das sein – und vor allem: Wie sollte sie in unser Spiel gelangt sein?

ermittleNaechstenSpieler

```
void MaoMao::ermittleNaechstenSpieler() {
  m_aktSpielerIdx=(m_aktSpielerIdx+1)%m_spieler.size();
  m_aktSpieler=m_spieler[m_aktSpielerIdx];
}
```
Listing 20.50: Die Methode ermittleNaechstenSpieler

Die Methode setzt den nächsten Spieler in der Liste als aktuellen Spieler.

erzeugeStartZustand

```
void MaoMao::erzeugeStartZustand() {
  for(int s=0; s<m_spieler.size(); s++)
    while(m_spieler[s]->getKartenanzahl()!=0)
      m_kartenspiel->legeKarteAufAblage(
                        m_spieler[s]->gibKarte());
  if(m_obersteKarte) {
    m_kartenspiel->legeKarteAufAblage(m_obersteKarte);
    m_obersteKarte=nullptr;
  }
  m_kartenspiel->mischeSpiel();
}
```
Listing 20.51: Die Methode erzeugeStartZustand

Diese Methode stellt nach Spielende den Zustand vor Spielbeginn wieder her. Konkret werden allen Spielern die noch auf der Hand befindlichen Karten abgenommen und wieder zurück ins Kartenspiel gelegt. Sollte das MaoMao-Spiel noch eine Karte als oberste Karte in Beschlag nehmen, so wird auch diese wieder dem Spiel hinzugeführt.

20.5.1 Der Spielablauf prozedural

Nun stelle ich noch eine Umsetzung der Spielfunktionalität mit prozeduraler Programmie-rung vor. Um dieses Beispiel nicht zu aufwendig werden zu lassen, werde ich die Regel, dass bei einem Buben als Startkarte der Spieler eine beliebige Karte ablegen kann, derart abän-dern, dass er sich, bevor er die erste Karte spielt, eine Farbe wünschen darf.

```
verteileStartKarten();
m_aktSpielerIdx=0;
m_aktSpieler=m_spieler[0];
Farbe::Farben gewuenschteFarbe;
int zuZiehendeKarten=0;
```

Zu Beginn dieses Code-Abschnitts werden die Startkarten verteilt und wird die oberste Karte ermittelt. Danach müssen noch einige für den Spielverlauf wichtige Variablen und Attribu-te initialisiert werden: Als aktueller Spieler wird der erste Spieler der Liste genommen. In gewuenschteFarbe wird eine während des Spiels gewünschte Farbe gespeichert. Die Variable zuZiehendeKarten hält fest, wie viele Karten gezogen werden müssen, falls der nächste Spieler nicht mit einer Sieben kontern kann.

Im Folgenden wird die oberste Karte ausgewertet.

```
if(m_obersteKarte->getBild()->getBild()==Bild::Sieben)
  zuZiehendeKarten=2;
```

Ist die oberste Karte eine Sieben, dann werden die zu ziehenden Karten auf 2 gesetzt.

```
if(m_obersteKarte->getBild()->getBild()==Bild::Acht) {
  m_wnd->outString(m_aktSpieler->getName());
  m_wnd->outStringLn(m_txt->MussAussetzen());
  ermittleNaechstenSpieler();
}
```

Bei einer Acht muss der aktuelle Spieler aussetzen.

```
if(m_obersteKarte->getBild()->getBild()==Bild::Bube) {
  gewuenschteFarbe=m_aktSpieler->wuenscheFarbe();
  m_wnd->outString(m_aktSpieler->getName());
  m_wnd->outString(m_txt->WuenschtSich());
  m_wnd->outStringLn(
      m_txt->bestimmeFarbname(gewuenschteFarbe));
}
```

Sollte die oberste Karte ein Bube sein, dann darf der Spieler sich eine Farbe wünschen.

Die Spielschleife sieht so aus:

```
do {
  m_wnd->outString(m_txt->ObersteKarte());
  m_obersteKarte->outKarte(m_wnd);
  m_wnd->outString("\n");
  m_wnd->outString(m_txt->AktuellerSpieler());
  m_wnd->outStringLn(m_aktSpieler->getName());

  IBildKarte* abgelegteKarte=nullptr;
```

447

Die oberste Karte und der Name des aktuellen Spielers werden ausgegeben. Die Variable abgelegteKarte wird definiert und hält die vom aktuellen Spieler abgeworfene Karte fest.

Nun wird die oberste Karte ausgewertet und die entsprechende Bediene-Methode des Spielers aufgerufen.

```
if(zuZiehendeKarten!=0) {
  abgelegteKarte=m_aktSpieler->konterSieben();
  if(abgelegteKarte==nullptr) {
    lassSpielerKartenZiehen(m_aktSpieler,zuZiehendeKarten);
    m_wnd->outString(m_aktSpieler->getName());
    m_wnd->outString(m_txt->KartenZiehen1());
    m_wnd->outInt(zuZiehendeKarten);
    m_wnd->outStringLn(m_txt->KartenZiehen2());
    zuZiehendeKarten=0;
  } else {
    zuZiehendeKarten+=2;
  }
```

Sollte der Wert von zuZiehendeKarten ungleich 0 sein, dann wissen wir, dass auf eine Sieben gekontert werden muss. Sollte der Spieler bei konterSieben keine Karte abgelegt haben, muss er die entsprechende Anzahl an Karten ziehen. (Der Wert von zuZiehendeKarten wird dann auf 0 gesetzt.) Andernfalls wird die Anzahl der zu ziehenden Karten um zwei erhöht.

```
} else if(m_obersteKarte->getBild()->getBild()==Bild::Bube) {
  abgelegteKarte=
          m_aktSpieler->bedieneFarbe(gewuenschteFarbe);
  if(abgelegteKarte==nullptr)
    lassSpielerKartenZiehen(m_aktSpieler,1);
```

Liegt ein Bube als oberste Karte, dann muss der aktuelle Spieler die zuvor gewünschte und in gewuenschteFarbe gespeicherte Farbe bedienen. Kann er das nicht, muss er eine Karte ziehen.

```
} else {
  abgelegteKarte=m_aktSpieler->bedieneKarte(m_obersteKarte);
  if(abgelegteKarte==nullptr)
    lassSpielerKartenZiehen(m_aktSpieler,1);
}
```

Sollte keine Karte mit besonderer Bedeutung als oberste Karte liegen, dann muss der aktuelle Spieler eine Karte mit passender Farbe, passendem Bild oder einen Buben ablegen. Kann er das nicht, dann muss er eine Karte ziehen.

Sollte der Spieler bis zu diesem Zeitpunkt noch keine Karte gespielt haben, dann musste er bereits mindestens eine Karte ziehen. Er bekommt jetzt eine weitere Gelegenheit, eine Karte zu spielen.

```
if(abgelegteKarte==nullptr) {
  if(m_obersteKarte->getBild()->getBild()==Bild::Bube)
  abgelegteKarte=m_aktSpieler->bedieneFarbe(gewuenschteFarbe);
  else
  abgelegteKarte=m_aktSpieler->bedieneKarte(m_obersteKarte);
}
m_wnd->outString("\n");
```

Bei einem Buben muss der aktuelle Spieler die gewünschte Farbe bedienen, ansonsten kann er eine Karte mit passender Farbe, passendem Bild oder einen Buben ablegen.

```
if(m_aktSpieler->getKartenanzahl()==0)
  break;
```

Hat der aktuelle Spieler keine Karten mehr auf der Hand, dann hat er das Spiel gewonnen.

Sollte bis hierhin vom aktuellen Spieler eine Karte abgelegt worden sein, dann muss diese jetzt ausgewertet werden.

```
if(abgelegteKarte!=0) {
  m_kartenspiel->legeKarteAufAblage(m_obersteKarte);
  m_obersteKarte=abgelegteKarte;

  if(m_aktSpieler->getKartenanzahl()==1) {
    m_wnd->outString("\n");
    m_wnd->outString(m_aktSpieler->getName());
    m_wnd->outStringLn(m_txt->LetzteKarte());
  }
```

Die bisherige oberste Karte wird auf die Ablage des Kartenspiels gelegt, und die vom Spieler abgelegte Karte wird die neue oberste Karte.

Die Prüfung auf »Letzte Karte« wird logischerweise nur dann vorgenommen, wenn der Spieler eine Karte abgelegt hat, denn durch alle anderen Vorgänge bekommt er eher mehr Karten auf die Hand.

```
if((abgelegteKarte->getBild()->getBild()==Bild::Sieben)&&
    (zuZiehendeKarten==0))
  zuZiehendeKarten=2;
```

Sollte die neue oberste Karte eine Sieben sein, aber der Wert von zuZiehendeKarten noch auf 0 stehen, dann wurde die Sieben neu gelegt, und zuZiehendeKarten bekommt den Wert 2. In allen anderen Fällen liegt entweder keine Sieben als oberste Karte oder die Sieben ist bereits eine gekonterte Sieben und der Wert von zuZiehendeKarten wurde weiter oben bereits angepasst.

```
if(abgelegteKarte->getBild()->getBild()==Bild::Bube) {
  gewuenschteFarbe=m_aktSpieler->wuenscheFarbe();
  m_wnd->outString(m_aktSpieler->getName());
  m_wnd->outString(m_txt->WuenschtSich());
  m_wnd->outStringLn(
          m_txt->bestimmeFarbname(gewuenschteFarbe));
}
```

Hat der aktuelle Spieler einen Buben abgelegt, dann darf er sich eine Farbe wünschen.

```
if(abgelegteKarte->getBild()->getBild()==Bild::Acht) {
  ermittleNaechstenSpieler();
  m_wnd->outString(m_aktSpieler->getName());
  m_wnd->outStringLn(m_txt->MussAussetzen());
}
}
```

Wurde eine Acht abgelegt, dann muss der eigentlich nächste Spieler aussetzen.

```
  m_wnd->outString("\n");
  ermittleNaechstenSpieler();
```

```
} while(true);
```

Am Ende der Spielschleife wird der nächste Spieler ermittelt.

```
m_wnd->outString("\n");
m_wnd->outString(m_aktSpieler->getName());
m_wnd->outStringLn(m_txt->SpielGewonnen());

erzeugeStartzustand();
```

Verlassen wird die Spielschleife nur, wenn ein Spieler das Spiel gewonnen hat. Der Name des Glücklichen wird ausgegeben, und anschließend werden dem Kartenspiel wieder alle Karten zugeführt.

20.5.2 Das Zustand-Muster

Der im letzten Abschnitt verfolgte prozedurale Ansatz glänzt nicht vor Eleganz. Beispielsweise wiederholen sich einige Code-Teile, weil manche Karten zu Beginn und während des Spiels ausgewertet werden müssen. Auch Änderungen im Spielablauf können bei dieser großen Funktion nur schwierig vorgenommen werden.

Wir wollen daher überlegen, wie der prozedurale Ansatz durch Objektorientierung verbessert werden kann. Die möglichen Aktionen eines Spielers hängen davon ab, welche Karte im Augenblick bedient werden muss. Wir können diese verschiedenen Situationen als Zustände des Spiels betrachten. Jeder Zustand ist durch eine eigene Klasse repräsentiert, die das Verhalten des Spiels in diesem Zustand beschreibt. Abbildung 20.14 zeigt das in [Gamma01] vorgestellte Zustand-Entwurfsmuster. Es kann dann eingesetzt werden, wenn das Verhalten eines Objekts von einem Zustand abhängt.

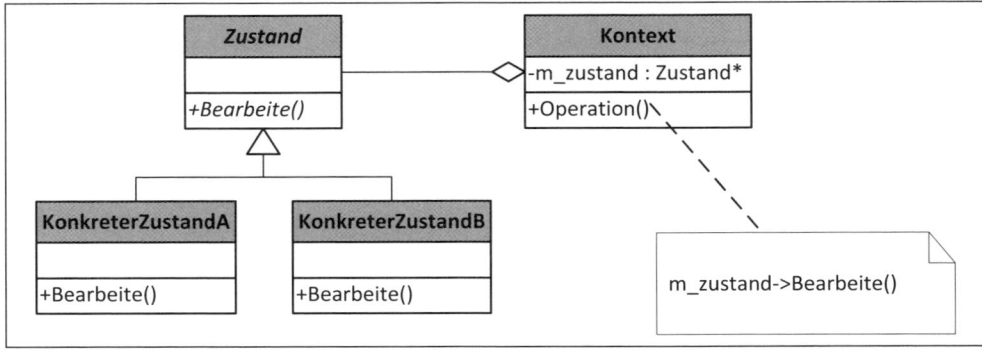

Abbildung 20.14: Das Entwurfsmuster »Zustand«

Der Kontext (das Spiel) besitzt einen Verweis vom Typ der Zustand-Schnittstelle, der auf ein konkretes, der aktuellen Spielsituation entsprechendes Zustand-Objekt verweist.

Die konkreten Zustände stehen im MaoMao-Spiel für die einzelnen Spielsituationen (Farbe bedienen, Sieben kontern etc.).

20.5.3 Der Spielablauf objektorientiert

Für unser MaoMao-Spiel ist die Klasse Zustand wie folgt aufgebaut:

```
class Zustand {
  MaoMao* m_maomao;

//-------------------------------------------------------------

public:
  Zustand(MaoMao* mm)
    : m_maomao(mm)
  {}

//-------------------------------------------------------------

  MaoMao* getMaoMao() const {
    return(m_maomao);
  }

//-------------------------------------------------------------

  virtual IBildKarte* fuehreAus()=0;
};
```

Listing 20.52: Die Klassendefinition von Zustand

Wenn wir uns exakt an das Entwurfsmuster hielten, müsste die Klasse Zustand eine reine Schnittstelle sein und dürfte keine Attribute oder Methoden-Implementierungen beinhalten. Wir verzichten hier aber auf diese zusätzliche Schnittstelle, die wir problemlos definieren könnten.

Die Klasse Zustand besitzt ein Attribut m_maomao als Verweis auf das dazugehörige MaoMao-Spiel. Der Konstruktor initialisiert dieses Attribut und die Methode getMaoMao macht den Inhalt verfügbar.

Die Klasse MaoMao besitzt einen Verweis auf den aktuellen Zustand in Form eines Smart-Pointers. Weil Zustand ein Element von MaoMao ist, hat diese Klasse vollen Zugriff auf MaoMao. Das ist wichtig, damit sie über setzeZustand den aktuellen Zustand abändern kann:

```
void setzeZustand(Zustand* z) {
  m_maomao->m_zustand.reset(z);
}
```

Listing 20.53: Die Methode setzeZustand von Zustand

Eine der wichtigsten Methoden von Zustand ist die statische Methode erzeugeZustand, die anhand der übergebenen Karte den passenden Zustand erzeugt und seine Adresse zurückliefert.

```
01      static Zustand* erzeugeZustand(MaoMao* mm,
                                       ISpielerMM* sp,
                                       IBildKarte* k) {
02        if(!k) return(nullptr);
03        switch(k->getBild()->getBild()) {
04          case Bild::Sieben:
05            return(new ZustandSieben(mm,2));
06          case Bild::Acht:
07            return(new ZustandAcht(mm));
08          case Bild::Bube:
09            Farbe::Farben f;
10            f=sp->wuenscheFarbe();
11            mm->m_wnd->outString(sp->getName());
12            mm->m_wnd->outString(mm->m_txt->WuenschtSich());
13            mm->m_wnd->outStringLn(
                  mm->m_txt->bestimmeFarbname(f));
14            return(new ZustandBube(mm, f));
15          default:
16            return(new ZustandNormal(mm));
17        }
18      }
```

Listing 20.54: Die statische Methode erzeugeZustand von Zustand

In der Methode geschieht Folgendes:

» 02: Sollte ein Null-Zeiger als Karte übergeben worden sein, dann wird auch ein Null-Zeiger als Zustand zurückgeliefert.

» 04–05: Sollte die übergebene Karte eine Sieben sein, dann wird ein ZustandSieben-Objekt erzeugt und die Anzahl der zu ziehenden Karten auf 2 gesetzt.

» 06–07: Sollte die übergebene Karte eine Acht sein, dann wird ein ZustandAcht-Objekt erzeugt.

» 08–14: Handelt es sich bei der übergebenen Karte um einen Buben, dann darf sich der übergebene Spieler eine Farbe wünschen, anschließend wird ein ZustandBube-Objekt mit der gewünschten Farbe erzeugt.

» 15–16: Bei allen anderen Karten wird ein ZustandNormal-Objekt erzeugt.

Die an ein Objekt gebundene Methode ermittleZustand ermittelt über erzeugeZustand den nächsten Zustand und setzt diesen als aktuellen Zustand des Spiels.

```
    void ermittleZustand(IBildKarte* k) {
      if(!k) return;
      setzeZustand(erzeugeZustand(m_maomao,
                                  m_maomao->m_aktSpieler,
                                  k));
    }
```

Listing 20.55: Die Methode ermittleZustand von Zustand

Mit den folgenden zwei Hilfsmethoden ist die Klasse Zustand vollständig:

```
  void zeigeGespielteKarte(IBildKarte* tmp) {
    m_maomao->m_wnd->outString(getMaoMao()->
                              m_aktSpieler->getName());
    if(tmp) {
      m_maomao->m_wnd->outString(getMaoMao()->
                                m_txt->GespielteKarte());
      tmp->outKarte(m_maomao->m_wnd);
      m_maomao->m_wnd->outStringLn("");
    }
    else
      m_maomao->m_wnd->outStringLn(getMaoMao()->
                                m_txt->KeineKarteGespielt());
  }

//------------------------------------------------------------

  void lassSpielerKartenZiehen(int anzahl) {
    m_maomao->lassSpielerKartenZiehen(m_maomao->m_aktSpieler,
                                      anzahl);
    m_maomao->m_wnd->outString(m_maomao->
                              m_aktSpieler->getName());
    m_maomao->m_wnd->outString(m_maomao->
                              m_txt->KartenZiehen1());
    m_maomao->m_wnd->outInt(anzahl);
    m_maomao->m_wnd->outStringLn(m_maomao->
                              m_txt->KartenZiehen2());
  }
```

Listing 20.56: Die Methoden lassSpielerKartenZiehen und zeigeGespielteKarte

Die Methode zeigeGespielteKarte gibt aus, welche Karte der aktuelle Spieler abgelegt hat, oder sie teilt mit, dass der Spieler keine Karte gespielt hat.

Über lassSpielerKartenZiehen wird auf dem Bildschirm die Anzahl der gezogenen Karten ausgegeben und das MaoMao-Spiel aufgefordert, dem aktuellen Spieler die entsprechende Anzahl an Karten zu übergeben.

Im Folgenden betrachten wir die von der Klasse Zustand abgeleiteten konkreten Spielzustände:

ZustandNormal

```
01 class ZustandNormal : public Zustand {
02 public:
03   ZustandNormal(MaoMao* mm)
04     : Zustand(mm)
05   {}
06
07 //------------------------------------------------------------
08
09   virtual IBildKarte* fuehreAus() {
10     IBildKarte* tmp=getMaoMao()->m_aktSpieler->
                       bedieneKarte(getMaoMao()->m_obersteKarte);
11     if(!tmp) {
```

```
12      lassSpielerKartenZiehen(1);
13      tmp=getMaoMao()->m_aktSpieler->
            bedieneKarte(getMaoMao()->m_obersteKarte);
14    }
15    zeigeGespielteKarte(tmp);
16    if(tmp) ermittleZustand(tmp);
17    return(tmp);
18  }
19 };
```

Listing 20.57: Die Klasse ZustandNormal

Die Klasse ZustandNormal repräsentiert den Zustand, dass eine beliebige Karte bedient werden muss.

» 10: Der Spieler wird aufgefordert, eine normale Karte zu bedienen.

» 11–14: Hat der Spieler keine Karte abgelegt, dann muss er eine Karte ziehen, bekommt dann aber noch mal die Möglichkeit, eine Karte abzulegen.

» 15–16: Die eventuell gespielte Karte wird ausgegeben, und der Folgezustand wird ermittelt.

ZustandBeliebig

```
01 class ZustandBeliebig : public Zustand {
02 public:
03   ZustandBeliebig(MaoMao* mm)
04     : Zustand(mm)
05   {}
06
07 //-----------------------------------------------------------
08
09   virtual IBildKarte* fuehreAus() {
10     IBildKarte* tmp=getMaoMao()->m_aktSpieler->
                       bedieneBeliebig();
11     zeigeGespielteKarte(tmp);
12     ermittleZustand(tmp);
13     return(tmp);
14   }
15 };
```

Listing 20.58: Die Klasse ZustandBeliebig

Dieser Zustand tritt nur dann ein, wenn zu Beginn des Spiels die oberste Karte ein Bube ist.

» 10: Der Spieler darf eine beliebige Karte spielen.

» 11–12: Die gespielte Karte wird ausgegeben, und der Folgezustand wird ermittelt.

ZustandAcht

```
01 class ZustandAcht : public Zustand {
02 public:
03   ZustandAcht(MaoMao* mm)
```

```
04     : Zustand(mm)
05   {}
06
07 //------------------------------------------------------------
08
09   virtual IBildKarte* fuehreAus() {
10     getMaoMao()->m_wnd->outString(getMaoMao()->
                                     m_aktSpieler->getName());
11     getMaoMao()->m_wnd->outStringLn(getMaoMao()->
                                       m_txt->MussAussetzen());
12     setzeZustand(new ZustandNormal(getMaoMao()));
13     return(nullptr);
14   }
15 };
```

Listing 20.59: Die Klasse ZustandAcht

Dieser Zustand tritt immer dann ein, wenn eine Acht gespielt wird.

» 10–11: Ein Text wird ausgegeben, der besagt, dass der aktuelle Spieler aussetzen muss.

» 12: Der Folgezustand wird auf ZustandNormal gesetzt, damit der nächste Spieler nicht auch noch aussetzen muss.

ZustandSieben

```
01 class ZustandSieben : public Zustand {
02   int m_zuZiehen;
03
04 //------------------------------------------------------------
05
06 public:
07   ZustandSieben(MaoMao* mm, int z)
08     : Zustand(mm), m_zuZiehen(z)
09   {}
10
11 //------------------------------------------------------------
12
13   virtual IBildKarte* fuehreAus() {
14     IBildKarte* tmp=getMaoMao()->m_aktSpieler->konterSieben();
15     if(!tmp) {
16       lassSpielerKartenZiehen(m_zuZiehen);
17       tmp=getMaoMao()->m_aktSpieler->
             bedieneKarte(getMaoMao()->m_obersteKarte);
18       zeigeGespielteKarte(tmp);
19       if(tmp)
20         ermittleZustand(tmp);
21       else
22         setzeZustand(new ZustandNormal(getMaoMao()));
23     }
24     else {
25       m_zuZiehen+=2;
26       zeigeGespielteKarte(tmp);
27     }
```

```
28     return(tmp);
29   }
30 };
```

Listing 20.60: Die Klasse ZustandSieben

Wenn ein Spieler eine Sieben abwirft, tritt dieser Zustand ein.

» 07–09: Dem Konstruktor wird die Anzahl der zu Beginn zu ziehenden Karten übergeben. Dieser Wert beträgt normalerweise 2.

» 14: Der Spieler wird aufgefordert, auf die Sieben zu kontern, also selbst eine Sieben abzulegen.

» 15–18: Konnte der Spieler nicht mit einer Sieben kontern, dann muss er die entsprechende Anzahl an Karten ziehen und bekommt dann die Möglichkeit, die Sieben wie eine normale Karte zu bedienen. Die eventuell gespielte Karte wird ausgegeben.

» 19–22: Hat der Spieler eine Karte abgelegt, dann wird darauf basierend der neue Zustand bestimmt. Hat er keine Karte gespielt, wird als Folgezustand der Normalzustand genommen.

» 25–26: Hat der Spieler mit einer Sieben gekontert, dann wird die Anzahl der zu ziehenden Karten um 2 erhöht und die gespielte Karte ausgegeben.

ZustandBube

```
01 class ZustandBube : public Zustand {
02   Farbe::Farben m_farbe;
03
04 //-----------------------------------------------------------
05
06 public:
07   ZustandBube(MaoMao* mm, Farbe::Farben f)
08     : Zustand(mm), m_farbe(f)
09   {}
10
11 //-----------------------------------------------------------
12
13   virtual IBildKarte* fuehreAus() {
14     IBildKarte* tmp=getMaoMao()->
                      m_aktSpieler->bedieneFarbe(m_farbe);
15     if(!tmp) {
16       lassSpielerKartenZiehen(1);
17       tmp=getMaoMao()->m_aktSpieler->bedieneFarbe(m_farbe);
18     }
19     zeigeGespielteKarte(tmp);
20     if(tmp) ermittleZustand(tmp);
21     return(tmp);
22   }
23 };
```

Listing 20.61: Die Klasse ZustandBube

Jedes Mal, wenn sich der Spieler eine Farbe gewünscht hat, wird dieser Zustand aktiv.

» 07–09: Der Konstruktor bekommt die gewünschte Farbe übergeben.

» 14: Der Spieler wird aufgefordert, eine Karte der gewünschten Farbe abzulegen.

» 15–18: Wenn der Spieler keine Karte abgelegt hat, muss er eine Karte ziehen. Danach bekommt er eine weitere Möglichkeit, die Farbe zu bedienen.

» 19: Die eventuell gespielte Karte wird auf dem Bildschirm ausgegeben.

» 20: Wenn eine Karte gespielt wurde, wird mit ihr der Folgezustand ermittelt.

Die Zustände sind in Abbildung 20.15 noch einmal als UML-Diagramm zusammengefasst.

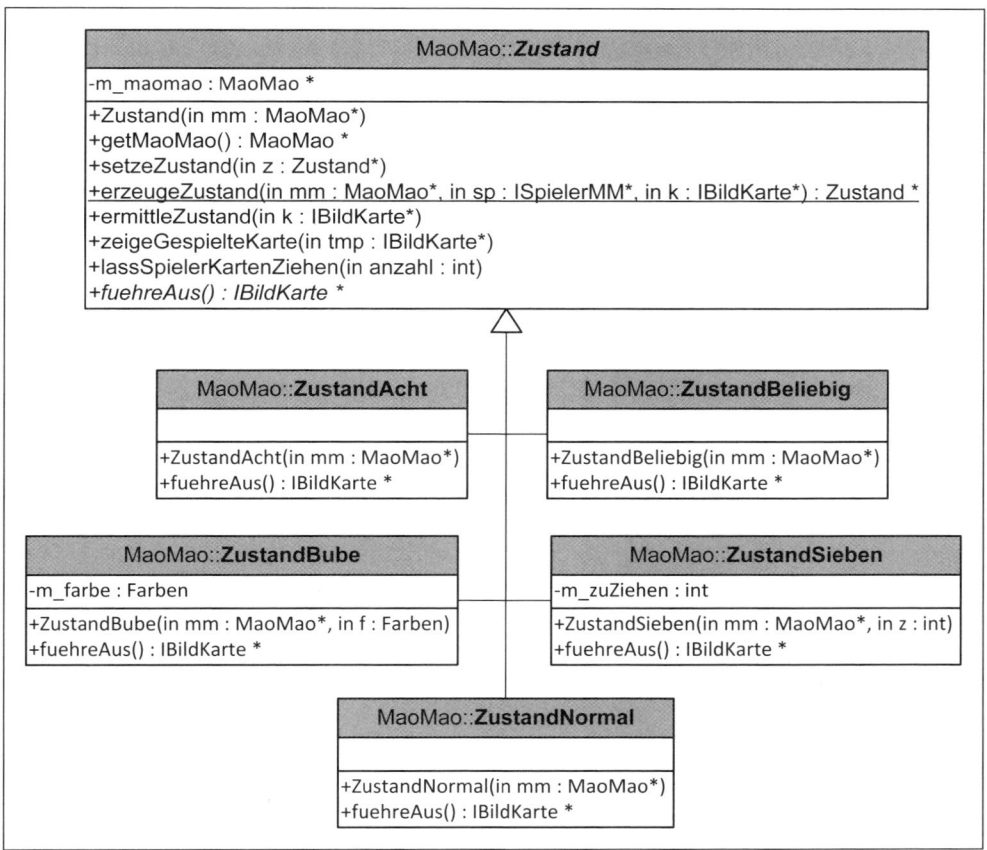

Abbildung 20.15: Die Hierarchie der Zustände in MaoMao

Die Spielschleife

Als letztes Stück unseres objektorientierten Ansatzes fehlt die Spielschleife, die jetzt mit den vorhin erstellten Zuständen zusammenarbeitet.

```
01    verteileStartKarten();
02    m_aktSpielerIdx=0;
03    m_aktSpieler=m_spieler[m_aktSpielerIdx];
04
05    if(m_obersteKarte->getBild()->getBild()==Bild::Bube)
06      m_zustand.reset(new ZustandBeliebig(this));
07    else
08      m_zustand.reset(Zustand::erzeugeZustand(this,
                                   m_aktSpieler,
                                   m_obersteKarte));
```

Zu Beginn werden den Spielern wieder fünf Karten ausgehändigt und wird eine oberste Karte organisiert (Zeile 01). Der erste Spieler der Liste beginnt das Spiel (Zeile 02–03).

Weil der Bube zu Beginn des Spiels eine andere Bedeutung hat als während des Spiels, müssen wir am Anfang prüfen, ob er als erste Karte liegt, und gegebenenfalls den entsprechenden Zustand setzen. Sollte es eine andere Karte als der Bube sein, verwenden wir die statische erzeugeZustand-Methode von Zustand (Zeile 05–08). Der Zustand wird über einen Smart-Pointer verwaltet.

Nun folgt die Schleife des Spiels:

```
09    do {
10      m_wnd->outStringLn("");
11      m_wnd->outString(m_txt->ObersteKarte());
12      m_obersteKarte->outKarte(m_wnd);
13      m_wnd->outStringLn("");
14      m_wnd->outString(m_txt->AktuellerSpieler());
15      m_wnd->outStringLn(m_aktSpieler->getName());
16
17      IBildKarte* abgelegteKarte=m_zustand->fuehreAus();
18      if(abgelegteKarte) {
19        m_kartenspiel->legeKarteAufAblage(m_obersteKarte);
20        m_obersteKarte=abgelegteKarte;
21      }
22
23      if(m_aktSpieler->getKartenanzahl()==1) {
24        m_wnd->outString(m_aktSpieler->getName());
25        m_wnd->outStringLn(m_txt->LetzteKarte());
26      }
27      if(m_aktSpieler->getKartenanzahl()==0)
28        break;
29
30
31      ermittleNaechstenSpieler();
32    } while(true);
```

»   10–14: Die oberste Karte und der aktuelle Spieler werden ausgegeben.

»   17: Die fuehreAus-Methode des aktuellen Zustands wird aufgerufen, und die eventuell abgelegte Karte wird in abgelegteKarte gespeichert.

»   18–21: Sollte eine Karte abgelegt worden sein, dann wird die aktuell oberste Karte auf die Ablage des Kartenspiels gelegt und die gerade abgelegte Karte zur neuen obersten Karte gemacht.

»   23–26: Sollte ein Spieler nur noch eine Karte auf der Hand haben, wird für ihn der Text »Letzte Karte« ausgegeben.

»   27–28: Hat der Spieler keine Karten mehr auf der Hand, dann hat er gewonnen und die Spielschleife wird abgebrochen.

»   31: Der nächste Spieler wird bestimmt.

Nach dem Spielende muss nur noch der Gewinner ausgegeben werden:

```
33      m_wnd->outStringLn("");
34      m_wnd->outString(m_aktSpieler->getName());
35      m_wnd->outStringLn(m_txt->SpielGewonnen());
```

Spiel fertig!

Damit ist das MaoMao-Spiel fertig, und es kann gespielt werden:

```
DosFenster dw;
KartenfabrikDe kafade;
TxtFabrikDe tefade;
KartenspielMM ks(&kafade);

MenschSpielerMM sp1(&dw, &tefade);
ComputerSpielerMM sp2;
ComputerSpielerMM sp3;

sp1.erzeugeName();
sp2.erzeugeName();
sp3.erzeugeName();

MaoMao mm(&dw, &tefade);
mm.setzeKartenspiel(&ks);
mm.weitererSpieler(&sp1);
mm.weitererSpieler(&sp2);
mm.weitererSpieler(&sp3);
mm.spielen();
```

Viel Spaß!

Das MaoMao-Spiel finden Sie auf der Webseite *www.awl.de/3209* unter *Listings/Kapitel20/MaoMao*.   WWW

KAPITEL 21

Schach

Nein, keine Sorge, wir werden kein komplettes Schachspiel programmieren, und erst recht keinen Computer-Spieler. Dieses Kapitel bespricht vielmehr das grundlegende Klassendesign für ein potenzielles Spiel. Wir werden ein Schachbrett entwerfen, zwei konkrete Schachfiguren implementieren und unser Programm dazu einsetzen, das Springer- und das Dame-Problem zu lösen.

In früheren Büchern habe ich diese Probleme bereits behandelt und bin ihnen mit speziell auf ihre Lösung zugeschnittenen Programmen zu Leibe gerückt. Es ist verständlich, dass diese spezialisierten Programme die Lösung erheblich schneller ermitteln als eine allgemein gehaltene Klassenbibliothek. Andererseits ist es aber ein Genuss, zu sehen, wie schnell und kurz die Lösungen mithilfe unserer zukünftigen Klassenbibliothek implementiert werden können. Und das alles, ohne Änderungen am bestehenden Code vorzunehmen.

21.1 Anforderungen

Überlegen wir uns, welche Bedürfnisse die spätere Implementierung befriedigen soll. Die folgenden Punkte sind nicht über eine Analyse-Phase zu bestimmen, sondern sind meine Wünsche:

» Das Spielbrett soll eine beliebige Form haben können.

» Jede Brettposition soll über eine x- und y-Koordinate eindeutig bestimmbar sein.

» Es sollen beliebige Spielfiguren erzeugt werden können.

» Beliebig viele Parteien können auf einem Spielbrett mit- oder gegeneinander spielen.

» Es muss bestimmt werden können, wer gegen wen spielt.

Aus diesen Punkten, die noch keinerlei Bezug zu einer späteren Software haben und auch von einem absoluten Computer-Laien hätten formuliert werden können, lassen sich bereits Konsequenzen für das Klassendesign ableiten, die eine spätere Implementierung schon grob umreißen und bestimmte technische Anforderungen stellen:

» *Das Klassendesign ist geschlossen gegenüber Figur-Erweiterungen.* Es soll möglich sein, durch Implementierung neuer Klassen und ohne Veränderungen des bestehenden Codes beispielsweise ein Dame-Spiel zu implementieren.

» *Es ist geschlossen gegenüber verschiedenen Brettformen.* Alle bestehenden Klassen sollen auch mit Spielbrettern zusammenarbeiten, die nicht das für Schach übliche 8x8-Format besitzen. Prinzipiell soll jede Form von Schachbrett erlaubt sein (theoretisch auch welche mit Löchern im Spielfeld oder nicht rechteckiger Form).

» *Es ist geschlossen gegenüber Erweiterungen in der Farbe.* Es soll möglich sein, beliebig viele Parteien (z. B. Schwarz, Weiß, Rot, Grün etc.) auf ein Brett zu setzen. Die verwendeten Farben sollen erweiterbar sein. Diese Eigenschaft ist für Halma interessant.

» *Gegnerische Farben können frei bestimmt werden.* Üblicherweise spielt beim Schach Schwarz gegen Weiß und umgekehrt. Zur Lösung des Dame-Problems sind aber alle acht Damen von derselben Farbe und müssen sich trotzdem untereinander als Gegner erkennen.

Beginnen wir bei den Low-Level-Klassen, den Farben.

21.2 Die Farben

Eine der oben gestellten Forderungen ist die Geschlossenheit gegenüber Erweiterungen der Farben. Demnach muss der Zugriff auf die Farben über eine Schnittstelle entkoppelt werden.

Prinzipiell ist es nicht sinnvoll, dass eine Farbe durch mehrere Objekte repräsentiert wird. Es gibt die Farbe Weiß einmal, und das sollte in unserem Design dadurch zum Ausdruck gebracht werden, dass es von jeder Farbe nur ein Objekt gibt.

Damit vereinfacht sich auch der Vergleich der Farben. Immer dann, wenn zwei Farbverweise auf dasselbe Objekt verweisen, muss es sich um dieselbe Farbe handeln.

Für diese Problematik haben wir bereits in Abschnitt 9.4.1 ein Lösungsmuster besprochen: das Singleton.

21.2.1 Die Klasse »IFarbe«

Die Schnittstellenklasse IFarbe deklariert außer dem virtuellen Destruktor nur noch die Methode getAbk, über die für die jeweilige Farbe ein Buchstabe zwecks Ausgabe ermittelt werden kann.

```
class IFarbe {
public:
  virtual char getAbk() const=0;
  virtual ~IFarbe() {}
};
```
Listing 21.1: Die Klasse IFarbe

21.2.2 Die Klasse »FarbeWeiss«

Die Klasse FarbeWeiss ist als Singleton angelegt und verwendet die in Abschnitt 9.4.2 besprochene Technik, über eine private Unterklasse Verwalter das statische Singleton-Objekt bei Programmende freizugeben:

```
class FarbeWeiss : public IFarbe {

  class Verwalter {
  public:
    FarbeWeiss* m_farbe;
```

```
  ~Verwalter() {
    delete(m_farbe);
  }
};
```

//--

```
  static Verwalter m_verwalter;
  FarbeWeiss()
  {}
```

//--

```
  ~FarbeWeiss()
  {}
public:
  static FarbeWeiss* holeFarbe();
```

//--

```
  char getAbk() const {
    return('w');
  }
};
```

Listing 21.2: Die Klasse FarbeWeiss

Das statische Attribut muss im entsprechenden *.cpp*-Modul initialisiert werden:

```
FarbeWeiss::Verwalter FarbeWeiss::m_verwalter;
```

Listing 21.3: Die Initialisierung des statischen Verwalter-Objekts

Nun fehlt nur noch die Definition der Methode holeFarbe:

```
FarbeWeiss* FarbeWeiss::holeFarbe() {
  return(m_verwalter.m_farbe
          ?m_verwalter.m_farbe
          :m_verwalter.m_farbe=new FarbeWeiss);
}
```

Listing 21.4: Die statische Methode holeFarbe

Die Klasse FarbeSchwarz für die schwarze Farbe ist analog zur Klasse FarbeWeiss aufgebaut, deswegen erspare ich uns einen Abdruck. Abbildung 21.1 zeigt die bisherige Hierarchie. Erzeugt werden die Farben wie folgt:

```
IFarbe* w=FarbeWeiss::holeFarbe();
IFarbe* s=FarbeSchwarz::holeFarbe();
```

Die Farbklassen finden Sie auf der Webseite *www.awl.de/3209* unter *Listings/Kapitel21/Schach01*. WWW

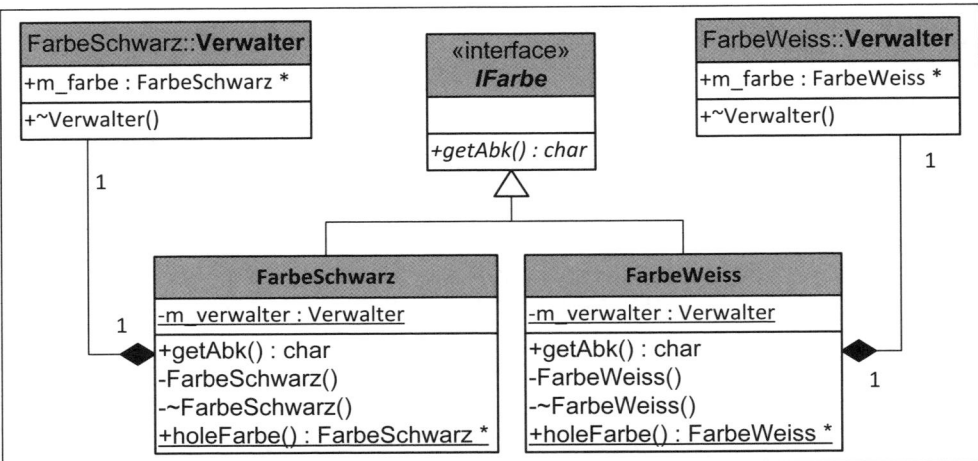

Abbildung 21.1: Die Hierarchie der Farben

Der Ansatz funktioniert so weit ganz gut, ist aber flexibler und aufwendiger als notwendig:

» *Vorteil*: Weil jede Farbe mit einer eigenen Klasse implementiert wird, können sich Farben in ihrer Funktionalität unterscheiden. Es könnte also zum Beispiel eine besondere Farbe programmiert werden, die sich aufgrund bestimmter Kriterien ändert.

» *Nachteil*: Den oben genannten Vorteil brauchen wir nicht. Bei uns besitzen alle Farben identische Funktionalität, wir brauchen die unterschiedlichen Typen lediglich, um unterschiedliche Farben unterscheiden zu können.

Es wäre für unseren Ansatz viel besser, wenn sich die Farben nur in den Objekten unterscheiden und nicht im Typ.

21.2.3 Die Klasse »Farbverwalter«

Diese Idee wollen wir umsetzen. Anstelle einer eigenen Singleton-Klasse für jede Farbe könnten wir die verschiedenen Farben auch als Objekte derselben Klasse darstellen, wobei die Klasse dafür Sorge tragen muss, dass ein Farb-Objekt nicht mehrfach angelegt wird.

Über eine Methode erzeugeFarbe werden die Farben später erstellt:

```
Farbverwalter::erzeugeFarbe("weiss",'w');
Farbverwalter::erzeugeFarbe("schwarz",'s');
```

Der Methode wird ein selbst definierter Name sowie das später von der Farbe als Abkürzung verwendete Zeichen übergeben. Angesprochen werden die so erzeugten Farben über die Methode holeFarbe, der der Name der gewünschten Farbe übergeben wird:

```
IFarbe* w=Farbverwalter::holeFarbe("weiss");
IFarbe* s=Farbverwalter::holeFarbe("schwarz");
```

Wird der Name einer Farbe angegeben, die noch nicht erzeugt wurde, dann wird ein Nullzeiger zurückgegeben.

Die Klasse Farbverwalter sieht so aus:

```
class Farbverwalter {
  typedef std::map<std::string, Farbe*> container_type;
  static container_type m_farben;
  static Farbverwalter m_verwalter;

//------------------------------------------------------------

  ~Farbverwalter() {
    for(container_type::iterator i=m_farben.begin();
        i!=m_farben.end();
        ++i)
      delete(i->second);
  }

//------------------------------------------------------------

public:
  static bool erzeugeFarbe(const std::string& name, char abk) {
    if(m_farben.find(name)!=m_farben.end())
      return(false);
    m_farben.insert(std::make_pair(name, new Farbe(abk)));
    return(true);
  }

//------------------------------------------------------------

  static Farbe* holeFarbe(const std::string& s) {
    container_type::iterator i=m_farben.find(s);
    if(i==m_farben.end())
      return(nullptr);
    else
      return(i->second);
  }
};
```

Listing 21.5: Die Klasse Farbverwalter

Die erzeugten Farben werden in einer Map abgelegt, deren Schlüsselwert ein String ist und die den mit der Farbe verbundenen Namen speichert.

Interessant ist, dass die Klasse Farbverwalter ein statisches Attribut des eigenen Typs anlegt. Welche Idee dahinter steht, wird schnell klar, wenn wir uns den Destruktor ansehen: Er gibt alle in der Map gespeicherten Farb-Objekte frei. Und der Destruktor wird aufgerufen, wenn das statische Objekt abgebaut ist, also am Programmende.

Der Methode erzeugeFarbe übergeben wir den gewünschten Namen und die Abkürzung der Farbe. Die Methode prüft, ob es schon eine Farbe mit diesem Namen gibt, und erzeugt bei erfolgloser Suche ein neues Farb-Objekt.

465

Über `holeFarbe` erhalten wir das Farb-Objekt mit dem angegebenen Namen. Sollte keine Farbe gefunden werden, wird ein Null-Zeiger zurückgeliefert.

Farbe

Die Farben werden innerhalb von `Farbverwalter` in Form von `Farbe`-Objekten gespeichert. Diese Klasse ist im privaten Bereich von `Farbverwalter` definiert und sieht folgendermaßen aus:

```
class Farbe : public IFarbe {
  friend class Farbverwalter;

//-------------------------------------------------------------

  char m_abk;

//-------------------------------------------------------------

  Farbe(char c)
    : m_abk(c)
  {}

//-------------------------------------------------------------

public:
  char getAbk() const {
    return(m_abk);
  }
};
```

Listing 21.6: Die Klasse `Farbe` von `Farbverwalter`

Die Klasse deklariert `Farbverwalter` als Freund, damit `Farbverwalter` Objekte von `Farbe` erzeugen kann.

Eine Änderung an `IFarbe` ist jedoch noch wichtig. Sehen Sie, welche?

Bisher ist der virtuelle Destruktor von `IFarbe` noch öffentlich, wir könnten darüber ein `Farbe`-Objekt aus der Farbverwaltung freigeben. Um dies zu verhindern, deklarieren wir ihn als geschützt (ein privater Destruktor wäre zu viel des Guten, weil ihn dann Subklassen-Destruktoren nicht aufrufen könnten, aber das müssen sie können):

```
class IFarbe {
protected:
  virtual ~IFarbe() {}

public:
  virtual char getAbk() const=0;
};
```

Listing 21.7: Die endgültige Klasse `IFarbe`

Die Zusammenhänge sind in Abbildung 21.2 dargestellt. Ob die späteren Figuren nun mit der Klasse Farbverwalter oder den Klassen FarbeWeiss und FarbeSchwarz oder gar mit beiden arbeiten, spielt keine Rolle, weil die Figuren nur über die Schnittstelle IFarbe auf die Farben zugreifen werden.

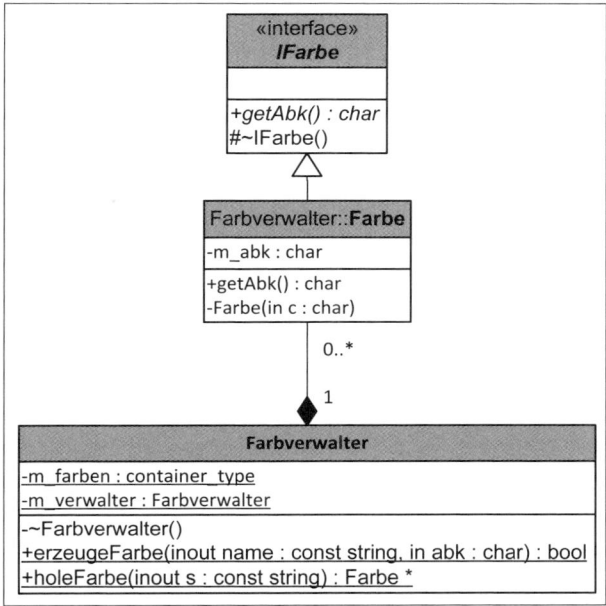

Abbildung 21.2: Die Klasse Farbverwalter

21.2.4 Die Klasse »ITeamschema«

Als erste Handlung zum Aufbau unserer Teams definieren wir eine Schnittstelle, die alle späteren Fähigkeiten eines Teamschemas festlegt:

```
class ITeamschema {
protected:
  virtual ~ITeamschema() {}

public:
  virtual void fuegeGegnerHinzu(IFarbe* gegner)=0;
  virtual IFarbe* getTeamFarbe() const=0;
  virtual bool istGegnerFarbe(const IFarbe* f) const=0;
};
```
Listing 21.8: Die Klasse ITeamschema

Die bei den Farben gewonnene Erkenntnis des geschützten Destruktors lassen wir direkt in ITeamschema einfließen.

Als Funktionalität (im Sinne zu implementierender Methoden) soll ein Team Folgendes können:

» einen Gegner hinzufügen (fuegeGegnerHinzu)

» die Farbe des Teams ermitteln (getTeamFarbe)

» prüfen, ob eine Farbe zu den gegnerischen Farben zählt (istGegnerFarbe)

21.2.5 Die Klasse »Teamschema«

Im ersten Anlauf definieren wir ein Team als Objekt einer Klasse Teamschema, das die eigene Farbe und beliebig viele Gegner-Farben besitzen kann:

```
class Teamschema : public ITeamschema {
  IFarbe* m_team;
  std::vector<IFarbe*> m_gegner;

//------------------------------------------------------------

public:
  Teamschema(IFarbe* team, IFarbe* gegner)
  : m_team(team) {
    fuegeGegnerHinzu(gegner);
  }

//------------------------------------------------------------

  void fuegeGegnerHinzu(IFarbe* gegner) {
    m_gegner.push_back(gegner);
  }

//------------------------------------------------------------

  IFarbe* getTeamFarbe() const {
    return(m_team);
  }

//------------------------------------------------------------

  bool istGegnerFarbe(const IFarbe* f) const {
    return(std::find(m_gegner.begin(),
                     m_gegner.end(),
                     f)
           !=m_gegner.end());
  }
};
```
Listing 21.9: Die Klasse Teamschema

Die gegnerischen Farben werden in Form eines Vektors von IFarbe-Zeigern gespeichert.

Dem Konstruktor muss auf jeden Fall die eigene Farbe sowie eine gegnerische Farbe angegeben werden.

Die Methode istGegnerFarbe benutzt den find-Algorithmus, um die zu prüfende Farbe in m_gegner zu finden. Wird die Farbe gefunden, ist sie eine gegnerische Farbe. Wenn nicht, dann nicht.

Erstellt wird ein Teamschema so:[1]

```
Teamschema* weiss =
        new Teamschema(Farbverwalter::holeFarbe("weiss"),
                       Farbverwalter::holeFarbe("schwarz"));
```

Das Teamschema finden Sie auf der Webseite *www.awl.de/3209* unter *Listings/Kapitel21/Schach02*. WWW

21.2.6 Die Klasse »Teamverwalter«

Die Klasse Teamschema hat einige Nachteile:

» Das dynamisch angelegte Teamschema-Objekt kann problemlos mit delete(weiss) abgebaut werden. Alle Verweise darauf wären damit ungültig.

» Teamschema-Objekte sind nicht global verfügbar und müssen daher immer übergeben werden.

» Es wäre theoretisch möglich, eine weiße Figur zu erzeugen, die schwarze Figuren als Gegner hat, und eine weiße Figur zu erzeugen, die grüne Gegner hat. Unter Umständen greift hier das »It's not a bug, it's a feature«-Prinzip, aber mir ist keine Situation eingefallen, in der dieses Feature sinnvoll wäre.

Um diese »unfreiwilligen Möglichkeiten« etwas einzugrenzen, werden wir wieder die Technik einer Klasse anwenden, die mehrere Singleton-Objekte erzeugen kann. Analog zur Farbverwalter-Klasse wollen wir die neue Klasse Teamverwalter nennen. Schauen wir uns dieses Mal die privat definierte, von ITeamschema abgeleitete Klasse zuerst an:

```
class Team : public ITeamschema {
  friend class Teamverwalter;
  IFarbe* m_team;
  std::vector<IFarbe*> m_gegner;

//----------------------------------------------------------

  ~Team() {}

//----------------------------------------------------------

  Team(IFarbe* team, IFarbe* gegner)
  : m_team(team) {
    fuegeGegnerHinzu(gegner);
  }
```

---

1   In diesem Beispiel wird die Klasse Farbverwalter eingesetzt. Die Klassen FarbeWeiss und FarbeSchwarz hätten genauso gut verwendet werden können.

```
//-------------------------------------------------------------

public:
  void fuegeGegnerHinzu(IFarbe* gegner) {
    m_gegner.push_back(gegner);
  }

//-------------------------------------------------------------

  IFarbe* getTeamFarbe() const {
    return(m_team);
  }

//-------------------------------------------------------------

  bool istGegnerFarbe(const IFarbe* f) const {
    return(std::find(m_gegner.begin(),
                     m_gegner.end(),
                     f)
              !=m_gegner.end());
  }
};
```

Listing 21.10: Die Klasse Team von Teamverwalter

Konstruktor und Destruktor sind privat, damit nur die als Freund deklarierte Teamverwalter-Klasse die Team-Objekte erzeugen und abbauen kann.

Die anderen Methoden sind mit denen von Teamschema identisch.

Die Teamverwalter-Klasse benutzt für die Speicherung der Teams wieder eine map:

```
class Teamverwalter {
  typedef std::map<std::string, Team*, LessStr> container_type;
  static container_type m_teams;
  static Teamverwalter m_verwalter;

//-------------------------------------------------------------

  ~Teamverwalter() {
    for(container_type::iterator i=m_teams.begin();
        i!=m_teams.end();
        ++i)
      delete(i->second);
  }

//-------------------------------------------------------------

public:
  static bool erzeugeTeam(const std::string& name,
                          IFarbe* team,
                          IFarbe* gegner) {
```

```
    if(m_teams.find(name)!=m_teams.end())
      return(false);
    for(container_type::iterator i=m_teams.begin();
        i!=m_teams.end();
        ++i)
      if(i->second->getTeamFarbe()==team)
        return(false);
    m_teams.insert(
          std::make_pair(name, new Team(team, gegner)));
    return(true);
  }

//-------------------------------------------------------------

  static Team* holeTeam(const std::string& s) {
    container_type::iterator i=m_teams.find(s);
    if(i==m_teams.end())
      return(0);
    else
      return(i->second);
  }
};
```

Listing 21.11: Die Klasse Teamverwalter

Der private Destruktor kommt erst dann zum Einsatz, wenn das statische Teamverwalter-Objekt der Klasse am Ende des Programms abgebaut wird.

Die Methode erzeugeTeam erzeugt nur dann ein Team, wenn der angegebene Name noch nicht verwendet wurde und für die angegebene Team-Farbe noch kein Team-Objekt angelegt wurde.

Mit holeTeam kann über den Team-Namen ein Verweis auf das dazugehörige Team ermittelt werden. Existiert unter dem entsprechenden Namen kein Team, dann wird ein Null-Zeiger zurückgegeben.

Für die Suche in der Map in holeTeam benötigt die Map den Operator <, der für string nicht existiert, deshalb habe ich LessStr programmiert:

```
class LessStr {
public:
  bool operator()(const std::string &s1, const std::string& s2) const {
    return(std::strcmp(s1.c_str(), s2.c_str())<0);
  }
};
```

Listing 21.12: Die Klasse LessStr

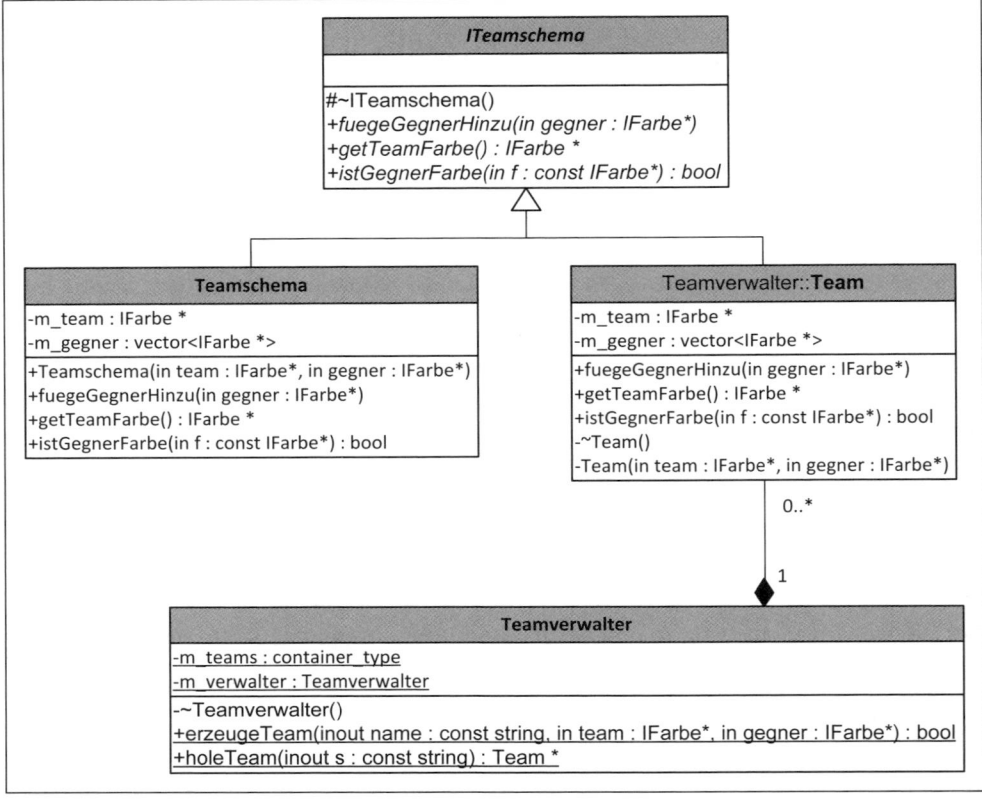

Abbildung 21.3: Die Klassen der Teams

21.3 Die Spielbretter

Die nächste zu implementierende Gruppe von Klassen soll das zukünftige Spielbrett realisieren.

Eine der folgenschwersten Forderungen ist die nach der beliebigen Form eines Spielbretts. Um für alle Spielbretter ein einheitliches System zur Spezifizierung einer Position auf dem Brett zu haben, benutzen wir Koordinaten. Jedes Spielbrett, egal welcher Form, lässt sich dann auf einen rechteckigen Bereich reduzieren, der nicht zum Spielbrett gehörende Positionen besitzt. Abbildung 21.4 zeigt ein solches Brett. Diese Positionen müssen wie bei einem Brett für Sternhalma nicht unbedingt wie eine Tabelle angeordnet sein.

Obwohl das Brett acht Felder breit und sechs Felder hoch ist, zählen die Positionen (0,0) oder (5,3) zu den ungültigen Feldern.

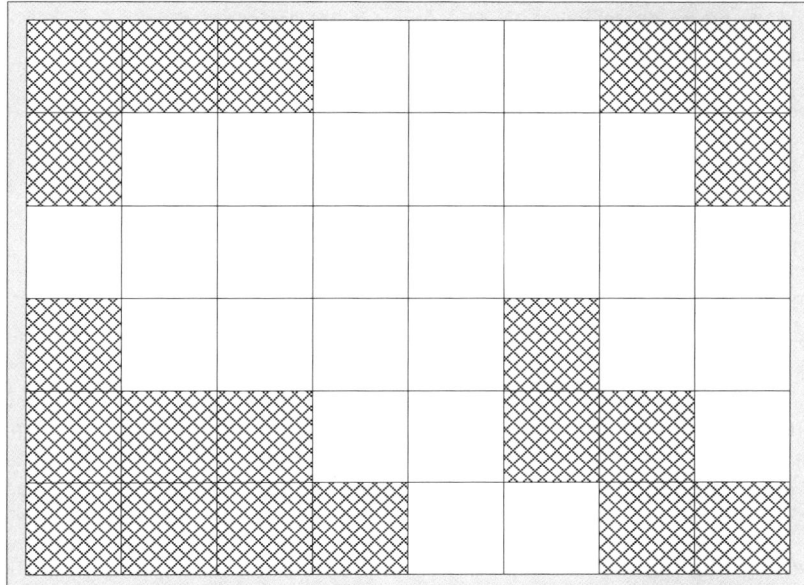

Abbildung 21.4: Ein theoretisch mögliches Spielbrett

Bilden wir die Anforderungen auf konkrete Aktionen ab:

» Wegen der in Abbildung 21.4 beispielhaft dargestellten Möglichkeiten bezüglich der Brettform benötigen wir die Möglichkeit, festzustellen, ob eine Position des Bretts gültig oder ungültig ist.

» Die Ausmaße (Breite und Höhe) des Brettes, innerhalb derer sich gültige Positionen befinden können, müssen abfragbar sein.

» Es muss geprüft werden können, ob eine gültige Position frei ist oder nicht.

» Die an einer Position befindliche Figur muss ermittelt werden können.

» Es muss eine Figur auf das Brett gesetzt werden können.

» Eine Figur muss vom Brett entfernt werden können.

» Eine auf dem Brett befindliche Figur muss bewegt werden können.

» Alle zu einem Team gehörenden Figuren auf dem Brett müssen ermittelt werden können.

21.3.1 Die Klasse »ISchachbrett«

In einer Schnittstelle zusammengefasst, sieht die Funktionalität eines Spielbretts so wie in Abbildung 21.5 aus.

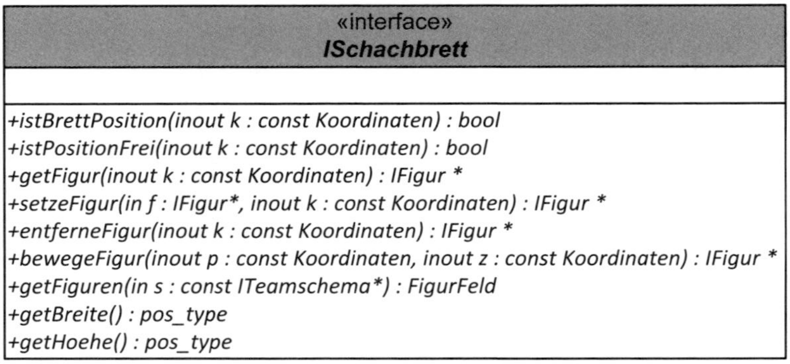

«interface»
ISchachbrett
+istBrettPosition(inout k : const Koordinaten) : bool   +istPositionFrei(inout k : const Koordinaten) : bool   +getFigur(inout k : const Koordinaten) : IFigur *   +setzeFigur(in f : IFigur*, inout k : const Koordinaten) : IFigur *   +entferneFigur(inout k : const Koordinaten) : IFigur *   +bewegeFigur(inout p : const Koordinaten, inout z : const Koordinaten) : IFigur *   +getFiguren(in s : const ITeamschema*) : FigurFeld   +getBreite() : pos_type   +getHoehe() : pos_type

Abbildung 21.5: Die Klasse ISchachbrett

Eigentlich ist es die Schnittstelle aller Spielbretter und sollte besser ISpielbrett heißen. Weil ich aber klarer zeigen will, dass die Klassenhierarchie eigentlich für Schachprobleme gedacht war, um dann trotzdem für ein anderes Spiel erweitert zu werden, nehme ich den Namen ISchachbrett.

In C++ erhalten wir folgende Klasse:

```
class ISchachbrett {
public:
  typedef IFigur::pos_type pos_type;

  virtual ~ISchachbrett() {}
  virtual bool istBrettPosition(const Koordinaten& k) const=0;
  virtual bool istPositionFrei(const Koordinaten& k) const=0;
  virtual IFigur* getFigur(const Koordinaten& k) const=0;
  virtual IFigur* setzeFigur(IFigur* f,
                        const Koordinaten& k)=0;
  virtual IFigur* entferneFigur(const Koordinaten& k)=0;
  virtual IFigur* bewegeFigur(const Koordinaten& p,
                      const Koordinaten& z)=0;

  virtual FigurFeld getFiguren(const ITeamschema* s) const=0;
  virtual pos_type getBreite() const=0;
  virtual pos_type getHoehe() const=0;
};
```

Listing 21.13: Die Klasse ISchachbrett

Die eigene Klasse Koordinaten wird später bei der Schnittstelle für Figuren definiert.

21.3.2 Die Klasse »Schachbrett«

Die Klasse Schachbrett ist von ISchachbrett abgeleitet und implementiert Funktionalitäten, die aufgrund unseres Designs von jedem Spielbrett zur Verfügung gestellt werden müssen.

Beispielsweise besitzt jedes Brett eine Breite und eine Höhe. Diese Attribute und die entsprechenden Zugriffsmethoden werden in dieser Klasse implementiert:

```
class Schachbrett : public ISchachbrett {
  pos_type m_breite;
  pos_type m_hoehe;

//------------------------------------------------------------

protected:
  virtual IFigur* const& fig(const Koordinaten& k) const=0;
  virtual IFigur*& fig(const Koordinaten& k)=0;

//------------------------------------------------------------

public:
  Schachbrett(pos_type b, pos_type h)
  : m_breite(b), m_hoehe(h)
  {}

//------------------------------------------------------------

  pos_type getBreite() const {
    return(m_breite);
  }

//------------------------------------------------------------

  pos_type getHoehe() const {
    return(m_hoehe);
  }

//------------------------------------------------------------

  IFigur* getFigur(const Koordinaten& k) const {
    return(fig(k));
  }

//------------------------------------------------------------

  bool istPositionFrei(const Koordinaten& k) const {
    return(fig(k)==0);
  }

//------------------------------------------------------------

  IFigur* setzeFigur(IFigur* f, const Koordinaten& k);
  IFigur* entferneFigur(const Koordinaten& k);
  IFigur* bewegeFigur(const Koordinaten& p, const Koordinaten& z);
  FigurFeld getFiguren(const ITeamschema* s) const;
};
```

Listing 21.14: Die Klassendefinition von Schachbrett

Die geschützten, rein virtuellen Methoden fig (einmal für konstante und einmal für nicht konstante Objekte) implementieren den Zugriff auf eine Brettposition und müssen von der konkreten Spielbrett-Klasse definiert werden.

Interessant ist der Rückgabewert der konstanten Variante (IFigur* const&). Der Rückgabetyp muss so angegeben werden, denn konstant soll das sein, worauf die Referenz verweist. Hätten wir const IFigur*& geschrieben, dann wäre das konstant gewesen, worauf der Zeiger zeigt, und das würde uns bei der Konstanz wahrenden Variante nicht weiterhelfen.

Der Konstruktor initialisiert die beiden Attribute m_breite und m_hoehe. Über die Methoden getBreite und getHoehe können die Attribute ausgelesen werden.

Die Low-Level-Methoden getFigur und istPositionFrei sprechen die Feldposition direkt über fig an. Eine Prüfung, ob es sich überhaupt um eine gültige Position handelt, muss vorher vom Benutzer der Methode durchführt werden.

setzeFigur

Die Operationen zum Setzen oder Bewegen von Figuren auf dem Feld sind etwas aufwendiger, weil diese Vorgänge sowohl über das Spielbrett (auf das Brett wird eine Figur gesetzt) als auch über die Figur (setze die Figur auf ein Brett) angestoßen werden können.

In deren Verlauf muss die Figur das Brett und das Brett die Figur speichern (oder entfernen). Um die Kopplung nicht unnötig zu verstärken, arbeiten die beiden Klassen jeweils nur mit der öffentlichen Schnittstelle der anderen Klasse. Schauen wir uns zunächst die Methode setzeFigur von Schachbrett an:

```
01 IFigur* Schachbrett::setzeFigur(IFigur* f,
                                    const Koordinaten& k) {
02   if(f->getZustand()==IFigur::GESETZT)
03     throw "setzeFigur: Figur bereits auf Brett";
04   if(f->getZustand()==IFigur::UNGESETZT)
05     return(f->setzeAufBrett(this,k));
06   if(!istBrettPosition(k))
07     throw "setzeFigur: Keine gueltige Position";
08   IFigur* tmp=fig(k);
09   fig(k)=f;
10   return(tmp);
11 }
```
Listing 21.15: Die Methode setzeFigur von Schachbrett

» 01: Der Methode wird ein Verweis auf die zu platzierende Figur und die Zielposition übergeben.

» 02–03: Sollte der Zustand der Figur GESETZT sein, dann befindet sie sich bereits auf einem Brett. Auf welchem Brett sie steht, ist irrelevant; Fakt ist, dass sie nicht noch einmal platziert werden kann.

» 04–05: Sollte der Zustand der Figur UNGESETZT sein, dann wissen wir (per eigener Definition), dass das Setzen der Figur über die Schachbrett-Methode aufgerufen wurde. Die Kontrolle wird deshalb an die Figur übergeben. Einer der beiden Beteiligten (Figur oder

Brett) muss die Hauptrolle bei dieser Aktion übernehmen. Ich habe mich dafür entschieden, die Figur zum Hauptakteur zu machen.

» 06–07: Ist der Programmfluss hier angekommen, wissen wir, dass das Setzen der Figur über die Figur angestoßen wurde. (Der Zustand der Figur ist dann POSITIONIERUNG.) Es wird geprüft, ob die Position gültig ist.

» 08–10: Die Figur wird auf dem Brett positioniert, und der vorher dort abgelegte Verweis (eine Figur, die vorher dort gestanden hat, oder der Nullzeiger, falls keine Figur dort gestanden hat) wird zurückgegeben.

entferneFigur

Die Methode entferneFigur zählt ebenfalls zu den Methoden, die in engem Wechselspiel mit dem Figur-Gegenstück zusammenarbeiten:

```
01 IFigur* Schachbrett::entferneFigur(const Koordinaten& k) {
02   if(!istBrettPosition(k))
03     throw "entferneFigur:Keine gueltige Position";
04   IFigur* f=fig(k);
05   if(!f)
06     throw "entferneFigur:Keine Figur an Position";
07   if(f->getZustand()==IFigur::UNGESETZT)
08     throw "entfernefigur: Figur nicht auf Brett";
09
10   if(f->getZustand()==IFigur::GESETZT) {
11     f->nimmVonBrett();
12     fig(k)=nullptr;
13     return(f);
14   }
15   fig(k)=0;
16   return(f);
17 }
```

Listing 21.16: Die Methode entferneFigur von Schachbrett

» 01: Der Methode wird die Position der zu entfernenden Figur übergeben.

» 02–03: Handelt es sich um eine ungültige Brettposition, kann auch keine Figur entfernt werden.

» 04–06: Befindet sich an der Position keine Figur, kann sie auch nicht entfernt werden.

» 07–08: Ist der Zustand der Figur UNGESETZT, dann befindet sie sich nicht auf dem Brett.[2]

» 10–13: Ist der Zustand der Figur GESETZT, dann wurde der Vorgang über das Brett angestoßen und die Kontrolle wird an die Figur übergeben. Anschließend wird der Verweis an der Position gelöscht und von der Methode zurückgegeben.

» 15–16: An dieser Stelle wissen wir, dass der Vorgang von der Figur ausgelöst wurde (ihr Zustand ist POSITIONIERUNG). Die Methode löscht den Verweis und gibt ihn zurück.

---

2 Diese Situation kann nur durch einen Fehler in der konkreten Brett- oder Figur-Implementierung entstehen, denn wenn das Brett an einer Position einen Verweis auf eine Figur hat, dann muss diese Figur zwangsläufig den Zustand GESETZT besitzen.

bewegeFigur

Die letzte der eng mit der Figur zusammenarbeitenden Schachbrett-Methoden ist bewege-Figur. Sie bewegt eine Figur von ihrer aktuellen Position zu einer neuen Position, unabhängig davon, ob die Figur diese Bewegung überhaupt durchführen kann oder ob die Zielposition bereits besetzt ist. Jede Figur kann sich im Normalfall nur auf eine bestimmte, durch die Figur bestimmte Weise bewegen:

```
01 IFigur* Schachbrett::bewegeFigur(const Koordinaten& p,
                                    const Koordinaten& z) {
02   if(!istBrettPosition(p))
03     throw "bewegeFigur: p Keine gueltige Position";
04   if(!istBrettPosition(z))
05     throw "bewegeFigur: z Keine gueltige Position";
06
07   IFigur* f=fig(p);
08   if(!f)
09     throw "bewegeFigur:Keine Figur an Position";
10   if(f->getZustand()==IFigur::GESETZT)
11     return(f->bewege(z));
12   IFigur* tmp=fig(z);
13   fig(z)=f;
14   fig(p)=nullptr;
15   return(tmp);
16 }
```

Listing 21.17: Die Methode bewegeFigur von Schachbrett

» 01: Die Methode bekommt die aktuelle Position der zu bewegenden Figur (p) sowie die neue Position (z) übergeben.

» 02–05: Es wird geprüft, ob es sich bei beiden Positionen um gültige Positionen handelt.

» 07–09: Es wird geprüft, ob an der aktuellen Position (p) überhaupt eine Figur steht.

» 10–11: Ist der Zustand der Figur GESETZT, dann wurde die Bewegung über das Schachbrett eingeleitet. Die Methode übergibt die Kontrolle an die Figur.

» 12–15: Die Figur wird an die neue Position gesetzt. Eine Figur, die eventuell vorher an dieser Position gestanden hat, wird zurückgegeben.

getFiguren

Die Methode getFiguren zur Ermittlung aller auf dem Brett befindlichen Figuren eines Teams verfolgt eine simple Idee. Alle Positionen des Brettes werden abgelaufen. Sollte sich auf einer Position eine Figur befinden, dann wird geprüft, ob ihre Farbe mit der Teamfarbe übereinstimmt. Wenn ja, dann wird sie in ein Feld geschrieben, das später an den Aufrufer übergeben wird.

```
FigurFeld Schachbrett::getFiguren(const ITeamschema* s) const {
  FigurFeld ff;
  for(pos_type y=0; y<getHoehe(); ++y)
    for(pos_type x=0; x<getBreite(); ++x) {
      IFigur* f=fig(Koordinaten(x,y));
```

```
    if(f && s->getTeamFarbe()==f->getFarbe())
      ff.push_back(f);
    }
  return(ff);
}
```
Listing 21.18: Die Methode getFiguren von Schachbrett

21.3.3 Die Klasse »SchachbrettRechteckig«

Nachdem wir nun die ganze Vorarbeit geleistet haben, kommen wir zur ersten konkreten Brett-Implementierung. Die Klasse SchachbrettRechteckig erstellt jede Form von rechteckigem Spielbrett, auf dem es keine ungültigen Positionen gibt

Die Felder des Bretts werden in einem Vektor gespeichert:

```
class SchachbrettRechteckig : public Schachbrett {
  std::vector<IFigur*> m_brett;

//----------------------------------------------------------

protected:
  IFigur* const& fig(const Koordinaten& k) const {
    return(m_brett[k.m_y*getBreite()+k.m_x]);
  }

//----------------------------------------------------------

  IFigur*& fig(const Koordinaten& k) {
    return(m_brett[k.m_y*getBreite()+k.m_x]);
  }

//----------------------------------------------------------

public:
  SchachbrettRechteckig(pos_type b, pos_type h)
  : Schachbrett(b,h), m_brett(b*h)
  {}

//----------------------------------------------------------

  bool istBrettPosition(const Koordinaten& k) const {
    return(k.m_x>=0 && k.m_x<getBreite() &&
           k.m_y>=0 && k.m_y<getHoehe());
  }
};
```
Listing 21.19: Die Klasse SchachbrettRechteckig

Die beiden fig-Methoden greifen auf die Position des Vektors zurück. die durch das übergebene Koordinaten-Objekt spezifiziert wurde, und liefern eine Referenz auf den Inhalt der Position zurück.

Die Methode `istBrettPosition` prüft lediglich, ob sich die angegebenen Koordinaten innerhalb des rechteckigen Brett-Bereichs befinden.

Das Zusammenspiel der Klassen sehen Sie in Abbildung 21.6.

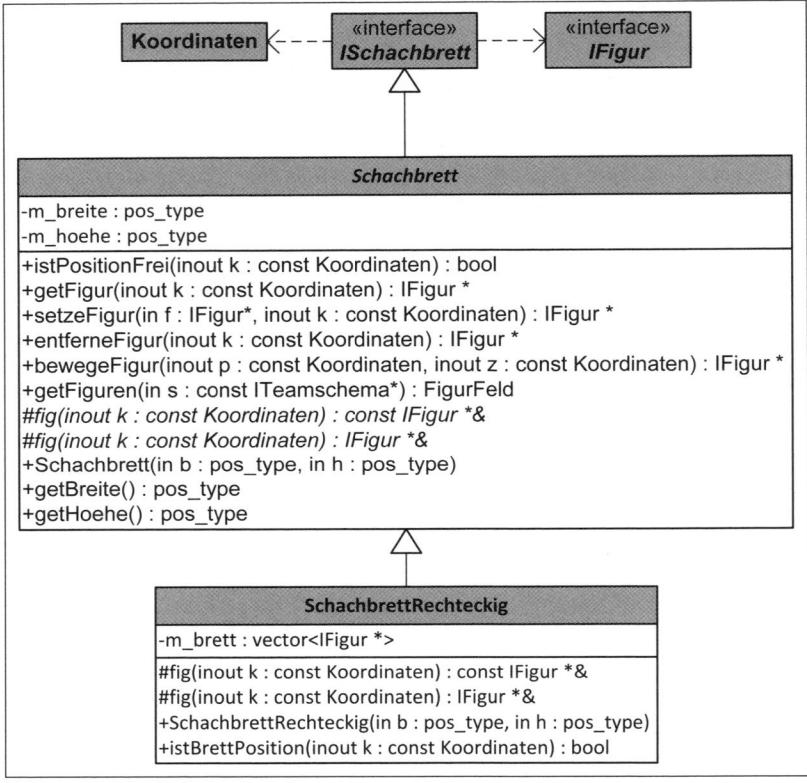

Abbildung 21.6: Die Schachbrett-Hierarchie

21.4 Die Figuren

Befassen wir uns mit dem nächsten größeren Block: den Figuren. Um vernünftig mit ihnen arbeiten zu können, sollen sie folgende Funktionalität zur Verfügung stellen:

» Ihre Position soll ermittelt werden können.

» Sie sollen auf ein Brett gesetzt und wieder von ihm entfernt werden können.

» Das Brett, auf dem sie sich befinden, soll abfragbar sein.

» Um sie ausgeben zu können, sollen sie einen Buchstaben liefern können, der sie kennzeichnet.

» Sie sollen prüfen können, ob eine Farbe zu ihren Gegnern zählt.

» Sie sollen unabhängig von ihren Fähigkeiten beliebig bewegt werden können.

» Sie sollen einen für sie gültigen Zug machen können.

» Sie sollen eine andere Figur schlagen können.

» Sie sollen alle von ihnen erreichbaren freien Positionen liefern können.

» Sie sollen alle von ihnen schlagbaren Figuren (Verweise auf die Figuren oder ihre Positionen) liefern können.

» Sie sollen ihren aktuellen Zustand mitteilen können: gesetzt, ungesetzt oder in der Positionierungsphase.

21.4.1 Die Klasse »IFigur«

Diese Anforderungen schlagen sich in der in Abbildung 21.7 dargestellten Schnittstelle nieder.

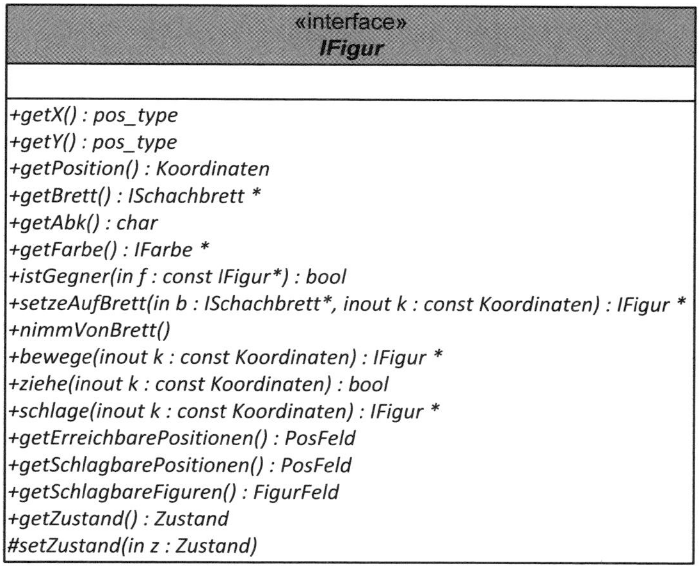

«interface» *IFigur*
+*getX() : pos_type* +*getY() : pos_type* +*getPosition() : Koordinaten* +*getBrett() : ISchachbrett ** +*getAbk() : char* +*getFarbe() : IFarbe ** +*istGegner(in f : const IFigur*) : bool* +*setzeAufBrett(in b : ISchachbrett*, inout k : const Koordinaten) : IFigur ** +*nimmVonBrett()* +*bewege(inout k : const Koordinaten) : IFigur ** +*ziehe(inout k : const Koordinaten) : bool* +*schlage(inout k : const Koordinaten) : IFigur ** +*getErreichbarePositionen() : PosFeld* +*getSchlagbarePositionen() : PosFeld* +*getSchlagbareFiguren() : FigurFeld* +*getZustand() : Zustand* #*setZustand(in z : Zustand)*

Abbildung 21.7: Die Klasse IFigur

In C++ sieht die Klasse wie folgt aus:

```
class IFigur {
public:
  typedef Koordinaten::pos_type pos_type;
  enum Zustand {GESETZT, UNGESETZT, POSITIONIERUNG};

  virtual ~IFigur() {}
  virtual pos_type getX() const=0;
```

481

```
    virtual pos_type getY() const=0;
    virtual Koordinaten getPosition() const=0;
    virtual ISchachbrett* getBrett() const=0;
    virtual char getAbk() const=0;  // Abk. als Buchstabe
    virtual IFarbe* getFarbe() const=0;
    virtual bool istGegner(const IFigur* f) const=0;

    virtual IFigur* setzeAufBrett(ISchachbrett* b, const Koordinaten& k)=0;
    virtual void nimmVonBrett()=0;
    virtual IFigur* bewege(const Koordinaten& k)=0;
    virtual bool ziehe(const Koordinaten& k)=0;
    virtual IFigur* schlage(const Koordinaten& k)=0;
    virtual PosFeld getErreichbarePositionen() const=0;
    virtual PosFeld getSchlagbarePositionen() const=0;
    virtual FigurFeld getSchlagbareFiguren() const=0;
    virtual Zustand getZustand() const=0;

protected:
    virtual void setZustand(Zustand z)=0;
};
```

Listing 21.20: Die Klasse IFigur

Die Klasse definiert die Aufzählung Zustand für die möglichen Zustände der Figur. Darüber hinaus finden sich in ihrer Spezifizierungsdatei noch zwei wichtige globale Typ-Definitionen:

```
typedef std::vector<Koordinaten> PosFeld;
typedef std::vector<IFigur*> FigurFeld;
```

Listing 21.21: Die Typ-Definitionen von PosFeld und FigurFeld

21.4.2 Die Klasse »Koordinaten«

Bevor es an die tatsächliche Programmierung der Figuren geht, wollen wir erst einmal einen Blick auf die Koordinaten-Struktur werfen:

```
struct Koordinaten {
    typedef int pos_type;

//-------------------------------------------------------------

    pos_type m_x;
    pos_type m_y;

//-------------------------------------------------------------

    Koordinaten(pos_type x, pos_type y)
      : m_x(x), m_y(y)
    {}

//-------------------------------------------------------------

    Koordinaten() {}
```

```
//----------------------------------------------------------

  bool operator==(const Koordinaten& k) const {
    return(m_x==k.m_x && m_y==k.m_y);
  }
};
```

Listing 21.22: Die Koordinaten-Struktur

Die Struktur wurde an pair aus der STL angelehnt. pair wollte ich hier nicht einsetzen, weil es mir wichtig ist, für die einzelnen Koordinaten passende Bezeichner zu besitzen (m_x und m_y) und nicht mit nichtssagenden Attributen wie first und second arbeiten zu müssen.

21.4.3 Die Klasse »Figur«

Die von der Schnittstelle IFigur geforderten Methoden lassen sich in zwei Gruppen aufteilen:

» Methoden, die unmittelbar abhängig von den Fähigkeiten der Figur sind

» Methoden, die unter Zuhilfenahme der ersten Methodengruppe figurenunabhängig implementiert werden können

Wir werden daher zuerst eine Klasse Figur ableiten, die all diese figurunabhängigen Methoden implementiert und den konkreten Figuren-Klassen als Basisklasse dient. Jede Figur wird auf einem Brett stehen und eine Position einnehmen können, einem Team angehören und einen Zustand besitzen. Diese Attribute werden ebenfalls in der Figur-Klasse untergebracht.

```
class Figur : public IFigur {
  Koordinaten m_koordinaten;
  const ITeamschema* m_schema;
  ISchachbrett* m_brett;
  Zustand m_zustand;

//----------------------------------------------------------

protected:
  void setZustand(Zustand z) {
    m_zustand=z;
  }

//----------------------------------------------------------

public:
  Figur(const ITeamschema* s)
    : m_schema(s), m_zustand(UNGESETZT)
  {}

//----------------------------------------------------------

  pos_type getX() const {
    return(m_koordinaten.m_x);
  }
```

```
  pos_type getY() const {
    return(m_koordinaten.m_y);
  }

  Koordinaten getPosition() const {
    return(m_koordinaten);
  }

//------------------------------------------------------------

  IFarbe* getFarbe() const {
    return(m_schema->getTeamFarbe());
  }

//------------------------------------------------------------

  ISchachbrett* getBrett() const {
    return(m_brett);
  }

//------------------------------------------------------------

  bool istGegner(const IFigur* f) const {
    return(m_schema->istGegnerFarbe(f->getFarbe()));
  }

//------------------------------------------------------------

  Zustand getZustand() const {
    return(m_zustand);
  }

//------------------------------------------------------------

  IFigur* setzeAufBrett(ISchachbrett* b, const Koordinaten& k);
  void nimmVonBrett();
  IFigur* bewege(const Koordinaten& k);
  bool ziehe(const Koordinaten& k);
  virtual IFigur* schlage(const Koordinaten& k);
  FigurFeld getSchlagbareFiguren() const;
};
```

Listing 21.23: Die Klasse Figur

Die trivialen Methoden sind inline in der Klassendefinition definiert. Interessanter sind die Methoden, die hier lediglich deklariert wurden.

setzeAufBrett

Diese Methode implementiert eine der eng mit dem Schachbrett zusammenarbeitenden Operationen.

```
01 IFigur* Figur::setzeAufBrett(ISchachbrett* b,
                                const Koordinaten& k) {
02   if(m_zustand==GESETZT)
```

```
03    throw "setzeAufBrett:Figur bereits auf Brett";
04    if(!b->istBrettPosition(k))
05      throw "setzeAufBrett:Keine gueltige Brettposition";
06    m_zustand=POSITIONIERUNG;
07    IFigur* tmp=b->setzeFigur(this,k);
08    m_zustand=GESETZT;
09    m_brett=b;
10    m_koordinaten=k;
11    return(tmp);
12 }
```

Listing 21.24: Die Methode setzeAufBrett von Figur

» 01: Der Methode wird das Schachbrett und die zukünftige Position darauf übergeben.

» 02–03: Wenn die Figur bereits auf einem Brett steht, kann sie nicht noch einmal gesetzt werden.

» 04–05: Es wird geprüft, ob die zukünftige Position eine gültige Brett-Position ist.

» 06–07: Der Zustand wird auf POSITIONIERUNG gesetzt, und die auf dem Schachbrett notwendigen Aktionen werden an die Methode setzeFigur des Bretts delegiert.

» 08–10: Der endgültige Zustand wird GESETZT, und die Koordinaten und ein Verweis auf das Brett werden übernommen.

» 11: Ein Verweis auf eine Figur, die eventuell vorher auf der Position gestanden hat, (oder einen Nullzeiger) wird zurückgeliefert.

nimmVonBrett

Diese Methode ist das Gegenstück zur vorigen setzeAufBrett-Methode.

```
01 void Figur::nimmVonBrett() {
02    if(m_zustand!=GESETZT)
03      throw "nimmVonBrett:Figur nicht auf Brett";
04    m_zustand=POSITIONIERUNG;
05    m_brett->entferneFigur(m_koordinaten);
06    m_brett=nullptr;
07    m_zustand=UNGESETZT;
}
```

Listing 21.25: Die Methode nimmVonBrett von Figur

» 02–03: Wenn die Figur nicht auf einem Brett steht, kann sie auch nicht von einem Brett genommen werden.

» 04–05: Der Zustand wird auf POSITIONIERUNG gesetzt, und die Figur wird über die Methode entferneFigur des Bretts vom Brett entfernt.

» 06–07: Der Zustand wird UNGESETZT und der Verweis auf das Brett gelöscht.

bewege

Diese Methode bewegt eine Figur auf einem Brett von ihrer aktuellen Position auf eine neue Position. Ob die Figur aufgrund ihrer Fähigkeiten überhaupt in der Lage ist, diese Bewegung zu vollziehen, wird hier nicht geprüft.

```
01 IFigur* Figur::bewege(const Koordinaten& k) {
02   if(m_zustand!=GESETZT)
03     throw "bewege:Figur nicht auf Brett";
04   if(!m_brett->istBrettPosition(k))
05     throw "bewege: Keine gueltige Brettposition";
06   m_zustand=POSITIONIERUNG;
07   IFigur* tmp=m_brett->bewegeFigur(m_koordinaten, k);
08   m_koordinaten=k;
09   m_zustand=GESETZT;
10   return(tmp);
11 };
```

Listing 21.26: Die Methode bewege von Figur

» 01: Die Methode bekommt die neue Position der Figur übergeben.

» 02–03: Steht die Figur auf keinem Brett, kann sie auch nicht bewegt werden.

» 04–05: Es wird geprüft, ob die zukünftige Position eine gültige Brett-Position ist.

» 06: Über den Zustand POSITIONIERUNG wird mitgeteilt, dass sich die Figur gerade in einem Prozess der (Um-)Positionierung befindet.

» 07: Die Figur wird über bewegeFigur auf dem Schachbrett bewegt, und eine Figur, die an der neuen Position gestanden hat, wird zwischengespeichert.

» 08–09: Die neue Position wird übernommen, und der Zustand wird wieder auf GESETZT gesetzt.

» 10: Die Figur, die ursprünglich an der neuen Position gestanden hat, wird zurückgeliefert.

ziehe

Diese Methode führt eine Bewegung nur dann aus, wenn diese von der konkreten Figur auch tatsächlich durchführbar ist. Über den booleschen Rückgabewert teilt sie mit, ob der Zug durchgeführt wurde oder nicht.

```
01 bool Figur::ziehe(const Koordinaten& k) {
02   if(m_zustand!=GESETZT)
03     throw "ziehe:Figur nicht auf Brett";
04   if(m_brett->getFigur(k))
05     throw "ziehe:Zielposition besetzt";
06   PosFeld f=getErreichbarePositionen();
07   PosFeld::iterator i=find(f.begin(), f.end(), k);
08   if(i!=f.end()) {
09     bewege(k);
10     return(true);
```

```
11   }
12   return(false);
13 }
```

Listing 21.27: Die Methode ziehe von Figur

» 01: Der Methode wird die zukünftige Position übergeben.

» 02–03: Wenn die Figur nicht auf einem Brett steht, kann kein Zug ausgeführt werden.

» 04–05: Falls auf der Zielposition bereits eine Figur steht, kann nicht gezogen werden.

» 06–07: Die erreichbaren Positionen der Figur werden ermittelt, und anschließend wird geprüft, ob die zukünftige Position darunter ist.

» 08–09: Ist die zukünftige Position erreichbar, dann wird sie über bewege eingenommen.

schlage

Die Methode schlage ist genauso aufgebaut wie ziehe, nur dass anstelle der erreichbaren Positionen hier die schlagbaren Positionen ermittelt werden.

Die Methode liefert einen Verweis auf die geschlagene Figur zurück (oder im Falle eines Misserfolgs einen Nullzeiger).

```
IFigur* Figur::schlage(const Koordinaten& k) {
  if(m_zustand!=GESETZT)
    throw "schlage:Figur nicht auf Brett";
  if(!m_brett->getFigur(k))
    throw "schlage:Zielposition nicht besetzt";
  PosFeld f=getSchlagbarePositionen();
  PosFeld::iterator i=find(f.begin(), f.end(), k);
  if(i!=f.end()) {
    return(bewege(k));
  }
  return(nullptr);
}
```

Listing 21.28: Die Methode schlage von Figur

getSchlagbareFiguren

Diese Methode holt sich über getSchlagbarePositionen die Positionen aller schlagbaren Gegner und legt Verweise auf die Figuren in einem Feld ab. Dieses Feld wird dann von der Methode zurückgegeben.

```
FigurFeld Figur::getSchlagbareFiguren() const {
  PosFeld p=getSchlagbarePositionen();
  FigurFeld f;
  for(PosFeld::iterator i=p.begin(); i!=p.end(); ++i)
    f.push_back(m_brett->getFigur(*i));
  return(f);
}
```

Listing 21.29: Die Methode getSchlagbareFiguren von Figur

21.4.4 Die Klasse »FigurSpringer«

Es ist nun an der Zeit, die erste konkrete Schachfigur zu implementieren. Beginnen wir mit dem Springer. Der Zug eines Springers ist immer eine Zusammensetzung einer horizontalen oder vertikalen Bewegung, gefolgt von einer diagonalen Bewegung. Eventuelle Figuren auf dem Weg zur neuen Position werden vom Springer »übersprungen«. Abbildung 21.8 stellt die möglichen Züge eines Springers grafisch dar.

Abbildung 21.8: Die möglichen Bewegungen eines Springers

Um die möglichen Züge des Springers möglichst problemlos zu programmieren, legen wir ein statisches Feld m_positionen an, das alle möglichen neuen Positionen relativ zur alten Position beinhaltet:

```
class FigurSpringer : public Figur {
  static const pos_type m_positionen[];
  static const pos_type m_posanz=8;

//------------------------------------------------------------

public:
  FigurSpringer(const ITeamschema* s);

//------------------------------------------------------------

  char getAbk() const {
    return('S');
  }

//------------------------------------------------------------

  PosFeld getErreichbarePositionen() const;
  PosFeld getSchlagbarePositionen() const;
};
```

Listing 21.30: Die Klassendefinition von FigurSpringer

Die Definition vom `m_positionen` sieht so aus:

```
const FigurSpringer::pos_type FigurSpringer::m_positionen[]=
                  {1,-2,2,-1,2,1,1,2,-1,2,-2,1,-2,-1,-1,-2};
```

Listing 21.31: Die Definition von `m_positionen`

Die Werte sind jeweils paarweise (x- und y-Koordinate) abgelegt.

Der Konstruktor ist simpel:

```
FigurSpringer::FigurSpringer(const ITeamschema* s)
  : Figur(s)
{}
```

Listing 21.32: Der Konstruktor von `FigurSpringer`

getErreichbarePositionen

Diese Methode ermittelt alle von der Figur erreichbaren Positionen.

```
01 PosFeld FigurSpringer::getErreichbarePositionen() const {
02   if(!getBrett())
03     throw "getErreichbarePositionen: Figur nicht auf Brett";
04
05   PosFeld f;
06   for(pos_type i=0; i<m_posanz*2; i+=2) {
07     Koordinaten k(getX()+m_positionen[i],
                     getY()+m_positionen[i+1]);
08     if(getBrett()->istBrettPosition(k) &&
          getBrett()->istPositionFrei(k))
09       f.push_back(k);
10   }
11   return(f);
}
```

Listing 21.33: Die Methode `getErreichbarePositionen` von `FigurSpringer`

» 02–03: Sollte die Figur auf keinem Brett stehen, dann gibt es auch keine erreichbaren Positionen.

» 06: Alle in `m_positionen` gespeicherten Koordinatenpaare werden durchlaufen.

» 07: Aus der aktuellen Position und der relativen Position aus `m_positionen` wird eine potenzielle Zielposition berechnet.

» 08–09: Sollte die errechnete Position eine gültige Brett-Position und darüber hinaus noch unbelegt sein, dann wird die Position in die Liste der möglichen Züge aufgenommen.

» 11: Alle möglichen Züge werden zurückgeliefert.

getSchlagbarePositionen

Diese Methode liefert alle erreichbaren Positionen, an denen eine gegnerische Figur geschlagen werden könnte.

489

```
PosFeld FigurSpringer::getSchlagbarePositionen() const {
  if(!getBrett())
    throw "getSchlagbarePositionen: Figur nicht auf Brett";

  PosFeld f;
  for(pos_type i=0; i<2*m_posanz*2; i+=2) {
    Koordinaten k(getX()+m_positionen[i],
                  getY()+m_positionen[i+1]);
    if(getBrett()->istBrettPosition(k) &&
       !getBrett()->istPositionFrei(k) &&
       istGegner(getBrett()->getFigur(k)))
      f.push_back(k);
  }
  return(f);
}
```

Listing 21.34: Die Methode getSchlagbarePositionen von FigurSpringer

Die Methode ist ähnlich aufgebaut wie getErreichbarePositionen, nur die Bedingung, ob ein Zug in die Liste aufgenommen wird, ist unterschiedlich: Nur wenn die Position eine gültige Brett-Position ist, die Position nicht leer ist und auf der Position eine gegnerische Figur steht, wird die Position in die Liste aufgenommen.

21.4.5 Die Klasse »FigurDame«

Unsere zweite benötigte Figur ist die Dame. Sie kann entweder horizontal oder vertikal oder diagonal beliebig viele Felder gehen, bis entweder der Brettrand erreicht ist oder eine Figur den Weg versperrt. Abbildung 21.9 zeigt das Bewegungsschema. Sollte die den Weg versperrende Figur eine gegnerische Figur sein, dann kann diese Figur geschlagen werden.

Abbildung 21.9: Die möglichen Bewegungen einer Dame

Die Klassendefinition der Klasse FigurDame ist folgendermaßen aufgebaut:

```
class FigurDame : public Figur {
  static const pos_type m_positionen[];
  static const pos_type m_posanz=8;

//-------------------------------------------------------------

public:
  FigurDame(const ITeamschema* s);

//-------------------------------------------------------------

  char getAbk() const {
    return('D');
  }

//-------------------------------------------------------------

  PosFeld getErreichbarePositionen() const;
  PosFeld getSchlagbarePositionen() const;
};
```

Listing 21.35: Die Klassendefinition von FigurDame

Auch hier benutzen wir ein Feld m_positionen, um relative Positionen abzulegen. Allerdings handelt es sich hierbei um die Offsets der Richtungen, in die die Dame sich bewegen kann. Das Feld hat folgenden Inhalt:

```
const FigurDame::pos_type FigurDame::m_positionen[]=
                    {1,0,1,1,0,1,-1,1,-1,0,-1,-1,0,-1,1,-1};
```

Listing 21.36: Die Definition von m_positionen

Die Auflistung des trivialen Konstruktors ersparen wir uns hier.

getErreichbarePositionen

```
01 PosFeld FigurDame::getErreichbarePositionen() const {
02   if(!getBrett())
03     throw "getErreichbarePositionen: Figur nicht auf Brett";
04
05   PosFeld f;
06   for(pos_type i=0; i<m_posanz*2; i+=2) {
07     Koordinaten k(getX()+m_positionen[i],
                     getY()+m_positionen[i+1]);
08     while(getBrett()->istBrettPosition(k) &&
             getBrett()->istPositionFrei(k)) {
09       f.push_back(k);
10       k.m_x+=m_positionen[i];
11       k.m_y+=m_positionen[i+1];
12     }
```

```
13   }
14   return(f);
15 }
```
Listing 21.37: Die Methode getErreichbarePositionen von FigurDame

- » 06: Diese Schleife durchläuft alle in m_positionen gespeicherten Offsets.

- » 07: Ein Koordinaten-Objekt wird angelegt. Es beinhaltet die Position, die sich aus der aktuellen Position und dem entsprechenden Offset ergibt.

- » 08–12: Diese Schleife addiert den Offset so lange auf die in k gespeicherte Position und fügt
  sie zu den erreichbaren Positionen hinzu, bis entweder eine ungültige Position oder eine
  Figur erreicht wurde.

getSchlagbarePositionen

```
01 PosFeld FigurDame::getSchlagbarePositionen() const {
02   if(!getBrett())
03     throw "getSchlagbarePositionen: Figur nicht auf Brett";
04
05   PosFeld f;
06   for(pos_type i=0; i<2*m_posanz*2; i+=2) {
07     Koordinaten k(getX()+m_positionen[i],
                     getY()+m_positionen[i+1]);
08     while(getBrett()->istBrettPosition(k) &&
             getBrett()->istPositionFrei(k)) {
09       k.m_x+=m_positionen[i];
10       k.m_y+=m_positionen[i+1];
11     }
12     if(getBrett()->istBrettPosition(k) &&
           !getBrett()->istPositionFrei(k) &&
           istGegner(getBrett()->getFigur(k)))
13       f.push_back(k);
14   }
15   return(f);
16 }
```
Listing 21.38: Die Methode getSchlagbarePositionen von FigurDame

- » 08: Genau wie bei getErreichbarePositionen addiert diese Schleife den entsprechenden Offset auf die Position k, bis entweder der Brettrand oder eine Figur erreicht wurde.

- » 12: Sollte die erreichte Position gültig sein und sich eine gegnerische Figur darauf befinden, dann wird diese Position zu den schlagbaren Positionen hinzugefügt.

Damit ergibt sich bei den Figuren die Hierarchie aus Abbildung 21.10.

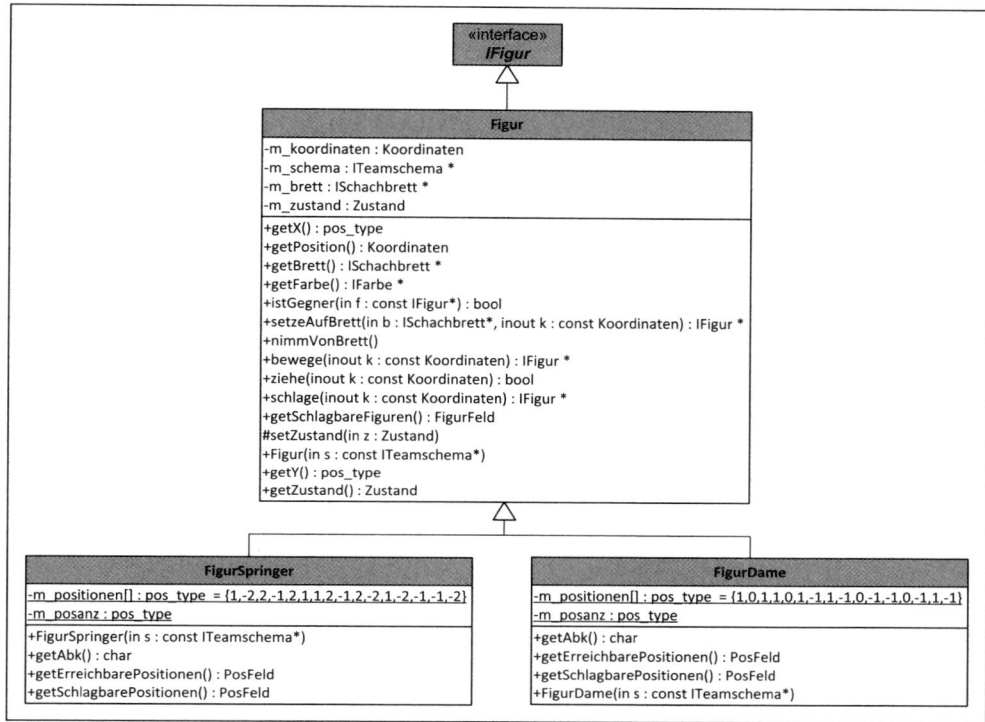

Abbildung 21.10: Die Figurenhierarchie

21.5 Die Problemlösungen

Wir sind mit unserer Klassensammlung nun so weit, dass wir die beiden Probleme angehen können, die wir ursprünglich lösen wollten. Lediglich eine Klasse möchte ich noch vorziehen, damit wir in der Lage sind, ein Brett auf Textebene darzustellen.

21.5.1 Ein Brett mit Ausgabe

Versuchen Sie einmal, auf die Frage eine Antwort zu finden, wie wir ein Schachbrett erzeugen können, das sich wie ein Schachbrett verhält und in der Lage ist, sich wie jedes existierende Schachbrett zu verhalten, nur dass wir zusätzlich noch die Möglichkeit besitzen, das Brett auszugeben.

Die Lösung ist eigentlich recht einfach. Wir betten in unser neues Schachbrett ein Objekt eines bereits implementierten Schachbretts ein und delegieren alle Anfragen an das eingebettete Schachbrett. Zusätzlich implementieren wir noch die gewünschten Ausgabe-Methoden. Abbildung 21.11 zeigt den Sachverhalt als UML-Diagramm.

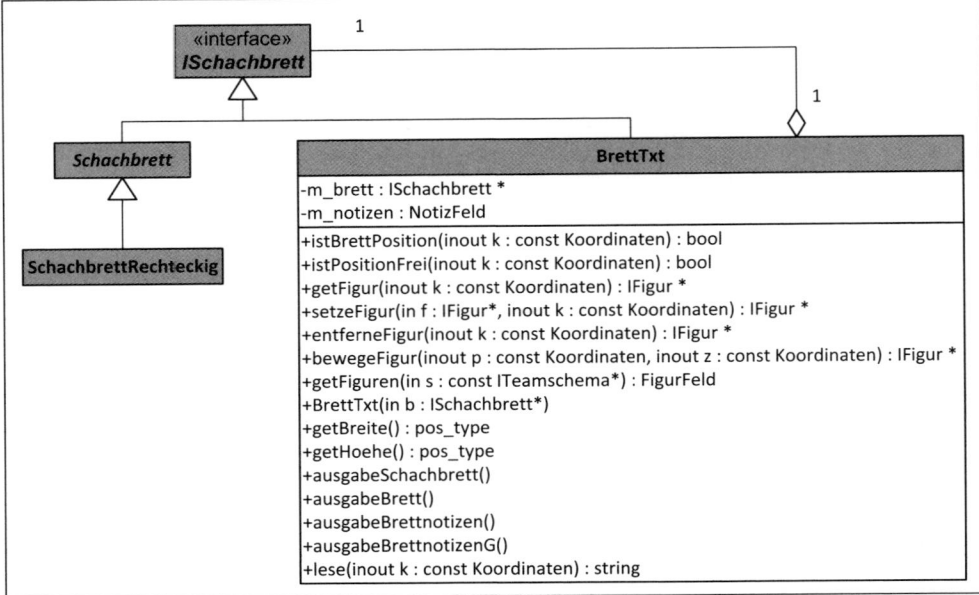

Abbildung 21.11: Die Einbindung von BrettTxt in die Klassenhierarchie

Die Klasse BrettTxt wird uns auch noch die Möglichkeit bieten, für jede Brett-Position eine Notiz abzulegen. Werfen wir erst einmal einen Blick auf die Klassendefinition:

```
class BrettTxt : public ISchachbrett {
  typedef std::vector<Notiz> NotizFeld;

  ISchachbrett* m_brett;
  NotizFeld m_notizen;

//--------------------------------------------------------------

public:
  BrettTxt(ISchachbrett* b)
    : m_brett(b)
  {}

//--------------------------------------------------------------

  bool istBrettPosition(const Koordinaten& k) const {
    return(m_brett->istBrettPosition(k));
  }

//--------------------------------------------------------------

  bool istPositionFrei(const Koordinaten& k) const {
    return(m_brett->istPositionFrei(k));
  }
```

```
//------------------------------------------------------------

  IFigur* getFigur(const Koordinaten& k) const {
    return(m_brett->getFigur(k));
  }

//------------------------------------------------------------

  IFigur* setzeFigur(IFigur* f, const Koordinaten& k) {
    return(m_brett->setzeFigur(f,k));
  }

//------------------------------------------------------------

  IFigur* entferneFigur(const Koordinaten& k) {
    return(m_brett->entferneFigur(k));
  }

//------------------------------------------------------------

  IFigur* bewegeFigur(const Koordinaten& p, const Koordinaten& z) {
    return(m_brett->bewegeFigur(p,z));
  }

//------------------------------------------------------------

  pos_type getBreite() const {
    return(m_brett->getBreite());
  }

//------------------------------------------------------------

  pos_type getHoehe() const {
    return(m_brett->getHoehe());
  }

//------------------------------------------------------------

  FigurFeld getFiguren(const ITeamschema* s) const {
    return(m_brett->getFiguren(s));
  }

//------------------------------------------------------------

  void ausgabeSchachbrett() const;
  void ausgabeBrett() const;
  void ausgabeBrettnotizen() const;
  void ausgabeBrettnotizenG() const;
  std::string lese(const Koordinaten& k) const;
};
```

Listing 21.39: Die Klassendefinition von BrettTxt

Zu Beginn wird ein Typ `NotizFeld` definiert, der einen Vektor aus `Notiz`-Objekten darstellt.

Als Attribute besitzt die Klasse ein `NotizFeld`-Objekt und einen Verweis auf das Schachbrett, das die Brett-Funktionalität übernehmen soll.

Im weiteren Verlauf finden sich die von `ISchachbrett` vorgegebenen Methoden, die ihrerseits die passende Methode von `m_brett` aufrufen.

Am Ende werden einige Methoden zur Ausgabe des Bretts und der Notizen deklariert, sowie eine Methode `lese`, die eine für eine bestimmte Brettposition abgelegte Notiz ermittelt.

Notiz

Bevor wir weitere Details der `BrettTxt`-Methoden betrachten, stelle ich Ihnen erst einmal die `Notiz`-Klasse vor, die im privaten Bereich von `BrettTxt` definiert wird:

```cpp
class Notiz {
public:
  Koordinaten m_koordinaten;
  std::string m_notiz;

//------------------------------------------------------------

  Notiz(const Koordinaten& k, const std::string& n="")
    : m_koordinaten(k), m_notiz(n)
  {}

//------------------------------------------------------------

  bool operator==(const Notiz& n) const {
    return(m_koordinaten==n.m_koordinaten);
  }
};
```

Listing 21.40: Die Klasse `Notiz` von `BrettTxt`

Ein `Notiz`-Objekt besteht aus einem `Koordinaten`-Objekt mit den Koordinaten der Brettposition, für die die Notiz bestimmt ist, und einem String, der den Text der Notiz enthält.

Verglichen werden Notizen über ihre Koordinaten.

schreibe

Um in eine Brettposition auch eine Notiz schreiben können, definieren wir innerhalb der Klassendefinition von `BrettTxt` noch ein Funktions-Template `schreibe`:

```cpp
template<typename Typ>
void schreibe(const Koordinaten& k, const Typ& o) {
  schreibe(k,toString(o));
}
```

Listing 21.41: Das Funktions-Template `schreibe` von `BrettTxt`

toString

Damit jeder Datentyp als Notiz geschrieben werden kann, setze ich ein `toString`-Template ein:

```
template<class Type>
std::string toString(Type val) {
  std::ostringstream o;
  o << val;
  return(o.str());
}
```

Listing 21.42: Das `toString`-Template

Ein Objekt des entsprechenden Datentyps wird mithilfe eines String-Streams in einen String umgewandelt. Voraussetzung für eine erfolgreiche Umwandlung ist das Vorhandensein eines <<-Operators für `Type`.

Eine Spezialisierung von »schreibe« für »string«

Das `schreibe`-Template von oben benutzt selbst wiederum `schreibe` für den Typ `string`. Aus diesem Grunde müssen wir `schreibe` für `string` spezialisieren:

```
template<>
inline void BrettTxt::schreibe<std::string>(
              const Koordinaten& k, const std::string& o) {
  Notiz n(k,o);
  NotizFeld::iterator i=std::find(m_notizen.begin(),
                                  m_notizen.end(),
                                  n);
  if(i!=m_notizen.end())
    *i=n;
  else
    m_notizen.push_back(n);
}
```

Listing 21.43: Die `schreibe`-Spezialisierung für den Datentyp `string`

Wie am Template-Kopf zu erkennen ist, steht die Spezialisierung nicht in der Klasse `BrettTxt`, sondern mit dieser im selben (in dem Fall globalen) Namensraum (siehe Abschnitt 12.4). Die Spezialisierung ist inline, weil sie ansonsten in die *.cpp*-Datei ausgelagert werden müsste.

Das Template schaut nach, ob es bereits eine Notiz für die entsprechenden Koordinaten gibt. Wenn ja, wird die gefundene Notiz mit dem neuen Inhalt überschrieben.

Existiert für die Koordinaten noch keine Notiz, dann wird eine neue Notiz an das Notizfeld gehängt.

ausgabeSchachbrett

Die Methode `ausgabeSchachbrett` gibt ein Brett in Form eines Schachbretts aus. Jedes Feld ist bei der Ausgabe vier Zeichen breit und drei Zeichen hoch.

```
01 void BrettTxt::ausgabeSchachbrett() const {
02   for(ISchachbrett::pos_type y=0; y<m_brett->getHoehe(); ++y) {
03     for(ISchachbrett::pos_type x=0; x<m_brett->getBreite(); ++x)
```

```
04        if(!m_brett->istBrettPosition(Koordinaten(x,y)))
05          cout << "####";
06        else
07          if((x+y)%2!=0)
08            cout << "++++";
09          else
10            cout << "    ";
11      cout << endl;
12
13
14      for(ISchachbrett::pos_type x=0;
            x<m_brett->getBreite();
            ++x) {
15        Koordinaten k(x,y);
16        if(!m_brett->istBrettPosition(Koordinaten(x,y)))
17          cout << "####";
18        else {
19          IFigur* f=m_brett->getFigur(k);
20          if((x+y)%2!=0) {
21            if(f)
22              cout << "+" << f->getAbk() <<
                      f->getFarbe()->getAbk() << "+";
23            else
24              cout << "++++";
25          }
26          else {
27            if(f)
28              cout << " " << f->getAbk() <<
                      f->getFarbe()->getAbk() << " ";
29            else
30              cout << "    ";
31          }
32        }
33      }
34      cout << endl;
35
36      for(ISchachbrett::pos_type x=0; x<m_brett->getBreite(); ++x)
37        if(!m_brett->istBrettPosition(Koordinaten(x,y)))
38          cout << "####";
39        else
40          if((x+y)%2!=0)
41            cout << "++++";
42          else
43            cout << "    ";
44      cout << endl;
45    }
46 }
```

Listing 21.44: Die Methode `ausgabeSchachbrett` von `BrettTxt`

»   02: Diese Schleife lässt die y-Achse durchlaufen.

»   03–11: Diese Schleife gibt die erste Zeile einer Brett-Reihe aus.

»   04–05: Handelt es sich um eine ungültige Position, dann wird sie mit dem Zeichen # gefüllt.

» 07: Diese Verzweigung sorgt dafür, dass die Felder abwechselnd schwarz (mit + gefüllt) und weiß (mit Leerzeichen gefüllt) dargestellt werden.

» 14–34: Diese Schleife gibt die zweite Zeile einer Brett-Reihe aus. Sollte auf der Position eine Figur stehen, dann wird ihre Abkürzung und die Abkürzung ihrer Farbe ausgegeben.

» 36-44: Die Schleife ist identisch mit der in den Zeilen 03–11.

Nehmen wir als Beispiel folgende Konstruktion:

```
typedef Farbverwalter FV;
typedef Teamverwalter TV;
SchachbrettRechteckig sb(8,8);
BrettTxt brett(&sb);
FV::erzeugeFarbe("weiss",'w');
FV::erzeugeFarbe("schwarz",'s');
TV::erzeugeTeam("weiss",FV::holeFarbe("weiss"),
                        FV::holeFarbe("schwarz"));

brett.setzeFigur(new FigurSpringer(TV::holeTeam("weiss")),
                                   Koordinaten(2,2));
brett.setzeFigur(new FigurDame(TV::holeTeam("weiss")),
                               Koordinaten(3,4));
brett.ausgabeSchachbrett();
```

Listing 21.45: Erzeugung eines Bretts mit zwei Figuren

Die Ausgabe ist in Abbildung 21.12 dargestellt.

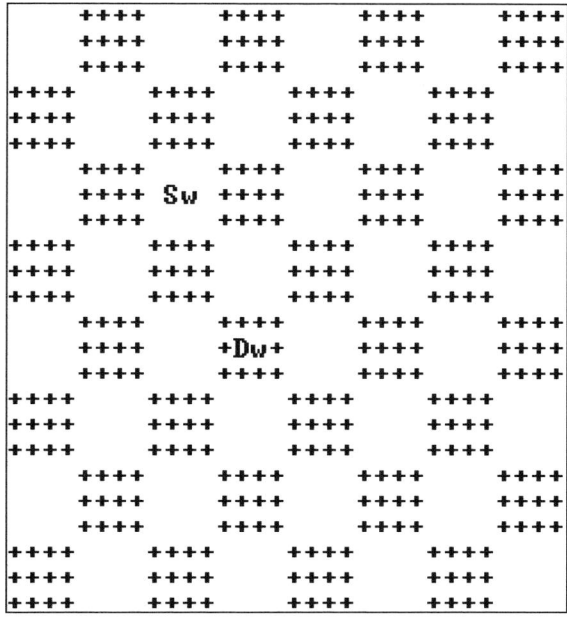

Abbildung 21.12: Eine Ausgabe mit ausgabeSchachbrett von BrettTxt

ausgabeBrett

Diese Methode dient dazu, ein Brett ohne das Schachbrett-Muster auszugeben:

```
void BrettTxt::ausgabeBrett() const {
  for(ISchachbrett::pos_type x=0; x<m_brett->getBreite(); ++x)
    cout << "+--";
  cout << "+" << endl;

  for(ISchachbrett::pos_type y=0; y<m_brett->getHoehe(); ++y) {
    for(ISchachbrett::pos_type x=0; x<m_brett->getBreite(); ++x) {
      Koordinaten k(x,y);
      if(istBrettPosition(k)) {
        IFigur* f=getFigur(k);
        if(f)
          cout << "|" << f->getAbk() << f->getFarbe()->getAbk();
        else
          cout << "|  ";
      }
      else
        cout << "|##";
    }
    cout << "|" << endl;

    for(ISchachbrett::pos_type x=0; x<m_brett->getBreite(); ++x)
      cout << "+--";
    cout << "+" << endl;
  }
}
```

Listing 21.46: Die Methode ausgabeBrett von BrettTxt

Das in Listing 21.45 erzeugte Brett mit zwei Figuren wird mit ausgabeBrett so wie in Abbildung 21.13 dargestellt.

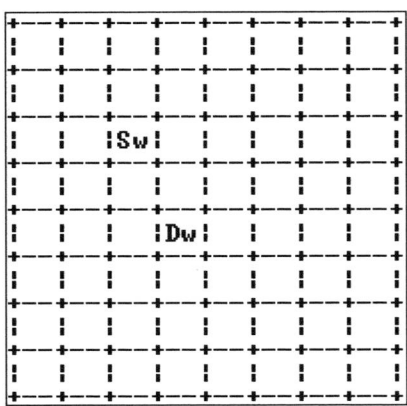

Abbildung 21.13: Eine Ausgabe mit ausgabeBrett von BrettTxt

ausgabeBrettnotizen

Die Methode `ausgabeBrettnotizen` stellt ein Brett in der Form wie in Abbildung 21.13 dar, gibt allerdings anstelle der Figuren die Notizen aus.

```
void BrettTxt::ausgabeBrettnotizen() const {
  for(ISchachbrett::pos_type x=0; x<m_brett->getBreite(); ++x)
    cout << "+--";
  cout << "+" << endl;

  for(ISchachbrett::pos_type y=0; y<m_brett->getHoehe(); ++y) {
    for(ISchachbrett::pos_type x=0; x<m_brett->getBreite(); ++x) {
      Koordinaten k(x,y);
      if(istBrettPosition(k))
        cout << "|" << setw(2) << setfill(' ') << left << lese(k);
      else
        cout << "|##";
    }
    cout << "|" << endl;

    for(ISchachbrett::pos_type x=0; x<m_brett->getBreite(); ++x)
      cout << "+--";
    cout << "+" << endl;
  }
}
```

Listing 21.47: Die Methode `ausgabeBrettnotizen` von BrettTxt

Aufgrund der Darstellungsgröße sollte eine Notiz nicht länger als zwei Zeichen sein. Die Klasse besitzt noch eine Methode `ausgabeBrettnotizenG`, deren Brettdarstellung eine Notiz mit bis zu fünf Zeichen erlaubt. Die Auflistung dieser Methode ersparen wir uns hier aber.

21.5.2 Das Springer-Problem

Jetzt aber: Wir lösen das erste der Probleme, für die wir den ganzen Aufwand betrieben haben. Das Springer-Problem lässt sich folgendermaßen formulieren:

Wie muss ein Springer über ein Schachbrett springen, damit er jedes Feld genau einmal betritt?

Wir legen dazu ein 8×8 großes, rechteckiges Brett an und betten es in ein `BrettTxt`-Objekt ein. Zusätzlich werden eine Farbe und ein Team erzeugt.

```
SchachbrettRechteckig sb(8,8);
BrettTxt brett(&sb);
Farbverwalter::erzeugeFarbe("springer",'F');
Teamverwalter::erzeugeTeam("springer",
                           Farbverwalter::holeFarbe("springer"),
                           Farbverwalter::holeFarbe("springer"));

springerRek(&brett, Koordinaten(0,0),1);
brett.ausgabeBrettnotizen();
```

Listing 21.48: Vorbereitungen zur Lösung des Springer-Problems

Anschließend wird die rekursive Funktion springerRek aufgerufen. Ihr werden das zu verwendende Brett, die Startposition und die aktuelle Rekursionstiefe (beim ersten Aufruf 1) übergeben.

```
01 bool springerRek(BrettTxt* b,
                     const Koordinaten& k,
                     int rektiefe) {
02    if(rektiefe==(b->getBreite()*b->getHoehe()))
03      return(true);
04    IFigur* f=new FigurSpringer(
                     Teamverwalter::holeTeam("springer"));
05    f->setzeAufBrett(b, k);
06    PosFeld pf=f->getErreichbarePositionen();
07    for(PosFeld::iterator i=pf.begin(); i!=pf.end(); ++i)
08      if(springerRek(b,*i, rektiefe+1)) {
09        b->schreibe(*i,rektiefe);
10        delete(f);
11        return(true);
12      }
13    f->nimmVonBrett();
14    delete(f);
15    return(false);
16 }
```
Listing 21.49: Rekursives Backtracking zur Lösung des Springer-Problems

» 02–03: Sollte die Rekursionstiefe den gleichen Wert haben wie die Anzahl der Positionen auf dem Brett, dann müssen wir zwangsläufig auf jeder Position gewesen sein. Die Funktion gibt true zurück.

» 04–05: Zuerst wird eine Springer-Figur erzeugt und auf die übergebene Position gesetzt.

» 06: Alle von dieser Position erreichbaren Positionen werden ermittelt.

» 07: Die Schleife durchläuft alle erreichbaren Positionen.

» 08: Für jede Position wird springerRek rekursiv aufgerufen.

» 09–11: Sollte der Aufruf true ergeben, dann wurde eine Lösung gefunden und die aktuelle Position gehört dazu. Sie wird als Notiz in BrettTxt abgelegt. Durch den Rückgabewert teilt die Funktion ihrem Aufrufer mit, dass sie erfolgreich war .

» 13–14: Keine der erreichbaren Positionen hat zu einem Erfolg geführt. Die in Zeile 04 erzeugte Springer-Figur wird vom Brett genommen und gelöscht.

» 15: Der Misserfolg wird durch false als Rückgabewert zum Ausdruck gebracht.

Die mit der Methode ausgabeBrettnotizen dargestellte Lösung ist in Abbildung 21.14 zu sehen.

```
+--+--+--+--+--+--+--+--+
|  |37|54|33|2 |35|18|21|
+--+--+--+--+--+--+--+--+
|53|46|1 |36|19|22|3 |16|
+--+--+--+--+--+--+--+--+
|38|55|32|45|34|17|20|9 |
+--+--+--+--+--+--+--+--+
|47|52|39|56|23|10|15|4 |
+--+--+--+--+--+--+--+--+
|58|31|44|51|40|25|8 |11|
+--+--+--+--+--+--+--+--+
|43|48|57|24|61|14|5 |26|
+--+--+--+--+--+--+--+--+
|30|59|50|41|28|7 |12|63|
+--+--+--+--+--+--+--+--+
|49|42|29|60|13|62|27|6 |
+--+--+--+--+--+--+--+--+
```

Abbildung 21.14: Eine Lösung des Springer-Problems

Die Lösung des Springer-Problems finden Sie auf der Webseite *www.awl.de/3209* unter *Listings/ Kapitel21/Schach03*. WWW

21.5.3 Das Dame-Problem

Bei dem Dame-Problem geht es darum, acht Damen so auf dem Schachbrett zu verteilen, dass keine Dame eine andere Dame bedroht.

Auch hier erstellen wir ein Schachbrett, eine Farbe und ein Team. In diesem Fall ist es wichtig, dass das Team seine eigene Farbe als Gegner hat, damit jede Dame alle anderen bedrohen kann:

```
SchachbrettRechteckig sb(8,8);
BrettTxt brett(&sb);
Farbverwalter::erzeugeFarbe("dame",'F');
Teamverwalter::erzeugeTeam("dame",
                    Farbverwalter::holeFarbe("dame"),
                    Farbverwalter::holeFarbe("dame"));
dameRek(&brett, 1);
brett.ausgabeBrettnotizen();
```

Listing 21.50: Vorbereitungen zur Lösung des Dame-Problems

Die Lösung wird wieder durch rekursives Backtracking ermittelt:

```
01 bool dameRek(BrettTxt* b, int rektiefe) {
                                // erste rektiefe=1
02    IFigur* f=new FigurDame(Teamverwalter::holeTeam("dame"));
03    for(ISchachbrett::pos_type y=0; y<b->getHoehe(); ++y) {
04      f->setzeAufBrett(b, Koordinaten(rektiefe-1,y));
05      if(rektiefe==b->getBreite()) {
06        FigurFeld ff=b->
              getFiguren(Teamverwalter::holeTeam("dame"));
07        FigurFeld::iterator i;
08        for(i=ff.begin(); i!=ff.end(); ++i)
```

```
09          if((*i)->getSchlagbarePositionen().size()!=0)
10            break;
11        if(i==ff.end()) {
12          b->schreibe(Koordinaten(rektiefe-1,y), "DD");
13          delete(f);
14          return(true);
15        }
16      }
17      else {
18        if(dameRek(b,rektiefe+1)) {
19          b->schreibe(Koordinaten(rektiefe-1,y), "DD");
20          delete(f);
21          return(true);
22        }
23      }
24      f->nimmVonBrett();
25    }
26    delete(f);
27    return(false);
28  }
```

Listing 21.51: Rekursives Backtracking zur Lösung des Dame-Problems

» 02: Es wird eine Dame-Figur mit der entsprechenden Team-Eigenschaft erzeugt. Die Dame wird die X-Koordinate rektiefe-1 belegen.[3]

» 03: Die Schleife durchläuft alle möglichen Y-Positionen.

» 04: Die Dame wird auf die aktuelle Position gesetzt.

» 05: Besitzt die Rekursionstiefe den gleichen Wert wie die Breite des Feldes, dann sitzt in jeder Spalte eine Dame. Alle Damen sind damit gesetzt, und es kann geprüft werden, ob irgendwer irgendwen bedroht.

» 06: Eine Liste aller auf dem Brett befindlichen, zum Team »dame« gehörenden Figuren (also alle) wird ermittelt.

» 08: Diese Schleife durchläuft alle gefundenen Figuren

» 09: Sollten für eine Figur schlagbare Positionen existieren, dann muss diese Dame zwangsläufig eine andere Dame bedrohen. Die Positionierung der Damen muss geändert werden.

» 11–14: Die Dame wird gelöscht, die Position wird als Notiz gespeichert, und dem Aufrufer wird mit true mitgeteilt, dass eine Lösung gefunden wurde.

» 17: Sollten noch nicht alle Damen positioniert worden sein, dann wird dieser Zweig abgearbeitet.

» 18: Die nächste Dame wird rekursiv positioniert.

---

3   Jede Dame muss in einer eigenen Spalte stehen. Ständen zwei Damen in derselben Spalte, würden sie sich gegenseitig bedrohen.

» 19–21: Sollte der Aufruf zu einer Lösung geführt haben, dann wird die aktuelle Position als Notiz geschrieben und die Dame gelöscht.

» 26–27: Sollten alle Y-Koordinaten zu keiner Lösung geführt haben, dann wird die Dame gelöscht und der Misserfolg über `false` an den Aufrufer zurückgegeben.

Die Performance dieser Funktion könnte noch gesteigert werden, wenn auch schon auf Bedrohungen geprüft wird, wenn noch nicht alle Damen auf dem Brett sind. Aber dieser Ansatz reicht aus. Abbildung 21.15 zeigt die gefundene Lösung.

Abbildung 21.15: Eine Lösung des Dame-Problems

Die Lösung des Dame-Problems finden Sie auf der Webseite *www.awl.de/3209* unter *Listings/Kapitel21/Dame*. WWW

21.6 Solitair

Um zu demonstrieren, wie wiederverwendbar unsere Klassen sind, wollen wir mit ihnen eine Lösung für das Spiel Solitair ermitteln, ein Spiel, das nichts mit Schach zu tun hat. Abbildung 21.16 zeigt das Spielbrett und die Regeln.

Bild a zeigt die Startsituation: Bis auf das mittlere Feld sind alle Positionen mit Spielsteinen belegt.

In *Bild b* ist das gewonnene Spiel zu sehen: Es ist nur noch ein Spielstein übrig, und der liegt auf der mittleren Position.

Ein Stein kann nur dann bewegt werden, wenn er über einen anderen Stein springen kann. Der übersprungene Stein wird dann vom Spielbrett entfernt. *Bild c* zeigt die vier möglichen Steine, die bei Spielbeginn bewegt werden können. Der linke Stein wird bewegt und erzeugt die in *Bild d* dargestellte Spielsituation.

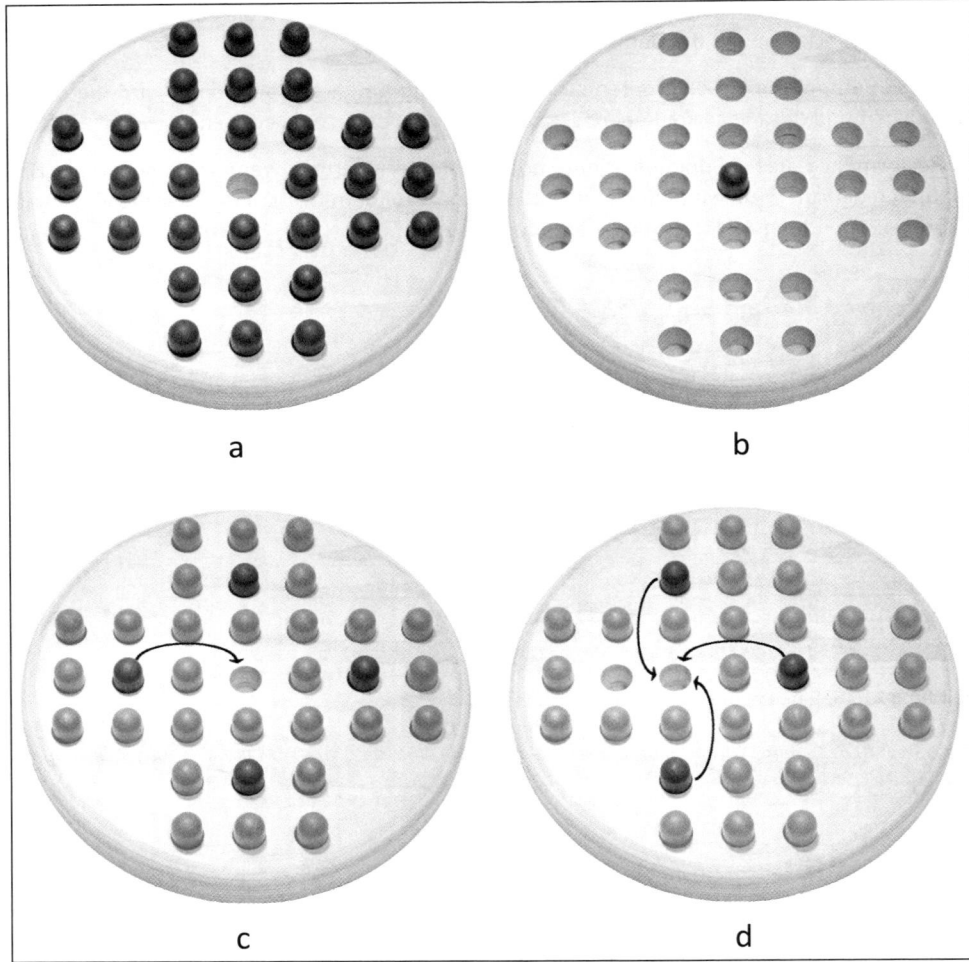

Abbildung 21.16: Das Solitair-Spiel

21.6.1 Die Klasse »Solitairbrett«

Wir haben es zum ersten Mal mit einem Brett zu tun, dessen tatsächliche Form nicht rechteckig ist. Wie ursprünglich vorgesehen, müssen wir das Brett technisch als rechteckig ansehen, markieren aber die nicht zum Brett gehörenden Positionen als ungültig. Dazu benötigen wir eine neue Brett-Klasse:

```
class Solitairbrett : public Schachbrett {
  std::vector<IFigur*> m_brett;
  std::vector<bool> m_gueltig;
```

```
//-----------------------------------------------------------

protected:
  IFigur* const& fig(const Koordinaten& k) const {
    return(m_brett[k.m_y*getBreite()+k.m_x]);
  }
  IFigur*& fig(const Koordinaten& k) {
    return(m_brett[k.m_y*getBreite()+k.m_x]);
  }

//-----------------------------------------------------------

public:
  Solitairbrett()
    : Schachbrett(7,7), m_brett(7*7), m_gueltig(7*7) {
      for(pos_type i=0; i<7*7; ++i)
        m_gueltig[i]=true;

      m_gueltig[0+0*7]=false;
      m_gueltig[1+0*7]=false;
      m_gueltig[0+1*7]=false;
      m_gueltig[1+1*7]=false;

      m_gueltig[5+0*7]=false;
      m_gueltig[6+0*7]=false;
      m_gueltig[5+1*7]=false;
      m_gueltig[6+1*7]=false;

      m_gueltig[0+5*7]=false;
      m_gueltig[1+5*7]=false;
      m_gueltig[0+6*7]=false;
      m_gueltig[1+6*7]=false;

      m_gueltig[5+5*7]=false;
      m_gueltig[6+5*7]=false;
      m_gueltig[5+6*7]=false;
      m_gueltig[6+6*7]=false;
  }

//-----------------------------------------------------------

  bool istBrettPosition(const Koordinaten& k) const {
    return(k.m_x>=0 && k.m_x<getBreite() &&
           k.m_y>=0 && k.m_y<getHoehe() &&
           m_gueltig[k.m_x+k.m_y*getBreite()]);
  }
};
```

Listing 21.52: Die Klasse Solitairbrett

Als weiteres Feld besitzt die Klasse den aus bool-Werten bestehenden Vektor m_gueltig. Hier wird markiert, welche Bereiche des Spielbretts gültig und welche ungültig sind.

Diese Markierung übernimmt der Konstruktor.

Die Methode istBrettPosition muss nun zusätzlich zu den Koordinaten auch noch prüfen, ob die angefragte Position in m_gueltig als gültig markiert ist.

Ein mit dieser Klasse erstelltes Brett sieht so aus wie in Abbildung 21.17.

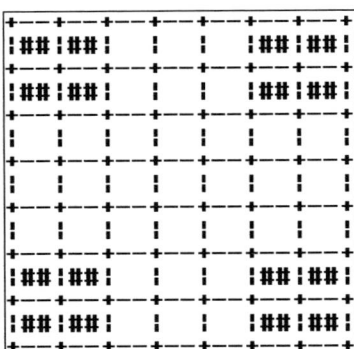

Abbildung 21.17: Das Solitair-Brett, mit ausgabeBrett ausgegeben

21.6.2 Die Klasse »FigurSolitair«

Nun fehlt noch eine passende Figur zum Spiel:

```
class FigurSolitair : public Figur {
  static const pos_type m_positionen[];
  static const pos_type m_posanz=4;

//-------------------------------------------------------------

public:
  FigurSolitair(const ITeamschema* s);

//-------------------------------------------------------------

  char getAbk() const {
    return('F');
  }

//-------------------------------------------------------------

  PosFeld getErreichbarePositionen() const;
  PosFeld getSchlagbarePositionen() const;
};
```
Listing 21.53: Die Klassendefinition von FigurSolitair

Eine Solitair-Figur kann nur noch in vier Richtungen gehen, aber für jede Richtung sind zwei Positionen interessant: Ob auf der angrenzenden Position eine Figur steht und ob die übernächste Position frei ist.

Diese Positionen für alle vier Richtungen legen wir in m_positionen ab:

```
const FigurSolitair::pos_type FigurSolitair::m_positionen[]=
                {-1,0,-2,0,1,0,2,0,0,1,0,2,0,-1,0,-2};
```

Listing 21.54: Die für eine Solitair-Figur wichtigen Positionen

getErreichbarePositionen

Bei der Ermittlung der erreichbaren Positionen muss berücksichtigt werden, dass auf jeden Fall ein anderer Stein übersprungen werden muss:

```
PosFeld FigurSolitair::getErreichbarePositionen() const {
  if(!getBrett())
    throw "getErreichbarePositionen: Figur nicht auf Brett";

  PosFeld f;
  for(pos_type i=0; i<(m_posanz*4); i+=4) {
    Koordinaten sprung(getX()+m_positionen[i],
                       getY()+m_positionen[i+1]);
    Koordinaten ziel(getX()+m_positionen[i+2],
                     getY()+m_positionen[i+3]);
    if(getBrett()->istBrettPosition(sprung) &&
       getBrett()->istBrettPosition(ziel) &&
       !getBrett()->istPositionFrei(sprung) &&
       getBrett()->istPositionFrei(ziel))
      f.push_back(ziel);
  }
  return(f);
}
```

Listing 21.55: Die Methode getErreichbarePositionen von FigurSolitair

getSchlagbarePositionen

Die Methode getSchlagbarePositionen ist fast genau wie getErreichbarePositionen aufgebaut, nur dass hier die Positionen der zu überspringenden Steine gespeichert werden.

```
PosFeld FigurSolitair::getSchlagbarePositionen() const {
  if(!getBrett())
    throw "getSchlagbarePositionen: Figur nicht auf Brett";

  PosFeld f;
  for(pos_type i=0; i<(m_posanz*4); i+=4) {
    Koordinaten sprung(getX()+m_positionen[i],
                       getY()+m_positionen[i+1]);
    Koordinaten ziel(getX()+m_positionen[i+2],
                     getY()+m_positionen[i+3]);
    if(getBrett()->istBrettPosition(sprung) &&
       getBrett()->istBrettPosition(ziel) &&
       !getBrett()->istPositionFrei(sprung) &&
       getBrett()->istPositionFrei(ziel))
      f.push_back(sprung);
```

```
   }
   return(f);
}
```

Listing 21.56: Die Methode `getSchlagbarePositionen` von `FigurSolitair`

21.6.3 Die Lösung des Spiels

Um das Spiel zu lösen, wird zunächst ein Spielbrett erzeugt und werden alle Steine gemäß der Startposition gesetzt.

```
Solitairbrett sb;
BrettTxt brett(&sb);
Farbverwalter::erzeugeFarbe("solitair",'F');
Teamverwalter::erzeugeTeam("solitair",
                           Farbverwalter::holeFarbe("solitair"),
                           Farbverwalter::holeFarbe("solitair"));
ITeamschema* schema=Teamverwalter::holeTeam("solitair");
for(ISchachbrett::pos_type y=0; y<sb.getHoehe(); ++y)
  for(ISchachbrett::pos_type x=0; x<sb.getBreite(); ++x) {
    Koordinaten k(x,y);
    if(sb.istBrettPosition(k) && ( x!=3 || y!=3))
      sb.setzeFigur(new FigurSolitair(Teamverwalter::holeTeam("solitair")),k);
  }

solitairRek(&brett, 1);
brett.ausgabeBrett();

for(ISchachbrett::pos_type i=0; i<=32; ++i)
  cout << brett.lese(Koordinaten(0,i));
cout << endl;
```

Listing 21.57: Vorbereitungen zur Lösung von Solitair

Die Notizen werden hier nicht in Form eines Schachbretts ausgegeben, sondern sie werden die Information beinhalten, von welcher Position ein Stein zu welcher Position bewegt wird.

Schauen wir uns jetzt die rekursive Lösung des Spiels an:

```
01 bool solitairRek(BrettTxt* b, int rektiefe) {
                                        // erste rektiefe=1
02   if(rektiefe==32)
03     return(b->getFigur(Koordinaten(3,3))!=0);
04
05   for(ISchachbrett::pos_type y=0; y<b->getHoehe(); ++y)
06     for(ISchachbrett::pos_type x=0; x<b->getBreite(); ++x) {
07       Koordinaten k(x,y);
08       if(b->istBrettPosition(k)) {
09         if(IFigur* f=b->getFigur(k)) {
10           PosFeld zielf=f->getErreichbarePositionen();
11           PosFeld sprungf=f->getSchlagbarePositionen();
12           for(PosFeld::iterator zi=zielf.begin(),
                                   si=sprungf.begin();
```

```
             zi!=zielf.end();
             ++zi, ++si) {
13           f->bewege(*zi);
14           IFigur* tmp=b->entferneFigur(*si);
15           if(solitairRek(b,rektiefe+1)) {
16             b->schreibe(Koordinaten(0,rektiefe),
               toString(k.m_x)+ "/"+toString(k.m_y)+"->"+
               toString(zi->m_x)+"/"+toString(zi->m_y)+", ");
17             return(true);
18           }
19           f->bewege(k);
20           tmp->setzeAufBrett(b,*si);
21         }
22       }
23     }
24   }
25   return(false);
26 }
```
Listing 21.58: Die rekursive Lösung von Solitair

» 02–03: Sollte die Rekursionstiefe 32 sein, sich also nur noch ein Stein auf dem Spielfeld befinden, und liegt dieser eine Stein auf der mittleren Position, dann ist eine Lösung gefunden.

» 05–06: Alle Positionen des Spielfelds werden durchlaufen.

» 07–09: Es wird geprüft, ob die aktuelle Position eine gültige Position ist und sich dort ein Stein befindet.

» 10–11: Für diesen Stein werden alle erreichbaren und alle schlagbaren Positionen ermittelt.

» 12: Alle möglichen Zielpositionen werden durchlaufen.

» 13–14: Der Stein wird bewegt, und der übersprungene Stein wird vom Brett entfernt.

» 15: Der nächste Zug wird rekursiv ermittelt.

» 16–17: Sollte der aktuelle Zug zu einer Lösung geführt haben, so wird er als Notiz verewigt, und dem Aufrufer wird der Erfolg mit dem Wert true mitgeteilt.

» 19–20: Sollte der aktuelle Zug nicht zum Erfolg geführt haben, so wird er rückgängig gemacht und eventuell eine andere Richtung ausprobiert.

» 25: Sollte keine der möglichen Richtungen zu einer Lösung geführt haben, wird dies dem Aufrufer durch den Rückgabewert false mitgeteilt.

Abbildung 21.18 zeigt das Spielbrett, nachdem die Lösung gefunden wurde, sowie die Züge, die zur Lösung geführt haben.

```
+--+--+--+--+--+--+--+
|##|##|  |  |##|##|
+--+--+--+--+--+--+--+
|##|##|  |  |##|##|
+--+--+--+--+--+--+--+
|  |  |  |  |  |  |  |
+--+--+--+--+--+--+--+
|  |  |  |FF|  |  |  |
+--+--+--+--+--+--+--+
|  |  |  |  |  |  |  |
+--+--+--+--+--+--+--+
|##|##|  |  |##|##|
+--+--+--+--+--+--+--+
|##|##|  |  |##|##|
+--+--+--+--+--+--+--+
3/1->3/3, 1/2->3/2, 2/0->2/2, 4/0->2/0, 3/2->1/2, 0/2->2/2, 4/2->4/0, 6/2->4/2,
2/3->2/1, 2/0->2/2, 0/3->2/3, 2/3->2/1, 4/3->2/3, 6/3->4/3, 4/3->4/1, 4/0->4/2,
2/4->2/2, 2/1->2/3, 0/4->2/4, 3/4->1/4, 4/5->4/3, 6/4->4/4, 2/6->2/4, 2/3->2/5,
4/6->2/6, 2/6->2/4, 1/4->3/4, 3/4->5/4, 4/2->4/4, 5/4->3/4, 3/5->3/3,
```

Abbildung 21.18: Eine Lösung von Solitair

Literaturverzeichnis

[Abrahams01]

Abrahams, Dave; Colvin, Greg, *Making the C++ Standard Library Exception Safe*, 1997, *http://www.open-std.org/jtc1/sc22/wg21/docs/papers/1997/N1086.pdf*

Alexandrescu, Andrei, *Modern C++ design : generic programming and design patterns applied*, 7. Auflage, Boston [u.a.], Addison-Wesley, 2001. ISBN: 0-201-70431-5

[C++11]

INTERNATIONAL STANDARD ISO/IEC 14882, Third edition 2011-09-01

Dewhurst, Stephen C., *C++ gotchas: avoiding common problems in coding and design*, 1. Auflage, Boston [u.a.], Addison-Wesley, 2003. ISBN: 0-321-12518-5

[Gamma01]

Erich Gamma et al., *Entwurfsmuster: Elemente wiederverwendbarer objektorientierter Software*, 5., korrigierter Nachdruck, München, Boston [u.a.], Addison-Wesley, 2001. ISBN 3-8273-1862-9

Knuth, Donald E.: *The art of computer programming. Vol. 1, Fundamental algorithms*. 3. Auflage, Reading, Mass., Addison-Wesley, 1997. ISBN 0-201-89683-4

[Martin01]

Martin, Robert C.; Martin, Micah, *Agile Principles, Patterns, and Practices in C#,* Upper Saddle River, Boston, Indianapolis [u.a.], Prentice Hall, 2006. ISBN 0-13-185725-8

Meyers, Scott, *Effektiv C++ programmieren: 50 Wege zur Verbesserung Ihrer Programme und Entwürfe,* 3., aktualisierte Auflage, Bonn, Reading, Mass. [u.a.], Addison-Wesley-Longman, 1997. ISBN 3-8273-1305-8

Meyers, Scott, *Mehr effektiv C++ programmieren: 35 neue Wege zur Verbesserung Ihrer Programme und Entwürfe*, Bonn, Reading, Mass. [u.a.], Addison-Wesley-Longman, 1997. ISBN 3-8273-1275-2

Literaturverzeichnis

[n3055]

A Taxonomy of Expression Value Categories, http://www.open-std.org/jtc1/sc22/wg21/docs/papers/2010/n3055.pdf

Rupp, Chris et al., *UML 2 glasklar,* 2. Auflage, München, Wien, Carl Hanser Verlag, 2005. ISBN 3-446-22952-3

Stroustrup, Bjarne, *Die C++-Programmiersprache*, 4., aktualisierte und erw. Auflage, München, Boston [u.a.], Addison-Wesley, 2000. ISBN 3-8273-1660-X

Sutter, Herb, *Exceptional C++: 47 technische Denkaufgaben, Programmierprobleme und ihre Lösungen,* München, Boston [u.a.], Addison-Wesley, 2000. ISBN 3-8273-1711-8

[Sutter01]

Sutter, Herb, *More exceptional C++: 40 more engineering puzzles, programming problems, and solutions,* Boston [u.a.], Addison-Wesley, 2001. ISBN 0-201-70434-X

Will, Torsten T., *C++11 programmieren: 60 Techniken für guten C++11-Code,* Bonn, Galileo Press, 2011. ISBN 978-3-8362-1732-3

[Willms01]

Willms, André, *Go to C++-Programmierung,* München [u.a.], Addison-Wesley, 2002. ISBN 3-8273-1495-X

[Willms02]

Willms, André, *Das C++ Codebook,* 1. Auflage, München; Boston [u.a.], Addison-Wesley, 2003. ISBN 3-8273-2083-6

Index

Index

Index

Index

NomosStudium

AkadR Dr. Christian Deckenbrock,
Universität zu Köln

Prof. Dr. Clemens Höpfner,
Universität Konstanz

Bürgerliches Vermögensrecht

Grundlagen des Wirtschaftsprivatrechts
mit Fällen und Lösungen

3. Auflage

Die Deutsche Nationalbibliothek verzeichnet diese Publikation in
der Deutschen Nationalbibliografie; detaillierte bibliografische
Daten sind im Internet über http://dnb.d-nb.de abrufbar.

ISBN 978-3-8487-3875-5 (Print)
ISBN 978-3-8452-8198-8 (ePDF)

3. Auflage 2017

Vorwort

Aus welchem Grund sollten sich Nichtjuristen mit der Juristerei und insbesondere mit dem „Bürgerlichen Vermögensrecht" beschäftigen? In der Praxis beauftragen Unternehmen schließlich in der Regel Rechtsanwälte oder ggf. die eigene Rechtsabteilung, sobald Sachverhalte rechtliche Schwierigkeiten aufwerfen könnten. Und das zu Recht: Aufgrund der Regelungswut des deutschen Gesetzgebers, die von Brüssel und Straßburg zum Teil noch übertroffen wird (Stichwort: Bürokratie), aber auch infolge der Regelungsunfähigkeit der Gesetzgebung in gesellschaftspolitisch umstrittenen Rechtsgebieten wie dem Arbeitskampfrecht (hierzu gibt es bis heute keine gesetzliche Regelung), ist es selbst unter den Juristen oftmals nur dem Spezialisten möglich, die geltende Rechtslage zutreffend und vollständig zu erfassen – da ist es kein Wunder, dass der juristische Laie meist hilflos überfordert ist.

Ziel eines Lehrbuchs „Bürgerliches Vermögensrecht" für Studierende aller Fachrichtungen kann es nicht sein, dem Leser detaillierte Kenntnisse der Rechtslage in sämtlichen wirtschaftsrelevanten Gebieten zu verschaffen. Dies würde zum einen den Rahmen jedes Lehrbuchs sprengen, das den Anspruch verfolgt, während eines Studiums, in dem die juristischen Vorlesungen nur einen kleinen, in der Regel isolierten und vielleicht eher nebensächlichen Ausschnitt darstellen, auch tatsächlich durchgearbeitet zu werden. Zum anderen wäre dieses Wissen aufgrund der Schnelllebigkeit von Gesetzgebung und Rechtsprechung bald wertlos. Ziel des Lehrbuchs ist es auch nicht, dass die Benutzer anschließend schwierige Rechtsfälle mit der juristischen Arbeitstechnik selbstständig lösen können – denn damit wird später im Zweifel ohnehin ein ausgebildeter Jurist beauftragt. Ziel dieses Lehrbuchs ist es vielmehr, den späteren Unternehmer und Mandanten mit der Denk- und Argumentationsweise eines Juristen vertraut zu machen und auf diese Weise ein zielführendes Gespräch in allen rechtlichen Angelegenheiten zu ermöglichen. Als Anschauungsmaterial dienen die Grundlagen des Bürgerlichen Vermögensrechts, also derjenigen Regelungen, die sich mit Geld- und geldwerten Ansprüchen zwischen Privatpersonen beschäftigen. Ein positiver Nebeneffekt ist, dass die Studierenden im Idealfall einfache Rechtsfragen des Alltags selbst beurteilen können. Vor allem aber sollen sie ein Gespür dafür entwickeln, in welchen Situationen es geboten ist, den Rat eines Experten einzuholen.

Das Lehrbuch geht aus einer Neukonzeption der Lehrveranstaltung „Bürgerliches Vermögensrecht" für Studierende der Wirtschaftswissenschaften an der Universität zu Köln hervor, die in enger Kooperation mit der Wirtschafts- und Sozialwissenschaftlichen Fakultät entstanden ist. Es will den Lehrstoff möglichst lebensnah in zusammenhängenden Sachverhaltskomplexen darstellen und verzichtet weitgehend auf das klassische juristische „Schubladendenken", den streng juristisch-dogmatischen Aufbau des zu vermittelnden Stoffes und den Anspruch auf Vollständigkeit. Die Schwerpunkte unserer Veranstaltungen spiegeln sich in diesem Buch wider. Vertiefende Fragen, die nicht im Zentrum der Lernziele stehen, werden im Kleindruck angesprochen.

Das Ergebnis ist ein „Gesamtpaket" für Studierende aller Fachrichtungen. Grundlegende Urteile vor allem des Bundesgerichtshofs werden auszugsweise im Original dargestellt. Der Leser kann sich dadurch einen Eindruck von der juristischen Argumentation und den Eigenheiten der juristischen Fachsprache machen. Im Übrigen wird vor allem Wert auf eine einfache und auch dem Laien möglichst verständliche Sprache gelegt. An zahlreichen Stellen finden sich vertiefende Hinweise und Beispiele, die durch

Kontrollfragen am Schluss jedes Kapitels abgerundet werden. Die Lösungen dazu finden sich am Ende des Buchs. Dadurch ist ein Rückgriff auf juristische Datenbanken, vertiefende Literatur und Fallbücher aus unserer Sicht entbehrlich.

Für die 3. Auflage wurde das Buch auf den Stand von Juli 2017 gebracht; eingearbeitet wurde vor allem ausgewählte Rechtsprechung des Bundesgerichtshofs nach Erscheinen der Zweitauflage. Außerdem wurden die Beispielsfälle und Kontrollfragen weiter ausgebaut. Die Neuauflage befindet sich bereits auf dem Rechtsstand vom 1.1.2018 und berücksichtigt damit die zu diesem Zeitpunkt in Kraft tretenden gesetzlichen Neuerungen im Bereich der kaufrechtlichen Mängelhaftung. Für Rückmeldungen aus dem Leserkreis sind wir weiterhin dankbar.

Köln/Konstanz, im Juli 2017

Dr. Christian Deckenbrock
Prof. Dr. Clemens Höpfner

E-Mail: wiso-privatrecht@uni-koeln.de

Inhalt

4. Kapitel: Schadensersatzansprüche im Vertragsverhältnis

5. Kapitel: Das Mängelgewährleistungsrecht beim Kaufvertrag

7. KAPITEL: SCHADENSERSATZANSPRÜCHE AUSSERHALB VERTRAGLICHER BEZIEHUNGEN

8. KAPITEL: INHALT UND UMFANG DES SCHADENSERSATZES

11. Kapitel: Darlehen und Sicherheiten

12. Kapitel: Besonderheiten im kaufmännischen Rechtsverkehr

Abkürzungsverzeichnis

§	Paragraf (Singular)
§§	Paragrafen (Plural)
Abs.	Absatz
a.F.	alte Fassung
AGB	Allgemeine Geschäftsbedingungen
AGG	Allgemeines Gleichbehandlungsgesetz
AktG	Aktiengesetz
Alt.	Alternative
altgr.	altgriechisch
Art.	Artikel
BAG	Bundesarbeitsgericht
Beschl. v.	Beschluss vom
BGB	Bürgerliches Gesetzbuch
BGH	Bundesgerichtshof
Bsp.	Beispiel
BUrlG	Bundesurlaubsgesetz
BVerfG	Bundesverfassungsgericht
bzw.	beziehungsweise
d.h.	das heißt
EGBGB	Einführungsgesetz zum Bürgerlichen Gesetzbuch
EuGH	Europäischer Gerichtshof
evtl.	eventuell
f.	folgende
ff.	(fort)folgende
GG	Grundgesetz
ggf.	gegebenenfalls
GmbH	Gesellschaft mit beschränkter Haftung
GmbHG	Gesetz betreffend die Gesellschaften mit beschränkter Haftung
HGB	Handelsgesetzbuch
Hs.	Halbsatz
i.H.v.	in Höhe von
i.S.d.	im Sinn des/der
i.S.v.	im Sinn von
Kfz	Kraftfahrzeug
KG	Kammergericht
km	Kilometer
lat.	lateinisch
Lkw	Lastkraftwagen
n.F.	neue Fassung
Nr.	Nummer
OLG	Oberlandesgericht
Pkw	Personenkraftwagen
ProdHaftG	Produkthaftungsgesetz
S.	Satz/Seite
SchwarzArbG	Gesetz zur Bekämpfung der Schwarzarbeit und illegalen Beschäftigung
sog.	sogenannte/en/er/es
StGB	Strafgesetzbuch
StVG	Straßenverkehrsgesetz
u.a.	unter anderem
Urt. v.	Urteil vom

usw.	und so weiter
u.U.	unter Umständen
vgl.	vergleiche
z.B.	zum Beispiel
ZPO	Zivilprozessordnung
z.T.	zum Teil

Zitierweise von Paragrafen:

§ 125 S. 2 BGB = § 125 Satz 2 BGB

§ 433 Abs. 2 BGB = § 433 Absatz 2 BGB

§ 812 Abs. 1 S. 1 Alt. 1 BGB = § 812 Absatz 1 Satz 1 Alternative 1 BGB

Zitierweise der angeführten Gerichtsentscheidungen:

BGH, Urt. v. 17.10.2000 – X ZR 97/99 = Bundesgerichtshof, Urteil vom 17.10.2000, Aktenzeichen X ZR 97/99.

Das Aktenzeichen setzt sich aus drei Elementen zusammen: Die erste Zahl bezeichnet den Senat, der das Urteil gefällt hat (hier: 10. Zivilsenat); das danach folgende Kürzel nennt sich Registerzeichen („ZR" bedeutet Revision in Zivilsachen); der letzte Teil weist auf das Einbringungsjahr hin (Zahl nach dem Schrägstrich), die Zahl vor dem Schrägstrich ist die laufende Nummer des Verfahrens (hier: „97/99" = 97. Revision des Senats aus dem Jahr 1999).

1. Kapitel:
Grundlagen

§ 1 Was ist Recht und welche Funktionen hat es?

I. Was ist Recht und warum gilt es?

Das Recht und die Rechtswissenschaft gelten gemeinhin als „trockene" Materie. Die Realität sieht meist anders aus: Recht ist „geronnene Politik". Das Parlament, die Parteien und eine Vielzahl von Interessengruppen ringen jeden Tag um ein nach der jeweiligen Weltanschauung „gerechtes" oder für ihre Interessen vorteilhaftes Recht. Die Rechtsordnung ist das Ergebnis eines Kampfs der widerstreitenden Interessen.

1

Damit sind die zentralen Fragen aber nicht beantwortet: Was ist Recht und warum gilt es? Bis heute herrscht Uneinigkeit darüber. Die Ansätze sind vielfältig: Über 2500 Jahre hinweg war das Naturrechtsdenken vorherrschend. Seine wichtigsten Ausprägungen waren das antike Naturrecht der griechischen Philosophie, das christlich-theologische Naturrecht und das Vernunftrecht der Aufklärung. Ihnen gemein sind die Suche nach dem „richtigen" oder „gerechten" Recht und das Bedürfnis nach überstaatlichen Kontroll- und Korrekturmöglichkeiten staatlicher Rechtsetzungsmacht. Erst in jüngerer Zeit, seit Mitte des 19. Jahrhunderts, hat sich die Gegenbewegung des (Gesetzes-)Positivismus zur heute überwiegend vertretenen Ansicht entwickelt. Seine zentrale Aussage ist die Gleichstellung von Recht und Gesetz. Recht ist das Produkt staatlicher Machtentfaltung im Rahmen verfassungsmäßig geübter Kompetenz. Die Existenz vor- oder übergesetzlicher Grundwerte lehnt der Positivismus ab. An deren Stelle tritt der Gehorsam aller Rechtsunterworfenen und Rechtsanwender (Bürger, Rechtsanwälte, Gerichte usw.) gegenüber den formgültig erlassenen staatlichen Rechtsnormen.

2

Für unsere Zwecke kann von folgender Arbeitshypothese ausgegangen werden: „Recht ist die Summe der geltenden Rechtsnormen." (Gesetzesrecht) – oder aus der pragmatischen Sicht der am Rechtsleben Beteiligten: „Recht ist die richtige Voraussage dessen, was die höchsten Gerichte entscheiden werden." (sog. Richterrecht). Vgl. näher zu diesen Fragen die – auch für Nichtjuristen sehr lesenswerten – Ausführungen bei *Rüthers/Fischer/Birk*, Rechtstheorie, 9. Auflage 2016, Rn. 48 ff., die in diesem Abschnitt verkürzt wiedergegeben sind.

3

Im Gegensatz zum Naturrecht, bei dem die „Definitionskompetenz" stets bei den letztentscheidenden Instanzen liegt, bietet der Gesetzespositivismus den Vorzug einer strikten Gesetzesbindung und Wahrung der Gewaltentrennung im demokratischen Rechtsstaat. Wegen seiner grundsätzlichen Gleichsetzung von Gesetz und Recht besteht allerdings die Gefahr, dass er staatliche Unrechtssysteme legitimieren kann. Nach dem Zusammenbruch des nationalsozialistischen Unrechtsregimes erfuhr der Positivismus eine bedeutende Einschränkung durch die nach dem deutschen Rechtsphilosophen *Gustav Radbruch* benannte „Radbruch'sche Formel". Sie lautet:

4

> „Der Konflikt zwischen der Gerechtigkeit und der Rechtssicherheit dürfte dahin zu lösen sein, dass das positive, durch Satzung und Macht gesicherte Recht auch dann den Vorrang hat, wenn es inhaltlich ungerecht und unzweckmäßig ist, es sei denn, dass der Wi-

derspruch des positiven Gesetzes zur Gerechtigkeit ein so unerträgliches Maß erreicht, dass das Gesetz als ‚unrichtiges Recht' der Gerechtigkeit zu weichen hat."

5 Aktualität erlangte die „Radbruch'sche Formel" in der Folge der deutschen Wiedervereinigung bei den sog. „Mauerschützenprozessen" gegen ehemalige DDR-Grenzsoldaten und deren Befehlshaber. Zwar rechtfertigten die DDR-Gesetze nach überwiegender Meinung die Tötung unbewaffneter Flüchtlinge im Grenzgebiet. Gleichwohl beanstandete der Bundesgerichtshof (BGH) die Verurteilung der Todesschützen wegen Totschlags durch die Vorinstanzen nicht. Zur Begründung berief er sich auf die „Radbruch'sche Formel" und erklärte den entsprechenden Rechtfertigungsgrund des DDR-Rechts für nicht anwendbar.

6 **BGH, Urt. v. 3.11.1992 – 5 StR 370/92:** „Ein zur Tatzeit angenommener Rechtfertigungsgrund kann ... nur dann wegen Verstoßes gegen höherrangiges Recht unbeachtet bleiben, wenn in ihm ein offensichtlich grober Verstoß gegen Grundgedanken der Gerechtigkeit und Menschlichkeit zum Ausdruck kommt; der Verstoß muss so schwer wiegen, dass er die allen Völkern gemeinsamen, auf Wert und Würde des Menschen bezogenen Rechtsüberzeugungen verletzt. Der Widerspruch des positiven Gesetzes zur Gerechtigkeit muss so unerträglich sein, dass das Gesetz als unrichtiges Recht der Gerechtigkeit zu weichen hat (*Radbruch*, Süddeutsche Juristen-Zeitung 1946, S. 107). Mit diesen Formulierungen ist nach dem Ende der nationalsozialistischen Gewaltherrschaft versucht worden, schwerste Rechtsverletzungen zu kennzeichnen. Die Übertragung dieser Gesichtspunkte auf den vorliegenden Fall ist nicht einfach, weil die Tötung von Menschen an der innerdeutschen Grenze nicht mit dem nationalsozialistischen Massenmord gleichgesetzt werden kann. Gleichwohl bleibt die damals gewonnene Einsicht gültig, dass bei der Beurteilung von Taten, die in staatlichem Auftrag begangen worden sind, darauf zu achten ist, ob der Staat die äußerste Grenze überschritten hat, die ihm nach allgemeiner Überzeugung in jedem Lande gesetzt ist."

II. Objektives Recht und subjektive Rechte

7 Die Summe der geltenden Rechtsnormen nennt man *„objektives Recht"*. Davon zu unterscheiden sind die sog. *„subjektiven Rechte"*. Darunter versteht man die einklagbaren Berechtigungen, die sich für einzelne Personen aus den Vorschriften des objektiven Rechts ergeben. Im Privatrecht sind subjektive Rechte in der Regel sog. *Anspruchsgrundlagen*. Als solche bezeichnet man Rechtsnormen, die einer Person einen Anspruch gegen einen anderen gewähren, den sie vor Gericht durchsetzen kann (vgl. dazu 1. Kapitel, § 6 Rn. 2 ff.).

8 ▶ **Beispiel:** Der Verkäufer eines Autos kann vom Käufer den vereinbarten Kaufpreis verlangen. Subjektive Rechte weisen stets eine dreistellige Relation auf: den Träger des Rechts (hier: Verkäufer), den zu einem bestimmten Verhalten Verpflichteten (hier: Käufer) sowie eine Verhaltensnorm (hier: Zahlung des Kaufpreises aus dem Kaufvertrag gemäß § 433 Abs. 2 BGB), deren Einhaltung klageweise durchsetzbar ist. ◀

III. Die Funktionen des Rechts

9 Recht ist ein für jedes Gemeinwesen unverzichtbares Organisations- und Herrschaftsinstrument. Seine primäre Aufgabe besteht darin, menschliches Verhalten zu steuern und zu kontrollieren. Im Einzelnen werden in der Rechtstheorie folgende Funktionen unterschieden:

- Recht ist ein formales Ordnungsinstrument (Bsp.: die Regelung des Straßenverkehrs).
- Recht hat eine Gestaltungs- und Steuerungsfunktion. Die Grundlage jedes Gesetzes ist ein bestimmter politischer Gestaltungswille des Gesetzgebers.
- Recht dient dem sozialen Frieden. Die unvermeidbaren Konflikte sollen in einem staatlich geregelten Verfahren und nach staatlich festgelegten Maßstäben ausgetragen werden. Der Staat beansprucht das Gewaltmonopol, Selbstjustiz ist unzulässig.
- Recht hat die Aufgabe, die jeweilige Staats- und Gesellschaftsordnung zu stabilisieren. Ein demokratisches System gewährleistet die Änderung der jeweils geltenden Regeln durch friedliche Wahlen und Abwahlen der Verantwortlichen, ohne dass zugleich das Staatssystem als solches überworfen werden muss.
- Recht dient der Legitimation der Herrschenden. Es setzt ein transparentes Gesetzgebungsverfahren voraus und sorgt für eine wirksame Kontrolle durch Selbstbindungsmechanismen und Gewaltenteilung.
- Schließlich hat Recht eine Erziehungsfunktion, indem es individuelle und kollektive Leitbilder von Gerechtigkeit schafft ("Rechtskultur").

Subjektive Rechte begründen darüber hinaus die Freiheit des Einzelnen, indem sie ihm   10
Rechtsschutzmöglichkeiten sowohl gegenüber dem Staat als auch im Privatrechtsverkehr gegenüber anderen Personen gewähren. In freiheitlich-demokratischen Staatsordnungen sind subjektive Rechte die Grundpfeiler der Rechtsordnung, während in totalitären Systemen der Gemeinschaftsgedanke überwiegend an die Stelle von Persönlichkeitsrechten tritt.

Legitimation: Berechtigung

§ 2 Das Privatrecht und seine Rechtsgrundlagen

I. Die Stellung des Privatrechts im Rechtssystem

1 Die Rechtsordnung kann in drei Gebiete aufgeteilt werden: Öffentliches Recht, Strafrecht und Privatrecht. Während das Öffentliche Recht und als dessen Unterfall das Strafrecht das Verhältnis von Staat und Bürger betreffen (Bsp.: Anzeige eines Gewerbebetriebs bei der zuständigen Behörde, § 14 Gewerbeordnung [GewO]; Verurteilung eines Angeklagten wegen Betrugs, § 263 Strafgesetzbuch [StGB]), regelt das Privatrecht die Rechtsverhältnisse der Bürger untereinander. Die praktische Bedeutung dieser Unterscheidung liegt im Wesentlichen in der unterschiedlichen Rechtswegzuständigkeit (vgl. dazu 1. Kapitel, § 3 Rn. 6 ff.). Gerade im Bereich des Wirtschaftsrechts ist die Unterscheidung häufig schwierig zu treffen, da viele Spezialgesetze – etwa das Gesetz gegen Wettbewerbsbeschränkungen (GWB) oder das Handelsgesetzbuch (HGB) mit seinem Dritten Buch zur Rechnungslegung – sowohl öffentlich-rechtliche als auch privatrechtliche Regelungen enthalten.

2 Die Abgrenzung von öffentlichem Recht und Privatrecht kann im Einzelfall zweifelhaft sein, etwa wenn der Staat freiwillige Leistungen an Private erbringt (Bsp.: staatliche Begabtenförderung). In der Rechtswissenschaft wurden verschiedene Theorien hierfür entwickelt. Durchgesetzt hat sich die sog. „modifizierte Subjektstheorie" (auch „Zuordnungstheorie" oder „Sonderrechtstheorie" genannt). Danach ist entscheidend, ob die dem Rechtsstreit zugrunde liegenden Normen ausschließlich einen Träger öffentlicher Gewalt als solchen berechtigen oder verpflichten. Ist dies der Fall, so sind sie dem öffentlichen Recht zuzuordnen. Privatrechtliche Normen gelten hingegen prinzipiell für jedermann.

3 ▶ **Beispiel:** Nach § 20 Abs. 1 S. 1 des Bundes-Immissionsschutzgesetzes (BImSchG) kann die zuständige Behörde dem Betreiber einer genehmigungspflichtigen Anlage u.a. den Betrieb untersagen. Die Untersagung dient sowohl dem öffentlichen Interesse als auch dem Schutz von Individuen, insbesondere dem Schutz der Nachbarn. Allerdings wird durch die Norm ausschließlich die zuständige Behörde zur Untersagung berechtigt. Damit ist die Norm eindeutig öffentlich-rechtlicher Natur. ◀

II. Rechtsquellen des Privatrechts

4 Die wichtigste Rechtsquelle des deutschen Privatrechts ist das *Bürgerliche Gesetzbuch* (BGB). Das am 1.1.1900 in Kraft getretene BGB schuf nach Gründung des Deutschen Reiches im Jahr 1871 erstmals ein einheitliches Privatrecht für das gesamte Reichsgebiet. Das Gesetz aus dem Kaiserreich erlebte mit der Weimarer Republik, dem Nationalsozialismus, den Besatzungsregimes unter den Westmächten und der Sowjetunion, der Bundesrepublik, der DDR und schließlich dem wiedervereinten Deutschland mit seiner immer stärkeren politischen und juristischen Integration in die Europäische Union eine Vielzahl von Umwälzungen des politischen Systems. Obwohl der Gesetzestext fast unverändert blieb, wurde das BGB in den jeweiligen Staatssystemen unterschiedlich, ja gegensätzlich ausgelegt – ein Beispiel für die „Interpretationsakrobatik" der Juristen und ihre Anpassungsfähigkeit an das jeweils herrschende System. Erst die zum 1.1.2002 in Kraft getretene, vom europäischen Recht angestoßene Schuldrechtsreform führte zu nachhaltigen gesetzgeberischen Änderungen des BGB.

5 Das BGB enthält fünf Bücher: Allgemeiner Teil, Schuldrecht, Sachenrecht, Familienrecht und Erbrecht. Das für den Wirtschaftsverkehr relevante Vermögensrecht findet sich weitgehend in den ersten drei Büchern. Schon der Aufbau des BGB lässt ein

grundlegendes systematisches Ordnungsprinzip erkennen: die Verbindung von Allgemeinen und Besonderen Teilen. In einem Allgemeinen Teil (Bsp.: das gesamte Erste Buch [§§ 1–240 BGB]; die ersten sieben Abschnitte des Zweiten Buches [§§ 241–432 BGB]) werden diejenigen Regelungen auf den ersten Blick erkennbar zusammengefasst, die für eine Vielzahl von Sachverhalten gelten sollen. Indem wichtige Vorschriften „vor die Klammer gezogen" werden, wird der Textumfang des Gesetzes bei gleichbleibender Regelungsdichte reduziert. Der Rechtsanwender erhält rasch einen Überblick über die auf einen bestimmten Sachverhalt anzuwendenden Rechtsnormen. Wer etwa die Wirksamkeit eines Bürgschaftsvertrags (§§ 765 ff. BGB) beurteilen will, der kann bereits allein aufgrund des formalen Aufbaus des BGB erkennen, dass er neben dem Schriftformerfordernis in § 766 BGB auch die Regelungen im Allgemeinen Teil über die Geschäftsfähigkeit, die Willenserklärung (insbesondere § 125 BGB) und den Vertragsschluss oder die Sittenwidrigkeit zu beachten hat. Idealerweise sorgt ein einfacher und klarer Gesetzesaufbau für Übersichtlichkeit und stellt – wie das Negativbeispiel des deutschen Steuerrechts zeigt – eine wichtige Rahmenbedingung im internationalen Wettbewerb dar.

Neben dem BGB existieren verschiedene Spezialgesetze, etwa das Gesetz über die Haftung für fehlerhafte Produkte (ProdHaftG), das Versicherungsvertragsgesetz (VVG) und verschiedene Haftpflichtgesetze. Das Handels- und Gesellschaftsrecht umfasst neben Teilen des BGB u.a. das Handelsgesetzbuch (HGB), das Gesetz betreffend die Gesellschaften mit beschränkter Haftung (GmbHG), das Aktiengesetz (AktG), das Partnerschaftsgesellschaftsgesetz (PartGG) und das Umwandlungsgesetz (UmwG). Das Arbeitsrecht ist in den Regelungen der §§ 611 ff. BGB über den Dienstvertrag nur im Ansatz geregelt. Es besteht hauptsächlich aus dem Richterrecht des Bundesarbeitsgerichts (BAG), etwa zur Zulässigkeit von Arbeitskämpfen, und aus Spezialgesetzen wie z.B. dem Kündigungsschutzgesetz (KSchG), dem Gesetz über Teilzeitarbeit und befristete Arbeitsverträge (TzBfG), dem Allgemeinen Gleichbehandlungsgesetz (AGG), dem Bundesurlaubsgesetz (BUrlG), dem Mindestlohngesetz (MiLoG), dem Tarifvertragsgesetz (TVG), dem Betriebsverfassungsgesetz (BetrVG) sowie verschiedenen Gesetzen über die Mitbestimmung der Arbeitnehmer in den Unternehmen.

6

Darüber hinaus gibt es eine Vielzahl sonstiger Gesetze, Rechtsverordnungen und Satzungen. Sie haben aber nicht alle den gleichen Rang. Es gilt vielmehr ein „Stufenbau" der Rechtsordnung: Danach nimmt auf nationaler Ebene die Verfassung (in Deutschland also das Grundgesetz vom 23.5.1949) den höchsten Rang ein. Ihm folgen die formellen Bundesgesetze, die Rechtsverordnungen und Satzungen des Bundes, das Landesrecht und schließlich, auf der untersten Ebene, die Tarifverträge und Betriebsvereinbarungen im Arbeitsrecht. Das BGB und seine Nebengesetze stehen als formelle Bundesgesetze also in ihrem Rang direkt unterhalb des Grundgesetzes. Das hat zwei Konsequenzen: Erstens sind die Grundrechte bei der Auslegung des Privatrechts so weit wie möglich zu beachten. Zweitens ist eine Gesetzesnorm, die gegen das Grundgesetz verstößt, verfassungswidrig und kann vom Bundesverfassungsgericht (BVerfG) mit Sitz in Karlsruhe für nichtig erklärt werden.

7

Dieser traditionelle, rein nationalrechtliche Stufenbau wird ergänzt durch das Europarecht. Als sog. „supranationales Recht" steht dieses oberhalb des gesamten nationalen Rechts einschließlich des Grundgesetzes. Das Europarecht besteht wiederum vor allem aus den Verfassungsverträgen (Vertrag über die Europäische Union [EUV], Vertrag über die Arbeitsweise der Europäischen Union [AEUV], Charta der Grundrechte der Europäischen Union), Verordnungen und Richtlinien. Letztere sind für das Privatrecht von besonderer Bedeutung, da sie, insbesondere auf den Gebieten des Verbraucherschutzes und der Antidiskriminierung,

8

umfassende und detaillierte Regelungen enthalten. Zugleich nehmen sie jedoch eine Sonderstellung im rechtlichen Stufenbau ein. Denn anders als alle sonstigen Rechtsnormen richten sie sich nur an die Mitgliedstaaten der EU. Sie sind grundsätzlich nicht unmittelbar anwendbar. Die Mitgliedstaaten müssen ihre Vorgaben erst durch nationale Gesetze umsetzen.

9 ▶ **Beispiel:** Der gesetzliche Mindesturlaubsanspruch betrug in Deutschland bis 1994 gemäß § 3 BUrlG 18 Werktage. Die am 23.11.1993 in Kraft getretene europäische Arbeitszeitrichtlinie sah demgegenüber einen Mindesturlaub von vier Wochen vor. Der Arbeitnehmer konnte sich aber gegenüber seinem Arbeitgeber nicht direkt auf die Richtlinie berufen, obwohl diese als Teil des europäischen Rechts in ihrem Rang oberhalb des BUrlG steht. Erst als der deutsche Gesetzgeber am 6.4.1994 den Mindesturlaub in § 3 BUrlG auf 24 Werktage anhob, war diese längere Dauer für die Arbeitsverhältnisse in Deutschland verbindlich. ◀

10 Infolge der zunehmenden Überlagerung der nationalen Rechtsordnungen der EU-Mitgliedstaaten durch das Europarecht hat der Europäische Gerichtshof (EuGH) mit Sitz in Luxemburg (nicht zu verwechseln mit dem beim Europarat angesiedelten Europäischen Gerichtshof für Menschenrechte [EGMR] mit Sitz in Straßburg) inzwischen eine außerordentlich große Bedeutung erlangt. Kommt es im Rahmen eines Gerichtsverfahrens in einem Mitgliedstaat auf die Auslegung des Europarechts an, ist das (zumindest letztinstanzlich entscheidende) Gericht verpflichtet, die Frage dem EuGH vorzulegen (sog. „Vorabentscheidungsverfahren"). Dessen Entscheidung ist verbindlich. Das Vorabentscheidungsverfahren soll eine einheitliche Rechtsprechung in europarechtlichen Fragen gewährleisten. Die deutschen Gerichte sind verpflichtet, das Europarecht und die Entscheidungen des EuGH so weit wie möglich bei der Gesetzesauslegung zu berücksichtigen (sog. Gebot der *richtlinienkonformen Auslegung*; 1. Kapitel, § 7 Rn. 29 ff.).

§ 3 Grundlagen der Rechtsdurchsetzung

„Recht haben" und „Recht bekommen" sind bekanntlich zwei verschiedene Dinge. Um ihre Rechte durchzusetzen und sich gegen Forderungen Dritter zu wehren, aber auch um unternehmensinterne Konflikte (insbesondere solche arbeitsrechtlicher Natur) beizulegen oder schon im Vorfeld zu vermeiden, sind Unternehmen vielfach auf juristischen Rat angewiesen. Für größere Unternehmen kann es kostengünstiger sein, eine eigene Rechtsabteilung zu unterhalten, als für jeden Anlass externe Experten zu beauftragen. Doch auch Unternehmen mit eigener Rechtsabteilung ziehen nicht selten für die gerichtliche und außergerichtliche Beratung und Vertretung externe Spezialisten hinzu. Gerade in komplexen und schwierigen Rechtsfragen kann es sinnvoll sein, auf spezialisierte Kanzleien zurückzugreifen, die für diese Fragen über weitaus größeres Know-how verfügen als die Unternehmensjuristen. Hinzukommt, dass im Fall einer fehlerhaften Beratung mit dem Rechtsanwalt bzw. seiner Sozietät in der Regel ein solventer Haftungsschuldner (Anwälte müssen eine Berufshaftpflichtversicherung abschließen) zur Verfügung steht.

1

Als unabhängiger Berater und Vertreter in allen Rechtsangelegenheiten (§ 3 Abs. 1 Bundesrechtsanwaltsordnung [BRAO]) ist der Rechtsanwalt der „klassische" Rechtsberater; Rechtsanwälte sind die einzige Berufsgruppe, die zur entgeltlichen und umfassenden Rechtsberatung befugt sind. Entgeltliche Rechtsdienstleistungen anderer Berufsgruppen sind nach dem Rechtsdienstleistungsgesetz (RDG) grundsätzlich verboten. Ausnahmen bestehen etwa für Steuerberater und Wirtschaftsprüfer auf dem Gebiet der Steuerrechtsberatung. Dagegen ist die unentgeltliche Rechtsberatung inzwischen weitgehend liberalisiert worden. In familiären, nachbarschaftlichen oder ähnlich engen persönlichen Beziehungen ist sie sogar vollständig erlaubt.

2

Um einen Anspruch im Klagewege durchzusetzen, reicht es nicht, „die Rechtslage auf seiner Seite zu haben". Ebenso wichtig wie die rechtliche Beurteilung ist die Frage der Beweisbarkeit. Grundsätzlich gilt, dass jede Partei vor Gericht die ihr günstigen Tatsachen darlegen und beweisen muss. Zum Teil sieht das Gesetz auch spezielle Regelungen zur Beweislast vor. Eine Partei, die ihre Ansprüche gerichtlich durchsetzen will, muss daher sorgsam abwägen, ob sie die Voraussetzungen des Anspruchs vor Gericht auch beweisen kann.

3

▶ **Beispiel:** Verlangt V von K Zahlung des Kaufpreises, muss er im Prozess darlegen und beweisen, dass er mit K überhaupt einen Vertrag geschlossen hat. Dies kann etwa durch Vorlage von Urkunden, aber auch durch die Benennung von Zeugen geschehen. Ist der Vertragsschluss unstreitig und verweigert K die Zahlung allein mit der Begründung, dass er den Kaufpreis bereits gezahlt habe, trifft ihn die Beweislast hierfür. Gelingt es ihm nicht, die Erfüllung (§ 362 Abs. 1 BGB) nachzuweisen, wird er zur Zahlung verurteilt und muss den Kaufpreis ggf. ein zweites Mal erbringen. ◀

4

▶ **Beispiel:** Verlangt K von V wegen eines Mangels Reparatur der Kaufsache (§§ 437 Nr. 1, 439 BGB), muss er grundsätzlich das Vorliegen eines Mangels bei Übergabe darlegen und beweisen. Liegt allerdings ein Verbrauchsgüterkaufvertrag (§ 474 Abs. 1 S. 1 BGB) vor, weil K Verbraucher (§ 13 Abs. 1 BGB) und V Unternehmer (§ 14 Abs. 1 BGB) ist, und zeigt sich innerhalb von sechs Monaten seit Gefahrübergang ein Sachmangel, wird nach § 477 BGB vermutet, dass die Sache bereits bei Übergabe mangelhaft war; der Verkäufer muss also darlegen und beweisen, dass ein Sachmangel zum Zeitpunkt der Übergabe noch nicht vorhanden war (vgl. 5. Kapitel, § 27 Rn. 48 ff.). ◀

5

6 Lässt sich außergerichtlich keine Einigung erzielen, ist der Gang vor die Gerichte meist unvermeidlich. Die grundlegende Struktur der Gerichtsbarkeit in der Bundesrepublik Deutschland ergibt sich aus Art. 95 Abs. 1 Grundgesetz (GG). Danach ist die deutsche Gerichtsbarkeit auf fünf verschiedene und voneinander unabhängige Gerichtszweige verteilt: die ordentliche Gerichtsbarkeit, die Verwaltungs-, die Finanz-, die Arbeits- und die Sozialgerichtsbarkeit.

I. Aufbau und Instanzen der ordentlichen Gerichtsbarkeit

7 Vor der sog. *„ordentlichen Gerichtsbarkeit"* werden Strafsachen und bürgerliche Rechtsstreitigkeiten (Zivilsachen) ausgetragen. Sie trägt ihren Namen deshalb, weil im 17. Jahrhundert nur die Zivil- und Strafgerichte mit unabhängigen Richtern besetzt waren. Im Gegensatz dazu waren die Verwaltungsgerichte in den staatlichen Behördenaufbau integriert und mit Beamten besetzt (sog. außerordentliche Gerichte). Die unterste Ebene der Zivilgerichtsbarkeit stellen die *Amtsgerichte* (AG) dar, bei denen jede Abteilung aus einem Richter besteht. Vor den Amtsgerichten werden grundsätzlich Rechtsstreitigkeiten mit einem Streitwert von maximal 5000 € geführt. Daneben sind die Amtsgerichte unabhängig vom Streitwert in Familiensachen und in Mietsachen ausschließlich zuständig. Für Streitwerte von über 5000 € sind erstinstanzlich die Landgerichte (LG) anzurufen. Die Spruchkörper der Landgerichte nennen sich Kammern. Sie bestehen grundsätzlich aus drei Richtern. Viele Verfahren werden aber aus Gründen der Rationalisierung gleichwohl vom Einzelrichter entschieden. Ein besonderer Spruchkörper bei den Landgerichten sind die Kammern für Handelssachen, die – wenn der Kläger dies in der Klageschrift beantragt – in Handelssachen zuständig sind. Die Kammern für Handelssachen sind neben dem Vorsitzenden (Berufs-)Richter mit zwei ehrenamtlichen Richtern (sog. Handelsrichter) besetzt, die durch die Industrie- und Handelskammern vorgeschlagen werden und die die Kaufmannseigenschaft nach dem HGB (vgl. 12. Kapitel, § 54 Rn. 1 ff.) oder eine geschäftsführende Tätigkeit in einer Kapitalgesellschaft (Geschäftsführer, Vorstand) aufweisen müssen.

8 Vor den *Landgerichten* werden auch die Berufungen gegen die Urteile der Amtsgerichte verhandelt. Berufungen gegen landgerichtliche Entscheidungen wiederum fallen in die Zuständigkeit der insgesamt 24 *Oberlandesgerichte* (OLG; in Berlin heißt das OLG aus historischen Gründen Kammergericht [KG]). Die Spruchkörper der Oberlandesgerichte sind die Senate. Sie bestehen aus drei Richtern. In Bundesländern mit großer Fläche bzw. mit großer Bevölkerung existieren mehrere Oberlandesgerichte, so in Baden-Württemberg, Bayern, Niedersachsen, Nordrhein-Westfalen und Rheinland-Pfalz.

9 Das oberste deutsche Zivilgericht ist der *Bundesgerichtshof* (BGH) mit Sitz in Karlsruhe. Der BGH ist – bis auf wenige Ausnahmen – Revisionsgericht. Anders als die Instanzgerichte trifft er keine eigenen Tatsachenfeststellungen, sondern beschränkt sich auf die Nachprüfung der rechtlichen Beurteilung eines Falls durch die Vorinstanzen. An deren tatsächliche Feststellungen ist er grundsätzlich gebunden. Seine Rechtsprechung dient vor allem der Sicherung der Rechtseinheit durch Klärung grundsätzlicher Rechtsfragen und der Fortbildung des Rechts. In der Zivilprozessordnung (ZPO) sind die Anforderungen an eine zulässige Berufung und Revision geregelt; nur in wenigen Streitigkeiten kann überhaupt eine Entscheidung des BGH erreicht werden. Die grundgesetzlich gewährleistete Rechtsweggarantie (Art. 19 Abs. 4 GG) umfasst lediglich den Zugang zu einem Gericht. Einen Instanzenzug gewährleistet sie nicht.

Im Zivilprozess besteht in Verfahren vor den Land- und den Oberlandesgerichten grund- **10**
sätzlich die Pflicht, sich durch einen Rechtsanwalt vertreten zu lassen (§ 78 ZPO). Für diese
Vertretung darf ein Unternehmen grundsätzlich keinen eigenen Juristen der Rechtsabteilung
beauftragen, auch wenn dieser zugleich als sog. Syndikusrechtsanwalt zugelassen ist. In
einem Verfahren vor dem BGH müssen die Parteien sich sogar von einem der 42 (Stand:
1.7.2017) ausschließlich beim BGH zugelassenen Rechtsanwälte vertreten lassen.

II. Ablauf des Gerichtsverfahrens

Das Gerichtsverfahren wird eingeleitet durch die *Erhebung der Klage*. Die Klageerhe- **11**
bung erfolgt im Zivilprozess durch Zustellung einer vom Kläger bei Gericht eingereichten Klageschrift (§ 253 ZPO). Hat der Kläger den Kostenvorschuss (Gerichtskos-
ten) eingezahlt, stellt das Gericht dem Beklagten die Klage zu. Die Zustellung erfolgt
regelmäßig in einem gelben Umschlag mit aufgedruckter Postzustellungsurkunde, auf
der der Briefträger das Datum einträgt, an dem er den Brief dem Empfänger übergeben
oder in den Briefkasten geworfen hat. Die Klageschrift muss enthalten: Genaue Bezeichnung der Parteien, bei juristischen Personen des gesetzlichen Vertreters, des Gerichts, einen bestimmten Antrag und Angabe des Klagegrundes (d.h. der Gesamtheit
der Tatsachen, die nach Auffassung des Klägers den Antrag rechtfertigen); über Streitwert und Beweismittel sollen Angaben gemacht werden. Wer nicht in der Lage ist, seinen Prozess selbst zu finanzieren, kann die Gewährung von Prozesskostenhilfe bei Gericht beantragen.

Im sog. *Erkenntnisverfahren* wird geklärt, wer Recht bekommt. Es findet grundsätz- **12**
lich eine mündliche Verhandlung statt, zu der die Parteien geladen werden. Dieser ist
eine Güteverhandlung vorgeschaltet, in der der Richter die Parteien nochmals zu einer
gütlichen Einigung (Vergleich) zu bewegen versucht. Widerspricht sich der Sachvortrag
der Parteien, sind also Tatsachen streitig, muss das Gericht im Rahmen der *Beweisauf-*
nahme den Sachverhalt klären, sofern das Ergebnis für den Ausgang des Rechtsstreits
von Bedeutung ist. Mögliche Beweismittel sind Inaugenscheinnahme (§§ 371 f. ZPO),
die Vernehmung von Zeugen (§§ 373 ff. ZPO), die Einholung eines Sachverständigen-
gutachtens (§§ 402 ff. ZPO), die Verlesung von Urkunden (§§ 415 ff. ZPO) und die
Parteivernehmung (§§ 445 ff. ZPO). Dabei ist zu beachten, dass die beweisbelastete
Partei den Beweis antreten (und ggf. auch die hierfür anfallenden Kosten vorstrecken)
muss. Hat sich das Gericht aufgrund der Beweisaufnahme keine Überzeugung davon
verschaffen können, welche Version des Sachverhalts zutreffend ist, so entscheidet das
Gericht nach der materiellen Beweislast darüber, zu wessen Nachteil die Unaufklärbar-
keit der Beweisfrage (sog. „non liquet") führt. Im Ergebnis verliert derjenige den
Rechtsstreit, der nach den Regeln der Beweislast die streitige Tatsache zu beweisen hat,
weil er beweisfällig bleibt.

Kommt es zu keiner vergleichsweisen Einigung, wird der Rechtsstreit in der Regel **13**
durch *Urteil* entschieden. Es wird entweder direkt am Ende der mündlichen Verhandlung gesprochen oder in einem besonderen „Verkündungstermin". Zu diesem Verkündungstermin braucht niemand zu erscheinen. Das Urteil mit der schriftlichen Begründung wird danach förmlich zugestellt. Im Idealfall hat nicht nur das Gericht den
Rechtsstreit entschieden oder beigelegt, sondern die Parteien erfüllen anschließend
auch ihre Verpflichtungen freiwillig und vollständig. Wenn die unterlegene Seite ihre
Pflichten nicht freiwillig erfüllt, kann man aus dem Urteil oder dem Vergleich die
Zwangsvollstreckung betreiben. Urteil und Vergleich sind sog. vollstreckbare Titel.

Zugleich trifft das Gericht eine Kostenentscheidung. Die Kostentragung wird zwischen den Parteien entsprechend dem Ausgang des Rechtsstreits verteilt (§ 91 ZPO).

14 Den Parteien steht es frei, durch eine sog. *„Schiedsvereinbarung"* den Gang zu den ordentlichen Gerichten auszuschließen. In der Praxis nutzen Unternehmen dies häufig, wenn es um große Streitwerte oder spezialisierte Materien geht, wenn sie schnell eine verbindliche Entscheidung benötigen oder wenn Informationen nicht für die Öffentlichkeit bestimmt sind. Der Rechtsstreit vor dem Schiedsgericht wird durch den Schiedsspruch eines oder mehrerer Schiedsrichter beendet. Der Schiedsspruch tritt an die Stelle des Urteils eines staatlichen Gerichts; er ist für die Parteien gleichfalls bindend. Durch ein Schiedsverfahren, für das die Parteien Schiedsrichter mit besonderer rechtlicher oder technischer Expertise bestimmen können, kann eine gegenüber der staatlichen Gerichtsbarkeit mit ihrem Instanzenweg erhebliche Verfahrensbeschleunigung erzielt werden. Auch kann das Verfahren flexibler an die Wünsche der Parteien (etwa ausländische Verhandlungssprache) angepasst werden. Schließlich sind Schiedsverfahren im Gegensatz zu Gerichtsverhandlungen regelmäßig nicht öffentlich, wodurch die Vertraulichkeit des Verfahrens gewährleistet ist.

III. Die Vollstreckung gerichtlicher Urteile

15 Ein rechtskräftiges Urteil gewährleistet noch nicht, dass der Gläubiger die ihm geschuldete Leistung auch tatsächlich erhält. Da die eigenmächtige Durchsetzung auch von berechtigten Forderungen (*Selbstjustiz*) grundsätzlich verboten ist, bedarf der Gläubiger staatlicher Hilfe. Bei Geldforderungen muss der Gläubiger einen Gerichtsvollzieher beauftragen, der – wenn der Schuldner trotz Aufforderung noch immer nicht leistet – dessen bewegliche Vermögensgegenstände (etwa Möbel, Kfz, Schmuck) pfänden kann. Allerdings kennt das Zwangsvollstreckungsrecht zum Schutz sozial schwacher Schuldner vielfältige Einschränkungen. Es verbietet eine „Kahlpfändung" des Schuldners. So muss ein Schuldner einen Teil seines monatlichen Nettoeinkommens behalten dürfen, um seinen Lebensunterhalt zu bestreiten. Die Höhe der sog. Pfändungsfreigrenzen ist nach der Anzahl der Unterhaltspflichten des Schuldners gestaffelt. Bei einem unverheirateten kinderlosen Arbeitnehmer beträgt sie seit dem 1.7.2017 knapp 1134 €. Liegt das Arbeitseinkommen über diesem Freibetrag, bedeutet das nicht, dass dieser Mehrbetrag voll pfändbar ist, sondern dieser wird bis zu einer bestimmten Höhe (aktuell etwa 3476 €) zwischen Gläubiger und Schuldner geteilt. Damit soll dem Schuldner ein Anreiz gewährt werden, sich um ein höheres Einkommen zu bemühen. Einzelheiten sind in der sog. Pfändungstabelle festgelegt. Darüber hinaus sind eine Reihe von Gegenständen unpfändbar (§ 811 ZPO); hierzu zählen alle Gegenstände zum persönlichen Gebrauch oder dem Haushalt dienende Sachen, insbesondere Kleidungsstücke, Wäsche, Betten, Haus- und Küchengeräte, soweit der Schuldner sie zu einer seiner Berufstätigkeit und seiner Verschuldung angemessenen, bescheidenen Lebens- und Haushaltsführung benötigt. Bleibt – auch wegen dieser Pfändungsschutzvorschriften – die Vollstreckung erfolglos, kann der Gerichtsvollzieher dem Schuldner die eidesstattliche Versicherung (früher: Offenbarungseid) abnehmen. Dabei muss der Schuldner ein Verzeichnis seines Vermögens vorlegen und die Richtigkeit an Eides Statt versichern (§ 802 c ZPO). Die Abgabe einer falschen Versicherung an Eides Statt hat strafrechtliche Konsequenzen (§ 156 StGB).

16 Ein rechtskräftiges Urteil verjährt erst nach 30 Jahren (§ 197 Abs. 1 Nr. 3 BGB). Dies bedeutet, dass ein Gläubiger auch noch Jahre später versuchen kann, auf das Vermö-

gen seines Schuldners zuzugreifen. Er kann also zunächst ein Urteil erstreiten und anschließend auf eine Verbesserung der Vermögenslage des Schuldners hoffen (etwa durch eine Erbschaft). Besonderheiten gelten für den Fall, dass der Schuldner den Weg einer *Privatinsolvenz* (Verbraucherinsolvenz) wählt. Tritt der Schuldner den pfändbaren Teil seines Einkommens an einen Treuhänder ab, der diese Beträge an die Gläubiger verteilt, und erfüllt er bestimmte gesetzlich festgeschriebene Verpflichtungen, kann er nach Ablauf von sechs Jahren von der Pflicht zur Tilgung der restlichen Schulden befreit werden (Restschuldbefreiung). Begleicht der Schuldner 35 % der Gläubigerforderungen sowie die Verfahrenskosten, kann der Schuldner sogar schon nach drei Jahren die Chance zu einem schuldenfreien Neustart erhalten; werden immerhin die Verfahrenskosten beglichen, kommt eine Restschuldbefreiung nach fünf Jahren in Betracht.

Eine vereinfachte Durchsetzung von Geldforderungen kann das gerichtliche Mahnverfahren ermöglichen. Dieses ist nicht zu verwechseln mit außergerichtlichen Mahnungen durch Rechtsanwälte oder Inkassobüros. Im Wege des gerichtlichen Mahnverfahrens kann der Gläubiger einen vom Gerichtsvollzieher vollstreckbaren Titel auch ohne Klageverfahren und ohne mündliche Verhandlung erlangen. Das Verfahren wird voll automatisiert durchgeführt. Das Gericht prüft nicht, ob dem Antragsteller der Zahlungsanspruch tatsächlich zusteht. Reagiert der Schuldner auf den zugestellten Mahnbescheid nicht und legt er innerhalb von zwei Wochen keinen Widerspruch ein, wird vom Gericht ein sog. Vollstreckungsbescheid erlassen, der dem Gläubiger ermöglicht, den Gerichtsvollzieher zu beauftragen. Das Mahnverfahren eignet sich insbesondere, wenn der Schuldner die Forderung nicht ernsthaft bestreitet, aber dennoch nicht zahlt.

17

§ 4 Grundbegriffe und Prinzipien des Privatrechts

1 Das deutsche Privatrecht kennt einige grundlegende Prinzipien und Begriffe, deren Kenntnis für das Verständnis des Gesamtsystems des Bürgerlichen Rechts, aber auch der einzelnen Vorschriften des BGB unerlässlich ist. Sie werden im Folgenden vorab kurz dargestellt.

I. Der Grundsatz der Privatautonomie

2 Prägend für das Bürgerliche Recht ist der *Grundsatz der Privatautonomie*. Er überlässt es dem Einzelnen, seine Lebensverhältnisse im Rahmen der Rechtsordnung durch Rechtsgeschäfte eigenverantwortlich zu gestalten. Die Privatautonomie ist Teil des allgemeinen Prinzips der Selbstbestimmung des Menschen und verfassungsrechtlich durch Art. 1 und 2 GG (Handlungsfreiheit und allgemeines Persönlichkeitsrecht) geschützt. Ihre wichtigsten Ausprägungen sind die Vertragsfreiheit, die Vereinigungsfreiheit, die Testierfreiheit (= das Recht, ein Testament zu errichten) und die Freiheit des Eigentums.

1. Abschlussfreiheit

3 Die *Vertragsfreiheit* umfasst vor allem die Abschluss- und die Inhaltsfreiheit. Die *Abschlussfreiheit* ist das Recht, frei zu entscheiden, ob und mit wem man einen Vertrag schließen will. Ein *Kontrahierungszwang*, d.h. die Pflicht, einen Vertrag mit einer bestimmten Person abzuschließen, besteht nur in wenigen Ausnahmefällen, etwa bei Monopolstellungen für Güter der Grundversorgung (Bsp.: Apotheke im ländlichen Raum) oder in gesetzlich geregelten Fällen (Bsp.: Beförderungsvertrag mit den Verkehrsbetrieben).

4 ▶ **Beispiel:** O betreibt einen kleinen Obststand in der Kölner Innenstadt. Als B den Stand an einem gewöhnlichen Dienstagnachmittag aufsucht und eine Banane kaufen will, entgegnet ihm der Obsthändler O: „Holen Sie sich Ihre Banane woanders. Ich habe keine Lust, wegen solch geringfügiger Beträge die Kasse aufzumachen!" Kann B gegen die Willkür des O etwas ausrichten?

Dem Adressaten eines Angebots steht es grundsätzlich frei, ein an ihn gerichtetes Angebot anzunehmen. Dies folgt aus dem Grundsatz der Privatautonomie. Hier besteht für O kein Kontrahierungszwang, da er kein Monopol auf Güter der Grundversorgung hat. B muss sich seine Banane anderswo besorgen. ◀

2. Inhaltsfreiheit

5 Unter *Inhaltsfreiheit* versteht man das Recht der Parteien, den Inhalt eines Vertrags frei bestimmen zu dürfen. Privatautonomie setzt voraus, dass der Einzelne seine Angelegenheiten nicht nur selbst und frei von staatlicher Einflussnahme regeln darf, sondern seine Interessen auch faktisch gegenüber seinen Mitmenschen durchsetzen kann. Der historische Gesetzgeber des BGB war Ende des 19. Jahrhunderts stark von der Idee des Wirtschaftsliberalismus geprägt. Dieser geht von der Prämisse aus, dass sich im Privatrechtsverkehr grundsätzlich gleich starke Parteien gegenüberstehen, die ihre Interessen jeweils selbstbestimmt durch Willenserklärungen optimal zur Geltung bringen. Das BGB sollte den Parteien ein Regelungsprogramm zur Verfügung stellen, ohne aber deren Freiheit einzuschränken. Es ist daher erlaubt, dass die Parteien vom Gesetz

abweichende Vereinbarungen treffen. Die Vorschriften des BGB sind grundsätzlich *dispositiv*. Die Parteien können sie durch Vertrag abbedingen. → auch Vertrag außer Kraft setzen

▶ **Beispiel:** Gemäß § 448 Abs. 1 BGB trägt der Käufer beim Versendungskauf die Kosten   6
für den Transport der Sache. Die Parteien können davon abweichende Vereinbarungen treffen. Im Handelsverkehr werden häufig Handelsklauseln wie die sog. „Incoterms 2000 bzw. 2010" verwendet, die durch bestimmte Codes (Bsp.: CIF = Cost Insurance Freight; FOB = Free On Board) die Art und Weise der Lieferung von Waren regeln. ◀

Etwas anderes gilt jedoch dann, wenn ein Kräftegleichgewicht zwischen den Parteien   7
typischerweise nicht angenommen werden kann. Dann würde die Privatautonomie
letztlich dazu führen, dass die wirtschaftlich stärkere Partei ihre Interessen stets ohne
Rücksicht auf den schwächeren Vertragspartner durchsetzen kann. Die Privatautonomie der Schwächeren würde dadurch faktisch entwertet. Aus diesem Grund hat der
Gesetzgeber – früher nur vereinzelt, in jüngerer Zeit dagegen immer häufiger – Regelungen zum Schutz typischerweise unterlegener Personen getroffen, die von den Parteien nicht (sog. *zwingende Normen*) oder nur zugunsten der geschützten Person (sog.
halbzwingende Normen) abbedungen werden können. Besonders häufig sind
(halb-)zwingende Regelungen vor allem im Verbraucherschutzrecht. Auch im Arbeitsrecht ist die Vertragsfreiheit seit jeher besonders eingeschränkt (z.B. durch den Kündigungsschutz oder die Diskriminierungsverbote nach dem AGG).

▶ **Beispiel:** Kauft ein Verbraucher von einem Unternehmer eine bewegliche Sache (sog.   8
Verbrauchsgüterkauf), ist ein vor Mitteilung eines Mangels vertraglich vereinbarter Gewährleistungsausschluss unwirksam (§ 476 Abs. 1 BGB). ◀

▶ **Beispiel:** Für die Kündigung eines Arbeitsverhältnisses durch den Arbeitgeber sieht   9
§ 622 Abs. 2 BGB bestimmte Fristen vor. Die Regelung will es dem Arbeitnehmer ermöglichen, rechtzeitig einen neuen Arbeitgeber zu finden. Im Arbeitsvertrag können die Parteien
diese Fristen zwar verlängern, aber nur in Ausnahmefällen (§ 622 Abs. 5 BGB) verkürzen.
Es handelt sich daher um eine halbzwingende Vorschrift zum Schutz des Arbeitnehmers. ◀

II. Trennungs- und Abstraktionsprinzip

Eine Besonderheit des deutschen Privatrechts – und für ausländische Juristen und Laien nur schwer zu verstehen – sind das *Trennungs-* und das *Abstraktionsprinzip*. Nach   10
dem *Trennungsprinzip* ist zwischen dem Verpflichtungsgeschäft (sog. schuldrechtliches
Geschäft) und dem Verfügungsgeschäft (sog. dingliches Geschäft oder Erfüllungsgeschäft) zu unterscheiden. Das Verpflichtungsgeschäft begründet Leistungspflichten
zwischen den Parteien. So verpflichtet etwa der Kaufvertrag den Verkäufer dazu, dem
Käufer das Eigentum an der mangelfreien Kaufsache zu verschaffen (§ 433 Abs. 1
BGB) und den Käufer zur Zahlung des Kaufpreises (§ 433 Abs. 2 BGB).

Eine Verfügung ist darauf gerichtet, unmittelbar auf ein bestehendes Recht einzuwirken, um es zu verändern, zu übertragen, zu belasten oder aufzuheben. Der wichtigste   11
Fall der Verfügung ist die Eigentumsübertragung. Eine Verfügung erfolgt in der Regel
zur Erfüllung einer vertraglichen Verpflichtung. So wird etwa der Käufer nicht schon
durch den Abschluss des Kaufvertrags Eigentümer der Kaufsache, sondern erst durch
die nachfolgende (dingliche) Übereignung der Sache (etwa nach § 929 S. 1 BGB; vgl.
10. Kapitel, § 45 Rn. 1 ff.).

▶ **Beispiel:** Student S erwirbt beim Elektronikhändler E einen Fernseher zu einem Kauf-   12
preis von 500 €, den er bar bezahlt.

Hier sind drei Geschäfte zu unterscheiden: erstens der (schuldrechtliche) Kaufvertrag (§ 433 BGB) zwischen S und E, der die Pflichten der Parteien begründet (Zahlung des Kaufpreises, Lieferung des Fernsehers und Verschaffung des Eigentums daran); zweitens die (dingliche) Übereignung des Fernsehers von E an S und drittens die (dingliche) Übereignung der Geldscheine von S an E, die jeweils zum Übergang des Eigentums auf den anderen führen (§ 929 S. 1 BGB). ◄

13 Nach dem *Abstraktionsprinzip* sind die Wirksamkeit des Verfügungsgeschäfts und diejenige des Verpflichtungsgeschäfts voneinander unabhängig zu beurteilen. Selbst wenn das schuldrechtliche Geschäft (etwa wegen Anfechtung oder eines Formfehlers) ungültig ist, bleibt das dingliche Geschäft grundsätzlich wirksam. Die Wirksamkeit eines (Kauf-, Werk- oder Schenkungs-)Vertrags ist daher für die Beurteilung der Eigentumsverhältnisse an der betreffenden Sache unbeachtlich. Ist die Übereignung wirksam, das ihr zugrunde liegende Verpflichtungsgeschäft dagegen nicht, hat der frühere Eigentümer allerdings regelmäßig gegen den Neueigentümer einen Anspruch auf Rückübertragung des Eigentums aus § 812 Abs. 1 S. 1 Alt. 1 BGB (vgl. 10. Kapitel, § 45 Rn. 4 f.).

14 ▶ **Beispiel:** Im vorigen Fall war der Fernseher fälschlicherweise mit 500 € ausgezeichnet. Eigentlich wollte E 1500 € dafür haben, hat sich aber beim Drucken des Preisschildes vertippt.

Falls E den Kaufvertrag nun wirksam anfechten sollte (§ 119 Abs. 1 Alt. 2 BGB), bleibt die Übereignung des Fernsehers dennoch wirksam. S ist weiterhin Eigentümer des Geräts. Jedoch fällt mit der Anfechtung des Kaufvertrags der Rechtsgrund für den Eigentumserwerb weg (§ 142 Abs. 1 BGB; daher nennt man das Verpflichtungsgeschäft auch „Kausalgeschäft"), so dass E das Eigentum nach den Regelungen über die ungerechtfertigte Bereicherung (§ 812 Abs. 1 S. 1 Alt. 1 BGB) herausverlangen kann. ◄

15 Freilich bedeutet es für Schuldner und Gläubiger praktisch keinen Unterschied, ob bei Unwirksamkeit des Verpflichtungsgeschäfts auch die Übereignung unwirksam ist oder ob er nur zur Rückübertragung des Eigentums verpflichtet ist; im Ergebnis verliert er das Eigentum an der Sache wieder. Die Wirksamkeit der (abstrakten) Verfügung erlangt aber Bedeutung, sofern die Sache bereits an einen Dritten weiterveräußert worden ist. In diesem Fall hat die Unwirksamkeit des Verpflichtungsgeschäfts keine Folgen für den Dritten. Dieser bleibt Eigentümer und ist grundsätzlich keinem Rückgabeanspruch ausgesetzt (näher dazu 3. Kapitel, § 20 Rn. 81 ff.).

III. Eigentum und Besitz

16 Damit ist zugleich eine weitere wesentliche Unterscheidung angesprochen: diejenige zwischen *Eigentum* und *Besitz*. Während beide Begriffe umgangssprachlich meist synonym verwendet werden, muss der Jurist sie strikt unterscheiden (näher dazu 10. Kapitel, § 44 Rn. 12 ff., Rn. 18 ff.):

17 Das *Eigentum* ist das umfassendste und im Grundsatz unbeschränkbare Herrschaftsrecht an einer Sache. Es ist verfassungsrechtlich durch Art. 14 GG abgesichert. Der Eigentümer kann grundsätzlich mit der Sache nach Belieben verfahren und andere von jeder Einwirkung ausschließen. Vom Besitzer kann der Eigentümer jederzeit die Herausgabe der Sache verlangen (§ 985 BGB), wenn dieser kein Recht zum Besitz hat. Eigentum kann nur an einzelnen Sachen (körperliche Gegenstände, vgl. § 90 BGB) erlangt werden. Darunter fallen nicht nur bewegliche Sachen (z.B. Buch, Pkw), sondern auch Grundstücke. Bei unkörperlichen Gegenständen (z.B. Forderungen, Software)

oder Sachgesamtheiten (z.B. Unternehmen), die nicht eigentumsfähig sind, spricht man demgegenüber von „Inhaberschaft".

Unter *Besitz* versteht man die tatsächliche Herrschaft einer Person über eine Sache (§ 854 Abs. 1 BGB). Er ist ein tatsächliches Verhalten und kein subjektives Recht. Besitzer ist daher auch, wer die Sache unrechtmäßig in den Händen hält. 18

▶ **Beispiel:** M hat ein Grundstück mitsamt Einfamilienhaus gemietet. Er ist Besitzer des Grundstücks. Eigentümer ist grundsätzlich derjenige, der im Grundbuch eingetragen ist, in der Regel der Vermieter. ◀ 19

▶ **Beispiel:** D hat bei einem Einbruch die Stereoanlage des E gestohlen. D ist Besitzer der Anlage, da er die tatsächliche Herrschaft über sie ausübt. E ist weiterhin Eigentümer. Er hat sein Eigentumsrecht durch den Diebstahl nicht verloren, sondern kann von D nach § 985 BGB Herausgabe der Stereoanlage verlangen. ◀ 20

§ 5 Das juristische Anspruchsdenken

1 Die juristische Arbeitsweise wird (jedenfalls im Privatrecht) durch das Denken in Ansprüchen geprägt. Was unter einem *Anspruch* zu verstehen ist, hat der Gesetzgeber in § 194 Abs. 1 BGB definiert als das „Recht, von einem anderen ein Tun oder Unterlassen zu verlangen". Ein Anspruch hat stets drei Voraussetzungen: den Anspruchsteller (Gläubiger), den Anspruchsgegner (Schuldner) und den Anspruchsgegenstand (Tun oder Unterlassen). Vom Anspruch zu unterscheiden ist das *Gestaltungsrecht*. Dabei handelt es sich um das Recht, durch eine einseitige Erklärung eine Rechtsänderung herbeizuführen, indem ein Rechtsverhältnis begründet, geändert, beendet oder aufgehoben wird. Im Gegensatz zum Anspruch ist der Berechtigte bei der Ausübung eines Gestaltungsrechts nicht auf die Mitwirkung des anderen angewiesen.

2 ▶ **Beispiel:** V liefert einen mangelhaften Pkw an K. Nachdem er den Mangel trotz Aufforderung des K nicht behebt, kann dieser nun den Kaufpreis mindern (Gestaltungsrecht), vom Vertrag zurücktreten (Gestaltungsrecht) oder Schadensersatz von V verlangen (Anspruch). ◀

3 Der Anspruch begründet ein *Schuldverhältnis im engeren Sinn*. Schuldverhältnisse sind meistens auf eine Leistung gerichtet, vgl. § 241 Abs. 1 S. 1 BGB: „Kraft des Schuldverhältnisses ist der Gläubiger berechtigt, von dem Schuldner eine Leistung zu fordern." Mit der Forderung des Gläubigers korrespondiert die Verpflichtung (auch Schuld oder Verbindlichkeit genannt) des Schuldners, die Leistung zu erbringen.

4 ▶ **Beispiel:** V einigt sich mit K darauf, dass dieser ihm seinen Pkw für 5000 € abkauft. V hat einen Anspruch gegen K auf Zahlung von 5000 € gemäß § 433 Abs. 2 BGB; K hat einen Anspruch gegen V auf Übergabe des Pkw und Verschaffung des Eigentums gemäß § 433 Abs. 1 S. 1 BGB. ◀

5 Unter einem *Schuldverhältnis im weiteren Sinn* ist dagegen nicht ein einzelner Anspruch gemeint, sondern ein gesamtes Rechtsverhältnis (z.B. ein Kaufvertrag oder ein Arbeitsverhältnis), das durch einen bestimmten Tatbestand (z.B. Vertragsschluss) begründet wird. Das Schuldverhältnis im weiteren Sinn kann eine Vielzahl von Rechten und Pflichten umfassen.

6 ▶ **Beispiel:** Im vorigen Fall haben V und K einen Kaufvertrag geschlossen. Als Schuldverhältnis im weiteren Sinn begründet dieser die gegenseitigen Leistungsansprüche (Zahlung des Kaufpreises, Lieferung und Übereignung des Pkw). Darüber hinaus enthält er eine Reihe weiterer Pflichten: V darf den Wagen nicht an einen Dritten übereignen; er muss K über wesentliche Mängel des Pkw aufklären; K muss den Wagen abnehmen. ◀

7 Wie das Beispiel zeigt, können Schuldverhältnisse durch Vertrag entstehen (*vertragliche Schuldverhältnisse*), vgl. § 311 Abs. 1 BGB. Ein Vertrag ist ein Rechtsgeschäft, in dem sich mindestens zwei Parteien freiwillig einander gegenüber binden. Eine Bindung von am Vertrag nicht beteiligten Personen ist grundsätzlich nicht möglich (Verbot des Vertrags zulasten Dritter). Ein Vertrag kommt durch inhaltlich übereinstimmende Willenserklärungen der Parteien (Angebot und Annahme) zustande. Neben dem zwei- oder mehrseitigen Vertrag gibt es auch einseitige Rechtsgeschäfte, die aus der Willenserklärung nur einer Person bestehen (z.B. Aufrechnung, Anfechtung).

8 Schuldverhältnisse werden aber nicht nur durch Verträge begründet. Daneben gibt es auch *gesetzliche Schuldverhältnisse*. Sie kommen nicht freiwillig durch Willenserklärungen der Parteien zustande, sondern entstehen unmittelbar kraft Gesetzes. Der prak-

tisch wichtigste Fall ist das Deliktsrecht, das die Rechtsfolgen unerlaubter Handlungen (sog. „Delikte") regelt (vgl. 7. Kapitel). Infolge einer solchen unerlaubten Handlung entsteht ein gesetzliches Schuldverhältnis zwischen dem Schädiger und dem Geschädigten, das zum Ersatz des daraus entstandenen Schadens verpflichtet.

▶ **Beispiel:** S nimmt G an einer Kreuzung die Vorfahrt und fährt ihm in den Kotflügel. G   9
kann von S Ersatz der Reparaturkosten verlangen, obwohl die beiden keinen Vertrag geschlossen haben, vgl. § 823 Abs. 1 BGB (zudem: §§ 7, 18 StVG [Straßenverkehrsgesetz]). ◀

§ 6 Das Denken in Fällen

1 Juristen denken stets in Fällen. Offenkundig ist dies für Richter und Rechtsanwälte vor Gericht, wenn es um die rechtliche Beurteilung eines in der Vergangenheit liegenden Sachverhalts geht. Aber auch der kautelarjuristisch (lat. „cautela" = Vorsicht, Sicherheit) tätige Rechtsanwalt wird bei der Gestaltung von Verträgen im Idealfall sämtliche später möglichen Sachverhalte im Voraus erkennen und entsprechend regeln. So sollte man etwa schon bei der Gründung einer Gesellschaft die Fälle des Ausscheidens eines Gesellschafters oder der Auflösung der Gesellschaft bedenken und entsprechende Vereinbarungen treffen, um spätere Streitigkeiten von vornherein zu vermeiden.

I. Anspruchsgrundlage und Subsumtion

2 Bei der (privat-)rechtlichen Bewertung eines bestimmten Lebenssachverhalts lautet die erste gedankliche Frage stets: *Wer will was von wem woraus?* Damit werden alle relevanten Prüfungspunkte angesprochen; zugleich wird die Grundstruktur der rechtlichen Prüfung vorgegeben. Die Fragen „wer" und „von wem" legen den Anspruchsteller (Gläubiger) und den Anspruchsgegner (Schuldner) fest. „Was" bezeichnet den Anspruchsgegenstand, etwa die Zahlung des Kaufpreises oder die Lieferung einer Sache.

3 Die Parteien eines Kaufvertrags sind sowohl Gläubiger als auch Schuldner. So ist der Käufer Gläubiger und der Verkäufer Schuldner des Anspruchs auf Übergabe und Übereignung der Kaufsache (§ 433 Abs. 1 S. 1 BGB). Soweit es dagegen um den Anspruch auf Zahlung des Kaufpreises (§ 433 Abs. 2 BGB) geht, ist der Verkäufer Gläubiger und der Käufer Schuldner.

4 Während der Laie dabei stehen bleibt, geht der Jurist noch einen Schritt weiter und fragt mit dem „woraus" nach der rechtlichen Grundlage des Anspruchs. Die *Anspruchsgrundlage* ergibt sich zumeist aus dem Gesetz, in einigen Fällen aber auch aus dem ungeschriebenen Recht (Richterrecht). Das BGB enthält eine Vielzahl von Anspruchsgrundlagen. Regelmäßig können diese leicht anhand ihrer Rechtsfolge erkannt werden („ist verpflichtet", „kann verlangen" usw.). Bei der Suche nach der richtigen Anspruchsgrundlage ist die Kenntnis der Gesetzessystematik (oder ein Blick in das Inhaltsverzeichnis) hilfreich.

5 ▶ **Beispiel:** Buchhändler V liefert vereinbarungsgemäß mehrere Bücher an den Kunden K und begehrt nun die Zahlung des Kaufpreises. Die Frage „Wer will was von wem" lässt sich unschwer beantworten. Für den Anfänger problematisch ist nur das „woraus". Es handelt sich um einen Kaufvertrag, also befindet sich die Anspruchsgrundlage im entsprechenden Abschnitt über den Kauf (§§ 433 ff. BGB). Zu suchen ist nach einer Vorschrift, deren Rechtsfolge auf „Zahlung des Kaufpreises" gerichtet ist: § 433 Abs. 2 BGB.

Wenn der Käufer feststellt, dass in einem der gelieferten Bücher mehrere Seiten unbedruckt sind, hängt die Suche nach der richtigen Anspruchsgrundlage zunächst von seinem Begehren ab. Strebt er die Neulieferung eines vollständig bedruckten Buches an, kann er sich auf §§ 437 Nr. 1, 439 Abs. 1 BGB berufen, die eine entsprechende Rechtsfolge vorsehen. Voraussetzungen dieser Anspruchsgrundlage ist, dass der Käufer und der Verkäufer einen wirksamen Kaufvertrag geschlossen haben und dass der Verkäufer dem Käufer eine Sache geliefert hat, die bei Übergabe mangelhaft war.

Sein Begehren kann aber etwa auch auf Rückzahlung des Kaufpreises gerichtet sein. Anspruchsgrundlage sind dann die §§ 437 Nr. 2, 346 BGB, die über die beiden bereits genannten Voraussetzungen hinaus verlangen, dass der Käufer dem Verkäufer erfolglos eine angemessene Frist zur Nacherfüllung gesetzt hat (vgl. § 323 Abs. 1 BGB). § 434 BGB ist dagegen

keine Anspruchsgrundlage. Aus der Norm ergibt sich für keine Partei das Recht, von einem anderen ein Tun oder Unterlassen zu verlangen. Gleichwohl ist § 434 BGB für die Lösung des Falls wichtig, weil dort der Sachmangel (als eine Voraussetzung des Anspruchs auf Neulieferung oder auf Rückzahlung des Kaufpreises) definiert ist. ◄

Anspruchsnormen setzen sich stets aus einem *Tatbestand* und einer *Rechtsfolge* zusammen. Der Gläubiger kann den Anspruch nur dann erfolgreich geltend machen, wenn die tatbestandlichen Voraussetzungen der Anspruchsnorm erfüllt sind (und er dies im Streitfall nachweisen kann). Der Fallbearbeiter muss prüfen, ob der tatsächliche Lebenssachverhalt den Tatbestand der Norm erfüllt. Diese Prüfung nennt man *Subsumtion*. Das Grundprinzip der Subsumtion ist der aristotelische Syllogismus, der Schluss von zwei Prämissen (Ober- und Untersatz) auf einen Schlusssatz: | 6

▶ **Beispiel:** Alle Griechen sind weise (Obersatz). Aristoteles ist ein Grieche (Untersatz). Aristoteles ist weise (Schlusssatz). ◄ | 7

Für den Buchhändlerfall würde die Subsumtion wie folgt gehen: | 8

▶ **Beispiel:** Der Käufer muss den Kaufpreis zahlen (Obersatz). K ist ein Käufer (Untersatz). Also muss K den Kaufpreis zahlen (Schlusssatz). ◄ | 9

Trotz dieser Parallelität von Syllogismus und Subsumtion ist die Rechtsanwendung wesentlich komplexer. Sie erschöpft sich nicht in rein logischen Schlussfolgerungen. Die Hauptarbeit des Juristen liegt darin, dass er auf Grundlage abstrakt-genereller, gesetzlich normierter Wertmaßstäbe einen konkreten Sachverhalt wertend (d.h. „teleologisch") beurteilt. So setzt etwa die Behauptung „K ist ein Käufer" im vorigen Beispiel eine mitunter komplexe juristische Bewertung des tatsächlichen Geschehens voraus. Der Rechtsanwender hat zunächst das Gesetz (Obersatz) im Hinblick auf den konkret zur Entscheidung stehenden Sachverhalt (Untersatz) so zu präzisieren, dass die einzelnen Tatbestandsmerkmale der Norm konkretisiert werden. Diese Konkretisierung nennt man *Auslegung*. Dabei handelt es sich um einen wertenden, zweckorientierten Vorgang, bei dem nicht selten verschiedene Auslegungsergebnisse vertretbar sind. Am Ende des Auslegungsvorgangs steht eine auf den Einzelfall hin konkretisierte Vorschrift, deren Tatbestand in seine Elemente („Tatbestandsmerkmale") zerlegt wird. | 10

▶ **Beispiel:** Der Käufer muss den Kaufpreis zahlen (Obersatz). Ein Kaufvertrag ist ein Vertrag über die Lieferung einer Sache gegen Entgelt. Eine Sache ist ein körperlicher Gegenstand. Körperlich ist ein Gegenstand, der räumlich abgrenzbar ist. Lieferung ist die Übergabe und Verschaffung des Eigentums. Übergabe ist das Verschaffen des unmittelbaren Besitzes. Das setzt voraus, dass dem Käufer die unmittelbare tatsächliche Sachherrschaft über den Gegenstand eingeräumt wird. … Die Kette ließe sich weiter fortführen, allerdings von einem bestimmten Punkt an ohne weiteren Konkretisierungsgewinn. ◄ | 11

Ausgehend von der konkretisierten und in die einzelnen Tatbestandsmerkmale zerlegten Rechtsnorm ist die Subsumtion wie folgt fortzusetzen: | 12

▶ **Beispiel:** V hat Bücher geliefert. Bücher sind räumlich abgrenzbar. Es handelt sich also um körperliche Gegenstände. Im Gegenzug sollte K einen bestimmten Geldbetrag an V zahlen. Damit liegt ein Kaufvertrag zwischen V und K vor, so dass K zur Zahlung des Kaufpreises verpflichtet ist. ◄ | 13

Die Suche nach der richtigen Anspruchsgrundlage wird dadurch erschwert, dass ein Lebenssachverhalt oftmals die Tatbestände mehrerer Rechtsnormen des BGB erfüllt. So hat etwa der Käufer, der eine mangelhafte Kaufsache erhält, Ansprüche auf Nacherfüllung, wahlweise in Form von Austausch oder Reparatur, und ggf. auf Schadenser- | 14

satz. Daneben treten das Recht zur Minderung des Kaufpreises, zum Rücktritt vom Vertrag und ggf. zur Anfechtung wegen arglistiger Täuschung, ein Schadensersatzanspruch wegen unterlassener Aufklärung sowie deliktische Ansprüche, sofern durch den Mangel weitere Schäden entstanden sind. In all diesen Fällen ist zu fragen, ob nur eine Norm zur Anwendung kommt oder ob mehrere Anspruchsnormen nebeneinander bestehen und daraus mehrere Ansprüche entstehen können. Im BGB ist vom Grundsatz der *Anspruchshäufung* und *Anspruchskonkurrenz* auszugehen. Der Gläubiger kann danach aus den in Betracht kommenden Ansprüchen den ihm günstigsten aussuchen oder mehrere Ansprüche miteinander kombinieren.

15 ▶ **Beispiel:** G bestellt beim Italiener Spaghetti Vongole. Weil die Muscheln verdorben sind, muss er sich später ärztlich behandeln lassen. Ersatz der Arztkosten kann G sowohl im Wege des vertraglichen Schadensersatzanspruchs (§§ 437 Nr. 3, 280 Abs. 1 BGB) als auch wegen unerlaubter Handlung in Gestalt der Gesundheitsschädigung (§ 823 Abs. 1 BGB) verlangen. Da die Schadensersatzansprüche auf dieselbe Leistung gerichtet sind, muss der Gastwirt insgesamt aber selbstverständlich nur einmal leisten. ◀

16 In anderen Fällen verdrängt eine Anspruchsnorm die anderen, so dass nur sie zur Anwendung kommt. Eine solche *Gesetzeskonkurrenz* liegt vor, wenn eine Norm als lex specialis anzusehen ist, d.h. wenn der in der speziellen Norm geregelte Fall ein Unterfall des Tatbestands der generellen Norm ist. Spezialitätsverhältnisse kommen vor allem in den Besonderen Teilen vor, deren Regelungen grundsätzlich diejenigen des Allgemeinen Teils verdrängen.

17 ▶ **Beispiel:** Im vorigen Fall beruht der Schaden auf einem Mangel an der Kaufsache (verdorbene Muscheln). Da die Lieferung einer mangelhaften Sache ein Spezialfall der Pflichtverletzung ist, verdrängt der kaufrechtliche Schadensersatzanspruch gemäß §§ 437 Nr. 3, 280 Abs. 1 BGB den allgemeinen vertraglichen Schadensersatzanspruch gemäß § 280 Abs. 1 BGB. Auswirkungen hat dies vor allem wegen der unterschiedlichen Verjährung beider Ansprüche. ◀

II. Das Gutachten

18 In der juristischen Ausbildung wird üblicherweise ein *Gutachten* verlangt. Das bedeutet, dass der Kandidat sämtliche in Betracht kommenden Anspruchsgrundlagen untersuchen muss, selbst wenn das Interesse des Gläubigers durch einen bereits geprüften Anspruch voll abgedeckt ist. Für das Gutachten haben sich ein eigener Aufbau und eine eigene Sprache herausgebildet. Der sog. *Gutachtenstil* ist eine dem Anspruchsaufbau nachgebildete, von der Ausgangsfrage zum Ergebnis führende Darstellungsform für die Falllösung. Die erste Aufgabe ist das Herausbilden des Obersatzes nach dem Muster „Wer will was von wem woraus?". Es folgen die bereits dargestellte Konkretisierung der betreffenden Rechtsnorm in einzelne Tatbestandsmerkmale und die Subsumtion. Die Prüfung endet mit dem Ergebnis. Das unterscheidet das Gutachten vom Urteil des Richters, in dem das Ergebnis vorangestellt ist. Charakteristisch für den Gutachtenstil sind Wendungen wie „Fraglich ist, ob …", „Dies ist der Fall, wenn …", „somit", „daher" usw.

19 ▶ **Beispiel:** K kauft für 800 € von V einen Kopierer für sein Büro, der aufgrund eines Konstruktionsfehlers nach wenigen Wochen nur noch schwarze Streifen druckt. K verlangt von V Reparatur des Geräts. ◀

Der Obersatz lautet: K könnte von V Reparatur des Kopiergeräts nach §§ 437 Nr. 1, 439 Abs. 1 BGB verlangen. Anschließend werden die einzelnen Tatbestandsvoraussetzungen geprüft: Dazu müsste ein wirksamer Kaufvertrag zwischen K und V vorliegen. Dies setzt voraus, dass eine Sache gegen Entgelt geliefert und übereignet wird. Bei dem Kopiergerät handelt es sich um einen körperlichen Gegenstand und damit um eine Sache. K und V verein-

barten einen Kaufpreis von 800 €. Damit liegt ein Kaufvertrag vor. Ferner müsste der Kopierer mangelhaft sein. Ein Mangel liegt vor, wenn die Sache sich nicht für die gewöhnliche Verwendung eignet oder nicht die Beschaffenheit aufweist, die bei Sachen der gleichen Art üblich ist und die der Käufer nach der Art der Sache erwarten kann, § 434 Abs. 1 S. 2 Nr. 2 BGB. Hier druckt der Kopierer aufgrund eines Konstruktionsfehlers nur noch schwarze Streifen. Er eignet sich somit nicht für seine gewöhnliche Verwendung, das Kopieren. Die Maschine ist daher mangelhaft. Am Ende steht das Ergebnis: K kann somit von V Reparatur des Kopierers gemäß §§ 437 Nr. 1, 439 Abs. 1 BGB verlangen. ◄

Das Gutachten folgt einem bestimmten *Fallaufbau:* Zunächst ist zu prüfen, ob der Anspruch entstanden ist. Dazu müssen die Tatbestandsvoraussetzungen herausgearbeitet und der Sachverhalt darunter subsumiert werden.   20

Ferner dürfen keine *rechtshindernden Einwendungen* entgegenstehen. Rechtshindernde Einwendungen sind Verteidigungsmittel, mit denen der Schuldner geltend macht, dass der Anspruch aufgrund besonderer Umstände nie entstanden ist (Bsp.: Geschäftsunfähigkeit, Sittenwidrigkeit). Sofern eine Partei im Prozess Tatsachen darlegt, die eine Einwendung begründen, muss das Gericht sie von Amts wegen beachten. Ist der Anspruch entstanden, ist weiter zu prüfen, ob er nicht erloschen ist. *Rechtsvernichtende Einwendungen* bringen einen zunächst bestehenden Anspruch durch ein erst nachträglich eintretendes Ereignis zum Erlöschen (Bsp.: Rücktritt, Kündigung, Erfüllung).   21

Ist der Anspruch nicht erloschen, muss schließlich geprüft werden, ob er durchsetzbar ist oder ob ihm *Einreden* oder *rechtshemmende Einwendungen* entgegenstehen. Diese sorgen dafür, dass der Anspruch zwar bestehen bleibt, aber nicht oder nicht mehr geltend gemacht werden kann. Wichtigster Fall der Einrede ist die *Verjährung,* für die § 214 Abs. 1 BGB gilt: „Nach Eintritt der Verjährung ist der Schuldner berechtigt, die Leistung zu verweigern." Im Gegensatz zu den Einwendungen werden Einreden im Prozess jedoch nur berücksichtigt, wenn die einredeberechtigte Partei sie auch tatsächlich geltend macht. Trotz Verjährung kann der Gläubiger daher seinen Anspruch erfolgreich einklagen, wenn der Schuldner sich nicht darauf beruft.   22

Das Beherrschen des Gutachtenstils ist für Jurastudenten von zentraler Bedeutung. Für Nichtjuristen ist er aus unserer Sicht verzichtbar. Denn für die Kenntnis der juristischen Denk- und Argumentationsweise und für ein zielführendes Rechtsgespräch mit dem Rechtsanwalt oder dem Unternehmensjuristen bringt er keinen zusätzlichen Erkenntnisgewinn.   23

§ 7 Der Umgang mit dem Gesetzestext

1 Die Jurisprudenz ist keine Wissenschaft nach dem Vorbild der Mathematik und der exakten Naturwissenschaften mit allgemeingültigen Naturgesetzen. Rechtsnormen und ihre Auslegungen sind nicht richtig oder falsch, sondern überzeugend oder weniger überzeugend. Gesetzesauslegung und Rechtsfortbildung erfordern stets einen wertenden Akt des Rechtsanwenders. Wer Gesetze auslegt, wird mit den Grundproblemen der Hermeneutik (altgr. „hermēneuein" = erklären, interpretieren) konfrontiert: dem Umgang mit mehrdeutigen Texten und dem produktiven Beitrag des Interpreten als notwendigem Teil des Sinnverstehens selbst.

2 Darüber hinaus haben juristische Auslegungslehren zugleich eine rechtspolitische Funktion. Sie begrenzen oder erweitern die interpretative Regelungsmacht, die mit jeder Rechtsanwendung notwendig verbunden ist. In Deutschland existiert kein Gesetz, das eine bestimmte Auslegungsmethode verbindlich vorschreibt. Das bedeutet jedoch nicht, dass der Rechtsanwender in seiner Wahl frei wäre. Die Methodenwahl wird maßgeblich durch die Grundsätze der richterlichen Gesetzesbindung, der Gewaltenteilung und des demokratischen Rechtsstaats beeinflusst. Nach Art. 20 Abs. 3, 97 Abs. 1 GG sind die Gerichte an „Gesetz und Recht" gebunden bzw. „nur dem Gesetze unterworfen". Diese verfassungsrechtlichen Grundentscheidungen zu sichern, ist die vordringlichste Aufgabe der juristischen Methodenlehre. Der Richter ist ein „Diener" des Gesetzgebers, dessen Vorgaben er in „denkendem Gehorsam" umzusetzen hat.

I. Die Auslegung von Gesetzen

3 Rechtsnormen sind Gebote. Hinter jeder Norm steht ein rechtspolitischer Gestaltungswille der Normgeber, die mit einer Regelung bestimmte Zwecke verfolgen. Beim Umgang mit (Norm-)Texten unterscheidet sich die Jurisprudenz grundsätzlich nicht von anderen hermeneutischen Disziplinen. Einen Text erfassen, heißt zunächst, die Lage oder die Frage zu verstehen, auf die der Text eine Antwort geben soll. *Auslegung* ist die Ermittlung der inhaltlichen Bedeutung einer Aussage. Diese allgemeine, für jede Art von Texten geltende Aussage trifft auch und gerade auf Rechtsnormen zu: Das *Ziel der Auslegung* ist die Ermittlung des *Normzwecks*, der maßgeblich durch den Gestaltungswillen der Normsetzer bestimmt wird. Hierfür stehen verschiedene *Hilfsmittel* zur Verfügung:

4 Jede Auslegung beginnt mit dem *Wortlaut* des Gesetzes. Es ist also zunächst nach der sprachlichen Bedeutung des Normtextes zu fragen. Dabei ist zu beachten, dass Texte niemals eindeutig sind. Wortbedeutungen sind wandelbar. Das Verständnis ein und desselben Wortes ist stets von den gesellschaftlichen Verhältnissen und dem jeweiligen Kontext abhängig. Im Zweifel ist nach zutreffender Auffassung grundsätzlich auf die fachsprachliche Bedeutung eines Wortes im Zeitpunkt des Erlasses der Norm abzustellen.

5 ▶ **Beispiel:** Im Handelsverkehr muss der Käufer die Sache unverzüglich nach Ablieferung auf Mängel prüfen und, sofern sich dabei ein Mangel zeigt, diesen dem Verkäufer unverzüglich anzeigen (sog. „kaufmännische Rügeobliegenheit", vgl. 12. Kapitel, § 57 Rn. 1 ff.). Gemäß § 377 Abs. 4 HGB genügt hierfür die „rechtzeitige Absendung der Anzeige". Nach dem Wortlaut der Norm ist – entgegen der allgemeinen Regelung des § 130 BGB – ein Zugang der Erklärung beim Empfänger nicht erforderlich. ◀

> **BGH, Urt. v. 13.5.1987 – VIII ZR 137/86:** „Es ist einzuräumen, dass der Wortlaut des § 377 Abs. 4 HGB, wonach zur Erhaltung der Rechte des Käufers die rechtzeitige Absendung der Anzeige genügt, die Auslegung zulässt, für die Wirkung der Mängelanzeige komme es nur auf ihre Absendung und nicht auf den Zugang an."

6

Gesetzesbindung darf jedoch nicht mit Buchstabengehorsam verwechselt werden. Die sprachliche Fassung einer Rechtsnorm ist nur ein Verkündungsmittel für die Regelungsziele der Normsetzer. Verbindlich ist nicht der Normtext, sondern der Norminhalt. Der Rechtsanwender darf daher beim Wortlaut nicht stehen bleiben, sondern muss weitere Auslegungsmittel heranziehen.

7

Von großer Bedeutung ist regelmäßig die *systematische Auslegung*. Rechtsnormen gewinnen, wie andere Texte auch, ihren Sinn häufig erst aus ihrem Kontext. Im Rahmen der systematischen Auslegung muss zwischen dem äußeren und dem inneren System unterschieden werden. Das *äußere System* meint die Einteilung der Rechtsnormen nach formalen Gesichtspunkten, etwa die Aufteilung des BGB in fünf Bücher oder die Trennung von Allgemeinen und Besonderen Teilen.

8

▶ **Beispiel:** Gemäß § 847 BGB a.F. konnte derjenige Schmerzensgeld verlangen, dessen Körper oder Gesundheit verletzt wurde. Aus der Stellung der Norm im Titel „Unerlaubte Handlungen" folgerte man, dass die Vorschrift nur für deliktische (§§ 823, 826, 831 BGB), nicht aber für vertragliche Schadensersatzansprüche gelten sollte. Im Jahr 2002 wurde die Norm aufgehoben, eine fast wortgleiche Regelung findet sich nun in § 253 Abs. 2 BGB. Aufgrund der Stellung im Allgemeinen Schuldrecht gilt die Vorschrift nun für sämtliche Schadensersatzansprüche. ◀

9

Das *innere System* besteht aus den sachlichen Zusammenhängen zwischen den einzelnen Normen und Prinzipien der Rechtsordnung. Es beruht auf der Vorstellung, dass die gesamte Rechtsordnung im Idealfall eine wertungsmäßige Einheit bildet. Im Gegensatz zum äußeren System ist das innere System nicht auf den ersten Blick ersichtlich. Es tritt regelmäßig erst bei der wissenschaftlichen Bearbeitung des Rechts zutage. Grundlage des inneren Systems sind die hinter den einzelnen Normen stehenden Wertungen und Prinzipien eines Rechtsgebiets.

10

▶ **Beispiel:** Im Bürgerlichen Recht gilt der Grundsatz der Formfreiheit (vgl. unten 2. Kapitel, § 13 Rn. 1 ff.). Danach sind Rechtsgeschäfte auch ohne Einhaltung einer bestimmten Form wirksam. Der Grundsatz der Formfreiheit steht nicht im Gesetz. Er lässt sich aber mittelbar aus dem Gesetz ableiten (Umkehrschluss aus § 125 S. 1 BGB). ◀

11

Neben Wortlaut und Systematik ist schließlich die Entstehungsgeschichte des Gesetzes zu beachten. Diese Aufgabe übernimmt die *historische Auslegung*. Sie nimmt den historisch-gesellschaftlichen Kontext in den Blick und fragt nach den Interessen, Konfliktsituationen und Zielvorstellungen, die zu der Normsetzung geführt haben. Daraus entnimmt sie den normativen Regelungswillen der Gesetzgebung, ihre rechtspolitischen Absichten und Steuerungsziele. Entscheidend ist nicht der tatsächliche Wille der an der Gesetzgebung beteiligten Personen. Maßgebend sind vielmehr die hinter der Normsetzung stehenden Motive, die sich im Verfahren der Gesetzgebung durchgesetzt haben. Aufschluss darüber geben primär die Gesetzgebungsmaterialen (Regierungsentwürfe, Kommissionsberatungen, Gegenäußerungen, Bundestags- und Bundesratsprotokolle, Erwägungsgründe usw.).

12

13   ▶ **Beispiel:** Im obigen Beispiel der Rügeobliegenheit im Handelsverkehr spricht neben dem Wortlaut auch die Entstehungsgeschichte gegen das Zugangserfordernis. Der Gesetzgeber ging nachweisbar davon aus, dass die Gefahr eines Verlustes der Mängelanzeige nicht den Käufer, sondern den Verkäufer treffen sollte, weil dieser pflichtwidrig gehandelt habe. ◀

14   > **BGH, Urt. v. 13.5.1987 – VIII ZR 137/86:** „Es mag auch sein, dass bei Schaffung der Vorschrift des § 377 HGB von dieser Vorstellung ausgegangen wurde (vgl. Denkschrift zu dem Entwurf eines Handelsgesetzbuches und eines Einführungsgesetzes, 1896/97, S. 224, zu § 369 Abs. 4 der Kommissionsvorlage)."

15   Die *teleologische (= zweckorientierte) Auslegung* wird häufig als viertes und wichtigstes Auslegungsmittel dargestellt. In der neueren Methodenlehre wird aber bestritten, dass es sich dabei um ein eigenständiges Auslegungskriterium handelt. Dies folgt aus der Trennung von Auslegungsziel und Auslegungsmitteln. Da die Ermittlung des Normzwecks das Ziel der Auslegung ist, ist jede Auslegung per definitionem „teleologisch". Der Zweck einer Norm kann aber nicht zugleich Erkenntnismittel und Ziel der Auslegung sein. Wenn also von „teleologischer Auslegung" die Rede ist, so setzt dies voraus, dass der Normzweck zuvor bereits anhand des Wortlauts, der Systematik und der Entstehungsgeschichte ermittelt worden ist. Die Argumentation mit dem Sinn und Zweck einer Norm ist daher häufig im Kern eine systematische oder historische Auslegung. Z.T. wird unter der Bezeichnung „teleologische Auslegung" auch verdeckte Rechtsfortbildung betrieben. Sie ist dann eine Scheinbegründung, um vom Gesetz abzuweichen.

16   ▶ **Beispiel:** Im obigen Beispiel der kaufmännischen Rügeobliegenheit entschied der BGH gegen den Wortlaut des § 377 Abs. 4 HGB und die Entstehungsgeschichte des Gesetzes, dass die Mängelanzeige nur wirksam ist, wenn sie dem Verkäufer zugeht. Begründet hat er dies mit dem Sinn und Zweck der Norm, die in erster Linie die Interessen des Verkäufers schützen soll.

Tatsächlich hat der BGH damit das Gesetz nicht ausgelegt, sondern korrigiert. Die Entscheidung, dass der Verkäufer das Verlustrisiko für die Mängelanzeige tragen soll, beruht auf einer sorgfältigen Interessenabwägung der Gesetzgebung, die überdies klar im Gesetzestext zum Ausdruck gekommen ist. ◀

17   > **BGH, Urt. v. 13.5.1987 – VIII ZR 137/86:** „… Sie ist gleichwohl im Wortlaut der Bestimmung nicht in einer Weise zum Ausdruck gekommen, die zu einem derartigen Verständnis zwingt. … Für dieses Verständnis der Vorschrift des § 377 HGB spricht entscheidend der Sinn und Zweck der gesetzlichen Regelung. Die den Käufer treffende Obliegenheit zur unverzüglichen Mängelrüge dient … in erster Linie den Belangen des Verkäufers, der in die Lage versetzt werden soll, entsprechende Feststellungen und notwendige Dispositionen – vor allem zur Schadensabwendung – zu treffen."

II. Die Rechtsfortbildung

18   Hat der Rechtsanwender den historischen Normzweck im Wege der Auslegung ermittelt, ist in einem zweiten Schritt zu prüfen, ob er im Zeitpunkt der Anwendung der Norm noch fortgilt. Davon ist bei geltenden Gesetzen grundsätzlich auszugehen, da die Gesetzesbindung nicht auf den Entstehungszeitpunkt beschränkt ist. Wichtige Ausnahmen bestehen aber, wenn das mit der Norm verfolgte Ziel unerreichbar oder gegenstandslos geworden ist,

wenn die technische, ökonomische oder gesellschaftliche Entwicklung den Regelungsbereich der Norm seit ihrem Erlass einschneidend verändert hat oder wenn die der Norm zugrunde liegenden Wertvorstellungen sich seit ihrem Erlass grundlegend geändert haben. Es gilt dann der Satz: „Cessante ratione legis, cessat lex ipsa." (Fällt der Normzweck weg, fällt die gesamte Norm weg). Der Rechtsanwender hat die dadurch entstandene Lücke (sog. „sekundäre Regelungslücke") in Übereinstimmung mit dem geltenden Recht zu schließen.

▶ **Beispiel:** Gemäß § 54 BGB sind auf den nicht in das Vereinsregister eingetragenen Verein die Regelungen über die Gesellschaft bürgerlichen Rechts anzuwenden, obwohl diese der Sache nach nicht passen (insbesondere aufgrund der persönlichen Haftung der Mitglieder). Der historische Gesetzgeber wollte damit vor allem die Gewerkschaften faktisch zwingen, sich eintragen zu lassen und so ihre Mitglieder offenzulegen, um sie politisch zu kontrollieren (sog. „verschleiertes Konzessionssystem").   19

Dieser Regelungszweck ist längst überholt, weil eine große Zahl bedeutsamer Verbände sich gleichwohl nicht hat eintragen lassen; spätestens unter der Geltung des Grundgesetzes ist er zudem verfassungswidrig (vgl. Art. 9 Abs. 3 GG: Koalitionsfreiheit). Es besteht also eine sekundäre Regelungslücke, die von Rechtsprechung und Lehre durch eine Annäherung des nicht eingetragenen Vereins an die Stellung des eingetragenen Vereins ausgefüllt wurde. So haften etwa Vereinsmitglieder nicht mehr für Verbindlichkeiten des Vereins; Gewerkschaften können selbst klagen und verklagt werden sowie im eigenen Namen Verträge eingehen. ◀

In nicht wenigen Fällen sieht die Rechtsordnung für einen bestimmten Sachverhalt von vornherein keine Regelung vor (sog. „primäre Regelungslücke"). Das kann etwa der Fall sein, wenn der Gesetzgeber eine zu regelnde Sachfrage schlicht übersehen oder wenn er ihre Regelung bewusst der Rechtsprechung und Wissenschaft überlassen hat.   20

▶ **Beispiel:** Der Gesetzgeber hat den Arbeitskampf in Deutschland bis heute nicht gesetzlich geregelt, sondern seine Regelung der Rechtsprechung (vor allem des BAG und des BVerfG) überlassen. ◀   21

▶ **Beispiel:** In seiner ursprünglichen Fassung von 1900 enthielt das BGB keine Regelungen für den Fall der Schlechtleistung des Schuldners. Rechtsprechung und Wissenschaft hatten diese Lücke im Gesetz erkannt und durch das Institut der „positiven Forderungsverletzung" ausgefüllt. Erst viele Jahre später, im Zuge der Schuldrechtsreform im Jahr 2002, wurden die von der Rechtsprechung entwickelten Grundsätze in § 280 Abs. 1 BGB kodifiziert. ◀   22

Die Feststellung und Ausfüllung von Lücken fällt in den Bereich der *Rechtsfortbildung*. Wie bei der Auslegung handelt es sich auch hierbei nicht um einen formal-logischen Vorgang. Die Tatsache, dass die Rechtsordnung einen bestimmten Sachverhalt nicht regelt, bedeutet nicht notwendig, dass sie lückenhaft ist. Die Nichtregelung kann auch eine bewusste Entscheidung des Gesetzgebers sein. In diesen Fällen des „beredten Schweigens" des Gesetzes darf der Rechtsanwender nicht gesetzesergänzend tätig werden.   23

▶ **Beispiel:** Das deutsche Familienrecht kennt – im Gegensatz zu anderen europäischen Rechtsordnungen – keine Unterhaltspflicht für Geschwister. Diese Gesetzeslücke beruht auf einer bewussten Entscheidung der Gesetzgebung. Diese Entscheidung ist für die Gerichte verbindlich. Sie dürfen das Gesetz nicht um eine entsprechende Regelung ergänzen. ◀   24

Zur Ausfüllung von Lücken im Gesetz sind die Gerichte verpflichtet, weil sie alle Fälle entscheiden müssen, die ihnen vorgelegt werden (sog. Rechtsverweigerungsverbot). Eine Rechtsfortbildung ist zulässig, sofern tatsächlich eine Lücke vorliegt und nicht nur behauptet wird. Der praktisch wichtigste Fall der Rechtsfortbildung ist die entsprechende Anwendung einer Rechtsnorm auf einen ungeregelten Sachverhalt *(„Analogie")*. Voraussetzung   25

hierfür ist, dass die Interessenlage im zu entscheidenden Sachverhalt mit dem gesetzlich geregelten Fall vergleichbar ist.

26 ▶ **Beispiel:** Nach § 656 BGB hat der sog. „Ehemakler" keinen Anspruch auf Vergütung, wenn er im Auftrag eines Ehewilligen einen Ehepartner vermittelt. Eine im Voraus geleistete Vergütung kann aber nicht zurückgefordert werden.

Nachdem die Ehe infolge des gesellschaftlichen Wertewandels im Laufe der Zeit mehr und mehr an Bedeutung verloren hat und immer mehr Menschen in einer nicht ehelichen Lebensgemeinschaft zusammenleben, ist § 656 BGB auf alle Formen von „Partnerschaftsvermittlung" analog anzuwenden. ◀

27 Grundsätzlich *unzulässig* ist demgegenüber die sog. *„Rechtsfortbildung contra legem"* (lat. „contra legem" = gegen das Gesetz). Darunter versteht man eine (offene oder verdeckte) Ablehnung oder Korrektur des Gesetzes. Sie ist mit den Verfassungsgrundsätzen der Gewaltentrennung, des demokratischen Rechtsstaats und der richterlichen Gesetzesbindung nicht zu vereinbaren. Vom Normzweck darf der Richter nur abweichen, wenn dieser sich erledigt oder aufgrund tatsächlicher oder rechtlicher Entwicklung einschneidend gewandelt hat.

28 ▶ **Beispiel:** Die Entscheidung des BGH im obigen Beispiel der kaufmännischen Rügeobliegenheit ist eine (verdeckte) Korrektur des Gesetzes. Es handelt sich um eine (unzulässige) Rechtsfortbildung contra legem. Faktisch hat das Gericht damit die Rechtslage in ihr Gegenteil verkehrt. ◀

III. Richtlinienkonforme Auslegung und Rechtsfortbildung

29 Die genannten Grundsätze der Auslegung und Rechtsfortbildung gelten für die Anwendung deutschen Rechts durch deutsche Gerichte. Komplizierter ist die Situation, wenn das deutsche Recht seinen Ursprung in europarechtlichen Vorgaben hat. So gehen viele Regelungen des Kaufrechts, in denen die Rechte eines Verbrauchers gegenüber einem Unternehmer beschrieben sind, auf die sog. Verbrauchsgüterkaufrichtlinie zurück. Auch in diesem Fall haben die deutschen Gerichte zwar grundsätzlich die Regelungen des nationalen Rechts (Bsp.: §§ 433 ff. BGB über den Kaufvertrag) anzuwenden. Sie müssen jedoch zugleich versuchen, den Vorgaben der europäischen Richtlinie(n) so weit wie möglich gerecht zu werden. Rechtsmethodisch sind sie daher verpflichtet, die Auslegung des nationalen Rechts unter voller Ausschöpfung des Beurteilungsspielraums, den ihnen das deutsche Recht einräumt, so weit wie möglich am Wortlaut und Zweck der Richtlinie auszurichten, um das mit der Richtlinie verfolgte Ziel zu erreichen (sog. *richtlinienkonforme Auslegung*; siehe bereits 1. Kapitel, § 2 Rn. 10).

30 ▶ **Beispiel:** Liefert der Verkäufer dem Käufer eine mangelhafte Sache, kann der Käufer Nacherfüllung in Form der Lieferung einer mangelfreien Sache verlangen (§ 439 Abs. 1 Alt. 2 BGB). Probleme entstehen, wenn die mangelhafte Sache bereits eingebaut worden ist (Bsp.: gekaufte Fliesen sind schon verlegt). Es stellt sich dann die Frage, ob der (verschuldensunabhängige) Anspruch auf Nacherfüllung auch den Ausbau der mangelhaften und den Einbau der nachgelieferten Sache umfasst.

Nach allgemeinem Sprachgebrauch wird „liefern" als „bringen" oder „übergeben" einer (bestellten) Sache verstanden. Außerdem ist zu bedenken, dass der Verkäufer sich im Vertrag nicht zum Einbau der Kaufsache verpflichtet hat. Aus diesem Grund hatte der BGH ursprünglich eine Ein- und Ausbaupflicht des Verkäufers abgelehnt. Allerdings stellte der EuGH anschließend fest, dass der Verkäufer nach der europäischen Verbrauchsgüterkaufrichtlinie „verpflichtet ist, entweder selbst den Ausbau dieses Verbrauchsguts aus der Sache, in die es eingebaut wurde, vorzunehmen und das als Ersatz gelieferte Verbrauchsgut in diese Sache einzubauen, oder die Kosten zu tragen, die für diesen Ausbau und den Einbau des als

Ersatz gelieferten Verbrauchsguts notwendig sind". Um diesen Vorgaben nachzukommen, hat zunächst der BGH § 439 BGB richtlinienkonform dahin ausgelegt, dass der Käufer auch den Ausbau und den Abtransport der mangelhaften Kaufsache sowie den Einbau einer mangelfreien Ersatzsache verlangen kann. Der Gesetzgeber hat diese Rechtsprechung aufgegriffen und mit § 439 Abs. 3 BGB eine Regelung zum Ersatz von Ein- und Ausbaukosten für sämtliche Kaufverträge geschaffen (vgl. 5. Kapitel, § 28 Rn. 9 f.). ◄

Die Pflicht zur Richtlinienumsetzung ist von den Gerichten über die Auslegung hinaus auch   31
bei der Rechtsfortbildung zu beachten. Wenn also das deutsche Recht eine planwidrige Regelungslücke enthält, muss der Richter diese Lücke durch einen richtlinienkonformen Richterspruch ausfüllen. Dasselbe gilt, wenn verschiedene Vorschriften zueinander in einem untragbaren Wertungswiderspruch stehen. Dieser ist dann so aufzulösen, dass am Ende ein richtlinienkonformes Ergebnis steht. Die Einzelheiten sind in Rechtsprechung und Rechtswissenschaft heftig umstritten.

Kontrollfragen und Fälle zum 1. Kapitel

1. Was versteht man unter „Gesetzespositivismus"? Welche Vorzüge und welche Nachteile bietet er gegenüber dem „Naturrechtsdenken"?

2. Was versteht man unter subjektiven Rechten? Welche Aufgabe erfüllen sie?

3. Welches subjektive Recht ergibt sich für den Käufer infolge des Vertragsschlusses?

4. Welche Funktionen erfüllt Recht im Allgemeinen?

5. Welches ist das höchste deutsche Zivilgericht?

6. Fall: K schließt mit V am 3.1. einen wirksamen Kaufvertrag über ein berühmtes Gemälde von Picasso. Die Übergabe und Übereignung des Picasso soll am 23.4. erfolgen. Als K, der den Kaufpreis bereits im Februar überwiesen hat, das Gemälde abholen will, verweigert V die Herausgabe, weil er das Bild nun doch selbst behalten möchte. Welche Möglichkeiten hat K, um die Herausgabe und Übereignung des Bildes zu erreichen? Was muss er ggf. unternehmen?

7. Welche Ausprägungen der Privatautonomie kennen Sie?

8. Was versteht man unter dem Grundsatz der Vertragsfreiheit? Welche Einschränkungen kennen Sie?

9. Was versteht man unter dem Grundsatz des dispositiven Rechts? Gilt er ausnahmslos im Bürgerlichen Recht?

10. Wird der Käufer durch den Abschluss des Kaufvertrags Eigentümer der gekauften Sache?

11. Fall: K erwirbt im örtlichen Elektronikladen des E eine Stereoanlage für 500 €, die er bar bezahlt. Erläutern Sie an diesem Beispiel das Trennungs- und das Abstraktionsprinzip!

12. Worin unterscheiden sich Eigentum und Besitz?

13. Was versteht man unter einem Anspruch?

14. Handelt es sich bei den folgenden Rechtsnormen um eine Anspruchsgrundlage? Wenn ja, welche Voraussetzung(en) hat die jeweilige Norm?

    a) § 119 Abs. 1 BGB

    b) § 434 Abs. 1 BGB

    c) § 623 BGB

    d) § 631 Abs. 1 BGB

15. Worin unterscheiden sich Ansprüche von Gestaltungsrechten? Nennen Sie ein Beispiel für ein Gestaltungsrecht!

16. Was ist das Ziel der Auslegung? Welche Hilfsmittel gibt es hierfür?

2. Kapitel:
Der Abschluss von Verträgen

§ 8 Einführung: Vertrag, Willenserklärung und Rechtsgeschäft

Das 2. Kapitel beschäftigt sich mit der Frage, wie Verträge zustande kommen. Ein *Vertrag* ist die von zwei oder mehreren Personen erklärte Willensübereinstimmung über die Herbeiführung eines rechtlichen Erfolgs. Der Vertragsschluss setzt eine Willenseinigung der vertragschließenden Personen über alle wesentlichen Vertragsinhalte voraus. Dazu sind inhaltlich übereinstimmende Willenserklärungen der Vertragsparteien notwendig. Diese Erklärungen nennt man Angebot und Annahme (vgl. sogleich 2. Kapitel, § 9 Rn. 1 ff.). 1

Ein Vertrag begründet eine *Sonderrechtsverbindung* zwischen den Vertragsparteien. Das Verhältnis der Vertragspartner zueinander richtet sich in erster Linie nach den vertraglich vereinbarten Regelungen. Verträge haben grundsätzlich Leistungsansprüche bzw. -pflichten (Bsp.: Lieferung einer Sache, Zahlung einer Vergütung) zum Gegenstand. Sie umfassen aber regelmäßig auch bestimmte Verhaltenspflichten (Schutzpflichten, Rücksichtnahmepflichten, Verschwiegenheitspflichten usw.) und können besondere Sorgfaltsanforderungen oder aber auch Haftungsausschlüsse vorsehen. Verträge gelten grundsätzlich nur „inter partes", d.h. allein zwischen den am Vertrag beteiligten Personen. Verträge zulasten Dritter sind generell unzulässig. Gemäß § 328 BGB ist es dagegen ausnahmsweise möglich, einen Vertrag abzuschließen, der einem am Vertragsschluss Unbeteiligten Rechte verleiht (sog. „Vertrag zugunsten Dritter"). 2

▶ **Beispiel:** Die Eltern legen für ihren fünfjährigen Sohn S ein Sparbuch bei der B-Bank an, auf das sie einen Betrag von 200 € einzahlen. 3
Hier haben die Eltern des S und die B-Bank einen Darlehensvertrag zugunsten des S abgeschlossen. S hat eine eigene Forderung (= Auszahlung des Guthabens) gegen die B-Bank, obwohl S selbst nicht Vertragspartei ist. ◀

Jeder Vertragsschluss erfolgt durch *Willenserklärungen* der beteiligten Parteien. Die Willenserklärung ist der zentrale Begriff des Bürgerlichen Rechts. Sie ermöglicht es dem Einzelnen, die rechtlichen Beziehungen zu seiner Umwelt privatautonom zu gestalten. 4

Der Vertrag ist allerdings nicht das einzige Rechtsgeschäft, das ein Privater im Rechtsverkehr vornehmen kann. Allgemein formuliert, ist ein *Rechtsgeschäft* ein Tatbestand, der aus mindestens einer Willenserklärung sowie darüber hinaus oft noch aus weiteren Elementen besteht und an den die Rechtsordnung den Eintritt des gewollten rechtlichen Erfolgs knüpft. Die Willenserklärung ist der Kern des Rechtsgeschäfts, aber mit diesem nicht identisch. Dennoch verwendet das BGB die beiden Begriffe oft gleichbedeutend nebeneinander. Mitunter müssen noch weitere Tatbestandsmerkmale neben eine oder mehrere Willenserklärungen hinzutreten. 5

▶ **Beispiel:** Der Kaufvertrag (§ 433 BGB) ist ein Rechtsgeschäft, das aus jeweils einer Willenserklärung des Käufers und des Verkäufers besteht. Die Übereignung (§ 929 S. 1 BGB) ist ein Rechtsgeschäft, das durch die Willenserklärungen des Veräußerers und des Erwerbers sowie die tatsächliche Übergabe der Sache (Realakt) zustande kommt. ◀ 6

7　*Einseitige Rechtsgeschäfte* enthalten die Willenserklärung nur einer Person (Bsp.: Kündigung, Anfechtung, Rücktritt), *mehrseitige Rechtsgeschäfte* die Willenserklärungen mehrerer Personen (Vertrag, Beschluss). Zu den mehrseitigen Rechtsgeschäften zählen nicht nur *gegenseitige Verträge*, bei denen beide Parteien einander Leistungen versprechen (Bsp.: Kauf-, Werk-, Mietvertrag), sondern auch der *einseitig verpflichtende* Vertrag, der nur eine Seite zu einer Leistung verpflichtet. So setzen etwa auch der Schenkungs- und der Bürgschaftsvertrag stets Willenserklärungen beider Parteien voraus. Im Folgenden steht der Abschluss von Verträgen im Vordergrund, da der Vertrag den mit Abstand wichtigsten Gestaltungsfaktor im Privatrechtsverkehr darstellt. Gleichwohl gelten die Ausführungen zur Willenserklärung grundsätzlich auch für einseitige Rechtsgeschäfte.

§ 9 Die Willenseinigung der Vertragsparteien

Im Regelfall vollzieht sich die für den Abschluss des Vertrags notwendige Willenseinigung in Form eines zeitlich vorangehenden *Angebots* einer Partei (§ 145 BGB spricht gleichbedeutend vom „Antrag") und seiner anschließenden *Annahme* durch die andere Partei (vgl. §§ 146 ff. BGB). Das Angebot ist eine Willenserklärung, die den Abschluss eines bestimmten Vertrags bezweckt. Gegenstand und Inhalt des Vertrags müssen so bestimmt werden oder bestimmbar sein, dass die Annahme durch ein einfaches „Ja" erfolgen kann. Auch die Annahme ist eine Willenserklärung. Sie enthält das Einverständnis des Annehmenden, den Vertrag zu den ihm angebotenen Konditionen abzuschließen. Im Grundfall geben die Vertragsparteien selbst die zum Vertragsschluss notwendigen Erklärungen ab. Es ist aber auch möglich, dass sie sich dabei von einer anderen Person, die selbst nicht Partei des Vertrags wird, vertreten lassen (vgl. dazu 2. Kapitel, § 17 Rn. 1 ff.).

I. Die Elemente einer Willenserklärung

Jeder Vertrag setzt (mindestens) zwei wirksame Willenserklärungen voraus. Die Willenserklärung besteht, wie bereits der Begriff nahelegt, aus zwei Elementen: dem äußeren Tatbestand der „Erklärung" und dem inneren Tatbestand des „Willens".

Wille und Erklärung stimmen nicht notwendig überein. Die Erklärung kann nach außen etwas anderes zum Ausdruck bringen als dasjenige, was der Erklärende tatsächlich gewollt hat (vgl. 2. Kapitel, § 10 Rn. 1 ff.). In diesem Fall stellt sich die Frage, welches Element den Vorrang genießt. Früher hat man den Geltungsgrund der Willenserklärung entweder allein im Willenselement (Willenstheorie) oder in dem durch die Erklärung geschaffenen objektiven Moment (Erklärungstheorie) gesehen. Die Verfasser des BGB haben sich nicht für eine dieser Theorien entschieden, sondern einen vermittelnden Lösungsansatz gewählt. Danach ist zwar der Wille des Erklärenden im Ausgangspunkt der Grund für den Eintritt der gewollten Rechtsfolge. Jedoch kann der Schutz des Empfängers, der auf die Gültigkeit einer Erklärung vertraut, eine abweichende Beurteilung rechtfertigen, die insbesondere eine Schadensersatzhaftung wegen einer fehlerhaften Willenserklärung einschließt.

Das BGB erläutert den Begriff der Willenserklärung nicht näher. Rechtsprechung und Lehre definieren die *Willenserklärung* als eine private Willensäußerung, die auf die Herbeiführung einer Rechtsfolge gerichtet ist.

> **BGH, Urt. v. 17.10.2000 – X ZR 97/99:** „Die Willenserklärung ... ist die Äußerung eines Willens, der unmittelbar auf die Herbeiführung einer Rechtswirkung gerichtet ist; sie bringt einen Rechtsfolgewillen zum Ausdruck, d.h. einen Willen, der auf die Begründung, inhaltliche Änderung oder Beendigung eines privaten Rechtsverhältnisses abzielt."

1. Äußerer Tatbestand: „Erklärung"

Der Wille, ein bestimmtes Geschäft vorzunehmen, ist nur von Bedeutung, wenn er nach außen seinen Ausdruck findet (*äußerer* oder *objektiver Tatbestand*). Die Erklärung ist die Äußerung eines Willens zum Zweck der Kundgabe. Eine Erklärung ist in verschiedener Weise möglich:

Bei einer *ausdrücklichen Erklärung* ist der Wille unmittelbar der Erklärung zu entnehmen, weil die Erklärung den Geschäftswillen direkt in Wort und/oder Schrift zum Aus-

druck bringt. Ausdrückliche Erklärungen müssen keine juristischen Fachbegriffe enthalten. Erforderlich ist allein, dass aus der Erklärung für denjenigen, für den sie bestimmt ist, erkennbar ist, welche Rechtsfolge der Erklärende herbeiführen will.

8   ▶ **Beispiel:** K sagt zu V: „Ich kaufe dir deinen Wagen für 5000 € ab." V antwortet: „Einverstanden." ◀

9   Eine *konkludente Erklärung* liegt vor, wenn das Verhalten des Erklärenden isoliert betrachtet keinen eindeutig bestimmbaren Sinn ergibt, in der konkreten Situation, am konkreten Ort und in Verbindung mit anderen Umständen daraus jedoch auf eine bestimmte Bedeutung geschlossen werden kann. Man spricht daher auch von „schlüssigem Verhalten" des Erklärenden.

10   ▶ **Beispiel:** K sagt zu V: „Ich kaufe dir deinen Wagen für 5000 € ab." V antwortet nicht, sondern nickt nur. Das Kopfnicken bringt für sich allein keinen bestimmten Geschäftswillen zum Ausdruck. Im Kontext kann vorliegend aber auf die Annahme des zuvor gemachten Angebots geschlossen werden. Anders wäre dies etwa in Griechenland, wo das Kopfnicken üblicherweise als Verneinung verstanden wird. ◀

11   Von besonderer Bedeutung ist die Frage, ob auch schlichtes Nichtstun einen bestimmten Geschäftswillen zum Ausdruck bringen kann. Im Grundsatz gilt: *Schweigen ist keine Willenserklärung.* Wer schweigt, setzt keinen eigenen Erklärungstatbestand. Er bringt weder Zustimmung noch Ablehnung zum Ausdruck. Für einige bestimmte Situationen sieht das Gesetz in speziellen Vorschriften Ausnahmen zu diesem Grundsatz vor, die Schweigen entweder als Ablehnung oder als Genehmigung werten (Bsp.: Schweigen des Beschenkten kann u.U. als Zustimmung gelten, vgl. § 516 Abs. 2 S. 2 BGB). Entsprechendes gilt, wenn die Parteien zuvor vereinbart haben, dass dem Schweigen ein bestimmter Erklärungsgehalt zugemessen wird (Bsp. Verlängerung eines Mobilfunkvertrags, falls nicht fristgerecht gekündigt wird). Eine weitere Ausnahme besteht im kaufmännischen Rechtsverkehr (*kaufmännisches Bestätigungsschreiben*, vgl. dazu 12. Kapitel, § 55 Rn. 1 ff.).

12   Einen Sonderfall behandelt § 241a BGB. Die Norm dient dem Schutz des Verbrauchers vor *unbestellten Leistungen* durch einen Unternehmer. Erhält ein Verbraucher von einem Unternehmer eine Sache, die er nicht bestellt hat, wird ein Anspruch hierdurch nicht begründet (§ 241a Abs. 1 BGB). Er muss insbesondere die Ware nicht bezahlen. Verhaltensweisen des Verbrauchers (Bsp.: Lesen des unbestellt zugesandten Buches) können entgegen den allgemeinen rechtsgeschäftlichen Regeln nicht als Annahme des (Kauf-)Vertragsangebots gedeutet werden. Auch ist der Verbraucher nicht verpflichtet, die Ware an den Unternehmer zurückzuschicken. Etwas anderes gilt nur, wenn die unbestellte Zusendung auf einem Versehen beruhte und der Verbraucher dies erkannt hat oder hätte erkennen können (§ 241a Abs. 2 BGB; Bsp.: falscher Adressaufkleber).

2. Innerer Tatbestand: „Wille"

13   Der *innere (= subjektive) Tatbestand* lässt sich in drei Elemente unterteilen: Handlungswille, Erklärungsbewusstsein und Geschäftswille. Der *Handlungswille* ist der Wille, überhaupt in irgendeiner Form zu handeln. Er fehlt nur ausnahmsweise, etwa bei Handlungen im Schlaf, im Zustand der Bewusstlosigkeit, unter Hypnose oder aufgrund von Gewalt (sog. „vis absoluta").

14   ▶ **Beispiel:** E benötigt für einen Kredit eine Bürgschaft seines vermögenden 93-jährigen Großvaters G. Weil G dieses Ansinnen zurückweist, weiß sich E nicht anders zu helfen, als

G festzuhalten und seine Hand zur Unterschrift unter die Bürgschaftserklärung zu führen. Die Erklärung legt E der Bank B vor.

Zwar hat G aus Sicht der B eine Bürgschaftserklärung (§ 765 BGB) abgegeben. Da G aber nur durch Anwendung von Gewalt unterschrieben hat, fehlte ihm der Handlungswille. Seine Willenserklärung ist nichtig.

Anders ist zu entscheiden, wenn E dem G nicht die Hand führt, sondern ihm durch die Androhung von Schlägen dazu veranlasst, selbst die Bürgschaftserklärung zu unterschreiben. In diesem Fall handelt G bewusst, wenn auch nicht frei (sog. „vis compulsiva"). Er gibt somit eine wirksame Willenserklärung ab, die er jedoch wegen widerrechtlicher Drohung gemäß § 123 Abs. 1 Alt. 2 BGB anfechten kann. ◄

Das *Erklärungsbewusstsein* ist das Bewusstsein, etwas rechtlich Erhebliches zu äußern, also eine rechtliche und nicht nur eine tatsächliche Folge herbeizuführen. Es hat keine konkrete Rechtsfolge zum Inhalt, sondern nur das generelle Bewusstsein, im rechtsgeschäftlichen Bereich tätig zu werden.   15

▶ **Beispiel:** Im Rahmen der Geburtstagsparty eines Kommilitonen macht ein Blatt Papier die Runde. Student S unterschreibt im Glauben, es sei eine Glückwunschkarte. In Wahrheit handelt es sich um die verbindliche, kostenpflichtige Anmeldung zum Skatturnier der Fachschaft.   16

Hier hatte S zwar Handlungswille, aber kein Erklärungsbewusstsein. Die Unterzeichnung einer Glückwunschkarte, für die S das Schriftstück gehalten hatte, ist keine rechtlich erhebliche Erklärung. ◄

Nochmals enger ist der *Geschäftswille*. Darunter versteht man den Willen, eine ganz konkrete Rechtsfolge herbeizuführen bzw. ein ganz konkretes Rechtsgeschäft abzuschließen. Der Geschäftswille setzt stets Handlungswille und Erklärungsbewusstsein voraus.   17

▶ **Beispiel:** A möchte sein Auto für 7500 € verkaufen. Er verschreibt sich und bietet dem B den Wagen für 5700 € an.   18

Da sich A bewusst war, rechtserheblich zu handeln (d.h. überhaupt einen rechtsverbindlichen Vertrag zu schließen), handelte er mit Erklärungsbewusstsein. Es fehlt aber der Geschäftswille hinsichtlich des Verkaufs zu 5700 €, weil A mit seinem Angebot nicht beabsichtigte, einen Kaufvertrag zu diesem niedrigen Kaufpreis abzuschließen (d.h. er wollte keinen Vertrag zu diesen konkreten Bedingungen schließen). ◄

▶ **Beispiel:** W betreibt ein Wirtshaus. Auf jeden Tisch stellt er einen Korb Brezeln, die ausweislich eines am Korb hängenden Schildes 1 € pro Stück kosten sollen. Der auswärtige Gast G, der ausgehungert das Schild nicht wahrnimmt, betrachtet die Brezeln als Geschenk des W und verspeist gleich drei Stück.   19

Hier handelte G ebenfalls mit Erklärungsbewusstsein, weil er davon ausging, mit W einen (Schenkungs-)Vertrag zu schließen. Zum Abschluss eines Kaufvertrags fehlte ihm jedoch der Geschäftswille. ◄

Eine fehlerfreie Willenserklärung setzt alle drei Willenselemente (Handlungswille, Erklärungsbewusstsein, Geschäftswille) voraus. Aber auch fehlerhafte Willenserklärungen, die den inneren Tatbestand nicht vollständig erfüllen, können u.U. zum Schutz des Erklärungsempfängers wirksam sein. Dabei ist zu differenzieren: Stets erforderlich ist der Handlungswille des Erklärenden. Ohne Handlungswillen ist ihm die Erklärung nicht zurechenbar. Aus diesem Grund entfalten auch Erklärungen, bei denen eine gefälschte Unterschrift verwendet wird, keine Wirkung zulasten des vermeintlich Erklärenden. Dagegen ist der Geschäftswille kein notwendiger Bestandteil der Willenserklä-   20

rung. Fehlt er, d.h. will der Erklärende in Wahrheit ein anderes Geschäft vornehmen als dasjenige, das er objektiv erklärt hat, so ist die Willenserklärung gleichwohl wirksam. Allerdings unterliegt der Erklärende einem Irrtum über den Inhalt seiner Erklärung und kann die Willenserklärung daher gemäß § 119 Abs. 1 BGB anfechten (vgl. dazu 3. Kapitel, § 20 Rn. 1 ff.).

21 Schwieriger zu beurteilen sind die Fälle, in denen das Erklärungsbewusstsein fehlt, der Erklärende also überhaupt nicht rechtsgeschäftlich handeln will. Ob das Erklärungsbewusstsein notwendige Voraussetzung einer Willenserklärung ist, ist umstritten. In diesem Fall kollidiert die Privatautonomie des Erklärenden mit dem Vertrauen des Erklärungsempfängers. Nach heute herrschender Meinung ist das Erklärungsbewusstsein keine unverzichtbare Voraussetzung für das Vorliegen einer Willenserklärung. Notwendig, aber auch ausreichend ist, dass der Handelnde hätte erkennen können, dass seine Erklärung als rechtsgeschäftliche Handlung aufgefasst werden kann („*potenzielles Erklärungsbewusstsein*" oder „*Erklärungsfahrlässigkeit*"). Das Vertrauen des Erklärungsempfängers in die Wirksamkeit der Erklärung ist dann schutzwürdiger als das Selbstbestimmungsrecht des Erklärenden. Jedoch kann der Erklärende die – zunächst wirksame – Willenserklärung analog § 119 Abs. 1 Alt. 1 BGB anfechten; anderenfalls wäre er schlechter gestellt als ein Erklärender, dem lediglich der Geschäftswille fehlte. Jedoch muss er dann dem Empfänger den im Vertrauen auf die Gültigkeit entstandenen Schaden ersetzen (vgl. dazu 3. Kapitel, § 20 Rn. 98 ff.).

22 **BGH, Urt. v. 7.6.1984 – IX ZR 66/83:** „,Eine Erklärung dieses Inhalts' [i.S.d. § 119 Abs. 1 BGB] hat nicht nur nicht abgeben wollen, wer sich einen anderen rechtsgeschäftlichen Inhalt vorgestellt hatte, sondern auch derjenige, der keine rechtsgeschäftliche Erklärung hatte abgeben wollen. ... Wer erklärt zu kaufen, sich aber Verkauf vorstellt, befindet sich in einer ganz ähnlichen Lage wie derjenige, der das für Kauf übliche Zeichen gibt, aber nicht an Kauf denkt. In beiden Fällen erscheint es angemessen, dem Erklärenden die Wahl zu lassen, ob er nach § 119 Abs. 1 BGB anfechten will und dann das Vertrauensinteresse nach § 122 BGB ersetzen muss oder ob er bei seiner Erklärung stehen bleiben will und dann eine etwaige Gegenleistung erhält, die ihn günstiger stellen könnte als seine einseitige Verpflichtung zum Ersatz des Vertrauensschadens. ... Eine Willenserklärung liegt bei fehlendem Erklärungsbewusstsein allerdings nur dann vor, wenn sie als solche dem Erklärenden zugerechnet werden kann. Das setzt voraus, dass dieser bei Anwendung der im Verkehr erforderlichen Sorgfalt hätte erkennen und vermeiden können, dass seine Erklärung oder sein Verhalten vom Empfänger nach Treu und Glauben und mit Rücksicht auf die Verkehrssitte als Willenserklärung aufgefasst werden durfte."

23 ▶ **Beispiel:** Wer während einer Versteigerung die Hand hebt, gibt aus Sicht des Versteigerers ein Angebot auf Abschluss eines Kaufvertrags ab. Da der Erklärende hätte erkennen können, dass sein Verhalten (Handheben) im Rechtsverkehr als Willenserklärung (Gebot) aufgefasst wird, liegt potenzielles Erklärungsbewusstsein vor. Die Willenserklärung ist wirksam, kann aber analog § 119 Abs. 1 Alt. 1 BGB angefochten werden, was ggf. Schadensersatzansprüche (§ 122 Abs. 1 BGB) nach sich zieht. ◀

3. Nicht rechtsgeschäftliche Handlungen

24 Die Willenserklärung ist abzugrenzen von anderen, nicht rechtsgeschäftlichen Handlungen. Dazu zählen rechtsgeschäftsähnliche Handlungen, Realakte und Gefälligkeitshandlungen.

a) Rechtsgeschäftsähnliche Handlungen

Rechtsgeschäftsähnliche Handlungen sind Willensäußerungen oder Mitteilungen, an die das 25
Gesetz Rechtsfolgen knüpft, ohne dass diese vom Äußernden gewollt sein müssen. Sie unterscheiden sich von der Willenserklärung dadurch, dass die Rechtsfolge auch ohne einen darauf gerichteten Willen eintritt.

▶ **Beispiel:** K setzt V eine Frist zur Beseitigung eines Mangels an dem soeben gekauften 26
Wagen. Sollte V dem nicht innerhalb der Frist nachkommen, kann K gemäß § 437 BGB
vom Vertrag zurücktreten, den Kaufpreis mindern oder Schadensersatz verlangen. Diese
Rechte bestehen unabhängig davon, ob K sie mit der Fristsetzung beabsichtigt oder nicht. ◀

Rechtsgeschäftsähnliche Handlungen sind keine Willenserklärungen. Da sie aber ebenso wie 27
die Willenserklärung die Kundgabe eines Willens enthalten, stehen sie diesen wertungsmäßig nahe. Daher kann eine *analoge Anwendung* der für Willenserklärungen vorgesehenen Vorschriften in Betracht kommen, wenn der Zweck der jeweiligen Vorschrift die entsprechende Anwendung rechtfertigt.

> **BGH, Urt. v. 17.10.2000 – X ZR 97/99:** „Bei der Frage, in welchem Umfang die für Willenserklärungen geltenden Vorschriften auf geschäftsähnliche Handlungen anzuwenden sind, ist jeweils den spezifischen Eigenarten und der Interessenlage bei der in Frage stehenden Handlung Rechnung zu tragen. Geschäftsähnliche Handlungen in Form von Willensäußerungen ... stehen den Willenserklärungen insofern nahe, als auch sie gewöhnlich im Bewusstsein der eintretenden Rechtsfolgen und oft sogar in der Absicht, sie hervorzurufen, vorgenommen werden. Wegen dieser Ähnlichkeit gelten die allgemeinen Vorschriften über Willenserklärungen für sie grundsätzlich zumindest in entsprechender Anwendung."

28

▶ **Beispiel:** Im vorgenannten Beispiel setzt nicht K selbst die Frist, sondern sein Angestell- 29
ter A. Hier entspricht es dem Interesse des Erklärenden, die Vorschriften über die Stellvertretung (§§ 164 ff. BGB) entsprechend anzuwenden. Im Interesse des Empfängers gelten
auch die Vorschriften über den Zugang der Erklärung (§§ 130 ff. BGB) analog. Dagegen
kommt eine Anfechtung der Fristsetzung – etwa wenn K versehentlich eine Frist von 100
anstatt 10 Tagen setzt – nicht in Betracht, da bereits eine einfache Rücknahme oder Berichtigung genügt. ◀

b) Realakte

Realakte sind solche Handlungen, die ohne Mitteilungs- oder Kundgabezweck vorgenom- 30
men werden und an die die Rechtsordnung unabhängig von einem Willen des Handelnden
Rechtsfolgen knüpft. Ebenso wie die rechtsgeschäftsähnlichen Handlungen führt ein
Realakt unabhängig davon, ob der Handelnde sie will oder nicht, zu einer bestimmten
Rechtswirkung. Im Gegensatz zu jenen fehlt den Realakten aber der Erklärungs- oder
Kundgabezweck. Realakte sind keine Rechtsgeschäfte, können aber Bestandteil eines
Rechtsgeschäfts sein (Bsp.: Übergabe als Bestandteil der Übereignung gemäß § 929 S. 1
BGB). Auf Realakte sind die Vorschriften über Rechtsgeschäfte nicht, auch nicht analog,
anzuwenden.

▶ **Beispiel:** A malt auf eine dem B gehörende Leinwand ein Bild. Hierdurch wird er wegen 31
„Verarbeitung" der Leinwand gemäß § 950 BGB Eigentümer des neu hergestellten Bildes
(vgl. 10. Kapitel, § 46 Rn. 1 ff.). Das geschieht unabhängig davon, ob A diese Rechtsfolge
kennt und will. Selbst wenn A geschäftsunfähig ist (§ 104 BGB), erwirbt er kraft Gesetzes
das Eigentum. ◀

c) Gefälligkeitshandlungen

32 Gefälligkeitshandlungen liegen im außerrechtlichen, gesellschaftlichen Bereich. Sie begründen keine Erfüllungsansprüche, können aber ggf. Schutzpflichten nach sich ziehen. Im Gegensatz zur Willenserklärung fehlt dem Handelnden bei einer Gefälligkeit erkennbar der Rechtsbindungswille. Ob ein Rechtsgeschäft oder ein Gefälligkeitsverhältnis vorliegt, ist im Einzelfall durch Auslegung der Erklärungen zu ermitteln.

33 **BGH, Urt. v. 22.6.1956 – I ZR 198/54:** „Eine erwiesene Gefälligkeit hat nur dann rechtsgeschäftlichen Charakter, wenn der Leistende den Willen hat, dass seinem Handeln rechtliche Geltung zukommen solle, wenn er also eine Rechtsbindung herbeiführen will und der Empfänger die Leistung in diesem Sinn entgegengenommen hat. Fehlt es hieran, … so scheidet eine Würdigung unter rechtsgeschäftlichen Gesichtspunkten aus. Ob ein Rechtsbindungswille vorhanden ist, ist [danach] zu beurteilen, … wie sich dem objektiven Beobachter das Handeln des Leistenden darstellt."

34 ▶ **Beispiel:** S lädt seinen Freund G zu einer Geburtstagsparty ein. Diese Verabredung ist rechtlich nicht bindend. G kann nicht auf Durchführung der Party und Gewährung des Zutritts klagen. Hält S sein Versprechen nicht ein, liegt darin keine vertragliche Pflichtverletzung, die Schadensersatzansprüche begründen könnte. ◀

II. Das Angebot

1. Abgrenzung zur invitatio ad offerendum

35 Für das Angebot zum Abschluss eines Vertrags ist ein (zumindest potenzielles) Erklärungsbewusstsein des Erklärenden notwendig. Handelt der Erklärende erkennbar ohne *Rechtsbindungswillen*, so liegt kein (rechtlich bindendes) Angebot, sondern nur eine (unverbindliche) Aufforderung an andere Personen vor, ihrerseits ein Angebot abzugeben. Es handelt sich dann nicht um eine Willenserklärung. Man spricht von einer sog. *„invitatio ad offerendum"*.

36 Ob ein Angebot oder eine bloße Aufforderung vorliegt, ist Auslegungsfrage. Entscheidend hierfür ist, ob der Erklärende sich tatsächlich bereits zu diesem Zeitpunkt gegenüber allen Empfängern binden will. Davon ist bei Erklärungen an einen unbestimmten Personenkreis (Bsp.: Werbeprospekt in der Wochenzeitung) grundsätzlich nicht auszugehen. Denn es ist nicht anzunehmen, dass sich der Erklärende über seinen notwendig begrenzten Warenvorrat hinaus zu einer Leistung verpflichten will. Anderenfalls drohte ihm die Gefahr einer Schadensersatzhaftung wegen nicht erbrachter oder verzögerter Lieferung. Bei Finanzierungsgeschäften, bei denen der Erklärende in Vorleistung geht, will dieser sich zudem grundsätzlich vorbehalten, die Zahlungsfähigkeit seines Vertragspartners vor Vertragsschluss zu prüfen. In diesen Fällen ist daher regelmäßig von einer bloßen Aufforderung zur Abgabe eines Angebots auszugehen.

37 **BGH, Urt. v. 4.2.2009 – VIII ZR 32/08:** „Die Herausgabe des Katalogs mit den darin beworbenen Produkten stellt in vertragsrechtlicher Hinsicht … noch kein verbindliches Angebot zum Abschluss eines Vertrags dar, sondern lediglich eine Aufforderung zur Abgabe von Angeboten (invitatio ad offerendum). Ein Antrag auf Abschluss eines Vertrags (§ 145 BGB) liegt nur dann vor, wenn die Erklärung – aus der Sicht des Adressaten – mit dem Willen zur rechtlichen Bindung gemacht wird. Dagegen ist eine bloße Aufforderung zur Abgabe von Angeboten gegeben, wenn eine rechtsgeschäftliche Bindung erkennbar noch

nicht gewollt ist, sich der Erklärende einen Vertragsabschluss also noch vorbehält. Danach handelt es sich bei Katalogangeboten – ebenso wie etwa bei Zeitungsannoncen – noch nicht um rechtsverbindliche Angebote, sondern lediglich um Werbung, mit der ein Kunde zur Abgabe eines Vertragsangebots aufgefordert werden soll. Ein Unternehmer will sich mit der Herausgabe eines Katalogs hinsichtlich der darin angebotenen Produkte erkennbar noch nicht binden. Denn es liegt auf der Hand, dass gegen den Vertragsabschluss mit einem bestimmten Kunden Bedenken bestehen könnten oder das Warenangebot für die Nachfrage nicht ausreichen könnte."

▶ **Beispiel:** Bekleidungshändler H stellt in seinem Schaufenster in der Kölner Innenstadt   38
verschiedene Herrenanzüge aus, die jeweils mit einem Preisschild versehen sind. Fraglich ist, ob es sich dabei um ein konkludentes Angebot an sämtliche Personen handelt, die das Geschäft betreten, oder nur um eine Aufforderung an diese, ihrerseits ein Angebot abzugeben. Hier ist davon auszugehen, dass H sich nicht die Entscheidungsfreiheit nehmen will, ob und an wen er tatsächlich verkauft. Dies gilt insbesondere, wenn sein Warenvorrat begrenzt ist. Es liegt daher eine bloße invitatio ad offerendum vor. Der Gefahr, dass jemand durch besonders günstige Angebote Kunden nur erst einmal in sein Geschäft locken will, kann durch die Regelungen über das Verbot des unlauteren Wettbewerbs (hier: § 5 des Gesetzes gegen den unlauteren Wettbewerb [UWG]) begegnet werden. ◀

Häufig wird man von einer invitatio ad offerendum auszugehen haben, wenn sich jemand an ein breiteres Publikum wendet und sich aus der Erklärung nicht alle wesentlichen Vertragsbestandteile des Kaufvertrags wie Vertragsparteien, Kaufgegenstand und Kaufpreis (dazu 2. Kapitel, § 9 Rn. 57 ff.) entnehmen lassen. Allerdings darf allein aufgrund des Umstands, dass jemand sich nicht an eine konkrete Person, sondern allgemein an die Öffentlichkeit wendet, noch nicht das Vorliegen eines Angebots verneint werden. Es ist auch möglich, ein „echtes" Vertragsangebot an einen nicht näher bestimmten Personenkreis abzugeben. Auch wenn die Person des Vertragspartners nicht konkret bezeichnet wird, will der Anbietende mit jedem abschließen, der die Annahme erklärt. Von einer solchen sog. *offerta ad incertas personas* (= Angebot an einen unbestimmten Personenkreis) ist insbesondere in den Fällen auszugehen, in denen der Verkäufer durch sein Angebot dem Käufer eine Handlung ermöglicht, die nicht mehr ohne Weiteres umkehrbar ist.   39

BGH, Urt. v. 4.5.2011 – VIII ZR 171/10: „Ein Kunde, der an einer Selbstbedienungstank-   40
stelle Kraftstoff in seinen Tank füllt, schließt bereits zu diesem Zeitpunkt mit dem Tankstellenbetreiber ... einen Kaufvertrag über die entnommene Menge Kraftstoff. Entgegen der Ansicht der Revision findet der Kaufvertragsschluss in diesem Fall nicht erst an der Kasse statt. Die insoweit von der Revision aufgezeigte Parallele zum Einkauf in Selbstbedienungsläden trägt nicht, denn es besteht in beiden Fällen eine unterschiedliche Interessenlage, die auch zu einer anderen rechtlichen Bewertung führt.
In einem Selbstbedienungsladen kann die vom Kunden aus dem Regal entnommene Ware problemlos wieder zurückgelegt und anschließend an einen anderen Kunden verkauft werden. Nach der Verkehrsanschauung führt deshalb allein die Entnahme der Ware aus dem Regal noch nicht zu den Bindungswirkungen eines Kaufvertrags.
An der Selbstbedienungstankstelle wird durch das Einfüllen des Kraftstoffs in den Tank hingegen ein praktisch unumkehrbarer Zustand geschaffen, so dass es dem Interesse beider Parteien entspricht, dass bereits zu diesem Zeitpunkt ein Kaufvertrag zustande kommt. Der Tankstellenbetreiber hat bei Abschluss des Tankvorgangs durch das Überlassen des Kraftstoffs bereits die Hauptpflicht des Verkäufers jedenfalls zur Besitzverschaf-

> fung (§ 433 Abs. 1 S. 1 BGB) erfüllt und wird hierzu ohne eine vertragliche Bindung regelmäßig nicht bereit sein. Ebenso hat aber auch der redliche Kunde ein Interesse daran, den Kraftstoff aufgrund eines – mit dem Einfüllen des Kraftstoffs in den Tank – geschlossenen Vertrags zu erlangen und ihn behalten zu dürfen, ohne dass dies davon abhängt, ob der Tankstellenbetreiber anschließend bereit ist, mit ihm einen Kaufvertrag abzuschließen. Aus der Sicht eines objektiven Betrachters in der Lage des jeweiligen Erklärungsgegners ist damit zum Zeitpunkt der Entnahme des Kraftstoffs durch den Kunden ein Kaufvertrag zustande gekommen, ohne dass es hierzu weiterer Willenserklärungen – etwa an der Kasse – bedarf."

41 ▶ **Beispiel:** K zieht am Zigarettenautomaten eine Schachtel Zigaretten. Hier hat bereits der Automatenaufsteller ein Angebot (ad incertas personas) abgegeben, das K durch Einwerfen des geforderten Geldbetrags und Auswahl der Sorte angenommen hat. ◀

42 ▶ **Beispiel:** K nimmt im Supermarkt eine Dose Mais aus dem Regal. Nach herrschender Meinung ist die Warenauslage nur eine invitatio ad offerendum. Ein Vertrag kommt grundsätzlich erst an der Kasse zustande, indem der Käufer die Ware dort vorzeigt (Angebot) und der Kassierer sie berechnet (Annahme durch den Verkäufer). Der Kunde hat daher die Möglichkeit, die Ware zuvor wieder in das Regal zurückzulegen. Etwas anderes kann für Frischware gelten (Wurst- oder Käsetheke). ◀

43 ▶ **Beispiel:** Dagegen schließt ein Kunde, der an einer Selbstbedienungstankstelle Kraftstoff in seinen Tank füllt, bereits zu diesem Zeitpunkt mit dem Tankstellenbetreiber bzw. dem Mineralölunternehmen einen Kaufvertrag über die entnommene Menge Kraftstoff, da der Tankvorgang faktisch nicht mehr rückgängig gemacht werden kann. ◀

2. Bindungswirkung des Angebots

44 Ein Angebot ist nach den allgemeinen Regeln nur bis zu seinem Zugang beim Empfänger widerruflich (vgl. 2. Kapitel, § 11 Rn. 41 f.). Anschließend ist der Anbietende daran gebunden, d.h. sofern der Empfänger das Angebot (fristgemäß) annimmt, kommt hierdurch ein Vertrag zustande, auch wenn der Anbietende dies nun nicht mehr will. Nach § 145 BGB kann der Erklärende aber die *Bindungswirkung eines Angebots ausschließen*. Formulierungen wie „Angebot freibleibend", „Angebot unverbindlich" oder „Liefermöglichkeit vorbehalten" bringen zum Ausdruck, dass der Erklärende sich noch nicht endgültig binden möchte. Er will vielmehr seine Leistungspflicht von seiner Leistungsfähigkeit abhängig machen. Das ist vor allem dann sinnvoll, wenn ein Unternehmer einen Warenvorrat in begrenzter Menge verkaufen will. Indem er die Bindungswirkung ausschließt, kann er die Ware zeitgleich mehreren potenziellen Vertragspartnern anbieten, ohne sich der Gefahr von Schadensersatzansprüchen auszusetzen, falls die Nachfrage die vorrätige Menge übersteigt. Anders als bei der invitatio ad offerendum ist der Erklärende jedoch verpflichtet, unverzüglich nach Zugang der Annahmeerklärung den Vertragsschluss gegenüber dem Annehmenden abzulehnen, sofern er den Vertrag nicht erfüllen kann oder will. Denn zu diesem Zeitpunkt kann er ohne Weiteres entscheiden, ob er zu der Leistung in der Lage ist. Um das Vertrauen des Annehmenden zu schützen, führt das Schweigen des Anbietenden daher ausnahmsweise zum Vertragsschluss.

45 ▶ **Beispiel:** Händler H schreibt – nach einigen Vorgesprächen über die Neuigkeiten am Mobilfunkmarkt – an den Lieferanten L und bittet um ein Angebot zum Abschluss eines Kaufvertrags. L antwortet: „Mobiltelefon, Modell XY555, ab 50 Stück zum Stückpreis von

139 € netto. Angebot freibleibend." H schickt daraufhin ein Fax, in dem er 50 Telefone à 139 € bestellt. Als H fünf Wochen später die Telefone verlangt, erwidert L, er habe keine mehr verfügbar.

Das ursprüngliche Angebot des L war rechtlich zwar nicht bindend. Jedoch war er aufgrund seines „freibleibenden" Angebots verpflichtet, unverzüglich nach Zugang der Erklärung des H zu widersprechen, um einen Vertragsschluss zu vermeiden. Dies ist nicht geschehen. Daher ist ein Kaufvertrag zustande gekommen. H hat einen Anspruch auf Lieferung der Telefone zum Preis von je 139 €. ◄

> **BGH, Urt. v. 8.3.1984 – VII ZR 177/82:** „Die Klägerin hat sowohl mit dem an die Firma L gerichteten, der Beklagten jedoch zugeleiteten Fernschreiben ... die Beklagte gebeten, ein Angebot zu unterbreiten. Sie hat somit ... bei der Beklagten nicht nur informativ angefragt, sondern sie ausdrücklich zur Abgabe eines Angebots aufgefordert. Die im Schreiben der Beklagten enthaltene Antwort auf diese Aufforderung kann daher – auch wenn sie die Klausel ‚freibleibend' enthält – nicht wiederum als Aufforderung zur Abgabe eines Angebots angesehen werden. Vielmehr ist diese Antwort mehr als nur eine Aufforderung zur Offerte. Denn die Klägerin durfte auf ihre Anfrage von der Beklagten ein bestimmtes Angebot erwarten. Auch musste die Beklagte davon ausgehen, dass ihre Antwort, mit der sie eine bestimmte Leistung ausdrücklich ‚anbietet', als Angebot verstanden wird. Bei dieser Sachlage kann die von der Beklagten verwendete Klausel ‚freibleibend entsprechend unserer Verfügbarkeit' ... nur als Widerrufsvorbehalt verstanden werden, mit der die Beklagte in zulässiger Weise die Gebundenheit an den Antrag ausgeschlossen hat (vgl. § 145 BGB)."

46

III. Die Annahme

Wie das Angebot, so ist auch die Annahme eine empfangsbedürftige Willenserklärung. Dem Adressaten eines Angebots steht es grundsätzlich frei, ob er das Angebot annimmt oder nicht.

47

Die Annahme kann ausdrücklich erklärt werden (Bsp.: „Ich nehme Ihr Angebot an." oder schlicht: „Einverstanden!"). Oftmals erfolgt sie auch konkludent, insbesondere durch das Bewirken oder die Entgegennahme der Leistung. Ob eine Erklärung oder eine Handlung tatsächlich eine rechtsverbindliche Annahme darstellt, ist eine Frage der Auslegung (dazu 2. Kapitel, § 10 Rn. 1 ff.). Bei einer sog. *Auftragsbestätigung* handelt es sich grundsätzlich um eine „echte" Annahmeerklärung, mit deren Zugang beim Empfänger der Vertrag zustande kommt. Dagegen stellt eine bloße *Empfangsbestätigung* in der Regel noch keine Annahme des Angebots dar, weil sie lediglich den Empfang der Angebotserklärung und nicht das Einverständnis mit dem Inhalt des Angebots dokumentiert (vgl. auch 2. Kapitel, § 12 Rn. 9 f.).

48

Weicht die Annahmeerklärung inhaltlich vom Angebot ab, kommt mangels Willensübereinstimmung (zunächst) kein Vertrag zustande. Man spricht von einer sog. „modifizierten Annahme". Diese *Annahme eines Angebots unter Erweiterungen, Einschränkungen oder sonstigen Änderungen* hat zwei Wirkungen: Sie gilt als Ablehnung des ursprünglichen Angebots, das dadurch erlischt (§ 146 Alt. 1 BGB), und zugleich als neues Angebot (§ 150 Abs. 2 BGB), das die andere Partei (d.h. der ursprünglich Anbietende) nun seinerseits annehmen kann.

49

▶ **Beispiel:** Lieferant L schickt dem Händler H ein Angebot: „Mobiltelefon, Modell XY555 zum Stückpreis von 149 €; ab 50 Stück zum Stückpreis von 139 € netto." H faxt

50

umgehend ein Schreiben zurück: „Unter Bezugnahme auf Ihr Angebot bestelle ich 40 Telefone à 139 €."

Hier nimmt H das Angebot des L zwar formal an, verringert jedoch den Stückpreis um 10 €. Dies gilt gemäß §§ 146 Alt. 1, 150 Abs. 2 BGB als Ablehnung des Angebots des L und Abgabe eines neuen Angebots, gerichtet auf den Abschluss eines Kaufvertrags über 40 Telefone zu einem Stückpreis von 139 €. L kann nun entscheiden, ob er das Angebot seinerseits annimmt. Reagiert er nicht, kommt ein Vertrag nicht zustande. ◄

51 Die Annahme eines unter Anwesenden gemachten Angebots muss grundsätzlich *sofort* und *ohne Abänderung* erfolgen (§ 147 Abs. 1 S. 1 BGB). „Sofort" bedeutet so schnell wie (objektiv) möglich. Anders als bei „Unverzüglichkeit" (§ 121 Abs. 1 S. 1 BGB) führt auch schuldloses Zögern zum Erlöschen des Angebots. Für das Angebot unter Abwesenden sieht das Gesetz keine starre Annahmefrist vor, sondern verlangt eine wertende Betrachtung im jeweiligen Einzelfall (§ 147 Abs. 2 BGB). Bei der Bestimmung der Frist sind die Zeit für die Übermittlung des Angebots an den Empfänger, eine Bearbeitungs- und Überlegungszeit sowie die Zeit für die Übermittlung der Annahmeerklärung zu berücksichtigen. Die Dauer kann nach der Bedeutung des Geschäfts variieren.

52 ▶ **Beispiel:** Bei Mietverträgen beträgt die Annahmefrist nach der Rechtsprechung zwei bis drei Wochen, beim Kauf einer Eigentumswohnung vier Wochen. ◄

53 **BGH, Urt. v. 11.6.2010 – V ZR 85/09:** „Bei finanzierten und beurkundungsbedürftigen Verträgen, deren Abschluss regelmäßig eine Bonitätsprüfung vorausgeht [hier: Kauf einer Eigentumswohnung], kann der Eingang der Annahmeerklärung jedenfalls innerhalb eines Zeitraums von vier Wochen erwartet werden. Etwas anders gilt nur bei Vorliegen absehbarer Verzögerungen."

54 **BGH, Urt. v. 24.2.2016 – XII ZR 5/15:** „In der obergerichtlichen Rechtsprechung und in der Literatur besteht weitgehend Einigkeit darüber, dass die Annahmefrist des § 147 Abs. 2 BGB bei Mietverträgen – selbst solchen über Gewerberaum mit hohen Mieten und Unternehmen mit komplexer Struktur als Annehmenden – in der Regel zwei bis drei Wochen nicht übersteigt. Diese zeitliche Obergrenze wird auch nach Auffassung des Senats dem Regelfall eines gewerblichen Mietvertrags gerecht und stellt keine zu kurze Frist dar. Binnen zwei bis drei Wochen kann der auf einen Mietvertrag Antragende jedenfalls erwarten, dass sein in Aussicht genommener Vertragspartner die Annahme des Angebots erklärt."

55 Im Interesse der Rechtssicherheit empfiehlt es sich, im Angebot selbst ausdrücklich eine Frist zu setzen, nach deren Ablauf die Bindungswirkung des Angebots erlischt (vgl. § 148 BGB). Dabei ist auch eine kürzere Frist möglich als diejenige, die nach § 147 Abs. 2 BGB „unter regelmäßigen Umständen" erwartet werden darf. Die Frist kann jederzeit (auch stillschweigend) verlängert, nicht aber nachträglich einseitig verkürzt werden.

56 Ebenso wie die modifizierte Annahme gilt auch die *verspätete Annahme* eines gemäß § 146 Alt. 2 BGB bereits erloschenen Angebots als neues Angebot (§ 150 Abs. 1 BGB). Die andere Partei kann im Anschluss dieses neue Angebot wiederum innerhalb der Frist des § 147 BGB annehmen.

IV. Einigung über vertragswesentliche Bestandteile

Angebot und Annahme müssen sich inhaltlich entsprechen, d.h. auf den Abschluss ein und desselben Vertrags gerichtet sein (*Konsens*). Erforderlich ist eine Willenseinigung der vertragschließenden Personen über alle wesentlichen Vertragsbestandteile (die sog. „*essentialia negotii*"). Zu diesem „Mindestregelungsprogramm" gehören die *Identität der Vertragsparteien*, der *Vertragsgegenstand* (Bsp.: Kauf eines Pkw) und bei gegenseitigen Verträgen die *Gegenleistung* (Bsp.: Kaufpreis). Ob sich Angebot und Annahme decken, ist im Wege der Auslegung nach dem objektiven Empfängerhorizont zu ermitteln (vgl. 2. Kapitel, § 10 Rn. 1 ff.). Ist dies nicht der Fall, so spricht man von einem *Dissens*. | 57

▶ **Beispiel:** Autohändler V bietet K einen gebrauchten VW Golf für 3000 € an. K willigt ein und sagt: „Einverstanden. Für 2000 € nehme ich ihn." | 58

Hier haben sich V und K sowohl über die Identität der Vertragsparteien (V und K) als auch über den Vertragsgegenstand (der gebrauchte VW Golf) geeinigt, nicht jedoch über den Kaufpreis. Ein Vertrag kam nicht zustande (§§ 146 Alt. 1, 150 Abs. 2 BGB), es liegt vielmehr ein Dissens vor. ◀

Ein Vertragsschluss ohne Einigung in allen wesentlichen Punkten ist nur ausnahmsweise möglich. So sieht das Gesetz bestimmte Vertragstypen vor, bei denen es nicht erforderlich ist, dass die Parteien sich über die Höhe der Gegenleistung einigen, solange sich nur klar ergibt, dass überhaupt eine Gegenleistung gewollt ist (§§ 612, 632, 653 BGB). | 59

▶ **Beispiel:** B hat auf der Autobahn eine Panne mit seinem Wagen. Er ruft den Abschleppunternehmer U an und bittet diesen, den Wagen in die nächste Kfz-Werkstatt zu bringen. | 60

Hier haben sich B und U wiederum nur über die Vertragsparteien und den Vertragsgegenstand (Abschleppen), nicht jedoch über die Gegenleistung (Vergütung) geeinigt. Gemäß § 632 Abs. 1 BGB gilt eine Vergütung aber als vereinbart (Fiktion), da ein Abschleppen nur gegen Vergütung zu erwarten ist. § 632 Abs. 2 BGB regelt die Höhe der Vergütung (ortsübliche Vergütung als wertende Betrachtung). ◀

Die Einigung über einen wesentlichen Vertragsbestandteil kann ferner durch ein *einseitiges Leistungsbestimmungsrecht* einer Partei ersetzt werden, sofern beide Vertragspartner sich darüber einig sind (§§ 315, 316 BGB). Dann hat diese Partei die Leistung nach billigem Ermessen zu bestimmen, was gerichtlich überprüfbar ist. Das Leistungsbestimmungsrecht ist vor allem bei Kaufverträgen über Waren von Bedeutung, die nach Tagespreisen gehandelt werden und ständigen Schwankungen unterworfen sind. | 61

▶ **Beispiel:** Händler H fordert beim Lieferanten L ein Angebot über Heizöl für die Heizungsanlage in seinem Betrieb ein. L schickt das gewünschte Angebot zu einem Literpreis von 1 € mit dem Zusatz: „Preise freibleibend." H willigt ein. | 62

Die Formulierung „Preise freibleibend" bedeutet, dass L sich hinsichtlich der konkreten Höhe des Kaufpreises nicht verbindlich festlegen will. L und H haben sich daher nicht über alle essentialia negotii geeinigt. Allerdings ist der Vorbehalt grundsätzlich als Angebot zum Vertragsschluss zu verstehen, bei dem L die Höhe des Kaufpreises nach billigem Ermessen einseitig festsetzen darf (sog. Preisvorbehaltsklausel). H war damit einverstanden. Das Leistungsbestimmungsrecht ersetzt die fehlende Einigung über die Höhe des Kaufpreises, so dass ein Vertrag geschlossen wurde. ◀

> **BGH, Urt. v. 4.4.1951 – II ZR 52/50:** „Preisklauseln, durch die sich der Verkäufer vorbehält, unter bestimmten Voraussetzungen einen erhöhten Kaufpreis zu fordern, können | 63

dahin ausgelegt werden, dass der Verkäufer berechtigt ist, im gegebenen Fall den neuen Preis nach billigem Ermessen zu bestimmen. Es ist aber auch die Auslegung möglich, dass der Verkäufer unter Abstandnahme von dem ursprünglichen Vertrag dem Käufer ein neues Angebot unterbreitet."

V. Einigung über vertragliche Nebenpunkte

64 Wesentlich häufiger ist der Fall, dass die Parteien zwar über alle wesentlichen Vertragspunkte, nicht aber über die Nebenabreden (*„accidentialia negotii"*) Einigkeit erzielen. In diesem Fall ist durch Auslegung zu ermitteln, ob die Parteien sich gleichwohl binden wollen. Das Gesetz bietet hierfür in §§ 154, 155 BGB Auslegungshilfen an.

65 § 154 BGB regelt den *offenen Dissens*. Darunter versteht man den Fall, dass die Parteien sich nicht vollständig geeinigt haben und das auch wissen. Im Zweifel ist der Vertrag dann noch nicht geschlossen. Denn niemand ist zur Annahme eines Angebots verpflichtet, das ihm, wenn auch nur in einem Nebenpunkt, nicht zusagt.

66 ▶ **Beispiel:** M möchte die Fabrikhalle des V für fünf Jahre mieten. Beide sind sich über Vertragsbeginn und Vergütung (Mietzins) einig. Offen und zwischen den Parteien strittig ist noch, in welcher Höhe M eine Kaution leisten soll.

Hier haben sich M und V bereits über alle vertragswesentlichen Bestandteile (Parteien, Mietgegenstand, Mietzins) geeinigt. Die Höhe der Kaution ist eine Nebensache, die von den Parteien aber als wichtig angesehen wird. Daher ist ein Mietvertrag bisher nicht geschlossen worden. Die Parteien befinden sich noch im vorvertraglichen Stadium. ◀

67 Die Annahme, dass bei offenem Dissens kein Vertrag geschlossen ist, gilt nur „im Zweifel" (§ 154 Abs. 1 BGB). Es handelt sich hierbei lediglich um eine Auslegungsregel. Ergibt sich im konkreten Fall, dass die Parteien ungeachtet noch offener Punkte sich bereits vertraglich binden wollen, ist von einem Vertragsschluss auszugehen. Dies gilt insbesondere, wenn die Parteien bereits mit der Vertragsdurchführung beginnen.

68 ▶ **Beispiel:** V übergibt M im vorherigen Beispiel bereits die Schlüssel zur Fabrikanlage. M beginnt mit dem Einzug. Obwohl die Parteien über die Höhe der Kaution noch keine Einigkeit erzielt haben, zeigt die begonnene Vertragsdurchführung, dass sie sich bereits rechtlich binden wollen. Der Mietvertrag ist damit zustande gekommen. ◀

69 § 155 BGB regelt den *versteckten Dissens*. Hier haben die Parteien sich ebenfalls nicht vollständig geeinigt. Im Gegensatz zum offenen Dissens gehen sie aber irrtümlich davon aus, dass über alle klärungsbedürftigen Fragen Einigkeit erzielt wurde. Der wichtigste Fall ist der des „Scheinkonsenses": Der Anbietende gibt ein objektiv mehrdeutiges Angebot ab, das der Annehmende ebenfalls objektiv mehrdeutig annimmt, beide Parteien verstehen ihre Erklärungen aber unterschiedlich. Ebenso wie im Fall des § 154 BGB kommt auch beim versteckten Dissens „im Zweifel", d.h. sofern eine Auslegung nicht zu einem gegenteiligen Ergebnis führt, kein Vertrag zustande.

70 ▶ **Beispiel:** Die Rechtsabteilung der A-AG gibt beim Juraprofessor P ein Rechtsgutachten zu einer Umstrukturierung in Auftrag. Vereinbart wird: „Abgabe bis April." Während A das Gutachten spätestens am 1.4. benötigt, geht P davon aus, er müsse das Gutachten bis Ende April fertigstellen.

Hier sind A und P der Meinung, sich über alle Vertragsmodalitäten geeinigt zu haben. In Wahrheit sind sie sich aber über den Zeitpunkt der Fälligkeit (§ 271 BGB) uneinig. Da die Erklärung „bis April" objektiv mehrdeutig ist und die Parteien sie subjektiv unterschiedlich verstanden haben, liegt ein versteckter Dissens vor. ◀

VI. Vertragsschluss unter Bedingung oder Befristung

Die Parteien können die Wirksamkeit eines Rechtsgeschäfts von einem in der Zukunft liegenden Ereignis abhängig machen (§§ 158 ff. BGB). Bei der *Befristung* tritt das Ereignis mit Sicherheit ein (Bsp.: Zeitablauf, Tod), bei der *Bedingung* ist sein Eintritt ungewiss. Befristete und bedingte Rechtsgeschäfte sind mit Abschluss vollendet und gültig. Lediglich die Rechtswirkungen bleiben zunächst in der Schwebe. Für die Parteien hat dies vor allem den Vorteil, dass sie bereits zu einem frühen Zeitpunkt einen verbindlichen Vertrag abschließen können, von dem sich eine Partei einseitig nicht mehr loslösen kann.

▶ **Beispiel:** K möchte beim Händler V einen Gebrauchtwagen kaufen, muss aber zuvor noch mit seiner Hausbank über die Finanzierung verhandeln. K und V schließen den Kaufvertrag daher unter der Bedingung, dass die Finanzierung der Bank erfolgt.

Hier liegt bereits im Zeitpunkt der Einigung ein wirksamer Kaufvertrag vor, dessen Rechtswirkungen jedoch von der (ungewissen) Frage abhängen, ob die Bank den Kaufpreis finanziert (Bedingung). ◀

▶ **Beispiel:** M und V schließen einen Mietvertrag über die Wohnung des V. Da darin zurzeit noch die betagte Mutter des V wohnt, soll der Vertrag aber erst dann beginnen, wenn die Mutter stirbt.

Der Tod der Mutter ist sicher, ungewiss ist lediglich die Frage des Zeitpunkts. Es handelt sich somit um eine Befristung. Der Mietvertrag ist mit Einigung von M und V wirksam zustande gekommen. ◀

Bedingungen können in unterschiedlicher Weise vereinbart werden. Bei der *aufschiebenden Bedingung* (§ 158 Abs. 1 BGB) hängt der Eintritt der Rechtswirkungen von dem zukünftigen Ereignis ab. Die *auflösende Bedingung* (§ 158 Abs. 2 BGB) führt dagegen zum Wegfall der Rechtswirkungen. Entsprechendes gilt für die Befristung (Anfangs- und Endtermin). Ist unklar, welche Wirkung die Bedingung nach dem Willen der Parteien entwickeln soll, so ist dies durch Auslegung zu ermitteln.

▶ **Beispiel:** Handelt es sich im obigen Gebrauchtwagenbeispiel um eine aufschiebende Bedingung, so kann K die Lieferung des Wagens gemäß § 433 Abs. 1 S. 1 BGB erst verlangen, wenn die Bank der Finanzierung zugestimmt hat. Bei einer auflösenden Bedingung entsteht der Lieferanspruch dagegen mit Vertragsschluss. Das Recht zum Besitz endet aber in dem Moment, in dem die Bank die Finanzierung ablehnt. Da der Händler kaum bereit sein wird, dem Käufer das Fahrzeug schon zu übergeben, wenn nicht sicher ist, ob die Bank den Kredit bewilligen wird, ist hier von einer aufschiebenden Bedingung auszugehen. ◀

▶ **Beispiel:** Bei Geschäften, bei denen der Kaufpreis erst später oder in Raten gezahlt wird, der Käufer die Sache aber gleichwohl direkt erhält, wird oft ein Eigentumsvorbehalt vereinbart (vgl. § 449 BGB). Der Übergang des Eigentums an der Sache steht unter der aufschiebenden Bedingung, dass der Käufer den Kaufpreis vollständig begleicht (§§ 929 S. 1, 158 Abs. 1 BGB); vgl. dazu 10. Kapitel, § 45 Rn. 23 f. ◀

71

72

73

74

75

76

§ 10 Die Auslegung von Verträgen und Willenserklärungen

I. Wille und objektiver Empfängerhorizont

1 Der Jurist muss nicht nur das Gesetz auslegen. Auch Willenserklärungen und Verträge sind auslegungsbedürftig. Die Auslegung soll den Sinn ermitteln, den der Erklärende seiner Erklärung beigemessen hat. Für die Auslegung von Willenserklärungen ist dies gesetzlich geregelt: Gemäß § 133 BGB ist zunächst der *wirkliche Wille des Erklärenden* zu erforschen und nicht am buchstäblichen Sinn des Ausdrucks zu haften. Dieses Gebot ist Ausprägung des Grundsatzes der Privatautonomie. Der Einzelne soll seine privaten Lebensverhältnisse nach seinem Willen selbst gestalten dürfen.

2 ▶ **Beispiel:** Erblasser E verfasst ein Testament mit dem Inhalt: „Alleinerbe soll mein Sohn Max sein, der mich in den letzten Jahren so wunderbar betreut hat. Mein Sohn Moritz, der mich nicht ein einziges Mal besucht hat, bekommt nichts." In Wahrheit hatte sich Moritz um seinen Vater gekümmert. Da der wirkliche Wille des E entscheidend ist, wird hier Moritz Alleinerbe, obwohl bei buchstäblichem Verständnis des Testaments Max erben würde. ◀

3 Der Vorrang des Willens vor dem sprachlichen Ausdruck der Erklärung ist jedoch dann problematisch, wenn die Erklärung – wie fast immer – einem anderen gegenüber abzugeben ist. Denn eine empfangsbedürftige Willenserklärung erzeugt einen Vertrauenstatbestand beim Empfänger, der regelmäßig sein Verhalten im Vertrauen auf die Gültigkeit der Erklärung ausrichtet. Für die *Auslegung von Verträgen* hat der Gesetzgeber daher in § 157 BGB eine weitere, gegenüber § 133 BGB vorrangige Auslegungsregel aufgestellt: „Verträge sind so auszulegen, wie Treu und Glauben mit Rücksicht auf die Verkehrssitte es erfordern." In die heutige Sprache übersetzt bedeutet dies: Für die Vertragsauslegung ist entscheidend, was für den anderen Teil bei zumutbarer Anstrengung als verbindlich erklärter Wille erkennbar war (*Auslegung nach dem objektiven Empfängerhorizont*).

4 Der objektive Empfänger wird sich regelmäßig am Wortlaut der Erklärung orientieren. Er wird darüber hinaus aber auch alle sonstigen äußerlich erkennbaren Umstände berücksichtigen. Welche Umstände für den objektiven Erklärungsempfänger erkennbar sind, hängt entscheidend von dem jeweiligen *Verkehrskreis* ab, innerhalb dessen die Erklärung abgegeben wird. Gehören beide Parteien demselben Verkehrskreis an, so können beide davon ausgehen, dass eine bestimmte Erklärung mangels besonderer Umstände in der für diesen Kreis üblichen Bedeutung gemeint ist. So haben etwa im Handelsrecht (vgl. 12. Kapitel) Handelsbräuche (§ 346 HGB) Bedeutung für die Feststellung einer Verkehrssitte. Kommen unterschiedliche regionale Verkehrssitten in Betracht, so geht die am Ort der Erklärung geltende vor.

5 ▶ **Beispiel:** Einzelhändler E kauft beim Großhändler G 100 Fernseher zum Preis von 97 € pro Stück. Bei Lieferung verlangt G von E zusätzlich die Bezahlung der Umsatzsteuer (19 %).

Regelmäßig werden Preise als Bruttopreise verstanden, d.h. inklusive der Umsatzsteuer. Ist ein Verbraucher an dem Geschäft beteiligt, ergibt daher die Auslegung der Willenserklärungen, dass die Steuer im Kaufpreis bereits enthalten ist. Im Großhandel ist es jedoch üblich, Preise netto auszuhandeln, weil für sie die Umsatzsteuer regelmäßig nur ein Durchlaufposten ist. Diese Verkehrssitte ist bei der Auslegung zu berücksichtigen. Daher muss E im vorliegenden Fall pro Fernseher einen Kaufpreis von 97 € zuzüglich 19 % Umsatzsteuer bezahlen. ◀

▶ **Beispiel:** Bestellt der Gast in einem Kölner Brauhaus einen „Halven Hahn", gibt er aus   6
Sicht eines objektiven Empfängers ein Angebot über den Abschluss eines Kaufvertrags über
ein Käsebrötchen und nicht um ein halbes Hähnchen ab. Anders wäre dies dagegen in einer
Gaststätte in Süddeutschland. ◀

Bei Verträgen trägt also jede Vertragspartei das Auslegungsrisiko hinsichtlich der von   7
ihr abgegebenen Erklärung. Dies ist auch sachgerecht, da nur sie selbst die Erklärung
maßgeblich gestalten kann. Streng genommen wird nicht „der Vertrag", sondern es
werden die einzelnen Willenserklärungen, die zum Vertragsschluss führen, ausgelegt.

▶ **Beispiel:** Händler H bestellt bei der Brauerei B per Fax „100 Paletten Dosenbier gemäß   8
der aktuellen Preisliste". B ruft H an und sagt: „Einverstanden. Wir liefern die Paletten in
drei Tagen." H hatte sich allerdings verschrieben; in Wirklichkeit wollte er nur 10 Paletten
bestellen.

Beim Angebot des H handelt es sich um eine empfangsbedürftige Willenserklärung. Sie ist
nach dem objektiven Empfängerhorizont auszulegen. Ein objektiver Dritter in der Position
des B musste die Erklärung als Angebot zum Abschluss eines Kaufvertrags über 100 Paletten Dosenbier verstehen. Der wirkliche Wille des H (10 Paletten) ist unbeachtlich, da die
Erklärung einen Vertrauenstatbestand geschaffen hat. Die Erklärung „Einverstanden" ist
ebenfalls eine empfangsbedürftige Willenserklärung. Ein objektiver Dritter in der Position
des H musste dies als Annahme des Kaufangebots über 100 Paletten Bier verstehen, da er
den Inhalt des Faxschreibens kennt. Damit ist ein Kaufvertrag über 100 Paletten Dosenbier
zustande gekommen. Allerdings kann H seine Willenserklärung wegen eines Erklärungsirrtums (§ 119 Abs. 1 Alt. 2 BGB) anfechten (vgl. 3. Kapitel, § 20 Rn. 11 ff.). ◀

Da nicht nur bei Verträgen, sondern auch in allen anderen Fällen empfangsbedürftiger   9
Willenserklärungen (Bsp.: Anfechtung, Rücktritt, Kündigung) ein Vertrauen des Erklärungsempfängers begründet wird, lässt sich der Grundsatz des § 157 BGB verallgemeinern: Für die Auslegung *empfangsbedürftiger Willenserklärungen* ist im Zweifel nicht
der wirkliche Wille des Erklärenden maßgebend, sondern dasjenige, was ein objektiver
Dritter in der Lage des Erklärungsempfängers als Inhalt der Erklärung verstehen musste.

▶ **Beispiel:** K hat für seine beiden Mobiltelefone jeweils einen eigenen Mobilfunkvertrag   10
mit dem Unternehmen U abgeschlossen. Da er künftig nur noch ein Gerät benötigt, kündigt
er einen der Verträge, gibt jedoch in der Kündigung versehentlich die Vertragsnummer des
Vertrags an, den er weiter nutzen will.

Die Kündigung ist eine empfangsbedürftige Willenserklärung und daher nach dem objektiven Empfängerhorizont auszulegen. Ein objektiver Dritter in der Position des Empfängers
musste das Schreiben als Kündigung des Vertrags mit der angegebenen Vertragsnummer
verstehen. K kann zwar die Kündigung wegen Irrtums anfechten. Jedoch läuft der Vertrag,
den er eigentlich kündigen wollte, weiter, da er diesen nicht wirksam gekündigt hat. ◀

Ein Vorrang des wirklichen Willens gegenüber dem objektiv Erklärten kommt bei   11
empfangsbedürftigen Willenserklärungen nur ausnahmsweise in Betracht, wenn die Interessen des Erklärenden dies gebieten und die Schutzwürdigkeit des Adressaten nicht
entgegensteht. Schutzwürdig ist der Empfänger dann nicht, wenn er trotz der vom eigentlichen Willen des Erklärenden abweichenden Erklärung zutreffend erkennt, was
der Erklärende wirklich gewollt hat. Es gilt dann der Grundsatz *„falsa demonstratio
non nocet"* (= eine falsche Bezeichnung schadet nicht). Dies gilt unabhängig davon, ob
die Parteien bewusst oder unbewusst eine falsche Bezeichnung gewählt haben.

12

> **BGH, Urt. v. 18.3.1975 – VI ZR 228/73:** „Für die Auslegung eines Vertrags tritt … die Bedeutung seines Wortlauts völlig zurück, wenn die Vertragschließenden mit einer bestimmten Ausdrucks- oder Darstellungsweise eine übereinstimmende Vorstellung bestimmten Inhalts verbunden haben, der von dem Wortlaut nicht ohne Weiteres oder überhaupt nicht gedeckt ist. … In solchen Fällen kann sogar ein klarer, eindeutiger Wortlaut einer Erklärung der Auslegung nicht entgegenstehen."

13 ▶ **Beispiel:** A und B handeln illegal mit Waffen. A bestellt bei B 100 Ananas. „Ananas" ist das vereinbarte Codewort für Handgranaten.

Hier ist der wirkliche Wille des A (Handgranate) maßgeblich, da B die wahre Bedeutung des Wortes Ananas kennt. Der Kaufvertrag ist jedoch wegen Verstoßes gegen das Waffengesetz gemäß § 134 BGB nichtig (vgl. unten 2. Kapitel, § 16 Rn. 2 ff.). ◀

II. Ergänzende Vertragsauslegung

14 Ist ein Vertrag lückenhaft, so liegt nicht notwendig ein Dissens vor. Es kann sein, dass die Parteien eine Regelung bewusst unterlassen haben, weil sie den betreffenden Punkt nicht für regelungsbedürftig hielten. Möglich ist aber auch ein unbewusstes Unterlassen, weil sie die Frage übersehen haben oder bei Vertragsschluss gar nicht sehen konnten, weil sie sich erst später stellte. In all diesen Fällen ist die vertragliche Einigung lückenhaft. Im Streitfall hat dann das Gericht diese Lücke auszufüllen. Dabei muss es unter Berücksichtigung aller in Betracht kommender Umstände untersuchen, wie die Beteiligten bei redlichem Verhalten den offengebliebenen Punkt geregelt haben würden, wenn sie ihn bedacht hätten (hypothetischer Parteiwille). Dies nennt man „ergänzende Vertragsauslegung". Die Bezeichnung ist missverständlich. Denn ausgelegt werden kann nur, was zuvor von den Parteien vereinbart worden ist. In Wirklichkeit handelt es sich bei der ergänzenden Vertragsauslegung um eine *Vertragsergänzung* oder gar Vertragskorrektur.

15

> **BGH, Urt. v. 14.11.2003 – V ZR 346/02:** „Eine ergänzende Auslegung kann das Gericht nicht bereits dann vornehmen, wenn ein Vertrag einen Punkt, der sich im Streitfall als erheblich erweist, offen lässt. Erforderlich ist vielmehr eine planwidrige Lücke des Vereinbarten. Sie ist dadurch gekennzeichnet, dass die Parteien mit der getroffenen Regelung ein bestimmtes Ziel erreichen wollten, dies aber wegen der Lückenhaftigkeit des Vereinbarten nicht gelungen ist. Die Lücke tritt in diesen Fällen in einem Bereich auf, den die Parteien als regelungsbedürftig angesehen haben; das Ergänzungsbedürfnis entsteht innerhalb der wirklich gewollten Vereinbarungen. Die Lücke muss … nicht von Anfang an bestanden haben, sie kann auch, was hier allein infrage kommen könnte, infolge nachträglicher Umstände eingetreten sein."

16 ▶ **Beispiel:** V ist Inhaber einer Arztpraxis. Er verkauft diese an K, weil er mit seiner Familie dauerhaft in die USA auswandern will. Allerdings macht die Einwanderungsbehörde Schwierigkeiten. V bleibt daher im Lande und eröffnet im Nachbarhaus eine weitere Arztpraxis. Der Kaufvertrag enthält keine Regelungen über ein Wettbewerbsverbot.

Über die Möglichkeit eines Verbleibs des V in Deutschland haben die Parteien sich keine Gedanken gemacht. Diese planwidrige Lücke ist im Wege der ergänzenden Vertragsauslegung zu schließen. Dabei ist zu berücksichtigen, dass sich die Höhe des Kaufpreises auch nach dem „Wert" des Patientenstamms (sog. *Goodwill*) bemisst. Mit der Neueröffnung der Praxis durch V muss K befürchten, dass V seine alten Patienten wieder an sich binden wird.

Hätten die Parteien diesen Punkt bei Abschluss des Kaufvertrags bedacht, hätten sie redlicherweise ein zeitlich und räumlich befristetes Wettbewerbsverbot vereinbart. Der Kaufvertrag ist daher so auszulegen, dass es V (für eine gewisse Dauer von bis zu zwei Jahren) nicht erlaubt ist, K durch eine Praxis im Nachbarhaus Konkurrenz zu machen. ◄

§ 11 Das Wirksamwerden von Willenserklärungen

1 Angebot und Annahme sind sog. *„empfangsbedürftige"* Willenserklärungen. Sie sind nur wirksam, d.h. sie entfalten nur dann eine Bindungswirkung, wenn sie willentlich abgegeben werden und dem Empfänger zugehen. Daraus lassen sich zwei Funktionen ableiten, die eine Willenserklärung im Rechtsverkehr erfüllt: Mit der Erklärung verlässt der Wille den inneren Bereich des Erklärenden und manifestiert sich äußerlich erkennbar als rechtlicher Gestaltungswille. Diese *Entäußerungsfunktion* bezeichnet das Gesetz als *Abgabe* der Willenserklärung (§ 130 BGB), ohne diese jedoch näher zu definieren. In aller Regel soll eine Willenserklärung eine Rechtsfolge herbeiführen, die den Rechtskreis einer anderen Person berührt. In diesem Fall muss diese andere Person darüber informiert werden. Diese *Informationsfunktion* gewährleistet das Gesetz, indem es die Wirksamkeit der Willenserklärung von deren *Zugang* beim Empfänger abhängig macht (§ 130 Abs. 1 S. 1 BGB).

I. Abgabe der Willenserklärung

2 Die Abgabe einer Willenserklärung setzt voraus, dass der Erklärende sich der Erklärung *entäußert* hat, d.h. dass er sie als endgültig gewollt nach außen erkennbar macht. Bei empfangsbedürftigen Willenserklärungen, d.h. solchen Erklärungen, die (wie im Regelfall) an eine andere Person (den Empfänger) gerichtet sind, ist darüber hinaus erforderlich, dass der Erklärende die Erklärung auf den *Weg zum Empfänger* bringt, so dass er bei Zugrundelegung normaler Verhältnisse mit dem Zugang beim Empfänger rechnen darf. Hierbei ist zu unterscheiden zwischen mündlichen und schriftlichen Erklärungen.

3 Eine *mündliche Erklärung* ist abgegeben, sobald sie so geäußert wird, dass der anwesende Adressat in der Lage ist, sie zu verstehen. Es spielt keine Rolle, ob der Empfänger sie auch tatsächlich versteht. Das ist allein eine Frage des Zugangs der Erklärung.

4 Eine *schriftliche Erklärung* gegenüber einem Anwesenden ist abgegeben, sobald das Schriftstück dem Empfänger übergeben wird, also nicht bereits mit der Anfertigung. Gegenüber einem Abwesenden liegt die Abgabe vor, wenn der Erklärende die erforderlichen Schritte getan hat, damit das Schriftstück unter normalen Umständen an den Empfänger gelangt.

5 ▶ **Beispiel:** Geschäftsführer G unterzeichnet ein Vertragsangebot und wirft es in den Briefkasten. Hier liegt eine Abgabe vor. Gleiches gilt, wenn G das Angebot auf einen Stapel von Dokumenten legt, den seine Sekretärin üblicherweise zur Post bringt. ◀

6 ▶ **Beispiel:** G unterzeichnet ein Vertragsangebot, lässt es aber auf seinem Schreibtisch liegen, weil er die Angelegenheit noch einmal überdenken will. Seine Ehefrau E findet den Brief und gibt ihn zur Post.

Hier liegt nach herrschender Meinung keine Abgabe vor, da die Erklärung nicht mit dem Willen des G auf den Weg zum Empfänger gebracht worden ist. Eine neuere Rechtsauffassung behandelt den Fall genauso wie den der Erklärungsfahrlässigkeit (vgl. dazu 2. Kapitel, § 9 Rn. 21 ff.). Danach gilt die Willenserklärung als abgegeben, wenn der Erklärende hätte erkennen können, dass die Erklärung von einem Dritten auf den Weg zum Empfänger gebracht werden könnte. Das wäre etwa der Fall, wenn E schon einmal einen Brief des G zur Post gegeben hätte, nicht aber wenn G das Schreiben in den Papierkorb geworfen und E es dort gefunden hätte. Folgt man dieser Auffassung und liegt Fahrlässigkeit aufseiten des Er-

klärenden, ist die Willenserklärung wirksam; der Erklärende kann sie aber analog § 119 Abs. 1 BGB anfechten. ◀

> **BGH, Urt. v. 8.3.2006 – IV ZR 145/05:** „Gelingt der Klägerin der Gegenbeweis, dass ihr Ehemann die Zweckerklärung gegen ihren Willen an sich gebracht und der Beklagten übersandt hat, fehlt es an einem Begebungsakt und damit an einer wirksamen Willenserklärung. Diese wäre als solche rechtlich nicht existent, weil sich die Klägerin ihrer nicht aus eigener Veranlassung entäußert hätte. Der Klägerin als Ausstellerin darf dann das Risiko des Abhandenkommens der von ihr unterzeichneten Urkunde nicht allein aufgebürdet werden, weil eine allgemein gesteigerte Vertrauenshaftung für Urkunden dem geltenden Recht fremd ist. Es wäre vielmehr zu prüfen, ob die Klägerin die Verwendung der Urkunde durch nicht sorgfältige Verwahrung ermöglicht hat. ...
> In diesem Zusammenhang ist zu bedenken: Die Vorschrift des § 122 BGB beruht darauf, dass es eine wirksame Willenserklärung gibt, die lediglich aus den in den §§ 119, 120 BGB zugelassenen Gründen der Anfechtbarkeit unterliegt. Macht der Erklärende davon Gebrauch, hat er dem auf die zunächst wirksame und lediglich vernichtbare Willenserklärung vertrauenden Erklärungsempfänger das negative Interesse zu ersetzen. Das ist zu unterscheiden von einer Willenserklärung, die von Anbeginn unwirksam ist und dies auch bleibt, weil sie nicht mit dem Willen des Erklärenden in den Rechtsverkehr gelangt ist."

7

Der *Zeitpunkt der Abgabe* ist überall dort von großer Bedeutung, wo es um die subjektiven Voraussetzungen einer Willenserklärung oder um bestimmte Beweggründe des Erklärenden geht (Bsp.: Irrtümer, Kenntnis bestimmter Tatsachen). Deren Beurteilung richtet sich stets nach dem Zeitpunkt der Abgabe. Eine Ausprägung dieses Prinzips ist § 130 Abs. 2 BGB, wonach es für die Wirksamkeit einer Willenserklärung keine Rolle spielt, wenn der Erklärende nach der Abgabe stirbt oder geschäftsunfähig wird.

8

II. Zugang der Willenserklärung

1. Zugang gegenüber Abwesenden

Empfangsbedürftige Willenserklärungen werden gegenüber einem Abwesenden wirksam, wenn sie dem Empfänger zugehen (§ 130 Abs. 1 S. 1 BGB). Unter Abwesenheit versteht man das Fehlen eines unmittelbaren zeitgleichen Verständigungskontakts. Gemeint sind die Fälle, in denen ein zeitlicher Abstand zwischen der Abgabe der Erklärung und der Kenntnisnahme durch den Empfänger liegt.

9

▶ **Beispiel:** Versenden von Briefen, Faxen oder E-Mails; Sprechen auf den Anrufbeantworter. Dagegen liegt beim Telefonieren ein unmittelbarer Kontakt vor, so dass Erklärungen per Telefon gegenüber einem Anwesenden (!) abgegeben werden. ◀

10

Der Begriff des Zugangs ist im BGB nicht näher umschrieben. Allerdings haben Rechtsprechung und Rechtswissenschaft eine Definition entwickelt, die heute allgemein anerkannt ist: Danach liegt *Zugang* vor, wenn die Willenserklärung so in den Machtbereich des Empfängers gelangt ist, dass dieser unter normalen Umständen die Möglichkeit hat, vom Inhalt der Erklärung Kenntnis zu nehmen; die tatsächliche Kenntnisnahme der Erklärung ist dagegen nicht Voraussetzung, weil es ansonsten allein der Empfänger in der Hand hätte, die Wirksamkeit einer Erklärung zu verhindern. Diese Voraussetzungen lassen sich in zwei Tatbestandsmerkmale aufspalten:

11

Zunächst ist erforderlich, dass die Erklärung in den Bereich des Empfängers gelangt. Das ist vielfach der *räumliche Machtbereich* (Bsp.: Briefkasten). Es reicht aber auch je-

12

der sonstige Bereich aus (Bsp.: Anrufbeantworter, E-Mail-Server). Für ein Fax hatte der BGH lange Zeit die Auffassung vertreten, dass dieses erst in dem Zeitpunkt in den Machtbereich des Empfängers gelangt, in dem der Ausdruck am Empfangsgerät beendet ist. Für Schriftsätze an das Gericht stellt die Rechtsprechung dagegen in neueren Entscheidungen auf den Zeitpunkt ab, in dem das Faxgerät die gesendeten Signale vollständig empfangen bzw. gespeichert hat, auch wenn der Ausdruck erst später erfolgt. Einige Instanzgerichte haben diese Rechtsprechung inzwischen auf den Privatrechtsverkehr übertragen und auch hier auf den früheren Zeitpunkt abgestellt. Der BGH hat noch nicht eindeutig dazu Stellung genommen. Es ist aber zu erwarten, dass er sich dem anschließen wird.

13 **BGH, Urt. v. 25.4.2006 – IV ZB 20/05:** „Die bisherige, grundsätzlich auf den Zeitpunkt des Ausdrucks abstellende Rechtsprechung wird den technischen Gegebenheiten der Telekommunikation nicht mehr gerecht. … Von ‚Eingabe‘ und Ausdruck stets zu ein und demselben Zeitpunkt kann bei Telefaxgeräten heutiger Art jedoch nicht (mehr) ausgegangen werden. Sie sind regelmäßig mit verschiedenen Empfangseinstellungen ausgestattet und lassen sich vom jeweiligen Benutzer unterschiedlich programmieren. Man kann sie etwa so einstellen, dass der Ausdruck nicht während, sondern erst nach der (kompletten) Übertragung der Daten erfolgt. Je nach Einstellung können die Geräte dann unmittelbar nach Abschluss der Datenübertragung mit dem Ausdruck beginnen oder aber – bei entsprechendem Speicherchip – zunächst mehrere Hundert ‚Seiten‘ empfangen, speichern und sie Stunden oder sogar erst Tage später ausdrucken. … Es liegt auf der Hand, dass ein solcher gewollter Aufschub des Ausdrucks der Partei nicht zum Nachteil gereicht. In Anbetracht der mittlerweile zur Verfügung stehenden vielfältigen Möglichkeiten, den Zeitpunkt des Ausdrucks eingegangener Telefaxsendungen auch bei Gericht den Bedürfnissen entsprechend zu variieren, erscheint es angezeigt, diesen Zeitpunkt bei der Beurteilung, ob ein per Telefax übermitteltes Dokument fristgerecht oder verspätet bei Gericht eingegangen ist, generell nicht mehr heranzuziehen und stattdessen auf den Zeitpunkt des vollständigen Empfangs (Speicherung) der gesendeten technischen Signale im Telefaxgerät des Gerichts abzustellen. Dieser Zeitpunkt lässt sich in aller Regel zuverlässig bestimmen.“

14 **BGH, Beschl. v. 14.5.2013 – III ZR 289/12:** „Die durch einen ‚OK‘-Vermerk unterlegte ordnungsgemäße Absendung eines Schreibens per Telefax begründet nach der – auch jüngsten – Rechtsprechung des BGH über ein bloßes Indiz hinaus aber nicht den Anscheinsbeweis für dessen tatsächlichen Zugang bei dem Empfänger. Der ‚OK‘-Vermerk belegt nur das Zustandekommen der Verbindung, nicht aber die erfolgreiche Übermittlung der Signale an das Empfangsgerät.“

15 ▶ **Beispiel:** K kündigt seinen Mobilfunkvertrag mit M per Fax (was laut Vertrag zulässig ist) am 30.9. um 17 Uhr mit Wirkung zum 31.12. Sein Vertrag enthält eine Kündigungsfrist von drei Monaten zum Jahresende. Wird er nicht (rechtzeitig) gekündigt, verlängert er sich um weitere zwölf Monate. Aufgrund Papiermangels wird das Fax erst am Morgen des 1.10. ausgedruckt.

Hier wurden die gesendeten Signale noch fristgerecht am 30.9. vollständig empfangen bzw. gespeichert. Dass der Ausdruck erst am nächsten Tag erfolgt ist, ist nach zutreffender Ansicht unerheblich. Anderenfalls müsste der Absender das Risiko für Fehler in der Sphäre des Empfängers tragen. ◀

Das sog. *Einwurf-Einschreiben* geht im selben Augenblick wie eine gewöhnliche Brief- **16** sendung zu. In beiden Fällen wird das Schreiben selbst in den Briefkasten geworfen; lediglich der Nachweis des Zugangs wird dadurch erleichtert, dass der Einwurf vom Briefträger dokumentiert wird. Anders ist dies beim sog. *„eigenhändigen Einschrei-* *ben"* (auch Übergabe-Einschreiben genannt): Trifft der Briefbote den Empfänger nicht an, hinterlässt er im Briefkasten lediglich einen Benachrichtigungszettel über die Mög- lichkeit der Abholung in der Postfiliale. Die Willenserklärung selbst ist nicht zugegan- gen, weil sie nicht in den Machtbereich des Empfängers gelangt ist.

Ist die Erklärung in den Machtbereich gelangt, steht fest, dass es zum Zugang der Er- **17** klärung kommen wird. Allerdings ist der Zeitpunkt, in dem die Erklärung in den Machtbereich gelangt, nicht mit dem Zeitpunkt des Zugangs gleichzusetzen. Vielmehr tritt Zugang erst dann ein, wenn der Erklärende unter normalen Umständen *mit der* *Möglichkeit der Kenntnisnahme rechnen* darf. Die Bestimmung dieses Zeitpunkts hat insbesondere dann Bedeutung, wenn die Einhaltung einer Frist in Frage steht.

Briefe gehen nicht schon mit dem Einwurf in den Briefkasten zu, sondern erst zu dem **18** Zeitpunkt, in dem nach der Verkehrsanschauung mit der nächsten Entnahme zu rech- nen ist. Dabei ist nicht auf das individuelle Verhalten des Empfängers abzustellen, son- dern im Interesse der Rechtssicherheit zu generalisieren. Dieser Zeitpunkt hängt bei *Privatpersonen* von den üblichen Postzustellzeiten ab. Wird der Brief erst danach ein- geworfen, erfolgt der Zugang am nächsten Tag. Auch heute soll noch davon auszuge- hen sein, dass eine Privatperson nur einmal täglich eingehende E-Mails abruft. Da es hierfür anders als bei Briefen keinen festgelegten Zeitpunkt gibt, ist im Zweifel vom Zugang der Erklärung am nächsten Tag auszugehen. Entsprechendes gilt für den Ein- gang eines Telefax-Schreibens. Von *Geschäftsleuten* kann dagegen erwartet werden, dass sie ihren Briefkasten, ihr Telefaxgerät und ihr E-Mail-Postfach während der Ge- schäftsstunden laufend auf Eingänge kontrollieren. Ein nach Geschäftsschluss einge- worfener Brief geht aber ebenfalls erst am nächsten Tag zu.

BGH, Urt. v. 5.12.2007 – XII ZR 148/05: „Vielmehr kommt es darauf an, ob im Zeitpunkt **19** des Einwurfs des Briefs in den Briefkasten nach der Verkehrsanschauung, ohne Berück- sichtigung der individuellen Verhältnisse des Empfängers, noch mit einer Leerung am sel- ben Tag zu rechnen war. ... Dabei kann dahinstehen, ob im geschäftlichen Verkehr ein Brief, der während der Geschäftszeiten in den Briefkasten geworfen wird, in jedem Fall zu- gegangen ist, weil die Post-AG und andere Dienstleister zwischenzeitlich Briefe nicht nur vormittags zustellen, oder ob eine entsprechende Verkehrsanschauung nicht besteht. Denn der Zugang einer Willenserklärung erfolgt jedenfalls nicht mehr am selben Tag, wenn er nach Schluss der Geschäftszeiten in den Briefkasten eines Betriebs eingeworfen wird. In diesem Fall kann mit einer Leerung des Briefkastens am selben Tag nicht gerech- net werden. ... In einem Bürobetrieb [wird] ... Silvester nachmittags nicht gearbeitet, so dass kurz vor 16 Uhr mit einer Briefkastenleerung am selben Tag nicht mehr zu rechnen ist."

▶ **Beispiel:** S wirft um 22 Uhr einen Brief in den Geschäftsbriefkasten des G. Zwar ge- **20** langt der Brief zu diesem Zeitpunkt in den Machtbereich des G. Die Kenntnisnahme kann S aber redlicherweise erst mit der üblichen Leerung des Briefkastens am Vormittag des nächs- ten Arbeitstags erwarten. ◀

▶ **Hinweis:** Für einen fristgebundenen Schriftsatz an das Gericht findet § 130 BGB keine Anwendung. Es spielt daher keine Rolle, wann ihn ein zur Entgegennahme zuständiger Bediensteter amtlich in Empfang nimmt; das Merkmal der „Möglichkeit der Kenntnisnahme" ist insoweit ohne Bedeutung. Zur Wahrung prozessualer Fristen reicht es aus, wenn der Schriftsatz bis 24 Uhr des letzten Tages der Frist bei Gericht eingeht. ◀

21 Das *Risiko*, dass die Erklärung den Empfänger gar nicht oder verspätet erreicht, ist in angemessener Weise zwischen dem Absender und dem Empfänger zu verteilen. In den Verantwortungsbereich des *Absenders* fällt in erster Linie das Übermittlungsrisiko, weil er Versendungsweg und -mittel selbst bestimmen kann. Dieses Risiko trägt er so lange, bis die Erklärung in den Machtbereich des Empfängers gelangt. Innerhalb dieses Bereichs liegt die Verantwortung für den Zugang der Erklärung grundsätzlich beim *Empfänger*. Liegen also aufseiten des Empfängers besondere Umstände vor, die ihn an der Kenntnisnahme hindern, so fallen diese grundsätzlich in seine Risikosphäre. Daher gilt eine Willenserklärung bereits dann als zugegangen, wenn der Empfänger die bloße Möglichkeit der Kenntnisnahme hat. Auf die tatsächliche Kenntnis von der Erklärung kommt es nicht an. Selbst wenn der Empfänger krankheits- oder urlaubsbedingt abwesend ist, hindert dies den Zugang nicht. Es ist vielmehr Aufgabe des Empfängers, bei solchen Abweichungen vom Normalfall die erforderlichen Maßnahmen zu treffen. Nur eine solche Sichtweise wird dem auch während der Abwesenheit des Empfängers bestehenden und anerkennenswerten Interesse des Erklärenden gerecht, dem Empfänger Erklärungen wirksam zukommen zu lassen.

22 Liest der Empfänger die Erklärung aber schon vor dem üblichen Zeitpunkt der Kenntnisnahme, so ist der Zugang bereits zu diesem früheren Zeitpunkt erfolgt. Die Kenntnisnahme ist der „Idealzustand" des Zugangs; eines Rückgriffs auf die komplizierte Bestimmung des Zeitpunkts der Möglichkeit der Kenntnisnahme bedarf es nur dann, wenn die tatsächliche Kenntnisnahme gar nicht oder verzögert erfolgt oder ihr Zeitpunkt streitig ist.

23 | **BAG, Urt. v. 22.3.2012 – 2 AZR 224/11:** „Wenn danach für den Empfänger unter gewöhnlichen Verhältnissen die Möglichkeit der Kenntnisnahme bestand, ist es unerheblich, ob und wann er die Erklärung tatsächlich zur Kenntnis genommen hat und ob er daran durch Krankheit, zeitweilige Abwesenheit oder andere besondere Umstände einige Zeit gehindert war. ... In diesem Fall trifft den Empfänger die Obliegenheit, die nötigen Vorkehrungen für eine tatsächliche Kenntnisnahme zu treffen. Unterlässt er dies, so wird der Zugang durch solche – allein in seiner Person liegende – Gründe nicht ausgeschlossen. ... Ein an die Heimatanschrift des Arbeitnehmers gerichtetes Kündigungsschreiben kann diesem deshalb selbst dann zugehen, wenn der Arbeitgeber von einer urlaubsbedingten Ortsabwesenheit weiß. ... Es besteht keine rechtliche Notwendigkeit, dem Urlaub des Arbeitnehmers allein in der Rechtsbeziehung zum Arbeitgeber eine zugangshemmende Wirkung zukommen zu lassen, während dies im sonstigen Rechtsverkehr nicht der Fall ist. ... Ist ein Arbeitnehmer infolge von Urlaubsabwesenheit unverschuldet an einer rechtzeitigen Klageerhebung nach § 4 S. 1 KSchG gehindert, besteht die Möglichkeit einer nachträglichen Zulassung seiner Klage gemäß § 5 KSchG. Dem Arbeitgeber wiederum muss es möglich sein, den Zugang einer Kündigung auch während einer urlaubsbedingten Abwesenheit des Arbeitnehmers zu bewirken, nicht zuletzt, um Erklärungsfristen wie etwa nach § 626 Abs. 2 BGB wahren zu können." |

▶ **Beispiel:** Arbeitgeber A will seinem Arbeitnehmer B kündigen. Aufgrund eines Versehens des Postboten wird die Kündigungserklärung nicht bei B, sondern bei dessen Nachbarn C eingeworfen. C wirft das Schreiben weg.

Hier ist die Kündigungserklärung nicht in den Machtbereich des B gelangt. Da der Erklärende das Übermittlungsrisiko trägt, geht das Versäumnis des Postboten zu seinen Lasten. Das Arbeitsverhältnis ist nicht wirksam gekündigt worden. ◀

24

▶ **Beispiel:** Mieter M kündigt das Mietverhältnis mit Vermieter V am 1.4. schriftlich zum 30.6. Sein Brief wird am 2.4. in den Briefkasten des V geworfen, landet jedoch inmitten eines Stapels unerwünschter Zeitungswerbung. V befördert die Werbung und damit versehentlich auch den Kündigungsbrief in die Altpapierkiste, ohne von diesem Kenntnis genommen zu haben.

Zugang erfolgt, wenn die Willenserklärung so in den Machtbereich des Empfängers gelangt, dass dieser unter normalen Umständen die Möglichkeit hat, vom Inhalt der Erklärung Kenntnis zu nehmen. Hier ist die Erklärung bereits am 2.4. in den Machtbereich des V gelangt, so dass dieser spätestens am 3.4. unter normalen Umständen die Erklärung hätte lesen können. Versäumnisse des Erklärungsempfängers innerhalb seines Machtbereichs gehen zu seinen Lasten. Das Mietverhältnis wird daher zum 30.6. beendet. ◀

25

▶ **Beispiel:** Arbeitgeber A kündigt dem Arbeitnehmer B schriftlich. Die Erklärung wird am Morgen des 12.4. in den Briefkasten des B geworfen, während dieser im Urlaub ist.

Mit Einwurf in den Briefkasten gelangt die Erklärung in den Machtbereich des B. Die Möglichkeit der Kenntnisnahme besteht erfahrungsgemäß noch am selben Tag. Da die Erklärung sich bereits im Machtbereich des B befindet, trägt dieser grundsätzlich das Risiko der Verspätung, so dass der Brief am 12.4. zugegangen ist. Daran ändert auch der Urlaub des B nichts. B kann aber nach der arbeitsgerichtlichen Rechtsprechung evtl. noch verspätet Kündigungsschutzklage erheben, die grundsätzlich innerhalb von drei Wochen nach Zugang der Kündigung erhoben werden muss. Dies ändert aber nichts daran, dass für die Prüfung, ob die Kündigungsfrist eingehalten ist, der 12.4. der maßgebliche Zeitpunkt ist. ◀

26

In der Praxis steht der Erklärende oftmals vor der Schwierigkeit, das „Ob" und das „Wann" des Zugangs zu beweisen. Insbesondere wenn Erklärungen kurz vor einem Fristablauf auf den Weg gebracht werden, ist der Erklärende gut beraten, sich eine gute Beweisposition zu sichern (Bsp.: Einwurf eines Kündigungsschreibens im Beisein von Zeugen). Allerdings gewährt selbst der Versand eines Einschreibens keine vollständige Sicherheit, da Streit über den Inhalt des Einschreibens entstehen könnte. Wer jegliche Gefahr meiden möchte, kann den Weg der Zustellung über den Gerichtsvollzieher (§ 132 BGB) wählen; diese förmliche Zustellung bietet einen sicheren Beweis sowohl des Wirksamwerdens als auch der Art des zugestellten Schriftstücks.

27

Ist eine Erklärung formgebunden (Bsp.: Kündigung des Arbeitsverhältnisses gemäß § 623 BGB; Erteilung der Bürgschaftserklärung gemäß § 766 BGB; vgl. 2. Kapitel, § 13 Rn. 12 ff.), muss die Erklärung dem Empfänger auch in dieser Form zugehen. Derartige Erklärungen werden daher grundsätzlich nur wirksam, wenn den Empfänger das Original erreicht; die Zusendung eines Faxes oder eines Scans über E-Mail genügt nicht. Etwas anderes gilt lediglich bei Prozesshandlungen gegenüber dem Gericht.

28

BAG, URT. V. 17.12.2015 – 6 AZR 709/14: „Eine per Telefax übermittelte schriftliche Erklärung genügt § 126 Abs. 1 BGB nicht, da die vom Empfangsgerät hergestellte Telekopie lediglich die Ablichtung der Originalunterschrift wiedergibt. Im Prozessrecht ist allerdings auf der Grundlage besonderer gesetzlicher Regelungen die Übermittlung per Telefax aus-

29

reichend. ... Die Formvorschriften des Bürgerlichen Rechts sind von denen des Prozessrechts strikt zu unterscheiden."

2. Zugang gegenüber Anwesenden

30   § 130 BGB ist nach seinem Wortlaut nur anwendbar auf Willenserklärungen, die gegenüber Abwesenden abgegeben werden. Darüber, wann eine Erklärung gegenüber einem Anwesenden wirksam wird, schweigt das Gesetz.

31   Nach den Wertungen des § 130 Abs. 1 S. 1 BGB kommt es auch bei *schriftlichen Erklärungen* gegenüber Anwesenden auf den Zugang beim Empfänger an. Die Erklärung wird durch Aushändigung an den Empfänger wirksam, da sie in diesem Zeitpunkt in dessen Machtbereich gelangt und dieser die Möglichkeit der Kenntnisnahme hat. Abgabe und Zugang fallen hier somit zusammen.

32   Auf *mündliche Erklärungen* lässt sich dies nicht ohne Weiteres übertragen. Wer ein Schriftstück nicht genau gelesen hat, kann es erneut lesen. Mündliche Erklärungen sind demgegenüber schon wieder vergangen, sobald sie ausgesprochen sind. Für den Zugang entscheidend ist vielmehr, ob der Empfänger die Erklärung akustisch vernehmen kann. Ein Zugang liegt daher dann vor, wenn der Erklärende vernünftigerweise keinen Zweifel daran haben kann, dass der Empfänger die Erklärung akustisch verstanden hat.

33   Früher ging man demgegenüber davon aus, dass die mündliche Erklärung nur dann wirksam wird, wenn der Empfänger sie tatsächlich zutreffend verstanden hat (sog. „Vernehmungstheorie"). Es ist jedoch nicht einzusehen, weshalb der Erklärende das Risiko tragen soll, dass der Empfänger auch eine klare Äußerung nicht versteht. Die heute vorherrschende *„eingeschränkte Vernehmungstheorie"* verlangt vom Erklärenden daher nur in solchen Fällen, sich bei seinem Gegenüber zu vergewissern, wenn tatsächlich im konkreten Fall Anhaltspunkte für ein Fehlverständnis vorliegen.

3. Zugangshindernisse und Zugangsvereitelung

34   Wer mit dem Eingang rechtsgeschäftlicher Erklärungen rechnen muss, hat durch geeignete Vorrichtungen sicherzustellen, dass die Erklärung ihn auch erreicht. Scheitert der Zugang aufgrund von Umständen, die allein im Einflussbereich des Empfängers liegen, muss dieser sich nach den Grundsätzen von Treu und Glauben (§ 242 BGB) so behandeln lassen, als habe das Zugangshindernis nicht bestanden. Die Rechtsprechung verlangt allerdings vom Erklärenden, dass er alles Erforderliche und ihm Zumutbare unternimmt, damit seine Erklärung den Adressaten erreicht. Dazu gehört in der Regel, dass er nach Kenntnis von dem nicht erfolgten Zugang unverzüglich einen erneuten Versuch unternimmt, seine Erklärung derart in den Machtbereich des Empfängers zu bringen, dass diesem ohne Weiteres eine Kenntnisnahme ihres Inhalts möglich ist. Notfalls muss er sich für die Zustellung der Hilfe des Gerichtsvollziehers bedienen (§ 132 Abs. 1 BGB). Holt der Erklärende den Zugang nach, gilt die Willenserklärung in dem Zeitpunkt als zugegangen, in dem die zunächst versandte Erklärung an sich zugegangen wäre (*Rechtzeitigkeitsfiktion*).

35   ▶ **Beispiel:** A bietet dem B per E-Mail seinen Fernseher zum Kauf an. Als B dem A am Morgen des letzten Tages der von ihm gesetzten Annahmefrist (§ 148 BGB) antwortet, um das Angebot anzunehmen, kommt die E-Mail als unzustellbar zurück. In einer automatisch

erstellten Nachricht wird B darüber informiert, dass das Speichervolumen des Postfachs des A überschritten ist.

Zwar ist die Erklärung nicht in den Machtbereich des A gelangt. Dieser musste jedoch mit dem Eingang einer Erklärung des B rechnen und daher durch geeignete Vorrichtungen sicherstellen, dass die Erklärung ihn auch erreicht. Das hat er nicht getan. Erhält B die E-Mail zurück, so hat er den Zustellungsversuch unverzüglich (= ohne schuldhaftes Zögern, § 121 Abs. 1 S. 1 BGB) zu wiederholen. Da B nicht verpflichtet ist, seine E-Mails minütlich oder stündlich zu überwachen, genügt auch ein erneuter Zustellversuch am nächsten Morgen. Erfolgt dieses Mal der Zugang, muss B sich so behandeln lassen, als ob die Erklärung schon beim ersten Versuch am Vortag zugegangen wäre. Erhält er dagegen erneut eine Fehlermeldung, muss er es in angemessenen Abständen so lange weiter versuchen, bis die E-Mail zugestellt wird. Notfalls muss er einen anderen Übermittlungsweg wählen (Versand per Fax, Brief oder gar Zustellung mithilfe des Gerichtsvollziehers). ◄

Ein wiederholter Zustellungsversuch des Erklärenden ist ausnahmsweise ganz entbehrlich, wenn der Adressat den Zugang der Erklärung *arglistig vereitelt* hat. In diesem Fall wird nicht die Rechtzeitigkeit des Zugangs, sondern der Zugang als solcher fingiert (*Zugangsfiktion*). Die Willenserklärung gilt in dem Moment als zugegangen, in dem sie ohne die Annahmeverweigerung zugegangen wäre (Rechtsgedanke des § 162 Abs. 1 BGB). Gleiches gilt, wenn der *Empfänger die Annahme* der Erklärung *ohne triftigen Grund verweigert*. | 36

> **BGH, Urt. v. 26.11.1997 – VIII ZR 22/97:** „[Der Erklärende] kann nach den Grundsätzen von Treu und Glauben aus seiner nicht zugegangenen Willenserklärung ihm günstige Rechtsfolgen nur dann ableiten, wenn er alles Erforderliche und ihm Zumutbare getan hat, damit seine Erklärung den Adressaten erreichen konnte. Dazu gehört in der Regel, dass er nach Kenntnis von dem nicht erfolgten Zugang unverzüglich einen erneuten Versuch unternimmt, seine Erklärung derart in den Machtbereich des Empfängers zu bringen, dass diesem ohne Weiteres eine Kenntnisnahme ihres Inhalts möglich ist. ... Ein wiederholter Zustellungsversuch des Erklärenden ist allerdings dann nicht mehr sinnvoll und deshalb entbehrlich, wenn der Empfänger die Annahme einer an ihn gerichteten schriftlichen Mitteilung grundlos verweigert, obwohl er mit dem Eingang rechtserheblicher Mitteilungen seines Vertrags- oder Verhandlungspartners rechnen muss. Gleiches wird zu gelten haben, wenn der Adressat den Zugang der Erklärung arglistig vereitelt." | 37

▶ **Beispiel:** Arbeitgeber A kündigt dem Arbeitnehmer B per eigenhändigem Einschreiben. B, dem die Kündigung zuvor angekündigt worden war, verweigert die Unterzeichnung, so dass das Einschreiben an A zurückgeht. | 38

Die Erklärung ist nicht in den Machtbereich des B gelangt, so dass die Voraussetzungen des Zugangs nicht erfüllt sind. Die Benachrichtigung durch den Zusteller im Briefkasten reicht insoweit nicht aus, weil der Empfänger durch das Lesen der Benachrichtigung noch nicht den Inhalt der Kündigung selbst zur Kenntnis nehmen kann. Gleichwohl gilt die Kündigungserklärung als in dem Zeitpunkt zugegangen, in dem B das Einschreiben bei ordnungsgemäßem Verhalten übergeben worden wäre. ◄

▶ **Beispiel:** Arbeitgeber A kündigt dem Arbeitnehmer B per Brief, vergisst aber, diesen zu frankieren. B verweigert die Annahme, da er ansonsten hätte Nachporto zahlen müssen. In diesem Fall ist die Erklärung weder zugegangen, noch wird der Zugang fingiert. B hat die Annahme berechtigterweise verweigert. ◄ | 39

▶ **Beispiel:** Arbeitgeber A will dem Arbeitnehmer B kündigen. Als A dem B die Kündigungserklärung hinhält und ihn auffordert, das Schriftstück an sich zu nehmen, erklärt B, er | 40

sei mit der Kündigung nicht einverstanden und nehme sie daher auch nicht entgegen. Unmittelbar danach verlässt B den Raum.

Die schriftliche Kündigung (§ 623 BGB; vgl. 2. Kapitel, § 13 Rn. 12 ff.) ist dem B noch nicht zugegangen, da das Schreiben zu keinem Zeitpunkt in dessen tatsächliche Verfügungsgewalt gelangt ist. Allerdings hat B den Zugang arglistig verhindert. Er muss sich daher so behandeln lassen, als sei ihm die Erklärung bereits zum Zeitpunkt des Übermittlungsversuchs zugegangen (Zugangsfiktion). ◀

III. Widerruf der Willenserklärung

41 Eine Willenserklärung wird trotz Zugangs nicht wirksam, wenn dem Empfänger vorher oder gleichzeitig ein Widerruf zugeht (§ 130 Abs. 1 S. 2 BGB). In diesem Fall kann beim Empfänger kein Vertrauen in die Gültigkeit der Erklärung entstehen. Ist die Erklärung dagegen dem Empfänger bereits zugegangen, so ist ein Widerruf nicht mehr möglich. Der wirksame Widerruf nach § 130 Abs. 1 S. 2 BGB hat zur Folge, dass das Angebot nicht wirksam wird und der Empfänger dieses nicht annehmen kann. Es kommt also von vornherein kein Vertrag zustande. Diese Widerrufsmöglichkeit ist nicht zu verwechseln mit dem Recht eines Verbrauchers, unter bestimmten Voraussetzungen (etwa bei Vertragsschluss im Fernabsatz) einen bereits rechtswirksam abgeschlossenen Vertrag mit einem Unternehmer zu widerrufen (vgl. dazu 3. Kapitel, § 22 Rn. 1 ff.).

42 ▶ **Beispiel:** K faxt V um 21 Uhr ein Schreiben, in dem er dessen Kaufangebot annimmt. Eine Stunde später trifft er X, einen Konkurrenten des V, zufällig in einer Gaststätte. X bietet dem K dieselbe Ware zu einem wesentlich günstigeren Preis an. K schickt V daraufhin von seinem Smartphone eine E-Mail, mit der er seine Annahmeerklärung widerruft. V entdeckt am nächsten Morgen sowohl das Fax als auch die E-Mail des K.

Beide Erklärungen (Annahme und Widerruf) sind in den Machtbereich des V gelangt. Die Möglichkeit der Kenntnisnahme bestand aus Verkehrssicht aber jeweils erst am Morgen des nächsten Tages. Die Erklärungen sind somit gleichzeitig zugegangen mit der Folge, dass K die Annahmeerklärung wirksam widerrufen hat. Dabei spielt es nach herrschender Meinung keine Rolle, welches Schreiben V am nächsten Morgen tatsächlich zuerst liest. Unerheblich ist auch, dass K unterschiedliche Medien für Annahme und Widerruf gewählt hat. Die Gegenauffassung sieht dagegen in diesem Fall den Widerruf noch als rechtzeitig an, weil ein Vertrauen des Erklärungsempfängers bei gleichzeitiger Kenntnisnahme nicht entstehen konnte.

Der Widerruf wäre in jedem Fall verspätet, wenn V um 22 Uhr noch im Büro gewesen wäre und das Fax sofort gelesen hätte, da dann eine tatsächliche Kenntnisnahme vorgelegen hätte. ◀

IV. Entbehrlichkeit des Zugangs der Annahmeerklärung

43 Als empfangsbedürftige Willenserklärungen werden Angebot und Annahme gemäß § 130 Abs. 1 S. 1 BGB grundsätzlich nur dann wirksam und damit rechtlich bindend, wenn sie dem anderen Teil zugehen. Für die Annahmeerklärung sieht § 151 S. 1 BGB jedoch eine Ausnahme davon vor. Die Regelung ist missverständlich formuliert und daher nicht ohne Weiteres verständlich. Nach dem Wortlaut der Norm kommt ein Vertrag auch ohne Annahmeerklärung zustande, sofern dies üblich ist oder der Anbietende auf sie verzichtet hat. Es ist jedoch mit dem Grundsatz der Vertragsfreiheit grundsätzlich nicht zu vereinbaren, dass eine Person, die keine Willenserklärung abgibt, vertraglich gebunden wird. Die Vorschrift ist daher dahin gehend auszulegen, dass in den genannten Fällen (nur) auf den *Zugang der Annahmeerklärung* beim Anbietenden verzichtet werden kann, nicht dagegen auf die Erklä-

rung selbst. Erforderlich ist stets, dass der Empfänger des Angebots einen Willen zur Annahme hat und dieser Wille – vom Standpunkt eines objektiven Dritten aus betrachtet – durch das Verhalten des Empfängers eindeutig zum Ausdruck kommt (sog. „Betätigung des Annahmewillens"). Zweck des § 151 BGB ist die *Vorverlagerung der vertraglichen Einigung* im Interesse beider Parteien, die anderenfalls regelmäßig erst mit dem Bewirken der Leistung erfolgen würde.

> **BGH, Urt. v. 28.3.1990 – VIII ZR 258/89:** „In welchen Handlungen eine ausreichende Betätigung des Annahmewillens zu finden ist, kann nur in Würdigung des konkreten Einzelfalls entschieden werden. Dabei ist mangels Erklärungsbedürftigkeit der Willensbetätigung nicht auf den Empfängerhorizont (§ 157 BGB) abzustellen. Vielmehr kommt es darauf an, ob vom Standpunkt eines unbeteiligten objektiven Dritten aus das Verhalten des Angebotsadressaten aufgrund aller äußeren Indizien auf einen ‚wirklichen Annahmewillen' (§ 133 BGB) schließen lässt. Ein solcher Schluss ist regelmäßig gerechtfertigt, wenn der Anbietende dem Angebotsempfänger eine mit der Erfüllung des angestrebten Vertrags zusammenhängende, den Anbietenden beeinträchtigende Handlung nur für den Fall der Annahme des Angebots, also des Vertragsschlusses, gestattet und der andere Teil diese Handlung vornimmt, ohne das Angebot durch eine nach außen erkennbare Willensäußerung abzulehnen. Demgemäß hat der erkennende Senat entschieden, dass dann, wenn eine den Abschluss eines Abfindungsvertrags anbietende Partei zum Zweck der Vertragserfüllung einen Scheck mit der Bestimmung übergeben hat, er dürfe nur bei Annahme des Vertragsangebots eingelöst werden, und wenn sie gleichzeitig auf eine Annahmeerklärung der Gegenseite verzichtet hat, in der widerspruchslos erfolgenden Einreichung des Schecks zur Einziehung regelmäßig die Annahme des Vertragsantrages zu erblicken ist."

44

▶ **Beispiel:** K bestellt beim Versandhändler V schriftlich eine Stereoanlage aus dem Katalog. V geht ins Lager und verpackt die Anlage in einem Paket, auf dem er die Anschrift des K notiert. Hier beginnt V schon mit der Ausführung des Vertrags. Ein objektiver Dritter, der den V beobachtet, kann daraus schließen, dass V das Angebot des K annehmen will. ◀

45

Ein Zugang der Annahmeerklärung ist entbehrlich, wenn dieser *nach der Verkehrssitte nicht zu erwarten* ist oder *der Anbietende darauf verzichtet.* Ersteres gilt vor allem im Versandhandel sowie für unentgeltliche Zuwendungen und sonstige für den Angebotsempfänger vorteilhafte Geschäfte.

46

> **BGH, Urt. v. 12.10.1999 – XI ZR 24/99:** „Eine derartige Verkehrssitte besteht ... im Allgemeinen bei unentgeltlichen Zuwendungen und für den Antragsempfänger lediglich vorteilhaften Rechtsgeschäften. Nach der gefestigten Rechtsprechung des BGH ist daher etwa für die Annahme eines selbstständigen Garantieversprechens, eines Schuldbeitritts oder einer Bürgschaft eine ausdrückliche oder konkludente Erklärung gegenüber dem Antragenden nicht erforderlich. Für das mit einem abstrakten Schuldanerkenntnis verbundene Angebot zur Abtretung einer Forderung kann nichts anderes gelten."

47

▶ **Beispiel:** Lieferant L und Bäcker B stehen in ständiger Geschäftsbeziehung. B kauft regelmäßig bei L größere Mengen Hefe ein. L schickt B einen Brief, worin er erklärt: „Aufgrund unserer langjährigen Geschäftsbeziehung können wir Ihnen das Kilogramm Hefe nun für 1,60 € statt wie bisher für 1,65 € anbieten."

48

Da dieses Angebot für B nur Vorteile hat, ist ein Zugang der Annahmeerklärung nach der Verkehrssitte nicht zu erwarten. Es reicht aus, dass B seinen Annahmewillen in irgendeiner

Form nach außen kundgibt, z.B. durch Abheften des Angebots in seinen Unterlagen oder Eingeben des neuen Einkaufspreises in sein EDV-System. ◄

§ 12 Der Vertragsschluss im Internet

I. Online-Versandhandel

Für den Abschluss von Verträgen im Internet gelten grundsätzlich dieselben Regeln wie 1
für herkömmliche Geschäfte. Nach den allgemeinen Grundsätzen der §§ 145 ff. BGB
sind also inhaltlich übereinstimmende Willenserklärungen der Parteien (Angebot und
Annahme) erforderlich, die jeweils dem anderen zugehen müssen.

1. Willenserklärungen

Willenserklärungen können nur von Menschen abgegeben werden. Computer können 2
keinen Willen bilden und daher nicht Urheber von Willenserklärungen sein. Der moderne Geschäftsverkehr ist jedoch auf automatisierte Verfahren angewiesen. Das aus
dem vorletzten Jahrhundert stammende BGB kennt hierfür keine speziellen Regelungen. Auch bei automatisierten Erklärungen ist daher stets der Wille eines Menschen
maßgebend. Automatisierte Prozesse können beim Vertragsschluss auf zwei Arten vorkommen:

Erstens ist es möglich, Maschinen zur automatisierten Erklärung eines bereits zuvor 3
gebildeten Willens einzuschalten. Solche computergesteuerten Erklärungen (sog. *„elektronische Willenserklärungen"*) zeichnen sich dadurch aus, dass die Datenverarbeitungsanlage aufgrund ihrer Programmierung durch einen Menschen bzw. dessen Auftraggeber die Ergebnisse der Datenverarbeitung nach außen hin kundtut. Selbst die
komplizierteste Datenverarbeitungsanlage vermag nicht mehr, als das von Menschen
entwickelte und eingegebene Programm durchzuführen. Auch die automatisierten Äußerungen sind daher letztlich auf einen menschlichen Willen zurückzuführen. Entscheidend ist stets, dass die Erklärung aus Sicht eines objektiven Dritten in der Position des
Empfängers einen dem Erklärenden zurechenbaren Erklärungsgehalt aufweist.

▶ **Beispiel:** K bestellt beim Mobilfunkunternehmen M über das Internet einen Klingelton. 4
Wenige Sekunden nach der Bezahlung per Kreditkarte erhält er von M im Wege eines automatisierten Verfahrens eine E-Mail, die einen geschützten Downloadlink enthält.

Durch das Ausfüllen des Webformulars und Absenden der Daten hat K ein Angebot auf Abschluss eines Vertrags über das Herunterladen eines Klingeltons abgegeben. M hat dieses
Angebot durch die im automatisierten Verfahren gesendete E-Mail angenommen. Es spielt
keine Rolle, dass kein Mitarbeiter von M das Angebot des K vor der Bestätigung zur Kenntnis nehmen konnte. Die elektronische Willenserklärung des M ist wirksam, da sie lediglich
einen bereits zuvor gebildeten Willen automatisiert nach außen hin kundtut. ◀

Zweitens werden Computer häufig als technische Hilfsmittel für die Übertragung von 5
Erklärungen verwendet, etwa bei der Kommunikation über E-Mail, SMS, Webformulare usw. Dabei handelt es sich um eine herkömmliche (individuelle) Willenserklärung,
zu deren Abgabe (Bsp.: durch Tastendruck) der Erklärende sich einer technischen Einrichtung bedient. Da in diesen Fällen ein zeitlicher Abstand zwischen Abgabe und Zugang der Erklärung liegt, handelt es sich grundsätzlich um einen Vertragsschluss unter
Abwesenden. Etwas anderes gilt allerdings bei sog. Live-Chats, bei denen das Geschriebene unmittelbar auf dem Bildschirm des Gegenübers erscheint.

BGH, Urt. v. 26.1.2005 – VIII ZR 79/04: „Ein Vertrag über die Erbringung von Telekom- 6
munikationsdienstleistungen, durch den neben den als Dauerschuldverhältnis zu qualifi-

zierenden Telefondienstvertrag mit dem Teilnehmernetzbetreiber ... ein weiteres Rechtsverhältnis mit einem anderen Anbieter hinzutritt, kommt vonseiten des Nutzers regelmäßig über die Anwahl einer bestimmten Nummer am Telefongerät oder am Computer zustande. Auch in der Wahl der Tastenkombination ‚Eins' und ‚Zwei', durch die die von der Klägerin vermittelten R-Gespräche angenommen wurden, kann deshalb eine auf den Abschluss eines Vertrags gerichtete Willenserklärung des Angerufenen gesehen werden."

2. Angebot und Annahme

7   Aus der bloßen Warenpräsentation auf einer Internetseite folgt grundsätzlich nicht der Wille des Anbieters, sich rechtlich binden zu wollen. Die Belieferung des Kunden soll regelmäßig erst nach Überprüfung der eigenen Liefermöglichkeiten und ggf. der Bonität des Kunden erfolgen. Das Anbieten von Waren über das Internet stellt daher grundsätzlich eine bloße „invitatio ad offerendum" ohne Rechtsbindungswillen dar.

8   **BGH, Urt. v. 26.1.2005 – VIII ZR 79/04:** „Das Berufungsgericht ist [zutreffend] davon ausgegangen, dass die Klägerin nicht bereits mit der Präsentation des Notebooks auf ihrer Internetseite ein gemäß § 145 BGB verbindliches Angebot abgegeben hat, sondern dass sie insoweit lediglich zur Abgabe von Angeboten aufgefordert hat (invitatio ad offerendum). Daraus folgt, dass ein Angebot erst in der Bestellung des Beklagten ... zu sehen ist."

9   Ein rechtsverbindliches Angebot liegt daher in der Regel erst in der Bestell-E-Mail des Kunden bzw. im Ausfüllen des Webformulars und Absenden der Daten durch den Kunden. Der Unternehmer ist gesetzlich verpflichtet, den Zugang der Bestellung unverzüglich auf elektronischem Wege zu bestätigen (§ 312i Abs. 1 S. 1 Nr. 3 BGB). Der Kunde erhält so Gewissheit, dass der Unternehmer seine Bestellung erhalten hat und der „Klick im Internet" nicht ins Leere gegangen ist. Diese *Empfangsbestätigung* stellt grundsätzlich noch keine Annahme des Angebots dar. Der Unternehmer bestätigt lediglich den Erhalt des Angebots. Über die Frage, ob er das Angebot annehmen will, ist damit noch nichts gesagt. Im Übrigen handelt es sich aufgrund der gesetzlichen Pflicht zur Bestätigung der Bestellung nicht um eine freiwillige Erklärung des Unternehmers, mit der er von seiner Vertragsfreiheit Gebrauch macht. Die Annahme durch den Online-Verkäufer erfolgt vielmehr regelmäßig erst durch eine separate Auftragsbestätigung oder die Zusendung einer Rechnung, durch die Mitteilung, dass die Ware nun versendet wird, oder konkludent durch die Lieferung der Ware. Es ist jedoch nicht ausgeschlossen, dass die Annahmeerklärung mit der Empfangsbestätigung verbunden wird, indem die vorbehaltlose Ausführung der Bestellung angekündigt wird. Letztlich ist der Charakter der Erklärung nach den allgemeinen Regeln der Auslegung vom objektiven Empfängerhorizont zu ermitteln.

10 **BGH, Urt. v. 26.1.2005 – VIII ZR 79/04:** „Das Berufungsgericht hat sich allerdings nicht dazu geäußert, ob bereits die am 1.2.2003 um 15.36 Uhr versandte, automatisch verfasste E-Mail der Klägerin oder erst die Übersendung der Ware mit Lieferschein/Rechnung vom 5.2.2003 als Annahmeerklärung zu werten ist. .... Danach ist aus der Sicht eines verständigen Erklärungsempfängers (§§ 133, 157 BGB) bereits die E-Mail der Klägerin vom 1.2.2003, in der sie den Beklagten als Kunden anspricht und ihm mitteilt, dass sein Auftrag nunmehr von der Versandabteilung bearbeitet werde und sie sich des Weiteren für den Auftrag bedankt, als konkludente Erklärung der Annahme des Angebots des Beklag-

ten zu dem auf ihrer Internetseite angegebenen und in ihrer ersten automatischen E-Mail vom gleichen Tage bestätigten Verkaufspreis von 245 € auszulegen."

II. Onlineauktionen

1. Vertragsschluss

Bei Versteigerungen kommt der Vertrag durch das Gebot des Bieters (Angebot) und den Zuschlag des Versteigerers (Annahme) – im eigenen Namen oder im Namen eines Auftraggebers – zustande (§ 156 S. 1 BGB). Entgegen ihrer geläufigen Bezeichnung sind die gängigen „Onlineauktionen" (etwa über eBay) aber keine „Versteigerungen" im rechtlichen Sinn (zum Widerrufsrecht des Verbrauchers vgl. 3. Kapitel, § 22 Rn. 14). Der Vertrag kommt bei solchen Geschäften nicht durch den Zuschlag eines Versteigerers zustande. Vielmehr gibt der Verkäufer durch das Starten der Onlineauktion ein *Angebot an den (bei Auktionsende) Höchstbietenden* ab. Die Gebote der Bieter sind ihrerseits Annahmeerklärungen unter der aufschiebenden Bedingung der Höchstbietereigenschaft. Die Freischaltung der Auktion ist also eine echte Willenserklärung des Verkäufers mit Rechtsbindungswillen und nicht lediglich eine „invitatio ad offerendum". Da sich das Angebot von vornherein nur an eine Person (den späteren Höchstbietenden) richtet, besteht nicht die Gefahr, dass der Verkäufer sich über seine Leistungsfähigkeit hinaus verpflichtet. Der Vertrag kommt grundsätzlich auch dann zustande, wenn das Höchstgebot entgegen den Erwartungen des Verkäufers deutlich unter dem Wert der Sache liegt. **11**

BGH, Urt. v. 3.11.2004 – VIII ZR 375/03: „Der bei der Internetauktion geschlossene Kaufvertrag der Parteien kam nicht nach § 156 BGB durch den Zuschlag eines Auktionators zustande, sondern durch Willenserklärungen – Angebot und Annahme – der Parteien gemäß §§ 145 ff. BGB. Indem der Kläger ... die Internetauktion startete, gab er ein verbindliches Verkaufsangebot ab, das sich an den richtete, der innerhalb der Laufzeit der Auktion das höchste Gebot abgab. ... Dass dessen Angebot an den Meistbietenden gerichtet war und damit erst nach Auktionsende feststand, wer als Meistbietender Vertragspartner des Klägers geworden war, berührt die Wirksamkeit des Angebots nicht." **12**

▶ **Beispiel:** V will über die Internetplattform eBay ein Auto verkaufen. Er schaltet die „Online-Versteigerung" mit einem Startgebot von 1 € frei. Das höchste Gebot gibt K mit 9500 € ab, der unmittelbar nach Ende der „Auktion" von eBay über sein erfolgreiches Höchstgebot informiert wird. **13**

Indem V das Auto auf der Website des Internetauktionshauses zur Versteigerung angeboten und die Versteigerung gestartet hat, hat er ein verbindliches Verkaufsangebot gegenüber demjenigen abgegeben, der innerhalb der Laufzeit der Auktion das höchste Gebot abgibt. Bei Angebotsende hatte K das Höchstgebot mit 9500 € abgegeben und somit die Annahme erklärt. K und V haben einen wirksamen Kaufvertrag geschlossen. Die Gebote der unterlegenen Bieter entfalten keine rechtliche Wirkung, da die aufschiebende Bedingung des Höchstgebots nicht eingetreten ist. ◀

2. Vorzeitiger Abbruch der Auktion

Bricht der Anbieter die Versteigerung vorzeitig ab, kommt der Vertrag grundsätzlich mit dem zu diesem Zeitpunkt Höchstbietenden zustande. Da er ein verbindliches Angebot abgegeben hat, kann er dieser Bindungswirkung ohne Grund nicht durch Ab- **14**

bruch entgehen. Kann der Anbieter den Vertrag nicht mehr erfüllen, weil er die Sache bereits anderweitig verkauft und übereignet hat, stehen dem Höchstbietenden Schadensersatzansprüche zu. Der Bieter ist so zu stellen, als wäre der Kaufvertrag ordnungsgemäß erfüllt worden. Er kann daher die Differenz zwischen Gebot und Verkehrswert des Artikels als Schadenersatz verlangen (vgl. 4. Kapitel, § 26 Rn. 28 ff.). Etwas anderes gilt nur, wenn der Verkäufer nach den AGB des Internetauktionshauses dazu berechtigt war, die Auktion abzubrechen, etwa wenn er sich bei der Artikelbeschreibung oder dem Startpreis geirrt hatte (vgl. 3. Kapitel, § 20 Rn. 5 ff.). Zwar sind die AGB der Onlineplattform im Rechtsverhältnis zwischen Verkäufer und Käufer nicht unmittelbar rechtlich verbindlich. Da die Beteiligten vor der Teilnahme an der Onlineauktion jedoch die AGB akzeptieren müssen, ist deren Inhalt bei der Auslegung der Willenserklärungen im Rahmen des objektiven Empfängerhorizonts (§ 157 BGB) zu berücksichtigen. Nach den AGB der Internetplattform eBay und den dazugehörigen Erläuterungen auf der Website, die der BGH bei der Auslegung der Erklärungen der eBay-Nutzer berücksichtigt, ist ein Abbruch auch dann gerechtfertigt, wenn es dem Anbieter unverschuldet – etwa aufgrund Diebstahls – unmöglich ist (vgl. 3. Kapitel, § 23 Rn. 3 ff.), die Kaufsache dem Käufer zu übereignen. Kein Grund zum Abbruch stellt dagegen der Umstand dar, dass der Anbieter seine Preisvorstellung nicht erreicht, die Sache anderweitig verkaufen will oder sich zwischenzeitlich gegen einen Verkauf entscheidet.

15

> **BGH, Urt. v. 8.1.2014 – VIII ZR 63/13:** „Nach der Rechtsprechung des Senats ist der Erklärungsinhalt eines im Rahmen einer Internetauktion abgegebenen Verkaufsangebots unter Berücksichtigung der AGB des Unternehmens zu bestimmen, das auf seiner Internetplattform das Forum für die Auktion bietet. … Nach § 10 Nr. 1 S. 5 der im Streitfall geltenden AGB von eBay kommt ein Kaufvertrag bei Ablauf der Auktion oder bei vorzeitiger Beendigung des Angebots – insoweit übereinstimmend mit den §§ 145 ff. BGB – durch Annahme des Verkaufsangebots durch den Höchstbietenden zustande, es sei denn, der Anbieter war … dazu berechtigt, das Angebot zurückzunehmen und die vorliegenden Gebote zu streichen. Unter welchen Umständen der Anbietende sein Angebot zurückziehen kann, wird in § 10 Nr. 7 der AGB und den daran anknüpfenden ‚Weiteren Informationen‘ näher erläutert.
>
> Auf der Grundlage dieser Regelungen [kommt] kein Kaufvertrag zustande …, sofern der Anbietende … dazu berechtigt war, sein Angebot zurückzuziehen. Denn aufgrund der genannten Bestimmungen ist das Angebot des Verkäufers aus der Sicht der an der Auktion teilnehmenden Bieter (§§ 133, 157 BGB) dahin zu verstehen, dass es unter dem Vorbehalt einer berechtigten Angebotsrücknahme steht. Ein solcher Vorbehalt, der die Bindungswirkung des Verkaufsangebots einschränkt, verstößt nicht gegen Grundsätze über die Bindungswirkung von Angeboten (§§ 145, 148 BGB), sondern ist zulässig. Denn gemäß § 145 BGB kann der Antragende die Bindungswirkung seines Angebots ausschließen; ebenso kann er sie einschränken, indem er sich den Widerruf vorbehält.“

16

> **Beispiel:** V will über die Internetplattform eBay ein Auto im Wert von 10.000 € verkaufen. Er schaltet die „Online-Versteigerung", die bis zum 14.4. um 12 Uhr laufen soll, am 7.4. mit einem Startgebot von 1 € frei. Am 10.4. beendet V sein Angebot und streicht die bis dahin vorliegenden Gebote. Zu diesem Zeitpunkt war K Höchstbietender mit einem Betrag von 10 €. Als Grund für die Beendigung des Angebots gab V gegenüber K an, er habe außerhalb der Internetauktion ein sehr gutes Angebot für den Wagen erhalten und den Wagen bereits übereignet. K verlangt Schadensersatz i.H.v. 9990 €. Zu Recht?

Bricht der Anbieter die Versteigerung vorzeitig ab, kommt der Vertrag grundsätzlich mit dem zu diesem Zeitpunkt Höchstbietenden zustande. Der Anbieter hat durch das Starten der Auktion ein verbindliches Angebot abgegeben, von dem er sich nicht ohne Grund loslösen kann. Kann der Anbieter den Vertrag nicht mehr erfüllen, weil er die Sache bereits anderweitig übereignet hat, stehen dem Höchstbietenden Schadensersatzansprüche zu (§§ 280 Abs. 1, Abs. 3, 283 BGB). Der Bieter ist so zu stellen, als wäre der Kaufvertrag ordnungsgemäß erfüllt worden. Er kann daher die Differenz zwischen Gebot und Verkehrswert des Artikels als Schadenersatz verlangen. K kann also 9990 € verlangen. ◀

3. Eigengebote von anderen Mitgliedskonten

Der Anbieter, der seine Auktion mit einem geringen Startpreis beginnt, läuft Gefahr, die Ware zu einem niedrigeren Preis zu verkaufen als erhofft. Manche Verkäufer versuchen daher, die Preise für ihre Ware durch Eigengebote von weiteren Mitgliedskonten in die Höhe zu treiben (sog. *„shill bidding"*). Diese Preismanipulation verstößt zum einen gegen die AGB von eBay. Zum anderen kommt bei einem Höchstgebot des Verkäufers unter anderem Namen kein Vertrag zustande, da die hierfür erforderliche Personenverschiedenheit fehlt. Ein Angebot kann nur von „einem anderen" angenommen werden (§ 145 BGB). Entsprechendes gilt für den Einsatz Dritter, die nur zum Schein ein Gebot abgeben. Diese Willenserklärung ist nach § 117 Abs. 1 BGB nichtig. Sofern die Auktion mit einem manipulierten (Schein-)Höchstgebot des Verkäufers oder eines von ihm eingeschalteten Dritten endet, bleibt dieses Höchstgebot unberücksichtigt und es kommt ein Vertrag mit dem nächsthohen Bieter zustande.

17

> **BGH, Urt. v. 24.8.2016 – VIII ZR 100/15:** „Das auf der eBay-Internetplattform mit Eröffnung der Auktion erklärte Angebot eines Anbieters ist sowohl nach § 145 BGB als auch nach den zur Erläuterung des Vertragsschlussvorgangs aufgestellten eBay-Bedingungen darauf angelegt, ‚einem anderen' als dem Anbieter die Schließung eines Vertrags anzutragen. Das Angebot kann deshalb nur durch einen vom Anbieter personenverschiedenen Bieter angenommen werden. Das über ein zweites Mitgliedskonto unzulässig auf ein eigenes Angebot abgegebene Gebot eines Anbieters ist unwirksam und bleibt in der Reihe der abgegebenen Gebote unberücksichtigt. Ein regulärer Bieter muss es deshalb auch nicht übertreffen, um Meistbietender zu werden oder zu bleiben."

18

▶ **Beispiel:** V bietet auf eBay einen gebrauchten PKW im Wege einer „Internetauktion" mit einem Startpreis von 1 € zum Verkauf an. Diesen Betrag bot ein unbekannt gebliebener Fremdbieter. Als einziger weiterer Bieter beteiligte sich K an der Auktion, der ein Höchstgebot von 15.000 € abgab. K wurde mehrfach von V überboten, der über ein zweites Benutzerkonto Eigengebote abgab. Derartige Eigengebote sind nach den zugrunde liegenden AGB von eBay unzulässig. Bei Auktionsschluss lag ein „Höchstgebot" des V über 17.000 € vor, so dass K mit seinem Gebot nicht zum Zuge kam. K ist der Auffassung, er habe den PKW für 1,50 € – den auf 1 € folgenden nächsthöheren Bietschritt – ersteigert, da er ohne die unzulässigen Eigengebote des Beklagten die Auktion bereits mit einem Gebot in dieser Höhe „gewonnen" hätte. Zu Recht?

19

Das von einem Anbieter im Rahmen einer eBay-Auktion erklärte Angebot richtet sich stets an „einen anderen" (§ 145 BGB), d.h. an einen von ihm personenverschiedenen Bieter. V konnte daher durch Eigengebote von vornherein keinen Vertragsschluss zustande bringen. Das höchste zum Auktionsablauf abgegebene Gebot stammte daher von K und betrug lediglich 1,50 €. Denn auch wenn er seine zahlreichen Maximalgebote immer wieder und zuletzt auf 17.000 € erhöhte, gab er damit noch keine auf das jeweilige Maximalgebot bezifferte und auf den Abschluss eines entsprechenden Kaufvertrags gerichtete Annahmeerklärungen

ab. Deren Inhalt erschöpfte sich vielmehr darin, das im Vergleich zu den bereits bestehenden Geboten regulärer Mitbieter jeweils nächsthöhere Gebot abzugeben, um diese Gebote um den von eBay jeweils vorgegebenen Bietschritt zu übertreffen und auf diese Weise bis zum Erreichen des von ihm vorgegebenen Maximalbetrags Höchstbietender zu werden oder zu bleiben. Nachdem aber außer den unwirksamen Eigengeboten des V nur ein einziges reguläres Gebot in Höhe von 1 € auf den Gebrauchtwagen abgegeben worden war, wurde der K mit dem nächsthöheren Gebot von 1,50 € Höchstbietender. ◄

20 ▶ **Beispiel:** V startet die „Internetauktion" wie im vorherigen Beispiel. Da ihm das aktuelle Gebot von 10.000 € einige Stunden vor Auktionsende zu niedrig ist, gibt er über ein zweites Benutzerkonto ein Gebot von 17.000 € ab. Kurz vor Schluss der Auktion bietet D 17.100 €. Er wird noch von K überboten, der mit 17.200 € das Höchstgebot abgibt.

Auch hier sind die unzulässigen Eigengebote des V aufgrund der Personenidentität keine wirksamen Annahmeerklärungen. Im Gegensatz zum vorherigen Fall gibt es jedoch zwei höhere reguläre Gebote. Unabhängig von den Eigengeboten des V musste K das Gebot des D von 17.100 € überbieten, um Höchstbieter zu werden. Die unzulässigen Eigengebote spielen daher keine Rolle. ◄

4. Abbruchjäger

21 Manche Bieter versuchen es sich zunutze zu machen, dass bei einem unberechtigten Abbruch der Auktion ein Vertrag mit dem zu diesem Zeitpunkt Höchstbietenden zustande kommt. Sie geben auf eine Vielzahl von Artikeln Gebote in geringer Höhe ab und spekulieren darauf, dass der Anbieter die Auktion vorzeitig abbricht, um dann Vertragserfüllung oder Schadensersatz statt der Leistung zu verlangen. Umstritten ist, ob diese „Abbruchjäger" rechtsmissbräuchlich handeln. Dagegen spricht, dass der Anbieter es allein in der Hand hat, die Situation zu vermeiden. Er kann die Auktion zu einem höheren Startpreis beginnen, den Erfolg der Auktion an das Erreichen eines Mindestpreises knüpfen oder schlicht die Auktionsbedingungen einhalten und die Auktion nicht unberechtigt abbrechen. Auf der anderen Seite nutzen „Abbruchjäger" systematisch die Unerfahrenheit von Anbietern aus, ohne selbst ein finanzielles Risiko einzugehen. Aus diesem Grunde haben einige Instanzgerichte Schadensersatzansprüche von „Abbruchjägern" wegen *Rechtsmissbrauchs* nach § 242 BGB abgelehnt. Auch der BGH scheint dieser Auffassung zuzuneigen.

§ 13 Formbedürftige Rechtsgeschäfte

I. Grundsatz der Formfreiheit

Um den Rechtsverkehr nicht unnötig zu erschweren und die Privatautonomie nicht über Gebühr einzuschränken, bedürfen Rechtsgeschäfte grundsätzlich keiner besonderen Form. Daher können Verträge auch durch konkludentes Verhalten zustande kommen. Dies gilt auch für Verträge von großer wirtschaftlicher Bedeutung, wie etwa für einen Kaufvertrag über einen teuren Pkw. 1

Gesetzliche Formerfordernisse sind die Ausnahme. Sie betreffen die Fälle, in denen die leichte Abwicklung des jeweiligen Rechtsgeschäfts hinter anderen typischerweise bestehenden Interessen des Rechtsverkehrs zurückzustehen hat. Ein Formzwang kann erstens den Zweck haben, die Betroffenen vor den Risiken übereilt geschlossener Geschäfte von besonderer Tragweite zu bewahren (*Warnfunktion*). Zweitens kann er sicherstellen, dass die Parteien vor Vertragsschluss eine sachkundige Beratung und Belehrung (durch einen Notar) erfahren (*Beratungsfunktion*). Drittens kann er der Klarstellung dienen, ob und mit welchem Inhalt das konkrete Geschäft zustande gekommen ist; dies sichert auch die Beweisbarkeit für einen möglichen späteren Rechtsstreit (*Klarstellungs- und Beweisfunktion*). Jedes gesetzliche Formerfordernis kann dabei einen oder mehrere dieser Zwecke erfüllen. 2

▶ **Beispiel:** Das Schriftformerfordernis einer Bürgschaftserklärung (§ 766 S. 1 BGB) erfüllt eine Warnfunktion. Es soll dem Bürgen die Tragweite der übernommenen Verpflichtung vor Augen führen und ihn von unüberlegten Bürgschaftsverpflichtungen abhalten. Der Umstand, dass ein Vertrag, durch den sich der eine Teil verpflichtet, das Eigentum an einem Grundstück zu übertragen oder zu erwerben, der notariellen Beurkundung bedarf (§ 311 b Abs. 1 S. 1 BGB), dient dagegen allen drei Formzwecken. ◀ 3

Teilweise verlangt das Gesetz die Beachtung einer besonderen Form lediglich für eine Willenserklärung einer Partei und nicht für den gesamten Vertrag, weil nur eine Partei bei Abschluss des Vertrags schutzwürdig ist. 4

▶ **Beispiel:** Zur Gültigkeit eines Schenkungsvertrags ist (nur) die notarielle Beurkundung des Versprechens des Schenkers erforderlich (§ 518 Abs. 1 S. 1 BGB), zur Gültigkeit eines Bürgschaftsvertrags die schriftliche Erteilung der Bürgschaftserklärung (§ 766 S. 1 BGB). Dagegen können die (für einen Vertragsschluss notwendigen) Erklärungen des Beschenkten und des Bürgschaftsgläubigers formfrei erfolgen, weil für sie der Vertrag nur vorteilhaft ist. ◀ 5

In der Regel erstreckt sich der Formzwang aber auf das gesamte Rechtsgeschäft. Dann unterliegen alle Erklärungen, die nach der Vorstellung der Parteien zum Vertragsinhalt gehören, dem Formzwang. Formbedürftig sind somit grundsätzlich nicht nur die Hauptleistungspflichten, sondern auch Bedingungen, Befristungen und die Modalitäten der Leistungspflichten, etwa auch die Zahlungsweise und sonstige Nebenabreden. 6

▶ **Beispiel:** Wird in einen notariellen Grundstückskaufvertrag die Verpflichtung des Verkäufers zur Errichtung eines Hauses aufgenommen und wird wegen der Gestaltung des Hauses auf Baupläne Bezug genommen, so müssen diese Pläne ebenfalls beurkundet werden. ◀ 7

Schließlich können sich Formerfordernisse aus der *Vereinbarung der Parteien* (§ 127 BGB) ergeben. Dies ist Ausfluss der Privatautonomie der Parteien. Sie können dabei an 8

die gesetzlich vorgesehenen Formen anknüpfen, aber auch andere Formen als Wirksamkeitsvoraussetzung bestimmen.

II. Arten der Form

9 Das BGB kennt vier Stufen von Formerfordernissen. In aufsteigender Reihenfolge sind dies die Textform, die Schriftform und die ihr gleichgestellte elektronische Form, die notarielle Unterschriftsbeglaubigung sowie die notarielle Beurkundung.

1. Textform

10 Schreibt das Gesetz *Textform* vor, so muss gemäß § 126 b BGB eine lesbare Erklärung, in der die Person des Erklärenden genannt ist, auf einem dauerhaften Datenträger abgegeben werden. Die Textform verlangt keine eigenhändige Unterschrift. Ausreichend ist daher z.B. eine E-Mail. Der Textform kommt daher allenfalls eine geringe Warn- und Beweisfunktion zu. Vielmehr gewährleistet sie in erster Linie, dass die Beteiligten sich zuverlässig über den Inhalt der Erklärung informieren können.

11 ▶ **Beispiel:** Will der Unternehmer bei einem Fernabsatzgeschäft den Verbraucher über die Bedingungen, die Fristen und das Verfahren für die Ausübung des Widerrufsrechts unter Verwendung der gesetzlich vorgegebenen Musterwiderrufsbelehrung informieren, muss er das Muster dem Verbraucher in Textform übermitteln (Art. 246 a § 1 Abs. 2 S. 2 EGBGB). ◀

2. Schriftform und elektronische Form

12 Das Schriftformerfordernis zeichnet sich dadurch aus, dass die Urkunde vom Aussteller *eigenhändig durch Namensunterschrift* oder mittels notariell beglaubigten Handzeichens *unterzeichnet* werden muss (§ 126 Abs. 1 BGB). Bei einem Vertrag muss die Unterzeichnung der Parteien auf derselben Urkunde erfolgen. Werden über den Vertrag mehrere gleichlautende Urkunden aufgenommen, so genügt es, wenn jede Partei die für die andere Partei bestimmte Urkunde unterzeichnet (§ 126 Abs. 2 BGB).

13 Die Unterschrift will nicht nur die Identität der Vertragsparteien sicherstellen. Sie soll zugleich einen räumlichen und zeitlichen Abschluss des Dokuments darstellen (sog. Abschlussfunktion). Hierdurch wird insbesondere gewährleistet, dass eine Partei dem Dokument nicht nachträglich einen zusätzlichen Inhalt unterschiebt.

14 > **BGH, Urt. v. 20.11.1990 – XI ZR 107/89:** „Eine Unterschrift hat ... auch die Funktion, einen Urkundentext räumlich abzuschließen. Diese Funktion kann eine ‚Oberschrift‘ nicht erfüllen. ... Die Unterschrift als Abschluss der Urkunde ist nämlich nicht nur räumlich, sondern auch zeitlich zu verstehen. Sie wird im Regelfall unter den fertigen Text gesetzt. Dieser Erfahrungssatz, der für einen über dem Text stehenden Namenszug nicht in gleicher Weise gilt, bildet die Grundlage für die gesetzlich vermutete Übereinstimmung des Urkundentextes mit dem Willen des Ausstellers."

15 Schriftform verlangt das Gesetz etwa für den Abschluss von Mietverträgen über Wohnraum, die auf längere Zeit als ein Jahr befristet sind (§ 550 S. 1 BGB), für die Kündigung eines Mietverhältnisses über Wohnraum (§ 568 Abs. 1 BGB), für die Kündigung eines Arbeitsverhältnisses (§ 623 BGB) und für die Übernahme einer Bürgschaft (§ 766 S. 1 BGB).

16 Anstelle der Schriftform können die Parteien grundsätzlich auch die *elektronische Form* verwenden, sofern sich nicht aus dem Gesetz ausdrücklich etwas anderes ergibt. Solche Aus-

nahmen gibt es etwa für die Kündigung des Arbeitsverhältnisses (§ 623 BGB) und die Übernahme einer Bürgschaft (§ 766 S. 2 BGB). Die elektronische Form setzt voraus, dass der Aussteller der Erklärung dieser seinen Namen hinzufügt und das elektronische Dokument mit einer *qualifizierten elektronischen Signatur* versieht. Dabei handelt es sich um Daten in elektronischer Form, die anderen elektronischen Daten beigefügt oder logisch mit ihnen verknüpft sind und der Authentifizierung dienen.

3. Öffentliche Beglaubigung

Eine *öffentliche Beglaubigung* setzt voraus, dass die Erklärung schriftlich abgefasst und die Unterschrift des Erklärenden *von einem Notar beglaubigt* wird (§ 129 BGB). Beglaubigt wird allein die Echtheit der Unterschrift, nicht der Inhalt der Erklärung. Die öffentliche Beglaubigung kommt in der Praxis kaum vor.   17

▶ **Beispiel:** Im Fall der Forderungsabtretung hat der bisherige Gläubiger dem neuen Gläubiger auf Verlangen eine öffentlich beglaubigte Urkunde über die Abtretung auszustellen (§ 403 BGB). Damit soll der neue Gläubiger in die Lage versetzt werden, die Forderung gegenüber dem Schuldner geltend zu machen. ◀   18

4. Notarielle Beurkundung

Die *notarielle Beurkundung* ist in der Regel für die Abgabe von Willenserklärungen von größerer Tragweite vorgesehen. Dazu zählen neben Schenkungsversprechen (§ 518 Abs. 1 S. 1 BGB) vor allem Grundstücksgeschäfte. Notariell beurkundet werden müssen grundsätzlich sowohl das schuldrechtliche (Verpflichtungs-)Geschäft (§ 311 b Abs. 1 S. 1 BGB) als auch die zur Übertragung des Eigentums an einem Grundstück erforderliche Einigung des Veräußerers und des Erwerbers (§§ 873, 925 BGB, sog. *Auflassung*). Mitunter lassen die Parteien Verträge auch dann notariell beurkunden, wenn das Gesetz lediglich ein geringeres Formerfordernis vorschreibt. Als strengere Form ersetzt die notarielle Beurkundung sowohl die Schriftform (§ 126 Abs. 4 BGB) als auch die öffentliche Beglaubigung (§ 129 Abs. 2 BGB).   19

Für Beurkundungen ist der *Notar* zuständig. Es findet eine Verhandlung vor dem Notar statt, in der die Beteiligten die zu beurkundenden Willenserklärungen abgeben und über die eine Niederschrift aufgenommen wird, die vorgelesen, genehmigt und von den Parteien und dem Notar eigenhändig unterschrieben wird. Einzelheiten des Beurkundungsverfahrens sind im Beurkundungsgesetz (§§ 6 ff. BeurkG) geregelt.   20

Bedarf ein gesamter Vertrag (und nicht nur eine Willenserklärung) einer notariellen Beurkundung, so genügt es, wenn zunächst das Angebot und dann getrennt davon die Annahme von einem Notar beurkundet werden (§ 128 BGB). Die notarielle Beurkundung wird bei einem gerichtlichen Vergleich durch die Aufnahme der Erklärungen in das *gerichtliche Protokoll* ersetzt (§ 127 a BGB).   21

III. Rechtsfolgen bei Nichteinhaltung der Form

1. Gesetzliche Formerfordernisse

Beachten die Parteien eine gesetzlich vorgeschriebene Form nicht, so ist das Rechtsgeschäft grundsätzlich *nichtig* (§ 125 S. 1 BGB). Den Parteien stehen dann keine vertraglichen Ansprüche zu. Bereits erbrachte Leistungen sind zurückzugewähren (§ 812 Abs. 1 S. 1 Alt. 1 BGB).   22

23 ▶ **Beispiel:** K hat sich mit V in einem handschriftlich unterzeichneten Vertrag über den Kauf eines Grundstücks zum Preis von 100.000 € geeinigt. Da der Kaufvertrag entgegen § 311 b Abs. 1 S. 1 BGB nicht notariell beurkundet wurde, ist er nichtig (§ 125 S. 1 BGB). V hat keinen Anspruch auf Zahlung des Kaufpreises, K keinen Anspruch auf Übereignung des Grundstücks. ◀

24 Teilweise hat der Gesetzgeber auf die Anordnung der Nichtigkeit verzichtet und bei der jeweiligen Formvorschrift eine speziellere Regelung vorgesehen.

25 ▶ **Beispiel:** Mietverträge können grundsätzlich formfrei geschlossen werden. Eine Ausnahme (Einhaltung der Schriftform) ordnet das Gesetz an, wenn ein Mietvertrag über Wohnraum für längere Zeit als ein Jahr geschlossen wird. Die Nichteinhaltung der Form führt allerdings nicht zur Nichtigkeit des Mietvertrags, sondern dazu, dass er für unbestimmte Zeit gilt. Die Kündigung ist dann nicht vor Ablauf eines Jahres nach Überlassung des Wohnraums zulässig (§ 550 BGB). ◀

26 ▶ **Beispiel:** Ist in einem Verbraucherdarlehensvertrag (§§ 488, 491 BGB) der effektive oder der anfängliche effektive Jahreszins zu niedrig angegeben, so vermindert sich der im Vertrag zugrunde gelegte Zinssatz um den Prozentsatz, um den der effektive oder anfängliche effektive Jahreszins zu niedrig angegeben wurde (§ 494 Abs. 3 BGB). ◀

27 Formfehler sind grundsätzlich nicht nachträglich behebbar. In bestimmten Fällen sieht das Gesetz jedoch eine *Heilung* des Formfehlers durch Erfüllung vor, die zur Wirksamkeit des Vertrags führt. Der Zweck der Form, die Vertragspartner vor übereilten Entschlüssen und klaren Vereinbarungen zu bewahren, entfällt, wenn beide Teile sich trotz des Formmangels an den Vertrag gehalten und ihn korrekt erfüllt haben. In diesem Fall führt die Rückabwicklung der bereits erbrachten Leistungen nur zu unerwünschten Schwierigkeiten. Eine analoge Anwendung dieser Ausnahmevorschriften auf sämtliche Formerfordernisse lehnt die Rechtsprechung jedoch ab.

28
> **BGH, Urt. v. 2.2.1967 – III ZR 193/64:** „Die heilende Wirkung der Erfüllung ist in der geltenden Privatrechtsordnung nicht zu einem allgemeinen Grundsatz erhoben worden. Sie tritt nur in jenen Fällen ein, in denen sie ausdrücklich vorgeschrieben ist, z.B. in § 313 BGB [a.F. = § 311 b BGB n.F.] für den Grundstückskauf, § 766 BGB für die Bürgschaft, §§ 518 und 2301 BGB für die Schenkung, § 15 Abs. 4 GmbHG für die Veräußerung von Geschäftsanteilen einer GmbH usw. Die Heilungsvorschrift ist dabei stets durch die besondere Fallgestaltung bedingt. ... Dieser Umstand steht einer analogen Anwendung dieser gesetzlichen Regelungen auf andere Fälle entgegen."

29 ▶ **Beispiel:** Ein nicht notariell beurkundeter Grundstückskaufvertrag wird seinem ganzen Inhalt nach gültig, wenn die Auflassung und die Eintragung in das Grundbuch erfolgen (§ 311 b Abs. 1 S. 2 BGB). Die fehlende Beurkundung eines Schenkungsversprechens wird durch das Bewirken der versprochenen Leistung geheilt (§ 518 Abs. 2 BGB). Beim Bürgschaftsvertrag tritt Heilung ein, soweit der Bürge die Hauptverbindlichkeit erfüllt (§ 766 S. 3 BGB). ◀

2. Vereinbarte Formerfordernisse

30 Haben die Parteien eine bestimmte Form für das Rechtsgeschäft vereinbart, ist durch Auslegung zu ermitteln, welche Folgen die Nichteinhaltung der Form haben soll. Dient die Formabrede lediglich der Beweissicherung oder Klarstellung (sog. *deklaratorisches Formerfordernis*), ist das Rechtsgeschäft auch bei Nichteinhaltung der Form wirksam. Wenn der Wille der Parteien unklar ist, wirkt ein Formerfordernis dagegen *konstitutiv*.

Ist eine Beurkundung des beabsichtigten Vertrags verabredet worden, gilt der Vertrag im Zweifel als nicht geschlossen, bis die Beurkundung erfolgt ist (§ 154 Abs. 2 BGB). Der Mangel der durch Rechtsgeschäft bestimmten Form hat im Zweifel gleichfalls Nichtigkeit zur Folge (§ 125 S. 2 BGB).

Da ein vereinbartes Formerfordernis allein auf dem Willen der Parteien beruht, können die Parteien es jederzeit, und zwar ohne (!) Einhaltung der vereinbarten Form, wieder *aufheben*. Es kann sogar eine stillschweigende Aufhebung der Formabrede angenommen werden, wenn die Parteien die Maßgeblichkeit der mündlichen Vereinbarung übereinstimmend gewollt haben. Dabei spielt es keine Rolle, ob sie an das früher vereinbarte Formerfordernis überhaupt gedacht haben. Unwirksam ist eine mündlich geschlossene Vereinbarung nur dann, wenn der Vertrag auch für die Aufhebung der Formabrede ausdrücklich eine bestimmte Form verlangt (sog. *doppelte Schriftformklausel*). Zu Schriftformklauseln in Allgemeinen Geschäftsbedingungen vgl. 6. Kapitel, § 32 Rn. 14 ff.

31

BAG, Urt. v. 20.5.2008 – 9 AZR 382/07: „[Eine doppelte Schriftformklausel], die – wie hier § 13 des Arbeitsvertrags – nicht nur für Vertragsänderungen die Schriftform vorschreibt, sondern auch Änderungen der Schriftformklausel ihrerseits der Schriftform unterstellt, ... kann regelmäßig nicht durch eine die Schriftform nicht wahrende Vereinbarung abbedungen werden. An der Verwendung gerade der doppelten Schriftformklausel wird deutlich, dass die Vertragsparteien auf die Wirksamkeit ihrer Schriftformklausel besonderen Wert legen. Ein Verstoß führt gemäß § 125 S. 2 BGB zur Nichtigkeit der Änderungsabrede.“

32

§ 14 Die Geschäftsfähigkeit

I. Rechtsfähigkeit und Geschäftsfähigkeit

1   Unter *Rechtsfähigkeit* versteht man die Fähigkeit, Träger von Rechten und Pflichten zu sein. So kann etwa nur derjenige Partei eines Vertrags werden, der rechtsfähig ist. Jeder Mensch ist gemäß § 1 BGB mit Vollendung der Geburt rechtsfähig. Auch der Säugling kann daher bereits Eigentümer einer Sache sein. Die Rechtsfähigkeit ist Ausdruck der Würde des Menschen. Sie begründet die privatrechtliche Zugehörigkeit des Individuums zur Privatrechtsgesellschaft und ermöglicht es dem Einzelnen, am Rechtsverkehr teilzunehmen. Im Nationalsozialismus gab es Bestrebungen, bestimmten Gruppen von Menschen (etwa Juden und anderen sog. „Rassefremden" nach der NS-Rassenideologie) die Rechtsfähigkeit abzusprechen. Damit wäre jeder Angehörige dieser Gruppe mit einem Schlag zivilrechtlich „entrechtet". Vor diesem Hintergrund kann die aus heutiger Sicht selbstverständliche Aussage des § 1 BGB gar nicht hoch genug eingeschätzt werden.

2   Schwierigkeiten mit der Rechtsfähigkeit können sich ergeben, wenn Gesellschaften oder Personengruppen im Rechtsverkehr auftreten. Die Kapitalgesellschaften (Gesellschaft mit beschränkter Haftung – GmbH; Aktiengesellschaft – AG), die Handelsgesellschaften (offene Handelsgesellschaft – OHG; Kommanditgesellschaft – KG) sowie der eingetragene Verein (e.V.) sind aufgrund spezieller gesetzlicher Regelungen rechtsfähig. Sie können also Verträge im eigenen Namen abschließen, vor Gericht klagen und verklagt werden. Für die Gesellschaft bürgerlichen Rechts (§ 705 BGB) und den nicht eingetragenen Verein (§ 54 BGB) war dies lange Zeit umstritten. Heute werden auch sie ganz überwiegend als rechtsfähig angesehen, sofern sie nach außen rechtsgeschäftlich tätig werden.

3   ▶ **Beispiel:** K will ein Konto bei der B-Bank AG eröffnen. Den Vertrag unterzeichnet der Bankangestellte A. Gleichwohl wird hier nicht A, sondern die B-Bank AG Vertragspartnerin des K. Diese ist gemäß § 1 AktG rechtsfähig und kann daher Partei eines Vertrags sein. ◀

4   Von der Rechtsfähigkeit zu unterscheiden ist die Geschäftsfähigkeit. Diese meint die Fähigkeit, Rechtsgeschäfte selbstständig vornehmen zu können. Die *Geschäftsfähigkeit* ist Voraussetzung, um Willenserklärungen wirksam abzugeben und entgegenzunehmen. Der Begriff ist insofern enger, als Geschäftsfähigkeit Rechtsfähigkeit voraussetzt, die Rechtsfähigkeit jedoch nicht automatisch zur Geschäftsfähigkeit führt. Mit den Regelungen zur Geschäftsfähigkeit will der Gesetzgeber Menschen, die (noch) nicht in der Lage sind, die Vor- und Nachteile ihres rechtsgeschäftlichen Handelns abzuwägen (insbesondere Kinder und Geisteskranke), vor den (nachteiligen) zivilrechtlichen Folgen ihrer Handlungen schützen.

II. Stufen der Geschäftsfähigkeit

5   Das Gesetz unterscheidet drei Stufen der Geschäftsfähigkeit: *Geschäftsunfähig* sind Kinder, die das siebte Lebensjahr noch nicht vollendet haben (§ 104 Nr. 1 BGB), und Personen, die sich dauerhaft in einem die freie Willensbestimmung ausschließenden Zustand krankhafter Störung der Geistestätigkeit befinden (§ 104 Nr. 2 BGB). *Beschränkt geschäftsfähig* sind Minderjährige, die das siebte Lebensjahr vollendet haben (§ 106 BGB). Ohne Bedeutung ist es, ob der Geschäftspartner den Mangel der Ge-

schäftsfähigkeit erkannt hat. Der Schutz nicht voll Geschäftsfähiger geht dem Schutz der Verkehrsteilnehmer vor.

▶ **Beispiel:** Der Unternehmer U, der mit dem erst 17 Jahre alten M einen Kaufvertrag schließt, kann sich nicht darauf berufen, dass er seinen Vertragspartner bereits für „mindestens 25" gehalten habe. Er wird in seinem guten Glauben an die Geschäftsfähigkeit nicht geschützt. ◀   6

Unbeschränkt geschäftsfähig sind schließlich all diejenigen, die das 18. Lebensjahr vollendet haben und daher volljährig sind (§ 2 BGB), sofern sie nicht ausnahmsweise nach § 104 Nr. 2 BGB geschäftsunfähig sind und für sie auch kein Einwilligungsvorbehalt (§ 1903 BGB) angeordnet wurde. Das BGB geht also davon aus, dass jeder volljährige Mensch geschäftsfähig ist.   7

Besondere Regelungen bestehen für die Fähigkeit, eine Ehe zu schließen (sog. Ehemündigkeit, §§ 1303 Abs. 2, 1304 BGB) oder ein Testament zu errichten (sog. Testierfähigkeit, §§ 2229, 2275 BGB). Auch die Frage, wer für einen Schaden verantwortlich ist, den er einem anderen durch eine unerlaubte Handlung (Bsp.: Körperverletzung, Sachbeschädigung) zufügt, ist besonders geregelt (sog. *Deliktsfähigkeit*, vgl. 7. Kapitel, § 35 Rn. 28 ff.). Für die strafrechtliche Beurteilung von schädigenden Handlungen (Straftaten) schließlich kommt es nicht auf die Geschäftsfähigkeit des Handelnden, sondern auf dessen Schuldfähigkeit an (sog. Strafmündigkeit, vgl. § 19 StGB: „Schuldunfähig ist, wer bei Begehung der Tat noch nicht 14 Jahre alt ist.").   8

III. Die Geschäftsunfähigkeit

Die Willenserklärung eines Geschäftsunfähigen ist grundsätzlich nichtig (§ 105 Abs. 1 BGB), selbst wenn sie objektiv vernünftig und rechtlich vorteilhaft ist. Einem Geschäftsunfähigen gegenüber abgegebene Willenserklärungen werden erst wirksam, wenn sie dem gesetzlichen Vertreter zugehen (§ 131 BGB). Die Rechte und Interessen des Geschäftsunfähigen nimmt sein *gesetzlicher Vertreter* wahr. Dieser hat die Möglichkeit, selbst mit Wirkung für und gegen den Geschäftsunfähigen zu handeln (vgl. § 164 Abs. 1 S. 1 BGB).   9

Die Vertretung des *Kindes* ist Teil der elterlichen Sorge (§§ 1626, 1629 Abs. 1 S. 1 BGB). Gesetzlicher Vertreter ist, wem die elterliche Sorge zusteht. Im Regelfall vertreten die Eltern das Kind gemeinschaftlich. Ist eine Willenserklärung gegenüber dem Kind abzugeben, so genügt die Abgabe gegenüber einem Elternteil (§ 1629 Abs. 1 S. 2 BGB). Ein *Volljähriger* hat einen gesetzlichen Vertreter, soweit das Vormundschaftsgericht nach § 1896 BGB für ihn einen Betreuer bestellt hat (§ 1902 BGB).   10

Tätigt ein volljähriger Geschäftsunfähiger ein Geschäft des täglichen Lebens, das mit geringwertigen Mitteln bewirkt werden kann, so gilt der von ihm geschlossene Vertrag grundsätzlich als wirksam, sobald Leistung und Gegenleistung bewirkt sind (§ 105 a S. 1 BGB). Für Kinder gibt es keine entsprechende Regelung. Die Willenserklärung eines Kindes ist stets unwirksam, auch wenn die Eltern mit seinem Handeln einverstanden sind.   11

▶ **Beispiel:** Zu den Geschäften des täglichen Lebens gehören der Erwerb von Gegenständen des täglichen Bedarfs, z.B. zum alsbaldigen Verbrauch bestimmte Nahrungs- oder Genussmittel, kosmetische Artikel oder Presseerzeugnisse, der Versand von Briefen oder die Inanspruchnahme von einfachen Dienstleistungen (Fahrten mit öffentlichen Verkehrsmitteln, Friseur, Kino). ◀   12

Etwas anderes gilt allerdings bei einer erheblichen Gefahr für die Person oder das Vermögen des Geschäftsunfähigen (§ 105 a S. 2 BGB).   13

14 ▶ **Beispiel:** Verkauf von Alkohol an einen Alkoholiker. ◀

15 Nichtig ist auch eine Willenserklärung, die im Zustand der Bewusstlosigkeit oder der vorübergehenden Störung der Geistestätigkeit abgegeben wird (§ 105 Abs. 2 BGB). Damit werden Personen geschützt, die zwar grundsätzlich voll geschäftsfähig, aber in einer bestimmten Situation nicht dazu in der Lage sind, ihr Handeln zu überblicken.

16 ▶ **Beispiel:** Vertragsschluss in Volltrunkenheit oder während eines Drogenrausches. ◀

IV. Die beschränkte Geschäftsfähigkeit

1. Lediglich rechtlich vorteilhafte Willenserklärungen

17 Die Einwilligung des gesetzlichen Vertreters (in der Regel sind das die Eltern) ist nicht erforderlich, wenn der beschränkt Geschäftsfähige (Minderjährige) durch das Rechtsgeschäft lediglich einen *rechtlichen Vorteil* erlangt (§ 107 BGB). Der Minderjährige kann dann das Rechtsgeschäft selbst vornehmen. Allerdings ist die Anzahl rechtlich vorteilhafter Rechtsgeschäfte schon deshalb beschränkt, weil der rechtliche Vorteil nicht mit dem *wirtschaftlichen Vorteil* gleichzusetzen ist. Abzustellen ist allein auf die rechtlichen Folgen des Geschäfts. Ein etwaiger wirtschaftlicher Gewinn ist dagegen ohne Bedeutung.

18 ▶ **Beispiel:** A hat zu seinem 18. Geburtstag ein Auto geschenkt bekommen. Er hat daher für sein erst drei Monate altes Fahrrad (Neupreis 1000 €) keine Verwendung mehr. A bietet es seinem noch 17-jährigen Freund F für 300 € an.
Zwar handelt es sich bei dem Geschäft aus wirtschaftlicher Sicht um ein „Schnäppchen". Rechtlich wird F jedoch durch den Abschluss des Kaufvertrags zur Zahlung des Kaufpreises verpflichtet (§ 433 Abs. 2 BGB). Da F beschränkt geschäftsfähig ist, bleibt die endgültige Entscheidung über die Wirksamkeit des Kaufvertrags seinen Eltern vorbehalten. ◀

19 Nicht nur die Hauptleistungspflichten (Bsp.: Zahlung des Kaufpreises gemäß § 433 Abs. 2 BGB), sondern auch Nebenpflichten (Bsp.: Rückgabe einer geliehenen Sache nach Ablauf der Leihdauer gemäß § 604 Abs. 1 BGB) stellen rechtliche Nachteile dar. Im Ergebnis sind daher mit Ausnahme des Schenkungsvertrags *alle schuldrechtlichen Verpflichtungsgeschäfte zustimmungsbedürftig.*

20 *Verfügungsgeschäfte* sind rechtlich vorteilhaft, wenn der Minderjährige Rechte erwirbt. Sie sind nachteilig, wenn er (auch) Rechte verliert. Die Ausübung von Gestaltungsrechten (Anfechtung, Kündigung, Rücktritt, Widerruf usw.) ist ebenfalls rechtlich nachteilhaft.

21 ▶ **Beispiel:** Hat A dem F im obigen Beispiel das Fahrrad bereits übereignet, so steht die Minderjährigkeit des F der Wirksamkeit der Übereignung (§ 929 S. 1 BGB) nicht entgegen. Denn die auf den Übergang des Eigentums gerichtete Willenserklärung des F ist lediglich rechtlich vorteilhaft (§ 107 BGB). Ohne Bedeutung für die Wirksamkeit der Übereignung ist die Wirksamkeit des Kaufvertrags; denn das Verfügungsgeschäft (Übereignung) ist vom Verpflichtungsgeschäft (Kaufvertrag) abstrakt. F ist daher Eigentümer des Fahrrads geworden (ist allerdings nach § 812 Abs. 1 S. 1 Alt. 1 BGB zur Rückübereignung und Herausgabe verpflichtet, vgl. dazu 3. Kapitel, § 20 Rn. 81 ff.). ◀

2. Einwilligung des gesetzlichen Vertreters

22 Handelt es sich aus Sicht des Minderjährigen nicht um ein lediglich rechtlich vorteilhaftes Geschäft, ist es grundsätzlich nur wirksam, wenn der gesetzliche Vertreter ein-

willigt (§ 107 BGB). Unter einer *Einwilligung* versteht man die vorherige, also vor Abschluss des Vertrags abgegebene Zustimmung zu dem vom Minderjährigen abgeschlossenen Rechtsgeschäft (§ 183 BGB). Sie ist eine empfangsbedürftige Willenserklärung, die entweder gegenüber dem Minderjährigen oder gegenüber dem Dritten erklärt werden kann (§ 182 Abs. 1 BGB).

Einen Sonderfall der Einwilligung stellt der sog. „*Taschengeldparagraf*" (§ 110 BGB) dar. Danach gilt ein vom Minderjährigen geschlossener Vertrag als von Anfang an wirksam, wenn dieser die vertragsmäßige Leistung mit Mitteln bewirkt, die ihm zu diesem Zweck oder zur freien Verfügung überlassen worden sind. Die gesetzlichen Vertreter willigen in diesem Fall nicht ausdrücklich in die Vornahme eines bestimmten Geschäfts ein. Allerdings liegt in der Überlassung der Mittel eine *konkludente Einwilligung*, deren Umfang sich aus der mit der Überlassung der Mittel verbundenen Zweckbestimmung ergibt. Auch die Überlassung zur freien Verfügung umfasst nicht jede Verwendung, sondern nur solche, die sich noch im Rahmen des Vernünftigen halten (nicht: Kauf eines Pornoheftes). **23**

> **REICHSGERICHT (RG), URT. V. 29.9.1910 – IV 566/09:** „§ 110 BGB enthält keine Ausnahme von dem Grundsatz des § 107 BGB, wonach der Minderjährige zu einer Willenserklärung, durch die er nicht lediglich einen rechtlichen Vorteil erlangt, der Einwilligung des gesetzlichen Vertreters bedarf. Er gestattet nur, der Sitte und dem Verkehrsbedürfnis Rechnung tragend, dass diese Einwilligung durch Überlassung gewisser Mittel an den Minderjährigen vom Vertreter im Allgemeinen erklärt wird, und lässt das vom Minderjährigen geschlossene Geschäft auch ohne besondere Zustimmung sowohl nach der dinglichen wie nach der schuldrechtlichen Seite von Anfang an wirksam werden, wenn es demnächst vom Minderjährigen aus den überlassenen Mitteln erfüllt wird."

24

▶ **Beispiel:** Der 17-jährige M erhält von seinen Eltern einen Betrag von 300 €, um sich ein neues Fahrrad zu kaufen. Auf dem Weg zum Fahrradgeschäft kommt er am Geschäft des H vorbei, der ein neues Smartphone für 298 € im Angebot hat. M meint, dass sein altes Fahrrad noch ein paar Monate weiter seine Dienste erbringen könne, und kauft mit dem Geld das Smartphone. Als die Eltern hiervon erfahren, suchen sie umgehend den H auf und verlangen den Kaufpreis zurück. **25**

Die Eltern haben in den Kauf des Smartphones nicht eingewilligt. Allerdings gilt nach § 110 BGB ein vom Minderjährigen geschlossener Vertrag als von Anfang an wirksam, wenn der Minderjährige die vertragsmäßige Leistung mit Mitteln bewirkt, die ihm zu diesem Zweck oder zur freien Verfügung überlassen worden sind. Zwar hat M den Kaufpreis in voller Höhe bezahlt. Weil er die 300 € allerdings ausdrücklich für den Kauf eines neuen Fahrrads erhalten hatte, ist der Kauf des Smartphones nicht von der Zweckbestimmung gedeckt. Der Kaufvertrag ist unwirksam. ◀

Im Fall des § 110 BGB wird der Vertrag nicht schon mit seinem Abschluss, sondern erst dann wirksam, wenn der Minderjährige ihn *vollständig* erfüllt. Kredit- oder Ratengeschäfte sind daher zunächst unwirksam. Sie werden aber rückwirkend wirksam, wenn die letzte Rate bezahlt wird. Eine Teilerfüllung führt nur dann zur Teilwirksamkeit des Vertrags, wenn Leistung und Gegenleistung entsprechend teilbar sind. **26**

▶ **Beispiel:** Der 16-jährige M möchte sich einen neuen Laptop zulegen. Mit dem Computerhändler C einigt er sich darauf, dass er auf den von ihm ausgewählten Rechner (Preis: 599 €) von seinen Ersparnissen 400 € anzahlt und die Restsumme in monatlichen Raten aus seinem Taschengeld bestreitet. **27**

Der Vertrag ist zunächst nicht nach § 110 BGB wirksam, weil M die vertragsmäßige Leistung (Zahlung des Kaufpreises) nicht allein durch die Anzahlung bewirkt hat. Er wird aber wirksam, wenn M die Raten vollständig bezahlt. ◀

28 ▶ **Beispiel:** Schließt M einen Mobilfunkvertrag (monatliche Flatrate in alle Netze inklusive SMS für 30 €), wird der Vertrag durch Zahlung für die entsprechenden Monate wirksam. ◀

3. Schwebende Unwirksamkeit und Genehmigung

29 Fehlt die Einwilligung und ist das Geschäft nicht lediglich rechtlich vorteilhaft, so ist der Vertrag nicht nichtig, sondern (nur) *„schwebend unwirksam"*. Der Schwebezustand kann beendet werden, indem der gesetzliche Vertreter des Minderjährigen den Vertrag genehmigt (§ 108 Abs. 1 BGB). Unter einer *Genehmigung* versteht man die nachträgliche Zustimmung zu einem Vertrag (§ 184 Abs. 1 BGB). Sie ist, ebenso wie die Einwilligung, eine empfangsbedürftige Willenserklärung und kann entweder gegenüber dem Minderjährigen selbst oder gegenüber dem Vertragspartner erklärt werden (§ 182 Abs. 1 BGB). Genehmigt der gesetzliche Vertreter den Vertrag, wird er von Anfang an (= ex tunc) wirksam.

30 Will der Vertragspartner des Minderjährigen Rechtssicherheit schaffen, so kann er den Schwebezustand dadurch beenden, dass er den gesetzlichen Vertreter zur Erklärung über die Genehmigung auffordert; eine vor der Aufforderung dem Minderjährigen gegenüber erklärte Genehmigung oder Verweigerung der Genehmigung wird dadurch unwirksam (§ 108 Abs. 2 S. 1 BGB). Die Genehmigung kann nur bis zum Ablauf von zwei Wochen nach dem Empfang der Aufforderung erklärt werden; wird sie nicht erklärt, so gilt sie als verweigert (§ 108 Abs. 2 S. 2 BGB). Wird der Minderjährige volljährig, so wird der Vertrag nicht automatisch wirksam. Vielmehr muss der nunmehr unbeschränkt Geschäftsfähige entscheiden, ob er genehmigen will oder nicht (§ 108 Abs. 3 BGB).

31 ▶ **Beispiel:** Der 17-jährige M schließt ohne Wissen seiner Eltern mit seinem volljährigen Freund F einen Kaufvertrag über dessen Stereoanlage zum Preis von 300 € ab. Den Kaufpreis will er später bezahlen. Zu Hause präsentiert M seinen Eltern stolz seine Neuerwerbung. Diese erklären sich ihm gegenüber mit dem Geschäft einverstanden. Am nächsten Tag ruft F, der inzwischen Zweifel bekommen hat, ob er den Kaufpreis von M je erhalten wird, die Eltern des M an und will von ihnen wissen, ob sie dem Geschäft zustimmen. Da die Eltern inzwischen nach der mehrstündigen Beschallung ihres Hauses von der Anschaffung nicht mehr überzeugt sind, verneinen sie die Frage des F.

Zwar ist der zwischen M und F geschlossene Kaufvertrag (§ 433 BGB) durch die Genehmigung der Eltern, die auch gegenüber M erfolgen konnte (§ 182 Abs. 1 BGB), zunächst wirksam geworden. Mit dem Anruf des F gegenüber den Eltern ist diese jedoch wieder unwirksam geworden (§ 108 Abs. 2 S. 1 BGB). Da die Eltern eine (erneute) Genehmigung verweigert haben, ist der Vertrag endgültig unwirksam. ◀

32 Ein *einseitiges* Rechtsgeschäft (Bsp.: Anfechtung, Rücktritt, Kündigung, Widerruf), das der Minderjährige ohne die erforderliche Einwilligung vornimmt, ist unwirksam. Geschieht dies dagegen mit Einwilligung, so ist das Rechtsgeschäft unwirksam, wenn der Minderjährige die Einwilligung nicht in schriftlicher Form vorlegt und der andere das Rechtsgeschäft aus diesem Grund unverzüglich zurückweist. Die Zurückweisung ist ausgeschlossen, wenn der Vertreter den anderen von der Einwilligung in Kenntnis gesetzt hat (§ 111 BGB).

33 Eine Willenserklärung, die gegenüber dem Minderjährigen abgegeben wird, wird wirksam, wenn sie diesem lediglich einen rechtlichen Vorteil bringt (Bsp.: Vertragsangebot) oder die

Eltern eingewilligt haben. Ist die Erklärung nicht lediglich rechtlich vorteilhaft (Bsp.: Kündigungserklärung), wird sie erst wirksam, wenn sie den Eltern zugeht (§ 131 Abs. 2 BGB).

4. Endgültige Unwirksamkeit

Verweigert der gesetzliche Vertreter die Genehmigung, so ist der schuldrechtliche Vertrag (Verpflichtungsgeschäft) endgültig unwirksam. Nach dem Abstraktionsprinzip ist die Wirksamkeit etwaiger zugleich vorgenommener Verfügungsgeschäfte getrennt davon zu beurteilen. Soweit der Minderjährige Eigentümer einer Sache werden soll, ist die darauf gerichtete Willenserklärung des Minderjährigen regelmäßig wirksam, weil sie lediglich rechtlich vorteilhaft ist (§ 107 BGB). Dies bedeutet allerdings nicht, dass der Minderjährige diese Leistungen endgültig behalten darf. Vielmehr hat er Eigentum und Besitz an der Sache im Wege des Bereicherungsanspruchs nach § 812 Abs. 1 S. 1 Alt. 1 BGB herauszugeben.   34

Will der Minderjährige dagegen sein Eigentum auf einen anderen übertragen, so handelt es sich um ein rechtlich nachteiliges Geschäft. Die auf eine Veräußerung gerichtete Willenserklärung bedarf daher der Zustimmung der Eltern. Stimmen diese nicht zu, bleibt der Minderjährige Eigentümer der Sache. Er kann dann (neben dem Bereicherungsanspruch) den dinglichen Herausgabeanspruch aus § 985 BGB geltend machen. Dieser ermöglicht ihm als Eigentümer, die Sache vom Besitzer herauszuverlangen.   35

▶ **Beispiel:** Der 17-jährige M vereinbart gegen den Willen seiner Eltern mit seinem volljährigen Freund F ein Tauschgeschäft. F soll den Laptop des M erhalten, M das Fahrrad des F. Der Tausch wird vollzogen.   36

Der Tauschvertrag (§ 480 BGB i.V.m. § 433 BGB) ist mangels Zustimmung der Eltern unwirksam. Gleiches gilt für die Übereignung (§ 929 S. 1 BGB) des Laptops. M ist daher nach wie vor Eigentümer des Laptops. Er kann von F Herausgabe des Laptops gemäß § 985 BGB verlangen. F hat aufgrund des unwirksamen Tauschvertrags kein Recht zum Besitz (§ 986 BGB). Derselbe Anspruch folgt aus § 812 Abs. 1 S. 1 Alt. 1 BGB. Denn F hat von M etwas (den Besitz am Laptop) durch Leistung (zur Erfüllung des vermeintlich geschlossenen Tauschvertrags) ohne rechtlichen Grund (unwirksamer Tauschvertrag) erlangt.

Dagegen ist die Übereignung des Fahrrads wirksam. Dieses Geschäft ist für M lediglich rechtlich vorteilhaft i.S.d. § 107 BGB, da er hierdurch Eigentum erwirbt, ohne selbst ein Recht zu verlieren. Da M Eigentümer geworden ist, hat F keinen Herausgabeanspruch aus § 985 BGB. M ist jedoch gemäß § 812 Abs. 1 S. 1 Alt. 1 BGB verpflichtet, das Fahrrad an F zurückzugeben und ihm das Eigentum zurückzuübertragen, da der Tauschvertrag unwirksam ist und somit kein Rechtsgrund für die Übereignung besteht. Der Anspruch nach § 812 BGB ist für M immer dann günstiger, wenn das Fahrrad beschädigt oder gestohlen wurde. Dann schuldet er grundsätzlich nicht Wertersatz, weil er nicht mehr bereichert ist (§ 818 Abs. 3 BGB, vgl. dazu 3. Kapitel, § 20 Rn. 81 ff.). ◀

V. Partielle Geschäftsfähigkeit

In bestimmten Teilbereichen ist der Minderjährige generell zur Vornahme von Rechtsgeschäften ermächtigt. Die wichtigsten Fälle sind die der *Handels-* und *Arbeitsmündigkeit*. Ermächtigt der gesetzliche Vertreter mit Genehmigung des Familiengerichts den Minderjährigen zum selbstständigen Betrieb eines Erwerbsgeschäfts, so ist der Minderjährige grundsätzlich für solche Rechtsgeschäfte unbeschränkt geschäftsfähig, welche der Geschäftsbetrieb mit sich bringt (§ 112 S. 1 BGB).   37

▶ **Beispiel:** Der 17-jährige M eröffnet mit Zustimmung seiner Eltern und des Familiengerichts einen Handel mit Computern. Nach einem riskanten Einkaufsgeschäft beim Groß-   38

händler verweigert er die Bezahlung mit dem Hinweis, dass seine Eltern ihm dieses Geschäft verboten hätten.

Zu Unrecht: Da M partiell geschäftsfähig ist, kommt es nicht darauf an, welche Meinung seine Eltern zu dem konkret abgeschlossenen Geschäft haben. Der Kaufvertrag ist wirksam. ◄

39 Ausgenommen sind allerdings Rechtsgeschäfte, zu denen der Vertreter der Genehmigung des Familiengerichts bedarf (§ 112 S. 2 BGB). Dazu zählen insbesondere Grundstücksgeschäfte, die Kreditaufnahme und die Erteilung einer Prokura (dazu 12. Kapitel, § 56 Rn. 1 ff.).

40 Ermächtigt der gesetzliche Vertreter den Minderjährigen, in Dienst oder in Arbeit zu treten, so ist der Minderjährige für solche Rechtsgeschäfte unbeschränkt geschäftsfähig, welche die Eingehung oder Aufhebung eines Dienst- oder Arbeitsverhältnisses der gestatteten Art oder die Erfüllung der sich aus einem solchen Verhältnis ergebenden Verpflichtungen betreffen. Ausgenommen sind auch hier Verträge, zu denen der Vertreter der Genehmigung des Familiengerichts bedarf (§ 113 BGB).

41 ▶ **Beispiel:** Der Minderjährige ist zur Annahme des Lohns berechtigt, kann ein Gehaltskonto eröffnen und der Gewerkschaft beitreten. Er kann das Arbeitsverhältnis kündigen oder einen Aufhebungsvertrag schließen; auch kann ihm gegenüber das Arbeitsverhältnis gekündigt werden. ◄

42 Für *Berufsausbildungsverhältnisse* gilt § 113 BGB nicht, da bei diesen nicht die Leistung von Diensten oder Arbeit im Vordergrund steht, sondern der Ausbildungszweck überwiegt.

§ 15 Bewusste Willensmängel

In der Regel entspricht der durch Auslegung ermittelte Inhalt einer Willenserklärung 1
dem wahren Willen des Erklärenden. Stimmen Willenserklärung und wahrer Wille
nicht überein, spricht man von einem *Willensmangel*. Das Gesetz unterscheidet zwischen bewussten und unbewussten Mängeln. Ein *bewusster Willensmangel* liegt vor,
wenn der Erklärende absichtlich eine fehlerhafte Erklärung abgibt, wenn also der Wille des Erklärenden mit dem nach außen gesetzten Schein nicht übereinstimmt. Das Gesetz regelt die bewussten Willensmängel in den §§ 116–118 BGB. Bei unbewussten
Willensmängeln (Irrtümern) kommt grundsätzlich eine Anfechtung der Willenserklärung in Betracht (vgl. dazu 3. Kapitel, § 20 Rn. 1 ff.).

I. Scheingeschäft

Ein *Scheingeschäft* liegt vor, wenn die Parteien ihre empfangsbedürftigen Willenserklä- 2
rungen *mit Einverständnis des anderen* jeweils nur zum Schein abgeben. Der Erklärende will also die mit seiner Erklärung verbundenen Rechtsfolgen nicht eintreten lassen;
der Empfänger weiß dies und ist damit einverstanden. Der Beweggrund für ein Scheingeschäft besteht vor allem darin, einen Dritten (insbesondere den Fiskus) zu täuschen.
Das Scheingeschäft soll regelmäßig ein anderes, ernstlich gewolltes Geschäft (vgl.
§ 117 Abs. 2 BGB) verdecken.

▶ **Beispiel:** K und V wollen einen Kaufvertrag über ein Grundstück zum Preis von 3
500.000 € schließen. Um Notarkosten und Steuern (die jeweils nach dem Kaufpreis berechnet werden) zu „sparen", geben sie im notariell beurkundeten Kaufvertrag einen Kaufpreis
von nur 400.000 € an. ◀

Hinsichtlich der Rechtsfolgen differenziert das Gesetz zwischen dem Scheingeschäft 4
und dem verdeckten Geschäft. Das Scheingeschäft ist – entsprechend dem wahren Willen der Beteiligten – gemäß § 117 Abs. 1 BGB *nichtig*. Das verdeckte Geschäft ist dagegen grundsätzlich *wirksam*, sofern es die allgemeinen Gültigkeitsanforderungen erfüllt
(§ 117 Abs. 2 BGB). Probleme ergeben sich dann, wenn das Gesetz für das verdeckte
Geschäft eine bestimmte Form vorschreibt. In diesen Fällen erfüllt das verdeckte Geschäft regelmäßig nicht das Formerfordernis und ist daher grundsätzlich nichtig.

▶ **Beispiel:** Im vorigen Beispiel ist der notariell beurkundete Kaufvertrag zu 400.000 € als 5
Scheingeschäft gemäß § 117 Abs. 1 BGB nichtig, da die Parteien in Wahrheit keinen Vertrag
zu diesem Kaufpreis haben abschließen wollen.

Das verdeckte Geschäft (Kaufvertrag zu 500.000 €) ist gemäß § 117 Abs. 2 BGB wirksam,
wenn es die allgemeinen Anforderungen erfüllt. Ein Grundstückskauf bedarf jedoch gemäß
§ 311 b Abs. 1 S. 1 BGB der notariellen Beurkundung. Beurkundet wurde hier aber nur ein
Kaufvertrag zu 400.000 €. Der Kaufvertrag zu 500.000 € ist daher gemäß § 125 S. 1 BGB
(form-)nichtig. Der Formmangel kann aber geheilt werden, wenn das Grundstück durch
Auflassung (= Einigung über den Eigentumsübergang) und Eintragung des K in das Grundbuch übereignet wird (§ 311 b Abs. 1 S. 2 BGB). Das ist möglich, weil das Grundbuchamt in
der Praxis lediglich überprüft, ob die erforderlichen Urkunden vorliegen. ◀

II. Geheimer Vorbehalt

Ein *geheimer Vorbehalt* (sog. „böser Scherz") liegt vor, wenn der Erklärende sich bei Abga- 6
be einer Willenserklärung insgeheim vorbehält, das Erklärte nicht zu wollen (§ 116 S. 1

BGB). Erforderlich ist zudem der Wille des Erklärenden, dass der Empfänger den geheimen Vorbehalt nicht kennt (Gegenschluss aus § 118 BGB).

7 ▶ **Beispiel:** Student S hat seit Jahren ein Zimmer bei der V gemietet. Seine Annäherungsversuche bleiben stets erfolglos. S kündigt schließlich den Mietvertrag. Er hat jedoch keineswegs vor, auszuziehen, sondern will nur erreichen, dass V „zu Kreuze kriecht" und ihn anfleht, das Mietverhältnis fortzusetzen.

Ein objektiver Dritter in der Person der V musste die Erklärung als rechtlich bindende Kündigung gemäß § 542 Abs. 1 BGB verstehen. Der Vorbehalt des S, den Vertrag in Wahrheit nicht kündigen zu wollen, ist nicht nach außen erkennbar. S ging auch davon aus, dass V den Vorbehalt nicht erkennen werde. Es handelt sich daher um einen geheimen Vorbehalt i.S.d. § 116 S. 1 BGB. ◀

8 Gemäß § 116 S. 1 BGB ist ein geheimer Vorbehalt grundsätzlich *unbeachtlich*. Dies entspricht der Rechtslage bei fehlendem Erklärungsbewusstsein. Wenn schon im Fall des fahrlässig nicht vorhandenen Rechtsbindungswillens der Vertrauensschutz des Empfängers Vorrang vor dem wahren Willen des Erklärenden hat, so muss dies erst recht gelten, wenn vorsätzlich eine solche Erklärung abgegeben wird. Etwas anderes gilt nur dann, wenn der Empfänger den *Vorbehalt erkennt*. In diesem Fall ist er in seinem Vertrauen auf den objektiven Inhalt der Erklärung nicht schutzwürdig. Die Willenserklärung ist daher gemäß § 116 S. 2 BGB *nichtig*.

9 ▶ **Beispiel:** Im vorherigen Fall ist die Kündigung wirksam. Der geheime Vorbehalt ist gemäß § 116 S. 1 BGB unbeachtlich, da V ihn nicht erkannt hat. ◀

10 ▶ **Beispiel:** Sollte V dagegen vor der Kündigung, etwa von einem Freund des S, dessen wahre Absichten erfahren haben, ist die Erklärung gemäß § 116 S. 2 BGB nichtig. ◀

III. Scherzerklärung

11 Eine *Scherzerklärung* liegt vor, wenn eine nicht ernstlich gemeinte Willenserklärung in der Erwartung abgegeben wird, der Empfänger werde den Mangel der Ernstlichkeit erkennen (§ 118 BGB, sog. „guter Scherz"). Wie beim geheimen Vorbehalt ist auch die Scherzerklärung nicht ernsthaft gemeint. Im Unterschied zu § 116 BGB geht der Erklärende aber im Fall des § 118 BGB davon aus, dass der Empfänger die fehlende Ernstlichkeit erkennen werde.

12 ▶ **Beispiel:** Nachdem V den S zum wiederholten Male hat „abblitzen" lassen, schreibt S spaßeshalber: „Dann werde ich eben ausziehen. Viel Glück mit dem neuen Mieter!" S ist der Meinung, V werde den Mangel der Ernstlichkeit erkennen. ◀

13 Gemäß § 118 BGB ist jede Scherzerklärung *nichtig*. Es kommt nicht darauf an, ob der Empfänger die fehlende Ernstlichkeit erkennt oder wenigstens hätte erkennen können. Damit stellt § 118 BGB einen Fremdkörper im System der Willenserklärungen dar, der mit der Auslegung nach dem objektiven Empfängerhorizont nicht harmoniert. Der Empfänger wird dadurch geschützt, dass der Erklärende ihm gemäß § 122 Abs. 1 BGB denjenigen Schaden zu ersetzen hat, der im Vertrauen auf die Wirksamkeit der Erklärung entstanden ist (sog. *Vertrauensschaden* oder *negatives Interesse*).

14 ▶ **Beispiel:** Im obigen Fall hat V im Glauben, S wolle tatsächlich ausziehen, ein Inserat in der örtlichen Tageszeitung drucken lassen und hierfür 100 € bezahlt. Da dies im Vertrauen auf die Wirksamkeit der Kündigung geschah, kann V von S Ersatz der Kosten gemäß § 122 Abs. 1 BGB verlangen. ◀

§ 16 Unzulässige Rechtsgeschäfte

Die Nichtigkeit eines Rechtsgeschäfts muss nicht notwendig auf einem Willensmangel   1
einer Vertragspartei beruhen. Sie kann sich auch aus dem Inhalt des Rechtsgeschäfts
ergeben. Aufgrund der Privatautonomie können die Parteien grundsätzlich frei über
den Inhalt eines Rechtsgeschäfts bestimmen. Nichtig sind aber Rechtsgeschäfte, die gegen ein *gesetzliches Verbot* (§ 134 BGB) oder gegen die *guten Sitten* (§ 138 BGB) verstoßen.

I. Verstoß gegen ein gesetzliches Verbot

Gemäß § 134 BGB ist ein Rechtsgeschäft, das gegen ein gesetzliches Verbot verstößt,   2
grundsätzlich nichtig. Ein Gesetz i.S.d. BGB ist jede Rechtsnorm, unabhängig davon,
ob es sich um europäisches, Bundes- oder Landesrecht oder gar um eine kommunale
Rechtsverordnung handelt. Eine Rechtsnorm enthält ein Verbot, wenn sie den Inhalt
eines Rechtsgeschäfts oder dessen Abschluss untersagt. Ob eine Norm ein *Verbotsgesetz* darstellt, ist durch Auslegung zu ermitteln. Entscheidend ist stets der Zweck der
Norm.

▶ **Beispiel:** § 259 StGB stellt die Hehlerei, d.h. den Handel mit gestohlener Ware, unter   3
Strafe. Die Norm richtet sich gegen den Abschluss solcher Geschäfte. Sie ist ein Verbotsgesetz i.S.d. § 134 BGB. ◀

Nicht jeder Gesetzesverstoß führt zur Nichtigkeit des Rechtsgeschäfts. Es gibt Gesetze,   4
die sich nur gegen die Art und Weise wenden, in der das Rechtsgeschäft abgeschlossen
wird. Als bloße *Ordnungsvorschriften* wollen sie den Erfolg des Rechtsgeschäfts nicht
verhindern. Deshalb führt ein Verstoß gegen solche Ordnungsvorschriften nicht zur
Nichtigkeit des Rechtsgeschäfts.

▶ **Beispiel:** Ein Ladenschlussgesetz will nur verhindern, dass Handel zu bestimmten Ta-   5
geszeiten betrieben wird, nicht dagegen, dass überhaupt Verträge abgeschlossen werden. Ein
Verstoß gegen ein Ladenschlussgesetz führt nicht zur Nichtigkeit des Rechtsgeschäfts. ◀

▶ **Beispiel:** Die Gewerbeerlaubnis soll den Zugang zu einem Gewerbe regeln, nicht aber   6
die Gewerbetätigkeit an sich einschränken. Ein Vertrag mit einem Unternehmer ohne erforderliche Gewerbeerlaubnis ist daher grundsätzlich wirksam. ◀

Will das Verbotsgesetz dagegen auch die zivilrechtliche Wirksamkeit und den wirt-   7
schaftlichen Erfolg eines Rechtsgeschäfts verhindern, so liegt ein *inhaltliches Verbot*
vor, dessen Verstoß gemäß § 134 BGB die Nichtigkeit des Rechtsgeschäfts begründet.

▶ **Beispiel:** Das Verbot der Schwarzarbeit (§ 1 SchwarzArbG) soll Arbeitslosigkeit be-   8
kämpfen, eine Gefährdung gewerblicher Betriebe vermeiden und geschädigte Auftraggeber
schützen. Es will im Interesse der wirtschaftlichen Ordnung den zugrunde liegenden Rechtsgeschäften die rechtlichen Wirkungen nehmen. Das Rechtsgeschäft ist daher gemäß § 134
BGB nichtig, sofern der Auftraggeber weiß, dass der Unternehmer schwarzarbeitet. Der
Auftraggeber hat dann keine Gewährleistungsansprüche. Außerdem hat der Unternehmer
keinen Vergütungsanspruch. ◀

> **BGH, Urt. v. 1.8.2013 – VII ZR 6/13:** „[Das Schwarzarbeitsbekämpfungsgesetz] dient aus-   9
> weislich § 1 Abs. 1 SchwarzArbG der Intensivierung der Bekämpfung der Schwarzarbeit.
> Schon daraus ergibt sich, dass die Novellierung des Vorgängergesetzes ausschließlich eine
> Verschärfung der gesetzlichen Maßnahmen zur Bekämpfung der Schwarzarbeit bewirken

sollte. Nachdem zu diesem Zeitpunkt nach der Rechtsprechung des BGH in Übereinstimmung mit der ganz herrschenden Meinung schon die frühere Fassung des Gesetzes zur Bekämpfung der Schwarzarbeit erforderte, dass Verträge, die den Ordnungswidrigkeitstatbeständen zu Grunde lagen, bei bestimmter Beteiligung beider Vertragspartner nichtig waren, gibt es keinen Anhaltspunkt dafür, dass diese Rechtsfolge nunmehr mit dem neuen Gesetz nicht mehr eintreten sollte. Auch das Schwarzarbeitsbekämpfungsgesetz ist Verbotsgesetz. Es will nicht nur den tatsächlichen Vorgang der Schwarzarbeit eindämmen, sondern im Interesse der wirtschaftlichen Ordnung den zu Grunde liegenden Rechtsgeschäften die rechtliche Wirkung nehmen. ...

Das Verbot führt jedenfalls dann zur Nichtigkeit des Vertrags gemäß § 134 BGB, wenn der Unternehmer vorsätzlich hiergegen verstößt und der Besteller den Verstoß des Unternehmers kennt und bewusst zum eigenen Vorteil ausnutzt. Mängelansprüche des Bestellers bestehen in diesem Fall grundsätzlich nicht."

10 **BGH, URT. V. 11.6.2015 – VII ZR 216/14:** „Nach § 817 S. 1 BGB ist der Empfänger zur Herausgabe verpflichtet, wenn der Zweck einer Leistung in der Art bestimmt war, dass der Empfänger durch die Annahme gegen ein gesetzliches Verbot verstoßen hat. Satz 2 Hs. 1 dieser Vorschrift schließt die Rückforderung aus, wenn dem Leistenden gleichfalls ein solcher Verstoß zur Last fällt. Entsprechend der Zielsetzung des Schwarzarbeitsbekämpfungsgesetzes verstößt nicht nur die § 1 Abs. 2 Nr. 2 SchwarzArbG widersprechende vertragliche Vereinbarung der Parteien gegen ein gesetzliches Verbot, sondern auch die in Ausführung dieser Vereinbarung erfolgende Leistungserbringung durch den Unternehmer. § 817 S. 2 Hs. 1 BGB ist daher nicht einschränkend auszulegen, wenn der Unternehmer für die von ihm auf Grund eines nichtigen Vertrags erbrachte Werkleistung einen Bereicherungsanspruch gegen den Besteller geltend macht. § 817 S. 2 Hs. 1 BGB findet auch dann Anwendung, wenn der Besteller in Ausführung eines solchen gemäß § 134 BGB nichtigen Werkvertrags seine Leistung erbringt, indem er ohne Rechnung mit Steuerausweis den vereinbarten Betrag bezahlt. ... Wer bewusst das im Schwarzarbeitsbekämpfungsgesetz enthaltene Verbot missachtet, soll nach der Intention des Gesetzgebers schutzlos bleiben und veranlasst werden, das verbotene Geschäft nicht abzuschließen."

II. Verstoß gegen die guten Sitten

11 Gemäß § 138 Abs. 1 BGB ist ein Rechtsgeschäft auch dann nichtig, wenn es gegen die guten Sitten verstößt. Das ist der Fall, wenn es dem „Anstandsgefühl aller billig und gerecht Denkenden" widerspricht. Dabei handelt es sich um einen wertausfüllungsbedürftigen Begriff, den die Rechtsprechung durch eine umfangreiche Kasuistik konkretisiert hat. § 138 BGB ist eine *Generalklausel*, ein Stück „offen gelassener Gesetzgebung", durch die der Gesetzgeber seine Rechtsetzungskompetenz an die Gerichte delegiert hat. Die Vorschrift ermöglicht es den Gerichten, die „Einzelfallgerechtigkeit" bei ihren Entscheidungen zu berücksichtigen. Die Sittenwidrigkeit beurteilt sich aus einer Gesamtwürdigung aller objektiven und subjektiven Umstände des konkreten Rechtsgeschäfts, anhand seines Inhalts und der von den Beteiligten verfolgten Motive und Zwecke.

12 Voraussetzung des § 138 Abs. 1 BGB ist *objektiv* ein Sittenverstoß und *subjektiv*, dass der Handelnde die Umstände kennt, aus denen sich die Sittenwidrigkeit ergibt. Grundsätzlich müssen bei einem Vertrag *beide Parteien* sittenwidrig handeln. Wenn nur einer Vertragspartei ein Sittenverstoß zur Last gelegt werden kann, kann die andere Partei

dennoch ein Interesse an der Wirksamkeit des Vertrags haben. Beurteilt wird die Sittenwidrigkeit nach dem *Zeitpunkt des Geschäftsabschlusses*. Spätere Änderungen der Wertvorstellungen haben grundsätzlich keinen Einfluss auf die Wirksamkeit des Rechtsgeschäfts.

Wichtige Fallgruppen, für die die Rechtsprechung Sittenwidrigkeit angenommen hat, sind: Verträge, die eine Partei in ihrer persönlichen oder wirtschaftlichen Freiheit übermäßig beschränken und sie der anderen damit faktisch ausliefern (Knebelungsverträge); die unzulässige Ausnutzung einer Monopolstellung; die übermäßige Sicherung des Gläubigers eines Darlehensanspruchs (vgl. dazu 11. Kapitel, § 48 Rn. 13 ff.); die Verleitung zum Vertragsbruch; Schmiergeldabsprachen; wucherähnliche Geschäfte.   13

> **BGH, Urt. v. 2.7.1998 – III ZR 287/97:** „Nach der Rechtsprechung des BGH ist die Vereinbarung eines überhöhten Preises im Regelfall dann sittenwidrig i.S.d. § 138 Abs. 1 BGB, wenn sie auf der Ausnutzung einer Monopolstellung gegenüber einem Partner beruht, der auf den Geschäftsverkehr mit dem Monopolisten angewiesen ist."   14

▶ **Beispiel:** K will unbedingt ein berühmtes Bild von V kaufen. Da er weiß, dass V das Bild schon an D verkauft, aber das Eigentum noch nicht übertragen hat, bietet er ihm das Doppelte und verspricht, ihn von sämtlichen Schadensersatzansprüchen des D freizustellen. Willigt V ein, so ist der Vertrag gemäß § 138 Abs. 1 BGB wegen Verleitung zum Vertragsbruch nichtig. ◀   15

▶ **Beispiel:** K kauft beim Internethändler V ein Radarwarngerät, das die Standorte von Geschwindigkeitskontrollen eine gewisse Zeit vorher anzeigt. Der Vertrag ist nicht nach § 134 BGB i.V.m. § 23 Abs. 1 b Straßenverkehrsordnung (StVO) nichtig, weil diese Vorschrift nicht schon den Erwerb eines Radarwarngeräts, sondern erst dessen Betrieb oder betriebsbereites Mitführen im Fahrzeug verbietet. Nach Auffassung des BGH ist der Kaufvertrag aber als „Vorbereitungshandlung" nach § 138 Abs. 1 BGB sittenwidrig, weil er dem Gemeinwohlinteresse an der Sicherheit im Straßenverkehr zuwiderläuft. ◀   16

Auch Kaufverträge, bei denen ein auffälliges Missverhältnis zwischen der versprochenen Vergütung und dem Wert der dafür zu erbringenden Leistung besteht, können nach § 138 Abs. 1 BGB nichtig sein, wenn weitere Umstände hinzutreten (Bsp.: eine verwerfliche Gesinnung; die Ausbeutung der schwierigen Lage oder Unerfahrenheit des Partners für das eigene unangemessene Gewinnstreben). Bei einem groben, besonders krassen Missverhältnis zwischen Leistung und Gegenleistung schließt man regelmäßig auf eine verwerfliche Gesinnung des begünstigten Vertragsteils und damit auf einen sittenwidrigen Charakter des Rechtsgeschäfts. Ein solches auffälliges, grobes Missverhältnis wird bei Grundstückskaufverträgen sowie Kaufverträgen über vergleichbar wertvolle bewegliche Sachen grundsätzlich angenommen, wenn der Wert der Leistung annähernd doppelt so hoch ist wie der Wert der Gegenleistung.   17

Für Internetauktionen gelten Besonderheiten. Hier kann aus einem Missverhältnis von Leistung und Gegenleistung nicht auf eine verwerfliche Gesinnung geschlossen werden. Denn zum einen kann der Verkäufer die Höhe des Startgebots frei wählen. Zum anderen stehen sich bei einer Internetversteigerung, anders als bei sonstigen Vertragsverhandlungen, nicht nur die Vertragsparteien gegenüber, sondern der Bieter muss auch das (Gebots-)Verhalten der Mitbieter berücksichtigen. Es macht gerade den Reiz einer Internetauktion aus, mit der Abgabe eines zunächst niedrigen Gebots die Chance wahrzunehmen, den Auktionsgegenstand zum „Schnäppchenpreis" zu kaufen, während umgekehrt der Anbieter darauf hofft, durch die Konkurrenz der Bieter und den   18

Mechanismus des „Überbietens" am Ende einen für ihn vorteilhaften Kaufpreis zu erzielen.

19

> **BGH, Urt. v. 28.3.2012 – VIII ZR 244/10:** „Der Schluss von dem besonders groben Äquivalenzmissverhältnis auf eine verwerfliche Gesinnung des Begünstigten leitet sich aus dem Erfahrungssatz her, dass außergewöhnliche Leistungen in der Regel nicht ohne Not oder einen anderen den Benachteiligten hemmenden Umstand zugestanden werden und der Begünstigte diese Erfahrung teilt. Von einem solchen Beweisanzeichen kann indes bei einer Onlineauktion nicht ohne Weiteres ausgegangen werden. Denn die Situation einer Internetversteigerung unterscheidet sich grundlegend von den bisher entschiedenen Fällen, in denen sich in den Vertragsverhandlungen, die zu den Zugeständnissen der objektiv benachteiligten Seite führten, nur die Vertragspartner gegenüberstanden. Hier kann aus einem deutlich unter dem Wert des angebotenen Gegenstands liegenden Gebot des Bieters nicht auf dessen verwerfliche Gesinnung geschlossen werden. …
> Es bedürfte vielmehr zusätzlicher – zu einem etwaigen Missverhältnis von Leistung und Gegenleistung hinzutretender – Umstände, aus denen bei einem Vertragsschluss im Rahmen einer Internetauktion geschlossen werden kann, der Bieter habe trotz der hier bestehenden besonderen Preisbildungssituation die Not oder einen anderen den Anbieter hemmenden Umstand in verwerflicher Weise zu seinem Vorteil ausgenutzt."

20

> **BGH, Urt. v. 12.11.2014 –VIII ZR 42/14:** „Entgegen der Auffassung der Revision scheitert der Schadensersatzanspruch nicht daran, dass der mit dem Beklagten geschlossene Kaufvertrag als wucherähnliches Rechtsgeschäft wegen Sittenwidrigkeit nichtig wäre (§ 138 Abs. 1 BGB). Bei einer Internetauktion rechtfertigt ein grobes Missverhältnis zwischen dem Maximalgebot eines Bieters und dem (angenommenen) Wert des Versteigerungsobjekts nicht ohne Weiteres den Schluss auf eine verwerfliche Gesinnung des Bieters i.S.v. § 138 Abs. 1 BGB. Es bedarf vielmehr zusätzlicher – zu einem etwaigen Missverhältnis von Leistung und Gegenleistung hinzutretender – Umstände, aus denen bei einem Vertragsschluss im Rahmen einer Internetauktion auf eine verwerfliche Gesinnung des Bieters geschlossen werden kann. …. Gibt der Bieter ein Maximalgebot ab, ist er nicht gehalten, dieses am mutmaßlichen Marktwert auszurichten. Wie der Senat bereits entschieden hat, macht es gerade den Reiz einer Internetauktion aus, den Auktionsgegenstand zu einem ‚Schnäppchenpreis' zu erwerben, während umgekehrt der Veräußerer die Chance wahrnimmt, durch den Mechanismus des Überbietens einen für ihn vorteilhaften Preis zu erzielen."

21
▶ **Beispiel:** V will über die Internetplattform eBay ein Auto im Wert von 10.000 € verkaufen. Er schaltet die „Online-Versteigerung" mit einem Startgebot von 1 € frei. Das höchste Gebot gibt K mit 3000 € ab, der unmittelbar nach Ende der „Auktion" von eBay über sein erfolgreiches Höchstgebot informiert wird. Da der Kaufpreis deutlich hinter den Erwartungen des V zurückbleibt, meint dieser nunmehr, es sei kein Vertrag zustande gekommen. Jedem Bieter müsse klar sein, dass er, der V, sein Auto nicht derart unter Wert abgeben würde.

Indem V das Auto auf der eBay-Website angeboten und die Auktion gestartet hat, hat er ein verbindliches Verkaufsangebot abgegeben (vgl. 2. Kapitel, § 12 Rn. 11 ff.). Dieses Angebot hat K mit seinem Höchstgebot angenommen. Dass der Kaufpreis deutlich hinter den Erwartungen des V zurückblieb, ändert nichts an der Wirksamkeit des Vertrags. Der Vertrag ist nicht sittenwidrig (§ 138 BGB), da V die Höhe des Startgebots und damit den Mindestpreis

frei wählen konnte und allein die Höhe des Gebots des K keinen Rückschluss auf eine verwerfliche Gesinnung zulässt. ◀

Rechtsfolge der Sittenwidrigkeit ist gemäß § 138 Abs. 1 BGB die *Nichtigkeit* des Rechtsgeschäfts von Anfang an (= „ex tunc"). Grundsätzlich betrifft die Sittenwidrigkeit *allein* das *Verpflichtungsgeschäft*. Das Verfügungsgeschäft ist wertneutral und bleibt nach dem Abstraktionsprinzip wirksam. Wie bei wirksamer Anfechtung bestehen dann gegenseitige Bereicherungsansprüche (§§ 812, 817 BGB).   **22**

Als Spezialfall des sittenwidrigen Rechtsgeschäfts regelt § 138 Abs. 2 BGB den *Wucher*. Wucher setzt objektiv ein *auffälliges Missverhältnis zwischen Leistung und Gegenleistung* voraus. Subjektiv ist erforderlich, dass der Wucherer eine *Zwangslage* des Vertragspartners, seinen Mangel an Urteilsvermögen oder seine erhebliche Willensschwäche *ausbeutet*. Die praktische Bedeutung des § 138 Abs. 2 BGB ist gering, da Wuchergeschäfte, die unter § 291 StGB fallen, schon nach § 134 BGB nichtig sind. Liegen die Voraussetzungen des § 138 Abs. 2 BGB vor, so erfasst die *Nichtigkeit* nicht nur das Verpflichtungs-, sondern abweichend von § 138 Abs. 1 BGB *auch das Verfügungsgeschäft des Bewucherten*. Erfüllt ein Geschäft nur objektiv die Voraussetzungen des Wuchers, liegen die subjektiven Anforderungen („Ausbeuten") dagegen nicht vor, so kann das (Verpflichtungs-)Geschäft als „wucherähnliches Geschäft" gemäß § 138 Abs. 1 BGB nichtig sein.   **23**

§ 17 Die Stellvertretung

1 Verträge müssen nicht notwendig von den Parteien persönlich abgeschlossen werden. Ansonsten wäre der Rechtsverkehr erheblich beeinträchtigt. So ist etwa der Inhaber eines Großunternehmens praktisch nicht in der Lage, jeden einzelnen Vertrag persönlich abzuschließen. Er muss die Möglichkeit haben, Mitarbeiter zum Abschluss von Verträgen mit Wirkung für das Unternehmen zu ermächtigen. Juristische Personen und Personengesellschaften sind sogar zwingend auf einen Vertreter angewiesen, da sie als bloße juristische Konstrukte selbst nicht handlungsfähig sind. Darüber hinaus können geschäftsunfähige und beschränkt geschäftsfähige Personen grundsätzlich selbst keine wirksamen Verträge schließen, so dass eine andere Person für sie handeln muss. Aus diesen Gründen ermöglichen es die §§ 164 ff. BGB ganz allgemein, dass die Vertragsparteien sich eines sog. *Stellvertreters* für den Abschluss von Rechtsgeschäften bedienen können.

I. Voraussetzungen der Stellvertretung

2 Eine Willenserklärung, die jemand innerhalb der ihm zustehenden Vertretungsmacht im Namen des Vertretenen abgibt, wirkt *unmittelbar für und gegen den Vertretenen* (§ 164 Abs. 1 S. 1 BGB). Ein wirksames Vertretergeschäft hat vier Voraussetzungen:

1. Abgabe einer eigenen Willenserklärung

3 Voraussetzung ist zunächst, dass der Stellvertreter eine *eigene Willenserklärung* abgibt. Überbringt er lediglich eine bereits abgegebene, fremde Willenserklärung, so handelt es sich nicht um eine Stellvertretung. Der Übermittler tritt dann als bloßer *Erklärungsbote* auf. Erklärungsbote ist, wer vom Erklärenden mit der Übermittlung der Erklärung an den Empfänger beauftragt wird. Die Erklärung geht erst mit der Übermittlung an den Empfänger zu. Das Risiko, dass die Erklärung nicht, nicht richtig oder nicht rechtzeitig bei ihm ankommt, trägt allein der Erklärende. Maßgeblich zur Abgrenzung von Stellvertretung und Botenschaft ist das Auftreten des Handelnden aus der Sicht des Erklärungsempfängers, nicht das zwischen Geschäftsherrn und Mittelsperson bestehende Innenverhältnis. Die Abgrenzung von Stellvertretung und Botenschaft ist insbesondere relevant bei formbedürftigen Rechtsgeschäften. Bei der Stellvertretung hat der Vertreter die Form zu wahren, bei der Botenschaft der Erklärende.

4 ▶ **Beispiel:** Als Merksatz für ein Vertreterhandeln gilt: „Ich kaufe dieses Buch im Auftrag und im Namen von Herrn Müller." Für ein Botenhandeln spricht dagegen folgende Formulierung: „Herr Müller bittet mich, Ihnen auszurichten, dass er dieses Buch kauft." ◀

5 Eine Abgrenzung von Stellvertretung und Botenschaft ist auch in den Fällen erforderlich, in denen jemand eine fremde Willenserklärung entgegennimmt (§ 164 Abs. 3 BGB). Die Vertretungsmacht umfasst in Regelfall auch die Befugnis zum Empfang einer Willenserklärung (sog. *Passivvertretung*) im entsprechenden Geschäftsbereich. Der Empfänger kann aber auch lediglich ein sog. *Empfangsbote* sein. Der Empfangsbote tritt nicht eigenverantwortlich in rechtsgeschäftlicher Weise für den Geschäftsherrn auf. Er ist eine zum Empfang geeignete und ermächtigte Person, die die an den Geschäftsherrn gerichtete Erklärung lediglich entgegennehmen und an diesen weiterleiten soll. Fehlt eine ausdrückliche Ermächtigung, gelten als Empfangspersonen die Personen, die nach der Verkehrsanschauung als ermächtigt anzusehen und die hierzu bereit und geeignet sind (Bsp.: Haushaltsgehilfe, Ehegatte oder im Haushalt lebende Familienangehörige, nicht aber Nachbarn). Nimmt ein Emp-

fangsbote eine Erklärung entgegen, dann richten sich die Voraussetzungen des Zugangs (§ 130 BGB) nach dem Adressaten. Erst wenn üblicherweise die Weiterleitung zu erwarten ist, ist dem Adressaten die Erklärung zugegangen. Beim passiven Stellvertreter kommt es dagegen nur auf den Zugang bei ihm selbst an.

> **BAG, Urt. v. 9.6.2011 – 6 AZR 687/09:** „Wenn auch über die Kriterien und Details, die nach der Verkehrsanschauung die Empfangsbotenstellung begründen oder ausschließen, keine völlige Einigkeit besteht, decken sich doch Rechtsprechung und der ganz überwiegende Teil des Schrifttums in einem gewissen Kernbereich. Danach werden in einer gemeinsamen Wohnung lebende Ehegatten füreinander grundsätzlich als Empfangsboten angesehen. Diese Verkehrsanschauung beruht auf der Lebenserfahrung, dass in aller Regel ohne Weiteres davon auszugehen ist, dass die für einen Ehepartner bestimmte Erklärung durch Aushändigung an den anderen so in dessen Macht- und Zugriffsbereich gelangt, dass er von der Erklärung Kenntnis nehmen kann. ...
> Eine Willenserklärung ist grundsätzlich auch dann in den Machtbereich des Adressaten gelangt, wenn sie einem Empfangsboten außerhalb der Wohnung übermittelt wird. Für die auf der Lebenserfahrung beruhende Verkehrsanschauung, wonach in aller Regel davon ausgegangen werden kann, dass ein Ehegatte eine für den anderen Ehegatten bestimmte mündliche Erklärung diesem alsbald übermittelt oder ein für den anderen Ehegatten angenommenes Schriftstück diesem alsbald aushändigt, ist nicht erforderlich, dass sich der Empfangsbote bei der Entgegennahme der Willenserklärung in der Wohnung der Ehegatten aufhält."

6

▶ **Beispiel:** Arbeitgeber A will das Arbeitsverhältnis mit dem Arbeitnehmer B kündigen. Als dieser nach einem Streit seinen Arbeitsplatz verlässt, macht sich A gegen Nachmittag mit der schriftlichen Kündigung auf den Weg zur Privatadresse des B. Auf der Straße vor dem Haus trifft er die Ehefrau E des B und übergibt dieser den Brief.

7

Hier ist die Kündigung noch am selben Tag dem B zugegangen. E ist Empfangsbotin des B. Nach der Verkehrsanschauung ist grundsätzlich davon auszugehen, dass ein Ehepartner eine für den anderen, im gemeinsamen Haushalt lebenden Partner bestimmte Erklärung noch am selben Tag übermittelt. ◀

Da der Vertreter eine eigene Willenserklärung abgibt, kommt es hinsichtlich der Geschäftsfähigkeit sowie der subjektiven Voraussetzungen der Willenserklärung allein auf den Vertreter und nicht auf den Vertretenen an. Allerdings kann ein beschränkt Geschäftsfähiger auch ohne Zustimmung seines gesetzlichen Vertreters Stellvertreter sein (§ 165 BGB). Mit dem Minderjährigenschutz ist dies vereinbar, weil die Rechtswirkungen der abgegebenen Willenserklärung nur den Vertretenen erfassen (sog. *rechtlich neutrales Geschäft*). Der Minderjährige wird als Stellvertreter nicht Vertragspartner, sondern der Vertretene.

8

2. Offenkundigkeitsprinzip

Der Vertreter muss *im Namen des Vertretenen* handeln. Mithilfe dieser Voraussetzungen werden Eigengeschäfte von Geschäften als Vertreter abgegrenzt. Das Offenkundigkeitsprinzip (= Offenheitsgrundsatz) dient dem Schutz des Dritten. Dieser hat grundsätzlich ein berechtigtes Interesse daran zu wissen, wer sein Vertragspartner wird; denn er muss dessen Vertrauenswürdigkeit und Zahlungsfähigkeit beurteilen können, um das Risiko der Durchsetzbarkeit seiner Ansprüche auf Zahlung, Gewährleistung usw. einschätzen zu können. Die Fremdbezogenheit des Geschäfts muss nicht zwingend *ausdrücklich* erfolgen; es reicht aus, wenn *aus den Umständen erkennbar* ist, dass eine Erklärung in fremden Namen erfolgen soll (§ 164 Abs. 1 S. 2 BGB).

9

10   ▶ **Beispiel:** Bei unternehmensbezogenen Geschäften geht der Wille der Beteiligten im Zweifel dahin, dass der Inhaber des Unternehmens Vertragspartner werden soll. ◀

11   ▶ **Beispiel:** Ein Rechtsanwalt, der sich mit anderen Anwälten zur gemeinsamen Berufsausübung zusammengeschlossen hat, nimmt ein Mandat im Zweifel für die gesamte Sozietät und nicht nur als Einzelmandat an. ◀

12   Eine wichtige Ausnahme vom Offenkundigkeitsprinzip stellt das sog. *Geschäft für den, den es angeht,* dar. Darunter fallen alle Bargeschäfte des täglichen Lebens. Bei ihnen wirkt das verdeckte Geschäft trotz fehlender Offenheit für und gegen den ungenannten Geschäftsherrn. Diese Besonderheit ist deshalb gerechtfertigt, weil es dem Dritten bei derartigen Geschäften nicht auf die Person seines Geschäftspartners ankommt, soweit seine Forderung (durch Barzahlung) sogleich erfüllt wird.

13
> **BGH, Urt. v. 25.3.2003 – XI ZR 224/02:** „Ein solches Geschäft ist dadurch gekennzeichnet, dass der handelnde Bevollmächtigte nicht zu erkennen gibt, ob er für sich oder einen anderen handelt, aber für einen anderen aufgrund einer erteilten Vollmacht handeln will und es dem Geschäftsgegner gleichgültig ist, mit wem das Geschäft zustande kommt. Anerkannt ist dieses durch teleologische Reduktion des Offenheitsgrundsatzes (§ 164 Abs. 2 BGB) entwickelte Rechtsinstitut insbesondere bei Bargeschäften des täglichen Lebens, und zwar vor allem beim dinglichen Rechtserwerb. Bei schuldrechtlichen Geschäften finden die Grundsätze des Geschäfts für den, den es angeht, nur in Ausnahmefällen Anwendung, da dem Vertragschließenden die Person seines Geschäftsgegners in der Regel nicht gleichgültig ist."

14   ▶ **Beispiel:** Professor P beauftragt seinen Assistenten A, ihm ein Exemplar des neuen „Palandt" (= ein BGB-Kommentar) zu besorgen. A geht zum Buchhändler B, kauft einen „Palandt" für 115 €, allerdings ohne dem B zu erklären, dass dieser für P ist, und bezahlt ihn sofort. P stellt später fest, dass einige Seiten völlig unleserlich bedruckt sind. Als er von B ein neues Exemplar verlangt, verweigert dieser die Nacherfüllung (§§ 437 Nr. 1, 439 Abs. 1 BGB) mit dem Argument, mit P habe er gar keinen Vertrag geschlossen.

Zwar hat A den „Palandt" nicht im Namen des P gekauft. Da es sich aber bei dem Kauf um ein Massengeschäft handelt und A den Kommentar bar bezahlt hat, spielt es für B keine Rolle, wer sein Vertragspartner ist. P kann daher von B Nacherfüllung verlangen. Anders wäre dies – selbst bei Barzahlung – dagegen, wenn A für P ein Auto hätte kaufen sollen. ◀

15   Die Durchbrechung des Offenheitsgrundsatzes gilt bei Bargeschäften des täglichen Lebens gleichermaßen für das Verpflichtungs- und das Verfügungsgeschäft.

16   ▶ **Beispiel:** Im obigen Beispiel ist P also auch unmittelbar Eigentümer des Buches geworden. Es bedurfte keiner gesonderten Übereignung von A an P. ◀

17   Ist für den Geschäftspartner nicht erkennbar, dass der Vertreter für einen anderen handeln will, wird der Vertreter selbst aus dem Geschäft berechtigt und verpflichtet. Der Vertreter wird also Vertragspartner. Er bleibt auch dann an das Geschäft gebunden, wenn er irrtümlich die Fremdbezogenheit des Geschäfts nicht zum Ausdruck gebracht hat. Er kann in diesem Fall die von ihm abgegebene Willenserklärung nicht wegen Irrtums anfechten (§ 164 Abs. 2 BGB).

3. Vertretungsmacht

18   Weiter muss der Stellvertreter die Willenserklärung innerhalb der ihm zustehenden Vertretungsmacht abgegeben haben. *Vertretungsmacht* ist die Befugnis, einen anderen

wirksam zu vertreten und für ihn mit verbindlicher Wirkung Willenserklärungen abzugeben oder entgegenzunehmen. Sie kann dem Vertreter kraft Gesetzes oder rechtsgeschäftlich eingeräumt sein.

a) Gesetzliche Vertretungsmacht

Der wichtigste Fall der gesetzlichen Vertretungsmacht ist die Vertretung geschäftsunfähiger oder beschränkt geschäftsfähiger Personen (vgl. 2. Kapitel, § 14 Rn. 1 ff.). Kinder werden im Regelfall von ihren Eltern gemeinschaftlich vertreten (§§ 1626, 1629 Abs. 1 BGB). Unzulässig ist es aber nach § 181 BGB, dass die Eltern als Vertreter des Kindes einen Vertrag mit sich selbst abschließen (sog. Verbot des Insichgeschäfts).   **19**

Eine weitere wichtige Fallgruppe der gesetzlichen Vertretungsmacht ist die sog. *organschaftliche Vertretung*. Da juristische Personen und Personengesellschaften selbst nicht handlungsfähig sind, handeln ihre Organe (Geschäftsführer, Vorstand) für sie.   **20**

▶ **Beispiel:** Ein eingetragener Verein wird durch seinen Vorstand (§ 26 Abs. 1 S. 2 BGB), eine GmbH durch ihre Geschäftsführer (§ 35 Abs. 1 S. 1 GmbHG) und eine Aktiengesellschaft durch ihren Vorstand (§ 78 Abs. 1 S. 1 AktG) gerichtlich und außergerichtlich vertreten. ◀   **21**

b) Rechtsgeschäftliche Vertretungsmacht

aa) Vollmacht

Die durch Rechtsgeschäft begründete Vertretungsmacht heißt *Vollmacht*. Eine Vollmacht muss erteilt werden. Die Erteilung stellt eine empfangsbedürftige Willenserklärung dar, die nicht der Annahme bedarf. Der Vertretene kann die Vollmacht entweder gegenüber dem zu Bevollmächtigenden (Stellvertreter) oder dem Dritten, dem gegenüber die Vertretung stattfinden soll, erteilen (§ 167 Abs. 1 BGB). Insoweit unterscheidet man zwischen *Innen-* und *Außenvollmacht*.   **22**

Der Vertretene kann den Umfang der Vollmacht grundsätzlich frei bestimmen. Entsprechend der Reichweite der Vertretungsmacht lässt sich die Vollmacht in drei Gruppen einteilen: Mit einer *Spezialvollmacht* wird der Bevollmächtigte lediglich zur Vornahme eines bestimmten Rechtsgeschäfts ermächtigt. Die *Art-* oder *Gattungsvollmacht* erlaubt dem Stellvertreter, eine bestimmte Art von Rechtsgeschäften abzuschließen. Gattungsvollmachten sind regelmäßig an die Funktion des Bevollmächtigten gebunden. Die *Generalvollmacht* berechtigt zur Vornahme aller Rechtsgeschäfte, bei denen eine Vertretung zulässig ist. Für den Handelsverkehr gibt es darüber hinaus besondere Arten von Vollmachten (Prokura und Handlungsvollmacht, vgl. 12. Kapitel, § 56 Rn. 1 ff.).   **23**

▶ **Beispiel:** K erteilt S eine Vollmacht, einen Laserdrucker Brother HL 2140 S/W zu kaufen (Spezialvollmacht). Wählt er ein anderes Modell oder kauft er stattdessen einen Scanner, handelt er ohne Vertretungsmacht. ◀   **24**

▶ **Beispiel:** Ein Architekt, ein Baubetreuer oder ein Verwalter von Wohnungseigentum erhalten für alle mit der Tätigkeit zusammenhängenden Aufgaben Vollmacht (Gattungsvollmacht). ◀   **25**

▶ **Beispiel:** Der 93-jährige O ist dem Stress des Alltags nicht mehr gewachsen. Er bittet daher seinen Enkel E, der gerade erfolgreich das Jurastudium absolviert hat, den gesamten Rechtsverkehr für ihn zu erledigen (Generalvollmacht). ◀   **26**

27 Die Erteilung der Vollmacht ist grundsätzlich *formlos* möglich. Dies gilt auch dann, wenn das Rechtsgeschäft, auf das sich die Vollmacht bezieht, formbedürftig ist (§ 167 Abs. 2 BGB). Die Vollmacht kann daher auch *mündlich* und *konkludent* erteilt werden. Abgesehen von den Ausnahmen, die der Gesetzgeber in einigen seltenen Fällen angeordnet hat (Bsp.: Erteilung einer Vollmacht zum Abschluss eines Verbraucherdarlehens, § 492 Abs. 4 BGB; Bevollmächtigung zur Ausübung eines Stimmrechts bei einer Aktiengesellschaft, § 134 Abs. 3 S. 3 AktG), hat die Rechtsprechung für verschiedene Fälle eine Formbedürftigkeit der Vollmacht begründet. Hierzu zählt insbesondere die Erteilung einer unwiderruflichen Vollmacht für ein formbedürftiges Rechtsgeschäft, da der Vollmachtgeber durch Erteilung dieser Art von Vollmacht bereits in ähnlicher Weise gebunden wird wie durch die Vornahme des formbedürftigen Rechtsgeschäfts selbst.

28 ▶ **Beispiel:** K erteilt dem S eine unwiderrufliche Vollmacht, ein Grundstück zu kaufen. Die Vollmacht bedarf entgegen § 167 Abs. 2 BGB wie der Grundstückskauf selbst (§ 311 b Abs. 1 S. 1 BGB) der notariellen Beurkundung. ◀

29 Eine wirksame Vertretung setzt voraus, dass die Vollmacht im Zeitpunkt der Vornahme des Rechtsgeschäfts noch besteht. Sie kann jedoch erlöschen, wenn sie zeitlich befristet ist (§ 163 BGB), unter einer auflösenden Bedingung steht (§ 158 Abs. 2 BGB) oder zu einem bestimmten Zweck erteilt wird. Ansonsten endet die Vollmacht mit Beendigung des ihr zugrunde liegenden Rechtsverhältnisses (Arbeitsvertrag, Auftrag usw.) oder mit Widerruf (§ 168 BGB).

30 ▶ **Beispiel:** V muss auf eine Geschäftsreise ins Ausland, deren Länge nicht absehbar ist. Er ermächtigt S, ihn bei allen Rechtsgeschäften bis zu seiner Rückkehr zu vertreten. ◀

31 ▶ **Beispiel:** Im oben bereits angesprochenen Beispiel hat K dem S eine Vollmacht erteilt, einen Laserdrucker Brother HL 2140 S/W zu kaufen. Mit dem Kauf des Druckers erlischt die Vollmacht (Zweckerreichung). Kauft er dennoch einen zweiten Drucker desselben Modells, handelt er insoweit ohne Vertretungsmacht. ◀

bb) Vertretungsmacht kraft Rechtsscheins

32 Fehlt eine Vollmacht, so handelt der Vertreter ohne Vertretungsmacht. Der Vertretene wird durch sein Handeln nicht gebunden. In bestimmten Fällen hat der Gesetzgeber aus Gründen des Verkehrsschutzes und zum Schutz des Vertrauens gutgläubiger Dritter allerdings Sonderregelungen geschaffen, die trotz fehlender Vollmacht zu einer rechtsgeschäftlichen Bindung des Vertretenen führen (sog. *Rechtsscheintatbestände*).

33 So bleibt eine Vollmacht, die ein Geschäftsherr durch Erklärung gegenüber einem Dritten erteilt hat, diesem gegenüber in Kraft, bis ihm das Erlöschen von dem Vollmachtgeber angezeigt wird (§ 170 BGB). Entsprechendes gilt, wenn der Geschäftsherr durch besondere Mitteilung an einen Dritten oder durch öffentliche Bekanntmachung kundgetan hat, dass er einen anderen bevollmächtigt habe (§ 171 BGB). Die Vertretungsmacht bleibt bestehen, bis die Kundgebung in derselben Weise, wie sie erfolgt ist, widerrufen wird (§ 171 Abs. 2 BGB), es sei denn, dass der Dritte das Erlöschen der Vertretungsmacht bei der Vornahme des Rechtsgeschäfts kennt oder kennen muss (§ 173 BGB).

34 ▶ **Beispiel:** K hat seinem fachkundigen Freund S eine Vollmacht für den Kauf eines neuen Computers erteilt. Als er eines Abends zufällig den Computerhändler C trifft, berichtet er ihm, dass er gerade auf der Suche nach einem neuen Computer und S sein „Vertreter in dieser Sache" sei. Bevor S fündig geworden ist, überwirft er sich mit K, der ihm daraufhin jeglichen Computerkauf untersagt. K vergisst aber, C entsprechend zu informieren.

K hat die dem S erteilte Innenvollmacht durch die Untersagung des Kaufs wirksam widerrufen (§ 168 BGB). Kauft S allerdings dennoch ausgerechnet bei C einen Computer im Namen des K, gilt die Vollmacht gegenüber C als fortbestehend (§ 171 BGB). ◄

Von Vertretungsmacht ist auch auszugehen, wenn der Vollmachtgeber dem Vertreter eine *Vollmachtsurkunde* willentlich ausgehändigt hat und der Vertreter sie trotz zwischenzeitlichen Erlöschens der Vollmacht dem Dritten vorlegt (§ 172 Abs. 1 BGB). Vorgelegt werden muss die *Originalurkunde*. Die Vorlage einer *Kopie* genügt nicht, weil sie nichts über den Verbleib der Originalurkunde und über damit das Fortbestehen der Vollmacht aussagt. Eine gefälschte oder gestohlene Urkunde muss sich der Geschäftsherr nicht zurechnen lassen. Die Vertretungsmacht bleibt bestehen, bis die Vollmachtsurkunde dem Vollmachtgeber zurückgegeben oder für kraftlos erklärt wird (§ 172 Abs. 2 BGB). 35

▶ **Beispiel:** K will seinen Sohn S mit dem Kauf eines Pkw beauftragen. Nachdem er eine entsprechende Vollmachtsurkunde bereits verfasst hat, überlegt er es sich anders und wirft die Urkunde in den Papierkorb. Als dem S die Urkunde beim Leeren des Papierkorbs zufällig in die Hände fällt, nutzt er die Gelegenheit und kauft unter Vorlage der Urkunde bei V einen Pkw zum Preis von 8000 €. 36

Der Vollmachtgeber muss die Urkunde dem Bevollmächtigten willentlich ausgehändigt haben. Ist sie ihm gestohlen worden oder abhandengekommen, braucht er sich den Rechtsschein nicht zurechnen zu lassen, auch dann nicht, wenn er den Diebstahl fahrlässig ermöglicht hat. S handelte daher als Vertreter ohne Vertretungsmacht. Es ist kein Kaufvertrag zwischen K und V zustande gekommen. ◄

Die Rechtsprechung hat mit der Duldungs- und Anscheinsvollmacht weitere ungeschriebene Rechtsscheinvollmachten anerkannt, die neben die gesetzlich geregelten Rechtsscheintatbestände der §§ 170–172 BGB treten. Eine *Duldungsvollmacht* liegt vor, wenn ein Unbefugter ohne Vertretungsmacht als Vertreter des Geschäftsherrn auftritt, der Geschäftsherr dies weiß, aber dennoch nichts dagegen unternimmt, und der Geschäftsgegner dieses Dulden nach Treu und Glauben so verstehen darf, dass der als Vertreter Handelnde bevollmächtigt ist. 37

BGH, Urt. v. 11.5.2011 – VIII ZR 289/09: „Eine Duldungsvollmacht liegt vor, wenn der Vertretene es willentlich geschehen lässt, dass ein anderer für ihn wie ein Vertreter auftritt, und der Geschäftspartner dieses Dulden nach Treu und Glauben dahin versteht und auch verstehen darf, dass der als Vertreter Handelnde zu den vorgenommenen Erklärungen bevollmächtigt ist. Bei einem unter Verwendung einer fremden Identität getätigten Geschäft des Namensträgers finden diese Grundsätze mit der Maßgabe entsprechende Anwendung, dass hierbei auf dessen Verhalten abzustellen ist. Einen solchen Duldungstatbestand hat die Beklagte jedoch nach dem für das Revisionsverfahren maßgeblichen Sachverhalt nicht geschaffen. Nach den vom Berufungsgericht getroffenen und von der Revision nicht angegriffenen Feststellungen hatte die Beklagte ihrem Ehemann die Zugangsdaten für ihr Mitgliedskonto bei eBay nicht offen gelegt und von dessen Vorgehen auch keine Kenntnis; vielmehr hat dieser das von ihr eingerichtete Mitgliedskonto während einer Ortsabwesenheit der Beklagten ohne deren Wissen und Einverständnis unter Verwendung der ihm zufällig bekannt gewordenen Zugangsdaten zum Verkauf des Gaststätteninventars genutzt." 38

▶ **Beispiel:** A ist Hausmeister im Unternehmen des B. Seit einiger Zeit hat er sich angewöhnt, Putzgeräte im Namen des B bei verschiedenen Unternehmen zu bestellen, anstatt dies der dafür zuständigen Einkaufsabteilung zu überlassen. Nach Anlieferung der Geräte bezahlte B in der Vergangenheit stets die Rechnungen, obwohl er erkannt hatte, wer hinter 39

den Bestellungen steckte. Nun entdeckt A in einem Prospekt des Putzgerätehändlers P den neuartigen Putzroboter „Cleanman" und bestellt diesen im Namen des B.

Allein in der wiederholten Bezahlung der Rechnungen ist keine konkludente Bevollmächtigung des A zu sehen. Auch fehlt es an einem Kundgabeakt des B gegenüber P, der zur Anwendbarkeit der §§ 170–172 BGB führen würde. Es liegt allerdings eine Duldungsvollmacht vor, weshalb B aus dem mit K geschlossenen Kaufvertrag unmittelbar verpflichtet wird (§ 164 Abs. 1 S. 1 BGB). ◄

40 Bei der *Anscheinsvollmacht* hätte der Geschäftsherr das wiederholte, sich über einen gewissen Zeitraum erstreckende Auftreten des unbefugt als Vertreter Handelnden bei pflichtgemäßer Sorgfalt erkennen und verhindern können. Anders als bei der Duldungsvollmacht ist daher keine positive Kenntnis des Vertreterhandelns notwendig. Dafür wird bei der Anscheinsvollmacht eine gewisse Häufigkeit oder Dauer des Vertreterhandelns verlangt; ein einmaliges Handeln des Vertreters ohne Vertretungsmacht genügt insoweit nicht.

41 **BGH, Urt. v. 11.5.2011 – VIII ZR 289/09:** „Eine Anscheinsvollmacht ist ... gegeben, wenn der Vertretene das Handeln des Scheinvertreters nicht kennt, er es aber bei pflichtgemäßer Sorgfalt hätte erkennen und verhindern können, und wenn der Geschäftspartner annehmen durfte, der Vertretene kenne und billige das Handeln des Vertreters. Allerdings greifen die Rechtsgrundsätze der Anscheinsvollmacht in der Regel nur dann ein, wenn das Verhalten des einen Teils, aus dem der Geschäftsgegner auf die Bevollmächtigung des Dritten glaubt schließen zu können, von einer gewissen Dauer und Häufigkeit ist. ...
Der Umstand, dass sich der Ehemann der Beklagten von deren Zugangsdaten auf nicht näher bekannte Weise Kenntnis verschafft hat, besagt aber noch nicht, dass die Beklagte mit einer unbefugten Nutzung ihres Mitgliedskontos durch ihren Ehemann hätte rechnen müssen. ... Unabhängig davon scheidet eine Anscheinsvollmacht auch deswegen aus, weil der Ehemann der Beklagten deren eBay-Zugang nach den ... Feststellungen des Berufungsgerichts im vorliegenden Fall zum ersten Mal genutzt hat. Es fehlt daher an einem von der Beklagten geschaffenen Vertrauenstatbestand, auf den sich der Kläger hätte stützen können. ... Anders als die Revision meint, muss sich die Beklagte nicht allein schon deswegen die von ihrem Ehemann unter Nutzung ihres eBay-Kontos abgegebenen Erklärungen zurechnen lassen, weil sie keine ausreichenden Sicherheitsvorkehrungen gegen einen Zugriff ihres Ehemanns auf die maßgeblichen Kontodaten getroffen hat."

42 ▶ **Beispiel:** Im vorherigen Fall entnimmt A dem unverschlossenen Schreibtisch des B unbemerkt den Briefbogen des B sowie den Firmenstempel. Hiermit bestellt er bei P den „Cleanman" und im Laufe der folgenden Monate noch mehrmals andere Geräte. Da B lieber in Urlaub fährt, als regelmäßig seine Geschäftsunterlagen zu prüfen, bemerkt B die Bestellungen des A nicht.

Eine Anscheinsvollmacht setzt voraus, dass der von A gesetzte Rechtsschein dem B zurechenbar war. Dies ist hinsichtlich des Kaufs des „Cleanman" zu verneinen. Aus dem Vergleich mit der Regelung des § 172 BGB, wo eine willentliche Aushändigung der Vollmachtsurkunde Voraussetzung ist, folgt, dass allein die unsorgfältige Verwahrung des Briefbogens und des Stempels nicht die Zurechnung eines Rechtsscheins begründet. Bei den anderen Bestellungen kommt allerdings hinzu, dass B bei ordnungsgemäßer Organisation seines Büroablaufs hätte erkennen können, dass Waren eintrafen, die keinesfalls von den zuständigen Personen bestellt worden waren. Bei Anwendung pflichtgemäßer Sorgfalt hätte er erkennen und verhindern können, dass A seine Befugnisse überschritten hat. Damit ist ein Kaufvertrag zwischen B und P zustande gekommen. ◄

Da die Rechtsfiguren der Duldungs- und Anscheinsvollmacht dem Schutz des gutgläubigen 43
Geschäftsgegners dienen, steht es ihm frei, auf diesen Schutz zu verzichten. Er kann stattdessen auch die Rechte geltend machen, die ihm zustehen, wenn er mit einem Vertreter ohne Vertretungsmacht kontrahiert (§ 179 BGB).

4. Zulässigkeit der Stellvertretung

Schließlich muss die Stellvertretung zulässig sein. Davon ist grundsätzlich auszugehen. Nur 44
in den seltenen Fällen sog. *höchstpersönlicher Rechtsgeschäfte* ist ausnahmsweise eine Stellvertretung unzulässig. Hierzu zählen etwa die Eheschließung (§ 1311 S. 1 BGB), die Errichtung eines Testaments (§ 2064 BGB), die Arbeitsleistung (§ 613 BGB) oder die Erteilung
einer Prokura (§ 48 Abs. 1 HGB).

II. Rechtsfolgen

1. Wirksame Vertretung

Liegen die Voraussetzungen für eine wirksame Stellvertretung vor, wirkt die Willenser- 45
klärung des Vertreters unmittelbar für und gegen den Vertretenen (§ 164 Abs. 1 S. 1
BGB). Aus einem Vertrag wird daher nur der Vertretene und nicht der Vertreter berechtigt oder verpflichtet.

Einseitige Rechtsgeschäfte, die ein Bevollmächtigter einem anderen gegenüber vornimmt, 46
sind unwirksam, wenn der Bevollmächtigte eine Vollmachtsurkunde nicht vorlegt und der
andere das Rechtsgeschäft aus diesem Grunde unverzüglich zurückweist (§ 174 S. 1 BGB).
In der Praxis ist dies vor allem bei Kündigungen relevant. Die Zurückweisung ist allerdings
ausgeschlossen, wenn der Vollmachtgeber den anderen von der Bevollmächtigung in Kenntnis gesetzt hatte (§ 174 S. 2 BGB).

Zwischen dem Vertreter und dem Dritten entsteht durch das Vertreterhandeln kein 47
Rechtsverhältnis. Mögliche vertragliche *Schadensersatzsprüche* treffen daher grundsätzlich allein den Geschäftsherrn. Ausnahmsweise haftet der Vertreter dem Dritten,
wenn er in besonderem Maße Vertrauen für sich in Anspruch genommen und hierdurch die Vertragsverhandlungen oder den Vertragsabschluss erheblich beeinflusst hat
(§§ 280 Abs. 1, 311 Abs. 3 S. 2 BGB). Gleiches gilt nach der Rechtsprechung, wenn der
Vertreter am Vertragsschluss *ein unmittelbares eigenes wirtschaftliches Interesse* hat.
Daran werden allerdings hohe Anforderungen gestellt. So reicht etwa die bloße Aussicht auf eine Provision nicht.

▶ **Beispiel:** Eine Eigenhaftung des Vertreters ist denkbar, wenn er sich für die Seriosität 48
des Geschäfts „verbürgt". Nicht ausreichend ist dagegen der bloße Hinweis auf eine besondere eigene Sachkunde oder eine langjährige Geschäftsbeziehung. ◀

2. Fehlende Vertretungsmacht

Hat ein Vertreter ohne Vertretungsmacht (sog. *falsus procurator*) gehandelt, so hängt 49
die Wirksamkeit des Vertrags für und gegen den Vertretenen von dessen Genehmigung
ab (§ 177 Abs. 1 BGB). Der Vertrag ist (wie bei einem Geschäft mit einem Minderjährigen) *schwebend unwirksam*. Die Genehmigung kann der Vertretene sowohl dem Vertreter als auch dem Dritten gegenüber erklären (§ 182 Abs. 1 BGB). Der Dritte hat die
Möglichkeit, den Schwebezustand zu beenden, indem er den Vertretenen zur Erklärung über die Genehmigung auffordert. In diesem Fall kann die Erklärung nur ihm gegenüber erfolgen; eine vor der Aufforderung dem Vertreter gegenüber erklärte Geneh-

migung oder Verweigerung der Genehmigung wird unwirksam (§ 177 Abs. 2 S. 1 BGB). Die Genehmigung kann nur bis zum Ablauf von zwei Wochen nach dem Empfang der Aufforderung erklärt werden; wird sie nicht erklärt, so gilt sie als verweigert (§ 177 Abs. 2 S. 2 BGB).

50   Wird die Genehmigung verweigert, haftet der Vertreter ohne Vertretungsmacht nach Maßgabe des § 179 BGB. Er schuldet dem Dritten nach dessen Wahl Erfüllung oder muss ihm im Wege des Schadensersatzes das positive Interesse ersetzen.

51   ▶ **Beispiel:** S kauft im Namen des K von V einen Pkw (Wert 8000 €) zum Preis von 10.000 €, obwohl er weiß, dass K gar kein Auto benötigt und ihn dazu auch nicht bevollmächtigt hat. K verweigert die Genehmigung des Vertrags.

V kann von S Zahlung des Kaufpreises i.H.v. 10.000 € (§ 179 Abs. 1 Alt. 1 BGB i.V.m. § 433 Abs. 2 BGB) oder Schadensersatz i.H.v. 2000 € (§ 179 Abs. 1 Alt. 2 BGB) verlangen. Wählt V die erste Alternative, so muss er S den Pkw liefern (vgl. § 320 Abs. 1 S. 1 BGB). S kann aber nicht von sich aus die Übergabe und Übereignung des Pkw aus § 433 Abs. 1 S. 1 BGB fordern. ◀

52   Hat der Vertreter den Mangel der Vertretungsmacht nicht gekannt, so muss er dem Dritten nur den Vertrauensschaden (negatives Interesse) ersetzen. Der Schadensersatzanspruch ist auf das positive Interesse begrenzt (§ 179 Abs. 2 BGB).

53   ▶ **Beispiel:** Im obigen Fall könnte V Kopierkosten für den Kaufvertrag ersetzt verlangen, nicht aber den entgangenen Gewinn. ◀

54   Der Vertreter haftet nicht, wenn der andere Teil den Mangel der Vertretungsmacht kannte oder kennen musste (§ 179 Abs. 3 S. 1 BGB). In diesem Fall fehlt das schutzwürdige Vertrauen des Dritten. Der Vertreter haftet auch dann nicht, wenn er nur beschränkt geschäftsfähig ist, es sei denn, dass er mit Zustimmung seines gesetzlichen Vertreters gehandelt hat (§ 179 Abs. 3 S. 2 BGB). Der Schutz des Minderjährigen geht dem Verkehrsschutz vor.

Kontrollfragen und Fälle zum 2. Kapitel

1. *Was versteht man unter einem Vertrag?*
2. *Kann ein Vertrag Rechte oder Pflichten für unbeteiligte Dritte vorsehen?*
3. *Fall: A sagt während der Vorlesung zu B: „Ich kaufe dir dein BGB für 1 € ab. Einverstanden?" B antwortet nicht, sondern lauscht weiterhin dem Dozenten. Daraufhin legt A dem B 1 € auf den Tisch, greift sich das BGB und verschwindet. Ist zwischen A und B ein Kaufvertrag zustande gekommen?*
4. *Was ist der Unterschied zwischen einer sog. konkludenten Willenserklärung und Schweigen?*
5. *Aus welchen Bestandteilen setzt sich eine Willenserklärung zusammen? Welche sind notwendig für die Wirksamkeit der Erklärung, welche sind u.U. verzichtbar?*
6. *Fall: Der ortsfremde K begleitet seine aus Trier stammende Ehefrau F zu einer dortigen Weinversteigerung. Als er auf der anderen Seite des Raums seine Schwiegermutter S entdeckt, hebt er zum Gruß die Hand. Der Versteigerer V, der im eigenen Namen tätig wird, fasst dies als Angebot des K für ein gerade zur Versteigerung aufgerufenes Weinfass (Einstiegsgebot 50 €) auf. Da sich kein anderer Interessent findet, erteilt V dem K den Zuschlag. Als V von K Zahlung des Kaufpreises verlangt, erwidert dieser, dass er doch nur die S habe grüßen wollen und damit dem V nichts schulde. Zu Recht?*
7. *Fall: A will sein Mofa an B zum Preis von 1000 € verkaufen. Er verschreibt sich jedoch und erklärt, er möchte 100 € für sein treues Gefährt. Hat A eine wirksame Willenserklärung abgegeben und, wenn ja, mit welchem Inhalt?*
8. *Fall: A lädt B zum Eröffnungsspiel der Fußball-EM zu sich nach Hause ein. Am besagten Tag erscheint B bei A; dieser öffnet jedoch nicht. Da B selbst kein Fernsehgerät besitzt, kauft er sich kurzerhand im Elektrogeschäft ein Fernsehgerät für 500 €, um das Spiel verfolgen zu können. Später verlangt er die 500 € als Schadensersatz von A wegen Nichterfüllung des aus seiner Sicht zwischen A und B geschlossenen Vertrags. Zu Recht?*
9. *Fall: V möchte eine ihm gehörende Wohnung in Köln vermieten und stellt am 7.11. alle Details in ein Internetportal ein. Wenige Sekunden nach der Veröffentlichung der Anzeige schreibt D aus Düsseldorf an die angegebene E-Mail-Adresse des V, dass er die Wohnung gern mieten wolle. V antwortet D zunächst nicht. Erst am 30.11. teilt er dem D auf dessen erneute Nachfrage mit, dass er aus prinzipiellen Erwägungen nicht an einen Düsseldorfer vermiete. D ist empört. Er meint, dass ein Mietvertrag bereits durch seine E-Mail vom 7.11. zustande gekommen sei. Jedenfalls aber hätte V seine Ablehnung rechtzeitig erklären müssen. Und überhaupt sei jemand, der bestimmte Gruppen als Vertragspartner ablehne, nicht schützenswert. Ist ein gültiger Mietvertrag zwischen V und D zustande gekommen?*
10. *Fall: V schickt K einen Brief, worin er diesem ohne zeitliche Befristung den Kauf seines Fernsehers anbietet. In welchem Zeitraum ist V an sein Angebot gebunden?*
11. *Fall: V bietet dem K am 2.5. per E-Mail seinen Kühlschrank für 200 € an. K antwortet dem V umgehend, dass er den Kühlschrank gerne für 180 € nehme. V meldet sich nicht. K, der den Kühlschrank unbedingt haben möchte, schreibt daraufhin einige Tage später erneut an V, dass er nun auch zur Zahlung von 200 € bereit*

sei. V, der seinen Kühlschrank inzwischen doch lieber behalten möchte, reagiert wiederum nicht. Kann K von V die Lieferung des Kühlschranks verlangen?

12. *Nennen Sie die wesentlichen Bestandteile eines Kaufvertrags!*

13. *Wie ist zu verfahren, wenn sich zwei Parteien zwar über alle wesentlichen Vertragspunkte geeinigt haben, nicht jedoch über Nebenabreden?*

14. *Nach welchen Grundsätzen werden Willenserklärungen ausgelegt?*

15. *Fall: A bietet auf eBay im Rahmen einer „Online-Versteigerung" eine Tasche zum Verkauf an. Die Angebotsseite enthält eine Überschrift: „Louis Vuitton-Tasche – Maße 60x30x20cm. Guter Zustand!" In der Beschreibung hierzu heißt es: „Typisches LV-Muster. Ca. 2 Jahre alt. Mitgebracht von einer Urlaubsreise." Der Anzeige ist ein unscharfes Bild angefügt, auf dem die Tasche nur in groben Zügen zu sehen ist. B „ersteigert" die Tasche für 150 €. Als sie die Tasche vom Postboten in Empfang nimmt, stellt sie sofort fest, dass es sich hierbei keinesfalls um eine originale Louis Vuitton Tasche handelt, sondern um ein Duplikat mit dem für diese Marke typischen Muster. Entsprechende originale Louis Vuitton-Taschen werden auf eBay für 1500 € gehandelt. B ist entsetzt und fordert A zur Lieferung einer originalen Louis Vuitton-Tasche auf, die sie schließlich auch gekauft habe. A meint, B habe das bekommen, was vertraglich vereinbart sei, nämlich die fotografierte Tasche. Durch seine Beschreibung komme klar zum Ausdruck, dass es sich selbstverständlich nicht um eine originale Tasche handele. Das hätte B in Anbetracht des günstigen Preises auch klar sein müssen. Hat B einen Anspruch gegen A auf Lieferung einer originalen Louis Vuitton-Tasche?*

16. *Was versteht man unter einer ergänzenden Vertragsauslegung?*

17. *In welchem Zeitpunkt gilt eine schriftliche Willenserklärung als abgegeben?*

18. *Fall: Arbeitgeber A will das seit etwas über zwei Jahre bestehende Arbeitsverhältnis mit seinem Arbeitnehmer B aus betriebsbedingten Gründen beenden. Nach den gesetzlichen Vorschriften (vgl. § 622 BGB) beträgt die Kündigungsfrist für eine Kündigung durch den Arbeitgeber einen Monat zum Ende eines Kalendermonats, wenn das Arbeitsverhältnis in dem Betrieb oder Unternehmen zwei Jahre bestanden hat. Prüfen Sie für jede Fallkonstellation die Wirksamkeit der Kündigung zum 30.6.!*

    a) A wirft die von ihm unterzeichnete Kündigung bei B am 30.5. (einem Montag) um 21 Uhr persönlich ein. B leert seinen Briefkasten am 1.6.

    b) Wie Fall a), nun ist allerdings B bis zum 21.6. im Urlaub.

    c) Wie Fall a), nun ist allerdings das Schreiben des A im Briefkasten unbemerkt zwischen einem am selben Tag eingeworfenen großen Stapel Werbung gerutscht. Das Kündigungsschreiben landet daher ungeöffnet im Altpapier.

    d) Wie Fall a), dieses Mal wirft der Postbote das Schreiben versehentlich beim Nachbarn N ein. Dieser liegt mit B im Streit und leitet das Schreiben nicht weiter.

    e) A will die Kündigung bei B am 31.5. um 21 Uhr einwerfen. Als er gerade dabei ist, den Brief einzuwerfen, öffnet B die Tür, nimmt von A das Schreiben entgegen und nimmt entsetzt dessen Inhalt zur Kenntnis.

19. *Fall: Arbeitgeber A kündigt seinem Arbeitnehmer B zwei Tage vor Ablauf der Kündigungsfrist zum Jahresende per eigenhändigem Einschreiben. Ein Kündigungsgrund liegt vor. Weil B gerade im Urlaub weilt und auch sonst niemand bei*

ihm zu Hause ist, hinterlässt der Postbote lediglich einen Benachrichtigungsschein, dass das Einschreiben innerhalb einer Woche bei der nächstgelegenen Postfiliale abgeholt werden könne. Als B wieder aus dem Urlaub zurück ist, vergisst er, den Brief abzuholen. Dieser geht schließlich an A zurück. A unternimmt nichts weiter. Ist die Kündigung wirksam?

20. *Fall: Am Mittwoch, dem 1.8., unterbreitet G dem E ein schriftliches Angebot über den Kauf einer Telefonanlage. Noch am selben Tag sendet E dem G um 23 Uhr ein Fax, in dem er die Annahme des Angebots erklärt. Am nächsten Tag erkennt E bei nochmaligem Überdenken, dass sich das Geschäft für ihn eigentlich nicht lohnt. Daraufhin schickt er am Abend des 2.8. ein weiteres Fax an G, in dem er seine Erklärung widerruft. Als G am 3.8. von einer Geschäftsreise zurückkehrt, findet er die beiden Schreiben in seinem Gerät vor. Ist ein Vertrag zustande gekommen?*

21. *Nach welchen Regelungen bemisst sich der Abschluss von Verträgen über das Internet?*

22. *Handelt es sich bei automatischen, computergenerierten Erklärungen bei Online-Geschäften um Willenserklärungen?*

23. *Fall: Der Händler H verkauft Schuhe über das Internet. In seinem Onlineshop wird dem Kunden eine Auswahl zahlreicher Modelle angezeigt, die jeweils mit einem konkreten Preis ausgezeichnet sind. K legt ein Modell, das gerade zu einem besonders günstigen Preis von 40 € auf der Website erscheint, in seinen Warenkorb, gibt seine Daten ein und klickt auf das Feld „Bestellung aufgeben". Er erhält wenige Sekunden später von H eine E-Mail, worin es unter anderem heißt: „Vielen Dank für Ihre Bestellung, deren Annahme wir hiermit bestätigen. Wir werden diesen Auftrag so schnell wie möglich ausführen. Die Ware wird voraussichtlich in der nächsten Kalenderwoche geliefert werden." Nachdem die Ware 12 Tage später bei K nicht eingetroffen ist, ruft K bei H an und fragt, wann er mit der Lieferung seiner Schuhe rechnen kann. H meint, aufgrund des günstigen Preises seien viel mehr Bestellungen eingegangen, als er erwartet habe. Er müsse daher das „Angebot des K" ablehnen und könne die Bestellung leider nicht ausführen. Hat K einen Anspruch auf Lieferung der Schuhe gegen Zahlung von 40 €?*

24. *Gibt es einen Grundsatz, wonach Verträge stets schriftlich abzuschließen sind?*

25. *Fall: A und B schließen „per Handschlag" einen Kaufvertrag über ein Grundstück zu einem Kaufpreis von 200.000 €. Ist der Vertrag wirksam?*

26. *Fall: Arbeitgeber G teilt dem Arbeitnehmer A per E-Mail fristgerecht mit, dass er das Arbeitsverhältnis kündige. Ist das Arbeitsverhältnis wirksam beendet worden?*

27. *Was versteht man unter Rechtsfähigkeit und unter Geschäftsfähigkeit?*

28. *Welche Stufen der Geschäftsfähigkeit gibt es?*

29. *Unter welchen Voraussetzungen kann ein Minderjähriger wirksam einen Vertrag im eigenen Namen schließen?*

30. *Fall: V ist in akuter Geldnot. Er bietet dem 17-jährigen K deshalb eine Briefmarke für 500 € zum Kauf an, deren Wert 2000 € beträgt. Kommt ein wirksamer Kaufvertrag zustande, wenn K das Angebot annimmt? Was ist ggf. erforderlich, um den Vertrag zu „retten"? Kann V dem K die Briefmarke wirksam übereignen?*

31. *Kann ein Minderjähriger mit seinem Taschengeld eine Sache im Wege der Ratenzahlung kaufen?*

32. *Fall: Der 16-jährige M erhält von seinen Eltern einen Betrag von 100 €, um sich einen neuen Wintermantel zu kaufen. M hat jedoch andere Pläne mit dem Geld. Er kauft in dem Computerladen des C zwei brandneue Computerspiele im Gesamtwert von 98 €, die er mit dem von seinen Eltern erhaltenen Betrag sogleich bezahlt. Als die Eltern hiervon erfahren, suchen sie den C auf und verlangen den Kaufpreis zurück. C beruft sich auf die Wirksamkeit des Vertrags, auch deshalb, weil er M auf mindestens 20 Jahre geschätzt habe. Haben M und C einen wirksamen Vertrag geschlossen?*

33. *Was versteht man unter einem Scheingeschäft? Wo ist es gesetzlich geregelt und welchen Zweck erfüllt es regelmäßig? Nennen Sie ein praktisch relevantes Beispiel!*

34. *Fall: B will sein Badezimmer richten lassen und wendet sich an den Unternehmer U. Dieser bietet ihm an, das gesamte Bad für 5000 € zu renovieren, wenn B „keine Rechnung braucht". B ist einverstanden. Als U auch nach mehreren Wochen noch nicht begonnen hat, will B ihn auf Erfüllung verklagen. Mit Erfolg?*

35. *Nennen Sie die Wirksamkeitsvoraussetzungen der Stellvertretung!*

36. *Welche Bedeutung hat das Offenkundigkeitsprinzip für die Stellvertretung? Gibt es Ausnahmen davon?*

37. *Fall: K bittet S, als sein Stellvertreter bei V ein Auto zu kaufen. Beim Abschluss des Kaufvertrags weist S aus Versehen nicht darauf hin, dass er den Wagen nicht für sich selbst kauft. Als V von S Zahlung des Kaufpreises verlangt, erklärt S, dass er das Auto für K habe kaufen wollen und er selbst daher dem V nichts schulde. Hilfsweise erklärt S gegenüber V die Anfechtung. Ist S gegenüber V zur Zahlung des Kaufpreises verpflichtet?*

38. *Wem gegenüber kann eine Vollmacht erteilt werden?*

39. *Was versteht man unter der Duldungs- und der Anscheinsvollmacht?*

40. *Fall: A, der Verlobte der B, stellt ohne deren Wissen unter ihrer eBay-Nutzerkennung, die für A gut sichtbar neben dem Computer lag, einen B gehörenden Fernseher zum Verkauf ein. K hat das Höchstgebot abgegeben und verlangt nun von B Übergabe und Übereignung des Fernsehers. Zu Recht?*

41. *Fall: B kauft bei C ein Fernsehgerät „im Namen des A", ohne entsprechend bevollmächtigt zu sein. Kommt ein Kaufvertrag zustande?*

42. *Mit welchen Folgen muss ein volljähriger Vertreter ohne Vertretungsmacht rechnen, wenn er den Mangel seiner Vertretungsmacht gekannt hat und der Vertretene die Genehmigung des Vertrags verweigert?*

3. Kapitel:
Die Beendigung von Verträgen

§ 18 Die Erfüllung einer Forderung

In den praktisch allermeisten Fällen erlöschen Ansprüche, indem sie erfüllt werden, wenn also etwa der Käufer den Kaufpreis zahlt oder der Verkäufer die Sache liefert. Als *Erfüllung* bezeichnet das Gesetz das Bewirken der geschuldeten Leistung (§ 362 Abs. 1 BGB). Mit Erfüllung erlischt der Anspruch. Erfüllung tritt in dem Zeitpunkt ein, in dem der Schuldner den *Leistungserfolg* herbeiführt. Es reicht nicht aus, dass er (nur) die Leistungshandlung erbracht hat.   1

▶ **Beispiel:** K schickt den Kaufpreis – wie zuvor vereinbart – in einem Briefumschlag mit der Post an V. Der Brief geht unterwegs verloren.   2

Hier hat K zwar die Leistungshandlung erbracht (Absenden des Geldes). Der Leistungserfolg (Ankommen des Geldes bei V) ist jedoch nicht eingetreten. K hat nicht erfüllt und muss noch einmal bezahlen. ◀

Die Erfüllungswirkung tritt nur ein, wenn der Schuldner oder ein Dritter (vgl. § 267 BGB) die richtige Leistung an den richtigen Gläubiger erbringt. Sofern die Parteien nichts anderes vereinbaren, muss der Schuldner die gesamte Leistung grundsätzlich vollständig auf einmal erbringen. Teilleistungen muss der Gläubiger nicht annehmen (§ 266 BGB). Gleiches gilt für eine Schlechtleistung. Insbesondere ist der Käufer grundsätzlich nicht zur Annahme einer mangelhaften Sache verpflichtet, da die Übergabe einer mangelfreien Sache eine Leistungspflicht des Verkäufers darstellt (§ 433 Abs. 1 S. 2 BGB). Nimmt er die mangelhafte Sache gleichwohl an, richten sich seine Rechte nach den §§ 434 ff. BGB (vgl. 5. Kapitel, § 28 Rn. 1 ff.).   3

▶ **Beispiel:** K bestellt bei V ein Neufahrzeug der Marke Fiat. Die Parteien vereinbaren kostenfreie Auslieferung des Fahrzeugs am Wohnsitz des K. Bei der Auslieferung weist das Fahrzeug einen Lackschaden an der Fahrertür auf. Im Lieferschein ist insoweit vermerkt: „Kleine Delle Fahrertür, Kosten für Ausbesserung werden von V übernommen." K erklärt daraufhin, dass er das Fahrzeug „zurückweise" und den Kaufpreis nicht freigebe. V macht dagegen geltend, es handele sich um einen „Bagatellschaden", und verlangt Überweisung des vollständigen Kaufpreises.   4

K kann die Annahme des Fahrzeugs verweigern. Der Käufer muss selbst bei geringfügigen Mängeln – wie dem hier vorliegenden Lackschaden – grundsätzlich weder den Kaufpreis zahlen noch die Sache annehmen, bevor der Mangel beseitigt ist. Hieran ändert auch nichts, dass V sich zur Übernahme der Reparaturkosten bereit erklärt hat. Denn es obliegt nicht dem Käufer, einen Reparaturauftrag zu erteilen, sondern der Verkäufer muss die Reparatur im Rahmen der Erfüllung seiner Verkäuferpflichten in eigener Verantwortung und auf eigenes Risiko veranlassen. Tut er dies nicht, hat der Käufer das Recht, bis zur Beseitigung des Sachmangels die Zahlung des (gesamten) Kaufpreises (§ 320 Abs. 1 S. 1 BGB) und die Annahme des Fahrzeugs (§ 273 Abs. 1 BGB) zu verweigern. ◀

Ferner muss der Schuldner die Leistung grundsätzlich an den *Gläubiger persönlich* bewirken. Eine Leistung an Dritte hat keine befreiende Wirkung (§ 362 Abs. 2 BGB). Keine Leistung an einen Dritten, sondern eine befreiende Leistung an den Gläubiger   5

selbst liegt aber dann vor, wenn auf ein Bankkonto des Gläubigers überwiesen wird. In diesem Fall ist die Bank lediglich eine sog. *Zahlstelle* des Gläubigers.

6 ▶ **Beispiel:** K zahlt den Kaufpreis nicht in bar an V, sondern überweist den Betrag wie vereinbart auf das Konto des V bei der B-Bank. Die B-Bank ist kein „Dritter" i.S.d. § 362 Abs. 2 BGB, sondern bloße Zahlstelle des V. Mit der Gutschrift des Betrags auf dem Konto ist daher Erfüllung eingetreten. Der Kaufpreisanspruch ist gemäß § 362 Abs. 1 BGB erloschen. ◀

7 Wenn die Parteien nichts Abweichendes vereinbart haben, sind *Geldschulden* nach den antiquierten Grundsätzen des BGB durch *Barzahlung* zu erfüllen. Im Geschäftsleben ist es jedoch üblich, dass die Parteien weitere Zahlungsmittel vereinbaren. Dies kann auch *konkludent* geschehen. Wer sein Konto durch Aufdruck auf Briefen, Rechnungen oder auf andere Weise bekannt gibt, erklärt sich konkludent damit einverstanden, dass der Schuldner eine Geldschuld durch Banküberweisung erfüllen kann. Der Schuldner darf hier seine Schuld generell durch Überweisung tilgen. Wer in seinem Ladengeschäft an der Kasse ein Hinweisschild auf „electronic cash" und/oder eine bestimmte Kreditkartenmarke aufstellt, gibt damit zu verstehen, dass der Kunde mittels ec-Karte bzw. Kreditkarte leisten darf. Unter Kaufleuten i.S.d. HGB (vgl. dazu 12. Kapitel, § 54 Rn. 1 ff.) ist die Zahlung durch Buchgeld ein Handelsbrauch und damit auch ohne entsprechende Vereinbarung zulässig.

8 > **BGH, Urt. v. 17.3.2004 – VIII ZR 161/03:** „Eine Geldschuld kann … anstatt durch Barzahlung auch im Wege einer Banküberweisung getilgt werden, wenn die Parteien dies vereinbart haben. Das stillschweigend erklärte Einverständnis des Gläubigers liegt in der Regel in der Bekanntgabe des Girokontos auf Briefen, Rechnungen und dergleichen an den Schuldner."

9 Bei *bargeldlosen Leistungen* sind feinsinnige juristische Differenzierungen zu beachten. Die *Banküberweisung* ist nach wohl herrschender Meinung *Erfüllung*. Die befreiende Wirkung tritt grundsätzlich in dem Zeitpunkt ein, in dem der Betrag auf dem Konto des Gläubigers gutgeschrieben wird.

10 > **BGH, Urt. v. 28.10.1998 – VIII ZR 157/97:** „Bei einer Banküberweisung wird der zur Erfüllung erforderliche Leistungserfolg mangels anderer Vereinbarung nur dann erzielt, wenn der Gläubiger den geschuldeten Geldbetrag endgültig zur freien Verfügung erhält. Das ist unter der – normalerweise gegebenen – Voraussetzung, dass allein der Gläubiger Verfügungsbefugnis über das Konto hat, in dem Augenblick der Fall, in dem der überwiesene Betrag dem Konto des Gläubigers gutgeschrieben wird."

11 Das *electronic cash*-System ist ein Dreiecksverhältnis zwischen der kartenausgebenden Bank, dem Karteninhaber (Käufer) und dem Vertragsunternehmen (Verkäufer). Der Käufer zahlt mit seiner ec-Karte und der Eingabe der Geheimnummer (PIN). Dabei wird auf elektronischem Wege geprüft, ob der Verfügungsrahmen der Karte (Bsp.: 1000 € pro Tag) überschritten oder die Karte gesperrt ist. Mit der Zahlung geht die Bank gegenüber dem Verkäufer eine abstrakte Zahlungsverpflichtung ein. Die Zahlung erfolgt *erfüllungshalber*, d.h. der Käufer bewirkt nicht die „geschuldete Leistung" (Geldzahlung), sondern gibt einen anderen Gegenstand (Forderung gegen die Bank) an dessen Stelle hin. Die Leistung erfüllungshalber führt nicht zum unmittelbaren Erlöschen der ursprünglichen (Kaufpreis-)Forderung. Der Käufer wird erst befreit, wenn der Verkäufer die Forderung gegen die Bank auch tatsächlich erfolgreich geltend macht. Der Verkäufer ist allerdings weitgehend geschützt, da die Bank

ihm gegenüber eine Zahlungsgarantie abgibt. Ähnliches gilt für die *Kreditkartenzahlung.* Bei ihr gibt die kartenausgebende Bank ebenfalls ein abstraktes Schuldversprechen gegenüber dem Verkäufer ab. Die Zahlung erfolgt wiederum erfüllungshalber.

Daneben existiert das *elektronische Lastschriftverfahren,* das heute auch bei nationalen 12 Geldtransaktionen ausschließlich in Form des sog. SEPA-Lastschriftverfahrens durchgeführt wird. Dabei erteilt der Zahlungspflichtige dem Zahlungsempfänger schriftlich eine Ermächtigung, die zu leistenden Zahlungen mittels Lastschrift bei der Schuldnerbank einzuziehen (Lastschriftmandat). Im SEPA-Verfahren ist zwischen der Basislastschrift und der Firmenlastschrift zu unterscheiden. Bei der SEPA-Basislastschrift, die bei Beteiligung eines Verbrauchers gegeben ist, müssen erstmalige Lastschriften fünf Tage, wiederkehrende Lastschriften mindestens zwei Tage vor Fälligkeit bei dem entsprechenden Kreditinstitut vorliegen. Bei einer SEPA-Firmenlastschrift, die ausschließlich auf den Verkehr zwischen Geschäftskunden beschränkt ist, gilt generell eine Fälligkeitsfrist von einem Tag. Im SEPA-Basislastschriftverfahren kann der Zahlungspflichtige bis zu acht Wochen nach der Abbuchung ohne Angabe von Gründen verlangen, dass das Geld auf sein Konto zurückgebucht wird. Erfolgt die Abbuchung unautorisiert, weil der Zahlungspflichtige kein Lastschriftmandat erteilt oder dieses zuvor widerrufen hat, beträgt die Frist sogar 13 Monate. Bei der SEPA-Firmenlastschrift besteht dagegen kein Erstattungsanspruch, weil die Mandatsdaten vor der Belastung zu prüfen sind.

Zahlt der Käufer im Ladengeschäft mit seiner ec-Karte im SEPA-Lastschriftverfahren, muss 13 er anstelle der PIN-Eingabe auf einem Beleg unterschreiben. Auch in diesem Fall erfolgt die Zahlung *erfüllungshalber.* Die Erfüllungswirkung tritt dann mit vorbehaltloser Gutschrift und der vom Gläubiger sodann erlangten unbeschränkten Verfügungsbefugnis über den Zahlbetrag ein; sie kann aber im SEPA-Basislastschriftverfahren rückwirkend entfallen, wenn der Schuldner sein Rückbelastungsrecht geltend macht. Im Unterschied zum electronic cash-System gibt die Bank keine Zahlungsgarantie gegenüber dem Verkäufer ab. Stellt sich bei der Belastung des Bankkontos des Käufers heraus, dass dieser seinen Verfügungsrahmen überschritten hat, wird die Lastschrift nicht eingelöst bzw. zurückgegeben. Der Verkäufer hat dann lediglich einen Anspruch gegen die Bank auf Auskunft über den Namen und die Adresse des Käufers. Er trägt damit das Risiko der Bonität des Käufers. Im wirtschaftlichen Verkehr ist das SEPA-Lastschriftverfahren aufgrund der geringeren Kosten gegenüber dem electronic cash-System (die Bank lässt sich ihre Zahlungsgarantie vergüten) dennoch weit verbreitet.

§ 19 Die Aufrechnung

1   Die *Aufrechnung* gemäß §§ 387 ff. BGB ist die Tilgung zweier einander gegenüberstehender Forderungen durch empfangsbedürftige Willenserklärung einer Partei. Es handelt sich also um ein einseitiges Rechtsgeschäft. Die Aufrechnung hat zwei Funktionen: Erstens vereinfacht sie die Erfüllung, indem sie ein Hin- und Herzahlen vermeidet. Zweitens erlaubt sie es jeder Partei, ihre Forderung gegen die Forderung der anderen Partei im Wege der Selbsthilfe, also ohne Klage, Urteil und staatliche Zwangsvollstreckung, durchzusetzen.

2   ▶ **Beispiel:** A hat einen Kaufpreisanspruch gegen B über 500 €. B hat seinerseits einen Anspruch gegen A auf Rückzahlung eines Darlehens über 500 €. Ohne Aufrechnungsmöglichkeit müsste B dem A 500 € (aus dem Kaufvertrag) und A dem B ebenfalls 500 € (aus dem Darlehen) zahlen. Die Aufrechnung erleichtert die Tilgung der Forderungen. Zugleich muss A seinem Geld nicht „hinterherrennen", falls B nicht zahlungsbereit ist (und umgekehrt). Er kann seinen Anspruch selbst durch Aufrechnung durchsetzen. ◀

I. Aufrechnungslage

3   Eine Aufrechnung setzt voraus, dass eine „Aufrechnungslage" besteht. Dazu müssen vier Voraussetzungen erfüllt sein:

4   Die Forderungen müssen *gegenseitig* sein, d.h. zwischen denselben Personen bestehen. Jeder der Beteiligten muss zugleich Gläubiger und Schuldner des anderen sein (§ 387 BGB). Zudem müssen die Forderungen ihrem Gegenstand nach *gleichartig* sein (§ 387 BGB). Sie müssen also denselben Inhalt haben (Hauptfall: Geld gegen Geld). Nicht erforderlich ist, dass die Forderungen auf den gleichen Betrag lauten.

5   Weil die Aufrechnung eine Möglichkeit darstellt, die eigene Forderung durchzusetzen, muss die Forderung des Aufrechnenden (= Gegenforderung) tatsächlich existieren, *fällig* (§ 387 BGB) und *einredefrei* (§ 390 BGB) sein.

6   ▶ **Beispiel:** Im vorherigen Fall wird das Darlehen erst am 1.6. fällig. B kann daher vor dem 1.6. noch nicht gegen seine Darlehensforderung aufrechnen. ◀

7   Für die Verjährung (vgl. unten 9. Kapitel, § 42 Rn. 1 ff.) enthält § 215 BGB eine Sonderregelung. Danach schließt die Verjährung die Aufrechnung nicht aus, wenn die Forderung bei Eintritt der Aufrechnungslage noch nicht verjährt ist. Der Gesetzgeber will damit dem Gläubiger eine einmal entstandene Aufrechnungsmöglichkeit erhalten.

8   Die Forderung gegen den Aufrechnenden (= Hauptforderung), die durch die Aufrechnung getilgt werden soll, muss dagegen nicht durchsetzbar sein. Es genügt, dass sie *erfüllbar* ist. Denn insoweit ist der Aufrechnende Schuldner, und diesem steht es frei, auch einredebehaftete oder noch nicht fällige Forderungen zu erfüllen.

II. Kein Aufrechnungsverbot

9   Eine Aufrechnung ist trotz Aufrechnungslage nicht möglich, wenn ihr ein Aufrechnungsverbot entgegensteht. Ein solches Verbot kann durch Vereinbarung der Parteien entstehen (vgl. § 391 Abs. 2 BGB). Daneben gibt es gesetzliche Aufrechnungsverbote. Gemäß § 393 BGB kann gegen eine Forderung aus einer vorsätzlich begangenen unerlaubten Handlung nicht aufgerechnet werden. Damit soll eine Art „privater Rache" vermieden werden. Nach § 394 BGB darf ferner nicht gegen eine unpfändbare Forderung aufgerechnet werden, damit dem Schuldner das Existenzminimum erhalten bleibt.

▶ **Beispiel:** V hat gegen K einen Kaufpreisanspruch über 500 €. K weigert sich, diesen zu   10
erfüllen. V solle ruhig klagen, er habe ohnehin kein Geld. Ließe das Gesetz eine Aufrechnung gegen eine Forderung aus vorsätzlicher unerlaubter Handlung zu, so könnte V auf die
Idee kommen, den K ohne (zivil-)rechtliche Folgen zu verprügeln. ◀

III. Aufrechnungserklärung

Eine Aufrechnung findet nicht kraft Gesetzes statt, sondern erfordert eine Willenserklärung   11
des Aufrechnenden (*Aufrechnungserklärung*, § 388 BGB). Die Aufrechnung muss gegenüber
dem Gläubiger der Hauptforderung erklärt werden. Zur Aufrechnung ist keine Mitwirkung
des anderen erforderlich. Es handelt sich also um ein Gestaltungsrecht. Die Aufrechnung
darf nicht unter einer Bedingung oder Befristung erklärt werden (§ 388 S. 2 BGB).

IV. Rechtsfolgen der Aufrechnung

Die Rechtsfolgen der Aufrechnung regelt § 389 BGB: Wird die Aufrechnung erklärt, so gel-   12
ten die Forderungen, soweit sie sich decken, als in dem Zeitpunkt erloschen, in dem sie zur
Aufrechnung geeignet einander gegenübergetreten sind. Die Aufrechnung wirkt also auf den
Zeitpunkt zurück, in dem die Aufrechnungslage entstanden ist.

§ 20 Die Anfechtung

1   Hat sich eine Partei bei Abschluss des Vertrags geirrt, kommt eine Anfechtung in Betracht. Ein *Irrtum* liegt vor, wenn der wahre Wille des Erklärenden unbewusst nicht mit dem durch Auslegung nach dem objektiven Empfängerhorizont bestimmten Inhalt der Erklärung übereinstimmt. Ist dem Erklärenden bei der Abgabe der Willenserklärung ein Irrtum unterlaufen, so ändert dies zunächst nichts an der Wirksamkeit der Erklärung bzw. des Vertrags. Der Erklärende hat jedoch unter bestimmten Voraussetzungen (§§ 119 ff. BGB) die Möglichkeit, seine irrtümlich abgegebene Willenserklärung durch *Anfechtung* wieder aus der Welt zu schaffen, d.h. sie rechtlich zu vernichten. Gegenstand der Anfechtung ist nicht der Vertrag selbst, sondern die zum Vertragsschluss führende *Willenserklärung*. Darüber hinaus können auch einseitige Rechtsgeschäfte (Bsp.: Rücktrittserklärung) und grundsätzlich auch rechtsgeschäftsähnliche Handlungen angefochten werden.

2   Rechtssystematisch gehört die Anfechtung zum 2. Kapitel über den Abschluss von Verträgen, da die Anfechtung einer Angebots- oder Annahmeerklärung den Vertragsschluss von vornherein verhindert. In der Praxis stellt die Anfechtung jedoch ein Instrument zur „Beendigung" von Verträgen (im untechnischen Sinne) dar, etwa als Alternative zum Rücktritt (vgl. 3. Kapitel, § 21 Rn. 1 ff.) oder zum Widerruf eines Vertrags (vgl. 3. Kapitel, § 22 Rn. 1 ff.), so dass für die mit diesem Lehrbuch verfolgten Zwecke eine zusammenhängende Darstellung sinnvoll erscheint.

3   Das Anfechtungsrecht ist eine Ausprägung der Privatautonomie. Es beruht auf dem Gedanken, dass niemand gegen seinen Willen an einer Erklärung festgehalten werden soll, die er so nicht hatte abgeben wollen. Die irrige Erklärung ist jedoch nicht kraft Gesetzes unwirksam. Der Irrende soll ein Wahlrecht zwischen dem Festhalten am Erklärten und der Unwirksamkeit der Erklärung haben, das er durch die Anfechtung bzw. das Unterlassen der Anfechtung ausübt. Da der Erklärende durch die Erklärung jedoch einen Vertrauenstatbestand gesetzt hat, ist der Empfänger in seinem Vertrauen auf die Gültigkeit der Erklärung zu schützen. Ficht der Erklärende seine Erklärung wirksam an, so hat er dem anderen daher grundsätzlich den ihm entstandenen Vertrauensschaden zu ersetzen (§ 122 BGB).

4   Eine wirksame Anfechtung hat mehrere *Voraussetzungen*: Es muss ein Anfechtungsgrund vorliegen. Die Anfechtung muss erklärt werden. Dabei muss er eine bestimmte Frist beachten. Schließlich muss die Anfechtungserklärung dem anderen (Anfechtungsgegner) zugehen. Im Einzelnen gilt:

I. Anfechtungsgründe

5   Irrtümer können entweder bei der Willensäußerung oder – zeitlich vorgelagert – bei der Willensbildung entstehen. Ein Irrtum bei der *Willensäußerung* liegt vor, wenn der Inhalt der Erklärung nach dem objektiven Empfängerhorizont nicht dem Geschäftswillen des Erklärenden entspricht. Zu unterscheiden sind der Inhaltsirrtum gemäß § 119 Abs. 1 Alt. 1 BGB und der Erklärungsirrtum gemäß § 119 Abs. 1 Alt. 2 BGB. Ein Irrtum bei der *Willensbildung* kommt zustande, wenn der Erklärende irrig von einem falschen Umstand ausgeht, der für den Geschäftswillen bedeutsam ist (Bsp.: Verwendungsabsicht für die Kaufsache). Schließlich sind Willenserklärungen gemäß § 123 BGB anfechtbar, die aufgrund einer arglistigen Täuschung oder einer widerrechtlichen Drohung abgegeben werden.

Auch von einem *Stellvertreter* abgegebene Willenserklärungen sind wegen Irrtums anfecht- 6
bar. Dabei stellt sich die Frage, ob es für den Willensmangel auf die Person des Vertreters
oder des Vertretenen ankommt. Da der Vertreter den für die Vornahme des Rechtsgeschäfts
maßgeblichen Willen bildet, hat der Gesetzgeber sich für die Person des Vertreters entschieden (§ 166 Abs. 1 BGB).

▶ **Beispiel:** V beauftragt S, für ihn seinen Audi A3 zu verkaufen, und bevollmächtigt ihn 7
„umfassend". S wird sich auf dem Gebrauchtwagenmarkt schnell mit K einig. Er setzt mit
ihm einen schriftlichen Kaufvertrag auf, verschreibt sich aber beim Kaufpreis (8000 € statt
9000 €). Als S seinen Fehler bemerkt, weigert er sich, dem K den Wagen zu übereignen.

S verweigert die Übereignung zu Recht, wenn der geschlossene Kaufvertrag unwirksam ist.
In der Verweigerung der Übereignung unter Hinweis auf seinen Fehler liegt eine konkludente Anfechtungserklärung. Da V unmittelbar aus dem Kaufvertrag verpflichtet wird (§ 164
Abs. 1 S. 1 BGB), ist grundsätzlich auch allein er der Anfechtungsberechtigte. Etwas anderes
gilt aber, wenn der Vertreter – wie hier der S – umfassend bevollmächtigt ist, die Vollmacht
sich also auch auf die Anfechtung erstreckt. S ist dann auch insoweit der Stellvertreter des V
mit der Folge, dass die von ihm abgegebene Anfechtungserklärung unmittelbar für und gegen V wirkt (§ 164 Abs. 1 S. 1 BGB). Wegen § 166 Abs. 1 BGB ist es zudem ohne Bedeutung, dass lediglich S, nicht aber V selbst einem Erklärungsirrtum (§ 119 Abs. 1 Alt. 2 BGB)
unterlegen ist. Der Kaufvertrag ist daher nichtig (§ 142 Abs. 1 BGB). ◀

1. Inhaltsirrtum

Als *Inhaltsirrtum* bezeichnet das Gesetz den Fall, dass der Erklärende bei der Abgabe 8
der Willenserklärung über deren Inhalt im Irrtum war (§ 119 Abs. 1 Alt. 1 BGB). Der
Erklärende erklärt, äußerlich betrachtet, zwar genau das, was er erklären will. Er irrt
jedoch über die rechtliche Bedeutung seiner Erklärung; er misst ihr eine andere Bedeutung bei, als sie in Wirklichkeit hat. Für den Inhaltsirrtum gilt der Merksatz: „Er weiß,
was er sagt, aber nicht, was er *damit* sagt." Allerdings darf nicht vorschnell auf das
Vorliegen eines Irrtums geschlossen werden. Um festzustellen, ob Wille und Erklärung
tatsächlich voneinander abweichen, muss zunächst der Inhalt der Erklärung durch
Auslegung nach dem objektiven Empfängerhorizont (vgl. 2. Kapitel, § 10 Rn. 1 ff.) ermittelt werden. Die Auslegung hat also stets Vorrang vor der Anfechtung.

> **BGH, Urt. v. 15.2.2017 – VIII ZR 59/16:** „Ein solcher [Inhalts-]Irrtum setzt ein Auseinan- 9
> derfallen von Wille und Erklärung voraus. Der Erklärende muss also, ohne dies zu merken,
> gegenüber dem Erklärungsempfänger aus dessen Sicht etwas anderes zum Ausdruck ge-
> bracht haben als das, was er in Wirklichkeit erklären wollte; er hat seine Erklärung zwar
> so, wie sie lautet, auch tatsächlich abgeben wollen, sich aber über die Bedeutung, die
> dem Erklärten unter den gegebenen Umständen im Rechtsverkehr zukam, geirrt."

▶ **Beispiel:** S verlässt seine badische Heimat, um in Köln Jura zu studieren. An seinem ers- 10
ten Abend bestellt er in der Kneipe einen „Halven Hahn". Statt des erwarteten halben
Hähnchens bekommt er – wie in Köln üblich – ein Käsebrötchen serviert.

Hier hat S zwar genau das erklärt, was er erklären wollte (Kauf eines „Halven Hahns"). Er
hat der Erklärung jedoch eine andere Bedeutung (halbes Hähnchen) beigemessen, als sie
nach dem objektiven Empfängerhorizont an diesem Ort tatsächlich hat (Käsebrötchen). S
kann seine Bestellung wegen Inhaltsirrtums gemäß § 119 Abs. 1 Alt. 1 BGB anfechten. ◀

2. Erklärungsirrtum

11 Beim *Erklärungsirrtum* liegt der Irrtum in der Erklärungshandlung begründet. Die äußere Erklärung weicht von dem ab, was der Erklärende eigentlich erklären will. Der Erklärende gibt eine Erklärung ab, die er mit diesem Inhalt überhaupt nicht abgeben wollte (§ 119 Abs. 1 Alt. 2 BGB). Typische Fälle sind das Versprechen, Vergreifen oder Verschreiben.

12 ▶ **Beispiel:** V bietet seinen gebrauchten Pkw in einem Internetauktionshaus zu einem Sofortkaufpreis von 100 € an. V hat sich jedoch beim Erstellen des Angebots vertippt; in Wirklichkeit wollte er 1000 € haben. K nimmt das Angebot an.

Hier wollte V ein Angebot zum Abschluss eines Kaufvertrags zu einem Preis von 1000 € abgeben. Versehentlich hat er ein Angebot zu 100 € abgegeben, das K auch angenommen hat. Weil ein fehlerfrei gebildeter Geschäftswille nicht Wirksamkeitsvoraussetzung einer Willenserklärung ist, kam ein Kaufvertrag über den Pkw zu einem Preis von 100 € zustande. V kann seine Willenserklärung aber gemäß § 119 Abs. 1 Alt. 2 BGB wegen Erklärungsirrtums anfechten. Er muss K ggf. dessen Vertrauensschaden ersetzen. ◀

13 Einen Sonderfall des Erklärungsirrtums behandelt § 120 BGB. Danach kann eine Willenserklärung, welche durch die zur Übermittlung verwendete Person oder Einrichtung unrichtig übermittelt worden ist, unter der gleichen Voraussetzung angefochten werden wie nach § 119 BGB eine irrtümlich abgegebene Willenserklärung. Das Anfechtungsrecht nach § 120 BGB ist der Ausgleich dafür, dass der Erklärende grundsätzlich das Risiko der Falschübermittlung trägt, sich also Fehler der von ihm eingeschalteten Übermittler (Bsp.: Bote, Dolmetscher, Briefzusteller) zurechnen lassen muss.

14 **BGH, Urt. v. 26.1.2005 – VIII ZR 79/04:** „Die Verfälschung des ursprünglich richtig Erklärten auf dem Weg zum Empfänger durch eine unerkannt fehlerhafte Software ist als Irrtum in der Erklärungshandlung anzusehen. Denn es besteht kein Unterschied, ob sich der Erklärende selbst verschreibt bzw. vertippt oder ob die Abweichung vom gewollten Erklärungstatbestand auf dem weiteren Weg zum Empfänger eintritt. Dies ergibt sich auch aus § 120 BGB, wonach eine Willenserklärung, welche durch die zur Übermittlung verwendete Person oder Einrichtung unrichtig übermittelt worden ist, unter der gleichen Voraussetzung angefochten werden kann wie nach § 119 BGB eine irrtümlich abgegebene Willenserklärung. Dementsprechend wird § 120 BGB einhellig als Fall des Erklärungsirrtums angesehen, der lediglich eine gesonderte gesetzliche Regelung erhalten hat. Keine andere Beurteilung ist gerechtfertigt, wenn ... wie im vorliegenden Fall aufgrund fehlerhaften Datentransfers ein Übermittlungsfehler geschieht, bevor die Willenserklärung den Bereich des Erklärenden verlassen hat."

3. Eigenschaftsirrtum

15 Anders als in den Fällen des § 119 Abs. 1 BGB stimmen beim *Eigenschaftsirrtum* Wille und Erklärung überein. Die Willenserklärung an sich ist fehlerfrei zustande gekommen. Dem Erklärenden ist jedoch im Vorfeld ein Fehler bei der Willensbildung unterlaufen. Grundsätzlich sind Irrtümer bei der Willensbildung als bloße Motivirrtümer unbeachtlich. Eine Ausnahme davon sieht das Gesetz jedoch vor, sofern der Erklärende sich über die verkehrswesentliche Eigenschaft einer Person oder Sache irrt (§ 119 Abs. 2 BGB). Dieser Eigenschaftsirrtum ist ein *ausnahmsweise beachtlicher Motivirrtum.*

Eigenschaften sind Merkmale, die eine Person oder Sache nicht nur vorübergehend, sondern mit einer gewissen Beständigkeit und Dauer kennzeichnen und die im Verkehr für ihre Wertschätzung oder Verwendbarkeit von Bedeutung sind. Sie können im natürlichen Zustand der Person oder Sache oder in ihren Beziehungen zur Umwelt wurzeln. Beachtlich sind Eigenschaften einer Sache aber nur, sofern sie Einfluss auf deren Wert haben, also *wertbildende Faktoren* sind.

16

> **BGH, Urt. v. 11.10.2000 – VIII ZR 321/99:** „Die Voraussetzungen eines Eigenschaftsirrtums nach § 119 Abs. 2 BGB liegen vor. In der Urheberschaft des Gemäldes ist eine verkehrswesentliche Eigenschaft zu sehen. Auch hier ändert daran nichts, dass ein Bild von Duveneck nach dem Vortrag des Beklagten ebenso viel wert sein kann wie ein solches von Leibl. Dies trifft sich mit der zitierten Auffassung des Reichsgerichts, dass ein Fehler des Bildes im Sinn des Gesetzes selbst dann gegeben sein kann, wenn der wahre Schöpfer des Bildes noch höher geschätzt wird als der Künstler, dem es die Vertragsparteien zugeschrieben haben. Zu Unrecht meint die Revision, das Anfechtungsrecht des Klägers sei deshalb ausgeschlossen, weil er durch die angefochtene Erklärung wirtschaftlich keinen Nachteil erlitten habe. Dies gilt zwar für den Regelfall und dient als Anhaltspunkt für die Abgrenzung zwischen einem beachtlichen Irrtum und bloßem ‚Eigensinn, subjektiven Launen und törichten Anschauungen‘, bei denen ‚bei verständiger Würdigung des Falls‘ ein Einfluss des Irrtums auf die Abgabe der Erklärung zu verneinen ist. Bei Verkauf von Kunstgegenständen ist hingegen der wirtschaftliche Wert nicht allein ausschlaggebend."

17

▶ **Beispiel:** Eigenschaften einer Sache i.S.d. § 119 Abs. 2 BGB sind z.B. Material, Farbe, Beschaffenheit, bei Grundstücken die Lage und Bebaubarkeit, bei Fahrzeugen das Herstellungsjahr und der Kilometerstand, bei Kunstgegenständen ihre Echtheit.

18

Eigenschaften einer Person sind etwa Geschlecht, Alter, Vertrauenswürdigkeit, Zuverlässigkeit, Fachkunde oder Kreditwürdigkeit. ◀

▶ **Beispiel:** Der Preis einer Sache ist keine Eigenschaft. Er ist kein wertbildender Faktor, sondern das Ergebnis einer Wertbildung nach bestimmten Kriterien.

19

Keine Eigenschaft einer Person ist z.B. die Schwangerschaft als ein nur vorübergehender Zustand. Keine Eigenschaft eines Unternehmens ist nach der Rechtsprechung dessen Umsatz, da dieser nicht dem Unternehmen selbst anhaften soll, sondern maßgebend von anderen Faktoren (Person des Inhabers, konjunkturelle Lage usw.) abhängig ist. ◀

Als *Person* kommt jede natürliche oder juristische Person in Betracht, unabhängig davon, ob sie am Vertrag beteiligt ist oder nicht. *Sachen* i.S.d. § 119 Abs. 2 BGB sind abweichend von der Definition des § 90 BGB auch unkörperliche Gegenstände (Bsp.: Forderung).

20

Erforderlich ist, dass die Eigenschaft *verkehrswesentlich* ist. Die Verkehrswesentlichkeit ist objektiv und in Bezug auf den typischen wirtschaftlichen Zweck der jeweiligen Geschäftsart zu ermitteln.

21

▶ **Beispiel:** Die Kreditwürdigkeit ist eine wesentliche Eigenschaft des Käufers beim finanzierten Kauf. Sie ist aber keine wesentliche Eigenschaft eines Käufers, der den vollen Kaufpreis bar bezahlt. ◀

22

Die Anfechtung wegen eines Eigenschaftsirrtums hat in der Praxis keine große Bedeutung, weil sie in den besonders häufigen Fällen der *kauf-, miet- und werkvertraglichen Gewährleistung* ausgeschlossen ist. In der Regel ist die verkehrswesentliche Eigenschaft einer Sache zugleich eine vertraglich geschuldete Beschaffenheit der Sache. Ent-

23

spricht die gelieferte Sache nicht den üblichen Anforderungen, ist sie mangelhaft. Der Käufer kann dann innerhalb einer bestimmten Frist Gewährleistungsrechte geltend machen. In diesem Fall ist der Rückgriff auf das Anfechtungsrecht wegen Eigenschaftsirrtums ausgeschlossen. Anderenfalls könnte der Käufer das vorrangige Nacherfüllungsrecht oder die in der Regel recht kurzen Verjährungsfristen der Gewährleistungsansprüche umgehen. Die Berufung auf andere Irrtümer (§§ 119 Abs. 1, 123 BGB) ist demgegenüber weiter zulässig.

24 ▶ **Beispiel:** K kauft bei V einen Gebrauchtwagen. Bereits nach wenigen Tagen stellt sich heraus, dass der Zylinderkopf undicht ist und getauscht werden muss.

Hier ist der Wagen mangelhaft. K hat im Rahmen des kaufrechtlichen Gewährleistungsrechts zunächst einen Anspruch auf Austausch des Zylinderkopfes (§§ 437 Nr. 1, 439 Abs. 1 BGB). Erst wenn V den Wagen nicht innerhalb einer angemessenen Frist repariert, kann K vom Vertrag zurücktreten. Eine Anfechtung nach § 119 Abs. 2 BGB wegen Eigenschaftsirrtums ist ausgeschlossen, um den Vorrang der Nacherfüllung nicht zu gefährden. ◀

4. Sonderfall: Kalkulationsirrtum

25 Ein *Kalkulationsirrtum* liegt vor, wenn der Erklärende eine bestimmte Geldsumme als Kaufpreis, Werklohn oder sonstige Vergütung nennt, ihm aber bei der Berechnung der Summe ein Fehler unterlaufen ist. Der Fehler kann auf einer falschen Kalkulationsgrundlage oder auf einem fehlerhaften Rechenschritt beruhen.

26 ▶ **Beispiel:** B möchte auf seinem Grundstück eine Garage bauen lassen und holt von mehreren Unternehmen Angebote ein. U gibt das mit Abstand günstigste Angebot zu einem Gesamtpreis von 20.000 € ab. Später stellt sich heraus, dass U die Transportkosten i.H.v. 500 € vergessen hat. Hier liegt ein Kalkulationsirrtum infolge einer falschen Kalkulationsgrundlage vor. ◀

27 Für die rechtliche Bewertung muss zwischen dem verdeckten (= internen) und dem offenen (= externen) Kalkulationsirrtum differenziert werden:

a) Verdeckter Kalkulationsirrtum

28 Verdeckt ist ein Kalkulationsirrtum, wenn aus der Erklärung nur das Ergebnis der Berechnung, nicht aber die Berechnung selbst hervorgeht. In diesem Fall ist die Willensäußerung an sich fehlerfrei. Der Erklärende erklärt genau das, was er auch erklären wollte. Der Irrtum erfolgt vielmehr schon zuvor bei der Willensbildung. Es liegt daher ein *unbeachtlicher Motivirrtum* vor. Der Erklärende trägt das Risiko für seine Kalkulation, selbst wenn die falsche Berechnung auf einer fehlerhaften Software beruht.

29 > **BGH, Urt. v. 7.7.1998 – X ZR 17/97:** „Demgegenüber handelt es sich bei dem … Kalkulationsirrtum um einen schon im Stadium der Willensbildung unterlaufenden Irrtum im Beweggrund (Motivirrtum), der von keinem der gesetzlich vorgesehenen Anfechtungsgründe erfasst wird. Er berechtigt grundsätzlich nicht zur Anfechtung, weil derjenige, der aufgrund einer für richtig gehaltenen, in Wirklichkeit aber unzutreffenden Berechnungsgrundlage einen bestimmten Preis oder eine Vergütungsforderung ermittelt und seinem Angebot zugrunde legt, auch das Risiko dafür trägt, dass seine Kalkulation zutrifft. Dabei macht es keinen wesentlichen Unterschied, wenn die falsche Berechnung auf Fehlern einer vom Erklärenden verwendeten Software beruht."

▶ **Beispiel:** Weist U im vorherigen Fall lediglich den Gesamtpreis von 20.000 € aus, ohne 30
die einzelnen Posten aufzulisten, so liegt ein verdeckter Kalkulationsirrtum vor. Als reiner
Motivirrtum berechtigt dieser nicht zur Anfechtung. U muss sich an seinem Angebot festhalten lassen. ◀

Die Anfechtung wegen eines verdeckten Kalkulationsirrtums ist nach Ansicht des BGH 31
selbst dann ausgeschlossen, wenn der Empfänger die fehlerhafte Kalkulation kennt
oder sich dies aufdrängt (Rückschluss aus § 122 Abs. 2 BGB). Nur in ganz seltenen
Ausnahmefällen kann der Erklärende gemäß § 242 BGB die Erfüllung des Vertrags verweigern, wenn der Empfänger erkennen musste, dass die Vertragsdurchführung zum
angegeben Preis für den Erklärenden unzumutbar ist.

> **BGH, Urt. v. 7.7.1998 – X ZR 17/97:** „Ein Kalkulationsirrtum berechtigt selbst dann nicht 32
> zur Anfechtung, wenn der Erklärungsempfänger diesen erkannt oder die Kenntnisnahme
> treuwidrig vereitelt hat; allerdings kann der Erklärungsempfänger unter den Gesichts-
> punkten des Verschuldens bei Vertragsverhandlungen oder der unzulässigen Rechtsaus-
> übung verpflichtet sein, den Erklärenden auf seinen Kalkulationsfehler hinzuweisen."

▶ **Beispiel:** U hat im obigen Fall nicht nur die Transport-, sondern auch die Materialkos- 33
ten vergessen und ein Angebot zu einem Gesamtpreis von 8000 € abgegeben. Die übrigen
Angebote liegen alle jenseits von 30.000 €.

Angesichts des extremen Preisunterschieds im Vergleich zu den übrigen Angeboten drängt
sich hier die fehlerhafte Kalkulation geradezu auf. B musste davon ausgehen, dass die
Durchführung des Vertrags für U angesichts des hohen Verlustes unzumutbar ist. ◀

b) Offener Kalkulationsirrtum

Beim offenen Kalkulationsirrtum enthält die Erklärung nicht nur das Ergebnis, son- 34
dern zugleich die Berechnung oder zumindest deren Grundlage. Der Fehler ist daher
für den aufmerksamen Empfänger ersichtlich. Früher hat man hier einen Inhaltsirrtum
angenommen, der gemäß § 119 Abs. 1 Alt. 1 BGB zur Anfechtung berechtigt. Heute
wird dies ganz überwiegend abgelehnt, da auch beim offenen Kalkulationsirrtum der
Fehler bei der Willensbildung liegt und die Erklärung mit dem Willen übereinstimmt.
Die Lösung ist stattdessen primär im Wege der *Auslegung* zu suchen: Sind die Parteien
übereinstimmend von einer bestimmten Preisgestaltung ausgegangen, dann ist die fehlerhaft errechnete Gesamtsumme lediglich eine unschädliche *falsa demonstratio*. Führt
die Auslegung dagegen zu dem Ergebnis, dass die Endsumme und die Berechnungsgrundlage den gleichen Stellenwert haben, so ist die Willenserklärung wegen ihrer Wi-
dersprüchlichkeit (*Perplexität*) nichtig.

▶ **Beispiel:** K bestellt bei V 45 Paletten Dosenbier gemäß dem aktuellen Preisverzeichnis. 35
V weist den Palettenpreis ordnungsgemäß mit 200 € aus, gibt aber den Endpreis infolge
einer offensichtlich fehlerhaften Multiplikation mit 8000 € statt 9000 € an. Anhaltspunkte
für die Gewährung von Mengenrabatt bestehen nicht.

Hier gehen beide Parteien gemeinsam von einem Palettenpreis von 200 € aus. Die falsche
Gesamtsumme ist daher unbeachtlich. Der Vertrag kommt zu einem Preis von 9000 € zustande. ◀

5. Arglistige Täuschung

36 Auch eine Willenserklärung, die aufgrund einer *arglistigen Täuschung* des Empfängers abgegeben wurde, ist grundsätzlich wirksam. Sie kann jedoch gemäß § 123 Abs. 1 Alt. 1 BGB angefochten werden. Das Anfechtungsrecht schützt die Willensfreiheit des Erklärenden.

37 Die Anfechtung wegen arglistiger Täuschung setzt zunächst eine *Täuschungshandlung* voraus. Darunter versteht man ein Verhalten, durch das bei einem anderen bewusst eine unrichtige Vorstellung (= ein Irrtum) hervorgerufen, bestärkt oder aufrechterhalten wird. Die Täuschungshandlung kann in einem positiven Tun oder in einem Unterlassen liegen. Eine *Täuschung durch positives Tun* liegt vor, wenn der Täuschende ausdrücklich oder konkludent falsche Tatsachen vorspiegelt.

38 ▶ **Beispiel:** K kauft beim Autohändler V einen gebrauchten Wagen. V gibt wahrheitswidrig an, der Wagen sei unfallfrei. Hier liegt eine ausdrückliche Täuschung vor. ◀

39 ▶ **Beispiel:** Im vorherigen Fall macht V Angaben nur zu einem Teil der Unfallschäden des Wagens. Hier täuscht er konkludent vor, dass keine weiteren, nicht angegebenen Schäden vorliegen. ◀

40 Eine *Täuschung durch Unterlassen* kommt nur in Betracht, wenn den Täuschenden eine Aufklärungspflicht trifft. Grundsätzlich hat sich jede Vertragspartei selbst über die für sie relevanten Tatsachen zu informieren. Eine allgemeine Hinweispflicht kennt das Gesetz nicht. Eine *Aufklärungspflicht* besteht aber dann, wenn der Vertragspartner aufgrund der Umstände des Einzelfalls nach Treu und Glauben und den im Verkehr herrschenden Auffassungen eine Aufklärung erwarten durfte. Die Rechtsprechung hat hierzu eine umfangreiche Kasuistik geschaffen.

41 > **BGH, Urt. v. 11.8.2010 – XII ZR 123/09:** „Zwar besteht bei Vertragsverhandlungen keine allgemeine Rechtspflicht, den anderen Teil über alle Einzelheiten und Umstände aufzuklären, die dessen Willensentschließung beeinflussen könnten. Vielmehr ist grundsätzlich jeder Verhandlungspartner für sein rechtsgeschäftliches Handeln selbst verantwortlich und muss sich deshalb die für die eigene Willensentscheidung notwendigen Informationen auf eigene Kosten und eigenes Risiko selbst beschaffen. Allerdings besteht nach der Rechtsprechung eine Rechtspflicht zur Aufklärung bei Vertragsverhandlungen auch ohne Nachfrage dann, wenn der andere Teil nach Treu und Glauben unter Berücksichtigung der Verkehrsanschauung redlicherweise die Mitteilung von Tatsachen erwarten durfte, die für die Willensbildung des anderen Teils offensichtlich von ausschlaggebender Bedeutung sind. Eine Tatsache von ausschlaggebender Bedeutung kann auch dann vorliegen, wenn sie geeignet ist, dem Vertragspartner erheblichen wirtschaftlichen Schaden zuzufügen. Die Aufklärung über eine solche Tatsache kann der Vertragspartner redlicherweise aber nur verlangen, wenn er im Rahmen seiner Eigenverantwortung nicht gehalten ist, sich selbst über diese Tatsache zu informieren. ... Für die Frage, ob und in welchem Umfang eine Aufklärungspflicht besteht, kommt es danach wesentlich auf die Umstände des Einzelfalls an."

42 ▶ **Beispiel:** Der Verkäufer eines Gebrauchtwagens hat den Käufer über etwaige Unfallschäden zu informieren und zwar auch dann, wenn dieser nicht explizit danach fragt. Dies gilt unabhängig davon, ob es sich beim Verkäufer um einen Händler oder eine Privatperson handelt. ◀

▶ **Beispiel:** Der Verkäufer eines Grundstücks hat den Käufer ungefragt über die Kontami- 43
nierung des Grundstücks mit Altölrückständen zu informieren. ◀

Ferner muss die Täuschung arglistig sein. *Arglist bedeutet Vorsatz.* Dafür reicht es 44
schon aus, wenn der Täuschende bewusst in Kauf nimmt, dass er durch seine Handlung bei der anderen Partei einen Irrtum hervorruft und diese aufgrund dessen eine
Willenserklärung abgibt, die sie ohne den Irrtum nicht abgegeben hätte. Eine Schädi-
gungsabsicht ist nicht erforderlich.

> **BGH, Urt. v. 25.10.2007 – VII ZR 205/06:** „,Arglistig verschweigt', wer sich bewusst ist, 45
> dass ein bestimmter Umstand für die Entschließung seines Vertragspartners erheblich ist,
> nach Treu und Glauben diesen Umstand mitzuteilen verpflichtet ist und ihn nicht offen-
> bart. Entscheidend hierfür ist nicht, dass der Unternehmer bewusst die Folgen einer ver-
> tragswidrigen Ausführung in Kauf nimmt. Arglist erfordert auch keine Schädigungsab-
> sicht und keinen Vorteil."

▶ **Beispiel:** Kennt der Verkäufer den Unfallschaden selbst nicht, weil ihn der Vorbesitzer 46
nicht darüber aufgeklärt hat, handelt er nicht arglistig. ◀

Bedingt vorsätzlich und damit arglistig handelt auch, wer *Angaben „ins Blaue hinein"* 47
macht, also Tatsachen behauptet, für die es keine tatsächliche Grundlage gibt.

> **BGH, Urt. v. 11.6.1979 – VIII ZR 224/78:** „Wird der Verkäufer, wie es an sich beim Kauf 48
> eines Gebrauchtwagens zu erwarten ist, nach Unfällen oder sonstigen Mängeln gefragt,
> so muss die Antwort richtig und vollständig sein; wer Erklärungen ,ins Blaue hinein' ab-
> gibt, handelt, wenn sie falsch sind, arglistig."

> **BGH, Urt. v. 19.6.2013 – VIII ZR 183/12:** „Nach ständiger Rechtsprechung trifft den Ver- 49
> käufer eines Gebrauchtwagens ohne Vorliegen besonderer Anhaltspunkte für einen Un-
> fallschaden nicht die Obliegenheit, das zum Verkauf angebotene Fahrzeug auf Unfallschä-
> den zu untersuchen. ... Der Händler ist grundsätzlich nur zu einer fachmännischen äuße-
> ren Besichtigung (,Sichtprüfung') verpflichtet. ... Wenn sich daraus ... keine Anhaltspunkte
> für einen Vorschaden ergeben, dann besteht keine Pflicht zu weiteren Nachforschungen
> und damit auch nicht zu einer Abfrage bei der zentralen Datenbank des Herstellers betref-
> fend eine dort etwa vorhandene ,Reparaturhistorie' des Fahrzeugs über bei anderen Ver-
> tragshändlern/-werkstätten in den vergangenen Jahren durchgeführte Reparaturen. Nur
> wenn die Erst-Untersuchung des Händlers zu anderen Erkenntnissen führt, kann dieser zu
> weiteren Nachforschungen verpflichtet sein, etwa zu gezielten Rückfragen oder auch zur
> Einsichtnahme in ihm zugängliche Dateien bzw. Online-Datenbanken des Herstellers."

▶ **Beispiel:** Der Gebrauchtwagenhändler V gibt an, der Wagen sei unfallfrei. Er hat aber 50
weder den Vorbesitzer zu Unfallschäden befragt, noch den Wagen selbst untersucht. ◀

Schließlich muss die Täuschung für die Abgabe der Willenserklärung ursächlich sein. *Kau-* 51
salität liegt bereits dann vor, wenn durch die Täuschung ein bestehender Irrtum erhärtet
und dadurch die Abgabe der Willenserklärung beeinflusst wird. Eine Täuschung ist nicht
ursächlich, wenn der Getäuschte die Willenserklärung auch dann abgegeben hätte, wenn er
Kenntnis von der wahren Sachlage gehabt hätte.

52 ▶ **Beispiel:** V bietet K einen Gebrauchtwagen zu einem derart günstigen Preis an, dass dieser ihn auch gekauft hätte, wenn er den Unfallschaden gekannt hätte. Hier ist die Täuschung über die Unfallfreiheit nicht ursächlich für den Vertragsschluss. ◀

53 Hat ein Dritter die Täuschung verübt, so ist die Willenserklärung des Erklärenden nur dann anfechtbar, wenn der Empfänger die Täuschung kannte oder kennen musste (§ 123 Abs. 2 S. 1 BGB). Allerdings gilt nicht jeder, der nicht Empfänger ist, als „Dritter" i.S.d. § 123 Abs. 2 S. 1 BGB, sondern nur derjenige, der am Geschäft völlig unbeteiligt ist. Wer dagegen „im Lager" des Erklärungsempfängers steht (Bsp.: Vertreter, Versicherungsvermittler), ist nicht Dritter. In diesem Fall kann der Erklärende die Willenserklärung nach § 123 Abs. 1 BGB wegen arglistiger Täuschung anfechten, ohne dass es auf eine Kenntnis oder ein Kennenmüssen des Empfängers von der Täuschung ankommt.

54 ▶ **Beispiel:** V hat die Maklerin M beauftragt, für seine in der Nähe des Flughafens gelegene Wohnung einen Mieter zu suchen. M erklärt auf Nachfrage des Interessenten I bewusst wahrheitswidrig, dass für den Flughafen ein Nachtflugverbot gelte.

I kann den später mit V geschlossenen Mietvertrag gemäß § 123 Abs. 1 BGB anfechten. Etwas anderes gilt, wenn er im Treppenhaus einen Nachbarn N gefragt hat, ohne dass dies die M mitbekommen hat. In diesem Fall liegt eine Täuschung durch einen Dritten vor. ◀

6. Widerrechtliche Drohung

55 Gemäß § 123 Abs. 1 Alt. 2 BGB ist auch eine Willenserklärung anfechtbar, die aufgrund einer *widerrechtlichen Drohung* abgegeben wurde. Anders als in dem Fall, in dem der Erklärende eine Handlung aufgrund äußerer Gewalteinwirkung (*vis absoluta*) vornimmt, fehlt es im Fall der Drohung nicht am Handlungswillen und damit an einem Wirksamkeitsbestandteil der Willenserklärung. Auch wenn der Erklärende in seiner Entscheidung nicht wirklich frei ist, handelt er doch auch bei Anwendung einer willensbeugenden Gewalt (*vis compulsiva*) bewusst.

56 ▶ **Beispiel:** Bei einer Versteigerung bedroht X den K heimlich mit einer unter seinem Mantel versteckten Pistole. K hebt die Hand und erhält den Zuschlag.

Hier hat K trotz der Drohung eine Willenserklärung abgegeben. Er hat aber die Möglichkeit, die Willenserklärung wegen widerrechtlicher Drohung gemäß § 123 Abs. 1 Alt. 2 BGB anzufechten und ihr so die Wirksamkeit zu nehmen (§ 142 Abs. 1 BGB). Anders als bei der arglistigen Täuschung ist bei der Drohung die Person des Drohenden gleichgültig, so dass die Drohung auch von einem Dritten ausgehen kann. ◀

57 Abweichend von den sonstigen Fällen der §§ 119 Abs. 1, Abs. 2, 123 Abs. 1 Alt. 1 BGB liegt hier kein Irrtum des Erklärenden vor. Dennoch ist eine Anfechtung möglich, da die freie Willensentschließung des Erklärenden durch die widerrechtliche Drohung beeinträchtigt wird.

58 Eine *Drohung* ist das Inaussichtstellen eines zukünftigen Übels, auf dessen Eintritt der Drohende Einfluss zu haben vorgibt. Als Übel gilt jeder Nachteil für den Bedrohten oder für Dritte. Die Drohung muss *widerrechtlich* sein. Das ist dann der Fall, wenn entweder die *Handlung* oder der angestrebte *Erfolg rechtswidrig* ist oder wenn Handlung und Erfolg zwar für sich genommen rechtmäßig sind, der Einsatz des Mittels zu einem konkreten Zweck aber anstößig ist (sog. rechtswidrige *Mittel-Zweck-Relation*).

59 ▶ **Beispiel:** K droht V eine Tracht Prügel an, sollte dieser seinen Wagen nicht an ihn verkaufen (rechtswidrige Handlung). K droht V mit einer Schadensersatzklage wegen eines tatsächlich stattgefundenen Verkehrsunfalls, sollte er ihm keine Drogen verkaufen (rechtswidriger Erfolg). K droht V mit einer Anzeige wegen einer tatsächlich begangenen Unfallflucht,

um diesen zum Abschluss eines Darlehensvertrags zu besonders günstigen Konditionen zu bewegen (rechtswidrige Mittel-Zweck-Relation). ◀

Wie die arglistige Täuschung muss auch die widerrechtliche Drohung *ursächlich* für die Abgabe einer Willenserklärung sein. Schließlich muss der Drohende in subjektiver Hinsicht den Willen haben, den Bedrohten durch die Drohung zur Abgabe einer Willenserklärung zu drängen. Ein Schädigungsvorsatz ist nicht erforderlich.   60

II. Anfechtungserklärung

Ein Anfechtungsgrund allein führt nicht automatisch zur Nichtigkeit der Willenserklärung. Um seine Erklärung zu beseitigen, muss der Anfechtungsberechtigte die *Anfechtung erklären* (§ 143 BGB). Die Anfechtungserklärung ist eine empfangsbedürftige Willenserklärung, die, wie jede andere Erklärung auch, auszulegen ist. Sie muss nicht den Ausdruck „anfechten" enthalten. Es genügt, dass der Anfechtungsgegner aus der Erklärung entnehmen kann, dass der Erklärende ein bestimmtes Rechtsgeschäft wegen eines Willensmangels beseitigen will. Die Anfechtung kann auch konkludent erklärt werden, z.B. durch Rückforderung des Geleisteten oder durch Abstreiten der eigenen Verpflichtung. Zur Anfechtung berechtigt ist derjenige, der die anfechtbare Willenserklärung abgegeben hat oder für den sie von einem Vertreter abgegeben wurde.   61

> **BGH, Urt. v. 15.2.2017 – VIII ZR 59/16:** „Eine Anfechtungserklärung i.S.d. § 143 Abs. 1 BGB ist jede Willenserklärung, die unzweideutig erkennen lässt, dass das Rechtsgeschäft rückwirkend beseitigt werden soll. Dazu bedarf es nicht des ausdrücklichen Gebrauchs des Wortes „anfechten". Es kann vielmehr nach den Umständen genügen, wenn eine Verpflichtung, die nach dem objektiven Erklärungswert der – ggf. durch schlüssiges Handeln getätigten – Willensäußerung übernommen worden ist, bestritten oder nicht anerkannt wird oder wenn ihr sonst widersprochen wird. Erforderlich ist nur, dass sich unzweideutig der Wille ergibt, das Geschäft gerade wegen des Willensmangels nicht bestehen lassen zu wollen."   62

III. Anfechtungsfrist

Die Länge der Anfechtungsfrist hängt vom jeweiligen Anfechtungsgrund ab. So muss die Anfechtung in den Fällen des § 119 BGB *unverzüglich*, d.h. ohne schuldhaftes Zögern, erfolgen. Die Frist beginnt in dem Moment, in dem der Anfechtungsberechtigte von dem Anfechtungsgrund Kenntnis erlangt, also seinen Irrtum bemerkt hat (§ 121 Abs. 1 S. 1 BGB). Die Länge der Frist ist eine Frage des Einzelfalls. Unverzüglich bedeutet nicht zwingend, dass der Anfechtende „sofort" nach Kenntnis des Anfechtungsgrundes handeln muss. Insbesondere bei einer unsicheren Rechtslage muss er die Möglichkeit haben, rechtlichen Rat einzuholen. Obergrenze ist jedoch auch bei bedeutenden Rechtsgeschäften in der Regel eine Frist von zwei Wochen. Zur Fristwahrung reicht die rechtzeitige Absendung der Anfechtungserklärung (§ 121 Abs. 1 S. 2 BGB).   63

Die Anfechtung einer nach § 123 BGB anfechtbaren Willenserklärung kann dagegen *innerhalb eines Jahres* erfolgen (§ 124 Abs. 1 BGB). Die Frist beginnt im Fall der arglistigen Täuschung mit dem Zeitpunkt, in dem der Anfechtungsberechtigte die Täuschung entdeckt, bei der Drohung mit dem Zeitpunkt, in welchem die Zwangslage endet (§ 124 Abs. 2 S. 1 BGB). Das Anfechtungsrecht erlischt allerdings spätestens zehn Jahre nach Abgabe der Willenserklärung (§ 124 Abs. 3 BGB).   64

129

65 Diese zeitliche Differenzierung hat ihre Ursache in den verschiedenen Sphären, aus denen der Anfechtungsgrund stammt. Die Irrtümer nach § 119 BGB sind dem Erklärenden zuzurechnen. Die sehr kurze Frist des § 121 Abs. 1 BGB dient dem Schutz des Erklärungsempfängers. Er soll schnellstmöglich Sicherheit über die Wirksamkeit des Rechtsgeschäfts haben. Auch soll dem Irrenden die Möglichkeit genommen werden, auf Kosten des Gegners zu spekulieren. Im Fall des § 123 BGB sind die Anfechtungsgründe dagegen vom Erklärungsempfänger zu verantworten. Erreicht er die Abgabe einer Willenserklärung durch arglistige Täuschung oder widerrechtliche Drohung, so ist er nicht schutzbedürftig. Aus Gründen der Rechtssicherheit ist die Anfechtbarkeit allerdings auf ein Jahr begrenzt.

IV. Anfechtungsgegner

66 *Anfechtungsgegner* ist bei einem Vertrag grundsätzlich der Vertragspartner. Diesem gegenüber ist die Anfechtungserklärung abzugeben. Bei einem einseitigen Rechtsgeschäft, das einem anderen gegenüber vorzunehmen ist, ist dieser andere der Anfechtungsgegner.

67 ▶ **Beispiel:** V hat K einen Gebrauchtwagen für 5000 € verkauft und einen Unfallschaden verschwiegen. K möchte den Vertrag wegen arglistiger Täuschung anfechten. Dazu muss er die Anfechtung dem V gegenüber erklären. ◀

V. Rechtsfolgen der Anfechtung

1. Nichtigkeit des Rechtsgeschäfts

68 Die unmittelbaren Rechtsfolgen der Anfechtung regelt § 142 Abs. 1 BGB: Wird ein Vertrag wirksam angefochten, so ist er als *von Anfang an nichtig* anzusehen. Er wird rückwirkend beseitigt. Die Nichtigkeit tritt nicht erst im Zeitpunkt der Anfechtungserklärung (*ex nunc*) ein. Vielmehr vernichtet die Anfechtung den Vertrag von Anfang an (*ex tunc*). Der Vertrag wird so behandelt, als sei er nie abgeschlossen worden.

69 ▶ **Beispiel:** V und K haben einen Kaufvertrag über einen Pkw geschlossen. V ficht den Vertrag (genauer: seine zum Vertragsschluss abgegebene Willenserklärung) wirksam an. Gemäß § 142 Abs. 1 BGB gilt der Vertrag als von Anfang an nichtig. ◀

70 Das Anfechtungsrecht ist ausnahmsweise ausgeschlossen, wenn sich der Anfechtungsgegner nach Aufdecken des Irrtums bereit erklärt, das Rechtsgeschäft an das wirklich Gewollte anzupassen. Es ist nicht Sinn und Zweck der Anfechtung, die Bindungswirkung eines inzwischen unliebsam gewordenen Vertrags beseitigen zu können, wenn sich der Irrtum aufgrund des Entgegenkommens des Anfechtungsgegners nicht auswirkt (kein Reurecht des Anfechtenden).

71 ▶ **Beispiel:** V bietet dem K schriftlich sein Fahrrad zum Preis von 780 € an. K nimmt das Angebot an. Erst als K das Rad abholen möchte, bemerkt V den Zahlendreher in seinem Angebot. In Wirklichkeit wollte er 870 € für sein Fahrrad. Erklärt sich K nach der Anfechtung auch zur Zahlung von 870 € bereit, muss V dem K das Rad selbst dann übergeben und übereignen (§ 433 Abs. 1 S. 1 BGB), wenn er das Rad nun doch lieber selbst behalten möchte. ◀

72 Im Fall der arglistigen Täuschung ist die Anfechtung aus Sicht des Getäuschten oftmals die wirtschaftlich schlechteste Lösung. Weil die Anfechtung den Vertrag rückwirkend beseitigt, entfällt damit zugleich die Grundlage für einen vertraglichen Schadensersatzanspruch. Der Getäuschte kann dann etwa einen Gewinn aus dem angefochtenen Geschäft nicht mehr realisieren. Es ist daher im Vorfeld genau zu prüfen, ob anstelle der

Anfechtung nicht vielmehr das Verlangen eines Schadensersatzes die sinnvollere Möglichkeit darstellt.

Handelt es sich bei dem Vertrag um ein Dauerschuldverhältnis (vgl. dazu 3. Kapitel, § 21 Rn. 57 ff.), das bereits in Vollzug gesetzt worden ist, so kann die Anfechtung ausnahmsweise zu einer Nichtigkeit ex nunc führen. Der Vertrag ist dann nur für die Zukunft unwirksam.   73

▶ **Beispiel:** Arbeitnehmer A schließt mit Arbeitgeber B einen Arbeitsvertrag. Nachdem A bereits einige Zeit für B gearbeitet hat, ficht B den Vertrag wirksam an. Hier führt die Anfechtung nur zu einer Nichtigkeit des Arbeitsvertrags ab dem Zeitpunkt der Anfechtungserklärung. Die Anfechtung wirkt also im Ergebnis wie eine fristlose Kündigung. ◀   74

In der Regel betrifft der Irrtum allein das Verpflichtungsgeschäft. Ficht ein Vertragspartner wirksam das *Verpflichtungsgeschäft (Kausalgeschäft)* an, so bleibt das Verfügungsgeschäft aufgrund des Abstraktionsprinzips grundsätzlich weiterhin wirksam.   75

▶ **Beispiel:** Hat V das Eigentum an dem Pkw bereits auf den K übertragen (§ 929 S. 1 BGB), so bleibt die Übereignung trotz Anfechtung des Kaufvertrags wirksam. Allerdings führt die Anfechtung dazu, dass der Rechtsgrund für die Übereignung rückwirkend entfällt. ◀   76

In seltenen Fällen ist nur das *Verfügungsgeschäft* fehlerhaft. Ficht der Veräußerer wirksam seine auf Übereignung gerichtete Willenserklärung an, so ist die dingliche Einigung i.S.d. § 929 S. 1 BGB rückwirkend nichtig.   77

▶ **Beispiel:** K kauft von V drei Picasso-Nachdrucke für sein Büro. Versehentlich händigt V ein Paket aus, in dem sich drei Rembrandt-Nachdrucke befinden. Hier ist der Kaufvertrag über drei Picasso-Nachdrucke fehlerfrei zustande gekommen. Allerdings ist V bei der Übereignung der konkreten Nachdrucke ein Irrtum unterlaufen. Ficht er seine Erklärung an, so liegt von Anfang an keine Einigung i.S.d. § 929 S. 1 BGB vor. ◀   78

Schließlich gibt es Fälle, in denen der Willensmangel *sowohl das Verpflichtungs- als auch das Verfügungsgeschäft* betrifft. Ficht ein Vertragspartner wirksam an, so sind damit beide Rechtsgeschäfte rückwirkend nichtig. Der Anfechtende bleibt dann auch Eigentümer. Diese Fälle werden z.T. unter dem Stichwort „Fehleridentität" behandelt.   79

▶ **Beispiel:** Unter Androhung einer Tracht Prügel verkauft und übereignet V dem K seine seltene Briefmarke. Hier sind sowohl der Kaufvertrag (§ 433 BGB) als auch die Übereignung (§ 929 S. 1 BGB) aufgrund der Drohung erfolgt. V kann beide Rechtsgeschäfte gemäß § 123 Abs. 1 BGB anfechten. ◀   80

2. Rückabwicklung und Wertersatz

Oftmals wird ein Vertrag zu einem Zeitpunkt angefochten, in dem eine Partei oder beide Parteien ihre Leistung(en) bereits erbracht haben. Dann ist eine Rückabwicklung notwendig. Weil die Anfechtung zur Nichtigkeit des Vertrags führt (§ 142 Abs. 1 BGB), ist der Rechtsgrund (die *„causa"*) für die Leistung weggefallen. Die Rückabwicklung richtet sich nach den Regelungen über die *ungerechtfertigte Bereicherung* (§§ 812 ff. BGB). Die wichtigste Anspruchsgrundlage ist § 812 Abs. 1 S. 1 Alt. 1 BGB: *Wer durch die Leistung eines anderen etwas ohne rechtlichen Grund erlangt, ist ihm zur Herausgabe verpflichtet.* Wenn also etwa der Käufer den Kaufpreis zahlt und der Kaufvertrag anschließend wirksam angefochten wird, muss der Verkäufer den Kaufpreis nach dieser Vorschrift zurückzahlen. Entsprechendes gilt für den Käufer: Dieser erlangt den Besitz und (in der Regel) das Eigentum am Kaufgegenstand ebenfalls ohne   81

rechtlichen Grund. Er ist daher zur Herausgabe der Sache (Besitz und ggf. Eigentum) verpflichtet.

82 ▶ **Beispiel:** V verkauft und übereignet seinen Pkw an K. Im Kaufvertrag hat sich V allerdings vertippt und einen Kaufpreis von 5900 € (anstelle von 6900 €) genannt. Dieser Irrtum fällt ihm auf, als K einige Tage später die 5900 € auf sein Konto überweist.

V kann den Kaufvertrag wegen Erklärungsirrtums gemäß § 119 Abs. 1 Alt. 2 BGB anfechten. Dieser ist dann nach § 142 Abs. 1 BGB von Anfang an nichtig. Die Übereignung des Wagens an K nach § 929 S. 1 BGB ist dagegen trotz Anfechtung des Kaufvertrags wirksam (Abstraktionsprinzip). Allerdings ist K nun ohne Rechtsgrund Eigentümer und Besitzer des Wagens. V hat daher gemäß § 812 Abs. 1 S. 1 Alt. 1 BGB einen Anspruch auf Rückgabe des Wagens und Rückübertragung des Eigentums. K kann seinerseits, ebenfalls nach § 812 Abs. 1 S. 1 Alt. 1 BGB, Rückzahlung des Kaufpreises verlangen. ◀

83 Ist die Herausgabe der empfangenen Leistung wegen der Beschaffenheit des Erlangten nicht (mehr) möglich oder ist der Empfänger aus einem anderen Grund zur Herausgabe außerstande, so hat er den Wert zu ersetzen (§ 818 Abs. 2 BGB).

84 ▶ **Beispiel:** Im vorherigen Beispiel hat K den Wagen bereits an einen Dritten weiterverkauft und übereignet. Nun muss er dem V nach § 818 Abs. 2 BGB grundsätzlich den Wert des Wagens ersetzen. ◀

85 § 818 Abs. 1 BGB erweitert den Herausgabeanspruch auf die *Nutzungen* der rechtsgrundlos erlangten Sache. Darunter fallen etwa die Vorteile aus dem Gebrauch der Sache (Bsp.: Beförderung) oder die Erträge, die unter Einsatz der Sache erzielt werden (Bsp.: Zinsen). Können Nutzungen wegen ihrer Beschaffenheit nicht herausgegeben werden (Bsp.: die Beförderung von A nach B), hat der Schuldner nach § 818 Abs. 2 BGB ihren objektiven Wert zu ersetzen.

86 ▶ **Beispiel:** Falls K den Wagen im obigen Fall bis zur Anfechtung des Kaufvertrags genutzt hat, muss er nach § 818 Abs. 1, Abs. 2 BGB Nutzungsersatz leisten. Dieser wird berechnet durch die anteilige Nutzung des Wagens im Verhältnis zu seiner voraussichtlichen Gesamtlaufleistung. V muss im Gegenzug nach § 818 Abs. 1 BGB die Zinsen herausgeben, die er mit dem empfangenen Kaufpreis erzielt hat. ◀

87 Das Bereicherungsrecht enthält jedoch eine gewichtige Einschränkung des Herausgabeanspruchs: Die Verpflichtung zur Herausgabe oder zum Ersatz des Werts ist ausgeschlossen, soweit der Empfänger nicht (mehr) bereichert ist (§ 818 Abs. 3 BGB). Dieser *Einwand der Entreicherung* soll den gutgläubigen Bereicherungsschuldner schützen, der auf die Wirksamkeit des (nichtigen) Vertrags vertraut hat. Eine Entreicherung liegt vor, wenn und soweit die erlangte Leistung im Vermögen des Empfängers nicht mehr vorhanden ist und dieser auch keinen Ersatz hierfür erhalten hat. Eine Ausnahme besteht nur für die Fälle, in denen der Empfänger durch Einsatz der empfangenen Leistung eigene notwendige Ausgaben erspart hat.

88 ▶ **Beispiel:** Das gekaufte Fahrrad wird gestohlen: vollständige Entreicherung. Aus dem gekauften Buch haben sich Seiten gelöst: teilweise Entreicherung durch Wertminderung. ◀

89 ▶ **Beispiel:** Arbeitnehmer A hat den Arbeitslohn bereits für Miete und Verpflegung vollständig ausgegeben. Hier liegt keine Entreicherung vor. Denn für Miete und Verpflegung hätte A in jedem Fall mit seinem sonstigen Vermögen einstehen müssen. ◀

90 Für die Rückabwicklung von gegenseitigen Verträgen, vor allem also, wenn eine Sachleistung gegen Entgelt erbracht wird, gelten weitere Besonderheiten. Hier würde eine wortgetreue Anwendung des § 818 Abs. 3 BGB zu untragbaren Ergebnissen führen.

Aus diesem Grund korrigiert die Rechtsprechung des Gesetz: Wer sich gegenüber seinem Vertragspartner auf Entreicherung beruft, muss sich diesen Einwand auch bei seinem eigenen Anspruch entgegenhalten lassen. Das gilt nur dann nicht, wenn der Empfänger besonders schutzwürdig ist (etwa weil er arglistig getäuscht wurde oder minderjährig ist).

▶ **Beispiel:** Der verkaufte Wagen ist bei einem vom Käufer K verschuldeten Unfall beschädigt worden, bevor V den Vertrag anficht. Die Wertminderung beträgt 2000 €.   91

Gemäß § 812 Abs. 1 S. 1 Alt. 1 BGB kann V Herausgabe und Rückübereignung des (unbeschädigten) Wagens verlangen. Da der Wagen beschädigt ist, muss K nach § 818 Abs. 2 BGB die Wertminderung infolge des Unfalls ersetzen. Sollte K selbst keinen Anspruch gegen seinen Kfz-Versicherer haben (etwa weil der Wagen nur haftpflicht- und nicht vollkaskoversichert ist), kann er gegenüber V jedoch insoweit den Einwand der Entreicherung nach § 818 Abs. 3 BGB erheben. V kann dann nur Herausgabe des beschädigten Wagens verlangen. Ein Ersatzanspruch für die Beschädigung steht ihm nicht zu. Im Gegenzug kann K gemäß § 812 Abs. 1 S. 1 Alt. 1 BGB grundsätzlich Rückzahlung des Kaufpreises verlangen, da der Rechtsgrund durch die Anfechtung des Kaufvertrags entfallen ist.

Wollte man es hierbei belassen, würde K infolge der Anfechtung durch V bessergestellt, als er ohne Anfechtung stünde. Aus diesem Grund schränkt die Rechtsprechung den Rückzahlungsanspruch des K ein: Von seinem Rückzahlungsanspruch ist der Betrag abzuziehen, um den sich der Anspruch des V wegen Entreicherung des K nach § 818 Abs. 3 BGB vermindert hat. K kann daher nur Rückzahlung von 3900 € verlangen. Im Ergebnis liegt das Risiko der Beschädigung des Wagens also bei K. Das ist sachgerecht, da er den Schaden auch bei ordnungsgemäßer Durchführung des Vertrags tragen müsste. ◀

▶ **Beispiel:** V versichert bei Abschluss des Kaufvertrags wider besseres Wissen, dass der Wagen unfallfrei ist. Als das Fahrzeug nach einem von K verschuldeten Unfall repariert wird, stellt sich heraus, dass es sich um einen Unfallwagen handelt.   92

Hier kann K den Kaufvertrag wegen arglistiger Täuschung nach § 123 Abs. 1 BGB anfechten. Er muss dann den beschädigten Wagen an V herausgeben und kann selbst Rückzahlung des Kaufpreises verlangen (jeweils nach § 812 Abs. 1 S. 1 Alt. 1 BGB). Weil V ihn arglistig getäuscht hat, muss K sich die Wertminderung des Wagens nicht anrechnen lassen. ◀

Der zur Herausgabe Verpflichtete kann sich gemäß §§ 818 Abs. 4, 819 Abs. 1 BGB von vornherein nicht auf den Wegfall der Bereicherung berufen, wenn er wusste, dass der zugrunde liegende Kaufvertrag nichtig oder anfechtbar (vgl. § 142 Abs. 2 BGB) ist. Das bloße Kennenmüssen, d.h. (grob) fahrlässige Unkenntnis, der Nichtigkeit oder Anfechtbarkeit reichen hierfür nicht aus.   93

▶ **Beispiel:** V hatte dem K bereits auf dessen telefonische Anfrage einen Kaufpreis von 6900 € genannt und unmissverständlich zu verstehen gegeben, dass er davon in keinem Fall abrücken werde. Über den Preis wurde später nicht mehr verhandelt.   94

Hier musste K zwar davon ausgehen, dass es sich bei dem im schriftlichen Kaufvertrag genannten Preis von 5900 € um einen Irrtum handelte und dass V daher den Vertrag anfechten konnte. Gleichwohl hatte K keine sichere Kenntnis von dem Irrtum des V. ◀

Besonderheiten sind zu beachten, wenn ausnahmsweise nicht das Verpflichtungs-, sondern das Verfügungsgeschäft angefochten wird. In diesem Fall bleibt der Veräußerer Eigentümer und kann die Sache vom Besitzer gemäß § 985 BGB zurückverlangen.   95

▶ **Beispiel:** Im obigen Picasso-Beispiel kann V die Rembrandt-Nachdrucke von K gemäß § 985 BGB zurückverlangen. K hat seinerseits einen Anspruch auf Lieferung und Übereignung von drei Picasso-Nachdrucken gemäß § 433 Abs. 1 S. 1 BGB. ◀   96

97   Werden ausnahmsweise sowohl das Verpflichtungs- als auch das Verfügungsgeschäft wirksam angefochten, bestehen Ansprüche auf Herausgabe der Sache aus § 985 BGB und aus § 812 Abs. 1 S. 1 Alt. 1 BGB nebeneinander.

3. Schadensersatzpflicht des Anfechtenden

98   Ficht der Erklärende wegen eines Willensmangels an, der aus seiner Sphäre stammt (Inhalts-, Erklärungs- oder Eigenschaftsirrtum), so löst die Anfechtung eine *Schadensersatzpflicht* aus. Gemäß § 122 Abs. 1 BGB hat er dem anderen den Schaden zu ersetzen, den dieser dadurch erleidet, dass er auf die Gültigkeit der Erklärung vertraut hat (sog. *Vertrauensschaden* oder *negatives Interesse*). Dazu gehören u.a. Aufwendungen, die der andere im Vertrauen auf die Gültigkeit des Rechtsgeschäfts macht, oder die Kosten der Vertragsdurchführung.

99   ▶ **Beispiel:** K will sich selbstständig machen und kauft die gebrauchte Büroausstattung des V für 10.000 €. Er beauftragt das Umzugsunternehmen U, die Möbel bei V abzuholen. Dort angekommen, ficht V den Vertrag wirksam an und weigert sich, die Möbel herauszugeben. Für Anfahrt und Lohnkosten verlangt U von K 300 €. Da K den U im Vertrauen auf die Wirksamkeit des Vertrags beauftragt hat, muss V die 300 € gemäß § 122 Abs. 1 BGB ersetzen. ◀

100   Die Ersatzpflicht ist jedoch gemäß § 122 Abs. 1 BGB *begrenzt* auf das Interesse, welches der andere an der Gültigkeit der Erklärung hat (*Erfüllungsinteresse* oder *positives Interesse*). Bei einem wirtschaftlich vorteilhaften Geschäft ist das Erfüllungsinteresse der aufgrund der Anfechtung entgangene Gewinn aus diesem Geschäft. Der Schaden berechnet sich dann nach der Formel „Wert minus Kaufpreis". Die Begrenzung des Vertrauensschadens auf das Erfüllungsinteresse liegt darin begründet, dass der Anfechtungsgegner durch die Anfechtung nicht besserstehen soll, als er bei Wirksamkeit des Rechtsgeschäfts stünde.

101   ▶ **Beispiel:** K kauft von V einen Neuwagen im Wert von 15.000 € für 14.000 €. V ficht den Vertrag wirksam an. K verlangt 1500 € Schadensersatz, weil er im Vertrauen auf die Gültigkeit des Vertrags ein späteres Angebot des D über einen baugleichen Wagen zu 13.500 € ausgeschlagen hat. Hätte K gewusst, dass die Willenserklärung des V nichtig ist, hätte er das Angebot des D angenommen und einen Gewinn von 1500 € erzielt. Somit liegt ein Vertrauensschaden i.H.v. 1500 € vor. Allerdings ist der Schadensersatzanspruch nach § 122 Abs. 1 BGB der Höhe nach auf das Erfüllungsinteresse begrenzt. Dieses beträgt hier nur 1000 € (Gewinn aus dem angefochtenen Geschäft). Daher wird der Ersatz des Vertrauensschadens auf 1000 € begrenzt. ◀

102   Derjenige, der die Anfechtung wegen arglistiger Täuschung oder widerrechtlicher Drohung erklärt, muss dagegen keine Schadensersatzpflicht fürchten. § 122 Abs. 1 BGB ordnet eine solche nur für eine Anfechtung aufgrund der §§ 119, 120 BGB an. Hintergrund für diese Privilegierung ist wie bei der längeren Anfechtungsfrist (3. Kapitel, § 20 Rn. 63 ff.) der Umstand, dass der Getäuschte und der Bedrohte das Entstehen des Anfechtungsgrundes nicht verursacht haben. Im Gegenteil können ihnen aufgrund der Täuschung bzw. der Bedrohung vertragliche oder deliktische Schadensersatzansprüche zustehen.

§ 21 Der Rücktritt vom Vertrag

I. Allgemeines

Verletzt der Schuldner seine vertraglichen Pflichten, kann der Gläubiger vom Vertrag zurücktreten (*gesetzliches Rücktrittsrecht*). Entsprechendes gilt, wenn die Parteien im Vertrag einen Rücktrittsvorbehalt vorsehen (*vertragliches Rücktrittsrecht*). Die Ausübung des Rücktrittsrechts führt dazu, dass ein wirksam zustande gekommener Vertrag rückgängig gemacht wird. Der Vertrag wird in ein sog. *Rückgewährschuldverhältnis* umgewandelt. Die Parteien sind zur Rückgewähr der bereits empfangenen Leistungen verpflichtet. Sind die Leistungen im Zeitpunkt des Rücktritts noch nicht erbracht, führt der Rücktritt lediglich zum Erlöschen der ursprünglichen Leistungspflichten.

Das gesetzliche Rücktrittsrecht ist der *wichtigste Rechtsbehelf des Gläubigers*, wenn der Schuldner seine vertraglichen Pflichten verletzt. Zwar hat der Gläubiger grundsätzlich die Wahl zwischen Rücktritt und Schadensersatz. Die Geltendmachung eines Schadensersatzanspruchs setzt jedoch grundsätzlich ein Verschulden des Schuldners voraus. Zudem muss der Gläubiger vor Gericht darlegen und beweisen, dass und in welcher Höhe ihm durch die Pflichtverletzung ein Schaden entstanden ist. Beim Rücktritt kommt es auf all das nicht an. Erforderlich ist lediglich, dass der Schuldner eine vertragliche Pflicht verletzt hat. Das gesetzliche Rücktrittsrecht ist also vor allem dann für den Gläubiger von Bedeutung, wenn ihm durch die Pflichtverletzung des Schuldners kein (nachweisbarer) Schaden entstanden ist oder wenn der Schuldner die Pflichtverletzung nicht zu vertreten hat. Stellt sich nach Erklärung des Rücktritts heraus, dass dem Gläubiger durch die Pflichtverletzung des Schuldners doch ein Schaden entstanden ist, bleibt der Rücktritt wirksam. Der Gläubiger kann aber u.U. zusätzlich Schadensersatzansprüche geltend machen (§ 325 BGB).

Die *Voraussetzungen*, unter denen der Gläubiger wegen einer Pflichtverletzung vom Vertrag zurücktreten kann, sind in den §§ 323, 324 und 326 Abs. 5 BGB genannt: Erstens muss ein *gegenseitiger Vertrag* zwischen dem Rücktrittsberechtigten (Gläubiger) und dem Rücktrittsgegner (Schuldner) vorliegen. Zweitens muss der Schuldner eine *Pflicht* aus diesem Schuldverhältnis *verletzt* haben. Drittens muss der Gläubiger dem Schuldner grundsätzlich vor Ausübung des Rücktrittsrechts erfolglos eine *angemessene Frist zur Leistung oder Nacherfüllung* gesetzt haben. Sind diese Voraussetzungen erfüllt, so kann der Gläubiger sich durch Rücktrittserklärung (§ 349 BGB) einseitig vom Vertrag lösen.

II. Voraussetzungen des Rücktritts

1. Gegenseitiger Vertrag

Ein Rücktritt kommt nur bei einem gegenseitigen Vertrag in Betracht. Zwischen den Parteien muss also ein *wirksamer Vertrag* zustande gekommen sein (vgl. dazu 2. Kapitel). Zudem muss der Vertrag *gegenseitige Leistungspflichten* enthalten. Das ist der Fall, wenn beide Parteien durch den Vertrag zu einer Leistung verpflichtet werden und jede Partei die eigene Leistungspflicht nur um der Gegenleistung des Vertragspartners willen übernimmt (lat. „do ut des" = Ich gebe, damit du gibst). Man spricht dann auch von einem *„Synallagma"* (Gegenseitigkeitsverhältnis) von Leistung und Gegenleistung. Gegenseitige Verträge sind stets Austauschverträge.

5 ▶ **Beispiel:** Der Käufer zahlt den Kaufpreis, um die Kaufsache zu erlangen. Der Verkäufer liefert die Sache, um den Kaufpreis zu erhalten. Der Kaufvertrag ist also ein gegenseitiger Vertrag. Anders beim Schenkungsvertrag: Der Schenkende verschenkt eine Sache, ohne dafür eine Gegenleistung zu bekommen. ◀

2. Pflichtverletzung

6 Die Voraussetzungen des Rücktritts unterscheiden sich je nach der Art der Pflichtverletzung: Nicht- oder Schlechtleistung (§ 323 BGB), Unmöglichkeit der Leistung (§ 326 Abs. 5 BGB) oder Verletzung einer Nebenpflicht (§ 324 BGB). Im Fall der nicht vertragsgemäß erbrachten Leistung (Schlechtleistung oder mangelhafte Leistung) sind die besonderen Regelungen des (kaufrechtlichen) Gewährleistungsrechts (insbesondere der Vorrang der Nacherfüllung) zu beachten (vgl. dazu 5. Kapitel).

a) Rücktritt wegen Nichtleistung oder Schlechtleistung

7 Leistet der Schuldner eine fällige Leistung nicht oder nicht vertragsgemäß, kann der Gläubiger vom Vertrag zurücktreten, wenn er zuvor erfolglos eine Frist zur Leistung oder Nacherfüllung gesetzt hat (§ 323 Abs. 1 BGB).

aa) Fristsetzung

8 Die *Fristsetzung* ist eine rechtsgeschäftsähnliche Handlung des Gläubigers, die dem Schuldner zugehen muss (analog § 130 Abs. 1 S. 1 BGB). Unter einer Fristsetzung versteht man die *bestimmte und eindeutige Aufforderung* zur Erbringung der geschuldeten Leistung innerhalb einer Frist. Eine Ankündigung, die Leistung nach Fristablauf abzulehnen (sog. Ablehnungsandrohung), ist nicht erforderlich. Die Erklärung muss allerdings mehr als ein „höfliches Drängen" auf Vertragserfüllung sein. Sie muss dem Schuldner erkennbar machen, dass es mit Fristablauf „ernst" wird. Auch die in der Praxis gängige Aufforderung an den Schuldner, sich über seine Leistungsbereitschaft zu erklären, genügt nicht den Anforderungen an eine Fristsetzung.

9 ▶ **Beispiel:** K macht sich selbstständig und kauft beim Hersteller H Büromöbel. Nachdem H sich auch nach zwei Wochen nicht gemeldet hat, schreibt ihm K: „Ich warte nun bereits zwei Wochen auf die Möbel. Eine Lieferung bis zum kommenden Wochenende käme mir gelegen."

Das Schreiben erfüllt nicht die Anforderungen an eine Fristsetzung. Die Aufforderung ist nicht bestimmt und eindeutig genug. H muss nicht damit rechnen, dass K nach dem Wochenende zurücktreten wird. ◀

10 ▶ **Beispiel:** K schreibt: „Ich warte nun bereits zwei Wochen auf die Möbel. Geben Sie mir bitte umgehend Bescheid, ob Sie bereit sind, die Möbel innerhalb von zehn Tagen zu liefern."

Auch dieses Schreiben erfüllt die Anforderungen an eine Fristsetzung i.S.d. § 323 Abs. 1 BGB nicht. K fordert H nicht zur Leistung auf, sondern lediglich zur Erklärung seiner Leistungsbereitschaft. ◀

11 Die Fristsetzung entfaltet nur Wirkung, wenn der Gläubiger die Frist zur Leistung nach deren Fälligkeit gesetzt hat. Das gilt selbst dann, wenn bereits vor Fälligkeit ernsthafte Zweifel an der Leistungsfähigkeit oder der Leistungswilligkeit des Schuldners bestehen. Der Gläubiger hat daher nicht die Möglichkeit, dem Schuldner bereits – sozusagen auf Vorrat – vor Fälligkeit der Leistung eine Nachfrist zu setzen mit der Folge, dass nach Ablauf dieser Frist

das Rücktrittsrecht entsteht. Allerdings kann der Gläubiger bereits vor dem Eintritt der Fälligkeit der Leistung zurücktreten, wenn offensichtlich ist, dass die Voraussetzungen des Rücktritts eintreten werden (§ 323 Abs. 4 BGB).

Eine *Frist* ist ein Zeitraum, dessen Ende unmittelbar durch Angabe eines Termins oder mittelbar durch Angabe einer Anzahl von Zeiteinheiten (Tage, Wochen usw.) bestimmt ist. Die Frist muss *angemessen* lang sein. Entscheidend sind die Art der Leistung und die sich aus dem Vertrag ergebende Dringlichkeit für den Gläubiger. Grundsätzlich muss die Frist so bemessen sein, dass der Schuldner die Leistung auch tatsächlich erbringen kann. Allerdings muss sie dem Schuldner, der noch nichts zur Erbringung der Leistung unternommen hat, nicht ermöglichen, mit der Leistung erst zu beginnen. Ihm soll vielmehr eine letzte Gelegenheit eingeräumt werden, die bereits begonnene Leistung zu vollenden. Die Höchstgrenze liegt bei üblichen Verbrauchsgeschäften bei zwei Wochen. Entscheidender Bezugspunkt ist die Leistungshandlung des Schuldners, nicht der Leistungserfolg. Der Gläubiger sollte daher etwa beim Versendungskauf eine Frist zum Absenden und nicht zum Erhalt der Sache setzen. 12

> **BGH, Urt. v. 31.10.1984 – VIII ZR 226/83:** „Die Nachfrist ... hat nicht den Zweck, den Schuldner in die Lage zu setzen, nun erst die Bewirkung seiner Leistung in die Wege zu leiten; sie soll ihm vielmehr nur eine letzte Gelegenheit gewähren, die begonnene Erfüllung zu beenden. Eine angemessene Nachfrist kann daher regelmäßig wesentlich kürzer sein als die vereinbarte Lieferfrist." 13

Erweist sich die vom Gläubiger gesetzte Frist als unangemessen kurz, so ist die Fristsetzung grundsätzlich nicht unwirksam. Vielmehr wird damit eine angemessen lange Frist in Gang gesetzt. Dadurch soll dem Gläubiger das Risiko abgenommen werden, dass er die Angemessenheit der Frist falsch einschätzt. Er muss daher nicht erneut eine Frist setzen. Lediglich in Ausnahmefällen kann eine zu kurze Fristsetzung unwirksam sein, wenn der Gläubiger sie nur zum Schein gesetzt hat. 14

> **BGH, Urt. v. 21.6.1985 – V ZR 134/84:** „Durch eine zu knapp bemessene Nachfrist [wird] in der Regel eine angemessene Frist in Lauf gesetzt. ... Etwas anderes gilt ausnahmsweise dann, wenn der Gläubiger die Nachfrist nur zum Schein gesetzt oder zu erkennen gegeben hat, dass er die Leistung keinesfalls annehmen werde, selbst wenn sie innerhalb einer angemessenen Frist erbracht werden sollte." 15

▶ **Beispiel:** Im vorigen Fall schreibt K: „Ich warte nun bereits zwei Wochen auf die Möbel. Bitte liefern Sie diese bis morgen Abend, 17 Uhr." 16
Dieses Schreiben erfüllt die Anforderungen an eine Leistungsaufforderung. Auch hat K eine Frist gesetzt. Allerdings ist diese Frist unangemessen kurz. Durch die Erklärung beginnt automatisch eine Frist in angemessener Länge. K muss somit nicht erneut eine Frist setzen. ◀

Trotz der Verlängerung einer zu kurzen Frist auf einen angemessenen Zeitraum besteht für den Gläubiger eine gewisse Rechtsunsicherheit, weil er den Zeitpunkt nicht genau vorhersehen kann, in dem er sich vom Vertrag lösen kann. Tritt er zurück und beschafft sich die Sache anderweitig (sog. *„endgültiges Deckungsgeschäft"*), bevor die angemessene Frist abgelaufen ist, besteht die Gefahr, dass der Schuldner seine Leistung doch noch fristgemäß erbringt. Dann kann der Gläubiger die Kosten des Deckungsgeschäfts nicht vom Schuldner ersetzt verlangen, weil der Rücktritt unwirksam ist. In der 17

Praxis ist es daher ratsam, vor Abschluss eines Deckungsgeschäfts einen gewissen zeitlichen „Puffer" einzuplanen.

18 ▶ **Beispiel:** K setzt V eine zweitägige Frist zur Lieferung des gekauften Fernsehers. Die Lieferung bleibt aus. Am Morgen des dritten Tages schickt er dem V eine Rücktrittserklärung per E-Mail und kauft einen baugleichen Fernseher bei X. Wenige Stunden später taucht V mit dem Fernseher bei K auf und besteht auf Zahlung des Kaufpreises. Er meint, die zweitägige Frist sei zu kurz gewesen.

Sofern das Gericht zum Ergebnis gelangt, dass die von K gesetzte Frist tatsächlich unangemessen kurz war, hat V seine Leistung noch rechtzeitig angeboten. Der Rücktritt des K vom Kaufvertrag ist daher unwirksam. K muss den Kaufpreis bezahlen und den Fernseher abnehmen, auch wenn er dann zwei Geräte hat. ◀

19 Nach der neueren, zweifelhaften Rechtsprechung des BGH soll es sogar ausreichen, wenn der Gläubiger die Leistung „sofort", „unverzüglich" oder „umgehend" verlangt. Auch eine solche Aufforderung setzt eine angemessene Frist in Gang. Zwar bestehe dann für den Schuldner eine Ungewissheit, welcher Zeitraum ihm nun zur Leistungserbringung zur Verfügung stehe. Jedoch sei auch eine solche Aufforderung aufgrund der konkreten Umstände des Einzelfalls bestimmbar. Da derartige Aufforderungen für beide Teile Rechtsunsicherheit schaffen, ist es in der Praxis gleichwohl ratsam, eine Frist mit einem bestimmten Zeitraum oder Endtermin zu setzen.

20 **BGH, Urt. v. 12.8.2009 – VIII ZR 254/08:** „Für eine Fristsetzung ... genügt es, wenn der Gläubiger durch das Verlangen nach sofortiger, unverzüglicher oder umgehender Leistung oder vergleichbare Formulierungen deutlich macht, dass dem Schuldner für die Erfüllung nur ein begrenzter (bestimmbarer) Zeitraum zur Verfügung steht; der Angabe eines bestimmten Zeitraums oder eines bestimmten (End-)Termins bedarf es nicht. ... Dem Begriff der Fristsetzung lässt sich nicht entnehmen, dass die maßgebliche Zeitspanne nach dem Kalender bestimmt sein muss oder in konkreten Zeiteinheiten anzugeben ist. ... Vielmehr kann die Dauer einer Frist grundsätzlich auch durch einen unbestimmten Rechtsbegriff bezeichnet werden; dies ist insbesondere bei rechtsgeschäftlichen Fristen häufig der Fall. Nach allgemeiner Meinung ist eine Frist ein Zeitraum, der bestimmt oder bestimmbar ist. Mit der Aufforderung, die Leistung oder die Nacherfüllung ‚in angemessener Zeit', ‚umgehend' oder ‚so schnell wie möglich' zu bewirken, wird eine zeitliche Grenze gesetzt, die aufgrund der jeweiligen Umstände des Einzelfalls bestimmbar ist."

21 **BGH, Urt. v. 13.7.2016 – VIII ZR 49/15:** „Ein auf ‚schnelle Behebung' gerichtetes Nachbesserungsverlangen ist einer Aufforderung, innerhalb ‚angemessener Frist', ‚unverzüglich' oder ‚umgehend' Abhilfe zu schaffen, vergleichbar, denn auch dadurch wird dem Verkäufer eine zeitliche Grenze gesetzt, die aufgrund der jeweiligen Umstände des Einzelfalls bestimmbar ist und ihm vor Augen geführt, dass er die Nachbesserung nicht zu einem beliebigen Zeitpunkt bewirken darf."

22 Kommt der Schuldner der Aufforderung des Gläubigers innerhalb einer angemessenen Frist nicht nach, kann der Gläubiger zurücktreten. Er kann aber auch weiterhin Erfüllung des Vertrags verlangen. Sein Leistungsanspruch geht allein durch den Ablauf der gesetzten Frist nicht unter, sondern erlischt erst mit der Ausübung des Rücktrittsrechts. Will er dann tatsächlich zurücktreten, weil der Schuldner seiner Aufforderung noch immer nicht nachkommt, muss er nicht erneut eine Frist setzen.

BGH, Urt. v. 20.1.2006 – V ZR 124/05: „Rechtsfehlerhaft hat das Berufungsgericht ein Rücktrittsrecht der Klägerin aus § 323 Abs. 1 BGB mit der Begründung verneint, dass das Verlangen des Gläubigers auf Erfüllung nach dem Ablauf einer gemäß § 323 Abs. 1 BGB gesetzten Frist zur Leistung oder Nacherfüllung für diesen in dem Sinn bindend sei, dass damit das Rücktrittsrecht erlösche und erst nach einer erneuten fruchtlosen Fristsetzung wieder ausgeübt werden könne. Diese Ansicht wird zwar auch im Schrifttum vertreten. Sie ist indes mit der gesetzlichen Regelung der Rechtsfolgen einer ergebnislosen Fristsetzung zur Nacherfüllung an den Schuldner nach § 281 Abs. 1 BGB und § 323 Abs. 1 BGB nicht zu vereinbaren. Die (weitere) Geltendmachung des Erfüllungsanspruchs hebt auch dann, wenn sie im Wege einer Klage erfolgt, die Folgen der erfolglosen Fristsetzung gegenüber dem vertragsbrüchigen Schuldner nicht auf. Der Gläubiger muss seine gesetzlichen Rechte gegenüber dem Schuldner nicht erst durch eine erneute Fristsetzung wieder begründen, sondern kann den Rücktritt erklären, wenn der Schuldner auch nach erneuter Leistungsanforderung durch die Klage nicht leistet."

23

bb) Entbehrlichkeit der Fristsetzung

Gemäß § 323 Abs. 2 BGB kann in bestimmten Fällen auf eine Fristsetzung verzichtet werden. Der Gläubiger kann dann sofort vom Vertrag zurücktreten.

24

Dies ist nach § 323 Abs. 2 Nr. 1 BGB der Fall, wenn der Schuldner die Leistung ernsthaft und endgültig verweigert. Daran sind nach der Rechtsprechung strenge Anforderungen zu stellen. Die Weigerung des Schuldners muss als sein „letztes Wort" aufzufassen sein. Nicht ausreichend ist z.B. die schlichte Erklärung des Schuldners, er werde zum Fälligkeitszeitpunkt nicht leisten können, oder die Weigerung mit der Begründung, die Leistung sei bereits ordnungsgemäß erbracht worden.

25

BGH, Urt. v. 29.6.2011 – VIII ZR 202/10: „Eine Erfüllungsverweigerung liegt nur vor, wenn der Schuldner unmissverständlich und eindeutig zum Ausdruck bringt, er werde seinen Vertragspflichten unter keinen Umständen nachkommen. Dafür reicht das bloße Bestreiten des Mangels oder des Klageanspruchs nicht aus. Vielmehr müssen weitere Umstände hinzutreten, welche die Annahme rechtfertigen, dass der Schuldner seinen Vertragspflichten unter keinen Umständen nachkommen will und es damit ausgeschlossen erscheint, dass er sich von einer Fristsetzung werde umstimmen lassen. ... [In der] Mitteilung, alle Mängel seien behoben, [liegt deshalb] keine endgültige Erfüllungsverweigerung. Die Beklagte hat damit zwar zum Ausdruck gebracht, dass sie sämtliche nach ihrer Auffassung bestehenden Mängel beseitigt habe und folglich das Vorhandensein weiterer Mängel in Abrede gestellt. Dass dies das letzte Wort der Beklagten darstellte und eine Fristsetzung deshalb sinnlos war, lässt sich daraus nicht entnehmen."

26

BGH, Urt. v. 1.7.2015 – VIII ZR 226/14: „Dementsprechend kann in dem bloßen Bestreiten von Mängeln noch nicht ohne Weiteres eine endgültige Nacherfüllungsverweigerung gesehen werden. Vielmehr müssen weitere Umstände hinzutreten, welche die Annahme rechtfertigen, dass der Schuldner über das Bestreiten der Mängel hinaus bewusst und endgültig die Erfüllung seiner Vertragspflichten ablehnt und es damit ausgeschlossen erscheint, dass er sich von einer (ordnungsgemäßen) Nacherfüllungsaufforderung werde umstimmen lassen."

27

28 Darüber hinaus ist für den Rücktritt eine Fristsetzung bei sog. *relativen Fixgeschäften* generell entbehrlich (§ 323 Abs. 2 Nr. 2 BGB). Ein relatives Fixgeschäft setzt voraus, dass die Parteien den Zeitpunkt, in dem die Leistung erbracht werden soll, vertraglich vereinbaren. Zudem muss der Leistungszeitpunkt für den Gläubiger so wesentlich sein, dass eine nachträgliche Erfüllung nicht mehr als ordnungsgemäße Leistung anzusehen ist, und der Gläubiger muss dies dem Schuldner vor Vertragsschluss mitgeteilt haben. Allein die Vereinbarung eines Liefertermins reicht daher für ein Fixgeschäft nicht aus. Es muss hinzukommen, dass der Vertrag nach dem Willen des Gläubigers mit der Einhaltung bzw. Nichteinhaltung der Lieferzeit „steht und fällt". Je präziser die Zeitbestimmung im Vertrag ist, desto eher ist von einem Fixgeschäft auszugehen.

29 > **BGH, Urt. v. 17.1.1990 – VIII ZR 292/88:** „Ein Fixgeschäft erfordert nicht nur die Festlegung einer genauen Lieferzeit oder -frist, sondern darüber hinaus Einigkeit der Parteien darüber, dass der Vertrag mit der Einhaltung oder Nichteinhaltung der Lieferzeit ‚stehen oder fallen' soll, wobei sich jeder Zweifel gegen die Annahme eines Fixgeschäfts auswirkt. Allein aus der Vereinbarung einer fest bestimmten Liefer(end)zeit (hier: ‚bis 1.10.1987') folgt gerade noch nicht, dass mit Nichteinhaltung der Frist jedes Interesse der Klägerin an der Ausführung des Geschäfts entfiel. Dagegen spricht hier schon, dass die Klägerin die im Januar 1986 gelieferten Kapseln erst knapp 20 Monate später verwendet und nichts dafür vorgetragen hat, aus welchem Grund die Einhaltung der Frist bei der zweiten Bestellung für sie von größerer Bedeutung gewesen ist."

30 > **Beispiel:** Händler H bestellt beim Lieferanten L 50 Kartons Christbaumkugeln. Die Parteien vereinbaren: „Lieferung spätestens am 30.11."

Allein die Vereinbarung eines konkreten Liefertermins reicht für die Annahme eines relativen Fixgeschäfts noch nicht aus. Hier kommt aber hinzu, dass H die Christbaumkugeln ersichtlich für das Weihnachtsgeschäft benötigt und an einer Einlagerung in das darauffolgende Jahr aller Voraussicht nach kein Interesse hat. Daher steht und fällt der Vertrag nach dem für L erkennbaren Willen des H mit der rechtzeitigen Lieferung. Sollte L nicht rechtzeitig liefern, kann H ohne Fristsetzung vom Vertrag zurücktreten. ◄

31 Ein starkes Indiz für ein relatives Fixgeschäft ist die im Handelsverkehr gebräuchliche Verwendung sog. *„Fixklauseln"* wie etwa „fix", „fix und prompt", „genau", „präzise" oder „spätestens" (nicht dagegen: „sofort" oder „prompt").

32 > **Beispiel:** Händler H bestellt beim Lieferanten L 5000 Bögen Briefpapier. Die Parteien vereinbaren: „Lieferung fix am 31.5."

Hier liegt ein relatives Fixgeschäft vor. Liefert L nicht am 31.5., so kann H sofort zurücktreten, ohne zuvor eine Frist setzen zu müssen (§ 323 Abs. 2 Nr. 2 BGB). ◄

33 Nach § 323 Abs. 2 Nr. 3 BGB ist die Fristsetzung ferner entbehrlich, wenn im Falle einer nicht vertragsgemäß erbrachten Leistung *besondere Umstände* vorliegen, die unter Abwägung der beiderseitigen Interessen die sofortige Loslösung vom Vertrag rechtfertigen. Besondere Umstände liegen etwa vor, wenn der Schuldner einen Mangel arglistig verschwiegen hat.

34 > **BGH, Urt. v. 9.1.2008 – VIII ZR 210/06:** „Ein die sofortige Rückabwicklung des Kaufvertrags rechtfertigendes Interesse des Käufers (§ 323 Abs. 2 Nr. 3 BGB) [ist] im Regelfall anzunehmen ..., wenn der Verkäufer dem Käufer einen Mangel arglistig verschwiegen hat. Bei einer vom Verkäufer beim Abschluss eines Kaufvertrags begangenen Täuschungs-

> handlung ist in der Regel die für eine Nacherfüllung erforderliche Vertrauensgrundlage beschädigt."

▶ **Beispiel:** K beauftragt den Bauunternehmer B mit dem Anbau eines Wintergartens an das Haus des K. Um Geld zu sparen, verwendet B für den Bau Glasscheiben, die nur halb so dick sind, wie es eigentlich erforderlich wäre, um den gewöhnlichen Witterungsbedingungen standzuhalten. Dennoch versichert B dem K auf Nachfrage, der Wintergarten halte selbst starkem Hagel stand. Kurz darauf gehen die Glasscheiben bei einem Gewitter zu Bruch.

Hier kann K vom Vertrag zurücktreten, ohne dem B zuvor eine Frist zur Nacherfüllung gesetzt zu haben (§§ 634 Nr. 3, 323 Abs. 2 Nr. 3 BGB). Infolge der arglistigen Täuschung ist die Vertrauensgrundlage für die Fortführung der Vertragsbeziehung zu B entfallen. ◀

cc) Ausschluss des Rücktrittsrechts

Erbringt der Schuldner nur einen *Teil der Leistung*, kann der Gläubiger dementsprechend teilweise zurücktreten. Vom ganzen Vertrag kann er sich dagegen nur lösen, wenn er an der Teilleistung kein Interesse hat (§ 323 Abs. 5 S. 1 BGB).

Bei einer *Schlechtleistung* ist der Rücktritt ausnahmsweise ausgeschlossen, wenn die Pflichtverletzung unerheblich ist (§ 323 Abs. 5 S. 2 BGB). In diesem Fall würde eine Rückabwicklung unverhältnismäßig hohe Kosten für den Verkäufer verursachen. Das Interesse des Käufers kann regelmäßig durch die Minderung des Kaufpreises oder, falls der Verkäufer den Mangel oder dessen Nichtbeseitigung zu vertreten hat, durch Schadensersatzleistung befriedigt werden (vgl. zu den Einzelheiten 5. Kapitel, § 28 Rn. 28 ff.).

Schließlich scheidet der Rücktritt aus, wenn der Gläubiger für die Pflichtverletzung allein oder weit überwiegend verantwortlich ist oder wenn die Leistung während des Annahmeverzugs des Gläubigers aus Gründen mangelhaft wird, die der Schuldner nicht zu vertreten hat (§ 323 Abs. 6 BGB).

b) Rücktritt wegen Unmöglichkeit der Leistung

Nach § 326 Abs. 5 BGB kann der Gläubiger auch dann zurücktreten, wenn die Leistung des Schuldners gemäß § 275 BGB unmöglich ist (dazu 3. Kapitel, § 23 Rn. 1 ff.). Eine Fristsetzung ist dann entbehrlich. Bedeutung erlangt die Norm nur in den Fällen, in denen der Anspruch auf Nacherfüllung (§§ 439, 635 BGB) unmöglich ist. Der Gesetzgeber wollte keine „Minderung kraft Gesetzes" schaffen. Der Gläubiger soll daher den Rücktritt erklären müssen. Für den Grundfall der Unmöglichkeit, in dem der Anspruch auf Gegenleistung gemäß § 326 Abs. 1 S. 1 BGB bereits kraft Gesetzes untergeht, ist die Regelung des § 326 Abs. 5 BGB überflüssig. Da der Gläubiger aber regelmäßig nicht weiß, aus welchem Grund der Schuldner nicht leistet, sollte er im eigenen Interesse stets eine Frist setzen.

▶ **Beispiel:** K kauft von V einen drei Jahre alten Gebrauchtwagen. Zwei Monate später stellt sich durch Zufall heraus, dass X, ein früherer Eigentümer des Wagens, mit diesem einen Unfall hatte, den er beim Weiterverkauf an V verschwiegen hatte.

Da die Eigenschaft „Unfallwagen" auch bei einer noch so guten Reparatur nicht behebbar und somit die Beseitigung des Sachmangels unmöglich (§ 275 Abs. 1 BGB) ist, bedarf es für den Rücktritt keiner Fristsetzung (§§ 437 Nr. 2, 326 Abs. 5 BGB). Der Rücktritt setzt – anders als der Anspruch auf Schadensersatz – auch kein Verschulden des Rücktrittsgegners

35

36

37

38

39

40

voraus. Nach der Erklärung des Rücktritts (§ 349 BGB) kann K von V den Kaufpreis Zug um Zug gegen Rückgabe des Wagens zurückverlangen (§ 346 Abs. 1 BGB). ◄

41 ▶ **Hinweis:** Da V selbst keine Kenntnis von der Eigenschaft „Unfallwagen" hatte, scheidet eine Anfechtung wegen arglistiger Täuschung (§ 123 Abs. 1 Alt. 1 BGB) aus. ◄

c) Rücktritt wegen Verletzung einer Nebenpflicht

42 Schließlich kann der Gläubiger nach § 324 BGB vom Vertrag zurücktreten, obwohl der Schuldner seine vertragsmäßige Leistung ordnungsgemäß erbringt, wenn dieser seine Pflicht zur Rücksichtnahme auf die Rechte und Interessen des Gläubigers (§ 241 Abs. 2 BGB) derart grob verletzt, dass dem Gläubiger ein Festhalten am Vertrag nicht mehr zuzumuten ist. Davon ist jedoch nur in Ausnahmefällen auszugehen. In der Regel hat die Verletzung von Rücksichtnahmepflichten allein Schadensersatzansprüche zur Folge (vgl. 4. Kapitel, § 25 Rn. 1 ff.).

43 ▶ **Beispiel:** B beauftragt U, die Außenfassade seines Einfamilienhauses zu streichen, wofür mehrere Tage angesetzt sind. Obwohl B den U mehrfach darauf hinweist, dass er unbedingt darauf achten müsse, die seltenen Pflanzen rings um das Haus nicht zu beschädigen, verwüstet U bereits am ersten Tag ein ganzes Pflanzenbeet.

Auch wenn die eigentliche Leistung (Anstrich des Hauses) bisher einwandfrei ist, kann B hier vom Vertrag zurücktreten. Es ist ihm nicht zuzumuten, an den verbleibenden Tagen sehenden Auges seine restlichen Pflanzen zu „opfern". ◄

III. Rechtsfolgen des Rücktritts

1. Rückgewähr und Wertersatz

44 Ziel des Rücktritts ist es, die Parteien so zu stellen, als ob sie den Vertrag nicht geschlossen hätten. Haben die Parteien zum Zeitpunkt des Rücktritts ihre Leistungen noch nicht erbracht, wird zwar der Vertrag nicht beseitigt, die Parteien werden allerdings von ihren primären Leistungspflichten befreit. Ist die Leistung bereits erfolgt, müssen die Parteien einander die empfangenen *Leistungen zurückgewähren* (§ 346 Abs. 1 BGB).

45 ▶ **Beispiel:** K kauft von V einen neuen Wagen. Er zahlt den Kaufpreis und erhält den Wagen. Aufgrund eines Mangels tritt er zwei Monate später vom Vertrag zurück.

Hier hat V den Kaufpreis an K zurückzuzahlen. K muss im Gegenzug den Wagen an V zurückgeben (jeweils gemäß § 346 Abs. 1 BGB). ◄

46 Ist die Rückgewähr nicht möglich, etwa weil der erhaltene Gegenstand weiterveräußert oder zerstört worden ist, oder ist der Gegenstand beschädigt, so hat der Schuldner *Wertersatz* hierfür zu leisten (§ 346 Abs. 2 BGB). Für den Wertersatzanspruch kommt es nicht darauf an, ob der Schuldner den Untergang oder die Verschlechterung zu vertreten hat.

47 ▶ **Beispiel:** Im obigen Fall hat K den Wagen beim Einparken leicht beschädigt. K kann zwar weiterhin vom Vertrag zurücktreten. Er muss aber gemäß § 346 Abs. 2 Nr. 3 BGB Wertersatz leisten. Dasselbe gilt grundsätzlich auch dann, wenn der Wagen ohne Verschulden des K durch einen Dritten beschädigt wird (vgl. aber sogleich § 346 Abs. 3 BGB). ◄

48 *Verschlechterung* ist jede nachteilige Veränderung der Sachsubstanz oder Beeinträchtigung der Funktionstauglichkeit einer Sache. Keine Verschlechterung ist die Abnutzung

durch bestimmungsgemäßen Gebrauch der Sache. Hierfür gelten vorrangig die Regelungen über die Herausgabe von Nutzungen (vgl. dazu 3. Kapitel, § 21 Rn. 53 ff.).

Kein Wertersatz ist zu leisten für Verschlechterungen durch die *bestimmungsgemäße Ingebrauchnahme* der Sache (§ 346 Abs. 2 Nr. 3 Hs. 2 BGB). Damit ist die Wertminderung gemeint, die lediglich dadurch entsteht, dass die Sache nun „gebraucht" ist. Für den nachfolgenden Gebrauch selbst hat der Schuldner dagegen u.U. Nutzungen herauszugeben. Praktisch relevant ist dies vor allem für die Kfz-Zulassung, die an sich schon zu einem erheblichen Wertverlust des Fahrzeugs führt. 49

▶ **Beispiel:** Im obigen Fall muss K die Wertminderung, die allein infolge der Zulassung des Wagens eingetreten ist, nicht ersetzen. ◀ 50

Gemäß § 346 Abs. 3 BGB entfällt die Pflicht zum Wertersatz ausnahmsweise in den dort genannten Fällen, insbesondere wenn der Gläubiger die Verschlechterung oder den Untergang zu vertreten hat oder wenn der Schuldner im Fall des gesetzlichen Rücktrittsrechts (§§ 323 ff. BGB) die Sache so behandelt, wie er mit seinen Dingen üblicherweise umzugehen pflegt (sog. *diligentia quam in suis*). Bei grober Fahrlässigkeit ist er aber stets zum Wertersatz verpflichtet (vgl. § 277 BGB). Die Vorschrift will den Rücktrittsberechtigten schützen, der aufgrund des abgeschlossenen Vertrags nicht damit rechnen musste, die Sache wieder zurückzugeben. Die Haftungsprivilegierung gilt daher nur so lange, bis der Rücktrittsberechtigte vom Rücktrittsgrund Kenntnis erlangt. 51

▶ **Beispiel:** K kauft bei V einen Gebrauchtwagen für 20.000 €. Als er sich am nächsten Tag zur Arbeit aufmacht, sieht er gerade, dass ein Unbekannter beim Ausparken gegen seinen neuen Wagen fährt und einen erheblichen Schaden verursacht. Eine Woche später stellt sich heraus, dass der Wagen bereits bei Vertragsschluss einen unbehebbaren Mangel hatte. Daraufhin erklärt K den Rücktritt vom Vertrag. V will wegen des Unfallschadens nur 18.000 € zurückzahlen. 52

Grundsätzlich müsste K, der sein gesetzliches Rücktrittsrecht (§§ 437 Nr. 2, 323, 326 Abs. 5 BGB) ausgeübt hat, aufgrund der Verschlechterung des Wagens Wertersatz leisten (§ 346 Abs. 2 Nr. 3 BGB). Der Anspruch des V ist jedoch gemäß § 346 Abs. 3 S. 1 Nr. 3 BGB ausgeschlossen, weil die Verschlechterung beim Rücktrittsberechtigten K eingetreten ist, obwohl dieser diejenige Sorgfalt beachtet hat, die er auch sonst einzuhalten pflegt. Da der Wagen hier ohne Verschulden des K von einem Dritten beschädigt worden ist, muss K keinen Wertersatz leisten und kann gemäß § 346 Abs. 1 BGB Rückzahlung des vollen Kaufpreises verlangen. ◀

2. Nutzungsersatz

Neben der Rückgewähr der Leistung haben die Parteien die gezogenen *Nutzungen herauszugeben* (§ 346 Abs. 1 BGB) oder, falls dies nicht möglich ist, hierfür *Wertersatz* zu leisten (§ 346 Abs. 2 Nr. 1 BGB). Zu den Nutzungen gehören gemäß § 100 BGB auch die Gebrauchsvorteile (Bsp.: Beförderung durch Pkw). Die Höhe des Wertersatzes bestimmt sich nach dem Umfang der Nutzung durch den Schuldner im Verhältnis zur voraussichtlichen Gesamtnutzungsdauer der Sache. 53

▶ **Beispiel:** Im obigen Fall hat K das Auto zwei Monate genutzt. Dafür hat er gemäß § 346 Abs. 2 Nr. 1 BGB Wertersatz zu leisten. Der Wertersatz berechnet sich nach dem Verhältnis der tatsächlich von K gefahrenen Kilometer zur üblichen Gesamtlaufleistung des konkreten Fahrzeugtyps (nicht: Kosten für Mietwagen). Im Gegenzug hat V die Zinsen für den Kaufpreis herauszugeben. ◀ 54

55 Gemäß § 347 Abs. 1 S. 1 BGB haben die Parteien sogar die nicht gezogenen Nutzungen zu ersetzen. Allerdings ist derjenige, der ein gesetzliches Rücktrittsrecht ausübt, gemäß § 347 Abs. 1 S. 2 BGB insofern privilegiert, als er nur diejenigen Nutzungen zu ersetzen hat, die er entgegen seinen sonstigen Gepflogenheiten oder grob fahrlässig nicht zieht (§ 277 BGB).

56 ▶ **Beispiel:** Hat V den Kaufpreis im obigen Fall nicht zinsbringend angelegt, so muss er gemäß § 347 Abs. 1 S. 1 BGB gleichwohl Wertersatz in der Höhe leisten, in der er nach den Regeln eines ordnungsgemäßen Wirtschaftens Zinsen hätte erlangen können. ◀

IV. Rücktritt und Kündigung

57 Der Rücktritt führt zu einer Rückabwicklung der bereits erbrachten Leistungen. Er zielt also stets auf ein in der Vergangenheit liegendes Vertragsverhältnis. Besondere Schwierigkeiten ergeben sich immer dann, wenn die Parteien einen Vertrag abgeschlossen haben, der sich nicht auf den einmaligen Leistungsaustausch beschränkt, sondern ein dauerhaftes Verhalten oder wiederkehrende Leistungen zum Gegenstand hat (Bsp.: Arbeitsvertrag, Mietvertrag). Bei diesen sog. *Dauerschuldverhältnissen* tritt die Kündigung an die Stelle des Rücktritts. Die *Kündigung* beseitigt die Leistungspflichten mit Wirkung für die Zukunft. Eine Rückabwicklung der bereits erbrachten Leistungen findet grundsätzlich nicht statt.

58 ▶ **Beispiel:** K kündigt seinen Mobilfunkvertrag beim Telefonanbieter T fristgemäß zum 31.12.

Hier endet das Vertragsverhältnis zum angegebenen Kündigungstermin. Für den darauffolgenden Zeitraum müssen K und T ihre Leistungen nicht mehr erbringen. Dagegen kann K etwa die bis zum 31.12. geleisteten Zahlungen nicht zurückfordern. ◀

59 Das Gesetz differenziert zwischen der ordentlichen und der außerordentlichen Kündigung. Eine *ordentliche Kündigung* ist regelmäßig nur unter Einhaltung einer Kündigungsfrist möglich (Bsp.: §§ 573c, 580a, 622 BGB). Sie scheidet aus, wenn die Parteien von vornherein eine bestimmte Vertragslaufzeit vereinbart haben. Eine *außerordentliche Kündigung* ist dagegen stets möglich, sofern ein wichtiger Grund zur Beendigung des Vertrags besteht (Bsp.: §§ 314, 543, 626, 627 BGB). In der Regel ist sie fristlos möglich. Das Recht zur außerordentlichen Kündigung kann vertraglich nicht ausgeschlossen werden. Rechtsfolge jeder wirksamen Kündigung ist die Beendigung des Schuldverhältnisses zu einem bestimmten Zeitpunkt. Im Arbeitsrecht sind zusätzlich die Voraussetzungen des Kündigungsschutzgesetzes (KSchG) zu beachten.

60 **BGH, Urt. v. 8.2.2012 – XII ZR 42/10:** „Unabhängig von der rechtlichen Einordnung eines Fitnessstudiovertrags als Miet-, Dienst- oder typengemischter Vertrag handelt es sich dabei um ein Dauerschuldverhältnis, bei dem dem Kunden ein Recht zur außerordentlichen Kündigung aus wichtigem Grund zusteht. In den Vorschriften der §§ 626 Abs. 1 BGB, 543 Abs. 1 BGB und § 314 Abs. 1 BGB kommt der von Rechtsprechung und Lehre entwickelte allgemeine Grundsatz zum Ausdruck, dass den Vertragsparteien eines Dauerschuldverhältnisses stets ein Recht zur außerordentlichen Kündigung bei Vorliegen eines wichtigen Grundes zusteht. Dieses Recht kann ... nicht ausgeschlossen werden. ... Ein wichtiger Grund zur Kündigung eines Dauerschuldverhältnisses liegt vor, wenn dem kündigenden Teil unter Berücksichtigung aller Umstände des Einzelfalls und unter Abwägung der beiderseitigen Interessen die Fortsetzung des Vertragsverhältnisses bis zur vereinbarten Beendigung oder bis zum Ablauf einer Kündigungsfrist nicht zugemutet werden kann (vgl.

§ 314 Abs. 1 S. 1 BGB). Dies ist in der Regel der Fall, wenn einem der Vertragspartner aus Gründen, die nicht in seinem Verantwortungsbereich liegen, eine weitere Nutzung der Leistungen des anderen Vertragspartners nicht mehr zumutbar ist. Bei einem Vertrag über die Nutzung eines Fitnessstudios kann ein solcher Umstand nicht nur in einer Erkrankung des Kunden liegen. Ihm kann auch aus anderen Gründen, die nicht in seinem Verantwortungsbereich liegen, die weitere Nutzung der Leistungen des Studiobetreibers bis zum Ende der vereinbarten Vertragslaufzeit unzumutbar sein. So kann beispielsweise das Vorliegen einer Schwangerschaft ein Grund zur außerordentlichen Kündigung des Vertrags sein."

▶ **Beispiel:** Nach dem Vertrag mit dem Fitnessstudiobetreiber F ist der Kunde K zur au 61
ßerordentlichen Kündigung des Nutzungsvertrags berechtigt, wenn er die Einrichtungen des Studios für die restliche Vertragslaufzeit krankheitsbedingt nicht nutzen kann. Die Kündigung soll aber nur wirksam sein, wenn sie spätestens binnen zwei Wochen nach Kenntnis des die Kündigung rechtfertigenden Umstands erfolgt und der Kündigungserklärung ein ärztliches Attest beigefügt wird, aus dem sich erkennbar die Erkrankung ergibt, die einer Nutzung entgegenstehen soll.

Die Beschränkung des außerordentlichen Kündigungsrechts auf den Krankheitsfall sowie die zusätzlichen Anforderungen an die Wirksamkeit der Kündigungserklärung schränken das Recht des K zur außerordentlichen Kündigung erheblich ein und sind daher unwirksam. ◀

▶ **Beispiel:** Arbeitgeber A kündigt dem Kassierer B außerordentlich fristlos, weil dieser 62
einen Teil der Tageseinnahmen unterschlagen hat.

Hier endet das Arbeitsverhältnis gemäß § 626 BGB mit Zugang der Kündigung bei B. Damit erlöschen der Anspruch des A auf die Arbeitsleistung und der Anspruch des B auf die Lohnzahlung. ◀

145

§ 22 Das Widerrufsrecht des Verbrauchers

I. Allgemeines

1 Ist ein Vertrag zustande gekommen, sind beide Parteien grundsätzlich an ihn gebunden. Es gilt der Grundsatz *„pacta sunt servanda"* (= Verträge sind einzuhalten und dürfen nicht gebrochen werden). Ein allgemeines „Widerrufsrecht" vom Vertrag kennt das Bürgerliche Recht nicht. Der Gesetzgeber hat allerdings aufgrund europarechtlicher Vorgaben für bestimmte Konstellationen Ausnahmen von diesem Grundsatz vorgesehen, die es einer Vertragspartei ermöglichen, einseitig und ohne Grund das Vertragsverhältnis wieder aufzulösen und so die aus dem Vertrag an sich folgende Bindung zu beseitigen.

2 In diesen Fällen hat ein Verbraucher regelmäßig das Recht, einen mit einem Unternehmer abgeschlossenen Vertrag zu widerrufen. Dieses sog. „Verbraucherwiderrufsrecht" ist etwas vollkommen anderes als das Widerrufsrecht gemäß § 130 Abs. 1 S. 2 BGB. Bei Letzterem geht es um die Frage, ob der Erklärende seine Willenserklärung „zurückziehen" kann, bevor sie dem Empfänger zugegangen ist. Hat er das rechtzeitig getan, so kommt bereits kein Vertrag zustande (vgl. 2. Kapitel, § 11 Rn. 41 f.).

3 Die Widerrufsrechte des Verbrauchers kommen dagegen grundsätzlich erst zur Anwendung, wenn bereits ein Vertrag abgeschlossen wurde. Der Verbraucher soll sich innerhalb eines bestimmten Zeitraums (regelmäßig 14 Tage ab Vertragsschluss bzw. Erhalt der Leistung) einseitig und ohne Angabe eines Grundes vom Vertrag loslösen dürfen. Im Gegensatz zum Rücktritt kommt es für das Widerrufsrecht nicht darauf an, ob die gekaufte Sache mangelhaft ist. Das Widerrufsrecht soll die typischerweise bestehenden Informationsdefizite des Verbrauchers gegenüber dem Unternehmer ausgleichen und ihn vor einer Überforderung im rechtsgeschäftlichen Verkehr oder vor einem übereilten Vertragsschluss schützen. Der Verbraucherschutz hat insoweit Vorrang vor dem Grundsatz „pacta sunt servanda".

4 Voraussetzung des Widerrufsrechts ist zunächst, dass ein Vertrag über eine entgeltliche Leistung zwischen einem Verbraucher und einem Unternehmer abgeschlossen wird (§ 312 Abs. 1 BGB). *Verbraucher* ist gemäß § 13 BGB jede natürliche Person, die ein Rechtsgeschäft zu Zwecken abschließt, die überwiegend weder ihrer gewerblichen noch ihrer selbstständigen beruflichen Tätigkeit zugerechnet werden können. *Unternehmer* ist gemäß § 14 Abs. 1 BGB, wer bei Abschluss eines Rechtsgeschäfts in Ausübung seiner gewerblichen oder selbstständigen beruflichen Tätigkeit handelt. Bei dieser Zweiteilung handelt es sich jedoch nicht um eine absolute Einordnung. Eine Person ist niemals per se nur Verbraucher oder nur Unternehmer. Entscheidend ist vielmehr der *Zweck*, den der Betreffende mit dem konkreten Vertrag verfolgt.

5 ▶ **Beispiel:** Rechtsanwalt R kauft drei Chagall-Nachdrucke im Onlineshop des Kunsthändlers H. Als Rechtsanwalt übt R eine selbstständige berufliche Tätigkeit aus. Damit ist er jedoch bezüglich des konkreten Kaufvertrags nicht notwendig Unternehmer. Entscheidend ist, welchen Zweck er mit dem Vertrag verfolgt. Kauft er die Bilder für die Einrichtung seiner Anwaltskanzlei, so tritt er als Unternehmer auf. Er hat dann kein Widerrufsrecht. Will er sie dagegen zu Hause in seinem Wohnzimmer aufhängen, ist er in Bezug auf den konkreten Kaufvertrag Verbraucher i.S.d. § 13 BGB. H ist dagegen zweifelsfrei Unternehmer, da der Verkauf der Bilder zu seinem Gewerbe gehört. ◀

6 Bei einem Vertragsschluss mit einer natürlichen Person ist im Zweifel von einem Verbraucherhandeln auszugehen, wenn nicht geklärt werden kann, welcher Sphäre das

konkrete Handeln zuzuordnen ist. Etwas anderes gilt nur dann, wenn sich nach den Umständen des Einzelfalls das Handeln aus der Sicht des anderen Teils eindeutig und zweifelsfrei einer gewerblichen oder selbstständigen beruflichen Tätigkeit zuordnen lässt. Ein solcher Hinweis kann sich aus der Angabe des (unternehmerischen) Rechnungsempfängers ergeben. Die bloße Angabe einer Unternehmensadresse als Lieferanschrift lässt dagegen nicht den Schluss zu, dass der Käufer unternehmerisch tätig ist. Täuscht der Käufer dem Verkäufer einen gewerblichen Verwendungszweck der Kaufsache vor, etwa weil er speziell für Unternehmer angebotene Sonderleistungen in Anspruch nehmen will oder der Unternehmer seine Waren und Dienstleistungen ausdrücklich nur Unternehmern anbietet, muss er sich hieran festhalten lassen.

> **BGH, Urt. v. 30.9.2009 – VIII ZR 7/09:** „Aus der vom Gesetzgeber gewählten negativen Formulierung des zweiten Halbsatzes der Vorschrift des § 13 BGB wird deutlich, dass rechtsgeschäftliches Handeln einer natürlichen Person grundsätzlich als Verbraucherhandeln anzusehen ist und etwa verbleibende Zweifel, welcher Sphäre das konkrete Handeln zuzuordnen ist, zugunsten der Verbrauchereigenschaft zu entscheiden sind. Eine Zurechnung entgegen dem mit dem rechtsgeschäftlichen Handeln objektiv verfolgten Zweck kommt daher nur dann in Betracht, wenn die dem Vertragspartner erkennbaren Umstände eindeutig und zweifelsfrei darauf hinweisen, dass die natürliche Person in Verfolgung ihrer gewerblichen oder selbstständigen beruflichen Tätigkeit handelt. Zwar trägt der Verbraucher die Darlegungs- und Beweislast dafür, dass nach dem von ihm objektiv verfolgten Zweck ein seinem privaten Rechtskreis zuzuordnendes Rechtsgeschäft vorliegt. Unsicherheiten und Zweifel aufgrund der äußeren, für den Vertragspartner erkennbaren Umstände des Geschäfts gehen indes nach der negativen Formulierung des Gesetzes nicht zulasten des Verbrauchers. Es kann daher … nicht darauf ankommen, ob der Erklärende sich dem anderen Teil eindeutig als Verbraucher zu erkennen gibt. Vielmehr ist bei einem Vertragsschluss mit einer natürlichen Person grundsätzlich von Verbraucherhandeln auszugehen. Anders ist dies nur dann, wenn Umstände vorliegen, nach denen das Handeln aus der Sicht des anderen Teils eindeutig und zweifelsfrei einer gewerblichen oder selbstständigen beruflichen Tätigkeit zuzurechnen ist.
> An solchen Umständen fehlt es im vorliegenden Fall. Die Angabe der Anschrift der Rechtsanwaltskanzlei als Lieferanschrift für die bestellten Lampen mag schon darin eine nahe liegende Erklärung finden, dass die Klägerin an Arbeitstagen zu den üblichen Postzustellzeiten unter ihrer Privatanschrift nicht erreichbar war."

7

Beim Kauf einer Sache, die sowohl selbstständig beruflich als auch privat genutzt wird (sog. Dual-use-Verträge), kommt es auf den *überwiegenden* Zweck an. Ist ein solcher nicht festzustellen, handelt der Käufer als Verbraucher.

8

II. Arten von Widerrufsrechten

Der Schutz des Verbrauchers ist kein originärer Grundsatz des BGB, sondern eine Vorgabe des europäischen Rechts. Mithilfe der sog. Verbraucherrechterichtlinie, die neben einem Widerrufsrecht u.a. Informationsrechte des Verbrauchers vorsieht, hat die Europäische Union alle Mitgliedstaaten verpflichtet, ihre Rechtsvorschriften im Bereich des zivilrechtlichen Verbraucherschutzes vollständig zu harmonisieren. Damit soll der Binnenmarkt für Geschäfte zwischen Unternehmen besser funktionieren.

9

Da die Europäische Union aber im Privatrecht keine umfassende Regelungskompetenz hat, ist das Verbraucherschutzrecht nur „punktuell" geregelt, d.h. auf bestimmte Sach-

10

verhalte beschränkt. So gibt es auch für den Verbraucher, der mit einem Unternehmer einen Vertrag über eine entgeltliche Leistung schließt, kein generelles Recht zum Widerruf eines Vertrags. Ein Widerrufsrecht nach § 355 BGB besteht vor allem in den folgenden drei Situationen: bei „außerhalb von Geschäftsräumen geschlossenen Verträgen" (§ 312 b BGB i.V.m. § 312 g Abs. 1 BGB), bei sog. „Fernabsatzverträgen" (§ 312 c BGB i.V.m. § 312 g Abs. 1 BGB) und bei „Verbraucherkreditverträgen" (§§ 491 ff. BGB).

1. Außerhalb von Geschäftsräumen geschlossene Verträge

11 Dem Verbraucher steht ein Widerrufsrecht bei Verträgen zu, die außerhalb von Geschäftsräumen des Unternehmers zustande kommen (§ 312 b Abs. 1 BGB). In diesen Situationen soll der Verbraucher davor geschützt werden, von geschulten Verkäufern an Orten, an denen er auf Vertragsverhandlungen nicht eingestellt ist, „überrumpelt" zu werden und voreilig einen Vertrag abzuschließen, der seinen Interessen nicht entspricht (Überrumpelungs- und Übereilungsschutz). Dabei kommt es nicht auf die konkrete Schutzwürdigkeit des Verbrauchers im Einzelfall an. Zu den außerhalb von Geschäftsräumen geschlossenen Verträgen gehören insbesondere die sog. Haustürgeschäfte, Vereinbarungen am Arbeitsplatz des Verbrauchers, Geschäfte im Rahmen einer „Kaffeefahrt", im Restaurant oder im öffentlichen Raum. Allerdings kennt das Gesetz eine Bagatellgrenze und schließt das Widerrufsrecht für Bargeschäfte, bei denen die beiderseitigen Leistungen sofort erbracht werden und das vom Verbraucher zu zahlende Entgelt 40 € nicht übersteigt, aus (§ 312 Abs. 2 Nr. 12 BGB).

12 ▶ **Beispiel:** Rentner R erhält unangekündigten Besuch von dem aufdringlichen Vertreter V. Um ihn wieder loszuwerden, weiß R sich nicht anders zu helfen, als das von V angepriesene Jahresabonnement der Zeitschrift „Gartentraum" zu bestellen. Später ärgert er sich über sein Verhalten. Mit der Zeitschrift kann er nichts anfangen, da er keinen Garten hat.

Hier hat R als Verbraucher mit dem Unternehmer V einen Vertrag in seiner Privatwohnung und damit außerhalb von Geschäftsräumen des Unternehmers abgeschlossen. R steht daher ein Widerrufsrecht zu, so dass er sich einseitig und ohne Angabe eines Grundes vom Vertrag lösen kann. ◀

13 Ein Widerrufsrecht besteht auch dann, wenn der Vertrag in den Geschäftsräumen des Unternehmers oder durch Fernkommunikationsmittel geschlossen wird, sofern der Verbraucher unmittelbar zuvor außerhalb der Geschäftsräume des Unternehmers bei gleichzeitiger körperlicher Anwesenheit des Verbrauchers und des Unternehmers persönlich und individuell angesprochen wurde (§ 312 b Abs. 1 Nr. 3 BGB). Erfasst sind zudem Vertragsschlüsse, die vom Verbraucher selbst angebahnt wurden oder auf „neutralem Boden" wie etwa in der Kanzlei des Rechtsanwalts des Unternehmers erfolgen.

2. Fernabsatzgeschäfte

14 Der praktisch häufigste Fall des Widerrufsrechts ist das sog. *Fernabsatzgeschäft*. Darunter versteht man einen Vertrag, den ein Verbraucher und ein Unternehmer ausschließlich mit *Fernkommunikationsmitteln* abschließen (§ 312 c BGB). Hierunter fallen alle Vertragsabschlüsse am Telefon, per Brief, Fax oder E-Mail sowie über das Internet. Voraussetzung des Widerrufsrechts ist, dass der Unternehmer ein für den Fernabsatz organisiertes Vertriebs- oder Dienstleistungssystem zur Verfügung stellt. Er muss also die tatsächlichen Voraussetzungen schaffen, um regelmäßig Verträge im Fernabsatz abzuschließen (Bsp.: Onlineshop, telefonisches Vertriebssystem). Auch bei

Kaufverträgen, die im Rahmen einer Internetauktion (2. Kapitel, § 12 Rn. 11 ff.) zwischen einem gewerblichen Anbieter und einem Verbraucher zustande kommen, besteht ein Widerrufsrecht des Verbrauchers.

Das Widerrufsrecht soll das Informationsdefizit des Verbrauchers ausgleichen. Beim Fernabsatzgeschäft bekommt er die Ware vor Vertragsschluss nicht in natura zu sehen und kann sie nicht näher untersuchen. Wie beim Haustürgeschäft kommt es auch im Fernabsatzhandel nicht darauf an, ob der Verbraucher im konkreten Einzelfall tatsächlich schutzbedürftig ist. Maßgebend ist, dass beim Vertragsschluss im Fernabsatz typischerweise ein Informationsdefizit des Verbrauchers vorliegt.   15

▶ **Beispiel:** K will einen neuen Fernseher kaufen. Nachdem er sich im örtlichen Fachgeschäft umfassend informiert hat, bestellt er sein Wunschgerät beim Internethändler H. Als er das Gerät wenige Tage später bei einem anderen Onlineshop zu einem noch günstigeren Preis entdeckt, widerruft er den Vertrag mit H.   16

K hat als Verbraucher einen Kaufvertrag mit dem Unternehmer H über das Internet abgeschlossen. Er kann den Vertrag daher gemäß § 312 g Abs. 1 BGB ohne Angabe eines Grundes widerrufen. Es spielt keine Rolle, dass K sich zuvor umfassend über das Gerät informiert hat und im konkreten Fall kein Informationsdefizit vorlag. ◀

3. Verbraucherkreditverträge

Schließlich hat der Verbraucher ein Widerrufsrecht bei sog. *Verbraucherkreditverträgen* (§ 495 Abs. 1 BGB; näher dazu 11. Kapitel, § 48 Rn. 21 ff.). Darunter fällt zunächst der *Darlehensvertrag* zwischen einem Verbraucher und einem Unternehmer (§ 491 BGB). Erfasst sind aber auch alle sonstigen *Finanzierungshilfen*, etwa ein Zahlungsaufschub, ein Finanzierungsleasingvertrag sowie Teilzahlungsgeschäfte und Ratenlieferungsverträge. Voraussetzung für das Widerrufsrecht ist jeweils, dass der Verbraucher für die Finanzierung ein *Entgelt*, d.h. Zinsen und/oder Bearbeitungsgebühren, zu entrichten hat (§ 506 Abs. 1 BGB). Das Widerrufsrecht soll den Verbraucher vor übereilten Geschäften von hoher wirtschaftlicher Tragweite schützen. Ihm soll die Gelegenheit gegeben werden, das vertraglich Vereinbarte anhand der vom Unternehmer auszuhändigenden Vertragsunterlagen (§ 492 BGB) noch einmal zu prüfen, Vergleichsangebote einzuholen und den Vertrag ggf. rückgängig zu machen. Ausgenommen sind Bagatellverträge bis zu einem Nettodarlehensbetrag bzw. Barzahlungspreis von 200 € (§§ 491 Abs. 2 Nr. 1, 506 Abs. 4 BGB).   17

▶ **Beispiel:** Verbraucher V kauft beim örtlichen Elektronikhändler H ein Notebook. Sie vereinbaren, dass V den Kaufpreis von 1200 € gemäß dem aktuellen 0%-Finanzierungsangebot des H in zwölf Monatsraten à 100 € zahlen soll.   18

Hier hat V kein Widerrufsrecht. Zwar handelt es sich bei dem Kaufvertrag um ein Teilzahlungsgeschäft. Jedoch muss V für die Finanzierung kein Entgelt entrichten. ◀

III. Ausschluss des Widerrufsrechts

Allerdings gelten für einige Vertragstypen, auf die das Widerrufsrecht nicht passt oder für die besondere gesetzliche Schutzregeln (Bsp.: Fluggastrechte) greifen, die verbraucherschützenden Regelungen und damit auch das Widerrufsrecht nicht. So besteht ein Widerrufsrecht etwa nicht bei Beförderungs-, Pauschalreise-, Behandlungs-, Grundstückskauf- oder Wohnraummietverträgen (§ 312 Abs. 2–6 BGB).   19

20 ▶ **Beispiel:** Verbraucher V bucht im Onlineportal der Flugbetreiberin F einen Flug von Köln nach Berlin. Drei Tage später erfährt er, dass sein Termin in Berlin ausfällt, und will den Vertrag widerrufen.

Grundsätzlich handelt es sich bei der Buchung eines Fluges über das Internet um ein Fernabsatzgeschäft. Allerdings gilt das Widerrufsrecht nach § 312 Abs. 2 Nr. 5 BGB nicht für Beförderungsverträge. Daher hat V kein Widerrufsrecht. ◀

21 Speziell für außerhalb von Geschäftsräumen geschlossene Verträge und für Fernabsatzverträge finden sich in § 312 g Abs. 2 BGB weitere Ausnahmen vom Widerrufsrecht. So entfällt es etwa bei Lieferung von Waren, die nach Kundenspezifikation angefertigt werden oder die eindeutig auf die persönlichen Bedürfnisse zugeschnitten sind (Bsp.: Maßanzug), die aus Gründen des Gesundheitsschutzes oder der Hygiene nicht für eine Rücksendung geeignet sind oder die schnell verderben können oder deren Verfallsdatum überschritten würde. Das Widerrufsrecht ist weiter ausgeschlossen für entsiegelte elektronische Datenträger, für Zeitungen und Zeitschriften mit Ausnahme von Abonnement-Verträgen oder beim Vertragsschluss im Wege einer Versteigerung. Mit Letzterem sind nur Versteigerungen im rechtlichen Sinn (§ 156 BGB) gemeint, bei denen der Vertrag durch Zuschlag des Auktionators zustande kommt. Bei den gängigen „Onlineauktionen" (etwa über eBay) erfolgt der Vertragsschluss dagegen durch Angebot und Annahme, so dass das Widerrufsrecht nicht ausgeschlossen ist (vgl. 2. Kapitel, § 12 Rn. 11 ff.). Um den Verbraucherschutz nicht zu gefährden, sind diese Ausnahmetatbestände eng auszulegen. Ein wirtschaftlicher Nachteil des Unternehmers ist für sich genommen kein Grund für eine Einschränkung des Widerrufsrechts.

22 > **BGH, Urt. v. 19.3.2003 – VIII ZR 295/01:** „Bereits aus der Regelungssystematik ... ist zu ersehen, dass der europäische und der deutsche Gesetzgeber das Widerrufsrecht bei Fernabsatzverträgen grundsätzlich als für den Unternehmer zumutbar ansehen, obwohl eine Rücknahme der Ware für den Unternehmer in der Regel mit wirtschaftlichen Nachteilen verbunden ist. ...
> Das Widerrufsrecht des Verbrauchers ist deshalb nur dann wegen Anfertigung der Ware ‚nach Kundenspezifikation' ausgeschlossen, wenn der Unternehmer durch die Rücknahme auf Bestellung angefertigter Ware erhebliche wirtschaftliche Nachteile erleidet, die spezifisch damit zusammenhängen und dadurch entstehen, dass die Ware erst auf Bestellung des Kunden nach dessen besonderen Wünschen angefertigt wurde. Nicht ausreichend dafür sind dagegen die Nachteile, die mit der Rücknahme bereits produzierter Ware stets verbunden sind. Diese hat der Unternehmer nach dem Gesetz hinzunehmen. Nur wenn der Unternehmer darüber hinausgehende besondere Nachteile erleidet, die gerade durch die Anfertigung nach Kundenspezifikation bedingt sind, kann dem Unternehmer ein Widerrufsrecht des Verbrauchers und die damit verbundene Pflicht zur Rücknahme der Ware – ausnahmsweise – nicht zugemutet werden. Dies setzt zunächst voraus, dass die vom Kunden veranlasste Anfertigung der Ware nicht ohne Weiteres rückgängig gemacht werden kann. Lässt sich dagegen die Ware ohne Einbuße an Substanz und Funktionsfähigkeit ihrer Bestandteile mit verhältnismäßig geringem Aufwand wieder in den Zustand vor der Anfertigung versetzen, liegt schon aus diesem Grund eine das Widerrufsrecht des Verbrauchers ausschließende Anfertigung nach Kundenspezifikation nicht vor."

23 ▶ **Beispiel:** Verbraucher V bestellt im Onlineshop des Unternehmers U ein Notebook, dessen Einzelteile er sich in einem „Konfigurator" selbst ausgesucht hat. Als das Gerät geliefert wird, ist ihm der Bildschirm nun doch zu klein.

V kann den Vertrag widerrufen. Zwar hat U das Notebook extra für V nach dessen Wünschen angefertigt. Jedoch lässt sich das Gerät ohne größere Schwierigkeiten wieder auseinanderbauen, so dass U die Einzelteile anderweitig verwenden kann. Allein die Kosten für die Anfertigung und das Zerlegen des Notebooks rechtfertigen nach Auffassung des BGH keinen Ausschluss des Widerrufsrechts. ◄

IV. Ausübung des Widerrufsrechts

§ 355 BGB stellt die allgemeine Vorschrift zum Widerrufsrecht dar, welche auf sämtliche Verbraucherverträge, die ein Widerrufsrecht gewährleisten, Anwendung findet. Die Widerrufserklärung ist eine empfangsbedürftige Willenserklärung, die dem Unternehmer zugehen muss. Der Widerruf muss *keine Begründung* enthalten und kann in jeder beliebigen Form (auch mündlich) erklärt werden, solange aus der Erklärung der Entschluss des Verbrauchers zum Widerruf des Vertrags nur eindeutig hervorgeht (§ 355 Abs. 1 BGB). Allein die kommentarlose Rücksendung der Ware reicht für einen wirksamen Widerruf dagegen nicht aus.

24

> **BGH, Urt. v. 16.3.2016 – VIII ZR 146/15:** „Der Sinn des Widerrufsrechts beim Fernabsatzvertrag besteht darin, dem Verbraucher ein an keine materiellen Voraussetzungen gebundenes, einfach auszuübendes Recht zur einseitigen Loslösung vom Vertrag in die Hand zu geben. Nach der Rechtsprechung des Senats kommt ein Ausschluss des Widerrufsrechts wegen Rechtsmissbrauchs bzw. unzulässiger Rechtsausübung (§ 242 BGB) nur ausnahmsweise – unter dem Gesichtspunkt besonderer Schutzbedürftigkeit des Unternehmers – in Betracht, etwa bei arglistigem Verhalten des Verbrauchers gegenüber dem Unternehmer. ... Denn das Gesetz knüpft die Ausübung des Widerrufsrechts – wie schon das Fehlen einer Begründungspflicht (§ 355 Abs. 1 S. 2 a.F. [= § 355 Abs. 1 S. 4 BGB n.F.]) zeigt – nicht an ein berechtigtes Interesse des Verbrauchers (etwa an das Nichtgefallen der Ware nach Überprüfung), sondern überlässt es allein seinem freien Willen, ob und aus welchen Gründen er seine Vertragserklärung widerruft. Nur dieses Verständnis wird dem oben genannten Sinn des Widerrufsrechts beim Fernabsatzvertrag, dem Verbraucher ein einfaches und effektives Recht zur Lösung von einem im Fernabsatzgeschäft geschlossenen Vertrag an die Hand zu geben, gerecht. Dass ein Verbraucher ... nach der Bestellung Preise vergleicht und mit dem Verkäufer darüber verhandelt, bei Zahlung einer Preisdifferenz vom Widerruf des Vertrags Abstand zu nehmen, ist lediglich eine Folge der sich aus dem grundsätzlich einschränkungslos gewährten Widerrufsrecht ergebenden Wettbewerbssituation. Diese darf der Verbraucher zu seinen Gunsten nutzen, ohne sich dem Vorwurf rechtsmissbräuchlichen Verhaltens auszusetzen."

25

Die *Widerrufsfrist* beträgt grundsätzlich 14 Tage (§ 355 Abs. 2 S. 1 BGB). Zur Fristwahrung genügt die rechtzeitige Absendung der Widerrufserklärung (§ 355 Abs. 1 S. 5 BGB). Der Unternehmer trägt das Risiko des verspäteten Zugangs der Erklärung. Der Verbraucher kann seine auf den Abschluss des Vertrags gerichtete Willenserklärung bereits widerrufen, bevor der Unternehmer das Angebot angenommen hat. Die Widerrufsfrist beginnt bei außerhalb von Geschäftsräumen geschlossenen Verträgen und Fernabsatzverträgen allerdings erst, sobald der Verbraucher die Ware erhalten hat (§ 356 Abs. 2 Nr. 1 a) BGB) und der Unternehmer den Verbraucher ordnungsgemäß über das ihm zustehende Widerrufsrecht belehrt hat (§ 356 Abs. 3 S. 1 BGB).

26

Die *Widerrufsbelehrung* muss deutlich gestaltet sein und dem Verbraucher seine wesentlichen Rechte vor Augen führen. Um dem Unternehmer eine ordnungsgemäße Be-

27

lehrung zu erleichtern, hat der Gesetzgeber Musterbelehrungen bereitgestellt (Anlagen zu Art. 246 a § 1 Abs. 2 S. 2 EGBGB). Das Widerrufsrecht erlischt gleichwohl und ungeachtet jedweder Belehrungsfehler spätestens nach zwölf Monaten und 14 Tagen nach Vertragsschluss bzw. Erhalt der Ware (§ 356 Abs. 3 S. 2, 3 BGB).

28

> **MUSTER FÜR DIE WIDERRUFSBELEHRUNG BEI AUSSERHALB VON GESCHÄFTSRÄUMEN GESCHLOSSENEN VERTRÄGEN UND BEI FERNABSATZVERTRÄGEN MIT AUSNAHME VON VERTRÄGEN ÜBER FINANZDIENSTLEISTUNGEN:**
>
> „Widerrufsbelehrung
>
> **Widerrufsrecht**
>
> Sie haben das Recht, binnen vierzehn Tagen ohne Angaben von Gründen diesen Vertrag zu widerrufen.
> Die Widerrufsfrist beträgt 14 Tage ab dem Tag ...
> Um Ihr Widerrufsrecht auszuüben, müssen Sie uns mittels einer eindeutigen Erklärung (z.B. ein mit der Post versandter Brief, Telefax oder E-Mail) über Ihren Entschluss, diesen Vertrag zu widerrufen, informieren. Sie können dafür das beigefügte Muster-Widerrufsformular verwenden, das jedoch nicht vorgeschrieben ist.
> Zur Wahrung der Widerrufsfrist reicht es aus, dass Sie die Mitteilung über die Ausübung des Widerrufsrechts vor Ablauf der Widerrufsfrist absenden.
>
> **Folgen des Widerrufs**
>
> Wenn Sie diesen Vertrag widerrufen, haben wir Ihnen alle Zahlungen, die wir von Ihnen erhalten haben, einschließlich der Lieferkosten (mit Ausnahme der zusätzlichen Kosten, die sich daraus ergeben, dass Sie eine andere Art der Lieferung als die von uns angebotene, günstigste Standardlieferung gewählt haben), unverzüglich und spätestens binnen vierzehn Tagen ab dem Tag zurückzuzahlen, an dem die Mitteilung über Ihren Widerruf dieses Vertrags bei uns eingegangen ist. Für die Rückzahlung verwenden wir dasselbe Zahlungsmittel, das Sie bei der ursprünglichen Transaktion eingesetzt haben, es sei denn, mit Ihnen wurde ausdrücklich etwas anderes vereinbart; in keinem Fall werden Ihnen wegen dieser Rückzahlung Entgelte berechnet.“

29

▶ **Beispiel:** Unternehmer U startet am 1.4. eine „Onlineauktion" über eBay. Am 8.4. endet die Auktion durch Zeitablauf. Das höchste Gebot gibt der Verbraucher V kurz vor Ende der Auktion ab. U belehrt den V im Laufe des 9.4. über sein Widerrufsrecht. Am 14.4. erhält V die Ware vom Postboten ausgehändigt.

Der Kaufvertrag zwischen U und V kam durch Abgabe des Höchstgebots durch V zustande und entfaltete seine Wirkung mit Ablauf der Auktionsfrist am 8.4. U hat den V am Tag nach Vertragsschluss belehrt, die Widerrufsfrist beträgt damit 14 Tage nach Erhalt der Ware. Sie beginnt am 14.4. und endet mit Ablauf des 28.4. ◀

V. Rechtsfolgen des Widerrufs

30

Übt der Verbraucher sein Widerrufsrecht form- und fristgerecht aus, sind er und der Unternehmer nicht mehr an die zum Vertragsschluss führenden Willenserklärungen gebunden. Die empfangenen Leistungen sind dann beiderseitig unverzüglich (vgl. § 121 Abs. 1 S. 1 BGB) zurückzugewähren (§ 355 Abs. 3 S. 1 BGB): Der Unternehmer muss den empfangenen *Kaufpreis* zurückzahlen, der Verbraucher ist grundsätzlich zur Rücksendung der empfangenen Ware verpflichtet, wobei der Unternehmer die Gefahr der Rücksendung der Ware trägt (§ 355 Abs. 3 S. 4 BGB).

Bei außerhalb von Geschäftsräumen geschlossenen Verträgen und Fernabsatzverträgen sind die empfangenen Leistungen spätestens nach 14 Tagen zurückzugewähren (§ 357 Abs. 1 BGB). Der Unternehmer hat dem Verbraucher auch etwaige Kosten für die Hinsendung der Ware (Standardversand) zu erstatten (§ 357 Abs. 2 S. 1 BGB). Demgegenüber trägt der Verbraucher die unmittelbaren Kosten der Rücksendung, wenn der Unternehmer ihn auf diese Pflicht hingewiesen hat, und zwar unabhängig vom Wert der zurückzusendenden Sache (§ 357 Abs. 6 S. 1 BGB). Das gilt nicht, wenn sich der Unternehmer bereit erklärt hat, diese Kosten zu tragen (§ 357 Abs. 6 S. 2 BGB).

31

Hat der Verbraucher die Ware beschädigt, zerstört oder verbraucht, kann er den Vertrag gleichwohl widerrufen. Er muss aber grundsätzlich *Wertersatz für den Wertverlust der Ware* leisten (§ 357 Abs. 7 BGB). Dies gilt allerdings nur, wenn der Wertverlust auf einen Umgang mit der Ware zurückzuführen ist, der zur Prüfung der Beschaffenheit, der Eigenschaft und der Funktionsweise der Ware nicht notwendig war. Will der Verbraucher Beschaffenheit, Eigenschaften und Funktionsweise der Ware feststellen, sollte er mit ihr so umgehen und sie nur so in Augenschein nehmen, wie er das in einem Geschäft tun dürfte. Zur Prüfung der Ware kann im Einzelfall auch die bestimmungsgemäße Ingebrauchnahme wie etwa der Aufbau eines Möbelstücks gehören. Weitere Voraussetzung für einen Wertersatzanspruch des Unternehmers ist, dass er den Verbraucher ordnungsgemäß über sein Widerrufsrecht unterrichtet hat; Teil der Musterwiderrufsbelehrung ist auch ein Hinweis auf die mögliche Haftung für den Wertverlust.

32

Für *Nutzungen*, die der Verbraucher aus der Kaufsache zieht, braucht dieser keinen Wertersatz zu leisten, sofern es hierdurch zu keiner Verschlechterung der Kaufsache gekommen ist (Gebrauchsvorteile).

33

34

BGH, Urt. v. 12.10.2016 – VIII ZR 55/15: „Die Vorschriften über den Widerruf von Willenserklärungen, die auf den Abschluss von Fernabsatzverträgen gerichtet sind, dienen der Kompensation von Gefahren aufgrund der fehlenden physischen Begegnung von Anbieter und Verbraucher und der in der Regel fehlenden Möglichkeit, die Ware oder Dienstleistung vor Vertragsschluss in Augenschein zu nehmen. Dementsprechend soll nach der Intention des Gesetzgebers ein Gleichlauf mit den Prüfungs- und Unterrichtungsmöglichkeiten im Ladengeschäft erreicht werden. Ausgehend von diesem Regelungszweck hat sich die Beurteilung, was im Einzelfall vom Tatbestandsmerkmal der Prüfung der Eigenschaften und der Funktionsweise umfasst ist, zunächst daran zu orientieren, wie ein Verbraucher beim Testen und Ausprobieren der gleichen Ware in einem Ladengeschäft im stationären Handel typischerweise hätte verfahren können. Der Verbraucher soll mit der Ware grundsätzlich so umgehen und sie so ausprobieren dürfen, wie er dies auch in einem Ladengeschäft hätte tun dürfen. Ihm muss es zumindest gestattet sein, dieselben Ergebnisse wie bei einer Prüfung im Ladengeschäft zu erzielen.
Weiter ist allerdings zu berücksichtigen, dass dem Verbraucher beim Kauf von Waren im Fernabsatz gegenüber dem Kauf im Ladengeschäft selbst dann ein Nachteil verbleibt, wenn der Kunde die gekaufte Ware im Ladengeschäft nicht auspacken, aufbauen und ausprobieren kann. Denn für den Kauf im Ladengeschäft ist typisch, dass dort zumindest Musterstücke ausgestellt sind, die es dem Kunden ermöglichen, sich einen unmittelbaren Eindruck von der Ware zu verschaffen und diese auszuprobieren. Das ist bei einem Vertragsabschluss im Fernabsatz, bei dem der Verbraucher sich allenfalls Fotos der Ware anschauen kann, nicht der Fall. Der Umstand, dass beim Fernabsatz im Rahmen einer Prüfung der Ware zu Hause solche im stationären Handel vielfach üblichen Vergleichs-, Vor-

führ- und Beratungsmöglichkeiten fehlen, ist daher durch die Einräumung angemessener Prüfungsmöglichkeiten zu Hause auszugleichen."

35 ▶ **Beispiel:** K bestellt im Internet bei V ein Wasserbett. V weist ihn ordnungsgemäß darauf hin, dass er im Fall des Widerrufs Wertersatz für die Verschlechterung oder den Untergang der Sache leisten muss. Nach Lieferung baut K das Bett auf, befüllt die Matratze mit Wasser und legt sich kurz darauf. Nachdem K sein Widerrufsrecht ausgeübt hat, verlangt V Wertersatz in Höhe des vollen Kaufpreises, da durch den Aufbau des Betts und die Befüllung der Matratze mit Wasser eine Verschlechterung des Wasserbetts eingetreten sei. Dieses sei nunmehr als gebrauchtes Wasserbett anzusehen und könne als solches nicht mehr verkauft werden. Hat er recht?

Auch ein Verbraucher muss gemäß § 357 Abs. 7 BGB grundsätzlich Ersatz für den Wertverlust einer Ware leisten. Dies gilt allerdings nur, wenn der Wertverlust auf einem Umgang mit der Sache beruht, der zur Prüfung der Beschaffenheit, der Eigenschaften und der Funktionsweise der Waren nicht notwendig war, und der Verbraucher ordnungsgemäß über sein Widerrufsrecht belehrt worden ist. Nach Auffassung des BGH stellen allein der Aufbau des Betts und die Befüllung der Matratze mit Wasser lediglich eine solche Prüfung der Sache dar. Denn der Verbraucher könne sich nur dann einen ausreichenden Eindruck von dem gekauften Möbelstück machen, wenn es aufgebaut ist. K muss daher keinen Wertersatz leisten. ◀

36 ▶ **Beispiel:** K bestellt über die Internetseite des V, der einen Online-Shop für Autoteile betreibt, einen Katalysator nebst Montagesatz zum Preis von insgesamt 400 €. Nach Erhalt lässt er den Katalysator von einer Fachwerkstatt in sein Kraftfahrzeug einbauen. Als er nach einer kurzen Probefahrt feststellt, dass der Pkw nicht mehr die vorherige Leistung erbringt, widerruft K, der ordnungsgemäß belehrt wurde, fristgerecht seine auf den Abschluss eines Kaufvertrags gerichtete Willenserklärung und sendet den Katalysator, der nunmehr deutliche Gebrauchs- und Einbauspuren aufweist, an V zurück.

Dass der Verbraucher eine Sache ohne die Gefahr, einem Wertersatzanspruch ausgesetzt zu sein, prüfen darf, hat seine Ursache darin, dass der Käufer im Fernabsatz nicht die Prüfungs- und sonstigen Erkenntnismöglichkeiten hat, die im stationären Handel gegeben wären. Auch wenn der Kunde im Ladengeschäft die Ware häufig nicht auspacken, aufbauen und ausprobieren kann, stehen ihm dort doch typischerweise Musterstücke sowie Vorführ- und Beratungsmöglichkeiten zur Verfügung, um sich einen unmittelbaren Eindruck von der Ware und ihren Eigenschaften zu verschaffen. Jedoch ist eine Ware, die – wie vorliegend der Katalysator – bestimmungsgemäß in einen anderen Gegenstand eingebaut werden soll, für den Käufer auch im Ladengeschäft regelmäßig nicht auf ihre Funktion im Rahmen der Gesamtsache überprüfbar. Den Katalysator hätte der K im stationären Handel nicht – auch nicht in Gestalt eines damit ausgestatteten Musterfahrzeugs - dergestalt ausprobieren können, dass er dessen Wirkungsweise auf sein oder ein vergleichbares Kraftfahrzeug nach Einbau hätte testen können. Vielmehr wäre K bei einem Kauf im stationären Handel darauf beschränkt gewesen, das ausgewählte Katalysatormodell oder ein entsprechendes Musterstück eingehend in Augenschein zu nehmen und den Katalysator mit Alternativmodellen oder dem bisher verwendeten Teil zu vergleichen. Darüber hinaus hätte er sich beim Verkaufspersonal über die technischen Daten des ausgewählten Modells erkundigen und sich über dessen Vorzüge oder Nachteile gegenüber anderen Modellen fachkundig beraten lassen können. Die von K ergriffenen Maßnahmen gehen über die Kompensation solcher ihm entgangener Erkenntnismöglichkeiten im Ladengeschäft hinaus. Er muss daher Wertersatz leisten. ◀

§ 23 Die Unmöglichkeit der Leistung

Gemäß § 275 Abs. 1 BGB ist der Anspruch auf Leistung ausgeschlossen, soweit diese   1
für den Schuldner oder für jedermann unmöglich ist. Der Sinn der Regelung leuchtet
unmittelbar ein: Man kann den Schuldner nicht (durch Klage und Urteil) zu einer Leistung zwingen, die er ohnehin nicht (mehr) erbringen kann. Für § 275 Abs. 1 BGB ist es
ohne Bedeutung, ob der Schuldner die Unmöglichkeit zu vertreten hat. Er wird allein
aufgrund des objektiv bestehenden Leistungshindernisses von seiner Leistungspflicht
befreit. Hat der Schuldner die Unmöglichkeit zu vertreten, so treten Schadensersatzansprüche an die Stelle des Leistungsanspruchs (§§ 280 ff., 311 a Abs. 2 BGB, vgl. 4. Kapitel, § 26 Rn. 42 ff.). Bei gegenseitigen Verträgen, insbesondere bei Leistungen gegen
Entgelt, ist zudem zu klären, wie sich die Unmöglichkeit der Leistung auf das *Schicksal
der Gegenleistung* (Vergütung) auswirkt. Diese Fragen regelt § 326 BGB.

▶ **Beispiel:** K kauft von V einen Gebrauchtwagen für 12.000 €. Als er den Pkw am näch-   2
sten Tag vereinbarungsgemäß abholen will, erfährt er, dass der Wagen in der Nacht gestohlen wurde. Infolge des Diebstahls ist es V unmöglich, den Wagen an K zu übergeben. Der
Lieferanspruch des K aus § 433 Abs. 1 S. 1 BGB ist daher gemäß § 275 Abs. 1 BGB wegen
Unmöglichkeit ausgeschlossen. Gleichzeitig wird er jedoch von seiner Pflicht zur Zahlung
des Kaufpreises frei (§ 326 Abs. 1 S. 1 BGB). ◀

I. Wegfall der Leistungspflicht

1. „Echte" Unmöglichkeit

§ 275 Abs. 1 BGB regelt die „echte" Unmöglichkeit, also Fälle, in denen die Leistung   3
tatsächlich oder rechtlich nicht mehr möglich ist. Die Norm ist eine rechtsvernichtende
Einwendung, d.h. die Unmöglichkeit führt automatisch zum Erlöschen der primären
Leistungspflicht, ohne dass der Schuldner sich darauf berufen müsste.

a) Physische Unmöglichkeit

Physische (= tatsächliche) Unmöglichkeit liegt vor, wenn die Leistung nach den Geset-   4
zen der Natur nicht erbracht werden kann, etwa wenn die verkaufte gebrauchte Sache
unwiederbringlich vernichtet oder irreparabel beschädigt worden ist. Gleiches gilt,
wenn die Leistung nach dem Stand der Wissenschaft und Technik nicht möglich ist.

▶ **Beispiel:** K kauft von V einen Picasso, der noch vor Übergabe einem Feuer zum Opfer   5
fällt; V verspricht die Herstellung eines perpetuum mobile. ◀

Wird eine Sache zerstört, so bedeutet dies jedoch nicht notwendig, dass der Schuldner   6
seine Leistungspflicht nicht mehr erfüllen kann. Das Leistungshindernis muss gerade
die geschuldete Leistung betreffen. Hierbei ist zu unterscheiden:

aa) Stückschuld

Bei einer *Stückschuld* wird der Leistungsgegenstand schon im Zeitpunkt des Vertrags-   7
schlusses derart durch die Parteien individuell bestimmt, dass der Schuldner nur diesen
einen, ganz bestimmten Gegenstand leisten soll (Bsp.: Kauf einer gebrauchten Sache
oder eines Kunstwerks). Wird dieser Gegenstand zerstört, so tritt Unmöglichkeit ein.

bb) Gattungsschuld

8 Bei einer *Gattungsschuld* bleibt dagegen zunächst offen, mit welchem konkreten Gegenstand der Schuldner erfüllen soll. Die Parteien bestimmen die Leistung bei Vertragsschluss lediglich nach gewissen Merkmalen. Geschuldet ist dann kein bestimmtes Exemplar, sondern eine Sache mittlerer Art und Güte (§ 243 Abs. 1 BGB). Die Zerstörung eines Gegenstands aus der Gattung führt daher grundsätzlich nicht zur Unmöglichkeit des Anspruchs. Diese tritt erst ein, wenn die ganze Gattung untergeht.

9 Auch eine ursprünglich vereinbarte Gattungsschuld beschränkt sich allerdings zu einem gewissen Zeitpunkt, spätestens bei Übergabe der Sache, auf ein konkretes Exemplar der Gattung. Diese Beschränkung nennt man *„Konkretisierung"*. Nach § 243 Abs. 2 BGB tritt die Konkretisierung zu dem Zeitpunkt ein, in dem der Schuldner zwar noch nicht erfüllt, aber bereits das zur Leistung seinerseits Erforderliche getan hat. In diesem Fall beschränkt sich das Schuldverhältnis auf den konkreten Gegenstand. Die Gattungsschuld ist also fortan als Stückschuld zu behandeln, d.h. durch Zerstörung des Exemplars tritt Unmöglichkeit ein. Wann der Schuldner alles Erforderliche zur Leistungserbringung getan hat, hängt von der Art der Schuld (*Hol-, Bring- oder Schickschuld*) ab.

(1) Holschuld

10 Eine Holschuld liegt vor, wenn der Schuldner die Leistung an seinem Wohnort bzw. Sitz zu erbringen hat (§ 269 Abs. 1 BGB). Das ist etwa beim Kauf in einem Ladengeschäft der Fall, wenn also der Käufer die Sache beim Verkäufer abholen muss. Konkretisierung tritt ein, wenn der Verkäufer die Sache aussondert und dem Käufer die Abholmöglichkeit mitteilt bzw. die Parteien einen Abholtermin vereinbaren.

11 ► **Beispiel:** K kauft beim Händler S ein Surfbrett als Tagesangebot. Weil er sein Auto wegen anderer Einkäufe bereits vollgeladen hat, bittet er S, das Brett bis zum Wochenende zurückzulegen. Er wolle es dann mit seinem großen Transporter abholen. S stellt das Brett in sein Lager und befestigt einen Zettel mit dem Namen des K daran. K erscheint am Samstag nicht. Bei einem Einbruch am Wochenende in das Lager des S wird genau das für K reservierte Surfbrett entwendet. Als K am darauffolgenden Montag bei S erscheint, will dieser ihm kein Brett zum vereinbarten Sonderpreis aushändigen, obwohl er noch eine Reihe von Brettern gleicher Bauart vorrätig hat.

Der Anspruch des K auf Herausgabe und Übereignung eines Surfbretts aus § 433 Abs. 1 S. 1 BGB könnte wegen Unmöglichkeit nach § 275 Abs. 1 BGB ausgeschlossen sein. Unmöglichkeit tritt bei einer Gattungsschuld grundsätzlich erst ein, wenn die Gattung vollständig untergegangen ist. Das ist hier nicht der Fall. Etwas anderes gilt jedoch, wenn der Schuldner das zur Leistung seinerseits Erforderliche bereits getan hat (§ 243 Abs. 2 BGB). Das wiederum hängt von der Art der Schuld ab. Hier haben die Parteien vereinbart, dass K das Brett bei S abholen soll (Holschuld). K hat das betreffende Brett ausgesondert, indem er es mit einem Zettel dem K namentlich zugeordnet hat, und es zum vereinbarten Termin am Samstag zur Abholung bereitgehalten. Damit beschränkte sich das Schuldverhältnis auf das zurückgelegte Surfbrett. S muss daher kein anderes Brett aus der Gattung liefern. ◄

(2) Bringschuld

12 Verpflichtet sich der Schuldner zur Leistung am Wohnort des Gläubigers, so liegt eine Bringschuld vor. In diesem Fall hat der Schuldner alles zur Leistungserbringung Erfor-

derliche erst getan, wenn er dem Gläubiger die Leistung an dessen Wohnort auch tatsächlich ordnungsgemäß angeboten hat.

▶ **Beispiel:** K kauft beim Möbelhändler M einen neuen Kleiderschrank. Da K handwerklich ungeschickt ist, vereinbart er mit M gegen einen Aufpreis von 50 € Anlieferung und Aufbau des Schranks. Als M zum vereinbarten Liefertermin bei K klingelt, öffnet ihm niemand. K hatte den Liefertermin vergessen und war nicht zu Hause. Auf dem Rückweg kommt es für M noch schlimmer: Er wird (unverschuldet) in einen Unfall verwickelt, bei dem der Schrank zerstört wird. Als K einige Wochen später von M nun endlich Lieferung des Schranks verlangt, beruft sich M auf Unmöglichkeit. ◀   13

M sollte den Schrank liefern und bei K aufbauen, also seine Leistung am Wohnort des Gläubigers erbringen. Es liegt damit eine Bringschuld vor. Mit der vergeblichen Lieferung zur vereinbarten Zeit beschränkte sich das Schuldverhältnis auf den konkreten von M transportierten Schrank. Da dieser zerstört wurde, ist Unmöglichkeit eingetreten. M muss keinen anderen Schrank aus der Gattung liefern. ◀

(3) Schickschuld

Die Schickschuld ist eine Zwischenform zwischen der Hol- und der Bringschuld. Der Schuldner hat seine *Leistungshandlung* an seinem Ort vorzunehmen. Der *Leistungserfolg* tritt aber an einem anderen Ort (regelmäßig der Wohnort/Sitz des Gläubigers) ein. Leistungs- und Erfolgsort fallen damit auseinander. Der Schuldner verpflichtet sich nicht wie bei der Holschuld nur zur Bereitstellung des Leistungsgegenstands. Er muss die Sache zusätzlich nach näherer Weisung des Gläubigers an einen anderen Ort absenden. Im Unterschied zur Bringschuld schuldet er aber nicht das Ankommen der Sache am Wohnort des Gläubigers, sondern nur das „auf den Weg Bringen". Daher tritt die Konkretisierung bereits mit Übergabe der Sache an eine sorgfältig ausgesuchte Transportperson ein.   14

▶ **Beispiel:** K kauft per Telefon beim Händler H einen Fernseher. Ein Aufbau durch H wird nicht vereinbart. Als der Transportunternehmer T den Fernseher ausliefern will, stürzt er, wobei der Fernseher irreparabel zu Bruch geht.   15

Hier haben die Parteien eine Schickschuld vereinbart. Im Gegensatz zum vorigen Fall schuldet H nicht die Ablieferung des Fernsehers, sondern nur das „auf den Weg Bringen", d.h. die Übergabe an eine zuverlässige Transportperson. Das hat er getan. Damit hat das Schuldverhältnis sich auf den Fernseher konkretisiert. Durch dessen Zerstörung ist der Lieferanspruch des K daher wegen Unmöglichkeit gemäß § 275 Abs. 1 BGB untergegangen. ◀

Im Einzelfall kann zweifelhaft sein, ob die Parteien eine Schickschuld oder eine Bringschuld vereinbart haben. In diesem Fall hilft § 269 Abs. 3 BGB: Danach führt allein die Abrede darüber, dass die Sache an einen anderen Ort versendet werden soll, grundsätzlich nicht zur Veränderung des Leistungsorts. Da der Schuldner einer Bringschuld besondere Risiken übernimmt, ist *im Zweifel von einer Schickschuld auszugehen*. Ein anderer Leistungsort als der Ort des Schuldners muss ausdrücklich vereinbart werden oder sich durch besondere Umstände des Vertragsschlusses begründen lassen.   16

▶ **Beispiel:** A kauft bei B eine Zuchtrose und vereinbart mit ihm, dass die Pflanze direkt an seine Freundin C geliefert werden soll. Grundsätzlich führt eine solche Abrede nur zur Vereinbarung einer Schickschuld. Wurde die Auslieferung jedoch gewünscht, weil die Rose ein besonders empfindliches Gewächs ist und beim Transport der Pflege durch einen Fachmann bedarf, steht und fällt die korrekte Abwicklung des Kaufvertrags damit, dass die   17

Pflanze an den von A bezeichneten Ort ausgeliefert wird. Dieser Ort ist dann der Leistungsort, die vereinbarte Leistung ausnahmsweise eine Bringschuld. ◀

cc) Vorratsschuld

18 Ein Unterfall der Gattungsschuld ist die Vorratsschuld. Hierbei verpflichtet sich der Schuldner zur Lieferung einer nach gewissen Merkmalen bestimmten Sache aus seinem Vorrat. Unmöglichkeit tritt in diesem Fall ein, wenn der gesamte Vorrat untergeht. Ob eine „normale" Gattungsschuld oder eine Vorratsschuld vorliegt, ist Frage der Vertragsauslegung.

19 ▶ **Beispiel:** Lebensmittelhändler H kauft beim Obstbauern O 100 kg Äpfel, Sorte Jonagold, aus eigenem Anbau. Bevor O liefern kann, wird die gesamte Ernte Jonagold infolge eines Brandes vernichtet.

H und O haben den Kaufgegenstand nur der Gattung nach (Äpfel Jonagold) bestimmt. Damit handelt es sich grundsätzlich um eine Gattungsschuld. Der Zusatz „aus eigenem Anbau" ist jedoch so zu verstehen, dass O sich lediglich zur Lieferung selbst „produzierter" Äpfel verpflichtet und sich nicht zusätzlich auf dem Markt eindecken muss. Es liegt daher eine Vorratsschuld vor. Da der gesamte Vorrat vernichtet wurde, ist der Leistungsanspruch des H gemäß § 275 Abs. 1 BGB erloschen. ◀

b) Rechtliche Unmöglichkeit

20 Neben der tatsächlichen Unmöglichkeit gibt es Fälle *rechtlicher Unmöglichkeit*. Eine solche liegt vor, wenn der Leistung ein dauerhaftes Rechtshindernis entgegensteht oder wenn der Schuldner sich zur Herbeiführung eines bereits eingetretenen Erfolgs verpflichtet. Oftmals ist der Vertrag dann schon gemäß § 134 BGB nichtig.

21 ▶ **Beispiel:** Hehler H kauft vom Dieb D die Ausbeute seines letzten Einbruchs. Da D die Sachen gestohlen hat, kann er dem H kein Eigentum daran verschaffen (§§ 932, 935 BGB). Der Kaufvertrag ist ohnehin schon gemäß § 134 BGB i.V.m. § 259 StGB nichtig. ◀

c) Formen der Unmöglichkeit

22 § 275 Abs. 1 BGB unterscheidet nicht danach, ob das Leistungshindernis bereits bei Vertragsschluss bestand (*anfängliche Unmöglichkeit*) oder erst nachträglich eingetreten ist (*nachträgliche Unmöglichkeit*). Die Unterscheidung ist erst bei der Frage des Schadensersatzes von Bedeutung (§§ 280 ff., 311 a Abs. 2 BGB).

23 Unerheblich ist schließlich, ob die Leistung für jedermann (*objektive Unmöglichkeit*) oder nur für den Schuldner unmöglich ist (*subjektive Unmöglichkeit oder Unvermögen*).

24 ▶ **Beispiel:** Arbeitnehmer A ist arbeitsunfähig erkrankt. Er kann die geschuldete Arbeitsleistung daher nicht erbringen. Es liegt ein Fall der subjektiven Unmöglichkeit vor. ◀

25 Subjektive Unmöglichkeit liegt auch dann vor, wenn der Schuldner sich verpflichtet, eine Sache zu übereignen, die ihm nicht gehört. Denn zur Übereignung ist grundsätzlich nur der Eigentümer der Sache berechtigt. Keine Unmöglichkeit liegt aber dann vor, wenn der Eigentümer bereit ist, dem Schuldner die Sache zu übereignen.

26 ▶ **Beispiel:** V verkauft „seinen" Wagen für 2000 € an K. K zahlt sofort. Als er den Wagen am nächsten Tag abholen will, stellt sich heraus, dass dieser nicht dem V, sondern dessen Nachbarn N gehört. N erklärt sich bereit, den Wagen an K zu übereignen, falls V ihm 2500 € dafür zahle.

Hier hat K einen Anspruch gegen V auf Lieferung und Übereignung des Wagens aus § 433 Abs. 1 S. 1 BGB. Zwar ist V nicht Eigentümer und kann dem K daher nicht aus eigener

Kraft das Eigentum verschaffen. Allerdings hat sich N dazu bereit erklärt, sein Eigentum an K zu übertragen. Die Tatsache, dass er dafür einen bestimmten Preis verlangt, spielt für § 275 Abs. 1 BGB keine Rolle. Die Forderung des N kann allenfalls ein Leistungsverweigerungsrecht des V gemäß § 275 Abs. 2 BGB begründen. ◀

2. Faktische und persönliche Unmöglichkeit

Neben der „echten" Unmöglichkeit kennt das Gesetz Fälle von Leistungshindernissen, die   27
den Schuldner berechtigen, die Leistung zu verweigern. § 275 Abs. 2 BGB regelt die sog. „faktische Unmöglichkeit", § 275 Abs. 3 BGB die sog. „persönliche Unmöglichkeit". Im Gegensatz zur „echten" Unmöglichkeit gemäß § 275 Abs. 1 BGB, die kraft Gesetzes zum Untergang des Leistungsanspruchs führt, handelt es sich dabei um Leistungsverweigerungsrechte. Der Schuldner hat es selbst in der Hand, die Durchsetzbarkeit des Leistungsanspruchs dauerhaft zu verhindern, indem er die *Einrede* gemäß § 275 Abs. 2 oder 3 BGB erhebt.

Faktische Unmöglichkeit gemäß § 275 Abs. 2 BGB liegt vor, wenn die Leistung des Schuld-   28
ners einen Aufwand erfordert, der in einem groben Missverhältnis zum Interesse des Gläubigers an der Leistung steht. Die Behebung des Leistungshindernisses ist zwar theoretisch möglich; kein vernünftiger Gläubiger kann dies jedoch ernsthaft erwarten. Entscheidend ist das Verhältnis des Schuldneraufwands zum Leistungsinteresse des Gläubigers.

▶ **Beispiel:** Der Friedrichshafener Goldschmied G verkauft dem Konstanzer K einen   29
Goldring für 2000 €. Als G zur Übergabe des Rings mit der Fähre nach Konstanz fährt, fällt der Ring in den Bodensee.

K hat einen Anspruch gegen V auf Lieferung und Übereignung des Rings aus § 433 Abs. 1 S. 1 BGB. Dieser ist nicht tatsächlich unmöglich, da es theoretisch möglich ist, den Ring mithilfe einer Schar Taucher zu bergen oder den See dafür abzupumpen. Jedoch stehen die Kosten dafür (= der Aufwand des Schuldners) in einem so groben Missverhältnis zum Wert des Rings (= Leistungsinteresse des Gläubigers), dass K eine solche Bergungsaktion nicht ernsthaft erwarten kann. V kann seine Leistung gemäß § 275 Abs. 2 BGB verweigern. K kann aber evtl. Schadensersatz verlangen. ◀

Von der faktischen Unmöglichkeit zu unterscheiden ist die sog. *wirtschaftliche Unmöglich-*   30
keit. Diese ist kein Fall des § 275 Abs. 2 BGB, sondern führt zur Anpassung des Vertrags gemäß § 313 BGB (sog. *Störung der Geschäftsgrundlage*). Wirtschaftliche Unmöglichkeit liegt vor, wenn die Leistung an sich zwar möglich ist, ihr aber solche Schwierigkeiten entgegenstehen, dass sie dem Schuldner wegen Überschreitung der „Opfergrenze" nicht zugemutet werden kann. Entscheidend ist hier nicht das Verhältnis des Schuldneraufwands zum Leistungsinteresse des Gläubigers (= Wert der Kaufsache), sondern zur Gegenleistung (= Kaufpreis).

▶ **Beispiel:** V verkauft K ein Grundstück für 5 Mio. €. Noch bevor K zahlt, fällt die Kauf-   31
kraft des Euro aufgrund der Finanzkrise dramatisch ab. Die Preise haben sich vertausendfacht.

In diesem Fall könnte K das Grundstück nun für einen Bruchteil des Werts erwerben, hielte man die Parteien an der vereinbarten Geldsumme fest. Da die vereinbarten 5 Mio. € nun nur noch einen Gegenwert von (zuvor) 5000 € haben, liegt eine derart extreme Äquivalenzstörung vor, dass es unzumutbar wäre, wenn V sich an die Vereinbarung halten müsste. Stattdessen ist die Kaufsumme an die neue Kaufkraft anzupassen (§ 313 BGB). ◀

Persönliche Unmöglichkeit gemäß § 275 Abs. 3 BGB liegt vor, wenn dem Schuldner die Vor-   32
nahme einer persönlich zu erbringenden Leistung unter Abwägung der beiderseitigen Interessen nicht zuzumuten ist. Eine Leistung ist persönlich zu erbringen, wenn der Schuldner sie

nur selbst und nicht durch einen Dritten vornehmen kann oder darf. Für die Abwägung sind auf der einen Seite das Interesse des Gläubigers an der Vornahme der Leistung, auf der anderen Seite die Nachteile zu berücksichtigen, die dem Schuldner durch die Leistungserbringung entstehen, sowie ein mögliches Vertretenmüssen des Schuldners. Die Regelung ist allenfalls in Dienst- und Arbeitsverhältnissen von praktischer Relevanz.

33 ▶ **Beispiel:** Hotelbetreiber H hat die bekannte Sängerin S zur Umrahmung einer bestimmten Veranstaltung engagiert. Am Morgen des Veranstaltungstags sagt S ab, da ihre Tochter lebensbedrohlich erkrankt ist. In diesem Fall kann S die Leistung gemäß § 275 Abs. 3 BGB verweigern. ◀

3. Zweckerreichung und Zweckfortfall

34 Gesetzlich nicht ausdrücklich geregelt sind die Fälle, in denen der Zweck einer Leistung durch ein bestimmtes Ereignis gestört wird. Man unterscheidet Zweckerreichung und Zweckfortfall.

35 *Zweckerreichung* liegt vor, wenn der Leistungserfolg auf andere Weise als gerade durch die Handlung des Schuldners eintritt. In diesem Fall ist die Leistungshandlung zwar noch möglich. Es liegt also keine tatsächliche Unmöglichkeit vor. Die Handlung ergibt jedoch keinen Sinn mehr, weil der Leistungserfolg bereits eingetreten ist. Die Zweckerreichung wird allgemein als Unmöglichkeit i.S.d. § 275 Abs. 1 BGB behandelt.

36 ▶ **Beispiel:** Der Patient gesundet noch vor Eintreffen des Arztes. Hier kann der Arzt zwar die Heilbehandlung noch durchführen. Sie ergibt aber keinen Sinn, weil der Erfolg (Heilung) bereits eingetreten ist. Allerdings kann der Arzt für seine bereits erbrachte Leistung (Anfahrt) einen Teil der Vergütung verlangen (§ 645 BGB analog). ◀

37 Von der Zweckerreichung sind die Fälle zu unterscheiden, in denen der Zweck ganz oder teilweise nicht mehr erreicht werden kann, zu dem die Leistung dem Gläubiger dienen sollte. Man spricht dann von *Zweckfortfall.* Hier liegt keine Unmöglichkeit gemäß § 275 Abs. 1 BGB vor. Es ist grundsätzlich nicht die Angelegenheit des Schuldners, sondern Sache des Gläubigers, ob und wie er die Leistung des Schuldners nutzen kann. Der Gläubiger trägt also grundsätzlich das Verwendungsrisiko für die Leistung.

38 ▶ **Beispiel:** Bräutigam B kauft Eheringe für die bevorstehende Hochzeit. Fällt diese nun aus, so kann er die Zahlung nicht mit dem Argument verweigern, der Zweck des Kaufvertrags sei fortgefallen. Denn das Risiko, ob und wie er die Kaufsache nutzen kann, trägt allein der Käufer. ◀

39 Etwas anderes gilt jedoch dann, wenn der Gläubiger den Zweck der Leistung bei Vertragsschluss offenlegt und der Schuldner ihn als für den Gläubiger wesentlich erkennt. In diesem Fall wird der Verwendungszweck Inhalt des Vertrags. Der Gläubiger muss dann seine eigene Gegenleistung nicht erbringen. Die juristische Begründung dieses Ergebnisses ist im Einzelnen umstritten.

40 ▶ **Beispiel:** V wohnt in Köln an der Strecke des Rosenmontagszugs. Er vermietet M einen Fensterplatz für 200 €, um dem Zug stressfrei beiwohnen zu können. Der Zug wird aufgrund der vielen Gefallenen in Afghanistan in letzter Minute abgesagt.

Zwar ist die Vermietung des Fensterplatzes zum vereinbarten Zeitpunkt weiterhin möglich. Es ist jedoch eine Ausnahme von dem Grundsatz zu machen, dass der Gläubiger das Verwendungsrisiko der Leistung trägt. Denn für beide Parteien war die Durchführung des Zugs (unausgesprochene) Grundlage des Vertrags bzw. er wurde sogar zum Vertragsinhalt. M muss den Mietzins (§ 535 Abs. 2 BGB) nicht zahlen. ◀

4. Absolutes und relatives Fixgeschäft

Ein Fixgeschäft ist ein Vertrag, bei dem die Leistung zu einem bestimmten („fixen") Zeitpunkt erfolgen soll, weil der Gläubiger besonderen Wert auf die Pünktlichkeit der Leistung legt. Das Fixgeschäft kommt in zwei Arten vor: 41

Beim *absoluten Fixgeschäft* ist die Leistungszeit derart wichtig, dass die Leistung nur zu einem bestimmten Zeitpunkt, danach aber überhaupt nicht mehr erbracht werden kann. Die verspätete Leistung ist keine Erfüllung. Erbringt der Schuldner die Leistung nicht zum vereinbarten Zeitpunkt, so tritt Unmöglichkeit gemäß § 275 Abs. 1 BGB ein. Der praktisch wichtigste Fall des absoluten Fixgeschäfts ist die Arbeitsleistung des Arbeitnehmers. 42

▶ **Beispiel:** Arbeitnehmer A steckt auf dem Weg zur Arbeit im Stau und kommt eine Stunde zu spät. Arbeit ist grundsätzlich nicht nachholbar. Es liegt daher ein absolutes Fixgeschäft vor, das zur Unmöglichkeit der Arbeitsleistung gemäß § 275 Abs. 1 BGB führt. A kann und muss die Arbeit daher nicht nachholen. ◀ 43

▶ **Beispiel:** A bestellt bei B ein Taxi, um einen Flug rechtzeitig zu erreichen. Kommt B erst zu einer Zeit, zu der das Flugzeug unter keinen Umständen mehr erreicht werden kann, kann A mit der Beförderungsleistung offenkundig nichts mehr anfangen. Es tritt Unmöglichkeit gemäß § 275 Abs. 1 BGB ein. ◀ 44

Außerhalb des Arbeitsrechts sind absolute Fixgeschäfte ausgesprochen selten. In der Regel wird der Gläubiger auch mit der verspäteten Leistung noch etwas anfangen können. Es handelt sich dann um ein sog. *relatives Fixgeschäft*. Hält der Schuldner die vereinbarte Leistungszeit nicht ein, tritt keine Unmöglichkeit ein. Der Gläubiger kann aber nach § 323 Abs. 2 Nr. 2 BGB ohne Fristsetzung vom Vertrag zurücktreten (vgl. 3. Kapitel, § 21 Rn. 24 ff.). Zugleich gerät der Schuldner, sofern er die Verzögerung zu vertreten hat, in Verzug (§ 286 BGB) und muss ggf. den durch die Verzögerung entstandenen Schaden ersetzen (vgl. 4. Kapitel, § 26 Rn. 2 ff.). 45

▶ **Beispiel:** Händler H bestellt beim Lieferanten L 500 Netzwerkkabel. Die Parteien vereinbaren: „Lieferung fix am 31.5." Liefert L die Kabel nicht rechtzeitig, etwa weil er selbst beim Hersteller zu wenige bestellt hat, so tritt keine Unmöglichkeit ein. Denn H kann die Kabel auch nach diesem Termin noch verkaufen. L kommt aber in Verzug und muss H den durch die Verspätung entgangenen Gewinn ersetzen (§§ 280 Abs. 1, Abs. 2, 286 BGB). Sofern H weiterhin Lieferung verlangen möchte, muss er dies allerdings sofort nach Ablauf der Lieferfrist dem L gemäß § 376 Abs. 1 S. 2 HGB anzeigen (vgl. 12. Kapitel, § 58 Rn. 1 ff.). ◀ 46

II. Das rechtliche Schicksal der Gegenleistung

Ist die Leistung unmöglich, so stellt sich bei gegenseitigen Verträgen die Frage, wie sich dies auf die Gegenleistung auswirkt. Dies ist in § 326 BGB geregelt. 47

1. Grundsatz: Entfallen des Gegenleistungsanspruchs

Kann der Schuldner wegen Unmöglichkeit seine Leistung nicht erbringen oder beruft er sich auf ein Leistungsverweigerungsrecht gemäß § 275 Abs. 2, Abs. 3 BGB, so entfällt grundsätzlich auch sein Anspruch auf die Gegenleistung (§ 326 Abs. 1 S. 1 BGB). Ist die Gegenleistung bereits bewirkt, so kann der Gläubiger sie gemäß §§ 326 Abs. 4, 346 Abs. 1 BGB zurückfordern, ohne dass es einer gesonderten Rücktrittserklärung 48

bedarf. Der Schuldner der unmöglichen Leistung trägt damit die *Vergütungsgefahr* (auch: Gegenleistungs- oder Preisgefahr).

49 ▶ **Beispiel:** V verkauft K seinen Pkw für 5000 €. Als K den Wagen am nächsten Tag abholen will, muss er feststellen, dass ihn des Nachts einige Jugendliche in Brand gesetzt haben. Zwar kann K wegen Unmöglichkeit (§ 275 Abs. 1 BGB) nicht Übergabe und Übereignung des Pkw (§ 433 Abs. 1 S. 1 BGB) verlangen, er muss allerdings auch nicht den Kaufpreis (§ 433 Abs. 2 BGB) bezahlen (§ 326 Abs. 1 S. 1 BGB). Hat K den Kaufpreis schon bezahlt, so kann er ihn zurückverlangen (§§ 326 Abs. 4, 346 Abs. 1 BGB). ◀

2. Ausnahme 1: Verantwortlichkeit des Gläubigers

50 Dies gilt nicht, wenn der *Gläubiger* für die Unmöglichkeit allein oder weit überwiegend *verantwortlich* ist. Dann wäre es unbillig, wenn der Schuldner die Vergütungsgefahr tragen müsste. In diesem Fall behält der Schuldner den Anspruch auf die Gegenleistung (§ 326 Abs. 2 S. 1 Alt. 1 BGB). Er muss sich jedoch dasjenige anrechnen lassen, was er infolge der Befreiung von der Leistung erspart (§ 326 Abs. 2 S. 2 BGB).

51 ▶ **Beispiel:** Exporteur E beauftragt den Unternehmer U damit, Ware nach China zu transportieren. Weil E die Dokumente nicht ordnungsgemäß ausgefüllt hat, erfüllt die Ware jedoch nicht die Exportbedingungen, so dass U vom Zoll aufgehalten wird, der die Ware vernichtet.

Hier ist der Transport rechtlich unmöglich. Nach der Grundregel des § 326 Abs. 1 S. 1 BGB würde damit auch der Vergütungsanspruch entfallen. Jedoch ist E als Exporteur allein für die fehlende Exportfähigkeit verantwortlich, so dass der Vergütungsanspruch nach § 326 Abs. 2 S. 1 Alt. 1 BGB bestehen bleibt. U muss sich aber die Aufwendungen anrechnen lassen, die er durch den unterbliebenen Transport innerhalb Chinas erspart. ◀

3. Ausnahme 2: Annahmeverzug des Gläubigers

52 Eine weitere Ausnahme vom Grundsatz, dass der Schuldner die Vergütungsgefahr trägt, sieht § 326 Abs. 2 S. 1 Alt. 2 BGB vor, wenn der *Gläubiger* sich im Zeitpunkt des Eintritts der Unmöglichkeit im *Annahmeverzug* befunden und der Schuldner die Unmöglichkeit nicht zu vertreten hat.

53 Annahmeverzug liegt vor, wenn die Erfüllung des Schuldverhältnisses dadurch verzögert wird, dass der Gläubiger die seinerseits erforderliche Mitwirkungshandlung unterlässt. Das ist insbesondere dann der Fall, wenn der Gläubiger die ihm angebotene Leistung nicht annimmt (§ 293 BGB), obwohl sie ihm tatsächlich wie geschuldet angeboten worden ist (§ 294 BGB). Bei gegenseitigen Verträgen kommt der Gläubiger grundsätzlich auch dann in Verzug, wenn er zwar bereit ist, die angebotene Leistung anzunehmen, aber die vereinbarte Gegenleistung nicht anbietet (§ 298 BGB).

54 ▶ **Beispiel:** K bestellt bei V zehn Kisten Mineralwasser, die bei Lieferung bezahlt werden sollen. Als V liefern möchte, ist K zwar gerne bereit, die Kisten entgegenzunehmen. Er hat jedoch kein Geld im Haus, um sie zu bezahlen. Damit gerät er in Annahmeverzug. ◀

55 Ist bei Vertragsschluss kein bestimmter Lieferzeitpunkt vereinbart worden, setzt der Annahmeverzug voraus, dass dem Gläubiger die Leistung eine *angemessene Zeit vorher angekündigt* wurde (§ 299 BGB). Unterbleibt die Ankündigung, muss der Gläubiger sich nicht vorhalten lassen, dass er im Zeitpunkt der Lieferung vorübergehend nicht zu Hause war.

▶ **Beispiel:** K bestellt im Möbelhaus des V eine neue Küche, die V auch einbauen soll. Ein   56
Liefertermin wird zunächst nicht vereinbart, da V die Küche erst selbst beim Hersteller besorgen muss. Als die Küche bei V eingetroffen ist, beauftragt er einen Mitarbeiter damit,
dem K die Lieferung und den Einbau der Küche anzukündigen. Allerdings verwählt der
Mitarbeiter sich und spricht versehentlich auf den Anrufbeantworter des X. Als V bei K
klingelt, ist dieser nicht zu Hause.

Annahmeverzug scheidet aus, wenn der Schuldner (V) dem Gläubiger (K) die Leistung nicht
eine angemessene Zeit vorher angekündigt hat (§ 299 BGB). Die Ankündigung ist eine
rechtsgeschäftsähnliche Handlung, auf die die Regelungen über die Willenserklärung entsprechend anwendbar sind. Sie bedarf daher zu ihrer Wirksamkeit des Zugangs bei K
(§ 130 Abs. 1 S. 1 BGB analog). Da V sich verwählt hat, ist die Erklärung nicht in den
Machtbereich des K gelangt. K befand sich daher nicht in Annahmeverzug. Da er daher
nicht das zur Leistung der Sache seinerseits Erforderliche getan hat, ist keine Konkretisierung (§ 243 Abs. 2 BGB) eingetreten. Er kann weiter Lieferung verlangen, weil es nach wie
vor Küchen dieser Gattung gibt. Gleichzeitig besteht der Anspruch auf Erbringung der Gegenleistung (Zahlung des Kaufpreises gemäß § 433 Abs. 2 BGB) fort. ◀

Der Annahmeverzug des Gläubigers allein führt noch nicht zum Übergang der Vergü-   57
tungsgefahr. Hinzukommen muss, dass der Schuldner die Unmöglichkeit nicht zu vertreten hat. Grundsätzlich muss der Schuldner für jedes schuldhafte Verhalten (Vorsatz
und Fahrlässigkeit) einstehen (§ 276 Abs. 1 BGB). Für den Annahmeverzug hat der Gesetzgeber allerdings eine wichtige Haftungsprivilegierung vorgesehen. Der Schuldner
hat während des Verzugs des Gläubigers nur Vorsatz und grobe Fahrlässigkeit zu vertreten (§ 300 Abs. 1 BGB). Im Fall des zufälligen Untergangs (Bsp.: unverschuldeter
Diebstahl der Sache) oder bei leichter Fahrlässigkeit trifft den Gläubiger die Vergütungsgefahr.

▶ **Beispiel:** K bestellt bei V zehn Kisten Mineralwasser. Bei Lieferung weigert sich K, die   58
Kisten anzunehmen. Beim Rücktransport der Kisten zu seinem Lieferwagen stolpert V aus
Unachtsamkeit; die Kisten gehen zu Bruch.

Mit dem Angebot der Kisten bei K hat V alles zur Leistung der Sache seinerseits Erforderliche getan. Dadurch beschränkt sich das Schuldverhältnis allein auf die Lieferung der konkreten Küche. Mit der Zerstörung der Kiste geht der Ausschluss der Leistungspflicht einher
(§ 275 Abs. 1 BGB). Gleichwohl bleibt der K zur Zahlung des Kaufpreises verpflichtet, weil
er sich im Annahmeverzug befand und den Untergang der Ware nicht zu vertreten hat
(§ 326 Abs. 2 S. 1 Alt. 2 BGB). Zwar handelte V fahrlässig, er hat jedoch während des Annahmeverzugs des K nur grobe Fahrlässigkeit zu vertreten (§ 300 Abs. 1 BGB). ◀

Der Annahmeverzug hat auch Folgen, wenn es nicht zur Zerstörung der Sache und damit   59
zum Eintritt der Unmöglichkeit kommt. So hat der Schuldner einen Anspruch auf *Ersatz
der Mehraufwendungen*, die er für das erfolglose Angebot (Bsp.: Fahrtkosten) sowie für die
Aufbewahrung und Erhaltung des geschuldeten Gegenstands machen musste (§ 304 BGB).

4. Ausnahme 3: Ersatz oder Ersatzanspruch

Der Gläubiger kann nach § 285 BGB vom Schuldner den Ersatzgegenstand oder den Ersatz-   60
anspruch verlangen, den der Schuldner für den geschuldeten Gegenstand erlangt hat (sog.
„stellvertretendes commodum"). Tut er dies, bleibt der Gegenleistungsanspruch nach § 326
Abs. 3 BGB bestehen. Die Vorschriften ermöglichen es dem Gläubiger, einen etwaigen Gewinn aus dem Vertrag trotz Unmöglichkeit der Leistung zu realisieren.

61 ▶ **Beispiel:** K kauft beim Kunsthändler H einen wertvollen Chagall. Noch vor Lieferung wird der Chagall bei einem Einbruch gestohlen. H hat eine Diebstahlversicherung, die den Wert des gestohlenen Bildes ersetzt.

Hier ist H wegen Unmöglichkeit von seiner Lieferpflicht freigeworden (§ 275 Abs. 1 BGB). Damit entfällt grundsätzlich auch die Zahlungspflicht des K (§ 326 Abs. 1 S. 1 BGB). K bleibt jedoch zur Zahlung des Kaufpreises verpflichtet, wenn er gemäß § 285 BGB von H Abtretung des Ersatzanspruchs gegen den Versicherer verlangt (§ 326 Abs. 3 BGB). Diese Vorgehensweise kann sich für K lohnen, wenn er den Chagall besonders günstig gekauft hat, der Kaufpreis also niedriger ist als der versicherte Wert des Bildes. ◀

5. Ausnahme 4: Besondere Gefahrtragungsregeln

62 Schließlich wird § 326 Abs. 1 S. 1 BGB durch besondere Gefahrtragungsregeln für bestimmte Vertragstypen modifiziert. Für den Kaufvertrag sind die §§ 446, 447 BGB zu beachten. Nach § 446 S. 1 BGB geht die Gefahr des zufälligen Untergangs und der zufälligen Verschlechterung mit der Übergabe des Kaufgegenstands auf den Käufer über. Entsprechendes gilt nach § 446 S. 3 BGB, sofern der Käufer sich im Annahmeverzug befindet. Als „zufällig" gelten alle Ereignisse, die weder vom Verkäufer noch vom Käufer zu vertreten sind. § 446 BGB bezieht sich sowohl auf die Gefahr der Beschädigung der Kaufsache (Sachgefahr) als auch auf die Gefahr, für eine beschädigte oder zerstörte Sache den vollen Kaufpreis zahlen zu müssen (Vergütungsgefahr).

63 Praktische Bedeutung erlangt § 446 S. 1 BGB in den Fällen, in denen der Verkäufer die Sache an den Käufer übergibt, ihm aber das Eigentum noch nicht (endgültig) überträgt, weil der Käufer den Kaufpreis noch nicht vollständig bezahlt hat. Dieser sog. *Eigentumsvorbehalt* bedeutet gemäß § 449 Abs. 1 BGB regelmäßig, dass das Eigentum unter der aufschiebenden Bedingung vollständiger Zahlung des Kaufpreises übertragen wird (§§ 929 S. 1, 158 Abs. 1 BGB). In diesem Fall geht die Gefahr des zufälligen Untergangs bzw. der zufälligen Verschlechterung schon mit Übergabe der Sache und nicht erst mit Vollendung des Eigentumserwerbs auf den Käufer über (vgl. 10. Kapitel, § 45 Rn. 23 f.).

64 ▶ **Beispiel:** K kauft beim Händler H einen Neuwagen für 20.000 €. Vereinbarungsgemäß zahlt K 5000 € sofort, der Rest soll in monatlichen Raten à 500 € gezahlt werden. H behält sich das Eigentum bis zur vollständigen Zahlung des Kaufpreises vor. Zwei Monate nach Übergabe wird der Wagen bei einem Unfall ohne Verschulden des K zerstört.

Hier hat H seine Pflicht zur Übereignung des Wagens an K noch nicht erfüllt, da er bis zur vollständigen Zahlung des Kaufpreises Eigentümer bleibt. Jedoch geht die Gefahr des zufälligen Untergangs gemäß § 446 S. 1 BGB mit der Übergabe des Wagens auf K über. K muss daher trotz der unverschuldeten Zerstörung des Wagens weiter die Raten zahlen. ◀

65 § 447 Abs. 1 BGB enthält eine praxisrelevante Sonderregelung für den *Versendungskauf*. Versendet der Verkäufer die Kaufsache auf Verlangen des Käufers, so geht die Vergütungsgefahr auf den Käufer über, sobald die Sache an eine Transportperson übergeben wird. § 447 BGB führt zu einer Vorverlagerung des Gefahrübergangs. Dieser tritt nicht erst dann ein, wenn die Sache dem Käufer übergeben wird, sondern bereits mit Übergabe an die Transportperson. Der Käufer, auf dessen Verlangen die Sache versendet wird, soll das dadurch begründete Transportrisiko tragen. Dies gilt auch, wenn der Verkäufer den Transport selbst durchführt.

▶ **Beispiel:** Rechtsanwalt K aus Köln bestellt beim Versandhändler V aus Berlin Büroma-   66
terial im Wert von 150 €. V gibt das Paket zur Post. Auf dem Postweg kommt es abhanden.
V verlangt Zahlung des Kaufpreises von K.

Im Versandhandel verlangt der Käufer mit der Bestellung konkludent den Versand der Ware
zu seinem Wohnsitz (sog. Erfolgsort). Abweichend von § 446 BGB geht die Gefahr des zufälligen Untergangs und damit auch die Vergütungsgefahr mit Übergabe an die Transportperson auf den Käufer über, hier also mit Abgabe des Pakets bei der Post. K muss somit den
Kaufpreis zahlen. Er hat aber evtl. Schadensersatzansprüche gegen das Transportunternehmen. ◀

§ 447 Abs. 1 BGB gilt im *Verbrauchsgüterkauf* (vgl. 5. Kapitel, § 27 Rn. 49) grundsätz-   67
lich nicht (§ 475 Abs. 2 BGB). Das bedeutet, dass der Zahlungsanspruch des Verkäufers bei Verlust der Sache auf dem Transportweg nach § 326 Abs. 1 S. 1 BGB erlischt.
Etwas anderes gilt nur dann, wenn der Käufer den Transporteur mit der Ausführung
der Versendung beauftragt und der Unternehmer dem Käufer diesen nicht zuvor benannt hat. Der grundsätzliche Wegfall des Kaufpreisanspruchs hat zur Konsequenz,
dass viele Händler nur noch versicherten Versand anbieten und die Mehrkosten von
vornherein bei der Kalkulation der Preise berücksichtigen bzw. höhere Versandkosten
verlangen.

▶ **Beispiel:** Im obigen Fall ist K angestellter Lehrer und benötigt das Büromaterial für den   68
Unterricht. Hier ist K Verbraucher i.S.d. § 13 BGB. Daher liegt das Versandrisiko bei V. Die
Zahlungspflicht des K erlischt gemäß § 326 Abs. 1 S. 1 BGB. ◀

Kontrollfragen und Fälle zum 3. Kapitel

1. *Was ist ein Inhaltsirrtum?*

2. *Was versteht man unter einem Erklärungsirrtum? Nennen Sie ein Beispiel!*

3. *Was ist ein Motivirrtum? Kann der Erklärende wegen eines solchen Irrtums anfechten?*

4. *Fall: Student S bestellt in einem von B betriebenen Kölner Brauhaus einen „Halven Hahn" (Preis: 3 €). Als B das erwartete Käsebrötchen serviert, bekommt S ein schlechtes Gewissen, da er doch seiner Freundin fest versprochen habe, abends streng Diät zu halten. S erklärt daraufhin gegenüber B die „Anfechtung" wegen Irrtums. Kann B von S die Zahlung des Kaufpreises verlangen?*

5. *Fall: A hat Limonade über sein neues Notebook Modell XY (Wert: 1000 €) geschüttet. Infolge dessen startet das Gerät nicht mehr. Einige Wochen später verkauft A das Notebook – ausdrücklich als defektes Gerät – für 100 € an B, ohne es zuvor noch einmal geprüft zu haben. B zahlt den Kaufpreis und nimmt das Gerät entgegen. Als er das Notebook zu Hause auspackt, stellt er zu seiner Überraschung fest, dass es einwandfrei funktioniert, weil die Limonade inzwischen getrocknet ist und keine bleibenden Schäden verursacht hat. Als A davon erfährt, dass „sein" Notebook gar nicht defekt war, schickt er dem B unverzüglich eine E-Mail, in der er den Kaufvertrag anficht. Kann A von B Rückgabe des Notebooks verlangen?*

6. *Fall: V verkauft K ein berühmtes Gemälde von van Gogh zum Preis von 1 Mio. €. V denkt, dass dieser Preis dem Marktwert des Bildes entspricht. Vor Übergabe erfährt er, dass das Gemälde in einem Kunstkatalog auf einen Wert von 1,5 Mio. € geschätzt wird. Kann er seine Willenserklärung anfechten?*

7. *Wie ist das Verhältnis von Anfechtungs- und Gewährleistungsrecht?*

8. *Fall: Unternehmer U bietet dem B an: „Angebot über den Bau eines Swimmingpools. Festpreis: 25.000 €". B nimmt das Angebot an. U ist jedoch bei der Berechnung der Summe ein Fehler unterlaufen. Muss er den Vertrag erfüllen?*

9. *Fall: S hat ein Angebot abgegeben und sich verschrieben. Er bemerkt den Fehler einige Tage später. Innerhalb welcher Frist kann er anfechten?*

10. *Fall: K hat beim Mobilfunkunternehmen M zwei Verträge mit den Kundennummern 123 und 321 mit einer zweijährigen Laufzeit mit Vertragsende am 15.5. abgeschlossen. Nach den wirksamen Vertragsbedingungen verlängern sich die Verträge um ein weiteres Jahr, wenn sie nicht bis spätestens einen Monat vor Vertragsablauf gekündigt werden. Kurz vor Vertragsablauf entscheidet sich K für die Kündigung des Vertrags mit der Kundennummer 123, den anderen Vertrag will er dagegen weiterlaufen lassen. Aufgrund eines Versehens verweist er in seinem Kündigungsschreiben vom 9.4. allerdings auf die Kundennummer 321. Seinen Fehler bemerkt K erst, als er am 21.4. die Kündigungsbestätigung von M erhält. K fragt sich nun, ob und ggf. wie er seine ursprünglichen Ziele – die Fortsetzung des Vertrags mit der Kundennummer 321 und die Kündigung des Vertrags mit der Kundennummer 123 zum 15.5. – jetzt noch erreichen kann.*

11. *Warum kennt das BGB in § 121 und § 124 zwei unterschiedliche Regelungen zur Anfechtungsfrist? Worin liegen die Unterschiede?*

12. Ist eine arglistige Täuschung gemäß § 123 Abs. 1 BGB auch durch Unterlassen möglich?

13. Beschreiben Sie die Rechtsfolgen der Anfechtung!

14. Fall: S verlässt seine badische Heimat, um in Köln Jura zu studieren. An seinem ersten Abend bestellt er in der Kneipe des V einen „Halven Hahn", der laut Speisekarte 3 € kostet. Statt des erwarteten halben Hähnchens bekommt er – wie in einem Kölner Brauhaus üblich – ein Käsebrötchen serviert. S weigert sich, das Käsebrötchen zu essen und die Rechnung zu bezahlen. Als wenig später X bei V ebenfalls einen „Halven Hahn" bestellt, muss ihn V enttäuschen, weil er keine Brötchen mehr vorrätig hat. Kann V von S Zahlung von 3 € verlangen? Unterstellen Sie dabei, dass V das dem S gebrachte Brötchen aufgrund der strengen lebensmittelrechtlichen Vorgaben niemand anderem mehr servieren darf!

15. Fall: K kauft bei V einen neuen Monitor für seinen PC. Als er ihn zu Hause anschließt, stellt er fest, dass das Gerät sechs deutlich sichtbare Pixelfehler aufweist, die unabhängig vom jeweils angezeigten Bildschirminhalt ständig hell leuchten. Als er V zum Austausch des Geräts auffordert, meint dieser zu Unrecht, die Fehler hielten sich noch im Rahmen des Üblichen und er könne darin keinen Mangel erkennen. K fragt, ob er vom Vertrag zurücktreten kann.

16. Was versteht man unter einer Fristsetzung im Rahmen des Rücktritts nach § 323 Abs. 1 BGB? Reicht es aus, wenn der Gläubiger mitteilt, er verlange „unverzügliche" Lieferung?

17. Fall: K kauft von V einen neuen Wagen. Er zahlt den Kaufpreis und erhält den Wagen. Aufgrund eines Mangels tritt er zwei Monate später vom Vertrag zurück. Was sind die Rechtsfolgen?

18. Fall: Im vorigen Fall hat K vor seinem Rücktritt grob fahrlässig eine Delle in den Kotflügel gefahren. V verlangt Wertersatz als Ausgleich für die Delle. Zu Recht?

19. Fall: Student S kauft beim Bäcker B ein Vollkornbrot für 2,50 €. Als S zu Hause ankommt, stellt er fest, dass er weder Butter noch Käse im Kühlschrank hat. Er bereut, sich ein Brot gekauft zu haben, und würde die 2,50 € lieber in eine Fertigsuppe „investieren". Da aber seine finanziellen Mittel für diesen Tag bereits ausgeschöpft sind, möchte er wissen, ob er das Brot gegen Erstattung des Kaufpreises „zurückgeben" kann.

20. Welche Arten von „Verbraucherwiderrufsrechten" kennen Sie?

21. Fall: Kaufmann K bestellt im Onlineshop des Händlers H Gartenmöbel für seinen eigenen Schrebergarten. Als die Möbel am übernächsten Tag geliefert werden, befindet K, dass sie doch nicht so gut in seinen Garten passen. Kurzerhand teilt er dem H schriftlich mit, von seinem „Verbraucherwiderrufsrecht" Gebrauch zu machen. H weist das Anliegen des K mit der Begründung zurück, diesem stehe als Kaufmann kein solches Widerrufsrecht zu. Zu Recht?

22. Fall: Gastwirt G hat im Elektrofachgeschäft des E einen neuen Fernseher (50 Zoll) zum Preis von 1000 € erworben, um seinen Gästen die Spiele der Fußball-Weltmeisterschaft zeigen zu können. Als er den Fernseher an dem gewünschten Ort aufstellen möchte, stellt er fest, dass das Gerät hierfür zu groß ist. G fragt, ob er von E Umtausch gegen ein kleineres Gerät (und ggf. Rückerstattung der Kaufpreisdifferenz) verlangen kann.
Abwandlung: Wie ist die Rechtslage, wenn G den Fernseher nicht für seine Gaststätte, sondern für seine eigene Wohnung erworben hat?

23. *Fall: K bestellt bei der V-GmbH am 23.1. über das Internet ein Wasserbett zum Privatgebrauch. Nachdem K den Kaufpreis in Höhe von 400 € bezahlt hat, wird ihm die Bestellung am 14.2. ausgeliefert. Am 21.2. wendet sich K an die V-GmbH und bittet um Preisnachlass in Höhe von 20 €, weil dasselbe Wasserbett beim X, einem Konkurrenten der V-GmbH, entsprechend günstiger angeboten würde. Kann K von der V-GmbH Preisnachlass verlangen?*

    Abwandlung: Da die V-GmbH nicht bereit ist, K auch nur einen Cent entgegenzukommen, erklärt K am 24.2. den Widerruf vom Vertrag und sendet das noch nicht ausgepackte Wasserbett zurück. Die V-GmbH verweigert gleichwohl die Rückzahlung des Kaufpreises, weil der Widerruf über einen Monat nach der Bestellung der Ware nicht mehr fristgerecht sei. Außerdem habe K das Widerrufsrecht rechtsmissbräuchlich und daher unwirksam ausgeübt. Denn das Widerrufsrecht beim Fernabsatzgeschäft bestehe, damit der Verbraucher die Ware prüfen könne. Aus diesem Grund habe der K aber nicht widerrufen, sondern sein Widerruf sei allein deshalb erfolgt, um anderweitig ein günstigeres Geschäft abzuschließen. Hat K gegen die V-GmbH einen Anspruch auf Rückzahlung des Kaufpreises?

24. *Fall: K bestellt im Internet bei V teure Abendschuhe, die sie wenige Tage nach Lieferung beim Bundespresseball trägt. Da man in ihren Kreisen dieselben Schuhe nicht zweimal trägt, übt sie nach Rückkehr vom Ball ihr gesetzliches Widerrufsrecht aus. K verlangt Wertersatz, da die Schuhe nunmehr als gebraucht anzusehen sind. Hat er recht?*

25. *Fall: Der Springreiter S kauft beim Züchter Z das vielversprechende Nachwuchspferd „Django". S und Z vereinbaren, dass S das Pferd Ende der Woche abholen soll, da dieses zunächst noch geimpft werden muss. Als S am Freitag bei Z erscheint, erklärt ihm dieser, dass Django in der Nacht aufgrund eines nicht erkennbaren angeborenen Herzfehlers gestorben sei. Z verlangt von S Zahlung des Kaufpreises, S seinerseits Lieferung eines „vergleichbaren" Pferdes. Zu Recht?*

    Abwandlung: Django stirbt aufgrund einer grob fahrlässigen Verabreichung eines für Pferde nicht verträglichen Impfstoffes durch Z. Ändert sich etwas im Vergleich zum Grundfall?

26. *Fall: O bestellt beim Weinhändler W telefonisch 20 Kisten Eiswein der Marke „Primavino 2017" zum Preis von 25 € pro Kiste. W freut sich über die Bestellung, da er noch genau 20 Kisten der gewünschten Marke im Lager stehen hat und er den Eiswein deshalb nicht eigens beim Produzenten bestellen muss. Er will die Kisten am nächsten Tag verschicken. In der Nacht brechen Unbekannte in das Lager ein und entwenden genau diese Kisten. Als W am nächsten Tag davon erfährt, ruft er bei O an und erklärt ihm, dass ihm die Lieferung leider „unmöglich" sei. Er könne aber gerne zum gleichen Preis 20 Kisten Rotwein der Marke „Vinobonito 2016" liefern. Diese stünden auch noch in seinem Lager bereit. O beharrt auf seiner Bestellung vom Vortag. Zu Recht?*

27. *Fall: Startenor S soll an einem Sonntagabend in der Oper singen. Die Veranstaltung ist seit Wochen ausverkauft. Am Nachmittag fällt ihm auf, dass an diesem Abend das Champions-League-Finale stattfindet, in dem auch sein Heimatverein aus Italien steht. Er sieht es als seine Pflicht an, „sein Team" vom Fernseher aus zu unterstützen. Er teilt dem Organisator O mit, dass ihm der Auftritt aus eben diesem Grund „unmöglich" sei. Kann O auf den Auftritt des S bestehen?*

28. Was versteht man unter einem „absoluten Fixgeschäft" und was ist die Folge, wenn es nicht eingehalten wird? Nennen Sie ein Beispiel!

29. Fall: A bestellt bei C zehn Kisten Bier für seine Geburtstagsparty am 28.6. Nachdem C die Kisten wie vereinbart am Mittag des 28.6. angeliefert und in den Keller des A transportiert hat, stellt sich heraus, dass A sein Portemonnaie bei seinen Eltern, die er morgens besucht hatte, vergessen hat und auf die Schnelle kein Bargeld auftreiben kann. C lädt die Kisten daraufhin wieder ein. Auf der Rückfahrt verursacht er leicht fahrlässig einen Autounfall, bei dem sämtliche Kisten zu Bruch gehen. Er verlangt dennoch von A Zahlung des Kaufpreises. Zu Recht?

30. Wer trägt bei einem Versendungskauf die Gefahr, dass die Sache auf dem Transportweg verloren geht?

31. Fall: Rechtsanwalt K aus Köln bestellt beim Versandhändler V aus Bonn Schreibwaren für seinen Bürobetrieb im Wert von 500 €. V gibt das Paket zur Post. Auf dem Postweg kommt es abhanden. V verlangt Zahlung des Kaufpreises von K. Zu Recht? Ändert sich am Ergebnis etwas, wenn K die Schreibwaren ausschließlich für seine private Korrespondenz kauft?

4. Kapitel:
Schadensersatzansprüche im Vertragsverhältnis

§ 24 Allgemeines und besonderes Leistungsstörungsrecht

1 Durch den Abschluss eines Vertrags entstehen Ansprüche und Pflichten zwischen den Vertragsparteien. Solche Ansprüche, die sich unmittelbar aus dem Vertrag ergeben, nennt man *Primäransprüche*. Aus Sicht des Verpflichteten handelt es sich um Primärpflichten. Verletzt der Schuldner eine Pflicht aus dem Vertrag, so folgen daraus weitere Ansprüche. Diese sog. *Sekundäransprüche* treten entweder an die Stelle der Primäransprüche oder zu diesen hinzu.

2 ▶ **Beispiel:** K und V schließen einen Kaufvertrag über einen Pkw. Mit Vertragsschluss entstehen primäre Ansprüche: K kann Lieferung und Übereignung des mangelfreien Wagens verlangen (§ 433 Abs. 1 BGB), V Zahlung des Kaufpreises (§ 433 Abs. 2 BGB). Liefert V einen mangelhaften Pkw, so kann K nun die sekundären Ansprüche bzw. Rechte gemäß § 437 BGB geltend machen (Reparatur, Austausch, Rücktritt, Minderung, Schadensersatz). ◀

3 Das Leistungsstörungsrecht regelt die Rechtsfolgen von Leistungsstörungen in Schuldverhältnissen. Leistungsstörungen beruhen in der Regel darauf, dass der Schuldner eine vertragliche Pflicht verletzt. In diesem Fall steht dem Gläubiger eine Vielzahl von Rechtsbehelfen zur Verfügung, mithilfe derer er seine Interessen durchsetzen kann. Er kann Schadensersatz verlangen, vom Vertrag zurücktreten bzw. den Vertrag kündigen oder Anpassung des Vertrags verlangen. Neben dem *allgemeinen Leistungsstörungsrecht* sieht das Gesetz für einige Vertragstypen besondere Regelungen für den Fall vor, dass der Schuldner seine vertragliche Leistung nur mangelhaft erbringt. Dies gilt insbesondere für den Kaufvertrag, für den in den §§ 434 ff. BGB ein *besonderes Leistungsstörungsrecht* (Mängelgewährleistungsrecht) geregelt ist (dazu das 5. Kapitel).

4 Rücktritt und Kündigung bezwecken die Beendigung und Rückabwicklung des Vertrags (dazu das 3. Kapitel, § 21 Rn. 1 ff.). Schadensersatzansprüche haben eine andere Zielrichtung: Mit ihrer Hilfe kann der Gläubiger sich *finanziell schadlos halten* und für die bei ihm eingetretene Vermögensminderung vom Schuldner einen Ausgleich in Geld verlangen.

5 Dass der Schädiger einen von ihm verursachten Schaden zu ersetzen hat, ist ein allgemeiner Grundsatz, dessen Gerechtigkeitsgehalt ohne Weiteres einleuchtet. Bereits *Aristoteles* hat die Wiedergutmachung von Schäden als Bestandteil der ausgleichenden Gerechtigkeit („iustitia commutativa") verstanden. Auch das deutsche Recht kennt mit § 823 BGB einen allgemeinen Schadensersatzanspruch, der nicht auf vertragliche Beziehungen beschränkt ist. Wie später noch zu sehen sein wird (dazu das 7. Kapitel), weist dieser allgemeine „deliktische" Schadensersatzanspruch jedoch einige Schwächen auf. Aus diesem Grund ist der *vertragliche Schadensersatzanspruch* (§§ 280 ff. BGB) von großer praktischer Bedeutung.

§ 25 Allgemeine Voraussetzungen des vertraglichen Schadensersatzanspruchs

§ 280 Abs. 1 BGB ist der Grundtatbestand des vertraglichen Schadensersatzrechts. Danach ist jeder, der eine vertragliche Pflicht schuldhaft verletzt, zum Ersatz des daraus entstehenden Schadens verpflichtet. Jeder Schadensersatzanspruch hat gemäß § 280 Abs. 1 BGB *drei Voraussetzungen*: Erstens muss ein Schuldverhältnis zwischen dem Geschädigten (Gläubiger) und dem Schädiger (Schuldner) vorliegen. Zweitens muss der Schuldner eine Pflicht aus diesem Schuldverhältnis verletzt haben. Drittens muss der Schuldner die Pflichtverletzung zu vertreten haben. Sind diese Voraussetzungen erfüllt, so kann der Gläubiger Ersatz des hierdurch entstehenden Schadens verlangen. Die Voraussetzungen des Schadensersatzanspruchs entsprechen damit grundsätzlich denen des Rücktritts, bis auf eine Ausnahme: Der Rücktritt ist auch möglich, wenn der Schuldner die Pflichtverletzung nicht zu vertreten hat.

I. Schuldverhältnis

Schuldverhältnisse i.S.d. § 280 Abs. 1 BGB sind in erster Linie Verträge (§ 311 Abs. 1 BGB). Voraussetzung des vertraglichen Schadensersatzanspruchs ist, dass nach den Regelungen des Allgemeinen Teils ein wirksamer Vertrag zustande gekommen ist. Ein Vertrag begründet Leistungs- und Rücksichtnahmepflichten zwischen den Parteien. Für dritte Personen, die am Vertrag unbeteiligt sind, gelten diese besonderen Pflichten nicht. Es gibt keinen Vertrag zulasten Dritter. Ausnahmsweise ist es jedoch möglich, dass eine vertraglich begründete Schutzpflicht nicht nur den Vertragspartner, sondern darüber hinaus auch unbeteiligte Dritte schützen soll. Voraussetzung hierfür ist, dass die Leistung bestimmungsgemäß dem Dritten zugutekommen soll und der Gläubiger ein besonderes Interesse an der Einbeziehung hat. Der Vertrag entfaltet dann eine Schutzwirkung zugunsten Dritter.

▶ **Beispiel:** M mietet die Ferienwohnung des V, um dort mit seiner Familie die Sommerferien zu verbringen. Als T, die 13-jährige Tochter des M, sich im ersten Stock gegen das Balkongeländer lehnt, stürzt sie mitsamt dem Geländer ab und bricht sich ein Bein. Es stellt sich heraus, dass V die Befestigung aus Fahrlässigkeit nicht ordnungsgemäß angebracht hatte.

Hier liegt ein Mietvertrag zwischen M und V vor. Der Mietvertrag verpflichtet den Vermieter, die Mietsache in einem solchen Zustand zu überlassen, dass aus der Nutzung keine Gefahr für den Mieter entsteht. T ist jedoch nicht Vertragspartei. Gleichwohl ist sie als Familienangehörige des M in den Schutzbereich der vertraglichen Pflicht einbezogen. Sie hat daher einen eigenen vertraglichen Schadensersatzanspruch gemäß § 280 Abs. 1 BGB gegen V. Demgegenüber hätte ein Einbrecher, der über das Geländer stürzt, keinen vertraglichen Schadensersatzanspruch, da er nicht bestimmungsgemäß mit der Vermietung in Berührung kommt. ◀

Jenseits der vertraglichen Beziehungen erfasst § 280 Abs. 1 BGB auch sog. vertragsähnliche Sonderverbindungen und gesetzliche Schuldverhältnisse. So kann ein Schuldverhältnis gemäß § 311 Abs. 2 BGB etwa schon im Vorfeld eines Vertrags durch die Aufnahme von Vertragsverhandlungen oder ähnliche geschäftliche Kontakte entstehen (sog. *„culpa in contrahendo"* = Verschulden bei Vertragsschluss).

5 ▶ **Beispiel:** K geht in das Geschäft des G, um die Wochenendeinkäufe zu erledigen. Bereits kurz nach Betreten des Ladenlokals rutscht K auf einer am Boden liegenden Bananenschale aus, die G zwar gesehen, aber nicht entfernt hatte. K bricht sich einen Arm.

Hier hatten K und G im Zeitpunkt des Ausrutschens keinen Vertrag geschlossen. Gleichwohl lag bereits ein (vorvertragliches) Schuldverhältnis zwischen den Parteien vor: Als K das Geschäft mit Kaufabsicht betreten hatte, hat sich ein Vertragsverhältnis „angebahnt" (vgl. § 311 Abs. 2 Nr. 2 BGB). Da G seine vorvertraglichen Sorgfaltspflichten nicht beachtet hat, kann K gemäß § 280 Abs. 1 BGB Schadensersatz und Schmerzensgeld (vgl. § 253 Abs. 2 BGB) verlangen. ◀

6 Umgekehrt kann es nach Beendigung eines Vertrags „nachvertragliche Pflichten" geben, deren Verletzung ebenfalls einen Schadensersatzanspruch gemäß § 280 Abs. 1 BGB nach sich ziehen kann (sog. *„culpa post contractum finitum"* = Verschulden nach Ende des Vertrags), z.B. bei einem Verstoß gegen ein Wettbewerbsverbot nach Beendigung des Vertrags. Da vor Abschluss und nach Beendigung eines Vertrags keine Leistungspflichten (mehr) bestehen, kann der Schuldner zu diesen Zeitpunkten ausschließlich Nebenpflichten verletzen.

7 ▶ **Beispiel:** A ist Leiter der Abteilung „Forschung und Entwicklung" bei der X-GmbH. Sein Arbeitsvertrag enthält eine (zulässige) Regelung, wonach er nach Beendigung des Arbeitsverhältnisses Betriebsgeheimnisse des Unternehmens nicht an Dritte weitergeben darf. Nachdem A fristgerecht gekündigt hat, wird er Leiter einer entsprechenden Abteilung bei der Y-GmbH. Er berichtet seinem neuen Arbeitgeber im Einzelnen über den gesamten ihm bekannten Forschungsstand der X-GmbH.

Hier wurde der Arbeitsvertrag zwischen A und X-GmbH durch die wirksame Kündigung seitens des A beendet (§ 622 BGB). Damit lag im Zeitpunkt des „Geheimnisverrats" kein Vertrag zwischen den Parteien vor. Jedoch sieht der Arbeitsvertrag eine nachvertragliche Verschwiegenheitspflicht des A vor. Diese begründet ein nachvertragliches Schuldverhältnis mit der Pflicht des A, die Betriebsgeheimnisse der X-GmbH nicht an Dritte weiterzugeben. Diese Pflicht hat A schuldhaft verletzt, so dass er der X-GmbH den daraus entstehenden Schaden zu ersetzen hat. ◀

II. Pflichtverletzung

8 Die Pflichtverletzung ist die zentrale Kategorie des Leistungsstörungsrechts. Darunter versteht man jedes nachteilige Abweichen des Verhaltens bzw. der Leistung einer Partei vom geschuldeten Pflichtenprogramm. Als einheitlicher Oberbegriff umfasst sie die Fälle, in denen der Schuldner seine *Leistungspflichten* aus dem Schuldverhältnis *nicht oder schlecht oder verspätet erfüllt* oder eine *Rücksichtnahmepflicht verletzt*.

9 ▶ **Beispiel:** K vereinbart mit dem Getränkehändler G die Lieferung von zehn Kisten Bier zum 10.7. Pflichtverletzungen sind in vier Kategorien denkbar: (1) G liefert überhaupt nicht (Nichtleistung); (2) G liefert erst am 17.7. (verzögerte Leistung); (3) G liefert die falsche Sorte Bier oder Bier mit bereits abgelaufenem Mindesthaltbarkeitsdatum (mangelhafte Leistung); (4) G liefert zwar die bestellten zehn Kisten pünktlich und mangelfrei, zerstört allerdings bei der Lieferung den Gartenzwerg des K (Nebenpflichtverletzung). ◀

10 Für § 280 Abs. 1 BGB ist es grundsätzlich unerheblich, um welche Art von Pflichten es sich handelt. Die Norm differenziert weder zwischen Leistungspflichten (§ 241 Abs. 1 BGB) und Nichtleistungspflichten (§ 241 Abs. 2 BGB) noch zwischen Haupt- und Nebenpflichten. Dennoch sind diese Unterteilungen nicht völlig bedeutungslos. Sie haben Auswirkungen auf den Bezugspunkt der Pflichtverletzung. Die Verletzung *leistungsbezogener Pflichten* wird stets nach einem objektiven Maßstab festgestellt. Die Pflichtver-

letzung liegt bereits im *Nichteintritt des geschuldeten Leistungserfolgs*, ohne dass ein pflichtwidriges Verhalten des Schuldners erforderlich ist.

▶ **Beispiel:** V verkauft K einen Picasso. Kurz vor der Übergabe wird das Bild infolge eines   **11** Brandes in der Galerie zerstört.

Hier kann V seine Pflicht zur Lieferung und Übereignung des Kunstwerks wegen tatsächlicher Unmöglichkeit nicht mehr herbeiführen. Damit liegt eine Pflichtverletzung i.S.d. § 280 Abs. 1 BGB vor. Die Frage, ob V durch sein Verhalten zu dem Brand beigetragen hat, wird erst auf der Ebene des Vertretenmüssens relevant. ◀

Die Verletzung von *Verhaltenspflichten* kann demgegenüber nicht durch das Ausblei- **12** ben des Leistungserfolgs bestimmt werden. Sie ist notwendig verhaltensbezogen. Eine Pflichtverletzung liegt dann vor, wenn der Schuldner *durch sein Verhalten* gegen eine Pflicht gemäß § 241 Abs. 2 BGB verstoßen hat.

▶ **Beispiel:** G beauftragt den Maler M, seine Wohnung zu streichen. M führt den Auftrag   **13** ordnungsgemäß aus. Als er seine Sachen zusammenpackt, beschädigt er aus Unachtsamkeit eine Vase des G.

M hat aus dem Vertrag eine Schutzpflicht gemäß § 241 Abs. 2 BGB. Er muss sich bei der Durchführung des Vertrags so verhalten, dass Rechtsgüter des G nicht beeinträchtigt werden. Diese Pflicht hat er verletzt, indem er die Vase beschädigt hat. ◀

III. Vertretenmüssen

Ein Schadensersatzanspruch setzt stets voraus, dass der Schuldner die Pflichtverletzung   **14** zu vertreten hat. *Vertretenmüssen* bedeutet Verantwortlichkeit. Grundsätzlich hat der Schuldner *Vorsatz und Fahrlässigkeit* zu vertreten (sog. *„Verschulden"*, § 276 BGB). In Einzelfällen kann sich darüber hinaus aus dem Inhalt des Schuldverhältnisses eine strengere oder mildere Haftung ergeben. Hat der Verkäufer etwa das Beschaffungsrisiko für den Kaufgegenstand übernommen, so schuldet er dem Käufer auch dann Schadensersatz, wenn er die Sache aus Gründen nicht liefern kann, an denen ihn kein Verschulden trifft. Für bestimmte Situationen sieht das Gesetz eine Haftungsverschärfung (Bsp.: Haftung bei Schuldnerverzug auch für zufälligen Untergang, § 287 BGB) oder -privilegierung (Bsp.: Haftung des Schuldners während des Annahmeverzugs des Gläubigers nur für Vorsatz und grobe Fahrlässigkeit, § 300 Abs. 1 BGB; Haftung des Verleihers nur für Vorsatz und grobe Fahrlässigkeit, § 599 BGB) vor.

Im Zivilprozess muss der Kläger (= Gläubiger) grundsätzlich sämtliche anspruchsbe- **15** gründenden Voraussetzungen darlegen und beweisen, damit die Klage Erfolg hat (vgl. 1. Kapitel, § 3 Rn. 3 ff., Rn. 12). Dazu gehören im Fall des § 280 Abs. 1 BGB das Vorliegen eines Schuldverhältnisses, die Pflichtverletzung und das Vertretenmüssen des Schuldners. Für das Vertretenmüssen sieht das Gesetz jedoch eine sog. *Beweislastumkehr* vor. Das ergibt sich aufgrund der negativen Formulierung des § 280 Abs. 1 S. 2 BGB („Dies gilt nicht, wenn…"). Danach wird vermutet, dass der Schuldner die Pflichtverletzung zu vertreten hat. Dieser muss daher den Verantwortlichkeitsvorwurf im Prozess entkräften.

Im Wirtschaftsleben kommt es oft vor, dass der Schuldner seine vertragliche Leistung   **16** nicht selbst in eigener Person erbringt, sondern sich hierfür anderer Personen oder Unternehmen bedient. Diese Personen nennt man *„Erfüllungsgehilfen"*. Der in der Praxis häufigste und wichtigste Fall ist die Einschaltung von Arbeitnehmern oder von Subunternehmern bei der Erfüllung der vertraglichen Pflichten des Schuldners gegenüber sei-

nem Vertragspartner. Gemäß § 278 BGB hat der Schuldner das Verschulden seiner Erfüllungsgehilfen ebenso zu vertreten wie sein eigenes Verschulden. Es kommt hierbei nicht darauf an, ob der Schuldner den Erfüllungsgehilfen fehlerhaft ausgewählt oder überwacht hat. Eine Exkulpation scheidet aus, da § 278 BGB eine unbedingte Einstandspflicht des Schuldners für das Verhalten des Erfüllungsgehilfen anordnet. In diesem Punkt unterscheidet sich der vertragliche Schadensersatzanspruch ganz erheblich von den deliktischen Schadensersatzansprüchen nach §§ 823 ff. BGB (vgl. 7. Kapitel, § 36 Rn. 1 ff.).

17 ▶ **Beispiel:** Die D-GmbH betreibt ein Transportunternehmen. Die Auslieferung der Pakete an die Empfänger erfolgt durch angestellte Fahrer, darunter auch F. Aus Unachtsamkeit verursacht F eines Tages einen Verkehrsunfall, bei dem das Paket des Kunden K beschädigt wird.

K hat einen vertraglichen Schadensersatzanspruch gegen die D-GmbH gemäß § 280 Abs. 1 BGB. Diese muss sich gemäß § 278 BGB das Verschulden ihres Arbeitnehmers F zurechnen lassen, da dieser als Gehilfe zur Erfüllung der Pflichten aus dem Transportvertrag tätig wurde. Aber auch wenn es sich bei F um einen selbstständigen Transporteur handelte, müsste die D-GmbH sich dessen Verschulden nach § 278 BGB zurechnen lassen. ◀

§ 26 Zusätzliche Voraussetzungen: Mahnung und Fristsetzung

Für bestimmte Schadensarten bzw. Pflichtverletzungen sieht das Gesetz zusätzliche Anforderungen an einen Schadensersatzanspruch vor. Neben den drei allgemeinen Voraussetzungen (Schuldverhältnis, Pflichtverletzung, Vertretenmüssen) ist darüber hinaus entweder eine *Mahnung* oder eine *Fristsetzung* erforderlich. Diese Voraussetzungen sind in zwei Fällen zu beachten: 1

I. Der Verzögerungsschaden

Ein Schaden, der infolge der Verzögerung der Leistung eintritt (*Verzögerungsschaden*), kann gemäß § 280 Abs. 2 BGB nur unter den zusätzlichen Voraussetzungen des § 286 BGB (vor allem: *Mahnung*) verlangt werden. Die Abgrenzung zwischen § 280 Abs. 1 BGB einerseits und §§ 280 Abs. 1, Abs. 2, 286 BGB andererseits richtet sich nach der *Art der Pflichtverletzung*. Liegt die Pflichtverletzung ausschließlich darin, dass der Schuldner die Leistung verspätet erbringt, so kann der Gläubiger Schadensersatz nur unter den Voraussetzungen der §§ 280 Abs. 1, Abs. 2, 286 BGB verlangen. Besteht die Pflichtverletzung dagegen allein oder zumindest auch in einer Schlechtleistung, so folgt der Schadensersatzanspruch bereits aus § 280 Abs. 1 BGB. Liefert der Verkäufer schuldhaft eine mangelhafte Sache, kann der Käufer also ohne vorherige Mahnung Ersatz des Betriebsausfallschadens verlangen. 2

> **BGH, Urt. v. 19.6.2009 – V ZR 93/08:** „Teilweise wird vertreten, in der Lieferung einer mangelhaften Sache liege eine Verzögerung der nach § 433 Abs. 1 S. 2 BGB geschuldeten mangelfreien Leistung. Schäden, die der Käufer erleide, weil er infolge des Mangels die Kaufsache nicht wie geplant nutzen könne, seien daher erst mit Eintritt des Verzugs ersatzfähig (§§ 437 Nr. 3, 280 Abs. 1, Abs. 2, 286 BGB). Der Verkäufer, der nicht leiste und erst ab Verzugseintritt schadensersatzpflichtig sei, dürfe nicht besser stehen als derjenige, der immerhin eine mangelhafte Leistung erbringe. ...
> Der Senat entscheidet die Rechtsfrage dahin, dass mangelbedingter Nutzungsausfall des am Vertrag festhaltenden Käufers nach §§ 437 Nr. 3, 280 Abs. 1 BGB ersatzfähig ist, so dass offenbleiben kann, ob mit Blick auf sämtliche der noch geltend gemachten Schäden die Verzugsvoraussetzungen vorgelegen haben. ... Von der Interessenlage ist zu unterscheiden, ob der Schuldner lediglich untätig bleibt oder ob er zwar leistet, die Leistung aber fehlerhaft erbringt. Vor den Folgen einer Säumnis kann sich der Käufer regelmäßig dadurch schützen, dass er einen kalendermäßig bestimmten Termin für die Lieferung vereinbart oder den Verkäufer bei Ausbleiben der Leistung mahnt. Diese Möglichkeiten bestehen bei einer mangelhaften Lieferung regelmäßig nicht, weil der Mangel vielfach erst bemerkt werden wird, wenn die Kaufsache ihrer Verwendung zugeführt wird. Ein mangelbedingter Nutzungsausfall lässt sich dann häufig nicht mehr abwenden. Bei der Lieferung einer mangelbehafteten Sache dringt der Schuldner damit in gefährlicherer Weise in die Gütersphäre des Gläubigers ein, weil die Verzögerung als solche für den Gläubiger leichter beherrschbar ist." 3

▶ **Beispiel:** Transportunternehmer K kauft von V einen gebrauchten Transporter für 14.000 €, da sein eigenes Auto bei einem Unfall zerstört wurde. Als K den Wagen wie vereinbart am 12.5. abholen will, teilt V ihm mit, dass er den Transporter erst am 14.5. fahrtüchtig übergeben kann. K möchte die Taxikosten i.H.v. 15 € ersetzt haben, die ihm durch die vergebliche Anfahrt zu V entstanden sind. 4

Hier verletzt V seine Pflichten aus dem Schuldverhältnis, da er den Transporter nicht fristgerecht liefert. Neben der Verzögerung liegt jedoch noch eine weitere (Interessenwahrungs-)Pflichtverletzung vor, da V den K nicht vorab darüber informiert hat, dass er nicht pünktlich liefern kann. Hätte er dies getan, wären die Taxikosten nicht angefallen. K kann die Fahrtkosten daher als „einfachen" Schadensersatz gemäß § 280 Abs. 1 BGB verlangen. ◄

5   ▶ **Beispiel:** Im vorigen Fall kann K am 12.5. und am 13.5. keine Pakete ausfahren. Ein anderes Fahrzeug kurzfristig anzumieten, ist nicht rentabel. Ihm entgeht dadurch ein Nettogewinn von 100 €.

Hier beruht der Schaden ausschließlich auf der Verzögerung der Leistung. Selbst wenn V den K vorab informiert hätte, wäre der Schaden entstanden. Der entgangene Gewinn (= Betriebsausfallschaden) kann als Verzögerungsschaden daher nur unter den verschärften Voraussetzungen der §§ 280 Abs. 1, Abs. 2, 286 BGB verlangt werden. ◄

6   ▶ **Beispiel:** Im vorigen Fall liefert V den Transporter pünktlich. Als K am 12.5. die Pakete ausfahren will, stellt sich jedoch heraus, dass der Wagen fahruntauglich ist. K entgeht dadurch ein Nettogewinn von 100 €.

Hier beruht der Schaden nicht (nur) auf der Verzögerung der mangelfreien Leistung, sondern primär auf der Lieferung einer mangelhaften Sache. K kann daher den entgangenen Gewinn als einfachen Schadensersatz unter den Voraussetzungen der §§ 437 Nr. 3, 280 Abs. 1 BGB verlangen. ◄

7   Verlangt der Gläubiger Schadensersatz wegen Verzögerung der Leistung, so müssen neben den allgemeinen Voraussetzungen des § 280 Abs. 1 BGB zusätzlich die Anforderungen des § 286 BGB vorliegen. Erforderlich ist, dass der Schuldner sich im Verzug befindet. Dieser sog. *Schuldnerverzug* tritt ein, wenn der Schuldner eine fällige und durchsetzbare Leistung trotz Mahnung nicht erbringt (§ 286 Abs. 1 S. 1 BGB).

1. Fällige Leistung

8   Der Schuldner kommt nur in Verzug, wenn die Leistung bereits *fällig* ist. Fällig ist eine Leistung grundsätzlich sofort (§ 271 Abs. 1 BGB), es sei denn, die Parteien vereinbaren einen anderen Fälligkeitszeitpunkt (Bsp.: „Lieferung am 1.6."). Grundsätzlich können die Parteien den Zeitpunkt der Fälligkeit frei bestimmen. Eine Vereinbarung, nach der der Gläubiger die Erfüllung einer Entgeltforderung erst nach mehr als 60 Tagen nach Empfang der Gegenleistung verlangen kann (Bsp.: Stundung des Kaufpreises), ist allerdings gemäß § 271 a BGB nur wirksam, wenn sie ausdrücklich getroffen wird.

9   Bei manchen Verträgen ist die Erteilung einer Rechnung ausnahmsweise Voraussetzung der Fälligkeit. In diesem Fall kann der Schuldner nicht in Verzug geraten, bevor der Gläubiger ihm eine Rechnung ausstellt (Bsp.: Architektenvertrag). In der Regel hat der Schuldner aber lediglich einen Anspruch auf Erteilung einer Rechnung. In diesem Fall kann er seine Leistung nach § 273 BGB bis zum Erhalt einer Rechnung zurückbehalten. Beruft sich der Schuldner auf sein Zurückbehaltungsrecht, kommt er nicht in Verzug.

2. Mahnung

10   Allein durch die unterbliebene Leistung im Zeitpunkt der Fälligkeit gerät der Schuldner nicht in Verzug. Erforderlich ist darüber hinaus grundsätzlich eine *Mahnung*. Die Mahnung ist eine rechtsgeschäftsähnliche Handlung des Gläubigers, die dem Schuldner zugehen muss. Sie ist eine an den Schuldner gerichtete, bestimmte und eindeutige

Aufforderung, die geschuldete Leistung zu erbringen. Wie bei der Fristsetzung (vgl. dazu 3. Kapitel, § 21 Rn. 8 ff.) muss der Gläubiger auch bei der Mahnung deutlich zum Ausdruck bringen, dass er die Leistung verlangt. Das kann auch in höflicher Form geschehen, muss aber eindeutig zum Ausdruck kommen. Keine Mahnung ist etwa die Erklärung, man werde „der Leistung gerne entgegensehen". Stehen dem Gläubiger mehrere Ansprüche gegen den Schuldner zu, so muss erkennbar sein, worauf die Mahnung sich bezieht. Eine vor Eintritt der Fälligkeit ausgesprochene Mahnung ist unwirksam. Es ist zulässig, die Mahnung mit der die Fälligkeit begründenden Handlung zu verbinden. Das bloße Zusenden einer Rechnung reicht hierfür jedoch selbst dann nicht aus, wenn sie eine Zahlungsfrist enthält.

> **BGH, Urt. v. 25.10.2007 – III ZR 91/07:** „Als verzugsbegründende Mahnung genügt ... jede eindeutige und bestimmte Aufforderung, mit der der Gläubiger unzweideutig zum Ausdruck bringt, dass er die geschuldete Leistung verlangt. ... Eine Mahnung kann zudem mit der die Fälligkeit begründenden Handlung verbunden werden und kann deswegen auch in einer Rechnung enthalten sein, selbst wenn nach den vertraglichen oder gesetzlichen Bestimmungen erst mit deren Zugang die Forderung fällig wird. Dabei handelt es sich indessen um Ausnahmefälle. Die erstmalige Zusendung einer Rechnung – selbst mit Angabe eines Zahlungsziels – [wird] im Verkehr üblicherweise nicht als Mahnung verstanden."

11

Im Gegensatz zur Fristsetzung muss die Mahnung *keine Frist* zur Leistung enthalten. Damit ist die Mahnung ein „minus" zur Fristsetzung: Jede Fristsetzung enthält zugleich eine Mahnung, aber nicht jede Mahnung ist auch eine Fristsetzung. Der Verzug beginnt also bereits mit dem Zugang der Mahnung beim Schuldner und nicht erst mit dem Ablauf einer zusätzlichen Frist. Da eine Fristsetzung nach der oben dargestellten Rechtsprechung des BGH auch dann wirksam ist, wenn der Gläubiger die Leistung „sofort", „unverzüglich" oder „umgehend" verlangt, sind die Unterschiede zwischen Mahnung und Fristsetzung faktisch allerdings weitgehend aufgehoben. In der Praxis empfiehlt es sich aus Gründen der Rechtssicherheit gleichwohl, mit der Aufforderung stets eine Fristsetzung zu verbinden, um den Schuldner nicht später noch einmal zur Leistung auffordern zu müssen.

12

Die Erhebung einer Leistungsklage und die Zustellung eines gerichtlichen Mahnbescheids sind der Mahnung gleichgestellt (§ 286 Abs. 1 S. 2 BGB). Der Gläubiger kann also Verzögerungsschaden auch ohne vorherige Mahnung jedenfalls ab dem Zeitpunkt verlangen, in dem die Klageschrift bzw. der Mahnbescheid dem Schuldner zugestellt wird (§ 253 Abs. 1 ZPO).

13

3. Entbehrlichkeit der Mahnung

Gemäß § 286 Abs. 2 BGB ist eine Mahnung in bestimmten Fällen *entbehrlich*. Der Gläubiger kann dann sofort Ersatz des Verzögerungsschadens verlangen. Nach § 286 Abs. 2 Nr. 1 BGB ist eine Mahnung entbehrlich, wenn die Leistungszeit nach dem Kalender bestimmt ist. Darunter fällt nicht nur das *relative Fixgeschäft* (vgl. dazu 3. Kapitel, § 21 Rn. 28 ff.), sondern bereits jeder vertraglich vereinbarte Liefertermin. Der Verzug beginnt dann mit Ablauf des Tages, an dem der Schuldner die Leistung vereinbarungsgemäß (spätestens) zu erbringen hatte. Gleiches gilt, wenn die Leistungszeit sich vom Eintritt eines bestimmten Ereignisses an nach dem Kalender bestimmen lässt (§ 286 Abs. 2 Nr. 2 BGB), wenn der Schuldner die Leistung ernsthaft und endgültig

14

verweigert (§ 286 Abs. 2 Nr. 3 BGB) oder bei Vorliegen besonderer Umstände nach Abwägung der beiderseitigen Interessen (§ 286 Abs. 2 Nr. 4 BGB).

15

> **BGH, Urt. v. 4.5.2011 – VIII ZR 171/10:** „Der Gesetzgeber wollte mit dieser Vorschrift [§ 286 Abs. 2 Nr. 4 BGB] u.a. Fälle erfassen, in denen ein die Mahnung verhinderndes Verhalten des Schuldners vorliegt. Um einen derartigen Fall handelt es sich hier. Beim Tanken an einer Selbstbedienungstankstelle handelt es sich um ein anonymes Massengeschäft. Deshalb ist dem Tankstellenbetreiber eine Mahnung des Kunden, sobald dieser das Tankstellengelände verlassen hat, ohne erheblichen Aufwand nicht mehr möglich, da die Personalien des Kunden und dessen Anschrift dem Tankstellenbetreiber in aller Regel unbekannt sind. Damit ist aufseiten des Tankstellenbetreibers ein gewichtiges Interesse gegeben, dass der Verzug ohne Mahnung eintritt. Dem steht aufseiten des Schuldners, der durch das Wegfahren diese Situation herbeigeführt hat, kein schutzwürdiges Interesse entgegen. Es ist für den Kunden vielmehr offensichtlich, dass er unverzüglich nach dem Tanken den Kaufpreis zu entrichten hat. Denn durch die Entnahme des Kraftstoffs hat er, ohne sich seinem Vertragspartner vorzustellen, mit diesem einen Kaufvertrag geschlossen und die danach vom Verkäufer geschuldete Leistung zumindest zu einem wesentlichen Teil bereits erhalten. Zu einer derartigen Vorleistung ist der Verkäufer, was dem redlichen Kunden auch erkennbar ist, nur bereit, wenn der Kunde unverzüglich den Kaufpreis entrichtet. Eine gesonderte Zahlungsaufforderung ist in dieser Situation weder erforderlich noch üblich. Mit dieser typischerweise gegebenen und den Beteiligten bewussten Interessenlage ist die Auffassung der Revision nicht zu vereinbaren, der Kunde einer Selbstbedienungstankstelle müsse nur auf Nachfragen an der Kasse sein Tanken offenbaren. … Jedenfalls nachdem der Beklagte, ohne zu bezahlen, die Tankstelle verlassen hatte, war der Klägerin eine Mahnung ohne erheblichen Aufwand nicht mehr möglich, so dass der Beklagte sich, ohne dass es einer Mahnung bedurfte, in Verzug befand (§ 286 Abs. 1, Abs. 2 Nr. 4 BGB)."

16

▶ **Beispiel:** Händler H bestellt beim Lieferanten L 5000 Netzwerkkabel. Die Parteien vereinbaren: „Lieferung am 31.5." L liefert nicht rechtzeitig.

Hier haben die Parteien die Leistungszeit nach dem Kalender bestimmt. Wenn L nicht rechtzeitig liefert, kommt er damit am 1.6. in Verzug, ohne dass es einer Mahnung bedarf (§ 286 Abs. 2 Nr. 1 BGB). ◀

17

▶ **Beispiel:** K kauft bei V eine neue EDV-Ausstattung für sein Büro. V kündigt die Lieferung für den 24.5. bis 10 Uhr an. K entfernt daraufhin am Abend des 23.5. sämtliche Computer aus dem Büro. Als V am 24.5. wider Erwarten nicht auftaucht, steht der Betrieb einen halben Tag lang still.

Hier haben die Parteien keine Leistungszeit bestimmt. Grundsätzlich kommt V daher erst durch Mahnung des K in Verzug. Allerdings hat V die Leistung selbst für den 24.5. angekündigt (sog. Selbstmahnung). Er gerät damit auch ohne Mahnung in Verzug (§ 286 Abs. 2 Nr. 4 BGB). ◀

18

Ist die Mahnung nicht nach § 286 Abs. 2 BGB entbehrlich, so gerät der Schuldner einer Entgeltforderung *spätestens 30 Tage nach Fälligkeit und Zugang einer Rechnung* in Verzug (§ 286 Abs. 3 BGB). Unter Entgelt versteht man die Vergütung für die Lieferung von Gütern oder das Erbringen von Dienstleistungen. Eine Rechnung ist eine gegliederte Aufstellung über eine Entgeltforderung, die dem Schuldner eine Überprüfung ermöglicht. Ist der Schuldner Verbraucher (§ 13 BGB), so gilt dies nur, wenn er bereits in der Rechnung auf diese Rechtsfolgen besonders hingewiesen wird.

4. Durchsetzbare Forderung

Trotz Mahnung tritt Verzug nicht ein, wenn dem Schuldner eine *Einrede* gegen den Leistungsanspruch des Gläubigers zusteht; dies ist etwa der Fall, wenn der Schuldner sich bei gegenseitigen Verträgen auf die Einrede des nicht erfüllten Vertrags (§ 320 BGB) berufen kann. Danach kann er die Leistung verweigern, wenn der Gläubiger ihm nicht seinerseits die Gegenleistung anbietet. Verzug ist schließlich ausgeschlossen, wenn die Leistung gemäß § 275 Abs. 1 BGB unmöglich ist (insbesondere beim absoluten Fixgeschäft, vgl. 3. Kapitel, § 23 Rn 41 ff.). 19

5. Umfang des Verzögerungsschadens

Als Verzögerungsschaden kann der Gläubiger gemäß §§ 280 Abs. 1, Abs. 2, 286 BGB alle Schadensposten ersetzt verlangen, die allein auf der Verzögerung der Leistung beruhen und die nach Eintritt des Verzugs entstanden sind. Ein typischer Verzugsschaden sind die *Rechtsverfolgungskosten*, die für die Beitreibung einer Forderung aufzuwenden sind. Diese umfassen etwa die Kosten, die durch die Mandatierung eines Rechtsanwalts oder die Beauftragung eines Inkassounternehmens entstehen. 20

> **BGH, Urt. v. 17.9.2015 – IX ZR 280/14:** „Nach ständiger Rechtsprechung des Bundesgerichtshofs hat der Schädiger nicht schlechthin alle durch das Schadensereignis adäquat verursachten Rechtsanwaltskosten zu ersetzen, sondern nur solche, die aus Sicht des Geschädigten zur Wahrnehmung seiner Rechte erforderlich und zweckmäßig waren. Maßgeblich ist die ex ante-Sicht einer vernünftigen, wirtschaftlich denkenden Person. Dabei sind keine überzogenen Anforderungen zu stellen. Es kommt darauf an, wie sich die voraussichtliche Abwicklung des Schadensfalls aus der Sicht des Geschädigten darstellt. Ein Schadensfall in diesem Sinne liegt auch vor, wenn der Schuldner einer Entgeltforderung in Zahlungsverzug gerät. Zur Beitreibung einer solchen Forderung ist dann regelmäßig selbst in einfach gelagerten Fällen die Beauftragung eines Rechtsanwalts erforderlich und zweckmäßig. Das seinerseits Erforderliche tut der Gläubiger dadurch, dass er den Schuldner in Verzug setzt. Eine weitere Verzögerung der Erfüllung seiner Forderung muss er nicht hinnehmen. Vielmehr kann er seinem Erfüllungsverlangen durch Einschaltung eines Rechtsanwalts Nachdruck verleihen." 21

In der Praxis wird allerdings häufig übersehen, dass die Kosten für die sog. „Erstmahnung" nicht als Verzögerungsschaden verlangt werden können. Denn der Schuldner gerät erst in Verzug, wenn ihm diese erste Mahnung zugeht. In dem Zeitpunkt, in dem die Kosten für die Mahnung entstehen, liegt daher noch kein Verzug vor. 22

▶ **Beispiel:** K kauft bei V 100 Paletten Dosenbier mit dem Hinweis: „Lieferung schnellstmöglich." Da V auch nach 14 Tagen nicht liefert, beauftragt K seinen Anwalt, den V zu mahnen. Nachdem V schließlich geliefert hat, verlangt K Ersatz der Anwaltskosten. 23

K kann Verzögerungsschaden nur verlangen, wenn V sich in Verzug befindet. Hier kam V jedoch erst durch die anwaltliche Mahnung in Verzug. Die Kosten dieser Erstmahnung kann der Gläubiger nicht ersetzt verlangen, weil sie nicht durch den Verzug begründet worden sind. Daher hat K vorliegend keinen Anspruch auf Ersatz der Anwaltskosten gemäß §§ 280 Abs. 1, Abs. 2, 286 BGB. ◀

Der Schuldner muss eine Geldschuld während des Verzugs verzinsen (§ 288 Abs. 1 S. 1 BGB). Der Zinsanspruch ist faktisch ein Mindestschaden, den der Gläubiger stets verlangen kann, auch wenn ihm an sich kein Schaden durch den Verzug entstanden ist. Der Verzugszinssatz liegt gemäß § 288 Abs. 1 S. 2 BGB bei fünf bzw. im unternehmeri- 24

schen Rechtsverkehr gemäß § 288 Abs. 2 BGB bei neun Prozentpunkten über dem Basiszinssatz, den die Deutsche Bundesbank halbjährlich (jeweils zum 1.1. und 1.7. eines jeden Jahres) bekanntgibt (§ 247 BGB). Da der Basiszinssatz um 0,88 Prozentpunkte unter dem Bezugszinssatz der Europäischen Zentralbank liegt, Letzterer aber inzwischen bei 0 % liegt, hat die für die Berechnung des Verzugszinssatzes maßgebliche Größe inzwischen einen negativen Wert erlangt (Stand 1.7.2017: -0,88 %). Gemäß § 288 Abs. 4 BGB kann der Gläubiger auch einen höheren Schaden ersetzt verlangen, etwa wenn er die durch das Ausbleiben der Zahlung entstandene Deckungslücke durch einen hoch verzinslichen Bankkredit zwischenfinanzieren musste.

25 ▶ **Beispiel:** Unternehmer U liefert dem Verbraucher V vereinbarungsgemäß eine Aktentasche. V zahlt den Kaufpreis jedoch erst zwei Monate, nachdem U ihn gemahnt hat.

Hier kann U nach § 288 Abs. 1 S. 2 BGB Verzugszinsen i.H.v. 4,17 % verlangen. Dies gilt selbst dann, wenn U den Kaufpreis selbst nur für 2 % Zinsen hätte anlegen können. Muss U dagegen bei seiner Bank für die Überziehung seines Geschäftskontos selbst 11 % Zinsen zahlen, kann er diesen höheren Schaden nach § 288 Abs. 4 BGB i.V.m. §§ 280, 286 BGB von V ersetzt verlangen. ◀

26 Eine weitere Pauschalierung nimmt § 288 Abs. 5 BGB für den Ersatz der Beitreibungskosten einer Forderung vor. Ist der Schuldner einer Entgeltforderung kein Verbraucher, sondern Unternehmer, kann der Gläubiger neben dem Zinsanspruch Zahlung einer Pauschale i.H.v. 40 € verlangen, auch wenn ihm tatsächlich gar keine Kosten entstanden sind. Macht der Gläubiger allerdings (ggf. auch später) höhere Kosten der Rechtsverfolgung geltend, ist die Pauschale hierauf anzurechnen. Eine im Voraus getroffene Vereinbarung, die den Anspruch des Gläubigers einer Entgeltforderung auf Verzugszinsen ausschließt, ist unwirksam (§ 288 Abs. 6 BGB).

27 Im kaufmännischen Rechtsverkehr (vgl. 12. Kapitel, § 54 Rn. 1 ff.) können Zinsen abweichend von § 288 BGB bereits ab dem Tag der Fälligkeit verlangt werden (§ 353 HGB). Der Zinssatz beträgt in diesem Fall 5 % (§ 352 HGB).

II. Schadensersatz statt der Leistung

28 Der Gläubiger kann *Schadensersatz statt der Leistung* gemäß § 280 Abs. 3 BGB nur unter den zusätzlichen Voraussetzungen der §§ 281–283 BGB (vor allem: *Fristsetzung*) verlangen. Die Abgrenzung zwischen dem „einfachen" Schadensersatz gemäß § 280 Abs. 1 BGB einerseits und dem Schadensersatz statt der Leistung gemäß §§ 280 Abs. 1, Abs. 3, 281–283 BGB andererseits richtet sich nach der Art des Schadens. Der Schadensersatz statt der Leistung umfasst sämtliche Schadensposten, die durch die ordnungsgemäße Erbringung der geschuldeten Leistung im Zeitpunkt des Schadensersatzbegehrens noch hätten verhindert werden können. Mit anderen Worten: Schadensersatz statt der Leistung verlangt der Gläubiger *anstelle der Leistung*. Er verzichtet auf den Erhalt der Leistung bzw. gibt einen bereits erhaltenen Gegenstand zurück und verlangt an dessen Stelle Ersatz des Werts der Leistung in Geld. Das Schadensersatzverlangen statt der Leistung umfasst damit stets einen Rücktritt (vgl. 3. Kapitel, § 21 Rn. 2).

29 Schließt der Käufer einer Sache, die vom Verkäufer nicht geliefert wird, ein sog. „Deckungsgeschäft" ab, so ist zu differenzieren: Handelt es sich um ein *vorübergehendes Deckungsgeschäft*, mietet also der Käufer für den entsprechenden Zeitraum eine Sache, so entfallen die Kosten hierfür nicht durch die nachträgliche Leistung. Es handelt

sich um einen Verzögerungsschaden, den der Käufer zusätzlich zum fortbestehenden Leistungsanspruch geltend macht. Etwas anderes gilt für das *endgültige Deckungsgeschäft*. Hier lehnt der Käufer die verspätete Lieferung des Verkäufers ab und kauft die Sache von einem Dritten. Die Differenz zwischen den Kosten für das Deckungsgeschäft und dem ursprünglich vereinbarten Kaufpreis kann der Käufer dann anstelle der Leistung als Schadensersatz verlangen, sofern er dem Verkäufer zuvor erfolglos eine angemessene Frist zur Lieferung gesetzt hat.

▶ **Beispiel:** Transportunternehmer K kauft von V einen gebrauchten Transporter für 14.000 €. Als K den Wagen wie vereinbart am 12.5. abholen will, teilt V ihm mit, dass er den Transporter erst am 14.5. fahrtüchtig übergeben kann. Da K dringend einen Transporter benötigt, um seinen Auftraggeber nicht zu verlieren, kauft er noch am 12.5. bei D ein vergleichbares Fahrzeug, welches jedoch 16.000 € kostet. Er verlangt nun von V Ersatz der Differenz von 2000 €. 30

Hier hat K ein endgültiges Deckungsgeschäft abgeschlossen, um seinen Schaden gering zu halten. Das bei D gekaufte Fahrzeug soll aus seiner Sicht an die Stelle des bei V gekauften Transporters treten. Bei den Mehrkosten handelt es sich damit um Schadensersatz statt der Leistung gemäß §§ 280 Abs. 1, Abs. 3, 281 BGB, den K grundsätzlich erst nach Ablauf einer angemessenen Frist verlangen kann. ◀

> **BGH, Urt. v. 3.7.2013 – VIII ZR 169/12:** „Mehrkosten eines eigenen Deckungskaufs des Käufers sind nicht als Verzögerungsschaden nach §§ 280 Abs. 1, Abs. 2, 286 BGB ersatzfähig. Denn bei derartigen Kosten handelt es sich nicht um einen Verzögerungs- oder Begleitschaden, sondern um einen Schaden, der an die Stelle der Leistung tritt und den der Gläubiger deshalb nur unter den Voraussetzungen der §§ 280 Abs. 1, Abs. 3, 281 BGB und somit nicht neben der Vertragserfüllung beanspruchen kann." 31

Verlangt der Gläubiger Schadensersatz statt der Leistung, so sind neben den allgemeinen Voraussetzungen des § 280 Abs. 1 BGB zusätzlich die Anforderungen der §§ 281–283 BGB zu prüfen. Welche Norm im konkreten Fall einschlägig ist, richtet sich nach der *Art der Pflichtverletzung*. Leistet der Schuldner trotz Möglichkeit nicht oder erbringt er seine Leistung nur mangelhaft, so sind die Voraussetzungen des § 281 BGB zu beachten. Ist die Leistung nach § 275 BGB unmöglich, handelt es sich um einen Fall des § 283 BGB. § 282 BGB schließlich betrifft den wenig praxisrelevanten Fall, dass der Gläubiger Schadensersatz statt der Leistung wegen der Verletzung einer Nichtleistungspflicht verlangt. 32

1. Schadensersatz statt der Leistung wegen Nichtleistung oder Schlechtleistung

Soweit der Schuldner die fällige Leistung trotz Möglichkeit *nicht oder nicht wie geschuldet* erbringt, kann der Gläubiger Schadensersatz grundsätzlich erst verlangen, wenn er dem Schuldner eine angemessene Frist zur Leistung bestimmt und dieser die Leistung nicht fristgemäß erbracht hat (§ 281 Abs. 1 S. 1 BGB). Die *Fristsetzung* i.S.d. § 281 BGB entspricht der Fristsetzung im Rahmen des Rücktrittsrechts. Für Einzelheiten wird auf die Ausführungen zum Rücktritt verwiesen (vgl. 3. Kapitel, § 21 Rn. 8 ff.). 33

Auch beim Schadensersatz statt der Leistung ist eine Fristsetzung in bestimmten Fällen *entbehrlich*. § 281 Abs. 2 BGB entspricht im Wesentlichen den Regelungen in § 323 Abs. 2 Nr. 1 und 3 BGB (dazu 3. Kapitel, § 21 Rn. 25 ff., Rn. 33 ff.). Im Gegensatz zum Rücktritt ist die Fristsetzung beim relativen Fixgeschäft nach § 281 Abs. 2 BGB dagegen grundsätzlich nicht entbehrlich (etwas anderes gilt gemäß § 376 Abs. 1 34

S. 1 HGB im kaufmännischen Rechtsverkehr, vgl. 12. Kapitel, § 58 Rn. 1 ff.). Eine Ausnahme ist lediglich für sog. „Just in time"-Verträge zu machen, bei denen der eine Teil dem anderen zu einem bestimmten Zeitpunkt liefern muss, wenn dessen Produktion ordnungsgemäß betrieben werden soll. In diesem Fall ergibt die nach § 281 Abs. 2 Alt. 2 BGB erforderliche Interessenabwägung, dass der Gläubiger die Möglichkeit haben muss, sofort Ersatz zu besorgen, weil sein Schaden sonst noch viel größer würde.

35 ▶ **Beispiel:** Zulieferer Z beliefert den Automobilhersteller A mit Karosserieteilen. In den Verträgen finden sich strenge Liefertermine, da die Produktion des A mit der pünktlichen Lieferung der Karosserieteile steht und fällt. Weil Z seine Maschinen nicht ordnungsgemäß gewartet hat, kann er nicht rechtzeitig liefern.

Auch bei einem relativen Fixgeschäft muss der Gläubiger zunächst eine Frist zur Leistung setzen, bevor er nach §§ 280, 281 BGB Schadensersatz statt der Leistung verlangen kann. Etwas anderes gilt jedoch bei einem „Just in time"-Geschäft, wie es hier vorliegt. A kann daher ohne Fristsetzung sofort Schadensersatz verlangen. ◀

36 Kommt der Schuldner der Aufforderung des Gläubigers innerhalb einer angemessenen Frist nicht nach, kann der Gläubiger auch weiterhin Erfüllung des Vertrags verlangen. Der Anspruch auf die Leistung erlischt erst zu dem Zeitpunkt, in dem er Schadensersatz statt der Leistung verlangt (§ 281 Abs. 4 BGB).

2. „Großer" und „kleiner" Schadensersatz

37 Eine besondere Regelung ist für die Fälle nötig, in denen der Schuldner die Leistung nur teilweise oder mangelhaft bewirkt. Nimmt der Gläubiger eine solche Leistung an (wozu er nicht verpflichtet ist), so hat er zwei Möglichkeiten: Er kann die Leistung behalten und gemäß §§ 280 Abs. 1, Abs. 3, 281 Abs. 1 S. 1 BGB Schadensersatz für den nicht bzw. schlecht erbrachten Teil der Leistung verlangen (sog. *„kleiner Schadensersatz"*).

38 ▶ **Beispiel:** K bestellt bei V zehn Kartons Sekt. V liefert nur vier Kartons. Auf eine Fristsetzung des K reagiert er nicht.

Hier hat V seine Leistung nur teilweise erbracht. K kann die vier Kartons Sekt behalten und für die nicht gelieferten Kartons „kleinen Schadensersatz" gemäß §§ 280 Abs. 1, Abs. 3, 281 Abs. 1 S. 1 BGB verlangen. ◀

39 Alternativ kann der Gläubiger den erhaltenen Teil der Leistung bzw. die mangelhafte Leistung zurückgeben und Schadensersatz wegen Nichterfüllung des gesamten Vertrags verlangen (sog. *„großer Schadensersatz"* oder *Schadensersatz statt der ganzen Leistung"*). Diesen erhält er jedoch nur unter zusätzlichen Voraussetzungen. Bei einer Teilleistung kann er großen Schadensersatz nur verlangen, wenn er *an der Teilleistung kein Interesse* hat (§ 281 Abs. 1 S. 2 BGB). An einen Fortfall des Leistungsinteresses sind hohe Anforderungen zu stellen. Er kommt regelmäßig nur in Betracht, wenn der bereits erbrachte Teil der Leistung unter Berücksichtigung des Schadensersatzes für den ausgebliebenen Teil das Leistungsinteresse des Schuldners nicht voll abdeckt.

40 ▶ **Beispiel:** Im vorigen Fall kann K die fehlenden sechs Kisten Sekt ohne Weiteres bei einem anderen Händler kaufen. Für etwaige Mehrkosten muss V im Wege des kleinen Schadensersatzes aufkommen. Anders wäre zu entscheiden, wenn V das Alleinvertriebsrecht für diese bestimmte Sorte Sekt hätte und K unbedingt auf die Gesamtmenge ein und derselben Sorte angewiesen wäre, etwa für eine Hochzeitsfeier. Dann fehlt das Interesse an der Teilleistung. Er kann daher großen Schadensersatz verlangen. ◀

Hat der Schuldner die Leistung nicht wie geschuldet bewirkt, d.h. mangelhaft geleistet, so kann der Gläubiger großen Schadensersatz verlangen, wenn die *Pflichtverletzung nicht unerheblich* ist (§ 281 Abs. 1 S. 3 BGB). Wie beim Rücktritt (§ 323 Abs. 5 S. 2 BGB) wird vermutet, dass ein Mangel erheblich ist. Zu den Einzelheiten vgl. 5. Kapitel, § 28 Rn. 28 ff.

3. Schadensersatz statt der Leistung bei Unmöglichkeit

Ist die Leistung gemäß § 275 Abs. 1 BGB unmöglich oder beruft der Schuldner sich auf ein Leistungsverweigerungsrecht gemäß § 275 Abs. 2, Abs. 3 BGB, so richtet sich der Anspruch des Gläubigers auf Schadensersatz statt der Leistung nach §§ 280 Abs. 1, Abs. 3, 283 BGB. Im Fall der Unmöglichkeit kann der Gläubiger daher Schadensersatz statt der Leistung unter denselben Voraussetzungen verlangen wie einfachen Schadensersatz. Eine Fristsetzung wäre sinnlos, da der Schuldner die Leistung nicht erbringen kann, selbst wenn er wollte.

▶ **Beispiel:** K kauft bei V am 3.3. günstig einen Gebrauchtwagen. V benötigt den Wagen allerdings noch für eine Urlaubsreise nach Italien. Daher soll der Wagen erst am 17.3. übergeben werden. Auf der Heimreise von Italien wird der Wagen in einen von V verschuldeten Unfall verwickelt und vollständig zerstört.

Hier kann K von V Schadensersatz statt der Leistung (etwa die Differenz zwischen dem Wert des Wagens und dem Kaufpreis) gemäß §§ 280 Abs. 1, Abs. 3, 283 BGB auch ohne Fristsetzung verlangen. ◀

War die Leistung bereits bei Abschluss des Vertrags unmöglich (sog. *„anfängliche Unmöglichkeit"*), so ist der Vertrag dennoch wirksam (§ 311a Abs. 1 BGB). Der Anspruch auf Schadensersatz statt der Leistung richtet sich in diesem Fall nicht nach §§ 280 Abs. 1, Abs. 3, 283 BGB, sondern nach der Spezialvorschrift des § 311a Abs. 2 BGB. Ist die vertraglich geschuldete Leistung schon im Zeitpunkt des Vertragsschlusses unmöglich, so besteht von vornherein keine Leistungspflicht, die der Schuldner verletzen könnte. Daher liegen die Voraussetzungen des § 280 Abs. 1 BGB nicht vor. Anknüpfungspunkt einer Schadensersatzpflicht könnte zwar die Verletzung einer Pflicht zur Aufklärung des Gläubigers über die Möglichkeit der Leistung sein. Die Verletzung einer solchen vorvertraglichen Informationspflicht führt aber grundsätzlich nur zum Ersatz des negativen Interesses (Vertrauensschaden). Damit hinge der Umfang des Schadensersatzanspruchs von der eher zufälligen Frage ab, zu welchem Zeitpunkt das die Unmöglichkeit begründende Ereignis eingetreten ist. Der Gesetzgeber hat sich daher entschlossen, dem Gläubiger auch im Fall der anfänglichen Unmöglichkeit einen Anspruch auf Schadensersatz statt der Leistung (positives Interesse) zu gewähren. Die Grundlage der Schadensersatzpflicht ist nicht die Verletzung der Leistungspflicht, sondern die Nichterfüllung des nach § 311a Abs. 1 BGB wirksamen Leistungsversprechens.

Darüber hinaus ist – wie bei jedem Schadensersatzanspruch – ein Vertretenmüssen des Schuldners erforderlich. Da die Leistungspflicht im Fall der anfänglichen Unmöglichkeit aber nie entstanden ist, kann Anknüpfungspunkt für das Vertretenmüssen nicht die schuldhafte Herbeiführung der Unmöglichkeit der Leistungspflicht sein. Maßgebend ist gemäß § 311a Abs. 2 S. 2 BGB vielmehr, ob der Schuldner das Leistungshindernis bei Vertragsschluss kannte oder kennen musste. Die Kenntnis des Schuldners wird widerlegbar vermutet.

▶ **Beispiel:** K ruft beim Fahrradhändler V um 9 Uhr an und fragt, ob er das Fahrrad aus dem aktuellen Prospekt noch vorrätig habe und er es telefonisch bestellen könne. V meint, er müsse erst nachsehen. Um 10 Uhr ruft V den K zurück und teilt ihm mit, dass noch ein

Rad da sei und er es bereits im Lager für ihn bereitgestellt habe. Als K das Rad abholen will, stellt sich heraus, dass es kurz vor dem zweiten Telefonat aus dem Lager gestohlen worden war.

Hier haben K und V am Telefon einen Kaufvertrag über das Fahrrad geschlossen, das V für K bereitgestellt hat (Stückschuld). Die Lieferung war aber bereits bei Vertragsschluss um 10 Uhr unmöglich. V kann sein Leistungsversprechen nicht einhalten. Ein Anspruch des K auf Schadensersatz statt der Leistung gemäß § 311a Abs. 2 BGB setzt voraus, dass V den Diebstahl kannte oder kennen musste. Das ist hier nicht der Fall, da V nicht mit einem Diebstahl in der kurzen Zeit zwischen dem Bereitstellen im Lager und dem Anruf bei K rechnen musste. ◄

Kontrollfragen und Fälle zum 4. Kapitel

1. Wodurch unterscheiden sich Primär- und Sekundäransprüche? Nennen Sie jeweils ein Beispiel!

2. Fall: K und V schließen einen Kaufvertrag über das gebrauchte Mofa des V zum Preis von 200 €. Beschreiben Sie anhand dieses Falls die verschiedenen Leistungspflichten der Parteien!

3. Erläutern Sie kurz die Systematik der Schadensersatzansprüche gemäß §§ 280 ff. BGB! Für welche Schadensersatzansprüche ist grundsätzlich zuvor eine Mahnung oder eine Fristsetzung erforderlich?

4. Was verstehen Sie unter einem Schuldverhältnis i.S.d. § 280 Abs. 1 BGB?

5. Fall: G beauftragt den Dachdecker D, das Dach seines Hauses zu erneuern. D führt den Auftrag ordnungsgemäß aus. Als er seine Sachen zusammenpackt, fällt ihm aus Unachtsamkeit ein Eimer vom Dach; dieser zerstört eine Glasscheibe des Gewächshauses des G. Kann G Schadensersatz verlangen?

6. Fall: Händler H bestellt beim Lieferanten L 100 Kartons Druckerpapier à 10 €. Nach ordnungsgemäßer Lieferung im März bezahlt H den Kaufpreis i.H.v. 1000 € nicht, obwohl er sich bereits bei der Bestellung zu einer Zahlung bis spätestens zum 1.10. verpflichtet hatte. L, der zunächst nichts unternommen hat, fragt am 23.11., ob, seit wann und in welcher Höhe er von H Zinsen verlangen kann. L hätte den Kaufpreis nach Eingang sofort auf sein Tagesgeldkonto (aktueller Zinssatz: 0,5 %) überwiesen.

7. Fall: M kauft bei P 100 Paletten Dosenbier mit dem Hinweis: „Lieferung unverzüglich." Als P auch nach 14 Tagen nicht liefert, beauftragt M seinen Anwalt A, den P zu mahnen. Nachdem P schließlich geliefert hat, will M wissen, ob er seine Anwaltskosten von P ersetzt verlangen kann.

8. Fall: Hundeliebhaber H bestellt beim Züchter Z zehn Rassehunde. Die Parteien vereinbaren: „Lieferung fix am 12.6." Am besagten Tag erscheint Z nicht. Kann T ohne Einhaltung einer Frist Schadensersatz statt der Leistung verlangen oder vom Vertrag zurücktreten?

9. Geben Sie ein im Wirtschaftsleben relevantes Beispiel, wann eine Fristsetzung im Rahmen eines Schadensersatzbegehrens nach § 281 Abs. 2 Alt. 2 BGB aufgrund „besonderer Umstände" entbehrlich ist!

10. Warum besteht im Rahmen eines Schadensersatzverlangens nach §§ 280 Abs. 1, Abs. 3, 283 BGB kein Erfordernis einer vorherigen Fristsetzung?

11. Erklären Sie die Begriffe „großer Schadensersatz" und „kleiner Schadensersatz"! Unter welchen Voraussetzungen kann der Gläubiger, der nur eine Teilleistung erhalten hat, „großen Schadensersatz" verlangen?

5. Kapitel:
Das Mängelgewährleistungsrecht beim Kaufvertrag

1 Für bestimmte Vertragstypen hat der Gesetzgeber das allgemeine Leistungsstörungs-recht durch besondere Regelungen ergänzt. Exemplarisch soll im Folgenden das für den privaten und unternehmerischen Rechtsverkehr besonders bedeutsame kaufrechtliche Mängelgewährleistungsrecht der §§ 434 ff. BGB dargestellt werden. Das kaufrechtliche Mängelgewährleistungsrecht behandelt die Rechte des Käufers, wenn der Verkäufer mangelhaft leistet (§ 437 BGB).

§ 27 Die Anwendbarkeit des kaufrechtlichen Gewährleistungsrechts

1 Das kaufrechtliche Mängelgewährleistungsrecht ist anwendbar, wenn die Parteien einen *Kaufvertrag* abgeschlossen haben und der Kaufgegenstand einen *Sach- oder Rechtsmangel* aufweist. In zeitlicher Hinsicht bestehen die Rechte gemäß § 437 BGB erst ab *Gefahrübergang*, d.h. in der Regel also ab Übergabe der Sache an den Käufer (§ 446 S. 1 BGB). Vor diesem Zeitpunkt beurteilen sich die Rechte des Käufers nach dem allgemeinen Leistungsstörungsrecht (§§ 280 ff., 323 ff. BGB; vgl. 3. Kapitel, § 18. Rn. 3 f.).

I. Der Kaufvertrag und sonstige Vertragstypen

1. Die wesentlichen Bestandteile des Kaufvertrags

2 Ein Kaufvertrag ist eine Vereinbarung zwischen zwei Personen (Käufer und Verkäufer) über den Kauf einer Sache. Bei einem Kauf handelt es sich um ein Austauschgeschäft (Lieferung einer Sache gegen Entgelt). Durch den Kaufvertrag verpflichtet sich der Verkäufer, dem Käufer die Sache frei von Sach- und Rechtsmängeln zu übergeben und das Eigentum an der Sache zu verschaffen (§ 433 Abs. 1 BGB). Im Gegenzug muss der Käufer den vereinbarten Kaufpreis zahlen und die gekaufte Sache abnehmen (§ 433 Abs. 2 BGB). Der Kaufvertrag hat also drei wesentliche Bestandteile („essentialia negotii", vgl. 2. Kapitel, § 9 Rn. 57 ff.), über die die Vertragspartner mindestens eine Einigung erzielen müssen: die am Vertrag *beteiligten Parteien*, die *Kaufsache* und den *Kaufpreis*.

2. Exkurs: Andere wichtige Vertragstypen des Bürgerlichen Rechts

3 Neben dem Kaufvertrag kennt das BGB eine ganze Reihe weiterer Vertragstypen. Um zu entscheiden, ob die speziellen Regelungen des Kaufrechts auf einen Vertrag anzuwenden sind, kann es im Einzelfall erforderlich sein, eine Abgrenzung zwischen den verschiedenen Vertragsarten vorzunehmen. Dabei spielen regelmäßig die folgenden Vertragstypen eine Rolle:

a) Tausch

4 Der Tausch ist mit dem Kaufvertrag eng verwandt. Er stellt ebenfalls einen *Austauschvertrag* dar. Anders als beim Kaufvertrag erbringen beim Tausch beide Parteien eine

Sachleistung. Im Grunde handelt es sich beim Tausch um eine Zusammenfassung zweier Kaufgeschäfte, bei denen die Parteien das jeweilige Entgelt gegeneinander aufrechnen, so dass eine Zahlung nicht erfolgt. Beide Vertragspartner sind daher in der Situation des „Verkäufers". Sie müssen jeweils „ihre" Tauschsache an den anderen übergeben und diesem das Eigentum daran verschaffen. Und sie haften für Mängel an dieser Sache wie ein Verkäufer nach dem kaufrechtlichen Mängelgewährleistungsrecht (§ 480 BGB).

Die Abgrenzung zwischen Kaufvertrag und Tausch kann in Einzelfällen schwierig sein. So ist etwa die Inzahlungnahme eines Gebrauchtwagens beim Kauf eines Neuwagens regelmäßig kein Tausch, sondern ein Kaufvertrag, bei dem der Verkäufer dem Käufer für den Weiterverkauf des Gebrauchtwagens einen Mindestpreis garantiert und diesen mit dem Kaufpreis verrechnet.

b) Schenkung

Bei der Schenkung handelt es sich um einen *unentgeltlichen Vertrag*. Die Parteien des Schenkungsvertrags einigen sich darüber, dass der Schenkende dem Beschenkten eine „Zuwendung" macht und dass diese Zuwendung unentgeltlich erfolgt (§ 516 BGB). Der Schenkungsvertrag verpflichtet nur eine Vertragspartei (den Schenkenden) zu einer Leistung. Gleichwohl handelt es sich um einen „echten" Vertrag und nicht um ein einseitiges Rechtsgeschäft. Erforderlich ist also eine Einigung zwischen den Parteien. Niemand kann gegen seinen Willen zur Annahme einer Schenkung verpflichtet werden.

Vom Kaufvertrag unterscheidet sich die Schenkung im Wesentlichen dadurch, dass der Beschenkte für die Sache, die er vom Schenkenden erhält, kein Entgelt zahlen muss. Da der Schenkungsvertrag für den Schenkenden rechtlich und wirtschaftlich nur Nachteile bringt, bedarf die Willenserklärung des Schenkenden gemäß § 518 Abs. 1 BGB der notariellen Beurkundung (vgl. zu den Ausnahmen 2. Kapitel, § 13 Rn. 24 ff.). Darüber hinaus haftet der Schenkende – im Gegensatz zum Verkäufer – grundsätzlich nicht für Mängel der geschenkten Sache.

Die Abgrenzung zwischen Kaufvertrag und Schenkung ist in den Fällen problematisch, in denen der Käufer zwar einen Kaufpreis zahlen muss, dieser jedoch weit unterhalb des Marktpreises der Sache liegt. Den Parteien steht es grundsätzlich frei, das Verhältnis von Leistung und Gegenleistung nach ihren Vorstellungen festzulegen. Bei dieser sog. „*gemischten Schenkung*" entscheiden die beiderseitigen Parteiinteressen im konkreten Einzelfall darüber, ob der entgeltliche oder der unentgeltliche Charakter überwiegt und ob daher die Vorschriften des Kaufrechts oder diejenigen des Schenkungsrechts anzuwenden sind.

▶ **Beispiel:** O „verkauft" seinem Neffen N zum 18. Geburtstag seinen vier Jahre alten, gut erhaltenen Mercedes der E-Klasse für 1000 €.

Bei formaler Betrachtung liegt hier ein Kaufvertrag vor, da N für den Wagen einen Kaufpreis zu zahlen hat. Der Wert des Mercedes und der Kaufpreis stehen jedoch objektiv in einem krassen Missverhältnis. Es ist nicht anzunehmen, dass O den Wagen zu diesem Preis an einen beliebigen Dritten verkauft hätte. Hier steht daher der unentgeltliche Charakter des Vertrags im Vordergrund. Anzuwenden sind somit grundsätzlich die Regelungen über den Schenkungsvertrag (§§ 516 ff. BGB). ◀

c) Werkvertrag

10   Eine erhebliche praktische Bedeutung hat der Werkvertrag. Durch den Werkvertrag wird der Werkunternehmer zur Herstellung eines Werks und der Besteller zur Entrichtung der vereinbarten Vergütung verpflichtet (§ 631 BGB). Wie beim Kaufvertrag handelt es sich dabei um einen Austauschvertrag, bei dem die eine Seite eine Sachleistung und die andere Seite eine Geldleistung erbringt. Da die Interessenlage der Parteien des Werkvertrags im Wesentlichen derjenigen beim Kaufvertrag entspricht, ist auch das in der Praxis ebenfalls wichtige werkvertragliche Gewährleistungsrecht gemäß §§ 633 ff. BGB weitgehend inhaltsgleich mit dem kaufrechtlichen Gewährleistungsrecht. Der wichtigste Unterschied zum Kaufrecht besteht in der Verpflichtung des Bestellers zur *„Abnahme"* des mangelfreien Werks (§ 640 BGB). Diese setzt nicht nur die Entgegennahme, sondern zusätzlich die *Billigung des Werks* voraus. Der Werkunternehmer ist grundsätzlich vorleistungspflichtig. Erst mit Abnahme erfüllt er seine Leistungspflicht und kann vom Besteller Zahlung des Werklohns verlangen (§ 641 Abs. 1 S. 1 BGB).

11   ▶ **Beispiel:** B beauftragt U mit dem Bau eines Einfamilienhauses. Als das Haus termingerecht fertiggestellt wird, entdeckt B bei der Besichtigung erhebliche Baumängel. Er will die Vergütung nicht zahlen, solange U die Mängel nicht behoben hat.

B und U haben einen Werkvertrag geschlossen, da sich U zur Herstellung des Hauses verpflichtet hat. Gemäß § 641 Abs. 1 S. 1 BGB muss B die Vergütung bei Abnahme entrichten. Zur Abnahme ist er jedoch nur verpflichtet, sofern U das Haus mangelfrei hergestellt hat (§ 640 Abs. 1 S. 1 BGB). Das ist hier nicht der Fall. B verweigert die Zahlung des Werklohns zu Recht. ◀

12   Vom Kaufvertrag unterscheidet sich der Werkvertrag im Wesentlichen durch die Leistung des Werkunternehmers. Während der Verkäufer eine bereits vorhandene Sache liefern muss, ist der Werkunternehmer verpflichtet, ein Werk herzustellen oder – allgemeiner formuliert – einen *Erfolg herbeizuführen*. Der Werkunternehmer muss also im Gegensatz zum Verkäufer eine „schöpferische Leistung" erbringen. Neben der Reparatur von Gegenständen fallen vor allem *Bauverträge* unter das Werkvertragsrecht; für diese hat der Gesetzgeber mit Wirkung zum 1.1.2018 ergänzende Regelungen in den §§ 650 a ff. BGB eingefügt. Verträge über die Lieferung herzustellender beweglicher Sachen richten sich grundsätzlich nicht nach Werkvertragsrecht, sondern nach den Regelungen über den Kaufvertrag, wobei die Abgrenzung im Einzelnen nicht unproblematisch ist (§ 651 BGB).

13   ▶ **Beispiel:** Der Vertrag über die Lieferung eines noch zu montierenden Möbelstücks ist ein Kaufvertrag. Der Vertrag über den Bau eines Hauses ist ein Werkvertrag. Der Vertrag über die Lieferung und Montage einer Solaranlage kann Kauf- oder Werkvertrag sein, je nachdem, ob der Schwerpunkt auf der Lieferung oder der Montage liegt. ◀

14   **BGH, Urt. v. 3.3.2004 – VIII ZR 76/03:** „Verpflichtet sich ein Unternehmer, einen Gegenstand zu liefern und zu montieren, so kommt es für die rechtliche Einordnung des Vertragsverhältnisses als Kaufvertrag (mit Montageverpflichtung) oder als Werkvertrag darauf an, auf welcher der beiden Leistungen bei der gebotenen Gesamtbetrachtung der Schwerpunkt liegt. Dabei ist vor allem auf die Art des zu liefernden Gegenstands, das Wertverhältnis von Lieferung und Montage sowie auf die Besonderheiten des geschuldeten Ergebnisses abzustellen. Je mehr die mit dem Warenumsatz verbundene Übertragung von Eigentum und Besitz auf den ‚Besteller' im Vordergrund steht und je weniger die individuellen Anforderungen des Kunden und die geschuldete Montageleistung das Gesamt-

bild des Vertragsverhältnisses prägen, desto eher ist die Annahme eines Kaufvertrags (mit Montageverpflichtung) geboten.

Nach diesen Maßstäben ist die von den Vorinstanzen vorgenommene Bewertung der Vertragsbeziehungen der Parteien als Kaufvertrag nicht zu beanstanden. Die Lieferverpflichtung der Klägerin beschränkte sich auf eine Solaranlage aus serienmäßig hergestellten und typmäßig bezeichneten Teilen nebst Zubehör, welche die Klägerin ihrerseits bei einer Drittfirma bezogen hatte; der – teilweise geschätzte – Gesamtpreis hierfür belief sich nach dem Angebot vom 12.5.2000 auf 4665 DM netto. Demgegenüber sollten die Kosten für die komplette Montage einschließlich Inbetriebnahme und Nachkontrolle 1395 DM netto, mithin rund 23 % der Gesamtleistung von 6060 DM netto betragen. Bereits diese Gesichtspunkte – die Art der zu liefernden Gegenstände sowie das Verhältnis des wirtschaftlichen Werts der verschiedenen Leistungen – sprechen für die Annahme eines Kaufvertrags."

d) Dienstvertrag

Der Dienstvertrag bezeichnet einen Vertrag über die Erbringung einer Dienstleistung gegen Entgelt. Im Unterschied zum Werkvertrag ist beim Dienstvertrag nur die *Tätigkeit als solche*, nicht aber der Eintritt eines bestimmten Erfolgs geschuldet. So schuldet etwa der Arzt nicht die Genesung, sondern nur die Behandlung des Patienten. Gegenstand eines Dienstvertrags können Dienste jeder Art sein (Bsp.: ärztliche Heilbehandlung, anwaltliche Beratung und Vertretung, Steuerberatung).   **15**

Der praktisch wichtigste Unterfall des Dienstvertrags ist der *Arbeitsvertrag*. Darin verpflichtet sich der Arbeitnehmer, gegen Zahlung einer Vergütung (Arbeitsentgelt) nach Weisungen des Arbeitgebers seine Arbeitsleistung zu erbringen. Der Arbeitsvertrag zeichnet sich durch die Besonderheit aus, dass der Arbeitnehmer dem Arbeitgeber *in zeitlicher, örtlicher und inhaltlicher Hinsicht weisungsabhängig* ist, während Selbstständige im Wesentlichen frei über ihre Tätigkeit und Arbeitszeit verfügen können. Man spricht daher im Arbeitsverhältnis auch von (persönlich) „abhängiger Beschäftigung".   **16**

e) Miet- und Pachtvertrag

Der Mietvertrag unterscheidet sich grundlegend von den vorgenannten Vertragstypen. Während jene auf einen endgültigen Güteraustausch gerichtet sind, hat dieser von vornherein einen nur vorübergehenden Austausch zum Ziel. Gegenstand des Mietvertrags ist die *Überlassung einer Sache auf Zeit*. Der Mietvertrag verpflichtet den Vermieter, dem Mieter den Gebrauch der mangelfreien Mietsache während der Mietzeit zu gewähren (§ 535 Abs. 1 BGB). Der Mieter ist im Gegenzug verpflichtet, die vereinbarte Miete (= Mietzins) zu entrichten (§ 535 Abs. 2 BGB).   **17**

Anders als der Kaufvertrag, der mit der Übergabe und Übereignung der Kaufsache regelmäßig erfüllt ist, begründet der Mietvertrag ein sog. „*Dauerschuldverhältnis*" mit entsprechenden Pflichten der Parteien während der gesamten Vertragslaufzeit. Der Mietvertrag endet durch Ablauf der im Vertrag vereinbarten Zeit oder, falls eine Mietzeit nicht bestimmt ist, infolge der Kündigung des Vertrags durch eine Partei unter Einhaltung der vereinbarten oder gesetzlichen Kündigungsfristen. In Ausnahmefällen ist gemäß § 543 BGB eine fristlose Kündigung möglich. Zulässig ist auch eine einvernehmliche Aufhebung des Vertrags.   **18**

19 ▶ **Beispiel:** Student S hat für drei Jahre eine Zweizimmerwohnung bei V gemietet. Aufgrund der Einführung von Studiengebühren kann er seit zwei Monaten keine Miete mehr zahlen. V will den Mietvertrag kündigen.

S und V haben einen Mietvertrag mit einer bestimmten Laufzeit abgeschlossen. Eine ordentliche Kündigung ist daher gemäß § 542 BGB ausgeschlossen. Da S aber mit der Zahlung der Miete für zwei Monate in Verzug ist, kann V den Mietvertrag außerordentlich fristlos kündigen (§ 543 Abs. 1, Abs. 2 S. 1 Nr. 3 BGB). ◀

20 Der *Pachtvertrag* ist im Prinzip ein erweiterter Mietvertrag. Der Pächter hat grundsätzlich die Stellung eines Mieters, der Verpächter die eines Vermieters (vgl. § 581 Abs. 2 BGB). Über die mietvertraglichen Rechte und Pflichten hinaus hat der Pächter jedoch zusätzlich das Recht, neben dem bloßen Gebrauch der Sache auch die „Früchte" (im wirtschaftlichen Sinn, vgl. § 99 BGB) aus deren Nutzung zu ziehen (§ 581 Abs. 1 BGB).

21 ▶ **Beispiel:** P ist Pächter eines voll ausgestatteten Ausflugslokals in einem Naturpark, weil er die Erträge aus dem Lokal als sog. „Früchte" zieht. Er ist dagegen Mieter, wenn er lediglich eine leerstehende Hütte anmietet, die er selbst mit entsprechendem Inventar ausstattet. ◀

f) Finanzierungsleasing

22 Vor allem im unternehmerischen Verkehr, in jüngerer Zeit aber zunehmend auch bei Privatgeschäften, hat das Finanzierungsleasing den Kaufvertrag in weiten Bereichen verdrängt. Das Leasinggeschäft hat für den Leasingnehmer vor allem drei Vorteile: Erstens können Gewerbetreibende und Selbstständige unter bestimmten Voraussetzungen die gesamten Leasingraten als Betriebsausgaben steuerlich geltend machen. Zweitens beeinträchtigt das Finanzierungsleasing die Liquidität des Unternehmens weitaus weniger als das Kaufgeschäft, weil nur (in der Regel monatliche) Raten und nicht der gesamte Kaufpreis an einem Stück zu zahlen sind. Drittens ist das Finanzierungsleasing „bilanzneutral". Der Leasinggegenstand erscheint nicht in der Bilanz des Leasingnehmers und beeinträchtigt dessen Eigenkapitalquote und Verschuldungsgrad nicht.

23 Das Finanzierungsleasing ist gesetzlich nicht geregelt. Die Rechtsprechung behandelt Finanzierungsleasingverträge als sog. *„atypische Mietverträge"*. Gegenstand des Vertrags ist danach die entgeltliche Gebrauchsüberlassung des Leasinggegenstands auf eine bestimmte Zeit, ohne dass eine Eigentumsübertragung an den Leasingnehmer stattfindet. Im Gegensatz zu gewöhnlichen Mietverträgen hat das Finanzierungsleasing aber zugleich eine Finanzierungsfunktion: Der Leasinggeber schafft den Leasinggegenstand auf eigene Rechnung an und finanziert dem Leasingnehmer gegen Entgelt die Nutzung des Gegenstands. Die Leasingraten werden dabei von vornherein fest vereinbart, so dass die verauslagten Kosten des Leasinggebers amortisiert werden. Daher kann der Leasingnehmer den Vertrag grundsätzlich nicht vorzeitig kündigen.

II. Sachmangel

24 Eine Sache ist mangelhaft, wenn ihre „Ist-Beschaffenheit" von der „Soll-Beschaffenheit" für den Käufer nachteilig abweicht. Als Bezugspunkt für die „Soll-Beschaffenheit" sind zwei Anknüpfungspunkte denkbar: Maßgebend kann entweder die Vereinbarung zwischen den Parteien (subjektiver Fehlerbegriff) oder die gewöhnliche Verwendung bzw. übliche Beschaffenheit von Sachen gleicher Art (objektiver Fehlerbegriff) sein. Das deutsche Recht geht im Grundsatz vom *subjektiven Fehlerbegriff* aus.

1. Beschaffenheitsvereinbarung und vereinbarter Verwendungszweck

Ein Sachmangel liegt vor, wenn die Sache nicht die vertraglich vereinbarte Beschaffenheit hat (§ 434 Abs. 1 S. 1 BGB). Für das Vorliegen eines Sachmangels ist somit primär entscheidend, ob die Parteien eine bestimmte *Beschaffenheit vereinbart* haben. Unter Beschaffenheit versteht man den tatsächlichen Zustand der Sache und die ihr anhaftenden Eigenschaften (Bsp.: neu oder gebraucht, Größe, Gewicht, Alter, Material, Farbe, Haltbarkeit). Zur Beschaffenheit zählen darüber hinaus alle Beziehungen der Sache zur Umwelt, die nach der Verkehrsauffassung Einfluss auf die Wertschätzung der Sache haben (Bsp.: Herstellergarantie für ein Kraftfahrzeug).

25

> **BGH, Urt. v. 13.3.2013 – VIII ZR 172/12:** „Die Bedeutung der im schriftlichen Kaufvertrag enthaltenen Klausel ‚positive Begutachtung nach § 21 c StVZO (Oldtimer) im Original' [erschöpft sich] nicht in einer Verpflichtung zur Aushändigung einer entsprechenden Bescheinigung des TÜV. Vielmehr haben die Parteien damit eine Beschaffenheitsvereinbarung dahin geschlossen, dass das Fahrzeug sich in einem Zustand befindet, der die wenige Wochen vor Abschluss des Kaufvertrags auf Veranlassung der Beklagten erfolgte positive Begutachtung als Oldtimer nach § 21 c StVZO rechtfertigt. ... Jedenfalls dann, wenn der Verkäufer – wie hier die Beklagte – kurze Zeit vor dem Weiterverkauf eine aktuelle Begutachtung des Oldtimers veranlasst und diese zum Gegenstand des Kaufvertrags macht, kann der Käufer berechtigterweise davon ausgehen, dass er mit der versprochenen ‚Oldtimerzulassung' nicht nur die formelle amtliche Erlaubnis zur Nutzung des Fahrzeugs im Straßenverkehr erhält, sondern dass ihm ein Fahrzeug zur Verfügung gestellt wird, das die soeben erteilte Zulassung als Oldtimer aufgrund seines Erhaltungs- und Pflegezustands auch zu Recht erhalten hat."

26

▶ **Beispiel:** K kauft von V einen Gebrauchtwagen. Im Kaufvertrag heißt es u.a.: „Der Wagen hat einen Unfallschaden an der Beifahrertür."

27

Hier kann K keine Rechte wegen dieses Unfallschadens geltend machen. Der Schaden ist kein Sachmangel, da die Parteien die Beschaffenheit „Unfallschaden" vereinbart haben (§ 434 Abs. 1 S. 1 BGB). ◀

Vereinbart ist eine Beschaffenheit, wenn die Parteien sich ausdrücklich oder konkludent auf eine bestimmte Eigenschaft der Sache geeinigt haben. Maßgeblich ist insoweit die Sicht eines objektiven Empfängers. Bei Internetauktionen ist zu beachten, dass allein die Wahl eines niedrigen Startpreises nicht gegen die Annahme einer Beschaffenheitsvereinbarung spricht. Weil auch bei Wahl eines sehr geringen Startpreises ein hoher Endpreis erzielt werden kann, kommt der Höhe des Startpreises kein Aussagegehalt zu.

28

> **BGH, Urt. v. 28.3.2012 – VIII ZR 244/10:** „Mit der vom Berufungsgericht gegebenen Begründung kann auch eine Beschaffenheitsvereinbarung des Inhalts, dass es sich bei dem angebotenen Mobiltelefon um ein Originalexemplar der Marke Vertu handelt, nicht verneint werden. Das Berufungsgericht meint, gegen die Annahme einer entsprechenden Beschaffenheitsvereinbarung (§ 434 Abs. 1 S. 1 BGB) spreche ‚vor allem' der von der Beklagten gewählte Startpreis der Auktion von 1 €. Diese Begründung trägt nicht.
> Das Berufungsgericht verkennt, dass dem Startpreis angesichts der Besonderheiten einer Internetauktion im Hinblick auf den Wert des angebotenen Gegenstands grundsätzlich kein Aussagegehalt zu entnehmen ist. Denn der bei Internetauktionen erzielbare Preis ist von dem Startpreis völlig unabhängig, da er aus den Maximalgeboten der Interessenten

29

gebildet wird, so dass auch Artikel mit einem sehr geringen Startpreis einen hohen End-preis erzielen können, wenn mehrere Bieter bereit sind, entsprechende Beträge für den Artikel zu zahlen. Dieses System kann den Anbieter veranlassen, auch hochwertige Artikel zu einem niedrigen Einstiegspreis anzubieten. Der Anbieter kann mit einem solchen Start-preis beispielsweise versuchen, das Interesse einer Vielzahl von Interessenten zu wecken, und sich dabei von der Hoffnung leiten lassen, durch eine Vielzahl von Geboten einen ho-hen Preis zu erzielen, oder durch einen niedrigen Startpreis die Angebotsgebühr zu mini-mieren. Ein Rückschluss darauf, ob die Parteien eine Beschaffenheitsvereinbarung über wertbildende Eigenschaften getroffen haben, kann daher entgegen der Ansicht des Beru-fungsgerichts aus dem Startpreis einer Internetauktion nicht erfolgen.
Ob durch die Angebotsbeschreibung eine Beschaffenheitsvereinbarung (§ 434 Abs. 1 S. 1 BGB) des Inhalts, dass es sich bei dem angebotenen Mobiltelefon um ein Originalexem-plar der Marke Vertu handelt, getroffen wurde, erfordert vielmehr eine umfassende Wür-digung der abgegebenen Willenserklärungen unter Berücksichtigung aller Umstände des vorliegenden Falls. ...
Bezieht sich das Angebot ausdrücklich auf einen Markennamen, kann und darf der Kunde, soweit sich nicht aus dem Angebot eine Einschränkung ergibt, daher im Allgemeinen die berechtigte Erwartung haben, dass das angebotene Produkt diesen Vorgaben entspricht und kein Plagiat ist."

30 ▶ **Beispiel:** V bietet auf der Internetplattform eBay im Rahmen einer Auktion ein Handy unter der Bezeichnung „Vertu weiß gold" ohne Festlegung eines Mindestpreises zu einem Startpreis von 1 € zum Verkauf an. Das Höchstgebot gibt K mit 500 € ab. Die Annahme des von V angebotenen Handys verweigert K mit der Begründung, dass es sich um ein Plagi-at handele. Nach Fristsetzung verlangt K von V Schadensersatz i.H.v. 23.500 €, weil ein Original „Vertu" 24.000 € koste.

V hat ein „Vertu"-Handy angeboten, ohne darauf hinzuweisen, dass es sich um einen Nach-bau handelt. K durfte daher davon ausgehen, dass V ein Original-Handy von Vertu anbie-tet. Allein aus dem Umstand, dass V für die Auktion einen niedrigen Startpreis gewählt hat, musste K nicht darauf schließen, dass V nur ein Imitat angeboten hat. Er kann daher Scha-densersatz verlangen (§§ 437 Nr. 3, 280 Abs. 1, Abs. 3, 281 BGB).

Die Auslegung könnte aber zu einem anderen Ergebnis führen, wenn sich aus den Umstän-den der Verkaufsbeschreibung ergibt, dass es sich bei dem Mobiltelefon nicht um ein Origi-nal handeln kann. Das könnte man erwägen, wenn der Verkäufer angibt, dass er das Gerät nicht in einem autorisierten Fachhandel erworben hat und keine Gebrauchsanleitung be-sitzt. ◀

31 Fehlt eine Beschaffenheitsvereinbarung, ist die *nach dem Vertrag vorausgesetzte Verwen-dung* maßgebend (§ 434 Abs. 1 S. 2 Nr. 1 BGB). Erforderlich ist, dass der Käufer den Zweck des Kaufs bei Vertragsschluss mitteilt und der Verkäufer sich zumindest nicht dagegen ver-wahrt oder dass beide Parteien eine bestimmte Verwendung der Sache bei Vertragsschluss übereinstimmend unterstellt haben.

32 ▶ **Beispiel:** K kauft bei V ein Dieselfahrzeug mit Rußpartikelfilter. Bei Vertragsschluss teilt er ihm ausdrücklich mit, dass er das Fahrzeug ausschließlich für den Weg zur Arbeit (10 km) im Stadtverkehr benötigt. Später stellt sich heraus, dass das Fahrzeug für den Kurzstre-ckenverkehr nicht geeignet ist, weil es dabei die zur Reinigung des Filters erforderliche Tem-peratur nicht erreicht.

Hier hat K einen Verwendungszweck (Kurzstreckenverkehr) mitgeteilt. V hat sich nicht da-gegen verwahrt. Da der Wagen sich hierfür nur bedingt eignet, liegt ein Sachmangel vor (§ 434 Abs. 1 S. 2 Nr. 1 BGB). ◀

2. Gewöhnliche Verwendung und übliche Beschaffenheit

Haben die Parteien weder eine Beschaffenheit vereinbart noch eine bestimmte Verwendung der Sache vertraglich vorausgesetzt, ist gemäß § 434 Abs. 1 S. 2 Nr. 2 BGB auf den *objektiven Fehlerbegriff* zurückzugreifen. Die Sache ist dann mangelhaft, wenn sie sich nicht für die gewöhnliche Verwendung eignet oder wenn sie nicht die Beschaffenheit aufweist, die bei Sachen der gleichen Art üblich ist und die der Käufer nach der Art der Sache erwarten kann. Die *gewöhnliche Verwendung* richtet sich nach der Art der Sache und ihrer durchschnittlich gebräuchlichen Nutzung. Entscheidend sind die vernünftigen Erwartungen eines Durchschnittskäufers. Die Eignung zur gewöhnlichen Verwendung fehlt auch dann, wenn die Sache nicht in rechtlich zulässiger Weise genutzt werden kann oder von ihr Gefahren für den Nutzer oder für Dritte ausgehen.

▶ **Beispiel:** Kraftfahrzeuge dürfen keine technischen Mängel aufweisen, die die Zulassung zum Straßenverkehr verhindern oder die Gebrauchsfähigkeit beeinträchtigen (etwa durch Hängenbleiben der Kupplung). Zur gewöhnlichen Verwendbarkeit von Grundstücken gehört es, dass die erforderliche Baugenehmigung vorliegt. Beim Kauf von Lebensmitteln, die zur Weiterveräußerung bestimmt sind, liegt ein Sachmangel der gelieferten Ware auch dann vor, wenn sie wegen ihrer Herkunft unter dem auf konkrete Tatsachen gestützten, naheliegenden Verdacht gesundheitsschädlicher Beschaffenheit steht, dieser Verdacht durch dem Käufer zumutbare Maßnahmen nicht zu beseitigen ist und daher die nach dem Vertrag vorausgesetzte Verkäuflichkeit der Ware entfällt (etwa Verdacht der Dioxinbelastung von Eiern). ◀

Auch wenn die Sache sich für die gewöhnliche Verwendung eignet, ist sie mangelhaft, wenn sie nicht die *übliche Beschaffenheit* aufweist. Entscheidend hierfür ist die Bestimmung der „Sachen der gleichen Art". Das Gesetz gibt dafür keine Anhaltspunkte. Eine klare Linie in der Rechtsprechung hat sich hierzu bisher nicht entwickelt. Die Gesetzesbegründung nennt zumindest den Fall, dass ein gebrauchter Pkw nicht von der gleichen Art ist wie ein Neuwagen desselben Fabrikats. Vielmehr muss der Käufer den normalen alters- und gebrauchsbedingten Verschleiß hinnehmen, sofern dadurch nicht die Verkehrs- und Betriebssicherheit gefährdet ist. Was üblich ist, hängt im Einzelfall vom Alter und der Laufleistung des Fahrzeugs, der Anzahl der Vorbesitzer und der Art der Vorbenutzung ab. Zur Beurteilung kann auch der Kaufpreis oder der dem Käufer erkennbare Pflegezustand des Fahrzeugs herangezogen werden. Allerdings stellt allein die Tatsache, dass das Fahrzeug bei einem Unfall einen erheblichen Schaden erlitten hat, einen Sachmangel dar, wenn der Verkäufer diesen (wissentlich oder unwissentlich) nicht offenbart hat. Ob das Fahrzeug nach dem Unfall fachgerecht repariert worden ist, ist nicht von Bedeutung. Auch in diesem Fall haftet dem Fahrzeug aufgrund seiner Unfallbeteiligung ein merkantiler Minderwert an. Etwas anderes gilt nur für „Bagatellschäden" wie ganz geringfügige (Lack-)Schäden. Zur üblichen Beschaffenheit gehören auch öffentliche Äußerungen des Verkäufers oder des Herstellers über Eigenschaften der Sache (§ 434 Abs. 1 S. 3 BGB).

33

34

35

36

BGH, Urt. v. 4.3.2009 – VIII ZR 160/08: „Wenn Ursache des geltend gemachten Mangels ... gerade der Dieselpartikelfilter ist, so können als ‚Sachen der gleichen Art' nicht Dieselfahrzeuge herangezogen werden, die nicht mit einem Partikelfilter ausgestattet sind und bei denen die hier in Rede stehende Störungsursache daher von vornherein nicht vorliegen kann. Sollbeschaffenheit nach § 434 Abs. 1 S. 2 Nr. 2 BGB ist vielmehr nur die Beschaffenheit, die bei ... Personenkraftwagen mit Dieselmotor und Partikelfilter üblich ist und die der Käufer ... eines Dieselfahrzeugs mit Partikelfilter erwarten kann. ... Eine Kauf-

> sache, die dem Stand der Technik gleichartiger Sachen entspricht, ist nicht deswegen nach § 434 Abs. 1 S. 2 Nr. 2 BGB mangelhaft, weil der Stand der Technik hinter der tatsächlichen oder durchschnittlichen Käufererwartung zurückbleibt."

37 ▶ **Beispiel:** Wie im obigen Fall, nur teilt K den Verwendungszweck bei Vertragsschluss nicht mit.

Hier liegt nach Ansicht des BGH kein Sachmangel vor, weil der Wagen die übliche Beschaffenheit von Dieselfahrzeugen mit Partikelfilter aufweise. Vergleichsmaßstab seien nicht Dieselfahrzeuge schlechthin, sondern nur solche mit Filter. Diese erforderten aber bauartbedingt nach dem aktuellen Stand der Technik zwingend sog. Regenerationsfahrten (Überlandfahrten mit hoher Abgastemperatur). K könne grundsätzlich nicht mehr erwarten, als dass die Kaufsache dem jeweiligen Stand der Technik entspreche. ◀

38 ▶ **Beispiel:** K kauft beim Vertragshändler V einen neuen BMW 320 d. Später stellt sich heraus, dass der Wagen bei V bereits zehn Monate auf dem Hof stand. K will den Kaufpreis mindern. V weigert sich mit dem Argument, bei dem Wagen handele es sich noch immer um das neueste Modell.

Eine Minderung kommt in Betracht, wenn der Wagen mangelhaft ist. Wird ein Neuwagen ohne weitere Vereinbarung verkauft, muss er grundsätzlich „fabrikneu" sein. Nach der Rechtsprechung des BGH entspricht er auch dann noch der üblichen Beschaffenheit, wenn er nicht älter als ein Jahr ist, keine durch die Standzeit bedingten Mängel aufweist und das Modell dieses Fahrzeugs noch unverändert weitergebaut wird. Das ist hier der Fall. Daher liegt kein Sachmangel vor. ◀

3. Montagemangel, Falschlieferung und Zuwenig-Lieferung

39 Ein Sachmangel liegt auch dann vor, wenn die vereinbarte Montage durch den Verkäufer oder dessen Erfüllungsgehilfen unsachgemäß durchgeführt worden ist (§ 434 Abs. 2 BGB). Gleiches gilt bei einer zur Montage bestimmten Sache, wenn die Montageanleitung mangelhaft ist, es sei denn, die Sache ist fehlerfrei montiert worden (sog. „IKEA-Klausel").

40 ▶ **Beispiel:** K kauft beim Händler H eine elektrische Pfeffermühle. Zu Hause angekommen, stellt er fest, dass die Mühle erst noch zusammengebaut werden muss. K, der in technischen Dingen ohnehin „zwei linke Hände" hat, kann mit dem chinesischen Zeichenwirrwarr der Montageanleitung nichts anfangen.

Die Mühle selbst ist nicht mangelhaft, sondern lediglich nicht montiert, was aber ihrer üblichen Beschaffenheit entspricht. Allerdings liegt ein Sachmangel gemäß § 434 Abs. 2 S. 2 BGB auch vor, wenn die Montageanleitung fehlerhaft ist. Das ist hier der Fall, da sie nicht in deutscher Sprache abgefasst ist. K kann die Lieferung einer deutschen Anleitung verlangen. Er hat sogar einen Anspruch auf Lieferung einer neuen Mühle mit deutscher Anleitung, der dann relevant ist, wenn er die Mühle bei einem Montageversuch beschädigt hat. Umstritten ist, ob er darüber hinaus auch die Montage durch H verlangen kann. ◀

41 Schließlich ist ein Sachmangel gegeben, wenn der Verkäufer eine andere Sache (*aliud*) oder eine zu geringe Menge liefert. Voraussetzung hierfür ist aber, dass der Verkäufer das aliud oder die *Zuwenig-Lieferung* zur (vollständigen) Erfüllung seiner Lieferpflicht erbracht hat (§ 434 Abs. 3 BGB). Eine Zuviel-Lieferung ist demgegenüber kein Mangel. Der Käufer hat nach dem Vertrag kein Recht, sie behalten zu dürfen. Er muss sie dem Verkäufer vielmehr gemäß §§ 812 ff. BGB herausgeben.

42 ▶ **Beispiel:** K kauft bei V ein Gemälde von Dürer. Geliefert wird ein Picasso. Ein Picasso ist kein mangelhafter Dürer. Es liegt damit kein Mangel i.S.d. § 434 Abs. 1 BGB vor. Es handelt sich um eine aliud-Lieferung, die aber gemäß § 434 Abs. 3 BGB als Sachmangel gilt

(sog. Identitätsmangel). K kann daher Lieferung des Dürers gemäß §§ 437 Nr. 1, 439 Abs. 1 BGB Zug um Zug gegen Rückgabe des Picassos verlangen. V kann seinerseits keinen höheren Kaufpreis verlangen, sollte der Picasso wertvoller sein als der Dürer. Er kann jedoch den Picasso nach § 812 BGB herausverlangen. Die Einzelheiten sind umstritten. ◄

III. Maßgebender Zeitpunkt: Gefahrübergang

Entscheidender Zeitpunkt für die Beurteilung, ob die Sache mangelhaft ist, ist der *Gefahrübergang* (§ 434 Abs. 1 S. 1 BGB), gemäß § 446 S. 1 BGB also in der Regel die *Übergabe der Sache* an den Käufer. Gewährleistungsansprüche hat der Käufer nur, wenn die Sache bereits zu diesem Zeitpunkt mangelhaft ist. Verschlechterungen, die erst nach Gefahrübergang auftreten, stellen keinen Sachmangel dar. Der Käufer hat diesbezüglich keine Gewährleistungsrechte gemäß § 437 BGB. Das Gewährleistungsrecht bietet für den Käufer daher nur einen begrenzten Schutz. 43

In der Praxis ist es – zumindest beim Kauf neuer Sachen – weit verbreitet, dass der Verkäufer, der Hersteller und/oder ein sonstiger Dritter eine *Garantie* dafür übernehmen, den Kaufpreis zu erstatten, die Sache auszutauschen, nachzubessern oder in ihrem Zusammenhang Dienstleistungen zu erbringen, falls die Sache nicht diejenige Beschaffenheit aufweist oder andere als die Mängelfreiheit betreffende Anforderungen nicht erfüllt, die in der Erklärung oder einschlägigen Werbung beschrieben sind (§ 443 Abs. 1 BGB). Besonders häufig haben Garantien zum Inhalt, dass die Sache für eine bestimmte Dauer eine bestimmte Beschaffenheit behält (sog. *Haltbarkeitsgarantie*, § 443 Abs. 2 BGB). Tritt innerhalb des Garantiezeitraums ein Sachmangel auf, so hat der Käufer die Rechte aus dem Garantievertrag. Insoweit ist es ohne Belang, ob der Mangel bereits bei Gefahrübergang vorlag. 44

Der Garantiegeber kann allerdings die *Bedingungen*, unter denen er für Mängel einzustehen hat, *frei bestimmen*. Das gilt insbesondere für die Garantiedauer, die kürzer oder länger als die gesetzliche Verjährungsfrist (§ 438 BGB; dazu 9. Kapitel, § 42 Rn. 7 ff.) sein kann. Zudem kann er die Abgabe des Garantieversprechens an die Zahlung einer Gegenleistung knüpfen. Denn im Gegensatz zur gesetzlichen Gewährleistung handelt es sich bei der Garantie um eine *freiwillige Leistung* des Verkäufers bzw. Herstellers. Er ist gesetzlich nicht verpflichtet, dem Käufer eine Garantie anzubieten. Hat er dies aber getan, so erwachsen aus dem Garantievertrag echte Rechtspflichten, d.h. der Käufer hat einen Anspruch auf die Garantieleistung nach den vereinbarten Bedingungen. Der Garantievertrag verdrängt die gesetzliche Gewährleistung nicht, sondern räumt dem Käufer zusätzliche Rechte ein. Im Verbrauchsgüterkauf muss die Garantieerklärung gemäß § 479 Abs. 1 S. 2 BGB den Hinweis auf die gesetzlichen Rechte des Verbrauchers sowie darauf enthalten, dass diese Rechte durch die Garantie nicht eingeschränkt werden. Zudem muss die Erklärung den Inhalt der Garantie und alle wesentlichen Angaben nennen, die für deren Geltendmachung erforderlich sind. 45

▶ **Beispiel:** A kauft im M-Markt ein neues Notebook. Dem Gerät liegt eine Garantiekarte bei, wonach der Hersteller H für die Dauer von 36 Monaten eine umfassende Funktionsgarantie übernimmt. Zwei Monate nach dem Kauf setzt die Tastatur aus. Der Grund hierfür ist eine gebrochene Lötstelle auf der Platine, die bereits bei einer Vielzahl anderer Notebooks aus der gleichen Charge aufgetreten ist. A bringt sein defektes Notebook zurück zu M und verlangt den Austausch der Tastatur mit der eines vorrätigen Geräts aus einer fehlerfreien Produktion. Obwohl dies ohne Weiteres möglich wäre, verweist das Kundencenter des M-Marktes den A an H, dessen Garantieerklärung solche Vorfälle abdecke. 46

A hat gegen M einen Anspruch auf Beseitigung des Mangels (§§ 437 Nr. 1, 439 Abs. 1 BGB). Dieser besteht unabhängig davon, ob H eine zusätzliche Garantie verspricht. Die Garantieansprüche schließen das zwingende Gewährleistungsrecht nicht aus. Im Ergebnis hat A also ein Wahlrecht, ob er seinen Nacherfüllungsanspruch gegen M oder den Garantieanspruch gegen H geltend macht. ◀

47 *Vor Gefahrübergang* hat der Käufer keine Gewährleistungsrechte. Er kann aber die Annahme einer mangelhaften Sache verweigern. In diesem Fall gerät der Käufer nicht in Annahmeverzug, weil der Verkäufer die Ware nicht wie geschuldet angeboten hat (§ 294 BGB). Dem Käufer steht dann weiterhin sein originärer Erfüllungsanspruch zu. Er kann Lieferung und Übereignung der mangelfreien Kaufsache verlangen (§ 433 Abs. 1 BGB). Im Übrigen gilt bis zum Gefahrübergang das allgemeine Leistungsstörungsrecht, insbesondere sind die §§ 280 ff. BGB anzuwenden. Nimmt der Käufer die mangelhafte Sache an, gilt das kaufrechtliche Gewährleistungsrecht. Auch wenn er den Mangel bei Übergabe erkennt, verliert er hierdurch seine Gewährleistungsrechte nicht.

IV. Darlegungs- und Beweislast

48 Kann der Käufer sich nicht auf eine Haltbarkeitsgarantie berufen, so muss er im Streitfall darlegen und beweisen, dass der Sachmangel bereits im Zeitpunkt des Gefahrübergangs (in der Regel also bei Übergabe) vorlag und nicht erst später infolge des anschließenden Gebrauchs der Sache entstanden ist. Hierzu sind oftmals teure Sachverständigengutachten erforderlich.

49 In Umsetzung der europäischen Verbrauchsgüterkaufrichtlinie sieht § 477 BGB zum Schutz des Verbrauchers eine *Beweislastumkehr* für den Verbrauchsgüterkauf vor. Damit will der Gesetzgeber die schlechteren Beweismöglichkeiten des Verbrauchers gegenüber dem regelmäßig mit besserem technischen Wissen ausgestatteten gewerblichen Verkäufer ausgleichen. Die Regelung gilt nur für den *Verbrauchsgüterkauf*. Ein solcher liegt vor, wenn ein Verbraucher (§ 13 BGB) von einem Unternehmer (§ 14 BGB) eine bewegliche Sache kauft (§ 474 Abs. 1 S. 1 BGB). Zeigt sich in diesem Fall innerhalb von sechs Monaten seit Gefahrübergang ein Sachmangel, so wird widerlegbar vermutet, dass der zutage getretene mangelhafte Zustand zumindest im Ansatz schon bei Gefahrübergang vorgelegen hat (§ 477 BGB). Der Käufer muss allein nachweisen, dass innerhalb dieses Zeitraums ein Fehler an der Kaufsache (sog. „*Mangelerscheinung*") aufgetreten ist. Dass dieser fehlerhafte Zustand auf einen latenten Mangel (sog. „*Grundmangel*") zurückzuführen ist oder sonst in den Verantwortungsbereich des Verkäufers fällt, muss der Käufer hingegen nicht darlegen und beweisen. Es obliegt vielmehr dem Verkäufer, die Vermutung des § 477 BGB zu widerlegen, indem er darlegt und beweist, dass der fehlerhafte Zustand der Sache auf ein Handeln oder Unterlassen nach Gefahrübergang zurückgeht und ihm deshalb nicht zuzurechnen ist. Bleibt offen, auf welcher Ursache der fehlerhafte Zustand beruht oder ob der Mangel vor oder nach Gefahrübergang eingetreten ist, ist die Vermutung nicht widerlegt. Im Ergebnis ähnelt § 477 BGB für die ersten sechs Monate nach Gefahrübergang daher einer Haltbarkeitsgarantie.

50 **BGH, Urt. v. 12.10.2016 – VIII ZR 103/15:** „§ 476 BGB [a.F. = § 477 BGB n.F.] ist richtlinienkonform dahin auszulegen, dass die dort vorgesehene Beweislastumkehr zugunsten des Käufers schon dann greift, wenn diesem der Nachweis gelingt, dass sich innerhalb von sechs Monaten ab Gefahrübergang ein mangelhafter Zustand (eine Mangelerscheinung) gezeigt hat, der – unterstellt, er hätte seine Ursache in einem dem Verkäufer zuzurech-

nenden Umstand – dessen Haftung wegen Abweichung von der geschuldeten Beschaffenheit begründen würde. Dagegen muss der Käufer weder darlegen und nachweisen, auf welche Ursache dieser Zustand zurückzuführen ist, noch dass diese in den Verantwortungsbereich des Verkäufers fällt.
Weiter ist § 476 BGB [a.f. = § 477 BGB n.f.] richtlinienkonform dahin auszulegen, dass dem Käufer die dort geregelte Vermutungswirkung auch dahin zugutekommt, dass der binnen sechs Monaten nach Gefahrübergang zutage getretene mangelhafte Zustand zumindest im Ansatz schon bei Gefahrübergang vorgelegen hat."

▶ **Beispiel:** K hat im Januar beim Kfz-Händler V einen Gebrauchtwagen zum privaten Gebrauch gekauft. Vier Monate später erleidet das Fahrzeug einen Motorschaden. Ein Sachverständiger identifiziert zwei mögliche Ursachen: Entweder liegt ein Materialfehler vor, der zu einem erhöhten Verschleiß des Zahnriemens und damit schließlich zum Motorschaden geführt hat. Oder der Käufer hat einen Fahrfehler begangen, indem er bei hoher Motordrehzahl einen falschen Gang eingelegt hat. Worauf der Motorschaden tatsächlich beruht, kann nicht geklärt werden.   51

Hier ist binnen sechs Monaten nach Gefahrübergang eine Mangelerscheinung aufgetreten (Motorschaden). Diese lag zwar bei Übergabe unstreitig noch nicht vor, da der Wagen noch einige Zeit gefahren ist. Jedoch wird nach § 477 BGB vermutet, dass der mangelhafte Zustand zumindest im Ansatz bereits bei Gefahrübergang vorgelegen hat, etwa aufgrund eines Materialfehlers. V kann diese Vermutung nicht widerlegen, da die Schadensursache nach dem Sachverständigengutachten nicht geklärt ist. Es liegt daher ein Mangel bei Gefahrübergang vor. K stehen Gewährleistungsansprüche gegen V zu. ◀

Die Vermutung ist gemäß § 477 BGB ausgeschlossen, wenn sie mit der Art der Sache oder des Mangels unvereinbar ist. Ein Beispiel sind leicht verderbliche Waren. Ist der übliche Haltbarkeitszeitraum bereits verstrichen, lässt die Tatsache, dass Lebensmittel verdorben sind, keinen hinreichend wahrscheinlichen Schluss darauf zu, dass dies bereits bei Gefahrübergang der Fall war. Mit der Art des Mangels unvereinbar ist die Beweislastumkehr bei alterstypischen Verschleißmängeln gebrauchter Sachen. Allerdings wird Verschleiß bei gebrauchten Sachen oftmals schon keinen Mangel i.S.d. § 434 BGB darstellen, so dass es auf § 477 BGB ohnehin nicht ankommt.   52

V. Rechtsmangel

Ein Rechtsmangel liegt vor, wenn Dritte in Bezug auf die Sache Rechte gegen den Käufer geltend machen können (§ 435 S. 1 BGB). Auch öffentlich-rechtliche Eingriffsbefugnisse und Bindungen (Bsp.: beschränkte Nutzbarkeit einer Wohnung im sozialen Wohnungsbau) können einen Rechtsmangel begründen. Maßgebender Zeitpunkt ist nicht der Abschluss des Kaufvertrags, sondern der Eigentumserwerb an der Kaufsache. Dem Käufer stehen in Bezug auf Rechtsmängel dieselben Rechte zu wie bei einem Sachmangel.   53

▶ **Beispiel:** V verkauft K ein Mehrfamilienhaus. K möchte das Gebäude komplett modernisieren, aus den kleinen Wohnungen größere, gehobene Appartements machen und diese anschließend vermieten. V sichert ausdrücklich zu, dass das Haus „mietfrei" ist. Nachdem V das Grundstück mit dem Haus an K übereignet hat, stellt sich heraus, dass in einer Wohnung noch der Mieter M aufgrund eines fortbestehenden Mietvertrags wohnt.   54

Hier hat M aufgrund des Mietvertrags ein Recht zum Besitz der Wohnung (§ 535 Abs. 1 S. 2 BGB), das er nach der Veräußerung auch dem K gegenüber geltend machen kann (§ 566 Abs. 1 BGB). Es liegt somit ein Rechtsmangel i.S.d. § 435 BGB vor. ◀

§ 28 Die Rechte des Käufers

1 Ist die Sache mangelhaft, so stehen dem Käufer gemäß § 437 BGB verschiedene Rechte zur Verfügung: Er kann Nacherfüllung verlangen (Nr. 1), vom Vertrag zurücktreten, den Kaufpreis mindern (Nr. 2) und/oder Schadensersatz verlangen (Nr. 3). Grundsätzlich hat der Käufer die freie Wahl, welches Recht bzw. welche Rechte er ausübt. Das Wahlrecht wird allerdings in einem wichtigen Punkt durch den *Vorrang der Nacherfüllung* eingeschränkt.

I. Nacherfüllung

2 Der Nacherfüllungsanspruch des Käufers ist die wichtigste Besonderheit des kaufrechtlichen Gewährleistungsrechts. Der Verkäufer hat dem Käufer die Kaufsache gemäß § 433 Abs. 1 S. 2 BGB frei von Sach- und Rechtsmängeln zu verschaffen. Verletzt er diese Pflicht, so muss er den Mangel im Wege der Nacherfüllung beseitigen. Das gilt auch dann, wenn der Verkäufer den Mangel nicht zu vertreten hat. Der Anspruch des Käufers auf Lieferung einer mangelfreien Sache erlischt also mit Übergabe nicht ersatzlos, sondern wandelt sich in einen Nacherfüllungsanspruch gemäß § 439 BGB um (sog. „modifizierter Erfüllungsanspruch"). Der Nacherfüllungsanspruch dient in erster Linie dem *Interesse des Käufers am Erhalt einer mangelfreien und funktionsfähigen Sache*. Dieses Interesse wird durch Reparatur oder Austausch der mangelhaften Sache befriedigt.

1. Der Vorrang der Nacherfüllung

3 Darüber hinaus schützt der Nacherfüllungsanspruch zugleich die *Interessen des Verkäufers*: Der Käufer soll nicht bei jedem Mangel sofort vom Vertrag zurücktreten dürfen. Er muss dem Verkäufer zunächst eine zweite Chance geben, die vertraglich vereinbarte Leistung ordnungsgemäß zu erbringen (sog. „Möglichkeit der zweiten Andienung"). Dieser *Vorrang der Nacherfüllung* ergibt sich nicht ausdrücklich aus § 437 BGB. Er folgt aber mittelbar daraus, dass die weiteren Rechte (Rücktritt, Minderung, Schadensersatz) grundsätzlich den erfolglosen Ablauf einer angemessenen Frist zur Nacherfüllung voraussetzen (§§ 281 Abs. 1 S. 1, 323 Abs. 1, 441 Abs. 1 S. 1 BGB; zu den allgemeinen Anforderungen an eine Fristsetzung vgl. 3. Kapitel, § 21 Rn. 8 ff.). Nur wenn die Fristsetzung ausnahmsweise entbehrlich ist (vgl. §§ 281 Abs. 2, 323 Abs. 2, 440 BGB), kann der Käufer direkt, d.h. ohne vorherige Fristsetzung, vom Vertrag zurücktreten, den Kaufpreis mindern oder Schadensersatz verlangen. Gleiches gilt im Fall der Unmöglichkeit der Nacherfüllung (§§ 283, 311 a Abs. 2, 326 Abs. 5 BGB).

4 Der Käufer muss dem Verkäufer in seinem Nacherfüllungsbegehren die zu behebenden Mängel nennen, d.h. zumindest die nach außen erkennbaren Fehler angeben. Zudem muss er dem Verkäufer die Kaufsache zur Überprüfung der erhobenen Mängelrügen für eine entsprechende Untersuchung zur Verfügung stellen. Der Verkäufer ist nicht verpflichtet, sich auf ein Nacherfüllungsverlangen des Käufers einzulassen, bevor dieser ihm nicht die Gelegenheit zu einer Untersuchung der Kaufsache gegeben hat.

5 > **BGH, Urt. v. 23.2.2005 – VIII ZR 100/04:** „§ 437 BGB zählt die Rechte und Ansprüche auf, die dem Käufer im Fall der Lieferung einer mit einem Rechts- oder Sachmangel behafteten Sache zustehen. Ein grundsätzlicher Vorrang der Nacherfüllung folgt für die Gestal-

tungsrechte des Rücktritts und der Minderung (§ 437 Nr. 2 BGB) sowie für die Ansprüche des Käufers auf Schadensersatz statt der Leistung und auf Ersatz vergeblicher Aufwendungen aus dem Umstand, dass diese Rechte des Käufers ... regelmäßig den erfolglosen Ablauf einer dem Verkäufer gesetzten Frist zur Nacherfüllung voraussetzen."

> **BGH, Urt. v. 20.1.2016 – VIII ZR 77/15:** „[Es] genügt nicht, dass der Gläubiger überhaupt wegen eines Mangels Nacherfüllung begehrt und die dem Schuldner insoweit gesetzte Frist abgelaufen ist. Nach der ständigen Rechtsprechung des Senats berechtigt dies den Gläubiger (Käufer) gerade nicht, den Rücktritt nunmehr auf bisher nicht gerügte Mängel zu stützen, zu deren Beseitigung er den Schuldner (Verkäufer) noch nicht gemäß § 439 BGB aufgefordert hat. Vielmehr ist für jeden Mangel grundsätzlich eine eigene Nacherfüllungsaufforderung notwendig." 6

Für den Käufer kann es weitreichende negative Folgen haben, wenn er den Vorrang der Nacherfüllung missachtet. Das gilt vor allem in den Fällen einer *eigenmächtigen Selbstvornahme*: Behebt der Käufer den Mangel selbst oder schaltet er dazu einen Dritten ein, ohne zuvor dem Verkäufer die Gelegenheit zur Nacherfüllung gegeben zu haben, muss er die Kosten der Mangelbeseitigung selbst tragen (vgl. 5. Kapitel, § 28 Rn. 47 ff.). 7

2. Inhalt der Nacherfüllung

Die Nacherfüllung erfolgt entweder durch die *Beseitigung des Mangels* (Reparatur) oder durch die *Lieferung einer mangelfreien Sache* (§ 439 Abs. 1 BGB). Der Käufer kann die Art der Nacherfüllung grundsätzlich frei wählen, ohne auf das Interesse der Verkäufers Rücksicht nehmen zu müssen. Allerdings kann der Verkäufer die gewählte Art der Nacherfüllung u.U. verweigern (vgl. 5. Kapitel, § 28 Rn. 18 ff.). Der Verkäufer hat die zum Zweck der Nacherfüllung erforderlichen Aufwendungen, insbesondere Transport-, Wege-, Arbeits- und Materialkosten, zu tragen (§ 439 Abs. 2 BGB). Im Verbrauchsgüterkauf kann der Käufer für die Kosten des Transports der mangelhaften Sache zum Verkäufer zur Nacherfüllung einen Vorschuss verlangen (§ 475 Abs. 6 BGB). 8

Hat der Käufer die Kaufsache bereits eingebaut und stellt sich anschließend heraus, dass die Sache mangelhaft ist, ist der Verkäufer nicht zum Ausbau der Sache und zum Einbau der reparierten oder ausgetauschten mangelfreien Sache verpflichtet. Allerdings muss er dem Käufer nach § 439 Abs. 3 BGB die erforderlichen *Aufwendungen für den Ausbau* der mangelhaften *und den Einbau* der nachgebesserten oder ersatzweise gelieferten mangelfreien Sache ersetzen. Gleiches gilt, wenn der Käufer die Kaufsache an eine andere Sache angebracht hat. Dieser Aufwendungsersatzanspruch besteht auch dann, wenn der Verkäufer den Mangel nicht zu vertreten hat. Nach §§ 439 Abs. 1 S. 2, 442 Abs. 1 BGB ist der Aufwendungsersatzanspruch ausgeschlossen, wenn der Käufer die Sache trotz Kenntnis ihrer Mangelhaftigkeit eingebaut oder angebracht hat. Hat der Käufer den Mangel vor dem Einbau grob fahrlässig nicht erkannt, kann er nur dann Aufwendungsersatz verlangen, wenn der Verkäufer den Mangel arglistig verschwiegen oder eine Garantie für die Beschaffenheit der Sache übernommen hat. Im Verbrauchsgüterkauf kann der Käufer für die durch den Aus- und Einbau entstehenden Kosten zudem einen Vorschuss vom Verkäufer verlangen (§ 475 Abs. 6 BGB). 9

10 ▶ **Beispiel:** K kauft im Baumarkt des V Bodenfliesen zum Preis von 1500 €. Nachdem er die Fliesen von einem Dritten in seinem Wohnhaus hat verlegen lassen, zeigen sich optische Mängel, deren Beseitigung nicht möglich ist.

V schuldet nach § 439 Abs. 1 BGB Lieferung neuer Fliesen. Um den Ausbau der mangelhaften Fliesen und die Verlegung der neuen Fliesen muss K sich selbst kümmern. Die hierfür erforderlichen Kosten muss ihm V nach § 439 Abs. 3 BGB ersetzen. Da K die Fliesen im vorliegenden Fall als Verbraucher gekauft hat, kann er zudem von V einen Vorschuss verlangen, bevor er einen Dritten mit dem Aus- und Einbau beauftragt. V muss daher grundsätzlich die Kosten vorschießen, die sich aus einem Kostenvoranschlag des Dritten ergeben. ◀

3. Ort der Nacherfüllung

11 Umstritten ist, an welchem *Ort* der Verkäufer die Nacherfüllung erbringen muss. In Betracht kommt entweder der ursprüngliche Erfüllungsort (in der Regel der Ort des Verkäufers) oder der Ort, an dem die Kaufsache sich im Zeitpunkt der Nacherfüllung bestimmungsgemäß befindet (in der Regel der Ort des Käufers). Für den Werkvertrag hat der BGH entschieden, dass der Unternehmer grundsätzlich am Ort des Bestellers nacherfüllen muss. Es spricht einiges dafür, dass nach dem Willen des Gesetzgebers auch beim Kaufvertrag die Nacherfüllung beim Käufer stattfinden muss. Gleichwohl hat der BGH hier anders entschieden und sich einer pauschalen Festlegung des Nacherfüllungsorts verweigert. Entscheidend seien die Umstände des Einzelfalls. Regelmäßig soll die Nacherfüllung aber am Sitz des Verkäufers erbracht werden. Auch diese Rechtsprechung ist aufgrund der hierdurch eintretenden Rechtsunsicherheit nicht unproblematisch. Beide Parteien müssen im Fall eines Mangels wissen, an welchem Ort die Nacherfüllung erfolgen soll. Angesichts der Einzelfallbezogenheit der Rechtsprechung ist aber nur schwer vorherzusehen, wie die Gerichte im konkreten Fall entscheiden würden. Diese Rechtsprechung wird daher weder den Interessen des Verbrauchers noch denen des Unternehmers gerecht.

12 **BGH, Urt. v. 13.4.2011 – VIII ZR 220/10:** „[Der Nacherfüllungsort] entzieht sich einer allgemeinen Festlegung. Insbesondere kann nicht mit dem Argument, er sei im Hinblick auf die dogmatische Verwandtschaft von Erfüllungs- und Nacherfüllungsanspruch (§§ 433 Abs. 1 S. 1, 439 BGB) stets mit dem Erfüllungsort des Anspruchs aus § 433 Abs. 1 S. 1 BGB identisch, auf eine an den jeweiligen Umständen ausgerichtete Prüfung verzichtet werden. Umgekehrt kann der Erfüllungsort der Nacherfüllung beim Kauf – anders als der BGH dies für das Werkvertragsrecht entschieden hat – nicht generell mit dem Belegenheitsort der beweglichen Sache gleichgesetzt werden. Entgegen einer teilweise vertretenen Auffassung ist für die Ermittlung des Erfüllungsorts nicht allein der Umstand entscheidend, dass die Kaufsache nach Abschluss des Kaufvertrags dem Käufer übergeben wurde und sich daher – für beide Vertragsparteien vorhersehbar – bestimmungsgemäß nicht mehr beim Verkäufer befindet. Eine solche Anknüpfung ist schon deswegen nicht tragfähig, weil damit nur ein einzelner Gesichtspunkt und nicht – wie von § 269 Abs. 1 BGB gefordert – alle prägenden Umstände des betroffenen Schuldverhältnisses als Beurteilungsgrundlage herangezogen werden. ...
In vielen Fällen wird der Erfüllungsort nach den Umständen des Falls am Sitz des Verkäufers anzusiedeln sein. Bei Geschäften des täglichen Lebens, etwa beim Kauf im Ladengeschäft, entspricht es der Verkehrsauffassung, dass die Kunden ihre Reklamationen regelmäßig unter Vorlage der mangelhaften Ware am Sitz des Verkäufers vorbringen. Beim

Fahrzeugkauf vom Händler erfordern Nachbesserungsarbeiten in der Regel technisch aufwändige Diagnose- oder Reparaturarbeiten des Verkäufers, die wegen der dort vorhandenen materiellen und personellen Möglichkeiten sinnvoll nur am Betriebsort des Händlers vorgenommen werden können. Hinzukommt, dass der Belegenheitsort gerade bei verkauften Fahrzeugen variabel ist. Fahrzeuge befinden sich typischerweise und bestimmungsgemäß nicht nur am Wohnsitz des Käufers, sondern unterwegs zu den verschiedensten Zielen, wie etwa der Arbeitsstätte, dem Urlaubsort oder sonstigen Reisezielen. Dagegen erweist sich eine Gleichsetzung des Erfüllungsorts der Nacherfüllung mit dem Sitz des Verkäufers insbesondere in den Fällen als unangemessen, in denen es um die Nachbesserung von Gegenständen geht, die der Käufer an ihrem Bestimmungsort auf- oder eingebaut hat, oder in denen ein Rücktransport aus anderen Gründen nicht oder nur unter erschwerten Bedingungen zu bewerkstelligen wäre."

▶ **Beispiel:** K kauft bei V einen Campinganhänger. Zu Hause angekommen, stellt er fest, 13
dass das Gestänge schräg und das Zelt undicht ist. Er verlangt von V, den Anhänger abzuholen und zu reparieren. Als V sich weigert, tritt K vom Vertrag zurück.

V hat nach Auffassung des BGH die Nacherfüllung zu Recht verweigert. Da eine Reparatur sinnvoll nur in einer Werkstatt möglich und der Anhänger leicht transportabel ist, ist der Nacherfüllungsort nach den Umständen des Einzelfalls hier am Sitz des V. K hat V daher die Reparatur nicht ermöglicht. Der Rücktritt ist damit unwirksam. ◀

4. Rückgabe und Nutzungsersatz

Liefert der Verkäufer dem Käufer zum Zweck der Nacherfüllung eine mangelfreie Sa- 14
che, so muss der Käufer die zuvor gelieferte mangelhafte Sache zurückgeben. Darüber hinaus hat der Käufer Wertersatz für die Nutzung der ursprünglich gelieferten Sache zu leisten (§§ 439 Abs. 5, 346 BGB). Die Nutzungsersatzpflicht gilt jedoch nicht bei der Ersatzlieferung im Verbrauchsgüterkauf (§ 475 Abs. 3 S. 1 BGB), wohl aber beim Rücktritt, weil der Verkäufer den Kaufpreis seinerseits verzinsen muss (vgl. 3. Kapitel, § 21 Rn. 53 ff.).

▶ **Beispiel:** Für seine neue Wohnung kauft K beim Versandhändler V im Juli 2015 einen 15
Backofen, der von Anfang an mangelhaft ist. Als er aufgrund dieses Mangels im Januar 2017 nicht mehr funktioniert, verlangt K einen neuen Ofen. V kommt dem zwar nach, möchte aber 100 € Ersatz für die anderthalbjährige Nutzung des Ofens. Immerhin bekomme K ja nun einen neuen Ofen, der entsprechend länger halte.

Da K als Verbraucher von einem Unternehmer eine bewegliche Sache gekauft hat, handelt es sich um einen Verbrauchsgüterkauf (§ 474 Abs. 1 S. 1 BGB). K muss daher keinen Nutzungsersatz leisten (§ 475 Abs. 3 S. 1 BGB). Er schuldet nur die Rückgabe des defekten Backofens (§§ 439 Abs. 5, 346 Abs. 1 BGB). Hätte K den Ofen dagegen als Gastwirt für sein Restaurant gekauft, müsste er Nutzungsersatz zahlen. ◀

5. Einschränkungen des Nacherfüllungsanspruchs

Sofern eine Variante der Nacherfüllung unmöglich ist (§ 275 BGB), ist der Käufer auf 16
die andere beschränkt. Dies gilt vor allem für den *Stückkauf*. Bei diesem bezieht sich das Schuldverhältnis von vornherein auf einen bestimmten Gegenstand. Zur Nacherfüllung durch Lieferung eines zweiten, mangelfreien Gegenstands derselben Gattung ist der Verkäufer daher grundsätzlich nicht verpflichtet. Nach der Rechtsprechung des BGH ist eine Neulieferung aber auch beim Stückkauf denkbar, wenn die Kaufsache nach den Vorstellungen der Parteien durch ein gleichartiges und gleichwertiges Exem-

plar ersetzt werden kann. Das ist jedenfalls bei einem Gebrauchtwagen, bei dem eine persönliche Besichtigung dem Vertragsschluss vorausging, nicht der Fall.

17 | **BGH, Urt. v. 7.6.2006 – VIII ZR 209/05:** „Die Nacherfüllung durch Lieferung einer anderen, mangelfreien Sache ist auch beim Stückkauf nicht von vornherein wegen Unmöglichkeit ausgeschlossen. Möglich ist die Ersatzlieferung nach der Vorstellung der Parteien dann, wenn die Kaufsache im Fall ihrer Mangelhaftigkeit durch eine gleichartige und gleichwertige ersetzt werden kann. Beim Kauf eines Gebrauchtwagens liegt es in der Regel nahe, dies zu verneinen, wenn dem Kaufentschluss eine persönliche Besichtigung des Fahrzeugs vorangegangen ist."

18 Darüber hinaus kann der Verkäufer die vom Käufer gewählte Art der Nacherfüllung verweigern, wenn sie nur mit unverhältnismäßigen Kosten möglich ist (§ 439 Abs. 4 S. 1 BGB). Dabei sind insbesondere der Wert der Sache in mangelfreiem Zustand, die Bedeutung des Mangels und die Frage zu berücksichtigen, ob auf die andere Art der Nacherfüllung ohne erhebliche Nachteile für den Käufer zurückgegriffen werden kann (§ 439 Abs. 4 S. 2 BGB).

19 Eine Unverhältnismäßigkeit der vom Käufer gewählten Art der Nacherfüllung kann zunächst in Bezug auf die andere Art der Nacherfüllung vorliegen (sog. *relative Unverhältnismäßigkeit*). Das ist etwa denkbar, wenn der Käufer wegen eines kleinen Mangels, der sich ohne besonderen Aufwand und Kosten reparieren lässt, die Lieferung einer neuen Sache verlangt. In diesem Fall kann der Verkäufer den Austausch unter Hinweis auf die kostengünstigere Reparaturmöglichkeit verweigern.

20 ▶ **Beispiel:** K kauft bei V eine Waschmaschine. Als er sie in Betrieb nimmt, stellt er ein lautes, unnatürliches Geräusch fest. Er verlangt den Austausch der Maschine gegen ein neues Exemplar. V weigert sich. Es handele sich um einen bekannten Fehler. Lediglich eine Schraube im Gerät sei lose.

Hier wird der Mangel durch das Anziehen der Schraube ebenso effektiv behoben wie durch einen Austausch der Waschmaschine, der für V erheblich höhere Kosten bedeuten würde. V kann die Neulieferung daher verweigern. ◀

21 Daneben kommt grundsätzlich auch eine Unverhältnismäßigkeit im Vergleich der Kosten der Nacherfüllung und des Werts des Kaufgegenstands (sog. *absolute Unverhältnismäßigkeit*) in Betracht (vgl. §§ 439 Abs. 4 S. 3, 440 S. 1 BGB). Der Verkäufer kann danach die Nacherfüllung insgesamt verweigern, wenn diese im Verhältnis zum Wert der Sache im mangelfreien Zustand unverhältnismäßig hohe Kosten mit sich bringt. Dabei ist auch zu berücksichtigen, ob und in welcher Weise der Verkäufer den Mangel zu vertreten hat. Im Schrifttum werden verschiedene Grenzwerte vorgeschlagen (etwa Nacherfüllungskosten i.H.v. 150 % des Werts der Sache in mangelfreiem Zustand). Diese sind nicht verbindlich und haben allenfalls indizielle Bedeutung im Rahmen der Abwägung. Verweigert der Verkäufer die Nacherfüllung berechtigterweise wegen absoluter Unverhältnismäßigkeit, kann der Käufer ohne Fristsetzung vom Vertrag zurücktreten, den Kaufpreis mindern oder ggf. Schadensersatz verlangen.

22 ▶ **Beispiel:** K will eine kleine Änderungsschneiderei eröffnen. Zu diesem Zweck kauft er bei V eine gebrauchte Nähmaschine für 200 €. Kurz nach Übergabe stellt sich heraus, dass der Motor der Maschine beschädigt ist. V trifft daran kein Verschulden. Da derartige Motoren nicht mehr hergestellt werden, müsste V den Motor zerlegen und zeitaufwendig reparieren. Die Reparaturkosten würden dann ca. 400 € betragen. V verweigert daher die Nacherfüllung.

Da es sich bei der gebrauchten Nähmaschine um eine Stückschuld handelt, kann K nach § 439 Abs. 1 BGB grundsätzlich nur Reparatur, nicht aber Lieferung einer anderen Maschine verlangen. V kann die Reparatur jedoch verweigern, wenn sie nur mit unverhältnismäßig hohen Kosten möglich ist (§ 439 Abs. 4 S. 1 BGB). Hier verursacht die Reparatur Kosten, die doppelt so hoch sind wie der Kaufpreis. Auch hat V den Mangel nicht zu vertreten. V kann daher die Nacherfüllung verweigern. Das hat zur Folge, dass K ohne weitere Fristsetzung vom Vertrag zurücktreten (§§ 440 S. 1, 323 BGB) oder den Kaufpreis mindern (§§ 440 S. 1, 441 BGB) kann. ◄

Im *Verbrauchsgüterkauf* kann der Unternehmer sich nach § 475 Abs. 4 S. 1 BGB nicht auf absolute Unverhältnismäßigkeit berufen. Er muss also die Nacherfüllung auch dann erbringen, wenn diese mit außerordentlich hohem Aufwand und Kosten verbunden ist.   23

▶ **Beispiel:** K kauft im vorherigen Beispiel die Nähmaschine für seinen Privatgebrauch beim Unternehmer V. V kann sich nach § 475 Abs. 4 S. 1 BGB nicht auf die absolute Unverhältnismäßigkeit der Nacherfüllung berufen. Er muss die Maschine daher reparieren. ◄   24

Lediglich in dem Ausnahmefall, dass gerade der *Ein- und Ausbau der Kaufsache* unverhältnismäßig hohe Kosten mit sich bringt, kann der Verkäufer den Ersatz der für den Ein- und Ausbau notwendigen Aufwendungen auf einen angemessenen Betrag beschränken (§ 475 Abs. 4 S. 2 BGB). Bei der Bemessung dieses Betrages sind insbesondere der Wert der Sache in mangelfreiem Zustand und die Bedeutung des Mangels zu berücksichtigen (§ 475 Abs. 4 S. 3 BGB). Beschränkt der Verkäufer den Aufwendungsersatzanspruch, so kann der Käufer ohne Fristsetzung vom Vertrag zurücktreten (§§ 475 Abs. 5, 440 S. 1, 323 BGB).   25

▶ **Beispiel:** K kauft im Baumarkt des V Bodenfliesen zum Preis von 1500 €. Nachdem er die Fliesen von einem Dritten in seinem Wohnhaus hat verlegen lassen, zeigen sich optische Mängel, deren Beseitigung nicht möglich ist. K verlangt von V Lieferung neuer, mangelfreier Fliesen sowie Ersatz der Kosten für den Ausbau der mangelhaften Fliesen und den Einbau der neuen Fliesen durch den Handwerker H i.H.v. 1800 €.   26

Hier kann K von V Lieferung mangelfreier Fliesen (§ 439 Abs. 1 Alt. 2 BGB) sowie Ersatz der für den Aus- und Einbau erforderlichen Aufwendungen (§ 439 Abs. 3 S. 1 BGB) verlangen (vgl. oben 5. Kapitel, § 28 Rn. 9 f.). Obwohl die Gesamtkosten der Nacherfüllung den Kaufpreis (Material- und ggf. Transportkosten sowie Aufwendungen für Aus- und Einbau) erheblich übersteigen, kann V die Nacherfüllung nach § 475 Abs. 4 S. 1 BGB nicht wegen absoluter Unverhältnismäßigkeit verweigern. Allerdings kann V den Anspruch des K auf Ersatz der für den Aus- und Einbau erforderlichen Aufwendungen angesichts der hohen Nacherfüllungskosten auf einen „angemessenen Betrag" (§ 475 Abs. 4 S. 2 BGB) beschränken (hier vielleicht 1000 €). Falls K damit nicht einverstanden ist, kann er ohne Fristsetzung vom Vertrag zurücktreten und Rückzahlung des Kaufpreises verlangen (§§ 475 Abs. 5, 440 S. 1, 323 BGB). ◄

II. Rücktritt und Schadensersatz

Kommt der Verkäufer dem Verlangen des Käufers zur Nacherfüllung nicht innerhalb einer angemessenen Frist nach, kann der Käufer gemäß §§ 437 Nr. 2, 323 BGB bzw. im Fall der Unmöglichkeit der Nacherfüllung gemäß §§ 437 Nr. 2, 326 Abs. 5 BGB vom Kaufvertrag zurücktreten oder gemäß §§ 437 Nr. 3, 280 ff., 311 a BGB Schadensersatz verlangen.   27

Rücktritt und Schadensersatz statt der ganzen Leistung sind ausnahmsweise ausgeschlossen, wenn die Pflichtverletzung *unerheblich* ist (§§ 281 Abs. 1 S. 3, 323 Abs. 5   28

S. 2 BGB). In diesem Fall würde eine Rückabwicklung bzw. Rücknahme der (nunmehr gebrauchten) Sache unverhältnismäßig hohe Kosten für den Verkäufer verursachen. Das Interesse des Käufers kann regelmäßig durch die Minderung des Kaufpreises oder, falls der Verkäufer den Mangel zu vertreten hat, durch „kleinen" Schadensersatz befriedigt werden.

29 Die Beurteilung der Frage, ob eine Pflichtverletzung unerheblich ist, erfordert zwar nach der Rechtsprechung des BGH eine umfassende Interessenabwägung auf der Grundlage der Umstände des Einzelfalls. Gleichwohl hat der BGH einige wichtige Leitlinien zur Frage der Unerheblichkeit entwickelt. Das Gericht unterscheidet zunächst zwischen behebbaren und nicht behebbaren Mängeln. Die Differenzierung ist gerechtfertigt, da der Käufer einer irreparabel mangelhaften Sache dauerhaft mit der Funktionsbeeinträchtigung leben muss, während sich der Aufwand bei einem behebbaren Mangel auf die Durchführung und Kosten einer Reparatur durch einen Dritten beschränkt. Bei *behebbaren Mängeln* kommt es daher grundsätzlich nicht auf das Ausmaß der Funktionsbeeinträchtigung an, sondern auf das Verhältnis der Kosten der Mängelbeseitigung zum vereinbarten Kaufpreis. Als Grenzwerte für die Erheblichkeit führt die Rechtsprechung Reparaturkosten i.H.v. 5 % des vereinbarten Kaufpreises an. Auch nachteilige Abweichungen von einer vertraglich *vereinbarten Beschaffenheit* der Kaufsache i.S.d. § 434 Abs. 1 S. 1 BGB indizieren die Erheblichkeit eines Mangels. Gleiches gilt für Mängel, die der Verkäufer arglistig verschwiegen hat. *Nicht behebbare Mängel* sind ebenfalls in aller Regel erheblich. Etwas anderes kann gelten, wenn der Mangel sich nicht auf die Gebrauchstauglichkeit, sondern allein „finanziell" auswirkt, da das Interesse des Käufers in diesem Fall durch Minderung oder Schadensersatz vollständig erfüllt wird (Bsp.: bis um 10 % erhöhter Kraftstoffverbrauch eines Pkw). Entscheidend für die Beurteilung der Erheblichkeit ist der Zeitpunkt der Rücktrittserklärung.

30 > **BGH, Urt. v. 8.5.2007 – VIII ZR 19/05:** „Bei einer Abweichung des Kraftstoffverbrauchs eines verkauften Neufahrzeugs von den Herstellerangaben um weniger als 10 % ist ein Rücktritt vom Kaufvertrag ... ausgeschlossen."

31 > **BGH, Urt. v. 28.5.2014 – VIII ZR 94/13:** „Bei einem behebbaren Mangel im Rahmen der nach den Umständen des Einzelfalls vorzunehmenden Interessenabwägung [ist] von einer Unerheblichkeit der Pflichtverletzung gemäß § 323 Abs. 5 S. 2 BGB in der Regel dann nicht mehr auszugehen ..., wenn der Mangelbeseitigungsaufwand mehr als 5 % des Kaufpreises beträgt. Eine generelle Erhöhung der Erheblichkeitsschwelle über den vorstehend genannten Prozentsatz hinaus ist mit dem durch den Gesetzeswortlaut und durch die Gesetzesmaterialien klar zum Ausdruck gebrachten Willen des Gesetzgebers, dem Sinn und Zweck des § 323 Abs. 5 S. 2 BGB sowie der Systematik der Rechte des Käufers bei Sachmängeln nicht zu vereinbaren. ... Die für den Kraftstoffverbrauch angesetzte Prozentgrenze lässt sich deshalb nicht auf die Erheblichkeitsschwelle des § 323 Abs. 5 S. 2 BGB übertragen."

32 > **OLG Düsseldorf, Urt. v. 7.9.2005 – 3 U 8/04:** „Als erheblich ist in diesem Zusammenhang [Höchstgeschwindigkeit eines Kfz] eine Abweichung anzusehen, die um mehr als 5 % von den Angaben im Prospekt zum Nachteil des Käufers abweicht."

▶ **Beispiel:** K kauft beim Händler H einen Neuwagen. Im Verkaufsprospekt wird die 33
Höchstgeschwindigkeit mit 202 km/h angegeben. Tatsächlich erzielt der Wagen mit der vertraglich vereinbarten größeren Bereifung lediglich eine Geschwindigkeit von 197,51 km/h.
Hier liegt ein Sachmangel vor, da der Wagen die angegebenen Voraussetzungen nicht erfüllt.
Da die Abweichung im Vergleich zum Prospekt aber unter 5 % liegt, ist die Pflichtverletzung des H nach Ansicht des OLG Düsseldorf unerheblich. K kann nicht vom Vertrag zurücktreten, sondern lediglich den Kaufpreis mindern. ◀

Im Gegensatz zum Rücktritt setzen Schadensersatzansprüche grundsätzlich ein *Vertre-* 34
tenmüssen des Verkäufers voraus. Daran wird es regelmäßig fehlen, wenn der Verkäufer lediglich ein Zwischenhändler ist, die Sache also selbst nicht hergestellt hat. Zwischenhändler haben keine allgemeine Untersuchungspflicht, sondern müssen ihre Waren allenfalls stichprobenartig kontrollieren. Der Verkäufer muss sich auch nicht das
Verschulden seiner Lieferanten nach § 278 BGB zurechnen lassen.

> **BGH, Urt. v. 2.4.2014 – VIII ZR 46/13:** „Der Beklagten ist das Verschulden der Nebenin- 35
> tervenientin nicht nach § 278 BGB zuzurechnen. Nach der ständigen Rechtsprechung des
> BGH ist der Vorlieferant des Verkäufers nicht dessen Gehilfe bei der Erfüllung der Verkäu-
> ferpflichten gegenüber dem Käufer; ebenso ist auch der Hersteller der Kaufsache nicht Er-
> füllungsgehilfe des Händlers, der die Sache an seine Kunden verkauft."

▶ **Beispiel:** K kauft beim Discounter D Eier, die teilweise mit Salmonellen befallen sind. 36
Er erleidet eine Infektion, die ärztlich behandelt werden muss. K verlangt von D Ersatz der
Arztkosten und ein Schmerzensgeld. D weigert sich mit der Begründung, die untersuchten
Stichproben seien einwandfrei gewesen.
Der Salmonellenbefall ist ein Sachmangel gemäß § 434 Abs. 1 S. 2 Nr. 2 BGB. D ist als Zwi-
schenhändler jedoch nicht verpflichtet, jedes Ei zu untersuchen. Eine stichprobenartige Un-
tersuchung genügt den Anforderungen. D hat den Mangel daher nicht zu vertreten. K hat
keinen Schadensersatzanspruch. ◀

Auch ein (Zwischen-)Verkäufer, dem hinsichtlich des Sachmangels kein Verschulden 37
vorzuwerfen ist, ist gemäß §§ 437 Nr. 1, 439 BGB zur Nacherfüllung verpflichtet, da
der Nacherfüllungsanspruch verschuldensunabhängig ist. Lediglich Schadensersatzansprüche wegen der Lieferung einer mangelhaften Sache sind mangels Vertretenmüssens
ausgeschlossen. Gleichwohl kann der Verkäufer sich schadensersatzpflichtig machen,
wenn er seiner Nacherfüllungspflicht schuldhaft nicht nachkommt. Das ist dann der
Fall, wenn er den Mangel nicht ordnungsgemäß (durch Reparatur oder Austausch der
Sache) beseitigt, obwohl er dazu in der Lage wäre.

> **BGH, Urt. v. 29.4.2015 – VIII ZR 104/14:** „Dem Käufer kann gegen den Verkäufer einer 38
> mangelhaften Sache ein Anspruch, welcher auf die Zahlung der für die Reparatur erfor-
> derlichen Kosten gerichtet ist, als Schadensersatz statt der Leistung unter zwei Gesichts-
> punkten zustehen. Zum einen kann der Verkäufer seine Pflicht zur Lieferung der mangel-
> freien Kaufsache (433 Abs. 1 S. 2 BGB) schuldhaft verletzt haben; zum anderen kann sich
> ein solcher Anspruch unter dem Gesichtspunkt einer Verletzung der Verpflichtung des
> Verkäufers zur Nacherfüllung (§ 439 Abs. 1 BGB) ergeben."

▶ **Beispiel:** K kauft beim M-Markt ein neues, originalverpacktes Mobiltelefon. Als er es 39
erstmals benutzt, bemerkt er, dass sich ein schwarzer Balken über einen Großteil des Bildschirms erstreckt. K verlangt, dass M das Gerät gegen eines der zahlreichen mangelfreien
Exemplare austauscht, die M noch in seinem Lager stehen hat. M verweigert den Austausch

und meint, K solle sich an den Hersteller des Telefons halten, der dafür einzustehen habe. Er selbst habe einzelne Geräte stichprobenartig getestet und damit alle Verkäuferpflichten erfüllt. Keinesfalls werde er das Gerät austauschen. K kauft ein baugleiches Gerät bei X und verlangt von M Ersatz des Kaufpreises.

K könnte von M gemäß §§ 437 Nr. 3, 280, 281 BGB Schadensersatz verlangen. Ein Sachmangel liegt vor, da das Display defekt ist. Jedoch hat M als reiner Zwischenhändler den Mangel nicht zu vertreten. Er ist nicht verpflichtet, jedes zu verkaufende Exemplar auf seine Funktionsfähigkeit zu prüfen. Auch ohne Verschulden des M hat K jedoch einen Nacherfüllungsanspruch nach §§ 437 Nr. 1, 439 BGB. M hat die Nacherfüllung zu Unrecht verweigert. K kann daher von V Schadensersatz wegen schuldhafter Verletzung der Nacherfüllungspflicht verlangen. ◄

40   Es ist allerdings möglich, dass der Verkäufer nicht nur für schuldhafte Mängel einzustehen hat, sondern im Vertrag gegenüber dem Käufer eine bestimmte Beschaffenheit der Kaufsache garantiert. Weist die Sache diese Beschaffenheit nicht auf, hat der Verkäufer dies auch ohne Verschulden zu vertreten (§ 276 Abs. 1 S. 1 BGB). Ob die Parteien lediglich eine bestimmte Beschaffenheit der Kaufsache i.S.d. § 434 Abs. 1 S. 1 BGB vereinbart haben oder ob der Verkäufer darüber hinaus eine Garantie für diese Beschaffenheit i.S.d. § 276 Abs. 1 S. 1 BGB abgegeben hat, ist eine Frage der Auslegung. Die Abgrenzung kann im Einzelfall sehr schwierig sein. An das Vorliegen einer Garantie sind strenge Anforderungen zu stellen. Erforderlich ist, dass der Verkäufer erkennbar den Willen hat, für alle Folgen eines Sachmangels selbst dann einzustehen, wenn ihn kein eigenes Verschulden trifft.

41   **BGH, Urt. v. 29.11.2006 – VIII ZR 92/06:** „Die Frage, ob die Angabe der Laufleistung lediglich als Beschaffenheitsangabe (§ 434 Abs. 1 BGB) oder aber als Beschaffenheitsgarantie (§ 444 Alt. 2 BGB) zu werten ist, ist unter Berücksichtigung der beim Abschluss eines Kaufvertrags über ein Gebrauchtfahrzeug typischerweise gegebenen Interessenlage zu beantworten. Dabei ist nach der bisherigen Rechtsprechung des Senats grundsätzlich danach zu unterscheiden, ob der Verkäufer ein Gebrauchtwagenhändler oder eine Privatperson ist.

Handelt es sich bei dem Verkäufer um einen Gebrauchtwagenhändler, so ist die Interessenlage typischerweise dadurch gekennzeichnet, dass der Käufer sich auf die besondere, ihm in aller Regel fehlende Erfahrung und Sachkunde des Händlers verlässt. Er darf daher darauf vertrauen, dass der Händler für Erklärungen zur Beschaffenheit des Fahrzeugs, die er in Kenntnis dieses Umstands abgibt, die Richtigkeitsgewähr übernimmt. Der Senat hat deshalb zum alten, bis zum 31.12.2001 geltenden Kaufrecht in ständiger Rechtsprechung entschieden, der Kaufinteressent könne und dürfe den Angaben des Gebrauchtwagenhändlers über die Laufleistung des Fahrzeugs besonderes Vertrauen entgegenbringen und davon ausgehen, der Händler wolle sich für die Kilometerangabe ‚stark machen‘, mithin zusichern – in heutiger Terminologie: garantieren –, dass die bisherige Laufleistung nicht wesentlich höher liege als die angegebene. … Ob an dieser Beurteilung … auch nach der Verbesserung der Rechtsstellung des privaten Gebrauchtwagenkäufers durch das Schuldrechtsmodernisierungsgesetz uneingeschränkt festzuhalten ist oder ob an das Vorliegen einer Beschaffenheitsgarantie im Gebrauchtwagenhandel nunmehr strengere Anforderungen zu stellen sind, braucht hier nicht entschieden zu werden.

Auf den privaten Verkauf trifft die für den gewerblichen Verkauf maßgebliche Erwägung, dass der Käufer sich auf die besondere Erfahrung und Sachkunde des Händlers verlässt und in dessen Erklärungen daher die Übernahme einer Garantie sieht, in der Regel nicht zu. Hier steht vielmehr dem Interesse des Käufers gleichgewichtig das Interesse des Ver-

käufers gegenüber, für nicht mehr als dasjenige einstehen zu müssen, was er nach seiner laienhaften Kenntnis zu beurteilen vermag. Der Käufer kann nicht ohne Weiteres davon ausgehen, dass der Verkäufer als Laie nachprüfen kann, ob der Tachometerstand die Laufleistung des Fahrzeugs zutreffend wiedergibt. Allein aus der Angabe der Laufleistung kann der Käufer beim Privatverkauf eines Gebrauchtfahrzeugs daher nicht schließen, der Verkäufer wolle für die Richtigkeit dieser Angabe unter allen Umständen einstehen und ggf. auch ohne Verschulden auf Schadensersatz haften. … Will der Käufer beim privaten Gebrauchtwagenkauf eine Garantie für die Laufleistung des Fahrzeugs haben, muss er sich diese regelmäßig ausdrücklich von dem Verkäufer geben lassen."

▶ **Beispiel:** V verkauft seine gebrauchtes Motorrad für 6000 € an K. Im Vertrag gibt er mit Blick auf das Tachometer zutreffend an: „Kilometerstand: 30.000 km". Später stellt sich heraus, dass das Motorrad – was V selbst nicht wissen konnte – aus den USA importiert war und die Laufleistung in Meilen ausweist. Die tatsächliche Laufleistung betrug daher ca. 48.000 km. K verlangt Schadensersatz. **42**

Hier liegt ein Sachmangel vor, da das Motorrad nicht die vereinbarte Beschaffenheit (Laufleistung von 30.000 km) aufwies. Der Schadensersatzanspruch nach §§ 437 Nr. 3, 280, 281 BGB setzt jedoch ein Vertretenmüssen des V voraus. Hier handelte V nicht schuldhaft. Er könnte jedoch eine Beschaffenheitsgarantie abgegeben haben mit der Folge, dass er auch ohne Verschulden Schadensersatz wegen des Mangels zu leisten hat. Da es sich hier um einen Privatverkauf handelt, ist die Angabe des Kilometerstandes aber grundsätzlich nur eine Beschaffenheitsvereinbarung und keine Garantie. ◀

Für weitere Einzelheiten kann auf die Ausführungen zum Rücktritt im 3. Kapitel (§ 21 Rn. 1 ff.) und Schadensersatz im 4. Kapitel verwiesen werden. Eine Besonderheit im Kaufrecht sei aber an dieser Stelle genannt: **43**

Aus dem Vorrang der Nacherfüllung folgt, dass der Käufer dem Verkäufer zunächst eine angemessene Frist zur Nacherfüllung setzen muss, bevor er vom Vertrag zurücktritt, den Kaufpreis mindert oder Schadensersatz statt der Leistung verlangt. Über die in §§ 281 Abs. 2, 283 BGB (Schadensersatz) bzw. §§ 323 Abs. 2, 326 Abs. 5 BGB (Rücktritt und Minderung) genannten Gründe hinaus ist eine Fristsetzung gemäß § 440 S. 1 BGB entbehrlich, wenn der Verkäufer beide Arten der Nacherfüllung nach § 439 Abs. 4 BGB verweigert oder wenn die Nacherfüllung fehlgeschlagen oder für den Käufer unzumutbar ist. Das ist nach § 440 S. 2 BGB insbesondere der Fall, wenn der Verkäufer die Reparatur zwar durchführt, den Mangel aber nicht beseitigen kann. In diesem Fall gilt die Nachbesserung nach dem *zweiten erfolglosen Reparaturversuch* als fehlgeschlagen. Dann ist es dem Käufer nicht zumutbar, weiter auf die Beseitigung des Mangels durch den Verkäufer zu warten. Stattdessen kann er nun direkt zurücktreten, mindern oder Schadensersatz verlangen. Das gilt jedoch nur, wenn nach dem Reparaturversuch derselbe Mangel wieder auftritt. Der Verkäufer hat also grundsätzlich für jeden Mangel zwei Reparaturversuche. Dem Käufer bleibt es selbstverständlich unbenommen, auch nach dem gescheiterten zweiten Reparaturversuch weiterhin Nacherfüllung zu verlangen. **44**

BGH, Urt. v. 23.1.2013 – VIII ZR 140/12: „Die mit dem Schlagwort ,Montagsauto' bezeichnete Mangelhaftigkeit eines Fahrzeugs [kann] im Einzelfall ein weiteres Nacherfüllungsverlangen des Käufers unzumutbar (§ 440 S. 1 BGB) machen. … Ein Neufahrzeug ist dann als ,Montagsauto' zu qualifizieren, wenn der bisherige Geschehensablauf aus Sicht eines verständigen Käufers bei wertender und prognostischer Betrachtung die Befürch- **45**

tung rechtfertigt, es handele sich um ein Fahrzeug, das wegen seiner auf herstellungsbedingten Qualitätsmängeln – namentlich auf schlechter Verarbeitung – beruhenden Fehleranfälligkeit insgesamt mangelhaft ist und das auch zukünftig nicht über längere Zeit frei von herstellungsbedingten Mängeln sein wird. ... Ob diese Voraussetzungen vorliegen, hängt von den Umständen des Einzelfalls ab. Regelmäßig erforderlich ist ..., dass sich innerhalb eines kürzeren Zeitraums eine Vielzahl herstellungsbedingter – auch kleiner – Mängel zeigt, die entweder wiederholt oder erstmals auftreten. ... Entscheidend ist dabei letztlich, ob bei verständiger Würdigung aus Sicht des Käufers das Vertrauen in eine ordnungsgemäße Herstellung des Fahrzeugs durch die zutage getretene Fehleranfälligkeit ernsthaft erschüttert worden ist. Ist dies der Fall, ist ihm eine Nacherfüllung regelmäßig nicht (mehr) zuzumuten. ... Liegen diese Voraussetzungen nicht vor, kann ggf. in Verbindung mit anderen Umständen – etwa einer Unzuverlässigkeit des Verkäufers oder wegen einer (gemessen an den Bedürfnissen des Käufers) zu langen Dauer der Nacherfüllungsarbeiten – die Grenze zur Unzumutbarkeit überschritten sein."

46   ▶ **Beispiel:** K kauft beim Händler H eine neue Spülmaschine. Nach zwei Monaten verweigert sie den Dienst und zeigt die Fehlermeldung „A9" an. H repariert die Maschine umgehend. Nach weiteren drei Wochen tritt erneut derselbe Fehler auf. Wieder repariert H das Gerät. Wenige Tage später stellt sie schließlich wiederum den Betrieb ein. Dieses Mal erscheint die Fehlermeldung „A13". K will sofort vom Vertrag zurücktreten.

Grundsätzlich kann K erst zurücktreten, wenn er dem H zuvor erfolglos eine angemessene Frist zur Nacherfüllung gesetzt hat (§ 323 Abs. 1 BGB). Die Fristsetzung ist aber nach § 440 S. 2 BGB entbehrlich, wenn die Nacherfüllung fehlgeschlagen ist. Das ist der Fall, wenn der Verkäufer einen Mangel trotz zwei Reparaturversuchen nicht beheben konnte. Hier ist die Spülmaschine bereits zum dritten Mal defekt. Jedoch handelt es sich bei dem dritten Fehler nicht um den Mangel, der zuvor aufgetreten war. Daher liegt kein Fehlschlagen vor. Eine Fristsetzung könnte allenfalls nach § 323 Abs. 2 Nr. 3 BGB nach einer umfassenden Interessenabwägung unzumutbar sein. ◀

47   In der Praxis kommt es allerdings immer wieder vor, dass der Käufer den Mangel selbst beseitigt oder durch einen Dritten reparieren lässt, ohne dem Verkäufer zuvor eine Frist zur Nacherfüllung zu setzen bzw. deren Verstreichen abzuwarten (sog. *eigenmächtige Selbstvornahme*). Mit Ausnahme der Fälle, in denen eine Fristsetzung entbehrlich ist, bleibt der Käufer dann auf den Reparatur- und Materialkosten sitzen. Er kann sie nicht im Wege des Schadensersatzes vom Verkäufer verlangen, da er diesem die Möglichkeit zur Nacherfüllung genommen hat. Nach (nicht unbestrittener) Auffassung des BGH muss der Verkäufer nicht einmal diejenigen Aufwendungen ersetzen, die er infolge der Mängelbeseitigung durch den Käufer erspart hat.

48

> **BGH, Urt. v. 23.2.2005 – VIII ZR 100/04:** „Sowohl das Recht des Käufers, den Kaufpreis gemäß §§ 437 Nr. 2, 441 BGB zu mindern, als auch der Anspruch auf Schadensersatz statt der Leistung ... gemäß §§ 437 Nr. 3, 280 Abs. 1, Abs. 3, 281 BGB setzen grundsätzlich voraus, dass der Käufer dem Verkäufer erfolglos eine angemessene Frist zur Nacherfüllung (§ 439 BGB) bestimmt hat. ... Beseitigt der Käufer einen Mangel selbst, ohne dass er dem Verkäufer zuvor eine erforderliche Frist zur Nacherfüllung gesetzt hat, kann er Kosten der Mängelbeseitigung nicht erstattet verlangen. ... Anderenfalls würde dem Käufer im Ergebnis ein Selbstvornahmerecht auf Kosten des Verkäufers zugebilligt, auf das der Gesetzgeber bewusst verzichtet hat."

▶ **Beispiel:** K kauft bei V einen Neuwagen. Nach noch nicht einmal 300 km versagen die 49
Scheibenwischer ihre Dienste. F, ein Freund des K, der eine Autowerkstatt betreibt, nimmt
den Austausch der Scheibenwischer für günstige 25 € vor. Diese verlangt K von V im Wege
des Schadensersatzes.

Der verkaufte Neuwagen war mangelhaft (§ 434 Abs. 1 BGB). K konnte daher von V Reparatur oder Austausch der Scheibenwischer verlangen (§§ 437 Nr. 1, 439 Abs. 1 BGB). Da
die Wischer aber bereits von F getauscht wurden, ist die Nacherfüllung wegen Zweckerreichung unmöglich. Ein Schadensersatzanspruch gemäß §§ 437 Nr. 3, 280 Abs. 1, Abs. 3, 283
BGB scheidet aus, da nicht V, sondern K die Unmöglichkeit der Nacherfüllung zu vertreten
hat. Auch einen Anspruch auf Ersatz ersparter Aufwendungen hat K nach Ansicht des BGH
wegen des Vorrangs der Nacherfüllung nicht. ◀

III. Minderung

Statt zurückzutreten, kann der Käufer den Kaufpreis durch Erklärung gegenüber dem 50
Verkäufer mindern (§§ 437 Nr. 2, 441 Abs. 1 BGB). Die *Minderung* ist ein Gestaltungsrecht, das der Käufer durch empfangsbedürftige Willenserklärung ausübt. Sie
führt zur Herabsetzung des Kaufpreises, ohne dass der Verkäufer mitwirken oder damit einverstanden sein muss. Hat der Käufer bereits den vollen Kaufpreis bezahlt,
muss der Verkäufer die Differenz gemäß §§ 441 Abs. 4, 346 Abs. 1 BGB sowie die daraus gezogenen Nutzungen (Zinsen) erstatten.

Die Voraussetzungen der Minderung entsprechen im Wesentlichen denen des Rück- 51
tritts. Allerdings ist eine Minderung auch bei unerheblichen Mängeln möglich (§ 441
Abs. 1 S. 2 BGB). Die Höhe der Minderung richtet sich nach dem vertraglichen Äquivalenzverhältnis, d.h. der Relation von Kaufpreis und Wert der Kaufsache. Der Kaufpreis ist in dem Verhältnis herabzusetzen, in welchem zur Zeit des Vertragsschlusses
der Wert der Sache in mangelfreiem Zustand zu dem wirklichen Wert gestanden hätte
(§ 441 Abs. 3 S. 1 BGB).

▶ **Beispiel:** K kauft bei V einen Pkw zum Preis von 8000 €. Einige Tage nach Übergabe 52
und Bezahlung stellt sich heraus, dass der Wagen bereits einen Unfall hatte. Dadurch hat
der Pkw nur noch einen Wert von 9000 €, ohne den Makel hätte dieser 10.000 € betragen.
K möchte den Kaufpreis mindern.

Durch den Mangel ist der Wert des Wagens um 10 % reduziert. In diesem Verhältnis muss
auch der Kaufpreis herabgesetzt werden (§ 441 Abs. 3 BGB). Daher kann K von V einen Betrag von 800 € zurückverlangen (§ 441 Abs. 4 S. 1 BGB). ◀

IV. Verkäuferregress

Regelmäßig ist der Verkäufer einer Sache nicht deren Hersteller, sondern selbst nur Teil 53
einer Lieferkette. Damit er nicht das volle Risiko beim Weiterverkauf der Sache tragen
muss, hat der Gesetzgeber zu seinen Gunsten mit § 445 a BGB eine erleichterte *Re-
gressmöglichkeit* geschaffen. Muss der Verkäufer die verkaufte neu hergestellte Sache
wegen eines Mangels zurücknehmen oder hat der Käufer den Kaufpreis gemindert,
kann er seinerseits gegenüber seinem Verkäufer (Lieferanten) die Rechte des § 437
BGB ohne die sonst erforderliche Fristsetzung geltend machen (§ 445 a Abs. 2 BGB).
Dies gilt unabhängig davon, ob der Endkäufer Verbraucher oder Unternehmer ist. Das
Gesetz trägt damit dem Interesse des (Letzt-)Verkäufers als „letztem Glied" in der Pro-
duktionskette Rechnung. Dieser soll die vom Endkäufer aufgrund von Nacherfüllung,
Rücktritt oder „großem" Schadensersatz zurückgenommene Sache möglichst problem-

los an den Lieferanten durchreichen können. Müsste er sich auf die umständliche und zeitraubende Prozedur einer Nacherfüllung (§ 439 BGB) einlassen, wäre er u.U. gezwungen, die Sache – ggf. mit einem erheblichen Preisabschlag – erneut zu verkaufen. Der (Letzt-)Verkäufer kann zudem von seinem Lieferanten Ersatz der Aufwendungen (insbesondere Ein- und Ausbau-, Transport-, Wege-, Arbeits- und Materialkosten) verlangen, die ihm durch die Nacherfüllung (§ 439 Abs. 2 BGB) gegenüber dem Endkäufer entstehen (§ 445 a Abs. 1 BGB). Gleiches gilt für Ein- und Ausbaukosten des Käufers, die der Verkäufer nach § 439 Abs. 3 BGB bzw. § 475 Abs. 4 S. 2 BGB zu ersetzen hat (vgl. 5. Kapitel, § 28 Rn. 9 f., Rn. 25 f.).

54 ▶ **Beispiel:** K kauft im Baumarkt des V Bodenfliesen, die dieser wiederum vom Hersteller H bezieht. Nachdem K die Fliesen von einem Dritten in seinem Wohnhaus hat verlegen lassen, zeigen sich optische Mängel, deren Beseitigung nicht möglich ist. V tauscht nicht nur Fliesen gegen mangelfreie Exemplare aus, sondern ersetzt K zudem die für den Aus- und Einbau erforderlichen Aufwendungen.

V kann nach § 445 a Abs. 2 BGB von H Rückzahlung des Kaufpreises für die Bodenfliesen verlangen, ohne ihm zuvor eine Frist zur Nacherfüllung nach §§ 437 Nr. 2, 323 Abs. 1 BGB setzen zu müssen. Darüber hinaus muss H nach § 445 a Abs. 1 BGB die Aufwendungen ersetzen, die V seinerseits für den Aus- und Einbau der Fliesen gegenüber K zu tragen hatte. ◀

§ 29 Der Ausschluss der Mängelhaftung

I. Kenntnis des Mangels

Die Rechte des Käufers wegen eines Mangels sind ausgeschlossen, wenn er bei Vertragsschluss den *Mangel kennt*. Ist dem Käufer ein Mangel infolge *grober Fahrlässigkeit* unbekannt geblieben, kann er Rechte wegen dieses Mangels nur geltend machen, wenn der Verkäufer den Mangel arglistig verschwiegen oder eine Garantie für die Beschaffenheit der Sache übernommen hat (§ 442 Abs. 1 BGB). Die Kenntnis des Mangels bei Übergabe der Sache hat dagegen keinen Einfluss auf die Gewährleistungsrechte des Käufers.

II. Gewährleistungsausschluss

Von enormer praktischer Bedeutung ist die Möglichkeit der Parteien, die Haftung für Sach- oder Rechtsmängel vertraglich auszuschließen oder zu beschränken. Ein solcher *Gewährleistungsausschluss* ist sowohl im rein unternehmerischen Verkehr als auch im rein privaten Verkehr ohne Weiteres zulässig. Der Verkäufer kann sich jedoch nicht auf den Haftungsausschluss berufen, soweit er den Mangel arglistig verschwiegen oder eine Beschaffenheitsgarantie übernommen hat (§ 444 BGB). In der Vertragspraxis werden häufig Garantien mit Haftungsbeschränkungen kombiniert, insbesondere beim Unternehmenskauf, bei dem das gesetzliche Gewährleistungsrecht auf diese Weise regelmäßig durch ein umfassendes und in sich geschlossenes System vertraglicher Haftung ersetzt wird.

▶ **Beispiel:** K kauft das Unternehmen des V. Nach dem Kaufvertrag garantiert V die Richtigkeit des Jahresabschlusses und das Vorhandensein eines bestimmten Warenbestands. Im Gegenzug werden Schadensersatzansprüche summenmäßig beschränkt (sog. „caps"), weil V sich keinem unkalkulierbaren Risiko aussetzen will. Zudem wird die Rückabwicklung des Vertrags ausgeschlossen. ◀

Auch bei Geschäften zwischen Privaten wird meist pauschal die Haftung ausgeschlossen. Dabei werden jedoch oftmals Fehler begangen. So werden erstens regelmäßig Gewährleistung und Garantie verwechselt. Zwar wertet der BGH grundsätzlich einen „Garantieausschluss" in Kaufverträgen zwischen Privatpersonen als Gewährleistungsausschluss. Gleichwohl besteht in diesen Fällen eine gewisse Rechtsunsicherheit, da stets die Umstände des Einzelfalls zu würdigen sind.

> **BGH, Urt. v. 13.3.2013 – VIII ZR 186/12:** „Wie das Berufungsgericht zutreffend ausgeführt hat, ist die gewählte Formulierung [hier: ‚Für das Fahrzeug besteht keine Garantie.'] bei verständiger Würdigung als Gewährleistungsausschluss zu verstehen. Im allgemeinen Sprachgebrauch wird von juristischen Laien – und um solche handelt es sich vorliegend – der Begriff ‚Garantie' nicht im Rechtssinne, sondern regelmäßig als Synonym für die gesetzliche Gewährleistung gebraucht."

Zweitens wird ein Haftungsausschluss oft kombiniert mit einer Beschaffenheitsgarantie. In diesem Fall ist der Haftungsausschluss nach § 444 BGB unwirksam, sofern er eine garantierte Beschaffenheit betrifft. Entsprechendes gilt im Ergebnis darüber hinaus bei einer Beschaffenheitsvereinbarung und für die Vereinbarung der Rechtsmängelfreiheit, da diese jeweils im Wege der Auslegung Vorrang vor einem Haftungsausschluss erlangen.

7

BGH, Urt. v. 29.11.2006 – VIII ZR 92/06: „Die Frage, ob ein vereinbarter Haftungsausschluss in uneingeschränktem Sinn aufzufassen ist, ist nicht nur nach dem Wortlaut der Ausschlussbestimmung [hier: ‚Krad wird natürlich ohne Gewähr verkauft'], sondern nach dem gesamten Vertragstext zu beurteilen. Das Berufungsgericht hat in diesem Zusammenhang übersehen, dass die Parteien in ihrem Kaufvertrag nicht nur die Gewährleistung für das Motorrad ausgeschlossen, sondern zugleich eine bestimmte Soll-Beschaffenheit des Fahrzeugs, nämlich eine Laufleistung von 30.000 km, vereinbart haben. Beide Regelungen stehen, zumindest aus der Sicht des Käufers, gleichrangig nebeneinander und können deshalb nicht in dem Sinn verstanden werden, dass der umfassende Gewährleistungsausschluss die Unverbindlichkeit der Beschaffenheitsvereinbarung zur Folge haben soll. ...
Eine nach beiden Seiten interessengerechte Auslegung der Kombination von Beschaffenheitsvereinbarung und Gewährleistungsausschluss kann deshalb nur dahin vorgenommen werden, dass der Haftungsausschluss nicht für das Fehlen der vereinbarten Beschaffenheit [hier: Laufleistung von 30.000 km], sondern nur für solche Mängel gelten soll, die darin bestehen, dass die Sache sich nicht für die nach dem Vertrag vorausgesetzte Verwendung eignet."

8

BGH, Urt. v. 19.12.2012 – VIII ZR 117/12: „Ein Ausschluss der Gewährleistung für etwaige Unfallschäden kommt hier schon deshalb nicht in Betracht, weil die Parteien ... im Kaufvertrag eine Beschaffenheitsvereinbarung über die Unfallfreiheit des Fahrzeugs getroffen haben. ... Im Falle einer vertraglichen Beschaffenheitsvereinbarung [kann] selbst ein daneben ausdrücklich vereinbarter Gewährleistungsausschluss nur dahin ausgelegt werden, dass er nicht für das Fehlen der vereinbarten Beschaffenheit, sondern nur für solche Mängel gelten soll, die darin bestehen, dass die Sache sich nicht für die nach dem Vertrag vorausgesetzte Verwendung eignet (§ 434 Abs. 1 S. 2 Nr. 1 BGB) bzw. sich nicht für die gewöhnliche Verwendung eignet und keine Beschaffenheit aufweist, die bei Sachen der gleichen Art üblich ist und die der Käufer nach der Art der Sache erwarten kann (§ 434 Abs. 1 S. 2 Nr. 2 BGB). Für einen stillschweigenden Gewährleistungsausschluss kann nichts anderes gelten."

9 ▶ **Beispiel:** V verkauft sein gebrauchtes Notebook über eine Internetplattform. Die Artikelbeschreibung endet mit dem Satz: „Ich schließe jede Garantie aus."

Nimmt man V beim Wort, hat er nur eine (ohnehin freiwillige) Garantie ausgeschlossen, nicht aber die gesetzliche Gewährleistung. Ob sich ein Gewährleistungsausschluss im Wege der Auslegung ergibt, ist in jedem Einzelfall zu entscheiden. V nimmt zumindest eine gewisse Rechtsunsicherheit in Kauf. ◀

10 ▶ **Beispiel:** V schreibt: „Ich verkaufe unter Ausschluss der Gewährleistung. Ich versichere aber, dass das Gerät einwandfrei funktioniert."

Hier hat V zwar durch den ersten Satz die Gewährleistung ausgeschlossen. Durch den zweiten Satz gibt er aber eine Funktionsbeschreibung, die u.U. als Beschaffenheitsvereinbarung aufgefasst werden kann. In diesem Fall könnte sich V nicht auf den Haftungsausschluss berufen. ◀

11 Vor allem bei Gebrauchtwagenkäufen wird häufig die Formulierung *„Gekauft wie besichtigt"* verwendet. Darunter versteht man regelmäßig einen Gewährleistungsausschluss für solche Mängel, die bei einer Besichtigung unschwer erkennbar sind. Nur wenn die Vereinbarung mit einem ausdrücklichen Ausschluss jeglicher Gewährleistung

verbunden ist, bezieht sie sich auch auf verdeckte Mängel. Zum Gewährleistungsausschluss in AGB vgl. 6. Kapitel, § 33 Rn. 40 ff.

BGH, Urt. v. 6.4.2016 – VIII ZR 261/14: „Die Gewährleistungsausschlüsse, die durch die Wendung ‚wie besichtigt‘ an eine vorangegangene Besichtigung anknüpfen, beziehen sich in aller Regel nur auf bei der Besichtigung wahrnehmbare, insbesondere sichtbare Mängel der Kaufsache. Wird dabei zugleich der Bezug zu einer Besichtigung des Käufers hergestellt, kommt es auf die Wahrnehmbarkeit des Mangels durch ihn und nicht darauf an, ob eine sachkundige Person den Mangel hätte entdecken oder zumindest auf dessen Vorliegen hätte schließen können und müssen.

Um derartige, bereits bei einer bloßen Besichtigung der Maschine im Lager der Beklagten wahrnehmbare Mängel streiten die Parteien indes nicht. Vielmehr macht die Klägerin grundlegende Mängel der Funktionsfähigkeit und der Konstruktion geltend, die erst später im laufenden Betrieb der Maschine bei der Bearbeitung verschiedener Werkstücke erkennbar geworden seien. Demgegenüber hatte die in der ‚Auftragsbestätigung‘ angesprochene Besichtigung nur in einer bloßen Sichtprüfung ohne Funktionstest bestanden.“

Besonderheiten bestehen beim *Verbrauchsgüterkauf*, da § 476 BGB zugunsten des Verbrauchers die meisten kaufrechtlichen Vorschriften für zwingend erklärt. Die Parteien können die Rechte des Verbrauchers auf Nacherfüllung, Minderung oder Rücktritt nicht beschränken oder ausschließen (§ 476 Abs. 1 BGB). Lediglich Schadensersatzansprüche können in den Grenzen der §§ 307–309 BGB (vgl. 6. Kapitel, § 33 Rn. 40 ff.) ausgeschlossen werden (§ 476 Abs. 3 BGB). Beim Verkauf gebrauchter Sachen kann zudem die Verjährung auf bis zu ein Jahr verkürzt werden (§ 476 Abs. 2 BGB). Erst nach Mitteilung des Mangels an den Unternehmer sind Parteivereinbarungen in den allgemeinen Grenzen der §§ 134, 138 BGB und des AGB-Rechts uneingeschränkt möglich.

Im Handelsverkehr können Gewährleistungsansprüche schließlich ausgeschlossen sein, wenn der Käufer die Ware nicht unverzüglich untersucht und dabei auftretende Mängel nicht unverzüglich gegenüber dem Verkäufer rügt (sog. *kaufmännische Rügeobliegenheit*, dazu näher 11. Kapitel, § 57 Rn. 1 ff.).

Kontrollfragen und Fälle zum 5. Kapitel

1. *Was versteht man unter einem Sachmangel?*

2. *Fall: K kauft im Baumarkt des V einen Rasensprenger. V versichert ihm, dass die gesamte Rasenfläche des K (150 m²) mit dem Gerät bewässert werden kann. Zu Hause stellt K fest, dass tatsächlich nur etwa zwei Drittel der Rasenfläche erfasst werden. Nach einem kurzen Blick auf die Internetseite des Herstellers weiß K, dass das Gerät bauartbedingt nur 100 m² abdeckt. Ist der Rasensprenger mangelhaft?*

3. *Fall: Rentner R kauft im Fachgeschäft einen Modellhubschrauber. Ob der Hubschrauber jemals in die Luft steigen wird, ist ungewiss, da R die beiliegende Bauanleitung, die ausschließlich in koreanischen Schriftzeichen abgefasst ist, nicht entziffern kann. R besteht auf Lieferung einer für ihn verständlichen Bauanleitung. Zu Recht?*

4. *Was versteht man unter einem Verbrauchsgüterkauf? Welche Unterschiede weist er gegenüber dem „normalen" Kaufvertrag auf?*

5. *Fall: Rentner R erwirbt am 27.3. von bei seinem Bekannten, dem Privatier P, einen Gebrauchtwagen. Ab Anfang August schaltet die im Fahrzeug eingebaute Automatikschaltung nach einer von R absolvierten Laufleistung von etwa 13.000 km in der Einstellung „D" nicht mehr selbstständig in den Leerlauf; stattdessen stirbt der Motor ab. Ein Anfahren oder Rückwärtsfahren bei Steigungen ist nicht mehr möglich. Nach erfolgloser Fristsetzung zur Mängelbeseitigung erklärt R gegenüber P mit Schreiben vom 8.9. den Rücktritt vom Kaufvertrag und verlangt Rückzahlung des Kaufpreises (abzüglich einer angemessenen Nutzungsentschädigung). Das Gericht, bei dem R Klage erhoben hat, beauftragt den Sachverständigen S mit der Erstattung eines Gutachtens über die Fehlerursache. S gelangt zu dem Ergebnis, dass der Fehler entweder auf Materialschwäche oder aber auf einen Bedienungsfehler des R (Einlegen einer Fahrstufe bei erhöhter Drehzahl) zurückzuführen ist. Eine sichere Aussage könne er nicht treffen. Wird die Klage des R Erfolg haben?*
Abwandlung: Was würde sich ändern, wenn R den Wagen beim Kfz-Händler H gekauft hätte?

6. *Worin unterscheiden sich Gewährleistung und Garantie? Was ist in der Regel für den Käufer günstiger?*

7. *Worin besteht der Unterschied zwischen einer Beschaffenheitsvereinbarung und einer Beschaffenheitsgarantie?*

8. *Was bedeutet der Vorrang der Nacherfüllung im Kaufrecht? Welche praktischen Auswirkungen hat er für die Rechte des Käufers?*

9. *Unter welchen Voraussetzungen kann ein Käufer, nachdem er auf einen Mangel an der von ihm erworbenen Kaufsache aufmerksam geworden ist, sofort, also ohne dem Verkäufer eine Frist zur Nacherfüllung zu setzen, vom Kaufvertrag zurücktreten?*

10. *Fall: K kauft beim M-Markt ein neues Notebook. Nachdem er mehrere Stunden damit verbracht hat, seine Daten auf das Gerät zu kopieren und einige Programme zu installieren, stellt er fest, dass die „X"-Taste nicht funktioniert. Er kehrt umgehend in den M-Markt zurück und verlangt den Austausch der Tastatur mit der eines baugleichen vorrätigen Geräts. M will das Gerät nur komplett austau-*

schen, weil ihm der Aufwand des Aus- und Einbaus zu hoch ist. Wie ist die Rechtslage?

11. Muss der Käufer die mangelhafte Sache zur Nacherfüllung zum Verkäufer bringen oder kann er verlangen, dass der Verkäufer zwecks Nacherfüllung zu ihm kommt?

12. Fall: R kauft beim Händler H einen neuen Rasenmäher. Zu Hause angekommen, muss R feststellen, dass der Rasenmäher defekt ist. Wutschnaubend kehrt R in das Geschäft des H zurück und erklärt, er trete vom Kaufvertrag zurück. Ist das möglich?

13. Fall: K kauft beim Händler H einen Jahreswagen. Nach ein paar Tagen stellt er fest, dass der Radioempfang nur sehr eingeschränkt funktioniert. Das Gerät findet nur sporadisch einen Sender und rauscht sonst nur. Er fordert H auf, den Mangel zu beseitigen. H kommt dem umgehend nach. Einige Wochen später zeigt das Radio wieder dieselben Ausfallerscheinungen. Wieder repariert H das Gerät. Als drei Tage später erneut dasselbe Problem auftritt, ist die Geduld des K erschöpft. Er fragt, ob er das Gerät bei einem anderen Händler auf Kosten des H austauschen lassen kann.

14. Fall: Im vorigen Fall fragt K, ob er wegen des Mangels vom Vertrag zurücktreten kann.

15. Fall: K kauft bei V ein neues Fahrrad (Wert: 500 €) für 400 €. Es stellt sich heraus, dass die Gangschaltung defekt ist. Infolge des Mangels hat das Fahrrad nur noch einen Wert von 400 €. Als V sich trotz mehrfacher Aufforderungen des K strikt weigert, die Gangschaltung zu reparieren, fragt K, ob und in welcher Höhe er den Kaufpreis mindern kann.

16. Fall: M kauft beim Discounter P Rucolasalat, der teilweise mit einem gefährlichen Pflanzengift besprizt wurde. Er erleidet eine schwere Vergiftung, die ärztlich behandelt werden muss. M verlangt von P Ersatz der Arztkosten. P lehnt ab mit der Begründung, die untersuchten Stichproben seien einwandfrei gewesen. Wie ist die Rechtslage?

17. Können die Parteien eines Kaufvertrags die Gewährleistung individualvertraglich ausschließen?

18. Fall: Student S kauft von seinem Kommilitonen V ein gebrauchtes Fahrrad (Zeitwert: 400 €) für 360 € unter Ausschluss „jeglicher Garantie". Einige Tage macht sich ein bereits bei Übergabe vorhandener – dem V jedoch unbekannter – Defekt der Gangschaltung bemerkbar. Infolge des Mangels hat das Fahrrad nur noch einen Wert von 300 €. S fragt sich, ob er von V Reparatur des Fahrrads verlangen kann.

6. Kapitel:
Allgemeine Geschäftsbedingungen

§ 30 Bedeutung und Zweck von AGB

1 Allgemeine Geschäftsbedingungen (AGB) haben im Wirtschaftsleben eine überragende Bedeutung. Der Gebrauch von AGB ist heute fast überall üblich, sei es im Warenverkehr oder bei Bankgeschäften. Wer in großem Umfang am Rechtsverkehr teilnimmt und permanent Verträge abschließt, hat weder das Interesse noch die Zeit, jede einzelne Vertragsbedingung immer wieder aufs Neue auszuhandeln. Stattdessen sollen Verträge stets nach denselben, für ihn günstigen oder zumindest nicht ungünstigen Bedingungen – und oftmals abweichend vom dispositiven Gesetzesrecht – abgewickelt werden. In einigen Wirtschaftszweigen hat es sich eingebürgert, dass alle Unternehmen der Branche einheitliche Bedingungen verwenden. So haben etwa AGB für Banken und Sparkassen als „selbstgeschaffenes Recht der Wirtschaft" inzwischen fast gesetzesgleiche Bedeutung. Gleichwohl sind AGB keine Rechtsnormen. Im Unterschied zu Gesetzen beruht ihre Geltung allein auf einem übereinstimmenden Willen der Parteien.

2 AGB dienen der Einfachheit und Schnelligkeit des Geschäftslebens vor allem bei Massengeschäften. Sie erfüllen mehrere Zwecke: Erstens rationalisieren sie den Wirtschaftsverkehr. Indem AGB den Zeitbedarf beim Abschluss von Verträgen verringern, senken sie aus wirtschaftlicher Sicht die „Transaktionskosten" im Wirtschaftsverkehr erheblich. Zweitens füllen AGB Lücken im Gesetz. Dies gilt vor allem für neuere Vertragstypen, die das BGB nicht kennt (Finanzierungsleasing, Factoring, Franchising usw.). Drittens will der Verwender der AGB seine Interessen gegenüber seinen Vertragspartnern durchsetzen und die gesetzliche Risikoverteilung zu seinen Gunsten abändern. Dies gelingt vor allem deshalb, weil AGB entweder aus Zeitgründen in der Praxis nicht gelesen werden oder weil der Verwender sich beim Vertragsschluss in einer überlegenen Situation befindet und daher seine Bedingungen der anderen Partei „diktieren" kann (Bsp.: Abschluss eines Arbeitsvertrags).

3 Gerade im letzteren Fall muss der Vertragspartner des Verwenders durch eine besonders strenge inhaltliche Kontrolle der AGB vor einer missbräuchlichen Ausnutzung seiner unterlegenen Verhandlungsposition geschützt werden (zur Inhaltskontrolle vgl. 6. Kapitel, § 33 Rn. 11 ff.). Aber auch in den sonstigen Fällen, in denen die Parteien typischerweise über den Inhalt von AGB nicht verhandeln, unterliegen die AGB-Klauseln verschärften inhaltlichen Schranken (§§ 307–309 BGB), die einer übermäßigen Benachteiligung des Vertragspartners entgegenwirken sollen. Gleichwohl handelt es sich bei den Regelungen über die Kontrolle von AGB (§§ 305 ff. BGB) nicht um ein spezifisches Verbraucherschutzrecht. Auch im unternehmerischen Rechtsverkehr müssen AGB den Anforderungen der §§ 305 ff. BGB gerecht werden. Allerdings ist der Prüfungsmaßstab bei Verträgen zwischen Unternehmern weitaus großzügiger als bei Verträgen zwischen einem Unternehmer und einem Verbraucher (sog. *Verbrauchervertrag*, § 310 Abs. 3 BGB; vgl. 6. Kapitel, § 33 Rn. 19 f.).

4 Bei der rechtlichen Bewertung von AGB ist in drei Stufen vorzugehen: Erstens muss geprüft werden, ob es sich bei der betreffenden Klausel überhaupt um eine *Allgemeine Geschäftsbedingung* handelt (§ 305 Abs. 1 BGB). Zweitens müssen die AGB wirksam

in den Vertrag einbezogen worden sein (sog. *Einbeziehungskontrolle*). Nur dann sind sie Bestandteil des Vertrags und können die Rechte und Pflichten der Parteien gestalten (§ 305 Abs. 2 BGB). In einem dritten Schritt wird schließlich geprüft, ob die betreffende Klausel inhaltlich den Anforderungen der §§ 307–309 BGB entspricht (sog. *Inhaltskontrolle*).

Generell vom Anwendungsbereich der §§ 305 ff. BGB ausgenommen sind Vereinbarungen auf dem Gebiet des Erb-, Familien- und Gesellschaftsrechts sowie Tarifverträge, Betriebs- und Dienstvereinbarungen. Arbeitsverträge unterliegen dagegen der AGB-Kontrolle. Allerdings sind dabei die im Arbeitsrecht geltenden Besonderheiten angemessen zu berücksichtigen (§ 310 Abs. 4 BGB).

▶ **Beispiel:** A schließt mit G zum 2.1.2017 einen (formularmäßigen) Arbeitsvertrag, in dem es u.a. heißt: „Tritt der Arbeitnehmer das Arbeitsverhältnis nicht an, löst er das Arbeitsverhältnis unter Vertragsbruch oder wird der Arbeitgeber durch schuldhaft vertragswidriges Verhalten des Arbeitnehmers zur fristlosen Kündigung des Arbeitsverhältnisses veranlasst, so hat der Arbeitnehmer an den Arbeitgeber eine Vertragsstrafe i.H.v. einem Bruttomonatsgehalt zu zahlen." Zudem sieht der Arbeitsvertrag eine Kündigungsfrist von einem Monat vor. Weil A Ende Dezember 2016 ein deutlich lukrativeres Jobangebot erhält, tritt er die Stelle bei G erst gar nicht an.

Hier kann G die vereinbarte Vertragsstrafe verlangen. Zwar ist die Vereinbarung einer Vertragsstrafe für den Fall der vorzeitigen Loslösung vom Vertrag in AGB grundsätzlich unwirksam (§ 309 Nr. 6 BGB). Das BAG hält Vertragsstrafen in Arbeitsverträgen aber grundsätzlich auch in Form von AGB für zulässig, weil der Arbeitgeber – im Gegensatz zu anderen Gläubigern – keine Möglichkeit hat, die Arbeitspflicht des Arbeitnehmers gerichtlich durchzusetzen (vgl. § 888 Abs. 3 ZPO). Arbeitsrechtliche Besonderheiten erlauben daher die Vertragsstrafe unter bestimmten Umständen als Sanktionsinstrument für die Arbeitsverweigerung des Arbeitnehmers. Die hier verwendete Klausel ist zulässig. ◀

§ 31 Voraussetzungen für AGB

1 AGB sind Vertragsbedingungen, die für eine Vielzahl von Verträgen vorformuliert sind und die eine Vertragspartei (= der Verwender) der anderen Vertragspartei bei Abschluss eines Vertrags stellt (§ 305 Abs. 1 BGB). Es müssen also folgende Voraussetzungen kumulativ vorliegen:

I. Vorformulierte Vertragsbedingungen

2 *Vertragsbedingungen* sind alle Regelungen, die den Vertrag inhaltlich gestalten. Es spielt keine Rolle, ob die Bedingungen ausdrücklich als „Allgemeine Geschäftsbedingungen" bezeichnet werden. In der Praxis werden oft andere Bezeichnungen verwendet, etwa „Allgemeine Lieferbedingungen" oder „Einkaufsbedingungen". Gleichgültig ist schließlich, ob die Bestimmungen in den Vertragstext aufgenommen werden (sog. Formularvertrag) oder äußerlich davon getrennt sind (§ 305 Abs. 1 S. 2 BGB).

3 *Vorformuliert* sind Vertragsbedingungen dann, wenn sie bereits vor dem Vertragsabschluss so formuliert sind, dass sie in künftigen Verträgen verwendet werden können. Der Verfasser der AGB muss die *Absicht* haben, dass die Klauseln *mindestens dreimal verwendet* werden. Ob das im Anschluss auch tatsächlich geschieht, ist unbeachtlich. Auch bei der erstmaligen Verwendung kommt daher bereits eine AGB-Kontrolle in Betracht. Entscheidend ist schließlich nicht die Absicht des Verwenders der AGB, sondern derjenigen Person, welche die AGB tatsächlich formuliert hat.

4 ▶ **Beispiel:** Nachdem die Kinder ausgezogen sind, fühlt sich V in seinem großen Haus allein. Er zieht in eine kleinere Wohnung um und vermietet das Haus bis zu seinem Tod an M. Für den Vertragsschluss verwendet V ein vorgefertigtes Formular „Grundstücksmietvertrag" des Hauseigentümerverbands, das dieser seinen Mitgliedern zur Verfügung stellt.

Hier wollte V die Bedingungen des Mietvertrags nicht mehrfach verwenden. Formuliert hat die Klauseln jedoch der Verband. Das geschah gerade in der Absicht, dass der Mustervertrag von den Verbandsmitgliedern regelmäßig genutzt wird. Es handelt sich somit um AGB. ◀

5 Bei Verbraucherverträgen ist es grundsätzlich nicht erforderlich, dass der Unternehmer die Vertragsklauseln für eine Vielzahl von Verträgen vorformuliert. Die wichtigsten Regelungen des AGB-Rechts sind vielmehr auch dann anwendbar, wenn der Unternehmer Geschäftsbedingungen verwendet, die er lediglich zur einmaligen Nutzung verfasst hat (§ 310 Abs. 3 Nr. 2 BGB).

II. Das „Stellen" von AGB

6 AGB müssen von einer Partei des Vertrags (dem Verwender) *gestellt* werden. Das ist dann der Fall, wenn sie von einer Partei oder ihrem Stellvertreter einseitig in den Vertrag eingebracht werden. Regelmäßig ist Verwender die Partei, die bei Vertragsschluss eine wirtschaftlich überlegene Stellung innehat. Notwendig ist dies jedoch nicht; der Verwender kann auch die wirtschaftlich schwächere Partei sein, wenn es ihm dennoch gelingen sollte, seine Bedingungen durchzusetzen.

7 Um AGB handelt es sich demgegenüber nicht, wenn die Bedingungen zwischen den Vertragsparteien *im Einzelfall ausgehandelt* werden (§ 305 Abs. 1 S. 3 BGB). Dann ist ein besonderer Schutz des Vertragspartners nicht erforderlich. Voraussetzung hierfür ist, dass der Verwender die Bedingungen inhaltlich ernsthaft zur Disposition stellt und

dem Vertragspartner eine Gestaltungsfreiheit zur Wahrung seiner Interessen einräumt. Daran fehlt es etwa, wenn der Kunde lediglich zwischen mehreren vorformulierten Regelungen wählen kann. Klauseln mit Leerräumen, die im Einzelfall handschriftlich ausgefüllt werden, sind ebenfalls AGB, wenn es sich dabei lediglich um unselbstständige Ergänzungen handelt (Bsp.: Name des Kunden oder des Vertragsobjekts, Kilometerstand des zu verkaufenden Fahrzeugs).

8

BGH, Urt. v. 20.1.2016 – VIII ZR 26/15: „Das wesentliche Charakteristikum von AGB hat der Gesetzgeber in der Einseitigkeit ihrer Auferlegung sowie in dem Umstand gesehen, dass der andere Vertragsteil, der mit einer solchen Regelung konfrontiert wird, auf ihre Ausgestaltung gewöhnlich keinen Einfluss nehmen kann. Mit Rücksicht darauf ist das Merkmal des Stellens erfüllt, wenn die Formularbestimmungen auf Initiative einer Partei oder ihres Abschlussgehilfen in die Verhandlungen eingebracht und ihre Verwendung zum Vertragsabschluss verlangt werden. Der (einseitige) Wunsch einer Partei, bestimmte von ihr bezeichnete vorformulierte Vertragsbedingungen zu verwenden, ist grundsätzlich ausreichend. Dabei kommt es, wie das Berufungsgericht im Ansatz zutreffend angenommen hat, nicht darauf an, wer die Geschäftsbedingungen entworfen hat. Entscheidend ist, ob eine der Vertragsparteien sie sich als von ihr gestellt zurechnen lassen muss. An dem durch einseitige Ausnutzung der Vertragsgestaltungsfreiheit einer Vertragspartei zum Ausdruck kommenden Stellen vorformulierter Vertragsbedingungen fehlt es hingegen, wenn deren Einbeziehung sich als Ergebnis einer freien Entscheidung desjenigen darstellt, der mit dem Verwendungsvorschlag konfrontiert wird. Erforderlich hierfür ist, dass diese Vertragspartei in der Auswahl der in Betracht kommenden Vertragstexte frei ist und insbesondere Gelegenheit erhält, alternativ eigene Textvorschläge mit der effektiven Möglichkeit ihrer Durchsetzung in die Verhandlungen einzubringen."

Bei Verbraucherverträgen gelten AGB grundsätzlich als vom Unternehmer gestellt. Etwas anderes gilt nur in den seltenen Fällen, in denen sie durch den Verbraucher in den Vertrag eingeführt werden (§ 310 Abs. 3 Nr. 1 BGB). Die praktische Bedeutung der Vorschrift ist gering, da bei Verbraucherverträgen ohnehin regelmäßig der Unternehmer die AGB zur Grundlage des Vertrags macht. Der Unternehmer muss darlegen und beweisen, dass die AGB im konkreten Fall vom Verbraucher gestellt wurden.

9

§ 32 Einbeziehung von AGB in den Vertrag

I. Voraussetzungen der Einbeziehung

1. Unternehmerischer Rechtsverkehr

1 AGB sind nur dann rechtlich verbindlich, wenn sie wirksam einbezogen und dadurch Bestandteil des Vertrags geworden sind. Im unternehmerischen Verkehr geschieht dies nach den allgemeinen Regelungen der §§ 145 ff. BGB durch Angebot und Annahme (vgl. § 310 Abs. 1 S. 1 BGB). Im Rahmen einer bestehenden Geschäftsbeziehung ist nicht erforderlich, dass bei jedem einzelnen Geschäft erneut auf die AGB verwiesen wird. Bisher vereinbarte AGB gelten auch für den Folgevertrag als vereinbart, wenn der Vertragspartner nicht ausdrücklich widerspricht. Ist die Verwendung von AGB branchenüblich (Bsp.: Allgemeine deutsche Spediteurbedingungen), können AGB sogar stillschweigend Vertragsbestandteil werden.

2 Im unternehmerischen Rechtsverkehr kommt es häufig vor, dass beide Seiten jeweils die Einbeziehung ihrer eigenen, einander widersprechenden AGB verlangen (sog. *kollidierende AGB*). Weil die Annahmeerklärung inhaltlich vom Angebot abweicht, liegt an sich eine Ablehnung des Angebots verbunden mit einem neuen Angebot vor (§ 150 Abs. 2 BGB). Früher wurde daher angenommen, dass die zuletzt zugegangenen AGB gelten, wenn der Empfänger nicht widerspricht (sog. *Theorie des letzten Wortes*). Heute geht man davon aus, dass nur die sich deckenden, d.h. die inhaltlich übereinstimmenden, Klauseln in den Vertrag einbezogen werden. Soweit die AGB sich widersprechen, liegt ein Dissens vor. Wird der Vertrag dennoch durchgeführt, zeigt dies, dass entgegen der Auslegungsregel des § 154 Abs. 1 BGB ein wirksamer Vertrag zustande gekommen ist. In diesem Fall treten die gesetzlichen Regelungen an die Stelle der kollidierenden AGB.

2. Verbraucherverträge

3 Für Verbraucherverträge und für Verträge zwischen Privatpersonen verschärft § 305 Abs. 2 BGB die Anforderungen an die *Einbeziehung* von AGB in Verträge: Die andere Partei muss nicht nur mit der Geltung der AGB einverstanden sein. Der Verwender muss sie darüber hinaus bei Vertragsschluss *ausdrücklich* auf die AGB *hinweisen* (§ 305 Abs. 2 Nr. 1 BGB). Der Hinweis kann schriftlich oder mündlich erfolgen. Ein schriftlicher Hinweis muss so beschaffen sein, dass er von einem Durchschnittskunden selbst bei nur flüchtiger Betrachtung nicht übersehen werden kann. Nicht ausreichend ist etwa der bloße Abdruck der AGB auf der Vertragsrückseite. Der Hinweis muss bereits *bei Vertragsschluss* erfolgen. In laufenden Geschäftsbeziehungen genügt ein bei einem früheren Vertrag gegebener Hinweis nicht.

4 Ein Hinweis ist nicht erforderlich, wenn es sich bei dem gesamten Vertrag um einen Formularvertrag handelt. Schließlich genügt ausnahmsweise ein deutlich sichtbarer Aushang, wenn ein ausdrücklicher Hinweis wegen der Art des Vertragsschlusses nur unter unverhältnismäßigen Schwierigkeiten möglich ist.

5 ▶ **Beispiel:** In der Einfahrt eines Parkhauses hängt vor der Schranke ein großes Schild, auf dem in gut lesbarer Schrift die Parkbedingungen genannt werden. ◀

6 Zudem muss der Verwender der anderen Partei bei Vertragsschluss die *Möglichkeit* verschaffen, *in zumutbarer Weise vom Inhalt* der Bedingungen *Kenntnis zu nehmen*

(§ 305 Abs. 2 Nr. 2 BGB). Das setzt voraus, dass die Bedingungen auch für den Durchschnittskunden mühelos lesbar sind, ein Mindestmaß an Übersichtlichkeit aufweisen und sich in einem vertretbaren Umfang halten.

Bei einem Vertragsschluss unter Abwesenden ist es für den Verwender von AGB außerordentlich schwierig, diese wirksam einzubeziehen. Erforderlich ist die Übersendung der AGB bereits *vor Vertragsschluss*. Das ist gerade bei Vertragsabschlüssen am Telefon im Ergebnis nicht möglich. Es wäre völlig praxisfremd, jedem Kunden am Telefon die gesamten AGB vorzulesen.   7

▶ **Beispiel:** K bestellt per Telefon beim Versandhändler V ein paar neue Schuhe. V weist K   8
am Telefon kurz darauf hin, dass „selbstverständlich unsere AGB gelten". Als das Paket geliefert wird, liegt eine Rechnung bei, auf deren Rückseite die AGB aufgedruckt sind.

Hier hat K erst im Zeitpunkt der Lieferung die Möglichkeit, in zumutbarer Weise vom Inhalt der AGB Kenntnis zu erhalten. Der Vertrag wurde jedoch bereits am Telefon abgeschlossen. Die AGB sind daher nicht Bestandteil des Vertrags geworden. ◀

Beim *Vertragsschluss im Internet* reicht es aus, dass die AGB über einen auf der Bestellseite gut sichtbaren Hyperlink aufgerufen und ausgedruckt werden können. Die   9
bloße Anzeige auf dem Bildschirm ohne Druckmöglichkeit reicht nur ausnahmsweise aus, wenn die AGB so kurz sind und der Text so gestaltet ist, dass der Kunde sie auch ohne Ausdruck kritisch prüfen kann. Der Unternehmer ist zwar nach Art. 246 § 2 Abs. 1 S. 2 Nr. 1 EGBGB verpflichtet, dem Verbraucher die AGB in Textform zur Verfügung zu stellen. Ein Verstoß gegen diese Pflicht verhindert aber nicht die Einbeziehung der AGB in den Vertrag.

3. Besondere Fälle

§ 305 a BGB sieht für bestimmte Massengeschäfte eine erleichterte Einbeziehungsmöglichkeit vor. Diese Erleichterung gilt vor allem im Beförderungsbereich (Bsp.: amtlich genehmigte Beförderungsbedingungen der Eisenbahnen, Straßenbahnen, Omnibusse, nicht aber im Luftverkehr, in der Schifffahrt und im Taxiverkehr), für die Post und bei Verträgen über Telekommunikationsleistungen.   10

▶ **Beispiel:** K wirft einen Brief in einen der von der Deutschen Post AG bundesweit aufgestellten Briefkästen. Sofern sich der Briefkasten außerhalb von Geschäftsräumen der Post   11
befindet (vgl. § 305 a Nr. 2 BGB), werden die AGB auch ohne gesonderten Hinweis Bestandteil des Beförderungsvertrags. ◀

II. Der Vorrang der Individualabrede

Gemäß § 305 b BGB haben individuelle Vertragsabreden stets Vorrang vor AGB. Eine   12
Individualabrede ist eine Vereinbarung, die von den Parteien entweder bei Vertragsschluss oder zu einem späteren Zeitpunkt im Einzelnen ausgehandelt wird. Klauseln in AGB, die im Widerspruch zu Individualvereinbarungen stehen, entfalten keine Wirkung. Dabei spielt es keine Rolle, ob die Individualvereinbarung für den Verwender nachteilig oder vorteilhaft ist.

▶ **Beispiel:** Bauunternehmer B bestellt beim Hersteller H 500 Eisenstangen. Auf dem hierfür verwendeten Bestellschein des H vermerkt er handschriftlich: „Lieferung fix am 1.6."   13
Nach den auf der Rückseite des Bestellscheins abgedruckten AGB sind alle Liefertermine unverbindlich. H liefert die Stangen erst am 5.6.

Hier hat B ein Angebot zum Kauf der Eisenstangen mit dem fixen Liefertermin 1.6. abgegeben. H hat das Angebot konkludent durch die Lieferung der Stangen angenommen. Der individualvertraglich vereinbarte Fixtermin geht gemäß § 305 b BGB der Unverbindlichkeitsklausel in den AGB vor. H kam daher auch ohne Mahnung am 2.6. in Verzug (§ 286 Abs. 2 Nr. 1 BGB). ◄

14 Vorrang vor AGB haben Individualvereinbarungen auch dann, wenn sie nur mündlich getroffen werden. Im Rechtsverkehr finden sich zwar häufig sog. Schriftformklauseln (siehe bereits 2. Kapitel, § 13 Rn. 30 ff.). Danach sollen Vertragsänderungen nur wirksam sein, wenn sie schriftlich vereinbart werden (*einfache Schriftformklausel*). Allerdings gehen Vertragsänderungen gemäß § 305 b BGB allen AGB – und damit auch der Schriftformklausel – vor. Eine mündliche Vertragsänderung bedeutet zugleich den Verzicht auf das Schriftformerfordernis. Die einfache Schriftformklausel ist damit rechtlich ohne Bedeutung. In der Praxis wurde daher versucht, das Formerfordernis auf die Aufhebung der Schriftform selbst zu erstrecken (*doppelte* oder *qualifizierte Schriftformklausel*). Jedoch gehen Individualabreden nach Auffassung des BGH nach § 305 b BGB auch einer solchen doppelten Schriftformklausel vor. Das BAG gelangt zu demselben Ergebnis, indem es doppelte Schriftformklauseln wegen Verstoßes gegen § 307 Abs. 1 BGB für unwirksam hält.

15 **BGH, Urt. v. 25.1.2017 – XII ZR 69/16:** „[D]ie Klausel bleibt jedenfalls wegen des Vorrangs der Individualvereinbarung nach § 305 b BGB wirkungslos. Für eine in einem Formularvertrag enthaltene einfache Schriftformklausel hat der Senat dies bereits entschieden. Dabei kommt es nicht darauf an, ob die Parteien eine Änderung der AGB beabsichtigt haben oder sich der Kollision mit den AGB auch nur bewusst geworden sind. Unerheblich ist auch, ob die Individualvereinbarung ausdrücklich oder stillschweigend getroffen worden ist. Den Vorrang gegenüber AGB haben individuelle Vertragsabreden ohne Rücksicht auf die Form, in der sie getroffen worden sind, und somit auch, wenn sie auf mündlichen Erklärungen beruhen. Das gilt selbst dann, wenn durch eine AGB-Schriftformklausel bestimmt wird, dass mündliche Abreden unwirksam sind.
Zwischen einfacher und doppelter Schriftformklausel sind insoweit keine maßgeblichen Unterschiede erkennbar. Der Vorrang der Individualvereinbarung muss bei beiden auch dann gewahrt bleiben, wenn man ein Interesse des Verwenders anerkennt, einem langfristigen Mietvertrag nicht durch nachträgliche mündliche Abreden die Schriftform zu nehmen und deshalb eine solche Klausel ausnahmsweise als wirksam ansieht. Das gebieten Sinn und Zweck des § 305 b BGB, wonach vertragliche Vereinbarungen, die die Parteien für den Einzelfall getroffen haben, nicht durch davon abweichende AGB durchkreuzt, ausgehöhlt oder ganz oder teilweise zunichte gemacht werden können. Die Vorschrift beruht auf der Überlegung, dass AGB als generelle Richtlinien für eine Vielzahl von Verträgen abstrakt vorformuliert und daher von vornherein auf Ergänzung durch die individuelle Einigung der Parteien ausgelegt sind. Sie können und sollen nur insoweit Geltung beanspruchen, als die von den Parteien getroffene Individualabrede dafür Raum lässt. Vereinbaren die Parteien – wenn auch nur mündlich – etwas anderes, so kommt dem der Vorrang zu.“

16 **BAG, Urt. v. 20.5.2008 – 9 AZR 382/07:** „Eine vom Arbeitgeber im Arbeitsvertrag als Allgemeine Geschäftsbedingung aufgestellte doppelte Schriftformklausel kann beim Arbeitnehmer den Eindruck erwecken, jede spätere vom Vertrag abweichende mündliche Abrede sei gemäß § 125 S. 2 BGB nichtig. Das entspricht nicht der wahren Rechtslage. Denn

gemäß § 305 b BGB haben individuelle Vertragsabreden Vorrang vor AGB. Dieses Prinzip des Vorrangs (mündlicher) individueller Vertragsabreden setzt sich auch gegenüber doppelten Schriftformklauseln durch. Eine zu weit gefasste doppelte Schriftformklausel ist irreführend. Sie benachteiligt den Vertragspartner deshalb unangemessen i.S.v. § 307 Abs. 1 BGB."

▶ **Beispiel:** V bietet dem K seinen gebrauchten Wagen zum Kauf an. Er verwendet ein Vertragsformular „Gebrauchtwagenkauf", das u.a. einen (zulässigen) Gewährleistungsausschluss sowie folgende Klausel enthält: „Änderungen und Ergänzungen dieses Vertrags sind, auch wenn sie bereits mündlich getroffen wurden, nur wirksam, wenn sie schriftlich festgelegt und von beiden Parteien unterzeichnet worden sind. Dies gilt auch für den Verzicht auf das Schriftformerfordernis." Um den noch unschlüssigen K zum Vertragsschluss zu bewegen, sagt V ihm zu, dass er den Wagen innerhalb eines Monats zurückgeben könne, wenn er mit ihm nicht zufrieden sei. K kauft den Wagen. Nach einer Woche tritt ein Motorschaden auf. 17

Nach dem schriftlichen Vertrag hat K keine Gewährleistungsansprüche. Die Parteien haben aber mündlich ein Rücktrittsrecht vereinbart. Dieses ist wirksam, da die doppelte Schriftformklausel gegen § 307 Abs. 1 BGB verstößt. ◀

III. Das Verbot überraschender Klauseln

Nach § 305 c Abs. 1 BGB werden Bestimmungen in AGB, die so ungewöhnlich sind, dass der Vertragspartner mit ihnen unter keinen Umständen zu rechnen brauchte, nicht Inhalt des Vertrags (sog. Verbot überraschender Klauseln). Die Klausel muss in Bezug auf den betreffenden Vertrag objektiv ungewöhnlich sein. Zusätzlich ist ein Überraschungsmoment erforderlich. Die Klausel muss geeignet sein, den typischen Durchschnittskunden zu „überrumpeln". Ein Überraschungseffekt i.S.v. § 305 c BGB kann sich aus der Stellung der Klausel im Gesamtwerk der AGB ergeben. Das ist etwa der Fall, wenn sie in einem systematischen Zusammenhang steht, in dem der Vertragspartner sie nicht zu erwarten braucht. 18

▶ **Beispiel:** K kauft beim Gebrauchtwagenhändler G einen Jahreswagen. Er unterzeichnet einen ihm von G vorgelegten Formularvertrag. Darin heißt es u.a.: „Mit Abschluss des Vertrags verpflichtet sich der Käufer, die Zeitschrift ‚Rasermagazin' im Jahresabonnement (zwölf Ausgaben) für 50 € vom Verlag V zu beziehen. Das Abonnement verlängert sich automatisch, wenn der Käufer es nicht mit einer Frist von einem Monat zum Ende des Bezugszeitraums kündigt." 19

Wer ein Auto kauft, muss nicht damit rechnen, dass er nach den vom Verkäufer gestellten AGB zugleich ein Zeitschriftenabonnement abschließt. Es handelt sich hier um eine überraschende Klausel, die nach § 305 c Abs. 1 BGB nicht Vertragsinhalt wird. K muss die 50 € nicht zahlen. ◀

§ 33 Die Wirksamkeit von AGB

I. Inhaltsbestimmung

1 Sind die AGB wirksam in den Vertrag einbezogen, so ist in einem letzten Schritt zu prüfen, ob sie einer Inhaltskontrolle standhalten. Anderenfalls sind sie unwirksam. Die Wirksamkeit einer Klausel kann nicht nur relevant werden in einem Rechtsstreit zwischen den beiden Vertragsparteien, sondern auch im Rahmen einer sog. Verbandsklage: Verbraucherverbänden und -vereinen steht das Recht zu, den Verwender von unwirksamen AGB auf Unterlassung in Anspruch zu nehmen (§§ 1, 3 des Gesetzes über Unterlassungsklagen bei Verbraucherrechts- und anderen Verstößen [UKlaG]).

2 Um die Wirksamkeit einer Klausel prüfen zu können, muss zunächst ihr genauer Inhalt festgestellt werden. Dazu ist es erforderlich, die Klausel auszulegen. Nach der Rechtsprechung sind AGB nach objektiven Maßstäben, losgelöst vom Einzelfall und von den individuellen Vorstellungen der Vertragsparteien, unter Beachtung ihres wirtschaftlichen Zwecks und der gewählten Ausdrucksweise auszulegen. Ist eine Bestimmung auch nach Ausschöpfung aller zur Verfügung stehenden Auslegungsmittel nicht eindeutig, so ist sie gemäß § 305 c Abs. 2 BGB zulasten des Verwenders auszulegen. Das bedeutet nicht zwingend, dass sie in jedem Fall *kundenfreundlich* auszulegen ist. Im Rahmen der Inhaltskontrolle kann nämlich für den Kunden eine *kundenfeindliche* Auslegung u.U. günstiger sein, weil dann die Wahrscheinlichkeit steigt, dass die Klausel nicht in Einklang mit den gesetzlichen Vorgaben steht und einer Inhaltskontrolle nicht standhält. Auch im Verbandsprozess ist der AGB-Kontrolle die für den Kunden ungünstigste Auslegung zugrunde zu legen. Hält die Klausel aber auch in dieser kundenfeindlichen Auslegung der Inhaltskontrolle stand, so gilt sie dann in der kundenfreundlichen Auslegung als vereinbart.

3 > **BGH, Urt. v. 21.4.2009 – XI ZR 78/08:** „Die Auslegung hat dabei nach ihrem objektiven Inhalt und typischen Sinn einheitlich so zu erfolgen, wie sie von verständigen und redlichen Vertragspartnern unter Abwägung der Interessen der normalerweise beteiligten Verkehrskreise verstanden wird, wobei die Verständnismöglichkeiten des durchschnittlichen Vertragspartners zugrunde zu legen sind. Zweifel bei der Auslegung gehen nach § 305 c Abs. 2 BGB zulasten des Verwenders. Nach ständiger Rechtsprechung führt diese Auslegungsregel dazu, dass bei einer mehrdeutigen Klausel von den möglichen Auslegungen diejenige zugrunde zu legen ist, die zur Unwirksamkeit der Klausel führt. Denn damit ist die scheinbar ‚kundenfeindlichste‘ Auslegung im Ergebnis regelmäßig die [für den] Kunden günstigste. Außer Betracht zu bleiben haben insoweit nur solche Verständnismöglichkeiten, die zwar theoretisch denkbar, praktisch aber fernliegend und nicht ernstlich in Betracht zu ziehen sind."

4 ▶ **Beispiel:** Gasversorger G nimmt in seine AGB folgende Bestimmung auf: „G ist berechtigt, die Gaspreise zu ändern, wenn eine Preisänderung durch den Vorlieferanten der G erfolgt."

Zwar sind bei langfristigen Lieferverträgen Preisanpassungsklauseln ein geeignetes und anerkanntes Instrument zur Wahrung des Gleichgewichts von Preis und Leistung. Einerseits nehmen sie dem Verwender das Risiko langfristiger Kalkulation ab und sichern ihm seine Gewinnspanne trotz nachträglicher, ihn belastender Kostensteigerungen. Andererseits bewahren sie den Vertragspartner davor, dass der Verwender mögliche künftige Kostenerhöhungen vorsorglich schon bei Vertragsschluss durch Risikozuschläge aufzufangen versucht.

Eine Preisanpassungsklausel muss allerdings das vertragliche Äquivalenzverhältnis wahren. Hierfür ist es notwendig, dass die Klausel den Verwender nicht nur berechtigt, eine Preiserhöhung weiterzugeben, sondern ihn bei einem gefallenen Gaseinkaufspreis nach gleichen Maßstäben wie bei einem gestiegenen Preis zu einer Preissenkung verpflichtet. Die von G verwendete Klausel ist offen formuliert. Daher ist zunächst die kundenfeindliche Auslegung zu wählen, nach der G nicht verpflichtet ist, den Preis auch nach unten anzupassen. In dieser Auslegung benachteiligt die Klausel den Vertragspartner unangemessen. Sie ist daher nach § 307 Abs. 1 BGB unwirksam. ◄

▶ **Beispiel:** Die Angabe der „Mietraumfläche" in einem Formularmietvertrag über eine Dachgeschosswohnung kann sowohl die „Wohnraumfläche" unter Berücksichtigung der Dachschrägen als auch nur die reine „Grundfläche" erfassen. Da beide Auslegungsmöglichkeiten einer Inhaltskontrolle standhalten, muss nach dem Grundsatz der kundenfreundlichen Auslegung der Begriff „Mietraumfläche" mit der für den Mieter günstigeren tatsächlichen Wohnfläche gleichgesetzt werden. Ist die „Mietraumfläche" geringer als die „Wohnraumfläche", kann der Mieter die Miete entsprechend mindern. ◄   5

II. Kontrollfähige Klauseln

Nach § 307 Abs. 3 S. 1 BGB unterliegen nur solche Vertragsbestimmungen der Inhaltskontrolle, die von Rechtsvorschriften abweichen oder diese ergänzen. Deklaratorische Klauseln, die lediglich dasjenige wiedergeben, was sich ohnehin bereits aus dem Gesetz ergibt, sind nicht auf ihre Angemessenheit zu prüfen.   6

▶ **Beispiel:** Die Allgemeinen Lieferbedingungen des L sehen u.a. vor: „Der Käufer erhält eine zweijährige Gewährleistung bei beweglichen Sachen."   7
Die Klausel wiederholt lediglich die gesetzliche Verjährungsfrist des § 438 Abs. 1 Nr. 3 BGB. Sie ist daher nicht auf ihre Angemessenheit zu kontrollieren. ◄

Ausgenommen von der Inhaltskontrolle sind darüber hinaus alle Preisvereinbarungen und Leistungsbeschreibungen, die den Gegenstand der Hauptleistung unmittelbar betreffen. Das hat seine Ursache in der Vertragsfreiheit der Parteien. Wollte das Gericht die vertraglichen Hauptleistungen auf ihre Angemessenheit kontrollieren, so liefe dies im Ergebnis auf eine staatliche Vertragszensur hinaus. Klauseln über die Hauptleistungspflichten der Parteien unterliegen daher lediglich einer Transparenzkontrolle (§ 307 Abs. 3 S. 2, Abs. 1 S. 2 BGB). Demgegenüber sind Klauseln, die das Hauptleistungsversprechen abändern, ausgestalten oder modifizieren, inhaltlich vollständig zu prüfen.   8

> **BGH, Urt. v. 29.4.2010 – Xa ZR 5/09:** „Der Inhaltskontrolle unterliegen gemäß   9
> § 307 Abs. 3 S. 1 BGB Bestimmungen in AGB, die von Rechtsvorschriften abweichen oder diese ergänzen. Hingegen unterliegen Abreden über den unmittelbaren Gegenstand der Hauptleistungen (sog. Leistungsbeschreibungen) mit Rücksicht auf die Vertragsfreiheit ebenso wenig der Inhaltskontrolle wie Vereinbarungen über das vom anderen Teil zu erbringende Entgelt, insbesondere soweit sie dessen Höhe betreffen. Nicht kontrollfähige Leistungsbeschreibungen in diesem Sinn sind allerdings nur solche Bestimmungen, die Art, Umfang und Güte der geschuldeten Leistung festlegen. Klauseln, die das Hauptleistungsversprechen abweichend vom Gesetz oder der nach Treu und Glauben geschuldeten Leistung verändern, ausgestalten oder modifizieren, unterliegen dagegen der Inhaltskontrolle. Damit bleibt für die der Überprüfung entzogene Leistungsbeschreibung nur der enge Bereich der Leistungsbezeichnungen, ohne die mangels Bestimmtheit oder Bestimmbarkeit des wesentlichen Vertragsinhalts ein wirksamer Vertrag nicht mehr angenommen werden kann. Zu den Hauptleistungspflichten der von der Beklagten mit ihren Kunden ge-

schlossenen Personenbeförderungsverträge gehören einerseits die Beförderungsleistung, gekennzeichnet durch Abflugort, Zielort und Termin sowie die zu befördernde(n) Person(en), und andererseits das für die Beförderungsleistung zu zahlende Entgelt. Mit einem Ausschluss des Rechts des Fluggasts, die vereinbarte Beförderungsleistung nur teilweise in Anspruch zu nehmen, wird weder die vertraglich geschuldete Leistung der Beklagten noch ihr Entgeltanspruch inhaltlich verändert."

10 ▶ **Beispiel:** Vermietet V unter Verwendung eines Formularvertrags eine Wohnung an M, kann der Mietzins im Wege einer AGB-Kontrolle nicht überprüft werden. Kontrollfähig sind aber etwa Abreden, nach denen der Mieter sich zur Zahlung der Miete zwei Monate im Voraus oder zur Durchführung von Schönheitsreparaturen verpflichtet. ◀

III. Inhaltskontrolle

11 Nach § 307 Abs. 1 BGB sind Bestimmungen in AGB unwirksam, wenn sie den Vertragspartner des Verwenders entgegen den Geboten von Treu und Glauben unangemessen benachteiligen. Diese wenig greifbare Generalklausel wird durch die speziellen Klauselverbote der §§ 308 f. BGB für die praktisch bedeutsamsten Vertragsgestaltungen konkretisiert. Die inhaltliche Prüfung der Wirksamkeit von AGB erfolgt dreistufig: Zunächst ist die Vereinbarkeit der Klausel mit den Vorgaben des § 309 BGB zu prüfen. Anschließend ist die Bestimmung an den Klauselverboten des § 308 BGB zu messen, bevor schließlich die Generalklausel des § 307 BGB zur Anwendung kommt.

1. Spezielle Klauselverbote

12 Der Katalog des § 309 BGB enthält sog. *Klauselverbote ohne Wertungsmöglichkeit*. Es handelt sich um starre Verbote: Die betreffenden Klauseln sind stets unwirksam, wenn sie gegen einen der Tatbestände verstoßen, ohne dass es hierfür noch einer richterlichen Interessenabwägung im Einzelfall bedarf. Von § 309 BGB erfasst werden Klauseln, die Regelungen zu kurzfristigen Preiserhöhungen (Nr. 1), zu Leistungsverweigerungsrechten (Nr. 2), zu Aufrechnungsverboten (Nr. 3), zur Mahnung und Fristsetzung (Nr. 4), zur Pauschalierung von Schadensersatzansprüchen (Nr. 5), zu Vertragsstrafen (Nr. 6), zum Haftungsausschluss bei Verletzung von Leben, Körper und Gesundheit und bei grobem Verschulden (Nr. 7), zu sonstigen Haftungsausschlüssen bei Pflichtverletzungen (Nr. 8), zur Laufzeit bei Dauerschuldverhältnissen (Nr. 9), zum Wechsel des Vertragspartners (Nr. 10), zur Haftung des Abschlussvertreters (Nr. 11), zur Beweislast (Nr. 12) und zur Form von Anzeigen und Erklärungen (Nr. 13) enthalten.

13 ▶ **Beispiel:** Gemäß § 309 Nr. 1 BGB ist eine Klausel unwirksam, die die Erhöhung des Entgelts für Waren oder Leistungen vorsieht, die „innerhalb von vier Monaten nach Vertragsschluss" geliefert oder erbracht werden sollen. ◀

14 ▶ **Beispiel:** Unwirksam ist eine Bestimmung, durch die der Verwender von der gesetzlichen Obliegenheit freigestellt wird, den anderen Vertragsteil zu mahnen oder ihm eine Frist zur Leistung oder Nacherfüllung zu setzen (§ 309 Nr. 4 BGB). ◀

15 ▶ **Beispiel:** Eine Klausel, durch die dem Verwender für den Fall der Nichtabnahme oder verspäteten Abnahme der Leistung, des Zahlungsverzugs oder der Loslösung vom Vertrag die Zahlung einer Vertragsstrafe versprochen wird, ist nach § 309 Nr. 6 BGB nichtig (Ausnahme: Vertragsstrafe im Arbeitsvertrag, § 310 Abs. 4 S. 2 BGB). ◀

§ 308 BGB enthält *Klauselverbote mit Wertungsmöglichkeit*. Im Unterschied zu den **16** Fällen des § 309 BGB hat der Gesetzgeber die Tatbestände des § 308 BGB offener formuliert. Weil die jeweiligen Tatbestände unbestimmte Rechtsbegriffe enthalten (Bsp.: „unangemessen lange Frist", „ohne sachlich gerechtfertigten Grund"), bedarf die Feststellung der Unwirksamkeit stets einer richterlichen Interessenbewertung im konkreten Einzelfall. Der Katalog enthält Regelungen zur Annahme- und Leistungsfrist (Nr. 1), zur Zahlungsfrist (Nr. 1 a), zur Überprüfungs- und Abnahmefrist (Nr. 1 b), zur Nachfrist (Nr. 2), zum Rücktrittsvorbehalt (Nr. 3), zum Änderungsvorbehalt (Nr. 4), zu fingierten Erklärungen (Nr. 5), zur Fiktion des Zugangs (Nr. 6), zur Abwicklung von Verträgen (Nr. 7) und zur Nichtverfügbarkeit der Leistung (Nr. 8).

▶ **Beispiel:** Gemäß § 308 Nr. 1 BGB ist eine Klausel unwirksam, durch die sich der Ver- **17** wender „unangemessen lange oder nicht hinreichend bestimmte Fristen" für die Annahme oder Ablehnung eines Angebots oder die Erbringung einer Leistung vorbehält. Ab welcher Dauer eine Frist als unangemessen lange anzusehen ist, bedarf einer Wertung, die im Gesetz selbst noch nicht enthalten ist.

Die Rechtsprechung sieht eine Frist von vier Wochen zur Lieferung eines Neuwagens als unbedenklich an, ebenso eine Frist von drei Wochen zur Lieferung von Möbeln oder vier Wochen zur Lieferung einer Einbauküche. ◀

BGH, Urt. v. 25.10.2006 – VIII ZR 23/06: „Für die Beantwortung der Frage, welche Lie- **18** ferfristen oder -termine noch als angemessen i.S.d. § 308 Nr. 1 BGB anzusehen sind, kommt es wesentlich auf die Art der geschuldeten Leistung an. Dabei sind die in dem jeweiligen Geschäftszweig üblichen Beschaffungs- und Herstellungszeiten – u.U. verlängert um einen gewissen Sicherheitszeitraum –, aber auch die Interessen des Kunden an alsbaldiger und fristgerechter Leistung zu berücksichtigen."

Die Klauselverbote der §§ 308 f. BGB sind unmittelbar nur für Verbraucherverträge **19** und rein private Rechtsgeschäfte von Bedeutung. Im unternehmerischen Rechtsverkehr sind die Regelungen gemäß § 310 Abs. 1 BGB nicht anwendbar. Gleichwohl sind sie dort nicht völlig bedeutungslos. Denn im Rahmen der auch im unternehmerischen Rechtsverkehr vorzunehmenden allgemeinen Unangemessenheitskontrolle nach § 307 Abs. 1 und 2 BGB können die Wertungen der §§ 308 f. BGB mittelbar berücksichtigt werden. Ist eine Klausel mit den Vorgaben der §§ 308 f. BGB nicht vereinbar, legt dies den Schluss nahe, dass sie den Vertragspartner nach § 307 BGB unangemessen benachteiligt. Anders als bei einer unmittelbaren Anwendung der §§ 308 f. BGB ist der Vertrag jedoch im Gesamten zu würdigen, so dass eine an sich unangemessen benachteiligende Klausel durch eine andere, für den Vertragspartner vorteilhafte wieder ausgeglichen werden kann.

▶ **Beispiel:** Nach § 308 Nr. 3 BGB ist eine Klausel unwirksam, die den Verwender berech- **20** tigt, sich ohne sachlich gerechtfertigten und im Vertrag angegebenen Grund von seiner Leistungspflicht zu lösen. Auch wenn im unternehmerischen Rechtsverkehr § 308 Nr. 3 BGB unmittelbar keine Anwendung findet, sind nach der Rechtsprechung Klauseln, die dem Verwender ein vertragliches Rücktrittsrecht ohne sachlichen Grund einräumen, gemäß § 307 BGB unwirksam. ◀

2. Unangemessene Benachteiligung

Die Generalklausel des § 307 Abs. 1 BGB untersagt ganz allgemein Bestimmungen, die **21** den anderen Teil entgegen Treu und Glauben *unangemessen benachteiligen*. Dazu ist

eine sorgfältige Abwägung aller gegenläufigen Interessen im konkreten Einzelfall erforderlich. Es muss stets ermittelt werden, welche billigenswerten Interessen der Verwender an der Aufrechterhaltung der AGB hat und welche Gründe aus Sicht des Vertragspartners gegen die Wirksamkeit der Klausel sprechen.

22 ▶ **Beispiel:** Autohändler A verwendet in seinen Verträgen folgenden Passus: „Der Verkaufspreis des Wagens entspricht dessen Listenpreis am Tag der Lieferung."

Nach § 309 Nr. 1 BGB ist eine Bestimmung unwirksam, welche die Erhöhung des Entgelts für Waren oder Leistungen vorsieht, die innerhalb von vier Monaten nach Vertragsschluss geliefert oder erbracht werden sollen. Aber selbst dann, wenn die Lieferung erst zu einem späteren Zeitpunkt erbracht werden soll, stellen diese sog. „Tagespreisklauseln", wenn sie gegenüber einem Verbraucher verwendet werden, grundsätzlich eine unangemessene Benachteiligung gemäß § 307 Abs. 1 BGB dar. Ausnahmen können gelten, wenn sich die Preiserhöhung im Rahmen billigen Ermessens halten muss oder der Kunde im Fall einer Preiserhöhung ein Rücktrittsrecht hat. ◀

23 § 307 Abs. 2 BGB enthält zur Konkretisierung der allgemeinen Generalklausel des § 307 Abs. 1 BGB zwei gesetzliche Regelbeispiele, wann im Zweifel eine unangemessene Benachteiligung anzunehmen ist. Das ist zum einen der Fall, wenn eine Bestimmung mit den wesentlichen Grundgedanken der gesetzlichen Regelung, von der sie abweicht, nicht zu vereinbaren ist (§ 307 Abs. 2 Nr. 1 BGB).

24 ▶ **Beispiel:** In Maklerverträgen sind Klauseln unwirksam, durch die ein erfolgsunabhängiger Provisionsanspruch des Maklers begründet werden soll. Diese Klausel würde den Grundgedanken der gesetzlichen Regelung des § 652 Abs. 1 BGB außer Kraft setzen, nach der ein Makler grundsätzlich nur dann Anspruch auf eine Vergütung hat, wenn der Vertrag infolge der Vermittlung des Maklers zustande gekommen ist. Zulässig sind aber Klauseln, die dem Makler lediglich einen Anspruch auf Ersatz der konkret entstandenen Aufwendungen (Bsp.: Reisekosten, Telefonkosten) zusichern. Eine solche Vereinbarung lässt § 652 Abs. 2 BGB sogar ausdrücklich zu. ◀

25 Zum anderen ist von einer unangemessenen Benachteiligung auszugehen, sofern eine Bestimmung wesentliche Rechte oder Pflichten, die sich aus der Natur des Vertrags ergeben, so einschränkt, dass der Vertragszweck dadurch gefährdet wird (§ 307 Abs. 2 Nr. 2 BGB). Daraus folgt, dass eine Haftung für die fahrlässige Verletzung von wesentlichen Vertragspflichten (sog. „Kardinalpflichten") nicht ausgeschlossen werden kann.

26 ▶ **Beispiel:** Der Betreiber eines überwachten Parkplatzes kann die Haftung für Fahrlässigkeit nicht formularmäßig ausschließen, da die Pflicht zur Organisation einer lückenlosen Überwachung des Parkplatzes eine Kardinalpflicht darstellt. Entsprechendes gilt für den Betreiber einer Autowaschanlage, der die leicht fahrlässige Beschädigung der Wagen bei der Autowäsche durch AGB auszuschließen versucht. ◀

27 Eine unangemessene Benachteiligung kann sich auch daraus ergeben, dass die Bestimmung nicht klar und verständlich ist (§ 307 Abs. 1 S. 2 BGB). Dieses sog. *Transparenzgebot* verpflichtet den Verwender, tatbestandliche Voraussetzungen und Rechtsfolgen in Formularbedingungen so genau zu beschreiben, dass für den Verwender keine ungerechtfertigten Beurteilungsspielräume entstehen (Bestimmtheitsgebot) und der Vertragspartner seine Rechte und Pflichten ohne fremde Hilfe möglichst klar und einfach feststellen kann (Verständlichkeitsgebot). Intransparente Klauseln sind unwirksam, ohne dass es auf eine inhaltliche Würdigung der Bestimmung ankommt. Während der BGH an die Transparenz keine besonders hohen Anforderungen stellt, erlangt das Transparenzgebot aufgrund der sehr strengen Rechtsprechung des BAG im Arbeitsrecht eine große praktische Bedeutung.

▶ **Beispiel:** K kauft beim Händler H einen Fernseher, zahlbar in monatlichen Raten. Die   28
AGB enthalten u.a. folgende Klausel: „Bei Geschäften gemäß § 507 BGB richtet sich die
Wirksamkeit des dazugehörigen Verfügungsgeschäfts nach § 158 Abs. 1 BGB."

Der Sache nach bedeutet die Klausel, dass H das Eigentum am Fernseher nur unter der aufschiebenden Bedingung der vollständigen Zahlung des Kaufpreises an K übereignen will (Eigentumsvorbehalt). Für den Durchschnittskunden ist die Klausel aber völlig unverständlich,
weil er mit den genannten Paragrafen nichts anfangen kann. Die Klausel ist daher nicht Bestandteil des Vertrags geworden. ◀

▶ **Beispiel:** Arbeitgeber A verwendet bei der Einstellung von Arbeitnehmern stets einen   29
Musterarbeitsvertrag. Darin heißt es u.a.: „Als Sonderleistung zahlt der Arbeitgeber zum
1.12. eines jeden Jahres ein Bruttomonatsentgelt als Weihnachtsgeld. Die Zahlung liegt im
freien Ermessen des Arbeitgebers und begründet keinen Rechtsanspruch."

Hierbei handelt es sich um einen sog. Freiwilligkeitsvorbehalt. Nach der fragwürdigen
Rechtsprechung des BAG ist er aber vorliegend wegen fehlender Transparenz unwirksam.
Zwar schließt A im zweiten Satz der Klausel einen Rechtsanspruch ausdrücklich aus. Die
Regelung soll jedoch im Widerspruch zum ersten Satz stehen, der aufgrund seiner Formulierung im Indikativ einen „echten" Anspruch des Arbeitnehmers begründet. Der Freiwilligkeitsvorbehalt ist daher nach § 307 Abs. 1 S. 2 BGB unwirksam. A muss jedes Jahr Weihnachtsgeld zahlen. ◀

IV. Überblick über einige praxisrelevante Klauseln

1. Abkürzung der Verjährung

Grundsätzlich können die Vertragsparteien die Verjährungsfristen für vertragliche An-   30
sprüche nach Belieben verlängern oder verkürzen (vgl. 9. Kapitel, § 42 Rn. 9). Im unternehmerischen Rechtsverkehr kann die Verjährung grundsätzlich auch durch AGB
verkürzt werden. Die Verjährungsfrist von Gewährleistungsansprüchen darf aber nach
den Wertungen des § 309 Nr. 8 b) ff) BGB, die über § 307 Abs. 1 BGB auch im unternehmerischen Rechtsverkehr zu berücksichtigen sind, nicht weniger als ein Jahr betragen. Die fünfjährige Verjährung von Mängelansprüchen im Zusammenhang mit Bauwerken (§ 438 Abs. 1 Nr. 2 BGB) darf formularmäßig nicht verkürzt werden.

▶ **Beispiel:** Bauunternehmer B kauft beim Unternehmer U einen neuen Betonmischer.   31
Nach den Lieferbedingungen des U verjähren alle Gewährleistungsansprüche in sechs Monaten.

Individualvertraglich können die Parteien im unternehmerischen Rechtsverkehr die Verjährung einschränken oder ganz ausschließen. In AGB darf die Verjährungsfrist für Sachmän-
gel jedoch nicht auf unter ein Jahr verkürzt werden. Die Klausel ist daher nach § 307 Abs. 1
BGB unwirksam. Es gilt die gesetzliche Verjährungsfrist von zwei Jahren nach § 438 Abs. 1
Nr. 3 BGB. ◀

BGH, URT. V. 29.5.2013 – VIII ZR 174/12: „Nach den Klauselverboten in § 309 Nr. 7 a) und   32
b) BGB kann in AGB die Verschuldenshaftung für Körper- und Gesundheitsschäden nicht,
für sonstige Schäden nur für den Fall einfacher Fahrlässigkeit ausgeschlossen oder begrenzt werden. Eine Begrenzung der Haftung i.S.d. § 309 Nr. 7 a) und b) BGB ist auch die
zeitliche Begrenzung der Durchsetzbarkeit entsprechender Schadensersatzansprüche
durch Abkürzung der gesetzlichen Verjährungsfristen. Hiergegen verstößt Nr. VI 1 S. 1 der
AGB, da darin die Ansprüche des Käufers wegen Sachmängeln insgesamt einer Verjährungsfrist von einem Jahr unterstellt und somit auch Schadensersatzansprüche des Käu-

fers umfasst werden, die auf Ersatz eines Körper- oder Gesundheitsschadens wegen eines vom Verkäufer zu vertretenden Mangels gerichtet oder auf grobes Verschulden des Verkäufers oder seiner Erfüllungsgehilfen gestützt sind.

2. Ausschlussfristen

33 Arbeitsverträge enthalten häufig formularmäßige Ausschlussfristen (auch Verfallklauseln genannt). Derartige Klauseln haben zur Folge, dass Ansprüche aus dem Arbeitsverhältnis verfallen, sofern sie nicht innerhalb einer vereinbarten, meist recht kurzen Frist geltend gemacht werden. Sogenannte „einstufige Ausschlussfristen" verlangen entweder die schriftliche Geltendmachung von Ansprüchen gegenüber dem Vertragspartner oder die Klageerhebung binnen der festgelegten Frist. Bei einer „zweistufigen Ausschlussfrist" muss der Anspruchsteller im Fall der Ablehnung des Anspruchs durch den anderen innerhalb einer weiteren vereinbarten Frist Klage erheben. Wenn auch nur eine dieser beiden Fristen nicht gewahrt wird, verfällt der Anspruch ersatzlos.

34 Inwieweit arbeitsvertragliche Verfallklauseln an § 309 Nr. 7 BGB zu messen sind, ist in Literatur und Rechtsprechung höchst umstritten. Das BAG beurteilt die Wirksamkeit dieser Klauseln an § 307 Abs. 1 BGB und nimmt eine unangemessene Benachteiligung an, sofern die Fristen die Dauer von jeweils drei Monaten unterschreiten. Von vornherein unwirksam sind Ausschlussfristen, die lediglich Ansprüche des Arbeitnehmers erfassen.

35 ▶ **Beispiel:** Arbeitgeber A beschäftigt fünf Angestellte. Deren Arbeitsverträge enthalten jeweils eine Regelung, wonach Ansprüche auf Lohnzahlung innerhalb von zwei Monaten gerichtlich geltend gemacht werden müssen.

Die Klausel ist bereits deshalb unwirksam, weil sie nur Ansprüche des Arbeitnehmers erfasst. Darüber hinaus wird eine zweimonatige Frist den Anforderungen der Rechtsprechung nicht gerecht. ◀

3. Eigentumsvorbehalt

36 Die Vereinbarung eines einfachen Eigentumsvorbehalts (dazu 10. Kapitel, § 45 Rn. 23 f.) in AGB ist grundsätzlich unbedenklich. Dem Verwender wird als Ausgleich dafür, dass er auf sein Leistungsverweigerungsrecht nach § 320 BGB verzichtet und die Kaufsache ohne vollständige Erbringung des Kaufpreises übergibt, ein angemessenes Sicherungsmittel eingeräumt. Im unternehmerischen Rechtsverkehr ist darüber hinaus ein verlängerter Eigentumsvorbehalt (dazu 11. Kapitel, § 52 Rn. 1 ff.) zulässig und geläufig.

37 ▶ **Beispiel:** „Bis zur vollständigen Bezahlung bleibt die Ware unser Eigentum." ◀

4. Gerichtsstandsvereinbarungen

38 In der ZPO ist festgelegt, welches Gericht für einen Prozess örtlich zuständig ist. Grundsätzlich ist eine Klage bei dem Gericht zu erheben, das für den Wohnsitz des Beklagten zuständig ist (§§ 12, 13 ZPO). Daneben sieht das Gesetz besondere und ausschließliche Gerichtsstände vor. So kann etwa bei einer unerlaubten Handlung (Bsp.: Unfall) Klage auch vor dem Gericht erhoben werden, in dessen Bezirk die Handlung begangen worden ist (§ 32 ZPO). Gerichtsstandsklauseln, nach denen abweichend von den gesetzlichen Vorgaben ein anderes Gericht örtlich zuständig sein soll (Bsp.: „Kla-

gen gegen den Verkäufer müssen an dem für seinen Sitz zuständigen Gericht erhoben werden."), sind im nicht kaufmännischen Verkehr bereits nach § 38 ZPO unwirksam, so dass es auf eine AGB-Kontrolle nicht ankommt. Demgegenüber sind formularartige Gerichtsstandsvereinbarungen zwischen Kaufleuten grundsätzlich zulässig. Unwirksam sind Vereinbarungen gemäß 307 Abs. 1 BGB jedoch dann, wenn für den Verwender und für den Vertragspartner ein gemeinsamer Gerichtsstand existiert. Eine unangemessene Benachteiligung liegt ferner vor, wenn ein Gerichtsstand vereinbart wird, der weder einen Bezug zum Vertragsgegenstand noch zum Geschäftssitz des Verwenders aufweist.

▶ **Beispiel:** Kaufmann V aus Köln schließt mit dem Kaufmann K aus Düsseldorf einen Kaufvertrag über einen auf dem Firmengelände des V stehenden Kühlschrank. Da V Verwandte in Berlin hat und sich dort ohnehin mehrmals pro Jahr aufhält, enthält das von ihm verwendete Vertragsformular eine Bestimmung, wonach Berlin als Gerichtsstand vereinbart gilt.

Die Klausel ist nach § 307 Abs. 1 BGB unwirksam, da sie keinen sachlichen Bezug zum Vertrag oder zu den Vertragsparteien aufweist. ◀

39

5. Gewährleistungsausschluss

Der Ausschluss der Gewährleistung ist bei Verbrauchsgüterkäufen bereits durch § 476 Abs. 1 BGB unwirksam. Das betrifft jegliche Beschränkung der Rechte des Käufers im Fall einer mangelhaften Lieferung, soweit sie nicht den Anspruch auf Schadensersatz betrifft (§ 476 Abs. 3 BGB); dabei kommt es nicht darauf an, ob es sich um AGB oder um eine individualvertragliche Vereinbarung handelt (5. Kapitel, § 29 Rn. 2 ff.). Im unternehmerischen Rechtsverkehr können die Parteien die Gewährleistung dagegen im Kaufvertrag ausschließen. Ein vollständiger Ausschluss der Gewährleistung in AGB ist aber selbst im unternehmerischen Verkehr unzulässig.

40

> **BGH, Urt. v. 19.9.2007 – VIII ZR 141/06:** „Nach der Rechtsprechung des BGH zu § 309 BGB kommt den strikten Klauselverboten im Rahmen der Inhaltskontrolle nach § 307 BGB Indizwirkung für die Unwirksamkeit der Klausel auch im unternehmerischen Geschäftsverkehr zu. … Fällt eine Klausel bei ihrer Verwendung gegenüber Verbrauchern unter eine Verbotsnorm des § 309 BGB, so ist dies ein Indiz dafür, dass sie auch im Falle der Verwendung gegenüber Unternehmern zu einer unangemessenen Benachteiligung führt, es sei denn, sie kann wegen der besonderen Interessen und Bedürfnisse des unternehmerischen Geschäftsverkehrs ausnahmsweise als angemessen angesehen werden
> Nach dieser Maßgabe ist eine umfassende Freizeichnung in AGB, nach der die Haftung des Klauselverwenders – wie im vorliegenden Gebrauchtwagenkaufvertrag – auch für Körper- und Gesundheitsschäden (§ 309 Nr. 7 a) BGB) und für sonstige Schäden auch bei grobem Verschulden (§ 309 Nr. 7 b) BGB) ausgeschlossen ist, nicht nur gegenüber Verbrauchern, sondern ebenso im Geschäftsverkehr zwischen Unternehmern wegen unangemessener Benachteiligung des Vertragspartners des Verwenders unwirksam (§ 307 Abs. 1 i.V.m. Abs. 2 Nr. 2 BGB)."

41

▶ **Beispiel:** Kaufmann V verkauft dem Kaufmann K regelmäßig Fernseher. In seinen Verkaufsbedingungen heißt es u.a.: „Der Verkauf jeglicher Waren erfolgt unter Ausschluss der Gewährleistung".

Als Kaufleute können V und K die Gewährleistungsansprüche zwar individualvertraglich ohne Weiteres ausschließen. In AGB ist ein vollständiger Ausschluss der Gewährleistung je-

42

doch wegen unangemessener Benachteiligung des Vertragspartners nach § 307 Abs. 1 BGB unwirksam. ◄

43   ▶ **Beispiel:** K kauft von der Autohaus A-GmbH einen Gebrauchtwagen inklusive einer umfänglichen einjährigen Gebrauchtwagengarantie zum Preis von 10.000 €. In § 4 der Garantievereinbarung heißt es: „Voraussetzung für jegliche Garantieansprüche ist, dass der Käufer/Garantienehmer an dem Kraftfahrzeug die vom Hersteller vorgeschriebenen oder empfohlenen Wartungs-, Inspektions- und Pflegearbeiten beim Verkäufer/Garantiegeber oder in einer vom Hersteller anerkannten Vertragswerkstatt durchführen lässt."

§ 4 der Garantievereinbarung ist gemäß § 307 Abs. 1 S. 1 BGB unwirksam. Sie benachteiligt den Vertragspartner unangemessen, da sie die Leistungspflicht des Garantiegebers für den Fall, dass der Garantienehmer die vom Fahrzeughersteller vorgeschriebenen oder empfohlenen Wartungs-, Inspektions- und Pflegearbeiten nicht durchführen lässt, unabhängig davon ausschließt, ob die Säumnis des Garantienehmers mit seiner Wartungsobliegenheit für den eingetretenen Schaden ursächlich geworden ist. K kann seine Rechte aus der Garantie daher geltend machen. ◄

6. Rücktrittsvorbehalt

44   § 308 Nr. 3 BGB untersagt es dem Verwender von AGB, sich ohne sachlich gerechtfertigten und im Vertrag angegebenen Grund von seiner Leistungspflicht zu lösen.

45   ▶ **Beispiel:** V vertreibt Zeitschriftenabonnements. In seinen Vertragsformularen findet sich folgende Klausel: „V ist jederzeit berechtigt, das Abonnement ohne Angabe von Gründen zu kündigen." ◄

7. Schweigen als Zustimmung

46   Schweigen gilt nach allgemeinen Grundsätzen nicht als Willenserklärung (2. Kapitel, § 9 Rn. 11 f.). Eine Klausel, die Schweigen als Zustimmung (meist zu einem Vertragsangebot) wertet, ist grundsätzlich gemäß § 307 Abs. 1 BGB unwirksam.

47   ▶ **Beispiel:** Die Vertragsbedingungen des Internetproviders P enthalten folgende Regelung: „P ist berechtigt, den Inhalt dieses Vertrags mit Zustimmung des Kunden zu ändern, sofern die Änderung unter Berücksichtigung der Interessen des Kunden zumutbar ist. Die Zustimmung zur Vertragsänderung gilt als erteilt, sofern der Kunde der Änderung nicht binnen vier Wochen nach Zugang der Änderungsmitteilung widerspricht."

Hier soll das Schweigen des Kunden eine Vertragsänderung herbeiführen können. Die Klausel ist gemäß § 307 Abs. 1 BGB unwirksam. ◄

§ 34 Rechtsfolgen bei Nichteinbeziehung und Unwirksamkeit von AGB

Eine Klausel, die gegen eine Bestimmung der §§ 307 ff. BGB verstößt, ist unwirksam. An ihre Stelle tritt die entsprechende gesetzliche Regelung, um die Lücke im Vertrag zu schließen (§ 306 Abs. 2 BGB). Im Übrigen bleibt der Vertrag grundsätzlich wirksam (§ 306 Abs. 1 BGB). Dasselbe gilt, wenn AGB nicht Vertragsbestandteil sind, weil sie nicht wirksam einbezogen wurden.

▶ **Beispiel:** Nach den AGB des Möbelhändlers M muss ein Kunde, der die gekauften Möbel nicht rechtzeitig abnimmt, eine pauschale monatliche Lagergebühr von 2 % des Kaufpreises zahlen.

Nimmt ein Kunde die Möbel trotz Angebots des M nicht zum vereinbarten Zeitraum ab, ist er zum Ersatz der Mehrkosten verpflichtet (§ 304 BGB). Die Vereinbarung eines pauschalierten Anspruchs des Händlers auf Schadensersatz ist nach § 309 Nr. 5 BGB unwirksam, wenn die Pauschale den nach dem gewöhnlichen Lauf der Dinge zu erwartenden Schaden oder die gewöhnlich eintretende Wertminderung übersteigt oder dem anderen Vertragsteil nicht ausdrücklich der Nachweis gestattet wird, ein Schaden bzw. eine Wertminderung sei überhaupt nicht entstanden oder wesentlich niedriger als die Pauschale. Da hier den Kunden des M ein solcher Nachweis nicht offensteht, ist die Klausel unwirksam. An ihre Stelle treten die genannten gesetzlichen Regelungen. Danach kann M (nur) Ersatz der Kosten verlangen, die ihm nachweisbar durch den Annahmeverzug des Kunden entstanden sind. ◀

Verstößt eine Klausel gegen die Vorgaben der §§ 307 ff. BGB, so ist sie grundsätzlich insgesamt unwirksam. Ihr Inhalt ist nicht auf das gesetzlich noch zulässige Maß zu reduzieren. Dieses sog. *Verbot der geltungserhaltenden Reduktion* soll sicherstellen, dass der Verwender von AGB nicht risikolos unwirksame Klauseln verwenden kann. Die übrigen, nicht betroffenen Klauseln gelten dagegen fort, d.h. die AGB sind nicht vollständig unwirksam.

> **BGH, Urt. v. 17.5.1982 – VII ZR 316/81:** „Dem Zweck des AGB-Gesetzes [heute: §§ 305 ff. BGB] kann eine Aufrechterhaltung beanstandeter Klauseln mit eingeschränktem Inhalt ebenfalls nicht entnommen werden. Wie das Berufungsgericht zutreffend ausführt, ist es Ziel des Gesetzes, auf einen angemessenen Inhalt der in der Praxis verwendeten oder empfohlenen AGB hinzuwirken. Den Kunden soll die Möglichkeit sachgerechter Information über die ihnen aus dem vorformulierten Vertrag erwachsenden Rechte und Pflichten verschafft werden. Dieses Ziel ließe sich nicht erreichen, wenn jeder Verwender von AGB zunächst einmal ungefährdet bis zur Grenze dessen gehen könnte, was zu seinen Gunsten gerade noch vertretbarerweise angeführt werden kann. Dann würde nicht schon verhindert, dass der Vertragspartner des Verwenders in der Vertragsabwicklungspraxis mit überzogenen Klauseln konfrontiert wird. Erst in einem Prozess würde er vielmehr den Umfang seiner Rechte und Pflichten zuverlässig erfahren. Der mit dem AGB-Gesetz verfolgte Schutz des Verbrauchers sowie der Zweck des Gesetzes, den Rechtsverkehr von unwirksamen AGB freizuhalten, gebieten es daher, Klauseln in AGB ... in vollem Umfang als unwirksam zu betrachten."

▶ **Beispiel:** Gebrauchtwagenhändler G schließt in seinen AGB für alle von ihm verkauften Wagen die Haftung für Schadensersatz vollständig aus. Diese Klausel verstößt gegen § 309 Nr. 7 a) BGB, wonach ein formularmäßiger Ausschluss oder eine Begrenzung der Haftung für Schäden aus der Verletzung des Lebens, des Körpers oder der Gesundheit, die auf einer

fahrlässigen Pflichtverletzung des Verwenders beruhen, unwirksam ist. Wegen des Verbots der geltungserhaltenden Reduktion ist die Klausel insgesamt unwirksam. G kann sich gegenüber seinen Kunden auch dann nicht auf den Haftungsausschluss berufen, wenn lediglich ein Sachschaden eingetreten ist (etwa die Beschädigung des Garagentors wegen defekter Bremsen). Er hätte die Klausel von vornherein gesetzeskonform gestalten müssen. ◄

6 Das Verbot der geltungserhaltenden Reduktion wird von der Rechtsprechung durchbrochen, wenn nur ein Teil einer sprachlich teilbaren Klausel unwirksam ist. In diesem Fall kann ausnahmsweise der andere Teil aufrechtzuerhalten sein. Ob das möglich ist, wird nach dem sog. „blue-pencil-Test" überprüft: Die Klausel kann in einen wirksamen und einen unwirksamen Teil zerlegt werden, wenn sie sprachlich und inhaltlich ohne Weiteres teilbar ist. Nach dem Wegstreichen der unwirksamen Teilregelung muss noch ein aus sich heraus verständlicher Klauselrest verbleiben. Falls keine derartige Teilung möglich ist, ist die Klausel insgesamt nichtig. Ansonsten bleibt der zulässige Teil der Klausel wirksam.

7
> **BAG, Urt. v. 12.3.2008 – 10 AZR 152/07:** „Die Verfallklausel in Nr. 17 S. 2 des Arbeitsvertrags ist rechtsunwirksam. … Damit wird aber nicht die gesamte Verfallklausel in Nr. 17 des Arbeitsvertrags unwirksam. Diese ist teilbar. … Die Teilbarkeit der Klausel ist mittels einer Streichung des unwirksamen Teils mit einem ‚blauen Stift' zu ermitteln (blue-pencil-test). Ist die verbleibende Regelung weiterhin verständlich, bleibt sie bestehen. Maßgeblich ist, ob sie mehrere sachliche Regelungen enthält und der unzulässige Teil sprachlich eindeutig abtrennbar ist. Gegenstand der Inhaltskontrolle sind dann für sich jeweils verschiedene, nur formal verbundene AGB-Bestimmungen. Die erste und die zweite Stufe der Ausschlussklausel in Nr. 17 des Arbeitsvertrags sind inhaltlich getrennt. Dies kommt sprachlich darin zum Ausdruck, dass beide Stufen in getrennten Sätzen geregelt sind. Nr. 17 S. 1 des Arbeitsvertrags enthält eine eigenständige sachliche Regelung. Er verlangt von den Arbeitsvertragsparteien, bestimmte Ansprüche innerhalb von drei Monaten gegenüber der anderen Vertragspartei schriftlich zu erheben, anderenfalls verfallen die Ansprüche. Dagegen enthält Nr. 17 S. 2 des Arbeitsvertrags eine andere abschließende sachliche Regelung. Er verlangt nach Abschluss der ersten Stufe innerhalb einer weiteren Frist die gerichtliche Geltendmachung des Anspruchs, anderenfalls verfallen die Ansprüche wiederum. Dieser Teil der Nr. 17 kann problemlos vollständig gestrichen werden. Dabei bleibt Nr. 17 S. 1 des Arbeitsvertrags äußerlich und inhaltlich unverändert und behält seine Selbstständigkeit und seinen spezifischen Zweck. Einstufige Ausschlussfristen sind in der Praxis des Arbeitslebens auch weit verbreitet und kommen häufig in Formulararbeitsverträgen vor."

8 ▶ **Beispiel:** Der Arbeitsvertrag des A sieht folgende Klausel vor: „Alle beiderseitigen Ansprüche aus dem Arbeitsvertrag verfallen, wenn sie nicht innerhalb von drei Monaten nach Fälligkeit gegenüber der anderen Vertragspartei schriftlich erhoben werden. Lehnt die Gegenpartei den Anspruch ab oder erklärt sie sich nicht innerhalb von zwei Wochen nach der Geltendmachung des Anspruchs, so verfällt dieser, wenn er nicht innerhalb eines Monats nach Ablehnung oder Fristablauf gerichtlich geltend gemacht wird."

Hier handelt es sich um eine sog. zweistufige Ausschlussfrist. Nach der Rechtsprechung des BAG benachteiligt diese den Arbeitnehmer unangemessen, wenn die Frist jeweils drei Monate unterschreitet. Hier ist die zweite Stufe der Frist zu kurz. Allerdings lässt die Klausel sich teilen, da sie mehrere inhaltlich selbstständige Regelungen enthält und der unzulässige Teil sprachlich eindeutig abtrennbar ist. Damit bleibt die erste Stufe der Ausschlussfrist wirksam. Der Arbeitnehmer muss ◄ seine Ansprüche binnen drei Monaten nach Fälligkeit beim Arbeitgeber geltend machen. ◄

Kontrollfragen und Fälle zum 6. Kapitel

1. *Was sind AGB?*
2. *Wann entfalten AGB Rechtswirkungen?*
3. *Erläutern Sie das Verhältnis zwischen AGB und Individualvereinbarungen! Besteht die Möglichkeit, mündliche Vertragsänderungen per AGB auszuschließen?*
4. *Was ist die Folge, wenn eine AGB-Klausel gegen die §§ 307 ff. BGB verstößt?*

7. Kapitel:

Schadensersatzansprüche ausserhalb vertraglicher Beziehungen

1 Im 4. und 5. Kapitel wurde gezeigt, dass der Abschluss eines Vertrags Leistungs- und Schutzpflichten zwischen den Vertragsparteien begründet, deren Verletzung Schadensersatzansprüche nach sich ziehen kann. Aber auch außerhalb dieser „Sonderrechtsbeziehungen" gibt es allgemeine Haftungstatbestände für den Fall, dass jemand unerlaubt fremde Rechtsgüter verletzt. Sie wurzeln in dem Grundsatz, dass immer dann, wenn jemand von seiner Handlungsfreiheit Gebrauch macht, die Gefahr besteht, dass er dabei Rechte eines anderen beeinträchtigt.

2 Das *Deliktsrecht* (lat. „delictum" = Verfehlung) – auch „*Recht der unerlaubten Handlungen*" genannt – sucht einen Ausgleich zwischen der allgemeinen Handlungsfreiheit und dem Schutz der Rechtsgüter anderer Personen. Dieser Ausgleich erfolgt durch die Einstandspflicht des Handelnden für die Schäden, die er durch seine Handlungen bei einem anderen verursacht. Damit unterscheidet sich das Deliktsrecht vom Strafrecht, bei dem es nicht um Ansprüche zwischen Privaten, sondern um die staatliche Sanktionierung bestimmter Handlungen mittels Freiheits- oder Geldstrafe geht.

§ 35 Der Schadensersatzanspruch nach § 823 Abs. 1 BGB

1 Die zentrale Schadensersatzvorschrift des Deliktsrechts ist § 823 Abs. 1 BGB. Danach ist zum Schadensersatz verpflichtet, wer das Leben, den Körper, die Gesundheit, die (Fortbewegungs-)Freiheit, das Eigentum oder ein sonstiges Recht widerrechtlich und schuldhaft verletzt. Der Schadensersatzanspruch hat vier Voraussetzungen, die allesamt erfüllt sein müssen: Der Schädiger muss ein in § 823 Abs. 1 BGB genanntes Rechtsgut verletzt haben. Die Verletzung muss rechtswidrig sein. Der Schädiger muss schuldhaft, d.h. vorsätzlich oder fahrlässig, gehandelt haben. Schließlich sind nur solche Schäden zu ersetzen, die gerade aufgrund der Handlung des Schädigers entstanden sind (Kausalität). Zum Inhalt und Umfang des zu ersetzenden Schadens vgl. 8. Kapitel. Im Einzelnen gilt:

I. Rechtsgutsverletzung

2 § 823 Abs. 1 BGB nennt fünf Rechtsgüter (Leben, Körper, Gesundheit, Freiheit, Eigentum), deren Verletzung eine Schadensersatzpflicht zur Folge hat.

1. Körperliche Integrität, Leben, Freiheit

3 Geschützt wird zunächst die *körperliche Unversehrtheit*. Wer einen anderen körperlich verletzt (Bsp.: Fausthieb) oder dessen Gesundheit physisch oder psychisch schädigt (Bsp.: Infizierung mit HIV), ist diesem gegenüber grundsätzlich zum Schadensersatz verpflichtet. Wird ein Mensch getötet, haben die Angehörigen des Getöteten einen Schadensersatzanspruch (§§ 844, 845 BGB).

▶ **Beispiel:** Fußballfan F wird vor dem Stadion vom Hooligan H zusammengeschlagen. Er   4
erleidet drei Rippenbrüche und hat mehrere blaue Flecken an den Armen und Beinen. F
wird ins Krankenaus eingeliefert und direkt vom Arzt A operiert.

Hier hat H den Körper des F vorsätzlich und widerrechtlich verletzt. Er muss daher den daraus entstandenen Schaden (Arztkosten und Schmerzensgeld) ersetzen.

Auch die Operation durch A stellt eine vorsätzliche Körperverletzung dar (Bsp.: Aufschnei-
den der Haut mit einem Skalpell). Allerdings ist die sog. „ärztliche Heilbehandlung" in der
Regel durch eine Einwilligung (wenn ihr eine ordnungsgemäße Aufklärung vorausgegangen
ist) oder – falls der Patient zuvor nicht ansprechbar ist – durch eine mutmaßliche Einwilligung des Patienten gerechtfertigt und damit nicht rechtswidrig. ◀

Neben der körperlichen Integrität schützt § 823 Abs. 1 BGB auch die Freiheit. Der Be-   5
griff ist eng auszulegen. Er umfasst lediglich die körperliche Fortbewegungsfreiheit.
Diese verletzt vor allem, wer einen anderen gegen seinen Willen in einem Raum ein-
sperrt. Nicht geschützt ist dagegen die allgemeine Handlungsfreiheit.

2. Eigentum

Der praktisch häufigste Fall des Schadensersatzanspruchs nach § 823 Abs. 1 BGB be-   6
trifft die *Eigentumsverletzung*. Darunter fallen insbesondere die tatsächlichen Einwirkungen auf eine Sache, etwa die Beschädigung oder Zerstörung, sowie die Entziehung
des Eigentums durch Wegnahme der Sache. Aber auch bloße Eingriffe in die Nutzbarkeit oder die Verwendbarkeit einer Sache können eine Eigentumsverletzung darstellen.

▶ **Beispiel:** Student S stößt aus Unachtsamkeit gegen das Notebook seines Kommilitonen   7
K, das vom Tisch fällt und dabei beschädigt wird. Hier hat S die Sachsubstanz beschädigt
und so das Eigentum des K fahrlässig verletzt. ◀

▶ **Beispiel:** L parkt seinen Lkw in der Einfahrt zum Grundstück des E. Dieser muss drin-   8
gend zu einem Termin. Er bestellt sich ein Taxi, da er mit seinem Wagen nicht vom Grundstück kommt.

Hier hat L zwar nicht in die Sachsubstanz des Wagens von E eingegriffen. Gleichwohl ist
der Wagen für die Dauer des Zuparkens der Einfahrt für seinen bestimmungsgemäßen Gebrauch (Fortbewegung auf öffentlichen Straßen) nicht mehr zu nutzen. Auch darin liegt eine
Eigentumsverletzung, die zum Schadensersatz (Taxikosten) verpflichtet.

Anders wäre zu entscheiden, wenn E mit seinem Wagen nicht auf das Grundstück auffahren
kann, weil L die Zufahrt zugeparkt hat. Hier ist die Nutzbarkeit des Wagens grundsätzlich
nicht beeinträchtigt. L müsste daher etwaige Parkkosten nicht nach § 823 Abs. 1 BGB ersetzen. ◀

Im Gegensatz zum Eigentum ist der bloße Besitz, also die tatsächliche Sachherrschaft,   9
nicht vom Rechtsgüterkatalog des § 823 Abs. 1 BGB erfasst. Die Rechtsprechung hat
allerdings den „berechtigten Besitz" – genauer: das *„Recht zum Besitz"* – als „sonstiges Recht" (dazu 7. Kapitel, § 35 Rn. 11 ff.) anerkannt. Damit werden etwa der Mieter, der Pächter oder der Leasingnehmer deliktsrechtlich im Ergebnis gleich einem Eigentümer geschützt.

▶ **Beispiel:** Wie im vorigen Ausgangsfall, aber E hat den Wagen nur geleast. Er ist daher   10
nicht Eigentümer, sondern lediglich Besitzer des Wagens. Folglich hat L durch das Zuparken
des Wagens nicht in das Eigentumsrecht des E eingegriffen. Allerdings war E aufgrund des
Leasingvertrags zum Besitz des Wagens berechtigt. Dieses Recht zum Besitz hat L verletzt,
so dass er auch in diesem Fall die Taxikosten ersetzen muss. ◀

3. „Sonstige Rechte": Persönlichkeitsrecht und Gewerbeschutz

11   Neben den ausdrücklich im Tatbestand aufgeführten Rechtsgütern sieht § 823 Abs. 1 BGB eine Schadensersatzpflicht bei Verletzung eines *„sonstigen Rechts"* vor. Wollte man darunter jedes beliebige Recht verstehen, so wäre die Aufzählung der fünf genannten Rechtsgüter überflüssig. Es würde eine ausufernde Schadensersatzhaftung für jedes Verhalten drohen. Aus diesem Grund muss der Begriff „sonstiges Recht" eng ausgelegt werden. Geschützt werden nur solche Rechte, die eine starke Ähnlichkeit zu den genannten Rechtsgütern aufweisen. Praktische Bedeutung erlangen die „sonstigen Rechte" vor allem in zwei Fällen:

a) Das allgemeine Persönlichkeitsrecht

12   Zunächst wird das *allgemeine Persönlichkeitsrecht* als „sonstiges Recht" i.S.d. § 823 Abs. 1 BGB geschützt. Das allgemeine Persönlichkeitsrecht ist eine Erfindung der Rechtsprechung. Das BGB kennt nur einzelne besondere Persönlichkeitsrechte (Bsp.: Recht am eigenen Bild, Namensrecht). Der historische Gesetzgeber wollte aber keinen allgemeinen Schutz vor Ehrverletzungen schaffen, sondern war der Ansicht, die Ehre könne nur im persönlichen Duell wiederhergestellt werden. Da die gesellschaftlichen Wertvorstellungen sich seit Erlass des BGB 1900 einschneidend geändert haben und das Grundgesetz von 1949 den Schutz der Menschenwürde und der Handlungsfreiheit garantiert, haben BGH und BVerfG einen Schadensersatzanspruch wegen Verletzung des allgemeinen Persönlichkeitsrechts entwickelt, der heute allgemein anerkannt ist.

13   Voraussetzung dieses Anspruchs ist ein schwerwiegender und rechtswidriger Eingriff in das Persönlichkeitsrecht. Darüber hinaus darf der Verletzte keine Möglichkeit haben, den entstandenen Nachteil anderweitig hinreichend auszugleichen. Sind diese Voraussetzungen erfüllt, kann der Geschädigte den Ersatz des durch die Ehrverletzung eingetretenen immateriellen Schadens verlangen. In diesem Fall hat der Schadensersatzanspruch ausnahmsweise *präventiven Charakter*. Um einen wiederholten Eingriff in das Persönlichkeitsrecht zu verhindern, werden die Gewinne aus der Rechtsverletzung (Bsp.: Auflagensteigerung) beim Umfang des zu ersetzenden Schadens berücksichtigt (vgl. 8. Kapitel, § 40 Rn. 1 ff.). Das führt im Ergebnis zu der eigenartigen Situation, dass der Schadensersatz wegen Ehrverletzung u.U. höher sein kann als derjenige bei Tötung eines Kindes.

14   ▶ **Beispiel:** Das Magazin B druckt ein „Interview" mit Prinzessin C, das jedoch frei erfunden ist.

Das allgemeine Persönlichkeitsrecht schützt die Selbstbestimmung über das Erscheinungsbild einer Person vor der Unterschiebung falscher Äußerungen. B hat schwerwiegend in das Persönlichkeitsrecht der C eingegriffen. C hat einen Anspruch auf Ersatz des immateriellen Schadens. Bei der Bemessung der Schadenshöhe wird die Auflagensteigerung durch das erfundene Interview berücksichtigt. ◀

b) Das Recht am eingerichteten und ausgeübten Gewerbebetrieb

15   Der zweite wichtige Fall, in dem die „sonstigen Rechte" Bedeutung erlangen, ist der Gewerbeschutz. Nicht jeder Eingriff in die Ausübung eines Gewerbebetriebs stellt zugleich eine Eigentumsverletzung dar. So greifen etwa der Boykott oder der Streik regelmäßig nicht in Eigentumsrechte des Unternehmens ein. Um zu verhindern, dass der Unternehmer rechtlich schutzlos gestellt ist, hat die Rechtsprechung das sog. *„Recht*

am eingerichteten und ausgeübten Gewerbebetrieb" entwickelt, das als „sonstiges Recht" i.S.d. § 823 Abs. 1 BGB geschützt ist. Das Recht am eingerichteten und ausgeübten Gewerbebetrieb ist nicht auf Gewerbebetriebe im handelsrechtlichen Sinn (vgl. 12. Kapitel, § 54 Rn. 1 ff.) beschränkt, sondern steht auch den Angehörigen freier Berufe zu.

Die Anerkennung eines absolut geschützten Rechts am Gewerbebetrieb ist jedoch nicht unproblematisch. In einem freiheitlich-marktwirtschaftlichen System des Wettbewerbs beeinträchtigt jede Handlung eines Unternehmens zugleich stets die Position seiner Wettbewerber, Lieferanten und Kunden. Damit besteht die Gefahr einer ausufernden Haftung. So könnte etwa der Verkehrsunfall eines Arbeitnehmers zu einem Produktionsausfall bei seinem Arbeitgeber und damit zu einem Schaden des Unternehmens und möglicherweise auch von dessen Kunden und Lieferanten führen. Aus diesem Grund führen nur *unmittelbare* oder *betriebsbezogene Eingriffe* gegen den Gewerbebetrieb zu einer Schadensersatzpflicht. Erforderlich ist, dass die Handlung sich gegen den Betrieb als solchen richtet. Damit werden lediglich mittelbare Beeinträchtigungen, die sich gegen ein anderes Unternehmen oder ein anderes Rechtsgut richten, ausgeschlossen. 16

▶ **Beispiel:** Baggerfahrer B beschädigt bei Bauarbeiten ein Stromkabel, dessen Eigentümer die Stadtwerke sind. Es kommt zu einem Stromausfall, infolge dessen die Produktion in der Fabrik des F für mehrere Stunden ausfällt. 17
Hier hat B durch seine Handlung zwar eine Störung des Gewerbebetriebs des F verursacht. Die Beschädigung des Kabels ist aber kein betriebsbezogener Eingriff gegen das Unternehmen des F. Es handelt sich um einen bloß mittelbaren Schaden, der nach § 823 Abs. 1 BGB nicht ersatzfähig ist. ◀

▶ **Beispiel:** Eiskunstlauftrainer E war früher inoffizieller Mitarbeiter der Staatssicherheit. Nachdem diese Tätigkeit in der Öffentlichkeit bekannt geworden war, untersagte die Bundeswehr ihren der Sportfördergruppe angehörenden Soldaten, sich von E trainieren zu lassen. 18
Der BGH hat einen betriebsbezogenen Eingriff in den Gewerbebetrieb des E bejaht. Da viele Spitzensportler der Sportfördergruppe der Bundeswehr angehörten, wäre dem E der Zugang zu einem Großteil potenzieller Kunden versperrt. ◀

4. Kein Ersatz reiner Vermögensschäden

Die Aufzählung der von § 823 Abs. 1 BGB geschützten Rechtsgüter ist abschließend. Im Gegensatz zum Vertragsrecht, wo der Schuldner grundsätzlich bei jeder Pflichtverletzung, die er zu vertreten hat, für den dadurch eintretenden Schaden einzustehen hat (§ 280 Abs. 1 BGB, vgl. 4. Kapitel), kennt das Deliktsrecht keine allgemeine Vermögenshaftung. Der Geschädigte ist über § 823 Abs. 1 BGB nur geschützt, wenn der Schädiger eines der fünf genannten Rechtsgüter oder ein anerkanntes „sonstiges Recht" verletzt. Liegt keine Rechtsgutverletzung vor, so schuldet der Schädiger keinen Schadensersatz nach § 823 Abs. 1 BGB. Ein deliktischer Schadensersatzanspruch scheidet insbesondere dann aus, wenn der Käufer von vornherein eine beschädigte Sache erhält, da er in diesem Fall niemals Eigentümer einer unbeschädigten Sache war. Dem Käufer stehen aber kaufrechtliche Mängelgewährleistungsrechte zu. 19

▶ **Beispiel:** Im Fall des Eiskunstlauftrainers E hat der BGH ein überwiegendes Schutzinteresse der Bundeswehr verneint. Ein solches könnte nur bejaht werden, wenn durch die Tolerierung der Tätigkeit des Klägers als Trainer von Sportsoldaten rechtlich erhebliche Interessen, insbesondere das Ansehen der Bundeswehr, in nennenswerter Weise beeinträchtigt 20

sein könnten. Dies sei nicht der Fall, weil die Tätigkeit des E für die Staatssicherheit bereits Jahre zurückliege und er keinen nennenswerten Schaden angerichtet habe. Zudem hätten die für den Eislaufsport zuständigen deutschen Spitzenverbände keine Einwände dagegen, dass der Kläger Spitzensportler trainiere. ◄

21 ▶ **Beispiel:** Die Gewerkschaft G ruft ihre Mitarbeiter auf, den Betrieb des Arbeitgebers A zu bestreiken. Sie will Druck auf A ausüben, damit dieser einen neuen Tarifvertrag mit erheblichen Lohnsteigerungen abschließt. Aufgrund des streikbedingten Arbeitsausfalls entsteht dem A ein Schaden i.H.v. 100.000 €. Zugleich hat der Streik Auswirkungen auf das Zulieferunternehmen Z, das hierdurch Gewinneinbußen i.H.v. 30.000 € zu verzeichnen hat. Das Arbeitsgericht stellt fest, dass der Streik rechtswidrig war.

Der Streik ist ein unmittelbarer Eingriff in das Recht des bestreikten Arbeitgebers am eingerichteten und ausgeübten Gewerbebetrieb. Sein Ziel ist es gerade, den Betrieb des A lahmzulegen oder zumindest zu stören. Da der Streik hier rechtswidrig ist, ist G nach § 823 Abs. 1 BGB zum Ersatz des Schadens i.H.v. 100.000 € an A verpflichtet.

Zugleich hat G auch den Gewerbebetrieb des Z durch den Streik gestört und diesem einen Schaden zugefügt. Gleichwohl hat Z keinen Schadensersatzanspruch. Denn gegenüber seinem Betrieb liegt kein unmittelbarer Eingriff vor. Der Streik war allein auf den Betrieb des A bezogen. Z ist lediglich mittelbar betroffen. Es liegt kein Eingriff in ein von § 823 Abs. 1 BGB geschütztes Rechtsgut vor. ◄

II. Rechtswidrigkeit

22 Grundsätzlich ist jede Verletzung eines nach § 823 Abs. 1 BGB geschützten Rechtsguts rechtswidrig. Im Prozess wird die Rechtswidrigkeit vermutet. Der Schädiger kann die Vermutung widerlegen, wenn er einen *Rechtfertigungsgrund* für den Eingriff in das Rechtsgut nachweist. Als Rechtfertigungsgründe kommen insbesondere Notwehr-, Notstands- und Selbsthilferechte sowie die (tatsächliche oder mutmaßliche) *Einwilligung* des Verletzten in Betracht.

23 ▶ **Beispiel:** Räuber R fordert von K Herausgabe seiner Brieftasche. K weiß sich nicht anders als durch einen Schlag in das Gesicht des R zu helfen, bei dem dieser drei Zähne verliert.

Hier hat K eine Körperverletzung i.S.d. § 823 Abs. 1 BGB begangen. Da der Schlag aber zur Abwehr des Raubes erforderlich war, hat K aus Notwehr und daher nicht rechtswidrig gehandelt (§ 227 BGB). Er muss für den bei R entstandenen Schaden nicht aufkommen. ◄

24 ▶ **Beispiel:** Patient P lässt sich wegen eines Bandscheibenvorfalls von einem Arzt operieren. Die Operation verläuft ohne Komplikationen.

Die ärztliche Behandlung stellt eine tatbestandliche Körperverletzung dar. Sie ist aber aufgrund der Einwilligung von P vor der Operation gerechtfertigt, sofern er zuvor ordnungsgemäß über die Risiken der Operation aufgeklärt worden ist. ◄

25 Eine Ausnahme gilt für Eingriffe in das *allgemeine Persönlichkeitsrecht* und in das *Recht am eingerichteten und ausgeübten Gewerbebetrieb*. Bei diesen sog. „Rahmenrechten", die tatbestandlich nicht klar umrissen sind, wird die Rechtswidrigkeit nicht vermutet. Vielmehr muss in jedem Einzelfall mithilfe einer umfassenden Abwägung der widerstreitenden Interessen der Beteiligten geprüft werden, ob der Eingriff rechtswidrig ist. Dabei ist insbesondere das Recht der freien Meinungsäußerung zugunsten des Schädigers zu beachten, sofern es um ehrverletzende oder geschäftsschädigende Äußerungen geht.

▶ **Beispiel:** Nach mehreren Fleischskandalen ruft der Tierschutzverein T die Verbraucher unter Hinweis auf (nachgewiesene) Tierquälereien zum Boykott des Produzenten P auf. Der Umsatz des P bricht daraufhin drastisch ein.

Hier hat T gezielt in den unternehmerischen Betrieb des P eingegriffen. Bei einem Eingriff in das Recht am Gewerbebetrieb muss die Rechtswidrigkeit im Wege einer Interessenabwägung festgestellt werden. T hat den Aufruf mit zutreffenden Tatsachenbehauptungen begründet. Zudem verfolgt er mit dem Tierschutz ein rechtlich schutzwürdiges Ziel. Bei einer Gesamtbetrachtung ist der Boykottaufruf rechtmäßig. P kann keinen Schadensersatz verlangen. ◀

III. Verschulden

Jede Schadensersatzpflicht nach § 823 Abs. 1 BGB setzt ein Verschulden des Schädigers voraus. Verschulden bedeutet Vorsatz oder Fahrlässigkeit (vgl. § 276 BGB). Vorsätzlich handelt, wer einen anderen absichtlich oder wissentlich schädigt. Fahrlässig handelt gemäß § 276 Abs. 2 BGB, wer die im Verkehr erforderliche Sorgfalt außer Acht lässt. Der Sorgfaltsmaßstab ist grundsätzlich objektiv zu bestimmen. Entscheidend ist danach, welches Verhalten in der konkreten Handlungssituation von einer Person mit durchschnittlichen Fähigkeiten aus dem Verkehrskreis des Schädigers erwartet werden kann. Nicht berücksichtigt werden dagegen die individuellen Fähigkeiten und Erfahrungen gerade des Schädigers. Das Verschulden des Schädigers muss sich nur auf den Tatbestand (Handlung und Rechtsgutsverletzung) und die Rechtswidrigkeit beziehen. Demgegenüber kommt es nicht darauf an, ob den Schädiger hinsichtlich des konkreten Schadens ein Verschulden trifft.

Schuldhaft kann nur handeln, wer deliktsfähig ist. Wer im Zustand der Bewusstlosigkeit oder in einem die freie Willensbestimmung ausschließenden Zustand krankhafter Störung der Geistestätigkeit einen Schaden verursacht, ist nicht deliktsfähig und daher für den Schaden nicht verantwortlich (§ 827 S. 1 BGB). Die *Deliktsfähigkeit* ist das Gegenstück zur Geschäftsfähigkeit, die die Verantwortlichkeit im rechtsgeschäftlichen Bereich regelt (2. Kapitel, § 14 Rn 1 ff.). Allerdings bleibt der Schädiger für den Schaden verantwortlich, wenn er sich selbst, etwa durch Einnahme von Alkohol oder Drogen, in diesen Zustand gebracht hat (§ 827 S. 2 BGB).

Kinder sind bis zur Vollendung des siebten Lebensjahres nicht deliktsfähig (§ 828 Abs. 1 BGB). Bei Unfällen im Straßenverkehr ist der Minderjährige sogar erst nach Vollendung des zehnten Lebensjahres für einen von ihm fahrlässig verursachten Schaden verantwortlich (§ 828 Abs. 2 BGB). Im Übrigen kommt es darauf an, ob der Minderjährige bei der Begehung der schädigenden Handlung die notwendige Einsichtsfähigkeit in sein Handeln hatte (§ 828 Abs. 3 BGB). Dies ist von der individuellen Entwicklung des Verstands des Minderjährigen abhängig; er muss in der Lage sein, die Gefährlichkeit seines Verhaltens zu erkennen und sich der Verantwortung für etwaig eintretende Folgen bewusst sein.

Scheidet nach diesen Grundsätzen eine Haftung aus, muss der Aufsichtspflichtige für den Schaden einstehen, es sei denn, er hat seiner Aufsichtspflicht genügt oder der Schaden wäre auch bei gehöriger Aufsichtsführung entstanden (§ 832 BGB).

IV. Kausalität

Für den Schadensersatzanspruch nach § 823 Abs. 1 BGB ist eine Kausalität im doppelten Sinn erforderlich. Erstens muss gerade die Handlung des Schädigers zur Verletzung des Rechtsguts geführt haben. Zweitens hat der Schädiger nur diejenigen Schäden zu

ersetzen, die infolge der von ihm ausgehenden Rechtsgutsverletzung entstanden sind (vgl. dazu 8. Kapitel, § 41 Rn. 13 ff.).

32   ▶ **Beispiel:** A will B in Tötungsabsicht vom Bahnsteig vor den einfahrenden Zug stoßen. Als er gerade zum Stoß ausholt, rempelt C den B versehentlich an, wodurch B auf die Gleise stürzt. Er wird vom einfahrenden Zug überrollt und schwer verletzt.

Hier ist die Handlung des A (Ausholen zum Stoß) nicht ursächlich für die Körperverletzung des B. A ist nicht zum Schadensersatz verpflichtet. B hat (nur) Schadensersatzansprüche gegen C. ◀

V. Sonderproblem: Verletzung einer Verkehrssicherungspflicht

33   Besondere Schwierigkeiten bereiten die Situationen, in denen jemand eine Verkehrssicherungspflicht verletzt. Verkehrssicherungspflichten sind hauptsächlich bei der Frage von Bedeutung, ob sich jemand wegen eines *Unterlassens* schadensersatzpflichtig machen kann. Eine Verkehrssicherungspflicht trifft vor allem denjenigen, der eine Gefahrenquelle beherrscht.

34
> **BGH, URT. v. 12.6.2012 – VI ZR 138/11:** „Die winterliche Räum- und Streupflicht beruht auf der Verantwortlichkeit durch Verkehrseröffnung und setzt eine konkrete Gefahrenlage, d.h. eine Gefährdung durch Glättebildung bzw. Schneebelag voraus. Grundvoraussetzung für die Räum- und Streupflicht auf Straßen oder Wegen ist das Vorliegen einer allgemeinen Glätte und nicht nur das Vorhandensein einzelner Glättestellen. ... Bei öffentlichen Straßen und Gehwegen sind dabei Art und Wichtigkeit des Verkehrswegs ebenso zu berücksichtigen wie seine Gefährlichkeit und die Stärke des zu erwartenden Verkehrs. Die Räum- und Streupflicht besteht also nicht uneingeschränkt. Sie steht vielmehr unter dem Vorbehalt des Zumutbaren, wobei es auch auf die Leistungsfähigkeit des Sicherungspflichtigen ankommt. ... Nach diesen Grundsätzen bestehen Räum- und Streupflichten regelmäßig für die Zeit des normalen Tagesverkehrs, d.h. an Sonn- und Feiertagen ab 9 Uhr. ... Bei Auftreten von Glätte im Laufe des Tages ist allerdings dem Streupflichtigen ein angemessener Zeitraum zuzubilligen, um die erforderlichen Maßnahmen zur Bekämpfung der Glätte zu treffen."

35   ▶ **Beispiel:** Bauunternehmer B führt umfangreiche Straßenbauarbeiten durch. Aus Versehen vergisst B eines Abends, die Baustelle mit einem Zaun abzusichern. Radfahrer R fährt in die unbeleuchtete Baugrube und verletzt sich schwer.

Hier eröffnet B eine Gefahrenquelle für Teilnehmer am Straßenverkehr. Aus diesem Grund trifft ihn eine Pflicht zur Absicherung der Gefahrenquelle (hier: Umzäunung der Baugrube und Beleuchtung des gesperrten Straßenteils). Dieser Pflicht ist er nicht nachgekommen. Daher muss er den Schaden des R ersetzen. ◀

§ 36 Der Schadensersatzanspruch nach § 831 Abs. 1 BGB

In der Praxis kommt es regelmäßig vor, dass jemand eine andere Person zur Verrichtung seiner Angelegenheiten einschaltet. So wird etwa der mittelständische Unternehmer einen Großteil seiner Aufträge nicht in eigener Person, sondern von seinen Arbeitnehmern ausführen lassen. Im Rahmen vertraglicher Schadensersatzansprüche nach § 280 Abs. 1 BGB ist dem Schuldner das Verschulden seines Erfüllungsgehilfen gemäß § 278 BGB zuzurechnen (vgl. 4. Kapitel, § 25 Rn. 16 f.). Auf den deliktsrechtlichen Schadensersatzanspruch des § 823 BGB ist § 278 BGB jedoch nicht anzuwenden. Will der Geschädigte nicht den unmittelbaren Schädiger in Anspruch nehmen, sondern den (häufig zahlungskräftigeren) Hintermann, so kommt ein Schadensersatzanspruch nach § 831 Abs. 1 BGB in Betracht.

1

Im Gegensatz zu § 278 BGB ist § 831 Abs. 1 BGB keine Zurechnungsnorm für fremdes Verschulden. Der Hintermann (Geschäftsherr) haftet nicht bereits deshalb, weil der Handelnde (Verrichtungsgehilfe) jemanden geschädigt hat. Erforderlich ist, dass den Geschäftsherrn selbst ein Verschulden trifft. Das ist der Fall, wenn er den Verrichtungsgehilfen entweder nicht sorgfältig ausgewählt oder nicht ordnungsgemäß überwacht hat. Trifft den Geschäftsherrn ein solches *„Auswahlverschulden"*, so haftet er für jeden Schaden, den der Verrichtungsgehilfe einem anderen in Ausführung der Verrichtung widerrechtlich zugefügt hat. Gemäß § 831 Abs. 1 S. 2 BGB wird das (Auswahl-)Verschulden des Geschäftsherrn vermutet. Dieser kann sich jedoch *exkulpieren*, d.h. die Vermutung widerlegen, sofern er nachweist, dass er bei der Auswahl und Überwachung des Verrichtungsgehilfen die erforderliche Sorgfalt eingehalten hat.

2

Nach § 831 Abs. 1 BGB haftet der Geschäftsherr nur für solche Schäden, die sein Verrichtungsgehilfe verursacht hat. *Verrichtungsgehilfe* ist jeder, der mit Wissen und Wollen des Geschäftsherrn in dessen Geschäftsbereich weisungsgebunden tätig wird. Weisungsabhängig sind vor allem die eigenen Arbeitnehmer, regelmäßig aber nicht selbstständige Subunternehmer (die aber Erfüllungsgehilfen nach § 278 BGB sind), da diese für ihr Verhalten grundsätzlich selbst verantwortlich sind.

3

▶ **Beispiel:** K beauftragt den Unternehmer U, das Dach seines Einfamilienhauses neu zu decken. U erledigt den Auftrag nicht selbst, sondern schickt seinen Angestellten A. Aus Unachtsamkeit lässt A zwei Ziegel fallen. Einer trifft den K, der andere den vorbeilaufenden Passanten P. Beide erleiden eine Platzwunde am Kopf. U verweigert die Zahlung von Schadensersatz mit dem Hinweis, A habe seit vielen Jahren ohne jede Beanstandung seine Aufgaben erfüllt.

4

K und P haben jeweils einen Schadensersatzanspruch gegen A nach § 823 Abs. 1 BGB, da dieser fahrlässig ihren Körper verletzt hat. Schadensersatzansprüche gegen U nach § 831 Abs. 1 BGB scheiden hingegen aus, weil U das (vermutete) Auswahlverschulden widerlegen kann.

K hat allerdings einen Werkvertrag (§ 631 BGB) mit U abgeschlossen. Er hat daher einen vertraglichen Schadensersatzanspruch gegen U nach § 280 Abs. 1 BGB, da U sich gemäß § 278 BGB die Pflichtverletzung (Schutzpflicht gemäß § 241 Abs. 2 BGB) und das Verschulden des A zurechnen lassen muss. Eine Exkulpation sieht § 278 BGB nicht vor. P hingegen hat keine Ansprüche gegen U. ◀

§ 37 Produkthaftung und Produzentenhaftung

1 Für die Haftung eines Herstellers, der fehlerhafte Produkte in den Verkehr bringt, gelten spezielle Haftungsregelungen. Der Geschädigte kann Schadensersatz nach zwei verschiedenen Anspruchsgrundlagen verlangen, die unterschiedliche Voraussetzungen und Rechtsfolgen haben.

I. Die Produkthaftung

2 Zunächst kommt ein Schadensersatzanspruch gegen den Hersteller nach dem sog. Produkthaftungsgesetz (ProdHaftG) in Betracht. Gemäß § 1 Abs. 1 ProdHaftG ist der Hersteller zum Schadensersatz verpflichtet, wenn durch den Fehler eines Produkts jemand getötet oder der Körper oder die Gesundheit verletzt wird. Gleiches gilt, wenn durch das fehlerhafte Produkt eine weitere Sache beschädigt wird, sofern diese für den privaten Ge- oder Verbrauch bestimmt und verwendet worden ist. Ein Produkt i.S.d. ProdHaftG ist grundsätzlich jede *bewegliche Sache*. Das Produkt ist fehlerhaft, wenn es nicht die Sicherheit bietet, die von ihm nach dem Stand der Wissenschaft und Technik im *Zeitpunkt des Inverkehrbringens* erwartet werden kann. Allein die Tatsache, dass später ein technisch verbessertes Produkt auf den Markt gebracht wird, stellt keinen Fehler des älteren Produkts dar.

3 Man unterscheidet drei Arten von Fehlern: Bei einem *Fabrikationsfehler* erfüllt ein einzelnes Produkt die Anforderungen nicht, die der Hersteller sich selbst auferlegt hat. Es ist also nur ein Exemplar einer Produktreihe fehlerhaft (sog. Ausreißer). Ein *Konstruktionsfehler* liegt vor, wenn das Produkt bereits seiner Konzeption nach den gebotenen Sicherheitsstandard nicht erfüllt. Bei einem *Instruktionsfehler* klärt der Hersteller den Verwender nicht oder nur unzureichend über die Art und Weise der Verwendung und die damit verbundenen Gefahren auf.

4 Der Schadensersatzanspruch nach dem ProdHaftG hat für den Geschädigten einen bedeutenden Vorteil gegenüber dem allgemeinen Schadensersatzanspruch nach § 823 Abs. 1 BGB: Er setzt *kein Verschulden* des Herstellers voraus. Es handelt sich um eine sog. *Gefährdungshaftung*. Der Hersteller haftet bereits deshalb für die Schäden, die von seinem Produkt ausgehen, weil er die Gefahrenquelle beherrscht und den wirtschaftlichen Nutzen daraus zieht. Auf der anderen Seite enthält das ProdHaftG gewichtige Einschränkungen: So ist die Haftung für Personenschäden auf 85 Mio. € begrenzt. Bei einer Sachbeschädigung gibt es keine Höchstgrenze; jedoch hat der Geschädigte hier generell eine Selbstbeteiligung von 500 € zu tragen, so dass der Anspruch für Bagatellschäden weitgehend bedeutungslos ist.

5 **BGH, Urt. v. 17.3.2009 – VI ZR 176/08:** „Zur Gewährleistung der erforderlichen Produktsicherheit hat der Hersteller diejenigen Maßnahmen zu treffen, die nach den Gegebenheiten des konkreten Falls zur Vermeidung bzw. Beseitigung einer Gefahr objektiv erforderlich und nach objektiven Maßstäben zumutbar sind. Dabei sind Art und Umfang einer Sicherungsmaßnahme vor allem von der Größe der Gefahr abhängig. Bei erheblichen Gefahren für Leben und Gesundheit von Menschen sind dem Hersteller deshalb weitergehende Maßnahmen zumutbar als in Fällen, in denen nur Eigentums- oder Besitzstörungen oder aber nur kleinere körperliche Beeinträchtigungen zu befürchten sind. ...
Wie die Revision mit Recht geltend macht, kann aus Sicht des Konsumenten bei einer aus Steinobst bestehenden Füllung eines Gebäckstücks nicht ganz ausgeschlossen werden,

dass dieses in seltenen Fällen auch einmal einen kleinen Stein oder Teile davon enthält. Eine vollkommene Sicherheit wäre nur dann zu erreichen, wenn der Hersteller entweder die Kirschen durch ein engmaschiges Sieb drücken würde, wodurch nur Kirschsaft hervorgebracht würde, mit dem die Herstellung eines Kirschtalers nicht möglich wäre, oder wenn er jede einzelne Kirsche auf evtl. noch vorhandene Kirschsteine untersuchen würde. Ein solcher Aufwand ist dem Hersteller nicht zumutbar. Er ist aber auch objektiv nicht erforderlich, da dem Verbraucher, der auf einen eingebackenen Kirschkern beißt, keine schwerwiegende Gesundheitsgefahr droht, die um jeden Preis und mit jedem erdenklichen Aufwand vermieden oder beseitigt werden müsste. Eine völlige Gefahrlosigkeit kann der Verbraucher nicht erwarten."

▶ **Beispiel:** K kauft beim Bäcker B einen „Kirschtaler". Er beißt auf einen darin eingebackenen Kirschkern. Dabei bricht ein Teil eines Eckzahns ab. K verlangt Ersatz der Zahnarztkosten.   6

Hier könnte ein Fabrikationsfehler vorliegen, da nur ein Exemplar oder jedenfalls nur einzelne Exemplare der Produktserie fehlerhaft sind. Aus Sicht des Konsumenten kann aber bei einer Kirschfüllung nicht ausgeschlossen werden, dass dieses in seltenen Fällen auch einmal einen kleinen Stein oder Teile davon enthält. Es ist dem Hersteller nicht zumutbar, jede einzelne Kirsche auf Steinreste zu untersuchen. Daher liegt kein Fehler i.S.d. ProdHaftG vor. ◀

II. Die Produzentenhaftung

Neben dem ProdHaftG kann der Geschädigte seinen Schadensersatzanspruch gegen den Hersteller auch auf § 823 Abs. 1 BGB stützen. Dabei müssen die allgemeinen Voraussetzungen (Rechtsgutverletzung, Rechtswidrigkeit, Verschulden, Kausalität) erfüllt sein. Erforderlich ist insbesondere ein *Verschulden* des Herstellers. Die Rechtsprechung hilft dem Geschädigten, der in der Regel keinen Einblick in den internen Herstellungsvorgang hat, durch eine Beweislastregelung: Sofern der Geschädigte nachweist, dass das vom Hersteller in den Verkehr gebrachte Produkt fehlerhaft ist, wird vermutet, dass der Hersteller bei der Produktion die verkehrserforderliche Sorgfalt missachtet und damit schuldhaft gehandelt hat. Der Hersteller kann die Vermutung aber seinerseits widerlegen, wenn er darlegt und beweist, dass er alle Sorgfaltsanforderungen beachtet hat.   7

BGH, Urt. v. 26.11.1968 – VI ZR 212/66: „Zwar hat in aller Regel der Geschädigte, der sich auf § 823 Abs. 1 BGB stützt, nicht nur die Kausalität zwischen seinem Schaden und dem Verhalten des Schädigers darzutun und notfalls zu beweisen, sondern auch dessen Verschulden. Jedoch hängt die Möglichkeit dieses Nachweises der subjektiven Voraussetzungen erheblich davon ab, inwieweit der Geschädigte den objektiven Geschehensablauf in seinen Einzelheiten aufklären kann. Das aber ist vor allem dann mit besonderen Schwierigkeiten verknüpft, wenn es um Vorgänge geht, die sich bei der Herstellung des Produkts im Betrieb abgespielt haben. Die Rechtsprechung ist daher seit Langem dem Geschädigten dadurch zu Hilfe gekommen, dass sie sich mit dem Nachweis einer Kausalkette begnügt hat, die nach der Lebenserfahrung zunächst für ein ‚Organisationsverschulden' des Herstellers spricht. Hierbei kann jedoch für Schadensersatzansprüche aus ‚Produzentenhaftung' nicht stehengeblieben werden. Allzu oft wird der Betriebsinhaber die Möglichkeit dartun, dass der Fehler des Produkts auch auf eine Weise verursacht worden sein kann, die den Schluss auf sein Verschulden nicht zulässt – ein Nachweis, der zumeist wiederum auf Vorgängen im Betrieb des Schädigers beruht, daher vom Geschädigten   8

schwer zu widerlegen ist. Infolgedessen kann der Hersteller dann, wenn es um Schäden geht, die aus dem Gefahrenbereich seines Betriebs erwachsen sind, noch nicht dadurch als entlastet angesehen werden, dass er Möglichkeiten aufzeigt, nach denen der Fehler des Produkts auch ohne ein in seinem Organisationsbereich liegendes Verschulden entstanden sein kann. Dies gebieten in den Fällen der Produzentenhaftung die schutzbedürftigen Interessen des Geschädigten – gleich ob Endabnehmer, Benutzer oder Dritter; andererseits erlauben es die schutzwürdigen Interessen des Produzenten, von ihm den Nachweis seiner Schuldlosigkeit zu verlangen."

9 Der Anspruch aus § 823 Abs. 1 BGB ist für den Geschädigten immer dann vorteilhaft, wenn es um Personenschäden jenseits der Haftungsobergrenze von 85 Mio. € nach dem ProdHaftG geht oder wenn es sich um eine Sachbeschädigung handelt, für die § 823 Abs. 1 BGB im Gegensatz um ProdHaftG keine Selbstbeteiligung vorsieht. Zudem kann der Hersteller nach § 823 Abs. 1 BGB auch zur *Produktbeobachtung nach Inverkehrbringen* eines Produkts, zu nachträglichen Warnungen oder gar zum Rückruf einer Sache verpflichtet sein.

10 ▶ **Beispiel:** K kauft im Jahr 2017 ein zehn Jahre altes Motorrad der Marke H. Kurze Zeit später wird er bei einem Unfall mit hoher Geschwindigkeit schwer verletzt. Unfallursache ist eine Instabilität aufgrund der vom Vorbesitzer angebrachten Lenkradverkleidung eines Drittherstellers. Beim Inverkehrbringen des Motorrads war diese Verkleidung noch nicht auf dem Markt erhältlich. Im Jahr 2015 gab es jedoch mehrere Anhaltspunkte dafür, dass die Sicherheit dieses Modells durch die Verkleidung gefährdet werden könnte. K verlangt vom Hersteller H Schadensersatz.

Hier liegt weder ein Fabrikationsfehler noch ein Konstruktionsfehler des Motorrads vor. Auch ein Instruktionsfehler scheidet aus. K hat keine Ansprüche nach dem ProdHaftG, da H im Zeitpunkt des Inverkehrbringens des Motorrads alle Sorgfaltspflichten erfüllt hat. Allerdings ergaben sich nachträglich Anhaltspunkte für eine Verkehrsgefährdung. H hätte aufgrund seiner Produktbeobachtungspflicht einen Rückruf des Motorrads oder jedenfalls eine Warnung an die Benutzer herausgeben müssen. Dies hat er nicht getan. Daher ist er gemäß § 823 Abs. 1 BGB zum Schadensersatz verpflichtet. ◀

§ 38 Sonstige Schadensersatzansprüche

Neben den bereits genannten Regelungen gibt es eine Vielzahl weiterer Normen, die den Schädiger zum Schadensersatz verpflichten. Einige sind im BGB geregelt, andere in Spezialgesetzen. Manche setzen ein Verschulden des Schädigers voraus. Bei anderen handelt es sich um eine verschuldensunabhängige Gefährdungshaftung. An dieser Stelle seien exemplarisch nur einige Ansprüche kurz genannt:

I. Die Verletzung eines Schutzgesetzes

Nach § 823 Abs. 2 BGB ist zum Schadensersatz verpflichtet, wer schuldhaft gegen ein Gesetz verstößt, das den Schutz eines anderen bezweckt. Als Schutzgesetze anerkannt sind vor allem die Strafnormen zum Schutz des Vermögens (Bsp.: Diebstahl, Betrug, Erpressung) und anderer Rechtsgüter (Bsp.: Hausfriedensbruch, Beleidigung, Körperverletzung) im StGB.

II. Die sittenwidrige Schädigung

Zum Schadensersatz ist ferner nach § 826 BGB verpflichtet, wer einen anderen vorsätzlich sittenwidrig schädigt. Im Gegensatz zu § 823 Abs. 1 BGB werden nicht nur bestimmte, ausdrücklich genannte Rechtsgüter, sondern das gesamte vermögensrechtliche Interesse des Geschädigten geschützt. Voraussetzung für eine Schadensersatzpflicht ist, dass der Schädiger mit *Vorsatz* gehandelt hat. Das ist der Fall, wenn er den Geschädigten absichtlich oder wissentlich schädigt oder wenn er die Schädigung zumindest billigend in Kauf nimmt. Anders als im Fall des § 823 Abs. 1 BGB muss der Vorsatz die Zufügung eines Schadens erfassen. Die Haftung nach § 826 BGB umfasst daher solche Schäden nicht, die der Schädiger nicht zumindest billigend in Kauf genommen hat.

Darüber hinaus muss der Schädiger sittenwidrig gehandelt haben. Wie bei § 138 BGB setzt die Sittenwidrigkeit ein objektives und ein subjektives Moment voraus. Die Rechtsprechung hat verschiedene Fallgruppen entwickelt, die ein objektiv sittenwidriges Verhalten darstellen. Darüber hinaus ist subjektiv erforderlich, dass der Schädiger die tatsächlichen Umstände kennt, die die Sittenwidrigkeit begründen.

III. Spezialgesetze

Schließlich gibt es eine ganze Reihe spezialgesetzlicher Schadensersatzregelungen. Die wichtigsten sind die verschuldensunabhängige Haftung des Halters eines Kfz gemäß § 7 des Straßenverkehrsgesetzes (StVG), die verschuldensabhängige Haftung des Fahrzeugführers gemäß § 18 StVG sowie Schadensersatzansprüche nach dem Haftpflichtgesetz (HPflG) und dem Pflichtversicherungsgesetz (PflVG).

▶ **Beispiel:** S fährt mit seinem Pkw in der Zone 30 mit 28,5 km/h, als das 6-jährige Kind K zwischen zwei parkenden Autos hervorspringt und vom Wagen des S erfasst und schwer verletzt wird.

Nach § 7 StVG muss S die Behandlungskosten des K ersetzen, und zwar auch dann, wenn ihm kein Fahrlässigkeitsvorwurf gemacht werden kann. Die Ersatzpflicht ist lediglich in Fällen höherer Gewalt, also bei ganz außergewöhnlichen und von außen einwirkenden Ereignissen, ausgeschlossen. Dass ein Kind auf die Straße läuft, ist davon nicht erfasst. ◀

Kontrollfragen und Fälle zum 7. Kapitel

1. *Fall: K schlägt dem V ohne jeden Grund ins Gesicht. V erleidet eine Kieferfraktur, die ihn zu einem mehrwöchigen Krankenhausaufenthalt zwingt. Kann V Schadensersatz für die Behandlungskosten verlangen?*

2. *Fall: P fährt mit einem Mietwagen zum Einkaufen in die Stadt. Als er zu seinem Auto zurückkehrt, muss er erkennen, dass es vom Pkw des S zugeparkt ist. Da er noch einen Termin hat, fährt er mit öffentlichen Verkehrsmitteln. Kann P die Kosten für die Fahrt von S ersetzt verlangen?*

3. *Fall: A beauftragt den Malermeister M mit dem Anstrich des eigenen Reihenmittelhauses. M schickt seinen bisher immer zuverlässig gewesenen Gesellen G, um die Arbeit zu verrichten. G hat nicht seinen besten Tag erwischt. Er beschädigt mit der Leiter den Putz des Nachbarhauses, das dem B gehört. Kann B die Kosten für die Reparatur von G oder M im Rahmen des Deliktrechts ersetzt verlangen?*

4. *Unter welchen Voraussetzungen haftet ein Hersteller für seine fehlerhaften Produkte?*

8. Kapitel:
Inhalt und Umfang des Schadensersatzes

§ 39 Grundlagen

Bisher wurde lediglich aufgezeigt, in welchen Fällen der Verletzung vertraglicher 1
Pflichten oder deliktsrechtlich geschützter Rechtsgüter dem Geschädigten ein Schadensersatzanspruch zusteht. Das 8. Kapitel wendet sich der Rechtsfolge des Schadensersatzanspruchs zu. Geklärt werden soll, für welche Art von Schäden und in welchem
Umfang der Schuldner Schadensersatz zu leisten hat. Diese Fragen sind einheitlich für
sämtliche vertraglichen und außervertraglichen Schadensersatzansprüche in den
§§ 249 ff. BGB geregelt.

Das deutsche Schadensrecht ist geprägt von drei grundlegenden Prinzipien: Nach dem 2
Grundsatz der Totalreparation hat der Schädiger den von ihm verursachten (Vermö-
gens-)Schaden vollständig auszugleichen. Es gibt grundsätzlich weder eine Selbstbeteiligung noch eine Begrenzung des Schadensersatzanspruchs auf einen bestimmten
Höchstbetrag (Ausnahme: Schadensersatz nach dem ProdHaftG, vgl. 7. Kapitel,
§ 37 Rn. 2 ff.).

▶ **Beispiel:** Radfahrer R fährt aus Unachtsamkeit gegen den geparkten Wagen des G, der 3
hierdurch beschädigt wird.

Hier muss R den durch die Beschädigung des Wagens eingetretenen Schaden vollständig ersetzen. Es spielt keine Rolle, ob es sich bei dem Fahrzeug um einen alten Lada oder um
einen nagelneuen Ferrari handelt, dessen Reparatur erheblich teurer ist. ◀

Der Grundsatz der Totalreparation wird flankiert vom *Gebot der Wirtschaftlichkeit.* 4
Danach muss der Geschädigte, sofern es mehrere gleichwertige und ihm zumutbare
Möglichkeiten gibt, den Schaden zu beheben, den wirtschaftlichsten Weg wählen. An-
derenfalls verletzt er seine Obliegenheit zur Schadensminderung gemäß § 254 Abs. 2
BGB und kann nur einen Teil des tatsächlich eingetretenen Schadens verlangen.

BGH, Urt. v. 13.7.2010 – VI ZR 259/09: „Der Schädiger kann den Geschädigten aber un- 5
ter dem Gesichtspunkt der Schadensminderungspflicht gemäß § 254 Abs. 2 BGB auf eine
günstigere Reparaturmöglichkeit in einer mühelos und ohne weiteres zugänglichen ‚frei-
en Fachwerkstatt' verweisen, wenn er darlegt und ggf. beweist, dass eine Reparatur in
dieser Werkstatt vom Qualitätsstandard her der Reparatur in einer markengebundenen
Fachwerkstatt entspricht, und wenn er ggf. vom Geschädigten aufgezeigte Umstände widerlegt, die diesem eine Reparatur außerhalb der markengebundenen Fachwerkstatt unzumutbar machen würden.
Unzumutbar ist eine Reparatur in einer ‚freien Fachwerkstatt' für den Geschädigten im
Allgemeinen dann, wenn das beschädigte Fahrzeug im Unfallzeitpunkt nicht älter als drei
Jahre war. Aber auch bei Kfz, die älter sind als drei Jahre, kann es für den Geschädigten
unzumutbar sein, sich auf eine technisch gleichwertige Reparaturmöglichkeit außerhalb
der markengebundenen Fachwerkstatt verweisen zu lassen. Dies kann insbesondere dann
der Fall sein, wenn der Geschädigte sein Fahrzeug bisher stets in einer markengebundenen Fachwerkstatt hat warten und reparieren lassen. Unzumutbar ist eine Reparatur in
einer ‚freien Fachwerkstatt' für den Geschädigten auch dann, wenn sie nur deshalb kos-

tengünstiger ist, weil ihr nicht die (markt-)üblichen Preise dieser Werkstatt, sondern vertragliche Sonderkonditionen mit dem Haftpflichtversicherer des Schädigers zugrunde liegen."

6 ▶ **Beispiel:** Im obigen Fall lässt G seinen neuen Ferrari in der Vertragswerkstatt des V reparieren. Die Reparaturkosten belaufen sich auf 5000 €. R will nicht den vollen Betrag zahlen. Er meint, G habe den Wagen in einer freien Werkstatt wesentlich günstiger reparieren lassen können.

Grundsätzlich muss R den durch die Beschädigung des Wagens eingetretenen Schaden vollständig ersetzen. Hier sind Reparaturkosten i.H.v. 5000 € entstanden. Allerdings ist G nach dem Grundsatz der Wirtschaftlichkeit verpflichtet, den Schaden auf die kostengünstigste Weise beheben zu lassen. Dies gilt jedoch nur, sofern dies für ihn zumutbar ist. Da der Ferrari hier nicht älter als drei Jahre ist und es für G nicht zumutbar ist, etwaige Beschränkungen von Gewährleistungs- oder Garantieansprüchen hinzunehmen, muss er sich nicht auf die Reparatur in einer freien Werkstatt verweisen lassen. ◀

7 Schließlich gilt im Schadensrecht das sog. *Verbot der Überkompensation*. Danach ist nur der tatsächlich eingetretene Schaden zu ersetzen. Der Geschädigte darf durch den Ersatzanspruch nicht bessergestellt werden, als er ohne das schädigende Ereignis stünde. Der Schadensersatz darf also nicht zu einer Bereicherung des Geschädigten führen. Das kann u.a. bedeuten, dass der Geschädigte etwaige Vorteile, die er infolge der Schädigung erzielt, von seinem Schadensersatzanspruch abziehen muss (sog. Vorteilsausgleichung).

8 ▶ **Beispiel:** Im obigen Fall mietet G für die Zeit der Reparatur einen vergleichbaren Mietwagen und verlangt die Kosten hierfür im Wege des Schadensersatzes von R.

Grundsätzlich muss R die Kosten für den Mietwagen ebenfalls ersetzen, da er sie durch den Unfall verursacht hat. Zu beachten ist jedoch, dass in der Zeit, in der G einen Mietwagen nutzt, sein eigenes Fahrzeug nicht beansprucht und abgenutzt wird. Nach der Rechtsprechung muss G sich daher pauschal in der Regel 10 % der Mietwagenkosten als ersparte Eigenaufwendung abziehen lassen. Er kann dies aber vermeiden, wenn er ein Fahrzeug aus einer gegenüber seinem eigenen Wagen niedrigeren Fahrzeugklasse mietet. ◀

9 ▶ **Beispiel:** S zersticht einen bereits abgenutzten Reifen am Fahrrad des G. G kann von S grundsätzlich die Kosten für einen neuen Reifen verlangen. Da der neue Reifen aber entsprechend länger hält, muss er einen Teil der Kosten selbst tragen (sog. „Abzug neu für alt"). ◀

§ 40 Vermögensschäden und immaterielle Schäden

Ein *Schaden* ist jedes unfreiwillige Vermögensopfer. Dabei ist zu differenzieren zwischen Vermögensschäden (materiellen Schäden) und Nichtvermögensschäden (immateriellen Schäden). *Vermögensschäden* hat der Schädiger nach den vorgenannten Grundsätzen ohne Begrenzung der Höhe nach zu ersetzen. *Immaterielle Schäden* sind demgegenüber grundsätzlich nicht ersatzfähig (§ 253 Abs. 1 BGB). Ausnahmen hiervon sieht § 253 Abs. 2 BGB vor. Danach kann der Geschädigte Ersatz des immateriellen Schadens (*Schmerzensgeld*) verlangen, wenn der Körper, die Gesundheit, die Bewegungsfreiheit oder die sexuelle Selbstbestimmung verletzt worden ist. Entsprechendes gilt vor dem Hintergrund der Art. 2 Abs. 1 GG i.V.m. Art. 1 Abs. 1 GG bei einem schwerwiegenden Eingriff in das allgemeine Persönlichkeitsrecht (vgl. 7. Kapitel, § 35 Rn. 12 ff.). Im Gegensatz zum „normalen" Schmerzensgeld hat die Entschädigung bei Persönlichkeitsrechtsverletzungen auch einen präventiven Sanktionscharakter, der bei der Anspruchshöhe zu berücksichtigen ist.

1

BGH, Urt. v. 5.10.2004 – VI ZR 255/03: „Das BVerfG und der BGH sehen den Anspruch auf eine Geldentschädigung wegen einer Verletzung des Persönlichkeitsrechts ... als ein Recht an, das auf den Schutzauftrag aus Art. 1 und Art. 2 Abs. 1 GG zurückgeht. Demgemäß wird der Anspruch aus § 823 Abs. 1 BGB i.V.m. Art. 1 und Art. 2 GG hergeleitet. Die Zubilligung einer Geldentschädigung im Fall einer schweren Persönlichkeitsrechtsverletzung beruht auf dem Gedanken, dass ohne einen solchen Anspruch Verletzungen der Würde und Ehre des Menschen häufig ohne Sanktion blieben mit der Folge, dass der Rechtsschutz der Persönlichkeit verkümmern würde. Bei dieser Entschädigung steht – anders als beim Schmerzensgeld – regelmäßig der Gesichtspunkt der Genugtuung des Opfers im Vordergrund. Außerdem soll sie der Prävention dienen."

2

▶ **Beispiel:** Das Magazin B veröffentlicht fünf „Paparazzi-Fotos", auf denen die Prinzessin C leicht bekleidet beim Sonnenbaden auf ihrer Yacht zu sehen ist.

3

Das allgemeine Persönlichkeitsrecht umfasst auch den Schutz vor der Veröffentlichung von Bildaufnahmen außerhalb des häuslichen Bereichs, wenn sich jemand in eine örtliche Abgeschiedenheit zurückgezogen hat, in der er objektiv erkennbar für sich allein sein will und sich so verhält, wie er es in der Öffentlichkeit nicht tun würde. Dies gilt grundsätzlich auch für eine Person der Zeitgeschichte. In diesen Schutz greift ein, wer Bilder veröffentlicht, die von dem Betroffenen in dieser Situation heimlich aufgenommen worden sind. Ein schutzwürdiges Informationsinteresse der Öffentlichkeit ist hier nicht ersichtlich. B hat daher schwerwiegend in das Persönlichkeitsrecht der C eingegriffen. C hat einen Anspruch auf Ersatz des immateriellen Schadens, bei dessen Umfang auch der Gewinn aus der Rechtsverletzung (Auflagensteigerung) zu berücksichtigen ist. ◀

Die Abgrenzung von Vermögensschäden und immateriellen Schäden kann im Einzelfall schwierig sein. Ein Vermögensschaden liegt immer dann vor, wenn der Geschädigte eine in Geld messbare Einbuße erlitten hat. Das bestimmt sich in erster Linie danach, ob für die Einbuße ein Markt existiert (Kommerzialisierungsthese). Fehlt ein solcher Markt, kommt ein Vermögensschaden nur in Betracht, wenn die Verkehrsauffassung dem beschädigten oder zerstörten Gegenstand gleichwohl einen Geldwert beimisst. Eine Vermögenseinbuße kann schließlich auch die Belastung mit einer Verbindlichkeit sein. In diesem Fall hat der Geschädigte einen sog. Freistellungsanspruch gegen den Schädiger, der sich bei Nichterfüllung in einen Schadensersatzanspruch umwandelt.

4

§ 41 Die Berechnung des Vermögensschadens

I. Differenzhypothese

1 Ein Vermögensschaden ist nach der sog. *Differenzhypothese* zu ermitteln. Danach ist die aktuelle Vermögenslage mit der Lage zu vergleichen, die bestünde, wenn das schädigende Ereignis hinweggedacht wird. Nach dem gesetzlichen Leitbild hat der Schädiger den Schaden selbst zu beheben (§ 249 Abs. 1 BGB). Dieser sog. *Grundsatz der Naturalobligation* entspricht längst nicht mehr den praktischen Bedürfnissen im Rechtsverkehr. Oftmals hat der Schädiger gar nicht die erforderliche Sachkenntnis, um etwa eine beschädigte Sache zu reparieren. In anderen Fällen ist es für den Geschädigten schlicht unzumutbar, wenn ausgerechnet der Schädiger den Schaden beheben müsste. Im Regelfall verlangt der Geschädigte daher einen Ersatz in Geld. Als Grundlage hierfür kommen die §§ 249 Abs. 2 und 251 Abs. 1 BGB in Betracht. Gemäß § 249 Abs. 2 BGB kann der Geschädigte wegen Verletzung seiner Person oder Beschädigung einer Sache den zur Herstellung erforderlichen Geldbetrag (*Integritätsinteresse*) verlangen. Dies gilt auch dann, wenn der Geschädigte die Sache nicht reparieren lässt (sog. „fiktive Reparaturkosten"). Denn das Vermögen des Geschädigten ist bereits aufgrund der beschädigten Sache vermindert. Gemäß § 249 Abs. 2 S. 2 BGB reduziert sich der Anspruch dann jedoch um die nicht angefallene Umsatzsteuer, damit es nicht zu einer Überkompensation des Geschädigten kommt.

2 ▶ **Beispiel:** S fährt mit seinem Wagen das parkende Fahrzeug des G an und beschädigt dieses am hinteren Stoßfänger. G holt einen Kostenvoranschlag in der Kfz-Werkstatt ein. Danach wird die Reparatur 1000 € inklusive Umsatzsteuer kosten. G entschließt sich, den Schaden nicht reparieren zu lassen, und verlangt nun von S Schadensersatz.

Hier hat S schuldhaft das Eigentum des G verletzt und ist diesem daher gemäß § 823 Abs. 1 BGB zum Schadensersatz verpflichtet. Dieser Anspruch umfasst gemäß § 249 Abs. 2 S. 1 BGB die Reparaturkosten. Da G den Wagen nicht reparieren lässt, muss S allerdings die im Gesamtbetrag enthaltene Umsatzsteuer i.H.v. 19% nicht ersetzen (§ 249 Abs. 2 S. 2 BGB). G kann somit Schadensersatz i.H.v. 840,34 € verlangen. ◀

3 Nach § 249 Abs. 2 S. 1 BGB hat der Schädiger grundsätzlich die vollen Reparaturkosten zu erstatten. Das entspricht dem Grundsatz der Totalreparation. Die volle Kostentragung gerät jedoch in einen Konflikt mit dem Wirtschaftlichkeitsgebot, wenn die Reparaturkosten den Zeitwert der Sache übersteigen. Der Geschädigte kann dann grundsätzlich nur den *Wiederbeschaffungswert* der beschädigten Sache verlangen. Darunter versteht man den Betrag, den der Geschädigte ausgeben muss, um eine vergleichbare (gebrauchte) Sache auf dem Markt zu erwerben. Für den Fall der Beschädigung eines Pkw differenziert die Rechtsprechung, weil der Eigentümer regelmäßig ein erhöhtes Interesse daran hat, „seinen" Wagen zu behalten: Danach hat der Geschädigte einen Anspruch auf Ersatz von Reparaturkosten, sofern diese 130 % des Wiederbeschaffungswerts nicht übersteigen (sog. „wirtschaftlicher Totalschaden"). Sind die Reparaturkosten noch höher, kann er von vornherein nur Ersatz des Wiederbeschaffungswerts verlangen.

4 ▶ **Beispiel:** Der Pkw des G wird bei einem von S verschuldeten Unfall erheblich beschädigt. Laut Kostenvoranschlag betragen die Reparaturkosten 5000 €. Ohne die Beschädigung hatte der Wagen einen Zeitwert von 3000 €.

Nach § 249 Abs. 2 S. 1 BGB kann G grundsätzlich Ersatz der gesamten Reparaturkosten verlangen. Da die Reparaturkosten hier aber 130 % des Wiederbeschaffungswerts übersteigen, kann G lediglich den Zeitwert des Wagens, sprich 3000 €, verlangen. ◄

Der Ersatzanspruch des Geschädigten nach § 249 Abs. 2 S. 1 BGB umfasst darüber hinaus auch die Kosten, die ihm dadurch entstehen, dass er ein Gutachten eines Sachverständigen über die Feststellung und Höhe des Schadens einholt, sofern eine vorherige Begutachtung zur tatsächlichen Durchführung der Wiederherstellung erforderlich und zweckmäßig ist. Entsprechendes gilt für außergerichtliche Kosten der Rechtsverfolgung (Bsp.: Einschaltung eines Rechtsanwalts). **5**

Nach § 251 Abs. 1 BGB muss der Schädiger den Geschädigten in Geld entschädigen, wenn die Behebung des Schadens nicht möglich oder zur Entschädigung nicht genügend ist. Wer also eine Sache *irreparabel* beschädigt oder zerstört, schuldet Entschädigung in Geld. Die Höhe des Anspruchs richtet sich grundsätzlich nach dem Wert der Sache. Zu ersetzen ist die Differenz zwischen dem Wert des Vermögens, wie er ohne das schädigende Ereignis wäre, und dem tatsächlichen, durch die Schädigung verminderten Wert. Bei Zerstörung einer Sache ist grundsätzlich der Wiederbeschaffungswert zu ersetzen. Nicht erstattungsfähig ist dagegen der Liebhaberwert der zerstörten Sache (sog. „Affektionsinteresse"), sofern sich hierfür kein Markt entwickelt hat. **6**

Nach § 251 Abs. 1 BGB ersatzfähig ist demgegenüber der sog. *„merkantile Minderwert"*. In diesen Fällen kann der Schaden an der Sachsubstanz zwar durch Reparatur behoben werden. Gleichwohl verbleibt dem Geschädigten ein wirtschaftlicher Nachteil, sofern die Sache infolge der Beschädigung trotz ordnungsgemäßer Reparatur auf dem Markt geringer bewertet wird. Der Grund liegt in der Befürchtung, es könnten verborgene Spätfolgen eintreten. Voraussetzung für den Ersatzanspruch ist, dass ein Markt für die beschädigte Sache vorhanden ist, auf dem sich der Minderwert in Gestalt eines geringeren Marktpreises auswirken kann (wichtigstes Bsp.: Gebrauchtwagenmarkt). Denn nur dann handelt es sich bei dem Minderwert um einen Vermögensschaden. Die Höhe des merkantilen Minderwerts wird im Prozess regelmäßig nach einer bestimmten Berechnungsmethode geschätzt. Bei älteren Fahrzeugen (Alter über fünf Jahren oder Laufleistung über 100.000 km) kann die Wertminderung ganz entfallen. **7**

> **BGH, Urt. v. 23.11.2004 – VI ZR 357/03:** „Nach ständiger Rechtsprechung des Senats handelt es sich beim merkantilen Minderwert um eine Minderung des Verkaufswerts, die trotz völliger und ordnungsgemäßer Instandsetzung eines bei einem Unfall erheblich beschädigten Kfz allein deshalb verbleibt, weil bei einem großen Teil des Publikums, vor allem wegen des Verdachts verborgen gebliebener Schäden, eine den Preis beeinflussende Abneigung gegen den Erwerb unfallbeschädigter Kfz besteht. Diese Wertdifferenz stellt einen unmittelbaren Sachschaden dar." **8**

▶ **Beispiel:** Im obigen Fall lässt G seinen Wagen reparieren. Trotz ordnungsgemäßer Reparatur ist der Wert des Pkw aber dadurch gemindert, dass es sich um einen Unfallwagen handelt. Diese Wertminderung muss S zusätzlich zu den Reparaturkosten gemäß § 251 Abs. 1 BGB ersetzen. ◄ **9**

II. Der entgangene Gewinn

10 Ein Vermögensschaden besteht auch darin, dass dem Geschädigten durch das schädigende Ereignis ein Gewinn entgeht. Dieser *entgangene Gewinn* ist gemäß §§ 249 Abs. 1, 252 BGB zu ersetzen. Darunter fallen alle Vermögensvorteile, die im Zeitpunkt des schädigenden Ereignisses noch nicht zum Vermögen des Verletzten gehörten, die ihm ohne dieses Ereignis aber zugeflossen wären. Dass der entgangene Gewinn zu ersetzen ist, ist eine selbstverständliche Konsequenz der Differenzbetrachtung: Ohne das schädigende Ereignis hätte der Geschädigte den Gewinn erzielt. Insoweit hat § 251 S. 1 BGB eine lediglich klarstellende Funktion.

11 Problematisch am Ersatz des entgangenen Gewinns sind in der Praxis aber die Höhe des Schadens und seine Beweisbarkeit im Prozess. Nach den allgemeinen Grundsätzen der Beweislast muss der Kläger, der Schadensersatz vor Gericht einklagt, darlegen und beweisen, in welcher Höhe ihm durch das schädigende Ereignis (Pflichtverletzung, Rechtsgutsverletzung) ein Schaden entstanden ist. Für den entgangenen Gewinn bedeutet dies, dass er jedes einzelne Geschäft, das aufgrund des Fehlverhaltens des Schuldners nicht zustande gekommen ist, nachweisen muss. Gerade bei Massengeschäften ist dies praktisch nicht möglich. Aus diesem Grund enthält § 252 S. 2 BGB eine Beweiserleichterung für den Geschädigten. Als entgangen gilt danach der Gewinn, der nach dem gewöhnlichen Lauf der Dinge oder nach den besonderen Umständen des Einzelfalls mit Wahrscheinlichkeit erwartet werden konnte. Die Schadenshöhe kann somit (ausnahmsweise) *abstrakt berechnet* werden.

12 ▶ **Beispiel:** B beauftragt U mit dem Bau eines Mehrfamilienhauses, das er anschließend vermieten will. Aufgrund eines Baumangels müssen die Arbeiten an dem Gebäude jedoch um mehrere Monate verlängert werden, bis die Wohnungen bezugsfertig sind. B verlangt Ersatz des Mietausfallschadens.

Gemäß §§ 249 Abs. 1, 252 BGB kann B den Mietausfall als entgangenen Gewinn ersetzt verlangen. Dabei muss er nicht beweisen, dass er mit bestimmten Personen auch tatsächlich Mietverträge abgeschlossen hätte (§ 252 S. 2 BGB). Es reicht schon aus, wenn nach dem gewöhnlichen Lauf der Dinge erwartet werden kann, dass B die Wohnungen zur verkehrsüblichen Miethöhe hätte vermieten können. ◀

III. Kausalität

13 Der Geschädigte kann stets nur den Schaden ersetzt verlangen, der ihm gerade durch das schädigende Ereignis entstanden ist. Die Pflichtverletzung des Schuldners bzw. die Rechtsgutsverletzung muss also *kausal* für den geltend gemachten Schaden sein. Unter Kausalität versteht man Ursächlichkeit. Sie wird zunächst nach der sog. *Äquivalenzformel* festgestellt. Kausal für einen Schaden ist danach jedes Ereignis, das nicht hinweggedacht werden kann, ohne dass der Schaden entfiele (sog. *„conditio sine qua non"*). Auf der Grundlage dieser Formel gibt es keine Abstufungen in der Kausalität. Vielmehr ist jedes Ereignis gleichermaßen (d.h. äquivalent) ursächlich. Die „conditio sine qua non"-Formel dient dazu, solche Rechtsgutsverletzungen bzw. Schäden auszuklammern, für die die Handlung des Schädigers nicht ursächlich war.

14 Die Äquivalenztheorie, nach der alle Ursachen gleichwertig sind, geht jedoch erheblich zu weit. Sie wird daher vor allem durch die sog. *Adäquanztheorie* eingeschränkt. Danach muss zwischen dem schädigenden Ereignis und dem Schaden ein adäquater Kausalzusammenhang bestehen. Die Möglichkeit des Schadenseintritts darf nicht außerhalb jeder Wahrscheinlichkeit liegen. Die Ursache muss nach dem gewöhnlichen Lauf

der Dinge geeignet sein, einen Schaden gerade in der Art herbeizuführen, wie er tatsächlich eingetreten ist.

▶ **Beispiel:** Der eifersüchtige E dringt gewaltsam und laut schimpfend in die Wohnung seiner getrennt lebenden Ehefrau ein. Liebhaber L springt aus Angst vor dem E aus dem Fenster im zweiten Stock und bricht sich beide Beine. 15

Ohne das Eindringen des E wäre L nicht aus dem Fenster gesprungen, so dass die Kausalität nach der Äquivalenztheorie vorliegt. Fraglich ist, ob ein Sprung des Liebhabers aus dem zweiten Stock außerhalb jeglicher Lebenswahrscheinlichkeit liegt, wenn der Ehemann gewaltsam in die Wohnung eintritt. Der BGH hat dies verneint und damit einen adäquat kausalen Schaden angenommen. ◀

IV. Mitverschulden des Geschädigten

Der Schadensersatzanspruch des Geschädigten kann sich vermindern oder sogar ganz wegfallen, wenn den Geschädigten bei der Verursachung des Schadens gleichfalls ein Verschulden trifft (sog. „Mitverschulden"). Nach § 254 Abs. 1 BGB wird der Ersatzanspruch des Geschädigten dann von vornherein entsprechend dem Anteil seines Mitverschuldens im Verhältnis zum Verschulden des Schädigers gekürzt. Eine entsprechende Regelung für den Straßenverkehr enthält § 17 StVG, wonach ein von mehreren Kfz verursachter Schaden nach dem Grad der Verursachung auf die Fahrzeughalter aufzuteilen ist. 16

▶ **Beispiel:** G wird bei einem von S verursachten Unfall schwer verletzt. Er verlangt Ersatz der Behandlungskosten i.H.v. 30.000 €. S will nur einen Teil zahlen, weil G nicht angeschnallt war. 17

Wer die Anschnallpflicht verletzt, den trifft grundsätzlich ein Mitverschulden, wenn der Schaden im angeschnallten Zustand nicht eingetreten wäre. Der Schadensersatzanspruch des G ist daher um einen Mitverschuldensanteil zu kürzen. Die Höhe bemisst sich nach den Umständen des Einzelfalls. ◀

V. Sonderfall: Aufwendungsersatz

In engen Ausnahmefällen kann der Gläubiger bestimmte Schadensposten als sog. *Mindestschaden* ersetzt verlangen, die streng genommen nicht kausal auf einer vertraglichen Pflichtverletzung beruhen und damit nicht Bestandteil eines eng verstandenen Schadensbegriffs sind. Die in der Praxis wichtigsten Fälle sind Vorleistungen des Gläubigers sowie Aufwendungen, die im Vertrauen auf die ordnungsgemäße Durchführung eines Vertrags erbracht werden. Grundlage des Anspruchs ist die sog. *Rentabilitätsvermutung*. Danach wird widerlegbar davon ausgegangen, dass der Gläubiger im Fall der ordnungsgemäßen Vertragsdurchführung zumindest seine schon getätigten Aufwendungen deckenden Ertrag erzielt hätte. Der Ersatz dieser „frustrierten" Aufwendungen kommt daher von vornherein nur bei *kommerziellen Verträgen* in Betracht. 18

▶ **Beispiel:** Rechtsanwalt R meldet sich zu einem Fachanwaltsseminar in Frankfurt an und reserviert zu diesem Zweck ein Zimmer im „Frankfurt Inn". Einen Tag vor Seminarbeginn bekommt er die Nachricht, der Kurs sei überbucht und man habe ihn, der sich als Letzter angemeldet habe, daher von der Teilnehmerliste streichen müssen. R kann zwar die Zimmerreservierung stornieren, muss aber 50 € Stornogebühr zahlen, die er vom Veranstalter ersetzt haben will. 19

Die Hotelkosten wären R auch bei ordnungsgemäßer Vertragsdurchführung entstanden. Es handelt sich daher nicht um einen kausalen Schaden. Allerdings hat R die Aufwendungen

im Vertrauen auf die ordnungsgemäße Durchführung des Vertrags erbracht. Auch handelt es sich bei dem Vertrag mit dem Veranstalter um ein kommerzielles Geschäft. Im Wege der Rentabilitätsvermutung wird daher vermutet, dass sich die Hotelkosten für R wirtschaftlich rentiert hätten. R kann die Stornogebühr als Schadensersatz statt der Leistung gemäß §§ 280 Abs. 1, Abs. 3, 281 BGB verlangen. ◄

20   Handelt es sich demgegenüber um einen Vertrag, mit dem der Gläubiger rein *ideelle Zwecke* verfolgt, greift die Rentabilitätsvermutung nicht. In diesem Fall ist von vornherein ausgeschlossen, dass sich die Aufwendungen für ihn wirtschaftlich gelohnt hätten. § 284 BGB will sicherstellen, dass der Gläubiger eines ideellen Geschäfts nicht schlechter steht als der Gläubiger eines kommerziellen Geschäfts. Danach kann der Gläubiger anstelle des Schadensersatzes statt der Leistung Ersatz der Aufwendungen verlangen, die er im Vertrauen auf den Erhalt der Leistung gemacht hat.

21   ▶ **Beispiel:** Im obigen Fall hat R das Zimmer reserviert, um ein Konzert zu besuchen. Das Konzert wird kurzfristig abgesagt.

Bei diesem „Konzertvertrag" handelt es sich um ein rein ideelles Geschäft. Die Rentabilitätsvermutung scheidet daher aus. Der Veranstalter muss die Stornogebühr jedoch gemäß § 284 BGB ersetzen, sollte er die Absage zu vertreten haben. ◄

Kontrollfragen und Fälle zum 8. Kapitel

1. *Welche drei grundlegenden Prinzipien des Schadensrechts kennen Sie?*
2. *Kann der Geschädigte Ersatz immaterieller Schäden verlangen?*
3. *Was versteht man unter dem „merkantilen Minderwert"? Ist dieser ersatzfähig?*
4. *Fall: U beauftragt B mit dem Bau eines Bürohauses im Herzen von Frankfurt, das er anschließend vermieten will. Aufgrund eines Baumangels muss das Gebäude jedoch erst mehrere Monate lang nachgebessert werden. U verlangt Ersatz des Mietausfallschadens. B meint, U müsse erst einmal beweisen, dass er das Bürohaus auch tatsächlich ab dem ursprünglich vereinbarten Fertigstellungstermin hätte vermieten können. U kann den Beweis nicht erbringen. Kann U dennoch Ersatz des Mietausfallschadens verlangen?*
5. *Der Geschädigte kann grundsätzlich nur Ersatz derjenigen Schäden verlangen, die kausal infolge des schädigenden Ereignisses eingetreten sind. Nach welchen Methoden bestimmt sich die Kausalität?*

9. KAPITEL:
VERJÄHRUNG UND VERWIRKUNG

§ 42 Die Verjährung

I. Begriff und Zweck

1   Ansprüche unterliegen der Verjährung (§ 194 Abs. 1 BGB). Als Verjährung bezeichnet man den Ablauf einer gesetzlich bestimmten Zeit, nach der der Schuldner das Recht hat, die Leistung dauerhaft zu verweigern. Die Verjährung dient in erster Linie der Wahrung des Rechtsfriedens und der Rechtssicherheit und damit öffentlichen Interessen. Daneben werden Interessen des (vermeintlichen) Schuldners geschützt. Je mehr Zeit vergangen ist, desto wahrscheinlicher ist es, dass der Schuldner bei der Verteidigung gegen einen Anspruch in Beweisnot kommen kann. Zugleich verschlechtert sich regelmäßig seine Möglichkeit, selbst bei einem Dritten Regress zu nehmen. Darüber hinaus dient die Verjährung dem Schutz der Dispositionsfreiheit des Schuldners. Er muss nicht lebenslang Rücklagen für alle denkbaren Ansprüche bilden.

II. Rechtsnatur

2   Die Verjährung ist als *Einrede* ausgestaltet, d.h. der Schuldner muss sich explizit auf die Verjährung berufen. Sie wird im Prozess nicht von Amts wegen berücksichtigt. Anders als etwa die Erfüllung (§ 362 Abs. 1 BGB) oder die Unmöglichkeit (§ 275 BGB) führt sie nicht zum Erlöschen des Anspruchs, sondern begründet (nur) ein dauerhaftes *Leistungsverweigerungsrecht* (§ 214 Abs. 1 BGB). Der Schuldner kann frei entscheiden, ob er nach Eintritt der Verjährung den Anspruch noch erfüllen oder die Leistung verweigern will. Beruft er sich auf Verjährung, kann der Gläubiger seinen Anspruch nicht mehr durchsetzen.

III. Die Länge der Verjährungsfrist

1. Regelmäßige Verjährungsfrist

3   Die regelmäßige Verjährungsfrist beträgt drei Jahre (§ 195 BGB). Sie beginnt grundsätzlich mit dem Schluss des Jahres (sog. Ultimoverjährung), in dem erstens der Anspruch entstanden ist und zweitens der Gläubiger von den anspruchsbegründenden Umständen und der Person des Schuldners Kenntnis erlangt oder ohne grobe Fahrlässigkeit erlangen müsste (§ 199 Abs. 1 BGB).

4   Die *Entstehung des Anspruchs* setzt voraus, dass er klageweise geltend gemacht werden kann. Er muss daher insbesondere fällig sein. Die *Kenntnis* oder *grob fahrlässige Unkenntnis* muss sich auf die anspruchsbegründenden Tatsachen beziehen. Nicht erforderlich ist, dass der Gläubiger den Fall rechtlich zutreffend beurteilt. Weil das Gesetz für den Beginn der Verjährung auf die Kenntnis oder grob fahrlässige Unkenntnis des Gläubigers abstellt, spricht man auch von einem *subjektiven Verjährungssystem*. Die Verjährung ist für jeden Gläubiger individuell zu bestimmen.

5   ▶ **Beispiel:** Als R am 8.2.2009 mit seinem Fahrrad über eine Kreuzung fährt, nimmt ihm ein Auto die Vorfahrt und streift das Rad. R verletzt sich dabei. Der Fahrer des Wagens er-

greift unerkannt die Flucht. R erstattet Anzeige bei der Polizei. Jahre später, am 7.8.2013, erhält er einen Anruf aus dem Polizeirevier. Man habe den Fahrer durch Zufall ermittelt, es handele sich um den S. Erst am 27.12.2016 erhebt R Klage gegen S auf Zahlung eines Schmerzensgeldes. S beruft sich auf Verjährung.

Für den Schadensersatzanspruch gilt die regelmäßige Verjährungsfrist von drei Jahren (§ 195 BGB). Hier hat R erst am 27.12.2016, also mehr als sieben Jahre nach dem Unfall, Klage erhoben. Die Verjährungsfrist beginnt allerdings nach § 199 Abs. 1 BGB erst mit dem Ende des Jahres, in dem der Anspruch entstanden ist und R Kenntnis aller anspruchsbegründenden Umstände hat. Der Anspruch ist hier am 8.2.2009 entstanden. R wusste aber erst am 7.8.2013, dass S ihn verletzt hat. Die dreijährige Verjährungsfrist begann damit am 31.12.2013. R hat daher noch rechtzeitig Klage erhoben. ◄

Das subjektive System kann dazu führen, dass die Verjährungsfrist u.U. erst viele Jahre später beginnt. Der Schuldner soll sich jedoch ab einem bestimmten Zeitpunkt darauf verlassen dürfen, nicht mehr vom Gläubiger in Anspruch genommen zu werden. Der Gesetzgeber hat daher im Interesse der Rechtssicherheit in § 199 BGB *Höchstfristen* angeordnet. So verjähren etwa Schadensersatzansprüche gemäß § 199 Abs. 3 S. 1 Nr. 1 BGB spätestens zehn Jahre nach ihrer Entstehung. Für Schadensersatzansprüche wegen Körperverletzung beträgt die Höchstfrist 30 Jahre (§ 199 Abs. 2 BGB), beginnend mit dem Tag der Verletzungshandlung. 6

2. Besondere Verjährungsfristen

Der Gesetzgeber hat für bestimmte Vertragstypen besondere Verjährungsfristen geschaffen. So gelten insbesondere für die kauf- und werkvertraglichen Mängelansprüche spezielle Fristen (§§ 438, 634 a BGB). *Kaufrechtliche Mängelansprüche* (Nachlieferung und Nachbesserung, Schadensersatz) verjähren grundsätzlich in zwei Jahren (§ 438 Abs. 1 Nr. 3 BGB) bzw. bei Bauwerken in fünf Jahren (§ 438 Abs. 1 Nr. 2 BGB). Auch ein Rücktritt oder eine Minderung wegen eines Mangels ist nur innerhalb dieser Zeit möglich (§§ 438 Abs. 4 S. 1, 218 BGB). Diese verhältnismäßig kurze Verjährungsfrist dient der Rechtssicherheit und der raschen Abwicklung von Mängeln beim Kauf. Die Zweijahresfrist beginnt mit Ablieferung der Sache beim Käufer (§ 438 Abs. 2 BGB). Es kommt nicht auf die Kenntnis des Käufers von der Mangelhaftigkeit der Sache an (sog. *objektives System*). In der Zeit, in der der Verkäufer auf Verlangen des Käufers die Sache auf ihre Mangelhaftigkeit untersucht, wird die Verjährung gehemmt. Die Verjährung tritt dann frühestens drei Monate nach dem Abschluss der Untersuchung ein (§ 203 BGB). Erkennt der Verkäufer hingegen die Mangelhaftigkeit an und unternimmt Nacherfüllungshandlungen, soll die Verjährungsfrist nach (nicht unumstrittener) Auffassung sogar neu beginnen (§ 212 Abs. 1 Nr. 1 BGB). 7

▶ **Beispiel:** K kauft bei V am 2.1.2015 eine Waschmaschine. Als diese am 21.1.2017 wegen eines Produktionsfehlers ihren Dienst versagt, verlangt K von V Reparatur. 8

Hier kann V die Einrede der Verjährung (§ 214 Abs. 1 BGB) erheben und die Reparatur verweigern. Denn der Anspruch auf Nacherfüllung (§ 439 Abs. 1 BGB) unterliegt einer zweijährigen Verjährungsfrist (§ 438 Abs. 1 Nr. 3 BGB). Anders als die regelmäßige Verjährungsfrist beginnt diese nicht erst am Schluss des Jahres zu laufen, sondern bereits mit der Ablieferung der Sache (§ 438 Abs. 2 BGB). Mit Ablauf des 2.1.2017 ist also Verjährung eingetreten. ◄

Käufer und Verkäufer können grundsätzlich die Verjährungsfristen vertraglich nach Belieben verlängern oder verkürzen (vgl. § 202 BGB; zu den Besonderheiten in Formularverträgen vgl. 6. Kapitel, § 33 Rn. 30 ff.). Allein beim Verbrauchsgüterkauf ist die 9

Vertragsfreiheit der Parteien zugunsten des Verbrauchers eingeschränkt. Gemäß § 476 Abs. 2 BGB darf die Verjährungsfrist lediglich bei gebrauchten Sachen auf bis zu ein Jahr verkürzt werden. Bei neuen Sachen darf die zweijährige Verjährungsfrist dagegen grundsätzlich nicht unterschritten werden.

IV. Hemmung und Neubeginn der Verjährungsfrist

10   Für bestimmte Fälle sieht das Gesetz eine *Hemmung der Verjährung* vor. Der Zeitraum der Hemmung wird in die Verjährungsfrist nicht eingerechnet (§ 209 BGB). Der praktisch wichtigste Fall ist die Hemmung durch Rechtsverfolgung (§ 204 BGB), etwa durch Klageerhebung oder Zustellung eines gerichtlichen Mahnbescheids. Die Verjährung wird auch gehemmt, solange die Parteien über den Anspruch oder die den Anspruch begründenden Umstände verhandeln (§ 203 BGB). Keine Hemmung, sondern sogar ein *Neubeginn der Verjährungsfrist* tritt ein, wenn der Schuldner dem Gläubiger gegenüber den Anspruch durch Abschlagszahlung, Zinszahlung, Sicherheitsleistung oder in anderer Weise anerkennt (§ 212 BGB).

11   ▶ **Beispiel:** K und V schließen am 3.1.2013 einen Kaufvertrag über einen Pkw zum Preis von 20.000 €. Bei Übergabe des Wagens zahlt K den Kaufpreis i.H.v. 18.000 € an. Der offene Restbetrag gerät zunächst in Vergessenheit. Als V am 27.12.2016 Klage gegen K erhebt, beruft K sich auf Verjährung.

Zwar beträgt die regelmäßige Verjährungsfrist drei Jahre (§ 195 BGB). Sie beginnt aber erst am Schluss des Jahres, in dem der Anspruch entstanden ist (§ 199 Abs. 1 Nr. 1 BGB), hier also am 31.12.2013. Die Klage am 27.12.2016 hemmt daher die Verjährung noch (§ 204 Abs. 1 Nr. 1 BGB). K ist nicht nach § 214 Abs. 1 BGB berechtigt, die Zahlung zu verweigern. ◀

§ 43 Die Verwirkung

Von der Verjährung abzugrenzen ist die *Verwirkung*. Ein Anspruch verwirkt und ist deshalb 1
nicht durchsetzbar, wenn der Gläubiger ihn über eine längere Zeit nicht geltend gemacht
hat (*Zeitmoment*) und der Schuldner sich darauf eingerichtet hat und sich nach dem gesamten Verhalten des Gläubigers auch darauf einrichten durfte, dass dieser den Anspruch nicht
mehr geltend machen werde. Während es bei der Verjährung allein auf den Ablauf der gesetzlich vorgesehenen Frist ankommt, setzt die Verwirkung neben dem – unbestimmten –
Zeitablauf ein sog. *Umstandsmoment* voraus. Der Gläubiger muss ein Verhalten an den Tag
gelegt haben, das beim Schuldner ein schutzwürdiges Vertrauen auf die weitere Nichtinanspruchnahme hervorgerufen hat. Je kürzer der verstrichene Zeitraum ist, desto gravierender
müssen die Umstände sein, die dem Schuldner die Annahme nahelegen, dass er nicht mehr
in Anspruch genommen werden wird. Im Gegensatz zur Verjährung wird die Verwirkung
im Prozess von Amts wegen berücksichtigt.

▶ **Beispiel:** A verlangt 15 Monate nach Beendigung des Arbeitsverhältnisses von seinem 2
ehemaligen Arbeitgeber B erstmals, dass dieser ihm ein Arbeitszeugnis ausstellt.

Der Anspruch auf Erteilung des Zeugnisses verjährt gemäß § 195 BGB in drei Jahren. Jedoch könnte der Anspruch verwirkt sein. Wird ein Zeugnis erst lange Zeit nach Beendigung
eines Arbeitsverhältnisses ausgestellt, ist nicht mehr gewährleistet, dass es inhaltlich zutreffend ist, da das menschliche Erinnerungs- und Beurteilungsvermögen begrenzt ist. Nach der
Rechtsprechung der Arbeitsgerichte ist der Anspruch in der Regel nach 10 bis spätestens 15
Monaten verwirkt. B kann die Zeugniserteilung daher verweigern. ◀

Kontrollfragen und Fälle zum 9. Kapitel

1. Was versteht man unter „Verjährung"? Welchen Zweck erfüllt sie?
2. Fall: A kauft bei B am 30.11.2015 einen Plasmafernseher. Als dieser am 2.12.2017 wegen eines Mangels, der bereits bei Übergabe des Geräts vorlag, seinen Dienst versagt, verlangt A von B Reparatur. Kann B die Reparatur verweigern?

10. Kapitel:
Eigentumsübertragung und Forderungsabtretung

§ 44 Einführung in das Sachenrecht

Das dritte Buch des BGB (§§ 854–1296 BGB) trägt die Überschrift „Sachenrecht". Es behandelt die rechtlichen Beziehungen von Personen (Rechtssubjekten) zu Sachen (Rechtsobjekten). Darunter fallen vor allem das Eigentum und der Besitz, aber auch zahlreiche weitere „dingliche" Rechte wie z.B. das Pfandrecht, die Hypothek oder die Grundschuld. 1

I. Sachen und Rechte

Sachen sind nach der Legaldefinition in § 90 BGB *körperliche Gegenstände*. Darunter fallen nicht allein bewegliche Sachen (z.B. Buch, Pkw), sondern auch Grundstücke („Immobilien" = unbewegliche Sachen). Nur an Sachen kann Eigentum, Besitz oder ein anderes dingliches Recht erworben werden. Und nur Sachen können einen Besitzer haben. 2

Nicht jeder Gegenstand, der im alltäglichen Sprachgebrauch als Sache angesehen wird, ist auch tatsächlich eine eigene Sache im juristischen Sinn. Er kann auch lediglich nach den §§ 93 ff. BGB ein unselbstständiger Bestandteil einer (übergeordneten) Sache sein. Eigentum und Besitz ist nur an einer Sache, nicht aber an einem unselbstständigen Bestandteil der Sache möglich. Nach § 93 BGB sind Einzelteile einer Sache, die voneinander nicht getrennt werden können, ohne dabei zerstört oder grundlegend verändert zu werden, keine selbstständigen Sachen, sondern (nur) wesentliche Bestandteile der übergeordneten Sache, deren Teil sie sind. 3

▶ **Beispiel:** Das auf eine Litfaßsäule geklebte Plakat ist keine eigene Sache, sondern ein wesentlicher Bestandteil der Sache „Litfaßsäule", weil es sich in der Regel nicht ohne Zerstörung von der Säule lösen lässt. Die Räder, Sitze oder gar der Motor eines Pkw sind dagegen grundsätzlich selbstständige Sachen, da sie regelmäßig ausgebaut werden können, ohne dabei zerstört zu werden. ◀ 4

Nach § 94 Abs. 1 S. 1 BGB gehören die mit dem Grund und Boden fest verbundenen Sachen, insbesondere Gebäude, zu den wesentlichen Bestandteilen des Grundstücks. Bei einer streng juristischen Betrachtung kann man also nicht Eigentümer und Besitzer eines (Ein- oder Mehrfamilien-)Hauses sein, sondern stets nur Eigentümer und Besitzer des Grundstücks, auf dem das Haus steht. Verkauft und veräußert wird denn auch nicht das Haus, sondern das Grundstück mitsamt des Hauses. Zu den wesentlichen Bestandteilen eines Gebäudes und damit des Grundstücks selbst zählen auch die zur Herstellung des Gebäudes eingefügten Sachen (§ 94 Abs. 2 BGB). 5

▶ **Beispiel:** E lässt in sein Haus neue Fenster einbauen. Mit dem Einbau verlieren die Fenster ihre Eigenschaft als Sache. Sie sind nunmehr Bestandteil der Sache „Grundstück". ◀ 6

Eine Ausnahme gilt nach § 95 BGB für solche Sachen, die nur zu einem vorübergehenden Zweck mit dem Grund und Boden verbunden sind. Sie behalten ihre Eigenschaft als selbstständige Sache und werden nicht Bestandteil des Grundstücks. Entsprechendes gilt für Sachen, die nur zu einem vorübergehenden Zweck in ein Gebäude eingefügt sind. Das ist der Fall, wenn eine spätere Trennung beabsichtigt oder mit Sicherheit zu erwarten ist. 7

8 ▶ **Beispiel:** M mietet das Haus des E. Laut Mietvertrag ist M gestattet, ein kleines Gartenhaus zu errichten. M ist vertraglich verpflichtet, das Gartenhaus bei Auszug wieder abzureißen.

Hier soll das Gartenhaus vereinbarungsgemäß nur für die Dauer der Mietzeit stehen bleiben. Es ist daher nur vorübergehend mit dem Grundstück verbunden und behält so seine Eigenschaft als Sache mit der Folge, dass E Eigentümer des Grundstücks und M Eigentümer des Gartenhauses ist. ◀

9 Spezielle Regelungen gelten für Eigentumswohnungen. Nach § 94 BGB sind Wohnungen rechtlich dem Grundstück zugeordnet, auf dem das Haus steht, und damit selbst nicht eigentumsfähig. Um den Erwerb und die Finanzierung von Wohnungen zu fördern, hat der Gesetzgeber im Wohnungseigentumsgesetz (WEG) das Sonderrecht des sog. *Wohnungseigentums* geschaffen. Danach ist grundsätzlich das Eigentum am Grundstück vom Eigentum an den einzelnen Wohnungen zu unterscheiden.

10 Keine Sachen, da nicht körperlich verfestigt, sind *Forderungen* (Ansprüche) sowie Urheber-, Patent- und sonstige *Rechte*. Auch das *„Unternehmen"* ist keine Sache, sondern eine Gesamtheit von Sachen und Rechten. An Forderungen, Rechten, Unternehmen und anderen unkörperlichen Gegenständen ist weder Eigentum noch Besitz möglich. Stattdessen spricht man von „Inhaberschaft".

11 Das Eigentum an Sachen kann durch Rechtsgeschäft oder durch Gesetz erworben werden. Bei der rechtsgeschäftlichen Übertragung (= Übereignung, Veräußerung) unterscheidet das Gesetz wiederum zwischen der Übertragung von beweglichen Sachen (§§ 929 ff. BGB) und von unbeweglichen Sachen (§§ 873 ff. BGB). Forderungen werden nicht übereignet, sondern abgetreten (§§ 398 ff. BGB).

II. Das Eigentum

12 Das umfassendste dingliche Recht ist das *Eigentum*. Der Eigentümer kann grundsätzlich mit der Sache nach Belieben verfahren und andere von jeder Einwirkung ausschließen (§ 903 BGB). Vom Besitzer kann der Eigentümer jederzeit die Herausgabe der Sache verlangen (§ 985 BGB), wenn dieser kein Recht zum Besitz hat (§ 986 BGB). Wird das Eigentum schuldhaft und widerrechtlich verletzt oder vorenthalten, muss der Schädiger dem Eigentümer Schadensersatz gemäß § 823 Abs. 1 BGB leisten (vgl. dazu 7. Kapitel, § 35 Rn. 1 ff.).

13 Sofern das Eigentum in einer anderen Weise als durch Entziehung oder Vorenthaltung des Besitzes beeinträchtigt wird, kann der Eigentümer vom Störer die *Beseitigung der Beeinträchtigung* verlangen, ohne dass dieser die Störung verschuldet haben muss. Muss der Eigentümer weitere Beeinträchtigungen fürchten, kann er auf Unterlassung künftiger Störungen klagen (§ 1004 Abs. 1 BGB).

14 ▶ **Beispiel:** Bauunternehmer B lädt versehentlich auf dem Grundstück des E eine Ladung Schutt ab. E kann von B gemäß § 1004 Abs. 1 S. 1 BGB die Entfernung des Schutts verlangen. ◀

15 ▶ **Beispiel:** L parkt wiederholt seinen Lkw in der Einfahrt zum Grundstück des E. E kann von L nicht nur die Beseitigung des Lkw verlangen, sondern hat auch einen Anspruch gegen ihn, zukünftig jegliches Parken vor der Grundstückseinfahrt zu unterlassen (§ 1004 Abs. 1 S. 2 BGB). ◀

16 Allerdings muss der Eigentümer Beeinträchtigungen hinnehmen, wenn er zu deren *Duldung* verpflichtet ist (§ 1004 Abs. 2 BGB). Eine solche Duldungspflicht kann aus einer Einwilli-

gung des Eigentümers oder aus dem Gesetz herrühren. So muss der Eigentümer eines Grundstücks bestimmte von einem anderen Grundstück ausgehende Einwirkungen (Bsp.: Gerüche, Geräusche) dulden, sofern hierdurch die Benutzung seines Grundstücks nicht oder nur unwesentlich beeinträchtigt wird (§ 906 Abs. 1 BGB). Eine unwesentliche Beeinträchtigung liegt in der Regel vor, wenn die in Gesetzen oder Rechtsverordnungen festgelegten Grenz- oder Richtwerte nicht überschritten werden oder wenn das Grundstück ortsüblich genutzt wird und die Einwirkung nicht durch zumutbare Maßnahmen verhindert werden kann. Der betroffene Eigentümer hat in diesem Fall einen Anspruch auf eine angemessene Entschädigung (§ 906 Abs. 2 BGB).

▶ **Beispiel:** E feiert einmal im Jahr seinen Geburtstag mit einer Grillparty. Obwohl er den   17
Grill in der hinteren Ecke seines Gartens platziert, riecht man den Grill auf dem Grundstück des Nachbarn N.

N hat gegen E keinen Anspruch auf Unterlassen des Grillens. Er wird durch den Grillgeruch in seinem Eigentum nur unwesentlich beeinträchtigt. ◀

III. Der Besitz

Unter *Besitz* versteht man die tatsächliche Herrschaft einer Person über eine Sache   18
(§ 854 Abs. 1 BGB). Der Besitz ist ein tatsächliches Verhalten und kein subjektives Recht. Jedoch wird auch der Besitzer von der Rechtsordnung geschützt. So darf er etwa seinen Besitz gegenüber Störern mit Gewalt verteidigen (§ 859 BGB), die Wiedereinräumung des Besitzes (§ 861 BGB) oder die Beseitigung der Störung verlangen (§ 862 BGB). Der Besitz ist als tatsächlicher Zustand grundsätzlich unabhängig von einem Besitzrecht. Auch derjenige, der nicht Eigentümer einer Sache oder aufgrund eines Vertrags zum Besitz der Sache berechtigt ist (Bsp.: Mieter), kann die tatsächliche Sachherrschaft über eine Sache ausüben (Bsp.: Dieb).

▶ **Beispiel:** M ist Mieter eines Grundstücks mit Einfamilienhaus. Obwohl er an seinem   19
Briefkasten einen Aufkleber „Keine Werbung!" angebracht hat, erhält er regelmäßig Werbung des Unternehmens U.

Grundsätzlich hat der Eigentümer, der Werbung mit einem entsprechenden Hinweis ablehnt, gegen den Werbenden einen Unterlassungsanspruch (§ 1004 BGB). Hier ist M jedoch nicht Eigentümer des Grundstücks. Er ist aber Besitzer, da er (als Mieter) die tatsächliche Gewalt über das Grundstück ausübt. Als Besitzer hat M einen entsprechenden einklagbaren Anspruch gemäß § 862 BGB gegen U, künftige Werbung zu unterlassen. ◀

§ 45 Die rechtsgeschäftliche Übertragung des Eigentums

I. Die Übereignung beweglicher Sachen

1   In der Regel wird das Eigentum an einer Sache rechtsgeschäftlich übertragen. Für die Übereignung einer beweglichen Sache ist erforderlich, dass der Eigentümer die Sache dem Erwerber übergibt und beide darüber einig sind, dass das Eigentum übergehen soll (§ 929 S. 1 BGB).

1. Voraussetzungen

a) Einigung über den Eigentumsübergang

2   Die Übereignung setzt zunächst eine Einigung über den Eigentumsübergang voraus. Für die Einigung gelten die Vorschriften des Allgemeinen Teils (§§ 104 ff. BGB). Erforderlich sind danach zwei übereinstimmende, auf den Eigentumsübergang gerichtete *Willenserklärungen* des Veräußerers und des Erwerbers. Man spricht daher auch von einem sog. „dinglichen Vertrag". In der Praxis erfolgen Einigungserklärungen oft stillschweigend mit der Übergabe der Sache.

3   ▶ **Beispiel:** K kauft beim Bäcker B ein Brot. Er zahlt den Kaufpreis und nimmt das Brot mit. In der Hingabe des Geldes liegt ein konkludentes Angebot zur Eigentumsübertragung, das B durch die Entgegennahme annimmt. Entsprechendes gilt für die Übereignung des Brotes von B an K. ◀

4   Für die Wirksamkeit der dinglichen Einigung ist es erforderlich, dass die Parteien geschäftsfähig sind. Eine Stellvertretung ist auch bei der Übereignung zulässig. Irrt sich eine Partei bei der Abgabe der Willenserklärung über den Eigentumsübergang, kommt eine Anfechtung in Betracht. In der Praxis kommt die Anfechtung der dinglichen Einigung aber kaum vor. Regelmäßig betrifft der Irrtum lediglich das zugrunde liegende Verpflichtungsgeschäft (Bsp.: Kaufvertrag). Wegen des Abstraktionsprinzips bleibt die Wirksamkeit der Übereignung von der Anfechtung des schuldrechtlichen Vertrags unberührt (vgl. dazu 1. Kapitel, § 4 Rn. 10 ff.).

5   ▶ **Beispiel:** V verkauft seinen Fernseher an K. Bei den Vertragsverhandlungen nennt V irrtümlich einen Preis von 199 €. Tatsächlich will er 299 € haben. V gibt K den Fernseher sogleich mit. Als K drei Tage später den Kaufpreis begleichen möchte, klärt sich der Irrtum auf. V ficht den Vertrag an.

V ist hier einem Erklärungsirrtum unterlegen (§ 119 Abs. 1 Alt. 2 BGB). Durch die Anfechtung ist der Kaufvertrag von Anfang an nichtig (§ 142 Abs. 1 BGB). Die Übereignung, die mangels anderer Anhaltspunkte konkludent mit der Übergabe erfolgt ist, ist von dem Irrtum nicht betroffen. V hat genau den Fernseher übereignet, den er übereignen wollte. Der Kaufpreis ist nicht Bestandteil der dinglichen Einigung. K ist daher trotz unwirksamen Kaufvertrags weiterhin Eigentümer des Fernsehers; ein Anspruch auf Herausgabe gemäß § 985 BGB scheidet aus. Er ist jedoch gemäß § 812 Abs. 1 S. 1 Alt. 1 BGB verpflichtet, dem V den Fernseher herauszugeben und ihm den Fernseher zurückzuübereignen (vgl. dazu 3. Kapitel, § 20 Rn. 81 ff.). ◀

b) Übergabe

6   Für den Eigentumsübergang ist gemäß § 929 S. 1 BGB neben der Einigung die Übergabe der Sache erforderlich. Der Veräußerer muss seinen Besitz (§ 854 BGB) an der Sache aufgeben, und der Erwerber muss Besitzer werden. Der Zweck dieser Regelung liegt

darin, dass der Besitz regelmäßig ein Indiz für die Eigentümerstellung ist. Durch den Wechsel des Besitzes wird nach außen erkennbar, dass sich die Eigentumslage mit hoher Wahrscheinlichkeit ändert. Die Übergabe ist entbehrlich, wenn der Erwerber die Sache im Zeitpunkt der Einigung bereits besitzt (§ 929 S. 2 BGB).

▶ **Beispiel:** K kauft einen Gebrauchtwagen beim Händler H. Nachdem sie sich auf einen 7
Kaufpreis geeinigt haben, zahlt K sofort den gesamten Betrag in bar. Eigentümer wird K aber frühestens zu dem Zeitpunkt, in dem H ihm die Schlüssel für den Wagen aushändigt. Denn erst dann wechselt der Besitz am Wagen. ◀

▶ **Beispiel:** K prüft den Wagen zunächst auf einer Probefahrt. Bei den anschließenden Ver- 8
tragsverhandlungen mit H behält er die Autoschlüssel in seiner Hosentasche. Schließlich einigen die Parteien sich auf einen Kaufpreis, den K sofort zahlt.

Hier ist K bereits im Besitz des Wagens, da er über die Schlüssel verfügt. Für die Eigentumsübertragung genügt nach § 929 S. 2 BGB daher die dingliche Einigung. Diese erfolgt hier stillschweigend mit Abschluss des Kaufvertrags und Zahlung des Kaufpreises. ◀

c) Berechtigung

Für eine wirksame Übereignung ist darüber hinaus grundsätzlich erforderlich, dass der 9
Veräußerer *Eigentümer* der Sache ist oder mit Zustimmung des Eigentümers handelt. Denn nur der Eigentümer kann über sein Eigentum verfügen.

Ausnahmsweise kann der Eigentümer durch ein sog. Verfügungsverbot daran gehindert 10
sein, sein Eigentum auf einen anderen zu übertragen. Das betrifft vor allem den Fall der Insolvenz des Eigentümers. Durch die Eröffnung des Insolvenzverfahrens geht das Verfügungsrecht vom Eigentümer auf den Insolvenzverwalter über. Nur dieser ist dann zur Eigentumsübertragung berechtigt. Das Insolvenzverfahren dient dazu, die Gläubiger eines Schuldners gemeinschaftlich zu befriedigen, indem das Vermögen des Schuldners verwertet und der Erlös verteilt wird (vgl. § 1 S. 1 Insolvenzordnung [InsO]).

2. Gutgläubiger Erwerb
a) Grundsatz

Aber auch ohne Wissen und Zustimmung des wahren Eigentümers kann ein Dritter Ei- 11
gentum erlangen (sog. gutgläubiger Erwerb). Der deutsche Gesetzgeber hat sich aus Gründen des Verkehrsschutzes für die Möglichkeit eines Eigentumserwerbs vom Nichtberechtigten entschieden. Denn dem Erwerber ist eine Überprüfung der Eigentumsverhältnisse aus Anlass einer Eigentumsübertragung häufig nicht möglich oder nicht zumutbar. Aus diesem Grund stellt das Gesetz auch die für den Erwerber günstige Vermutung auf, dass derjenige, der sich im Besitz einer Sache befindet, auch deren Eigentümer ist (§ 1006 Abs. 1 S. 1 BGB). Das vom Nichtberechtigten erworbene Eigentum ist vollwertiges Eigentum. Der frühere Eigentümer verliert sein Eigentum. Er kann grundsätzlich nicht Herausgabe der Sache vom Erwerber verlangen. Darüber hinaus kann der Erwerber die Sache als Berechtigter nach § 929 BGB an einen Dritten weiter übertragen.

b) Ausschluss bei Bösgläubigkeit

Die Grenze des Verkehrsschutzes ist dann erreicht, wenn der Erwerber hinsichtlich der 12
Eigentümerstellung des Veräußerers bösgläubig ist. Das ist dann der Fall, wenn ihm bekannt oder infolge grober Fahrlässigkeit unbekannt ist, dass die Sache nicht dem

Veräußerer gehört (§ 932 Abs. 2 BGB). Unter grober Fahrlässigkeit versteht man ein Handeln, bei dem die erforderliche Sorgfalt in ungewöhnlich hohem Maße verletzt worden ist. Dem Erwerber obliegt keine generelle Nachforschungspflicht. Sofern sich aber deutliche Verdachtsgründe ergeben, die Zweifel an der Berechtigung des Veräußerers wecken (Bsp.: Verkauf deutlich unter Verkehrswert und/oder an einem ungewöhnlichen Ort), muss er sachdienliche Erkundigungen einholen. Wer einen Gebrauchtwagen kauft, muss sich vom Veräußerer den Fahrzeugbrief (nicht ausreichend: Fahrzeugschein) aushändigen lassen; anderenfalls handelt er grob fahrlässig. Bei einem Neuwagenkauf gilt dies nicht, weil der Brief in der Regel erst noch ausgefertigt werden muss.

13

> **BGH, Urt. v. 13.9.2006 – VIII ZR 184/05:** „Der Beklagte hat das Eigentum am Fahrzeug auch nicht gutgläubig von der W-GmbH erworben. Beim Kauf eines gebrauchten Kfz begründet der Besitz desselben allein nicht den für einen Gutglaubenserwerb nach § 932 BGB ... erforderlichen Rechtsschein. Der Beklagte kann sich entgegen der Ansicht der Revisionserwiderung auch nicht mit Erfolg darauf berufen, er sei hinsichtlich des Eigentums und der Verfügungsbefugnis der W-GmbH gutgläubig gewesen, weil es sich bei der W-GmbH um eine überregional bekannte Autohändlerin mit großem Geschäftsbetrieb und repräsentativen Büroräumen gehandelt habe und ihm erklärt worden sei, der Fahrzeugbrief befinde sich noch bei der Bank, werde aber unverzüglich übersandt. Es gehört zu den Mindestvoraussetzungen gutgläubigen Erwerbs eines gebrauchten Kfz, dass sich der Käufer den Kraftfahrzeugbrief vorlegen lässt, um die Berechtigung des Veräußerers überprüfen zu können. Dies ist vorliegend nicht geschehen. Indem der Beklagte sich nicht anhand des Briefs über das Eigentum oder die Verfügungsbefugnis der W-GmbH vergewisserte, handelte er grob fahrlässig i.S.v. § 932 Abs. 2 BGB.“

14

> ▶ **Beispiel:** V bietet K vor einer Methadon-Ausgabestelle einen erkennbar wertvollen Damen-Pelzmantel für 30 € an. Tatsächlich ist nicht V, sondern seine Tante T Eigentümerin des Mantels. T hatte den V gebeten, den Mantel zur Reinigung zu bringen.
>
> Dass V nicht Eigentümer des Mantels ist, hätte sich K schon deshalb aufdrängen müssen, weil Männer gewöhnlich keine Damen-Pelzmäntel tragen. Vorliegend kommen mit dem ungewöhnlich niedrigen Preis und dem unüblichen Verkaufsort weitere Umstände hinzu, die eine Nachforschungspflicht des K begründen. K ist bösgläubig und daher nicht Eigentümer des Mantels geworden. ◀

15

§ 932 BGB schützt allein den guten Glauben des Erwerbers an die Eigentümerstellung des Veräußerers. Dagegen wird der Erwerber nicht in seinem Glauben an die Geschäftsfähigkeit oder die Vertretungsmacht des anderen geschützt. Im kaufmännischen Rechtsverkehr (vgl. 12. Kapitel, § 54 Rn. 1 ff.) ist nach § 366 Abs. 1 HGB der gute Glaube daran geschützt, dass der Veräußerer mit Zustimmung des Eigentümers handelt.

16

Besonderheiten gelten, wenn aufseiten des Erwerbers ein Stellvertreter tätig wird. Da der Vertreter die Willenserklärung abgibt, kommt es auf dessen Gut- oder Bösgläubigkeit an (§ 166 Abs. 1 BGB).

17

> ▶ **Beispiel:** K ist auf der Suche nach einem „Blickfänger" für sein neu eingerichtetes Wohnzimmer. Da er selbst von Kunst wenig versteht, bittet er seinen Freund S, für ihn ein Gemälde zu erstehen. S wird bei V fündig. Er kennt sich in der Kunstszene gut aus und weiß, dass V das Gemälde nur für den E verwahrt, der gerade eine Weltreise unternimmt.
>
> Da V nicht Eigentümer des Gemäldes ist, kann K nur gutgläubig Eigentum erworben haben (§§ 929 S. 1, 932 BGB). K selbst wusste nicht, dass in Wahrheit E Eigentümer des Gemäldes ist. Dies nützt ihm allerdings nichts, weil nach § 166 Abs. 1 BGB die Gutgläubigkeit des

Vertreters entscheidend ist. S aber ist bösgläubig. E ist daher nach wie vor Eigentümer des Gemäldes. ◄

Ausnahmsweise ist auf den Vertretenen abzustellen, wenn der Vertreter nach bestimmten Weisungen des Vollmachtgebers gehandelt hat (§ 166 Abs. 2 BGB). Der Vertretene soll die Folgen seiner eigenen Bösgläubigkeit nicht dadurch umgehen können, dass er einen gutgläubigen Vertreter vorschiebt, diesem aber genau vorgibt, was er zu tun hat.   18

▶ **Beispiel:** V bietet dem K schriftlich ein Gemälde eines berühmten Malers an. K weiß, dass V das Gemälde nur für den E verwahrt. K beauftragt und bevollmächtigt den gutgläubigen S, für ihn das Gemälde von V zu erwerben.   19

Hier kommt wiederum ein gutgläubiger Eigentumserwerb in Betracht (§§ 929 S. 1, 932 Abs. 1 BGB). Für die Frage der Gutgläubigkeit kommt es grundsätzlich auf den Vertreter an. Dies gilt allerdings nicht, wenn der Vertretene den Vertreter wie im vorliegenden Fall nur vorschickt, um seine eigene Bösgläubigkeit zu umgehen (§ 166 Abs. 2 BGB). E ist daher Eigentümer geblieben. ◄

c) Ausschluss bei abhandengekommenen Sachen

Ein gutgläubiger Eigentumserwerb scheidet generell aus, wenn die Sache dem Eigentümer *gestohlen* worden, *verloren gegangen* oder sonst *abhandengekommen* ist (§ 935 Abs. 1 S. 1 BGB). Die Regelung beruht auf einem Kompromiss zwischen den Interessen des bisherigen Eigentümers und dem Verkehrsschutz. Der gute Glaube des Erwerbers wird nur dann als schutzwürdiger angesehen, wenn der Eigentümer den (unmittelbaren) Besitz an der Sache willentlich aufgegeben hat, indem er etwa die Sache einem Dritten aufgrund eines Leih- oder Mietvertrags überlassen hat.   20

▶ **Beispiel:** D stiehlt die Stereoanlage des E und verkauft sie über eBay an K. Nachdem die Polizei den Diebstahl aufgeklärt hat, wendet E sich an K und verlangt Herausgabe der Anlage.   21

Hier haben sich D und K zumindest konkludent über den Eigentumsübergang an K geeinigt. Die Anlage wurde dem K auch übergeben. Da D aber nicht Eigentümer der Anlage gewesen ist, kommt nur ein gutgläubiger Erwerb gemäß §§ 929 S. 1, 932 BGB in Betracht. Ein solcher scheidet aber nach § 935 BGB aus, weil die Sache dem E gestohlen worden ist. E ist daher weiterhin Eigentümer und kann von K nach § 985 BGB Herausgabe der Stereoanlage verlangen. K kann sich gegenüber E auch nicht darauf berufen, dass er gutgläubig war und einen Kaufpreis für die Anlage gezahlt hat. ◄

Bei Geld oder Inhaberpapieren sowie bei Sachen, die im Wege öffentlicher Versteigerung veräußert werden, ist ein gutgläubiger Erwerb auch dann möglich, wenn die Sache zuvor dem Eigentümer abhandengekommen ist (§ 935 Abs. 2 BGB). Diese Einschränkung dient dem Verkehrsschutz, weil bei diesen Gegenständen ein besonderes Interesse an der Umlauffähigkeit besteht. Voraussetzung ist jedoch stets, dass der Erwerber gutgläubig hinsichtlich der Eigentümerstellung des Veräußerers ist.   22

3. Einfacher Eigentumsvorbehalt

Bei gegenseitigen Verträgen werden Leistung und Gegenleistung grundsätzlich Zug um Zug erbracht (§ 320 Abs. 1 S. 1 BGB); der Verkäufer muss die Sache erst dann übergeben und übereignen, wenn der Käufer ihm den Kaufpreis anbietet. Dieses Prinzip schützt die Parteien davor, dass sie nachher vergeblich ihrer Gegenleistung hinterherlaufen müssen. Abweichend davon kommt es in der Praxis allerdings häufig vor, dass eine Partei in Vorleistung geht und zunächst ihre Leistung erbringt, ohne zugleich die   23

Gegenleistung zu erhalten. Das betrifft vor allem Teilzahlungsgeschäfte, in denen der Käufer den Kaufpreis in Raten zahlt, der Verkäufer ihm aber die Kaufsache gleichwohl sofort aushändigt. Je höher der Kaufpreis ist, desto eher wird der Verkäufer hierfür allerdings Sicherheiten (dazu 11. Kapitel, § 49 Rn. 1 ff.) vom Käufer verlangen. Eine Form der Sicherheit ist die Vereinbarung eines *Eigentumsvorbehalts* (vgl. § 449 BGB). Die Übertragung des Eigentums an der Sache vollzieht sich nicht zeitgleich mit der Übergabe. Vielmehr steht der Eigentumsübergang unter der aufschiebenden Bedingung, dass der Käufer den Kaufpreis vollständig begleicht (§§ 929 S. 1, 158 Abs. 1 BGB). Er findet erst statt, wenn die letzte Rate bezahlt ist. Zum verlängerten Eigentumsvorbehalt siehe 11. Kapitel, § 52 Rn. 1 ff.

24 ▶ **Beispiel:** K will bei V einen Neuwagen für 10.000 € kaufen. Sie einigen sich darauf, dass K den Kaufpreis in 20 Raten zu je 500 € zahlt und V das Auto „unter Eigentumsvorbehalt" liefert.

V bleibt hier Eigentümer des Wagens, bis K den Kaufpreis vollständig gezahlt hat. Gerät K mit der Ratenzahlung in Rückstand, kann V nach einer erfolglosen Fristsetzung vom Kaufvertrag zurücktreten und den Wagen nach § 985 BGB herausverlangen. Die Gefahr, dass K den Wagen an einen gutgläubigen Dritten veräußert, besteht faktisch nicht. Denn in der Praxis behält V regelmäßig den Fahrzeugbrief so lange, bis der Kaufpreis vollständig gezahlt ist, so dass der Dritte nicht gutgläubig von der Eigentümerstellung des K ausgehen kann. ◀

4. Erweiterter Eigentumsvorbehalt

25 Der erweiterte Eigentumsvorbehalt bezieht sich nicht nur auf den gelieferten Gegenstand und die dazugehörige offene Rechnung. Vielmehr sichert die Vorbehaltsware auch weitere Forderungen ab. Bedingung für den Eigentumsübergang auf den Käufer ist die Tilgung aller von der Vereinbarung erfassten Forderungen. Der erweiterte Eigentumsvorbehalt wird häufig im Rahmen ständiger Geschäftsbeziehungen verwendet, bisweilen auch in der sehr weitgehenden Form des sog. Kontokorrentvorbehalts. Dieser erfasst alle gegenwärtigen und künftigen Forderungen des Verkäufers aus der Geschäftsbeziehung mit dem Käufer. Der Käufer wird dann erst mit Tilgung der Saldoforderung aus der Geschäftsbeziehung Eigentümer der Vorbehaltsware. Ist das erfolgt, entsteht der Vorbehalt durch spätere neue Forderungen nicht neu.

II. Die Übereignung unbeweglicher Sachen

26 Die Übertragung des Eigentums an einem Grundstück setzt ebenfalls eine Einigung der Parteien voraus. Da Grundstücke nicht übergeben werden können, ist anstelle der Übergabe die Eintragung des neuen Eigentümers in das Grundbuch erforderlich (§ 873 Abs. 1 BGB). Das Grundbuch gibt im Interesse des Verkehrsschutzes Auskunft über die Eigentumslage von Grundstücken. Nach § 892 Abs. 1 BGB wird vermutet, dass die Eintragungen im Grundbuch richtig und vollständig sind. Das Grundbuch wird beim Amtsgericht geführt, das als sog. „Grundbuchamt" für die in seinem Bezirk liegenden Grundstücke zuständig ist.

27 Die zur Übertragung des Eigentums an einem Grundstück erforderliche Einigung des Veräußerers und des Erwerbers nennt man auch *Auflassung*; sie muss bei gleichzeitiger Anwesenheit beider Teile vor einem Notar erklärt werden (§ 925 Abs. 1 BGB). In der Praxis erfolgt die Auflassung regelmäßig zeitgleich mit dem Abschluss des Kaufvertrags.

Der *gutgläubige* Erwerb eines Grundstücks ist nur möglich, wenn das Grundbuch unrichtig   28
ist, gegen die Richtigkeit des Grundbuchs kein Widerspruch eingetragen ist und die Unrichtigkeit dem Erwerber nicht bekannt ist (§ 892 Abs. 1 BGB).

▶ **Beispiel:** Der unerkannt geisteskranke V verkauft sein Grundstück an K. Beide erklären   29
vor dem Notar ihre Zustimmung zum Eigentumsübergang an K. K wird daraufhin im
Grundbuch eingetragen. Nachdem K das Grundstück zwei Jahre später an X weiterveräußert hat, stellt sich mithilfe eines ärztlichen Gutachtens heraus, dass V bereits seit fünf Jahren nicht mehr geschäftsfähig ist.

Weil V nicht geschäftsfähig war, war die Auflassung und damit auch die Übereignung des
Grundstücks unwirksam (§ 105 Abs. 1 BGB). Die Eintragung des K als Eigentümer ins
Grundbuch ist daher unrichtig. X hat somit das Grundstück nicht vom Berechtigten erworben. Weil er allerdings gutgläubig im Hinblick auf die Richtigkeit des Grundbuchs war, ist
er gleichwohl Eigentümer geworden. Durch die zweite Übereignung ist das Grundbuch nun
wieder richtig. ◀

Vom Zeitpunkt der Einigung über den Eigentumsübergang bis zur Eintragung ins Grund-   30
buch vergeht regelmäßig einige Zeit, oft bis zu mehrere Monate. In diesem Zeitraum besteht für den Erwerber die Gefahr, dass der Eigentümer das Grundstück an einen Dritten
veräußert und dessen Eintragung schneller erfolgt. Um sich vor solchen Zwischenverfügungen zu schützen, hat der Erwerber nach § 883 BGB die Möglichkeit, eine sog. *Vormerkung*
ins Grundbuch eintragen zulassen. Das geschieht in der Praxis deutlich schneller als die Eintragung des Eigentumswechsels. Ist eine solche Vormerkung eingetragen, sind alle weiteren
Verfügungen über das Grundstück gegenüber dem durch die Vormerkung geschützten Erwerber unwirksam.

§ 46 Der gesetzliche Eigentumserwerb

1   Eigentum kann nicht nur rechtsgeschäftlich, sondern gemäß §§ 946 ff. BGB auch kraft Gesetzes erworben werden, insbesondere durch die Verbindung einer beweglichen Sache mit einem Grundstück (§ 946 BGB), durch die Verbindung von verschiedenen beweglichen Sachen zu einer neuen einheitlichen Sache (§ 947 BGB), durch die untrennbare Vermischung oder Vermengung von beweglichen Sachen (§ 948 BGB) und durch die Verarbeitung oder Umbildung eines oder mehrerer Stoffe zu einer neuen Sache (§ 950 BGB). Der gesetzliche Eigentumserwerb setzt keine Willenseinigung voraus. Auf Irrtümer oder die Geschäftsfähigkeit der beteiligten Personen kommt es daher nicht an. Auch die Gut- oder Bösgläubigkeit der Beteiligten spielt keine Rolle.

2   Nach § 946 BGB erstreckt sich das Eigentum an einem Grundstück auf bewegliche Sachen, die mit dem Grundstück so verbunden werden, dass sie wesentliche Bestandteile des Grundstücks werden (vgl. § 94 BGB). Mit der *Verbindung* verliert die bewegliche Sache ihre Eigenständigkeit und der Eigentümer kraft Gesetzes sein Eigentum an dieser Sache.

3   ▶ **Beispiel:** E lässt vom Bauunternehmer B neue Fenster in sein Haus einbauen. Mit dem Einbau werden die Fenster Bestandteil des Grundstücks des E. B verliert dadurch sein Eigentum an den Fenstern. ◀

4   Wer durch *Verarbeitung* oder Umbildung eines oder mehrerer Stoffe eine neue bewegliche Sache herstellt, erhält das Eigentum an dieser neuen Sache (§ 950 Abs. 1 BGB). Mit dem Erwerb des Eigentums an der neuen Sache erlöschen die an dem ursprünglichen Stoff bestehenden Rechte (§ 950 Abs. 2 BGB). Anhaltspunkte für das Herstellen einer neuen Sache sind etwa ein Name, eine Formveränderung oder eine Funktionsänderung der Sache nach der Verarbeitung. Keine neue Sache entsteht demgegenüber durch eine Reparatur oder Restaurierung.

5   ▶ **Beispiel:** Wer Ton zu Ziegeln verarbeitet, stellt eine neue Sache her. Gleiches gilt für den, der ein Bild auf die weiße Leinwand malt. Dagegen ist der frisch lackierte Wagen keine neue Sache. ◀

6   Eigentümer der neuen Sache wird nach § 950 Abs. 1 S. 1 BGB grundsätzlich der Hersteller. Hersteller ist derjenige, der nach der Verkehrsauffassung für die Verarbeitung verantwortlich ist. Bei einem verarbeitenden Unternehmen ist das grundsätzlich der Inhaber und nicht der Arbeitnehmer, der den Verarbeitungsschritt tatsächlich durchführt. Der Hersteller wird allerdings dann nicht Eigentümer der neuen Sache, wenn der Wert des Verarbeitungsvorgangs (nicht: der des Endprodukts) erheblich geringer ist als der Wert des verarbeiteten Stoffes. Das soll jedenfalls dann anzunehmen sein, wenn der Verarbeitungswert mindestens 40 % unter dem Stoffwert liegt.

7   ▶ **Beispiel:** U verarbeitet Leder zu Schuhen. Der Materialwert liegt pro Schuh bei 20 €. Der fertige Schuh hat einen Wert von 50 €. Der Wert der Verarbeitung liegt daher bei 30 €. U wird somit gemäß § 950 Abs. 1 S. 1 BGB durch die Herstellung Eigentümer des Schuhs, unabhängig davon, ob er zuvor Eigentümer des Leders war. ◀

8   Wenn mehrere bewegliche Sachen miteinander zu einer einheitlichen Sache *verbunden* (§ 947 BGB) oder untrennbar *vermischt* werden (§ 948 BGB), werden die bisherigen Eigentümer Miteigentümer der hierdurch entstehenden neuen Sache; die Anteile bestimmen sich nach dem Verhältnis des Werts, den die Sachen zur Zeit der Verbindung haben (§ 947 Abs. 1 BGB). Nur wenn eine der Sachen als „Hauptsache" angesehen werden kann, erwirbt ihr Eigentümer das Alleineigentum an der neuen Sache (§ 947 Abs. 2 BGB).

▶ **Beispiel:** K tankt seinen Wagen an der Tankstelle des T voll. Der Tank fasst 60 Liter. 10   9
Liter Benzin waren vor dem Tanken noch vorhanden, 50 Liter sind neu hinzugekommen.
Hier hat sich das getankte Benzin mit dem noch vorhandenen untrennbar vermischt. Nach
herrschender Meinung erwirbt T gemäß §§ 948 Abs. 1, 947 Abs. 2 BGB das Alleineigentum
an der gesamten Menge Benzin, weil „seine" Menge ein deutliches Übergewicht hat und damit als „Hauptsache" anzusehen ist. Beim Zahlen an der Kasse erfolgt anschließend konkludent die Übereignung des Benzins gemäß § 929 S. 2 BGB. ◀

Regelmäßig steht dem früheren Eigentümer gegenüber dem neuen Eigentümer ein vertragli-   10
cher Vergütungsanspruch zu. So kann ein Bauunternehmer, der wie vereinbart Fenster in ein
Haus einbaut, vom Eigentümer Zahlung des versprochenen Werklohns verlangen. Aber
auch dann, wenn es an einem Vertragsverhältnis fehlt, kann der frühere Eigentümer, der seine Rechte aufgrund der §§ 946 ff. BGB verloren hat, einen finanziellen Ausgleich beanspruchen; die Wiederherstellung des früheren Zustands kann er dagegen nicht verlangen (§ 951
BGB).

§ 47 Die Abtretung von Forderungen

1 Forderungen können nicht durch Einigung und Übergabe nach § 929 S. 1 BGB übereignet werden. Die Regelung ist nur auf Sachen anwendbar, weil nur Sachen übergeben werden können. Gleichwohl gibt es in der Praxis ein großes Bedürfnis nach einer Übertragung von Forderungen. Der Gesetzgeber kommt dem mit § 398 BGB nach: Danach kann der Gläubiger eine Forderung an einen anderen abtreten. Die Abtretung setzt einen *Vertrag* zwischen dem alten und dem neuen Gläubiger voraus (§ 398 S. 1 BGB). Eine Mitwirkung des Schuldners ist ebenso entbehrlich wie eine Übergabe oder Eintragung. Mit Abschluss des Vertrags tritt der neue Gläubiger an die Stelle des bisherigen Gläubigers (§ 398 S. 2 BGB). Für die Abtretung hat sich eine eigene Terminologie entwickelt: Der (alte) Gläubiger, der die Forderung an einen anderen abtritt, heißt „*Zedent*" (von lat. „cessio" = Forderungsübergang); den neuen Gläubiger nennt man „*Zessionar*".

2 Ist die Abtretung wirksam, so wird der Zessionar neuer Gläubiger und kann vom Schuldner die Erfüllung der Forderung verlangen. Der grundsätzlich formfrei mögliche Abtretungsvertrag unterliegt den allgemeinen *Rechtsgeschäftsregeln*, insbesondere muss der Abtretende geschäftsfähig sein. Sollte der alte Gläubiger (Zedent) die Forderung mehrfach abtreten, erwirbt nur der erste Zessionar den Anspruch (Prioritätsprinzip). Der Zedent macht sich dann ggf. dem zweiten gegenüber schadensersatzpflichtig. Anders als beim Eigentumserwerb ist ein gutgläubiger Forderungserwerb ausgeschlossen.

3 Die Abtretung ist ein Verfügungsgeschäft, da sie unmittelbar zu einem Wechsel der Gläubigerstellung führt. Ihr liegt regelmäßig ein Kausalgeschäft zugrunde, etwa ein Forderungskauf (sog. „Factoring"). Die Abtretung der Forderung ist dann die Erfüllung des Kausalgeschäfts; funktional ist sie mit der Übereignung einer Sache vergleichbar und hat als Verfügungsgeschäft sachenrechtlichen Charakter, obwohl die §§ 398 ff. BGB systematisch zum Schuldrecht gehören.

4 Der Schuldner kann aus verschiedenen Gründen ein Interesse daran haben, dass die Forderung nicht abgetreten wird. Gemäß § 399 BGB können die Parteien die Abtretung einer Forderung vertraglich ausschließen oder vom Einverständnis des Schuldners abhängig machen. Im kaufmännischen Rechtsverkehr (vgl. 12. Kapitel, § 54 Rn. 1 ff.) sind Abtretungsverbote unwirksam (§ 354 a Abs. 1 S. 1 HGB).

5 Ohne besondere Vereinbarung ist die Zustimmung oder auch nur die Benachrichtigung des Schuldners für die Wirksamkeit der Abtretung nicht erforderlich (sog. stille Abtretung). Es kann daher passieren, dass der Schuldner von der Abtretung keine Kenntnis hat und die geschuldete Leistung an den Altgläubiger erbringt. Der Schuldner wird in diesem Fall durch § 407 BGB geschützt: Danach muss der Zessionar die Leistung an den Zedenten gegen sich gelten lassen, wenn der Schuldner die Abtretung nicht kannte. Die Zahlung an den alten Gläubiger hat also befreiende Wirkung für den Schuldner. Darüber hinaus kann er seine Einwendungen und Einreden auch gegen den Neugläubiger geltend machen (§ 404 BGB).

6 ▶ **Beispiel:** A hat von B Werkzeug für 500 € gekauft, aber noch nicht bezahlt. B schuldet C seinerseits noch 500 €. Da B gerade knapp bei Kasse ist, tritt er seine Kaufpreisforderung gegen A an C ab. C erlangt damit einen Zahlungsanspruch von 500 € gegen A (§§ 398, 433 Abs. 2 BGB). Wenn A von der Abtretung keine Kenntnis hat und an B 500 € zahlt, wird A dennoch von seiner Zahlungsverpflichtung befreit (§ 407 BGB). A muss daher kein zweites

Mal an C zahlen. Stattdessen muss B die 500 € nach § 816 Abs. 2 BGB an C herausgeben. ◀

In einigen Fällen hat der Gesetzgeber einen automatischen Forderungsübergang angeordnet 7 (vgl. § 412 BGB). Dieser *gesetzliche Forderungsübergang* (sog. „cessio legis") bedarf keiner Abtretungsvereinbarung. Er findet insbesondere in solchen Situationen statt, in denen ein Dritter eine ihn jedenfalls nicht primär treffende Schuld begleicht. Als Ausgleich hierfür erhält er durch den gesetzlichen Forderungsübergang die Möglichkeit, beim Dritten Regress zu nehmen.

▶ **Beispiel:** B hat sich für eine Darlehensforderung des H gegen D selbstschuldnerisch ver- 8 bürgt. Wenn B an H zahlt, geht die Darlehensforderung (§ 488 Abs. 1 S. 2 BGB) auf ihn über (§ 774 Abs. 1 BGB). ◀

▶ **Beispiel:** K hat sein Auto bei der V-Versicherung vollkaskoversichert. Eines Morgens 9 stellt er fest, dass ein Unbekannter seinen Wagen bei einem Unfall erheblich beschädigt hat. Ersetzt V dem K seinen Schaden, so gehen die Ansprüche des K gegen den Unbekannten (§ 823 Abs. 1 BGB; §§ 7, 18 StVG) auf die V über. Wird der Unbekannte ermittelt, kann V ihn in Regress nehmen. ◀

Kontrollfragen und Fälle zum 10. Kapitel

1. *Was versteht man unter einer „Sache"? Ist ein Einfamilienhaus eine Sache?*
2. *Wie wird eine bewegliche Sache übereignet?*
3. *Fall: A und B treffen sich eines Nachmittags im Park. Dabei kommen sie auf ein altes Sammelkartenalbum zu sprechen, das der A seit Jahren im Schrank stehen hat. A wollte das Album schon lange entsorgen, B hingegen hat den A seit jeher um sein Album beneidet. Um dem B eine Freude zu machen, sagt A: „Du kannst das Album haben. Es gehört jetzt dir." Ist B nun Eigentümer des Albums geworden?*
4. *Ist es möglich, Eigentum vom Nichtberechtigten zu erlangen?*
5. *Was versteht man unter einem Eigentumsvorbehalt?*
6. *Erläutern Sie, wie Grundstücke übereignet werden!*
7. *Welchen Zweck erfüllt die Eintragung einer Vormerkung in das Grundbuch?*
8. *Fall: Der 17-jährige Lehrling L entwendet aus der Lagerhalle des Handwerksmeisters H einen Stapel Bodenfliesen. Am nächsten Morgen verlegt er diese sorgfältig im Bad im Haus seiner Eltern, die begeistert sind, da sie das Bad ohnehin renovieren wollten. Als H von dem Treiben des L erfährt, fährt er zu den Eltern des L und verlangt „seine" Fliesen heraus. Zu Recht?*
9. *Fall: Unternehmer U hat gegen verschiedene Händler, u.a. gegen H, Kaufpreisforderungen in Höhe von insgesamt 100.000 €. Weil U dringend Geld benötigt, verkauft er all diese Forderungen an die Bank B für 80.000 €; gleichzeitig vereinbaren U und B die Abtretung der Forderungen. Einige Wochen später unterrichten U und B in einem gemeinsamen Schreiben die Händler über die Forderungsabtretung. H ist empört über den „Gläubigeraustausch". Weil er diesen ohne seine Zustimmung für unwirksam erachtet, überweist er den von ihm geschuldeten Betrag an U. Muss H den Kaufpreis noch einmal an B zahlen?*

11. Kapitel:
Darlehen und Sicherheiten

§ 48 Der Darlehensvertrag

I. Vertragsinhalt

Durch den Darlehensvertrag (auch Kreditvertrag genannt) wird der Darlehensgeber 1 (meist ein Kreditinstitut) verpflichtet, dem Darlehensnehmer einen Geldbetrag in der vereinbarten Höhe zur Verfügung zu stellen. Der Darlehensnehmer verpflichtet sich im Gegenzug, den geschuldeten Zins zu zahlen und das Darlehen bei Fälligkeit zurückzuzahlen (§ 488 Abs. 1 BGB). Der Zins stellt die Gegenleistung des Darlehensnehmers für die zeitliche Überlassung der Darlehenssumme dar. Beim Darlehensvertrag handelt es sich also grundsätzlich um einen gegenseitigen (entgeltlichen) Vertrag. Etwas anderes gilt nur bei sog. Gefälligkeitsdarlehen, die der Darlehensgeber zinslos zur Verfügung stellt. Für Kaufleute bestimmt § 354 Abs. 2 HGB, dass Zinsen grundsätzlich auch ohne entsprechende Abrede verlangt werden können.

Die *Fälligkeit* des Darlehensrückzahlungsanspruchs und des Zinsanspruchs wird in al- 2 ler Regel im Darlehensvertrag vereinbart.

▶ **Beispiel:** K nimmt bei der B-Bank einen Kredit i.H.v. 10.000 € auf, den er mit 8 % jähr- 3 lich zu verzinsen hat. Sie vereinbaren, dass K die Gesamtsumme in monatlichen Raten à 500 € jeweils am 15. Tag des Monats zurückzahlen soll. Der Anteil der Zinsen an der monatlichen Rate nimmt von Monat zu Monat ab, im Gegenzug steigt der Tilgungsanteil. ◀

Sofern die Parteien ausnahmsweise keine Vereinbarung über die Fälligkeit getroffen 4 haben (sog. *„unbefristetes Darlehen"*), muss der Darlehensnehmer das Darlehen erst zurückzahlen, wenn der Darlehensgeber es kündigt (§ 488 Abs. 3 BGB). Die Zinsen sind dann grundsätzlich nach Ablauf jedes Jahres und spätestens mit Rückzahlung des Darlehens zu entrichten (§ 488 Abs. 2 BGB).

▶ **Beispiel:** Politiker W erhält vom Unternehmer G einen „Privatkredit" über 500.000 €, 5 um damit ein Haus zu kaufen. Sie vereinbaren lediglich: „Es gilt ein Zinssatz i.H.v. 1 % p.a." (p.a. = per annum, d.h. pro Jahr)

Hier haben die Parteien keinen Fälligkeitstermin vereinbart. G muss zunächst das Darlehen kündigen. Anschließend kann er Rückzahlung der gesamten Summe auf einmal verlangen. Unabhängig von der Kündigung des Darlehens muss W die Zinsen dagegen am Ende jedes Jahres entrichten. ◀

II. Der Anspruch auf Rückzahlung des Darlehens

1. Tilgungsplan und ordentliche Kündigung

Bei einem unbefristeten Darlehen hängt die Fälligkeit der Rückerstattung von der Kün- 6 digung ab (§ 488 Abs. 3 S. 1 BGB). Zur Kündigung sind sowohl der Darlehensgeber als auch der Darlehensnehmer berechtigt, wobei hierfür kein besonderer Kündigungsgrund vorliegen muss. Die Kündigungsfrist beträgt grundsätzlich drei Monate (§ 488 Abs. 3 S. 2 BGB). Ein Verbraucher, der ein unbefristetes Darlehen kündigen will, muss keine Frist einhalten (§ 500 Abs. 1 BGB). Die Kündigung führt zur *Gesamt-*

fälligstellung des Darlehens. Der Darlehensgeber kann mit Ablauf der Kündigungsfrist Rückzahlung der gesamten offenen Darlehens- und Zinsforderung verlangen.

7 In der Regel vereinbaren die Parteien einen konkreten Zeitpunkt für die Rückzahlung der Darlehenssumme. In diesem Fall bedarf es einer Kündigung des Darlehens nicht. Der Darlehensgeber hat dann einen Anspruch auf Rückzahlung des Darlehens nach dem vertraglich vereinbarten *Tilgungsplan*. Eine vorzeitige ordentliche Kündigung des Darlehens durch den Darlehensgeber ist nicht möglich; zu den Besonderheiten beim Verbraucherdarlehen vgl. 11. Kapitel, § 48 Rn. 26 f.

8 Der Darlehensnehmer hat demgegenüber auch bei einem vertraglich vereinbarten Rückzahlungstermin gemäß § 489 BGB unter bestimmten Umständen ein ordentliches Kündigungsrecht. Er kann Darlehensverträge mit variablem Zinssatz jederzeit unter Einhaltung einer Frist von drei Monaten kündigen (§ 489 Abs. 2 BGB). Damit wird eine weitgehende Anpassung des Darlehenszinssatzes an die Marktentwicklung ermöglicht und werden Umschuldungen erleichtert. Bei Verträgen mit festem Zinssatz kommt ein Kündigungsrecht dagegen grundsätzlich erst zehn Jahre nach Auszahlung der Darlehenssumme in Betracht (§ 489 Abs. 1 Nr. 2 BGB).

2. Außerordentliche Kündigung

9 Die Parteien können den Darlehensvertrag jederzeit außerordentlich kündigen, wenn es hierfür einen *wichtigen Grund* gibt (allgemein dazu 3. Kapitel, § 21 Rn. 57 ff.). Das Recht zur außerordentlichen Kündigung kann vertraglich nicht ausgeschlossen werden. Es gilt unabhängig davon, ob die Parteien einen Rückzahlungstermin vereinbart haben oder ob es sich um ein unbefristetes Darlehen handelt.

10 Für den Darlehensgeber kann sich ein solcher wichtiger Grund zur außerordentlichen Kündigung ergeben, wenn die Vermögensverhältnisse des Darlehensnehmers oder eine für das Darlehen gestellte Sicherheit sich so wesentlich verschlechtert haben oder zu verschlechtern drohen, dass dadurch die Rückzahlung des Darlehens gefährdet wird (§ 490 Abs. 1 BGB).

11 ▶ **Beispiel:** K erhält von seiner Hausbank H einen Kredit i.H.v. 50.000 € mit einer Laufzeit von drei Jahren. H hatte insbesondere deshalb auf eine Sicherheit für den Kredit verzichtet, weil sie wusste, dass K gegen den als vermögend geltenden X noch eine Forderung i.H.v. 100.000 € zusteht. Acht Monate nach Abschluss des Kreditvertrags liest der Sachbearbeiter der H in der Zeitung, dass X überraschend insolvent ist.

Hier kann H den Kredit mit K außerordentlich kündigen, sofern sich hierdurch die Vermögensverhältnisse des K gravierend verschlechtert haben und H bei weiterem Zuwarten ein Forderungsausfall droht. Etwas anderes gilt aber, wenn K der H als Ausgleich eine angemessene Sicherheit anbietet. ◀

12 Ein weiterer wichtiger Kündigungsgrund stellt bei Teilzahlungskrediten der wiederholte Verzug des Darlehensnehmers mit Zins- und Tilgungsraten dar (§ 314 BGB). Die Kündigung führt zur Gesamtfälligstellung des Darlehens. Sie belastet den Darlehensnehmer unmittelbar mit einer hohen Restforderung, zu der weitere Kosten und Verzugszinsen hinzutreten können.

III. Sittenwidriger Darlehensvertrag

13 Nach ständiger Rechtsprechung des BGH ist ein Darlehensvertrag gemäß § 138 Abs. 1 BGB nichtig, wenn zwischen der Leistung des Darlehensgebers (Überlassung einer

Geldsumme auf Zeit) und derjenigen des Darlehensnehmers (Verzinsung) ein auffälliges Missverhältnis besteht und der Darlehensgeber die wirtschaftliche Lage des Darlehensnehmers bewusst zu seinem Vorteil ausnutzt.

Ein *auffälliges Missverhältnis* liegt bei Verbraucherkrediten in der Regel vor, wenn der vereinbarte Zins den marktüblichen Zinssatz um mehr als 100 % übersteigt („relatives Missverhältnis") oder wenn der Vertragszins um mehr als zwölf Prozentpunkte über dem Marktzins liegt („absolutes Missverhältnis"). Ist der Darlehensnehmer ein Verbraucher, wird in diesem Fall vermutet, dass der Darlehensgeber die wirtschaftliche Lage des Darlehensnehmers bewusst zu seinem Vorteil ausgenutzt hat.

14

> **BGH, Urt. v. 12.3.1981 – III ZR 92/79:** „Nach § 138 Abs. 1 BGB ... ist ein Darlehensvertrag nichtig, wenn zwischen den Leistungen des Darlehensgebers und den durch einseitige Vertragsgestaltung festgelegten Gegenleistungen des Darlehensnehmers ein auffälliges Missverhältnis besteht und der Darlehensgeber die wirtschaftlich schwächere Lage des Darlehensnehmers, dessen Unterlegenheit, bei der Festlegung der Darlehensbedingungen bewusst zu seinem Vorteil ausnutzt. Dem steht es gleich, wenn sich der Darlehensgeber als objektiv sittenwidrig Handelnder zumindest leichtfertig der Einsicht verschließt, dass sich der Darlehensnehmer nur aufgrund seiner wirtschaftlich schwächeren Lage auf die ihn beschwerenden Darlehensbedingungen einlässt. Inhalt und Zweck des Darlehensgeschäfts und die gesamten sonstigen Geschäftsumstände sind zusammenfassend zu würdigen. ... Besonderes Gewicht kommt dabei dem Verhältnis zwischen dem Darlehensentgelt, dem Zins, und der Hauptleistung des Darlehensgebers, der Übertragung der Kapitalnutzungsmöglichkeit auf Zeit, zu. ...
> Der BGH hat sich bereits in Einzelfällen des gewerblichen Kredits mit der Frage befasst, ob eine bestimmte Zinshöhe die Annahme eines sittenwidrigen Ausbeutungsgeschäfts rechtfertigt. Bei besonders hohen Zinsen (etwa ab 40 %, jedenfalls ab 50 %) hat er die Sittenwidrigkeit bejaht. Dabei hat er maßgeblich auf das von dem Darlehensgeber mit der Hingabe des Geldes eingegangene Risiko abgehoben. Diese Rechtsprechung über den ‚Zinswucher' in Einzelfällen des gewerblichen Kredits kann nicht ohne weiteres auf den Teilzahlungs- und Ratenkredit als Teilbereich des Konsumentenkredits übertragen werden. Hier spricht vor allem das Schutzbedürfnis namentlich des nichtkaufmännischen, geschäftlich unerfahrenen oder wirtschaftlich schwachen Verbrauchers, an den sich Teilzahlungsbanken mit ihren Teilzahlungs- und Ratenkreditangeboten vornehmlich wenden, dafür, dass schon niedrigere Zinsen im Rahmen der gebotenen Gesamtwürdigung die Annahme eines sittenwidrigen Ausbeutungsgeschäfts nahelegen. Der Kredit schränkt die Möglichkeit ein, über das zukünftige (Lohn-)Einkommen, das häufig auch zur Sicherheit abgetreten wird, zu verfügen. Es droht die Gefahr einer übermäßigen Schuldenlast, die zur ‚Umschuldung', zur Annahme weiterer Kredite mit noch drückenderen Bedingungen, führen kann."

15

Die Rechtsfolge eines sittenwidrigen und damit nichtigen Darlehensvertrags ist, dass der Darlehensnehmer keine Zinsen zahlen muss, sondern lediglich den überlassenen Geldbetrag herauszugeben hat (§§ 812 Abs. 1 S. 1 Alt. 1, 817 S. 2 BGB). Weil die Sittenwidrigkeit sich nicht zulasten des Darlehensnehmers auswirken soll, richtet sich die Pflicht zur Rückzahlung des Darlehens trotz der Sittenwidrigkeit des Darlehensvertrags nach dem vertraglich vereinbarten Rückzahlungstermin. Im Ergebnis führt der Sittenverstoß daher nicht zur Nichtigkeit des Darlehensvertrags, sondern lediglich zur

16

Unwirksamkeit der Zinsabrede. Aus dem ursprünglichen Darlehen wird so ein zinsloses Darlehen.

17 ▶ **Beispiel:** Handwerker H steht aufgrund umfangreicher Zahlungsausfälle seiner Kunden kurz vor der Insolvenz. Zur Fortführung seines Betriebs benötigt er dringend Geld. Er schildert seine Situation dem Geschäftspartner G, der ihm daraufhin ein Darlehen i.H.v. 100.000 € anbietet, das dieser nach Ablauf von zwei Jahren zzgl. 60 % Zinsen zurückzuzahlen hat. H nimmt das Angebot widerstrebend an, weil die Banken ihm keinen Kredit mehr gewähren.

Hier nutzt G die Zwangslage des H aus. Eine solche liegt vor, wenn wegen einer gegenwärtigen Bedrängnis ein zwingendes Bedürfnis nach Geldleistungen besteht und der Bedrängte im Vertragsschluss das kleinere Übel sieht. H ist gegenwärtig in wirtschaftlicher Bedrängnis. Aus seiner Sicht ist das Darlehen im Vergleich zur Betriebsschließung das kleinere Übel. G begeht einen sog. „Kreditwucher" mit der Folge, dass die Zinsabrede nichtig ist. G muss dem H daher nach Ablauf von zwei Jahren lediglich die Darlehenssumme i.H.v. 100.000 € zurückzahlen. ◀

IV. Besonderheiten beim Verbraucherdarlehensvertrag

18 Für Darlehensverträge zwischen einem Verbraucher und einem Unternehmer (§ 491 BGB; vgl. dazu 3. Kapitel, § 22 Rn. 17 f.) sowie für Existenzgründungsdarlehen mit einem Volumen von bis zu 75.000 € (§ 513 BGB) gelten einige Besonderheiten.

1. Informationspflichten und Schriftformgebot

19 Den Unternehmer treffen in diesen Fällen bereits vor Vertragsschluss bestimmte Informationspflichten, insbesondere über die Hauptbedingungen des Vertrags (Bsp.: Nettodarlehensbetrag, effektiver Jahreszinssatz), die Verzugszinsen und -kosten, ein bestehendes Widerrufsrecht und das Recht auf vorzeitige Rückzahlung des Darlehens (§ 491 a BGB i.V.m. Art. 247 § 3 EGBGB). Der Vertrag unterliegt der Schriftform (§ 126 BGB), die sich auch auf die Informationspflichten bezieht (§ 492 BGB i.V.m. Art. 247 §§ 6 ff. EGBGB).

20 Wird das Schriftformerfordernis nicht beachtet, ist der Verbraucherdarlehensvertrag nichtig (§ 494 Abs. 1 BGB). Der Formmangel wird jedoch geheilt, wenn das Darlehen an den Verbraucher ausgezahlt wird (§ 494 Abs. 2 S. 1 BGB). Soweit die Angabe des Sollzinssatzes, des effektiven Jahreszinses oder des Gesamtbetrags fehlt, ermäßigt sich aber der dem Verbraucherdarlehensvertrag zugrunde gelegte Sollzinssatz auf den gesetzlichen Zinssatz gemäß § 246 BGB i.H.v. 4 %.

2. Widerrufsrecht

21 Eine weitere Besonderheit bei Verbraucherdarlehensverträgen stellt das zweiwöchige Widerrufsrecht dar (§ 495 Abs. 1 i.V.m. § 355 BGB), das dem Verbraucher ermöglicht, sich ohne Angabe von Gründen vom Vertrag zu lösen (zu den Einzelheiten vgl. 3. Kapitel, § 22 Rn. 1 ff.).

22 ▶ **Beispiel:** B ist bereits seit seiner Jugend „Ägypten-Fan". Für einen geplanten Urlaub dort hat er bei seiner Hausbank am 5.1. einen Kredit von 2000 € aufgenommen. Als er kurz nach Vertragsschluss von Unruhen im Land erfährt, nimmt er von der Buchung Abstand und will das Geld umgehend zurückzahlen. Ein Bankmitarbeiter weist ihn darauf hin, dass er in diesem Fall einen Teil der Zinsen zahlen müsse. B fragt, ob er den Vertrag nicht einfach widerrufen könne.

Vorliegend handelt es sich um einen entgeltlichen Darlehensvertrag zwischen einem Unternehmer und einem Verbraucher (Verbraucherdarlehensvertrag). B kann den Vertrag innerhalb der Widerrufsfrist von zwei Wochen gegenüber dem Darlehensgeber widerrufen (§ 495 Abs. 1 BGB i.V.m. § 355 BGB). Dann muss B lediglich die empfangene Darlehenssumme zurückgewähren. Zur Zahlung von (Vorfälligkeits-)Zinsen ist er nicht verpflichtet. ◄

In der Regel schließt der Verbraucher einen Darlehensvertrag zur Finanzierung eines anderen (Kauf-)Vertrags ab, den er damit finanzieren will (Bsp.: Autokauf, Kauf einer Küche). Darlehensvertrag und finanzierter (Kauf-)Vertrag können dann eine sog. *„wirtschaftliche Einheit"* bilden (§ 358 Abs. 3 BGB). Das ist insbesondere der Fall, wenn der Unternehmer selbst die Gegenleistung des Verbrauchers finanziert oder wenn sich der Darlehensgeber bei der Vorbereitung oder dem Abschluss des Darlehensvertrags der Mitwirkung des Unternehmers bedient. Bei solchen verbundenen Geschäften führt der Widerruf des einen Vertrags dazu, dass der Verbraucher auch nicht mehr an den jeweils anderen Vertrag gebunden ist (§ 358 Abs. 1, Abs. 2 BGB). Der Verbraucher kann zudem die Rückzahlung des Darlehens verweigern, soweit Einwendungen aus dem finanzierten Vertrag ihn gegenüber dem Unternehmer zur Verweigerung seiner Leistung berechtigen würden (§ 359 BGB). Dies gilt nicht, wenn das finanzierte Entgelt weniger als 200 € beträgt. 23

▶ **Beispiel:** K möchte bei V einen neuen Pkw kaufen. Da K keine großen Vermögenswerte hat, schlägt V einen Finanzierungskauf vor. Sie einigen sich auf einen Kaufpreis. K unterzeichnet darüber hinaus ein Darlehensvertragsformular der B-Bank, das V – der mit der B-Bank seit Längerem zusammenarbeitet – aus seiner Schublade zieht. Die Darlehenssumme, die K in 30 monatlichen Raten zurückzahlen soll, zahlt die B-Bank direkt an V aus. Nach drei Monaten bleibt der Wagen aufgrund einer mangelhaften Steuerungseinheit stehen. 24

Kaufvertrag und Darlehensvertrag sind zwei rechtlich selbstständige Verträge. Eine Störung in einem Vertragsverhältnis hat daher grundsätzlich keine Auswirkungen auf die andere Vertragsbeziehung. Vorliegend bilden allerdings beide Verträge eine wirtschaftliche Einheit, weil V beim Abschluss des Darlehensvertrags als Vertreter der B-Bank handelte. Solange V den Pkw nicht repariert hat, kann K daher die Zahlung der Darlehensraten verweigern. ◄

3. Einschränkung des Kündigungsrechts

Bei Verbraucherdarlehen kann der Darlehensgeber das Darlehen gemäß § 498 BGB nur dann wegen Zahlungsverzugs außerordentlich kündigen, wenn der Darlehensnehmer mit mindestens zwei aufeinander folgenden Teilzahlungen ganz oder teilweise in Verzug ist und der offene Betrag mindestens 10 % (bzw. bei einer Laufzeit des Verbraucherdarlehensvertrags von mehr als drei Jahren mit mindestens 5 %) des Nennbetrags des Darlehens darstellt. Darüber hinaus muss der Darlehensgeber dem Verbraucher zuvor erfolglos eine zweiwöchige Frist zur Zahlung des rückständigen Betrags mit dem Hinweis gesetzt haben, dass er bei Nichtzahlung innerhalb der Frist die gesamte Restschuld verlangen werde. Zudem soll der Darlehensgeber dem Darlehensnehmer spätestens mit der Fristsetzung ein Gespräch über die Möglichkeiten einer einverständlichen Regelung anbieten. 25

4. Recht zur vorzeitigen Darlehensrückzahlung

Schließlich darf der Verbraucher seine Verbindlichkeiten auch ohne ausdrückliche Vereinbarung und ohne Kündigung jederzeit ganz oder teilweise vorzeitig erfüllen (§ 500 Abs. 2 BGB). Allerdings kann der Darlehensgeber in diesem Fall eine angemessene Vorfälligkeitsentschädigung für den unmittelbar mit der vorzeitigen Rückzahlung 26

zusammenhängenden Schaden verlangen (sog. Zinsausfall), wenn im Darlehensvertrag ein fester Zinssatz vereinbart wurde (§ 502 BGB).

27 ▶ **Beispiel:** Zur Finanzierung seines Wintergartens nimmt A bei der B-Bank einen Kredit i.H.v. 50.000 € auf. Das Darlehen hat eine Laufzeit von zehn Jahren und ist mit einem festen jährlichen Zinssatz von 8 % zu verzinsen. Nach zwei Jahren erbt A von seiner verstorbenen Großtante 70.000 €. A möchte sein Darlehen sofort begleichen, um Zinsen zu sparen.

Weil A das Darlehen nicht zu gewerblichen Zwecken in Anspruch genommen hat, kann er die noch offene Verbindlichkeit sofort tilgen (§ 500 Abs. 2 BGB). Er muss allerdings der B-Bank, die mit der Rückzahlung ihre Zinsansprüche für insgesamt sechs Jahre verliert, als Ausgleich eine Vorfälligkeitsentschädigung leisten, deren Obergrenze sich nach § 502 Abs. 3 BGB bestimmt. ◀

§ 49 Kreditsicherheiten im Überblick

Bei gegenseitigen Verträgen werden Leistung und Gegenleistung grundsätzlich Zug um   1
Zug erbracht (§ 320 Abs. 1 S. 1 BGB). Etwas anderes gilt bei Kreditverträgen, bei denen der Kreditnehmer die Darlehenssumme möglicherweise sogar über mehrere Jahrzehnte verteilt zurückzahlen kann. Hier geht der Darlehensgeber zwangläufig in Vorleistung. Um die damit verbundenen Risiken (vor allem: Insolvenz des Schuldners) zu minimieren, verlangt der Kreditgeber regelmäßig ausreichende Sicherheiten, deren Verwertung es ihm ermöglicht, sein Geld auch dann zu erhalten, wenn der Schuldner wegen Vermögenslosigkeit letztlich nicht zahlen kann.

Bei den Arten der Sicherheiten unterscheidet man zwischen Personal- und Realsicher-   2
heiten. Bei den sog. *Personalsicherheiten* steht der Sicherungsgeber mit seinem gesamten Vermögen für eine Schuld ein. Um den wirtschaftlichen Wert der Sicherheit bestimmen zu können, muss der Gläubiger daher die Bonität des Sicherungsgebers prüfen. Die bedeutendste Personalsicherheit ist die Bürgschaft (§§ 765 ff. BGB). Darüber hinaus hat die Rechtsprechung weitere Formen von Sicherheiten entwickelt, die bis heute gesetzlich nicht geregelt sind (Bsp.: Schuldbeitritt, Garantievertrag).

Bei den sog. *Realsicherheiten* haftet der Sicherungsgeber nicht mit seinem gesamten   3
Vermögen. Haftungsobjekt ist lediglich ein bestimmter Vermögensgegenstand. Dies kann eine bewegliche Sache (Bsp.: wertvolle Maschine), eine unbewegliche Sache (Bsp.: Grundstück), eine Forderung oder ein sonstiges Recht sein. Zu den Realsicherheiten zählen das Pfandrecht, die Hypothek, die Grundschuld, die Sicherungsübereignung und die Sicherungsabtretung. Bei Zahlungsunfähigkeit des Darlehensschuldners beschränkt sich der Zugriff dann auf den Vermögensgegenstand, an dem das Sicherungsrecht besteht. Die wirtschaftliche Qualität der Realsicherheit hängt damit von der Werthaltigkeit des Sicherungsguts ab. Da sich insbesondere Grundstücke – jedenfalls bevor die sog. „Immobilienblase" geplatzt ist – als besonders wertbeständige Sicherheiten erwiesen haben, geben sich Gläubiger bei Krediten größeren Umfangs oftmals nicht etwa mit Bürgschaften zufrieden, zumal sich etwa die Solvenz eines Bürgen im Laufe der Zeit gravierend verändern kann, sondern lassen sich eine Grundschuld an einem Grundstück eintragen.

§ 50 Der Bürgschaftsvertrag

I. Inhalt und Vertragsparteien

1 Die Bürgschaft ist die in der Praxis mit Abstand häufigste Sicherheit. Durch den Bürgschaftsvertrag verpflichtet sich der Bürge gegenüber dem Gläubiger eines Dritten, für die Erfüllung der Verbindlichkeit dieses Dritten (sog. Hauptschuldner) einzustehen (§ 765 Abs. 1 BGB). Es geht also immer um das Verhältnis von drei Personen zueinander: Zunächst besteht ein Vertrag zwischen dem Gläubiger und dem Hauptschuldner (Bsp.: Darlehensvertrag, Kaufvertrag), an dem der Bürge selbst nicht beteiligt ist. Daneben schließt der Gläubiger mit dem Bürgen einen Bürgschaftsvertrag ab. Der Bürgschaftsvertrag ist ein einseitig verpflichtender Vertrag. Der Bürge verpflichtet sich, für die Verbindlichkeit des Hauptschuldners einzustehen. Der Gläubiger schuldet dafür keine Gegenleistung.

2 Dass der Bürge gleichwohl den für ihn rechtlich und wirtschaftlich nachteiligen Bürgschaftsvertrag abschließt, hat seine Ursache in der Beziehung zwischen dem Bürgen und dem Hauptschuldner. Die Gründe hierfür können ganz unterschiedlich sein. Gerade bei Bürgschaften von Familienangehörigen liegt zwischen dem Bürgen und dem Hauptschuldner regelmäßig eine Schenkung, ein (unentgeltlicher) Auftrag oder eine bloße Gefälligkeit vor. Denkbar ist aber auch ein (entgeltlicher) Geschäftsbesorgungsvertrag, wenn der Hauptschuldner dem Bürgen für die Bereitstellung der Bürgschaft ein Entgelt zu zahlen hat.

3 ▶ **Beispiel:** S nimmt bei der B-Bank einen Kredit über 50.000 € auf. Seine Ehefrau E verbürgt sich für die Darlehensverbindlichkeit.

Hier hat S mit der B-Bank einen Darlehensvertrag (§ 488 BGB) abgeschlossen. Daneben liegt ein Bürgschaftsvertrag zwischen der B-Bank und E vor, der E zur Zahlung des offenen Betrags verpflichtet, falls S nicht zahlt. E hat die Bürgschaft aus bloßer Gefälligkeit gegenüber S übernommen. ◀

4 ▶ **Beispiel:** M mietet von V eine große Lagerhalle. Sie vereinbaren eine Kaution von drei Monatsmieten (vgl. § 551 BGB), die M entweder bar zahlen oder in Form einer Bankbürgschaft erbringen kann. M legt eine Bürgschaftserklärung der B-Bank vor, die V entgegennimmt.

Hier ist neben dem Mietvertrag zwischen M und V auch ein Bürgschaftsvertrag zwischen der B-Bank und V zustande gekommen. M hat die Erklärung der B-Bank als Bote dem V übermittelt. Zwischen M und der B-Bank liegt in der Regel ein (entgeltlicher) Geschäftsbesorgungsvertrag vor, da M für die Bereitschaft der B-Bank, als Bürgin aufzutreten, ein Entgelt zahlen muss. ◀

II. Abschluss des Bürgschaftsvertrags

1. Schriftliche Erteilung der Bürgschaftserklärung

5 Für den Abschluss eines Bürgschaftsvertrags gelten grundsätzlich die Regelungen des Allgemeinen Teils (vgl. 2. Kapitel). § 766 S. 1 BGB sieht ein Schriftformerfordernis vor. Die Schriftform gilt jedoch allein für die Willenserklärung des Bürgen. Die Erklärung des Gläubigers muss nicht schriftlich erfolgen. Um dem Formerfordernis gerecht zu werden, muss der Bürge die Bürgschaftserklärung *eigenhändig unterzeichnen* (§ 126 Abs. 1 BGB) und der Gläubiger in den Besitz der *Originalurkunde* gelangen. Es reicht

nicht aus, wenn der Bürge lediglich das von ihm unterschriebene Bürgschaftsverspre-chen dem Gläubiger zufaxt und das Original behält (vgl. 2. Kapitel, § 11 Rn. 28 f.).

> **BGH, Urt. v. 28.1.1993 – IX ZR 259/91:** „Die Voraussetzungen des § 766 S. 1 BGB sind nicht erfüllt. Der Beklagte hat zwar eine Bürgschaftserklärung notariell beurkunden las-sen und mithin – da er die Urkunde eigenhändig unterzeichnet hat – sowohl nach § 126 Abs. 1 BGB als auch nach § 126 Abs. 3 BGB die Schriftform gewahrt. Es fehlt aber an einer formgerechten ‚Erteilung' dieser Erklärung. Schriftlich erteilt ist die Bürgschaftserklärung nicht bereits mit der Unterzeichnung des sie enthaltenden Schriftstücks. Der Begriff des Erteilens verlangt vielmehr eine Entäußerung gegenüber dem Gläubiger, indem die schriftliche Erklärung diesem – und sei es nur vorübergehend – zur Verfügung gestellt wird. Daran fehlt es.
> Die Übermittlung des Urkundeninhalts an die Klägerin durch Telefax ist als schriftliche Er-teilung der Bürgschaftserklärung nicht anzusehen. Nach § 126 Abs. 1 BGB ist die durch Gesetz vorgeschriebene Schriftform nur gewahrt, wenn die Urkunde von dem Aussteller eigenhändig durch Namensunterschrift oder mittels notariell beglaubigten Handzeichens unterzeichnet wird. Eine Telekopie enthält keine eigenhändige Unterzeichnung. Die Un-terschrift ist nur vom Original übernommen."

6

Das Schriftformerfordernis dient ausschließlich dem Schutz des Bürgen. Er soll damit zu größerer Vorsicht angehalten und vor nicht ausreichend überlegten Erklärungen be-wahrt werden. Der Gläubiger ist nicht schutzbedürftig, da der Bürgschaftsvertrag für ihn nur Vorteile mit sich bringt.

7

Der Formmangel kann nach § 766 S. 3 BGB geheilt werden. Wenn der Bürge trotz des Formmangels die Hauptverbindlichkeit erfüllt, besteht kein Anlass mehr, ihn vor einem unüberlegten Vertragsschluss zu bewahren. Der Bürge kann die gezahlte Summe dann nicht unter Berufung auf die Formnichtigkeit zurückfordern.

8

Einen Sonderfall betrifft die sog. *Blankobürgschaft*. Dabei unterzeichnet der Bürge eine „leere" Bürgschaftsurkunde, auf der erst später die erforderlichen Angaben (etwa zur Person des Hauptschuldners oder zur Höhe der zu sichernden Forderung) vom Gläubiger oder dem Hauptschuldner eingetragen werden. Die Unterzeichnung eines solchen Blanketts ist mit dem Schutzzweck des Schriftformerfordernisses nicht zu ver-einbaren, weil dem Bürgen bei der Unterzeichnung Inhalt und Umfang seiner Haftung nicht deutlich vor Augen geführt werden. Wenn die Bürgschaftserklärung selbst bei Unterzeichnung nicht alle wesentlichen Angaben enthält, ist das Formerfordernis des § 766 BGB nur gewahrt, wenn der Bürge zugleich den Gläubiger oder den Haupt-schuldner schriftlich ermächtigt, die fehlenden Teile zu ergänzen.

9

▶ **Beispiel:** B begleitet seine Freundin F zu deren Kreditverhandlungen mit der Sparkas-se S. Diese ist grundsätzlich bereit, der F einen Kredit zu gewähren, wenn B für sie bürgt. Allerdings macht S die genaue Höhe des Kredits von weiteren Prüfungen abhängig. B unter-schreibt „rein vorsorglich" schon einmal eine Bürgschaftsurkunde, in der das Feld „zu si-chernde Hauptforderung" offengelassen wird. Nachdem die Höhe des Kredits feststeht, er-gänzt S die Bürgschaftsurkunde entsprechend.

10

Hier hat B die Bürgschaftserklärung zwar eigenhändig unterzeichnet. Weil diese aber noch nicht vollständig ausgefüllt war, ist das Schriftformerfordernis (§ 766 BGB) nicht eingehal-ten. S hat gegen B keinen Anspruch. ◀

11

> **BGH, Urt. v. 29.2.1996 – IX ZR 153/95:** „Bei formbedürftigen Bürgschaften ist es daher generell gerechtfertigt, die Vollmacht zur Abgabe der entsprechenden Willenserklärung oder die Befugnis zur Ergänzung des Blanketts der Schriftform zu unterwerfen. Der Zweck der Schutzvorschrift des § 766 BGB, dem Bürgen Inhalt und Umfang seiner Haftung deutlich vor Augen zu führen, würde ausgehöhlt, wenn man es ausreichen ließe, dass der Bürge die Unterschrift auf ein Papier setzt, welches nicht sämtliche notwendigen Erklärungsbestandteile enthält, und einen Dritten – insbesondere Hauptschuldner oder Gläubiger – mündlich ermächtigt, die fehlenden Angaben nachzuholen. Lässt man eine solche Regelung zu, kann die gesetzliche Formvorschrift ihre Warnaufgabe dem Bürgen gegenüber nicht erfüllen. Im Schrifttum wird daher in zunehmendem Umfang mit Recht gefordert, dass die Vollmacht zur Erteilung einer Bürgschaft schriftlich erklärt werden muss. Dies gilt erst recht, soweit der Bürge einen anderen – insbesondere den Gläubiger unter Befreiung von der Vorschrift des § 181 BGB – zur Vervollständigung der Urkunde ermächtigt."

12   Kann der Gläubiger bei der Aushändigung der Urkunde nicht erkennen, dass die Bürgschaftserklärung vom Bürgen ursprünglich blanko unterzeichnet worden, sondern erst später vom Schuldner oder einem Dritten vervollständigt worden ist, haftet der Bürge aufgrund des von ihm veranlassten Rechtsscheins (§ 172 Abs. 2 BGB analog), auch wenn an sich kein wirksamer Bürgschaftsvertrag vorliegt.

13   ▶ **Beispiel:** Im obigen Beispiel hat B zu Hause eine Blankobürgschaft aufgesetzt und unterschrieben dem F überlassen. Komplettiert F die Urkunde, haftet B der S aus § 765 Abs. 1 BGB, wenn diese denkt, B habe die Erklärung selbst vervollständigt. ◀

14   Sofern ein Kaufmann (vgl. 12. Kapitel, § 54 Rn. 1 ff.) sich im Rahmen seines kaufmännischen Geschäftsverkehrs für die Schuld eines anderen verbürgt, gilt hierfür das Schriftformerfordernis nicht (§ 350 HGB). Der Gesetzgeber geht davon aus, dass Kaufleute so geschäftserfahren sind, dass sie dieses besonderen Schutzes nicht bedürfen. Der Bürgschaftsvertrag kann also auch mündlich geschlossen werden. Aus Gründen der Rechtssicherheit empfiehlt es sich gleichwohl, den Vertrag in Schriftform zu fassen.

2. Widerrufsrecht

15   Uneinheitlich behandelt wird die Frage, ob und inwieweit einem Bürgen die gesetzlichen Verbraucherwiderrufsrechte (dazu 3. Kapitel, § 22 Rn. 1 ff.) zustehen. So soll der Bürge, der bereit ist, für Forderungen aus einem Kreditvertrag einzustehen, die Bürgschaftserklärung selbst dann nicht widerrufen können, wenn dem Hauptschuldner ein solches Widerrufsrecht (§ 495 BGB) zusteht (er es aber nicht ausübt). Ein Widerruf des Bürgschaftsvertrags ist nur möglich, wenn dem Bürgen ein eigenes Widerrufsrecht zusteht, etwa wenn er sich in einer Haustürsituation für einen Kredit verbürgt. Ob der Hauptschuldner selbst den Vertrag widerrufen kann, ist dabei nicht von Bedeutung.

3. Sittenwidrigkeit

16   Die Übernahme einer Bürgschaft kann für den Bürgen existenzielle Folgen haben, da er mit seinem gesamten Vermögen für die von ihm übernommene Schuld einzustehen hat. Ungeachtet dessen haben die Zivilgerichte es jahrzehntelang als Ausdruck der Privatautonomie angesehen und für rechtlich unbedenklich erachtet, dass sich jemand über seine eigenen finanziellen Kräfte hinaus verpflichtet. Vor allem sog. Ehegattenbürgschaften, also Bürgschaften eines Ehepartners für eine Darlehensschuld des Ehegatten,

waren vielfach üblich. In einer Grundsatzentscheidung aus dem Jahr 1993 hat das BVerfG dieser Praxis einen Riegel vorgeschoben und eine Reihe von Bürgschaftsverträgen wegen Sittenwidrigkeit (§ 138 BGB) als nichtig angesehen.

BVerfG, Beschl. v. 19.10.1993 – 1 BvR 567/89: „Heute besteht weitgehende Einigkeit darüber, dass die Vertragsfreiheit nur im Fall eines annähernd ausgewogenen Kräfteverhältnisses der Partner als Mittel eines angemessenen Interessenausgleichs taugt und dass der Ausgleich gestörter Vertragsparität zu den Hauptaufgaben des geltenden Zivilrechts gehört. Im Sinn dieser Aufgabe lassen sich große Teile des BGB deuten. In diesem Zusammenhang haben die Generalklauseln des BGB zentrale Bedeutung. Der Wortlaut des § 138 Abs. 2 BGB bringt das besonders deutlich zum Ausdruck. Darin werden typische Umstände bezeichnet, die zwangsläufig zur Verhandlungsunterlegenheit des einen Vertragsteils führen und zu denen auch dessen Unerfahrenheit gerechnet wird. Nutzt der überlegene Vertragsteil diese Schwäche aus, um seine Interessen in auffälliger Weise einseitig durchzusetzen, so führt das zur Nichtigkeit des Vertrags. § 138 Abs. 1 BGB knüpft ganz allgemein die Nichtigkeitsfolge an einen Verstoß gegen die guten Sitten. Differenziertere Rechtsfolgen ergeben sich aus § 242 BGB. ... Für die verfassungsrechtliche Würdigung genügt ... die Feststellung, dass das geltende Recht jedenfalls Instrumente bereit hält, die es möglich machen, auf strukturelle Störungen der Vertragsparität angemessen zu reagieren. Für die Zivilgerichte folgt daraus die Pflicht, bei der Auslegung und Anwendung der Generalklauseln darauf zu achten, dass Verträge nicht als Mittel der Fremdbestimmung dienen. Haben die Vertragspartner eine an sich zulässige Regelung vereinbart, so wird sich regelmäßig eine weitergehende Inhaltskontrolle erübrigen. Ist aber der Inhalt des Vertrags für eine Seite ungewöhnlich belastend und als Interessenausgleich offensichtlich unangemessen, so dürfen sich die Gerichte nicht mit der Feststellung begnügen: ‚Vertrag ist Vertrag'. Sie müssen vielmehr klären, ob die Regelung eine Folge strukturell ungleicher Verhandlungsstärke ist, und ggf. im Rahmen der Generalklauseln des geltenden Zivilrechts korrigierend eingreifen. ...

Die angegriffene Entscheidung des BGH ist durch einen solchen Verstoß gekennzeichnet. Die umstrittene Bürgschaftserklärung wurde so gewürdigt, als wäre ein normaler Vertrag mit korrespondierenden Interessen und überschaubaren Risiken geschlossen worden. Alle Argumente, mit denen die Beschwerdeführerin ihre Verhandlungsschwäche belegen wollte, wurden mit dem Hinweis zurückgewiesen, sie sei volljährig gewesen und habe sich über die entstehenden Risiken selbst vergewissern müssen. Das reicht nicht aus. Das Haftungsrisiko, das die Beschwerdeführerin mit dem umstrittenen Bürgschaftsvertrag ohne eigenes wirtschaftliches Interesse übernahm, war ... ungewöhnlich hoch. Es war darüber hinaus außerordentlich schwer abschätzbar. ... Vor allem aber fehlte jede Begrenzung der gesicherten Geschäftsverbindlichkeiten. ... Bei so ausgeprägter Unterlegenheit eines Vertragspartners kommt es entscheidend darauf an, auf welche Weise der Vertrag zustande gekommen ist und wie sich insbesondere der überlegene Vertragspartner verhalten hat. Dennoch verneint der BGH jegliche Aufklärungs- und Hinweispflicht des Kreditinstituts. Sogar das Drängen des Bankangestellten mit dem Zusatz ‚Sie gehen keine große Verpflichtung ein', hält der BGH für unerheblich. ... Das wird der Problematik des Ausgangsfalls nicht gerecht und verfehlt die grundrechtliche Gewährleistung der Privatautonomie so prinzipiell, dass die Entscheidung keinen Bestand haben kann."

Sittenwidrig sind Bürgschaftsverträge vor allem dann, wenn zwischen der finanziellen Leistungsfähigkeit des Bürgen und der Bürgschaftssumme ein krasses Missverhältnis besteht (objektives Element) und die Erteilung der Bürgschaft auf eine emotionale, ins-

besondere familiäre Bindung an den Hauptschuldner zurückzuführen ist (subjektives Element). Eine krasse finanzielle Überforderung ist gegeben, wenn der Bürge nicht einmal die laufenden Zinsen der Hauptschuld aufbringen kann. Übernimmt er dennoch dem Ehegatten oder einem Angehörigen zuliebe eine Bürgschaft, ist diese sittenwidrig, wenn der Bürge aus der Übernahme der Bürgschaft bzw. aus der Gewährung des Kredits nicht einen unmittelbaren Vorteil erlangt. Liegt eine solche krasse Überforderung vor, wird widerlegbar vermutet, dass der Ehegatte oder der Angehörige die Bürgschaftserklärung allein aus emotionaler Verbundenheit übernommen hat, ohne dabei die Interessenlage und die wirtschaftlichen Risiken vernünftig einzuschätzen.

19 ▶ **Beispiel:** S will sich selbstständig machen und benötigt 250.000 € Startkapital. Die B-Bank ist zu einem Darlehen nur bereit, wenn E, die vermögenslose Ehefrau des S, die selbst keiner Beschäftigung nachgeht, eine Bürgschaft über die volle Summe übernimmt. Hier nutzt B die seelische Zwangslage der E aus, um diese finanziell krass zu überfordern. Der nach § 765 BGB geschlossene Bürgschaftsvertrag (nicht aber der Darlehensvertrag) ist gemäß § 138 Abs. 1 BGB nichtig. ◀

III. Umfang der Bürgschaftsschuld

20 Mit seiner Erklärung muss der Bürge zum Ausdruck bringen, dass und für welche Verbindlichkeiten des Schuldners er einstehen will. Dies können auch künftige oder bedingte Verbindlichkeiten sein, sofern sie bestimmbar sind (§ 765 Abs. 2 BGB). An die Bestimmbarkeit der Forderung sind keine allzu hohen Anforderungen zu stellen. Der *Bestimmtheitsgrundsatz* ist etwa auch dann gewahrt, wenn der Bürge „für alle bestehenden und künftigen Forderungen aus der Geschäftsverbindung" einzustehen bereit ist.

21 Indem der Bürge sich verpflichtet, für eine Forderung des Gläubigers gegen den Hauptschuldner einzustehen, wird die fremde Schuld des Hauptschuldners (Bsp.: Darlehensrückzahlung) zugleich zu einer eigenen Schuld des Bürgen (sog. „Bürgschaftsschuld"). Für die Verpflichtung des Bürgen ist daher der jeweilige Bestand der Hauptverbindlichkeit maßgebend (§ 767 Abs. 1 S. 1 BGB). Begleicht der Hauptschuldner die Verbindlichkeit, so erlischt damit auch die Bürgschaftsschuld. Zahlt der Hauptschuldner einen Teil seiner Verbindlichkeit, verringert sich die Bürgschaftsschuld im gleichen Verhältnis. Wegen dieses Abhängigkeitsverhältnisses der Bürgschaftsschuld von der Hauptschuld spricht man auch von einer „*akzessorischen Haftung*" des Bürgen. Das bedeutet, dass der Bürge nur haftet, wenn und soweit die Hauptverbindlichkeit tatsächlich besteht. Darüber hinaus kann er auch die Einreden geltend machen, die dem Hauptschuldner aus dem Vertrag mit dem Gläubiger zustehen. Das gilt selbst dann, wenn der Hauptschuldner auf sie verzichtet hat (§ 768 BGB).

22 ▶ **Beispiel:** V schließt 2012 mit K einen Kaufvertrag über einen Kleiderschrank. Weil K den vermögenden B als Bürgen stellt, ist V mit einer Stundung des Kaufpreises über ein Jahr einverstanden. Wegen eines Versehens seiner Buchhaltung gerät die Angelegenheit bei V in Vergessenheit. Erst 2017 verlangt er von B Zahlung.

Der Anspruch des V gegen K auf Zahlung des Kaufpreises ist nach §§ 195, 199 Abs. 1 BGB verjährt. Auf die Verjährung berufen kann sich nicht nur K selbst. Auch B kann aus diesem Grund gemäß § 768 Abs. 1 BGB die Erfüllung der Bürgschaftsschuld verweigern. ◀

23 Umgekehrt kann der Bürge u.U. auch für eine spätere Erweiterung der Schuld haften. Dies gilt insbesondere, wenn die Hauptverbindlichkeit durch Verschulden oder Verzug des Hauptschuldners geändert wird (§ 767 Abs. 1 S. 2 BGB). Damit muss der Bürge etwa für die

entstandenen Verzugszinsen aufkommen. Außerdem haftet der Bürge für die dem Gläubiger vom Hauptschuldner zu ersetzenden Kosten der Kündigung und der Rechtsverfolgung, etwa für den im Ergebnis vergeblichen Versuch des Gläubigers, die Forderung beim Hauptschuldner gerichtlich beizutreiben.

Allerdings ist die Haftung des Bürgen nicht unbegrenzt. So wird sie nicht allein dadurch erweitert, dass der Hauptschuldner nach der Übernahme der Bürgschaft mit dem Gläubiger den Umfang seiner Verbindlichkeit erweitert. Der Bürge muss nur für den Umfang der Verbindlichkeiten einstehen, wie er im Bürgschaftsvertrag angelegt ist.   24

▶ **Beispiel:** Der Unternehmer U erhält von seiner Hausbank H einen Kontokorrentkredit mit einem Höchstbetrag von 100.000 €, für den sich B verbürgt. Vereinbaren U und H im darauffolgenden Jahr eine Erhöhung der Kreditlinie auf 200.000 €, haftet B der H nur für einen Betrag von maximal 100.000 €, wenn U zahlungsunfähig wird (§ 767 Abs. 1 S. 3 BGB). Etwas anderes gilt jedoch, wenn B der Erweiterung der Bürgschaft schriftlich (§ 766 BGB) zugestimmt hat. ◀   25

Der Bürge haftet gegenüber dem Gläubiger grundsätzlich nur *subsidiär*. Er kann jegliche Zahlung an den Gläubiger verweigern, solange der Gläubiger nicht versucht hat, die Forderung gegen den Hauptschuldner durch Zwangsvollstreckung einzutreiben (§ 771 S. 1 BGB; sog. „Einrede der Vorausklage"). Allerdings ist diese Vorschrift dispositiv. In der Praxis kommt es häufig vor, dass der Bürge auf die Einrede der Vorausklage verzichtet (§ 773 Abs. 1 Nr. 1 BGB; sog. „selbstschuldnerische Bürgschaft"). Ein Kaufmann (vgl. 12. Kapitel, § 54 Rn. 1 ff.), der sich im Rahmen seines kaufmännischen Geschäftsverkehrs für die Schuld eines anderen verbürgt, haftet auch ohne besondere Vereinbarung selbstschuldnerisch (§ 349 HGB).   26

Formularmäßig erteilte Bürgschaften (vor allem solche, die gegenüber einer Bank abgegeben werden) unterliegen als AGB der besonderen Wirksamkeitskontrolle nach den §§ 305 ff. BGB (vgl. dazu 6. Kapitel). Danach kann etwa die Einrede der Vorausklage auch durch AGB ausgeschlossen werden, jedoch nur dann, wenn der Bürge klar und unmissverständlich darauf hingewiesen wird, dass die von ihm übernommene Haftung nicht subsidiär ist. Generell unwirksam sind Klauseln, die eine Einstandspflicht des Bürgen für sämtliche Ansprüche des Gläubigers gegen den Hauptschuldner begründen (sog. „Globalbürgschaft"). Nach der Rechtsprechung des BGH beschränkt sich die Haftung in diesem Fall auf die Forderung, die den für den Bürgen erkennbaren Anlass der Bürgschaft darstellte.   27

BGH, Urt. v. 28.10.1999 – IX ZR 364/97: „Der Bürge, der eine strenge, einseitige Haftung für fremde Schuld übernimmt, hat ein schutzwürdiges typisches Interesse daran, dass sich – gemäß dem Transparenzgebot – aus dem Bürgschaftsformular Gegenstand und Umfang seines Risikos klar und richtig ergeben. Stimmt er mit seiner Unterschrift einer formularmäßigen Zweckerklärung zu, die sich nicht auf die Forderung beschränkt, die Anlass der Verbürgung war, sondern sich auf alle bestehenden Ansprüche gegen den Hauptschuldner erstreckt, so ist zwar klar, welche Hauptschulden darunter fallen, nämlich alle gegenwärtig vorhandenen. Als durchschnittlicher Vertragspartner, auf dessen Verständnismöglichkeiten bei der Prüfung von AGB ... maßgeblich abzustellen ist, kann ein Bürge aber aus einer solchen Formularklausel regelmäßig nicht erkennen, ob und ggf. welche Ansprüche des Gläubigers gegen den Hauptschuldner bestehen. Die sich daraus ergebende Wissenslücke führt dazu, dass der Bürge die Trag- und Reichweite seines Risikos nicht ermessen kann. Vielmehr wird ihm der Umfang seiner Verpflichtung durch die   28

> undurchsichtige globale Zweckerklärung verschleiert. Da diese dem Bürgen die Verbindlichkeiten des Hauptschuldners gegenüber dem Bürgschaftsgläubiger nicht deutlich vermittelt, kennt der Bürge typischerweise die Belastung nicht, die er mit seiner Zustimmung zu der Formularklausel übernehmen soll."

29   ▶ **Beispiel:** Unternehmer U möchte bei V eine neue Maschine für 20.000 € kaufen. Da er auf eine Finanzierung angewiesen ist, bittet er seinen Freund F, bei seiner Bank B für ihn zu bürgen. F, der dem U den Erwerb der Maschine ermöglichen möchte, unterschreibt bei der B ein vorformuliertes Formular, nach dem er sich zur Sicherung aller bestehenden und künftigen Ansprüche der B aus ihrer Geschäftsverbindung mit U verbürgt. Im Laufe der Zeit gewährt B dem U aus verschiedenen Anlässen eine Erhöhung der Kreditlinie. Als U zahlungsunfähig wird, ist insgesamt ein Betrag von 50.000 € offen, den B nun von F verlangt.

F hat nach dem Wortlaut der Bürgschaftserklärung für alle bestehenden und künftigen Verbindlichkeiten des U einzustehen. Diese formularmäßige Klausel stellt eine unangemessene Benachteiligung dar (§ 307 Abs. 1 BGB) und ist daher unwirksam. Das hat zur Folge, dass die Bürgschaft auf die Forderung begrenzt wird, die den Anlass der Bürgschaft gebildet hat. Dies war der Kauf der Maschine. F schuldet der B gemäß § 765 BGB lediglich Zahlung i.H.v. 20.000 €. ◀

IV. Regressanspruch des Bürgen

30   Soweit der Bürge die Bürgschaftsschuld zahlt, geht die Forderung des Gläubigers gegen den Hauptschuldner auf ihn über (§ 774 Abs. 1 S. 1 BGB; sog. gesetzlicher Forderungsübergang). Der Bürge hat dann einen Anspruch gegen den Hauptschuldner auf Erstattung des Betrags, den er an den Gläubiger gezahlt hat. In der Praxis wird der Regressanspruch allerdings oftmals fehlschlagen, weil bereits der Gläubiger zuvor erfolglos versucht hat, beim Schuldner den offenen Betrag beizutreiben.

31   ▶ **Beispiel:** Im vorigen Beispiel zahlt F an B 20.000 €. Auf ihn geht nun gemäß § 774 Abs. 1 S. 1 BGB der Darlehensanspruch der B gegen U i.H.v. 20.000 € über. F kann nun seinerseits von U Zahlung von 20.000 € verlangen. Der Anspruch nützt ihm aber nichts, da U zahlungsunfähig ist. ◀

§ 51 Der Schuldbeitritt

Die Bürgschaft wird in neuerer Zeit immer häufiger vom sog. Schuldbeitritt verdrängt. Dabei handelt es sich um eine gesetzlich nicht geregelte, aber von der Rechtsprechung seit Langem anerkannte Personalsicherheit. Sie ist eng verwandt mit der Bürgschaft und unterscheidet sich nur in Details von dieser. So haftet der Bürge grundsätzlich für eine fremde Verbindlichkeit (des Hauptschuldners), die aufgrund der Akzessorietät der Bürgschaft zu einer eigenen (Bürgschafts-)Schuld des Bürgen wird. Der Schuldbeitritt begründet demgegenüber keinen neuen Anspruch, sondern erstreckt den Anspruch des Gläubigers gegen den Hauptschuldner auf einen weiteren Schuldner. Der Beitretende tritt auf Schuldnerseite in den bestehenden Vertrag ein. Er nimmt also Teil am Vertrag zwischen dem Gläubiger und dem Hauptschuldner. Der Gläubiger hat dann zwei Schuldner und kann sich aussuchen, gegen wen er die Forderung geltend macht. Er kann grundsätzlich von beiden Schuldnern Zahlung der gesamten Forderung verlangen (§ 421 BGB; sog. „gesamtschuldnerische Haftung"). Der Beitretende wird allerdings nicht „vollwertige" Vertragspartei: Er hat kein eigenes Forderungsrecht aus dem Vertrag und kann daher nicht Erfüllung der Leistung an sich selbst verlangen. Für ihn gelten die vertraglichen Pflichten, nicht aber die vertraglichen Rechte. 1

Ob eine Bürgschaft, ein Schuldbeitritt oder der Vertragseintritt als vollwertige Vertragspartei gewollt ist, ist durch Auslegung zu ermitteln. Maßgeblich ist, ob die Parteien eine selbständige oder nur eine an die Hauptschuld angelehnte Schuld begründen wollen. Im Zweifel ist eine Bürgschaft gewollt. Ein Schuldbeitritt kommt regelmäßig nur in Betracht, wenn der Beitretende mit der Haftungsübernahme eigene wirtschaftliche oder rechtliche Interessen verfolgt. Für einen „echten" Vertragseintritt ist Voraussetzung, dass die Partei nicht nur haften, sondern selbst die Leistung verlangen können soll. 2

▶ **Beispiel:** K nimmt bei der B-Bank einen Kredit über 80.000 € auf, weil er sein Einfamilienhaus renovieren will. Auf Verlangen der B-Bank unterzeichnet E, die Ehefrau des K, den Darlehensvertrag als „Mitantragstellerin". 3

Weil der Zweck des Darlehens (Renovierung des Hauses) der E gleichermaßen zugutekommt wie dem K, wurde E hier gleichberechtigte Darlehensnehmerin mit vollen Rechten und Pflichten. ◀

▶ **Beispiel:** Im vorherigen Fall nimmt K den Kredit auf, um damit seinen älteren Kredit zu schlechteren Konditionen bei der X-Bank abzulösen. 4

Da mit dem neuen Kredit nach den vertraglichen Vereinbarungen lediglich die Schulden des K getilgt werden sollten, standen der B-Bank von Anfang an keine gleichberechtigten Darlehensnehmer gegenüber. Nach den Umständen des Vertragsschlusses („Mitantragstellerin"; Ehefrau des Darlehensnehmers) liegt hier auch keine Bürgschaft, sondern ein Schuldbeitritt vor. ◀

Anders als die Bürgschaftserklärung kann der Schuldbeitritt grundsätzlich auch *formfrei* erfolgen. Das Schriftformerfordernis für die Bürgschaft (§ 766 BGB) hat die Rechtsprechung nicht auf den Schuldbeitritt übertragen. Allerdings gelten die für das Hauptgeschäft bestehenden besonderen Formerfordernisse auch für den Beitretenden. So bedarf etwa der Beitritt zu einem Grundstückskaufvertrag der notariellen Beurkundung (§ 311 b BGB). 5

Der Beitritt eines Verbrauchers zu einem Kreditvertrag muss nach der Rechtsprechung sogar dann dem Schriftformerfordernis des § 492 BGB genügen, wenn es sich nicht um einen Verbraucherkredit, sondern um ein gewerbliches Darlehen handelt. Die *Verbraucherwiderrufsrechte* stehen dem Beitretenden in eigener Person zu. Tritt er als Verbraucher einem Kreditvertrag bei, kann er seine Willenserklärung – anders als der Bürge – auch dann widerrufen, wenn der Hauptschuldner den Kredit zu gewerblichen Zwecken aufgenommen hat. Ein 6

Schuldbeitritt zu einem Kreditvertrag, der allein im Interesse des Partners liegt, kann nach den zum Bürgschaftsvertrag entwickelten Grundsätzen sittenwidrig (§ 138 BGB) sein.

§ 52 Verlängerter Eigentumsvorbehalt und Sicherungsübereignung

Wenn der Verkäufer in Vorleistung geht und die Sache liefert, obwohl der Käufer den Kaufpreis zunächst nicht vollständig zahlt, vereinbaren die Parteien in aller Regel einen Eigentumsvorbehalt, mit dem der Verkäufer sich für den Fall der Zahlungsunfähigkeit des Käufers absichern will (vgl. 10. Kapitel, § 45 Rn. 23 f.). Oftmals hilft ihm ein einfacher Eigentumsvorbehalt aber im Ergebnis nicht weiter. Das ist insbesondere der Fall, wenn der Käufer darauf angewiesen ist, die Sache weiterzuverkaufen, bevor er den Kaufpreis an den Verkäufer zahlt.

▶ **Beispiel:** Händler H kauft regelmäßig Fernseher beim Großhändler G, um sie anschließend in seinem Ladengeschäft an Endkunden weiterzuverkaufen. Sie vereinbaren, dass G die Fernseher umgehend auf Anforderung des H liefert und H am Ende jedes Quartals den Gesamtpreis aller in diesem Zeitraum gelieferten Fernseher zahlt. Die Lieferung der Geräte erfolgt jeweils unter Eigentumsvorbehalt.

Aufgrund des Eigentumsvorbehalts bleibt G grundsätzlich Eigentümer der Fernseher, bis H den Kaufpreis am Quartalsende gezahlt hat. Allerdings beruht das Geschäftsmodell des H gerade darauf, die Fernseher möglichst rasch an Endkunden zu verkaufen und zu veräußern. Da H bis zur Zahlung an G nicht Eigentümer der Fernseher ist, kann er diese nicht gemäß § 929 S. 1 BGB an seine Kunden übereignen. Jedoch können die Kunden nach § 932 BGB gutgläubig das Eigentum erwerben, wenn sie – wovon auszugehen ist – nicht wissen, dass nicht H, sondern G Eigentümer der Fernseher ist. Dann verliert G sein Eigentum. Der Eigentumsvorbehalt ist für ihn nutzlos. ◀

Bei einer derartigen Interessenlage vereinbaren Käufer und Verkäufer daher häufig einen sog. *verlängerten Eigentumsvorbehalt.* In diesem Fall ermächtigt der Vorbehaltsverkäufer den Käufer gemäß § 185 Abs. 1 BGB, die Sache im ordnungsgemäßen Geschäftsgang weiterzuveräußern. Weil die Veräußerung mit Einwilligung des Vorbehaltsverkäufers erfolgt, erwerben die Endkunden dann nach § 929 BGB Eigentum vom Berechtigten; auf ihren guten Glauben kommt es nicht an. Der Käufer wird so in die Lage versetzt, mit den zunächst unter Vorbehalt erworbenen Gegenständen zu handeln und Erlöse zu erzielen. Als Ausgleich für den Verlust des Eigentums lässt sich der Vorbehaltsverkäufer vom Käufer die bei der Weiterveräußerung entstehenden Forderungen (vor allem den Anspruch auf Zahlung des Kaufpreises nach § 433 Abs. 2 BGB) abtreten (§ 398 BGB). Die Forderungen gegen die Endkäufer stellen also die neue Sicherheit für den Vorbehaltsverkäufer dar, aus denen er sich – wenn die Zahlung des Kaufpreises ausbleibt – notfalls befriedigen kann, indem er Zahlung direkt an sich selbst verlangt. Solange der Käufer gegenüber dem Vorbehaltsverkäufer seinen Zahlungspflichten wie vereinbart nachkommt, kann der Käufer gegenüber seinen Abnehmern Zahlung des Kaufpreises im eigenen Namen verlangen.

▶ **Beispiel:** Im vorherigen Fall liefert G die Fernseher unter „verlängertem Eigentumsvorbehalt" an H. H verkauft und veräußert diese Fernseher an seine Kunden weiter.

Hier geht das Eigentum an dem jeweiligen Fernseher nach § 929 BGB an den Endkunden über. H war zwar selbst nicht Eigentümer, aber er war aufgrund des verlängerten Eigentumsvorbehalts zur Weiterveräußerung berechtigt. Mit der Übereignung von H an den Endkunden verliert G also sein Eigentum. Im Gegenzug geht der Anspruch des H gegen den Kunden auf Zahlung des Kaufpreises nach § 433 Abs. 2 BGB auf G über. Sollte H den offenen Betrag am Quartalsende nicht bezahlen, kann G die noch offenen Forderungen gegen die Endkunden selbst eintreiben und so seinen Schaden gering halten. ◀

Besonderheiten bestehen im Zusammenhang mit dem verlängerten Eigentumsvorbehalt, wenn Zwischenhändler und Endabnehmer im Kaufvertrag ein Abtretungsverbot gemäß § 399 BGB vereinbaren (10. Kapitel, § 47 Rn. 1 ff.). Eine derartige Vereinbarung steht der

Übereignung der Sache an den Endabnehmer entgegen. Denn der Zwischenhändler ist vom Lieferanten nur ermächtigt worden, die unter verlängertem Eigentumsvorbehalt gelieferte Ware gegen Abtretung der Kaufpreisforderung weiterzuveräußern. Wenn die Abtretung durch Vereinbarung zwischen Zwischenhändler und Endabnehmer ausgeschlossen wird, darf der Zwischenhändler die Sache nicht nach §§ 929, 185 BGB an den Endabnehmer übereignen. Falls der Kaufvertrag für beide Parteien ein Handelsgeschäft ist, also Zwischenhändler und Endabnehmer Kaufleute sind, greift dagegen das in § 354a Abs. 1 S. 1 HGB geregelte Verbot des Abtretungsausschlusses. Folge ist nicht nur, dass die Abtretung trotz Abtretungsverbots wirksam ist, sondern auch, dass der Zwischenhändler die Sache wirksam an den Endabnehmer übereignen kann.

6   Eine weitere Sonderform des Eigentumserwerbs stellt die *Sicherungsübereignung* dar. In diesem Fall überträgt der Sicherungsgeber dem Sicherungsnehmer zur Sicherung für eine Forderung das Eigentum einer beweglichen Sache. Gleichzeitig bleibt der Sicherungsgeber (= der bisherige Eigentümer) im Besitz der Sache, kann also die Sache trotz Verlustes der Eigentümerstellung weiter nutzen. Anders als bei einer „normalen" Eigentumsübertragung findet keine Übergabe der Sache statt. Diese wird vielmehr durch ein sog. Besitzmittlungsverhältnis ersetzt (§ 930 BGB): Die Parteien vereinbaren, dass der Sicherungsgeber so lange im Besitz der Sache bleiben darf, bis der Sicherungsnehmer diese zur Befriedigung seiner Forderung herausverlangt. Die Sicherungsübereignung hat in der Praxis für diesen Fall vom Gesetzgeber ursprünglich vorgesehene Pfandrecht (§§ 1204 ff. BGB) verdrängt. Das Pfandrecht entspricht den Anforderungen des Rechtsverkehrs nicht, weil es zwingend die Übergabe der Sache voraussetzt und der Sicherungsgeber den Gegenstand dann nicht mehr nutzen kann. Neben der Sicherungsübereignung ist auch die sicherungsweise Abtretung von Forderungen (Sicherungsabtretung) möglich.

7   ▶ **Beispiel:** K will beim Händler H einen neuen Wagen kaufen. Dazu nimmt er einen Kredit bei der B-Bank auf, mit dem er den Kaufpreis vollständig bezahlt. H händigt ihm die Schlüssel und Fahrzeugpapiere aus. Zur Sicherheit verlangt die B-Bank, dass K ihr den Pkw übereignet. Wenn er das Darlehen vollständig zurückzahlt, überträgt die B-Bank das Eigentum auf ihn zurück.

Hier hat H das Eigentum am Pkw zunächst nach § 929 S. 1 BGB an K übertragen. K wiederum hat den Wagen gemäß § 930 BGB an die B-Bank übereignet. Anstelle der Übergabe des Pkw haben die Parteien sich darauf geeinigt, dass K den Wagen so lange besitzen darf, wie er die Raten ordnungsgemäß zurückzahlt, und bei vollständiger Zahlung das Eigentum an ihn zurückübertragen werden soll. ◀

§ 53 Grundschuld und Hypothek

I. Die Grundschuld

Die *Grundschuld* ist ein dingliches Sicherungsrecht, aufgrund dessen eine bestimmte Geldsumme aus dem Grundstück zu zahlen ist (§ 1191 Abs. 1 BGB). Die Grundschuld muss ins
Grundbuch eingetragen werden. Kündigt der Gläubiger die Grundschuld (§ 1193 BGB), gewährt sie ihm einen Anspruch auf Duldung der Zwangsvollstreckung gegen den Schuldner
gemäß §§ 1192 Abs. 1, 1147 BGB. Der Schuldner muss dann mit ansehen, wie sein Grundstück im Rahmen der öffentlichen Zwangsversteigerung verwertet und mit dem Erlös seine
Gläubiger befriedigt werden.

▶ **Beispiel:** K ist Eigentümer eines Grundstücks. Er möchte das darauf befindliche Einfamilienhaus von Grund auf sanieren. Dazu nimmt er bei der B-Bank einen Kredit über
100.000 € auf. Als Sicherheit lässt die B-Bank sich eine Grundschuld über 100.000 € ins
Grundbuch eintragen. Als K in finanzielle Schwierigkeiten kommt und die Darlehensraten
nicht mehr zurückzahlen kann, möchte die B-Bank die Grundschuld verwerten.

Hier kann die B-Bank zunächst den Darlehensvertrag außerordentlich kündigen (§ 314
BGB) und dann sofort Rückzahlung der gesamten noch offenen Darlehenssumme verlangen. Der Anspruch ist jedoch wertlos, wenn K zahlungsunfähig ist. Darüber hinaus kann K
auch die Grundschuld kündigen, weil K mit der Grundschuldrückzahlung in Rückstand gerät
(§ 1193 BGB). Er kann dann das Grundstück gemäß §§ 1192 Abs. 1, 1147 BGB zwangsver-
steigern lassen. Das Gericht versteigert in diesem Fall das Grundstück gegen Höchstgebot.
Aus dem Erlös wird nach Abzug der Verfahrenskosten zunächst die B-Bank als Gläubigerin
befriedigt. Ein etwaiger Überschuss wird an K ausbezahlt. ◀

Oft sind Grundstücke mit mehreren Grundschulden belastet. In diesem Fall werden die
Gläubiger nach dem Rang der Grundschuld befriedigt, der sich aus dem Grundbuch ergibt,
in das jede Grundschuld einzutragen ist. Mit der Grundschuld wird regelmäßig zugleich ein
sog. *Sicherungsvertrag* geschlossen. In ihm ist geregelt, welche Forderungen die Grundschuld absichert und was geschieht, wenn der Schuldner die Forderung tilgt. Nach Rückzahlung aller durch die Grundschuld gesicherten Forderungen aus dem Sicherungsvertrag ist
der Grundschuldgläubiger verpflichtet, sein Einverständnis mit der Löschung der Grundschuld aus dem Grundbuch zu erteilen.

▶ **Beispiel:** Im vorherigen Fall zahlt K das Darlehen vollständig zurück. Er hat nun einen
Anspruch gegen die B-Bank, der Löschung der Grundschuld im Grundbuch zuzustimmen.
Mit dieser Einverständniserklärung kann er die Grundschuld beim Grundbuchamt löschen
lassen. ◀

II. Die Hypothek

Eng verwandt mit der Grundschuld ist die Hypothek (§ 1113 BGB). Die Hypothek war
vom Gesetzgeber ursprünglich als Grundfall der dinglichen Sicherung gedacht, zu dem die
Grundschuld nur eine Ergänzung darstellen sollte. In der Praxis hat die Grundschuld die
Hypothek aber weitgehend verdrängt. Im Unterschied zur Grundschuld ist die Hypothek an
eine bestimmte Forderung gebunden. Wenn die Forderung untergeht (insbesondere durch
Rückzahlung), erlischt grundsätzlich auch die Hypothek. Die Grundschuld ist demgegenüber unabhängig vom Bestand der Forderung und kann somit für weitere Forderungen verwendet oder bereits vorsorglich eingetragen werden.

Kontrollfragen und Fälle zum 11. Kapitel

1. *Erläutern Sie die Grundzüge des Darlehensvertrags!*
2. *Was versteht man unter einem Bürgschaftsvertrag?*
3. *Sind der Ausgestaltung eines Bürgschaftsvertrags zulasten des Bürgen Grenzen gesetzt?*
4. *Fall: K kauft bei H eine Waschmaschine auf Raten. Um sich abzusichern, fordert H eine Bürgschaft des vermögenden M. Als K auch nach mehreren Monaten und diversen Mahnungen den Kaufpreis nicht begleicht, wendet sich H an M und verlangt Zahlung. Zu Recht?*
5. *Worin unterscheiden sich Bürgschaft und Schuldbeitritt?*

12. Kapitel:
Besonderheiten im kaufmännischen Rechtsverkehr

Die Regelungen des Bürgerlichen Rechts gelten für sämtliche Rechtsgeschäfte zwischen Privaten. Sie unterscheiden grundsätzlich nicht danach, ob die Parteien in ihrer Eigenschaft als Verbraucher, Unternehmer, Freiberufler oder Kaufleute im Rechtsverkehr auftreten. Etwas anderes gilt ausnahmsweise dann, wenn eine Regelung sich ausdrücklich auf einen bestimmten Personenkreis beschränkt. 1

▶ **Beispiel:** Gemäß § 474 Abs. 1 S. 1, Abs. 2 S. 1 BGB sind die Vorschriften über den Verbrauchsgüterkauf nur beim Kaufvertrag über eine bewegliche Sache zwischen einem Unternehmer als Verkäufer und einem Verbraucher als Käufer anzuwenden. ◀ 2

Für den *kaufmännischen Rechtsverkehr* hat sich mit dem *Handelsrecht* schon sehr früh ein Sonderrecht gebildet, das bereits 1861 – lange Zeit vor Inkrafttreten des BGB – in einem „Allgemeinen Deutschen Handelsgesetzbuch" (ADHGB) kodifiziert worden ist. Als der Gesetzgeber sich dazu entschlossen hat, mit dem BGB ein Gesetzbuch zur Regelung des gesamten Privatrechts zu schaffen, hat er gleichzeitig das bis heute geltende „*Handelsgesetzbuch*" (HGB) erlassen. Das HGB baut auf den allgemeinen Vorschriften des BGB auf und ergänzt diese durch spezielle Vorschriften für den kaufmännischen Rechtsverkehr. Auf diese Weise stellt das HGB ein *Sonderprivatrecht* dar. Einige wichtige handelsrechtliche Besonderheiten gegenüber dem BGB werden im Folgenden kurz dargestellt. 3

▶ **Beispiel:** Im Vergleich zum Bürgerlichen Recht sieht das Handelsrecht z.T. erheblich verschärfte Sorgfaltspflichten für Kaufleute (§ 347 HGB) vor. Darüber hinaus sind gemäß § 346 HGB die im Handelsverkehr geltenden Gewohnheiten und Bräuche zu berücksichtigen (Bsp.: sog. „Kassaklauseln" zur Vorleistungspflicht des Käufers und zum Abzug eines Skontos). ◀ 4

▶ **Beispiel:** Während nach § 766 S. 1 BGB die Bürgschaftserklärung der Schriftform (= eigenhändige Unterschrift, vgl. § 126 BGB) bedarf, ist sie nach § 350 HGB gültig, wenn sie von einem Kaufmann im Rahmen des Betriebs seines Handelsgewerbes abgegeben wurde (11. Kapitel, § 50 Rn. 5 ff.). Die Norm dient der Erleichterung des kaufmännischen Handelsverkehrs und wird dem Bedürfnis nach einfacher und schneller Abwicklung gerecht. ◀ 5

▶ **Beispiel:** Nach Bürgerlichem Recht kann der Bürge grundsätzlich die Befriedigung des Gläubigers verweigern, solange nicht der Gläubiger eine Zwangsvollstreckung gegen den Schuldner ohne Erfolg versucht hat (§§ 771 ff. BGB). Dagegen steht dem kaufmännischen Bürgen nach § 349 HGB diese Einrede der Vorausklage nicht zu (11. Kapitel, § 50 Rn. 26). So wird im Handelsverkehr der Zugriff auf den Bürgen und damit die Liquiditätsbeschaffung zugunsten des Gläubigers erleichtert. ◀ 6

▶ **Beispiel:** Die Parteien können die Abtretung einer Forderung grundsätzlich vertraglich ausschließen oder vom Einverständnis des Schuldners abhängig machen (10. Kapitel, § 47 Rn. 4). Im kaufmännischen Rechtsverkehr sind derartige Abtretungsverbote allerdings unwirksam (§ 354 a Abs. 1 S. 1 HGB), um kleineren und mittleren Unternehmen die Finanzierung zu erleichtern. Über die Unwirksamkeit des Abtretungsverbots wird sichergestellt, dass 7

ihnen zustehende Geldforderungen abtretbar und somit als Kreditsicherheit für Banken oder Factoringunternehmen nutzbar sind. ◀

§ 54 Anwendbarkeit des Handelsrechts und Kaufmannsbegriff

1   Zunächst ist für jedes Rechtsgeschäft zu klären, ob es überhaupt in den Anwendungsbereich des HGB fällt oder ob es bei den allgemeinen Regelungen des BGB verbleibt. Das HGB folgt einem sog. „subjektiven System": Über die Anwendbarkeit des Handelsrechts entscheidet danach nicht der (objektive) Inhalt des jeweiligen Rechtsgeschäfts, sondern die Person der beteiligten Vertragsparteien. Handelsrechtliche Vorschriften sind nur anwendbar, wenn mindestens einer der am Geschäft Beteiligten *Kaufmann* ist (§§ 343, 345 HGB). Handelsrecht ist daher das *„Sonderprivatrecht der Kaufleute"*.

2   Kaufmann ist gemäß § 1 Abs. 1 HGB, wer ein Handelsgewerbe betreibt. Handelsgewerbe ist gemäß § 1 Abs. 2 HGB jeder Gewerbebetrieb, es sei denn, dass das Unternehmen nach Art oder Umfang einen in kaufmännischer Weise eingerichteten Geschäftsbetrieb nicht erfordert. Die Kaufmannseigenschaft hat damit drei Voraussetzungen:

3   Erstens muss der Kaufmann ein *Gewerbe* betreiben. Gewerbe ist nach überwiegender Auffassung jede äußerlich erkennbare, rechtlich selbstständige, planmäßig auf gewisse Dauer angelegte, zum Zweck der Gewinnerzielung ausgeübte Tätigkeit, die nicht freier Beruf ist. Keine Gewerbetreibende sind danach vor allem Arbeitnehmer, weil sie unselbstständige Arbeit erbringen, sowie Freiberufler (Bsp.: Arzt, Rechtsanwalt, Steuerberater). Der Kaufmannsbegriff ist insoweit enger als der Begriff des Unternehmers nach § 14 BGB, der auch die freiberufliche Tätigkeit erfasst.

4   Zweitens ist nur derjenige Kaufmann, der das Gewerbe *betreibt*. Das ist die Person, für und gegen die die abgeschlossenen Geschäfte wirken. Keine Kaufleute sind daher solche Personen, die Geschäfte lediglich in fremdem Namen schließen (Bsp.: Prokurist, Handlungsbevollmächtigter, Geschäftsführer, Vorstand). Treten Unternehmen in der Rechtsform einer Handelsgesellschaft (offene Handelsgesellschaft – OHG; Kommanditgesellschaft – KG) auf, so ist grundsätzlich die Gesellschaft selbst Kauffrau. Darüber hinaus sind alle für Verbindlichkeiten der Handelsgesellschaft persönlich haftenden Gesellschafter Kaufleute.

5   Drittens muss das Gewerbe ein *Handelsgewerbe* sein. Damit werden sog. „Kleingewerbetreibende" aus dem Anwendungsbereich des HGB ausgeschlossen. Ein Gewerbe ist ein Handelsgewerbe, wenn es nach Art und Umfang einen in kaufmännischer Weise eingerichteten Geschäftsbetrieb erfordert. Dies wird gemäß § 1 Abs. 2 HGB vermutet. Entscheidend ist, ob das Unternehmen nach einer Gesamtbetrachtung aller Umstände eine kaufmännische Buchführung erfordert. Kriterien hierfür sind u.a. der Umsatz, das Anlage- und Kapitalvermögen, die Anzahl der Betriebsstätten und der Beschäftigten sowie die Vielfalt des Geschäftsgegenstands, die Inanspruchnahme von Krediten und die betriebliche Organisation. Erfüllt das Unternehmen die Anforderungen an ein Handelsgewerbe, so ist der Gewerbetreibende allein durch sein Auftreten im Rechtsverkehr Kaufmann (sog. *„Ist-Kaufmann"*). Handelt es sich dagegen um ein Kleingewerbe, wird der Gewerbetreibende erst mit der Eintragung in das Handelsregister zum Kaufmann (§ 2 HGB). Man spricht dann von einem sog. *„Kann-Kaufmann"*, da die Eintragung freiwillig ist. Der Kleingewerbetreibende hat also die Wahl, ob er sich als Kaufmann

behandeln lassen will oder nicht. Unternehmer i.S.d. § 14 BGB ist der Kleingewerbe-treibende aber grundsätzlich auch dann, wenn er sich nicht ins Handelsregister eintragen lässt.

▶ **Beispiel:** S studiert Informatik im siebten Semester. Zur Finanzierung seines Studiums   6
entwickelt und wartet er Webseiten im Internet.

S verkauft keine Waren, sondern erbringt eine eigene schöpferische Leistung. Er betreibt daher kein Gewerbe, sondern übt eine freiberufliche Tätigkeit aus. S ist somit nicht Kaufmann. Er kann sich auch nicht als Kaufmann ins Handelsregister eintragen lassen. ◀

▶ **Beispiel:** S finanziert sein Studium durch den Verkauf von PC-Hardware an mittelstän-   7
dische Unternehmen vor Ort. In den zwei Jahren seiner unternehmerischen Tätigkeit hatte er bisher 50 Kunden bei einem Gesamtumsatz von 30.000 €. S erledigt seine Aufträge allein und im Wesentlichen von zu Hause aus.

In diesem Fall betreibt S ein Gewerbe, da er hauptsächlich Waren verkauft. Allerdings übt er diese Tätigkeit nur in einem geringen Umfang aus, der eine kaufmännische Buchhaltung nicht erfordert. S ist damit Kleingewerbetreibender und nicht Kaufmann. Er hat aber das Recht, sich ins Handelsregister eintragen zu lassen. Tut er dies, wird er mit Eintragung zum Kaufmann (Kann-Kaufmann). ◀

Schließlich gelten Kapitalgesellschaften (Gesellschaft mit beschränkter Haftung –   8
GmbH; Aktiengesellschaft – AG) aufgrund spezialgesetzlicher Regelungen als Handels-gesellschaften (§§ 3, 278 Abs. 3 AktG, § 13 Abs. 3 GmbHG). Sie sind gemäß § 6 Abs. 1 HGB Kaufleute, und zwar unabhängig davon, ob sie ein Gewerbe betreiben.

Das *Handelsregister* wird bei den Amtsgerichten elektronisch geführt (§ 8 Abs. 1 HGB). Die   9
Eintragungen erfolgen in zwei Abteilungen: Einzelkaufleute und Personenhandelsgesell-schaften wie die OHG und KG werden in Abteilung A, die Kapitalgesellschaften wie GmbH und AG in Abteilung B eingetragen. Die Bekanntmachungen der Eintragungen erfolgen nur noch elektronisch unter www.handelsregister.de (vgl. § 10 Abs. 1 HGB). Die Einsichtnahme in das Handelsregister sowie in die zum Handelsregister eingereichten Dokumente ist jedem zu Informationszwecken gestattet (§ 9 Abs. 1 HGB).

Bei den Eintragungen im Handelsregister ist danach zu unterscheiden, ob sie konstitutiv   10
oder deklaratorisch sind. *Konstitutiv* sind Eintragungen immer dann, wenn sie rechtsbe-gründend sind, wenn also die Rechtswirkung erst durch die Eintragung eintritt; *deklarato-risch* sind Eintragungen, wenn die rechtliche Wirkung unabhängig von der Eintragung ist.

▶ **Beispiel:** Betreibt K ein Handelsgewerbe, ist also nach Art und Umfang ein in kaufmän-   11
nischer Weise eingerichteter Geschäftsbetrieb gegeben (§ 1 HGB), ist er auch ohne Eintra-gung im Handelsregister Kaufmann. Dass er gemäß § 29 HGB seine Firma, den Ort und die inländische Geschäftsanschrift seiner Handelsniederlassung in das Handelsregister (deklara-torisch) eintragen lassen muss, dient dem Allgemeininteresse an Publizität. Betreibt K dage-gen nur ein Kleingewerbe, wird er erst durch die Eintragung Kaufmann (§ 2 HGB). Konsti-tutiv ist die Eintragung auch für die Entstehung einer GmbH (§ 11 Abs. 1 GmbHG) und einer AG (§ 41 Abs. 1 AktG). ◀

▶ **Beispiel:** Erteilt ein Kaufmann einem Mitarbeiter gemäß § 48 Abs. 1 HGB Prokura (vgl.   12
12. Kapitel, § 56 Rn. 1 ff.), so ist diese auch ohne Eintragung im Handelsregister wirksam; die nach § 53 Abs. 1 HGB notwendige Eintragung ist daher nur deklaratorisch. Gleiches gilt für den Widerruf der Prokura (§ 52 Abs. 1 HGB), der nach § 53 Abs. 2 HGB ebenfalls im Handelsregister einzutragen ist. ◀

Die Eintragung und Bekanntmachung registerpflichtiger Tatsachen sind mit besonderen Pu-   13
blizitätswirkungen für den Geschäftsverkehr mit Dritten verbunden. So bestimmt § 15

Abs. 2 S. 1 HGB, dass derjenige, in dessen Angelegenheiten eine eintragungspflichtige Tatsache richtig eingetragen und bekannt gemacht worden ist, sie dem Dritten auch entgegenhalten kann. Bei Rechtshandlungen innerhalb von 15 Tagen seit der Bekanntmachung braucht der Geschäftsgegner die Eintragungstatsache allerdings nicht gegen sich gelten zu lassen, sofern er nachweist, dass ihm die Tatsache ohne Fahrlässigkeit unbekannt geblieben war (§ 15 Abs. 2 S. 2 HGB). Nach dieser Regelung, die dem Schutz des Kaufmanns dient, ist die Verlautbarung im Handelsregister somit stärker als der Vertrauensschutz aufseiten des Dritten.

14 Unterbleibt die Eintragung oder die Bekanntmachung einer eintragungspflichtigen Tatsache, wird dagegen gemäß § 15 Abs. 1 HGB der Dritte geschützt (sog. *negative Publizität*). Der Dritte (Teilnehmer am Handelsverkehr) darf grundsätzlich auf das Schweigen des Handelsregisters vertrauen und davon ausgehen, dass die alte Rechtslage unverändert fortbesteht. Etwas anderes gilt nur dann, wenn er die wahre Rechtslage kennt. Dem Dritten steht dabei ein Wahlrecht zu: Er muss sich nicht auf die sich aus dem Handelsregister ergebende Rechtslage, sondern kann sich auch auf die wahre Rechtslage berufen.

15 ▶ **Beispiel:** Erteilt der Kaufmann K seinem Mitarbeiter P Prokura nach § 48 Abs. 1 HGB, ist diese wirksam, auch wenn sie nicht im Handelsregister eingetragen wird. Schließt P im Namen des K mit D ein Rechtsgeschäft, das diesem missfällt, kann er seiner Haftung nicht mit dem Einwand entgehen, dass die Prokura nicht eingetragen ist. D kann sich auf die wahre Rechtslage berufen.

Widerruft K dagegen die dem P erteilte Prokura, stellt aber nicht zugleich sicher, dass dieser Widerruf im Handelsregister eingetragen wird, kann ein gutgläubiger Dritter grundsätzlich davon ausgehen, dass die Prokura fortbesteht (§ 15 Abs. 1 HGB). Wenn P trotz des Widerrufs als Prokurist des K mit der Sparkasse S einen Darlehensvertrag abschließt, ist K aus diesem Geschäft verpflichtet. P haftet lediglich im Innenverhältnis gegenüber K. ◀

16 In den seltenen Fällen, in denen eine einzutragende Tatsache unrichtig bekannt gemacht wird, greift zugunsten des gutgläubigen Dritten § 15 Abs. 3 HGB (sog. *positive Publizität*). Er kann sich grundsätzlich gegenüber dem Kaufmann auf die bekanntgemachte Tatsache berufen.

17 ▶ **Beispiel:** Kaufmann K bestellt seinen Mitarbeiter P zum Prokuristen. Infolge eines Versehens des Registergerichts wird jedoch X als Prokurist eingetragen und bekannt gemacht. X kauft im Namen des K von V Waren zum Preis von 10.000 Euro.

Hier hat K dem X keine Prokura erteilt, X handelte also ohne Vertretungsmacht. Allerdings ist X im Handelsregister als Prokurist des K eingetragen und bekannt gemacht. V kann sich nach § 15 Abs. 3 HGB auf diese (unrichtige) Tatsache berufen. Es ist daher ein Kaufvertrag zustande gekommen. ◀

§ 55 Das kaufmännische Bestätigungsschreiben

I. Grundlagen, Herleitung und Zweck

Im Bürgerlichen Recht gilt der Grundsatz, dass Schweigen keine Willenserklärung ist (vgl. 2. Kapitel, § 9 Rn. 11 f.). Für den kaufmännischen Rechtsverkehr haben Rechtsprechung und Lehre mit den Grundsätzen des „kaufmännischen Bestätigungsschreibens" jedoch eine wichtige (ungeschriebene) Ausnahme hierzu entwickelt. Sie lautet: 1

> „Widerspricht der Empfänger eines kaufmännischen Bestätigungsschreibens diesem nicht unverzüglich, gilt der Vertrag, auf den darin Bezug genommen ist, als mit dem Inhalt des Bestätigungsschreibens zustande gekommen, ohne dass es auf ein entsprechendes Bewusstsein des Empfängers ankommt."

Die Grundsätze des kaufmännischen Bestätigungsschreibens sind allgemein anerkannt. Rechtdogmatisch handelt es sich um einen Fall der Rechtsscheinhaftung, da das Schweigen auf ein Bestätigungsschreiben den Rechtsschein des Einverständnisses mit seinem Inhalt begründet. Die Grundsätze wurden vom BGH und zuvor schon vom Reichsgericht und vom Reichsoberhandelsgericht hergeleitet aus drei Handelsbräuchen (§ 346 HGB) mit folgendem Inhalt: 2

- Kaufleute pflegen lediglich mündlich, fernmündlich, fernschriftlich oder telegrafisch abgeschlossene Verträge nochmals schriftlich zu bestätigen sowie inhaltlich zu konkretisieren und durch Nebenabreden zu ergänzen.
- Das Bestätigungsschreiben wird vom Geschäftspartner für gewöhnlich erwartet und unverzüglich zur Kenntnis genommen.
- Der Empfänger unterrichtet den Absender sofort, wenn er mit dem Inhalt des Schreibens nicht oder nicht in allen Punkten einverstanden ist.

Die Grundsätze des kaufmännischen Bestätigungsschreibens sollen einen erhöhten Verkehrsschutz im Handelsverkehr gewährleisten. Im kaufmännischen Rechtsverkehr besteht ein besonderes Bedürfnis nach *Schnelligkeit* und *Rechtssicherheit*. Das kaufmännische Bestätigungsschreiben trägt dazu bei, Handelsgeschäfte reibungslos abzuwickeln. Dabei erfüllt es drei voneinander zu unterscheidende Funktionen: 3

Das Bestätigungsschreiben hält den Inhalt einer zuvor getroffenen Vereinbarung im Einzelnen fest (*Festlegungsfunktion*). Bedeutung hat dies vor allem, wenn die Parteien einen Vertrag nur mündlich abgeschlossen haben oder wenn ein umfangreicher Schriftwechsel vorausgeht, aus dem die Vertragsbedingungen nicht ohne Weiteres ersichtlich sind. Nicht selten ergänzt und konkretisiert das Bestätigungsschreiben unvollständige Abreden und komplettiert so den Vertragsschluss (*Ergänzungsfunktion*). Schließlich dient es zu Beweiszwecken, da dem Dokument als sog. „Privaturkunde" im Prozess eine widerlegbare Vollständigkeitsvermutung zukommt. Wer sich auf mündliche Nebenabreden beruft, muss diese vor Gericht darlegen und beweisen (*Beweisfunktion*). 4

Die Grundsätze des kaufmännischen Bestätigungsschreiben sind nicht zu verwechseln mit der Regelung des § 362 Abs. 1 HGB. Mit dieser Norm hat der Gesetzgeber eine weitere Ausnahme zum Grundsatz, dass Schweigen keine Willenserklärung ist, für den kaufmännischen Rechtsverkehr vorgesehen. Ihr Anwendungsbereich ist jedoch deutlich enger als derjenige der Grundsätze des kaufmännischen Bestätigungsschreibens: Erhält ein Kaufmann, dessen Gewerbebetrieb die Besorgung von Geschäften für andere mit sich bringt, von jemandem, mit dem er in Geschäftsverbindung steht, ein Angebot zur Besorgung solcher Geschäf- 5

te, so ist er verpflichtet, unverzüglich zu antworten; anderenfalls gilt sein Schweigen als Annahme.

6 ▶ **Beispiel:** P hat bei der A-Bank ein Depot. Er beauftragt sie, in seinem Namen 500 Aktien der U-AG zu kaufen. Die A-Bank unternimmt nichts.

Die A-Bank war aufgrund ihres Schweigens (§ 362 Abs. 1 HGB) verpflichtet, die Aktien für P zu kaufen. Ist diesem durch die Untätigkeit der A-Bank ein Gewinn entgangen, kann er insoweit Schadensersatz verlangen. ◀

II. Voraussetzungen

7 Die Grundsätze des kaufmännischen Bestätigungsschreibens sind unter folgenden Voraussetzungen anwendbar:

1. Persönlicher Anwendungsbereich

8 Zunächst müssen beide Parteien *Kaufleute* sein oder wie ein Kaufmann in größerem Umfang am Geschäftsverkehr teilnehmen (*kaufmannsähnliche Personen*). Nur dann kann von ihnen erwartet werden, dass sie die kaufmännischen Sitten beachten und die der Lehre vom kaufmännischen Bestätigungsschreiben zugrunde liegenden Handelsbräuche kennen.

9 In kaufmännischer Weise nehmen namentlich die *Kleingewerbetreibenden* und die *Freiberufler* am Geschäftsverkehr teil. So hat die Rechtsprechung die Grundsätze des kaufmännischen Bestätigungsschreibens etwa auch bei Beteiligung eines Architekten, eines Insolvenzverwalters oder eines Rechtsanwalts angewendet, da auch von ihnen die Einhaltung der zugrunde liegenden Handelsbräuche erwartet werden kann. Erforderlich ist aber stets, dass das in Rede stehende Geschäft berufsbezogen ist, also zum Betrieb des Gewerbes oder zur beruflichen Tätigkeit gehört. Die Grundsätze über das kaufmännische Bestätigungsschreiben gelten nicht bei Privatgeschäften.

2. Vorangegangene Vertragsverhandlungen

10 Zwischen den Parteien müssen zuvor in irgendeiner Form Vertragsverhandlungen stattgefunden haben, die nicht oder nicht vollständig bzw. nur von einer Seite schriftlich festgehalten wurden, die aber (zumindest aus der Sicht des Bestätigenden) bereits zu einem Vertragsschluss geführt haben.

11 **BGH, Urt. v. 8.2.2001 – III ZR 268/00:** „Die Regel, wonach bei Schweigen auf ein kaufmännisches Bestätigungsschreiben der Vertrag entsprechend dem Inhalt des Schreibens als zustande gekommen gilt, ist nur anwendbar, wenn dem Bestätigungsschreiben Vertragsverhandlungen vorausgegangen waren, d.h. dass jedenfalls ein geschäftliches Gespräch über den schriftlich ‚bestätigten' Vorgang stattgefunden hat. Dies ist von dem Absender des Schreibens, der aus dem Schweigen des Geschäftsgegners Rechte herleiten will, darzutun und zu beweisen."

3. Unmittelbarer zeitlicher Zusammenhang mit Vertragsverhandlungen

12 Zwischen dem (vermeintlichen) Vertragsschluss und dem Zugang des Bestätigungsschreibens (analog § 130 Abs. 1 S. 1 BGB) muss ein enger zeitlicher Zusammenhang

bestehen. Der Bestätigende muss den Zugang des Schreibens beim Empfänger und den Zugangszeitpunkt ggf. im Prozess darlegen und beweisen.

Die jeweilige Frist bemisst sich nach den Umständen des Einzelfalls. Entscheidend ist, ab welchem Zeitpunkt der Empfänger eines kaufmännischen Bestätigungsschreibens nicht mehr zum Widerspruch verpflichtet ist, er den Vorgang also als erledigt betrachten darf. Ein Zeitraum von mehr als drei Wochen ist nach der Rechtsprechung in jedem Fall unzumutbar.   13

4. Wiedergabe des wesentlichen Vertragsinhalts

Der behauptete Vertragsschluss muss im Bestätigungsschreiben eindeutig, endgültig und seinem wesentlichen Inhalt nach wiedergegeben sein. Inhaltliche Abweichungen gegenüber dem Inhalt des vermeintlich oder tatsächlich geschlossenen Vertrags sind nur zulässig, soweit der Bestätigende vernünftigerweise mit einer Billigung durch den Empfänger rechnen darf.   14

Ist dies nicht der Fall, liegt ggf. eine *Auftragsbestätigung* vor. Während die Auftragsbestätigung als Annahmeerklärung selbst erst zum Vertragsschluss führt (vgl. 2. Kapitel, § 9 Rn. 48), nimmt das kaufmännische Bestätigungsschreiben auf einen zuvor schon (tatsächlich oder vermeintlich) abgeschlossenen Vertrag Bezug. Für die Abgrenzung von Bestätigungsschreiben und Auftragsbestätigung ist primär der Inhalt der Erklärung maßgebend und nicht die Benennung. Eine ausdrückliche Bezeichnung als „Bestätigungsschreiben" ist nicht erforderlich. Umgekehrt schadet auch eine Falschbezeichnung als „Auftragsbestätigung" nicht.   15

5. Redlichkeit und Schutzwürdigkeit des Bestätigenden

Der Erklärende ist nicht schutzwürdig, wenn der Inhalt des Bestätigungsschreibens derart gravierend vom Ergebnis der Vorverhandlungen abweicht, dass er redlicherweise nicht mehr mit der Billigung durch den Empfänger rechnen darf. Das ist etwa der Fall, wenn er weiß, dass der Inhalt des Schreibens nicht dem Inhalt des Vorbesprochenen entspricht, und den Empfänger in der Hoffnung, er werde das Schreiben nicht lesen, zu einem von diesem nicht gewollten Vertragsschluss „überrumpeln" will. Ob auch fahrlässige Unkenntnis von der Unrichtigkeit des Bestätigungsschreibens schadet, ist bisher nicht abschließend geklärt.   16

> **BGH, URT. v. 8.2.2001 – III ZR 268/00:** „Nach ständiger Rechtsprechung des BGH … braucht der Empfänger eines Bestätigungsschreibens nicht zu widersprechen, wenn sich der Inhalt des Schreibens so erheblich von dem Verhandlungsergebnis entfernt, dass der Absender mit dem Einverständnis des Empfängers redlicherweise nicht rechnen konnte. Dabei ist es Sache des Empfängers, darzutun und zu beweisen, dass das Schreiben vom Inhalt der Verhandlungen so erheblich abweicht, dass ihm eine Bindungswirkung nicht zukommt."   17

Schwierig kann im Einzelfall die Beurteilung sein, inwieweit der Bestätigende mit der Billigung des Empfängers rechnen darf. Auf der einen Seite steht fest, dass er sich durch das Bestätigungsschreiben nicht „das letzte Wort verschaffen" darf, indem er zuvor kontrovers verhandelte Vertragspunkte einbezieht, über die die Parteien sich ausdrücklich nicht einigen konnten. Auf der anderen Seite ist es grundsätzlich zulässig, Er-   18

gänzungen und Konkretisierungen in Nebenpunkten anzufügen, um das Vertragswerk zu „komplettieren".

19   Das Problem stellt sich häufig in dem Zusammenhang, dass der Bestätigende die eigenen AGB durch das Bestätigungsschreiben in den Vertrag einbeziehen will. Der BGH verfolgt eine recht großzügige Linie und hält die Einbeziehung von AGB durch ein Bestätigungsschreiben grundsätzlich für zulässig. Das gilt selbst dann, wenn die AGB dem Bestätigungsschreiben nicht beigefügt werden. Eine Einbeziehung ist aber dann nicht möglich, wenn die andere Partei sich zuvor gegen die fremden AGB ausdrücklich verwahrt hatte.

20   > **BGH, Urt. v. 28.5.1973 – VIII ZR 143/72:** „Stehen Kaufleute in laufender Geschäftsverbindung zueinander, sind dabei auch frühere Verträge zwischen ihnen stets zu den Geschäftsbedingungen der einen Partei abgeschlossen worden und hat diese unmissverständlich zu erkennen gegeben, dass sie grundsätzlich Geschäfte nur auf der Grundlage ihrer eigenen Geschäftsbedingungen tätigen will, so kann in dem vorbehaltlosen Vertragsabschluss durch die andere Partei ein derartig stillschweigendes Einverständnis auch dann zu sehen sein, wenn bei neuen Vertragsverhandlungen die Geschäftsbedingungen nicht nochmals in Bezug genommen sind."

6. Kein unverzüglicher Widerspruch des Empfängers

21   Der Empfänger des Schreibens muss dem Bestätigungsschreiben unverzüglich, d.h. ohne schuldhaftes Zögern (§ 121 Abs. 1 S. 1 BGB), nach Zugang widersprechen, um die besonderen Rechtswirkungen des Bestätigungsschreibens zu vermeiden. Bei der Bemessung der Frist ist das besondere Bedürfnis nach schneller Abwicklung von Geschäften im Handelsverkehr zu beachten. Der BGH hält eine Frist von drei Tagen noch für angemessen und acht Tage für zu lang.

22   Die Frist beginnt mit Zugang des Bestätigungsschreibens. Mangelnde Kenntnis des Empfängers vom Zugang ist unbeachtlich, da der Kaufmann für Organisationsmängel in seinem Betrieb einzustehen hat. Ein (vorübergehender) Irrtum des Empfängers über die Bedeutung seines Schweigens berechtigt ihn nicht zur Anfechtung. Sonstige Willensmängel sind insoweit zu berücksichtigen, wie sie es auch bei einer entsprechenden ausdrücklichen Erklärung wären. Der Erklärende kann daher sein Schweigen ausnahmsweise unter denselben Voraussetzungen anfechten, unter denen er eine entsprechende Willenserklärung anfechten könnte. Der Grund hierfür ist, dass der Empfänger nicht stärker gebunden sein soll, als er es bei einer ausdrücklichen Erklärung wäre.

23   Widerspricht der Empfänger nicht unverzüglich, darf der Bestätigende grundsätzlich mit dessen Billigung rechnen. Dies kann selbst dann gelten, wenn der Bestätigende im Bestätigungsschreiben um eine *Gegenbestätigung* gebeten hat. Es ist im Einzelfall durch Auslegung zu ermitteln, ob der Absender davon ausgeht, dass erst mit der Bestätigung der Vertragsinhalt festgelegt wird, oder ob es ihm nur um einen Beweis über den Zugang seines Schreibens geht.

III. Rechtsfolgen

24   Das kaufmännische Bestätigungsschreiben kann zwei ganz unterschiedliche Rechtsfolgen haben: Es kann lediglich feststellen, was die Parteien zuvor schon vereinbart haben. Dann spricht man von einer rein *deklaratorischen Wirkung*. Es kann aber auch

selbst unmittelbar den Vertrag begründen oder abändern. Dann kommt ihm *konstitutive Wirkung* zu.

1. Deklaratorische Wirkung

Der Grundfall des Bestätigungsschreibens ist folgender: Die Parteien haben bereits   25
einen Vertrag geschlossen. Das Bestätigungsschreiben gibt den Vertragsinhalt so wieder, wie er auch vereinbart wurde. Dann handelt es sich um eine bloße Beweisurkunde
mit rein deklaratorischem Charakter. Das Bestätigungsschreiben stellt über Umstände,
die aus ihm hervorgehen, eine widerlegbare Vollständigkeitsvermutung auf. Die Parteien können allerdings den Nachweis führen, dass zusätzliche Vereinbarungen getroffen
wurden, soweit diese dem Inhalt des Bestätigungsschreibens nicht widersprechen. Darüber hinaus löst es keine Rechtsfolgen aus.

▶ **Beispiel:** Kaufmann K bestellt telefonisch beim Großhändler G fünf Paletten Bodenflie-   26
sen für 3000 €. Einige Minuten später schickt G ihm eine E-Mail mit dem Betreff „Auftragsbestätigung", in der er das mündlich Vereinbarte noch einmal ausführt.

Hier haben sich K und G schon am Telefon über alle wesentlichen Vertragspunkte (Kaufpreis, Kaufgegenstand, Parteien) geeinigt. Damit ist der Kaufvertrag bereits zustande gekommen. In seiner E-Mail hat G den Vertragsinhalt lediglich wiederholt. Es handelt sich daher – entgegen der Bezeichnung – nicht um eine Auftragsbestätigung, sondern um ein rein
deklaratorisches Bestätigungsschreiben, das hier vor allem eine Beweisfunktion erfüllt. ◀

2. Konstitutive Wirkung

Eine ganz andere Bedeutung hat das kaufmännische Bestätigungsschreiben, wenn die   27
Parteien entweder zuvor noch keinen Vertrag abgeschlossen hatten oder wenn das Bestätigungsschreiben inhaltlich vom ursprünglich geschlossenen Vertrag abweicht. Widerspricht der Empfänger nicht unverzüglich, so gilt der Vertrag als mit dem Inhalt des
Bestätigungsschreibens zustande gekommen. Das Bestätigungsschreiben ändert damit
die materielle Rechtslage. Es hat konstitutive Wirkung. Darüber hinaus gilt auch in
diesem Fall die Vollständigkeitsvermutung des Schreibens.

▶ **Beispiel:** Im vorigen Beispiel enthält die E-Mail zusätzlich eine Klausel: „Das Eigentum   28
an der Ware geht erst mit vollständiger Zahlung des Kaufpreises an den Käufer über (Eigentumsvorbehalt)." K reagiert auf die E-Mail nicht.

Hier wiederholt G nicht lediglich das zuvor Vereinbarte, sondern ergänzt es um einen Eigentumsvorbehalt. Dieser ist durch das Schweigen des K Bestandteil des Vertrags geworden,
wenn G redlicherweise mit einer Billigung der Klausel durch K rechnen durfte. Da der Eigentumsvorbehalt im Geschäftsverkehr üblich ist und K ihn zuvor nicht ausdrücklich abgelehnt hat, durfte G das Schweigen als Zustimmung verstehen. Das Bestätigungsschreiben
ändert somit den Inhalt des bereits abgeschlossenen Vertrags. ◀

IV. Fallgruppen

Die Grundsätze des kaufmännischen Bestätigungsschreibens erlangen in der Praxis vor al-   29
lem in folgenden Fällen Bedeutung:

1. Heilung von Mängeln beim Vertragsschluss

Erstens können Mängel beim Vertragsschluss durch das Bestätigungsschreiben geheilt wer-   30
den. Dies gilt in erster Linie für den versteckten Dissens: Die Parteien haben sich nicht voll-

ständig geeinigt, gehen aber irrtümlich davon aus, dass über alle klärungsbedürftigen Fragen Einigkeit erzielt wurde. Enthält das Bestätigungsschreiben Regelungen zu den zuvor nicht geregelten Sachfragen, werden diese Bestandteil des Vertrags, sofern der Empfänger nicht widerspricht.

31 ▶ **Beispiel:** K und V einigen sich nach vielen Telefonaten und gegenseitigen Schriftsätzen schließlich über den Kauf von Fertigungsanlagen aus der Fabrik des V zu einem Preis von 500.000 € „gemäß den schriftlichen Vereinbarungen". Im Zuge der umfangreichen Verhandlungen über den Kaufpreis und Funktionsgarantien für die Anlage ist völlig untergegangen, dass die letzten Schreiben von K und V unterschiedliche Angaben zum Erfüllungsort enthalten. Beide gehen jeweils davon aus, dass die Gegenseite insoweit ihrem Vorschlag zugestimmt habe. Am nächsten Tag schickt V dem K ein Bestätigungsschreiben, das den Inhalt der Vereinbarung noch einmal wiedergibt. Zum Erfüllungsort heißt es dort: „Der Verkäufer hat die Anlage abzubauen und so transportfähig zu verpacken, dass der Käufer sie abholen kann." K reagiert auf das Bestätigungsschreiben nicht.

Hier lag ursprünglich ein versteckter Dissens hinsichtlich des Erfüllungsorts vor. Die Parteien sind irrtümlich davon ausgegangen, sich geeinigt zu haben. Da es sich beim Erfüllungsort nur um einen Nebenpunkt handelt und V von der Richtigkeit seines Schreibens ausging, führt das unwidersprochen gebliebene Bestätigungsschreiben dazu, dass der Sitz des Verkäufers vertraglicher Erfüllungsort ist. ◀

2. Inhaltliche Abweichungen von Vertrag und Bestätigungsschreiben

32 Zweitens kann das Bestätigungsschreiben dazu führen, einen bereits geschlossenen Vertrag inhaltlich zu modifizieren. Entsprechend dem Zweck des Bestätigungsschreibens ist dies nur in engen Grenzen möglich. Entscheidend ist, ob der Bestätigende redlicherweise mit der Billigung durch den Empfänger rechnen darf.

33 ▶ **Beispiel:** V ist Inhaber eines Architekturbüros. Er verkauft dieses für 1 Mio. € an K. Die Höhe des Kaufpreises richtet sich vor allem nach dem umfangreichen Kundenstamm des V. Die Parteien einigen sich mündlich über alle wesentlichen Vertragsbedingungen. Nur über ein Wettbewerbsverbot haben sie nicht gesprochen. Noch am selben Tag schickt K dem V ein Bestätigungsschreiben, das neben dem bereits Vereinbarten ein zeitlich befristetes und örtlich beschränktes Wettbewerbsverbot für V enthält. V widerspricht nicht.

Hier kam bereits durch die mündliche Vereinbarung ein Vertrag zustande. Dieser enthält kein Wettbewerbsverbot. Ein solches könnte aber nach den Grundsätzen des kaufmännischen Bestätigungsschreibens Vertragsbestandteil geworden sein. Entscheidend ist, ob K mit einer Billigung des Wettbewerbsverbots durch V rechnen durfte. Da der Wert eines Architekturbüros maßgeblich durch den Kundenstamm (*Goodwill*) bestimmt wird, durfte K redlicherweise davon ausgehen, dass V einem begrenzten Wettbewerbsverbot zustimmen würde. ◀

3. Handeln eines Vertreters ohne Vertretungsmacht

34 Drittens können durch das kaufmännische Bestätigungsschreiben Mängel der Vertretungsmacht geheilt werden. Hat der Empfänger des Bestätigungsschreibens den Vertrag zuvor nicht selbst geschlossen, sondern ein Vertreter ohne Vertretungsmacht gehandelt, so ist der Vertrag grundsätzlich schwebend unwirksam (§ 177 Abs. 1 BGB). Er gilt aber als ordnungsgemäß zustande gekommen, wenn der Empfänger auf ein Bestätigungsschreiben nicht reagiert. Das gilt grundsätzlich selbst dann, wenn der Vertreter dem Empfänger das Bestätigungsschreiben vorenthält, da dieser das Organisationsrisiko für seinen kaufmännischen Betrieb trägt.

▶ **Beispiel:** Die Kaufleute V und K verhandeln über den Kauf eines Tiefladers. K schickt 35
den Zweigstellenleiter M in den Betrieb des V, um den Transporter zu besichtigen. Nachdem der Tieflader für geeignet befunden wird, schließen V und M „per Handschlag" den Kaufvertrag. Anschließend entwirft V ein Schriftstück, in dem er die Vertragsbedingungen noch einmal festhält, und schickt dieses an die „Firma K" unter der Anschrift der Zweigstelle. Der Brief landet auf dem Schreibtisch des M, der ihn in seinen Unterlagen abheftet, ohne K zu informieren. Als V Zahlung des Kaufpreises und Abnahme des Tiefladers verlangt, weigert sich K unter Hinweis auf die fehlende Vertretungsmacht des M.

Hier kann dahingestellt bleiben, ob M zum Abschluss des Kaufvertrags berechtigt war. Denn die evtl. fehlende Vertretungsbefugnis wurde durch das Schweigen des K auf das Bestätigungsschreiben des V geheilt. Als Zweigstellenleiter war M zur Entgegennahme von Erklärungen an das Unternehmen des K befugt. Geht eine Erklärung an K in der Zweigstelle ein, so muss dieser selbst dafür sorgen, dass sie ihn auch erreicht. Er trägt das Organisationsrisiko für seinen kaufmännischen Betrieb. V durfte daher das Schweigen des K als Einverständnis werten. ◀

4. Sich widersprechende AGB

Schließlich sind die Grundsätze des kaufmännischen Bestätigungsschreibens für den Sonder- 36
fall von Bedeutung, dass beide Parteien jeweils dem anderen gegenüber Bestätigungsschreiben senden, die inhaltlich voneinander abweichen. In der Praxis handelt es sich dabei in der Regel um die Einbeziehung von AGB (sog. „kreuzende AGB"). Soweit die Schreiben voneinander abweichen, ist der jeweilige Absender nicht schutzwürdig. Er darf das Schweigen des anderen redlicherweise nicht als Zustimmung werten, soweit dieser ihm zeitgleich durch ein weiteres Bestätigungsschreiben inhaltlich widersprochen hat. Der Vertrag kommt dann mit dem zuvor vereinbarten Inhalt zustande. Er wird nur um diejenigen Klauseln ergänzt, die in beiden Bestätigungsschreiben übereinstimmen („Minimalkonsens"). Die sich widersprechenden Klauseln werden nicht Bestandteil des Vertrags. Verbleibende Lücken sind nach den allgemeinen Regeln (ergänzende Vertragsauslegung, Gesetzesrecht) zu schließen. Die zeitliche Abfolge der Bestätigungsschreiben ist unerheblich. Eine Partei darf sich nicht dadurch das „letzte Wort" verschaffen, dass sie zuletzt auf ihre AGB verweist.

BGH, Urt. v. 5.5.1982 – VIII ZR 162/81: „Dem Berufungsgericht ist auch darin beizu- 37
pflichten, dass Schweigen auf ein kaufmännisches Bestätigungsschreiben dann nicht als Zustimmung gilt, wenn der Bestätigende angesichts des Inhalts des Bestätigungsschreibens von vornherein nicht mit einer widerspruchslosen Hinnahme durch den Vertragspartner rechnen und daher dessen Schweigen nach Treu und Glauben nicht als stillschweigende Zustimmung ansehen kann. So war es hier. Nach der Feststellung des Berufungsgerichts kannte die Klägerin die Einkaufsbedingungen der Gemeinschuldnerin, insbesondere die oben im Tatbestand wiedergegebene Abwehrklausel. Die Klägerin und die Gemeinschuldnerin standen nämlich seit Jahren in Geschäftsbeziehungen, ohne eine Klärung hinsichtlich der Geltung der Verkaufsbedingungen der Klägerin oder der Einkaufsbedingungen der Gemeinschuldnerin herbeizuführen, weil man ... diese Frage nicht ‚hochspielen' wollte, um die Durchführung der Verträge nicht zu gefährden. Unter diesen Umständen konnte die Klägerin ... nicht davon ausgehen, dass die Beklagte nunmehr die Verkaufsbedingungen der Klägerin akzeptieren werde."

▶ **Beispiel:** Die Kaufleute V und K haben sich am Telefon über den Kauf eines Tiefladers 38
geeinigt. V bestätigt den Kauf mit der Klausel „Gekauft wie besichtigt". Gleichzeitig bestätigt auch K den Kauf, ohne jedoch einen Gewährleistungsausschluss zu erwähnen.

Der Gewährleistungsausschluss könnte nach den Grundsätzen über das Schweigen auf ein kaufmännisches Bestätigungsschreiben Vertragsbestandteil geworden sein. Fraglich ist, ob in dem Schreiben des K ein Widerspruch zu der „Bestätigung" des V zu sehen ist. Nach der Rechtsprechung soll dies bei kreuzenden kaufmännischen Bestätigungsschreiben dann nicht der Fall sein, wenn eines der Bestätigungsschreiben eine zusätzliche Klausel (hier: Gewährleistungsausschluss) enthält, deren Inhalt dem anderen Schreiben nicht widerspricht. Da das Bestätigungsschreiben des K keine Aussage zur Gewährleistung enthält, hätte K dem Gewährleistungsausschluss rechtzeitig widersprechen müssen. Das hat er nicht getan. Damit ist der Gewährleistungsausschluss wirksam vereinbart. ◄

39 ► **Beispiel:** Kaufmann K bestellt bei V, mit dem er schon seit Jahren in einer Geschäftsverbindung steht, eine neue Maschine. Am 5.3. übersendet V dem K eine „Auftragsbestätigung", in der er auf seine beiliegenden Verkaufs- und Lieferbedingungen hinweist. Nach diesen behält sich V das Eigentum an der Maschine vor. Mit Schreiben vom 7.3. schickt auch K dem V eine „Bestätigung" unter Bezugnahme auf seine auf der Rückseite abgedruckten Einkaufsbedingungen, in denen es heißt: „Andere Bedingungen als unsere Einkaufsbedingungen werden nicht Vertragsinhalt, auch wenn wir ihnen nicht ausdrücklich widersprechen."

Angesichts der im Schreiben vom 7.3. enthaltenen „Abwehrklausel" konnte V hier nicht davon ausgehen, dass sich K mit der (nachträglichen) Vereinbarung eines Eigentumsvorbehalts einverstanden erklärt. Der Eigentumsvorbehalt ist somit nicht Vertragsinhalt geworden. ◄

§ 56 Besondere Formen der Stellvertretung im Handelsrecht

Das Handelsrecht kennt ergänzend zu den allgemeinen Vorschriften der §§ 164 ff. BGB (dazu 2. Kapitel, § 17 Rn. 1 ff.) besondere Formen der Stellvertretung. Bei der *Prokura* (§§ 48 ff. HGB) und der *Handlungsvollmacht* (§§ 54 ff. HGB) handelt es sich um Vollmachten mit einem gesetzlich festgelegten Umfang. Auch diese Formen der Vollmacht sind rechtsgeschäftlicher Art und müssen erteilt werden. Es handelt sich nicht um einen Fall der gesetzlichen Vertretungsmacht. Gesetzlich geregelt ist allein der *Umfang der Vertretungsmacht*.   1

So ist der Prokurist gemäß § 49 Abs. 1 HGB zu allen Arten von gerichtlichen und außergerichtlichen Geschäften und Rechtshandlungen berechtigt, die der Betrieb eines Handelsgewerbes mit sich bringt. Ausgenommen sind nach § 49 Abs. 2 HGB lediglich der Verkauf, die Veräußerung und die Belastung von Grundstücken. Darüber hinaus ist der Prokurist nicht zum Abschluss sog. Grundlagengeschäfte (vor allem Veräußerung, Verpachtung oder Einstellung des Handelsgewerbes, Änderung der Firma, Aufnahme von Gesellschaftern und Stellung des Insolvenzantrags) befugt.   2

Aufgrund des zwingend vorgegebenen Umfangs der Prokura sind Einschränkungen zwischen Vertreter und Vertretenem für das Außenverhältnis grundsätzlich unbeachtlich (§ 50 Abs. 1 HGB). Überschreitet der Vertreter die ihm im Innenverhältnis eingeräumten Befugnisse, kommt gleichwohl ein wirksamer Vertrag zwischen dem Vertretenen und dem Geschäftspartner zustande. Im Innenverhältnis macht der Prokurist sich ggf. schadensersatzpflichtig (Verletzung des Anstellungsvertrags, vgl. § 280 BGB). Zudem drohen ihm ggf. arbeitsrechtliche Konsequenzen (Abmahnung, Kündigung). Nur wenn der Prokurist ein Rechtsgeschäft abschließt, das nicht von dem gesetzlich festgelegten Umfang der Prokura umfasst ist, handelt er ohne Vertretungsmacht.   3

▶ **Beispiel:** Kaufmann K erteilt dem P Prokura mit der Auflage, keine Computer bei seinem Erzfeind C zu kaufen. Da die Prokura zu allen Arten von gerichtlichen und außergerichtlichen Geschäften und Rechtshandlungen ermächtigt, die der Betrieb eines Handelsgewerbes mit sich bringt (§ 49 Abs. 1 HGB), kommt ein wirksamer Kaufvertrag zwischen K und C zustande, wenn P dennoch Computer bei C bestellt. ◀   4

Etwas anderes gilt allerdings dann, wenn der Dritte nicht schutzwürdig ist, weil der Missbrauch der Vertretungsmacht evident ist. Notwendig sind dabei massive Verdachtsmomente. Diese liegen insbesondere dann vor, wenn sich nach den gegebenen Umständen die Notwendigkeit einer Rückfrage des Geschäftsgegners bei dem Vertretenen geradezu aufdrängt. Besteht der Dritte auf Vertragserfüllung, so kann ihm der Vertretene den Einwand der unzulässigen Rechtsausübung (§ 242 BGB) entgegenhalten. Wirken Vertreter und Geschäftsgegner sogar bewusst zum Nachteil des Vertretenen zusammen, ist der geschlossene Vertrag nach § 138 Abs. 1 BGB nichtig (sog. *Kollusion*).   5

▶ **Beispiel:** Im obigen Fall kann C Zahlung des Kaufpreises (§ 433 Abs. 2 BGB) von K nicht verlangen, wenn er weiß, dass der Kauf der Computer gegen den Willen des K erfolgt. Dies gilt erst recht, wenn C und P bewusst zum Nachteil des K zusammenwirken und etwa einen besonders hohen Kaufpreis bei Teilung des Gewinns verabredet haben. ◀   6

Die Prokura ist ohne Rücksicht auf das der Erteilung zugrunde liegende Rechtsverhältnis gemäß § 52 Abs. 1 HGB jederzeit widerruflich.   7

Sowohl die Eintragung als auch der Widerruf der Prokura sind nach § 53 HGB im Handelsregister einzutragen und bekanntzumachen. Die Eintragung wirkt allerdings nur deklarato-   8

risch. Unterbleibt die Eintragung, sind die Publizitätswirkungen des Handelsregisters zu beachten (dazu 12. Kapitel, § 54 Rn. 14 ff.).

9 Die Handlungsvollmacht hat einen gegenüber der Prokura eingeschränkten Umfang: Sie umfasst zum einen nur branchenzugehörige Geschäfte und Rechtshandlungen (§ 54 Abs. 1 HGB). Zum anderen sind Grundstückgeschäfte sowie die Aufnahme von Darlehen und die Vertretung des Kaufmanns vor Gericht ausgenommen (§ 54 Abs. 2 HGB). Zudem kann die Handlungsvollmacht von vornherein auf eine bestimmte Art von Geschäften beschränkt werden (Bsp.: Einkauf, Verkauf, Kasse).

10 Im Gegensatz zur Prokura kann der Umfang der Handlungsvollmacht eingeschränkt werden. Der Dritte muss die Beschränkungen jedoch nur dann gegen sich gelten lassen, wenn er sie kannte oder kennen musste (§ 54 Abs. 3 HGB).

11 Anders als die Prokura kann das Bestehen oder Nichtbestehen einer Handlungsvollmacht nicht in das Handelsregister eingetragen werden. Sie nimmt daher an dem Verkehrsschutz, den die Publizitätsvorschrift des § 15 HGB vermittelt, nicht teil.

§ 57 Die kaufmännische Rügeobliegenheit

Ist der Kauf für beide Teile ein Handelsgeschäft, so ist zusätzlich zum kaufrechtlichen Gewährleistungsrecht (§§ 434 ff. BGB) die *kaufmännische Rügeobliegenheit* gemäß § 377 HGB zu beachten. Gemäß § 377 Abs. 1 HGB hat der Käufer die Ware unverzüglich (= ohne schuldhaftes Zögern, § 121 Abs. 1 S. 1 BGB) nach Ablieferung durch den Verkäufer zu untersuchen. Bei der Lieferung einer größeren Warenmenge muss der Käufer grundsätzlich möglichst repräsentative Stichproben vornehmen. Zeigt sich dabei ein Mangel (sog. *offener Mangel*), hat der Käufer ihn dem Verkäufer unverzüglich anzuzeigen (= doppelte Unverzüglichkeit). Entsprechendes gilt für einen Mangel, der bereits ohne jede Untersuchung erkennbar ist (sog. *offensichtlicher Mangel*). Ist der Mangel demgegenüber trotz ordnungsgemäßer Untersuchung nicht erkennbar (sog. *verdeckter Mangel*), muss der Käufer unverzüglich rügen, nachdem der Mangel sich gezeigt hat (§ 377 Abs. 3 HGB). Zu rügen ist jeder Mangel i.S.d. § 434 BGB, also das nachteilige Abweichen der „Ist-Beschaffenheit" von der „Soll-Beschaffenheit". Wegen § 434 Abs. 3 BGB hat der Käufer auch die Lieferung einer anderen als der geschuldeten Sache oder einer zu geringen Menge unverzüglich zu rügen.   1

Die Rüge ist eine rechtsgeschäftsähnliche Handlung, die keiner besonderen Form bedarf und die dem Verkäufer nach der Rechtsprechung des BGH zugehen muss (vgl. 1. Kapitel, § 7 Rn. 5 f., Rn. 13 f., Rn. 16 f.). Der Käufer muss den Mangel zwar nicht in allen Einzelheiten, aber doch so genau bezeichnen, dass der Verkäufer die Beanstandung prüfen und danach seine Dispositionen treffen kann. Zeigen sich mehrere Mängel, so ist jeder Mangel gesondert zu rügen.   2

Im Interesse einer raschen Abwicklung von Rechtsgeschäften im Handelsverkehr sind an die Unverzüglichkeit *strenge Anforderungen* zu stellen. Die Rechtsprechung geht grundsätzlich von einer Rügefrist von ein bis zwei Tagen aus. Die Frist beginnt mit Ablieferung der Sache und verlängert sich für solche Mängel, die ohne Untersuchung nicht erkennbar sind, um den für die Untersuchung erforderlichen Zeitraum. Jede Nachlässigkeit geht dabei zulasten des Käufers. Er muss seinen Geschäftsbereich so organisieren, dass eine alsbaldige Anzeige erfolgen kann.   3

Das Nichtbeachten der Rügeobliegenheit hat für den Käufer einschneidende Folgen: Unterbleibt die Anzeige oder ist sie zu spät, *gilt der Mangel als genehmigt* (§ 377 Abs. 2 HGB). Der Käufer verliert dann alle Gewährleistungsrechte bezüglich dieses Mangels.   4

BGH, Urt. v. 24.2.2016 – VIII ZR 38/15: Gemäß § 377 Abs. 1 HGB hat eine Untersuchung zu erfolgen, soweit dies nach ordnungsgemäßem Geschäftsgang tunlich ist. Welche Anforderungen an die Art und Weise der Untersuchung zu stellen sind, lässt sich nicht allgemein festlegen. Es ist vielmehr darauf abzustellen, welche in den Rahmen eines ordnungsgemäßen Geschäftsgangs fallenden Maßnahmen einem ordentlichen Kaufmann im konkreten Einzelfall unter Berücksichtigung auch der schutzwürdigen Interessen des Verkäufers zur Erhaltung seiner Gewährleistungsrechte zugemutet werden können. Dabei kommt es auf die objektive Sachlage und auf die allgemeine Verkehrsanschauung an, wie sie sich hinsichtlich eines Betriebs vergleichbarer Art herausgebildet hat. Die Anforderungen an eine Untersuchung sind letztlich durch eine Interessenabwägung zu ermitteln, die in erster Linie dem Tatrichter obliegt.   5

Dabei ist einerseits zu berücksichtigen, dass die Vorschriften über die Mängelrüge in erster Linie den Interessen des Verkäufers oder Werklieferanten dienen. Er soll, was auch dem allgemeinen Interesse an einer raschen Abwicklung der Geschäfte im Handelsverkehr entspricht, nach Möglichkeit davor geschützt werden, sich längere Zeit nach der Lieferung oder nach der Abnahme der Sache etwaigen, dann nur schwer feststellbaren Gewährleistungsansprüchen ausgesetzt zu sehen. Andererseits dürfen im Rahmen der gebotenen Interessenabwägung zwischen Verkäufer/Werklieferanten und Käufer die Anforderungen an eine ordnungsgemäße Untersuchung nicht überspannt werden. ... Anhaltspunkte für die Grenzen der Zumutbarkeit bilden vor allem der für eine Überprüfung erforderliche Kosten- und Zeitaufwand, die dem Käufer zur Verfügung stehenden technischen Prüfungsmöglichkeiten, das Erfordernis eigener technischer Kenntnisse für die Durchführung der Untersuchung beziehungsweise die Notwendigkeit, die Prüfung von Dritten vornehmen zu lassen.

Ob im Einzelfall verschärfte Untersuchungsanforderungen zum Tragen kommen, hängt von der Natur der Ware, von den Branchengepflogenheiten sowie von dem Gewicht der zu erwartenden Mangelfolgen und von etwaigen Auffälligkeiten der gelieferten Ware oder früheren, nach wie vor als Verdacht fortwirkenden Mangelfällen ab. Dem Käufer aus früheren Lieferungen bekannte Schwachstellen der Ware müssen eher geprüft werden als das Vorliegen von Eigenschaften, die bislang nie gefehlt haben."

6 **BGH, Urt. v. 16.9.1987 – VIII ZR 334/86:** „Soweit die Revision geltend machen will, der Kläger habe keine Veranlassung zur Untersuchung der Ware gehabt, weil auch früher gelieferte Korken sehr schlechte Qualität aufgewiesen und gleichwohl nicht zu einer Trübung der Weine geführt hätten, verkennt sie die an die Rügeobliegenheit des § 377 Abs. 1 HGB zu stellenden Anforderungen. ... Auch bei Teil- und Sukzessivlieferungen [muss] grundsätzlich jede einzelne Lieferung gerügt werden. ... Hatte der Kläger sogar erkannt, dass die Korken ‚nicht gut' waren, so hilft ihm sein Vertrauen darauf nicht, dass die schlechte Qualität – wie in früheren Fällen – keine negativen Auswirkungen auf die mit den Korken verschlossenen Weine haben werde. Die Rügeobliegenheit setzt mit dem Vorliegen eines Mangels der Sache und dessen Erkennbarkeit ein.

7 ▶ **Beispiel:** Der Einzelhändler K hat bei der O-GmbH 30 Kisten Konservenobst bestellt. Die Dosen werden am 1.3. geliefert. Am 15.3. beschwert sich ein Kunde bei K, dass die Früchte in den Dosen verschimmelt sind. K überprüft daraufhin die noch im Lager befindlichen Konserven und stellt fest, dass der Inhalt aller Dosen verdorben ist. Bei der äußerlichen Überprüfung der Dosen am Tag der Anlieferung war dies nicht zu erkennen. Er zeigt dies noch am gleichen Tag der O-GmbH an. Die O-GmbH prüft daraufhin ihre Produktionsmaschinen und stellt fest, dass diese verschmutzt sind und ein Großteil der Dosen bereits mit verschimmeltem Inhalt ausgeliefert wurde.

Grundsätzlich hat K gegen die O-GmbH einen Anspruch auf Lieferung mangelfreier Dosen (§§ 437 Nr. 1, 439 Abs. 1 BGB). Dieser könnte aber ausgeschlossen sein, weil K seiner Untersuchungs- und Rügeobliegenheit nicht rechtzeitig nachgekommen ist. Hier hat K die Dosen zwar äußerlich untersucht, ohne dass der Mangel erkennbar war. Bei der Lieferung einer größeren Warenmenge muss der Verkäufer aber aussagekräftige Stichproben vornehmen. Das gilt grundsätzlich selbst dann, wenn die untersuchte Ware dadurch unverkäuflich wird. Hätte K einige Dosen nach Ablieferung geöffnet, hätte er festgestellt, dass die Früchte bereits verdorben waren. Es liegt somit ein „offener Mangel" vor. Diesen hat K erst 14 Tage nach Ablieferung und damit nicht unverzüglich gerügt. Der Nacherfüllungsanspruch ist gemäß § 377 Abs. 2 HGB ausgeschlossen. ◀

§ 58 Der Fixhandelskauf

Im kaufmännischen Rechtsverkehr besteht ein erhöhtes Bedürfnis nach Schnelligkeit und Verlässlichkeit beim Güteraustausch. Kaufleute vereinbaren aus diesem Grund häufig Liefertermine, die der Verkäufer einzuhalten hat. Das BGB trägt der besonderen Eilbedürftigkeit bei Fixgeschäften dadurch Rechnung, dass es beim Rücktritt auf die Fristsetzung (§ 323 Abs. 2 Nr. 2 BGB) und beim Verzögerungsschaden auf die Mahnung (vgl. § 286 Abs. 2 Nr. 1, 2 BGB) verzichtet. Die Regelung des § 376 HGB über den sog. *Fixhandelskauf* geht darüber noch hinaus. Sie enthält gegenüber den allgemeinen Vorschriften des BGB im Wesentlichen drei Änderungen:

Erstens kann der Gläubiger gemäß § 376 Abs. 1 S. 1 HGB sofort Schadensersatz statt der Leistung verlangen, wenn der Schuldner seine Leistung nicht zu der vertraglich vereinbarten Zeit erbringt. Eine *Fristsetzung* ist abweichend von § 281 Abs. 2 BGB nicht nur bei „Just in time"-Geschäften (vgl. 4. Kapitel, § 26 Rn. 34 f.), sondern *bei jedem Fixgeschäft entbehrlich*.

▶ **Beispiel:** Händler H bestellt beim Lieferanten L 100 Kartons Druckerpapier à 10 €. Die Parteien vereinbaren: „Lieferung fix am 31.5." L liefert nicht. Weil sein eigener Vorrat zur Neige geht, kauft H am 1.6. die entsprechende Menge beim Lieferanten X, muss dort aber 11 € pro Karton zahlen. H will die Mehrkosten von L ersetzt haben.

Nach §§ 280, 281 BGB muss H dem L zunächst eine angemessene Frist zur Lieferung setzen, bevor er Schadensersatz statt der Leistung geltend machen kann. Die Fristsetzung ist trotz des vereinbarten Liefertermins grundsätzlich nicht gemäß § 281 Abs. 2 BGB entbehrlich. Hier haben H und L jedoch als Kaufleute einen Fixhandelskauf abgeschlossen. Gemäß § 376 Abs. 1 S. 1 HGB kann H daher Schadensersatz statt der Leistung ohne vorherige Fristsetzung verlangen. ◀

Die zweite Besonderheit des Fixhandelskaufs liegt darin, dass der *Erfüllungsanspruch* des Käufers *erlischt*, wenn der Verkäufer nicht zum vereinbarten Termin geleistet hat. Der Gesetzgeber ging davon aus, dass der Kaufvertrag nach dem Willen der Parteien bei Überschreitung des Fixtermins nicht mehr aufrechterhalten werden soll. Will der Käufer seinen Lieferanspruch weiter geltend machen, so muss er dem Verkäufer sofort nach dem Ablauf des Liefertermins anzeigen, dass er weiterhin auf Erfüllung besteht (§ 376 Abs. 1 S. 2 HGB).

▶ **Beispiel:** Liefert L das Papier im vorigen Fall nicht am 31.5., so muss H dem L sofort, d.h. noch am nächsten Tag, mitteilen, dass er weiterhin auf die Lieferung des Papiers besteht. Anderenfalls erlischt der Lieferanspruch. H kann dann lediglich Schadensersatzansprüche geltend machen. ◀

Schließlich ist beim Fixhandelskauf eine vereinfachte Schadensberechnung möglich. Der Käufer kann seinen Schaden zunächst *konkret* berechnen. Als Schadensersatz kann er dann entweder die Mehrkosten für ein tatsächlich durchgeführtes Deckungsgeschäft oder den entgangenen Gewinn aus den tatsächlich nicht zustande gekommenen Weiterverkäufen ersetzt verlangen.

▶ **Beispiel:** Im obigen Beispiel kann H die Mehrkosten von 1 € pro Karton Druckerpapier, also insgesamt 100 €, von L als Schadensersatz verlangen. ◀

Alternativ kann der Käufer seinen Schaden *abstrakt* berechnen. Gemäß § 252 S. 2 BGB ist das nur für den entgangenen Gewinn zulässig (vgl. 8. Kapitel, § 41 Rn. 10 ff.). Danach kann der Käufer den Gewinn ersetzt verlangen, den er unter gewöhnlichen Um-

ständen bei einem Weiterverkauf erzielt hätte, sofern der Verkäufer die Vermutung nicht widerlegt. § 376 Abs. 2 HGB geht darüber hinaus. Danach kann der Käufer generell die Differenz zwischen dem Kaufpreis und dem Börsen- oder Marktpreis der Kaufsache beanspruchen. Dem Verkäufer steht der Gegenbeweis nicht offen, dass der Käufer im konkreten Fall keinen Gewinn erzielt hätte.

9 ▶ **Beispiel:** Liefert L das Papier im obigen Beispiel nicht am 31.5., so kann H die Differenz zwischen dem Marktpreis für die betreffende Sorte Druckerpapier und dem vereinbarten Einkaufspreis von 10 € pro Karton verlangen. L kann dagegen nicht einwenden, dass H die 100 Kartons gar nicht alle zu diesem Preis losgeworden wäre. ◀

Kontrollfragen und Fälle zum 12. Kapitel

1. *Was ist ein Kaufmann? Worin unterscheidet sich ein „Ist-Kaufmann" von einem „Kann-Kaufmann"?*
2. *Was verstehen Sie unter den Begriffen Gewerbetreibender, Kaufmann und Unternehmer? Worin unterscheiden sich diese Begriffe?*
3. *Was sind die Voraussetzungen eines kaufmännischen Bestätigungsschreibens?*
4. *Wie kann der Empfänger die Wirkung eines kaufmännischen Bestätigungsschreibens verhindern?*
5. *Kann ein Kaufmann einen nach den Grundsätzen über das kaufmännische Bestätigungsschreiben geänderten Vertrag mit der Begründung anfechten, er habe die vertragsändernde Wirkung des Bestätigungsschreibens nicht gekannt?*
6. *Fall: Kaufmann K erteilt dem P Prokura. Der versierte P erkennt, dass ein dem K gehörendes Grundstück für das Unternehmen völlig unrentabel ist, und beschließt, es im Namen des K zu veräußern. Ist das ohne Weiteres möglich?*
7. *Fall: Küchenhersteller K bestellt beim Holzgroßhändler H 50 Stück Schnittholz Fichte von jeweils 5 m Länge. H liefert versehentlich nur 49 Stück. Als K die Mengenabweichung zwei Wochen später bemerkt, verweigert H die Nachlieferung. Zu Recht?*

Lösungen zu den Kontrollfragen und Fällen

1. Kapitel: Grundlagen

1. *Was versteht man unter „Gesetzespositivismus"? Welche Vorzüge und welche Nachteile bietet er gegenüber dem „Naturrechtsdenken"?*
Der Gesetzespositivismus setzt Recht und Gesetz gleich. Recht ist das Produkt staatlicher Machtentfaltung im Rahmen verfassungsmäßig geübter Kompetenz. Der Gesetzespositivismus führt zu einer weitreichenden Gesetzesbindung des Richters, die mit den Verfassungsprinzipien des demokratischen Rechtsstaats im Einklang steht. Auf der anderen Seite besteht die Gefahr, dass er staatliche Unrechtssysteme legitimieren kann, weil er das staatlich gesetzte Recht nicht auf seinen Gerechtigkeitsgehalt prüft.

2. *Was versteht man unter subjektiven Rechten? Welche Aufgabe erfüllen sie?*
Subjektive Rechte geben dem Einzelnen eine einklagbare Berechtigung (Anspruch), die sich aus den Vorschriften des objektiven Rechts ergibt. Sie gewährleisten die Freiheit des Einzelnen und sind damit Ausprägung eines vollumfänglichen Schutzes der Persönlichkeit.

3. *Welches subjektive Recht ergibt sich für den Käufer infolge des Vertragsschlusses?*
Der Käufer hat einen Anspruch auf Übergabe und Übereignung der mangelfreien Kaufsache gegen den Verkäufer gemäß § 433 Abs. 1 BGB.

4. *Welche Funktionen erfüllt Recht im Allgemeinen?*
Recht ist ein für jedes Gemeinwesen unverzichtbares Organisations- und Herrschaftsinstrument. Seine primäre Aufgabe besteht in der Steuerung und Kontrolle menschlichen Verhaltens. Im Einzelnen erfüllt das Recht folgende Funktionen: Es ist ein formales Ordnungsinstrument; es gestaltet und steuert das menschliche Verhalten und Zusammenleben; es dient dem sozialen Frieden; es stabilisiert die jeweilige Staats- und Gesellschaftsordnung; es legitimiert die Herrschenden und hat schließlich eine Erziehungsfunktion.

5. *Welches ist das höchste deutsche Zivilgericht?*
Das höchste deutsche Zivilgericht ist der Bundesgerichtshof mit Sitz in Karlsruhe.

6. *Fall: K schließt mit V am 3.1. einen wirksamen Kaufvertrag über ein berühmtes Gemälde von Picasso. Die Übergabe und Übereignung des Picasso soll am 23.4. erfolgen. Als K, der den Kaufpreis bereits im Februar überwiesen hat, das Gemälde abholen will, verweigert V die Herausgabe, weil er das Bild nun doch selbst behalten möchte. Welche Möglichkeiten hat K, um die Herausgabe und Übereignung des Bildes zu erreichen? Was muss er ggf. unternehmen?*
K hat mit V einen wirksamen Kaufvertrag (§ 433 BGB) geschlossen. Aus dem Kaufvertrag folgt ein Anspruch des Käufers auf Übergabe und Übereignung des Picasso (§ 433 Abs. 1 S. 1 BGB). Da V sich nicht ohne Grund vom Vertrag lossagen kann, muss er ihn erfüllen (pacta sunt servanda). Leistet er nicht freiwillig, kann K den V mahnen, ggf. mithilfe eines Rechtsanwalts. Notfalls muss er V auf Erfüllung verklagen. Gibt V das Bild trotz eines rechtskräftigen Urteils immer noch nicht heraus, muss K einen Gerichtsvollzieher beauftragen, der das Bild bei V im Wege der Zwangsvollstreckung pfändet.

7. *Welche Ausprägungen der Privatautonomie kennen Sie?*
Die wichtigsten Ausprägungen der Privatautonomie sind die Vertragsfreiheit (Abschluss- und Inhaltsfreiheit), die Vereinigungsfreiheit, die Testierfreiheit und die Freiheit des Eigentums.

8. *Was versteht man unter dem Grundsatz der Vertragsfreiheit? Welche Einschränkungen kennen Sie?*
Die Vertragsfreiheit als wichtigste Ausprägung der Privatautonomie umfasst insbesondere die Abschluss- und die Inhaltsfreiheit. Erstere ist das Recht, frei zu entscheiden, ob und mit wem man einen Vertrag schließen will. Letztere bedeutet, dass die Parteien den Inhalt des Vertrags frei bestimmen dürfen.
In wenigen Ausnahmefällen ist die Abschlussfreiheit durch einen sog. Kontrahierungszwang eingeschränkt, etwa bei Monopolstellungen für Güter der Grundversorgung (Bsp.: Apotheke im ländlichen Raum) oder in gesetzlich geregelten Fällen (Bsp.: Beförderungsvertrag mit den Verkehrsbetrieben). Die Inhaltsfreiheit wird durch zwingendes (also nicht dispositives) Gesetzesrecht beschränkt. Solche Einschränkungen sind seit jeher aus dem Arbeitsrecht bekannt. Darüber hinaus wird die Vertragsfreiheit durch den starken Einfluss des Europarechts zunehmend eingeschränkt, etwa durch das Verbraucherschutzrecht und das AGG.

9. *Was versteht man unter dem Grundsatz des dispositiven Rechts? Gilt er ausnahmslos im Bürgerlichen Recht?*
Der im Bürgerlichen Recht geltende Grundsatz des dispositiven Rechts erlaubt es den Parteien, vom Gesetz abweichende Vereinbarungen zu treffen. Der Gesetzgeber geht von der Vorstellung aus, dass sich im Privatrechtsverkehr grundsätzlich gleich starke Parteien gegenüberstehen. Das gilt jedoch nicht ausnahmslos. Das Gesetz sieht zum Schutz von Parteien, die sich in einer bestimmten Situation typischerweise in einer schwächeren Position befinden, eine Reihe zwingender oder halbzwingender Regelungen vor.

10. *Wird der Käufer durch den Abschluss des Kaufvertrags Eigentümer der gekauften Sache?*
Nein! Der Kaufvertrag als schuldrechtliches Geschäft (Verpflichtungsgeschäft) begründet lediglich die Pflicht des Verkäufers, dem Käufer das Eigentum an der Kaufsache zu verschaffen (vgl. § 433 Abs. 1 S. 1 BGB). Eigentümer wird der Käufer erst durch die Übereignung gemäß § 929 BGB (Verfügungsgeschäft).

11. *Fall: K erwirbt im örtlichen Elektronikladen des E eine Stereoanlage für 500 €, die er bar bezahlt. Erläutern Sie an diesem Beispiel das Trennungs- und das Abstraktionsprinzip!*
Das Trennungs- und das Abstraktionsprinzip sind eine Besonderheit des deutschen Privatrechts. Nach dem Trennungsprinzip ist zwischen dem Verpflichtungsgeschäft (oder: schuldrechtliches Geschäft) und dem Verfügungsgeschäft (oder: dingliches Geschäft) zu unterscheiden. Das Verpflichtungsgeschäft begründet Leistungspflichten zwischen den Parteien. Eine Verfügung ist darauf gerichtet, unmittelbar auf ein bestehendes Recht einzuwirken, um es zu verändern, zu übertragen, zu belasten oder aufzuheben.
Nach dem Abstraktionsprinzip sind die Wirksamkeit des Verfügungsgeschäfts und diejenige des Verpflichtungsgeschäfts voneinander unabhängig. Trotz Nichtigkeit des schuldrechtlichen Geschäfts (etwa wegen Formfehlers, Anfechtung, Sittenwidrigkeit) bleibt das dingliche Geschäft grundsätzlich wirksam. Es ist also falsch, im

Rahmen der Wirksamkeit der Übereignung den Abschluss eines Kaufvertrags zu prüfen.

Hier sind drei Geschäfte zu unterscheiden: erstens der schuldrechtliche Kaufvertrag (§ 433 BGB) zwischen K und E, der die Pflichten der Parteien begründet (Lieferung und Übereignung der Stereoanlage gemäß § 433 Abs. 1 S. 1 BGB; Zahlung des Kaufpreises gemäß § 433 Abs. 2 BGB); zweitens die dingliche Übereignung der Stereoanlage von E an K und drittens die dingliche Übereignung der Geldscheine von K an E, die jeweils zum Übergang des Eigentums auf den anderen führen (§ 929 S. 1 BGB).

12. *Worin unterscheiden sich Eigentum und Besitz?*

Das Eigentum ist das umfassendste und grundsätzlich unbeschränkbare Herrschaftsrecht an einer Sache. Der Eigentümer kann grundsätzlich mit der Sache nach Belieben verfahren und andere von jeder Einwirkung ausschließen (§ 903 BGB). Der Besitz ist demgegenüber die tatsächliche Herrschaft einer Person über eine Sache (§ 854 Abs. 1 BGB). Er ist ein tatsächliches Verhalten und kein subjektives Recht.

13. *Was versteht man unter einem Anspruch?*

Ein Anspruch ist das Recht, von einem anderen ein Tun oder Unterlassen zu verlangen (§ 194 Abs. 1 BGB).

14. *Handelt es sich bei den folgenden Rechtsnormen um eine Anspruchsgrundlage? Wenn ja, welche Voraussetzung(en) hat die jeweilige Norm?*

   a) § 119 Abs. 1 BGB

   b) § 434 Abs. 1 BGB

   c) § 623 BGB

   d) § 631 Abs. 1 BGB

Ein Anspruch hat stets drei Voraussetzungen: den Anspruchsteller (Gläubiger), den Anspruchsgegner (Schuldner) und den Anspruchsgegenstand (Tun oder Unterlassen). Diese Voraussetzungen erfüllt keine der drei unter a) – c) genannten Normen, weil sie keine Rechtsfolge vorsehen.

§ 631 Abs. 1 BGB enthält dagegen zwei Anspruchsgrundlagen: einen Anspruch des Bestellers gegen den Unternehmer auf Herstellung des versprochenen Werkes und einen Anspruch des Unternehmers gegen den Besteller auf Entrichtung der vereinbarten Vergütung. Voraussetzung für beide Ansprüche ist jeweils das Bestehen eines (wirksamen) Werkvertrags.

15. *Worin unterscheiden sich Ansprüche von Gestaltungsrechten? Nennen Sie ein Beispiel für ein Gestaltungsrecht!*

Ein Anspruch erfordert die Mitwirkung einer anderen Person (des Anspruchsgegners). Ein Gestaltungsrecht ist das Recht einer Person, durch eine einseitige Erklärung eine Rechtsänderung herbeizuführen; Bsp.: Anfechtung, Rücktritt, Kündigung.

16. *Was ist das Ziel der Auslegung? Welche Hilfsmittel gibt es hierfür?*

Ziel der Auslegung ist die Ermittlung des Normzwecks. Als Hilfsmittel stehen hierfür der Wortlaut, die Systematik und die Entstehungsgeschichte des Gesetzes zur Verfügung.

2. Kapitel: Der Abschluss von Verträgen

1. *Was versteht man unter einem Vertrag?*
    Ein Vertrag ist die von zwei oder mehreren Personen erklärte Willensübereinstimmung über die Herbeiführung eines rechtlichen Erfolgs. Er begründet eine Sonderrechtsverbindung zwischen den Vertragsparteien.

2. *Kann ein Vertrag Rechte oder Pflichten für unbeteiligte Dritte vorsehen?*
    Verträge begründen Rechte und Pflichten grundsätzlich nur im Verhältnis der Vertragsparteien. Sie wirken nur „inter partes". Verträge zulasten Dritter sind generell unzulässig. Nach § 328 BGB ist es dagegen möglich, einen Vertrag abzuschließen, der einem Dritten Rechte verleiht (Vertrag zugunsten Dritter).

3. *Fall: A sagt während der Vorlesung zu B: „Ich kaufe dir dein BGB für 1 € ab. Einverstanden?" B antwortet nicht, sondern lauscht weiterhin dem Dozenten. Daraufhin legt A dem B 1 € auf den Tisch, greift sich das BGB und verschwindet. Ist zwischen A und B ein Kaufvertrag zustande gekommen?*
    A hat ein Angebot zum Kauf des BGB für 1 € gegenüber B abgegeben. B hat nicht auf das Angebot reagiert. Schweigen stellt grundsätzlich keine Willenserklärung dar. Wer schweigt, setzt keinen eigenen Erklärungstatbestand. Er bringt weder Zustimmung noch Ablehnung zum Ausdruck. B hat das Angebot des A somit nicht angenommen. Ein Vertrag kam nicht zustande.

4. *Was ist der Unterschied zwischen einer sog. konkludenten Willenserklärung und Schweigen?*
    Eine konkludente Erklärung liegt vor, wenn das Verhalten des Erklärenden isoliert betrachtet keinen eindeutig bestimmbaren Sinn ergibt, in der konkreten Situation, am konkreten Ort und in Verbindung mit anderen Umständen daraus jedoch auf eine bestimmte Bedeutung geschlossen werden kann. Man spricht daher auch von „schlüssigem Verhalten" des Erklärenden. Schweigen ist dagegen grundsätzlich keine Willenserklärung. Wer schweigt, setzt erst gar keinen eigenen Erklärungstatbestand. Er bringt weder Zustimmung noch Ablehnung zum Ausdruck.

5. *Aus welchen Bestandteilen setzt sich eine Willenserklärung zusammen? Welche sind notwendig für die Wirksamkeit der Erklärung, welche sind u.U. verzichtbar?*
    Eine Willenserklärung besteht aus einem äußeren (objektiven) und einem inneren (subjektiven) Tatbestand. Unter dem äußeren Tatbestand versteht man die nach außen erkennbare Äußerung des Willens. Dies kann ausdrücklich oder stillschweigend (konkludent) geschehen. Der innere Tatbestand lässt sich in Handlungswillen, Erklärungsbewusstsein und Geschäftswillen unterteilen. Der Handlungswille ist stets erforderlich. Nach heute herrschender Meinung ist das Erklärungsbewusstsein kein notwendiger Bestandteil der Willenserklärung. Es genügt ein sog. „potenzielles Erklärungsbewusstsein" bzw. eine „Erklärungsfahrlässigkeit". Die Willenserklärung ist allerdings nichtig, wenn der Handelnde nicht hätte erkennen können, dass seine Erklärung als rechtsgeschäftliche Handlung aufgefasst werden kann. Der Geschäftswille ist nicht Voraussetzung für die Wirksamkeit einer Willenserklärung.

6. *Fall: Der ortsfremde K begleitet seine aus Trier stammende Ehefrau F zu einer dortigen Weinversteigerung. Als er auf der anderen Seite des Raumes seine Schwiegermutter S entdeckt, hebt er zum Gruß die Hand. Der Versteigerer V, der im eigenen Namen tätig wird, fasst dies als Angebot des K für ein gerade zur Versteigerung aufgerufenes Weinfass (Einstiegsgebot 50 €) auf. Da sich kein anderer*

Interessent findet, erteilt V dem K den Zuschlag. Als V von K Zahlung des Kaufpreises verlangt, erwidert dieser, dass er doch nur die S habe grüßen wollen und damit dem V nichts schulde. Zu Recht?

Auch bei einer Auktion i.S.d. § 156 BGB wird der Kaufvertrag (§ 433 BGB) durch Willenserklärungen geschlossen. Ob ein Vertrag zwischen K und V zustande gekommen ist, hängt davon ab, ob K eine wirksame Willenserklärung abgegeben hat. Nach außen hat K durch das Heben seiner Hand ein Gebot an den V abgegeben. K war sich indes nicht bewusst, etwas rechtlich Erhebliches zu erklären, da er lediglich die S grüßen wollte. Ihm fehlte daher das Erklärungsbewusstsein.

Umstritten ist, ob das Erklärungsbewusstsein notwendige Voraussetzung einer Willenserklärung ist; insoweit kollidieren die Privatautonomie des Erklärenden und das Vertrauen des Erklärungsempfängers. Nach heute herrschender Meinung ist das Erklärungsbewusstsein keine unverzichtbare Voraussetzung für das Vorliegen einer Willenserklärung, weil der Empfänger in seinem Vertrauen auf die Wirksamkeit der Erklärung zu schützen ist. Notwendig (und ausreichend) ist aber, dass der Handelnde hätte erkennen können, dass seine Erklärung als rechtsgeschäftliche Handlung aufgefasst werden kann („potenzielles Erklärungsbewusstsein" oder „Erklärungsfahrlässigkeit"). Damit ist zwischen K und V ein Kaufvertrag zustande gekommen mit der Folge, dass V von K grundsätzlich Zahlung des Kaufpreises verlangen kann (§ 433 Abs. 2 BGB).

Jedoch kann der Erklärende die (zunächst) wirksame Willenserklärung analog § 119 Abs. 1 Alt. 1 BGB anfechten; andernfalls wäre er schlechter gestellt als ein Erklärender, dem lediglich der Geschäftswille fehlt. Die Anfechtungserklärung kann wie jede andere Willenserklärung auch konkludent abgegeben werden, eine ausdrückliche Bezeichnung als Anfechtungserklärung ist also nicht erforderlich. Die Erklärung des K, er habe nur die S grüßen wollen, konnte V nur so verstehen, dass K wegen eines Irrtums nicht am Vertrag festhalten will. Da K die Anfechtung auch unverzüglich (§ 121 BGB) erklärt hat, ist der zwischen K und V geschlossene Vertrag gemäß § 142 Abs. 1 BGB von Anfang an nichtig.

7. *Fall: A will sein Mofa an B zum Preis von 1000 € verkaufen. Er verschreibt sich jedoch und erklärt, er möchte 100 € für sein treues Gefährt. Hat A eine wirksame Willenserklärung abgegeben und, wenn ja, mit welchem Inhalt?*

A hat aus Sicht eines objektiven Empfängers ein Verkaufsangebot über 100 € abgegeben. Er war sich auch bewusst, mit seiner Äußerung etwas Rechtserhebliches zu erklären, und handelte daher mit Erklärungsbewusstsein. Da A sich verschrieben hatte, fehlte der konkrete Geschäftswille hinsichtlich des Verkaufs zu 100 €. Der Geschäftswille ist jedoch nicht Voraussetzung für eine wirksame Willenserklärung. A hat ein wirksames (aber anfechtbares) Angebot zum Verkauf des Mofas zu einem Preis von 100 € abgegeben.

8. *Fall: A lädt B zum Eröffnungsspiel der Fußball-EM zu sich nach Hause ein. Am besagten Tag erscheint B bei A; dieser öffnet jedoch nicht. Da B selbst kein Fernsehgerät besitzt, kauft er sich kurzerhand im Elektrogeschäft ein Fernsehgerät für 500 €, um das Spiel verfolgen zu können. Später verlangt er die 500 € als Schadensersatz von A wegen Nichterfüllung des aus seiner Sicht zwischen A und B geschlossenen Vertrags. Zu Recht?*

Die Einladung des A stellt keine Willenserklärung, sondern lediglich eine Gefälligkeitshandlung dar. Denn A fehlt ersichtlich der Rechtsbindungswille. Damit ist kein Vertrag zwischen A und B zustande gekommen, dessen Verletzung einen ver-

traglichen Schadensersatzanspruch begründen könnte. B kann daher von A keinen Schadensersatz verlangen.

9. *Fall: V möchte eine ihm gehörende Wohnung in Köln vermieten und stellt am 7.11. alle Details in ein Internetportal ein. Wenige Sekunden nach der Veröffentlichung der Anzeige schreibt D aus Düsseldorf an die angegebene E-Mail-Adresse des V, dass er die Wohnung gern mieten wolle. V antwortet D zunächst nicht. Erst am 30.11. teilt er dem D auf dessen erneute Nachfrage mit, dass er aus prinzipiellen Erwägungen nicht an einen Düsseldorfer vermiete. D ist empört. Er meint, dass ein Mietvertrag bereits durch seine E-Mail vom 7.11. zustande gekommen sei. Jedenfalls aber hätte V seine Ablehnung rechtzeitig erklären müssen. Und überhaupt sei jemand, der bestimmte Gruppen als Vertragspartner ablehne, nicht schützenswert. Ist ein gültiger Mietvertrag zwischen V und D zustande gekommen?*

Ein Vertrag ist zustande gekommen, wenn bereits in der Internetanzeige ein verbindliches Angebot des V zu sehen ist. Wie jede Willenserklärung setzt ein Angebot ein (zumindest potenzielles) Erklärungsbewusstsein des Erklärenden voraus. Handelt der Erklärende erkennbar ohne Rechtsbindungswillen, so liegt kein (rechtlich bindendes) Angebot, sondern nur eine (unverbindliche) Aufforderung an andere Personen vor, ihrerseits ein Angebot abzugeben. Man spricht von einer sog. „invitatio ad offerendum". Ob ein Angebot oder eine bloße Aufforderung vorliegt, ist Auslegungsfrage. Vorliegend ist davon auszugehen, dass V sich nicht die Entscheidungsfreiheit nehmen will, ob und an wen er tatsächlich vermietet. Gerade bei Dauerschuldverhältnissen wird der Vertragspartner sorgfältig prüfen wollen, mit wem er sich einlässt (Solvenz des Mieters, Ordentlichkeit etc.). Auch ist zu berücksichtigen, dass er die Wohnung nur einmal vermieten kann. Sähe man in der Zeitungsanzeige bereits ein Angebot, könnten – wenn sich mehrere Interessenten melden – mehrere Verträge über ein und dieselbe Wohnung zustande kommen, von denen V allerdings nur einen erfüllen kann. In der Zeitungsanzeige liegt daher eine bloße invitatio ad offerendum vor. Die E-Mail des D ist deshalb nicht als Annahme, sondern erst als Angebot auf Abschluss eines Mietvertrags zu qualifizieren. Dieses Angebot hat D, da Schweigen keine Willenserklärung darstellt, nicht angenommen. V trifft insoweit auch keine Pflicht zur ausdrücklichen Ablehnung, wie dies etwa vom „freibleibenden Angebot" bekannt ist. Schließlich ist es ohne Bedeutung, dass V nicht an Düsseldorfer vermieten möchte. Dies ist als Eigentümer der Wohnung sein gutes Recht (Vertragsfreiheit in Form der Abschlussfreiheit). Ein Mietvertrag ist daher nicht zustande gekommen.

Hinweis: Das zivilrechtliche Benachteiligungsverbot des § 19 AGG greift hier nicht. Weder vermietet V mehr als 50 Wohnungen (§ 19 Abs. 5 S. 3 AGG) noch ist der Wohnort ein relevantes Kriterium i.S.d. § 19 Abs. 1 AGG.

10. *Fall: V schickt K einen Brief, worin er diesem ohne zeitliche Befristung den Kauf seines Fernsehers anbietet. In welchem Zeitraum ist V an sein Angebot gebunden?*
Die Bindungswirkung tritt mit dem Zugang des Angebots beim Empfänger ein (vgl. § 130 Abs. 1 S. 1 BGB). Das Angebot und damit die Bindungswirkung erlischt, wenn der Empfänger es ablehnt oder nicht rechtzeitig annimmt (§ 146 BGB). Da K keine Frist zur Annahme nach § 148 BGB gesetzt hat, gilt § 147 Abs. 2 BGB. Danach besteht für das Angebot unter Abwesenden keine starre Annahmefrist. Entscheidend ist der Zeitraum, in welchem der Anbietende den Eingang der Antwort unter regelmäßigen Umständen erwarten darf. Dabei sind

die Zeit für die Übermittlung des Angebots an den Empfänger, die Bearbeitungs- und Überlegungszeit sowie die Zeit für die Übermittlung der Annahmeerklärung zu berücksichtigen. Die Dauer variiert je nach Bedeutung des Geschäfts. Beim Kauf eines Fernsehers wird man von ca. einer Woche ausgehen können.

11. *Fall: V bietet dem K am 2.5. per E-Mail seinen Kühlschrank für 200 € an. K antwortet dem V umgehend, dass er den Kühlschrank gerne für 180 € nehme. V meldet sich nicht. K, der den Kühlschrank unbedingt haben möchte, schreibt daraufhin einige Tage später erneut an V, dass er nun auch zur Zahlung von 200 € bereit sei. V, der seinen Kühlschrank inzwischen doch lieber behalten möchte, reagiert wiederum nicht. Kann K von V die Lieferung des Kühlschranks verlangen?*

K kann von V Lieferung des Kühlschranks gemäß § 433 Abs. 1 S. 1 BGB verlangen, wenn ein wirksamer Kaufvertrag zustande gekommen ist. V hat am 2.5. ein wirksames Angebot abgegeben. Dieses hat K allerdings nicht ohne Einschränkungen angenommen. Die Annahme eines Angebots unter Erweiterungen, Einschränkungen oder sonstigen Änderungen (hier: Änderung des Kaufpreises) gilt als Ablehnung des ursprünglichen Angebots, das dadurch erlischt (§ 146 Alt. 1 BGB), verbunden mit einem neuen Angebot (§ 150 Abs. 2 BGB). Die andere Partei kann dieses neue Angebot wiederum innerhalb der Frist des § 147 BGB annehmen. Das ist hier nicht geschehen, da V auf die Erklärung des K geschwiegen hat. Ein Vertrag ist auch nicht dadurch zustande gekommen, dass K einige Tage später zur Zahlung von 200 € bereit gewesen war. Weil das ursprüngliche Angebot des V bereits erloschen war, konnte K es nicht mehr annehmen. Die Erklärung des K stellt ein neues Angebot dar, das V aber nicht angenommen hat.

12. *Nennen Sie die wesentlichen Bestandteile eines Kaufvertrags!*

Zu den wesentlichen Vertragsbestandteilen („essentialia negotii") des Kaufvertrags gehören die Identität der Vertragsparteien, der Kaufgegenstand und der Kaufpreis.

13. *Wie ist zu verfahren, wenn sich zwei Parteien zwar über alle wesentlichen Vertragspunkte geeinigt haben, nicht jedoch über Nebenabreden?*

In diesem Fall ist durch Auslegung zu ermitteln, ob die Parteien sich gleichwohl binden wollten. Das Gesetz bietet hierfür in §§ 154, 155 BGB Auslegungshilfen an. Im Zweifel ist davon auszugehen, dass ein Vertrag nicht zustande gekommen ist.

14. *Nach welchen Grundsätzen werden Willenserklärungen ausgelegt?*

Gemäß § 133 BGB ist der wirkliche Wille des Erklärenden zu erforschen und nicht am buchstäblichen Sinn des Ausdrucks zu haften. Dieses Gebot ist Ausprägung des Grundsatzes der Privatautonomie. Der Vorrang des Willens vor dem sprachlichen Ausdruck der Erklärung ist jedoch dann problematisch, wenn die Erklärung einem anderen gegenüber abzugeben ist, da hierdurch ein Vertrauenstatbestand beim Empfänger geschaffen wird. Empfangsbedürftige Willenserklärungen sind daher gemäß § 157 BGB nach dem objektiven Empfängerhorizont auszulegen. Entscheidend ist, was ein objektiver Dritter in der Lage des Erklärungsempfängers als Inhalt der Erklärung verstehen musste.

15. *Fall: A bietet auf eBay im Rahmen einer „Online-Versteigerung" eine Tasche zum Verkauf an. Die Angebotsseite enthält eine Überschrift: „Louis Vuitton-Tasche – Maße 60x30x20cm. Guter Zustand!" In der Beschreibung hierzu heißt es: „Typisches LV-Muster. Ca. 2 Jahre alt. Mitgebracht von einer Urlaubsreise." Der Anzei-*

ge ist ein unscharfes Bild angefügt, auf dem die Tasche nur in groben Zügen zu sehen ist. B „ersteigert" die Tasche für 150 €. Als sie die Tasche vom Postboten in Empfang nimmt, stellt sie sofort fest, dass es sich hierbei keinesfalls um eine originale Louis Vuitton-Tasche handelt, sondern um ein Duplikat mit dem für diese Marke typischen Muster. Entsprechende originale Louis Vuitton-Taschen werden auf eBay für 1500 € gehandelt. B ist entsetzt und fordert A zur Lieferung einer originalen Louis Vuitton-Tasche auf, die sie schließlich auch gekauft habe. A meint, B habe das bekommen, was vertraglich vereinbart sei, nämlich die fotografierte Tasche. Durch seine Beschreibung komme klar zum Ausdruck, dass es sich selbstverständlich nicht um eine originale Tasche handele. Das hätte B in Anbetracht des günstigen Preises auch klar sein müssen. Hat B einen Anspruch gegen A auf Lieferung einer originalen Louis Vuitton-Tasche?

B hat gemäß § 433 Abs. 1 S. 1 BGB einen Anspruch gegen A auf Übergabe und Übereignung einer originalen Louis Vuitton-Tasche, wenn zwischen A und B ein wirksamer Kaufvertrag über diese originale Tasche zustande gekommen ist. Ob und mit welchem Inhalt ein Vertrag zustande gekommen ist, bestimmt sich mittels Auslegung der zum Vertragsschluss führenden Willenserklärungen gemäß §§ 133, 157 BGB. Das „Starten" einer „Auktion" stellt nach der Rechtsprechung des BGH ein verbindliches Angebot an den (zunächst unbekannten) Höchstbietenden dar. Es ist so auszulegen, wie es ein objektiver Dritter in der Position des B unter Berücksichtigung der Verkehrssitte verstehen durfte. A bezeichnete die Tasche als „Louis Vuitton-Tasche", ohne einen expliziten Hinweis darauf, dass es sich bei der Tasche um kein Original handelte. Allein aus der Beschreibung, dass die Tasche ein „typisches LV-Muster" aufweist, musste B noch nicht klar werden, dass die Tasche lediglich ein entsprechendes Muster aufwies, ohne jedoch ein Original zu sein. Auch der Hinweis darauf, dass die Tasche aus dem Urlaub mitgebracht wurde, lässt noch keinen Rückschluss dahingehend zu, dass es sich um ein Duplikat handelt. Das beigefügte Bild gibt aufgrund seiner Unschärfe keinen weiteren Aufschluss. A ist es im Übrigen nicht verwehrt, eine originale Louis Vuitton-Tasche auf eBay zu verkaufen. B durfte in Anbetracht der Artikelbeschreibung davon ausgehen, dass es sich um ein Original handelt. A hat ein entsprechendes Angebot abgegeben, das B durch Höchstgebot angenommen hat. B hat Anspruch auf Lieferung einer originalen Louis Vuitton-Tasche, wie sie sich in der Angebotsbeschreibung darstellt.

16. *Was versteht man unter einer ergänzenden Vertragsauslegung?*
Ist ein Vertrag bewusst oder unbewusst lückenhaft, hat im Streitfall das Gericht diese Lücke auszufüllen. Dabei muss es unter Berücksichtigung aller in Betracht kommenden Umstände untersuchen, wie die Beteiligten bei redlichem Verhalten den offengebliebenen Punkt geregelt hätten, wenn sie ihn bedacht hätten (hypothetischer Parteiwille). Die Bezeichnung „ergänzende Vertragsauslegung" ist missverständlich. Denn ausgelegt werden kann nur, was zuvor von den Parteien vereinbart worden ist. In Wirklichkeit handelt es sich bei der ergänzenden Vertragsauslegung um eine Vertragsergänzung oder gar Vertragskorrektur.

17. *In welchem Zeitpunkt gilt eine schriftliche Willenserklärung als abgegeben?*
Gegenüber einem Anwesenden gilt eine schriftliche Willenserklärung als abgegeben, wenn sie dem Empfänger übergeben wird. Gegenüber einem Abwesenden ist sie abgegeben, wenn der Erklärende die erforderlichen Schritte unternommen hat, damit das Schriftstück unter normalen Umständen zum Empfänger gelangt.

18. *Fall: Arbeitgeber A will das seit etwas über zwei Jahre bestehende Arbeitsverhältnis mit seinem Arbeitnehmer B aus betriebsbedingten Gründen beenden. Nach den gesetzlichen Vorschriften (vgl. § 622 BGB) beträgt die Kündigungsfrist für eine Kündigung durch den Arbeitgeber einen Monat zum Ende eines Kalendermonats, wenn das Arbeitsverhältnis in dem Betrieb oder Unternehmen zwei Jahre bestanden hat. Prüfen Sie für jede Fallkonstellation die Wirksamkeit der Kündigung zum 30.6.!*

   a) *A wirft die von ihm unterzeichnete Kündigung bei B am 30.5. (einem Montag) um 21 Uhr persönlich ein. B leert seinen Briefkasten am 1.6.*

   b) *Wie Fall a), nun ist allerdings B bis zum 21.6. im Urlaub.*

   c) *Wie Fall a), nun ist allerdings das Schreiben des A im Briefkasten unbemerkt zwischen einem am selben Tag eingeworfenen großen Stapel Werbung gerutscht. Das Kündigungsschreiben landet daher ungeöffnet im Altpapier.*

   d) *Wie Fall a), dieses Mal wirft der Postbote das Schreiben versehentlich beim Nachbarn N ein. Dieser liegt mit B im Streit und leitet das Schreiben nicht weiter.*

   e) *A will die Kündigung bei B am 31.5. um 21 Uhr einwerfen. Als er gerade dabei ist, den Brief einzuwerfen, öffnet B die Tür, nimmt von A das Schreiben entgegen und nimmt entsetzt dessen Inhalt zur Kenntnis.*

Zugang i.S.d. § 130 Abs. 1 S. 1 BGB liegt vor, wenn die Willenserklärung so in den Machtbereich des Empfängers gelangt ist, dass dieser unter normalen Umständen die Möglichkeit hat, vom Inhalt der Erklärung Kenntnis zu nehmen. Ist die Erklärung in den Machtbereich gelangt, steht fest, dass es zum Zugang der Erklärung kommen wird. Allerdings ist der Zeitpunkt, in dem die Erklärung in den Machtbereich gelangt, nicht mit dem Zeitpunkt des Zugangs gleichzusetzen. Vielmehr tritt Zugang erst dann ein, wenn der Erklärende unter normalen Umständen mit der Möglichkeit der Kenntnisnahme rechnen darf. Die Bestimmung dieses Zeitpunkts hat insbesondere dann Bedeutung, wenn – wie hier – die Einhaltung einer Frist in Frage steht. Briefe gehen nicht schon mit dem Einwurf in den Briefkasten zu, sondern erst zu dem Zeitpunkt, in dem nach der Verkehrsanschauung mit der nächsten Entnahme zu rechnen ist. Dabei ist nicht auf das individuelle Verhalten des Empfängers abzustellen, sondern im Interesse der Rechtssicherheit zu generalisieren. Dieser Zeitpunkt hängt bei Privatpersonen von den üblichen Postzustellzeiten ab. Wird der Brief erst danach eingeworfen, erfolgt der Zugang am nächsten Tag. Im Fall a) ist der Zugang daher am 31.5. erfolgt mit der Folge, dass die Kündigung zum 30.6. wirkt.

Ist die Erklärung in den Machtbereich des Empfängers gelangt, liegt die Verantwortung für den Zugang der Erklärung grundsätzlich beim Empfänger. Liegen also aufseiten des Empfängers besondere Umstände vor, die ihn an der Kenntnisnahme hindern, so fallen diese grundsätzlich in seine Risikosphäre. Daher gilt eine Willenserklärung bereits dann als zugegangen, wenn der Empfänger die bloße Möglichkeit der Kenntnisnahme hat. Auf die tatsächliche Kenntnis von der Erklärung kommt es nicht an. Selbst wenn der Empfänger krankheits- oder urlaubsbedingt abwesend ist, hindert dies den Zugang nicht. Es ist vielmehr Aufgabe des Empfängers, bei solchen Abweichungen vom Normalfall die erforderlichen Maßnahmen zu treffen. Nur eine solche Sichtweise wird dem auch während der Abwesenheit des Empfängers bestehenden und anerkennenswerten Interesse des Erklä-

renden gerecht, dem Empfänger Erklärungen wirksam zukommen zu lassen. In Fall b) erfolgt daher der Zugang wie in Fall a) am 31.5. und damit rechtzeitig.

Das sog. Übermittlungsrisiko fällt in den Verantwortungsbereich des Absenders, weil er Versendungsweg und -mittel selbst bestimmen kann. Dieses Risiko trägt er so lange, bis die Erklärung in den Machtbereich des Empfängers gelangt. Erst danach trägt grundsätzlich der Empfänger das Risiko, dass ihn die Erklärung auch tatsächlich erreicht. Im Fall d) ist die Erklärung zunächst nicht in den Machtbereich des B gelangt, so dass ein Zugang ausscheidet. B ist nicht für Fehler des Briefträgers verantwortlich. Ein Zugang ist daher nicht erfolgt – damit wirkt die Kündigung nicht zum 30.6. Dagegen gehen Versäumnisse des Erklärungsempfängers innerhalb seines Machtbereichs zu seinen Lasten. In Fall c) ist am 31.5. Zugang erfolgt, weil die Willenserklärung so in den Machtbereich des Empfängers gelangt ist, dass dieser unter normalen Umständen spätestens an diesem Tag die Möglichkeit hatte, vom Inhalt der Erklärung Kenntnis zu nehmen.

Liest der Empfänger die Erklärung schon vor dem üblichen Zeitpunkt der Kenntnisnahme, so ist der Zugang bereits zu diesem früheren Zeitpunkt erfolgt. Die Kenntnisnahme ist der „Idealzustand" des Zugangs; eines Rückgriffs auf die komplizierte Bestimmung des Zeitpunkts der Möglichkeit der Kenntnisnahme bedarf es nur dann, wenn die tatsächliche Kenntnisnahme gar nicht oder verzögert erfolgt oder ihr Zeitpunkt streitig ist. Im Fall e) ist daher der Zugang noch am 31.5. erfolgt.

19. *Fall: Arbeitgeber A kündigt seinem Arbeitnehmer B zwei Tage vor Ablauf der Kündigungsfrist zum Jahresende per eigenhändigem Einschreiben. Ein Kündigungsgrund liegt vor. Weil B gerade im Urlaub weilt und auch sonst niemand bei ihm zu Hause ist, hinterlässt der Postbote lediglich einen Benachrichtigungsschein, dass das Einschreiben innerhalb einer Woche bei der nächstgelegenen Postfiliale abgeholt werden könne. Als B wieder aus dem Urlaub zurück ist, vergisst er, den Brief abzuholen. Dieser geht schließlich an A zurück. A unternimmt nichts weiter. Ist die Kündigung wirksam?*

Die Kündigung ist wirksam, wenn sie dem B zugegangen ist (§ 130 Abs. 1 S. 1 BGB). Ein Zugang liegt vor, wenn die Willenserklärung so in den Machtbereich des Empfängers gelangt ist, dass dieser unter normalen Umständen die Möglichkeit hat, vom Inhalt der Erklärung Kenntnis zu nehmen. Als der Briefträger das Einschreiben zustellen wollte, war B nicht zu Hause. In den Briefkasten hat der Postbote lediglich den Benachrichtigungsschein geworfen, nicht jedoch die Erklärung selbst. Die Erklärung ist daher nicht in den Machtbereich des B gelangt.

Als B wieder zu Hause angekommen war, nahm er zwar den Benachrichtigungsschein zur Kenntnis, vergaß aber, das Einschreiben bei der Postfiliale abzuholen. Dies stellt einen Fall der fahrlässigen Zugangsvereitelung dar. Wer mit dem Eingang rechtsgeschäftlicher Erklärungen rechnen muss, hat durch geeignete Vorrichtungen sicherzustellen, dass die Erklärung ihn auch erreicht. Scheitert der Zugang aufgrund von Umständen, die allein im Einflussbereich des Empfängers liegen, muss dieser sich nach den Grundsätzen von Treu und Glauben (§ 242 BGB) so behandeln lassen, als habe das Zugangshindernis nicht bestanden. Die Rechtsprechung verlangt allerdings vom Erklärenden, dass er alles Erforderliche und ihm Zumutbare unternimmt, damit seine Erklärung den Adressaten erreichen konnte. Dazu gehört in der Regel, dass er unverzüglich einen erneuten Versuch unternimmt. Holt der Erklärende den Zugang nach, gilt die Willenserklärung in dem

Zeitpunkt als zugegangen, in dem die zunächst versandte Erklärung an sich zugegangen wäre (Rechtzeitigkeitsfiktion). Da A nichts weiter unternommen hat, ist die Kündigung mangels Zugangs nicht wirksam.

20. *Fall: Am Mittwoch, dem 1.8., unterbreitet G dem E ein schriftliches Angebot über den Kauf einer Telefonanlage. Noch am selben Tag sendet E dem G um 23 Uhr ein Fax, in dem er die Annahme des Angebots erklärt. Am nächsten Tag erkennt E bei nochmaligem Überdenken, dass sich das Geschäft für ihn eigentlich nicht lohnt. Daraufhin schickt er am Abend des 2.8. ein weiteres Fax an G, in dem er seine Erklärung widerruft. Als G am 3.8. von einer Geschäftsreise zurückkehrt, findet er die beiden Schreiben in seinem Gerät vor. Ist ein Vertrag zustande gekommen?*

Ein Vertrag zwischen G und E ist zustande gekommen, wenn E das Angebot des G angenommen und seine Annahmeerklärung nicht rechtzeitig widerrufen hat. Durch das Fax am 1.8. um 23 Uhr hat E die Annahme des Angebots erklärt. Die Erklärung ist spätestens mit Ausdruck im Faxgerät des G in dessen Machtbereich gelangt. Die Möglichkeit der Kenntnisnahme bestand aus Verkehrssicht am Morgen des 2.8. Somit ist die Annahmeerklärung dem G zu diesem Zeitpunkt zugegangen.

Durch das Fax am Abend des 2.8. hat E seine Annahmeerklärung widerrufen. Ein solcher Widerruf entfaltet aber nur dann Wirkung, wenn er dem G vor oder gleichzeitig mit der Annahmeerklärung zugeht (§ 130 Abs. 1 S. 2 BGB). Diese zweite Erklärung ist dem G erst am Morgen des 3.8. zugegangen. Daher ist der Widerruf nicht rechtzeitig erfolgt. Entscheidend ist nach herrschender Meinung der Zeitpunkt des Zugangs, nicht derjenige der tatsächlichen Kenntnisnahme. Danach ist ein Vertrag zwischen G und E zustande gekommen. Nach der ebenfalls gut vertretbaren Gegenauffassung war der Widerruf vorliegend noch rechtzeitig, da ein Vertrauen des Erklärungsempfängers bei gleichzeitiger Kenntnisnahme nicht entstehen konnte.

21. *Nach welchen Regelungen bemisst sich der Abschluss von Verträgen über das Internet?*

Für den Abschluss von Verträgen im Internet gelten grundsätzlich die gleichen Regeln wie für „herkömmliche" Geschäfte. Nach den allgemeinen Grundsätzen der §§ 145 ff. BGB sind also inhaltlich übereinstimmende Willenserklärungen der Parteien (Angebot und Annahme) notwendig.

22. *Handelt es sich bei automatischen, computergenerierten Erklärungen bei Online-Geschäften um Willenserklärungen?*

Willenserklärungen können nur von Menschen abgegeben werden. Computer können keinen Willen bilden und daher nicht Urheber von Willenserklärungen sein. Zur Abgabe einer Willenserklärung kann sich eine Person jedoch technischer Hilfsmittel bedienen. So ist es möglich, Maschinen zur automatisierten Erklärung eines bereits zuvor gebildeten Willens einzuschalten. Solche computergesteuerten Erklärungen („elektronische" Willenserklärungen) zeichnen sich dadurch aus, dass jede Datenverarbeitungsanlage aufgrund ihrer Programmierung durch einen Menschen bzw. dessen Auftraggeber die Ergebnisse der Datenverarbeitung nach außen hin kundtut. Auch die komplizierteste Datenverarbeitungsanlage vermag nicht mehr, als das installierte Programm durchzuführen. Da dieses selbst von Menschen stammt, gehen letztlich auch die automatisierten Äußerungen auf einen menschlichen Willen zurück. Entscheidend ist, dass die Erklärung aus Sicht eines

objektiven Dritten in der Position des Empfängers einen dem Erklärenden zurechenbaren Erklärungsgehalt aufweist.

23. *Fall: Der Händler H verkauft Schuhe über das Internet. In seinem Onlineshop wird dem Kunden eine Auswahl zahlreicher Modelle angezeigt, die jeweils mit einem konkreten Preis ausgezeichnet sind. K legt ein Modell, das gerade zu einem besonders günstigen Preis von 40 € auf der Website erscheint, in seinen Warenkorb, gibt seine Daten ein und klickt auf das Feld „Bestellung aufgeben". Er erhält wenige Sekunden später von H eine E-Mail, worin es unter anderem heißt: „Vielen Dank für Ihre Bestellung, deren Annahme wir hiermit bestätigen. Wir werden diesen Auftrag so schnell wie möglich ausführen. Die Ware wird voraussichtlich in der nächsten Kalenderwoche geliefert werden." Nachdem die Ware 12 Tage später bei K nicht eingetroffen ist, ruft K bei H an und fragt, wann er mit der Lieferung seiner Schuhe rechnen kann. H meint, aufgrund des günstigen Preises seien viel mehr Bestellungen eingegangen, als er erwartet habe. Er müsse daher das „Angebot des K" ablehnen und könne die Bestellung leider nicht ausführen. Hat K einen Anspruch auf Lieferung der Schuhe gegen Zahlung von 40 €?*

K könnte einen Anspruch auf Lieferung der Schuhe gemäß § 433 Abs. 1 S. 1 BGB haben. Dazu müsste ein wirksamer Kaufvertrag zwischen K und H zustande gekommen sein. Ein Kaufvertrag kommt durch Angebot und Annahme zustande. Das Angebot könnte hier in der Präsentation des Schuhmodells auf der Internetseite des H liegen. Hier fehlt jedoch erkennbar der Rechtsbindungswille des H. Denn es ist nicht anzunehmen, dass H sich über seinen notwendig begrenzten Warenvorrat hinaus vertraglich binden und ggf. die Gefahr von Schadensersatzpflichten eingehen will. Die Warenpräsentation ist daher nur eine invitatio ad offerendum.

Ein rechtsverbindliches Angebot liegt daher in der Regel erst in der Bestell-E-Mail des Kunden bzw. im Ausfüllen des Webformulars und Absenden der Daten durch den Kunden. Der Unternehmer ist gesetzlich verpflichtet, den Zugang der Bestellung unverzüglich auf elektronischem Wege zu bestätigen (§ 312 i Abs. 1 S. 1 Nr. 3 BGB). Diese Empfangsbestätigung stellt grundsätzlich noch keine Annahme des Angebots dar. Der Unternehmer bestätigt lediglich den Erhalt des Angebots. Über die Frage, ob er das Angebot annehmen will, ist damit noch nichts gesagt. Im Übrigen handelt es sich aufgrund der gesetzlichen Pflicht zur Bestätigung der Bestellung nicht um eine freiwillige Erklärung des Unternehmers, mit der er von seiner Vertragsfreiheit Gebrauch macht. Die Annahme durch den Online-Verkäufer erfolgt vielmehr regelmäßig erst durch eine separate Auftragsbestätigung (ggf. mit Rechnung), durch die Mitteilung, dass die Ware nun versendet wird, oder konkludent durch die Lieferung der Ware.

Es ist jedoch nicht ausgeschlossen, dass die Annahmeerklärung mit der Empfangsbestätigung verbunden wird. Letztlich ist der Charakter der Erklärung nach den allgemeinen Regeln der Auslegung vom objektiven Empfängerhorizont zu ermitteln. Hier hat der H nicht nur den Eingang der Bestellung, sondern ausdrücklich die Annahme der Bestellung bestätigt. Aus der von H verwendeten Formulierung kann ein objektiver Empfänger allein schließen, dass sich H zu diesem Zeitpunkt bereits rechtlich binden wollte. Es ist daher durch die E-Mail des H ein Vertrag zustande gekommen. K kann also Lieferung verlangen.

24. *Gibt es einen Grundsatz, wonach Verträge stets schriftlich abzuschließen sind?*
Nein! Im Bürgerlichen Recht gilt der Grundsatz der Formfreiheit. Eine bestimmte Form ist nur einzuhalten, wenn das Gesetz sie ausdrücklich vorsieht.

25. *Fall: A und B schließen „per Handschlag" einen Kaufvertrag über ein Grundstück zu einem Kaufpreis von 200.000 €. Ist der Vertrag wirksam?*
Gemäß § 311 b Abs. 1 S. 1 BGB bedarf ein Kaufvertrag über ein Grundstück der notariellen Beurkundung. Diese ist hier nicht erfolgt. Gemäß § 125 S. 1 BGB hat dies die Nichtigkeit des Vertrags zur Folge. Es ist damit kein wirksamer Vertrag zustande gekommen.

26. *Fall: Arbeitgeber G teilt dem Arbeitnehmer A per E-Mail fristgerecht mit, dass er das Arbeitsverhältnis kündige. Ist das Arbeitsverhältnis wirksam beendet worden?*
Die Kündigung des Arbeitsverhältnisses bedarf gemäß § 623 BGB der Schriftform; die elektronische Form ist ausgeschlossen. Das bedeutet, dass die Kündigung gemäß § 126 BGB vom Aussteller (Arbeitgeber G) eigenhändig durch Namensunterschrift unterzeichnet worden sein muss. Dies ist bei einer E-Mail nicht der Fall. Die Kündigung ist daher formnichtig (§ 125 S. 1 BGB), das Arbeitsverhältnis somit nicht wirksam beendet worden.

27. *Was versteht man unter Rechtsfähigkeit und unter Geschäftsfähigkeit?*
Rechtsfähigkeit ist die Fähigkeit, Träger von Rechten und Pflichten zu sein. Die Rechtsfähigkeit des Menschen beginnt mit der Vollendung der Geburt (§ 1 BGB). Die Geschäftsfähigkeit ist die Fähigkeit, Rechtsgeschäfte selbstständig vornehmen zu können.

28. *Welche Stufen der Geschäftsfähigkeit gibt es?*
Das Gesetz unterscheidet drei Stufen der Geschäftsfähigkeit: Geschäftsunfähig sind Kinder, die das siebte Lebensjahr noch nicht vollendet haben (§ 104 Nr. 1 BGB), und Personen, die sich dauerhaft in einem die freie Willensbestimmung ausschließenden Zustand krankhafter Störung der Geistestätigkeit befinden (§ 104 Nr. 2 BGB). Beschränkt geschäftsfähig sind Minderjährige, die das siebte Lebensjahr vollendet haben (§ 106 BGB). Unbeschränkt geschäftsfähig sind schließlich all diejenigen, die das 18. Lebensjahr vollendet haben und daher volljährig sind (§ 2 BGB), wenn sie nicht ausnahmsweise nach § 104 Nr. 2 BGB geschäftsunfähig sind.

29. *Unter welchen Voraussetzungen kann ein Minderjähriger wirksam einen Vertrag im eigenen Namen schließen?*
Ein Minderjähriger kann wirksam einen Vertrag abschließen, wenn dieser für ihn lediglich rechtlich vorteilhaft ist (§ 107 BGB), wenn die Eltern vorher zustimmen (einwilligen) oder den Vertrag nachträglich billigen (genehmigen, vgl. § 108 BGB). Der sog. „Taschengeldparagraf" (§ 110 BGB) ist ein Unterfall der Einwilligung.

30. *Fall: V ist in akuter Geldnot. Er bietet dem 17-jährigen K deshalb eine Briefmarke für 500 € zum Kauf an, deren Wert 2000 € beträgt. Kommt ein wirksamer Kaufvertrag zustande, wenn K das Angebot annimmt? Was ist ggf. erforderlich, um den Vertrag zu „retten"? Kann V dem K die Briefmarke wirksam übereignen?*
Ein Kaufvertrag kommt zustande, wenn K das Angebot des V wirksam annimmt. Als 17-jähriger ist K in der Geschäftsfähigkeit beschränkt (§§ 2, 106 BGB). Er kann Willenserklärungen wirksam daher nur nach Maßgabe der §§ 107 ff. BGB abgeben. Die Willenserklärung des K ist gemäß § 107 BGB ohne Einwilligung der gesetzlichen Vertreter wirksam, wenn sie für ihn lediglich rechtlich vorteilhaft ist. Es kommt dabei nicht darauf an, ob die Willenserklärung für den Minderjährigen

wirtschaftlich vorteilhaft ist. Ein rechtlicher Vorteil liegt nur vor, wenn für den Minderjährigen infolge der Willenserklärung unmittelbar keine rechtlichen Verpflichtungen entstehen. Der Abschluss eines Kaufvertrags verpflichtet den K, den Kaufpreis an V zu zahlen. Er ist daher rechtlich nachteilig.

Um die Wirksamkeit des Kaufvertrags zu erreichen, müssten die Eltern des K gemäß § 107 BGB in den Abschluss des Vertrags einwilligen oder nach der Annahme durch K den schwebend unwirksamen Vertrag gemäß § 108 Abs. 1 BGB genehmigen.

V kann K die Briefmarke gemäß § 929 S. 1 BGB (= Einigung und Übergabe) auch ohne Einwilligung seiner Eltern (als gesetzliche Vertreter) wirksam übereignen, wenn K durch die dafür erforderliche Willenserklärung gemäß § 107 BGB lediglich einen rechtlichen Vorteil erlangt. Durch die Übereignung erhält K das Eigentum an der Briefmarke, ohne dass rechtliche Verpflichtungen für ihn entstehen. Wegen des Abstraktionsprinzips ist die Wirksamkeit der Übereignung unabhängig von der Wirksamkeit des Kaufvertrags zu beurteilen. Es handelt sich also um ein lediglich rechtlich vorteilhaftes Rechtsgeschäft. Somit kann V dem K die Briefmarke gemäß §§ 929 S. 1, 107 BGB übereignen.

31. *Kann ein Minderjähriger mit seinem Taschengeld eine Sache im Wege der Ratenzahlung kaufen?*

Gemäß § 110 BGB gilt ein vom Minderjährigen geschlossener Vertrag als von Anfang an wirksam, wenn dieser die vertragsmäßige Leistung mit Mitteln bewirkt, die ihm zu diesem Zweck oder zur freien Verfügung überlassen worden sind. Dabei handelt es sich um eine konkludente Einwilligung, deren Umfang sich aus der mit der Überlassung der Mittel verbundenen Zweckbestimmung ergibt. Der Kaufvertrag ist jedoch erst dann rechtswirksam, wenn der Minderjährige den Kaufpreis „bewirkt", d.h. vollständig bezahlt, hat. Bis zur Zahlung der letzten Rate ist der Vertrag schwebend unwirksam.

32. *Fall: Der 16-jährige M erhält von seinen Eltern einen Betrag von 100 €, um sich einen neuen Wintermantel zu kaufen. M hat jedoch andere Pläne mit dem Geld. Er kauft in dem Computerladen des C zwei brandneue Computerspiele im Gesamtwert von 98 €, die er mit dem von seinen Eltern erhaltenen Betrag sogleich bezahlt. Als die Eltern hiervon erfahren, suchen sie den C auf und verlangen den Kaufpreis zurück. C beruft sich auf die Wirksamkeit des Vertrags, auch deshalb, weil er M auf mindestens 20 Jahre geschätzt habe. Haben M und C einen wirksamen Vertrag geschlossen?*

Beim Kauf von Computerspielen handelt es sich nicht um ein für den Minderjährigen lediglich rechtlich vorteilhaftes Geschäft. Daher ist die Einwilligung der Eltern des M als gesetzliche Vertreter erforderlich (§ 107 BGB). Die Eltern haben allerdings nie ausdrücklich in den Kauf von Computerspielen eingewilligt. Einen Sonderfall der Einwilligung stellt der sog. Taschengeldparagraf (§ 110 BGB) dar. Danach gilt ein vom Minderjährigen geschlossener Vertrag als von Anfang an wirksam, wenn der Minderjährige die vertragsmäßige Leistung mit Mitteln bewirkt, die ihm zu diesem Zweck oder zur freien Verfügung überlassen worden sind. Hier haben die Eltern dem C die 100 € allein für den Kauf eines Wintermantels überlassen. Der Kauf der Computerspiele ist nicht von der Zweckbestimmung gedeckt. Allein die vollständige Zahlung des Kaufpreises führt daher nicht zur Wirksamkeit des Rechtsgeschäfts. Nachdem die Eltern durch die Rückforderung des Geldes konkludent die Genehmigung des Vertrags verweigert haben, ist der Kaufvertrag

vielmehr endgültig unwirksam (§ 108 BGB). Hieran ändert auch der Umstand nichts, dass C den M für mindestens 20 Jahre alt gehalten hat; der gute Glaube an die Geschäftsfähigkeit wird nicht geschützt.

33. *Was versteht man unter einem Scheingeschäft? Wo ist es gesetzlich geregelt und welchen Zweck erfüllt es regelmäßig? Nennen Sie ein praktisch relevantes Beispiel!*

Ein Scheingeschäft liegt vor, wenn die Parteien ihre empfangsbedürftigen Willenserklärungen mit Einverständnis des anderen jeweils nur zum Schein abgeben (§ 117 Abs. 1 BGB). Der Beweggrund für ein Scheingeschäft besteht regelmäßig darin, einen Dritten zu täuschen. Das Scheingeschäft soll ein anderes, ernstlich gewolltes Geschäft (vgl. § 117 Abs. 2 BGB) verdecken. Der „klassische Fall" eines Scheingeschäfts besteht darin, dass die Parteien in einem notariell beurkundeten Kaufvertrag über ein Grundstück einen geringeren Kaufpreis angeben als tatsächlich vereinbart, um Steuern und Notarkosten zu „sparen".

34. *Fall: B will sein Badezimmer richten lassen und wendet sich an den Unternehmer U. Dieser bietet ihm an, das gesamte Bad für 5000 € zu renovieren, wenn B „keine Rechnung braucht". B ist einverstanden. Als U auch nach mehreren Wochen noch nicht begonnen hat, will B ihn auf Erfüllung verklagen. Mit Erfolg?*

Die Erklärung eines Unternehmers, eine Leistung „ohne Rechnung" erbringen zu wollen, ist nach dem objektiven Empfängerhorizont als Angebot zur Schwarzarbeit auszulegen. B war damit einverstanden. Der Vertrag verstößt gegen das Verbot der Schwarzarbeit (§ 1 SchwarzArbG). Er ist gemäß § 134 BGB nichtig. B hat keinen Anspruch gegen U.

35. *Nennen Sie die Wirksamkeitsvoraussetzungen der Stellvertretung!*

Ein wirksames Vertretergeschäft hat gemäß § 164 Abs. 1 S. 1 BGB vier Voraussetzungen: Der Stellvertreter muss eine eigene wirksame Willenserklärung abgeben (und nicht lediglich eine bereits abgegebene, fremde Willenserklärung überbringen); der Vertreter muss im Namen des Vertretenen handeln (sog. Offenheitsgrundsatz oder Offenkundigkeitsprinzip); die Abgabe der Willenserklärung muss im Rahmen der dem Vertreter zustehenden Vertretungsmacht erfolgen; die Stellvertretung selbst muss zulässig sein, wovon – außer bei höchstpersönlichen Rechtsgeschäften (Bsp.: Arbeitsleistung des Arbeitnehmers) – grundsätzlich auszugehen ist.

36. *Welche Bedeutung hat das Offenkundigkeitsprinzip für die Stellvertretung? Gibt es Ausnahmen davon?*

Der Vertreter muss im Namen des Vertretenen handeln. Mithilfe dieser Voraussetzungen werden Eigengeschäfte von Geschäften als Vertreter abgegrenzt. Das Offenkundigkeitsprinzip (= Offenheitsgrundsatz) dient dem Schutz des Rechtsverkehrs, insbesondere des Dritten. Dieser hat grundsätzlich ein berechtigtes Interesse daran zu wissen, wer sein Vertragspartner wird; denn er muss dessen Vertrauenswürdigkeit und Zahlungsfähigkeit beurteilen können, um das Risiko der Durchsetzbarkeit seiner Ansprüche auf Zahlung, Gewährleistung usw. einschätzen zu können. Die Fremdbezogenheit des Geschäfts muss nicht zwingend ausdrücklich erfolgen; es reicht aus, wenn aus den Umständen erkennbar ist, dass eine Erklärung in fremdem Namen erfolgen soll (§ 164 Abs. 1 S. 2 BGB).

Eine wichtige Ausnahme vom Offenkundigkeitsprinzip stellt das sog. Geschäft für den, den es angeht, dar. Darunter fallen alle Bargeschäfte des täglichen Lebens. Bei ihnen wirkt das verdeckte Geschäft trotz fehlender Offenheit für und gegen den

ungenannten Geschäftsherrn. Diese Besonderheit ist deshalb gerechtfertigt, weil es dem Dritten bei derartigen Geschäften nicht auf die Person seines Geschäftspartners ankommt, soweit seine Forderung (durch Barzahlung) gleich erfüllt wird.

37. *Fall: K bittet S, als sein Stellvertreter bei V ein Auto zu kaufen. Beim Abschluss des Kaufvertrags weist S aus Versehen nicht darauf hin, dass er den Wagen nicht für sich selbst kauft. Als V von S Zahlung des Kaufpreises verlangt, erklärt S, dass er das Auto für K habe kaufen wollen und er selbst daher dem V nichts schulde. Hilfsweise erklärt S gegenüber V die Anfechtung. Ist S gegenüber V zur Zahlung des Kaufpreises verpflichtet?*

Ist für den Geschäftspartner nicht erkennbar, dass der Vertreter für einen anderen handeln will, wird der Vertreter selbst aus dem Geschäft berechtigt und verpflichtet. Es liegt auch kein Bargeschäft des täglichen Lebens vor, so dass eine Ausnahme vom Offenkundigkeitsprinzip (Geschäft für den, den es angeht) nicht gegeben ist. Der Vertreter wird also Vertragspartner. Er bleibt auch dann an das Geschäft gebunden, wenn er irrtümlich die Fremdbezogenheit des Geschäfts nicht zum Ausdruck gebracht hat. Er kann in diesem Fall die von ihm abgegebene Willenserklärung nicht wegen Irrtums anfechten (§ 164 Abs. 2 BGB). S ist daher gegenüber V zur Zahlung des Kaufpreises verpflichtet.

38. *Wem gegenüber kann eine Vollmacht erteilt werden?*

Eine Vollmacht kann gemäß § 167 Abs. 1 BGB auf zwei Arten erteilt werden: durch Erklärung des Geschäftsherrn gegenüber dem Vertreter (sog. Innenvollmacht) oder gegenüber dem Vertragspartner (sog. Außenvollmacht).

39. *Was versteht man unter der Duldungs- und der Anscheinsvollmacht?*

Bei der Duldungs- und der Anscheinsvollmacht handelt es sich um ungeschriebene, von der Rechtsprechung anerkannte Formen der Vertretungsmacht kraft Rechtsscheins. Eine Duldungsvollmacht liegt vor, wenn eine Person ohne Vertretungsmacht als Vertreter des Geschäftsherrn auftritt, der Geschäftsherr dies weiß, aber dennoch nichts dagegen unternimmt, und der Geschäftsgegner dieses Dulden nach Treu und Glauben so verstehen darf, dass der als Vertreter Handelnde bevollmächtigt ist. Eine Duldungsvollmacht kommt bereits bei einem einmaligen Handeln des Vertreters ohne Vertretungsmacht in Betracht. Bei der Anscheinsvollmacht wird dagegen eine gewisse Häufigkeit oder Dauer des Vertreterhandelns verlangt. Dafür sind die Voraussetzungen auf der subjektiven Seite herabgesetzt. So genügt es, dass der Geschäftsherr das wiederholte Auftreten des vollmachtlosen Vertreters bei pflichtgemäßer Sorgfalt hätte erkennen und verhindern können; positive Kenntnis ist nicht erforderlich.

40. *Fall: A, der Verlobte der B, stellt ohne deren Wissen unter ihrer eBay-Nutzerkennung, die für A gut sichtbar neben dem Computer lag, einen B gehörenden Fernseher zum Verkauf ein. K hat das Höchstgebot abgegeben und verlangt nun von B Übergabe und Übereignung des Fernsehers. Zu Recht?*

Hier könnte A als Stellvertreter der B einen Kaufvertrag mit K geschlossen haben. Weil A unter dem Namen der B aufgetreten ist, ist allein seine Vertretungsmacht fraglich. Eine Vollmacht hat B nicht erteilt. Angesichts des eigenmächtigen Handelns des A kommt aber eine Anscheinsvollmacht in Betracht. Bei einer Anscheinsvollmacht kennt der Geschäftsherr das wiederholte Auftreten des vollmachtlosen Vertreters zwar nicht, hätte es aber bei pflichtgemäßer Sorgfalt erkennen und verhindern können. Weil A die Zugangsdaten der B zum ersten Mal verwendet hat, fehlt hier nach der Rechtsprechung des BGH jedoch der Vertrauenstatbestand. Ein

solcher liegt nur vor, wenn A das Mitgliedskonto der B wiederholt unbefugt verwendet hat. Auch wenn das Mitgliedskonto für die Internetplattform eBay nicht übertragbar und das ihm zugeordnete Passwort geheim zu halten ist, reicht es für eine Zurechnung nicht aus, dass der Kontoinhaber die Zugangsdaten nur unzureichend geschützt hat. Eine Anscheinsvollmacht liegt daher nicht vor. K hat mit B keinen Kaufvertrag geschlossen. Er kann aber von A nach § 179 Abs. 1 BGB Schadensersatz verlangen.

41. *Fall: B kauft bei C ein Fernsehgerät „im Namen des A", ohne entsprechend bevollmächtigt zu sein. Kommt ein Kaufvertrag zustande?*
Ein Vertragsschluss zwischen B und C scheidet von vornherein aus, da B sich erkennbar nicht selbst verpflichten wollte, sondern gegenüber C lediglich als Vertreter gehandelt hat. In diesem Fall hängt die Wirksamkeit des Vertrags für und gegen den Vertretenen von dessen Genehmigung ab (§ 177 Abs. 1 BGB). Der Kaufvertrag (§ 433 BGB) zwischen A und C ist also schwebend unwirksam. Er wird wirksam, wenn A ihn genehmigt. Wird die Genehmigung verweigert, haftet der Vertreter ohne Vertretungsmacht nach Maßgabe des § 179 BGB. Er schuldet dem Dritten nach dessen Wahl Erfüllung oder muss ihm im Wege des Schadensersatzes das positive Interesse ersetzen. Wählt C Erfüllung, kann er daher von B auch ohne Vertragsschluss die Zahlung des Kaufpreises verlangen und muss im Gegenzug den Fernseher übergeben und übereignen. B kann aber mangels Vertragsschlusses nicht von sich aus die Übergabe und Übereignung des Fernsehers aus § 433 Abs. 1 S. 1 BGB fordern.

42. *Mit welchen Folgen muss ein volljähriger Vertreter ohne Vertretungsmacht rechnen, wenn er den Mangel seiner Vertretungsmacht gekannt hat und der Vertretene die Genehmigung des Vertrags verweigert?*
Der Vertragspartner kann vom Vertreter ohne Vertretungsmacht gemäß § 179 Abs. 1 BGB nach seiner Wahl Erfüllung des Vertrags oder Schadensersatz verlangen. Die Haftung des Vertreters ist gemäß § 179 Abs. 3 S. 1 BGB nur ausgeschlossen, wenn der andere Teil den Mangel der Vertretungsmacht kannte oder kennen musste. In diesem Fall fehlt das schutzwürdige Vertrauen des Dritten.

3. Kapitel: Die Beendigung von Verträgen

1. *Was ist ein Inhaltsirrtum?*
Als Inhaltsirrtum bezeichnet das Gesetz den Fall, dass der Erklärende bei der Abgabe einer Willenserklärung über deren Inhalt im Irrtum war (§ 119 Abs. 1 Alt. 1 BGB). Der Erklärende erklärt äußerlich betrachtet zwar genau das, was er erklären will. Er irrt jedoch über die rechtliche Bedeutung seiner Erklärung. Er misst ihr eine andere Bedeutung bei, als sie in Wirklichkeit hat.

2. *Was versteht man unter einem Erklärungsirrtum? Nennen Sie ein Beispiel!*
Beim Erklärungsirrtum liegt der Irrtum in der Erklärungshandlung begründet. Die äußere Erklärung weicht von dem ab, was der Erklärende eigentlich erklären will. Bsp.: Versprechen, Vergreifen, Verschreiben.

3. *Was ist ein Motivirrtum? Kann der Erklärende wegen eines solchen Irrtums anfechten?*
Ein Motivirrtum ist ein Irrtum, der im Vorfeld einer Willenserklärung bei der Willensbildung erfolgt. Im Gegensatz zu den Irrtümern bei der Willensäußerung (Inhalts- und Erklärungsirrtum) berechtigen Motivirrtümer grundsätzlich nicht zur

Anfechtung. Ein ausnahmsweise beachtlicher Motivirrtum ist der Irrtum über eine verkehrswesentliche Eigenschaft einer Person oder Sache gemäß § 119 Abs. 2 BGB (Eigenschaftsirrtum).

4. *Fall: Student S bestellt in einem von B betriebenen Kölner Brauhaus einen „Halven Hahn" (Preis: 3 €). Als B das erwartete Käsebrötchen serviert, bekommt S ein schlechtes Gewissen, da er doch seiner Freundin fest versprochen habe, abends streng Diät zu halten. S erklärt daraufhin gegenüber B die „Anfechtung" wegen Irrtums. Kann B von S die Zahlung des Kaufpreises verlangen?*
Der Kaufvertrag zwischen S und B über das Käsebrötchen ist wirksam zustande gekommen. Ein allgemeines „Widerrufsrecht" vom Vertrag besteht nicht. Fraglich ist, ob S den Vertrag anfechten kann. Dazu muss ein Anfechtungsgrund vorliegen. Hier ist kein Irrtum bei der Willensäußerung erkennbar. Auch ein Eigenschaftsirrtum (§ 119 Abs. 2 BGB) liegt nicht vor. Lediglich die Verwendungsabsicht des S ist weggefallen. Dabei handelt es sich jedoch um das Risiko des Käufers. Eine Anfechtung scheidet daher aus. Auch ein Rücktritt vom Kaufvertrag kommt nicht in Betracht, da das Brötchen nicht mangelhaft ist. Es bleibt daher beim Grundsatz „pacta sunt servanda". B kann daher von S gemäß § 433 Abs. 2 BGB den Kaufpreis i.H.v. 3 € verlangen.

5. *Fall: A hat Limonade über sein neues Notebook Modell XY (Wert: 1000 €) geschüttet. Infolge dessen startet das Gerät nicht mehr. Einige Wochen später verkauft A das Notebook – ausdrücklich als defektes Gerät – für 100 € an B, ohne es zuvor noch einmal geprüft zu haben. B zahlt den Kaufpreis und nimmt das Gerät entgegen. Als er das Notebook zu Hause auspackt, stellt er zu seiner Überraschung fest, dass es einwandfrei funktioniert, weil die Limonade inzwischen getrocknet ist und keine bleibenden Schäden verursacht hat. Als A davon erfährt, dass „sein" Notebook gar nicht defekt war, schickt er dem B unverzüglich eine E-Mail, in der er den Kaufvertrag anficht. Kann A von B Rückgabe des Notebooks verlangen?*
Hier haben A und B einen Kaufvertrag über ein defektes Notebook Modell XY geschlossen. Allerdings hat A sich über die Funktionsfähigkeit des Notebooks geirrt. Weil die Funktionsfähigkeit wesentlich den Wert des Notebooks bestimmt, handelt es sich dabei um eine verkehrswesentliche Eigenschaft. A kann den Kaufvertrag (bzw. seine zum Vertragsschluss führende Willenserklärung) wegen Eigenschaftsirrtums gemäß § 119 Abs. 2 BGB anfechten. Dies hat er auch unverzüglich und damit fristgemäß (§ 121 BGB) getan. Die Wirksamkeit der Übereignung des Notebooks nach § 929 S. 1 BGB bleibt davon jedoch unberührt (Abstraktionsprinzip), d.h. B verliert durch die Anfechtung das erworbene Eigentum nicht.
Rechtsfolge der Anfechtung ist die Nichtigkeit des Kaufvertrags ex tunc (§ 142 Abs. 1 BGB): Die Parteien werden so gestellt, als ob sie den Vertrag niemals abgeschlossen hätten. Infolge der Nichtigkeit des Kaufvertrags fällt der Rechtsgrund für die gegenseitigen Leistungen (Zahlung des Kaufpreises und Übergabe und Übereignung des Notebooks) weg. Es bestehen daher gegenseitige Bereicherungsansprüche: B kann von A gemäß § 812 BGB Rückzahlung des Kaufpreises i.H.v. 100 € verlangen. Im Gegenzug kann A von B gemäß § 812 BGB Rückgabe und Rückübereignung des Notebooks verlangen.

6. *Fall: V verkauft K ein berühmtes Gemälde von van Gogh zum Preis von 1 Mio. €. V denkt, dass dieser Preis dem Marktwert des Bildes entspricht. Vor Übergabe er-*

*fährt er, dass das Gemälde in einem Kunstkatalog auf einen Wert von 1,5 Mio. €
geschätzt wird. Kann er seine Willenserklärung anfechten?*

Grundsätzlich sind Irrtümer bei der Willensbildung als bloße Motivirrtümer unbeachtlich. Eine Ausnahme davon sieht das Gesetz vor, sofern der Erklärende sich über die verkehrswesentliche Eigenschaft einer Person oder Sache irrt (§ 119 Abs. 2 BGB). Eigenschaften sind Merkmale, die eine Person oder Sache nicht nur vorübergehend, sondern mit einer gewissen Beständigkeit und Dauer kennzeichnen und die im Verkehr für ihre Wertschätzung oder Verwendbarkeit von Bedeutung sind. Beachtlich sind Eigenschaften einer Sache nur, sofern sie Einfluss auf deren Wert haben, also wertbildend sind. Der Preis einer Sache ist keine verkehrswesentliche Eigenschaft. Er ist kein wertbildender Faktor, sondern das Ergebnis einer Wertbildung nach bestimmten Kriterien.

V hat sich lediglich über den Wert des Gemäldes, nicht aber über eine verkehrswesentliche Eigenschaft (wie etwa den Künstler) getäuscht. Es liegt daher kein Irrtum i.S.d. § 119 Abs. 2 BGB vor. V kann seine Willenserklärung nicht anfechten.

7. *Wie ist das Verhältnis von Anfechtungs- und Gewährleistungsrecht?*

Die Anfechtung wegen eines Eigenschaftsirrtums (§ 119 Abs. 2 BGB) ist in den besonders häufigen Fällen der kauf-, miet- und werkvertraglichen Gewährleistung ausgeschlossen. In der Regel ist die verkehrswesentliche Eigenschaft einer Sache zugleich eine vertraglich geschuldete Beschaffenheit der Sache. Entspricht die gelieferte Sache nicht den üblichen Anforderungen, ist sie mangelhaft. Der Käufer kann dann ausschließlich innerhalb einer bestimmten Frist Gewährleistungsrechte geltend machen. Anderenfalls könnte der Käufer das vorrangige Nacherfüllungsrecht oder die in der Regel recht kurzen Verjährungsfristen der Gewährleistungsansprüche umgehen. Die Berufung auf andere Irrtümer (§§ 119 Abs. 1, 123 BGB) ist demgegenüber weiter zulässig.

8. *Fall: Unternehmer U bietet dem B an: „Angebot über den Bau eines Swimmingpools. Festpreis: 25.000 €“. B nimmt das Angebot an. U ist jedoch bei der Berechnung der Summe ein Fehler unterlaufen. Muss er den Vertrag erfüllen?*

Hier liegt ein verdeckter Kalkulationsirrtum des U vor. Aus dem Angebot geht nur das Endergebnis der Berechnung, nicht aber die Berechnung selbst hervor. Die Willensäußerung an sich ist fehlerfrei. Es liegt ein bloßer Motivirrtum vor, der nicht zur Anfechtung berechtigt. U muss den Vertrag erfüllen.

9. *Fall: S hat ein Angebot abgegeben und sich verschrieben. Er bemerkt den Fehler einige Tage später. Innerhalb welcher Frist kann er anfechten?*

Die Anfechtung wegen eines Erklärungsirrtums muss gemäß § 121 Abs. 1 BGB unverzüglich, d.h. ohne schuldhaftes Zögern, erfolgen, nachdem der Erklärende seinen Irrtum bemerkt hat. Die Länge der Frist ist eine Frage des Einzelfalls. Unverzüglich bedeutet nicht zwingend, dass der Anfechtende „sofort“ nach Kenntnis des Anfechtungsgrundes handeln muss. Insbesondere bei einer unsichereren Rechtslage muss er die Möglichkeit haben, rechtlichen Rat einzuholen. Obergrenze ist jedoch auch bei bedeutenden Rechtsgeschäften in der Regel eine Frist von zwei Wochen.

10. *Fall: K hat beim Mobilfunkunternehmen M zwei Verträge mit den Kundennummern 123 und 321 mit einer zweijährigen Laufzeit mit Vertragsende am 15.5. abgeschlossen. Nach den wirksamen Vertragsbedingungen verlängern sich die Verträge um ein weiteres Jahr, wenn sie nicht bis spätestens einen Monat vor Vertragsablauf gekündigt werden. Kurz vor Vertragsablauf entscheidet sich K für die*

Kündigung des Vertrags mit der Kundennummer 123, den anderen Vertrag will er dagegen weiterlaufen lassen. Aufgrund eines Versehens verweist er in seinem Kündigungsschreiben vom 9.4. allerdings auf die Kundennummer 321. Seinen Fehler bemerkt K erst, als er am 21.4. die Kündigungsbestätigung von M erhält. K fragt sich nun, ob und ggf. wie er seine ursprünglichen Ziele – die Fortsetzung des Vertrags mit der Kundennummer 321 und die Kündigung des Vertrags mit der Kundennummer 123 zum 15.5. – jetzt noch erreichen kann.

Die Kündigung ist eine einseitige und empfangsbedürftige Willenserklärung, die mit Zugang wirksam wird (§ 130 Abs. 1 S. 1 BGB). Für sie gelten also die allgemeinen Regeln für Willenserklärungen und damit auch die Regeln über die Anfechtung. K kann die von ihm nach außen abgegebene Willenserklärung (Kündigung des Vertrags mit der Kundennummer 321) wegen Erklärungsirrtums (§ 119 Abs. 1 Alt. 2 BGB) erfolgreich anfechten; er müsste diese Erklärung allerdings unverzüglich auf den Weg bringen. Dass seine Kündigung insoweit schon 12 Tage zurückliegt, ist ohne Bedeutung, da die Anfechtungsfrist erst nach Erkennen des Irrtums zu laufen beginnt (§ 121 Abs. 1 BGB). Die Anfechtungserklärung hätte die Nichtigkeit der Kündigung zur Folge (§ 142 Abs. 1 BGB). Auf diesem Wege würde er die Fortsetzung des Vertrags mit der Kundennummer 321 erreichen. Die Kündigung des Vertrags mit der Kundennummer 123 zum 15.5. ist dagegen jetzt nicht mehr möglich, weil die Kündigungsfrist abgelaufen ist.

11. *Warum kennt das BGB in § 121 und § 124 zwei unterschiedliche Regelungen zur Anfechtungsfrist? Worin liegen die Unterschiede?*
§ 121 BGB regelt die Anfechtungsfrist für Irrtümer nach §§ 119, 120 BGB (Inhalts- und Erklärungsirrtum, Irrtum über eine verkehrswesentliche Eigenschaft, Übermittlungsirrtum). § 124 BGB gilt für die Anfechtung infolge arglistiger Täuschung oder Drohung (§ 123 BGB). Die Differenzierung hat ihre Ursache in den verschiedenen Sphären, aus denen der Anfechtungsgrund stammt. Die Irrtümer nach §§ 119, 120 BGB sind dem Erklärenden zuzurechnen. Die sehr kurze Frist des § 121 Abs. 1 BGB dient dem Schutz des Erklärungsempfängers. Er soll schnellstmöglich Sicherheit über die Wirksamkeit des Rechtsgeschäfts haben. Auch soll dem Irrenden die Möglichkeit genommen werden, auf Kosten des Gegners zu spekulieren. Im Fall des § 123 BGB sind die Anfechtungsgründe dagegen vom Erklärungsempfänger zu verantworten. Wer den anderen täuscht oder bedroht, ist nicht schutzbedürftig. § 124 BGB sieht daher eine deutlich längere Anfechtungsfrist vor.

12. *Ist eine arglistige Täuschung gemäß § 123 Abs. 1 BGB auch durch Unterlassen möglich?*
Ja! Eine Täuschung durch Unterlassen kommt allerdings nur in Betracht, wenn den Täuschenden eine Aufklärungspflicht trifft. Grundsätzlich hat sich jede Vertragspartei selbst über die für sie bedeutsamen Tatsachen zu informieren. Eine allgemeine Hinweispflicht kennt das Gesetz nicht. Eine Aufklärungspflicht besteht aber dann, wenn der Vertragspartner aufgrund der Umstände des Einzelfalls nach Treu und Glauben und den im Verkehr herrschenden Auffassungen eine Aufklärung erwarten durfte.

13. *Beschreiben Sie die Rechtsfolgen der Anfechtung!*
Wird ein Rechtsgeschäft wirksam angefochten, so ist es von Anfang an (ex tunc) als nichtig anzusehen, § 142 Abs. 1 BGB. Darüber hinaus hat der Anfechtungsgeg-

ner im Fall der Anfechtung gemäß § 119 BGB einen Anspruch auf Ersatz des Vertrauensschadens (§ 122 Abs. 1 BGB).

14. *Fall: S verlässt seine badische Heimat, um in Köln Jura zu studieren. An seinem ersten Abend bestellt er in der Kneipe des V einen „Halven Hahn", der laut Speisekarte 3 € kostet. Statt des erwarteten halben Hähnchens bekommt er – wie in einem Kölner Brauhaus üblich – ein Käsebrötchen serviert. S weigert sich, das Käsebrötchen zu essen und die Rechnung zu bezahlen. Als wenig später X bei V ebenfalls einen „Halven Hahn" bestellt, muss ihn V enttäuschen, weil er keine Brötchen mehr vorrätig hat. Kann V von S Zahlung von 3 € verlangen? Unterstellen Sie dabei, dass V das dem S gebrachte Brötchen aufgrund der strengen lebensmittelrechtlichen Vorgaben niemand anderem mehr servieren darf!*

Bestellt ein Gast in einem Kölner Brauhaus einen „Halven Hahn", gibt er aus der maßgeblichen Sicht eines objektiven Empfängers (vgl. § 157 BGB) ein Angebot über den Abschluss eines Kaufvertrags über ein Käsebrötchen ab. Allerdings fehlte dem S diesbezüglich der Geschäftswille, weil er in Wirklichkeit ein anderes Geschäft (Kauf eines halben Hähnchens) abschließen wollte. Weil S der Erklärung eine andere Bedeutung beigemessen hat, als sie nach dem objektiven Empfängerhorizont an diesem Ort tatsächlich hat, kann er sein Angebot wegen Inhaltsirrtums gemäß § 119 Abs. 1 Alt. 1 BGB anfechten. Der Kaufvertrag ist dann als von Anfang an nichtig anzusehen (§ 142 Abs. 1 BGB). S muss den Kaufpreis daher nicht zahlen.

Aufgrund der konkludent erfolgten Anfechtung schuldet S dem V Ersatz des Vertrauensschadens (§ 122 Abs. 1 BGB). Weil er auf die Gültigkeit der Bestellung vertraut hat, hat V dem S ein Käsebrötchen serviert, das er später nicht mehr anderweitig verkaufen konnte. Da er auch kein anderes Brötchen mehr vorrätig hatte, konnte er mit X keinen Kaufvertrag über einen „Halven Hahn" schließen. Diesen Schaden i.H.v. 3 € muss S dem V ersetzen.

15. *Fall: K kauft bei V einen neuen Monitor für seinen PC. Als er ihn zu Hause anschließt, stellt er fest, dass das Gerät sechs deutlich sichtbare Pixelfehler aufweist, die unabhängig vom jeweils angezeigten Bildschirminhalt ständig hell leuchten. Als er V zum Austausch des Geräts auffordert, meint dieser zu Unrecht, die Fehler hielten sich noch im Rahmen des Üblichen und er könne darin keinen Mangel erkennen. K fragt, ob er vom Vertrag zurücktreten kann.*

Wenn ein Monitor sechs ständig leuchtende Pixel aufweist, liegt selbst nach den von den Herstellern selbst vorgegebenen „Pixelfehlerklassen" in aller Regel ein Mangel vor (§ 434 Abs. 1 S. 2 Nr. 2 BGB). V ist der Aufforderung des K, das Gerät auszutauschen, nicht nachgekommen. Allerdings hat K dem V keine Frist zur Nacherfüllung i.S.d. § 323 Abs. 1 BGB gesetzt. Eine Fristsetzung könnte aber nach § 323 Abs. 2 Nr. 1 BGB entbehrlich sein, wenn V die Leistung ernsthaft und endgültig verweigert hat. An diese Verweigerung sind jedoch hohe Anforderungen zu stellen. Das bloße Abstreiten eines Mangels reicht dafür nicht aus. Die Weigerung des V müsste vielmehr als sein „letztes Wort" aufzufassen sein. Das ist hier nicht der Fall.

16. *Was versteht man unter einer Fristsetzung im Rahmen des Rücktritts nach § 323 Abs. 1 BGB? Reicht es aus, wenn der Gläubiger mitteilt, er verlange „unverzügliche" Lieferung?*

Unter einer Fristsetzung versteht man die bestimmte und eindeutige Aufforderung zur Erbringung der geschuldeten Leistung innerhalb einer Frist. Nach der neueren

Rechtsprechung des BGH soll es ausreichen, wenn der Gläubiger die Leistung „sofort", „unverzüglich" oder „umgehend" verlangt. Auch eine solche Aufforderung setzt eine angemessene Frist in Gang. Zwar bestehe dann für den Schuldner eine Ungewissheit, welcher Zeitraum ihm nun zur Leistungserbringung zur Verfügung stehe. Jedoch sei auch eine solche Aufforderung aufgrund der konkreten Umstände des Einzelfalls bestimmbar.

17. *Fall: K kauft von V einen neuen Wagen. Er zahlt den Kaufpreis und erhält den Wagen. Aufgrund eines Mangels tritt er zwei Monate später vom Vertrag zurück. Was sind die Rechtsfolgen?*

Ziel des Rücktritts ist es, die Parteien so zu stellen, als ob sie den Vertrag nicht geschlossen hätten. Haben die Parteien ihre Leistungen noch nicht erfüllt, befreit der Rücktritt sie von ihrer Leistungspflicht. Sind die Leistungen dagegen bereits erbracht worden, müssen die Parteien einander die empfangenen Leistungen zurückgewähren (§ 346 Abs. 1 BGB). Zudem haben die Parteien die Nutzungen herauszugeben bzw. Wertersatz hierfür zu leisten (§§ 346 Abs. 1, Abs. 2 S. 1 Nr. 1 BGB). Zu den Nutzungen gehören gemäß § 100 BGB auch die Gebrauchsvorteile. K muss also Nutzungsersatz für die mit dem Wagen gefahrenen Kilometer zahlen. Im Gegenzug muss V die Zinsen herausgeben, die er für den Kaufpreis erhalten hat.

18. *Fall: Im vorigen Fall hat K vor seinem Rücktritt grob fahrlässig eine Delle in den Kotflügel gefahren. V verlangt Wertersatz als Ausgleich für die Delle. Zu Recht?*

Ja! Die Parteien müssen einander die empfangenen Leistungen zurückgewähren. Ist der Gegenstand beschädigt, so hat der Schuldner Wertersatz hierfür zu leisten (§ 346 Abs. 2 Nr. 3 BGB). Dies gilt auch dann, wenn K wegen eines Mangels am Fahrzeug zurücktritt, da er den Schaden grob fahrlässig verursacht hat (vgl. §§ 346 Abs. 3 S. 1 Nr. 3, 277 BGB).

19. *Fall: Student S kauft beim Bäcker B ein Vollkornbrot für 2,50 €. Als S zu Hause ankommt, stellt er fest, dass er weder Butter noch Käse im Kühlschrank hat. Er bereut, sich ein Brot gekauft zu haben, und würde die 2,50 € lieber in eine Fertigsuppe „investieren". Da aber seine finanziellen Mittel für diesen Tag bereits ausgeschöpft sind, möchte er wissen, ob er das Brot gegen Erstattung des Kaufpreises „zurückgeben" kann.*

Der Kaufvertrag zwischen S und B über das Brot ist wirksam zustande gekommen. Ein allgemeines „Widerrufsrecht" vom Vertrag besteht nicht. Fraglich ist, ob S den Vertrag anfechten kann. Dazu muss ein Anfechtungsgrund vorliegen. Hier ist kein Irrtum bei der Willensäußerung erkennbar. Auch ein Eigenschaftsirrtum liegt nicht vor. Lediglich die Verwendungsabsicht des S ist weggefallen. Dabei handelt es sich jedoch um das Risiko des Käufers. Eine Anfechtung scheidet daher aus. Auch ein Rücktritt vom Kaufvertrag kommt nicht in Betracht, da das Brot nicht mangelhaft ist. Es bleibt daher beim Grundsatz „pacta sunt servanda". S kann das Brot nicht zurückgeben.

20. *Welche Arten von „Verbraucherwiderrufsrechten" kennen Sie?*

Ein Widerrufsrecht nach § 355 BGB besteht vor allem in den folgenden drei Situationen: bei „außerhalb von Geschäftsräumen geschlossenen Verträgen" (§ 312 b BGB i.V.m. § 312 g Abs. 1 BGB), bei sog. „Fernabsatzverträgen" (§ 312 c BGB i.V.m. § 312 g Abs. 1 BGB) und bei „Verbraucherkreditverträgen" (§§ 491 ff. BGB).

21. *Fall: Kaufmann K bestellt im Onlineshop des Händlers H Gartenmöbel für seinen eigenen Schrebergarten. Als die Möbel am übernächsten Tag geliefert werden, befindet K, dass sie doch nicht so gut in seinen Garten passen. Kurzerhand teilt er dem H schriftlich mit, von seinem „Verbraucherwiderrufsrecht" Gebrauch zu machen. H weist das Anliegen des K mit der Begründung zurück, diesem stehe als Kaufmann kein solches Widerrufsrecht zu. Zu Recht?*

 Ein „Verbraucherwiderrufsrecht" besteht nur bei Verträgen, die ein Verbraucher mit einem Unternehmer abschließt. Verbraucher ist jede natürliche Person, die ein Rechtsgeschäft zu Zwecken abschließt, die überwiegend weder ihrer gewerblichen noch ihrer selbstständigen beruflichen Tätigkeit zugerechnet werden können (§ 13 BGB). Unternehmer ist, wer bei Abschluss eines Rechtsgeschäfts in Ausübung seiner gewerblichen oder selbstständigen beruflichen Tätigkeit handelt (§ 14 Abs. 1 BGB). Bei dieser Zweiteilung handelt es sich jedoch nicht um eine absolute Einordnung. Eine Person ist niemals per se nur Verbraucher oder nur Unternehmer. Entscheidend ist vielmehr der Zweck, den der Betreffende mit dem konkreten Vertrag verfolgt. Da K die Gartenmöbel für seinen Schrebergarten bestellt hatte, ist er in Bezug auf den konkreten Kaufvertrag Verbraucher i.S.d. § 13 BGB. Dementsprechend steht K ein „Verbraucherwiderrufsrecht" zu.

22. *Fall: Gastwirt G hat im Elektrofachgeschäft des E einen neuen Fernseher (50 Zoll) zum Preis von 1000 € erworben, um seinen Gästen die Spiele der Fußball-Weltmeisterschaft zeigen zu können. Als er den Fernseher an dem gewünschten Ort aufstellen möchte, stellt er fest, dass das Gerät hierfür zu groß ist. G fragt, ob er von E Umtausch gegen ein kleineres Gerät (und ggf. Rückerstattung der Kaufpreisdifferenz) verlangen kann.*

 Abwandlung: Wie ist die Rechtslage, wenn G den Fernseher nicht für seine Gaststätte, sondern für seine eigene Wohnung erworben hat?

 Der Kaufvertrag zwischen G und E über den Fernseher ist wirksam zustande gekommen. Ein allgemeines „Widerrufsrecht" vom Vertrag besteht nicht, und zwar auch dann nicht, wenn G Verbraucher i.S.d. § 13 BGB ist (Fallabwandlung). Etwas anderes gilt nur für Fernabsatzgeschäfte i.S.d. § 312 c BGB.

 Fraglich ist, ob S den Vertrag anfechten kann. Dazu muss ein Anfechtungsgrund vorliegen. Hier ist kein Irrtum bei der Willensäußerung erkennbar. Auch ein relevanter Eigenschaftsirrtum liegt nicht vor. Eine Anfechtung scheidet daher aus. Auch ein Rücktritt vom Kaufvertrag kommt nicht in Betracht, da der Fernseher nicht mangelhaft ist. Es bleibt daher beim Grundsatz „pacta sunt servanda".

23. *Fall: K bestellt bei der V-GmbH am 23.1. über das Internet ein Wasserbett zum Privatgebrauch. Nachdem K den Kaufpreis in Höhe von 400 € bezahlt hat, wird ihm die Bestellung am 14.2. ausgeliefert. Am 21.2. wendet sich K an die V-GmbH und bittet um Preisnachlass in Höhe von 20 €, weil dasselbe Wasserbett beim X, einem Konkurrenten der V-GmbH, entsprechend günstiger angeboten würde. Kann K von der V-GmbH Preisnachlass verlangen?*

 Abwandlung: Da die V-GmbH nicht bereit ist, K auch nur einen Cent entgegenzukommen, erklärt K am 24.2. den Widerruf vom Vertrag und sendet das noch nicht ausgepackte Wasserbett zurück. Die V-GmbH verweigert gleichwohl die Rückzahlung des Kaufpreises, weil der Widerruf über einen Monat nach der Bestellung der Ware nicht mehr fristgerecht sei. Außerdem habe K das Widerrufsrecht rechtsmissbräuchlich und daher unwirksam ausgeübt. Denn das Widerrufsrecht beim Fernabsatzgeschäft bestehe, damit der Verbraucher die Ware prüfen könne. Aus

diesem Grund habe der K aber nicht widerrufen, sondern sein Widerruf sei allein deshalb erfolgt, um anderweitig ein günstigeres Geschäft abzuschließen. Hat K gegen die V-GmbH einen Anspruch auf Rückzahlung des Kaufpreises?

Ist ein Vertrag zustande gekommen, sind beide Parteien grundsätzlich an ihn gebunden. Es gilt der Grundsatz „pacta sunt servanda" (= Verträge sind einzuhalten und dürfen nicht gebrochen werden). Einen Anspruch auf Preisanpassung, wenn es dieselbe Waren andernorts günstiger gibt, kennt das deutsche Recht nicht.

In der Abwandlung steht K ein „Verbraucherwiderrufsrecht" zu: An der Verbrauchereigenschaft des K (vgl. § 13 BGB) bestehen ebenso wenig Bedenken wie an der Tatsache, dass V Unternehmer ist (vgl. § 14 Abs. 1 BGB). Zudem handelt es sich um einen Fernabsatzvertrag " (§ 312 c BGB i.V.m. § 312 g Abs. 1 BGB).

Die Widerrufsfrist beginnt bei außerhalb von Geschäftsräumen geschlossenen Verträgen und Fernabsatzverträgen nicht schon mit Vertragsschluss, sondern erst, wenn der Verbraucher die Ware erhalten hat (§ 356 Abs. 2 Nr. 1 a) BGB) und der Unternehmer den Verbraucher ordnungsgemäß über das ihm zustehende Widerrufsrecht belehrt hat (§ 356 Abs. 3 S. 1 BGB). Da das Wasserbett erst am 14.2. geliefert worden ist, ist der Widerruf noch rechtzeitig erfolgt.

Im Gegensatz zum Rücktritt kommt es für das Widerrufsrecht nicht darauf an, ob die gekaufte Sache mangelhaft ist. Das Widerrufsrecht soll die typischerweise bestehenden Informationsdefizite des Verbrauchers gegenüber dem Unternehmer ausgleichen und ihn vor einer Überforderung im rechtsgeschäftlichen Verkehr oder einem übereilten Vertragsschluss schützen. Der Verbraucherschutz hat insoweit Vorrang vor dem Grundsatz „pacta sunt servanda". Das Widerrufsrecht ermöglicht es dem Verbraucher, sich einseitig und ohne Angabe eines Grundes vom Vertrag loszulösen (§ 355 Abs. 1 S. 4 BGB). Deshalb ist es grundsätzlich ohne Belang, aus welchen Gründen der Verbraucher von seinem Widerrufsrecht Gebrauch macht. K hat daher das Widerrufsrecht nicht rechtsmissbräuchlich ausgeübt.

24. *Fall: K bestellt im Internet bei V teure Abendschuhe, die sie wenige Tage nach Lieferung beim Bundespresseball trägt. Da man in ihren Kreisen dieselben Schuhe nicht zweimal trägt, übt sie nach Rückkehr vom Ball ihr gesetzliches Widerrufsrecht aus. K verlangt Wertersatz, da die Schuhe nunmehr als gebraucht anzusehen sind. Hat er recht?*

Auch ein Verbraucher muss gemäß § 357 Abs. 7 BGB grundsätzlich Ersatz für den Wertverlust einer Ware leisten. Dies gilt allerdings nur, wenn der Wertverlust auf einem Umgang mit der Sache beruht, der zur Prüfung der Beschaffenheit, der Eigenschaften und der Funktionsweise der Waren nicht notwendig war, und der Verbraucher ordnungsgemäß über sein Widerrufsrecht belehrt worden ist. Um herauszufinden, ob ein Paar Schuhe passt, ist es nicht erforderlich, damit in der Öffentlichkeit aufzutreten. Das Tragen der Schuhe über den gesamten Abend stellt eine über die Prüfung hinausgehende (Ab-)Nutzung dar, die zu einem Wertverlust führt. K muss V Wertersatz leisten, sofern sie von V ordnungsgemäß über ihr Widerrufsrecht belehrt worden ist.

25. *Fall: Der Springreiter S kauft beim Züchter Z das vielversprechende Nachwuchspferd „Django". S und Z vereinbaren, dass S das Pferd Ende der Woche abholen soll, da dieses zunächst noch geimpft werden muss. Als S am Freitag bei Z erscheint, erklärt ihm dieser, dass Django in der Nacht aufgrund eines nicht erkennbaren angeborenen Herzfehlers gestorben sei. Z verlangt von S Zahlung des Kaufpreises, S seinerseits Lieferung eines „vergleichbaren" Pferdes. Zu Recht?*

Abwandlung: Django stirbt aufgrund einer grob fahrlässigen Verabreichung eines für Pferde nicht verträglichen Impfstoffes durch Z. Ändert sich etwas im Vergleich zum Grundfall?

S könnte einen Anspruch auf Lieferung aus § 433 Abs. 1 S. 1 BGB haben. Infolge des Todes des Pferdes ist es Z aber unmöglich, seine Lieferpflicht zu erfüllen. Das Schuldverhältnis beschränkte sich von vornherein auf Django. Es handelt sich somit um eine Stückschuld. Der Lieferanspruch des S ist daher gemäß § 275 Abs. 1 BGB untergegangen. Ein Anspruch auf Lieferung eines „vergleichbaren" Pferdes besteht nicht. Z hat keinen Anspruch auf Zahlung des Kaufpreises aus § 433 Abs. 2 BGB. Sein Anspruch ist infolge des Untergangs des Lieferanspruchs gemäß § 326 Abs. 1 S. 1 BGB ebenfalls entfallen.

Abwandlung: Das Verschulden des Z wirkt sich weder auf den Lieferanspruch des S noch auf den Zahlungsanspruch des Z aus. Beide sind nach § 275 Abs. 1 BGB bzw. § 326 Abs. 1 S. 1 BGB erloschen. Allerdings hat S in diesem Fall einen Anspruch auf Schadensersatz statt der Leistung gemäß §§ 280 Abs. 1, Abs. 3, 283 BGB.

26. *Fall: O bestellt beim Weinhändler W telefonisch 20 Kisten Eiswein der Marke „Primavino 2017" zum Preis von 25 € pro Kiste. W freut sich über die Bestellung, da er noch genau 20 Kisten der gewünschten Marke im Lager stehen hat und er den Eiswein deshalb nicht eigens beim Produzenten bestellen muss. Er will die Kisten am nächsten Tag verschicken. In der Nacht brechen Unbekannte in das Lager ein und entwenden genau diese Kisten. Als W am nächsten Tag davon erfährt, ruft er bei O an und erklärt ihm, dass ihm die Lieferung leider „unmöglich" sei. Er könne aber gerne zum gleichen Preis 20 Kisten Rotwein der Marke „Vinobonito 2016" liefern. Diese stünden auch noch in seinem Lager bereit. O beharrt auf seiner Bestellung vom Vortag. Zu Recht?*

O und W haben telefonisch einen Kaufvertrag über die Lieferung von 20 Kisten „Primavino 2017" zum Preis von 25 € pro Kiste abgeschlossen. O hatte damit zunächst einen Anspruch auf Lieferung dieser speziellen Marke Eiswein (§ 433 Abs. 1 S. 1 BGB). Der Anspruch könnte aber wegen Unmöglichkeit gemäß § 275 Abs. 1 BGB erloschen sein. Bei der Bestellung von handelsüblichem Wein beim Weinhändler handelt es sich um eine Gattungsschuld. Die Parteien bestimmen die Leistung nur nach bestimmten Merkmalen. Die Zerstörung eines Exemplars der Gattung führt daher nicht zur Unmöglichkeit des Anspruchs. Eine Vorratsschuld kommt hier nicht in Betracht, da O und W hierüber keine Abrede getroffen haben. Da „Primavino 2017" am Markt noch erhältlich ist, kann O weiterhin Lieferung von 20 Kisten dieses Weins gemäß § 433 Abs. 1 S. 1 BGB verlangen.

27. *Fall: Startenor S soll an einem Sonntagabend in der Oper singen. Die Veranstaltung ist seit Wochen ausverkauft. Am Nachmittag fällt ihm auf, dass an diesem Abend das Champions-League-Finale stattfindet, in dem auch sein Heimatverein aus Italien steht. Er sieht es als seine Pflicht an, „sein Team" vom Fernseher aus zu unterstützen. Er teilt dem Organisator O mit, dass ihm der Auftritt aus eben diesem Grund „unmöglich" sei. Kann O auf den Auftritt des S bestehen?*

S muss nicht auftreten, wenn ihm ein Leistungsverweigerungsrecht zusteht. Ein solches könnte in Form persönlicher Unmöglichkeit gemäß § 275 Abs. 3 BGB vorliegen. Voraussetzung ist, dass dem Schuldner die Vornahme einer persönlich zu erbringenden Leistung unter Abwägung der beiderseitigen Interessen nicht zuzumuten ist. S kann in seiner Eigenschaft als Startenor nur selbst auftreten und kei-

nen Dritten schicken. Er hat die Leistung daher persönlich zu erbringen. Für die Abwägung sind auf der einen Seite das Interesse des Gläubigers an der Vornahme der Leistung und auf der anderen Seite die Nachteile zu berücksichtigen, die dem Schuldner durch die Leistungserbringung entstehen. Zu beachten ist auch ein mögliches Verschulden des Schuldners. Hier fällt diese Abwägung eindeutig zulasten des S aus. Er hätte sich vorher informieren müssen, an welchen Tagen er zu Hause bleiben will. O ist es nicht zuzumuten, das Konzert nur wegen der Fußballbegeisterung des S abzusagen und damit eventuellen Schadensersatzansprüchen der Karteninhaber ausgesetzt zu sein. Er kann daher auf den Auftritt des S bestehen.

28. *Was versteht man unter einem „absoluten Fixgeschäft" und was ist die Folge, wenn es nicht eingehalten wird? Nennen Sie ein Beispiel!*
Ein Fixgeschäft ist ein Vertrag, bei dem die Leistung zu einem bestimmten („fixen") Zeitpunkt erfolgen soll, weil der Gläubiger besonderen Wert auf die Pünktlichkeit der Leistung legt. Beim absoluten Fixgeschäft ist die Leistungszeit derart wichtig, dass die Leistung nur zu einem bestimmten Zeitpunkt, danach aber überhaupt nicht mehr erbracht werden kann. Die verspätete Leistung ist keine Erfüllung. Erbringt der Schuldner die Leistung nicht zum vereinbarten Zeitpunkt, so tritt Unmöglichkeit gemäß § 275 Abs. 1 BGB ein. Bsp.: Arbeitsleistung des Arbeitnehmers; Kauf eines Brautstraußes.

29. *Fall: A bestellt bei C zehn Kisten Bier für seine Geburtstagsparty am 28.6. Nachdem C die Kisten wie vereinbart am Mittag des 28.6. angeliefert und in den Keller des A transportiert hat, stellt sich heraus, dass A sein Portemonnaie bei seinen Eltern, die er morgens besucht hatte, vergessen hat und auf die Schnelle kein Bargeld auftreiben kann. C lädt die Kisten daraufhin wieder ein. Auf der Rückfahrt verursacht er leicht fahrlässig einen Autounfall, bei dem sämtliche Kisten zu Bruch gehen. Er verlangt dennoch von A Zahlung des Kaufpreises. Zu Recht?*
A befindet sich im Annahmeverzug (§§ 293 ff. BGB), da er die Leistung des C zum vereinbarten Termin nicht bezahlen konnte. Ist nämlich der Schuldner nur gegen eine Leistung des Gläubigers zu leisten verpflichtet, so kommt der Gläubiger nach § 298 BGB auch dann in Verzug, wenn er zwar die angebotene Leistung anzunehmen bereit ist, die verlangte Gegenleistung aber nicht anbietet. Weil C mit dem ordnungsgemäßen Angebot das zur Leistung seinerseits Erforderliche getan hat, beschränkte sich seine Schuld auf die gelieferten Getränkekisten (§ 243 Abs. 2 BGB). Obwohl von der Sorte Bier an sich noch weitere Kästen vorhanden sind (Gattungsschuld), ist die Leistung unmöglich geworden (§ 275 Abs. 1 BGB). Nach § 326 Abs. 1 S. 1 BGB entfällt damit grundsätzlich auch sein Kaufpreisanspruch. Etwas anderes gilt aber gemäß § 326 Abs. 2 Alt. 2 BGB, wenn die Unmöglichkeit im Annahmeverzug des Käufers eintritt und der Verkäufer den Untergang der Sache nicht zu vertreten hat. Hier hat C zwar leicht fahrlässig gehandelt; während des Annahmeverzugs des A hat er jedoch nur Vorsatz und grobe Fahrlässigkeit zu vertreten (§ 300 Abs. 1 BGB). Der Kaufpreisanspruch (§ 433 Abs. 2 BGB) bleibt daher nach § 326 Abs. 2 Alt. 2 BGB bestehen.

30. *Wer trägt bei einem Versendungskauf die Gefahr, dass die Sache auf dem Transportweg verloren geht?*
Beim Versendungskauf handelt es sich grundsätzlich um eine Schickschuld. Der Verkäufer schuldet nur die Übergabe der Sache an die Transportperson. Mit der Übergabe geht die Leistungsgefahr auf den Käufer über. Der Verkäufer muss also

nicht noch einmal leisten, wenn die Sache auf dem Transportweg zerstört wird oder verloren geht (§ 275 Abs. 1 BGB). Von der Leistungsgefahr zu unterscheiden ist die Preisgefahr. Dabei geht es um die Frage, ob der Verkäufer Zahlung des Kaufpreises verlangen kann, obwohl die Sache nie beim Käufer ankam. Nach § 447 BGB trägt der Käufer grundsätzlich auch die Preisgefahr. Er muss also den Kaufpreis zahlen, sofern der Verkäufer den Verlust nicht zu vertreten hat. Es liegt daher in seinem Interesse, für eine Transportversicherung zu sorgen. Etwas anderes gilt jedoch im Verbrauchsgüterkauf. Nach § 475 Abs. 2 BGB gilt die Vorschrift des § 447 Abs. 1 BGB grundsätzlich nicht, es sei denn, der Käufer hat den Transporteur mit der Ausführung beauftragt und der Unternehmer hat dem Käufer diesen Transporteur nicht zuvor benannt. Damit trägt der Verkäufer regelmäßig die Preisgefahr. Der Käufer muss den Kaufpreis nicht zahlen, wenn die Sache nicht bei ihm ankommt (§ 326 Abs. 1 S. 1 BGB).

31. *Fall: Rechtsanwalt K aus Köln bestellt beim Versandhändler V aus Bonn Schreibwaren für seinen Bürobetrieb im Wert von 500 €. V gibt das Paket zur Post. Auf dem Postweg kommt es abhanden. V verlangt Zahlung des Kaufpreises von K. Zu Recht? Ändert sich am Ergebnis etwas, wenn K die Schreibwaren ausschließlich für seine private Korrespondenz kauft?*

Der Anspruch des V auf Lieferung des Kaufpreises gemäß § 433 Abs. 2 BGB konnte nach § 326 Abs. 1 S. 1 BGB erloschen sein. Das setzt voraus, dass der Lieferanspruch des K nach § 275 Abs. 1 BGB unmöglich ist. Hier liegt eine Gattungsschuld in Form einer Schickschuld vor, so dass eine Konkretisierung gemäß § 243 Abs. 2 BGB mit der Abgabe des Pakets bei der Post erfolgt ist. Da das Paket nicht mehr auffindbar ist, ist Unmöglichkeit eingetreten. Die Voraussetzungen von § 326 Abs. 1 S. 1 BGB liegen also vor. Zu beachten ist jedoch die gegenüber § 326 BGB vorrangige Gefahrtragungsregelung des § 447 Abs. 1 BGB. Im Versandhandel verlangt der Käufer mit der Bestellung konkludent den Versand der Ware zu seinem Wohnsitz. Abweichend von § 446 BGB geht die Gefahr des zufälligen Untergangs und damit auch die Vergütungsgefahr daher mit Übergabe an die Transportperson auf den Käufer über, hier also mit Abgabe des Pakets bei der Post. K muss daher den Kaufpreis zahlen. Dies gilt jedoch nicht, wenn er die Schreibwaren nur für private Zwecke kauft. Dann liegt ein Verbrauchsgüterkaufvertrag vor, bei dem § 447 Abs. 1 BGB grundsätzlich nicht anwendbar ist (§ 475 Abs. 2 BGB).

4. Kapitel: Schadensersatzansprüche im Vertragsverhältnis

1. *Wodurch unterscheiden sich Primär- und Sekundäransprüche? Nennen Sie jeweils ein Beispiel!*

Primäransprüche sind solche Ansprüche, die sich unmittelbar aus dem Vertrag ergeben (Bsp.: Lieferung der Sache, Zahlung des Kaufpreises). Sekundäransprüche entstehen nicht unmittelbar durch den Vertrag, sondern erst dann, wenn die vertraglichen Pflichten nicht ordnungsgemäß erfüllt werden. Sie treten an die Stelle der oder neben die Primäransprüche (Bsp.: Schadensersatz).

2. *Fall: K und V schließen einen Kaufvertrag über das gebrauchte Mofa des V zum Preis von 200 €. Beschreiben Sie anhand dieses Falls die verschiedenen Leistungspflichten der Parteien!*

V schuldet Lieferung und Übereignung des mangelfreien Mofas (§ 433 Abs. 1 BGB), K Zahlung des Kaufpreises (§ 433 Abs. 2 BGB). Beides sind Hauptleistungs-

pflichten. Ferner hat K das Mofa abzunehmen (§ 433 Abs. 2 BGB). Die Abnahme ist grundsätzlich eine Nebenleistungspflicht. Darüber hinaus sind beide zur Rücksichtnahme der Interessen des anderen verpflichtet (§ 241 Abs. 2 BGB). Dabei handelt es sich um Nichtleistungspflichten.

3. *Erläutern Sie kurz die Systematik der Schadensersatzansprüche gemäß §§ 280 ff. BGB! Für welche Schadensersatzansprüche ist grundsätzlich zuvor eine Mahnung oder eine Fristsetzung erforderlich?*
   § 280 Abs. 1 BGB ist der Grundtatbestand für Schadensersatzansprüche im Schuldverhältnis, der für jede zu vertretende Pflichtverletzung eine Schadensersatzpflicht anordnet. Die Grundregel des § 280 Abs. 1 BGB gilt ohne diese zusätzlichen Voraussetzungen lediglich für den sog. einfachen Schadensersatz neben der Leistung.
   Ein Schaden, der infolge der Verzögerung der Leistung eintritt (Verzögerungsschaden), kann gemäß § 280 Abs. 1, Abs. 2 BGB nur unter den zusätzlichen Voraussetzungen des § 286 BGB (= Mahnung) verlangt werden.
   Schadensersatz statt der Leistung gemäß § 280 Abs. 1, Abs. 3 BGB kann nur unter den zusätzlichen Voraussetzungen der §§ 281–283 BGB (= Fristsetzung) verlangt werden. Er umfasst sämtliche Schadensposten, die durch die ordnungsgemäße Erbringung der geschuldeten Leistung im Zeitpunkt des Schadensersatzbegehrens noch hätten verhindert werden können.

4. *Was verstehen Sie unter einem Schuldverhältnis i.S.d. § 280 Abs. 1 BGB?*
   Schuldverhältnisse i.S.d. § 280 Abs. 1 BGB sind in erster Linie Verträge (§ 311 Abs. 1 BGB). Voraussetzung für den Schadensersatzanspruch nach § 280 Abs. 1 BGB ist also grundsätzlich, dass zwischen den Parteien ein wirksamer Vertrag besteht. Ausnahmsweise ist es aber möglich, dass bereits im Vorfeld eines Vertragsschlusses (bei „Vertragsanbahnung") Schutzpflichten entstehen, deren Verletzung ebenfalls nach § 280 Abs. 1 BGB zum Schadensersatz führt. Gleiches gilt für vertragliche Pflichten, die noch nach Beendigung des Vertrags weitergelten, wie etwa ein nachvertragliches Wettbewerbsverbot.

5. *Fall: G beauftragt den Dachdecker D, das Dach seines Hauses zu erneuern. D führt den Auftrag ordnungsgemäß aus. Als er seine Sachen zusammenpackt, fällt ihm aus Unachtsamkeit ein Eimer vom Dach; dieser zerstört eine Glasscheibe des Gewächshauses des G. Kann G Schadensersatz verlangen?*
   Ein Schadensersatzanspruch für die zerbrochene Glasscheibe ergibt sich aus § 280 Abs. 1 BGB. Zwischen G und D besteht ein Schuldverhältnis (Werkvertrag gemäß § 631 BGB). Dieser Vertrag begründet nach § 241 Abs. 2 BGB Schutzpflichten des D. Er muss sich bei der Durchführung des Vertrags so verhalten, dass Rechtsgüter des G nicht beeinträchtigt werden. Diese Pflicht hat er verletzt, indem er den Eimer hat fallen lassen und hierdurch die Scheibe zerbrochen ist. D hat grundsätzlich Vorsatz und Fahrlässigkeit zu vertreten (§ 276 BGB). Das Vertretenmüssen wird gemäß § 280 Abs. 1 S. 2 BGB vermutet. Hier kann D die Vermutung nicht entkräften, da er den Eimer aus Unachtsamkeit, d.h. fahrlässig, vom Dach gestoßen hat. Als Schaden hat D den Wert der Glasscheibe zu ersetzen.

6. *Fall: Händler H bestellt beim Lieferanten L 100 Kartons Druckerpapier à 10 €. Nach ordnungsgemäßer Lieferung im März bezahlt H den Kaufpreis i.H.v. 1000 € nicht, obwohl er sich bereits bei der Bestellung zu einer Zahlung bis spätestens zum 1.10. verpflichtet hatte. L, der zunächst nichts unternommen hat, fragt am 23.11., ob, seit wann und in welcher Höhe er von H Zinsen verlangen kann. L*

hätte den Kaufpreis nach Eingang sofort auf sein Tagesgeldkonto (aktueller Zinssatz: 0,5 %) überwiesen.

L kann Zinsen als Verzögerungsschaden unter den Voraussetzungen der §§ 280 Abs. 1, Abs. 2, 286 BGB verlangen. Weil H sich bereits bei der Bestellung zur Zahlung bis spätestens 1.10. verpflichtet hatte, kam er gemäß § 286 Abs. 2 Nr. 1 BGB ohne weitere Mahnung in Verzug. Er kann daher seinen verzögerungsbedingt erlittenen Verlust (Verzinsung des Kaufpreises i.H.v. 0,5 %) seit dem 2.10. verlangen. Dies ist aber nicht alles: § 288 Abs. 1 BGB enthält für die Verzinsung einer Geldschuld während des Verzugs eine Sonderregelung. Der Zinsanspruch ist faktisch ein Mindestschaden, den der Gläubiger stets verlangen kann, auch wenn ihm an sich kein Schaden durch den Verzug entstanden ist. Der Verzugszinssatz liegt gemäß § 288 Abs. 1 S. 2 BGB bei fünf bzw. im unternehmerischen Rechtsverkehr gemäß § 288 Abs. 2 BGB bei neun Prozentpunkten über dem Basiszinssatz, den die Deutsche Bundesbank halbjährlich bekanntgibt (Stand 1.7.2017: -0,88 %). Ein negativer Basiszinssatz ist als Abzugsposten zu behandeln. L kann daher von H Zinsen i.H.v. 8,12 % verlangen.

7. *Fall: M kauft bei P 100 Paletten Dosenbier mit dem Hinweis: „Lieferung unverzüglich." Als P auch nach 14 Tagen nicht liefert, beauftragt M seinen Anwalt A, den P zu mahnen. Nachdem P schließlich geliefert hat, will M wissen, ob er seine Anwaltskosten von P ersetzt verlangen kann.*

M kann die Anwaltskosten als Verzögerungsschaden unter den Voraussetzungen der §§ 280 Abs. 1, Abs. 2, 286 BGB verlangen. Erforderlich ist, dass sich P in Verzug befindet. Hier kam V jedoch erst durch Zugang der anwaltlichen Mahnung in Verzug. Die Kosten dieser sog. Erstmahnung sind bereits zuvor mit der Beauftragung des Anwalts entstanden. M kann sie nicht ersetzt verlangen, weil sie nicht durch den Verzug begründet worden sind.

8. *Fall: Hundeliebhaber H bestellt beim Züchter Z zehn Rassehunde. Die Parteien vereinbaren: „Lieferung fix am 12.6." Am besagten Tag erscheint Z nicht. Kann T ohne Einhaltung einer Frist Schadensersatz statt der Leistung verlangen oder vom Vertrag zurücktreten?*

Der Gläubiger kann vom Vertrag zurücktreten, wenn der Schuldner seine vertragliche Leistung nicht erbracht und der Gläubiger ihm erfolglos eine Frist zur Leistung oder Nacherfüllung bestimmt hat (§ 323 Abs. 1 BGB). Gemäß § 323 Abs. 2 BGB ist die Fristsetzung in bestimmten Fällen entbehrlich. Vorliegend handelt es sich um ein relatives Fixgeschäft i.S.d. § 323 Abs. 2 Nr. 2 BGB. H kann daher sofort vom Vertrag zurücktreten. Will er dagegen Schadensersatz statt der Leistung geltend machen, so muss er gemäß §§ 280, 281 BGB zuvor eine angemessene Frist zur Lieferung setzen, da § 281 Abs. 2 BGB keine § 323 Abs. 2 Nr. 2 BGB entsprechende Ausnahmeregelung enthält.

9. *Geben Sie ein im Wirtschaftsleben relevantes Beispiel, wann eine Fristsetzung im Rahmen eines Schadensersatzbegehrens nach § 281 Abs. 2 Alt. 2 BGB aufgrund „besonderer Umstände" entbehrlich ist!*

Das ist bei sog. „Just in time"-Verträgen der Fall, bei denen der eine Teil dem anderen zu einem bestimmten Zeitpunkt liefern muss, damit dessen Produktion ordnungsgemäß betrieben werden kann. Bleibt die Leistung aus, muss der Gläubiger die Möglichkeit haben, sofort Ersatz zu besorgen, weil sein Schaden sonst deutlich größer würde.

10. *Warum besteht im Rahmen eines Schadensersatzverlangens nach §§ 280 Abs. 1, Abs. 3, 283 BGB kein Erfordernis einer vorherigen Fristsetzung?*
    Der Schadensersatz nach §§ 280 Abs. 1, Abs. 3, 283 BGB setzt voraus, dass die Leistung gemäß § 275 Abs. 1 BGB unmöglich ist oder der Schuldner sich auf ein Leistungsverweigerungsrecht gemäß § 275 Abs. 2, Abs. 3 BGB beruft. Eine Fristsetzung hat aber von vornherein keinen Sinn, wenn der Schuldner die Leistung wegen Unmöglichkeit überhaupt nicht erbringen oder dauerhaft verweigern kann.

11. *Erklären Sie die Begriffe „großer Schadensersatz" und „kleiner Schadensersatz"! Unter welchen Voraussetzungen kann der Gläubiger, der nur eine Teilleistung erhalten hat, „großen Schadensersatz" verlangen?*
    Nimmt der Gläubiger eine nur teilweise oder mangelhaft bewirkte Leistung an (wozu er nicht verpflichtet ist), so hat er zwei Möglichkeiten: Er kann die Leistung behalten und gemäß §§ 280 Abs. 1, Abs. 3, 281 Abs. 1 S. 1 BGB Schadensersatz für den nicht bzw. schlecht erbrachten Teil der Leistung verlangen (sog. „kleiner Schadensersatz"). Alternativ kann der Gläubiger den erhaltenen Teil der Leistung bzw. die mangelhafte Leistung zurückgeben und Schadensersatz wegen Nichterfüllung des gesamten Vertrags verlangen (sog. „großer Schadensersatz" oder „Schadensersatz statt der ganzen Leistung"). Bei einer Teilleistung kann er großen Schadensersatz nur verlangen, wenn er an der Teilleistung kein Interesse hat (§ 281 Abs. 1 S. 2 BGB). An einen Interessenfortfall sind hohe Anforderungen zu stellen. Er kommt regelmäßig nur in Betracht, wenn der bereits erbrachte Teil der Leistung unter Berücksichtigung des Schadensersatzes für den ausgebliebenen Teil der Leistung das Leistungsinteresse des Schuldners nicht voll abdeckt.

5. Kapitel: Das Mängelgewährleistungsrecht beim Kaufvertrag

1. *Was versteht man unter einem Sachmangel?*
   Eine Sache ist mangelhaft, wenn ihre „Ist-Beschaffenheit" von der „Soll-Beschaffenheit" nachteilig abweicht. Als Bezugspunkt für die „Soll-Beschaffenheit" sind zwei Anknüpfungspunkte denkbar: Maßgebend ist primär die Vereinbarung zwischen den Parteien (subjektiver Fehlerbegriff) oder, wenn eine solche fehlt, die gewöhnliche Verwendung bzw. die übliche Beschaffenheit von Sachen gleicher Art (objektiver Fehlerbegriff).

2. *Fall: K kauft im Baumarkt des V einen Rasensprenger. V versichert ihm, dass die gesamte Rasenfläche des K (150 m²) mit dem Gerät bewässert werden kann. Zu Hause stellt K fest, dass tatsächlich nur etwa zwei Drittel der Rasenfläche erfasst werden. Nach einem kurzen Blick auf die Internetseite des Herstellers weiß K, dass das Gerät bauartbedingt nur 100 m² abdeckt. Ist der Rasensprenger mangelhaft?*
   Hier ist das Gerät an sich völlig in Ordnung, da es die vom Hersteller vorgegebenen Spezifikationen erfüllt. Für die Frage, ob eine Sache mangelhaft ist, sind jedoch vorrangig die Parteivereinbarungen maßgebend (subjektiver Fehlerbegriff). Hier haben K und V eine bestimmte Beschaffenheit vereinbart, nämlich dass der Rasensprenger 150 m² Rasenfläche abdeckt. Diese Vorgaben erfüllt das Gerät nicht. Es liegt daher ein Sachmangel i.S.d. § 434 Abs. 1 S. 1 BGB vor.

3. *Fall: Rentner R kauft im Fachgeschäft einen Modellhubschrauber. Ob der Hubschrauber jemals in die Luft steigen wird, ist ungewiss, da R die beiliegende Bauanleitung, die ausschließlich in koreanischen Schriftzeichen abgefasst ist, nicht ent-*

ziffern kann. R besteht auf Lieferung einer für ihn verständlichen Bauanleitung. Zu Recht?

R kann Nacherfüllung (§§ 437 Nr. 1, 439 BGB) in Form einer deutschen Bauanleitung verlangen, wenn die Kaufsache mangelhaft ist. Ein Sachmangel liegt gemäß § 434 Abs. 2 BGB vor, wenn bei einer zur Montage bestimmten Sache die Montageanleitung mangelhaft ist, es sei denn, die Sache ist mangelfrei montiert worden. Hier hat R den Hubschrauber nicht montiert. Es liegt ein Sachmangel vor. R kann daher Lieferung der Anleitung in deutscher Sprache verlangen.

4. *Was versteht man unter einem Verbrauchsgüterkauf? Welche Unterschiede weist er gegenüber dem „normalen" Kaufvertrag auf?*

Ein Verbrauchsgüterkauf liegt nach § 474 Abs. 1 S. 1 BGB vor, wenn ein Verbraucher (§ 13 BGB) eine bewegliche Sache von einem Unternehmer (§ 14 BGB) kauft. Beim Verbrauchsgüterkauf gelten zahlreiche Besonderheiten zum Schutz des Verbrauchers. So trägt etwa der Verkäufer entgegen § 447 Abs. 1 BGB grundsätzlich die Gefahr des zufälligen Untergangs beim Versendungskauf (§ 475 Abs. 2 BGB). Nach § 477 BGB gilt in den ersten sechs Monaten nach Gefahrübergang eine Beweislastumkehr zugunsten des Verbrauchers. Von den Gewährleistungsansprüchen darf grundsätzlich nicht zulasten des Verbrauchers abgewichen werden (§ 476 Abs. 1 BGB). Nur Schadensersatzansprüche gegen den Unternehmer können abbedungen werden (§ 476 Abs. 3 BGB). Die sonstigen Rechte des Käufers dürfen im Kaufvertrag nicht eingeschränkt werden. Allein beim Kauf gebrauchter Sachen kann die Gewährleistungsfrist des § 438 BGB auf ein Jahr verkürzt werden (§ 476 Abs. 2 BGB).

5. *Fall: Rentner R erwirbt am 27.3. von bei seinem Bekannten, dem Privatier P, einen Gebrauchtwagen. Ab Anfang August schaltet die im Fahrzeug eingebaute Automatikschaltung nach einer von R absolvierten Laufleistung von etwa 13.000 km in der Einstellung „D" nicht mehr selbstständig in den Leerlauf; stattdessen stirbt der Motor ab. Ein Anfahren oder Rückwärtsfahren bei Steigungen ist nicht mehr möglich. Nach erfolgloser Fristsetzung zur Mängelbeseitigung erklärt R gegenüber P mit Schreiben vom 8.9. den Rücktritt vom Kaufvertrag und verlangt Rückzahlung des Kaufpreises (abzüglich einer angemessenen Nutzungsentschädigung). Das Gericht, bei dem R Klage erhoben hat, beauftragt den Sachverständigen S mit der Erstattung eines Gutachtens über die Fehlerursache. S gelangt zu dem Ergebnis, dass der Fehler entweder auf Materialschwäche oder aber auf einen Bedienungsfehler des R (Einlegen einer Fahrstufe bei erhöhter Drehzahl) zurückzuführen ist. Eine sichere Aussage könne er nicht treffen. Wird die Klage des R Erfolg haben?*

Abwandlung: Was würde sich ändern, wenn R den Wagen beim Kfz-Händler H gekauft hätte?

R könnte gegen P einen Anspruch auf Rückzahlung des Kaufpreises gemäß § 346 Abs. 1 BGB haben. Ein Rücktritt gemäß §§ 437 Nr. 2, 323 BGB setzt zunächst voraus, dass bei Übergabe des Gebrauchtwagens ein Sachmangel bestand. Allerdings konnte auch durch das Sachverständigengutachten nicht geklärt werden, ob das Auto bereits bei Übergabe mangelhaft war oder ob die Schädigung auf einen Bedienungsfehler des R zurückzuführen ist. Grundsätzlich muss der Käufer im Streitfall darlegen und beweisen, dass der Sachmangel bereits im Zeitpunkt des Gefahrübergangs bestand und nicht erst später infolge des anschließenden Gebrauchs der Sache entstanden ist. Da R nicht beweisen kann, dass bei Übergabe

des Wagens ein Sachmangel vorlag, stehen ihm keine Rechte nach § 437 BGB zu. Er kann daher auch nicht Rückzahlung des Kaufpreises verlangen.

In der Abwandlung handelt es sich um einen Verbrauchsgüterkauf (§ 474 Abs. 1 S. 1 BGB). Bei diesem wird die Beweislast gemäß § 477 BGB umgekehrt. Zeigt sich innerhalb von sechs Monaten seit Gefahrübergang ein Sachmangel, so wird widerlegbar vermutet, dass der Mangel bereits bei Gefahrübergang vorgelegen hat. Dabei muss dem Käufer allein der Nachweis gelingen, dass sich innerhalb von sechs Monaten ab Gefahrübergang ein mangelhafter Zustand (eine „Mangelerscheinung") gezeigt hat, der – unterstellt, er hätte seine Ursache in einem dem Verkäufer zuzurechnenden Umstand – dessen Haftung wegen Abweichung von der geschuldeten Beschaffenheit begründen würde. § 477 BGB vermutet daher zugunsten des Käufers, dass der binnen sechs Monate nach Gefahrübergang zutage getretene mangelhafte Zustand zumindest im Ansatz schon bei Gefahrübergang vorgelegen hat. Der Verkäufer hat daher den Nachweis zu erbringen, dass die aufgrund eines binnen sechs Monaten nach Gefahrübergang eingetretenen mangelhaften Zustands eingreifende gesetzliche Vermutung, bereits zum Zeitpunkt des Gefahrübergangs habe – zumindest ein in der Entstehung begriffener – Sachmangel vorgelegen, nicht zutrifft. Er hat also darzulegen und nachzuweisen, dass ein Sachmangel zum Zeitpunkt des Gefahrübergangs noch nicht vorhanden war, weil sie ihren Ursprung in einem Handeln oder Unterlassen nach diesem Zeitpunkt hat und ihm damit nicht zuzurechnen ist. Gelingt ihm diese Beweisführung nicht, greift zugunsten des Käufers die Vermutung des § 477 BGB auch dann ein, wenn die Ursache für den mangelhaften Zustand oder der Zeitpunkt ihres Auftretens offengeblieben ist, also letztlich ungeklärt geblieben ist, ob überhaupt ein vom Verkäufer zu verantwortender Sachmangel vorlag. Da R dem H erfolglos eine angemessene Frist zur Nacherfüllung gesetzt hat, war sein Rücktritt wirksam. Er kann daher gemäß § 346 Abs. 1 BGB Rückzahlung des Kaufpreises verlangen.

6. *Worin unterscheiden sich Gewährleistung und Garantie? Was ist in der Regel für den Käufer günstiger?*
Als Gewährleistung bezeichnet man die gesetzliche Haftung des Verkäufers für Sach- oder Rechtsmängel gemäß §§ 434 ff. BGB. Die Garantie ist demgegenüber eine freiwillige Leistung des Verkäufers oder eines Dritten (vor allem des Herstellers) dafür, dass die Sache eine bestimmte Beschaffenheit besitzt (Beschaffenheitsgarantie) oder für eine bestimmte Dauer eine bestimmte Beschaffenheit behält (Haltbarkeitsgarantie). Im Gegensatz zur Gewährleistung umfasst die Haltbarkeitsgarantie auch Mängel, der erst nach Gefahrübergang eintreten. Der Käufer hat somit keine Beweisprobleme hinsichtlich des Zeitpunkts der Mangelhaftigkeit. Daher ist die Garantie in der Regel für den Käufer günstiger. Zu beachten ist aber, dass der Garantiegeber, da er die Garantie freiwillig anbietet, die Bedingungen frei gestalten kann. U.U. kann die Gewährleistung daher Mängel erfassen, die von der Garantie nicht abgedeckt werden.

7. *Worin besteht der Unterschied zwischen einer Beschaffenheitsvereinbarung und einer Beschaffenheitsgarantie?*
Durch eine Beschaffenheitsvereinbarung bestimmen die Parteien des Kaufvertrags die „Soll-Beschaffenheit" der Kaufsache. Wenn die Sache die vereinbarte Beschaffenheit nicht erfüllt, liegt ein Sachmangel i.S.d. § 434 Abs. 1 S. 1 BGB vor. Bei einer Beschaffenheitsgarantie verpflichtet sich der Verkäufer darüber hinaus, für alle Folgen eines Sachmangels einzustehen, selbst wenn ihn daran kein Verschul-

den trifft. Damit stehen dem Käufer Schadensersatzansprüche zu, wenn die Sache die garantierte Beschaffenheit nicht aufweist. Bei einer bloßen Beschaffenheitsvereinbarung haftet der Verkäufer demgegenüber grundsätzlich nur für Vorsatz und Fahrlässigkeit (§ 276 Abs. 1 S. 1 BGB).

8. *Was bedeutet der Vorrang der Nacherfüllung im Kaufrecht? Welche praktischen Auswirkungen hat er für die Rechte des Käufers?*
   Ist die Sache mangelhaft, so steht dem Käufer eine Vielzahl von Rechtsbehelfen zur Verfügung. Er kann Nacherfüllung verlangen, vom Vertrag zurücktreten, den Kaufpreis mindern und/oder Schadensersatz verlangen. Grundsätzlich hat der Käufer die freie Wahl, welchen Rechtsbehelf er ausübt. Das Wahlrecht wird allerdings in einem wichtigen Punkt eingeschränkt: Es besteht grundsätzlich ein Vorrang der Nacherfüllung. Dem Verkäufer wird hierdurch eine zweite Chance eingeräumt, die vertraglich vereinbarte Leistung ordnungsgemäß zu erbringen (sog. Möglichkeit der zweiten Andienung). Dies entspricht im Regelfall auch dem Interesse des Käufers, eine funktionsfähige Sache zu erhalten. Für den Käufer bedeutet dies, dass er dem Verkäufer grundsätzlich eine Frist zur Nacherfüllung setzen muss, bevor er vom Vertrag zurücktritt, den Kaufpreis mindert oder Schadensersatz statt der Leistung verlangt.

9. *Unter welchen Voraussetzungen kann ein Käufer, nachdem er auf einen Mangel an der von ihm erworbenen Kaufsache aufmerksam geworden ist, sofort, also ohne dem Verkäufer eine Frist zur Nacherfüllung zu setzen, vom Kaufvertrag zurücktreten?*
   Ein Rücktritt vom Kaufvertrag setzt gemäß §§ 437 Nr. 2, 323 Abs. 1 BGB grundsätzlich den erfolglosen Ablauf einer vom Käufer gesetzten Frist zur Nacherfüllung voraus. Die Fristsetzung ist in den Fällen des § 323 Abs. 2 BGB (ernsthafte und endgültige Erfüllungsverweigerung; relatives Fixgeschäft; Vorliegen besonderer Umstände, die unter Abwägung der beiderseitigen Interessen die sofortige Loslösung vom Vertrag rechtfertigen), § 326 Abs. 5 BGB (Unmöglichkeit der Nacherfüllung in beiden Varianten) und § 440 BGB (Verkäufer verweigert beide Arten der Nacherfüllung gemäß § 439 Abs. 4 BGB; zweimal fehlgeschlagene Nachbesserung) entbehrlich.

10. *Fall: K kauft beim M-Markt ein neues Notebook. Nachdem er mehrere Stunden damit verbracht hat, seine Daten auf das Gerät zu kopieren und einige Programme zu installieren, stellt er fest, dass die „X"-Taste nicht funktioniert. Er kehrt umgehend in den M-Markt zurück und verlangt den Austausch der Tastatur mit der eines baugleichen vorrätigen Geräts. M will das Gerät nur komplett austauschen, weil ihm der Aufwand des Aus- und Einbaus zu hoch ist. Wie ist die Rechtslage?*
    Ist die Sache mangelhaft, kann der Käufer gemäß §§ 437 Nr. 1, 439 Abs. 1 BGB als Nacherfüllung nach seiner Wahl entweder Reparatur oder Austausch verlangen. Hier macht K einen Reparaturanspruch geltend. Die Reparatur ist auch nicht etwa unmöglich, da eine Notebooktastatur von einem Fachmann regelmäßig ohne großen Aufwand getauscht werden kann. M kann die Reparatur aber nach § 439 Abs. 4 BGB verweigern und den K auf den Austausch des gesamten Geräts verweisen, wenn sie im Vergleich zum Austausch unverhältnismäßig hohe Kosten mit sich bringt (sog. relative Unverhältnismäßigkeit). Dabei sind aber auch die Interessen des Käufers zu berücksichtigen. Hier entstünde dem K durch den Austausch ein nicht unerheblicher Zeitaufwand für die erneute Einrichtung. Demge-

genüber halten die Mehrkosten der Reparatur sich für M in Grenzen, zumal es für ihn keinen Unterschied macht, ob er das ursprünglich verkaufte Gerät zurücknimmt und bei seinem Lieferanten reklamiert oder ob er entsprechend mit dem Gerät vorgeht, aus dem er die neue Tastatur entnimmt. K besteht daher zu Recht auf den Austausch der Tastatur.

11. *Muss der Käufer die mangelhafte Sache zur Nacherfüllung zum Verkäufer bringen oder kann er verlangen, dass der Verkäufer zwecks Nacherfüllung zu ihm kommt?*
Der Ort, an dem der Verkäufer die Nacherfüllung zu erbringen hat, ist umstritten. Für den Kaufvertrag hat der BGH entschieden, dass sich eine generelle Festlegung verbietet. Entscheidend ist danach stets eine Einzelfallbetrachtung. In der Regel soll die Nacherfüllung aber am Sitz des Verkäufers erfolgen. Das soll insbesondere dann gelten, wenn die Sache transportabel ist und die Nacherfüllung einen technischen Aufwand erfordert, der sinnvoll nur am Sitz des Verkäufers vorgenommen werden kann.

12. *Fall: R kauft beim Händler H einen neuen Rasenmäher. Zu Hause angekommen, muss R feststellen, dass der Rasenmäher defekt ist. Wutschnaubend kehrt R in das Geschäft des H zurück und erklärt, er trete vom Kaufvertrag zurück. Ist das möglich?*
Nein! Ist die Sache mangelhaft, so steht dem Käufer gemäß § 437 BGB eine Vielzahl von Rechtsbehelfen zur Verfügung. Ein Rücktritt ist nach § 323 Abs. 1 BGB erst nach Ablauf einer angemessenen Frist zur Nacherfüllung möglich. Durch die Fristsetzung soll dem Verkäufer die Gelegenheit eingeräumt werden, die vertraglich vereinbarte Leistung ordnungsgemäß zu erbringen. R kann nicht sofort vom Vertrag zurücktreten.

13. *Fall: K kauft beim Händler H einen Jahreswagen. Nach ein paar Tagen stellt er fest, dass der Radioempfang nur sehr eingeschränkt funktioniert. Das Gerät findet nur sporadisch einen Sender und rauscht sonst nur. Er fordert H auf, den Mangel zu beseitigen. H kommt dem umgehend nach. Einige Wochen später zeigt das Radio wieder dieselben Ausfallerscheinungen. Wieder repariert H das Gerät. Als drei Tage später erneut dasselbe Problem auftritt, ist die Geduld des K erschöpft. Er fragt, ob er das Gerät bei einem anderen Händler auf Kosten des H austauschen lassen kann.*
K könnte die Kosten des Austauschs im Wege des Schadensersatzes statt der Leistung gemäß §§ 437 Nr. 3, 280, 281 BGB ersetzt verlangen. Hier liegt unzweifelhaft ein Mangel vor. Nach § 281 BGB kann K jedoch erst Schadensersatz statt der Leistung verlangen, wenn er H zuvor erfolglos eine angemessene Frist zur Nacherfüllung gesetzt hat. Einer Fristsetzung bedarf es jedoch nach § 440 S. 1 BGB nicht, wenn die Nacherfüllung fehlgeschlagen ist. Von einem Fehlschlagen ist nach § 440 S. 2 BGB grundsätzlich nach dem erfolglosen zweiten Nacherfüllungsversuch auszugehen. Hier konnte H den Mangel am Radiogerät trotz zweier Reparaturversuche nicht beheben. K kann somit Schadensersatz statt der Leistung verlangen (hier: „kleiner Schadensersatz").

14. *Fall: Im vorigen Fall fragt K, ob er wegen des Mangels vom Vertrag zurücktreten kann.*
Grundsätzlich kann K nach §§ 437 Nr. 2, 323 BGB vom Kaufvertrag zurücktreten, weil der Wagen mangelhaft und die Fristsetzung nach § 440 BGB entbehrlich ist. Zu berücksichtigen ist jedoch, dass es sich bei dem fehlerhaften Radioempfang um keinen besonders schwerwiegenden Mangel handelt. Um den Verkäufer nicht

unverhältnismäßig hohen Kosten auszusetzen, ist der Rücktritt nach § 323 Abs. 5 S. 2 BGB ausgeschlossen, wenn die Pflichtverletzung unerheblich ist. Bei einem behebbaren Mangel, wie er hier gegeben ist, bestimmt sich die Erheblichkeit nach dem Verhältnis der Kosten der Mängelbeseitigung zum vereinbarten Kaufpreis. Die Rechtsprechung geht hier von einem Grenzwert von 5 % des Kaufpreises aus. Hier werden die Kosten für den Austausch des Radiogeräts diese Schwelle sicherlich nicht überschreiten. In diesem Fall ist der Rücktritt ausgeschlossen.

15. *Fall: K kauft bei V ein neues Fahrrad (Wert: 500 €) für 400 €. Es stellt sich heraus, dass die Gangschaltung defekt ist. Infolge des Mangels hat das Fahrrad nur noch einen Wert von 400 €. Als V sich trotz mehrfacher Aufforderungen des K strikt weigert, die Gangschaltung zu reparieren, fragt K, ob und in welcher Höhe er den Kaufpreis mindern kann.*

Hier liegt ein Sachmangel vor, der wegen der ernsthaften und endgültigen Weigerung des K, den Mangel zu beheben, zur sofortigen Minderung berechtigt (§§ 437 Nr. 2, 441 Abs. 1 S. 1, 323 Abs. 2 Nr. 1 BGB). Bei der Minderung darf nicht einfach der Wertverlust infolge des Mangels vom Kaufpreis abgezogen werden, da sonst das vertraglich vereinbarte Verhältnis von Leistung und Gegenleistung gestört würde. Vielmehr ist der Kaufpreis in demselben Maße zu reduzieren, wie der Wert sich infolge des Mangels gemindert hat, hier also um 20 %. Folge: K kann den Kaufpreis um 80 € auf 320 € mindern. Sollte er den Kaufpreis bereits gezahlt haben, kann er nach § 441 Abs. 4 BGB Rückzahlung von 80 € verlangen.

16. *Fall: M kauft beim Discounter P Rucolasalat, der teilweise mit einem gefährlichen Pflanzengift besprizt wurde. Er erleidet eine schwere Vergiftung, die ärztlich behandelt werden muss. M verlangt von P Ersatz der Arztkosten. P lehnt ab mit der Begründung, die untersuchten Stichproben seien einwandfrei gewesen. Wie ist die Rechtslage?*

M kann gemäß §§ 437 Nr. 3, 280 Abs. 1 BGB Schadensersatz verlangen, wenn P eine mangelhafte Sache geliefert und den Mangel zu vertreten hat. Das Pflanzengift auf den Rucolablättern stellt einen Sachmangel gemäß § 434 Abs. 1 S. 2 Nr. 2 BGB dar. P ist als Zwischenhändler allerdings nicht verpflichtet, jede Packung Salat zu untersuchen. Eine stichprobenartige Untersuchung genügt den Anforderungen an die verkehrsübliche Sorgfalt. Zwar wird das Vertretenmüssen vermutet (§ 280 Abs. 1 S. 2 BGB). Sofern P aber nachweisen kann, dass er die erforderlichen Stichproben durchgeführt hat, hat er die Vermutung widerlegt. M hat dann keinen Schadensersatzanspruch gegen P.

17. *Können die Parteien eines Kaufvertrags die Gewährleistung individualvertraglich ausschließen?*

Ein Gewährleistungsausschluss ist individualvertraglich sowohl im rein unternehmerischen Verkehr als auch im rein privaten Verkehr zulässig. Der Verkäufer kann sich jedoch nicht auf den Haftungsausschluss berufen, soweit er den Mangel arglistig verschwiegen oder eine Beschaffenheitsgarantie übernommen hat (§ 444 BGB). Im Verbrauchsgüterkauf können dagegen allein Schadensersatzansprüche abbedungen werden (§ 476 Abs. 3 BGB). Die sonstigen Rechte des Käufers dürfen im Kaufvertrag nicht eingeschränkt werden (§ 476 Abs. 1 BGB). Lediglich beim Kauf gebrauchter Sachen kann die Gewährleistungsfrist des § 438 BGB auf ein Jahr verkürzt werden (§ 476 Abs. 2 BGB).

18. *Fall: Student S kauft von seinem Kommilitonen V ein gebrauchtes Fahrrad (Zeitwert: 400 €) für 360 € unter Ausschluss „jeglicher Garantie". Einige Tage macht sich ein bereits bei Übergabe vorhandener – dem V jedoch unbekannter – Defekt der Gangschaltung bemerkbar. Infolge des Mangels hat das Fahrrad nur noch einen Wert von 300 €. S fragt sich, ob er von V Reparatur des Fahrrads verlangen kann.*

Hier liegt ein Sachmangel bei Gefahrübergang vor, weshalb S grundsätzlich die Rechte des § 437 BGB zustehen. Diese Rechte könnten aber durch die zwischen den Parteien getroffene Vereinbarung „Ausschluss jeglicher Garantie" wirksam abbedungen sein. Allerdings ist die Gewährleistung als gesetzliche Haftung des Verkäufers für Sach- oder Rechtsmängel gemäß §§ 434 ff. BGB von der Garantie zu unterscheiden. Letztere ist eine freiwillige Leistung des Verkäufers oder eines Dritten (vor allem des Herstellers) dafür, dass die Sache eine bestimmte Beschaffenheit besitzt (Beschaffenheitsgarantie) oder für eine bestimmte Dauer eine bestimmte Beschaffenheit behält (Haltbarkeitsgarantie).

Hier ist nach dem Wortlaut allein die „Garantie" ausgeschlossen. Diese Vereinbarung ist sinnlos, weil der Käufer ohne besondere Vereinbarung überhaupt keine Garantieansprüche hat. Der BGH legt einen „Garantieausschluss" in Kaufverträgen zwischen Privatpersonen jedoch grundsätzlich als Gewährleistungsausschluss aus. Im allgemeinen Sprachgebrauch werde von juristischen Laien – und um solche handelt es sich hier – der Begriff „Garantie" nicht im Rechtssinne, sondern regelmäßig als Synonym für die gesetzliche Gewährleistung gebraucht. Im Ergebnis stehen dem S daher keine Gewährleistungsrechte zu.

6. Kapitel: Allgemeine Geschäftsbedingungen

1. *Was sind AGB?*

AGB sind Vertragsbedingungen, die für eine Vielzahl von Verträgen vorformuliert sind und die eine Vertragspartei der anderen Vertragspartei bei Abschluss eines Vertrags stellt (§ 305 Abs. 1 BGB). Bei einem Verbrauchervertrag sind die wichtigsten Vorschriften der AGB-Kontrolle sogar dann anwendbar, wenn der Unternehmer die Klauseln nur zur einmaligen Verwendung bestimmt hat (§ 310 Abs. 3 Nr. 2 BGB).

2. *Wann entfalten AGB Rechtswirkungen?*

AGB entfalten nur Rechtswirkungen, wenn sie Bestandteil eines Vertrags geworden sind. Im unternehmerischen Verkehr geschieht dies gemäß den allgemeinen Regelungen der §§ 145 ff. BGB durch Angebot und Annahme (Rückschluss aus § 310 Abs. 1 BGB). Im Rahmen einer bestehenden Geschäftsbeziehung ist nicht erforderlich, dass bei jedem einzelnen Geschäft erneut auf die AGB verwiesen wird.

Außerhalb des rein unternehmerischen Verkehrs gelten verschärfte Anforderungen an die Einbeziehung von AGB (§ 305 Abs. 2 BGB). Die andere Partei muss nicht nur mit der Geltung der AGB einverstanden sein. Der Verwender muss sie darüber hinaus bei Vertragsschluss ausdrücklich auf die AGB hinweisen (§ 305 Abs. 2 Nr. 1 BGB). Zudem muss der Verwender der anderen Partei bei Vertragsschluss die Möglichkeit verschaffen, in zumutbarer Weise vom Inhalt der Bedingungen Kenntnis zu nehmen (§ 305 Abs. 2 Nr. 2 BGB).

3. *Erläutern Sie das Verhältnis zwischen AGB und Individualvereinbarungen! Besteht die Möglichkeit, mündliche Vertragsänderungen per AGB auszuschließen?*
Gemäß § 305 b BGB haben individuelle Vertragsabreden Vorrang vor AGB, auch wenn die Individualvereinbarungen nur mündlich getroffen werden. Im Rechtsverkehr finden sich aber häufig sog. Schriftformklauseln. Danach sollen Vertragsänderungen nur wirksam sein, wenn sie schriftlich vereinbart werden (einfache Schriftformklausel). Allerdings gehen Vertragsänderungen gemäß § 305 b BGB allen AGB – und damit auch der Schriftformklausel – vor. Eine mündliche Vertragsänderung bedeutet zugleich den Verzicht auf das Schriftformerfordernis. Die einfache Schriftformklausel ist damit rechtlich ohne Bedeutung. In der Praxis wurde daher versucht, das Formerfordernis auf die Aufhebung der Schriftform selbst zu erstrecken (doppelte Schriftformklausel). Jedoch gehen Individualabreden nach Auffassung des BGH nach § 305 b BGB auch einer solchen doppelten Schriftformklausel vor. Das BAG gelangt zu demselben Ergebnis, indem es doppelte Schriftformklauseln wegen Verstoßes gegen § 307 Abs. 1 BGB für unwirksam hält.

4. *Was ist die Folge, wenn eine AGB-Klausel gegen die §§ 307 ff. BGB verstößt?*
Verstößt eine Klausel gegen eine Bestimmung der §§ 307 ff. BGB, ist sie nichtig. An ihre Stelle treten die gesetzlichen Bestimmungen und füllen die entstandene Lücke aus. Der Vertrag bleibt im Übrigen grundsätzlich wirksam (§ 306 BGB). Eine Besonderheit tritt auf, wenn nur ein Teil einer Klausel nichtig ist. Grundsätzlich findet keine Reduktion der Klausel auf das noch Erlaubte statt, da das Risiko der Unwirksamkeit beim Verwender verbleiben soll (sog. Verbot der geltungserhaltenden Reduktion).

7. Kapitel: Schadensersatzansprüche außerhalb vertraglicher Beziehungen

1. *Fall: K schlägt dem V ohne jeden Grund ins Gesicht. V erleidet eine Kieferfraktur, die ihn zu einem mehrwöchigen Krankenhausaufenthalt zwingt. Kann V Schadensersatz für die Behandlungskosten verlangen?*
K ist gemäß § 823 Abs. 1 BGB zum Schadenersatz verpflichtet, wenn er schuldhaft und widerrechtlich eine Körperverletzung begangen hat. Der Schadensersatzanspruch hat vier Voraussetzungen, die allesamt erfüllt sein müssen: K muss ein in § 823 Abs. 1 BGB genanntes Rechtsgut (hier: Körper des V) verletzt haben. Die Verletzung muss rechtswidrig sein. K muss schuldhaft, d.h. vorsätzlich oder fahrlässig, gehandelt haben. Schließlich sind nur solche Schäden zu ersetzen, die gerade aufgrund der Handlung des K entstanden sind (Kausalität). Diese Voraussetzungen sind vorliegend erfüllt. V kann somit die Behandlungskosten von K ersetzt verlangen.

2. *Fall: P fährt mit einem Mietwagen zum Einkaufen in die Stadt. Als er zu seinem Auto zurückkehrt, muss er erkennen, dass es vom Pkw des S zugeparkt ist. Da er noch einen Termin hat, fährt er mit öffentlichen Verkehrsmitteln. Kann P die Kosten für die Fahrt von S ersetzt verlangen?*
Zwar ist P nicht Eigentümer des Wagens, doch hat die Rechtsprechung den „berechtigten Besitz" – genauer: das „Recht zum Besitz" – als „sonstiges Recht" im Rahmen des § 823 Abs. 1 BGB anerkannt. Damit werden etwa der Mieter, der Pächter oder der Leasingnehmer deliktsrechtlich im Ergebnis gleich einem Eigentümer geschützt. Hier hat S zwar nicht in die Sachsubstanz des von S gemieteten Wa-

gens eingegriffen. Gleichwohl ist der Wagen für die Dauer des Zuparkens für seinen bestimmungsgemäßen Gebrauch (Fortbewegung auf öffentlichen Straßen) nicht mehr zu nutzen. Hierin liegt eine Verletzung des Rechts zum Besitz des P, die zum Schadensersatz (Fahrpreis für die öffentlichen Verkehrsmittel) verpflichtet.

3. *Fall: A beauftragt den Malermeister M mit dem Anstrich des eigenen Reihenmittelhauses. M schickt seinen bisher immer zuverlässig gewesenen Gesellen G, um die Arbeit zu verrichten. G hat nicht seinen besten Tag erwischt. Er beschädigt mit der Leiter den Putz des Nachbarhauses, das dem B gehört. Kann B die Kosten für die Reparatur von G oder M im Rahmen des Deliktrechts ersetzt verlangen?*

G hat durch seine Unachtsamkeit die Fassade des Hauses des B und damit dessen Eigentum schuldhaft und widerrechtlich beschädigt. Gemäß § 823 Abs. 1 BGB ist G dem B daher zum Schadensersatz verpflichtet. Daneben haftet M gemäß § 831 Abs. 1 BGB für die Beschädigung durch seinen Verrichtungsgehilfen G, wenn ihn bei der Auswahl des G ein Verschulden trifft. Das ist der Fall, wenn er den Verrichtungsgehilfen entweder nicht sorgfältig ausgewählt oder nicht ordnungsgemäß überwacht hat. Trifft den Geschäftsherrn ein solches „Auswahlverschulden", so haftet er für jeden Schaden, den der Verrichtungsgehilfe einem anderen in Ausführung der Verrichtung widerrechtlich zugefügt hat. Dies ist vorliegend jedoch nicht der Fall. Da G bisher stets zuverlässig alle Arbeiten durchgeführt hat, kann M das (vermutete) Auswahlverschulden widerlegen und sich somit „exkulpieren".

4. *Unter welchen Voraussetzungen haftet ein Hersteller für seine fehlerhaften Produkte?*

Gemäß § 1 Abs. 1 ProdHaftG ist der Hersteller zum Schadensersatz verpflichtet, wenn durch den Fehler eines Produkts jemand getötet oder der Körper oder die Gesundheit verletzt wird. Gleiches gilt, wenn durch das fehlerhafte Produkt eine weitere Sache beschädigt wird, sofern diese für den privaten Ge- oder Verbrauch bestimmt und verwendet worden ist. Ein Verschulden des Herstellers ist nicht erforderlich. Allerdings kennt das ProdHaftG bei Sachschäden einen Selbstbehalt des Geschädigten von 500 € und bei Personenschäden eine Haftungsobergrenze (85 Mio. €).

Darüber hinaus kann der Hersteller auch nach § 823 Abs. 1 BGB haften, sofern durch sein fehlerhaftes Produkt ein geschütztes Rechtsgut verletzt wird. Diese sog. Produzentenhaftung kann für den Geschädigten vorteilhaft sein, weil sie weder eine Selbstbeteiligung noch eine Haftungsobergrenze kennt. Allerdings setzt der Anspruch nach § 823 Abs. 1 BGB ein Verschulden des Herstellers voraus, das nach der Rechtsprechung vermutet wird, wenn der Geschädigte einen Fehler des Produkts nachweist.

8. Kapitel: Inhalt und Umfang des Schadensersatzes

1. *Welche drei grundlegenden Prinzipien des Schadensrechts kennen Sie?*

Nach dem Grundsatz der Totalreparation hat der Schädiger den von ihm verursachten (Vermögens-)Schaden vollständig auszugleichen. Es gibt grundsätzlich weder eine Selbstbeteiligung noch eine Begrenzung des Schadensersatzanspruchs auf einen bestimmten Höchstbetrag. Der Grundsatz der Totalreparation wird flankiert vom Gebot der Wirtschaftlichkeit. Danach muss der Geschädigte, sofern es mehrere gleichwertige und ihm zumutbare Möglichkeiten gibt, den Schaden zu beheben,

den wirtschaftlichsten Weg wählen. Schließlich gilt im Schadensrecht das sog. Verbot der Überkompensation. Danach ist nur der tatsächlich eingetretene Schaden zu ersetzen. Der Schadensersatz darf nicht zu einer Bereicherung des Geschädigten führen.

2. *Kann der Geschädigte Ersatz immaterieller Schäden verlangen?*
Immaterielle Schäden sind grundsätzlich nicht ersatzfähig (§ 253 Abs. 1 BGB). Ausnahmen hiervon sieht § 253 Abs. 2 BGB vor. Danach kann der Geschädigte Ersatz des immateriellen Schadens (Schmerzensgeld) verlangen, wenn der Körper, die Gesundheit, die Bewegungsfreiheit oder die sexuelle Selbstbestimmung verletzt worden ist. Entsprechendes gilt vor dem Hintergrund der Art. 1 Abs. 1, 2 Abs. 1 GG bei einem schwerwiegenden Eingriff in das allgemeine Persönlichkeitsrecht.

3. *Was versteht man unter dem „merkantilen Minderwert"? Ist dieser ersatzfähig?*
Nach § 251 Abs. 1 BGB ersatzfähig ist auch der sog. „merkantile Minderwert". Damit werden Fälle bezeichnet, in denen der Schaden an der Sachsubstanz zwar durch Reparatur behoben werden kann. Gleichwohl verbleibt dem Geschädigten ein wirtschaftlicher Nachteil, weil die Sache infolge der Beschädigung trotz ordnungsgemäßer Reparatur auf dem Markt geringer bewertet wird. Grund ist die Befürchtung, es könnten verborgene Spätfolgen eintreten. Voraussetzung ist, dass ein Markt für die beschädigte Sache vorhanden ist, auf dem sich der Minderwert in Gestalt eines geringeren Marktpreises auswirken kann (wichtigstes Bsp.: Gebrauchtwagenmarkt).

4. *Fall: U beauftragt B mit dem Bau eines Bürohauses im Herzen von Frankfurt, das er anschließend vermieten will. Aufgrund eines Baumangels muss das Gebäude jedoch erst mehrere Monate lang nachgebessert werden. U verlangt Ersatz des Mietausfallschadens. B meint, U müsse erst einmal beweisen, dass er das Bürohaus auch tatsächlich ab dem ursprünglich vereinbarten Fertigstellungstermin hätte vermieten können. U kann den Beweis nicht erbringen. Kann U dennoch Ersatz des Mietausfallschadens verlangen?*
Gemäß §§ 249 Abs. 1, 252 BGB kann U den Mietausfall als entgangenen Gewinn ersetzt verlangen. Nach § 252 S. 2 BGB muss er nicht beweisen, dass er mit bestimmten Personen auch tatsächlich Mietverträge abgeschlossen hätte. Zulässig ist eine abstrakte Schadensberechnung. Hier konnte nach dem gewöhnlichen Lauf der Dinge erwartet werden, dass U die Büroräume zur verkehrsüblichen Miethöhe vermietet hätte.

5. *Der Geschädigte kann grundsätzlich nur Ersatz derjenigen Schäden verlangen, die kausal infolge des schädigenden Ereignisses eingetreten sind. Nach welchen Methoden bestimmt sich die Kausalität?*
Unter Kausalität versteht man grundsätzlich Ursächlichkeit. Kausal für einen Schaden ist jedes Ereignis, das nicht hinweggedacht werden kann, ohne dass der Schaden entfiele (*conditio sine qua non*). Diese sog. Äquivalenztheorie, nach der alle Ursachen gleichwertig sind, geht jedoch erheblich zu weit. Sie wird daher eingeschränkt durch die sog. Adäquanztheorie. Danach muss zwischen dem schädigenden Ereignis und dem Schaden ein adäquater Kausalzusammenhang bestehen. Die Möglichkeit des Schadenseintritts darf nicht außerhalb jeder Wahrscheinlichkeit liegen. Die Ursache muss also nach dem gewöhnlichen Lauf der Dinge geeignet sein, einen Schaden gerade in der Art herbeizuführen, wie er tatsächlich eingetreten ist.

9. Kapitel: Verjährung und Verwirkung

1. *Was versteht man unter „Verjährung"? Welchen Zweck erfüllt sie?*
   Unter Verjährung (§ 194 Abs. 1 BGB) versteht man den Zeitablauf, der dem Schuldner das Recht einräumt, die Leistung zu verweigern. Die Verjährung dient in erster Linie der Wahrung des Rechtsfriedens und der Rechtssicherheit und damit öffentlichen Interessen. Daneben werden Interessen des (vermeintlichen) Schuldners geschützt. Der Zeitablauf kann die Beweisposition des Schuldners und die Möglichkeit verschlechtern, selbst bei einem Dritten Regress zu nehmen. Zudem dient die Verjährung dem Schutz seiner Dispositionsfreiheit; er muss nicht lebenslang Rücklagen bilden für alle möglichen denkbaren Ansprüche.

2. *Fall: A kauft bei B am 30.11.2015 einen Plasmafernseher. Als dieser am 2.12.2017 wegen eines Mangels, der bereits bei Übergabe des Geräts vorlag, seinen Dienst versagt, verlangt A von B Reparatur. Kann B die Reparatur verweigern?*
   B kann die Reparatur verweigern, wenn der Nacherfüllungsanspruch des A verjährt ist (§ 214 Abs. 1 BGB). Der Anspruch auf Nacherfüllung (§ 439 Abs. 1 BGB) unterliegt einer zweijährigen Verjährungsfrist (§ 438 Abs. 1 Nr. 3 BGB). Anders als die regelmäßige Verjährungsfrist beginnt diese nicht erst am Ende des Jahres zu laufen, sondern bereits mit Ablieferung der Sache (§ 438 Abs. 2 BGB). Mit Ablauf des 30.11.2017 ist also Verjährung eingetreten. B kann die Reparatur verweigern.

10. Kapitel: Eigentumsübertragung und Forderungsabtretung

1. *Was versteht man unter einer „Sache"? Ist ein Einfamilienhaus eine Sache?*
   Eine Sache ist nach der Legaldefinition in § 90 BGB jeder körperliche Gegenstand. Darunter fallen nicht nur bewegliche Sachen, sondern auch Immobilien. Ein Haus ist entgegen dem allgemeinen Sprachgebrauch keine selbstständige Sache im Rechtssinn. Es ist vielmehr nach § 94 Abs. 1 S. 1 BGB ein wesentlicher Bestandteil des Grundstücks, auf dem es gebaut ist. Man kann also niemals Eigentümer und Besitzer eines Hauses, sondern immer nur eines Grundstücks sein.

2. *Wie wird eine bewegliche Sache übereignet?*
   Zur rechtsgeschäftlichen Übertragung des Eigentums an einer beweglichen Sache ist erforderlich, dass der Eigentümer die Sache dem Erwerber übergibt und beide darüber einig sind, dass das Eigentum übergehen soll (§ 929 S. 1 BGB).

3. *Fall: A und B treffen sich eines Nachmittags im Park. Dabei kommen sie auf ein altes Sammelkartenalbum zu sprechen, das der A seit Jahren im Schrank stehen hat. A wollte das Album schon lange entsorgen, B hingegen hat den A seit jeher um sein Album beneidet. Um dem B eine Freude zu machen, sagt A: „Du kannst das Album haben. Es gehört jetzt dir." Ist B nun Eigentümer des Albums geworden?*
   Hier sind sich A und B über den Eigentumsübergang einig. Nach § 929 S. 1 BGB ist darüber hinaus aber auch die Übergabe der Sache erforderlich. Zur Übergabe muss der Veräußerer seinen Besitz (§ 854 BGB) an der Sache aufgeben, der Erwerber ihn erlangen. Dies ist vorliegend noch nicht geschehen, da sich das Album noch im Schrank des A befindet. B ist (bisher) nicht Eigentümer geworden.

4. *Ist es möglich, Eigentum vom Nichtberechtigten zu erlangen?*
   Auch ohne Wissen und Zustimmung des wahren Eigentümers kann ein Dritter gemäß § 932 Abs. 1 BGB Eigentum erlangen (sog. gutgläubiger Erwerb). Der deut-

sche Gesetzgeber hat sich aus Gründen des Verkehrsschutzes für die grundsätzliche Möglichkeit eines Eigentumserwerbs vom Nichtberechtigten entschieden. Die Grenze des Verkehrsschutzes ist jedoch erreicht, wenn der Erwerber hinsichtlich der Eigentümerstellung des Veräußerers bösgläubig ist. Das ist dann der Fall, wenn ihm bekannt oder infolge grober Fahrlässigkeit unbekannt ist, dass die Sache nicht dem Veräußerer gehört (§ 932 Abs. 2 BGB). Ein gutgläubiger Erwerb scheidet außerdem aus, wenn die Sache dem Eigentümer gestohlen worden, verloren gegangen oder sonst abhandengekommen war (§ 935 BGB).

5. *Was versteht man unter einem Eigentumsvorbehalt?*
   Wird eine Sache unter Eigentumsvorbehalt übereignet, erfolgt die dingliche Einigung im Rahmen von § 929 BGB unter der aufschiebenden Bedingung (§ 158 Abs. 1 BGB), dass das Eigentum erst mit vollständiger Zahlung des Kaufpreises auf den Erwerber übergehen soll.

6. *Erläutern Sie, wie Grundstücke übereignet werden!*
   Zur Übertragung des Eigentums an einem Grundstück sind die Einigung der Parteien über den Eigentumswechsel sowie die Eintragung der Rechtsänderung in das Grundbuch erforderlich (§ 873 Abs. 1 BGB). Die zur Eigentumsübertragung erforderliche Einigung nennt man auch Auflassung; sie muss bei gleichzeitiger Anwesenheit beider Teile vor einem Notar erklärt werden (§ 925 BGB). In der Praxis erfolgt die Auflassung zeitgleich mit dem Abschluss des (ebenfalls notariell zu beurkundenden) Kaufvertrags.

7. *Welchen Zweck erfüllt die Eintragung einer Vormerkung in das Grundbuch?*
   Vom Zeitpunkt der Einigung über den Eigentumserwerb eines Grundstücks bis zur Eintragung ins Grundbuch vergeht regelmäßig einige Zeit (von bis zu mehreren Monaten). Um sich während dieser Zeit vor Zwischenverfügungen über die Immobilie zu schützen, besteht für den Erwerber die Möglichkeit der Eintragung einer Vormerkung, die deutlich schneller in das Grundbuch aufgenommen werden kann. Diese ist grundsätzlich vom Veräußerer zu bewilligen und „prophezeit" der Allgemeinheit den bevorstehenden Eigentumsübergang an der Immobilie.

8. *Fall: Der 17-jährige Lehrling L entwendet aus der Lagerhalle des Handwerksmeisters H einen Stapel Bodenfliesen. Am nächsten Morgen verlegt er diese sorgfältig im Bad im Haus seiner Eltern, die begeistert sind, da sie das Bad ohnehin renovieren wollten. Als H von dem Treiben des L erfährt, fährt er zu den Eltern des L und verlangt „seine" Fliesen heraus. Zu Recht?*
   Ein rechtsgeschäftlicher Eigentumsübergang ist nicht erfolgt, da dem H die Fliesen gestohlen wurden. Eigentum kann jedoch nicht nur rechtsgeschäftlich, sondern gemäß §§ 946 ff. BGB auch kraft Gesetzes erworben werden. Wird eine bewegliche Sache mit einem Grundstück dergestalt verbunden, dass sie wesentlicher Bestandteil des Grundstücks wird, so erstreckt sich das Eigentum an dem Grundstück auf diese Sache (§ 946 BGB). Zu den wesentlichen Bestandteilen eines Grundstücks gehören die mit dem Grund und Boden fest verbundenen Sachen, insbesondere Gebäude (§ 94 Abs. 1 BGB). Zu den wesentlichen Bestandteilen eines Gebäudes wiederum zählen die zur Herstellung des Gebäudes eingefügten Sachen (§ 94 Abs. 2 BGB). H hat hier durch das Verlegen der Fliesen sein Eigentum an ihnen verloren. Er kann die Fliesen nicht mehr herausverlangen, aber Wertersatz verlangen (vgl. § 951 Abs. 1 S. 2 BGB).

9. *Fall: Unternehmer U hat gegen verschiedene Händler, u.a. gegen H, Kaufpreisforderungen in Höhe von insgesamt 100.000 €. Weil U dringend Geld benötigt, verkauft er all diese Forderungen an die Bank B für 80.000 €; gleichzeitig vereinbaren U und B die Abtretung der Forderungen. Einige Wochen später unterrichten U und B in einem gemeinsamen Schreiben die Händler über die Forderungsabtretung. H ist empört über den „Gläubigeraustausch". Weil er diesen ohne seine Zustimmung für unwirksam erachtet, überweist er den von ihm geschuldeten Betrag an U. Muss H den Kaufpreis noch einmal an B zahlen?*

Ohne besondere Vereinbarung ist die Zustimmung oder auch nur die Benachrichtigung des Schuldners für die Wirksamkeit der Abtretung nicht erforderlich (sog. stille Abtretung). B ist daher auch ohne Zustimmung des H nach § 398 BGB Inhaber der Kaufpreisforderung geworden und kann daher grundsätzlich Zahlung verlangen.

Da es einer Zustimmung des Schuldners für die Wirksamkeit der Abtretung nicht bedarf, kann es passieren, dass der Schuldner von der Abtretung keine Kenntnis hat und die geschuldete Leistung an den Altgläubiger erbringt. Der Schuldner wird in diesem Fall durch § 407 BGB geschützt: Danach muss der Zessionar (Neugläubiger) die Leistung an den Zedenten (Altgläubiger) gegen sich gelten lassen, wenn der Schuldner die Abtretung nicht kannte. Die Zahlung an den alten Gläubiger hat in diesem Fall befreiende Wirkung für den Schuldner. Da H hier allerdings über die Abtretung informiert worden war, kann er sich auf § 407 BGB nicht berufen. Der Anspruch des B ist daher nicht gemäß § 362 Abs. 1 BGB erfüllt worden. H muss deshalb noch einmal an B zahlen; die an U gezahlte Summe kann er nach § 812 BGB von diesem wieder herausverlangen.

11. Kapitel: Darlehen und Sicherheiten

1. *Erläutern Sie die Grundzüge des Darlehensvertrags!*

Der Darlehensgeber hat dem Darlehensnehmer die versprochene Geldsumme zur Verfügung zu stellen, d.h. zu überweisen oder zu übereignen. Der Darlehensnehmer ist verpflichtet, die erhaltene Geldsumme zum vereinbarten Zeitpunkt bzw. nach Kündigung des Darlehens zurückzuerstatten. Sind Zinsen vereinbart, hat er auch diese entsprechend zu begleichen.

2. *Was versteht man unter einem Bürgschaftsvertrag?*

Die Bürgschaft ist die praktisch bedeutsamste Personalsicherheit. Durch den Bürgschaftsvertrag verpflichtet sich der Bürge gegenüber dem Gläubiger eines Dritten, für die Erfüllung der Verbindlichkeit des Dritten einzustehen (§ 765 Abs. 1 BGB). Die Verpflichtung des Bürgen beruht nicht auf einer einseitigen Erklärung, sondern setzt eine korrespondierende Willenserklärung des Gläubigers voraus. Der Bürgschaftsvertrag ist von dem Rechtsverhältnis zu trennen, das zwischen dem Dritten, dem Hauptschuldner, und dessen Gläubiger besteht.

3. *Sind der Ausgestaltung eines Bürgschaftsvertrags zulasten des Bürgen Grenzen gesetzt?*

Bürgschaftsverträgen sind im Hinblick auf eine mögliche Sittenwidrigkeit (§ 138 BGB) Grenzen gesetzt. Sittenwidrig sind Bürgschaftsverträge vor allem dann, wenn zwischen der finanziellen Leistungsfähigkeit des Bürgen und der Bürgschaftssumme ein krasses Missverhältnis besteht (objektives Element) und darüber hinaus die Erteilung der Bürgschaft auf einer emotionalen, insbesondere familiären Bindung an

den Hauptschuldner zurückzuführen ist (subjektives Element). Eine krasse finanzielle Überforderung ist gegeben, wenn der Bürge nicht einmal die laufenden Zinsen der Hauptschuld aufbringen kann. Übernimmt er dennoch dem Ehegatten oder einem Angehörigen zuliebe eine Bürgschaft, ist diese sittenwidrig, wenn der Bürge aus der Übernahme der Bürgschaft bzw. aus der Gewährung des Kredits nicht einen unmittelbaren Vorteil erlangt.

4. *Fall: K kauft bei H eine Waschmaschine auf Raten. Um sich abzusichern, fordert H eine Bürgschaft des vermögenden M. Als K auch nach mehreren Monaten und diversen Mahnungen den Kaufpreis nicht begleicht, wendet sich H an M und verlangt Zahlung. Zu Recht?*
Der Bürge haftet dem Gläubiger grundsätzlich nur subsidiär. Er kann jede Zahlung an den Gläubiger so lange verweigern, wie der Gläubiger nicht eine Zwangsvollstreckung gegen den Hauptschuldner ohne Erfolg versucht hat (Einrede der Vorausklage, § 771 S. 1 BGB). Sofern es sich bei der Bürgschaft nicht um eine selbstschuldnerische Bürgschaft (§ 773 Abs. 1 Nr. 1 BGB) handelt, steht dem Bürgen diese Einrede offen. M muss hier also (noch) nicht zahlen.

5. *Worin unterscheiden sich Bürgschaft und Schuldbeitritt?*
Sowohl Bürgschaft als auch Schuldbeitritt stellen Personalsicherheiten dar. Im Gegensatz zur Bürgschaft ist der Schuldbeitritt nicht gesetzlich geregelt, aber von der Rechtsprechung seit Langem anerkannt. Der Beitretende steht nicht akzessorisch für eine fremde Verbindlichkeit (des Hauptschuldners) ein, sondern begründet eine eigene Verpflichtung. Er haftet gleichrangig und gesamtschuldnerisch mit dem Schuldner. Anders als die Bürgschaftserklärung kann der Schuldbeitritt grundsätzlich auch formfrei erfolgen; das Schriftformerfordernis für die Bürgschaft (§ 766 BGB) hat die Rechtsprechung nicht auf den Schuldbeitritt übertragen.

12. Kapitel: Besonderheiten im kaufmännischen Rechtsverkehr

1. *Was ist ein Kaufmann? Worin unterscheidet sich ein „Ist-Kaufmann" von einem „Kann-Kaufmann"?*
Kaufmann ist gemäß § 1 Abs. 1 HGB, wer ein Handelsgewerbe betreibt. Handelsgewerbe ist gemäß § 1 Abs. 2 HGB jeder Gewerbebetrieb, es sei denn, dass das Unternehmen nach Art oder Umfang einen in kaufmännischer Weise eingerichteten Geschäftsbetrieb nicht erfordert. Erfüllt das Unternehmen die Anforderungen an ein Handelsgewerbe, so ist der Gewerbetreibende allein durch sein Auftreten im Rechtsverkehr Kaufmann (sog. „Ist-Kaufmann"). Handelt es sich dagegen um ein Kleingewerbe, wird der Gewerbetreibende erst mit der Eintragung in das Handelsregister zum Kaufmann. Man spricht dann von einem sog. „Kann-Kaufmann", da die Eintragung nicht verpflichtend ist.

2. *Was verstehen Sie unter den Begriffen Gewerbetreibender, Kaufmann und Unternehmer? Worin unterscheiden sich diese Begriffe?*
Der Unternehmer ist nach § 14 BGB eine natürliche oder juristische Person oder eine rechtsfähige Personengesellschaft, die bei Abschluss eines Rechtsgeschäfts in Ausübung ihrer gewerblichen oder selbstständigen beruflichen Tätigkeit handelt. Unter einem Gewerbe versteht man grundsätzlich jede wirtschaftliche Tätigkeit mit Ausnahme freiberuflicher oder landwirtschaftlicher Tätigkeit, die auf eigene Rechnung, eigene Verantwortung und auf Dauer mit der Absicht zur Gewinnerzielung

betrieben wird. Der Unternehmerbegriff, der auch die Angehörigen Freier Berufe umfasst, ist im Verhältnis zum Gewerbebegriff der Oberbegriff.

Die Kaufmannseigenschaft setzt grundsätzlich den Betrieb eines Gewerbes voraus. Aber nicht jeder Gewerbetreibender ist auch Kaufmann. Vielmehr ist nach § 1 Abs. 1 HGB Kaufmann nur derjenige, der ein Handelsgewerbe betreibt (Ist-Kaufmann). Wer ein Gewerbe, aber kein Handelsgewerbe betreibt, kann die Firma seines Unternehmens im Handelsregister eintragen lassen und so zum Kaufmann werden (§ 2 HGB; Kann-Kaufmann).

Fehlt es an einem Handelsgewerbe und auch an einer Eintragung der Firma ins Handelsregister, ist der Gewerbetreibende kein Kaufmann (aber Unternehmer). Der Begriff des Gewerbetreibenden ist damit umfassender als der des Kaufmanns.

3. *Was sind die Voraussetzungen eines kaufmännischen Bestätigungsschreibens?*

Zunächst müssen beide Parteien Kaufleute sein oder zumindest wie ein Kaufmann in größerem Umfang am Geschäftsverkehr teilnehmen (sog. kaufmannsähnliche Person). Es müssen in irgendeiner Form Vertragsverhandlungen stattgefunden haben, die nicht oder nicht vollständig bzw. nur von einer Seite schriftlich festgehalten wurden, die aber entweder tatsächlich oder aus der Sicht des Bestätigenden zu einem Vertragsschluss geführt haben. Zwischen dem (vermeintlichen) Vertragsschluss und dem Zugang des Bestätigungsschreibens muss ein enger zeitlicher Zusammenhang bestehen. Der behauptete konkrete Vertragsschluss muss im Bestätigungsschreiben eindeutig, endgültig und in seinem wesentlichen Inhalt wiedergegeben sein. Der Bestätigende muss gutgläubig in Bezug auf den Charakter des Schweigens als Zeichen des Einverständnisses des Empfängers sein.

4. *Wie kann der Empfänger die Wirkung eines kaufmännischen Bestätigungsschreibens verhindern?*

Der Empfänger des Schreibens muss dem Bestätigungsschreiben unverzüglich, d.h. ohne schuldhaftes Zögern (§ 121 Abs. 1 S. 1 BGB), nach Zugang widersprechen, um die besonderen Rechtswirkungen des Bestätigungsschreibens zu vermeiden. Bei der Bemessung der Frist ist das besondere Bedürfnis nach einer schnellen Abwicklung von Geschäften im Handelsverkehr zu beachten. Der BGH hält eine Frist von drei Tagen noch für angemessen und acht Tage für zu lang.

5. *Kann ein Kaufmann einen nach den Grundsätzen über das kaufmännische Bestätigungsschreiben geänderten Vertrag mit der Begründung anfechten, er habe die vertragsändernde Wirkung des Bestätigungsschreibens nicht gekannt?*

Nein! Ein (vorübergehender) Irrtum des Empfängers über die Bedeutung seines Schweigens ist unbeachtlich. Ein solcher Einwand, der nur besagt, dass der Kaufmann seine kaufmännische Erklärungspflicht nicht gekannt habe, liefe der auf der Verkehrssitte beruhenden rechtlichen Fiktion zuwider.

6. *Welche Folgen hat es nach den Regelungen des BGB, wenn ein Vertreter seine Vertretungsmacht überschreitet? Welche Besonderheiten bestehen bei einem Prokuristen?*

Hat ein Vertreter ohne Vertretungsmacht (sog. falsus procurator) gehandelt, ist der Vertrag schwebend unwirksam. Die die Wirksamkeit des Vertrags für und gegen den Vertretenen hängt von dessen Genehmigung ab (§ 177 Abs. 1 BGB). Wird die Genehmigung verweigert, haftet der Vertreter ohne Vertretungsmacht nach Maßgabe des § 179 BGB. Er schuldet dem Dritten grundsätzlich nach dessen Wahl Erfüllung oder muss ihm im Wege des Schadensersatzes das positive Interesse ersetzen.

Bei der Prokura (§§ 48 ff. HGB) handelt es sich um eine Vollmacht mit einem gesetzlich festgelegten Umfang. Der Prokurist ist gemäß § 49 Abs. 1 HGB zu allen Arten von gerichtlichen und außergerichtlichen Geschäften und Rechtshandlungen berechtigt, die der Betrieb eines Handelsgewerbes mit sich bringt. Ausgenommen sind nach § 49 Abs. 2 HGB lediglich der Verkauf, die Veräußerung und die Belastung von Grundstücken. Darüber hinaus ist der Prokurist nicht zum Abschluss sog. Grundlagengeschäfte (vor allem Veräußerung, Verpachtung oder Einstellung des Handelsgewerbes, Änderung der Firma, Aufnahme von Gesellschaftern und Stellung des Insolvenzantrags) befugt. Nach § 50 Abs. 1 HGB ist eine Beschränkung der Prokura Dritten gegenüber unwirksam. Aufgrund des zwingend vorgegebenen Umfangs sind Einschränkungen zwischen Vertreter und Vertretenem für das Außenverhältnis grundsätzlich unbeachtlich. Im Innenverhältnis kann der Kaufmann aber ggf. beim Prokuristen Regress nehmen und arbeitsrechtliche Maßnahmen einleiten.

7. *Fall: Küchenhersteller K bestellt beim Holzgroßhändler H 50 Stück Schnittholz Fichte von jeweils 5 m Länge. H liefert versehentlich nur 49 Stück. Als K die Mengenabweichung zwei Wochen später bemerkt, verweigert H die Nachlieferung. Zu Recht?*

H hat nur 49 statt der vereinbarten 50 Stück Holz geliefert. Die Lieferung einer zu geringen Menge gilt gemäß § 434 Abs. 3 BGB grundsätzlich als Mangel. K hat daher einen Anspruch auf Nachlieferung einer Holzplatte gemäß § 439 Abs. 1 BGB. Er könnte seinen Anspruch jedoch verloren haben, weil er die fehlende Platte nicht rechtzeitig gerügt hat. Als Kaufmann muss K die Ware nach Ablieferung unverzüglich untersuchen und dabei auftretende Mängel unverzüglich H gegenüber anzeigen (§ 377 Abs. 1 HGB). K hat diesen erst zwei Wochen nach Ablieferung und damit nicht mehr unverzüglich gerügt. Daher gilt die Ware gemäß § 377 Abs. 2 HGB als genehmigt. K hat keinen Nachlieferanspruch gegen H.

Stichwortverzeichnis

Die Angaben verweisen auf die Paragrafen des Buches (**fette Zahlen**) sowie die Randnummern innerhalb der einzelnen Paragrafen (magere Zahlen).
Beispiel: § 9 Rn. 10 = **9** 10